KB103048

[개정판]

계약실무총람

- 이론과 실제 -

변호사 장인태
행정사 조장형　공편저

법률출판사

머리말

Pacta sund servanda!

약속은 지켜져야 한다는 유명한 법언이다.

계약이란 사법상의 일정한 법률효과의 발생을 목적으로 2인 이상의 당사자가 체결하는 법률상의 약속으로서 이러한 법률상의 약속은 지켜져야 한다는 의미인 것이다.

나날이 복잡해지는 현대사회에서 우리는 수많은 일과 그리고 사람들과의 관계 속에서 생활을 영위하고 있으며, 이는 필연적으로 수많은 계약관계 속에서 살고 있다는 말에 다름 아니다. 그 계약관계 속에서 우리는 권리가 발생되고 의무를 부담하며 때로는 손해를 배상받기도 하고 또는 배상하기도 해야 하는 위치에 선다. 이 모든 것을 결정하는 근거는 계약자유의 원칙에 근거한 바로 계약 내용이다.

그럼에도 불구하고 의외로 많은 이들이 자신의 권리와 의무가 결정되는 내용이 적시된 체계적인 계약서를 사용하지 못하고 있으며, 계약 내용에 대한 주의를 세심히 기울이지 못한 채 계약을 체결하는 양태가 빈발하는 바, 이는 곧 지루한 법률분쟁으로 귀결되는 일이 비일비재함을 지난 수십 년간의 법조현장에서 안타깝게 지켜보았다.

즉, 권리와 의무가 발생되는 그 지점에 바로 체계적이고 구체적인 '계약서'가 존재해야 하는 것이고, 계약에 대한 분쟁이 발생되었을 때에도 바로 그 '계약서'가 법적 판단의 가장 큰 준거가 된다는 사실이다.

법적 분쟁을 미연에 막을 수도 있으며, 법적 분쟁 발생 시 가장 강력한 힘이 되는 것.

그것이 바로 '계약서'이다.

따라서 계약서 작성 시 기본이 되는 사항부터 실제 계약 유형의 상세한 부분까지 아우르는 계약실무전반에 관해 자세히 설명하고 그 예시를 듦으로서 법조 관계자 뿐 아니라 일반 독자들에게도 유용함을 드리고자 이 책을 집필하게 되었다.

이 책의 구성은 다음과 같다.

첫째, 제1편은 계약총설로서, 제1장에서 계약서 작성의 기본원칙에 대해 설명하였다. 또한 제2장에서는 영문 계약서는 어떻게 구성되어야 하는지에 대해서도 살펴보았다.

둘째, 제2편은 제1장부터 제10장까지로 구성되어 있다.

즉, 계약의 분야를 그 유형별로 10개 분야로 나누고 각 장별로 개괄적인 이론과 내용 그리고 관련 판례에 대해 설명한 뒤 계약서 작성의 실무례를 수록하였다.

실제로 사용되는 각 유형별 계약서의 내용을 그 서식과 함께 보여줌으로써 독자들의 이해의 편의를 도모하는 데 주안점을 두었다.

셋째, 각 장의 맨 처음에 나오는 계약서식에는 주요 계약서 조항이 무슨 의미를 가지는지에 대해 별도로 첨언하여 설명하였다.

이론 부분에서 설명한 내용이 실제 계약서식에 어떤 표현으로 어떻게 조항에 삽입되는지를 독자 분들이 보다 쉽고 편하게 이해할 수 있도록 하기 위함이다.

넷째, 특히 제10장은 표준계약서와 약관에 의한 계약체결에 관한 내용으로서, 이를 둘러싼 주요 사항을 살펴보았다.

정형화된 내용의 계약이 많아진 요즘, 표준계약서와 약관에 의한 계약체결은 그 빈도가 매우 높음에도 그 내용을 면밀히 살피지 못하여 분쟁이 발생하는 일이 빈번하다.

따라서 표준계약서 사용 시 면밀히 살펴야 할 것과 특약조항 삽입 시 주의해야 할 사항, 그리고 약관에 의해 계약체결(특히 보험계약) 시 주의해야 할 사항 등을 자세히 설명하였다.

다섯째, 책의 말미에 계약서식의 색인을 '가, 나, 다'순으로 분류하여, 필요한 계약서식을 보다 쉽게 찾아볼 수 있도록 하였다.

편저자 드림

목 차

제1편   계약 총설

제2편 계약서 작성 실무

제4장 금전소비대차/채권 · 채무 ·······································468

제6장 부동산 매매·임대차 ·· 612

제7장 대리점 · 프랜차이즈 ····································710

제10장 약관에 의한 계약 / 기타 계약 ··························991

제1편
계약 총설

제1장 계약서 작성의 개관

1. 의 의

(1) 계약의 개념

계약이란 일정한 법률효과의 발생을 목적으로 2인 이상의 당사자 간에 서로 방향을 달리하는 의사 표시의 합의를 말한다. 즉 일방 당사자가 상대방에게 일정한 조건을 제시하고(법률상 '청약'), 상대방이 이를 받아들일 때(법률상 '승낙') 성립하고 계약이 체결되면 계약조건에 양당사자가 구속되는 법적인 효과가 발생한다.

(2) 계약의 성립조건

일정한 조건을 제시하는 것을 청약 이라고 하고 이를 받아들이는 것을 승낙이라 하며, 계약은 승낙자의 승낙이 있을 때 성립한다. 만약 승낙자가 계약의 일부 내용을 변경하여 승낙하는 경우에는 새로운 청약을 한 것으로 보고 본래 청약자가 변경 내용을 수락할 때 계약이 성립되는 것이다.

(3) 계약의 성립시기

1) 일반적으로 승낙자의 '승낙'이라는 행위가 있을 때 성립한다.
2) 계약서를 작성할 때는 양당사자가 기명날인을 할 때 계약이 성립되는 것이 일반적이다.

3) 특수한 조건(담보 제공 등)이 있을 경우에는 당해 조건이 성취 될 때 계약의 효력이 발생한다.

(4) 계약서 작성의 필요성

1) 법적 이해관계의 확정 : 계약서 작성을 통해 양당사자의 입장이 명확해지며 이에 따라 권리의무관계가 발생된다.

2) 분쟁의 사전 방지 : 원칙적으로 우리나라는 '계약자유의 원칙'을 채택하고 있으므로 별도의 계약서 작성 없이도 계약은 성립할 수 있다. 그러나 계약의 내용 및 절차를 정확히 하여 향후 발생할 지도 모를 불필요한 분쟁을 사전에 방지하기 위하여 계약서의 작성은 반드시 필요하다.

3) 계약의 증거 : 누구와 언제 무엇을 대상으로 어떤 내용의 계약을 했는지에 관한 가장 기본적인 증거가 된다. 이 계약서의 존재여부는 분쟁의 종착점인 소송단계에 접어들었을 경우 가장 강력한 증거물이 된다.

2. 계약서의 구성 및 작성 실무

계약자유의 원칙상 계약서를 어떻게 작성하는지 또는 그 항목은 어떻게 구성하는지, 그리고 그 문구는 어떻게 표현하는지 등은 모두 계약 당사자 간의 합의에 의해 정할 수 있다. 그러나 앞에서도 살펴보았듯이 불안정하고 모호한 법적 지위를 확정하기 위해서, 그리고 향후 있을지 모를 분쟁을 사전에 방지하기 위해서는 계약서에 반드시 기재되어야 하는 사항과 항목이 필요함은 부인할 수 없다.

(1) 계약서 작성 원칙

계약서는 어법에 맞게 간결, 명확, 평이한 문체로 6하 원칙에 의거 작성하여야 하며 그 뜻이 누구에게나 같은 내용으로 전달될 수 있게 하여야 한다.

또한 실현 불가능하거나 애매모호한 내용은 없어야 하며 너무 긴 문장이나 과다하고 현란한 수식어는 피하는 것이 좋다.

(2) 계약서의 구성

1) 표 지

표지는 여러 장의 계약서나 중요한 내용의 계약서일 때 사용하는 경우가 많다. 표지의 중앙 상단부에는 계약서의 주요 제목인 표제를 그 우측 상단 일부에 계약서 작성 연월일, 표지의 중앙 하단부에 계약당사자의 명칭을 기재한다.

계약서에 이러한 표지가 있으면 계약서의 훼손 방지와 함께 표지만 보고도 그 대략의 내용을 분별할 수 있으므로 보관이나 관리가 용이하다는 이점이 있다.

2) 표 제

계약서의 가장 상단에는 계약의 내용을 한눈에 알아볼 수 있도록 적당한 표제를 달아야 한다. 즉, 부동산 매매계약서의 경우 '부동산 매매계약서', 금전의 대부 차용 계약은 '금전소비대차계약서', 영업양수도계약의 경우 '영업양수도계약서' 등과 같이 그 내용에 맞는 표제를 달아 어떤 내용의 계약인지 한눈에 알아볼 수 있게 한다.

3) 본 문

계약서에 기재되어있는 내용을 구분함으로써 알기 쉽게 하고 명확성을 기하기 위해 계약서의 길이에 따라 장(章), 조(條), 항(項), 호(號) 등으로 구분하여, 제1조, 제2조 제1호 가목 등으로 나누어 표시한다. 기재 순서는 계약 내용에 따라 계약 당사자들의 합의로 정할 수 있으나, 목적물의 표시, 가격, 인도방법, 대금 지급방법, 목적물의 결함에 대한 처리방법, 대금지급지체시의 처리방법, 계약해제의 요건 등을 기재한다. 기타 필요한 조항을 추가할 수도 있다.

① 본문을 시작하는 가장 앞부분 조항에는 계약의 취지·목적·이유 등의 계약 내용을 요약하여 기재한다.

예) 제1조 【목적】 '갑'은 '을'에게 별지 목록 기재의 토지와 건물을 임차한다.
예) 제1조 【목적】 갑은 을에게 금 ○○○원을 대여하고 을은 이를 수령하여 차용한다.

② 계약 당사자 표시는 개인의 경우에는 '성명, 주소, 주민등록번호'를, 회사인 경우에는 '회사명, 소재지, 대표 성명'을 기재할 수 있으나, 계약서의 마지막 부분에 계약 당사자를 다시 한 번 기재하고 서명날인하므로 전문에서는 계약 당사자의 성명 또는 회사명만을 기재할 수 있다.

계약당사자의 정식 명칭은 처음에만 표시한 후 이후 조항에서는 약식 명칭을 ( ) 안에 표시하며, 당사자 명칭이 불필요하게 되풀이되지 않도록 한다. 이는 계약당사자가 계약서 서두에 명확히 확정되어 있는 상태에서 굳이 반복을 거듭하여 계약문구가 불필요하게 길어지게 됨에 따라 명확성과 가독성을 해칠 염려가 있기 때문이다.

예) 당사자의 표시

(갑) ○○주식회사	(갑) 임대인(매도인) ○ ○ ○
○○시 ○○구 ○○동 ○번지	○○시 ○○구 ○○동 ○번지
대표이사 ○○○	
(을) ○ ○ ○	(을) 임차인(매수인) ○ ○ ○
○○시 ○○구 ○○동 ○번지	○○시 ○○구 ○○동 ○번지

○○주식회사(이하 '갑'이라 한다)와 ○○○(이하 '을'이라 한다)은 별지 목록 기재 건물(이하 '본 건 건물'이라 한다)의 ○○(매매, 임대 등)에 관하여 다음과 같이 계약한다.

③ 목적물이 있는 경우 전문 제2조에 정식으로 표시하되 목적물이 복잡할 경우 별지를 사용해도 되며 목적물이 불특정인 경우에는 그 특정에 대한 기준을 명백히 기재하여야 한다.

예) 제2조【목적물】'갑'이 '을'에게 임차할 토지와 건물은 별지 목록과 같다.

별지목록

○○시 ○○구 ○○동 ○번지
대 ○○㎡
위 지상
벽돌조 목조지붕 2층 주택
1층 ○○㎡ 2층 ○○㎡

④ 계약서에는 계약의 발생시기와 계약조건, 계약이행시기, 계약의 종료, 계약의 해제, 손해배상, 비용의 부담, 규정 외 조항, 관할 법원 등을 필요에 따라 빠짐 없이 챙겨서 기재한다.

⑤ 계약의 발생과 소멸 및 이행시기와 그 배상 등에 관한 조건을 붙이는 경우 등에는 그 취지를 기재하여 계약의 불성립 등에 따른 문제점을 조속히 처리하고 분쟁의 소지를 방지함과 아울러 어떠한 사실을 명확하게 하는 효력이 있다.

⑥ 계약서에 기재할 주요사항

❚ 계약서 본문에 기재되어야 할 주요사항

•채무이행기	•권리의 이전시기
•각 당사자의 권리 의무 조항	•손해배상액의 예정
•기한의 이익상실	•비용의 부담
•담보권의 설정	•효력발생
•계약해제·해지	•신의칙 관계
•자동갱신(연장)	•계약변경조항
•기타 규정외적 조항	•관할법원

가. 채무이행기

채무의 이행기란 당해 계약으로 인해 채무를 부담하는 자가 그 채무를 채권자에게 이행해야 하는 시기이므로 이를 명확히 기재해야 한다. 특히 채무의 이행기를 정하지 않은 계약은 계약의 성립과 동시에 이행기가 도래하므로 채무의 이행기일을 반드시 명확하게 해야 한다.

예)
제○조【○○의 인도시기】○○의 인도시기는 20○○년 ○월 ○일로 한다.

나. 권리의 이전시기

매매 등을 원인으로 물품이 매도인에서 매수인으로 이전되어야 하는데 그 이전의 시기에 관하여 통상의 경우 동산을 인도하였을 경우 소유권이 이전되고 부동산의 경우 소유권이전등기절차의 완료로 매수인에게 이전되는 것이 원칙이다. 다만 계약서에 특약을 정한 경우에는 그 특약에서 정한 시기에 권리가 이전되므로 이에 관한 사항은 명확히 기재해두어야 한다.

예)
제○조【소유권이전의 시기】○○(동산)의 소유권은 매수인(을)이 매도인(갑)에게 매매대금을 완제했을 때 갑으로부터 을에게 이전한다.

제○조【소유권이전의 시기】갑은 을의 매매대금 완제와 동시에 소유권이전등기절차를 이행한다.

다. 기한의 이익상실

할부판매계약이나 또는 대금을 후급으로 하는 계약의 경우 또는 부동산의 명도를 일정기간 유예해 주기로 한 경우 등과 같이 상대방이 계약한 내용대로 대금지급 등 그 의무를 이행하면 아무 문제가 없으나 이를 이행치 아니하는 경우에는 채권자는 그 기한을 유예해 준만큼의 손해를 입게 된다. 따라서 이와 같은 경우에 계약을 종전상태로 되돌려 채무자에게 약정된 의무를 이행하도록 하여야 한다.

한편 일정한 경우에는 기한의 이익이 상실되는데 우리 민법은 '채무자가 담보를 손상·감소 또는 멸실하게 한 때, 채무자가 담보제공의 의무를 이행하지 아니하는 때'에 기한의 이익을 상실한다고 규정하고 있으며, 파산법에서는 '채무자가 파산한 때'에는 기한의 이익을 상실한다고 규정하고 있다.

예)
제○조【기한의 이익상실】매수인은 다음 중 어느 하나에 해당되었을 때에는 기한의 이익을 상실하며 지급하지 아니한 대금전액을 즉시 매도인에게 지급하여야 한다.
1. 매수인이 본 계약을 위반한 경우
2. 매수인이 타 채권자로부터 강제집행이나 파산의 신청을 받거나 스스로 파산이나 정리절차의 개시를 신청한 경우
3. 매수인이 어음이나 수표의 부도처분을 받은 경우
4. 기타 당사자가 약정하여 정한 사유

라. 손해배상액의 예정

계약불이행 등의 경우를 대비하여 사전에 계약불이행 등으로 발생할 손해에 대한 손해액을 약정해 두는 경우에는 그 내용을 계약서의 조문으로 규정해 두어야 추후 이로 인한 분쟁을 최소화 할 수 있다.

예)
제○조【손해배상액의 예정】을의 책임 있는 사유로 인하여 갑이 본 계약의 목적을 달성할 수 없게 된 경우에 을은 갑에게 금○○○원을 배상금으로 지급한다.
제○조【손해배상액의 예정】본 계약을 갑이 위약하였을 경우 갑은 을에게 계약금의 배액을 배상하고, 을이 위약 할 경우에는 계약금을 반환치 않고 본 계약을 각각 무효로 한다.

마. 담보권의 설정

제3자의 물건이 계약에 담보로 제공될 경우에는 담보권을 설정한 담보권의 종류, 피담보채권의 내용, 담보에 제공된 물건, 담보의 한도액 등에 관한 것을 하나의 조문으로 설정하여 삽입하여야 한다. 담보권설정계약을 한 때에는 채권 및 담보물의 종류, 담보물건 등을 명확히 기재한다.

예)
제○조【담보권의 설정 등】근저당권설정자는 채무자가 다음 금액의 범위 안에서 채권자에 대하여 현재 부담하고(또는 장래 부담하게 될) 있는 채무에 대해 (연대채무자, 보증인)로서 기명날인한 ○○○채무를 담보하고자 다음 부동산에 순위 제○번의 근저당권을 설정한다.

채권최고액 금 ○○○원정
○○시 ○○구 ○○동 ○번지
대 ○○㎡
위 지상
시멘트 벽돌조 기와지붕 3층 주택
1층 ○○㎡
2층 ○○㎡
3층 ○○㎡

바. 비용의 부담

비용의 부담은 계약을 이행하는데 필요한 비용의 부담에 관한 것으로서, 이행시 필요비용이나 종래 지출한 비용, 변제에 따른 비용 등에 관한 사항은 하나의 조항으로 명확히 기재해 두어야 한다.

변제에 따른 비용은 특별한 의사표시가 없으면 채무자가 부담하는 것이 원칙이나 채권자의 행위로 인하여 변제비용이 증가된 경우에는 채권자가 부담하게 된다. 또한고 매매계약에 따른 비용은 당사자 쌍방이 균분하여 부담하지만 기타 제 비용 등으로 인한 문제도 간과할 수 없으므로 이를 반드시 명확하게 해 두어야 한다.

예)
제○조【비용의 부담】본건 건물에 대한 ○○세에 대하여는 소유권이전등기일을 기준으로 그 전날까지는 갑이, 그 이후부터는 을이 각 부담한다. 또는 본 ○○을 사용함에 있어서 필요한 수리비, 유지보수 및 ○○에 소요되는 제 비용은 을의 부담으로 한다.

사. 계약해제

당사자 중 일방이 계약조항을 위반했을 경우(대금의 미지급이나 물품의 미인도 등)에는 상대방 당사자는 그 계약을 이행할 때까지 무작정 기다리거나 최고를 하는 등의 행위로 시간을 지체하여 손해를 야기할 수 있다.

그러므로 당사자 중 일방이 계약사항을 성실히 이행하지 않을 경우 그 상대방은 곧바로 그 계약을 해제할 수 있도록 하여 이로 인한 손해를 줄여야 한다.

예)
제○조【계약의 해제】갑 또는 을은 다음에 기재한 사항의 발생시 그 상대방에게 최고절차 없이 본 계약을 해제하고 물건의 반환 (원상회복)을 요구할 수 있다.
1. 갑이 본 계약의 ○조 ~ ○조에 위반한 경우
2. 을이 본 계약의 ○조 ~ ○조에 위반한 경우
3. 기타 필요한 사항 기재

아. 효력발생 및 소멸

일반적인 계약은 계약이 성립되면 효력이 발생하지만 장래에 향한 계약(정지조건부계약, 시기부계약) 등과 같이 기타 형태에 따라 계약의 효력 발생과 소멸을 다르게 약정할 수 있다. 이 경우 계약의 효력발생은 매우 중요한 사안이므로 그 뜻을 명확히 기재하여야 한다.

예)

제○조【계약의 효력발생】본 계약은 20○○년 ○월 ○일부터 그 효력이 발생한다.

제○조【계약의 효력발생】본 계약은 ○○이 ○○되었을 때 그 효력이 발생한다.

제○조【계약의 존속기간】본 계약은 20○○년 ○월 ○일부터 ○년간(또는 20○○년 ○월 ○일까지로 한다)으로 한다.

제○조【계약의 존속기간】임대기간은 20○○년 ○월 ○일부터 ○년으로 한다.

제○조【계약의 종료】본 계약은 20○○년 ○월 ○일에 그 효력이 소멸한다.

제○조【계약의 종료】본 계약은 을이 지배인의 신분을 상실한 때에는 그 효력을 상실한다.

   자. 자동갱신(묵시의 갱신)

   계약기간이 약정된 경우라도 특별한 사정이 없는 한 그 계약을 그대로 유지하는 것이 상호 이로울 경우 기간의 만료로 계약을 종료시키지 아니하고 종전대로 그 계약을 유지시키는 자동갱신(묵시의 갱신)조항을 기재하는 것이 절차상 편리할 경우가 있다.

   이 조항은 계약의 존속과 관련이 있기 때문에 만약 그 내용을 기재할 경우 명확히 해두어야 한다.

예)

제○조【계약의 자동갱신】본 계약에 대하여 기간만료 ○개월 전까지 당사자 쌍방의 이의가 없는 경우 본 계약은 자동적으로 전 계약과 같은 조건으로 갱신되는 것으로 한다.

제○조【계약의 자동갱신】① 본 계약은 20○○년 ○월 ○일부터 ○년간으로 한다. 단, 기간만료 ○개월 전까지 당사자 쌍방의 이의가 없으면 본 계약은 존속기간의 만료와 동시에 자동적으로 ○년간 연장된다.

② 제1항에 의한 계약의 연장은 연대보증인에게도 효력이 미친다.

   차. 공정증서 작성조항

   계약서는 계약 당사자 간의 사문서이므로 이를 보다 명확히 하기 위해 실무상 공정증서로 할 필요가 있는 경우가 많다. 이러한 경우에는 당초부터 상대방으로 하여금 공정증서 작성에 관한 위임장을 받아 두는 경우도 있지만, 계약서 중에 공정증서 작성조항을 규정해 두는 방법도 있다.

예)
제○조【공정증서의 작성】을은 갑의 청구가 있을 경우에는 언제든지 이 계약서의 각 조항에 공정증서를 작성하여 그것에 강제집행인락조항을 부가할 것을 승낙한다.

예)
제○조【공정증서의 작성】① 을은 갑으로부터 공정증서작성의 요구를 받으면 지체 없이 이에 응하여 이 계약서의 공정증서 작성절차에 협력하여야 한다.
② 을은 전항의 경우를 위하여 갑에 대하여 공정증서작성을 위한 위임장을 교부하여 두며 갑은 이 위임장으로 적당한 을의 대리인을 선임하여 전항의 공정증서를 작성하게 할 수 있다.

　카. 관할법원

　이는 계약상의 제 문제 등으로 분쟁발생시 그 소송관할에 관한 것을 기재한다.
　계약에 기하여 소송을 제기하는 경우, 상대방의 본점(개인일 때는 주소)소재지를 관할하는 지방법원에 제소하거나(민사소송법 제10조), 계약상의 의무의 이행지 관할법원에 제소할 수는 것이 우리 민사소송법상의 원칙적인 규정이지만(동법 제6조), 상대방이 원거리에 거주할 때는 그 재판기일마다 출석하는 것이 불편할 수도 있다. 따라서 계약서에 그 계약에 따른 소송을 제기할 관할법원을 결정하여 두면 이러한 불편을 방지할 수 있다.

예)
제○조【관할법원】본 계약으로 인한 소송은 채권자(채무자) 주소지 관할법원으로 한다.
제○조【관할법원】본 계약으로 인한 소송은 채권자(채무자) 사무소 소재지 관할법원으로 한다.

　⑦ 계약 상대방이 개인일 경우, 주민등록등본과 주민등록증 등을 복사 첨부하도록 한 후 확인하여야 한다.

4) 후문(後文)

계약서의 결론부분을 말하며, 말문(末文) 즉 말미문언(末尾文言)이라고도 한다.

① 계약서의 말미에는 계약당사자와 보증인들의 주소·주민등록번호·전화번호, 법인 기타 사업자일 경우에는 사업자등록번호 등을 정확하게 기재하고 정확한 서명·날인을 받아야 한다.

예) 위 계약을 증명하기 위해 본 계약서를 2통 작성하여, 서명날인후, 각 1부씩을 갖는다.

② 계약성립 연월일

계약서를 작성한 일자를 기재한다.

③ 계약 당사자의 서명 날인

가. 가능하면 자필로 서명하고, 도장을 사용할 경우에는 일반도장을 날인하여도 유효하지만 인감도장을 찍는 것이 안전하다. 여기에 인감증명서(회사의 경우는 인감등록증명서)를 첨부하면 더욱 안전할 것이다.

회사와 계약하는 경우 '○○○○ 주식회사' 또는 '대표이사 ○○○' 중 하나만 기재하는 것으로는 불충분하며, 특히 회사명을 기재하지 않을 경우에는 해당 회사와의 계약이라고 할 수 없으므로 '회사의 소재지 주소, 회사명, 대표명'을 기재하거나 명판을 찍은 후 대표의 인장을 날인하는 것이 원칙이다.

예)
○○시 ○○구 ○○동 ○번지
○ ○ ○
○○시 ○○구 ○○동 ○번지

○○주식회사 대표이사 ○ ○ ○

　나. 이사는 상법상 이사회라는 기관의 구성원에 불과하기 때문에, 이사 ○○○ 또는 전무이사 ○○○라고 하는 표시는 대리의 형식으로는 가능하지만, 기관형식의 표시로는 적절하지 않다는 점을 유의해야 한다.

　다. 지배인 등의 상업사용인은 대리인이지만, 현재의 회사 조직에는 본부장·부장 등의 직제를 설치하는 것이 보통이며, 지배인의 입장에 있는 자는 지점장·영업소장 등의 명칭을 붙이는 것이 일반적이다. 이러한 상업사용인은 모두 대리인이고, 각자의 직급은 대리인으로서의 대리권의 질적 또는 양적인 범위에 따라 그 차이가 있으므로 경우에 따라 그 대리권의 범위를 명확히 해 둘 필요도 있다. 즉, 상업사용인이 당해 계약의 대리권이 있음을 명확히 해 두는 서류에 서명토록 하는 것이 안전한 계약서 작성에 적절하다.

예)
신청인○○○
위 대리인 주식회사 ○○ 내지 ○○주식회사 ○○지점
영업부장 ○○○ 내지 지점장 ○○○

　라. 주식회사 이외의 법인에 있어서의 대표자는, 재단법인·사단법인의 경우 '이사', 합자회사·합명회사의 경우 '무한책임사원', 종교법인의 경우 '이사' 등으로 표시한다.

❙ 계약 체결 전 확인 사항

계약 상대방이 개인일 경우	계약 상대방이 법인일 경우
• 사업자 등록증이 본인인가 여부 → 처(妻)명의, 동생 명의로 하는 상대방은 주의를 요한다. • 법적인 제약 여부 → 미성년자, 피한정후견인, 피성년후견인 여부	• 단독대표, 공동대표, 각자 대표 여부를 확인 → 공동 대표일 경우 대표이사 전원의 서명을 요함 • 주소일치 여부 → 법인 등기부등본상 주소, 사업자 등록증상 주소, 실제주소 • 계약 상대방의 법적 제약 여부 → 회사 정리절차, 파산, 해산, 청산절차

❙ 계약 체결시 확인사항

• 계약 체결일 기재여부 • 간인(間印) 날인 여부 　계약서가 여러장일 경우 각장마다 전장과 겹치게 해서 계약 당사자가 간인 • 공증이 필요한 경우 　계약 체결에 공증에 필요한 서류를 확인한 후 체결 • 담보를 제공 받을 경우 – 부동산일 경우 : 인감증명서, 위임장, 근저당권 설정서류 등 – 어음일 경우 : 담보용 백지어음, 백지어음 보충권 등 • 조항의 정정 – 삭제하는 문자를 알아볼 수 있도록 2줄을 그어서 지운 다음에 그 옆의 공란에 '몇자삭제', '몇자삽입, '몇자정정 ' 등을 기입한 후 날인	• 계약서의 날인 – 계약서 말에 양당사자의 주소와 성명을 기재한 후 날인 한다. – 법인일 경우 : 법인명 대표이사 성명 기재. – 공동대표일 경우 : 공동대표이사 모두 기명 날인. – 주소지가 다른 경우 : 실주소와 사업자등록증 주소를 모두 기재하여 날인. – 본인이 직접 서명 후 날인하는 것이 원칙 – 대리인이 있을 경우에는 본인이 발행한 위임장과 본인이 발급받은 임감증명서 수령

제2장 영문계약서의 일반적 구성

*대한상사중재원 표준양식 참조

1. 의 의

영미법에 기한 영문 계약서는 통상 다음과 같이 구성된다.

표제(Title)	
전문 (Nonoperative Part)	일자(date) 당사자(parties) 설명조항(recitals, whereas clause)
본문 (Operative Part)	정의조항(definition) 주된 계약 내용에 관한 조항 기타 계약상 일반조항 계약기간(period of agreement, duration, term) 계약의 종료(termination) 불가항력(force majeure) 중재(arbitration) 준거법(applicable law, governing law) 재판관할(jurisdiction) 통지(notice) 다른 계약과의 관계(integration) : 완전조항(entire agreement) 조문표제(headings) 기타 조항
말미문언 (testimonium clauses)	서명(signature) 날인(seal)

2. 구 성

(1) 표제(Title)

표제는 계약 내용을 한 눈으로 알아보기 쉽도록 하기 위한 것으로서 이 표시 자체가 특별한 법적 효과를 갖는 것은 아니다. 실무상 많은 경우에 이의 기재가 생략되기도 한다.

예)

Headings in the Agreement have been inserted for convenience of reference only and are not to be used in construing or interpreting this Agreement.

(2) 전 문

전문에는 일반적으로 a) 계약체결지, b) 계약체결일자, c) 당사자, d) 법인설립준거법, e) 주소, f) 당사자의 약칭 등을 표시한다.

예)

THIS AGREEMENT made and entered into, in Seoul on the seventh day (a) of August, 1992, by and between ABC INTERNATIONAL CORP., a corporation (b) (c) duly organized and existing under the laws of the Republic of Korea and having (d) its principal office at 937, Namdaemun-ro 2-Ga, Jung-Gu, Seoul, Korea (e) (hereinafter referred to as "PRINCIPAL"), and Mr. Henry Smith Jr. residing (c) at 10 Broadway, New York 11037, U.S.A.(hereinafter referre d to as "AGENT" (e) (f) WITNESSETH

이 경우에 WITNESSETH는 고어(古語)로서 This Agreement의 동사가 된다. This Agreement is made seventh(7th) day of July, 1992. by and between…이라는 방식을 따르고 Witnesseth를 생략하기도 한다. 한편 계약 당사자를 표시하는데 있어서 개인의 경우에는 그 주소와 full name을, 법인의 경우에는 주된 사무소의 소재지, 정확한 법인명 및 설립 준거법을 포함하여 기재하여야 하며 특히 미국 등 연방국가인 경우 어느 주인지 밝혀야 한다. 또한 법인의 경우 자국법 상 유효한 법인으로 존속하고 있는지 여부를 확인하여야 한다. 계약 당사자인 법인이 특정회사의 Paper company 또는 자회사인 경우 그 모회사와의 관계를 확인하여야 하고 중요한 계약인 경우 에는 모회사의 이행보증을 받아 두는 것이 좋다.

(3) 설명조항

보통 설명조항에 있어서는 당사자가 계약 체결에 이른 경위나 당사자의 목적, 즉 주된 계약의 주된 내용의 개요를 기재하는 것이 관례이다. 원칙적으로 설명 조항에 기재된 내용은 특별한 법적 효력을 갖지 아니하며, 따라서 계약내용에 영향을 미치지 아니한다. 그러나 계약 내용이 조항만으로는 불명확한 경우에 설명조항은 계약 당사자의 진의를 파악하는 하나의 자료가 될 수 있다. 또 당사자는 "금반언의 원칙"(estoppel by representation)에 따라서 설명조항의 내용에 반하는 사실을 주장할 수 없는 경우가 생길 수 있으므로 설명조항은 되도록 간단하게 하고 불필요한 것은 언급하지 않도록 주의하여야 한다.

예)
WHEREAS, PRINCIPAL is engaged in the business of manufacturing and exporting various Korea—made products(hereinafter referred to as "PRODUCTS") for sale of its majority in the world—wide markets including Indonesia ; and WHEREAS, AGENT desires to be appointed an agent to solicit orders for PRODUCTS, and PRINCIPAL is willing to make such appointment, but only subject to the terms and conditions set forth below;

(4) 약인 및 대가

WHEREAS Clause 다음에 관행으로서 대가의 존재를 확인하는 이른바 약인(約因)을 기재하는 것이 보통이다. 영미법상 약인이란 계약 당사자로 하여금 계약을 체결하게하는 동기, 유인 즉 계약의 원인으로서 당사자 일방에 발생하는 권리, 이익, 이득 또는 상대방이 부담하는 손실, 손해, 책임 등을 말한다. 영미법에서는 요식계약(Formal Contract) 이외의 계약(Simple Contract)에서는 약인이 존재 하지 않으면 계약이 성립하지 아니한다. 그러나, 당사자가 약인이 존재한다는 뜻을 계약서에 기재하였는가의 여부는 계약의 성립여부와는 상관이 없다.

예)
NOW, THEREFORE, in consideration of mutual covenants and promises contained herein, both parties agree as follows ;

(5) 정의조항

계약 조항 중에서 여러 번 반복 사용되는 용어로서 그것을 표시하는데 긴 표현을 요할 뿐만 아니라 반복될 때마다 긴 문언을 여러 번 쓰는 번잡함을 피하고 읽기 쉬운 계약서로 하기 위하여 정의조항에서 미리 그 용어의 개념을 정의하고, 그것을 인용하는 경우의 약호까지도 미리 정하여 두면 편리하다.

예)
Unless the context clearly requires otherwise, the following terms in this Agreement shall have the meanings attributed to them below ;
(가) "KNOW-HOW" means
(a) rearrangement of machinery layout
(b) effective operation of machinery
(c) technical improvement of trainning process
(나) "TERRITORY" means the entire territory of Bangladesh

(6) 계약의 주된 내용에 관한 조항

이 부분은 계약 당사자가 계약을 체결함으로써 의도하는 바가 무엇이며 상호 어떠한 권리를 취득하고 의무를 부담하게 되는 것인가를 분명히 하는 계약서의 중심부분이며 다음과 같은 점에 주의할 필요가 있다.

첫째 : 당사자가 의도한 바를 빠짐 없이 망라한 내용이 되고 있는가
둘째 : 당사자가 의도하는 것을 계약서상에 법률적으로 정확히 표현하고 있는가
셋째 : 계약서의 내용이 법령에 위반하여 무효로 될 소지가 없는가
넷째 : 계약서의 내용이 세법상 불리한 취급을 받기 쉽게 되어 있지 않은가

(7) 계약기간

계약의 효력발생시기에 대하여 특별히 표시하지 않은 경우에는 계약 전체의 해석보다 당사자의 의사를 추측하여 결정하게 되지만 통상은 계약서를 작성하여 양 당사자의 서명이 이루어진 날, 그 날이 명확치 않으면 전문중에 기재되어 있는 계약서 작성의 날이 그 시기로 간주된다. 한편 기간의 만료에 의하여 계약은 소멸하지만 계약을 갱신할 것을 약정하려고 하는 경우에는 그 절차와 이에 따른 연장기간을 정하여 둘 필요가 있다.

예)
The term of this Agreement shall be three(3) years from the effective date of this Agreement and shall be automatically extended for further three(3) years provided that PRINCIPAL shall give, at least three months prior to termination, a written notice to AGENT.

(8) 계약의 종료

계약은 통상 다음 사유에 의하여 종료 소멸한다.

(가) 계약의 기간만료
(나) 해제조건의 성취
(다) 약정해제권의 행사
(라) 법정해제권의 행사

계약의 기간만료 및 법정 해제권의 행사에 의한 계약의 종료는 당연한 것이므로 특별히 기재할 필요가 없으나, 해제조건과 약정 해제권의 발생원인에 대하여는 계약종료의 조항에 그 내용을 명시하여야 한다. 해제조건과 약정해제권의 발생원인은 당사자의 합의에 의하여 정할 수 있는 것이므로 신중히 고려하여 장래 발생 가능성이 있는 사태 아래서 계약을 종료할 필요가 있는 사유를 빠짐없이 기재하도록 주의하여야 한다.

예)

In the event of a breach of this Agreement not cured within ten(10) days from the receipt of notification when the breach consists of a failure to pay a sum due under this Agreement, or in the event of a different material breach of this Agreement not cured within thirty(30) days from the date of notification of such breach, this Agreement m ay be terminated by the aggrieved party.

Either party may terminate this Agreement immediately and without incurring thereby any liability to the other, by merely serving a notice of termination on the other in any of the following events;

예)

(a) if the other party is declared in Court or notoriously becomes insolvent or bankrupt ;

(b) if a Receiver is appointed to take possession of the business or assets of the other party and his appointment is not revoked within fifteen (15) days ;

(c) if the other party closes or discontinues business operations relating to the Products for any reason, even beyond its control for more than ninety(90) days.

Termination of this agreement is without prejudice to any claim for any antecedent breach and to the right of the aggrieved party to recover damage, loss, compensation and all sums payable hereunder,

(9) 불가항력

불가항력조항은 영미법상이 Frustration에서 유래한다. 영미법의 Frustration의 법리는 당사자의 책임으로 돌릴 수 없는 사유에 의해 사정이 현저하게 달라진 때에 계약조건 대로의 내용을 그대로 인정할 수 없기 때문에, 계약은 소멸된다는 법리이다. Frustration의 성립여부는 각 구체적인 경우에 따라 결정된다. 따라서 당사자가 계약체결시에 미리 일정한 사유가 발생한 경우에 계약상의 책임을 면한다는 취지를 규정함으로써, Frustration의 성부의 판정을 용이하게 하려는 것이 불가항력 조항(Force Majeure Clause)이다.

예)

Any delay or failure by either party hereto in the performance hereunder shall be excused if and to the extent caused by occurrences beyond such parties' control, including but not limited to, acts of God, strikes or other labor disturbances, war, sabotage and any other cause or causes, whether similar or dissimilar to those herein specified which cannot be controlled by such party.

예)

(a) If the performance of this Agreement or of any obligation hereunder, except the making of payments under or in connection with this Agreement, is prevented, restricted or interfered with by reason of fire, storm, explosion, flood, earthquake, war, rebellion or other casualty or accident ; labor dispute, epidemics, quarantine restriction, transportation embargo, law, act, rule, regulation order, decision, or directive of any government of competent jurisdiction in matters relation to this Agreement or any agency thereof ; or any other act or condition whatsoever be yond the reasonable control of the parties hereto, the party so affected, upon giving prompt notice to the other parties, shall be excused from such performance to the extent of such prevention, restriction or interference.

(b) The party so affected, however, shall use its best efforts to avoid or remove such causes of non-performance and to cure and complete performance hereunder with the utmost dispatch whenever such causes are removed.

(c) If due to any law, act, rule, regulation, order or decision of any government or competent jurisdiction or of currency as the debtor and the creditor shall mutually agree or in default of agreement between them in the currency of the country in which the creditor is incorporated. Any agency or for any other reason, a party hereto is unable to make payment of moneys due to another party he reto in a currency stipulated for the payment of those moneys hereunder, it may discharge the debt by making payment in such other.

(10) 계약의 양도

영미계약법상으로도 계약상의 권리 또는 의무는 당사자의 의사 또는 법률의 규정에 의하여 일정한 조건하에 제3자에게 양도할 수 있다. 따라서 당사자가 계약양도에 대해 별다른 규정을 하지 않은 경우에는 계약양도가 가능하게 되므로 계약양도를 금지하려고 하는 때에는 그 뜻을 계약상에 명기해 두지 않으면 안 된다. 한편 계약양도에 대하여 조건을 붙이거나 일정한 절차를 요할 경우에는 그 조건이나 구체적 절차에 대하여 계약상 명확히 규정하여 둘 필요가 있다.

예)
(a) None of the parties of this Agreement may directly or indirectly sell, assign or otherwise dispose of this Agreement to any third party unless it is assigned by the operation of law.
(b) This Agreement and any rights or obligations arising hereunder may not be assigned by either party without obtaining the prior written consent of the other party.

(11) 중재조항

중재조항은 당사자 사이의 관계하는 계약상의 분쟁을, 국가재판소의 재판에 의하여 해결하지 아니하고, 사인에 의하여 행하여지는 중재판정에 의하여 해결하기로 하는 당사자 간의 합의를 기재한 조항이다. 대부분의 나라에서 중재조항이 있는 경우에는 소송의 제기가 있더라도 피고가 중재조항의 존재를 주장(중재의 항변)하면 소송을 각하 또는 정지함과 함께 중재의 결론인 중재판정을 집행할 의무를 부담한다. 중재조항에는 중재에 붙일 사항, 중재의 장소(중재장소의 원근은 노력 또는 경비에 있어 큰 차이가 있음을 유의할 것), 중재기관, 중재절차 등을 명기하여 둘 필요가 있다. 중재기관을 선정함에 있어서는 권위 있는 중재기관의 중재규칙 내용을 검토한 후 중재기관을 결정하되 그 기관이 권장하는 중재조항을 계약서에 기재하는 것이 안전하고 확실하다.

대한상사중재원의 표준중재조항(국제거래의 경우)

"Any disputes arising out of or in connection with this contract shall be finally settled by arbitration in Seoul in accordance with the International Arbitration Rules of the Korean Commercial Arbitration Board."
The number of arbitrators shall be [one / three]
The seat, or legal place, of arbitral proceedings shall be [city / country]
The language to be used in the arbitral proceedings shall be [language]

(12) 재판관할

계약중에 중재조항을 규정하지 않은 경우에는 그 계약을 둘러싼 분쟁은 최종적으로 국가가 행하는 재판에 의하여 해결하게 된다. 또한 중재조항이 존재하더라도 중재에 붙일 범위외의 사항에 대하여는 마찬가지로 재판에 의하게 된다. 그 경우에 소송을 제기할 재판소를 당사자 간에 미리 약정하여 놓은 것이 재판관할이다. 재판관할의 합의가 있는 경우에도 이러한 합의가 관계 당사국에서 유효한지 또는 선정된 재판소가 외국인(또는 외국법인)의 출소권을 인정하는지 또는 선정된 재판소는 판결의 집행을 처리하기에 적당한지 등을 검토할 필요가 있다. 한편 재판소의 지정을 막연히 한국재판소 또는 미국재판소라고 규정하는 것은 장래 한국 또는 미국의 어느 지방재판소라는 뜻인가의 문제가 생길 소지가 있으므로 이러한 규정방법은 피하고 런던, 뉴욕 등의 특정지의 재판소를 지정하여야 한다.

예) 중재판정에 따른 집행을 관할법원에서 하는 것으로 규정할 경우

(a) Any Arbitration award rendered shall be final and binding upon the parties and may be enforced in any competent jurisdiction.
(b) Any and all disputes arising from this Agreement shall amicably be settled as promptly as possible upon consultation between the parties hereto.
The parties hereto agree that, should either party has been in a position to resort to a lawsuit, injunction, attachment, or any other acts of litigation, the Seoul District Court shall have the Jurisdiction.

(13) 준거법

계약서를 아무리 상세히 작성한다 하더라도 해석상 의문이 전혀 없도록 한다는 것은 사실상 매우 어렵다. 따라서 계약당사자로서는 계약의 성립, 이행, 해석이 어느 나라의 법률에 따라 행하여 지는가는 대단히 중요한 문제이다. 그 법률을 한국법, 영국법 등으로 지정하여 두는 것이 준거법 조항이다.

준거법을 지정한 경우라도 그 지정된 법률이 적용되는 것은 계약의 성립, 이행에 관한 것 등의 실정법측면이며 소송의 경우 소송절차 등 소송법측면은 준거법과 관계없이 법정지법에 의하는 것으로 된다. 이것은 소멸시효에 관하여 대륙법계에서는 실정법상 효과를 인정하나 영미법계의 경우에는 소송법상의 효과에 그친다는 점에서 차이가 있게 된다.

예)
The formation, validity, construction and the performance of this Agreement are governed by the laws of Republic of Korea.

(14) 다른 계약과의 관계

계약서의 작성에 있어서 기존 계약과의 관계를 검토하고 본 계약이 성립한 이상 기존의 서면 또는 구두에 의한 합의, 교섭, 언질 등은 모두 본 계약에 흡수되고 소멸하는 것을 명시하여 두는 것이 완전 계약조항이다.

이것은 새 계약과 기존계약과의 관계를 명확히 함으로써 후일의 분쟁예방과 해결에 크게 도움이 된다. 이러한 목적을 위하여 통상 다음과 같은 조항을 삽입한다.

예)
This Agreement sets forth the entire agreement and understanding between the parties as to the subject matter of this Agreement and merges and supersedes all prior discussions, agreements and understandings of any and every nature between them, and neither party shall be bound by any condition, definition, warranty or representation other than as expressly provided for in this Agreement or as may be on a subsequent date duly set for in writing and signed by a duly authorized officer of the party to be bound.

(15) 계약의 수정·변경

계약서의 수정, 변경은 구두 또는 서면에 의한 합의로써 이를 행할 수 있다. 그러나 계약서의 내용은 당사자 사이의 권리와 의무에 관한 매우 중요한 사항이므로 그 내용의 일부 수정변경에 관하여 그 방법과 절차를 미리 약정하여 두는 것은 장래의 무용한 분쟁을 회피하기 위하여 필요하다.

예)

This Agreement is not changed, modified or amended by the parties of this Agreement except as such change, modification or amendment is in writing and signed by both parties.

(16) 통 지

계약에 따라서는 일정한 경우에 당사자의 일방이 상대방에 대하여 통지를 할 의무를 부과하는 경우가 있다. 이와 같이 상대방에게 통지의무를 부과하는 조항을 두는 경우에는 그 조항 속에 다음과 같은 사항을 상세히 정해야 한다.

(가) 통지를 할 상대방 주소 성명

(나) 통지의 방법

(다) 통지의 효력발생시기

통지의 효력발생시기에 관하여 우리나라는 원칙적으로 도달주의를 취하고 있으나 영미법계에서는 발신주의에 입각하고 있다는 점을 유의해야 한다. 통지조항을 예시하면 다음과 같다.

예)

Any notice, request, consent, offer or demand required or permitted to be given in this Agreement, must be in writing and must be sufficiently given if delivered in person or sent by registered airmail or by cable confirmed by registered airmailed letter addressed as follow ;

To ;(address)

Telex ;

Answerback ;

To ;(address)

Telex ;

Answerback ;

Notice must be deemed to have been given on the date of mailing except the notice of change of address which must be deemed to have been given when received.

(17) 기타조항

1) Waiver

이것은 일시적으로 어느 계약조건의 이행 청구를 하지 않더라도 이로 인하여 그 후의 동 조항 또는 조건의 이행 청구권의 포기로 간주하여 이를 박탈할 수 없다는 조항이다.

예)

The failure or delay of either party to require performance by the other party of any provision of this Agreement shall not constitute a waiver of, or shall not affect, its right to require performance of such provision.

2) Severability

이것은 계약의 일부조항이 중재 또는 법원판결에 의해 실효가 되었더라도 기타조항의 계속적인 유효성은 조금도 침해되지 않는다는 조항이다. 다만 계약조항의 중요한 부분이 실효가 되는 때에는 계약전부가 실효 되는 경우가 있음을 유의하여야 한다.

예)

If any provision of this Agreement or the application of any such provision to any person or circumstance shall be determined by any arbitration or court of competent jurisdiction to be invalid or unenforceable to any extent, S company may upon fifteen(15) days notice elect to (1) terminate this Agreement or (2) continue this Agreement, in which case the remainder of this Agreement or the application of such provision to such person or circumstance (other than those which it is so determined to be invalid and unenforceable), shall not be affected thereby and each provision of this Agreement shall be valid and shall be enforced to the fullest extent permitted by law.

3) Indemnification

　어느 일방의 계약불이행이나 제3자에 대한 의무불이행으로 인한 손해에 대하여 배상할 것을 규정하는 조항이다. 경우에 따라서는 계약불이행에 따른 직접적인 피해뿐만 아니라 그 불이행에 따른 기대이익의 상실 등 간접피해까지 배상하도록 규정하는 때도 있다.

예)

In the event either party breaches an obligation under this Agreement or toward a third party, or delays or interferes with the other party in the performance of this Agreement, it shall be liable to the other party, but neither party shall be liable to the other party for any consequential damages or incidental damages, such as loss of profit. Each party shall pay all reasonable expenses, including the costs of litigation and attorneys' fees, reasonable incurred by the other party in enforcing this Agreement. In the event a third party commences any proceeding for which a party hereto intends to claim indemnification against the other party, such party shall promptly notify thereof the other party and allow equitable participation in all stages of the proceeding and settlement thereof. Failure to promptly notify thereof or allow equitable participation by the other party shall reduce the right of indemnification to he extent of actual resultant prejudice.

4) Waiver of Sovereign Immunity

① 국가계약의 개념과 특징

국경을 넘는 국제거래는 나라가 각각 다른 사인 또는 민간기업 상호간에 이루어진 거래가 보통이나 근년 국가 또는 정부기관과 외국 민간기업간에 이루어지는 이른바 국가계약(state contract)이 급격히 늘어나고 있는 실정이다. 이는 개발도상의 제국에서 정부의 강력한 주도아래 경제개발을 추진하고자 하는데서 많이 볼 수 있고 자유경제체제하의 선진제국에서도 국가계약을 통하여 국가통상활동을 증대해 나아가고 있을 뿐만 아니라 특히 사회주의국가나 중앙통제경제 국가에서는 국가관리하의 통상활동이 거의 이러한 국가 계약에 의하여 이루어지고 있기 때문이다.

그러면 국가계약이 갖는 특징은 무엇인가? 첫째 당사자가 불평등한 점(당사자의 일방이 주권을 행사하는 정부 또는 정부기관이므로 상대방 민간기업과는 근본적으로 지위가 크게 다름) 둘째로, 계약의 목적이 공공사업적 성격을 띠고 있다는 점(이러한 성격의 국가계약을 Concession 계약이라고 부름) 셋째로, 준거법의 지정에 있어 국가당사자의 국내법을 지정하고 있든가 아니면 "법의 일반원칙"(General principles of law recognized by civilized nations)을 수용하고 있는 점, 그리고 끝으로, 주권면제특권의 장애와 특정국 내 재판소의 재판에 대한 정치적 불신감 때문에 중재제도를 널리 활용하고 있다는 점들을 들 수 있다.

② 주권면제특권의 포기조항

계약중에 중재조항을 두지 않았거나 또는 중재조항을 두었다 할지라도 중재에 부탁된 범위외의 계약에 관한 사항은 최종적으로 국가가 행하는 재판에 의하여 그 분쟁을 해결하지 않으면 안된다.

이 경우 국가계약의 외국인당사자는 상대방국가(또는 국가기관)을 피고로 하여 소송을 제기한다 해도 상대방국가는 주권국가라는 것을 이유로 하여 자국 이외의 어떠한 타국의 재판에도 응소하지 않을 수 없다. 그것은 국제법상 주권국가는 상호평등이므로 원칙적으로 어떤 국가든

타국에 대하여 민사·형사상의 재판관할권을 행사할 수 없기 때문이다. 이 원칙을 국가의 재판(관할)권 면제 또는 주권면제특권이라고 부른다.

주권면제특권포기조항(Waiver of Sovereign Immunity)은 국가인 당사자로 하여금 미리 이러한 재판권면제를 포기하도록 하자는 데 그 목적을 두고 있다.

주권면제특권포기가 가능한 계약은 그 거래내용이 당사자의 순수한 주권적 내지 공적인 것(acta jure imperil)이어서는 아니 되고 상업적·사법적인 것(acta jure gestionis)에 한정된다.

예)

This Agreement constitutes a commercial act made by the Purchaser and the Purchaser is therefore generally subject to setoff, suit, judgment and execution and neither it or its property has the right of immunity from setoff, judgment, attachment or execution on the grounds of sovereignty in regard to its obligations and liabilities under this Agreement. To the extent that the Purchaser or any of its property has or hereafter may acquire any such right of sovereign immunity, the Purchaser hereby irrevocably waives all such right to immunity from legal proceedings, attachment prior to judgment, other attachment, or execution of judgment on the grounds of sovereignty in any action arising hereunder on behalf of itself and all its present and future property.

(18) 말미문헌

계약서의 본문작성이 끝나면 다음과 같은 말미문언을 기재하고 날인증서에 의한 계약서의 경우에는 당사자가 날인을 함으로써 또는 날인증서 없는 계약서일 경우에는 당사자의 서명만으로 계약서는 완성된다.

1) 날인증서 없는 계약서의 예

통지의 효력발생시기에 관하여 우리나라는 원칙적으로 도달주의를 취하고 있으나 영미법계에서는 발신주의에 입각하고 있다는 점을 유의해야 한다. 통지조항을 예시하면 다음과 같다.

IN WITNESS WHEREOF, the parties have executed this Agreement in duplicate by their duly authorized representatives as of the date first above written.

2) 날인증서가 있는 계약서의 예

IN WITNESS WHEREOF, the parties have executed this Agreement by causing their corporate seals to be hereunto affixed and duly attested and these presents to be signed by their duly authorized representatives, this ___day of _____ 2001.

(19) 서명의 방법

1) 계약 당사자가 개인인 경우

계약당사자 자신이 자기의 이름 및 자기를 나타내는 특정의 표시를 적으면 된다.

2) 대리인이 계약당사자를 대신하여 서명할 경우

Signed for and on behalf of Tom(본인) by Mary(대리인) his duly authorized attorney in the presence of ; (증인) (증인을 세우지 않을 경우 in the presence of를 삭제하면 됨)

3) 계약당사자가 법인인 경우

법인이 체결한 계약이 유효하게 성립하기 위하여는 당해계약을 체결한 법인이 권리능력을 갖고 있을 뿐만 아니라 법인을 대표할 권한이 있는 자가 서명하여야 한다.

A & B Co., Ltd
Fred Bialeh
President

(20) 날 인

1) 개인인 경우

인영을 압날할 필요는 없으며 영국의 경우에는 서명의 뒤에 검붉은 색의 작은 원형의 지편을 붙이기도 하고 미국의 경우에는 서명의 뒤에 "Seal" 혹은 "L.S"(Locus sigilli =Place of the seal)라고 기입하기도 한다(혹은 L.S의 개소에 지편을 붙여도 좋음).

예)
Signed, Sealed and Delivered for and on behalf of Tom Jones by (Sign) · · · · · · L.S
Mary Smith his duly authorized attorney in the presence of (Sign) · · · · · · Rober Blace

2) 회사인 경우

사인(Common Seal)을 압날하고 이사 1명과 비서역(Secretary)으로 하여금 그 면전에서 압날하였음을 보증하고 서명하도록 하여야 한다.

예)
The Common Seal of A & B Co., Ltd. was hereunto affixed in the presence of (Sign) · · · · · · Fred Bialck Common Director Seal (Sign) · · · · · · John Wheeler Secretary

(21) 정 정

계약서를 작성한 후에 이른바 오기(clerical error), 탈자 등이 발견되었을 경우 삭제, 삽입 등의 가제 정정은 다음 방법에 의하되 단순한 오기가 아닌 내용의 변경이 따를 경우 또는 정정자수가 많을 경우에는 typing을 다시 해야 한다. 즉 삭제의 경우에는 우리나라 계약서의 경우와 똑같이 삭제할 개소를 두 줄의 평행선으로 말소하여야 하되 말소 전의 문언이 무엇이었는가를 알 수 있도록 할 필요가 있으며 말소한 개소의 란 외에는 양 당사자가 Initial을 기입하는 것이 통례로 되어 있다. 정정가필의 경우에는 말소한 위에 상행과의 행 사이에 부가할 문언을 가필하되 정정한 개소의 란 외에 양당사자가 Initial을 기입하는 것이 보통이 다. 또 계약서 중 일부(또는 몇 장)를 바꿔치기 하는 것을 막기 위하여 각 Page마다 양 당사자가 Initial을 서명하는 경우가 많다.

예)
The interest for the calendar year of 1996 shall be payable by A & B Co., Ltd. in US Dollars in the year of 1996 BenKan

(22) 계약의 등기, 등록, 인지 및 공증

국가에 따라서는 계약을 체결함에 있어서 특별한 용지를 사용할 것을 의무화하기도 하고 인지세의 납부를 의무화하는 경우도 있다. 또 체결된 계약의 등록을 필요로 하는 경우도 있다. 그런데 이러한 의무에 위반할 경우에 그 효과는 단지 벌금에 그치는 것도 있는가 하면 대항력, 강제집행력에 다소 차이가 있는 경우도 있으므로 이 점도 유의할 필요가 있다.

보통 관청에 등기 또는 등록할 필요가 있는 경우에는 Notary Public(공증인)의 Notarization이나 Acknowledgement(인증)을 받을 필요가 있다. 또한 후일 정당하게 계약서가 작성되었다는 것을 증명하기 위해서는 공증(인증)을 받아두는 것도 좋을 것이다.

제2편
계약서 작성 실무

제1장 경제 · 경영

경제 · 경영 편에서 주로 다룰 계약서는 M&A 관련 계약서, 합작 투자 계약서, 동업계약서, 업무 등 각종 제휴 관련 계약서, 영업양도 계약서 등 '사업을 영위하고 투자하고 양도하는 일련의 과정'에 관한 내용들이다.

이 중 우리 주변에서 흔하게 볼 수 있는 동업과 관련하여 계약서 작성 시 주의 사항 및 관련 판례를 살펴본다.

1. 동업계약서

(1) 의 의

동업이란 2인 이상이 금전 기타 그 밖의 재산, 노무 등을 사용해 공동으로 사업을 경영하는 형태를 말하는 것으로서, 굳이 법인의 형태로 이뤄지지 않더라도 개인과 개인 또는 개인사업자 간에서도 많은 형태로 이뤄지고 있다.

(2) 필수적 기재사항

계약서 일반의 필수적 기재사항 외에 동업계약서에는 그 성격상 '사업의 목적, 출자 대상물,

출자방법, 출자금액, 지분교부일, 손익분배방법, 사업의 존속기간, 운영상의 특약사항, 그리고 사업을 종료할 경우 존속자산 및 채무의 귀속 방법' 등이 반드시 기재되어야 한다.

또한 동업자 모두의 모든 정보, 즉 이름, 주민등록번호, 주소지, 연락처 등이 정확하고도 명확하게 기재되어야 보다 안전한 계약서가 된다.

동업계약서의 필수적 기재사항 ▎

출자 대상물	•금전 또는 기타 재산인지 여부 •노무제공 여부
출자 방법	•금전 : 출자금액, 전달방법, 출자일 •현물출자 : 부동산의 현황에 관한 사항, 출자 규모, 부동산 가액, 인도일, 등기 기타 권리이전 서류 교부일 •지분교부일 기재
손익분배방법	•동업자 간 손익정산시기, 분배금액, 분배일을 명확히 적시 •손실이 난 경우의 처리방법도 명확히 기재
직무에 관한 권한과 책임	•회사의 대표 •각 동업자의 직무 범위와 책임
사업의 존속기간	•동업계약의 유효기간 기재 •묵시적 갱신 조항
지분의 양도	•지분양도가 가능한지 여부를 명확히 기재
손해배상책임	•계약의무 위반 시 발생하는 손해배상에 관한 사항 기재
동업계약 해지 사유	•어떤 경우에 동업 계약이 해지되는지를 명확히 기재 •해지 후 채권채무의 처리 방법 기재
사업 해체 후 처리	•사업 종료 시 보유하고 있는 현존 자산의 처리 방법 •사업 종료 시 부담하는 채무의 처리 방법

2. 관련 판례

(1) 무효인 동업약정

구 세무사법(2009. 1. 30. 법률 제9348호로 개정되기 전의 것) 제12조의3, 구 세무사법(2003. 12. 31. 법률 제7032호로 개정되기 전의 것) 제6조 제1항, 제20조 제1항 본문, 구 세무사법(2002. 12. 30. 법률 제6837호로 개정되기 전의 것) 제22조 제1항 제1호, 제22조의2 제1

호의 입법 취지는 세무대리를 할 수 있는 사람을 세무사 자격을 가진 사람으로 엄격히 제한함으로써 건전한 세무질서를 확립하고 납세자의 정당한 권익을 보호하며 세무대리행위의 적정성과 공정성을 확보하고자 하는 데 있다.

이러한 입법 취지에 더하여, 세무사 자격이 없으면서 세무대리를 하는 행위 및 세무사가 다른 사람에게 명의를 대여하는 등의 행위는 형사처벌의 대상이 되는 범죄행위에 해당할 뿐 아니라 거기에 따를 수 있는 국민의 재산권과 정부의 재정수입에 대한 악영향에 비추어 사회통념상 쉽게 용인되기 어렵고, 위와 같은 위반행위에 대하여 단순히 형사처벌하는 것만으로는 세무사제도를 확립하여 세무행정의 원활과 납세의무의 적정한 이행을 도모할 목적으로 제정된 세무사법이 실효를 거둘 수 없어 그 위반행위로 인한 경제적 이익이 귀속되는 것을 근본적으로 방지하여야 할 필요가 있는 점 등을 종합적으로 고려하면, 위 각 규정은 세무사 자격이 없는 사람이 세무대리를 하는 경우에 초래될 세무행정의 원활과 납세의무의 적정한 이행상의 중대한 위험을 방지하기 위한 강행법규에 해당한다. 따라서 이를 위반하여 세무사와 세무사 자격이 없는 사람 사이에 이루어진 세무대리의 동업 및 이익분배 약정은 무효이고, 나아가 그와 같이 무효인 약정을 종료시키면서 기왕의 출자금의 단순한 반환을 넘어 동업으로 인한 경제적 이익을 상호 분배하는 내용의 정산약정을 하였다면 이 또한 강행법규인 위 각 규정의 입법 취지를 몰각시키는 것으로서 무효이다(대판 2015.4.9., 2013다35788).

(2) 동업지분권 확인

갑, 을, 병이 상호 출자하여 병원을 설립·운영하는 공동사업을 경영하고 이익을 분배하기로 하는 동업약정을 체결한 후 의사 정을 영입하여 병원을 공동으로 운영하였는데, 병원 운영 및 추가 자금 출자 등과 관련하여 갑과 을이 서로 대립하게 되어 을이 갑을 상대로 퇴거소송을 제기하는 등 갑과 정을 병원 업무에서 배제하려고 하였고, 이에 갑이 을에게 동업약정 해지를 통고한 사안에서, 위 해지 통고는 을의 귀책사유로 병원의 원활한 운영을 기대할 수 없는 상황이라고 판단한 갑이 불법적인 동업사업을 종료할 것을 전제로 동업재산을 정산할 것을 요구하는 해산청구로 보아야 한다(대판 2015.06.11., 2013다29714).

(3) 동업계약 해지 시 투자금 반환

예식장 및 뷔페사업이 최소한 84개월 동안은 반드시 유지·존속될 것이라는 점에 관하여 피고가 원고에게 어떠한 신의를 공여하였다거나 객관적으로 보아 원고가 위와 같은 점에 관하여 신의를 가지는 것이 정당하다고 보기 어려울 뿐만 아니라, 동업사업이 영업부진 등으로 인하여 임대차 기간을 채우지 못하고 중간에 중단되었다는 등의 동업지분 양도계약에서 약정한 내용과 전혀 관련이 없는 사정이 발생하였다는 이유만으로 동업지분 양도계약에 따른 의무를 모두 이행한 피고의 위 양도계약에 따른 권리주장이 정의관념에 비추어 용인될 수 없다고 볼 수도 없다.

다. 그럼에도 원심은 이와 달리 피고가 적어도 84개월간 동업으로 예식장 및 뷔페 사업을 계속 유지·존속하기로 하는 신의를 원고에게 공여하였다고 보아, 원고가 피고에 대하여 동업지분 양수대금으로 지급한 돈 중 5,000만 원에 관하여 신의칙에 기한 반환청구권을 가진다고 판단하였으니, 이러한 원심의 판단에는 신의성실의 원칙에 관한 법리를 오해하거나, 논리와 경험의 법칙을 위반하고 자유심증주의의 한계를 벗어나 판결에 영향을 미친 위법이 있다(대판 2013.05.09., 2012다81401).

동업계약서

OOO(이하 "갑"이라 한다)과 OOO(이하 "을"이라 한다)은 물품을 제조하여 판매하는 영업에 대한 동업에 관하여 아래와 계약(이하 "본 계약"이라 한다)을 체결한다.

제1조(목적)

"갑"은 "을"에게 현금을 출자하고, "을"은 물품을 제조하여 판매하는 영업(이하 "본 영업"이라 한다)을 경영하여 그로 인해 생기는 이익을 "갑"과 "을"이 공동으로 분배함에 있어 필요한 제반사항을 정함을 그 목적으로 한다. ━━▶ **동업계약의 목적**

제2조(출자)

① "갑"은 2000년 O월 O일까지 금 (   )원을, 2000년 O월 O일까지 금 (   )원을 각 현금으로 "을"에게 지급하여야 한다. ━━▶ **출자 대상물, 출자방법**

② "을"은 제1항에 따라 "갑"으로부터 현금을 지급 받는 즉시 "갑"에게 영수증을 교부해 주어야 한다.

제3조("을"의 현존재산)

"을"이 현재 본 영업을 위해 공여하고 있는 설비 등 현존 재산은 별지 목록기재와 같고, 그 가액은 금 ()원으로 평가한다.

제4조(경영)

"을"은 선량한 관리자의 주의로써 본 영업을 경영하고 재산을 관리하여야 한다.

제5조(이익분배)

① "을"은 2000년 O월 O일부터 본 계약의 종료에 이르기까지 본 영업으로 인한 매월의 이익 중 O%에 해당하는 이익금을 "갑"에게 다음달 5일까지 지급하여야 한다. ━━▶ **손익분배 방법**

② "을"은 제1항의 이익금 지급시 "갑"에게 매월의 대차대조표를 제시하여야 한다.

제6조(대표)

본 영업을 경영함에 있어 필요한 제3자와의 거래, 영업명의 기타 본 영업에 부수되는 대외적인 행위는 "을"이 대표한다. ━━▶ **직무에 관한 권한과 책임**

제7조(손실에 대한 책임)

본 영업의 경영으로 인하여 손실을 본 경우에도 "을"은 "갑"의 출자액의 O%에 해당하는 금액을 매월 제5조에서 정한 기일에 "갑"에게 지급하여야 한다.

제8조(보고의무)

"을"은 "갑"의 요구에 따라 언제든지 서면으로 경리에 관한 사항과 영업 및 거래에 관한 대차대조표를 제시하고 영업전반에 관한 사항을 보고하여야 한다. ➡ **직무에 관한 권한과 책임**

제9조(경업금지의무)

"갑"은 "을"이 경영하는 본 영업과 동종부류에 속하는 업을 경영할 수 없으며, 이를 위반하는 경우 "갑"은 "을"이 입은 손해를 배상하여야 하고 제5조에서 정한 이익분배를 청구할 수 없다.

제10조(비밀준수의무)

"갑"과 "을"은 본 계약기간 중은 물론 본 계약의 종료나 해지이후에도 본 계약의 이행과정에서 알게 된 상대방의 영업비밀 또는 고객관련정보를 상대방의 서면동의 없이 제3자에게 유출하거나 본 계약의 이행 이 외의 목적으로 이용하여서는 안 된다.

제11조(계약기간)

본 계약의 유효기간은 계약체결일부터 1년으로 하고, 계약기간 만료일 1월 전까지 별도 서면에 의한 의사표시가 없는 한 동일한 조건으로 1년씩 자동 연장되는 것으로 한다.

제12조(계약의 변경)

본 계약의 일부 또는 전부를 변경할 필요가 있는 경우에는 "갑"과 "을"의 서면 합의에 의하여 이를 변경하고, 그 변경내용은 변경한 날 그 다음날부터 효력을 가진다.

제13조(권리 등의 양도 등 금지) ➡ **지분양도 금지**

"갑"과 "을"은 상대방의 서면동의 없이 본 계약상의 일체의 권리·의무 등을 제3자에게 양도·증여·대물변제·대여하거나 담보로 제공할 수 없다.

제14조(해지) ➡ **동업계약 해지 사유**

① "갑" 또는 "을"은 다음 각 호의 사유가 발생한 경우에는 계약기간에 관계없이 상대방에 대한 서면통지로써 본 계약을 해제 또는 해지할 수 있다.

  1. 상대방이 정당한 사유 없이 본 계약에서 정한 사항을 위반하고 서면으로 시정요구를 받은 날로부터 7일 이내에 해당 위반사항을 시정하지 않은 경우

  2. 자신 또는 상대방의 주요재산에 대한 보전처분결정 및 강제집행, 화의, 회사정리, 파산 등의 개시로 더 이상 계약유지가 곤란한 경우

  3. 본 영업으로 인하여 2월 이상 손실이 발생하는 경우

  4. 기타 본 계약을 수행하기 어려운 중대한 사유가 발생한 경우

② 제1항의 해제 또는 해지는 "갑"과 "을"의 손해배상 청구에 영향을 미치지 아니한다.

제15조(계약의 유보사항)

① 본 계약에서 정하지 아니한 사항이나 해석상 내용이 불분명한 사항에 대해서는 관계법령 및 상관습에 따라 상호 협의하여 결정한다.

② 제1항과 관련하여 필요한 경우 "갑"과 "을"은 별도의 약정을 할 수 있으며, 이는 본 계약의 일부를 이룬다.

제16조(관할법원)

본 계약과 관련하여 소송상의 분쟁이 발생한 때에는 서울지방법원을 관할로 한다.

본 계약의 내용을 증명하기 위하여 계약서 2부를 작성하고, "갑"과 "을"이 서명 또는 날인한 후 각 1부씩 보관한다.

20ㅇㅇ년 ㅇ월 ㅇ일

"갑"	주소	:	
	성명	:	ㅇㅇㅇ ⑳
	주민등록번호	:	
	연락처	:	
	주소	:	
"을"	성명	:	ㅇㅇㅇ ⑳
	주민등록번호	:	
	연락처	:	

동업해지계약서

동업 계약일 : 20○○년 ○월 ○일

동업 회사명 : ○○주식회사

"갑"
성명 :   ○○○ ㉑
주민번호 :
주소 :

"을"
성명 :   ○○○ ㉑
주민번호 :
주소 :

해약사유 : 자금 분쟁

　상기 "갑" ○○○과 "을" ○○○ 은 20○○년 ○월 ○일부로 모든 사업에 관한 계약을 해지하며, "을" ○○○의 모든 지분을 "갑"이 인수한다.

20○○년 ○월 ○일

동업해지계약자
"갑" ○○○ ㉑
"을" ○○○ ㉑

【동업계약서(지분양도)】

동업계약서(지분양도)

"갑" 성명 :
     주소 :

     회사명 :
"을" 성명 :
     주소 :

상기인 "갑"과 "을"은 아래와 같이 지분양도(동업)계약을 체결한다.

– 아 래 –

1. 상기인 "갑"은 "갑"이 소유하고 있는 회사 (사업자등록번호)의 지분 ○%을 "을"에게 양도하고 "을"은 이를 양수한다.

2. "갑"이 "을"에게 양도한 지분의 대금은 일금 (   )원 정으로 하고 "을"은 "갑"에게 20○○년 ○○월 ○○일까지 지불한다.

3. 회사의 공식서류의 대표 기재 순서는 1번을, 2번 "갑"의 순서로 기재한다.

4. 계약일 이전까지의 영업활동 및 기타 행위에 의하여 발생한 모든 세금은 "갑"이 책임진다.

5. 계약서 작성일 이후의 영업활동으로 인하여 발생한 모든 세금은 "을"이 책임진다.

6. "갑"과 "을"은 본 계약서 체결이후 회사 운영 중에 상호 합의하여 "갑"의 남은 지분을 "을"에게 양도할 수 있으며, 양도금액은 별도 상의하여 결정하도록 한다.

7. 회사 대외적인 공문 및 계약서상의 대표자 날인 또는 서명은 "갑"과 "을"이 상호 합의하여 공동으로 하는 것을 원칙으로 한다.

20○○년 ○월 ○일

        주소 :
"갑"   성명 :   ○ ○ ○ ㊞
        연락처 :

        주소 :
"을"   성명 :   ○ ○ ○ ㊞
        연락처 :

공동 경영계약서

　　○○상사주식회사를 "갑"으로 하고, ○○공업주식회사를 "을"로 하여 다음과 같이 공동경영에 관한 계약을 체결한다.

제1조(계약의 목적)

　　"갑"은 "을"에게 의료판매의 영업을 임대하여, 이를 공동경영할 목적으로 다음 점포를 인도하고, "을"은 이 점포에서 "을"의 명의로 의료판매의 영업을 한다.

　　1. 소재지 : ○○시 ○○구 ○○동 ○○번지
　　1. 점포 : ○층 점포 ○○㎡

제2조(기간)

① 점포의 공동경영기간은 2000년 ○월 ○일부터 2000년 ○월 ○일까지로 한다.
② 전 항의 기간은 "갑"과 "을"의 협의 하에 변경하여 계속할 수 있다.
③ 제1항의 기간 중에 "을"이 점포를 비워줄 때는, 위약금으로서 금원을 지급하기로 한다.
④ 제1항의 기간 중에 "갑"의 요구에 의해 "을"이 점포를 비워줄 때는 위약금으로서 "갑"이 "을"에게 금원을 지급하기로 한다.

제3조(임대료)

① 공동경영에 의한 임대료는 1개월에 금원으로 한다.
② 앞 항의 임대료는 매월 말일에 "을"로부터 "갑"에게 지급하는 것으로 한다.

제4조(전대금지)

　　"을"은 "갑"의 승낙 없이 제1조의 점포를 타인에게 전대해서는 안 된다.

제5조(보증금)

　　"을"은 이 점포의 공동경영에 대해 "갑"에게 보증금 금원을 지급하기로 한다.

제6조(비용부담 및 원상복구)

① 조세 및 점포에 필요한 경영비는 "을"의 부담으로 하고, 점포의 시설 등은 계약종료 시 "을"이 수리하고 원형으로 복원하는 것으로 한다.
② "갑"은 계약체결당시의 그대로 점포를 인도하는 것으로 한다.

　　이 계약을 증명하기 위해 본 서 2통을 작성하여, "갑"과 "을"은 각자 서명 날인한 다음 각 1통을 보관하는 것으로 한다.

20○○년 ○월 ○일

	주소	:
점포위임자 "갑"	성명	: ○ ○ 상점
	대표	: ○ ○ ○ ㊞
		:
	주소	:
점포수임자 "을"	성명	: ○ ○ 상사주식회사
	대표	: ○ ○ ○ ㊞

참고 1 _ 계약서의 편철 ▮_ 대한상사중재원

계약서가 한 장의 용지 속에 들어 갈 수 있으면 문제가 없으나, 만일 그 수록될 내용이 많아 여러장의 용지를 사용하는 경우에는 하나의 책으로 편철하게 되는데, 후일 이 여러 장의 용지가 일체의 계약서를 형성한다고 하는 것을 어떻게 입증할까 하는 것이 문제로 된다.

현재 우리나라에서는 편철된 여러 장의 용지 사이에 간인(間印)을 함으로써 후일 분쟁의 입증자료로 사용한다. 간인은 당사자 쌍방은 물론 입증인이나 중개인, 보증인 등이 있을 때에는 그 사람의 날인(捺印)도 받아야 할 것이다. 한편, 미국·일본 등에서는 문자나 문양 등을, 원형(圓形) 또는 마름모꼴 형태를 한 금형(金型)을 가지고 제본한 여러 장의 용지에 압날(押捺)하여 동일한 부호를 붙이는, 이른바 Seal(封印)이라고 하는 방법을 이용하고 있다.

공동 사업계약서

　○○○(주민등록번호 : ○○○○○○ – ○○○○○○○)(이하 "갑"이라 한다)과 ○○○(주민등록번호 : ○○○○○○ – ○○○○○○○)(이하 "을"이라 한다)는 서울시 ○○구 ○○○○에 소재하는 상가를 공동으로 경영하여 생기는 이익을 각자 투자지분 비율로 분배키 위하여 다음과 같이 공동사업에 관한 계약을 체결한다.

제1조("갑"과 "을"의 출자의무)

　"갑"과 "을"은 ○○상가를 경영하는 데 필요한 "갑"의 소유 건물(건물의 ○○%)과 소유한 토지(토지의 ○○%) 및 건물(건물의 ○○%)의 "을"이 소유한 토지(토지의 ○○%) 및 건물(건물의 ○○%)를 공동으로 출자하여 공동사업을 시작함으로서 출자 의무가 완료된다.

제2조("갑", "을" 출자 토지와 건물의 평가등)

　"갑" "을"이 소유한 건물의 평가는 본 건축물이 신축 건축물임으로 준공당시의 실지 취득가액(도급금액)으로 평가하고, 토지는 건축물 준공당시의 개별공시지가를 기준으로 하여 "갑" "을"이 서로 합의한 금액으로 평가 하여 출자비율을 정한다.

제3조("갑"의 영업 경영의무)

　"갑"은 선량한 관리자로서 위 영업을 경영하고 재산을 관리하여야 하며 을에 대한 모든 의무를 성실히 이행하여야 한다.

제4조("갑"의 이익분배의무)

　"갑"은 공동사업 시작일부터 이 계약종료에 이르기까지 매년 결산 후 "갑", "을"의 출자비율에 따라 이익을 분배한다.

제5조("갑"의 대표의무)

　위 영업을 경영함에 필요한 제3자와의 거래, 영업명의 기타 영업에 부수되는 행위는 "갑"이 이를 대표하며 권리 의무를 "갑"이 부담 취득한다.

제6조("갑"의 보장의무)

　"갑"은 "을"과 "병"에 대한 이익분배의무를 충분히 보장한다.

제7조(손실에 대한 "갑"의 책임)

　"갑"이 위 영업의 경영으로 인하여 손실을 보지 아니하도록 책임지고 경영에 임한다.

제8조("을"의 영업에 대한 감시권)

　"갑"은 "을"의 요구에 따라 언제든지 서면으로 경리에 관한 사항과 영업 및 거래에 관한 대차대조표를 제시하고 영업전반에 관한 사항을 보고하여야 한다.

제9조(계약의 존속기간)

본 계약은 특별한 사정이 없는 한 30년간 존속하며, 기간만료의 경우 "갑"과 "을"이 이의가 없으면 같은 기간 동안 위 계약은 연장된다.

제10조(계약의 해지 및 종료로 인한 원상회복)

"갑"은 계약이 해지 되거나 종료된 경우 위 "을"의 출자액을 그 사유가 있는 날로부터 90일 이내에 현금 또는 부동산으로 "을"에게 지체 없이 반환하여야 한다.

제11조(손해배상)

"갑"과 "을"은 이 계약이 당사자 어느 일방의 귀책사유로 해지 또는 종료된 경우 상대방에게 그 손해를 배상하여야 한다.

제12조(관할법원)

이 계약으로 인하여 분쟁이 생긴 경우 관할법원은 서울지방법원으로 할 것을 합의한다.

이상의 계약을 준수키 위하여 "갑"과 "을"은 계약서 2통을 작성하여 각 1통씩 보관한다.

20○○년 ○월 ○일

"갑"　　주소　　:
　　　　성명　　: ○ ○ ○ ㉑

"을"　　주소　　:
　　　　성명　　: ○ ○ ○ ㉑

공동 투자계약서

(주)○○○○(이하 "갑"이라 칭한다)와 ○○○(이하 "을"이라 칭한다)는 ○○사업(이하 "○○사업"이라고 약칭한다)과 관련한 자금투자 및 사업진행에 관련된 투자 계약을 다음과 같이 작성하면서 상호 신의 성실의 원칙에 의거하여 이를 준수한다.

제1조(목적)

본 계약은 "갑"의 사업과 관련하여 "을"이 "갑"과 공동 투자를 행하고, 동 사업에서 발생하는 수익을 분배하는 것을 목적으로 한다.

제2조(정의)

1. "○○사업"이라 함은 "을"의 자금투여가 이루어져서 "갑"의 사업대한 전체 인테리어 및 주방기기시설 확충을 포함한 매장의 신설을 통한 "갑"과 "을"이 공동으로 경영하는 사업을 말한다.
2. "투자"라 함은 "을"이 "갑"의 "매장사업"을 위하여 약정된 투자금을 지급하고 해당 "○○사업"으로부터 발생하는 매출의 일정률을 투자수익으로 회수하는 것을 말한다.

제3조(투자금)

1. 본 계약에 따라 "을"은 VAT를 포함한 일금 ( )원정을 현금으로 투자하며 자금은 "○○사업" 매장의 공사계획에 따라 준공 예정일인 20○○년 ○월 ○일까지 "갑"의 지정된 은행계좌로 완납한다.
2. 제1항의 자금의 입금 및 출금의 관리를 위하여 당사자 쌍방은 "갑"의 지정된 은행계좌로 자금의 입출금을 관리하며 전산 POS시스템을 운영하여 입출금을 공동관리한다.

제4조(수익분배)

1. "갑"과 "을"은 제3조의 "을"의 투자에 대한 수익의 분배를 "갑"의 "매장사업"의 총 매출액에 대하여 매월 "갑": "을" = ○% : ○% 의 비율로 분배한다.
2. 제1항의 "을"에게로의 지급계좌는 다음으로 한다.
1) 예금주 : ○○○ / ○○ 은행 123-456-7890-001233

제5조(업무분담)

1. "갑"은 "○○사업"경영 전반에 대한 모든 업무를 처리하도록 하며 "을"은 "○○사업"을 개설하기 위해 필요한 전체 인테리어 및 주방기기비용을 "갑"에게 투자한다. 단, "갑"의 투자는 보증금 및 임대료를 투자 자금으로 보고 "○○사업" 영업 총매출액에 대하여 매월 부과되는 임대료를 "을"에게 부과하지 않는다.
2. "갑"은 "을"에게 매일의 매출내역을 정리하여 고지하여야 하며 "을"이 요구하는 경우 언제든지 매출상황을 고지하여야 한다.

3. 제2항의 사항에 허위 또는 누락 등이 있을 경우 그로 인한 모든 손해의 배상 및 정신적 위자료를 "갑"은 "을"에게 배상하여야 한다.

제6조(신의성실)

1. "갑"과 "을"은 본 사업에 관한 투자와 경영에 있어서 상호 신의성실에 의거하여 업무를 진행한다.
2. "을"은 "갑"의 "매장사업"의 안정화를 위하여 정해진 투자금을 제3조 1항의 정해진 기간 이내에 성실히 이행하도록 한다.
2. "을"은 "갑"의 사업의 안정화를 위하여 정해진 투자기간 이내에 투자금의 "갑작스런 회수를 행하지 아니하도록 한다.
3. "갑"은 "을"의 투자에 대한 손실이 발생하지 아니하도록 "매장사업"의 경영에 만전을 기하여 "을"의 투자금 회수 및 수익의 발생에 기여한다.

제7조(투자기간)

1. "갑"과 "을"은 본 투자계약의 계약기간을 세계박람회관과 임대 계약한 3년을 기준으로 하고 기간만료 후 세계박람회관과 재 임대 계약이 확정되면 특별한 사유가 없을시 세계박람회관과 계약이 유지되는 기간 동안 "○○사업"을 공동 운영하도록 한다.
2. 제1항의 투자기간이 경과된 후에도 "을"의 투자금의 전액 회수가 되지 아니할 시에는 "갑"이 운영하는 "매장사업"의 경영권을 "을"에게 양도하기로 한다.
3. 제2항의 경우 "갑"은 "을"이 경영권을 양수받은 "매장사업"의 지속적인 영업이 가능하도록 최대한 지원하도록 하며 "을"은 "갑"에게 제4조 제1항의 수익분배를 지급하고 당해 업무의 담당을 지속하게 할 수 있다.
4. 제2항의 경우 계약의 만료 시 "을"은 투자금 손실분에 대해 "갑"에게 어떠한 이의제기도 하지 아니한다.

제8조(해지)

"갑"과 "을"은 다음 각1호의 경우에 본 사업약정을 해지할 수 있다. 이 경우 각 당사자는 이 계약과 관련하여 각자 지출, 부담한 비용을 상대방에게 청구할 수 없다. 다만, 상대방의 귀책사유로 인하여 손해를 입은 경우에는 예외로 한다.
1. "갑" 또는 "을" 당사자 중 일방이 이 약정서상의 중대한 의무를 이행하지 아니하거나 위반하여 사실상 사업수행이 어려운 경우
2. 인·허가 등으로 인한 사업계획의 변경이나 인/허가조건상의 이행에 과다한 비용의 소요 또는 추가적 비용부담요인의 발생으로 당초 예상 사업수익의 현저한 감소가 예상되는 경우
3. 사업진행에 있어 장기간 지연되는 등 사업수행이 어려워져 "갑", "을" 간에 상호 협의에 의하여 약정을 해지하기로 한 경우
4. "갑" 또는 "을" 중 1인의 금융거래정지 및 경제여건 변동이나 천재지변, 기타 부득이 한 사유가 발생하여 사업수행이 현저히 곤란한 경우
5. "을"의 불가피한 사정으로 인하여 투자금의조기 회수가 필요할 시에는 계약기간 대비 투자금을 산정하여 기 진행된 기간의 대금은 공제한 잔액을 반환한다.

6. "갑"의 불가피한 사정으로 투자금의조기반환을 하는 경우에는 제1항의 산정방법에 의하여 잔여기간의 대금을 반환한다.

7. 제5항 및 제6항의 경우 "갑"과 "을"은 각각 상대방에 대해 별도로 총 투자금액의 %에 상응하는 해지 위약금을 상대방에게 지불한다.

제9조(일반사항)

1. 본 계약과 관련하여 상호 지득하게 된 모든 영업상의 비밀은 외부로 유출되지 아니하며 본 계약기간 동안 "갑"과 "을"은 "매장사업" ○Km 이내 동종의 투자 혹은 동종의 사업을 영위하지 아니한다.

2. 본 계약에 정하여 지지 아니한 사항은 일반적인 상관습에 따르며 별도의 특약사항은 서면으로 작성하여 본 계약서에 첨부한다.

3. 계약기간 내 계약의 변경은 "갑"과 "을" 상호간 합의에 의하여 이루어질 수 있다.

제10조(분쟁해결)

1. 본 계약과 관련하여 양 당사자 간의 분쟁이 발생한 경우, 원칙적으로 "갑"과 "을" 상호간의 합의에 의해 해결한다.

2. 제1항에도 불구하고 분쟁이 해결되지 않을 경우 "갑" 또는 "을"의 주소지 관할 지방법원을 그 관할로 하여 재판함으로써 해결한다.

위와 같이 본 계약이 유효하게 성립하였음을 각 당사자는 증명하면서 본 계약서 2통을 작성하여, 각각 서명(또는 기명)날인 후 "갑"과 "을"이 각각 1통씩을 보관한다.

20○○년 ○월 ○일

"갑"	주소	:
	회사명(대표자)	: ○ ○ ○ ㉑
	법인등록번호(사업자번호)	:
	연락처	:
"을"	주소	:
	성명	: ○ ○ ○ ㉑
	주민등록번호	:
	연락처	:

동업계약서(3인공동출자)

"갑"
성 명 :
주민등록번호
주 소 :

"을"
성명 :
주민등록번호:
주소 :

"병"
성 명 :
주민등록번호:
주 소 :

"갑"과 "을"과 "병"은 ○○시 ○○구 ○○동 ○○번지 소재의 부동산 사무실을 공동으로 경영하기 위하여 다음과 같은 계약을 체결한다.

제1조(출자의무) "갑"과 "을"과 "병"은 부동산 사무실을 경영하는데 필요한 자본금을 각각 공동으로 동일하게 1/3씩 출자한다.

제2조(영업경영의무) "갑"과 "을"과 "병"은 선량한 관리자의 주의로서 위 영업을 경영하고 재산을 관리하여야 하며 모든 의무를 성실히 이행하여야 한다.

제3조(이익분배) 매년말 결산 후 이익을 출자비율에 따라 분배한다.

제4조(대표) 위 영업을 경영함에 필요한 제3자와의 거래, 영업명의, 기타 영업에 부수되는 행위는 "갑"과 "을"과 "병"이 이를 공동으로 대표하며 권리의무를 "갑"과 "을"과 "병"이 부담 취득한다.

제5조(손실에 대한 책임) "갑"과 "을"과 "병"이 위 영업의 경영으로 인하여 손실을 보았을 때에는 출자비율에 따라 손실을 부담한다.

제6조(영업에 대한 감시권) "갑"과 "을"과 "병"은 상대방의 요구에 따라 언제든지 서면으로 경리에 관한 사항과 영업 및 거래에 관한 회계자료를 제시하고 영업전반에 관한 사항을 보고하여야 한다.

제7조(계약의 존속기간) 본 계약은 특별한 사정이 없는 한 1년간 존속하며, 기간만료의 경우 상대방의 이의가 없으면 같은 기간동안 위 계약은 연장된다.

제8조(계약해지권) "갑"과 "을"과 "병"은 3개월간의 사전통지기간을 두어 계약을 해지할 수 있다.

제9조(계약의 해지 및 종료로 인한 원상회복) 계약이 해지되거나 종료된 경우 출자액을 현금으로 지체 없이 반환하여야 한다.

제10조(손해배상) "갑"과 "을"과 "병"은 이 계약이 당사자 어느 일방의 귀책사유로 해지 또는 종료된 경우 상대방에게 그 손해를 배상하여야 한다.

제11조(관할법원) 이 계약으로 인하여 분쟁이 생긴 경우 관할법원은 "갑"의 주소지 법원으로 할 것을 합의한다.

이상의 계약을 준수하기 위하여 "갑"과 "을"과 "병"은 계약서 2통을 작성하여 각 1통씩 소지한다.

2000년 0월 0일

"갑" : _____ (인감)

"을" : _____ (인감)

"병" : _____ (인감)

※ 별첨 : 인감증명

【현물출자계약서】

현물출자계약서

1. 부동산의 표시
 1) ○○시 ○○구 ○○동 ○○번지 대 ○○㎡
 2) ○○시 ○○구 ○○동 ○○번지대 ○○㎡
끝.

주식회사 ○○○○를 "갑"이라 하고 ○○○를 "을"로 하여 다음과 같은 계약을 체결한다.

1. "갑"은 "을"의 신주발행의 모집에 관한 정관 및 주식청약서의 기재내용을 승인하고 위 부동산을 금원으로 환산하여 "갑"에게 현물출자하기로 하고 "을"은 "갑"이 발행하는 신 주식의 보통주식(1주의 금액 ○○원) ○○주를 부여받기로 한다.

2. "을"은 위 부동산을 상법소정절차가 완료되는 즉시로 "갑"명의로 소유권을 이전할 수 있도록 등기절차에 소요되는 일체의 서류를 "갑"에게 제공한다.

위 계약의 성립을 입증하기 위하여 본 증서 2통을 작성하고 당사자는 각자 서명 날인하여 "갑", "을" 각 1통씩 소지한다.

2○○○년 ○월 ○일

"갑"	주소	:	
	상호	:	
	대표이사	:	○○○ ㊞
"을"	주소	:	
	성명	:	
	대표이사	:	○○○ ㊞

투자계약서

김○○(이하 "갑"이라 한다.)과 서울시 ○○동 ○○번지 ○○빌딩에 소재한 주식회사 김○○(이하 "을"이라 한다.)은 "을"의 경영안정과 발전을 위하여 "갑"의 현금투자에 대해 다음과 같이 계약을 체결한다.

- 다 음 -

제1조("갑"의 투자의무)

"갑"은 "을"에게 일금(₩   )원정을 아래의 조건으로 투자한다.

① 2002년 월 일까지 일금(₩   )원정을 현금 투자한다.

② 2002년 월 일까지 일금(₩   )원정을 현금 투자한다.

제2조("을"의 의무)

"을"은 "갑"이 1조 1항과 1조 2항의 투자의무를 완료 시, "을"의 회사주식 ___%를 "갑"에게 지급한다.

제3조("갑"의 영업에 대한 감사)

"을"은 "갑"의 요구에 따라 언제든지 서면으로 경리에 관한 사항과 영업 및 거래에 관한 대차대조표를 제시하고 영업전반에 관한 사항을 보고하여야 한다.

제4조(권리의 양도 및 처분 금지)

"갑" 또는 "을"은 서로 상대방의 서면 동의가 있는 경우를 제외하고는 어떠한 이유로도 이 계약상의 자신의 권리나 의무를 다른 제3자에게 이전, 양도하거나 처분을 할 수 없다.

제5조(계약의 해지)

정당한 사유 없이 "갑"이 위 제1조 제1항과 제1조 제2항의 의무를 이행하지 않을 경우, "을"은 서면통보 후 계약을 해제 또는 해지 할 수 있다.

"갑" 또는 "을"은 계약해지에 해당하는 정당한 사유가 발생할 경우 서면의 통지로써 이 계약을 해지할 의사를 전해야 한다.

제6조(비밀유지)

"갑"과 "을"은 투자협상 및 투자계약체결 등 투자와 관련하여 입수한 제반 정보에 대하여 비밀을 준수하며 이를 상호협의 없이 절대 누설할 수 없다.

제7조(일반조항)

① 이 계약은 "갑"과 "을" 쌍방의 서면 합의에 의해서만 변경될 수 있다.

② 이 계약에 규정되어 있지 않거나 해석상 이견이 있는 사항은 "갑"과 "을" 양 당사자의 상호 합의에 의하거나 일반 상관례에 따르기로 한다.

　본 계약의 내용을 증명하기 위하여 본 계약서 2통을 작성하여 "갑"과 "을"이 각각 1통씩 보관한다.

20○○년 ○월 ○일

	이름	:	○ ○ ○ ㊞
"갑"	주민등록번호	:	
	주소	:	
		:	
	대표이사	:	○ ○ ○ ㊞
"을"	상호	:	
	주소	:	

합작투자계약서(외국인투자)

　계약은 (내국투자가의 주소)에 주 사무소를 둔 대한민국(이하 "한국"이라 약칭한다) 법률에 따라 설립되어 존속중인 (내국투자가 회사명) (이하 "갑"이라 약칭한다)와 (외국투자가의 주소)에 주 사무소를 둔 (외국투자 국명) 법률에 따라 설립되어 존속중인 (외국투자가 회사명) (이하 "을"이라 약칭한다) 사이에 2000년 O월 O일자로 체결되었다.

– 증 –

　"갑"은 한국에서 OOOO을, "을"은 (투자국명)에서 OOOO을 영위하고 있는 바, 양 당사자는 OO을 주목적으로 하는 회사를 한국 내에 설립하고자 본 계약에 포함된 상호간의 합의와 약속을 약인으로 하여 다음과 같이 합의한다.

제1조(신 회사의 설립)

1. 본 계약의 당사자는 한국법률에 따라 본 계약의 발효 후 지체 없이 본 당사자에 의하여 공동으로 소유되며 또한 경영되는 회사(이하 "신 회사"라 칭한다)를 설립한다.
2. 신 회사의 상호는 OO주식회사라 칭하고, 영문으로는 (신 회사의 영문표기)라 표기한다.
3. 신 회사의 본점을 한국 (신 회사의 주소)에 두고, 필요에 따라 국내·외 지점 또는 기타 영업소등을 설치할 수 있다.
4. 본 계약의 당사자는 신 회사의 설립 및 등기에 관련한 절차 및 명세에 대하여 서로 협의하고 협력하여야 한다.

제2조(사업목적)

신 회사의 사업목적은 다음과 같다.

1.
2.

제3조(정관)
신 회사의 정관(이하 "정관"이라 칭한다)은 계약당사자가 한국상법에 따라 협의하여 작성한다. 다만, 정관내용이 본 계약에 반하는 부분은 본 계약에 일치하게끔 정관을 수정한다.

제4조(각 당사자 출자금액 및 출자비율)

1. 본 계약에 따라 당사자들이 신 회사에 투자할 금액 및 그 소유주식수와 지주비율은 다음과 같다.
　"갑" : 원 (주) %
　"을" : 원 (주) %

2. 신 회사 설립시의 납입자본금은 금 원으로 하고 "갑", "을"이 위 출자비율에 따라 출자한다.

제5조(주식의 종류)

신 회사가 발행하는 주식은 전부 금 원의 의결권부 기명식 보통주식으로 한다.

제6조(주금의 납입)

1. 본 계약 당사자는 본 계약 제4조 제2항의 기재에 따라 신 회사 주식을 인수하며 본 계약 발효 후 O일 이내에 주금 총액을 납입하여야 한다.
2. "갑"의 주금납입은 현금 또는 현물출자로 납입한다.
3. "을"의 주금납입은 한화 원에 상당하는 외화(전신환 또는 자본재매입율)으로 납입한다.

제7조(주식의 양도)

1. 신 회사의 주식은 쌍방 당사자 간의 사전 승낙 없이는 담보제공 등 그 주식 상에 따른 권리의 설정을 할 수 없다.
2. 본 계약의 어느 당사자가 소유하는 신 회사의 주식을 양도하고자 할 때에는, 그 취지를 이사회에 통보함과 동시에 양도조건을 제시하여야 한다. 통보를 받은 이사회는 지체 없이 잔여주주에게 양수의사 확인통지를 하여야 한다. 통지를 받은 잔여주주가 양수의사를 표시한 경우에는 잔여주주 사이의 주식 보유비율에 따라 양도하고자 하는 주식을 배분하기로 한다. 통지를 받은 잔여주주 모두가 통지일로부터 O일 이내에 전기조건에 따른 양수의사를 표시하지 아니할 때 또는 양수를 거부할 때에는 양도희망자는 제3자에게 자유롭게 양도할 수 있다. 단, 제3자에 대한 양도조건(가격을 포함하나 이에 한정되지 아니함)은 잔여주주에 제시한 조건에 비하여 유리한 것이 되어서는 안 된다.
3. 주식을 취득하는 제3자는 본 계약의 모든 규정을 준수하고 매도당사자와 똑같은 범위로 본 계약의 모든 규정에 구속을 받겠다는데 합의하는 약정서를 본 계약의 타방당사자 및 신 회사에게 제출하여야 한다.
4. 제7조 제2항에 의한 주식양도의사표시 및 양도조건은 문서로 이루어져야 한다.
5. 본 조문에 의한 주식의 양도는 필요한 경우 정부의 인가·허가 등을 받는 것을 조건으로 한다.

제8조(신주 인수권)

1. 신 회사가 신주를 발행할 때는 본 계약당사자는 주식발행 시에 있어서 각기 가진 주식비율에 따라 신주를 우선적으로 인수할 권리가 있다. 다만, 주주전원의 동의가 있으면 주식발행시의 지주비율과 다르게 신주를 인수할 수 있다.
2. 어느 당사자가 우선적으로 이수할 권리가 있는 신주의 전부 또는 일부에 대하여 인수를 희망하지 않을 때에는 신주배정을 받은 날로부터 30일 이내에 취지를 이사회에 통보하여야 하며 상대방 당사자는 그러한 신주에 대하여 우선 인수권이 있는 것으로 한다.
3. 인수가 불가능한 신주는 이사회에서 결정하는 조건에 따라 본 계약의 조건을 승인한 자에게 우선 배정한다.

제9조(주주총회)

1. 신 회사의 주주총회(이하 "주주총회"라 칭한다)의 의결방법은 정관에 달리 규정된 경우를 제외하고

발행 주식총수의 과반수에 해당하는 주식을 가진 주주의 출석으로 그 의결권의 과반수에 해당하는 다수의결로 한다.

2. 대표이사가 주주총회의 의장이 되며, 대표이사가 유고시에는 이사회에서 정한 이사가 주주총회의 의장이 된다.

제10조(이사회) 본 계약의 당사자는 각자의 투표권을 행사하여 다음의 사항을 결정한다.

1. 신 회사는 OO명의 이사를 두고, "갑"이 지명한 OO명과 "을"이 지명한 OO명을 주주총회에서 선임하기로 한다.

2. 본 계약의 어느 당사자가 이유여하를 불문하고 그가 지명한 이사를 변경할 경우에는 타방의 당사자가 이에 동의하여야 한다. 다만, 이사의 변경이 정당한 이유 없이 이루어질 경우, 그 이사의 변경을 제안한 당사자는 신 회사나 타방의 당사자로 하여금 그러한 조치에서 발생할 수 있는 모든 손실이나 기타의 비용에 대하여 책임을 지지 않도록 하여야 한다.

3. 이사회 결의는 이사과반수의 출석과 출석이사의 과반수로 하여야 한다.

4. 이사회는 대표이사가 필요하다고 판단하는 경우 또는 다른 이사의 요청이 있을 때 대표이사가 소집한다.

5. 이사회의 의장은 대표이사로 한다.

제11조(이사의 업무분장)

신 회사의 이사의 업무분장은 이사회에서 결정하며 OO명의 공동대표 또는 (전무이사, 상무이사 및 비상임이사)를 두고 대표이사는 "갑" 또는 "을"이 지명한 이사 중에서 이사회가 선임한다.

제12조(감사)

신 회사에 OO명의 감사를 두되 OO명은 "갑"이 OO명은 "을"이 지명한 자로 한다.

제13조(운영자금)

신 회사가 운영자금을 조달할 필요가 있는 경우에 본 계약의 당사자는 신 회사에 대한 대출 및 신 회사 거래은행에 대한 지급, 보증 등 필요한 협조를 하여야 한다.

제14조(배당금)

신 회사는 정관규정에 따라 회사의 재무상태를 고려하여 주식배당금을 정기적으로 배당하는 것을 원칙으로 한다.

제15조(회계기간 및 회계장부)

1. 신 회사의 회계기간은 매년 O월 O일 시작되어 그 해 O월 O일 종료된다. 다만, 첫 회계기간은 신 회사가 설립되는 날에 시작되어 그 해 또는 그 다음해 O월 O일에 종료된다.

2. 신 회사는 한국 내에서 일반적으로 인정된 회계관행, 기준절차에 따른 회계, 경리장부와 그에 관련된 서류를 보유하여야 한다.

3. 각 회계기간의 종료 즉시 신 회사는 (한국, 투자국, 한국 및 투자국)어로 된 당해 회계기간 동안의 대차대조표와 손익계산서를 각 당사자에게 제출하여야 한다. 나아가 신 회사는 각 당사자가 요청할

때에는 각 당사자나 그 대리인이 열람할 수 있도록 회계장부와 서류를 본점에 비치하여야 한다.

제16조(설립비용)

신 회사의 제반 설립비용은 신 회사가 발생시켰거나 또는 부담하는 부분을 제외하고는 본 계약의 당사자들의 각기 부담으로 한다.

제17조(지급설립비용)

1. 신 회사가 "을"에게 행하는 일체의 지급은 계약상에 달리 규정하는 경우를 제외하고는 OOO로 "을"이 신 회사에 서면으로 지정하는 은행 또는 기타 주소로 지급한다.
2. "을"에게 지급될 금액에 대하여 신 회사가 원천 징수하여야 할 세금은 신 회사가 "을"로부터 원천 징수하여 즉시 세무당국에 납부한다. 또한 계약당사자들은 신 회사로 하여금, 위 원천징수세액과 관련하여 "을"에 의해 외국납부세액의 공제를 받음에 있어 충분한 근거가 될 수 있는 한국 세무당국발행의 납세필영수증 또는 기타 적절한 증빙을 "을"에게 제공한다.

제18조(양도의 금지)

본 계약에 의한 어떠한 권리 또는 의무도 제7조에 따른 주식양도절차를 밟은 경우를 제외하고는 타방당사자의 사전 서면 동의 없이 어떤 당사자에 의해 직접 또는 간접으로 양도될 수 없다.

제19조(발효)

본 계약은 한국정부와 OO정부의 필요한 인·허가가 취득된 최종일을 기준으로 하여 발효한다.

제20조(해지)

1. 어느 쪽의 당사자가 본 계약서에 규정된 조항을 위반하여 상대방 당사자로부터 서면에 의한 최고를 받고 30일 이내에 위반사항이 시정되지 아니할 때는 상대방의 당사자는 본 계약의 해지 할 수 있다.
2. 전항의 규정에 의하여 본 계약이 해지되는 경우에는 당해 귀책 당사자는 그가 보유하고 있는 주식을 이사회가 합리적으로 정하는 조건에 의거 상대방 당사자 또는 제3자에게 양도하여야 한다.

제21조(계약의 변경)

본 계약내용의 변경, 가감, 삭제, 정정 등은 정당하게 수권된 대표자의 서명을 필요로 하며, 관청의 인·허가가 필요한 경우에는 당해 인·허가 시점부터 효력이 발생한다.

제22조(적용법) 본 계약은 대한민국의 법률에 준거하여 해석되는 것으로 한다.

제23조(중재)

1. 본 계약과 관련하여 발생되는 분쟁은 중재에 의하여 최종적으로 해결되는 것으로 한다.
2. 동 중재는 한국 서울 소재 사단법인 대한상사중재원의 중재규칙에 의거 해결하도록 한다. [또는 "갑"이 제기한 경우 (외국 투자가국 중재기관 소재지)에 소재한 (외국투자가국 중재기관)에서 "을"이 제기한 경우 한국소재 사단법인 대한상사중재원의 중재규칙에 의거 해결하도록 한다.) 또는 (제3국)에 소재하는 (국제중재기관명) 중재규칙에 의거 해결하도록 한다.]

제24조(경업금지)

1. 계약당사자는 자신이나 그 계열회사가 신 회사의 제품과 경쟁이 될 물품을 직접 혹은 간접으로 한국 내에서 제조하거나 판매하지 않도록 할 것에 동의한다.
2. 계열회사의 범위에 대하여는 양 계약당사자가 별도 합의하기로 한다.

제25조(정보의 비밀유지)

본 계약의 당사자는 상대당사자 또는 신 회사로부터 얻은 것으로 상대당사자 또는 신 회사에 의해서 비밀로 지정되거나 비밀로 유지되어야 한다고 판단되는 정보를 비밀로 유지하는 데 동의하며, 본 계약서에 명시된 목적 이외로는 사용하지 않을 것에 동의한다.

제26조(불가항력)

불가항력에 의한 본 계약조항의 불이행에 대하여는 쌍방 모두가 그 책임을 부담하지 않으며, 불가항력이란 호재, 폭발, 천재지변, 전쟁, 정부의 조치, 기타 당사자가 지배할 수 없는 유사원인을 의미한다.

제27조(인·허가 취득의무)

"갑"은 신 회사의 설립과 관련한 한국정부의 인·허가취득에 최대한 협조하여야 하며, (투자가국) 정부의 인·허가취득은 "을"이 책임을 진다.

제28조(완전 계약조항)

본 계약서는 본 계약의 내용과 관련하여 양당사자가 합의한 사항의 전부이며, 양당사자 간에 그 이전에 이루어진 모든 협정 또는 합의들에 우선하며 종전협정 등은 폐기한다.

제29조(적용국어)

본 계약서는 한국어, 투자국어, 한국 및 투자국어로 작성하며, 한국어 본을 정본으로 하고 해석상 상이점이 있을 때에 한국어 본을 기준으로 한다.

제30조(통지)

1. 본 계약에 따른 통지는 서면으로 하여야 하며, 다음에 기재된 주소에 항공등기우편, 직접교부, 팩시밀리에 의해 발송하는 경우에는 유효하다.
   한국 투자가측 주소 :
   외국 투자가측 주소:
2. 각 당사자는 위에 규정된 방식에 따라 상대방에 대하여 통지함으로써 위의 주소를 변경할 수 있다.
3. 본조에 의한 통지는 우편발송일로부터 30일, 직접 교부 시에는 교부일에, 팩시밀리에 의한 경우에는 발송일에 수령된 것으로 본다.

이를 증하기 위하여, 본 계약의 양 당사자는 각기 정당한 권한을 가진 대표자에 의하여 첫머리에 기재한 날짜에 서명하여 본 계약을 체결한다.

$$2000\text{년} \quad O\text{월} \quad O\text{일}$$

"갑"　　성명　　: ○ ○ ○ ㊞
　　　　직위　　:

"을"　　성명　　: ○ ○ ○ ㊞
　　　　직위　　:

참고 2 _ 계약서의 용어와 문자 ▮_ 대한상사중재원

1. 내국인 사이의 계약

횡서(橫書)·종서(縱書) 어느 것이든 무방하겠으나, 다만 당사자 사이에서 다르게 해석될 가능성이 있는 용어의 사용은 피해야 할 것이 며, 자구(字句)의 변조(變造)를 막기 위하여 가급적이면 워드를 사용한다든가 또는 한자를 함께 사용(특히 금액 등을 숫자로 표시하는 경우)하는 것이 좋을 것이다.

2. 외국인과의 계약

원문(原文)과 역문(譯文)과의 관계를 계약서에 명기하여야 한다. 즉, 원문과 역문의 의미가 다를 때 어느 것이 우선인가 하는 등의 조치사항을 기재하는 것이다. 또한, 원문상의 문자가 모국어가 아닌 외국인 당사자(예를 들면, 한국어가 원문으로 된 경우의 외국인)가 그 계약의 내용을 이해하는데 있어서 원문으로 직접 이해시키는 방법을 택하는 한편, 그 뜻을 계약서에 기재하는 것이 좋다.

합작투자계약서(해외투자)

본 계약은 2000년 O월 O일 아래와 같이 체결한다.

본 계약은 OO국 법률에 따라 적법하게 설립되어 존속하고 있으며 그 본사에 두고 OOO를 대표로 하는 OOOO(이하 "갑"이라고 함)와, 대한민국 법률에 따라 적법하게 설립되어 존속하고 있으며 그 본사를 OO시 OO구 OO동 OO번지에 두고 OOO을 대표로 하는 OOOO(이하 "을"이라고 함)간에 2000년 O월 O일에 체결된다.

이상 "갑"과 "을"은 OO에서 OOO을 수행하기 위하여 OO의 법률에 의한 합작투자 회사의 설립을 합의한다.

제1조(회사명)

본 회사의 명칭은 OOOO(이하 "병"이라 함)이라 한다.

제2조(사업목적)

본 회사는 다음의 목적을 갖는다.

1.
2.

제3조(존속기간)

본 회사는 설립일로부터 무기한 존속할 수 있다.

제4조(본사 및 지사)

본 회사의 본사는 (   )에 두며 지사는 필요에 따라 기타 도시 또는 OO국에 둘 수 있다.

제5조(자본금)

본 회사의 납입자본금은 미화달러(US$)로 하되 주당 액면가는 미화달러(US$)로 한다. "갑"과 "을"은 회사 자본금의 전액을 다음과 같이 현금출자 한다.

주주명	주식수(주)	액수(US$)	비율(%)
OOO	OOO	OO	OO

출자된 자본금은 설립된 회사의 명의로 은행에 입금한다.

제6조(주식의 양도)

주식은 주주 및 주주가 소속하는 회사 간에 양도될 수 있다. 주주는 본 회사 설립의 권한을 갖는 타 주주들의 동의 없이는 여하한 경우라도 주식양도 차액을 위한 보유주식의 양도를 행할 수 없다.

제7조(주식의 처분)

주주는 회사 자본이 되는 보유주식을 처분하고자 할 때에는 그의 의도를 타 주주들에게 서면으로 통보하여야 한다. 통보한 날로부터 90일 이내에 타 주주로부터 동 주식이 적정가격으로 매입되지 않거나 다른 매입자가 동 주식을 매입하겠다는 의사가 없을 때에는 주주는 회사로부터 청산을 위해 필요한 조치를 위할 수 있다. 그러나 주주들이 동의하지 않는 한 회사 설립일로부터 5년간은 본 항에 명시된 주주의 권한을 사용할 수 없다.

제8조(책임)

"을"은 본 계약서의 인준을 위해 ○○국의 "갑"을 대신하여 대한민국 정부에 승인 신청서를 제출할 책임을 진다. 또한 "갑"은 대한민국의 "을"을 대신하여 ○○국 정부에 본 계약서의 인준 신청을 하여야 한다. 상기인준을 득한 6개월 이내에 "갑"과 "을"은 제5조에 의거하여 "병"의 자본금 전액을 납입하여야 한다. "병"의 합작투자회사 설립에 따른 비용은 "갑"과 "을"의 합의에 의하여 정산된다. 자본금의 납입이 완료되면 회사는 실제적인 사업활동을 행하며 본 합작투자회사의 목적을 효율적으로 수행하기 위하여 적정한 기일 내에 시설물과 기구를 도입하여야 한다.

제9조(회사 운영)

회사는 "갑"을 대표하는 2인과 "을"을 대표하는 3인으로 구성되는 이사회에 의하여 운영하여야 한다. "갑"과 "을"은 이사회의 대표를 지명하고 지명자가 결석일 경우에는 대리인을 지명하며 대표자를 교체할 수 있는 권한을 갖는다. 이사회는 "을" 중에서 이사회 회장을 선임한다. 전무이사의 권한은 별도 결의안에 의하여 정한다. 주주수의 어떠한 변동 또는 증가가 있을 시에는 이사진의 선임 또는 해임은 주주총회의 책임하에 둔다.

제10조(회사의 대표)

이사회의 결정에 따라 이사회의 의장과 전무이사는 공동 또는 개별적으로 타인과 관련 공공기관과의 관계에 있어서 회사를 대표한다. 그들의 대표권한은 이사회의 결정에 따라 수정될 수 있다. "을"의 대표 또는 위임장을 소지한 대리인은 이사회의 의장을 대표하는 권한을 갖는다.

제11조(이사회의 권한)

회사의 목적을 수행하고 목적 수행에 필요한 행위를 규정짓고 회사 사업에 관한 재정계획의 수립을 위해 전반적인 회사 방침을 세우는 것을 이사회의 책임으로 한다.

제12조(정족수)

회의의 정족수는 2명 이상으로 한다.

제13조(이사회 결정)

모든 이사회의 결의는 출석 또는 대리출석 인원의 과반수에 의하여 통과되어야 한다.

제14조(의장 및 전무이사)

　의장은 회사의 설립 및 운영에 필요한 허가를 득하는데 있어서 ○○정부 또는 기타 관련된 관공서와의 협의를 책임진다. 전무이사는 이사회에서 결정된 계획을 수행 할 것을 책임지며 아울러 동 계획 범위 내에서 회사의 업무를 관장하는 전적인 권한을 갖는다. 이는 타인과의 계약을 체결할 수 있는 권한을 포함하는 동시에 이사회에 의해 주어진 한도 내에서 금전지불을 취급하는 권한을 의미한다. 또한 전무이사는 회사의 간부사원 임명을 책임진다.

제15조(이사회의)

　이사 회의는 필요시 의장의 요청 또는 전무이사의 요청 또는 이사회 임원의 다수가결에 의하여 회의를 소집할 수 있다. 회의의 통보는 회의일자로부터 14일 이내에 모든 이사들에게 전신 또는 등기우편으로 송달하여야 한다. 그러나 긴급 시에는 이 통보기간은 7일로 줄일 수 있다. 이러한 경우 통보는 서면양식으로 하여야 한다.

제16조(장부 및 회계연도)

1. 회사는 어떠한 주주 또는 수시로 지명된 대리인의 감사에 대비하고 매년 감사를 받을 수 있도록 하는 공식장부와 기록부를 갖추어야 한다.
2. 회사의 회계연도는 그레고리(현행 월력)에 준한다. 전무이사는 회계연도 말로부터 2개월 이내에 이익분배와 관련하여 각 회계연도의 대차대조표, 손익계산서 및 업무보고서, 재정 상태와 의견서를 준비하여야 한다. 전무이사는 이 서류를 작성한 일자로부터 14일 이내에 서류의 사본과 감사 보고서 1통을 회사의 부서와 각 주주들에게 발송하여야 한다.
3. 회사의 초기 회계연도는 해당 사업등록 부처에 등재된 일자로부터 시작하여 다음연도의 12월 31일까지로 한다.

제17조(감사)

　○○내에서 근무 할 수 있는 감사 중에서 1명의 감사를 주주들이 매년 선출한다. 연봉은 주주들의 결정에 따라 감사에서 지급된다.

제18조(손익 분배)

① 손익은 순이익의 일부분을 법정 준비금으로 적립한 후에 주주들의 자본금 참여의 비율에 따라 주주간에 분배한다.
② 손실이 발생하였을 시에는 손실을 다음 회계연도로 이전되며 이익은 모든 손실을 보충한 후에 분배된다.

제19조(중재)

① 본 계약에 발생 또는 본 계약과 관계되는 주주들의 분쟁은 원칙적으로 유화하에 조정한다. 만일에 유화한 방법으로서 조정되지 못할 시에는 분쟁의 건은 중재위원회에 회부된다. 중재 위원회는 3인의 중재자로 구성되며 각 주주는 그의 중재자를 임명할 수 있다. 또한 임명된 2인의 중재자는 제3의 중재자를 선출 할 수 있다.
② 중재위원회는 실제적, 법적 또는 여하한 방법으로 전원 합의에 의하여 중재 결정한다.

③ 중재위원회의 결정은 최종적이며 구속력을 갖는다.

제20조(회사 규정 적용)

여하한 문제에 관하여 본 계약서에 확실한 규정이 없는 한 회사의 규정에 따른다.

제21조(해지)

"갑"과 "을"은 상호간에 아래 사유에 의한 회사해산을 서면으로 통보할 시에는 회사는 해지 또는 해산된다.

1. 회사만료기간 이전에 해체를 위한 "갑"과 "을"의 상호 합의에 의할 때
2. 회사의 자본금이 사업이익을 발생을 위해 그 이상 투자 될 수 없을 정도로 회수 불가능 또는 감액되었을 때
3. 회사 규약에 따른 기타 합리적 이유가 있을 때

제22조(청산)

회사가 본 계약 제21조에 의거하여 해체 또는 종식되었을 때 "갑"과 "을"은 회사의 청산을 위하여 청산인을 임명할 수 있다. 청산인은 회사규정과 관련사항에 준하여 회사 청산을 수행한다.

제23조(발효일)

본 계약서는 "갑"과 "을"이 공히 서명하고 해당 정부에 인준을 득한 일로부터 효력이 발생한다.

제24조(통지)

회사 주주들에게 발송할 제반 통지는 등기우편 또는 전신 또는 인편으로 행한다. 기타 방법으로 전달되는 통보는 무효로 한다.

"갑"과 "을"은 아래와 같이 서명 날인한다.

20○○년 ○월 ○일

"갑"
주소 :
상호 :
대표이사 : ○○○ ㊞

"을"
주소 :
상호 :
대표이사 : ○○○ ㊞

합작투자중재계약서

　　본 계약은 OOO를 설립하고자(이하 "회사"라 한다) OOO(이하 "갑"이라 한다)와 OOO(이하 "을"이라 한다) 양 당사자가 OOO(이하 "병"이라 한다)을 중재인으로 하여 다음과 같이 계약 체결한다.

제1조(범위) 본 계약의 중재인 "병"의 업무범위는 다음과 같다.

1. "갑"과 "을"의 합작을 위한 알선
2. 합작계약조건의 중재 및 합작 계약서 작성 업무대행
3. 회사운영에 대한 당사자의 이해관계조정
4. 경영전반에 대한 자문
5. 필요시 사후관리 기업진단 용역대행(별도 계약)

제2조(수수료)

　　합작투자 중재 수수료는 "갑", "을", "병" 상호 합의하에 '주식지분의 배분'이나 '현금지급'방법 중 택일한다.

1. 주식지분의 배분
　　본 계약에 대한 수수료는 "갑"의 몫으로 회사주주 지분의 O%, "을"의 몫으로 O%로 하여 회사 총 주주 지분의 OO%를 "병"에게 부여한다.

2. 현금지급
　　회사 설립자본금의 O%인 원을 본 계약 체결 시 "병"에게 현금 지급한다.
　　단, "갑"과 "을"의 부담분은 주식배분 비율에 기준 한다.

제3조(준수사항)

1. 위의 합작투자에 대한 업무수행을 위하여 "갑"과 "을"양 당사자에 관한 자료 및 정보를 "병"에게 제공하여야 한다.
2. "갑"과 "을"은 업무수행상 필요로 하는 자료 및 사항에 대하여 "병"에게 적극 협조하여야 한다.
3. "병"은 업무수행상 지득한 자료 및 정보에 관한 기밀사항을 법령에 의하지 아니하고는 "갑", "을"의 동의 없이 제3자에게 알릴 수 없다.
4. "갑", "을", "병"이 대행한 결과에 대하여 객관적으로 입증할 수 있는 자료의 제시 없이는 부당한 이의를 제기할 수 없다.

제4조(계약의 변경)

　　본 계약 내용의 변경, 가감, 삭제, 정정 등은 "갑", "을", "병" 3자의 합의에 의하며 관청의 인, 허가 필요한 경우는 당해 인·허가 시점부터 효력이 발생한다.

제5조(해약)

제3조에 의한 준수사항 위배시 서면에 의거 해약청구 할 수 있다. 단, 해약 시 본 합의계약에서 발생한 비용은 "갑"과 "을"이 부담한다.

제6조(협의)

본 계약에 명시되지 아니한 사항에 대하여는 "갑", "을", "병" 상호협의에 의하여 "병"이 결정한다.

본 계약을 증명하기 위하여 계약서 3통을 작성하고 "갑", "을", "병"이 각각 서명 날인 후 각 한 통씩 보관한다.

20ㅇㅇ년 ㅇ월 ㅇ일

"갑"	주소	:	
	성명	:	
	대표자	:	ㅇ ㅇ ㅇ ㉑
	주소	:	
"을"	성명	:	
	대표자	:	ㅇ ㅇ ㅇ ㉑
	주소	:	
"을"	성명	:	
	대표자	:	ㅇ ㅇ ㅇ ㉑

회사경영위임계약서

위임자 OOO을 "갑"으로 하고, 수임자 OOO을 "을"로 하여, 양쪽 당사자 간에 다음과 같이 회사경영의 위임계약을 체결한다.

제1조(계약의 목적)

"갑"은 자신이 대표이사이고, 또 본인 및 그 가족이 그 주식의 70%를 소유하는 OOOO상사주식회사의 경영개선을 위해 다음 조항의 방법에 따라 그 경영을 "을"에게 위탁하고, "을"은 이를 승낙한다.

제2조(위임절차의 이행)

"갑"은 가능한 빨리 임시주주총회 및 이사회의 개최, 의결 등 필요한 절차를 진행하고, 현 이사의 전원사임의 상태에서 새로이 "을"과 "갑" 및 "을"이 지명하는 자 1명을 대표이사로 선임하고, "을"을 대표이사 사장으로 선임할 것을 약속한다.

제3조(경과조치)

금일 이후 "을"이 대표이사로 선임되기까지의 기간 동안 "갑"은 "을"에게 회사고문의 자격을 부여하고, 회사경영에 관한 일체의 행위에 대해 "을"에게 그 지시를 구하고 "을"의 지시에 따른다.

제4조(협력의무)

"갑"은 새 이사로서 이사회의 결의에 따라 "을"의 경영계획수행에 전적으로 협력한다.

제5조(협력의무)

"갑"은 "을"이 입안한 회사 경영개선계획이 그대로 주주총회에서 의결 내지는 승인되도록 노력한다. 단, 다음의 경우는 잘 검토한다.

1. 제2회사의 설립에 의한 영업의 양도
2. 80%를 초과하는 감자(減資)
3. 앞의 2호와 실질적으로 동일한 수속

제6조(계약의 해제)

이 계약은 체결일로부터 1년간에 한해 당사자를 구속하는 것으로 하고, 이 기간 중에는, "갑"은 사유를 불문하고 이 계약을 해소(解消)할 수 없다.

이 계약의 성립을 증명하기 위해 본서 2통을 작성하여 "갑"과 "을"이 각자 기명하고 날인한 다음 각 1통을 보유한다.

                              20○○년 ○월 ○일

                    주소   :
                    성명   : ○○○○상사
    경영위임자 "갑"   주식회사
                    대표   : ○○○   ㊞

                    주소   :
    경영수임자 "을"   성명   : ○○○○유통주식회사
                    대표이사   : ○○○   ㊞

참고 3 _ 자구의 수정 ▌_ 대한상사중재원

1. 계약서의 작성중에는 오자(誤字)·탈자(脫字) 또는 불필요한 부분이 발생할 수가 있다. 이에 대하여는 자구(字句)의 삭제(削除)·추가(追加)·정정(訂正) 등의 수정을 하게 되는데, 어느 경우에든 깨끗하고 알기 쉽게 해당 부분을 수정한 후, 그 뜻을 기재하고 당사자 쌍방의 정정인(訂正印)을 압날(押捺)한다. 그 방법은 해당 부분이 있는 행(行)의 양 여백에 삭○자·가(첨)○자·정정○자(삭제와 추가의 자수가 동일할 때) 등으로 표시한다. 여기서 특히 수정되는 자수(字數)를 위의 양(兩) 한자(漢字) 사이에 끼워 놓는 것이 중요하다.

2. 자구(字句)의 수정이라고 하더라도, 대금액이나 확정일부(確定日附) 이행시기 그리고 인도수량(引渡數量)과 같은 중요한 부분의 정정은 가급적이면 하지 않는 것이 좋다. 만일 그 수정이 필요한 때에는 해당 조항 전부를 다시 정서하는 것이 바람직하다.

【경영자문계약서】

경영자문계약서

　　OOO (이하 "갑"이라 한다)은 사업의 추진에 필요한 정책자금 활용을 위하여 OOO(이하 "을"이라 한다)을 경영자문인으로 지정하면서 다음과 같은 내용으로 하는 본 자문계약을 체결하고, 그 증거로 계약서 2부를 작성 날인한 후 "갑"과 "을"이 각각 1부씩 보관한다.

제1조(계약의 목적)

　　본 자문계약은 "갑"이 추진하고 사업과 관련하여 "을"이 본 계약에서 정한 바에 따라 정책자금 활용을 위한 경영자문업무를 성실히 수행함으로써, "갑"의 정책자금조달이 원활히 진행될 수 있도록 상호 협력하는 것을 그 목적으로 한다.

제2조(자문인의 지정)

　　"갑"은 정책자금 정보관리, 정책자금조달에 필요한 사업계획서 작성지도 그리고 정책자금 신청에 따른 절차자문 등 정책자금과 관련한 제반업무 진행에 있어서 "을"을 "갑"의 자문인으로 지정한다.

제3조(자문인의 역할) "을"이 "갑"의 정책자금 경영자문인으로서 "갑"에게 제공할 주요 업무는 다음 각 항과 같다.

1) 정책자금 정보와 자료제공 및 상담
2) 최적 정책자금원의 선정
3) 정책자금 신청을 위한 사업계획서 작성지도
4) 정책자금 신청에 따른 절차자문

제4조(계약기간)

　　본 자문계약의 기간은 계약 체결일로부터 OO일 간으로 한다.

제5조(자문수수료의 지급) 본 건과 관련하여 "갑"이 "을"에게 지불하는 자문 수수료(부가세별도)는 다음과 같은 조건과 방법으로 지불한다.

1) 착수금 : 본 계약체결과 동시에 일금 OOO 원(₩OOO,OOO,OOO)을 현금으로 지불한다.
2) 잔 금 : "갑"이 정책자금 승인을 통보 받은 날로부터 7일 이내에 정책자금 배정금액의 OO%를 현금으로 지불한다. 정해진 기일 내에 잔금이 미지불되는 경우에는 초과일수에 대하여 년 OO%의 이자율을 가산 적용하도록 한다.

제6조(자료 및 정보의 제공)

1. "갑"은 "을"이 본 계약업무를 원활히 수행할 수 있도록 제반자료의 제공 및 사업설명, 소속인력의 참여 등 최대한의 협력을 제공한다.

2. "갑"은 "을"로 하여금 작성 완료된 사업계획서 내용을 출판 또는 온라인통신에 게재할 수 있도록 한다.

제7조(권리 · 의무의 양도금지)

본 계약으로 인해 발생되는 권리 · 의무는 "갑"과 "을" 상호간의 합의 없이 제3자에게 양도할 수 없다.

제8조(계약의 해지)

1. 본 계약은 "갑"과 "을"이 계약에서 정한 상호 의무사항 등을 위배하였을 경우, 서면통지로써 계약을 해지할 수 있다.

2. 계약의 중도 해지시에는 해지책임의 귀속에 따라 "갑"은 계약금 전액을 포기하거나, "을"은 계약금 전액을 환불하여야 한다.

제9조(관할법원)

본 계약으로 인하여 쌍방 간에 생기는 일체의 분쟁에 관한 소송은 서울민사지방법원을 관할법원으로 한다.

제10조(신의 · 성실)

"갑"은 기업경영자로서 "을"은 경영 컨설턴트로서 상호 신의 · 성실의 원칙에 입각하여 계약업무가 성실히 수행될 수 있도록 협조하며, 상호간에 명예와 품위를 손상시키지 않도록 한다.

제11조(상호협의)

본 계약에 정하지 않은 사항 및 본 계약의 해석에 대하여는 일반 상관례에 따라 "갑"과 "을"이 상호 협의하여 결정한다.

2000년 0월 0일

"갑"	성명	: 000	㊞
	대표이사	: 000	㊞
"을"	성명	: 000	㊞
	대표이사	: 000	㊞

경영위탁계약서

　　김○○(이하 "갑"이라 한다)과 김○○(이하 "을"이라 한다)은 경영위탁에 관하여 아래와 같이 계약(이하 "본 계약"이라 한다)을 체결한다.

제1조(목적)

　　본 계약은 "갑"이 "을"에게 회사의 경영을 위탁하는데 있어 필요한 제반사항을 정함을 그 목적으로 한다.

제2조("갑"의 지위)

　　"갑"은 대한상사주식회사(이하 "본 회사"라 한다)의 주식 60%를 소유하고 있는 대표이사이고, "갑"이 본 계약에 따라 "을"에게 본 회사의 경영을 위탁하는 경우에도 "갑"은 대표이사 지위를 보유한다.

제3조("갑"의 의무)

　　본 계약체결 이후 "갑"은 지체 없이 본 회사의 임시주주총회와 이사회의 개최 및 의결 등을 본 회사의 대표이사로 선임하는데 필요한 모든 절차를 이행한다.

제4조(경과조치)

　　본 계약체결 이후 제3조에 정한 바에 따라 "을"이 본 회사의 대표이사로 선임될 때까지의 기간 동안 "갑"은 "을"을 본 회사의 고문으로 선임하여 본 회사를 경영함에 있어 "을"의 자문을 구한다.

제5조(협력의무)

① "갑"은 "을"의 본 회사 경영 전반에 대하여 성실하게 협력한다.
② "갑"은 특별한 사정이 없는 한 "을"이 입안한 본 회사 경영개선계획이 주주총회에서 의결 내지는 승인될 수 있도록 성실하게 협력한다.

제6조(비밀준수의무)

　　"갑"과 "을"은 본 계약의 이행과정에서 알게 된 상대방의 영업비밀을 상대방의 서면동의 없이 제3자에게 유출하거나 본 계약의 이행 이외의 목적으로 이용하여서는 안 된다.

제7조(계약기간)

　　본 계약기간은 본 계약체결일로부터 1년으로 하고, 계약기간 만료일 1월전까지 별도 서면에 의한 의사표시가 없는 한 동일한 조건으로 1년씩 자동 연장되는 것으로 한다.

제8조(양도 등 금지)

　　"갑"과 "을"은 상대방의 서면동의 없이 본 계약상의 일체의 권리, 의무 등을 제3자에게 양도·증여·대물변제·대여하거나 담보로 제공할 수 없다.

제9조(계약의 변경)

본 계약의 일부 또는 전부를 변경할 필요가 있는 경우에는 "갑"과 "을"의 서면 합의에 의하여 이를 변경하고, 그 변경내용은 변경한 날 그 다음날부터 효력을 가진다.

제10조(권리 등의 양도 등 금지)

"갑"과 "을"은 상대방의 서면동의 없이 본 계약상의 일체의 권리ㆍ의무 등을 제3자에게 양도ㆍ증여ㆍ대물변제ㆍ대여하거나 담보로 제공할 수 없다.

제11조(해제 및 해지)

① "갑" 또는 "을"은 다음 각 호의 사유가 발생한 경우에는 계약기간에 관계없이 상대방에 대한 서면통지로써 본 계약을 해제 또는 해지할 수 있다.

  1. 상대방이 정당한 사유 없이 본 계약에서 정한 사항을 위반하고 서면으로 시정요구를 받은 날로부터 7일 이내에 해당 위반사항을 시정하지 않은 경우
  2. 자신 또는 상대방의 주요재산에 대한 보전처분결정 및 강제집행, 화의, 회사정리, 파산 등의 개시로 더 이상 계약유지가 곤란한 경우
  3. 기타 본 계약을 수행하기 어려운 중대한 사유가 발생한 경우

② 제1항의 해제 또는 해지는 "갑"과 "을"의 손해배상 청구에 영향을 미치지 아니한다.

제12조(계약의 유보사항)

① 본 계약에서 정하지 아니한 사항이나 해석상 내용이 불분명한 사항에 대해서는 관계법령 및 상관습에 따라 상호 협의하여 결정한다.

② 제1항과 관련하여 필요한 경우 "갑"과 "을"은 별도의 약정을 할 수 있으며, 이는 본 계약의 일부를 이룬다.

제13조(관할법원)

본 계약과 관련하여 소송상의 분쟁이 발생한 때에는 본 회사의 본점 소재지를 관할하는 법원을 관할로 한다.

본 계약의 내용을 증명하기 위하여 계약서 2부를 작성하고 "갑"과 "을"이 서명 또는 날인한 후 각 1부씩 보관한다.

20○○년 ○월 ○일

	주소	:	
"갑"	주민등록번호	:	
	성명	:	○○○ ㉑
		:	
	주소	:	
"을"	주민등록번호	:	
	성명	:	○○○ ㉑

재직근로자 향상훈련 위탁계약서

직업능력개발훈련시행규정에 따른 직업능력개발훈련(향상훈련) 실시에 관하여 훈련위탁업체를 "갑"으로 하고, 훈련기관을 "을"로 하여 다음 사항을 계약한다.

제1조(훈련대상)

① "을"은 "갑"으로부터 위탁받은 "갑"의 재직근로자에 대하여 직무능력 향상훈련을 실시한다.

제2조(훈련직종 등)

① "을"이 실시할 위탁훈련직종, 인원, 기간, 훈련비 등은 다음과 같다.
② "갑"이 "을"에게 지급하는 위탁훈련비는 직업능력개발사업지원금 규정의 훈련직종별 훈련비용 단가에 의거한 경인지방노동청장의 지정훈련비로 한다.

제3조(위탁훈련비 지급 및 환급)

① "갑"은 "을"에게 훈련실시일까지 규정된 위탁훈련비를 지급하며, "을"은 "갑"에게 훈련비 영수증을 발급한다.
② "갑"은 훈련종료 후 훈련과정을 80%이상 이수하여 수료한 인원에 한하여 관할 지방 노동사무소에게 청구하여 환급받는다.

훈련직종	훈련방법	인 원		훈련기간	훈련시간	1인당 훈련비
		성 명	주민등록번호			
AutoCAD	집체훈련	○○○	–	2개월	1일 2시간	400,000원

제4조(훈련의 이행)

① "갑"은 "을"이 정하는 훈련시간에 위탁훈련생들이 훈련을 충실히 받을 수 있도록 하여야 하며, 부득이 한사유로 훈련을 받을 수 없을 경우 "을"에게 사전 통보하여야 한다.
② "을"은 "갑"에게 위탁받은 훈련과정을 개설하여 회사업무에 도움이 될 수 있도록 능력을 향상시킨다.
③ "을"은 직업능력개발시행규정 및 "갑"이 위탁훈련과 관련하여 요구하는 사항을 준수한다.

제5조(훈련생 관리)

① "갑"은 훈련기간 중 훈련생이 충실히 훈련을 받을 수 있도록 사전에 교육을 하여야 한다.
② "을"은 훈련생에게 최적의 훈련환경을 제공하고, 훈련생이 훈련 중 교육의 열의가 없거나 불손한 행위를 한자에 대하여는 "갑"에게 즉시 통보하고 적절한 조치를 취한다.
③ "을"은 훈련생이 중도탈락 등으로 손해를 입지 않도록 교육상담 안내를 철저히 한다.

제6조(훈련의 계약해지)

① "갑"은 "을"이 직업능력개발시행규정 및 본 계약을 위반할 때 계약을 해지할 수 있다.

② "갑"은 "을"이 훈련실시 능력이 없거나 위탁훈련기관으로 부적당하다고 판단될 때 계약을 해지할 수 있다.

제7조(준용)

① 본 계약서에 명시되지 아니한 사항에 대하여는 "갑"과 "을"은 근로자직업훈련촉진법 및 동법 시행령과 동법 시행규칙 등에서 정하는 바에 따르기로 한다.

② "갑"은 "을"이 훈련실시능력이 없거나 위탁훈련기관으로 부적당하다고 판단될 때 계약을 해지할 수 있다.

이 계약의 체결을 증명하기 위하여 본 계약서 2부를 작성 쌍방이 서명 날인하고 각각 1부씩 보관한다.

2000년 0월 0일

"갑" : 000 ㉞

"을" : 000 ㉞

사업주위탁훈련계약서

1. 사 업 체 명 : 0000

　가. 소 재 지 : OO시 OO구 OO동 OO번지

　나. 대 표 자 : O O O

2. 훈 련 기 관 : 0000

　가. 소재지 : OO시 OO구 OO동 OO번지

　나. 대표자 : O O O

　직업능력개발사업 규정에 따른 재직근로자 위탁훈련실시에 관하여 0000를 "갑"으로 하고 0000을 "을"로 하여 다음 사항을 계약한다.

제1조

① "을"은 "갑"으로부터 위탁받은 재직근로자에 대하여 제2조의 내용에 의한 교육을 실시한다.

② "을"은 "갑"이 요구한 교육내용과 노동부에서 지정한 교육지침을 준수하고 훈련생이 중도 탈락되지 않도록 성실히 교육하여야 하며, 교육의 질적 향상을 위하여 노력하여야 한다.

③ 교육비는 노동부에서 지정한 훈련비로 한다.(노동부 지정서 참조)

제2조

"을"이 담당할 훈련직종, 훈련기간, 1인 훈련시간과 교육훈련비 지원금액은 다음과 같이 한다.

훈련 과정명	훈련기간(6개월)	1일 교육시간(총시간)	1인당훈련비(총훈련비)
0000		00:00~00:00 (시간)	원

제3조(교육훈련비지급)

① "갑"이 "을"에게 지급하는 교육훈련비는 일금 OO만 원(₩원)이고 2000년 O월 O일까지 입금한다.

　(입금은행 : OO은행 통장번호 : 예금주 : OOO(OOOO))

② 교육비는 제1조 3항의 내용에 의하고 그 외에는 통상의 방법으로 산정한다.

③ "을"은 교육훈련 수료 후 즉시 "갑"의 요구 시 직업능력개발사업 지원금 지급규정에 의하여 지방노동관서에 지원금 신청을 위한 증빙서류 (훈련비영수증, 수료증)를 제출하여야 한다.

제4조 교육기간 중 직업능력개발훈련법에 따라 80%이상 출석하여야 노동부지원금이 지원되며 개인사정이나 회사사정에 의하여 80%이상 교육이수를 못하였을 시는 이 모든 책임은 "갑"이 진다.

제5조 "갑"은 교육훈련생의 총 결석 상황을 정확히 확인하여 주어야 하며 "을"이 원본을 관리한다.

제6조 교육훈련 평가를 위하여 "갑"의 요구가 있을 시 "을"은 "갑"에게 훈련 수능 정도를 통보한다.

제7조 "갑"은 "을"이 다음 각 항의 1에 해당하는 경우에는 이 계약을 해지할 수 있다.

① 사업주위탁훈련 시행 규정 및 본 계약을 위반할 때
② 훈련실시 능력이 없거나 위탁훈련기관으로 부적당하다고 판단될 때

제8조 이 계약은 "을"이 "갑"으로부터 위탁훈련 실시자로 지정 받은 기간동안 유효하다.

제9조 이 계약의 체결을 증명하기 위하여 본 약정서를 2통 작성하여, 쌍방이 서명 날인하고 각 1통씩 보관한다.

20○○년 ○월 ○일

"갑"	상호	:	
	대표	: ○○○ ㉙	
	훈련원	: ○○○ ㉙	
		:	
"을"	상호	:	
	대표	: ○○○ ㉙	

기술이전의뢰계약서

본 계약서는 ○○시 ○○구 ○○동 ○○번지에 소재하는 ○○○(이하 "갑"이라 칭함)과 ○○시 ○○구 ○○동 ○○번지에 소재하는 ○○○ 특허법률사무소 (이하 "을"이라 칭함) 사이에 체결한다.

–계약취지–

"갑"은 특허권을 소유하고 있는 소유자이고, "을"은 "갑"이 소유한 특허 받을 수 있는 권리 또는 특허권(이하 '특허권리'라 약함)의 기술이전(특허권의 양도 또는 실시권의 허여)을 의뢰받은 대리인으로서, 상호 협력하여 아래와 같은 계약내용를 성공적으로 수행하고자 한다. 이에 양자는 상호 추구하는 바를 높이 평가하고 본 계약을 체결한다.

제1조(계약대상 및 계약기간)

① 본 계약에 의하여 기술이전을 의뢰하고자 하는 계약대상은 아래와 같다.

출원인	발명의 명칭	국가	출원(등록)번호

② "갑"은 2000년 ○월 ○일로부터 2000년 ○월 ○일까지의 기간 동안 제1조 제1항에 명시한 특허권리의 기술이전 업무를 "을"에게 의뢰한다.

제2조(실시계약 의무)

① "갑"의 의무

　가. "갑"은 "을"에게 제1조에 명시된 특허권리를 이전받을 기술도입 예상자를 검색할 권한 및 전기 특허권리의 기술이전에 대하여 검색된 기술도입 예상자와 협의할 권한을 부여한다.

　나. "갑"은 제1조에 명시된 특허권리의 기술이전과 관련된 모든 자료를 "을"에게 제공한다.

　다. "갑"은 제1조에 명시된 특허권리의 기술이전에 대하여, "을"이 검색 및 협의한 기술도입 예상자와 직접적으로 협의하여야 하며, 전기 직접적인 협의결과에 따른 모든 사항을 책임진다.

　라. "갑"은 상기 기술이전의 의뢰에 대한 수수료로서, "을"에게 착수금을 지급하고, "을"이 검색하여 협의한 대상과 기술이전 계약을 체결할 경우, 성공보수를 "을"에게 추가로 지급한다.

② "을"의 의무

　가. "을"은 "갑"에게 제공받은 자료에 의거하여, 제1조에 명시된 특허권리를 기술이전 받을 기술도입 예상자를 검색하고, 전기 특허권리의 기술이전에 대하여 기술도입 예상자와 협의한 후, 그 결과를 "갑"에게 통보한다.

나. "을"은 계약기간동안, 제1조에 명시된 특허권리에 대한 상세한 정보를 "을"의 홈페이지(www.OOO.com)의 기술이전란에 게시한다.

다. "을"은 계약기간동안, 기술도입 예상자를 검색 및 선별한 경우, 제안서를 작성하고 기술대가 협의 및 협상안을 수립하여 "갑"에게 보고한다.

라. "을"은 계약기간동안 기술도입 예상자를 선별하지 못한 경우, 동 기간동안의 선별활동을 기록한 업무경과보고서를 작성하여 "갑"에게 보고한다.

마. "을"은 "갑"에게 보고된 사항에 대하여, "갑"이 추후에 직접적으로 협의할 경우, "갑"의 협의에 따른 결과를 책임지지 아니한다.

제3조(기술이전 의뢰 수수료)

① "갑"은 "을"에게 본 계약 체결일로부터 7일 이내에, 제1조에 명시된 특허권리의 기술이전 의뢰에 따른 착수금으로서 일금 (   )원을 지급한다.

② "갑"은 "을"이 제공한 기술이전 대상과 제1조에 명시된 특허권리에 대하여 기술이전계약을 체결할 경우, "을"에게 성공보수를 기술이전료 결제일로부터 30일 이내에 지급한다. 이때, 성공보수는 선급금에 대한 지분과 경상로열티에 대한 지분을 포함하고, 선급금에 대한 지분율은 아래에 기재된 바와 같으며, 경상로열티에 대한 지분은 경상로열티의 5%로 한다.

선급금	선급금에 대한 지분율
5,000만 원 미만	50%
5,000만 원 – 1억 원 미만	40%
1억 원 – 10억 원 미만	30%
10억 원 – 100억 원 미만	20%

③ 계약체결 후 "갑"이 지급한 착수금은 어떠한 경우에도 환불하지 아니한다.

제4조(비밀유지 의무)

"을"은 "갑"이 제공한 제1조에 명시된 특허권리의 기술에 대한 정보를 본 계약의 존속 기간 중 및 계약 종료 후 5년 간 비밀로 한다. 다만, 이미 공지된 사항 및 계약 체결일 전에 "을"이 알고 있던 사항에 대해서는 그러하지 아니하다.

제5조(비밀보장)

"갑"과 "을"은 상호 상대방의 서면에 의한 승인 없이는 본 계약서 내용을 외부에 공개 또는 제공하여서는 안 된다.

제6조(불가항력)

계약 당사자는 천재지변, 당국의 제재, 전쟁 등 불가항력으로 본 계약내용을 수행하지 못하였을 경우에는 서로 책임을 묻지 않는다.

제7조(계약의 해지)

① 다음과 같은 경우에는 본 계약을 즉시 해지할 수 있다.

가. "갑"이 행위능력을 상실한 경우

나. "갑"이 폐업 또는 사망한 경우

다. "을"이 행위능력을 상실한 경우

라. "을"이 폐업한 경우

마. "갑"이 제1조에 명시된 특허권리의 기술이전 의뢰를 제3자에게 별도로 의뢰한 경우

바. "갑"이 제5조의 비밀보장 의무를 위반한 경우

사. "을"이 제4조의 비밀유지 의무를 위반한 경우

아. "을"이 제5조의 비밀보장 의무를 위반한 경우

② 제7조 제1항의 계약해지 사유 중 각 호에 해당하는 경우, 그 사유의 발생일로부터 7일 이내에, "을"은 "갑"이 제공한 모든 비밀사항을 영구 파기하고, "갑"은 이를 확인함으로써, 본 계약을 해지한다.

③ 제7조 제1항의 제 마호 및 제 바호의 규정에 의하여 해지된 경우, "갑"은 "을"이 입은 손해를 배상하여야 한다.

④ 제7조 제1항의 제 사호 및 제 아호의 규정에 의하여 해지된 경우, "을"은 "갑"이 입은 손해를 배상하여야 한다.

제8조(분쟁 해결, 협의)

"갑" 및 "을"은 본 계약에 규정이 없는 사항 또는 본 계약의 조항에 의문이 있는 사항에 대해서는 민법 또는 기타 법령 및 조례에 따른다.

제9조(관할 법원)

본 계약에 관련하여 발생하는 제반 분쟁 및 소송은 서울지방법원을 제1심 관할 법원으로 한다.

제10조(신의 성실 및 상호 협조)

① 신의, 성실 : "갑"과 "을"은 신의를 가지고 본 계약서의 각 조항을 성실히 수행하여야 한다.

② 상호 협조 : "갑"과 "을"은 본 계약서의 내용을 성공적으로 수행하기 위하여 최선을 다하며 상호협의하고 적극 협력한다.

제11조(계약의 효력)

본 계약은 "갑"과 을 양자가 계약에 합의하여 서명 날인한 날로부터 효력이 발생한다.

본 계약서는 2통 작성하여 쌍방이 서명 날인하고 각각 1부 씩 보관한다.

20○○년 ○월 ○일

"갑"	주소	:	
	성명	:	○○○ ㊞
		:	
"을"	주소	:	
	대표변리사	:	○○○ ㊞

스톡옵션표준계약서

  OO주식회사(이하 "갑"이라 한다)와 OOO(이하 "을"이라 한다)는 20ㅇㅇ년 ㅇ월 ㅇ일자 주주총회 결의에 의하여 "갑"이 "을"에게 증권거래법 제189조의4가 정하는 주식매수선택권(이하 "선택권"이라 한다)을 부여함에 있어 필요한 사항을 다음 각조와 같이 약정한다.

제1조(교부할 주식의 종류와 수) "을"의 선택권의 행사에 대해 "갑"이 교부할 주식은 "갑"이 발생한 기명식 보통주식 0,000주로 한다.

제2조(선택권의 부여방법) "을"이 선택권을 행사할 경우 "갑"은 제1항의 주식을 발행한다.

제3조(부여일) 선택권의 부여일은 0000년 0월 0일로 한다.

제4조(행사가격) "을"이 선택권을 행사함에 있어 "갑"에게 지급하여야 할 1주당 금액(이하 "행사가격"이라 한다)은 5,000원으로 한다.

제5조(행사가격과 부여할 주식의 수의조정)

① 선택권의 부여일 이후 선택권의 행사 전에 "갑"이 자본 또는 주식발행사항에 변동이 있는 경우에는 제1조의 교부할 주식의 수 또는 제4조의 행사가격은 다음 각 호와 같이 조정한다.
  1. 준비금을 자본전입(무상증자)하는 경우 행사가격을 다음과 같은 산식으로 조정한다.

    기발행주식수+신 발행주식수×1주당 발행가/시가

    조정 후 행사가액 = 조정전 행사가액×시가 / 기발행주식수+신발행주식수

  2. 주식분할을 하는 경우 행사가격은 액면가의 분할비율과 동등한 비율로 감소하고 교부할 주식의 수는 액면가의 분할비율의 역수로 증가한다.
    자본감소, 이익소각, 상환주식을 상환하여 발행주식 총수가 감소하는 경우 교부할 주식의 수는 발행주식 총수의 감소비율과 같은 비율로 감소하고 행사가격은 다음 산식으로 조정한다.

    기발행주식수 - 감소주식수×1주당 발행가 / 시가

    조정후행사가액 = 조정전행사가액×시가 / 기발행주식수+신발행주식수

② 제1항에 의한 조정은 제1항 각 호의 사정이 생긴 때에 별도의 절차 없이 이루어지는 것으로 하며, 이 경우 "갑"은 "을"에게 지체 없이 그 내용을 통지하여야 한다.

제6조(행사기간) 선택권은 0000년 0월 0일 이후 0000년 0월 0일 이내에 행사하여야 하며, 이 기간 중 행사하지 아니한 선택권은 부여하지 않은 것으로 본다.

제7조(행사방법 및 절차)

① "을"은 제6조의 기간 내에 제1조가 정한 주식수 또는 제5조에 의해 조정된 주식수의 전부 또는 일부에 관해 선택권을 행사하거나 분할하여 행사할 수 있다.

② "을"이 선택권을 행사하고자 할 경우에는 "갑"이 작성한 신주발행청구서 2통에 선택권을 행사하고자 하는 주식의 종류와 수를 기재하고 기명날인 또는 서명을 하여 "갑"에게 제출하고 제4조의 행사가격 또는 제5조에 의해 조정된 행사가격을 제3항에서 규정하는 납입금보관은행에 납입하여야 한다.

③ "을"이 행사가격을 납입할 장소는 00은행 00지점으로 한다.

제8조(선택권행사의 효력) "을"은 제7조 제1항의 납입을 한 때로부터 "갑"의 주주가 된다. 단, 납입을 한 날이 주주명부의 폐쇄기간 중인 경우에는 선택권의 행사로 주주가 된 자는 폐쇄기간 중의 주주총회에서는 의결권을 행사하지 못한다.

제9조(양도 및 담보의 제한) "을"은 선택권을 양도하거나 담보로 제공하여서는 안 된다. 다만, "을"이 선택권을 행사하기 전에 사망한 경우에는 그 상속인이 선택권을 승계한다. 선택권자가 20○○년 ○월 ○일 이전에 사망한 경우에도 같다.

제10조(취소사유)

① 주식매수선택권을 부여받은 "을"이 이를 행사하기 전에 다음 각 호의 1에 해당된 때에는 "갑"은 이사회 결의로 주식매수선택권의 부여를 취소할 수 있다.

　1. "을"이 20○○년 ○월 ○일 이전에 본인의 의사에 따라 퇴임하거 퇴직한 경우. 이사 또는 감사인 "을"이 이사 또는 감사를 퇴직하고 계속 "갑"의 종업원으로 근무하거나, 종업원인 "을"이 이사 또는 감사로 선임된 경우에는 퇴임 또는 퇴직으로 보지 아니한다.

　2. "을"이 임무를 해태하여 "갑"에게 손해를 가한 경우 이사 또는 감사인 "을"이 제3자에 대하여 상법 제401조의 책임을 지게 된 경우에도 같다.

　3. "갑"의 파산 또는 해산 등으로 "갑"이 주식매수선택권의 행사에 응할 수 없는 경우

　4. "을"(이사인 경우에 한한다)이 상법 제397조에 위반하여 경업 또는 겸직을 하거나 상법 제398조에 위반하여 자기거래를 한 경우. "을"이 상근감사인 경우 상법 제397조가 규정하는 경업 또는 겸직을 한 경우에도 같다.

　5. 주주총회에서 상법 제385조가 정하는 정당한 사유로 "을"(이사 또는 감사인 경우에 한한다)을 해임하는 경우

　6. "을"(종업원인 경우에 한한다)이 "갑"의 인사규정 제00조, 제00조에 위반하여 징계를 받은 경우 또는 상법 제17조에서 규정하는 경업 또는 겸직을 한 경우

　7. "을"이 선택권을 타인에게 양도하거나 담보로 제공한 경우

8. 주식매수선택권이 압류된 경우

9. 주식매수선택권 행사를 위해 "갑"의 미공개 정보를 이용하거나 시세조종 등 불공정 거래를 한 경우 제1항의 취소는 이사회의 결의로 하며, 이사회는 제1항의 사유가 발생한 경우에는 지체 없이 취소의 결의를 하고 "을"에게 통지하여야 한다.

③ 제1항의 사유의 존부 또는 이사회의 취소의 효력을 다투는 소가 제기되고 이 소송에서 "을"이 승소한 판결이 확정된 경우에는 선택권부여를 취소한 이사회결의는 취소 시에 소급하여 효력을 상실한다.

④ 상법 제385조에 의해 "을"의 해임을 청구하는 소가 제기되거나, "을"을 이사 또는 감사로 선임한 주주총회의 결의의 효력을 다투는 소가 제기된 경우에는 당해 소에 대한 법원의 확정판결이 있을 때까지 "을"은 선택권을 행사할 수 없으며, 당해 소에서 "을"을 해임하는 판결이 확정된 경우에는 선택권의 부여를 취소하며, "을"을 선임한 주주총회결의를 취소하는 판결(무효, 부존재판결을 포함한다)이 확정되는 경우에는 선택권을 부여하지 않은 것으로 본다.

제11조(합병, 분할로 인한 승계)

① "갑"이 다른 회사에 흡수합병 되는 경우에는 합병계약에 의해 다른 회사가 "을"에 대한 주식교부의무를 승계하지 않는 경우에는 "을"은 합병결의 후 2주간 내에 선택권을 행사하여야 한다. 단, 합병이 "을"에 대한 선택권부여일 이후 3년 내에 이루어지는 경우에는 "갑"은 다른 회사가 "을"에 대한 의무를 승계할 것을 합병계약의 내용으로 하여야 한다.

② "갑"이 분할(물적분할을 제외한다)로 인하여 회사를 신설하거나 "갑"의 일부가 다른 회사와 합병하는 경우에는 분할계획 또는 분할합병계약에 의해 다른 회사가 선택권자에 대한 의무를 승계하지 않는 경우에는 "을"은 분할계획서 또는 분할합병계약서를 승인하는 주주총회의 결의일로부터 2주간 내에 선택권을 행사하여야 한다. 단, 분할이 "을"에 대한 선택권부여일 이후 3년 내에 이루어지는 경우에는 "갑"은 다른 회사가 "을"에 대한 의무를 승계할 것을 분할계획 또는 분할합병계약의 내용으로 하여야 한다.

제12조(준용) 이 계약에서 정하지 아니한 사항은 이 계약 체결일 현재 시행중인 관련 법규 및 "갑"의 정관과 당사자 간의 합의에 따른다.

제13조(재판관할) 이 계약에 관련된 소송은 ○○지방법원에 제소하여야 한다.

제14조(서명 날인 및 보관) 이 계약서는 2부 작성하여 "갑"과 "을"이 서명 날인한 후 각 1부씩 보관하기로 한다.

20○○년 ○월 ○일

"갑"	상호	:	○ ○ ○ 주식회사
	대표이사	:	○ ○ ○ ㊞
	연락처	:	
		:	
	전략기획팀장	:	○ ○ ○ ㊞
"을"	주소	:	
	주민등록번호	:	

업무제휴계약서

　　OOO(이하 "갑")과 OOO(이하 "을")은 다음의 사항을 상호 신뢰를 바탕으로 성실하게 이행하기로 합의하고 아래와 같이 업무제휴 계약을 체결한다.

제1조(계약의 목적) 본 계약은 "갑"이 운영하는 사이트인 "http://www.OOO.co.kr"의 제휴사로 참여하는 "을"과의 업무제휴에 관한 제반사항을 규정함에 그 목적이 있다.

제2조(사이트설명) "갑"의 사이트 활성화를 목적으로 공동 마케팅을 전개하며 상품 또는 용역 서비스를 회원 및 일반고객에게 제공하기 위하여 "갑"이 운영하는 사이트에 제휴사로 참여하는 업체와의 업무협약을 체결하는 것을 말한다.

제3조(제휴의 형태)

① "을"은 제휴형태(쇼핑몰LINK, 배너광고게재, TEXT삽입, 상품검색 삽입, 로고삽입 등)를 선택하여 "갑"과 상호 합의하여야 한다.

② 본 계약과 관련하여 상기 1)항을 준용, "갑"과 "을"은 OOO의 제휴형태에 합의하며 본 제휴방식은 상호 간에 동등하게 적용된다.

제4조(제휴형태 게재)

① 제3조에 의거 "갑"은 "을"이 선택한 제휴형태를 "갑"의 사이트에 게재하며 "을"은 게재와 관련한 모든 사항에 적극 협조한다.

② "갑"이 프로그램 운영상의 필요에 의하여 전산관련 및 기타 제반 지원을 요청할 경우 "을"은 이에 협조하여야 한다.

제5조(서비스 절차)

① "갑"의 회원이 "갑"의 사이트상의 제3조에 정한 "을"과 관련된 여러 형태의 광고방식을 선택하면 "을"의 사이트 해당 화면으로 직접 연결된다.

② "을"의 사이트로 연결되면 그 시점부터는 "을"은 "을" 사이트 자체 약관에 의거 회원의 모든 요청사항에 대한 서비스를 제공하여야 한다.

③ 상품배송, 최소, 환불, 반품 등의 제반 대 고객서비스와 관련한 업무는 "을"이 처리한다.

④ "을"은 "갑"의 사이트 고객번호를 인지하고 있어야 하며, "갑"의 고객번호가 회원이 물품 구매 시 "갑"에게 E-mail 또는 별도의 방법(상호 합의한 방법)에 의해 통보하여야 한다.

제6조(마케팅 수수료 지급)

① "을"은 "갑"의 마케팅 활동에 대한 대가로 "갑"의 사이트를 통하여 발생한 총매출액의 O%(세액제외)

의 마케팅비용을 "갑"에게 지급하여야 한다. 단, 계약이 해지된 이후는 이를 적용치 아니한다.

② "을"은 "갑"의 사이트를 통하여 발생한 고객에 대한 상품판매 및 용역서비스 내역(취소, 반품, 환불 등 제외)을 "갑"에게 제공하여야 하며, 이에는 고객의 ID, 구매일시, 구매품목 및 구매품목 단가 등이 포함된다.

③ ② 와 관련, "을"은 월말기준 해당 월 거래 내역을 작성하여 익월 5일한 "갑"에 제공한다.

④ "갑"은 ③ 의 상품판매 거래 내역을 근거로 정산, 세금계산서를 발행하여 마케팅비용을 "을"에게 매월 7일한 청구하고 "을"은 10일한 "갑"에게 이를 지급한다.

⑤ ④ 의 마케팅비용은 총매출액(배송비, 포장비등 부대비용 제외)대비 ○%(세액제외)의 고정비율을 적용한다.

제7조(계약기간 및 연장) 본 계약의 유효기간은 2000년 ○월 ○일부터 2000년 ○월 ○일까지의 ○년 간으로 하며, 계약 만료 1개월 전까지 "갑"과 "을"이 서면으로 계약종료에 관한 의사표시를 하지 않을 경우 동일한 조건으로 1년씩 자동 연장된다. 단, 계약 갱신 시에 변경이 필요한 사항에 대해서는 상호 합의하에 이를 계약 내용에 반영한다.

제8조(상표사용)

① "을"은 "갑"의 상표를 마케팅 활동 시 사용 가능하나 그 형태나 내용을 변경할 수 없으며 업무제휴 고유의 목적에 부합하는 경우를 제외하고는 사용할 수 없다. 다만, "을"이 특정 목적을 위하여 상표를 사용코자 하는 경우에는 사전에 "갑"의 승인을 득하여야 한다.

② ①항은 "갑"이 "을"의 상표를 사용코자 할 경우에도 동등하게 적용된다.

제9조(공동마케팅)

① "갑"과 "을"은 상호이익의 극대화를 위하여 적극적인 공동 마케팅을 상호 전개하여야 하며 과대 선전, 허위사실 등을 유포해서는 안 된다.

2) 본 계약서에 규정치 않은 공동 마케팅이 필요한 경우 "갑"과 "을"은 그 일정 및 방법에 대하여 상호 합의 후에 시행한다.

제10조(권리 의무의 양도 금지)

① "갑"과 "을"은 상호 동의 없이 본 계약의 권리 및 의무의 전부 또는 일부를 제3자에게 양도 또는 대여할 수 없다.

② "을"은 "갑"과의 업무제휴를 통해서 얻은 권리를 이용하여 제3자와 유사한 형태의 제휴관계를 맺거나 정보를 제공하여서는 안되며, 필요 시 "갑"의 서면 동의를 얻어야 한다.

제11조(비밀준수 및 지적 재산권에 관한 분쟁)

① "을"은 본 계약과 관련한 특허권, 지적 재산권 및 기타 제반 권리가 "갑"에게 있음을 보장한다.

② "을"은 "갑"에게 업무제휴와 관련한 영업정책 등 제반 정보를 제공하며, "갑"은 해당 정보가 누출되지 않도록 비밀 유지를 할 책임을 진다.

③ "을"은 본 계약에 의하여 취득한 사항들이 제3자의 의하여 불법복제 되거나 누출되지 않도록 하고 "갑"의 저작권이 침해되지 않도록 협조한다.

④ ②, ③항과 관련, 상호 부주의로 상대측에 피해가 발생되었을 경우 해당 피해의 원인을 제공한 측에서 책임을 지고 그 손해를 배상한다.

제12조(계약의 해지)

① 다음 각 호에 해당하는 사유가 발생한 경우 "갑"은 서면 통지에 의하여 본 계약을 해지할 수 있다.
　　가. "을"이 본 계약상의 의무를 위반하고, 이에 대한 "갑"의 시정 요구를 받았음에도 이를 7일 이내에 시정하지 아니한 경우
　　나. "을"이 "갑"의 사전 동의 없이 본 계약상의 권리를 타인에게 양도한 경우
　　다. "을"에 대해서 파산, 화의, 회사정리절차 개시신청이 있는 경우
　　라. "을"이 발행한 어음이나 수표가 부도난 경우
　　마. 본 계약의 목적을 달성할 수 없는 사유가 발생한 경우
② ①항에 해당하는 사유가 발생한 경우 "을"도 본 계약을 서면 통지에 의거 해지할 수 있다.
③ "갑"과 "을" 중 어느 일방이 합리적으로 통제할 수 없는 화재, 홍수, 폭동, 군사행위, 노동쟁의 등으로 인한 계약상의 의무 불이행의 경우에는 상호간 책임을 지지 아니한다.

제13조(손해배상 및 손실보상)

① "을"이 본 계약상의 의무를 이행하지 아니하여 "갑"이 계약을 해지한 경우에는 "을"은 이로 인하여 "갑"이 입은 손해액을 손해 배상금으로 지급하여야 한다.
② "을" 또는 "을"이 고용한 직원이 본 계약사항을 위반하여 "갑"에게 업무처리 장애 및 손해, 손실을 끼치게 된 경우에는 해당 손해액 및 손해보전에 필요한 부수비용과 손실액 일체를 지체 없이 변상 및 보상한다.
③ ①항, ②항은 "갑"에게도 동등하게 적용된다.

제14조(분쟁해결 및 관할법원) 본 계약의 관하여 "갑"과 "을" 간에 발생한 분쟁은 서울지방법원을 제1심의 관할법원으로 하며, 상호 호혜의 원칙에 입각하여 해결하는데 최선을 다할 것에 상호 합의한다.

제15조(기타 사항) 본 계약서에서 규정하지 아니한 사항은 상거래 관련 법률 및 일반 상거래 관행에 따르며, 필요하다고 인정되는 사항에 대해서는 상호 합의하에 변경 또는 추가약정을 체결한다.

　상기 계약의 내용을 증명하기 위하여 본 계약서 2부를 작성, "갑"과 "을"이 서명 날인 후 각각 1부씩 보관한다.

2○○○년 ○월 ○일

	회사명	:
"갑"	주소	:
	대표이사	: ○ ○ ○ ㊞
		:
	회사명	:
"을"	주소	:
	대표이사	: ○ ○ ○ ㊞

【업무제휴계약서(온라인)】

온라인업무제휴계약서

    ○○○(이하 "갑")와 ○○○(이하 "을")은 다음의 사항을 상호 신뢰를 바탕으로 성실하게 이행키로 합의하고 아래와 같이 업무제휴 계약을 체결한다.

제1조(계약의 목적)

    본 계약은 "갑"이 운영하는 사이트인 http://www.○○○.co.kr 의 제휴사로 참여하는 "을"과의 업무제휴에 관한 제반사항을 규정함에 그 목적이 있다.

제2조(사이트설명)

    "을"의 사이트 활성화를 목적으로 공동 마케팅을 전개하며 상품 또는 용역 서비스를 회원 및 일반고객에게 제공하기 위하여 "갑"이 운영하는 사이트에 제휴사로 참여하는 업체와의 업무협약을 체결하는 것을 말한다.

제3조(제휴의 형태)

    ① "을"은 제휴형태(상품이미지, 상품공급, 배송방법, 로고사용, 배너제휴, 마케팅제휴 등)를 아래와 같이 진행하기로 한다.

- 아 래 -

① "을"이 제공하는 인터넷 쇼핑몰의 상품이미지에 "갑"의 고유상표를 사용한다.
② "을"의 소매 마진율은 20%로 결정한다.
③ "을"이 제공하는 인터넷 쇼핑몰의 소매가격은 "갑"의 인터넷 쇼핑몰의 소매 가격과 동일하게 한다.
④ "갑"이 제공하는 도매쇼핑 서비스를 "을"이 제공하고자 할 때는 월 20만원의 관리 수수료를 "을"이 지급한다.("을"이 도매 쇼핑 서비스를 할 경우 가격은 상기 ③항과 같이 한다.)
⑤ "갑"이 운영하는 인터넷 사이트 내용을 "을"은 임의로 도용 할 수 없다.
⑥ "을"의 사이트에 게제하는 상품 이미지는 "갑"으로부터 송부된 상품 이미지만을 사용한다.
 (상품의 품절 또는 기타 사유로 제휴사에 공급할 수 없는 상품이 있을 수 있으므로 "을"이 임의적으로 사용 할 수 없다.)
② 본 계약과 관련하여 상기 ①항을 준용, "갑"과 "을"은 (온라인 제휴) 의 제휴형태에 합의하며 본 제휴 방식은 상호간에 동등하게 적용된다.

제4조(제휴형태 게재)

① 제3조에 의거 "갑"은 "을"이 선택한 제휴형태를 "갑"의 사이트에 게재하며 "을"은 게재와 관련한 모든 사항에 적극 협조한다.

② "갑"이 프로그램 운영상의 필요에 의하여 전산관련 및 기타 제반 지원을 요청할 경우 "을"은 이에 협조하여야 한다.

제5조(서비스 절차)

① 인터넷 상품 이미지는 월 2회 이상 "갑"은 "을"에게 제공하며 상품의 품절 또는 기타 이유로 상품을 제공 할 수 없는 상품이미지는 삭제를 요구할 수 있다

② "을"의 사이트에서 구매활동이 이루어지면 "을"은 "갑"에게 물품 대금 입금 후 배송정보를 공개한다.

③ "을"로부터 받은 배송정보에 따라 "갑"은 입금확인 2일~7일 내에 상품을 배송한다.

④ 최소, 환불, 반품 등의 제반 대 고객 서비스와 관련한 업무는 "을"이 처리한다.
("갑"은 "을"의 요구에 상호보완 협조한다.)

⑤ "을"의 사이트가 도매서비스를 한 경우 도매상품은 반품을 받지 않는다.

⑥ 배송 완료 시 "을"은 "갑"의 배송 완료 정보를 요구 할 수 있다

⑦ "을"이 제공하는 인터넷 쇼핑몰을 통해 Off-Line으로 연결, 이익 발생한 경우 초기 시는 위의 제3조 제휴의 형태와 동일하고 차후는 "갑"과 "을"이 협의해서 진행한다.

⑧ "을"의 판매형태(소매, 도매)는 "갑"이 승인, 권한을 부여한다.

⑨ "을"의 사이트 카테고리 중 프랜차이즈, 수출, 주문생산은 "갑"의 사이트에 Link를 시킨다.

제6조(계약기간 및 연장)

본 계약의 유효기간은 2000년 O월 O일부터 2000년 O월 O일까지의 O년 간으로 하며, 계약 만료 1개월 전까지 "갑"과 "을"이 서면으로 계약종료에 관한 의사표시를 하지 않을 경우 동일한 조건으로 1년씩 자동 연장된다. 단, 계약 갱신 시 변경이 필요한 사항에 대해서는 상호 합의 하에 이를 계약 내용에 반영한다.

제7조(상표사용)

① "을"은 "갑"의 상표를 마케팅 활동 시(상품이미지) 사용 가능하나 그 형태나 내용을 변경할 수 없으며 업무제휴 고유의 목적 외에는 사용할 수 없다. 단, "을"이 특정 목적을 위하여 상표를 사용코자 하는 경우에는 사전에 "갑"의 승인을 득 하여야 한다.

② ①항은 "갑"이 "을"의 상표를 사용코자 할 경우에도 동등하게 적용된다.

제8조(권리 의무의 양도 금지)

① "갑"과 "을"은 상호 동의 없이 본 계약의 권리 및 의무의 전부 또는 일부를 제3자에게 양도 또는 대여할 수 없다.

② "을"은 "갑"과의 업무제휴를 통해서 얻은 권리를 이용하여 제3자와 유사한 형태의 제휴관계를 맺거나 정보를 제공할 수 있으며 반드시 "갑"의 서면 동의를 득함과 동시에 모든 매뉴얼은 본사규정과 동일하게 적용한다.

제9조(비밀 준수 및 지적 재산권에 관한 분쟁)

① "을"은 본 계약과 관련한 특허권, 지적 재산권 및 기타 제반 권리가 "갑"에게 있음을 보장한다.

② "을"은 "갑"에게 업무제휴와 관련한 영업정책 등 제반 정보를 제공하며, "갑"은 해당 정보가 누출되지 않도록 비밀 유지를 할 책임을 진다.

③ "을"은 본 계약에 의하여 취득한 사항들이 제3자에 의하여 불법복제 되거나 누출되지 않도록 하고 "갑"의 저작권이 침해되지 않도록 협조한다.

④ ②, ③항과 관련, 상호 부주의로 상대측에 피해가 발생되었을 경우 해당 피해의 원인을 제공한 측에서 책임을 지고 그 손해를 배상한다.

제10조(계약의 해지)

① 다음 각 호에 해당하는 사유가 발생한 경우 "갑"은 서면 통지에 의하여 본 계약을 해지할 수 있다.

　가. "을"이 본 계약상의 의무를 위반하고, 이에 대한 "갑"의 시정 요구를 받았음에도 이를 7일 이내에 시정하지 아니한 경우

　나. "을"이 "갑"의 사전 동이 없이 본 계약상의 권리를 타인에게 양도한 경우

　다. "을"에 대해서 파산, 화의, 회사정리절차 개시신청이 있는 경우

　라. "을"이 발행한 어음이나 수표가 부도난 경우

　마. 본 계약의 목적을 달성할 수 없는 사유가 발생한 경우

② ①항에 해당하는 사유가 발생한 경우 "을"도 본 계약을 서면 통지에 의거 해지할 수 있다.

③ "갑"과 "을" 중 어느 일방이 합리적으로 통제할 수 없는 화재, 홍수, 폭동, 군사행위, 노동쟁의 등으로 인한 계약상의 의무 불이행의 경우에는 상호간 책임을 지지 아니한다.

④ 위 ①, ②, ③항의 이유로 계약이 해지될 경우 "갑"이 "을"에게 제공한 모든 이미지와 내용을 "갑"에게 되돌려 주어야한다

제11조(손해배상 및 손실보상)

① "을"이 본 계약상의 의무를 이행하지 아니하여 "갑"이 계약을 해지한 경우에는 "을"은 이로 인하여 "갑"이 입은 손해액을 손해 배상금으로 지급하여야 한다.

② "을" 또는 "을"이 고용한 직원이 본 계약사항을 위반하여 "갑"에게 업무처리 장애 및 손해, 손실을 끼치게 된 경우에는 해당 손해 액 및 손해보전에 필요한 부수비용과 손실액 일체를 지체 없이 변상 및 보상한다.

③ ①, ②항은 "갑"에게도 동등하게 적용된다.

제12조(분쟁해결 및 관할법원)

　본 계약의 관하여 "갑"과 "을" 간에 발생한 분쟁은 대구지방법원을 관할법원으로 하며, 상호 호혜의 원칙에 입각하여 해결하는데 최선을 다할 것에 상호 합의한다.

제13조(기타 사항)

　본 계약서에서 규정하지 아니한 사항은 상거래 관련 법률 및 일반 상거래 관행에 따르며, 필요하다고 인정되는 사항에 대해서는 상호 합의 하에 변경 또는 추가약정을 체결한다.

　상기 계약의 내용을 증명하기 위하여 본 계약서 2부를 작성, "갑"과 "을"이 서명 날인 후 각각 1부씩 보관한다.

20○○년 ○월 ○일

	회사명	: (주)○○○○
"갑"	주소	:
	대표이사	: ○ ○ ○ ㉑
		:
	회사명	: (주)○○○○
"을"	주소	:
	대표이사	: ○ ○ ○ ㉑

참고 4 _ 계약서의 공증 ▮_ 대한상사중재원

가. 통상적으로 공증이라고 하는 것은, 문서가 공증인에 의하여 작성되는 공정증서의 경우와 사인간에 작성된 문서에 공증인이 정당하게 서명 또는 날인되었음을 탁인하는 인증이 있으며, 사회생활 가운데서 법률관계로부터 발생하는 여러 가지의 사항들을 법에 기하여 공적으로 증명하는 것을 목적으로 행하여지고 있다.

나. 공증을 하는 이유는, 첫째, 공증인과의 상담을 통하여 분쟁의 가능성을 사전에 예방할 수 있고, 둘째, 공증된 서류는 위조 또는 변조의 우려가 없으므로 강력한 증거력이 있으며, 셋째, 어음·수표나, 금전소비대차 등에서의 일정한 금전, 기타의 대체물(代替物) 또는 유가증권의 지급을 목적으로 하는 법률행위에 관하여 공증하게 되면, 이에 따른 증서는 채무명의(債務名義)로 됨에따라 집행문(執行文)을 부여받을 수 있어 소송절차 없이도 바로 강제집행할 수 있기 때문이다.

다. 공증의 대상이 되는 법률관계의 예로는, 첫째, 어음·수표의 거래, 둘째, 매매·금전소비대차·임대차계약 등, 셋째, 채권의 양도, 넷째, 질권의 설정, 다섯째, 주식회사와 유한회사의 설립시의 정관과, 인증(認證) 제외대상 법인(法人) 이외의 법인의 등기절차에 첨부되는 의사록(이들은 반드시 공증해야 하는 것임), 여섯째, 유언서의 작성 등이 있다.

업무제휴양해각서

"갑"과 "을"은 상호간의 성공적인 사업협력을 위하여 전략적인 제휴관계를 맺을 것을 동의하며 제휴관계 업무협의를 위한 양해각서를 다음과 같이 체결한다.

1. "갑"과 "을"은 인터넷 시장의 향후 발전되는 사업부분에 협력사로서 제휴키로 하며 상호호혜의 원칙에 따라 적극 협력하기로 한다.

2. "갑"과 "을"은 양사가 펼치고 있는 사업부분의 시장개척 및 확대를 위하여 상호 협력하며, 협력사업 및 구체적인 협력방법에 대해서는 별도로 협의한다.

3. "갑"과 "을"은 상호 협력 사업을 추진함에 있어 상대방의 경쟁회사와는 동일한 제휴관계를 맺지 않을 것을 동의하며, 상대방의 경쟁회사와의 거래에 대한 구체적인 사항에 대해서는 별도로 협의한다.

4. "갑"과 "을"은 상호 협력 사업을 추진하는 과정에서 직접 또는 간접적으로 확보한 상대방의 사업에 관한 모든 정보는 대외비로 취급하며 외부에 정보공개가 필요한 경우 상대방의 서면 승인 하에 공개한다.

본 양해 각서는 국문으로 원본 2부를 작성하여 양 당사자가 서명하고 각각 보관한다.

2000년 0월 0일

	주소	:	
"갑"	상호	:	
	대표이사	:	○○○ ㉑
		:	
	주소	:	
"을"	상호	:	
	대표이사	:	○○○ ㉑

컨텐츠제휴계약서

OOO(이하 "갑"이라 한다)과 OOO(이하 "을"이라 한다)는 "갑"이 개설하는 기업경영정보 Portal site(이하 OOO.com라 한다)에 "을"의 컨텐츠를 제공하기 위하여 다음과 같이 계약을 체결한다.

제1조(목적)

이 계약의 목적은 "갑"과 "을"이 OOO.com에 사용할 컨텐츠를 제휴함에 있어서 필요한 제반사항을 규정하고, 상호신뢰와 협조로써 계약의 내용을 성실히 준수하여 공동의 번영과 발전에 기여하는데 그 목적이 있다.

제2조(계약대상)

본 계약의 대상은 "을"이 보유하고 있는 대출정보(이하 컨텐츠라 한다)로 한다.

제3조(계약 및 계약기간)

① 본 계약의 계약기간은 체결일로부터 1년으로 하며, 계약기간 중이라도 계약내용의 변경사유가 있을 경우 "갑"과 "을"의 상호합의에 의하여 변경할 수 있다.

② 본 계약을 종료하여 할 경우, 계약을 해지하려고 하는 쪽은 상대방에게 계약 종료일 1개월 이전까지 요청하여야 한다.

③ 본 계약의 계약기간에 있어서 상호 종료를 위한 협상이 없을 경우 계약은 자동으로 1년 연장된다.

제4조(제휴 및 계약 형태)

1. "을"이 "갑"에게 제공하는 컨텐츠의 형태 및 "갑"과 "을"이 상호 수익을 분배하는 형식은 다음과 같다.
   가. 컨텐츠명 : 대출정보
   나. 제휴형태 : 대출정보 컨텐츠 제공
   다. 광고수익분배 : 단순 메뉴를 제외한 컨텐츠 제공 페이지에 게재된 광고 수익을 "갑"과 "을"이 각각 50%씩 공유한다.

제9조(일반사항)

1. "갑"과 "을"은 성실하게 기업 윤리에 적합한 사업 운영을 하여 상호간 기업 이미지를 승화, 발전시키는데 기여하여야 한다.
2. 본 계약서의 각 조항의 해석에 관하여 상호간의 이의가 있거나 또는 명기되지 않은 사항은 일반적인 상관례를 따른다.
3. 본 계약서가 성립함을 증명하기 위하여 "갑"과 "을"은 계약서 2부를 작성, 날인하여 각각 1부씩 보관한다.

4. 본 계약과 관련하여 상호간 전달된 정보 및 자료는 엄격히 비밀로 유지되고 본 계약상의 목적으로만 이용되어야 하며 사전 합의 없이 제3자에게 누설할 수 없다.

20ㅇㅇ년 ㅇ월 ㅇ일

　　　　"갑"　　　상호　 :
　　　　　　　　　주소　 :

　　　　"을"　　　상호　 :
　　　　　　　　　주소　 :

참고 5 _ 계약서의 서명·날인 ▌_ 대한상사중재원

1. 계약서를 작성한다는 것은 문서상에 서명·날인하는 것을 의미하는 바, 이에 관하여는 당사자 본인(법인인 경우에는 그 대표기관)이 하든 대리인이 하든 관계없다.

2. 법인(法人)의 경우에는 대표자 또는 대리인이 여럿 있는 경우가 많고, 더구나 법인내에 는 대부분 업무상 순위가 정하여져 있게 되므로, 법률상 누구와 계약하여야 하며 또한 어 떠한 형식으로 계약서를 작성하여야 하는가가 문제로 된다. 이는 사안에 따라 처리하여야 할 것이지만, 일례로 법인등기부등본을 떼어보면 권한의 유무가 명확하게 나타나 있으므로 이에 따라 하되, 대표자의 서명·날인을 원칙으로 하여 상업사용인 등의 대리인에 관하여는 그 대리권이 있음을 증명한 경우에 서명·날인하도록 하는것이 좋다.

3. 우리나라는 서명(signature)보다 인장(印章)을 더 중시하여 서명(또는 기명)에 덧붙여서 날인하도록 하고 있다. 실무상에도 계약서를 작성한 자가 직접 쓰더라도 인장(印章)을 날 인(捺印)토록 하는 것이 상례이다.

신설합병계약서

　　○○주식회사(이하 "갑"이라 한다)와 ○○주식회사(이하 "을"이라 한다)는 2000년 ○월 ○일 ○○산업조합과 ○○산업조합에서 결의한 ○○주식회사와 ○○주식회사의 합병기본요강에 기하여 합병하고 ○○주식회사를 설립하기 위하여 "갑", "을" 양 회사 간에 이 계약을 체결한다.

제1조 "갑", "을"은 합병하여 신회사를 설립하며 "갑", "을"은 해산하기로 한다.

제2조 합병에 의하여 설립되는 신회사의 목적, 상호, 발행주식의 총수, 액면주식 1주의 금액 및 본점 소재지는 다음과 같다.

1. 목적
  1. ○○통조림 판매
  1. 위 각 호 사업에 부대 또는 관련되는 사업
2. 상호 : ○○주식회사
3. 회사가 발행할 주식 총수 ○○만주
4. 액면주식 1주의 금액 금 ○,○○○원
5. 본점소재지 : ○○시 ○○구 ○○동 ○○번지

제3조 신회사는 합병에 있어서 액면금 ○,○○○원의 보통주식 ○○만주를 발행하고 이를 합병기일 현재 "갑", "을"의 최종 주주에 대하여 소유하고 있는 액면금 ○,○○○원의 보통주식 1주에 대하여 1주의 비율로 교부한다.

제4조 신회사의 자본액은 금 ○억원으로, 준비금은 금 ○,○○○만원으로 한다. 단, 준비금은 합병기일의 "갑", "을"의 재산상태에 의하여 "갑", "을" 협의하에 변경할 수 있다.

제5조 합병기일은 2000년 ○○월 ○○일로 한다. 단, 합병기일 전에 합병에 필요한 절차를 완료할 수 없을 때에는 "갑", "을" 대표자의 협의에 의하여 연기할 수 있다.

제6조

① "갑", "을"은 2000년 ○월 ○일 현재의 재산목록 및 대차대조표를 기초로 하여 이후 합병기일까지 사이의 수지를 가감하고 합병기일에 순자산 ○천만 원 이상에 해당하는 "갑", "을"이 각 소유하는 자산, 부채 및 권리의무 일체를 신회사에 인계한다.
② "갑", "을"은 2000년 ○월 ○일 이후 합병기일에 이르기까지 순자산의 증감에 중대한 영향을 미치는 자산, 부채 및 권리의무에 변동이 생겼을 때에는 별도계산서를 첨부하여 그 내용을 지체 없이 상대방에게 명시하여야 한다.

제7조

① "갑", "을"은 이 계약 체결 후 합병기일에 이르기까지 선량한 관리자의 주의로 업무를 집행하며, 또한 재산 일체를 관리하고 그 재산의 처분, 채무부담, 특별한 지출, 기타 중요한 사항에 대하여는 사전에 상대방에게 통지하여야 한다.

② "갑", "을"은 언제든지 상대방의 장부, 서류를 감사하고 그 업무사항을 조사할 수 있다.

제8조 합병기일 이후에 생긴 "갑", "을"의 이익은 모두 신회사에 귀속하며 제3조에 의하여 발행한 주식에 대한 배당은 신회사 설립등기일부터 기산한다.

제9조 합병기일 현재의 "갑", "을" 종업원은 신회사에 인계한다. 단, 근속년수는 통산하지 않는다.

제10조 "갑", "을"은 이사 및 감사에 대한 퇴직위로금 지출에 동의하며 금액 및 처분은 "갑", "을" 각각의 주주총회결의에 의한다.

제11조 이 계약 체결일부터 합병실행에 이르기까지 천재, 지변, 기타 불가항력의 사유로 인하여 "갑", "을"의 재산상태 또는 경영상태에 중대한 변동을 일으킬 사실이 있거나 또는 숨은 중대한 하자가 발견되었을 경우 및 "갑", "을" 또는 ○○산업조합 및 그 조합원, ○○산업조합 및 그 조합원이 "갑", "을" 양 회사 합병기본요강에 위반한 행위를 할 때에는 "갑", "을" 대표자가 협의하여 합병조건을 변경하든가 취소할 수 있다.

제12조

① "갑", "을"은 2000년 ○월 ○일까지 각 주주총회를 소집하여 이 계약의 승인 및 그 실행에 필요한 사항에 대한 결의를 행하고 승인결의 후 "갑", "을" 상호간에 그 취지를 통지하여야 한다.

② 전항의 주주총회에 있어서는 신회사설립에 대한 정관작성, 기타 필요한 행위를 하기 위하여 각 3명의 설립위원을 선임한다. 위 주주총회의 개최일은 합병절차의 진행상 필요한 때에는 이를 변경할 수 있다.

제13조 신회사의 창립총회는 2000년 ○월 ○일 개최하며 "갑", "을"은 위 기일 전에 합병에 관한 모든 절차를 완료한다. 단, 합병절차의 진행상 필요가 있을 때에는 이를 변경할 수 있다.

제14조 이 계약에 규정이 없는 사항으로 합병에 관하여 필요한 사항이 있을 때에는 계약의 취지에 따라 "갑", "을" 각 대표자가 협의하여 정한다.

제15조 이 계약은 "갑", "을"의 주주총회의 승인결의를 얻음으로써 효력을 발생한다.

위 계약을 증명하기 위하여 이 계약서 2통을 작성하여 "갑", "을" 각 1통을 보관한다.

2000년 0월 0일

"갑"	상호	:	OO주식회사
	주소	:	
	대표이사	:	O O O ㊞
		:	
"을"	상호	:	OO주식회사
	주소	:	
	대표이사	:	O O O ㊞

참고 6 _ 목적물의 표시 ▮_ 대한상사중재원

가. 계약서작성에 있어서, 그 대상이 되는 재산을 명시하는 작업은 가장 중핵이 되는 작업의 하나이다. 따라서 대상이 되는 물건을 특정하여 이것을 정확하게 또한 요령 있게 표시하여야 한다.

나. 부동산(不動産)·자동차·선박 등과 같이 등기 내지 등록을 필요로 하는 물건은, 해당 공부(公簿)에 표시되어 있는 대로 정확하게 표시하는 것이 원칙이다. 공부(公簿)와 실제가 다른 것이 해당거래에 있어서 중요한 의미를 갖는 경우, 예를 들어 토지거래에서 공부상(公簿上)의 지적(地積)과 실측상(實測上)의 면적이 상이한 경우에는 함께 써야 할 뿐만 아니라 어느 것으로 거래를 할 것인가를 확실하게 정하는 것이 좋다.

다. 보통의 동산(動産)에 관해서는 재조자·제조년월일·형식·품종·등급·품명·상품명·중량·측정치·수량·가격 등을 상호 조합하여 표시한다. 도면·카탈로그 또는 사진 등을 첨부 내지 인용하는 것도 좋은 방법이다.

라. 물건 이외의 재산에 있어서도, 공업소유권 등과 같이 공부(公簿)에 등재된 재산은 공부상(公簿上)의 표시대로 표시하는 것이 좋다.

【흡수합병계약서】

흡수합병계약서

　　○○주식회사(이상 "갑"이라 한다)는 ○○주식회사(이하 "을"이라 한다)를 합병하기 위하여 다음과 같이 합병계약을 체결한다.

제1조 "갑"은 "을"을 합병하여 존속하며 "을"은 해산한다.

제2조

① "갑"은 합병에 즈음하여 발행하는 주식총수를 ○○만주 증자한다.
② 전항에 의하여 증자하는 주식은 액면 1주의 금액 금 ○○○원의 보통주식으로 한다.

제3조

① "갑"은 합병에 있어서 보통주식 ○○만주(1주의 액면금액 금 ○○○원)를 발행하여 합병기일 현재의 "을"의 최종주주에 대해서는 소유하는 주식 1주 ○○○원에 대하여 2주의 비율로 할당하여 교부한다.
② "갑"은 합병에 있어서 자본금 ○○○ 만원 및 준비금 ○○○만 원, 이익준비금 ○○○만 원, 임의준비금 ○○○ 만 원을 증가한다. 단, 준비금은 합병기일에 "을"의 자산상태에 의하여 "갑", "을" 협의하에 변경할 수 있다.

제4조

① "을"은 2000년 ○○월 ○○일로 작성된 대차대조표 및 재산목록을 기초로 하여 합병기일에 자산, 부채 및 권리의무의 일체를 "을"에게 인계한다.
② "을"은 2000년 ○○월 ○○일 이후 합병기일에 이르기까지 자산, 부채에 변동이 생겼을 경우에는 별도로 계산서를 첨부하여 그 내용을 즉시 "갑"에게 명시하여야 한다.

제5조 "을"은 이 계약 체결 후 합병기일에 이르기까지 선량한 관리자의 주의를 가지고 업무의 집행, 일체의 재산을 관리한다.

제6조 "갑", "을"의 합병기일은 2000년 ○월 ○일로 한다. 단, 동기일까지 합병에 필요한 절차를 완료하지 못하였을 때에는 "갑", "을"의 협의 하에 위 기일을 연기할 수 있다.

제7조 합병에 의해 발행한 "갑"의 신주식에 대한 배당은 합병기일로부터 기산한다.

제8조 "을"의 종업원은 합병기일 현재 모두 "갑"이 인계하고 근속연수는 전후 통산한다.

제9조 "을"의 해산에 필요한 비용은 전부 "을"이 부담한다.

제10조 이 계약 체결일로부터 합병실행에 이르기까지 천재지변, 기타 사유로 "갑", "을"의 자산상태 또는 경영상태에 중대한 변경이 발생하거나 숨은 중대한 하자가 발견되었을 때에는 "갑", "을" 협의하여 합병을 취소하거나 합병조건을 변경할 수 있다.

제11조 이 계약에 정한 사항 외에 합병에 관하여 필요한 사항이 있을 때에는 이 계약의 취지에 따라 "갑", "을" 대표자의 협의하에 결정한다.

제12조 "갑" 및 "을"은 2000년 00월 00일을 기하여 각기 주주총회를 소집하여 이 계약의 승인 및 실행에 필요한 사항에 관하여 결의를 마친 후 주무관청에 합병인가 신청을 행한다.

제13조 이 계약은 "갑", "을"의 주주총회의 승인 결의를 얻어 주무관청의 인가 또는 허가를 얻어야 그 효력이 발생한다.

위 계약의 성립을 증명하기 위하여 이 계약서 2통을 작성하여 각자 서명 날인하여 각 1통씩 보유한다.

20○○년 ○월 ○일

	상호	: 00주식회사
"갑"	주소	:
	대표이사	: ○○○ ㊞
		:
	상호	: 00주식회사
"을"	주소	:
	대표이사	: ○○○ ㊞

【사업포괄양수도계약서】

사업포괄양수도계약서

"갑"
주소 : ○○시 ○○구 ○○동 ○○○○소재
상호 : ○○○○
사업자등록번호 :
주민등록번호 : ○○○○○○ - ○○○○○○○
성명 : ○ ○ ○

"을"
주소 : ○○시 ○○구 ○○동 ○○○○소재
주민등록번호 : ○○○○○○ - ○○○○○○○
성명 : ○ ○ ○

"갑"과 "을"은 사업의 포괄양수도 계약을 다음과 같이 체결한다.

제1조 본 계약은 "갑"이 운영하고 있는 회사의 사업에 관한 일체의 권리와 일체의 의무를 "을"이 양수하고자 하는 데 그 목적이 있다.

제2조 "갑"은 부가가치세법 제6조 제6항의 규정에 의한 사업양도에 따른 부가가치세의 면제를 받기 위하여 20○○ 년 ○월 ○일 현재의 장부상 사업용 자산총액에서 부채총액을 차감한 잔액을 대가로 하여 "을"에게 사업 일체를 포괄적으로 양도한다.

제3조 "을"은 "갑"이 제출한 20○○년 ○월 ○일 현재의 대차대조표를 감리한 후 특별한 사항이 없는 한 양수할 자산(토지와 건물 제외)과 부채를 장부가액대로 평가해야 한다.

제4조 "갑"이 "을"에게 사업 전부를 양도하는 기일은 20○○년 ○월 ○일로 하고, "을"은 사업양도가 종료되는 날까지 "갑"에게 대금을 완불하여야 한다. 다만, 기일까지 사업양도에 따른 제반 법적절차가 종료되지 않을 때에는 "갑" "을" 쌍방협의로 이를 연장할 수 있다.

제5조 "갑"은 본 계약 체결후사업인수를 완료할 때 까지 그 재산의 관리운영에 있어 선량한 관리자의 주의를 게을리 하지 말 것이며, 또한 정상의 거래를 제외하고 재산에 영향을 미치는 중요한 사항에 관하여는 "을"의 사전승인에 의하도록 한다.

제6조 사업양수일 현재 "갑"과 거래중인 모든 거래처는 "을"이 인수하여 계속 거래를 보장하도록 한다.

제7조 본 계약규정 이외에 사업 양도, 양수에 관하여 협정할 사항이 발생한 경우에는 본 계약서 조항의 본뜻에 위배되지 않는 한 "갑" "을" 쌍방 협의 하에 이를 시행한다.

제8조 "갑"은 "을"이 사업을 양수함에 따른 제반 절차를 수행하는데 적극 협조하여야 한다.

제9조 "을"은 "갑"의 전 종업원을 신규채용에 의하여 전원 인수, 계속 근무케 함은 물론 "을"이 사업양수한 이후 퇴직자가 발생할 경우에는 종전 "갑"의 사업에서 근무하던 근속년수를 통산 인정하여 퇴직금을 지급키로 한다.

제10조 "갑"은 사업양수일 이전에 발생한 제세공과금(국세 및 지방세 포함) 일체를 책임지며, "을"은 "갑"의 사업양도에 따른 비용전부를 부담키로 한다. 이상의 계약내용을 "갑" "을" 쌍방은 성실히 이행할 것을 약속하며 후일을 증명키 위하여 본 계약서 2통을 작성 각 1통씩 보관키로 한다.

별첨

○○○○회사의 대차대조표(○○○○년 ○○월 ○○일 현재)
○○○○회사의 자산부채명세서(○○○○년 ○○월 ○○일 현재)

20○○년 ○월 ○일

"갑" 성명 :　　　○ ○ ○ ㊞

"을" 성명 :　　　○ ○ ○ ㊞

대차대조표
○ ○ ○ ○년 ○ ○월 ○ ○일 현재

○ ○ ○ ○회사 (단위:원)

자산		부채와자본	
계정과목	금액	계정과목	금액
토지		임대보증금	
건물		자 본 금	
자산총계		부채와자본총계	

자산, 부채명세서
○ ○ ○ ○년 ○ ○월 ○ ○일 현재

A회사 (단위:원)

구분	계정과목	내 역	금 액
자산	토 지		
	건 물		
부채	임대보증금		
		소계	

【상호 및 영업양도계약서】

상호 및 영업양도계약서

"양도인"
주소 : ○○시 ○○구 ○○동 ○○○○소재

"양수인"
주소 : ○○시 ○○구 ○○동 ○○○○소재

1. 상 호:

2. 영업의 종류:

3. 영 업 소 : 시 구 동 번지

1. 위 상호 및 영업은 이번 위 양도인으로부터 양수인에게 양도함에 있어 양도인은 점포와 상품일체를 현상대로 양수인에게 인도하고 동시에 대금 원정을 양도인이 양수인으로부터 받는다.

2. 이후 양도인은 동일 또는 유사한 상호를 사용하지 아니하며, 또한 종전의 신용으로 인하여 양수인에게 손해를 입히지 않는다.

   (양수인은 양도인의 종래 채무에 대하여 책임을 지지 아니한다.)

2000년 0월 0일

"양도인" 성명 : ○ ○ ○ ㊞

"양수인" 성명 : ○ ○ ○ ㊞

영업 및 자산양수도계약서

　본 계약은 ○○○제품의 생산과 판매(이하 "영업"이라 한다)에 제공된 물적 설비 일체와 부대되는 시설 전부 및 기타 아래의 당사자 간에 합의한 특정 자산 (이하 "특정자산")의 양수도를 목적으로 체결되었다.

　이에 ○○에 본점을 두고 "영업"을 영위하고 있는 ○○주식회사(이하 "영업양도인"이라 한다), "별첨 1"의 "주주명부에 기재된 "영업양도인"의 주주 전원(이하 "개인주주"라 한다)을 대표함과 아울러 "별첨 2 "의 "자산양도인명부"에 기재된 "특정자산"의 소유자나 처분권자(이하 "자산양도인"이라 한다)를 대표하는 ○○에 주소를 두고 있는 ○○○ (이하 "○○○"이라 한다), 새로이 "영업"을 영위하기 위하여 ○○에 본점을 두고 신규 설립된 ○○○주식회사(이하 "양수인"이라 한다) 및 ○○에 ○○본점을 두고 있는 ◇◇◇◇ 회사(이하 "◇◇◇◇ "이라 한다)는 다음과 같이 합의한다.

– 다 음 –

제1조(양도 목적물의 대상과 범위)

　본계약에서 정하는 영업 및 자산양수도 목적물의 대상은 "별첨3"의 "재산목록"(이하 "재산목록"이라 한다)에 기재된 바와 같으나 그 범위는 이에 한하지 아니하며 "영업"에 제공된 물적 설비 일체와 부대되는 시설 전부를 포함하는 것으로 한다.

제2조(양도대금의 평가와 확정)

1. 본계약 당사자는 본 계약 제1조에서 정한 양도 목적물의 대금(이하 "양도대금"이라 한다)으로 "별첨 3"의 "재산목록"에서 평가한 금액　원(₩　　)을 기준하기로 한다.
2. 본조 제1항의 "양도대금"은 본건 영업 및 자산양수도의 총대금이다. 다만 본 계약의 당사자가 공동으로 행하는 실지 조사를 통하여 "별첨3"의 "재산목록"에 기재된 목적물 중에서 멸실되거나 현저히 훼손된 자산이 추가 발견되는 경우 그 자산에 대한 평가액을 차감하여 "양도대금"을 확정하기로 한다.

제3조(주주총회의 승인과 효력 발생)

1. 본계약은 "영업양도인"과 "양수인"이 각각의 주주총회에서 그 승인을 얻은 후에 효력을 발생하는 것으로 한다.
2. "영업양도인"과 "양수인"은 본계약 체결 전후에 각각 주주총회를 개최하여 본계약에 관한 승인 절차를 진행하기로 한다.
3. "영업양도인"과 "양수인"은 각각의 주주총회에서 본계약에 대한 승인을 득한 즉시 주주총회의 의사록을 교환하기로 한다.

제4조(양도의 이행과 채무의 인수)

1. "영업양도인"과 "○○○"으로 대표되는 "자산양도인"은 본 계약의 효력이 발생하는 즉시 "별첨3"의 "재산목록"에 기재된 목적물을 "양수인"에게 인도하거나 명도하여야 하며 아울러 등기나 등록 또는 명의변경 등에 필요한 서류를 "양수인"에게 즉시 교부하여야 한다.

2. "영업양도인"과 "○○○"으로 대표되는 "자산양도인"이 본조 제1항에 의한 목적물의 양도를 이행함과 동시에 "양수인"은 본 계약서 제2조에서 정한 "양도대금"의 일부의 지급에 갈음하여 "영업양도인"이나 "개인주주 또는 "자산양도인"(이하 "매각측"이라 한다)이 부담하여야 할 "별첨4"의 "채무명세"에 기재된 채무(이하 "인수채무"라 한다)의 총추정액인 금　　원(₩　　)을 인수하기로 한다. 다만 "◇◇◇◇"이 "양수인"의 주금납입을 위하여 "○○○"이나 "○○○"이 지정한 제3자에게 대여한 금　　원(₩　)은 본계약 체결과 동시에 "양수인"이 그 채무를 인수하기로 한다.

3. 본조 제2항의 "인수채무"는 본 계약 체결일 현재의 추정금액으로 향후 변동이 예상되는 바 채권자의 승인이나 동의를 얻는 채무인수의 절차를 진행하면서 그 증감액을 확정하기로 한다. 다만 "양수인"이 인수하기로 확정하는 "인수채무"의 총액은 본 계약서 제2조 제2항에 의하여 확정되는 "양도대금"을 초과할 수 없다.

제5조(잔금의 결정과 지급)

1. 본계약의 당사자는 , 제4조 제1항에 의한 목적물의 양도와 제4조 제2항에 의한 "인수 채무"의 확정이 완료되는 즉시 "양수인"이 "매각측"에 지급하여야 할 "양도대금"과 "인수채무"의 차액(이하 "잔금"이라 한다)을 결정하기로 한다. 다만 "인수채무"를 확정하는 과정에서 "매각측"의 요청이나 동의가 있는 경우에 "양수인"은 "매각측"이 별도로 부담하게 될 세금 등의 채무를 "잔금"의 범위내에서 새로이 인수할 수 있다.

2. 본조 제1항의 규정에 따라 결정되는 "잔금"의 지급시기와 방법은 다음과 같이 정한다.

1) ○○에 소재하는 등록번호 제 ○에 대한 명의변경이 완료되고 본계약서 제2조 제2항에 의한 실지 조사가 완료되는 즉시 금　　원(₩　　　)을 현금으로 지급한다.

2) 나머지 금액은 현금으로 지급하되, "양수인"의 영업 상황과 자금 사정을 감안하여 지급 시기를 결정한다. 다만 그 지급 시기는　　년　　월　　일을 초과할 수 없다.

3. 본조 제1항에 따라 결정된 "잔금"의 규모가 본조 제2항에 의하여 지급될 금액에 미달하는 경우 "○○○"은 본 계약서 제8조 제2항에 따라 매각할 주식의 수를 증가시키거나 이미 수령한 금액을 "양수인"에게 반환하기로 한다.

4. "○○○"은 본 계약서 제4조 제1항에 의한 목적물의 양도를 책임지고 이행하여야 하며 "양도대금"의 수령과 처분 및 이에 부수하는 사항에 관한 일체의 권한을 "매각측"으로부터 부여받았음을 입증하는 위임장을 본계약 체결 즉시 "양수인"에게 제출하여야 한다.

제6조(종업원의 처우)

1. 본계약 체결일 현재 "영업양도인"이 고용하고 있거나 고용하였던 종업원은 "양수인"이 계속 고용할 의무를 부담하지 않는 것으로 한다.

2. 본 계약 체결일 현재 "영업양도인"이 고용하고 있거나 고용하였던 종업원에 대한 미지급임금, 퇴직금 등의 채무는 "매각측"에서 부담하는 것으로 하며 동 금액은 "양수인"이 인수할 "인수채무"의 확정시에 별도로 계상하기로 한다.

제7조(경업금지 및 협력의무)

1. "매각측" 및 "○○○"은 "양수인"이나 "◇◇◇◇"의 사전동의 없이 "양수인"의 영업과 동종 또는 유사한 영업행위를 직접 또는 간접으로 본계약 체결일로부터 10년간 하지 않기로 한다.
2. "영업양도인"은 본건 영업 및 자산양수도가 완료되는 즉시 폐업의 조치를 취하기로 한다.
3. "매각측"과 "○○○"은 "영업"에 관한 거래처 등을 성의를 가지고 "양수인"에게 알선하는 등 "양수인"의 "영업"에 필요한 협력을 다하여야 한다.

제8조(특약사항)

1. "양수인"의 채무인수와 관련하여 금융기관 등 채권자의 승인이나 동의를 얻을 수 없거나 또는 "매각측"의 의무이행이 불가능하여 "양수인"이 "영업"을 영위할 수 없는 것으로 판단되는 경우에는 "양수인"이나 "◇◇◇◇"은 본 계약을 해지할 수 있다.
2. "○○○ "과 "◇◇◇◇"은 "양수인"의 경영과 운영을 위하여 서로 협력하기로 한다. 또한 "○○○"은 본계약 체결 후 3개월이 되는 시점에서 "◇◇◇◇"이나 "양수인"의 의무 이행이 완료되는 경우 이미 소유하고 있는 "양수인"의 발행주식 ○○주중에서 ○○주를 "◇◇◇◇" 이나 "◇◇◇◇"이 지정하는 자에게 액면가로 매각하기로 한다.
3. "○○○"은 "양수인"의 이사 1인에 대하여만 지명권을 행사하기로 하고 기타의 이사와 감사에 대하여는 "◇◇◇◇"이 지명권을 행사하기로 한다.
4. 본 계약 체결 후 "양수인"의 주권자본금을 증액하거나 기타의 불가피한 사유로 "양수인"의 정관을 수정하거나 변경할 필요가 발생하는 경우 "○○○"은 주주총회에서 "◇◇◇◇"의 요청에 전적으로 동의하기로 함을 확약한다.
5. "◇◇◇◇"은 "양수인"이 운영자금을 조달할 필요가 있는 경우에 "양수인"에 대한 대출, 지급보증 등의 필요한 지원을 제공하기로 한다.
6. 향후 "양수인"의 "영업"의 일부를 독립시켜 별도 법인을 설립하거나 자회사를 설립하는 경우 "○○○"과 "◇◇◇◇"은 그 법인에 대하여 각자가 소유하는 "양수인"에 대한 지분 비율에 따라 출자하기로 한다. 다만 "○○○"과 "◇◇◇◇"의 "양수인"에 대한 투자비율에 현저한 변동이 있거나 불가피한 사정이 있는 경우 상호 협의하여 이를 변경할 수 있다.

7. "매각 측"과 "○○○"은 본 계약에서 정한 "잔금"의 지급 전후를 불문하고 "◇◇◇◇"이나 "양수인"에게 부담하는 채무의 지급을 보증하기 위하여 "○○○" 또는 "○○○"이 지정하는 제3자가 취득한 주식을 양도담보로 제공하기로 한다. 또한 "잔금"의 지급을 완료한 후에 세금 등의 우발채무가 발생하거나 본 계약서에 기재된 사항과 다른 사실의 발생으로 "양수인"이나 "◇◇◇◇"에 손해가 발생하는 경우 이를 배상하기로 하며 이를 위하여 "○○○" 또는 "○○○"이 지정하는 제3자가 소유하는 "양수인"의 발생주식을 주식 취득일로부터 1년간 양도담보로 제공하기로 한다.

제9조(관할의 합의)

본 계약으로 인하여 발생하는 모든 분쟁에 관한 소송은 ○○지방법원을 그 관할법원으로 한다.

제10조(손해배상)

본 계약에 규정된 의무를 불이행하거나 이행을 지체함으로 인하여 각 상대방에게 발생되는 모든 손해는 귀책사유 있는 당사자가 상대방에게 즉시 그 손해를 배상하여야 한다.

제11조(기타)

본 계약에 명시되지 아니한 사항이 있을 때에는 일반적 상관례에 따른다.

위 각 조항을 증명하기 위하여, 계약서 원본 1통과 필요한 부수의 사본을 작성하여 각 당사자가 기명날인한 후 원본은 "양수인"이 보관하기로 한다.

20○○년 ○월 ○일

"영업양도인"	주소	: (주)○○○○
	상호	:
	대표자	: ○ ○ ○ ㉑
"개인주주"와 "자산양도인"을 대표	주소	:
	성명	: ○ ○ ○ ㉑
"양수인"	주소	:
	상호	:
	대표자	: ○ ○ ○ ㉑
대표자 "◇◇◇◇"	주소	:
	상호	:
	대표자	: ○ ○ ○ ㉑

자산 · 부채양수도계약서

자산·부채를 양수받는 회사(이하 "갑"이라 한다)와 자산·부채를 양도하는 회사(이하 "을"이라 한다)는 다음과 같이 계약을 체결한다.

제1조(목적)

이 계약서는 신용관리기금의 20○○년 ○월 ○일자 재산실사기준으로 재산실사를 한 결과 채무가 자산을 초과하고 정상적인 경영이 어렵다고 판명되어 부실리스사 구조조정 시책의 일환으로 정리 퇴출되는 "을"의 자산과 부채를 "갑"이 양수받아 효율적으로 관리·회수하여 채권자 및 채권금융기관(이하 "채권자"라 한다)에게 적절하게 상환함으로써 리스이용자를 보호하고 채권자 등 이해당사자의 피해를 최소화하는데 그 목적이 있다.

제2조(자산의 양도 및 대가지급방법)

① "을"은 이 계약일 현재 붙임1에서 정하는 "을"의 자산 및 관련 계약상(부속 약정서 및 변경 약정 등을 포함)의 권리와 이익(이하 "자산 등"이라 한다)을 "갑"에게 양도하고 "갑"은 이를 양수하기로 한다. "갑"은 자산 등의 양수대가로 이 계약 제4조 및 기타 관련조항에 따라 부채를 인수함으로써 양수 대가의 지급에 갈음하기로 한다.

② 전 항의 자산 등 중 다음 각 호의 1에 해당하는 자산 등은 양수도 대상에서 제외한다. 다만, 다음의 1호, 2호, 6호, 7호 및 8호 등과 관련한 실제지급행위는 이 계약 제7조에 정한 바에 따라 "갑"이 대행하기로 한다.

1. "을"이 고용한 임직원의 임금 및 퇴직금의 정산지급에 필요한 예금자산(제13조에 의해 위탁수수료 조로 지급할 인건비 해당액은 제외한다)
2. 이미 고지된 국세 등 "을"이 우선 변제하여야 할 채무상당액에 해당하는 자산
3. "을"이 고용한 직원에 대한 각종 대출금과단체퇴직보험예치금
4. 선급법인세 등 이 계약으로 계약상 권리의 효력이 상실되는 자산
5. 채권원인(담보권포함) 서류가 없거나 리스물건이 부존재하는 자산
6. "을"의 회계법인 재산실사보수와 법률자문비용 등 "을"이 지급할 비용채무와 청산 또는 파산 개시 전까지 "을"의 운영 및 관리비의 지급에 필요한 예금자산
7. 양도하는 자산 등의 명의이전 또는 담보권부기등기에 필요한 예금자산
8. "을"이 주식매수청구에 응하기 위하여 필요한 예금자산
9. 채권자가 적법하게 "을"의 채무와 상계하거나 상계할 채권 또는 자산해당액
10. "을"의 채무양도이전을 위한 채권기관 협약(이하 "협약"이라 한다)에 가입하지 않은 채권자에게 "을"이 상환할 채무의 합계액에서 이 계약 제3조 3항의 단서조항에 의한 채무면제비율을 적용하여 산출된 금액만큼 공제한 잔여가액에 해당하는 자산(협약 미 가입 채권자가 취득한 양도담보 자산을 포함한다)

11. "을"의 자회사에 대한 출자금 및 채권

③ 제1항에 의한 "을"의 부채 및 관련계약("협약" 및 부대약정포함)상의 권리와 의무(이하 부채 등이라 한다)를 자산 등의 양수대가의 지급으로 갈음하기 위하여 이전함에 있어 다음의 각 호의 1에 해당하는 부채 등은 양도대상에서 제외한다.
  1. 퇴직급여충당금 및 단체퇴직급여충당금
  2. "을"에게 귀속되는 제세예수금 및 관련 납세의무
  3. 미지급비용 등 이 계약으로 계약상 의무의 효력이 상실되는 부채 등
  4. 부채 중 그 채권자가 이 계약일 ○○일 이내에 이의를 제기한 경우, "을"의 자산에 대하여 가압류 등 보전조치를 하거나 소송상 청구를 한 경우 및 기타 계약이전이 불가능하다고 볼만한 상당한 이유가 있는 경우 그 관련 부채 등은 처음부터 양도대상에서 제외한 것으로 본다.
  5. 선수수익 등 제1호 내지 제4호의 부채 등에 종속되는 부채
  6. 채권자가 적법하게 "을"의 자산과 상계하거나 상계할 부채해당액
  7. 관련법규의 개정 등으로 향후에 "을"에게 귀속부과될 수 있는 일체의 납세의무
  8. 협약에 가입하지 않은 채권자에게 "을"이 상환할 부채해당액

④ 양도대상이 되는 자산 부채 등이더라도 위 제2항 및 제3항의 범위에서 제외되는 사유가 발생하였음이 사후에 확인되는 경우에는 처음부터 양도대상에서 제외된 것으로 보고, 착오로 인하여 명세서 작성에서 누락되었음이 사후에 확인되는 자산부채 등은 처음부터 양도대상에 포함된 것으로 보고, 이 계약 제4조의 양도가액에서 가감하기로 한다. 다만, 위 제2항 10호 및 제3항 8호에 해당하는 경우로서 채권자가 협약에 가입하면 처음부터 각각 양도대상에 포함된 것으로 본다.

제3조(자산·부채등의 실사와 양도가액의 확정)

① "을"은 리스회계처리준칙, 기업회계기준 및 리스회사자산건전성분류기준 등에 의거 아래 제2항의 회계법인의 평가기준일을 기준으로 결산을 실시하여 자산 부채 등의 대차대조표가액을 확정하여야 한다.

② "갑"과 "을" 및 채권자는 공동으로 공인된 회계법인을 선임하고 회계법인은 실사기준일(2000년 ○월 ○일을 말하며 변경된 때에는 "갑"이 "을"에게 변경 통지한 기준일을 말한다)을 기준으로 하여 신용관리기금의 20○○년 ○월 ○일자 재산실사기준 및 동 평가당시 개별자산의 건전성 분류등급(2000. ○○. ○○일 이후 발생한 등급재분류 사유는 원칙적으로 반영하지 않기로 하되, 다만 부도발생 및 계약해지건의 경우 고정이하로 재분류하기로 한다)등에 의거 "을"의 자산과 부채 등을 평가하여야 한다.

③ 양도되는 자산·부채 등의 가액은 위 제2항에 의한 방법으로 산정된 금액으로 한다. 다만, 평가결과 부채가 자산을 초과하는 때에는 자산초과부채액에 해당하는 금액을 "을"의 책임하에 채권자로부터 이 계약일 이전에 채무감면 또는 할인 등을 받아 양도하는 자산과 부채의 가액을 동일하게 하여야 한다.

제4조(자산의 양도가액 및 사후정산)

① 제3조 제2항 및 3항에 의거 산정된 자산 등의 가액인 (금 ○○○○○○원정)을 "갑"이 "을"에게 지급할 양도대금으로 하기로 하되, 자산 등의 양도대금의 지급은 제2조 제1항 및 제3조 3항의 방법에 의해 확정된 동일 금액의 부채등을 "을"로부터 "갑"이 인수하는 것으로 갈음하기로 한다.

② 다만, "갑"이 인수할 부채 등의 금액은 "을"이 채권자와 협의조정하여 정하기로 하되, 부득이한 사유로 "갑"이 이를 대신한 경우에도 "을"은 이에 대해 아무런 이의를 달지 않기로 한다.

③ 이 계약일 이후에 제18조 등 각 조항 및 기타 사유로 인해 양수도가액을 조정·정산할 필요가 있는 경우에는 양수도가액조정·정산에 관한 변경약정을 "갑"과 "을"은 체결하기로 한다. 이 경우 또는 "을"의 퇴출소멸로 그러한 변경약정을 체결할 수 없을 때에는 "갑"은 "을"을 대신하여 전항 및 제5조에 따라 채권자와 사후정산을 할 수 있다.

제5조(인수 후 발생하는 부실자산 등의 처리)

"갑"이 양수받은 자산 등이 이 계약일 이후에 추가로 부실화되는 경우와 부실자산 등의 매각 또는 평가에 따라 손실이 발생하는 경우 또는 이 계약일 이후에 이 계약의 각 조항에 의해 처음부터 이전되지 않은 것으로 간주하거나 처음부터 이전된 것으로 간주하여 자산가액에서 가감하기로 한 경우(제4조 제3항에 의한 변경약정을 포함한다)에 추후 "갑"과 채권자간에 채무변제를 위한 사후조정·정산 시 이를 반영하기로 한다.

제6조(인수가액을 초과하는 회수금액의 처리)

이전대상인 부실자산(평가금액이 영(0)인 자산을 포함한다) 중 제3조에 의한 평가액이 100분의 OO미만인 부실채권 등의 채권회수 의무는 "갑"에게 있으며, 회수된 금액이 평가가액을 초과하는 경우에는 "갑"이 이를 채권자에 대한 채무상환에 사용하더라도 "을"은 아무런 이의를 제기하지 않기로 한다.

제7조(양수도에서 제외된 자산 등의 처리)

① 이 계약 제2조 제2항 1호, 2호, 6호, 7호 및 8호에 해당하는 자산과 그에 대응하는 부채의 정산처리 사무는 예금자산으로 미리 확보된 금액 범위 내에서 "을"이 "갑"에게 위임한 것으로 하며, "갑"은 이를 위해 별도계정으로 관리하여야 한다. "갑"은 원칙적으로 부족 금액에 대하여 책임을 지지 않기로 하며, 부득이 이를 대신 지급하는 경우 에는 채권자와 사후정산 시 이를 반영하기로 한다. 단 잔여금액(이자수입을 포함한다)이 있는 경우 "갑"이 부채 등의 변제 등에 임의로 충당하기로 한다. 다만, 주식매수대금이 부족한 경우에는 "갑"이 "을"을 대신하여 지급하고 양도가액에서 대신 지급한 금액만큼 차감하기로 한다.

② 이 계약 제2조 제2항 3호, 4호, 5호, 9호, 10호 및 11호에 해당하는 자산처리 업무도 "을"은 "갑"에게 일임하기로 하되, 회수되는 금액이 있을 때에는 이 계약의 각 조항에 의해 처음부터 양도되지 않은 것으로 간주하여 양도가액에서 차감하기로 한 건의 정산에 우선 사용하고 그래도 남은 금액이 있을 때에는 "갑"이 "을"로부터 인수한 부채 등의 변제에 사용하기로 한다.

제8조(자산과 부채의 양수도 기일과 장소)

"을"의 자산과 부채는 이 계약 체결일에 "갑"에게 양도된 것으로 하며, 계약체결일 현재의 소재지에서 이전된 것으로 본다.

제9조("을"의 준수사항)

"을"은 "을"의 자산·부채 등을 "갑"에게 양도함에 있어 제3조의 실사기준일 익일부터 이 계약 체결일까지 선량한 관리자로서 주의의무를 다 하여야 하며 아래 사항을 성실히 준수하여야 한다.

① "을"은 "을"의 채권을 "갑"에게 양도함에 있어 확정일자 있는 증서로서 리스이용자 등 채무 관련자에게 채권양도 통지를 하고 "갑"에게 그 사본을 제출하며 채권양도 및 명의변경에 따른 제반 절차를 신속하고 성실하게 수행하여야 한다.

② "을"은 "갑"에게 양도되는 자산 등과 관련하여 "을"의 명의로 등기·등록된 리스자산을 "갑"의 명의로 이전하는데 필요한 일체의 명도서류를 즉시 "갑"에게 제공한다.

③ "을"은 "갑"에게 양도되는 자산 등과 관련하여 리스이용자 등 채무자 또는 제3자가 "을"에게 담보로 제공한 부동산근저당권과 양도담보 및 이용자명의로 등기·등록된 리스자산에 대한 근저당권 등 일체의 담보권을 "갑"에게 유효하게 양도하여야 하며 담보권 부기등기에 필요한 동의서 등 일체의 서류를 신속하게 "갑"에게 제공하여야 한다.

④ "을"은 양도되는 자산 등과 관련하여 취득한 지급보증서, 신용보증서, 보증보험증권, 주식 등 채권보전을 위한 모든 증서 및 그에 관한 권리를 "갑"에게 유효하게 이전하고, 그 이전에 따른 제반 절차를 성실히 수행하여야 한다. 보증보험증권 등의 담보증서상 수익자(피보험자 또는 피보증인을 말한다)의 명의가 "갑"으로 유효하게 변경되지 않는 때에는 처음부터 이 계약에 의해 양도되지 않은 것으로 보고, 연체 등 계약 해지사유가 이미 발생한 경우에는 즉시 "을"의 명의로 채권행사를 하기로 한다.

⑤ "을"은 양도되는 자산 등과 관련 취득한 어음, 수표 등을 "갑"에게 배서 양도한다.

⑥ "을"은 양도되는 자산 등과 관련된 채권회수를 위한 가압류, 가처분, 각종 본안소송, 담보권실행, 강제경매 및 집행 등 진행 중이거나 종료된 일체의 소송관련 건의 당사자를 "갑"의 명의로 변경하는데 필요한 일체의 서류를 신속하게 "갑"에게 제공하여야 한다.

⑦ "을"은 "갑"에게 양도되는 자산·부채 등에 관련된 각종 업무처리 지침, 전산처리 방법서, 전산시스템(각종 프로그램 및 정보 등 일체)등 채권자 및 채무자와의 거래를 원활히 수행하는데 필요한 모든 절차방법서 및 관련서류 등을 "갑"에게 양도하여야 한다.

⑧ "을"은 채권자로부터 적법하게 "을"의 채무와 "을"의 채권 또는 자산과 상계한 상계통지서 및 "을"의 조치사항에 관한 일체의 관련서류를 "갑"에게 제공한다.

제10조(리스물건 등의 점검)

3조에 의한 회계법인의 실사 시에 리스물건에 대한 점검확인은 실시하지 않았으므로 계약일 현재 있는 상태대로 양수 이전된 것으로 "갑"과 "을"은 간주하기로 한다. 그러나 이 계약일 이후 "갑" 또는 "갑"의 대리인이 현장 방문하여 물건을 점검한 결과 또는 기타의 사유로 이 계약일 이전부터 공리스, 중복리스 등의 원인으로 리스물건이 존재하지 않은 것으로 판명된 경우에는 처음부터 이전되지 않은 것으로 보고 양도가액을조정하기로 한다. 리스물건 부존재로 인한 일체의 책임이 "갑"에게 없다.

제11조(계약의 유지 및 계약상의 권리와 의무의 승계)

"을"이 "갑"에게 양도하는 자산·부채 등과 관련하여 적법하게 체결하였던 계약상의 모든 권리와 이익 및 의무는 본 계약 및 "협약"(부속약정 포함)에 달리 정한 내용을 제외하고는 "갑"에게 그대로 이전되며 "갑"은 이전받은 권리와 의무를 성실히 이행하여야 한다.

제12조(관련서류 등의 인계)

"을"은 "갑"에게 양도하는 자산·부채와 관련한 채권원인서류, 장부, 유가증권, 각종 소송 및 담보권

실행 등 모든 권리 및 회계관련 서류와 "갑"이 자산·부채를 양수한 후 이를 관리하는데 필요한 "을"의 모든 관리서류 및 전산정보(이하 "관련서류등"이라 한다)를 "갑"이 임명한 지부장 또는 서울팀장에게 원본대로 인계하여야 하며, 추후 관련서류 등의 손상, 누락 등으로 인하여 "갑"이 이전받은 자산가액에 부족이 생길 경우 해당자산은 처음부터 양수하지 않은 것으로 보며 제4조에서 정한 양도가액에서 차감하기로 한다.

제13조(기간손익의 배분)

이 계약일에 불구하고 제3조에 의한 회계법인의 실사기준일 익일부터 양도받은 자산·부채 등으로부터 정상적으로 발생하는 수입과 이자비용 등의 계상은 "갑"에게 귀속시키되 "을"은 동 기간동안 "갑"을 대신하여 리스료 등의 수납 지급 등을 대행하고 이 계약일에 일체의 정산근거 자료와 함께 "갑"에게 일괄 지급 정산하여야 한다. 다만, 실사기준일 익일부터 이 계약일 사이에 "을"이 선량한 관리자로서 주의의무를 다하기 위한 임직원의 인건비 등은 실비기준으로 "을"이 우선 지급한 후 "갑"에게 청구하고 "갑"은 해당액을 위탁관리 수수료조로 "을"에게 지급하기로 한다.

제14조(자산부채의 이전비용의 부담)

"을"이 "갑"에게 자산과 부채 등을 양도하는 과정에서 발생하는 회계법인의 재산실사 보수, 각종 법률자문비용, 리스자산의 소유권변경 및 담보권의 부기등기, 채권양도의 통지비용, 임차사무실 원상복구비 및 기타 이 계약의 이행에 소요되는 제비용은 "을"이 부담 지급하기로 한다. 이 계약일 이후에 법원의 판결에 의해 "을"이 주식매수 청구한 주주에게 지급하여야 할 주식매수대금을 지급하지 못해 "갑"이 대신 지급한 경우와 자산·부채 이전 과정에서 발생한 "갑"의 모든 손실도 "을"이 부담하기로 하되 "을"이 실제로 지급할 수 없는 경우에는 "갑"과 채권자간에 이 계약 제5조에 따른 사후 정산시 이를 반영하기로 한다.

제15조(기명날인)

"을"은 "갑"이 이 계약의 이행을 위하여 제시하는 제반서류에 기명날인 하여야 한다.

제16조(계약의 해석)

이 계약서에 명시되지 않은 사항이나 이 계약서의 해석에 당사자 간 이의가 발생할 경우 당사자 간 합의에 따르고 합의가 이루어지지 않을 경우 일반 상관례에 따른다.

제17조(관할법원)

본 계약과 관련하여 분쟁이 발생하여 소송의 필요가 있을 경우 서울지방법원 본원을 합의관할로 한다.

제18조(특약사항)

① 이 계약일에 불구하고 이전대상 자산 중 등기·등록자산, 업무용·비업무용부동산 및 업무용 자산 중 등기등록대상 자산 및 담보부동산의 부기등기가 필요한 건 등은 추후 등기·등록서류가 완비하는 때에(20○○년 ○월 ○일 이후) 개별 계약 또는 이전완료통지서에 의하여 이전되는 것으로 한다. 이 계약일로부터 실제 이전일까지 해당 자산의 효율적인 관리를 위해 "갑"은 해당 자산을 이전대상 자산에 포함시킬 수 있으며, 해당 자산 관리를 위해 "갑"과 "을"은 "갑"을 자산관리인으로 하는 특별약정을 체결한다.

② 양도대상에 포함된 자산등(별도관리대상 자산을 포함한다)이지만 리스료, 제예금, 예금이자 및 기타 채권행사를 통한 일체의 회수금 등을 어떠한 사유로든 “을”의 명의로 수령하게 된 때에는 “을”은 지체 없이 “갑”이 정한 구좌에 임금 지급하여야 한다.

위 계약의 내용을 증명하기 위하여 양도인과 양수인 및 입회인은 이 계약서 3부를 작성하여 각 1부씩 보관한다.

20○○년 ○월 ○일

	주소	:	
자산 · 부채를 양수받는 리스회사 “갑”	상호	:	OO주식회사
	대표이사	:	○ ○ ○ ㊞
	주소	:	
자산 · 부채를 양도하는 리스회사 “을”	상호	:	OO주식회사
	대표이사	:	○ ○ ○ ㊞
	주소	:	
“입회인”	상호	:	OO법률사무소
	변호사	:	○ ○ ○ ㊞

특별약정

제1조(목적)

이 특별약정은 자산 · 부채양수도계약(이하 “본계약”이라 한다.) 제18조 제1항에 따라 2000년 00월 00일 이후 개별계약 또는 이전완료통지서에 의해 이전될 자산이나 본계약 체결 시 이전된 것으로 하여 “갑”이 관리하게 될 자산 등의 효율적인 관리와 신속한 이전을 위한 제반 사항을 규정함에 있다.

제2조(적용대상이 되는 자산의 범위)

이 특별약정의 적용을 받는 자산은 본계약 제18조 제1항에 의한 등기 · 등록된 리스계약자산, 업무용 · 비업무용 부동산 및 업무용 자산 중 등기 · 등록 대상 자산으로 하며 담보부동산의 부기등기가 필요한 건도 이에 포함한다.

제3조(신속한 절차이행)

① “을”은 본계약 제9조 제2항 내지 제6항의 절차(이하 절차라 한다)가 필요한 자산에 대해 그 절차를 신속히 이행하여야 하고, 절차이행에 “갑”의 협력이 필요한 경우 “갑”은 이에 적극 협력한다.

② 등기·등록 등 이전대상 자산의 이전을 위해 필요한 경우 및 기타조항의 절차 이행을 위해, "을"은 "갑"에게 등기·등록 및 이전을 위해 필요한 개별 계약시 "을"을 대신하여 기명날인을 포함한 일체의 대리 권한을 본 서면에 의해 부여한다.

제4조(선량한 관리자로서의 주의의무)

"갑"은 본계약 체결일 이후 개별계약 또는 이전완료통지서에 의해 이전받을 때까지 선량한 관리자로서의 주의의무를 다 하여야 한다.

제5조(관리수수료)

위 제2조에 해당하는 리스계약자산으로부터 발생하는 운용리스료 수입과 금융리스이자수입의 합계액에서 동 리스자산평가합계액에 해당하는 부채(차입금)상당액에 대하여 지급하거나 지급할 이자금액과 운용리스자산의 감가상각충당금 전입액의 합계액을 차감한 잔액을 원칙적으로 "갑"의 관리수수료로 하기로 한다. 금융리스료 수입 중 원금 해당분은 금융리스채권에서 차감한다. 다만, 개별 이전하는 시기 및 금액이 다양 다기하여 정확한 산정이 곤란할 때에는 "갑"이 본 계약 제13조를 준용하여 임의로 정한 방법에 따라 처리할 수 있다.

제6조(관리대상 자산가액에 상당하는 채무의 관리)

관리대상 리스자산평가액에 상당하는 채무해당액에 대한 이자 및 원금상환업무의 대행은 "갑"이 하기로 한다.

제7조(양수대상에서 제외)

일정기간동안 절차의 이행이 이루어지지 않는 때에는 "갑"은 동 자산을 양수하지 않을 수 있으며, 이 경우 본계약 제4조의 양도가액에서 해당자산의 가액을 차감한다.

제8조(기타)

본계약의 내용과 이 특별약정의 내용이 상충할 때에는 이 특별약정의 내용이 우선하며, 이 특별약정에 달리 정하지 않은 사항은 본 계약의 각 조항이 그대로 유효한 것으로 한다.

제9조(대상자산명세표) (예)

일련 번호	자산명	비고
1	업무용부동산	별책 자산부채평가표.6. 업무용부동산평가표
2	비업무용부동산	별책 자산부채평가표.7. 비업무용부동산평가표
3	차량운반구	별책 부속명세서,12. 업무용자산 및 비품명세 중 차량운반구
4	등기등록대상소유물건	별책 부속명세서,20. 등기등록대상소유물건명세서
5	부동산담보물건	별책 부속명세서, 5-7. 담보물건총괄명세표 중 부동산담보

위의 특별약정의 내용을 증명하기 위하여 양도인과 양수인 및 입회인은 특별약정 3부를 작성하여 각 1부씩 보관한다.

전환사채인수계약서

(주)○○○○ (이하 "갑"이라 한다.)과 (주)○○○○ (이하 "을"이라 한다)는 다음과 같은 조건으로 전환사채인수계약을 체결한다.

제1조(전환사채발행과 인수) "을"은 다음과 같이 전환사채를 발행하고, "갑"은 이를 인수한다.

1. 사채의 종류 : 기명식 전환사채
2. 발행하는 사채의 총액 : 금○○○원정(₩○○○,○○○,○○○,○○○)
3. "갑"의 인수액 : 금○○○원정(₩○○○,○○○,○○○,○○○)
4. 각 사채의 권면금액과 권종 : ○○○원권 ○○매
5. 발행가액 및 인수가액 : 각 사채의 권면가액
6. 납입기일 : 2000년 ○○월 ○○일
7. 상환방법 및 기한 : 원금은 2000년 ○○월 ○○일에 일시 상환하기로 한다. 단, "갑"은 제1조 10항 4호의 기간 중에 원금의 일부 또는 전부에 대한 상환을 요구할 수 있고, 중도상환은 서면으로 요구하며 "을"과의 협의에 의해 확정한다.
8. 약정이자율 : 연 ○○%(만기보장수익율 연 ○○%)
9. 이자지급방법 및 기일 : 인수대금이 납입되어 상환될 때까지 그 미상환 잔액에 대해 제1조 제8항의 이자율을 적용하여 매월말 후급한다.
10. 전환의 조건
    가. 전환비율 : 사채권면액의 ○○% 이내
    나. 전환가격 : 1주당 ○○○원정(액면가 전환하되, 사채권면의 ○○%까지)
    다. 전환에 따라 발행할 주식의 종류 : 기명식 보통주식
    라. 전환청구기간 : 전환사채인수일 이후 ○개월 경과후부터 만기일 직전일 까지이며, 만약 위 기간 내 전환청구를 하지 않을 시는 제1조 7항, 제8항 및 제9항에 의하여 상환한다.
    마. 전환가격의조정은 다음과 같은 기준에 의한다.
        마-1) 전환사채인수 이후부터 전환청구를 하기 전에 당초의 전환가격을 하회하는 발행가격으로 유상증자, 주식배당 또는 준비금의 자본전입을 함으로써 주식을 발행하는 경우에는 다음과 같이 전환가격을 조정한다.

조정 후 전환가격 = (조정전전환가격 × 기발행주식수) + (신발행주식수 × 1주당발행가액)
　　　　　　　　　　　　　　　(기발행주식수 + 신발행주식수)

        마-2) 자본의 감소, 주식분할 및 병합 등에 의하여 전환가격의조정이 필요한 경우에는 "갑"과 "을"이 협의하여 전환가격을 조정한다.
    바. "을"은 "갑"이 주식으로 전환을 청구한 때의 사채이자는 전환에 의하여 발행된 주식의 배당일 직

전까지의 이자를 직전일에 지급한다. 단, 당해 전환사채발행 연도 중에 주식으로 전환한 경우에는 당해 전환사채발행일에 전환한 것으로 본다.

제2조(전환사채 인수대금의 납입)

전환사채인수대금은 제1조 제6항에서 정한 납입기한에 "갑"과 "을"이 정하는 방법에 따라 납입한다.

제3조(전환사채증권의 교부 및 등기, 등록이행)

① "을"은 전환사채증권을 발행하여 제2조의 납입이 완료되는 즉시 "갑"에게 교부하기로 한다. 다만, 부득이한 경우 사채가증권을 발행하여 교부할 수 있다.

② 상기 1항에 의하여 발행된 증권에는 다음 사항을 기재한다.

  1. 사채증권 또는 사채가증권의 표시

  2. 제1조의 주요사항

  3. 사채가증권 발행의 경우 사채증권의 상환교부 발행사항

③ 사채가증권 발행의 경우에는 "갑"의 요청이 있을 경우 "을"은 지체 없이 사채증권을 발행하여 사채가증권과 상환교부하기로 한다.

④ "을"은 제2조의 납입이 완료되는 즉시 "갑"에게 전환사채발행에 따른 촉탁등기, 등록을 필한 후 법인등기부등본 1부를 제출하기로 한다.

제4조(전환사채원부작성 비치 및 열람)

"을"은 다음 사항을 기재한 전환사채원부를 작성하고 "갑"의 열람요구가 있을 때에는 이에 응한다.

1. 사채권자의 성명과 주소
2. 사채의 번호
3. 사채의 총액
4. 각 사채의 금액
5. 사채의 이자율
6. 사채의 상환과 이자지급의 방법 및 기한
7. 각 사채의 납입금액과 납입년월일
8. 사채권의 발행 년월일
9. 각 사채의 취득년월일
10. 기타 필요한 사항

제5조(원금상환 및 이자지급 장소)

"을"은 전환사채원금 또는 이자를 매기일마다 "갑"이 지정한 보통 예금구좌에 입금한다.

제6조(연체이자)

"을"이 전환사채의 원금 또는 이자를 기일에 상환 또는 납입하지 아니한 때에는 그 기일 다음날부터 실제 상환일 또는 납입일까지 년 ○○%의 연체이자를 "갑"에게 지급한다.

제7조(기한 전 이익의 상실)

"을"은 다음 각 호의 경우에는 "갑"의 요구에 의하여 기한 전이라 할지라도

원리금의 일부 또는 전부를 즉시 변제하여야 한다.

1. 법령에 의하여 기한의 이익을 상실하게 되는 경우
2. 이 계약이 정한 원리금을 상환기일에 상환하지 않는 등 계약의 이행을 하지 않거나 이행할 수 없을 때
3. 제3자로부터 "을"의 재산에 대하여 압류, 가압류, 가처분 또는 경매의 신청이 있을 때
4. 제19조 1항에 의한 저당물건에 대하여 "갑"과 공동하여 또는 "갑"에 우선하는 담보권을 가진 자가 있게 되는 경우
5. 본 계약이 정한 "갑"의 권리가 침해당할 행위가 있다고 인정되는 경우

제8조(추가이자의 지급)

전환청구기간 내에 전환권을 행사하지 아니하고 제7조에 의한 중도상환 또는 전환사채 만기상환이 되는 경우에는 상환 당일까지의 전환사채 인수이율에 의한 이자 외에 보장수익율과 전환사채 인수이율의 차이를 복리로 계산한 금액을 추가로 지급한다.

제9조(사전협의 및 사후통지 사항) "을"이 다음의 각 행위를 할 경우 "갑"과 사전협의 또는 사후통지를 한다.

1. 사전협의 사항
   가. 정관의 중요한 사항 변경
   나. 제3자에 대한 투자, 융자 또는 보증
   다. 기업체의 사실상 지배권을 타인에게 양도할 경우 또는 기업합병
2. 사후통지사항
   가. 상호, 대표이사의 변경 또는 중요한 조직변경
   나. 수권자본과 납입자본의 증감 및 잉여금처분
   다. 소유재산의 매각과 임대
   라. 발행주식의 과반수에 대한 소유권의 변동
   마. 회사의 중요 영업사항

제10조(상계)

① 기한의 도래 또는 제7조에 의하여 "갑"에 대한 채무를 이행하여야 하는 경우에는 그 채무와 "을"의 "갑"에 대한 채권과 그 채권의 기한도래 여부에 불문하고 그 채권의 범위 내에서 상계할 수 있다.
② 전 항의 상계를 할 경우에는 "갑"은 사전에 통지하고 "을"에 갈음하여 "을"의 "갑"에 대한 채권액에서 채무 변제에 충당할 수 있다.

제11조(사채증권 또는 사채가증권 반환, 교부)

전환사채를 상환하였을 때에는 상환금액 해당 사채증권 또는 사채가증권을 반환하고 일부 상환시에는 영수증만을 발행 교부한다.

제12조(상환 등의 충당순서)

상환 또는 제10조의 상계를 하는 경우 "을"이 지고 있는 채무전액을 소멸시키기에 부족할 때에는 "갑"이 적당하다고 인정되는 순서, 방법에 의하여 충당할 수 있다.

제13조(사채증권, 사채가증권 또는 주권의 오염, 훼손 및 분실)

① "갑" 소유 "을" 발행의 사채증권, 사채가증권 또는 주권이 그 동일성을 식별하기 하게 오염 또는 훼손된 경우, "갑"이 그 증권과 주권의 종류, 번호와 오염, 훼손된 사유를 기재한 서면을 "을"에게 제출하고 새 증권 또는 주권의 교부를 청구하며 "을"은 이의 없이 재교부한다.

② "갑" 소유 "을" 발행의 증권 또는 주권을 도난, 멸실 또는 분실한 경우 "갑"이 공시최고 절차에 의한 제권판결을 받은 후 판결서등본을 제출하고 재발행을 청구하면 "을"은 이에 응한다.

제14조(총발행주식한도 보유의무)

"을"은 발행할 주식중 "갑"이 인수한 전환사채 해당액의 미발행 주식한도를 "갑"의 전환청구 기간의 최종일까지 보유한다.

제15조(금지사항)

"을"은 이 계약에 정한 "갑"의 권리를 침해할 수 있는 정관의 변경, 주주총회의 결의 또는 이사회 결의와 관할 법원(회사정리법에 의한 관할법원 포함)에 판결, 처분, 결정 등을 구하는 신청을 하지 아니한다.

제16조(전환청구에 따른조치)

① "갑"이 인수한 전환사채를 전환청구 할 경우에는 "을"과 사전협의 함을 원칙으로 하되, 전환청구를 하였을 경우에는 "을"은 지체 없이 다음 내용의 주권을 발행하여 "갑"에게 제출한다.
  1. 주권의 번호
  2. 권 종
  3. "을"의 명칭
  4. "을"이 발행한 주식의 총수
  5. "을"이 발행한 주식의 총수
  6. 1주의 금액
  7. 발행년월일
  8. 주식의 종류와 내용 : 기명식 보통주식
  9. 주주명 : "갑"
  10. "을" 대표자의 기명날인

② "갑"의 전환청구는 당해 채권의 발행조건에서 정한 기일 내에 하되 주주명부 폐쇄기간 중에는 전환청구하지 아니한다. 단, 전환청구 기일이 폐쇄기간 중에는 종료될 때에는 폐쇄기간 만료 후 1주일 내에 전환청구 할 수 있다.

③ 전환으로 인하여 발행된 주식의 배당기산일은 전환한 후의 제1영업년도 초일로 한다.

제17조(주주명부 작성, 비치 및 열람)
"을"은 다음 사항을 기재한 주주명부를 작성 비치하고 "갑"의 열람요구가 있을 때에는 이에 응한다.

1. 주주의 성명과 주소
2. 각 주주가 가진 주식의 종류 및 내용, 그 수와 주권의 번호

3. 각 주식의 취득 년월일

제18조(사채권의 전매)

① "갑"은 본 계약에 의하여 발행한 사채권을 상환기일 이전에 제3자에게 전매 또는 제3자로부터 재매입할 수 있다.

② 사채권의 전매계약이 체결된 경우 "갑"은 지체 없이 그 사실을 "을"에게 통지하기로 한다.

제19조(연대보증인 및 담보물의 제공)

① "을"은 "갑"의 채권보전상 상당한 사유가 발생하여 "갑"의 요청이 있을 경우 "을"과 연대하여 채무를 부담할 연대보증인 또는 물상담보물을 제공하기로 한다.

② "을"은 "갑"으로부터 위 사채인수 대금을 영수함과 동시에, 본 계약에 따른 의무이행의 담보로서 액면과 만기일 등을 백지로 한 견질용 당좌수표 2매를 발행하여 이를 "갑"에게 교부하고 이 계약에 정한 "갑"의 권한 범위 내에서만 그 수표의 보충권을 "갑"에게 부여한다.

제20조(해석)

이 계약서 각 조항에 관하여 이의가 있을 때에는 "갑"과 "을"이 합의하여 원만히 처리하기로 하며 자구의 해석에 대한 이의는 일반상거래의 관례에 따른다.

제21조(합의관할)

본 계약에 관한 소송은 "갑"의 본점소재지 관할법원으로 한다.

제22조(특별조건)

① "을"은 위 전환사채 발행을 위한 제 절차가 정당하고 합법적인 것임을 확약하고 "갑"과 "을"은 이 계약서 2통을 작성하여 각각 1통씩 보관한다.

② 이 계약의 성립은 "갑"의 ○○지방법원 제○○ 민사부와 "을"의 ○○지방법원 제○○ 파산부의 사전 허가 조건부이며 허가서 정본을 첨부하기로 한다.

20○○년 ○월 ○일

	주소	:
전환사채 인수인 "갑"	상호	:
	관리인	: ○ ○ ○ ㉘

	주소	:
전환사채 발행인 "을"	상호	:
	관리인	: ○ ○ ○ ㉘

주식매매계약서

　OOOO(주)의 주주인 OOO(이하 "갑"이라 한다)과 OOO(이하 "을"이라 한다)간에 다음과 같이 주식매매계약을 체결한다.

- 다　음 -

제1조(양도 목적물)

　"갑"은 소유하고 있는 OO(주)의 발행 보통주식 O주(액면가액 : O원)를 "을"에게 양도하고 "을"은 이를 양수한다.

제2조(주식양도대금 및 대금지급)

　"을"은 전후에 정한 주식의 대금으로 일금 O만 원을 "갑"에게 지급한다.

제3조(현물 인도 및 명의 개서)

　"갑"은 "을"에게 이 계약과 동시에 주식 현물의 인도와 명의개서를 하여야 한다.

제4조(주주권리의 양도)

　"갑"은 "갑"이 가지고 있는 주식에 관한 일체의 권리를 이 계약과 동시에 "을"에게 양도하여야 한다.

제5조(해석)

　이 계약서 각 조항에 대하여 해석상 이론이 있는 때에는 법규 및 상관례에 따르기로 한다.

　위 약정사항을 증명하기 위하여 이 증서를 작성하고 "갑"과 "을"이 기명날인하여 각각 1통씩 보관하기로 한다.

20OO년 O월 O일

양도인 "갑"	양수인 "을"
주소	주소
주민등록번호	주민등록번호
성명　　　　OOO ㊞	성명　　　　OOO ㊞

신주인수계약서

　본 계약은 OO시 OO 구 OO 동OO-OO에 주소를 둔 OO주식회사(이하 "갑"이라 한다)와 OO시 OO구 OO 동 OO-OO에 주소를 둔 OO주식회사(이하 "투자기업"이라 한다) 및 아래에 정의된 투자기업의 대주주 또는 운영지 배자(이하 "이해관계인"이라 한다) 사이에 2000년 OO월 OO일자로 체결되었다.

제1조(계약의 목적)

　본 계약은 투자기업이 기술을 개발하거나 이를 응용하여 사업화하는데 소요되는 재원조달의 일환으로 시행 하는 증자에 "갑"이 자본참여함에 있어 "갑"과 투자기업 및 이해관계인 사이에 발생하는 권리의무를 확정시키 는 데 목적이 있다.

제2조(이해관계인)

① 본 계약에서 투자기업의 이해관계인이라 함은 증자시행 당시 발행주식 총액의 OO% 이상을 소유한 대주주 또는 투자기업의 실질적인 지배권을 가지고 있다고 "갑"이 인정하는 법인 또는 자연인인 운영 지배자 중 다음의 사람을 말한다.

　성명 :
　주민등록번호 :
　주소 :

② 제1항에서 정의된 이해관계인은 본 계약의 각 조항을 승인하고 본 계약상 투자기업의 의무이행을 연 대보증한다.

제3조(승인사항)

　투자기업이 제3자에 대한 법인 연대 입보를 하고자 할 경우에는 "갑"의 사전서면 승인을 얻어야 한다. 투자 기업은 승인을 위해 법인 연대 입보일로부터 20일 이전에 "갑"에게 서면으로 승인 요청을 하여야 한다.

제4조(정관 등 내용 변경)

　투자기업은 본 계약의 성실한 이행을 위하여 회사의 정관 및 내부 규칙 등 회사운영에 관한 규정 중 본 계 약에 반하는 부분은 본 계약 내용에 따라 변경하여야 한다.

제5조(변경등기)

　투자기업은 본 계약 체결일로부터 일주일 이내에 상법과 투자기업의 정관 및 본 계약서에 따라 유상증자절 차를 완결하고 자본금 변경등기를 마친 후 법인등기부등본을 "갑"에게 제출하여야 한다.

제6조(주식발행 및 인수조건)

① 투자기업 및 투자기업의 이해관계인은 본 계약 체결 후 O일 이내에 액면가 금 ( )원의 기명식 보통주 O주를 주당 발행가 금 (   )원으로 "갑"에게 유상증자 결의하고 "갑"에게 O주를 배정하기로 한다.

② "갑"은 투자기업이 배정한 본조 제1항의 주식을 인수하며 당해 인수금액은 총 금 OOO원정으로 한다. 이 경우 주식발행초과금을 재원으로 본 계약 체결 후 OS일 이내에 무상증자 규모 및 일정을 "갑", 투자기업, 주관증권사 및 기존 주주와 협의하여 시행키로 한다. 다만, "갑"은 부속명세에 기재된 투자기업의 진술과 보장이 진실 되고 정확한 경우에 한하여 투자기업에 주금을 납입하고 주식을 인수하기로 한다.

③ 투자기업은 "갑"이 상기 주식을 인수하는 데 필요한 모든 주식발행 절차를 행하여야 하며 "갑"은 그 절차에 따라 주금을 납입하여야 한다.

④ 투자기업은 "갑"이 주금을 납입한 후 주권을 발행하여 "갑"에게 교부하여야 한다.

⑤ 투자기업의 유상증자와 관련 소요되는 모든 비용은 투자기업이 부담한다.

제7조(투자기업과 이해관계인의 보증사항)

투자기업과 이해관계인은 계약일 현재 투자기업의 자산 및 부채가 "갑"에게 제출된 투자기업의 재무제표에 나타난 바와 일치함과 동시에 장부의 부채가 없음을 보증한다.

제8조(임원의 지명)

① 투자기업은 "갑"의 요구가 있을 때에는 "갑"이 지명한 자를 투자기업의 이사 또는 감사로 선임하기로 하며, 투자기업의 주요정책 결정시 이사회에 참여한다.

② "갑"의 지명으로 선임된 이사 또는 감사는 비상근으로 하며 투자기업의 채무에 대한 보증의무를 면제하기로 한다.

③ 투자기업과 이해관계인은 "갑"이 지명한 이사 또는 감사가 고의 또는 중과실이 있는 경우를 제외하고는 당해 이사 또는 감사가 그러한 지위에 있음으로 인하여 발생한 손해에 대하여 면책한다.

제9조(기술의 이전양도 및 겸업금지)

투자기업 및 이해관계인은 "갑"과 사전 서면동의 없이는 투자기업이 보유하고 있는 기술 또는 투자기업으로부터 취득한 기술의 일부 또는 전부는 제3자에게 제공하거나 투자기업이 경영하는 사업에 직접 또는 간접으로 중대한 영향을 미치는 사업에 종사할 수 없다.

제10조(신회사 설립금지)

투자기업 및 투자기업의 이해관계인은 "갑"과 사전 서면동의 없이는 현재 투자기업이 보유하고 있는 기술 및 향후 투자기업이 개발(외부기관에 의뢰하여 개발하는 경우 포함)하거나 도입하는 기술의 일부 또는 전부에 관한 사업에 대하여 신 회사를 설립하여 영위할 수 없다.

제11조(전략적 제휴)

"갑" 및 투자기업은 현재 수행하거나 향후 수행하는 사업에 관하여 상호 이익을 증대시키는 목적하에서 전략적 제휴에 적극 협조하기로 한다.

제12조(투자기업의 진술과 보장)

투자기업의 진술과 보장은 본 계약서에 첨부되어 있는 부속명세에 기재되어 있는 바, 동 부속명세는 본 계약과 불가분의 일체를 이룬다.

제13조(사전 협의사항) 투자기업은 투자기업의 경영성과에 중대한 영향을 미칠 것으로 예상되는 다음 각 호의 사항에 대하여 "갑"에게 사전 통지하여야 한다.

1. 주주총회 및 이사회 안건
2. 정관의 변경 및 수권자본금, 납입자본금의 증감
3. 주식내용 및 소유권 변동에 관한 사항
4. 경상업무활동 이외에 소유자산의 매각, 임대, 대체, 기타방법으로 처분하는 행위
5. 재무비율을 악화시킬 우려가 있는 제3자에 대한 투융자 보증행위
6. 사업의 전부 또는 일부의 중단, 포기
7. 기타 투자기업의 경영성과에 중대한 영향을 미칠 것으로 예상되는 사항

제14조(보고 및 자료제출)

① 투자기업은 "갑"의 요구에 따라 다음 각 호의 사항을 보고하거나 관련 자료를 작성하여 제출하여야 한다.
  1. 연차보고
     가. 사업계획서
     나. 공인회계사의 감사를 득한 결산 재무제표 및 부속명세서
  2. 분기별 보고사항
     가. 분기별 결산서
     나. 주요사업 또는 공정진행사항
  3. 기 타
     가. 재산상 주요 변동사항
        · 기타 회사에 대한 투자
        · 중요 고정자산의 취득 또는 처분
        · 중요권리의 취득 또는 양도
        · 재해로 인하여 막대한 손해를 입은 때
     나. 중요 사업계획의 변경
     다. 발행한 어음 또는 수표가 부도로 되거나 은행과의 거래가 정지된 때
     라. 영업활동의 일부 또는 전부가 정지된 때
     마. 법률의 규정에 의한 법인의 정리절차 개시의 신청이 있거나 사실상 정리를 개시한 때
     바. 투자기업에 대하여 중대한 영향을 미칠 소송이 제기된 때
② 본조 제1항의 자료는 신의·성실 원칙에 입각하여 작성되어야 하며 "갑"에게 적정 기일 내에 제출되어야 한다.

제15조(회계 및 업무감사)

① "갑"은 투자기업의 관리를 위하여 업무 또는 회계처리에 있어 석연치 아니한 사실이 발견되었을 경우 및 투자기업의 경영상태가 악화될 우려가 있다고 판단이 될 경우에는 그 사유를 투자기업 측에 제시하여 그 시정 내지는 해명을 요구할 수 있으며, 그 후 이에 관하여 납득할만한 해명 내지는 조치가 없는 경우, "갑"의 직원 또는 "갑"이 위임한 전문기관이나 전문인으로 하여금 투자기업의 업무 및 회계감사를 실시할 수 있으며, 투자기업은 업무 및 회계감사자료를 성실히 제공하기로 한다.

② 제1항의 규정에 의하여 발생하는 제비용은 투자기업이 부담하기로 한다.

제16조(시정조치)

제14조의 감사 결과 또는 투자기업의 계획사업 수행 또는 경영상태 등에 관하여 시정을 요하는 사항이 있을 때에는 "갑"은 일정기간을 정하여 투자기업에 대하여 그에 대한 시정을 요구할 수 있으며 투자기업은 동 기간 내 이를 시정하고 그 결과를 "갑"에게 보고하여야 한다.

제17조(직원의 파견)

① 투자기업이 "갑"에게 제출한 사업계획서에 따른 업무진행이 부당히 지연되거나 경영상태가 부실하다고 인정되는 경우와 투자한 자금의 보호를 위하여 관리가 필요하다고 인정하는 경우 "갑"의 직원 또는 는 "갑"이 지명하는 자를 투자기업에게 파견하여 "갑"이 요구하는 직무는 수행하게 할 수 있다.

② 제1항의 규정에 의하여 직원 등을 파견함으로써 발생하는 제비용은 투자기업이 부담하기로 한다.

제18조(기업공개의 의무)

투자기업과 "갑"은 가능한 조속한 시일 내에 투자기업의 주식이 증권거래소 시장(장외시장 등 정규 시장이 아닌 경우 포함, 이하 같다)에 상장될 수 있도록 기업공개에 최선을 다하여야 하며, 기업공개여건을 갖추었다고 인정되어 "갑"이 기업공개를 요청하였을 경우에는 투자기업과 이해관계인은 지체 없이 필요한 절차를 밟기로 한다.

제19조(투자금의 회수시기) "갑"은 투자금의 회수를 위하여 제20조에서 정하는 바에 따라 "갑"이 소유하는 투자기업의 주식을 처분할 수 있다. 다만, 다음 각 호의 1에 해당하는 경우에는 제20조에 상관 없이 투자기업의 주식을 처분할 수 있다.

1. 투자기업의 주식이 증권거래소 시장 혹은 장외 거래시장에 상장되었을 때
2. 투자기업의 주주가 "갑" 소유 주식을 매입할 의사를 표하고 "갑"이 이에 동의한 때
3. 투자기업이 정상가동 상태에 있고 "갑"이 투자목적을 달성하였다고 인정할 때

제20조(투자금의 회수) 투자금 납입 이후 다음 각 호의 사유가 발생하였을 시에는 투자기업 및 이해관계인은 "갑"이 투자한 원금과 투자일로부터 회수일까지 투자일 현재 3년 만기 회사채 이자율에 의한 이자를 지급하여야 한다.

1. 투자기업 및 이해관계인이 본 계약을 이행하지 않았을 때
2. 투자기업 및 이해관계인이 "갑"에게 제출한 서류가 허위로 판명되었을 때
3. 투자기업의조업중단의 장기화
4. "갑"의 동의 없이 투자기업이 보유한 기술을 제3자에게 전부 양도한 때
5. 투자기업과 이해관계인 및 제3자와의 분쟁 등으로 투자기업의 사업추진이 불가능할 경우

6. 투자기업과 이해관계인이 불법행위로 인하여 투자기업의 재산상 중대한 손실을 초래하였을 때

제21조(주식의 처분)

① "갑"의 서면에 의한 사전동의 없이 이해관계인이 소유하는 투자기업의 주식의 전부 또는 일부를 상호 또는 제3자에게 양도, 이전, 매각 또는 기타의 처분을 할 수 없다.

② "갑"은 "갑"이 소유하는 투자기업의 주식을 매각하는 경우 투자기업의 주주에게 당시의 지분비율에 따른 선매권을 부여한다. 이 경우 "갑"은 투자기업의 주주에게 주식매도청약서를 발송하기로 하고 동 주주는 통지를 수령한 후 ○○일 이내에 "갑" 소유의 주식을 매입할 의사를 서면으로 통지하여야 한다.

③ 본조 제2항의 주식 매매가격은 매매 쌍방이 합의한 가격으로 한다.

④ 투자기업 주주가 본조 제2항의 선매권을 포기하거나 또는 본조 제3항에서 규정하는 매각가격의 합의가 이루어지지 아니할 경우에는 "갑"은 투자기업의 주식을 제3자에게 수의계약 또는 경매의 방식으로 자유롭게 처분할 수 있으며, 이 경우 투자기업의 여타 주주들은 이의를 제기하지 아니한다.

⑤ 제2항의 내용과 관련하여 투자기업의 기존주주가 주식을 매각할 경우 "갑"에게 선매권을 부여하며, 본조 제2항 내지 제4항의 취지 및 방법에 따른다.

제22조(배당)

투자기업은 "갑"에게 공금리 수준 이상의 배상을 실시할 수 있도록 성실히 노력하여야 하며, 투자기업이 매 회계연도 결산서상의 당기순이익과 수정 후 전기이월이익잉여금을 합한 당기말 미처분이익잉여금의 ○○% 이상에 해당되는 금액을 각 주주에게 배당하여야 한다. 단, "갑"과 이해관계인이 합의하는 경우에는 별도로 정할 수 있다.

제23조(권리 및 의무의 양도)

투자기업 및 투자기업의 이해관계인은 본 계약에 관한 권리 및 의무를 제3자에게 사전 서면동의 없이 양도하지 않는 것으로 한다. 또한 "갑"의 사전 서면동의 없이 실시된 양도는 무효로 하며 일체의 효력이 없다.

제24조(계약의 변경)

본 계약의 내용을 변경하고자 할 경우에는 계약 당사자 간의 서면 합의에 의해서만 변경할 수 있다.

제25조(계약의 해지)

① 본 계약 당사자중 어느 일방이 본 계약에 규정된 조항을 위반하여 타방 당사자들로부터 서면에 의한 최고를 받고 ○○일 이내에 위반사항이 시정되지 아니할 때에는 상대방의 당사자는 본 계약을 해지하고 계약을 위반한 자로부터 손해배상을 청구할 권리를 가진다.

② 본 계약에 의한 의무이행이 천재지변 또는 불가항력에 의하여 방해 및 지연된 때에는 이로 인한 불이행이나 지연은 면책된다.

제26조(해석)

본 계약서 내용의 해석상 이견이 있는 사항 또는 본 계약서에 규정되지 아니한 사항에 관하여는 계약 당사자 간의 합의에 따르기로 한다.

제27조(분쟁해결) 본 계약에 따른 당사자 간의 분쟁이 발생할 경우 계약 당사자는 신의와 성실로서 상호 원만한 합의에 의하여 해결하고자 노력하여야 하며 위 분쟁이 원만히 해결될 수 없을 때에는 "갑"의 선택에 따라 대한상사중재원의 중재에 회부하여도 투자기업과 이해관계인은 이의가 없기로 한다.

제28조(불가항력) 불가항력에 의한 본 계약조항의 불이행에 대하여는 계약당사자 모두가 그 책임을 부담하지 않으며, 불가항력이란 화재, 폭발, 천재지변, 전쟁, 정부의 조치, 기타 계약 당사자가 지배할 수 없는 유사 원인을 의미한다.

제29조(계약불이행에 대한조치 및 손해배상 청구) ① 본 계약의 당사자중 어느 일방이 본 계약서상에 정한 의무사항을 이행하지 않거나 투자기업이 제출한 사업계획서에 의한 사업을 투자기업이 정당한 이유 없이 추진하지 아니한 때는 30일간의 유예기간을 두고 서면통보함으로서 본 계약을 해지할 수 있으며, 계약을 위반한 자는 손해배상에 대한 책임을 진다.

② 본 계약서 작성 당시 투자기업이 "갑"에게 제출한 사업계획서상의 내용이 사실과 상이한 사항이 발견되어 사업계획 실현이 불가능하다고 "갑"이 판단할 경우 "갑"은 본 계약을 취소할 수 있는 권한을 가지며 투자기업 및 이해관계인은 이로 인한 "갑"의 손해배상에 대한 책임을 진다.

③ 투자기업이 본 계약서의 각 조항을 위배하여 "갑"에게 금전상 또는 기타 손해를 끼쳤을 경우 그에 대해 "갑"이 투자기업에게 손해배상에 대한 책임을 진다.

④ 천재지변 기타 불가항력적인 사유로 인하여 계약상의 의무를 이행할 수 없는 경우에는 그 책임을 묻지 아니하기로 한다.

제30조(비밀유지) "갑"은 본 계약과 관련하여 투자기업으로부터 제공받은 사업의 내용 및 각종 정보사항을 상당한 이유가 없는 한 이를 제3자에게 공개하지 않아야 하며, 만약 그 사항이 누설되는 경우 투자기업의 업무수행상 막대한 손해가 될 수도 있다는 점을 양해하고 그 보안유지에 최선을 다하여야 한다.

제31조(효력발생) 본 계약은 당사자들의 서명 날인함과 동시에 그 효력을 발생한다. 계약 당사자 간에 이상과 같이 계약을 체결하고 이를 증명하기 위하여 계약서 2통을 작성하여 "갑"과 투자기업 및 투자기업의 이해관계인이 각각 서명 날인하게 한 후 원본은 "갑"과 투자기업이 각 1부씩 보관하기로 한다.

20○○년 ○월 ○일

	상호	:
"갑"	주소	: OO주식회사
	대표이사	: ○○○ ㊞
	주소	:
"투자기업"	상호	: OO주식회사
	대표이사	: ○○○ ㊞
	주소	:
"이해관계인"	주민등록번호	:
	성명	: ○○○ ㊞

【주식양수 · 양도매매계약서】

주식양수 · 양도매매계약서

"양도자"
성명 : ○○○㊞
주소 : ○○시 ○○구 ○○동 ○○번지
주민 등록 번호 :   −
(법인등록번호)

"양수자"
성명 : ○○○㊞
주소 : ○○시 ○○구 ○○동 ○○번지
주민 등록 번호 :   −
(법인등록번호)

양수 · 양도 주권내역

발행회사명	주식종류	횟수	권종	주권번호	매수	주식수	최종명의인
합 계							−

− 양수 · 양도일 : 20○○년 ○월 ○일

  상기 주권에 대한 실기주주에 대한 권리는 [양도/양수]인에게 있음을 증명하기 위하여 동 매매계약서에 약정한다.

20○○년 ○월 ○일

별첨

인감증명서 (양도자 · 양수자 각 1부)

【주식매매(양수도)계약서】

주식매매(양수도)계약서

다음과 같이 주식의 양수도 계약을 체결한다.

제1조 본 계약은 "갑"(매도자) 소유의 OO주식회사의 주식을 "을"(매수자)이 인수하기 위함이다.

제2조 본 계약의 목적물 및 주식양수도 조건은 다음과 같다.

- 발행회사 : OO주식회사
- 인수 주식수 :주권 매 /주권 매 /주권 매
- 총인수 가액 :원정
- 주식양수도일 : 2000년 O월 O일

제3조 "을"은 제2조의 내용에 의거 주식대금을 당일 "갑"에게 일시 지급한다.

제4조 본 계약의 효력은 계약 당사자가 기명날인한 날로부터 발생한다.

제5조 매매주식의 진위는 매도인이 책임을 지며, 기타 사항은 일반주식 거래 관계법령 및 일반 관행을 따르며, 위 주식에 대한 모든 권리는 최종 소지인에게 있다.

제6조 "갑"은 위 주식에 대하여 양도 후 발생할 유무상 증자, 배당 등과 같은, 주주로써의 모든 권리를 행사할 수 있도록 위 주권 최종소지인에게 적극 협력해 주어야 한다.

제7조 상기 사실을 증명하기 위하여 계약서 2통을 작성하여 "갑" "을"이 인감날인하고 각 1통씩 보관한다.(인감증명서, 주민등록등본 첨부)

2000년 O월 O일

매도자 "갑"	주소	:
	주민등록번호	:
	전화번호	
	성명	: O O O ㊞
		:
매수자 "을"	주소	:
	주민등록번호	:
	전화번호	
	성명	: O O O ㊞

【주식상호교환계약서】

주식상호교환계약서

○○○ (이하 "갑"이라 함)와 ○○○ (이하 "을"이라 함)와는 다음과 같이 계약을 체결한다.

제1조 "갑"은 합병 기일까지 자본감소절차 (자본액 금 2천4백만 원을 금 240만원으로 금2천160만 원을 감소한다. 그 방법은 액면주식 1주금 100원을 금 500원으로 구주식 50주를 합병하여 액면주식 1주 500원의 신주로 한다)를 완료하고 "갑"은 "을"을 합병하여 존속하며 "을"은 해산하고 "갑"의 상호를 000이라 변경한다.

제2조 "갑"은 이 합병에 의하여 회사가 발행하는 주식총수를 변경하지 아니하고, 발행하는 주식총수 192,000 주 중 보통주식 250,000주, 상환주식 42,000주로서 새로이 상환주식을 발행한다. 단 상환주식의 내용은 다음과 같다.

1. 상환주식은 년 월 일까지 주주에게 배당할 이익으로써 상환한다. 이때의 상환가격은 1주에 금 500 원이다.
2. 상환주식의 전부를 일시에 상환하지 아니하고 분할하여 상환할 때는 주주의 소유주수의 비율에 의하여 상환한다.
3. 상환주식은 상환하는 경우에 당해 주식을 소유하는 주주 및 등록된 질권자에 대하여 상환할 날의 30일전까지는 그 요지를 통지하여야 한다.
4. 제3항의 주주는 상환금 수령지체 이후는 상환금의 수령 이외의 권리를 상실한다.

제3조 "갑"은 합병 시에 새로 액면주식 48,000 주(단 액면보통주식 6,000주, 액면상환주식 42,000주)를 발행하여 합병기일 현재 "을"의 주주에게 그 소유하는 액면보통주식 1주에 대하여 신주액면보통주식 1주, 액면상환주식 1주에 대하여 신주액면상환주식 1주의 비율로써 각기 교부한다.

제4조 "갑"이 증가해야 할 자본액은 금 2,400만원, 자본준비금은 금 100만원으로 한다.

제5조
1. "을"은 작성된 년월일 현재의 재산목록 및 대차대조표에 의하여 합병 기일에 있어서의 일체의 재산 및 권리의무를 "갑"에게 인계한다.
2. 제1항 기일 후에 양도재산의 변동이 생겼을 때는 별도로 계산서를 첨부하여 명확히 하여야 한다.

제6조 "을"은 본 계약 체결 후 전조의 인계를 할 때까지 선량한 관리자의 주의로써 업무를 집행하고 일체의 재산을 관리하여야 하며 그 재산의 처분, 의무의 부담, 특별지출, 기타 주요사항에 관하여는 "갑"의 승인을 얻어야 한다. "갑"은 언제든지 "을"의 장부서류를 감사하여 업무상황을 조사할 수 있다.

제7조 "갑"을 합병의 기일은 년 월일로 한다. 단 동 기일까지 합병에 필요한 절차를 완료할 수 없을 때는 "갑"을 협의로써 이를 연장할 수 있다.

제8조 합병기일 이후에 생긴 "을"의 이익금은 "갑"에게 귀속한다. "을"의 주주에 대해서는 "갑"과의 합병 기일부터 기산하여 배당한다.

제9조 "을"의 종업원은 "갑"이 신규채용의 예에 따라 계속 사용한다.

제10조 본 계약체결일로부터 합병실행에 이르기까지의 사이에 천재, 사변 기타의 사정으로 인하여 필요가 생겼을 때는 "갑" "을" 각 대표자의 협의를 거쳐 다시 합병조건을 변경하거나 본 계약을 해제할 수 있다.

제11조 본 계약에 규정된 이외에 합병에 대한 필요사항은 "갑" "을" 대표자가 협의하여 이를 정한다.

제12조 "갑" "을"은 년 월 일을 기하여 각 주주총회를 소집하고 본 계약의 승인 및 그 실행에 필요한 사항의 결의를 거쳐야 하며 본 계약으로써 정식계약서로 충당하고 "갑" "을" 상호 간에 승인 결의를 얻은 취지를 통지하여야 한다.

제13조(특약사항)

　　·

　　·

제14조

본 계약은 "갑" 및 "을"의 주주총회의 승인결의를 얻었을 때에 그 효력을 발생한다.

상기 계약을 증명하기 위하여 본서 2통을 작성하여 각각 1통을 보관한다.

2000년 0월 0일

	"갑"		"을"
회사명	주식회사 ○○○	회사명	주식회사 ○○○
대표자	○ ○ ○ ㉑	대표자	○ ○ ○ ㉑
법인등록번호		법인등록번호	
본사주소		본사주소	

작성시 유의사항

주식교환계약서의 작성

주식교환을 하려면 우선 모회사로 예정된 회사와 자회사로 예정된 회사간에 주식교환계약서를 작성하여야 한다. 주식교환계약서에는 다음 사항을 기재하여야 하는데 대체로 흡수합병의 계약서와 같다.

주식교환계약서는 雙方회사의 대표이사가 체결하나, 각자 이사회의 결의를 요함은 물론이다.

① 완전모회사가 되는 회사가 주식교환으로 인하여 정관을 변경하는 경우에는 그 규정 모회사의 발행예정주식 총수 중 미발행 부분이 주식교환을 위해 발행해야 할 신주의 수에 미달할 때에는 필히 정관을 변경해서 발행예정주식총수를 늘려야 할 것이고, 상호를 변경할 필요가 있을 때에도 정관변경을 해야 할 것이다.

② 완전모회사가 되는 회사가 주식교환을 위하여 발행하는 신주의 총수·종류와 종류별 주식의 수 및 완전자회사가 되는 회사의 주주에 대한 신주의 배정에 관한 사항

③ 완전모회사가 되는 회사의 증가할 자본의 액과 자본준비금에 관한 사항

④ 완전자회사가 되는 회사의 주주에게 지급할 금액을 정한 때에는 그 규정

⑤ 각 회사가 주식교환의 승인결의를 할 주주총회의 기일

⑥ 주식교환을 할 날

⑦ 각 회사가 주식교환을 할 날까지 이익을 배당하거나 제462조의3의 규정에 의하여 금전으로 이익배당을 할 때에는 그 한도액

⑧ 제360조의6의 규정에 의하여 회사가 자기의 주식을 이전하는 경우에는 이전할 주식의 총수·종류 및 종류별 주식의 수

⑨ 완전모회사가 되는 회사에 취임할 이사와 감사 또는 감사위원회의 위원을 정한 때에는 그 성명 및 주민등록번호

주주총회의 승인

위 주식교환계약서는 완전모회사가 될 회사와 완전자회사가 될 회사에서 각각 주주총회의 특별결의에 의한 승인을 얻어야 한다.

주주총회를 소집할 때에는 소집통지서에,

① 주식교환계약서의 주요내용,

② 반대주주의 주식매수청구권의 내용 및 행사방법을 기재하여야 한다. 아울러,

③ 일방회사의 정관에 주식의 양도에 관하여 이사회의 승인을 요한다는 뜻의 규정이 있고 다른 회사의 정관에 그 규정이 없는 경우에는 그 뜻도 기재하여야 한다.

주식 및 회사경영권 양도 · 양수계약서

　　OO시 OO구 OO동 OO번지에 주소를 둔 (주)OOOO(이하 "회사"라 한다)의 대표이사며 2대주주인 OOO을 "갑"이라 하고, OOO를 "을"이라 하여 "갑"과 "을"은 (주)OOOO과 관계회사의 주식 및 회사 경영권을 양도 양수함에 있어서 다음과 같이 계약한다.

제1조(양도할 주식) "갑"은 다음의 주식을 "을"에게 양도한다.

① OO시 OO구 OO동 OO번지에 주소를 둔 (주)OOOO이 발행한 액면금 5,000원 보통주식 O,OOO,OOO주(총발행주식의 OO.OO%)

("갑"개인명의 OOO주, (주)OOOO 명의 OOO주, OOO 명의 OOO주, OOOO문화재단 명의 OOO주)

② OO시 OO구 OO동 OO번지에 주소를 둔 (주)OOOO이 발행한 액면금 5,000원 보통주식 OOO주 (주권 미발행 주식)

③ OO시 OO구 OO동 OO번지에 주소를 둔 (주)OOOO가 발행한 액면금 5,000원 보통주식 OOO주(주권 미발행 주식)

("갑"개인명의 OOO주, (주)OOOO 명의 OOO주, OOO 명의 OOO주, OOO 명의 OOO주, OOO명의 OOO주)

제2조(양도할 경영권) (주)OOOO, (주)OOOO, (주)OOOO의 경영권 일체.

제3조(양도금액 및 지급방법) 양도금액은 금OOO억원(₩OOO)으로 하여 다음과 같이 지급한다.

1. 계약금 : 계약 당일 계약금 금OOO억원(₩OOO)을 현금으로 지급한다.
2. 잔금 : 잔금, 금OOO억원(₩OOO)은 2000년 O월 O일 현금으로 지급한다.

제4조(주식양도)

① "갑"은 잔금지급과 동시에 제1조의 양도대상 주식실물을 "을"에게 양도한다.

② "갑"은 양도주식에 대하여 "을" 또는 "을"이 지정하는 자가 회사정관에 정한 바에 따른 명의개서를 함에 있어 "갑"의 협조를 필요로 하는 경우 이에 응하여야 한다. 위 양도조건에 따라 실질적 주식이 "을"에게 소유되더라도 주식의 명의개서는 주식 양도. 양수에 관한 대외기관의 발표시기 등 제반 여건을 검토하여 "갑"과 "을"의 필요에 의해 결정한다.

③ OOOO문화재단 소유주식은 "을"이 선임한 동법인대표 및 이사교체 등 실질 주주변경으로 주식양도에 갈음한다. 주권 미발행 주식은 양도증서로 한다.

④ "을"과 (주)OOOO은 본 계약 제10조 각항중 이행 가능한 부분은 위 ①항 주식양도와 동시에 이행하고, 본 계약서 제10조 전항의 효력은 위 주식 양도즉시 "갑""을" (주)OOOO 간에 발효한다.

제5조(경영권의 인수)

① "갑"은 제4조의 주식양수도시 "을"의 실질적 경영권 양수를 위하여 법인인감등 제반 회사경영권 인수에 필요한 서류를 "을"에게 양도한다.

② "을"은 주식 양수와 동시에 임시주주총회를 소집하여 회사의 새로운 이사, 대표이사 및 감사를 선임할 수 있다.

③ "갑"과 (주)0000은 "을"이 위 제1항의 권리를 행사하기 위해 요청하는 경우 즉시 본 계약 체결일 현재의 이사로 구성된 이사회의 결의 등 주주총회의 소집을 위해 필요한 절차를 밟도록 협조하여야 하며, 본 계약 체결 당시의 이사나 감사 중 "을"이 요청하는 자로부터 사임서를 받아 주주총회일 이전에 회사에 제출한다.

④ "을"은 본 계약 제9조 ①항 사항을 담보하기 위하여 제4조 ①항에서 양수한 주식을조건부로 위 약정이 이행될 때까지 공탁하기로 한다.

⑤ 위 제(②항의 규정에 따라 사임한 이사나 감사가 회사를 상대로 손해배상을 청구하는 경우 (주)0000은 소송을 한 자가 손해배상 청구소송을 취하하도록 한다.

⑥ "갑"과 "을"은 위 (②항의 "을"의 권리를 상호합의 하에 상당기간 유예시킬 수 있으며, 이때 "을"은 회사의 실질적 관리를 위하여 필요한 인원을 파견할 수 있다. 그러나 본 계약에서 정하는 경영권의 인수는 회사등기상 임원 교체일로 보며, 잔금지급 후 그때까지는 "갑" "을" 공동경영 체제로 회사를 운영한다.

제6조(서면실사의 실시)

① "을"은 본 계약 후 (주)0000의 자산, 부채 및 채무변제조건 등을 파악하여 2000. O. O.자 법원의 화의인가서와 조사보고서 내용과 2000. O. O. 현재 재무구조를 결산보고서 및 영업보고서를 서면실사를 통하여 확인하고, 현장은 방문확인 한다.

② "을"은 2000. OO. OO. 이내에 본 실사를 완료하여야 하며, "갑" 및 (주)0000의 임원은 장소의 제공 및 "을"의 필요서류 열람에 적극 협조하여야 한다. 단, 부득이한 경우 "을"은 "갑"에게 실사기일 연장을 요청할 수 있고 "갑"이 타당하다고 인정되는 경우 이를 승낙한다.

③ "을"은 실제현황 실사를 거친 후 2000. OO. OO.자 법원의 화의인가상의 자산, 부채 및 채무변제조건 등과 2000년말 재무보고서가 상이하지 않는 한 앞으로의 기업전망의 불투명 등을 이유로 하여 본 계약을 파기할 수 없다.

제7조("갑"의 보증사항) "갑"은 계약일을 기준으로 하여 다음 사항을 "을"에게 보증한다.

1. 양도주식에 대하여 어떤 형태의 담보권도 설정되어 있지 아니하며, "을"이 양도주식을 양수받은 후에 양도주식의 소유자로서 권리행사를 함에 있어 법률상 또는 사실상의 제한 또는 장애가 존재하지 아니한다.

2. 본 계약에 의한 주식의 양도가 법률에 위반되지 않으며, 회사의 제3자와의 계약상 제3자에 대한 의무위반이 되거나 또는 기한의 이익 상실사유가 되지 아니한다.

제8조("갑"의 의무)

① "갑"과 (주)0000은 본 계약일로부터 잔금을 지급한 후 경영권 인수시까지 회사로 하여금 "을"의 사전 서면에 의한 동의 없이 다음에 정한 행위를 하도록 하여서는 안 된다.

1. 회사자본금의 증액 또는 감액

2. 회사의 해산, 합병 또는 조직변경

3. 회사영업의 일부 또는 전부의 양도, 타회사 영업의 양수 또는 타회사 경영의 인수

4. 사채의 발행

5. 이사와 회사 간의 거래

6. 이사회 규칙, 기타 회사의 내규의 변경

7. 단체협약 또는 취업규칙의 변경

8. 계약의 변경 또는 사원의 신규채용

9. 기 보증행위의 재연장 행위를 제외한 제3자를 위한 보증행위

10. 자사주 매입, 자사주펀드가입 등 경영권 방어를 위한 행위

11. 기타 회사의 자산 또는 영업에 중대한 영향을 미치는 행위

② 본 주식매매와 관련하여 감독관청의 승인, 허가가 필요할 경우 등 승인 허가를 위한 제반 절차를 수행함에 있어서 "갑"과 "을"은 상호지원, 협조하고 (주)0000이 업무를 추진한다.

③ "갑"의 주식의 매매 및 주총의 소집, 주식의 명의개서, 종업원의 계속근무 등 "을"의 경영권 인수에 관련된 전반적인 사항에 대하여 지속적으로 지원 협조한다.

④ "갑"과 "을"은 본 계약일 현재 체결되거나 진행 중에 있는 국내외 계약을 유지하는데 상호 협조한다.

제9조("을"의 의무)

① "을"은 잔금을 지급하여 실질적인 경영권을 인수한뒤 1개월 이내 회사 정상화를 위한 운영자금 OOO억원(₩OOO) 이상을 회사에 투자한다. 이때 회사는 "을"의 투자금의 회수보장을 위하여 (주)0000 소유 또는 실행하는 사업부지 등에 근저당권 설정을 할 수 있도록 한다.

② "을"은 제5조(②항의 임시주주총회 소집시 소집안건으로 임원변경 외에 ① 감자결의, ② 채권단의 화의채권에 관한 출자전환 등을 안건으로 제출하여 다음의 방법으로 회사 정상화에 기여할 수 있도록조치한다. 다만, 다음의 방법은 본 계약서에서 정하는 기본원칙으로 하되 실천적인 방법은 시행시 "갑" "을" 합의하에 기본원칙에서 벗어나지 않는 범위 내에서 조정 시행할 수 있다.

1. 대주주 지분의 전액 소각(소각 당시 대주주 지분)

2. 대주주를 제외한 기타 지분의 OO% 무상소각

3. 대주주의 화의채권(OOO억 원)을 포함한 약 OOO억 원의 출자전환

4. 기타 화의채권의 정상채권으로 유도를 통한 회사정상화

제10조(회사의 보증사항) "갑"과 "을"은 "을"의 회사 경영권 인수 후 "을"의 책임 하에 다음의 사항을 이행하여야 하는 바 이의 이행에 대한 보증은 (주)0000이 하고 집행책임을 부담한다.

1. "을"과 (주)0000은 미국 및 호주 소재 법인 OO의 주식전부와 양법인에 투자한 원리금 전액 및 일체 채권을 (주)0000에게 양도함으로써 "갑"에게 양도한다. 이로써, OOO에 대한 채무는 면제된다. 또한, "을"과 (주)0000은 호주소재 OO은(주)00은행 홍콩지점에 부담하고 있는 채무 미화 OOO만달러에 대한 채무변제를 책임짐으로써 위 금액을 채무인수한다.

2. 이를 위하여 "을"과 (주)0000은 다음과 같은 조치를 취한다.

가. 미국 OO의 투자금은 (주)OOO로의 해외 투자선 변경, 법인간의 해외자산 양도로 처리한다.

나. 호주 OO의 (주)OO은행 홍콩지점에 대한 채무금 미화 OOO만 달러는 (주)OOOO이 2년 내에 상환하고 그 중에서 OOO만 달러는 2000년 O월까지 변제상환 하는 것으로 조치한다.

3. 이와 동시에 "을"과 (주)OOOO은 (주)OOOO의 (주)OOOO에 대한 채무금을 면제한다. (주)OOOO이 소유한 (주)OOOO 주식 OO만주와 (주)OOOO이 소유한 같은 주식 OOO주는 "갑"에게 양도한다.

4. "갑"은 위 양도대금 및 채무면제에 대한 대물변제조로 "갑" 소유의 OO군 OO리 1번지외 토지 약 OO만평에 대한 현 상태의 소유권을 (주)OOOO에게 이전하고, "갑"의 (주)OOOO에 대한 약 OOO억 원의 화의채권상의 가수금 청구채권을 포기한다. 위 토지약정은 (주)OO은행 홍콩지사에 대한 부채 해결과 동시에 이행한다. 이때 토지양도에 대한 양도소득세는 (주)OOOO이 부담하기로 하고, 토지 소유권 이전시에 (주)OOOO이 양도소득세를 자신 신고하여 납부한다.

5. (주)OOOO은 본 계약일로부터 "갑"과 "을" 사이에 본조(②항의조치가 완료될 때까지 미국 및 호주 소재 OO의 은행채무의 이자를 부담한다.

6. 미국 및 호주소재 OOOO의 명의 이전에 관한조치는 "을"과 (주)OOOO의 책임 하에 조치하여야 하고 "갑"은 이러한 조치가 원만히 이루어질 수 있도록 (주)OOOO의 이사회 결의 등 행정적 사항에 협조한다.

7. "을"은 "갑"이 (주)OOOO의 대 금융기관으로부터 차입한 채무의 연대보증을 함으로써 발생된 "갑" 소유의 가대 및 토지에 대한 가압류 및 근저당권설정등기를 해제 또는 말소 완료한다. 다음 부동산 중에서 공공토지수용 보상금이 (주)OOOO의 채무로 인하여 "갑"에게 수령되지 않을 시에는 수령 보상금 전액을 (주)OOOO의 책임으로 즉시 지급한다.

(토지목록 참조 공시지가) 생략

8. 위 "갑" 소유 가대 및 토지는 (주)OOOO이 금융기관으로부터 차입한 채무의 연대보증을 함으로써 각종 행위 제한조치가 발생되었으므로 위 부동산에 부과되는 각종 제세는 "을" 또는 (주)OOOO이 부담한다. "갑"은 정기주총 임원 변경 시까지 "갑"의 회사 업무진행상 개인 입보가 필요시에는 적극 협조하여 준다.

제11조(임원 보증채무 면제 및 임원퇴직금)

"을"은 본 계약서상의 경영권 인수 즉시 (주)OOOO의 기존 임원의 금융기관에 대한 입보 및 개인소유 부동산의 압류 및 법적 제한조치를 해제하여야 한다. 단, 기존 임원의 퇴직금은 그 지급을 유보한다.

제12조(특약사항 등)

① "을"은 원만한 합의가 이루어지고 본계약 후 경영정상화가 정착되면 "갑"에 대한 (주)OOOO 창업자로서의 정중한 예우를 보장한다.

② "을"과 (주)OOOO은 "갑"의 경영의 과실 또는 기타 사항에 대하여 어떠한 이의도 제기하지 아니하며, 오직 경영(법인)정상화에 심혈을 기울인다.

③ "갑"과 "을"은 제6조에서 정한 서면실사 후 본 계약에 부수하여 특약사항을 정할 수 있으며, 이때 특약사항은 본 계약내용의 변경을 의미한다.

④ 본 계약서에 따라서 계약이 성립되어 새로운 이사회가 구성되는 즉시 본 계약에 대한 이사회의 승인을 받는다.

제13조(계약해지 및 손해배상)

① 본 계약 체결 후 잔금 지급전까지는 "을"은 계약금을 포기하는 조건으로, "갑"은 계약금의 2배액을 지급하는 조건으로 본 계약을 해지할 수 있다.

② 잔금지급 후에는 본 계약서를 해지할 수 없으며, "갑" "을"은 본 계약서 내용대로 이행할 의무가 있다. 만약 "을"의 명백한 계약불이행으로 본 계약을 해지하고자 할 경우는 기지급한 주식 양도대금은 위약벌로 "갑"의 소유로 하고, 양도받은 주식은 원상복귀 시켜야 한다. 단 제9조(1항)의 불이행으로 계약이 해지될 경우 위약벌은 금 ○○○억원정으로 한다.

제14조(기밀유지, 신의성실, 관할합의 등)

① "을"과 "갑"은 본 건의 진행에 있어 지목한 사실 및 자료를 제3자에게 절대 유출하지 않는다.

② 본 계약서에 규정된 사항 이외에는 본 계약의 취지 및 신의성실 원칙을 바탕으로 "갑"과 "을"이 합의한 바에 따르고 합의되지 아니한 경우 민상법에 따른다.

③ 본 계약과 관련하여 다툼이 있을 때에는 서울지방법원을 관할법원으로 한다.

본 계약 당사자인 "갑" "을" 외에 계약의 완전한 이행을 보증하기 위하여 (주)○○○○이 계약 보증인으로 참여하여 서명 날인하며, 본 계약서를 증명하기 위하여 계약서 2부를 작성하여 공증한 뒤 "갑"과 "을" 각 1부씩 보관한다.

20○○년 ○월 ○일

"갑"	성명	: ○ ○ ○ ㊞
	주소	:
	주민번호	:
"계약대리인"	성명	: ○ ○ ○ ㊞
	주소	:
	주민번호	:
"을"	성명	: ○ ○ ○ ㊞
	주소	:
	주민번호	:
계약보증 및 계약사항 이행집행 책임	주소	:
	상호	: (주)○○○○
	성명	: ○ ○ ○ ㊞

주식매입선택권부여계약서

(주)0000 (이하 "갑")과 0000(이하 "을")은 2000년 주식매입선택권 부여 계획서에 의거하여 다음과 같이 주식매입선택권을 부여하는 계약을 체결한다.

제1조(계약의 목적)

본 계약은 2000년 주식매입선택권 부여 계획서와 관계법령에 의거하여 "갑"이 "을"에게 주식매입 선택권을 부여하는 데에 있어 주식매입선택권에 관계된 "갑"과 "을"의 권리와 의무사항 및 주식매입선택권의 구체적 내용을 명시하는 것을 목적으로 한다.

제2조(행사내용) 주식매입선택권의 행사내용은 다음과 같다.

① 대상주식 : "갑"의 기명식 보통주식

② 부여수량 : 주

③ 행사가격 : 원

④ 기간

(경과기간) : 2000년 0월 0일부터 2000년 0월 0일까지(00년)

(행사기간) : 2000년 0월 0일부터 2000년 0월 0일까지(00년)

다만, 임직원의 경우 3년이 경과한 후에 퇴직한 경우에는 퇴직일로부터 3월 이내에 행사하는 것이어야 하며, 행사기간 종료 후까지 행사되지 않은 주식매입선택권은 소멸한 것으로 간주한다.

⑤ 행사가격 및 행사수량의 조정 : 유·무상증자, 주식배당, 전환사채, 신주인수권부사채의 발행, 주식분할, 합병, 준비금의 자본전입, 액면분할, 자본재구성 등 주식매입선택권의 가치를 희석화 시키는 사정이 발생한 경우에는 이사회의 결의에 따라 행사가격 및 수량을 조정할 수 있다. 단, 이때의 조정은 주식매입 선택권의 희석화를 방지하기 위한 목적으로 이루어져야 하며 사전에 "을"의 동의를 받아야 한다.

⑥ 행사절차 : "을"이 권리를 행사하고자 하는 경우에는 주식수, 기한 등 행사 하고자 하는 권리의 내용을 기재한 주식매입선택권행사 신청서를 행사 15일전에 제출하며 "갑"은 "을"이 주식매입선택권행사 신청서를 제출한 날로부터 10일 내에 허용여부를 통고하고 신주발행 교부 일정 등 행사에 필요한 절차를 통고한다. "갑"은 "을"이 동의하는 특별한 사유가 없는 한 본 계약서에 약정된 방식으로 주식매입선택권에 따르는 의무를 이행하여야 한다.

⑦ 행사한도 및 회수 : 부여된 주식매입선택권을 관계법령, 계약서에 저촉되지 않는 범위 내에서 행사기간의 1차년도, 2차년도 및 3차년도에 각각 개인부여수량의 30%, 40%, 30%를 한도로 하여 행사할 수 있다. 이때, 2차년도 및 3차년도의 행사한도는 직전년도 말까지의 매입권 행사수량을 포함하여 산출한다. 다만, 매입권 취소사유에 해당되지 않는 경우로써 임직원인 권리자가 퇴직 또는 퇴임한 후 권리를 행사하는 경우에는 상기 행사한도를 적용하지 아니한다.

제3조(권리의 변경) "을"의 권리에 관한 변경 시 내용은 다음과 같다.

가. (주식매입선택권 부여의 취소) "갑"은 다음 각 호의 1에 해당하는 경우 정관이 정하는 바에 따라 이사회 결의에 의하여 주식매입선택권의 부여를 취소할 수 있다. 이 경우 "갑"은 지체 없이 "을"에게 주식매입선택권의 취소를 통고하여야 한다.
  1) "을"이 본인의 임의로 퇴임하거나 퇴직한 경우
  2) "을"이 본인의 귀책사유로 퇴임, 퇴직한 경우
  3) "을"이 고의 또는 중대한 과실로 회사에 손해를 끼친 경우
  4) "갑"의 파산 또는 해산 등으로 주식매입선택권 행사에 응할 수 없는 경우
  5) "을"이 매입권과 관련한 기밀을 누설하여 회사에 중대한 영향을 끼친 경우
  6) "을"이 회사가 소유한 지적재산권이나 연구개발과 관련한 고유한 기술,지식을 사외로 유출한 경우 또는 외부기관과 용역제공계약을 맺는등 회사의 이익에 반하는 행위를 한 경우
  7) "을"이 부여받은 매입권을 양도하거나 담보로 제공한 것이 확인되는 경우
  단, "을"의 귀책사유가 아닌 정당한 사유가 발생하여 퇴직, 휴직할 경우 "갑"은 주식매입선택권을 취소할 수 없다.

나. (권리의 승계) "을"이 사망, 정년퇴직 기타 본인의 귀책사유 이외의 사유로 퇴임, 퇴직한 경우에는 행사기간동안 주식매입선택권을 행사할 수 있다.이 경우 "을"이 사망한 때에는 "을"의적법한 상속인이 그 주식매입선택권을 행사할 수 있다. 단, 의무보유기간 중 권리가 승계되었을 경우에는 행사가능시점 기산일로부터 1년 이내에 행사하여야 하며, 행사가능기간 중에 권리가 승계되었을 경우에는 승계 후 1년과 행사가능잔여기간 중 짧은 기간 내에 행사하여야 한다.

다. (권리의 양도 등 제한) "을"은 주식매입선택권을 재산권으로 인식하여 양도 및 담보설정, 위탁, 저당설정 등으로 제공할 수 없으며 강제집행, 압류 또는 유사한 소송절차의 대상이 되지 아니한다. "갑"은 3의나 경우를 제외한 주식매입선택권에 대한 어떠한 권리변경도 인정하지 아니하며 변경 시 기부여된 주식매입선택권을 취소할 수 있다.

제4조(권리자의 준수사항)

"을"은 주식매입선택권의 행사 및 그 행사로 취득한 주식의 매매 등과 관련하여 증권거래법 제188조의 2 및 제188조의 4에 규정하고 있는 미공개 정보의 이용행위나 시세조종 등 불공정거래행위를 하여서는 안 된다.

제5조(기타사항)

본 계약서에서 정하지 않은 기타사항은 주식매입선택권 부여계획서에서 정하고 있는 내용에 따른다.

제6조(계약의 효력)

본 계약서는 2000년 0월 0일부터 그 효력을 발휘한다.

제7조(계약의 증명)

본 계약을 증명하기 위해 계약서 2부를 작성하여 "갑"과 "을"은 각각 서명 날인하고 각기 1부씩 보관한다.

200○년 ○월 ○일

"갑"
성명 :　　○ ○ ○ ㊞

"을"
성명 :　　○ ○ ○ ㊞

참고 7 _ 임의규정과 강행규정 ▌_ 대한상사중재원

계약서 작성 시 유의할 점의 하나는 강행규정(强行規定)과 임의규정(任意規定)이다. 강행규정이란, 그 규정과 다른 내용으로 당사자가 약정을 하면 무효로서 효력이 발생되지 아니하는 규정이며, 임의규정은 당사자가 그 규정을 배제하고 다른 내용의 약정을 하더라도 그 약정내용에 따른 법률효과가 발생하는 규정이다. 물권법(物權法)의 각 규정, 이자제한법(利子制限法) 등의 규정과 채권법(債權法) 중에서도 임대차에 있어서의 임차인 보호를 위한 규정, 소비대차(消費貸借)에 있어서의 대물반환예약(代物返還豫約)의 규정 등은 강행규정에 속한다.

계약서를 작성할 때 문제가 되는 것은 강행규정의 여부를 충분히 연구·검토하지 않으면 아니된다.
부동산(不動産)의 임대차계약서(賃貸借契約書)를 작성하는 경우는 임대차에 관한 규정을, 농지의 매매계약서를 작성하는 경우는 농지개혁법(農地改革法)을, 금전소비대차계약서(金錢消費貸借契約書)를 작성할 때는 이자제한법(利子制限法)을 각별히 참조해야 한다.

【채권양도계약서】

채권양도계약서

주식회사 ○○○○(이하 "갑"이라 한다)과 주식회사 ○○○○(이하 "을"이라 한다)는 "갑"의 주식회사 ○○○○(이하 "병"이라 한다)에 대한 채권양도에 관하여 아래와 같이 계약(이하 "본 계약"이라 한다)을 체결한다.

제1조(목적)

본 계약은 "갑"이 병에 대하여 보유하고 있는 채권을 "을"에게 양도함에 있어 필요한 제반 사항을 정함을 그 목적으로 한다.

제2조(목적물)

① 채무자 "병"은 다음 각 호와 같다.
  1. 대표이사
  2. 주소 :
② 본 계약의 대상은 별지 금전소비대차계약서에 기재되어 있는, "갑"이 채무자 병에 대해 가지고 있는 원금 20,000,000(이천만)원, 변제기 2002.5. 31., 이율 월 2푼, 이자지급시기 매월1.로 정한 2001.10.1.자 원금채권 및 이에 대한 이자채권 전부(이하 "본 계약 채권"이라 한다)를 말한다.

제3조(주된 의무)

① "갑"은 "을"에게 본 계약 채권을 양도하고, 본 계약 체결일로부터 3일 이내에 병에게 본 계약에 따른 채권양도의 취지를 확정일자 있는 증서로써 통지한다.
② "을"은 "갑"에게 제1항에 대한 양수대금으로 금 (   )원을 지급한다.
③ "갑"의 제1항에 따른 통지의무와 "을"의 제2항에 따른 대금지급 의무는 동시이행의 관계에 있다.

제4조(부수적 의무)

"갑"은 "을"에게 금 (   )원의 한도에서 채무자 병의 자력을 보증한다.

제5조(계약의 변경)

본 계약의 일부 또는 전부를 변경할 필요가 있는 경우에는 "갑"과 "을"의 서면 합의에 의하여 이를 변경하고, 그 변경내용은 변경한 날 그 다음날부터 효력을 가진다.

제6조(해제)

① "을"은 채무자 "병"이 본 건 양도통지를 받기까지 "갑"에 대하여 가지는 사유로써 "을"에게 대항했을 경우 별도의 최고 없이 즉시 본 계약을 해제할 수 있다.
② "을"이 제1항에 따라 해제의 의사표시를 하는 경우 "을"은 즉시 "갑"에게 본 채권을 양도하고 병에게 확정일자 있는 증서로써 채권양도 통지를 하며 이와 동시에 "갑"은 "을"에게 금 (   )원 및

이에 대한 지급일로부터 반환일까지 연 O%의 비율에 의한 이자를 반환한다.

③ 제1항의 해제는 손해배상청구에 영향을 미치지 아니한다.

제7조(계약의 유보사항)

① 본 계약에서 정하지 아니한 사항이나 해석상 내용이 불분명한 사항에 대해서는 관계법령 및 상관습에 따라 상호 협의하여 결정한다.

② 제1항과 관련하여 필요한 경우 "갑"과 "을"은 별도의 약정을 할 수 있으며, 이는 본 계약의 일부를 이룬다.

제8조(관할법원)

본 계약과 관련하여 소송상의 분쟁이 발생한 때에는 서울지방법원을 관할로 한다.

본 계약의 내용을 증명하기 위하여 계약서 2부를 작성하고, "갑"과 "을"이 서명 또는 날인한 후 각 1부씩 보관한다.

20○○년 ○월 ○일

"갑"	주소	:	
	상호	:	주식회사 OOOO
		:	
	상호	:	주식회사 OOOO
"을"	대표이사	:	○ ○ ○ ㉑
"병"	대표이사		○ ○ ○ ㉑

제2장 인사·고용·노무

인사·고용·노무계약에서는 주로 다양한 형태의 근로계약서 작성례와 파견근로자 근로계약서, 연봉계약서 등 여러 유형의 고용 및 노무제공 계약서가 수록되어 있다.

최근 계속되는 고용불안의 사회 분위기 속에서 근로계약서의 작성 여부가 사회적 문제로 대두되기도 하는데, 특히 청년 및 단시간 근로자 등이 근로계약서 미작성으로 인한 피해를 입고 있기도 하다. 이에 근로계약서를 중심으로 반드시 기재해야 하는 필수사항과 미작성 시 어떠한 제재가 있는지, 그리고 사업주와 근로자 모두 어떤 사항을 주의해야 하는지 등을 살펴본다.

1. 근로계약서

(1) 근로기준법 규정사항의 준수

우리나라 근로기준법은 동법에 위반한 근로계약의 경우 그 부분에 한해 무효로 한다고 규정하고 있다(근로기준법 제15조 제1항). 이 조항은 강행규정으로서 당사자 간 임의로 배제하거나 이와 다른 약정을 체결할 수 없다. 따라서 근로계약을 체결할 때는 근로기준법과 동법 시행령에서 규정하고 있는 제반 사항들을 준수해야 한다.

(2) 근로조건의 명시

사용자가 근로자와 근로계약을 체결할 때에는 근로자에게 다음의 사항을 명시하여야 하는데, 이 명시의무는 다음의 사항을 변경하는 경우에도 그대로 적용된다.

• 임금 • 휴일 • 취업의 장소와 종사하여야 할 업무에 관한 사항	• 소정 근로시간 • 연차 유급휴가 • 사업장의 부속 기숙사에 근로자를 기숙하게 하는 경우에는 기숙사 규칙에서 정한 사항

(3) 상시 근로자 10인 이상의 사업장의 경우

상시 근로자가 10인 이상인 사업장의 경우에는 (2)항에서 적시한 사항 이외에도 다음의 사항을 규정한 취업규칙을 작성하여 고용노동부장관에게 신고하여야 한다.(개정 2019.1.15)

- 업무의 시작과 종료 시각, 휴게시간, 휴일, 휴가 및 교대 근로에 관한 사항
- 임금의 결정 · 계산 · 지급 방법, 임금의 산정기간 · 지급시기 및 승급(승급)에 관한 사항
- 가족수당의 계산 · 지급 방법에 관한 사항
- 퇴직에 관한 사항
- 근로자퇴직급여 보장법 제4조에 따라 설정된 퇴직급여, 상여 및 최저임금에 관한 사항
- 근로자의 식비, 작업 용품 등의 부담에 관한 사항
- 근로자를 위한 교육시설에 관한 사항
- 출산전후휴가 · 육아휴직 등 근로자의 모성 보호 및 일 · 가정 양립 지원에 관한 사항
- 안전과 보건에 관한 사항
- 근로자의 성별 · 연령 또는 신체적 조건 등의 특성에 따른 사업장 환경개선에 관한 직장 내 괴롭힘의 예방 및 발생시 조치 등에 관한 사항
- 업무상과 업무 외의 재해부조(재해부조)에 관한 사항
- 표창과 제재에 관한 사항
- 그 밖에 해당 사업 또는 사업장의 근로자 전체에 적용될 사항

2. 단시간 근로자의 근로조건

단시간근로자의 근로조건은 그 사업장의 같은 종류의 업무에 종사하는 통상 근로자의 근로시간을 기준으로 산정한 비율에 따라 결정되어야 하는데, 그 구체적인 사항은 다음과 같다.

- 근로계약의 체결

사용자는 단시간근로자를 고용할 경우에 임금, 근로시간, 그 밖의 근로조건을 명확히 적은 근로계약서를 작성하여 근로자에게 내주어야 한다. 또한 근로일 및 근로일별 근로시간을 반드시 명시하여야 한다는 점을 주의해야 한다.

예 1) 주5일, 일 6시간(근로일별 근로시간 같음)
- 근로일 : 주 5일, 근로시간 : 매일 6시간
- 시업 시각 : 09시 00분, 종업 시각: 16시 00분
- 휴게 시간 : 12시 00분부터 13시 00분까지
- 주휴일 : 일요일

예 2) 주 5일, 근로일별 근로시간이 다름

	월요일	화요일	수요일	목요일	금요일
근로시간	4시간	-	6시간	-	5시간
시업	14시 00분	-	10시 00분	-	14시 00분
종업	18시 00분	-	17시 00분	-	20시 00분
휴게 시간	-	-	13시 00분 ~ 14시 00분	-	18시 00분 ~ 19시 00분

- 명시사항

단시간근로자의 근로계약서에는 계약기간, 근로일, 근로시간의 시작과 종료 시각, 시간급 임금, 그 밖에 고용노동부장관이 정하는 사항이 명시되어야 한다.

- 임금의 계산
- 단시간근로자의 임금산정 단위는 시간급을 원칙으로 하며, 시간급 임금을 일급 통상임금으로 산정할 경우에는 나목에 따른 1일 소정근로시간 수에 시간급 임금을 곱하여 산정한다.
- 단시간근로자의 1일 소정근로시간 수는 4주 동안의 소정근로시간을 그 기간의 통상 근로자의 총 소정근로일 수로 나눈 시간 수로 한다.

- 초과근로
- 사용자는 단시간근로자를 소정 근로일이 아닌 날에 근로시키거나 소정근로시간을 초과하여 근로시키고자 할 경우에는 근로계약서나 취업규칙 등에 그 내용 및 정도를 명시하여야 하며, 초과근로에 대하여 가산임금을 지급하기로 한 경우에는 그 지급률을 명시하여야 한다.
- 사용자는 근로자와 합의한 경우에만 초과근로를 시킬 수 있다.

- 휴일·휴가의 적용
- 유급휴일과 연차유급휴가의 부여
- 유급휴가 계산식(1시간 미만은 1시간으로 봄)

$$통상\ 근로자의\ 연차휴가일수 \times \frac{단시간근로자의\ 소정근로시간}{통상\ 근로자의\ 소정근로시간} \times 8시간$$

- 생리휴가 및 산전후 휴가 부여

※ 기간제·단시간근로자 주요 근로조건 서면 명시 의무 위반 적발 시 과태료(인당 500만원 이하) 즉시 부과에 유의해야 함

3. 관련 판례

(1) 사용자가 교부해야 할 서면의 의미

근로기준법 제17조에 의하면, 사용자는 근로계약을 체결할 때에 근로자에게 임금, 소정근로시간, 주휴일, 연차 유급휴가 그 밖에 대통령령으로 정하는 근로조건을 명시하여야 하고, 그중 임금의 구성항목·계산방법·지급방법 및 소정근로시간, 주휴일, 연차 유급휴가에 대해서는 그 사항이 명시된 서면을 교부하여야 하며, 근로계약 체결 후 단체협약 또는 취업규칙의 변경 등의 사유로 인하여 위 사항이 변경되는 경우에는 근로자의 요구가 있으면 그 근로자에게 교부하여야 한다. 이는 근로계약을 체결할 때뿐만 아니라, 이를 변경하는 경우에도 위 법에서 열거하고 있는 중요한 근로조건에 대해서는 서면으로 명시하도록 하고, 사용자로 하여금 변경된 근로조건이 명시된 근로계약서를 교부하도록 하여 근로자의 법적 지위를 강화하고자 하는 데 그 입법 취지가 있으므로, 위 규정에서 근로자의 요구에 따라 사용자가 교부하여야 하는 것은 '변경된

사항이 명시된 근로계약서 등 서면'을 의미하는 것이지, 변경된 단체협약이나 취업규칙 자체를 말하는 것이 아니다(대판 2016. 1. 28, 2015도11659).

(2) 사이닝 보너스의 성격

기업이 경력 있는 전문 인력을 채용하기 위한 방법으로 근로계약 등을 체결하면서 일회성의 인센티브 명목으로 지급하는 이른바 사이닝보너스가 이직에 따른 보상이나 근로계약 등의 체결에 대한 대가로서의 성격만 가지는지, 더 나아가 의무근무기간 동안의 이직금지 내지 전속근무약속에 대한 대가 및 임금 선급으로서의 성격도 함께 가지는지는 해당 계약이 체결된 동기 및 경위, 당사자가 계약에 의하여 달성하려고 하는 목적과 진정한 의사, 계약서에 특정 기간 동안의 전속근무를 조건으로 사이닝보너스를 지급한다거나 기간의 중간에 퇴직하거나 이직할 경우 이를 반환한다는 등의 문언이 기재되어 있는지 및 거래의 관행 등을 종합적으로 고려하여 판단하여야 한다. 만약 해당 사이닝보너스가 이직에 따른 보상이나 근로계약 등의 체결에 대한 대가로서의 성격에 그칠 뿐이라면 계약 당사자 사이에 근로계약 등이 실제로 체결된 이상 근로자 등이 약정근무기간을 준수하지 아니하였더라도 사이닝보너스가 예정하는 대가적 관계에 있는 반대급부는 이행된 것으로 볼 수 있다(대판 2015.06.11., 2012다55518).

(3) 근로계약 갱신의 부당한 거절

기간을 정하여 근로계약을 체결한 근로자의 경우 그 기간이 만료함으로써 근로자로서의 신분관계가 당연히 종료하고, 근로계약을 갱신하지 못하면 갱신 거절의 의사표시가 없어도 당연 퇴직하는 것이 원칙이다. 다만 근로계약, 취업규칙, 단체협약 등에서 기간 만료에도 불구하고 일정한 요건이 충족되면 당해 근로계약이 갱신된다는 취지의 규정을 두고 있거나, 그러한 규정이 없더라도 근로계약의 내용과 근로계약이 이루어지게 된 동기 및 경위, 계약 갱신의 기준 등 갱신에 관한 요건이나 절차의 설정 여부 및 그 실태, 근로자가 수행하는 업무의 내용 등 당해 근로관계를 둘러싼 여러 사정을 종합하여 볼 때 근로계약 당사자 사이에 일정한 요건이 충족되면 근로계약이 갱신된다는 신뢰관계가 형성되어 있어 근로자에게 근로계약이 갱신될 수 있으리라는 정당한 기대권이 인정되는 경우에는, 사용자가 이를 위반하여 부당하게 근로계약의 갱신을 거절하는 것은 부당해고와 마찬가지로 아무런 효력이 없고, 이 경우 기간만료 후의 근로관계는 종전의 근로계약이 갱신된 것과 동일하다(대판 2014.02.13., 2012두1402).

(4) 상여금 지급의 관행이 근로계약의 내용인지 여부

기업의 내부에 존재하는 특정의 관행이 근로계약의 내용을 이루고 있다고 하기 위하여는 그러한 관행이 기업 사회에서 일반적으로 근로관계를 규율하는 규범적인 사실로서 명확히 승인되거나 기업의 구성원에 의하여 일반적으로 아무도 이의를 제기하지 아니한 채 당연한 것으로 받아들여져서 기업 내에서 사실상의 제도로서 확립되어 있다고 할 수 있을 정도의 규범의식에 의하여 지지되고 있어야 한다.

원심은, 피고가 2003년경 상여금 귀속기간에 관하여 정기 상여의 경우에는 전전월 21일부터 당월 20일까지로, 구정 상여의 경우에는 전년도 12. 21.부터 당해년도 6. 20.까지로 하는 내부기준을 수립한 사실은 인정되지만, 위 내부기준은 2003년 노사협의회에서 합의점을 찾지 못하여 추후 임금 단체협상에서 논의하기로 하고 종결되었고, 그 이후 임금 단체협상에서 위 내부기준에 관하여 논의되었거나 이를 승인하였다는 자료가 없는 등 노사관행이 명백히 존재한다고 보기 어렵고, 단체협약이나 취업규칙에 상여금의 귀속기간이 명시되어 있지 아니한 경우 상여금의 산출기초 및 지급시기를 감안하여 이를 정함이 상당하다거나, 위 상여금도 다른 임금과 마찬가지로 근로자가 과거에 제공한 근로의 대가로 지급되는 후불임금의 성격을 가지고 있는 점등에 비추어, 원고 및 선정자들이 그 지급일을 기준으로 전월 급여의 귀속기간을 모두 근무한 뒤 퇴직하였다는 이유로, 이 사건 구정 상여금과 2010년 3월 상여금의 귀속기간에 관하여 위 내부기준이 적용되어야 한다는 피고의 주장을 배척하였다.

원심판결 이유를 위 법리와 기록에 비추어 살펴보면, 원심의 이유설시에 일부 부적절한 점이 있으나, 피고로서는 삭감된 각 상여금을 지급할 의무가 있다고 본 결론에 있어서는 정당하고, 거기에 상고이유 주장과 같이 논리와 경험의 법칙에 위배하여 자유심증주의의 한계를 벗어나거나 임금의 귀속기간 또는 노사관행에 관한 법리를 오해한 위법이 없다(대판 2013.12.12., 2011 다51434).

표준근로계약서

(기간의 정함이 없는 경우)

_____(이하 "사업주"라 함)과(와) _____(이하 "근로자"라 함)은 다음과 같이 근로계약을 체결한다.

1. 근로개시일 :   년   월   일부터

2. 근 무 장 소 :

3. 업무의 내용 :

4. 소정근로시간 :   시   분부터   시   분까지 (휴게시간 : 시 분~ 시 분) → **근로시간에 관한 사항**

5. 근무일/휴일 : 매주   일(또는 매일단위)근무, 주휴일 매주   요일

6. 임 금 → **임금에 관한 사항**
   - 월(일, 시간)급 :   원
   - 상여금 : 있음 ( )   원, 없음 ( )
   - 기타급여(제수당 등) : 있음 ( ), 없음 ( )
     ·   원,   원
     ·   원,   원
   - 임금지급일 : 매월(매주 또는 매일)   일(휴일의 경우는 전일 지급)
   - 지급방법 : 근로자에게 직접지급( ), 근로자 명의 예금통장에 입금( )

7. 연차유급휴가 → **연차휴가에 관한 사항**
   - 연차유급휴가는 근로기준법에서 정하는 바에 따라 부여함

8. 사회보험 적용여부(해당란에 체크)
   □ 고용보험 □ 산재보험 □ 국민연금 □ 건강보험

9. 근로계약서 교부

 – 사업주는 근로계약을 체결함과 동시에 본 계약서를 사본하여 근로자의 교부요구와 관계없이 근로자에게 교부함(근로기준법 제17조 이행)

10. 기 타

 – 이 계약에 정함이 없는 사항은 근로기준법령에 의함

년   월   일

(사업주)
사업체명 :
전   화 :   )
주   소 :
대 표 자 :   (서명)

(근로자)
주   소 :
연 락 처 :
성   명 :   (서명)

표준근로계약서

(기간의 정함이 있는 경우)

_____(이하 "사업주"라 함)과(와) _____(이하 "근로자"라 함)은 다음과 같이 근로계약을 체결한다.

1. 근로계약기간 :   년 월 일부터   년 월 일까지

2. 근 무 장 소 :

3. 업무의 내용 :

4. 소정근로시간 :   시 분부터   시 분까지 (휴게시간 : 시 분~ 시 분)

5. 근무일/휴일 : 매주   일(또는 매일단위)근무, 주휴일 매주   요일

6. 임 금
   - 월(일, 시간)급 : _____원
   - 상여금 : 있음 (   )   원, 없음 (   )
   - 기타급여(제수당 등) : 있음 (   ),   없음 (   )
     · _____원, _____원
     · _____원, _____원

   - 임금지급일 : 매월(매주 또는 매일)   일(휴일의 경우는 전일 지급)
   - 지급방법 : 근로자에게 직접지급(   ),   근로자 명의 예금통장에 입금(   )

7. 연차유급휴가
   - 연차유급휴가는 근로기준법에서 정하는 바에 따라 부여함

8. 사회보험 적용여부(해당란에 체크)
   □ 고용보험 □ 산재보험 □ 국민연금 □ 건강보험

9. 근로계약서 교부

   – 사업주는 근로계약을 체결함과 동시에 본 계약서를 사본하여 근로자의 교부요구와 관계없이 근로자에게 교부함(근로기준법 제17조 이행)

10. 기　타

   – 이 계약에 정함이 없는 사항은 근로기준법령에 의함

년　　　월　　　일

(사업주)
사업체명 :
전　　화 :　　　　　　　)
주　　소 :
대 표 자 :　　　　　　　(서명)

(근로자)
주　　소 :
연 락 처 :
성　　명 :　　　　　　　(서명)

연소근로자 표준근로계약서

_____(이하 "사업주"라 함)과(와) _____(이하 "근로자"라 함)은 다음과 같이 근로계약을 체결한다.

1. 근로개시일 :   년   월   일부터
※ 근로계약기간을 정하는 경우에는 " ○○년 ○○월 ○○일부터   ○○년 ○○월 ○○일까지" 등으로 기재

2. 근 무 장 소 :

3. 업무의 내용 :

4. 소정근로시간 :   시   분부터   시   분까지 (휴게시간 : 시 분~ 시 분)

5. 근무일/휴일 : 매주   일(또는 매일단위)근무, 주휴일 매주   요일

6. 임 금
   - 월(일, 시간)급 : _____원
   - 상여금 : 있음 (   )   원, 없음 (   )
   - 기타급여(제수당 등) : 있음 (   ),   없음 (   )
      · _____원, _____원
      · _____원, _____원

   - 임금지급일 : 매월(매주 또는 매일)   일(휴일의 경우는 전일 지급)
   - 지급방법 : 근로자에게 직접지급(   ),   근로자 명의 예금통장에 입금(   )

7. 연차유급휴가
   - 연차유급휴가는 근로기준법에서 정하는 바에 따라 부여함

8. 가족관계증명서 및 동의서
   - 가족관계기록사항에 관한 증명서 제출 여부:
   - 친권자 또는 후견인의 동의서 구비 여부:

9. 사회보험 적용여부(해당란에 체크)

    ☐ 고용보험   ☐ 산재보험   ☐ 국민연금   ☐ 건강보험

10. 근로계약서 교부

    - 사업주는 근로계약을 체결함과 동시에 본 계약서를 사본하여 근로자의 교부요구와 관계없이 근로자에게 교부함(근로기준법 제17조, 제67조 이행)

11. 기타

    - 13세 이상 15세 미만인 자에 대해서는 고용노동부장관으로부터 취직인허증을 교부받아야 하며, 이 계약에 정함이 없는 사항은 근로기준법령에 의함

년   월   일

(사업주)
사업체명 :
전   화 :   )
주   소 :
대 표 자 :   (서명)

(근로자)
주   소 :
연 락 처 :
성   명 :   (서명)

【친권자(후견인) 동의서】

친권자(후견인) 동의서

1. 친권자(후견인) 인적사항

　　성　　명 :
　　생년월일 :
　　주　　소 :
　　연 락 처 :
　　연소근로자와의 관계 :

2. 연소근로자 인적사항

　　성　　명 :　　　　　　　　(만　　세)
　　생년월일 :
　　주　　소 :
　　연 락 처 :

3. 사업장 개요

　　회 사 명 :
　　회사주소 :
　　대 표 자 :
　　회사전화 :

　　본인은 위 연소근로자 _____가 위 사업장에서 근로를 하는 것에 대하여 동의합니다.

　　　　　　　　　　년　　　　월　　　　일

　　　　친권자(후견인)　　　　　　　　　　(인)

　　　　　　　첨　　부 : 가족관계증명서 1부

【기간제교원 임용계약서】

기간제교원 임용계약서

교육공무원법 제32조 및 교육공무원 임용령 제13조 규정에 의하여 ○○고등학교 교장 ○○○(이하 "갑"이라 한다)과 기간제 교원 ○○○(이하 "을"이라 한다.)간에 다음과 같이 임용계약을체결한다.

제1조(계약조건)

본 계약은 "갑"과 "을"이 쌍방 합의하에 ① 임용기간 ② 보수액 ③ 공무원복무규정에 의한 근무자세 ④ 기타 계약조건에 관하여는 어떠한 견우에라도 이의를 제기하지 않기로 합의한다.

제2조(임용기간 및 임용기간 준수)

① 임용기간 : 20년 00월 00일 ～ 20년 00월 00일까지 (00일간)

② "을"은 임용기간을 준수하여야 하며, 만약 "을"의 개인적인 사정으로 인하여 임용기간 만료 일까지 근무하지 못할 경우, 후임자를 채용할 때까지는 근무하여야 한다.

③ "을"은 임용기간 도중 정규교사가 배치될 경우 언제든지 그 직을 면한다.

제3조(근무학교)

① 소속학교 : ○○고등학교

제4조(월 보수액)

① 월 보수지급금액은 아래와 같이 지급한다.

구 분	보수지급 지급액	비고
계약임용 (고정급)	① 월 보수지급액 : 일백삼십육 만 원(₩ 1,360,000원) ② 보수계산은 일할 계산을 한다.	

제5조(근무자세)

① 국가공무원법 제7장 및 국가공무원복무규정에 의하여 근무하여야 한다.

② 정규교사에 준하는 복무의무(교재연구, 연수, 관련행정 업무처리 등)를 성실히 이행하여야 한다.

③ 계약직공무원규정을 준수한다.

제6조(부칙)

위 계약을 증명하기 위하여 계약당사자가 이의 없음을 확인한 후, 각자 서명·날인하고, 본 계약서를 각 1통씩 보관한다.

20○○년 ○월 ○일

	학교명	:
"갑"	학교주소	:
	학교장	: ○ ○ ○ ㊞

	주소	:
"을"	주민등록번호	:
	성명	: ○ ○ ○ ㊞

※ 임용기간 유의사항(방학기간의 기간 제 교원 임용방법)

 (근거 : 기간 제 교원의 임용에 대한 질의 회신, 교지 01210-1520 ; '99. 9. 20)

– 1개월 이내의 단기간의 파견 · 연구 · 휴가 등에 대하여는 기간 제 교원을 임용할 수 없으며,

– 판단기준이 직무에 종사할 수 없는 교원이 주체라 하더라도 직무의 실질적인 내용을 검토하여야 하는 바, 방학기간은 실질적으로 학교현장 교육이 이루어지지 않아 교원의 가장 주된 직무인 수업의 결손이 발생한다고 보여지지 않으므로 방학을 제외한 기간이 1개월 이상일 경우 기간 제 교원의 임용이 가능함.

– 기간제교원은 상호간의 계약에 의거 임용되는 것이므로 임용시 임용기간에 방학기간을 제외하고 임용

(예시)

 임용기간은 0000년 00월00일부터 0000년 00월 00일까지(단, 0000년 00월 00일부터 0000년 00월 00일까지는 제외함) 또는 0000년 00월 00일부터 0000년 00월 00일까지, 0000년 00월 00일부터 0000년 00월 00일까지

– 다만, 임용기간에 방학기간을 포함하여 임용하고, 단서조항에 방학기간에는 보수를 지급하지 않는다는 내용을 삽입하여 운영할 시 추후 민원의 발생소지가 있으므로 방학기간을 분명히 명기하되 일자와 기간은 방학일자 확정시 기재하기로 계약하시기 바람.

건설일용근로자 표준근로계약서

_____(이하 "사업주"라 함)과(와) _____(이하 "근로자"라 함)은 다음과 같이 근로계약을 체결한다.

1. 근로계약기간 :   년   월   일부터   년   월   일까지
   ※ 근로계약기간을 정하지 않는 경우에는 "근로개시일"만 기재

2. 근 무 장 소 :

3. 업무의 내용(직종) :

4. 소정근로시간 :   시   분부터   시   분까지 (휴게시간 : 시 분~ 시 분)

5. 근무일/휴일 : 매주   일(또는 매일단위)근무, 주휴일 매주   요일(해당자에 한함)
   ※ 주휴일은 1주간 소정근로일을 모두 근로한 경우에 주당 1일을 유급으로 부여

6. 임 금
   - 월(일, 시간)급 :   원(해당사항에 ○표)
   - 상여금 : 있음 (   )   원, 없음 (   )
   - 기타 제 수당(시간외·야간·휴일근로수당 등):   원(내역별 기재)
     · 시간외 근로수당: 원(월   시간분)
     · 야 간 근로수당: 원(월   시간분)
     · 휴 일 근로수당: 원(월   시간분)
   - 임금지급일 : 매월(매주 또는 매일)   일(휴일의 경우는 전일 지급)
   - 지급방법 : 근로자에게 직접지급(   ), 근로자 명의 예금통장에 입금(   )

7. 연차유급휴가
   - 연차유급휴가는 근로기준법에서 정하는 바에 따라 부여함

8. 사회보험 적용여부(해당란에 체크)
   □ 고용보험   □ 산재보험   □ 국민연금   □ 건강보험

9. 근로계약서 교부
  - "사업주"는 근로계약을 체결함과 동시에 본 계약서를 사본하여 "근로자"의 교부요구와 관계없이 "근로자"에게 교부함(근로기준법 제17조 이행)

10. 기 타
  - 이 계약에 정함이 없는 사항은 근로기준법령에 의함

년   월   일

    (사업주)
    사업체명 :
    전   화 :   )
    주   소 :
    대 표 자 :   (서명)

    (근로자)
    주   소 :
    연 락 처 :
    성   명 :   (서명)

단시간근로자 표준근로계약서

_____(이하 "사업주"라 함)과(와) _____(이하 "근로자"라 함)은 다음과 같이 근로계약을 체결한다.

1. 근로개시일 :   년 월 일부터
   ※ 근로계약기간을 정하는 경우에는 " ○○년 ○○월 ○○일부터 ○○년 ○○월 ○○일까지"등으로 기재

2. 근 무 장 소 :

3. 업무의 내용 :

4. 근로일 및 근로일별 근로시간

	()요일	()요일	()요일	()요일	()요일	()요일
근로시간	0시간	0시간	0시간	0시간	0시간	0시간
시업	00시 00분	00시 00분	00시 00분	00시 00분	00시 00분	00시 00분
종업	00시 00분	00시 00분	00시 00분	00시 00분	00시 00분	00시 00분
휴게 시간	00시 00분 ~ 00시 00분	00시 00분 ~ 00시 00분	00시 00분 ~ 00시 00분	00시 00분 ~ 00시 00분	00시 00분 ~ 00시 00분	00시 00분 ~ 00시 00분

　○ 주휴일 : 매주   요일

5. 임 금
   - 시간(일, 월)급 : _____원(해당사항에 ○표)
   - 상여금 : 있음 (   ) _____원, 없음 (   )
   - 기타급여(제수당 등) : 있음 :   원(내역별 기재), 없음 (   ),
   - 초과근로에 대한 가산임금률: %
   ※ 단시간근로자와 사용자 사이에 근로하기로 정한 시간을 초과하여 근로하면 법정 근로시간 내라도 통상임금의 100분의 50%이상의 가산임금 지급('14.9.19. 시행)
   - 임금지급일 : 매월(매주 또는 매일)   일(휴일의 경우는 전일 지급)
   - 지급방법 : 근로자에게 직접지급(   ), 근로자 명의 예금통장에 입금(   )

6. 연차유급휴가 : 통상근로자의 근로시간에 비례하여 연차유급휴가 부여

7. 사회보험 적용여부(해당란에 체크)

  □ 고용보험 □ 산재보험 □ 국민연금 □ 건강보험

8. 근로계약서 교부

  - "사업주"는 근로계약을 체결함과 동시에 본 계약서를 사본하여 "근로자"의 교부요구와 관계없이 "근로자"에게 교부함(근로기준법 제17조 이행)

9. 기 타

  - 이 계약에 정함이 없는 사항은 근로기준법령에 의함

                        년   월   일

    (사업주)
    사업체명 :
    전   화 :   )
    주   소 :
    대 표 자 :   (서명)

    (근로자)
    주   소 :
    연 락 처 :
    성   명 :   (서명)

외국인 근로자 표준근로계약서
Standard Labor Contract

(앞쪽)

아래 당사자는 다음과 같이 근로계약을 체결하고 이를 성실히 이행할 것을 약정한다.
The following parties to the contract agree to fully comply with the terms of the contract stated hereinafter:

사용자 Employer	업체명 Name of the enterprise	전화번호 Phone number
	소재지 Location of the enterprise	
	성명 Name of the employer	사업자등록번호(주민등록번호) Identification number

근로자 Employee	성명 Name of the employee	생년월일 Birthdate
	본국주소 Address(Home Country)	

1. 근로 계약 기간	신규 또는 재입국자: (　　) 개월, 사업장변경자:　　년　월　일 ~ 년　월　일 – 수습기간: [ ]활용(입국일부터 [ ]1개월 [ ]2개월 [ ]3개월) [ ]미활용 ※ 신규 또는 재입국자의 근로계약기간은 입국일부터 기산함(다만, 법 제18조의4에 따라 출국한 날부터 3개월이 지난 후 재입국한 경우는 입국하여 근로를 시작한 날부터 근로계약의 효력 발생)
1. Term of Labor contract	New or Re-entering employee: ( ) month(s) Employee who changed workplace: from (　　　YY/MM/DD) to (　　　YY/MM/DD) – Probation period: [ ] Included (for [ ] 1 month [ ] 2 months [ ] 3 months from entry date), [ ] Not included. * For new and re-entering employees, the labor contract will enter into effect from the entry date(but, the contract of employees who re-enter three months after departing from Korea in accordance with Article 18-4 will take effect from the first day of work).
2. 근로 장소	※ 근로자를 이 계약서에서 정한 장소 외에서 근로하게 해서는 아니됨.
2. Place of employment	※ The undersigned employee is not allowed to work apart from the contract farm or enterprise.
3. 업무 내용	– 업종: – 사업내용: – 직무내용:
3. Description of work	– Industry: – Business description: – Job description:

4. 근로 시간	〈제조업, 건설업, 서비스업〉 　　시　분 ~ 　시　분 　- 1일 평균 시간외 근로시간:　시간(사업장 　　사정에 따라 변동 가능) 　- 교대제 ([ ]2조2교대, [ ]3조3교대, [ ]4조3 　　교대, [ ]기타) 〈어업〉 　- 월 (　　)시간		※ 가사사용인, 개인간병인의 경우에는 기재를 　생략할 수 있음. ※ An employer of workers in domestic 　help, nursing can omit the working 　hours.
4 · Working hours	〈Manufacturing, construction and service 　sectors〉 　　from (　　　) to (　　　) 　- average daily over time:　　 hours 　　(changeable　　depending　on　the 　　condition of a company) 　- shift system ([ ]2groups 2shifts, [　]3groups　3shifts, [　]4groups 3shifts, 　[ ]etc.) 〈fishery sector〉 　- ( ) hours per month		※ 「근로기준법」 제63조에 따른 농림, 축산, 양 　잠, 수산 사업의 경우 같은 법에 따른 근로 　시간, 휴게, 휴일에 관한 규정은 적용받지 　않음. ※ In pursuant to the Article 63 of the 　Labor Standards Act, working hours, 　recess hours, off-days are not applied 　to　agriculture,　forestry,　livestock 　breeding, silk-raising farming and marine 　product businesses.
5. 휴게 시간	1일　　　분		
5 · Recess hours	(　　)minutes per day		
6. 휴일	[ ]일요일 [ ]공휴일([ ]유급 [ ]무급) [ ]매주 토요일 [ ]격주 토요일 [ ]기타(　　)		
6 · Holidays	[ ]Sunday [ ]Legal holiday([ ]Paid [ ]Unpaid) [ ]Every saturday [ ]Every other Saturday [ ]etc.(　　)		
7. 임금	1) 월 통상임금　(　　　　)원 　- 기본급[월(시간, 일, 주)급] (　　　　　)원 　- 고정적 수당: (　　수당:　　원), (　　수당:　　원) 　- 상여금 (　　　원) 　* 수습기간 중 임금 (　　　　)원 2) 연장, 야간, 휴일근로에 대해서는 수당 지급		
7 · Payment	1) Monthly Normal wages 　- Monthly(hourly, daily, or weekly) wage (　　　)won 　- Fixed Allowances: ( )allowances: (　　)won, ( )allowances: ( )won 　- Bonus: (　　　)won 　* Probation period - Monthly wage (　　)won 2) Additional pay rate applied to overtime, night shift or holiday work.		
8. 임금 지급일	매월/매주 (　　)일/요일. 다만, 임금 지급일이 공휴일인 경우에는 전날에 지급함.		
8 · Payment date	(　　　　　　) of every month/every week. If the payment date falls on a holiday, payment will be made on the day before the holiday.		

9. 지급방법	[ ]직접 지급, [ ]통장 입금 ※ 사용자는 근로자 명의로 된 예금통장 및 도장을 관리해서는 안 됨.
9. Payment methods	[ ]In person, [ ]By direct deposit transfer into the employee's account ※ The employer will not retain the bank book and the seal of the employee.
10. 숙식제공	1) 숙박시설 제공 - 숙박시설 제공 여부: [ ]제공 [ ]미제공 　제공 시, 숙박시설의 유형([ ]아파트, [ ]단독주택, [ ]연립·다세대 주택, [ ]아파트 또는 주택에 준하는 시설, [ ]그 밖의 임시 주거시설) - 숙박비용 근로자 부담 여부: [ ]부담(부담금액:　　　원) [ ]미부담 2) 식사 제공 - 식사 제공 여부: 제공([ ]조식, [ ]중식, [ ]석식) [ ]미제공 - 식사비용 근로자 부담 여부: [ ]부담(부담금액:　　　원) [ ]미부담 ※ 숙식 제공의 범위와 근로자의 비용 부담 수준은 사업주와 근로자 간 협의(신규 또는 재입국자의 경우 입국 이후)에 따라 별도로 결정
10. Accommo-dations and Meals	1) Provision of accommodation - Provision of accommodation: [ ]Provided, [ ]Not provided 　(If provided, type of accommodations: [ ]Apartment, [ ]House, [ ]Multiplex housing unit, [ ]Apartment or House style accommodation, [ ]Other makeshift accommodations) - Cost of accommodation: [ ]Partially paid by employee (the amount paid: won) [ ]Free of charge 2) Provision of meals - Provision of meals: [ ]Provided([ ]breakfast, [ ]lunch, [ ]dinner), [ ] Not provided - Cost of meals: [ ]Partially paid by employee(the amount paid: won), [ ]Free of charge ※ Accommodation arrangement and costs, including the amount paid by employee, will be determined by mutual consultation between the employer and employee(Newcomers and re-entering employees will consult with their employers after arrival in Korea).

11. 이 계약에서 정하지 않은 사항은 「근로기준법」에서 정하는 바에 따른다.
　※ 가사서비스업 및 개인간병인에 종사하는 외국인근로자의 경우 근로시간, 휴일·휴가, 그 밖에 모든 근로조건에 대해 사용자와 자유롭게 계약을 체결하는 것이 가능합니다.

11. Other matters not regulated in this contract will follow provisions of the Labor Standard Act.
　※ The terms and conditions of the labor contract for employees in domestic help and nursing can be freely
　decided through the agreement between an employer and an employee.

년　　　월　　　일
_____ (YY/MM/DD)

사용자:　　　　　　(서명 또는 인)
Employer:　　　　　(signature)

근로자:　　　　　　(서명 또는 인)
Employee:　　　　　(signature)

파견고용계약서

1. _____(주)과(이하 "갑"이라 한다)과 ____은 (이하 "을"이라 한다)는 아래와 같이 파견근로자로서 고용계약을 체결한다.

2. 을은 파견근로자로서 파견된 것을 승인하고, 고용기간 중 회사의 취업규칙을 성실히 준수한다.

3. 을은 취업규칙과 근로자파견계약에 따라 파견취업을 하고, 사용사업주의 지휘명령을 지켜 성실하게 한다.

4. 아래에 정하는 것 외는 파견사업주의 취업규칙의 내용을 따른다.

- 아 래 -

1. 파견기간 : 20○○년 ○월 ○일부터 20○○년 ○월 ○일까지로 한다.

2. 파견업무의 내용 :

3. 취업장소 :

4. 사용사업장의 지휘명령자 :

5. 파견취업시각 및 휴게시간 : ○○:○○부터 ○○:○○까지

1) 파견취업시각

   종업시각 :

2) 휴게시간 ○분(12:00~13:00)

6. 파견취업일 :

7. 휴일 : 주휴일(주중 ○일)

8. 시간외 근로 : "을"은 사용사업장의 사정에 따라 연장근로 및 휴일근로 등 시간 외 근로를 하여야 할 경우에는 이에 따라야 한다.

9. 휴가 : "갑"은 "을"에게 월차유급휴가 등의 법정유급휴가를 주어야 하고, "을"의 결혼 등 특별한 사정이 있는 경우에는 특별유급휴가를 줄 수 있다.

10. 임금
   1) 기본임금 :
   2) 제수당 :
   3) 임금마감일 :   일

4) 임금지불일 : 일

5) 상여금 :

11. 안전보건 : 을은 위험방지 및 보건위생을 위하여 안전보건관리에 관한 사용사업주의 지시에 복종하여야 한다.

12. 파견사업관리책임자 :

13. 파견사용사업책임자 :

14. 기타 : 이 계약서에 규정되지 아니한 사항은 근로기준법 기타 관계법령과 회사내규 및 통상관례에 의한다.

20○○년 ○월 ○일

"갑"

1) 파견사업체의 명칭 :

2) 파견사업체의 소재지 :

3) 파견사업주의 성명 : [인]

"을"

1) 파견근로자의 주소 :

2) 파견근로자의 성명 : [인]

고용계약서(운수회사)

운전기사를 "갑"이라 하고 그의 채무에 관한 연대보증인 ○○○와 ○○○를 "병", "무"라 하며 운수주식회사를 "을"이라 하여 아래와 같이 고용계약을 체결한다.

제1조(목적)

"을"은 "갑"에게 보수를 지급하고 운전업무에 종사케 하며 "갑"은 "을"에게 운전에 관한 노무를 제공하여 "을"의 지시에 따라 그 소유자동차를 운행하여 줄 의무가 있다. 단, "갑"은 타인을 대행시키거나 대리시켜 노무를 제공하여서는 안 된다.

제2조("갑"의 보수액과 지급방법)

"을"은 "갑"에게 매월 _____원을 보수로서 지급하고 그 지급시기는 매월 말일로 하며 현금으로 지급한다.

제3조("을"에 근로에 관한 지시권)

"을"은 "갑"에 대하여 차량의 종류·노선·운행시간을 지시·배치할 수 있으며 그의 변경에 "갑"은 복종할 의무가 있다.

제4조(시간외 및 특별근무에 관한 상여금)

"갑"이 규정한 근로시간을 초과하여 근무하거나, 특별히 위험한 노선에 차량을 운전하는 경우 "을"은 이에 상당한 수당 기타 상여금을 지급하여야 한다.

제5조(사고 등에 대한 책임)

"갑"이 "을"소유의 차량을 타인에게 가한 손해에 대하여는 "갑"이 책임을 부담한다. 이 경우 "을"이 "갑"의 사용자로서 또는 자동차 손해배상 보장법에 의하여 타인에게 손해를 배상한 경우에는 "갑" 또는 그의 보증인에게 사채권을 행사한다.

제6조("갑"의 연대보증인)

① "갑"의 본 계약상의 근로제공에 관한 채무와 전후에 의하여 "갑"이 "을"에게 부담할 구상채무 및 이에 부수하는 채무에 관하여 "병", "무"는 "갑"과 연대하고 "병", "무" 간에 연대하여 채무를 진다.

② "갑"은 "을"이 요구하는 바에 따라 "병", "무"에 관한 제반 서류를 제출한다.

제7조(계약의 해지)

① 이 계약은 다음의 경우에 당연히 해지된다.

② "갑" "을"은 다음 각 호의 1에 해당하는 사유가 발행한 경우 상대방에 대하여 계약을 해지할 수 있다.

제8조("을"의 자동차 정비의무)

"을"은 "갑"이 운전기사로서 차량을 운행할 수 있도록 차량을 양호한 상태로 정비하여야 하며 정비불량으로 인하여 전5조의 사고를 일으킨 경우 "갑" 또는 그의 연대보증인은 어떠한 명목으로도 "을"에 대하여 책임을 부담하지 않는다. 또 정비불량으로 차량을 운전하기 곤란할 염려가 있을 경우 "갑"은 "을"에 대하여 그 사유를 고하고 운행을 거부할 수 있다. "을"은 이를 귀책사유로 하여 계약해지를 할 수 없다.

제9조(운행도중의 제반조치)

"갑"은 차량의 운행도중 급유 또는 정비가 필요한 경우 "을"에게 보고하고 "을"의 지시에 응하여야 한다.

제10조("을"의 손해배상의무)

"을"은 "갑"이 "을"의 자동차를 운행하는 도중 "갑"의 고의·과실 없이 입은 "갑"의 생명·신체·재산 및 정신적 손해를 "갑"에게 지급하여야 한다.

"갑"은 계약을 준수하기 위하여 "갑" "을" 및 "병" "무"는 서명 날인하고 각자 1통씩 보존한다.

2O○O년 ○월 ○일

운전기사   ㉙

연대보증인   ㉙

주식회사 대표이사   ㉙

【근로자파견계약서】

근로자파견계약서

OO주식회사 (이하 "갑"이라 한다)와 주식회사 OOOO(이하 "을"이라 한다)는 파견근로자 보호 등에 관한 법률(이하 "파견법"이라 한다)에 근거하여 아래와 같이 근로자 파견 계약을 체결한다.

제1장 총 칙

제1조(계약의 목적)

본 계약은 "을"이 고용하는 근로자(이하 "파견근로자"라 한다)를 그 고용관계하에 "갑"의 지휘명령을 받아 노무에 종사시키기 위하여 파견하는 것에 대한 제반사항을 정함으로써 파견근로자의 합리적 운영을 도모하고자 한다.

제2조(계약의 적용)

본 계약은 특히 정함이 없는 한 "갑"과 "을" 파견근로자 모두에 적용한다.

제3조(이행 의무)

"갑"과 "을"은 상호 신뢰와 믿음을 가지고 성실하게 본 계약을 이행한다.

제4조(파견근로자 개별근로계약과 관계)

"을"은 본 계약을 토대로 파견근로자와 개별근로계약을 체결하며, 이 계약의 내용과 상충되거나 초월하는 경우에는 "갑"의 동의를 받는다.

제5조(고지 의무)

"갑"과 "을"은 파견근로자에게 본 계약의 내용을 채용 전 반드시 고지하며 파견근로자 당사자에게 고지여부 확인을 받는다.

제6조(계약의 해지)

1. "갑"은 다음의 경우에 본 계약을 해지한다.
   가. "을"이 파견법에 의한 파견사업주로써 제반의무를 거부하거나 해태하는 경우
   나. "을"이 파견법 제8조 및 제11조, 제12조 등에 의하여 사실상 사업운영이 불가능하다고 판단되는 경우
2. "을"은 다음의 경우에 본 계약을 해지한다.
   가. "갑"이 파견법에 의한 사용사업주로써 제반의무를 거부하거나 해태하는 경우
   나. "갑"이 사실상 사업운영이 중단되거나 경영위험이 예상되는 경우

제7조(통지 의무)

    "갑"과 "을"은 파견법에서 정하는 제반통지의무를 상호 성실하게 이행하고 통지의무 불이행에 대한 책임은 불이행 측이 전적으로 책임진다.

제2장 근로자 파견 업무

제8조(파견 근로자의 수)

    "을"은 "갑"의 사업장에 업무 종류별로 부록과 같은 인원을 파견한다.

제9조(파견 근로자의 업무 내용)

    "을"이 파견하는 근로자의 업무는 부록과 같으며, "갑"과 "을"은 이 업무가 파견법 대상 업무임을 상호 확인한다.

제10조(파견 근로자의 사업장)

    ○○시 ○○구 ○○동 ○○번지

제11조(업무 지휘 관계)

1. "갑"은 파견근로자의 업무수행에 대하여 총괄적 업무지휘권을 가지며 구체적 업무지시와 통제는 해당 사업부서장 및 사용사업관리 책임자가 수행한다.
2. "을"은 "갑"의 업무지휘가 당초의 계약내용을 일탈하거나 정당치 못할 경우 "갑"에게 업무지휘의 중지를 요청할 수 있다.

제12조(파견 계약 기간)

1. 본 계약의 유효기간은 2000년 ○월 ○일부터 2000년 ○월 ○일까지 1년 간으로 한다. 다만, 파견사업주·사용사업주·파견근로자 간의 합의가 있는 경우에는 1회에 한하여 1년의 범위 안에서 그 기간을 연장할 수 있다.
2. 이 경우에 파견근로대가에 대하여는 당해연도 경제여건의 변화 및 물가인상에 따라 계약기간 종료 1개월 전 "갑"과 "을"이 별도로 협의하여 결정하며, 인상협의가 지연될 시에는 소급 지급한다.

제13조(파견근로 개시일)

    "을"은 "갑"이 요구한 업무에 대하여 파견근로자를 부록에 기재된 파견근로 개시일부터 파견하여 근로케 한다.

제14조(파견근로자의 자격)

    "갑"은 업무수행의 효율성을 위하여 "을"에게 일정의 자격을 가진 파견근로자를 요구할 수 있다.

제15조(파견근로자의 채용과 선발)

    "을"은 파견근로자의 채용과 선발에 총괄적 권한을 가지며 "갑"은 채용 전 파견근로자 선발에 대한 의견을 (면접포함) 제시할 수 있다.

제3장 파견근로자의 근로조건

제16조(시업 및 종업)

파견근로자의 시업과 종업은 오전 O시부터 오후 O시까지로 하며 다만, "갑"의 업무의 형편에 의하여 "갑"의 취업규칙에 정하는 바에 따라, 실 근로시간 O시간(1주 OO시간)의 범위 위에서 단축 또는 연장 할 수 있다.

제17조(휴게)

파견근로자의 휴게시간은 OO시부터 OO시까지로 한다.

제18조(휴일)

"갑"은 국·공휴일 및 정부지정 임시공휴일에 대하여 파견근로자에게 휴무를 주어야 한다. 다만, "갑"은 파견근로자에게 수당을 지급하고 휴일 근무를 명할 수 있다.

제19조(휴가)

1. "갑"은 파견근로자에게 아래와 같이 휴가를 주어야 한다. 다만, "갑"과 "을"은 사전에 휴가에 관한 사항을 협의하여야 한다.
   가. 본인결혼 : 6일
   나. 부모, 배우자, 배우자의 부모 사망 : 5일
   다. 형제, 자매, 조부모 사망 : 2일
   라. 본인의 부모 및 배우자의 부모 회 "갑": 1일
   마. 병가의 경우 최대 2주간에 걸쳐 유급으로 인정한다.(단, 진단서 첨부 시 유급으로 인정)
   바. 법령에 의한 동원 등 공적 사유가 있을 경우 : 최단 소요일수
   사. 기타 휴가의 경우 "갑"의 취업규칙에 따라 시행한다.
2. 제1항의 사유로 휴가를 요청할 경우에는 그 사유를 입증할 서류를 첨부하여 "갑"이 정한 절차에 따라 휴가를 신청하여야 한다.

제20조(임금의 구성)

파견근로자의 임금은 별첨과 같이 기본급과 제수당으로 한다.

제21조(연장근로)

"갑"은 파견근로자의 동의를 얻어 연장근로를 시킬 수 있으며, 연장근로 시 근로기준법에서 정하는 연장근로수당을 지급해야 한다.

제22조(야간 및 휴일 근로)

"갑"은 업무의 특성상 부득이한 경우 파견근로자의 동의를 얻어 야간 근로 및 휴일의 근로를 시킬 수 있으며 이에 따른 제 법정수당은 근로기준법에 의하여 지급한다.

제23조(안전 및 보건)

1. "갑"은 파견근로자에 대하여 산업안전 보건법상 사업주의 책임을 다하며 특히 업무수행 시에 필요한 제반 안전상의 조치를 취한다.
2. "갑"은 건강진단 등에 대하여 "을"과 상호 협의하여 실시하고 이에 대한 진단 결과에 대하여 상호 협의하여 처리한다.

제24조(재해 보상)

파견근로자의 업무상 재해에 대한 보상은 산업재해 보상보험법에 의한다. 단, 파견근로자의 중대 귀책사유가 있는 경우 "갑"과 "을"은 이를 상호 확인하여 향후의 분쟁에 대비한다.

제25조(복리 후생)

"갑"은 파견근로자에게 사업장의 복리후생시설을 이용할 수 있도록 조치하여야 한다.

제26조(임금 감액)

"을"은 파견근로자가 정당한 이유 없이 무단지각, 조퇴, 결근 시에는 해당하는 시간만큼 징계조치와 별도로 임금에서 감액하며 감액 시 "갑"의 확인을 받는다.

제27조(파견근로자의 재계약)

"을"은 파견근로자와의 근로계약은 1년으로 하며 재계약 여부는 파견근로자의 근무성적 등을 고려하여 재계약 여부를 결정한다.(근무성적 등의 자료는 "갑"이 제공한다.)

제4장 파견근로자의 복무

제28조(질서유지)

1. "을"은 파견근로자가 "갑"의 지휘명령에 충실히 따르며, "갑"의 사업장 규율·질서와 시설관리상의 제 규칙, 작업지침 등을 준수하고, 업무상의 제 규칙에 위반하지 않도록 적절한 조치를 강구하여야 한다.
2. "갑"은 "을"의 파견근로자가 "갑"이 정하는 직장 규율 기타 업무상의 제 규칙에 위반하거나 직장질서 등에 위반한다고 판단한 경우 "을"에게 연락하여 적절한 조치를 강구하여야 한다.
3. "갑"은 파견근로자의 위반사항이 중대한 때에는 근로자 파견계약의 전부 또는 일부의 해지 및 기타 필요한 조치를 강구할 수 있다.

제29조(기밀 유지)

"을"의 파견근로자는 본 계약에 정하는 업무의 수행과 이에 관련하여 알게 된 "갑"의 비밀을 타인에게 누설하여서는 안 된다. 본 계약 종료 후에도 같다.

제30조(설비 및 기자재의 관리)

"을"은 파견근로자가 설비 및 기자재관리에 있어 성실한 관리자의 주의 의무를 다하도록 지도·교육한다.

제31조(관련법규의 준수)

"갑"과 "을"은 파견근로자가 본 계약의 내용과 관련 법규(사규 포함)를 준수토록 지도하고 이를 이행치 아니할 시에는 징계조치를 취할 수 있다.

제5장 파견사업관리 책임자

제32조(파견사업관리 책임자)

주식회사○○○○ 마케팅 본부 본부장 ○ ○ ○ (TEL : ○○○-○○○-○○○○)

제33조(임무)

"을"의 파견사업관리 책임자는 "을"을 대리하여 본 계약의 이행과 파견법의 준수에 최선을 다하며 성실한 경영관리자로 의무를 다한다.

제34조(파견사업 관리대장)

"을"은 노동부령이 정하는 바에 의하여 파견사업 관리대장을 작성·비치·보존한다.

제35조(교육 및 훈련)

"을"은 파견근로자가 근면, 성실하게 근무할 수 있고 업무수행을 충실히 할 수 있도록 하기 위하여 "갑"의 업무에 지장이 없는 범위 내에서 년 2회 이내에서 소집교육을 실시 할 수 있으며, 이 경우 7일 이전에 "갑"에게 서면 통보하여야 한다.

제6장 사용사업관리 책임자

제36조(사용사업관리 책임자)

제37조(임무)

"갑"의 사용사업관리 책임자는 노동부령이 정하는 제반의무 사항을 성실히 이행하며 파견근로자의 근태 및 업무수행의 정도 등을 구체적으로 제시하여 "을"에게 통지한다.

제38조(사용사업관리대장)

"갑"의 사용사업관리 책임자는 사용사업 관리대장을 작성·비치·보존한다.

제39조(지도 및 교육)

"갑"의 사용사업관리 책임자는 파견근로자에게 업무에 대한 지도 및 교육에 최선을 다한다.

제7장 사용자 책임

제40조(사용자 책임)

"갑"과 "을"은 파견법 제34조 1항에 의하여 근로기준법상의 사용자 책임을 공동으로 부담한다.

제41조(임금지급 의무)

"갑"은 본 계약이외의 파견근로자의 근로에 대한 임금지급을 전적으로 책임지며, "갑"의 사유로 "을"에게 파견근로대가가 정상적으로 지급되지 못하였을 경우 "갑"과 "을"은 공동책임을 진다.

제8장 파견근로자 인사관리

제42조(근태 관리)

"갑"과 "을"은 파견근로자의 근태관리에 공동으로 노력하다.

제43조(징계 사유)

"갑"과 "을"은 파견근로자가 다음의 사유에 해당되는 경우에 징계조치토록 한다.
1. 직무상의 의무를 위반하거나 근무에 태만하였을 때
2. "갑"의 이미지를 크게 손상시키거나 재산상에 피해를 주었을 때
3. "갑"의 업무수행 중 지득한 비밀누설 및 폭행, 파업 등 규율과 질서를 문란케 하였을 때
4. 취업기간 중 형사상 유죄 판결을 받았을 때
5. 채용조건이 구비된 각종 문서가 위조 또는 변조, 허위사실 등이 기재 되었을 때
6. "갑"이 사전 허가 없이 3일 이상 결근하였을 때
7. 무단 지각, 조퇴, 외출을 월 3회 이상하였을 때
   (단, 이 횟수는 무단지각, 조퇴, 외출을 합산한 횟수를 말한다.)
8. 근무지에서 귀책사유로 교체 요청이 있을 때
9. 신원조회 결과 전과 사실이 있거나, 폭행, 절도, 사기 업무상 횡령 등이 있다고 밝혀졌을 때
10. 신체 및 정신상의 결함으로 업무를 수행할 수 없을 때

제44조(징계 절차)

"갑"과 "을"은 파견근로자의 징계 시 공동으로 조사ㆍ확인하고 "을"은 사규에 따라 징계위원회를 개최하고 필요한 경우 "갑"의 사용사업관리 책임자를 출석케 하여 의견을 들을 수 있다.

제45조(교체 요구)

"갑"은 파견근로자가 제반법규와 사규 및 본 계약의 내용을 위반 시에는 "을"에게 교체를 요구할 수 있다.

제46조(고충 처리)

"갑"과 "을"은 각각 파견사업 관리책임자 및 사용사업 관리책임자로 하여금 파견근로자의 고충해결에 최선을 다해야 한다.

제9장 손해배상

제47조(손해배상의 사유)

"갑"과 "을"은 본 계약의 불이행에 대하여 정당한 사유가 없는 한 손해배상의 책임을 지며 구체적 사항은 별도 협의한다.

제48조(파견근로자의 책임)

파견근로자의 고의 또는 과실에 의하여 "갑"이 손해를 입은 경우에는 "갑"은 파견근로자 본인 또는 "을"에게 손해배상을 청구할 수 있다.

제49조(관할 법원)

본 계약에 관한 분쟁 또는 손해배상분쟁은 "갑"의 본사 소재지 관할 지방법원으로 한다.

제10장 파견근로의 대가

제50조(파견근로에 대한 대가)

1. 파견근로자 1인 월간 파견근로대가는 부록과 같이 계약하며, "을"은 매월 초부터 매월 말일을 기준으로 파견근로대가에 대한 청구서를 작성하여 매월 7일까지 청구하며, "갑"은 청구서 수령 후 7일 이내에 이를 "을"의 예금 구좌로 온라인을 이용하여 현금 지불한다.
2. 이때 1개월 미만 근무자는 일할 계산한다.

제11장 부 칙

제51조(계약의 해석)

1. 본 계약 해석에 대하여 상호 이의가 있는 경우에는 계약 당시 입회인의 의견을 따르며 입회인이 없는 경우에는 "갑"과 "을"이 공동으로 선임한 임의조정인의 의견을 따르고 임의조정인이 없는 경우 법원의 판결에 따른다.
2. 본 계약이외의 사항에 대하여는 기타 관계법령 또는 사회 일반의 상거래 관습에 의한다.

제52조(부록의 운영)

"갑"과 "을" 쌍방은 계약상의 편의를 위하여 파견인원, 업무내용, 파견근로 대가 등 변경사항 발생 시 본 계약의 범위 내에서 부록을 작성 운영한다.

제53조(양도금지)

"갑"과 "을"은 쌍방의 서면 승인 없이는 계약상의 권리와 의무를 제3자에게 양도할 수 없다.

제54조(경과조치)

본 계약 체결일 이전에 “을”이 “갑”에게 파견근로자를 제공하였을 경우에는 “갑”은 “을”이 본 계약에 의거 근로자를 파견한 것으로 본다.

제55조(시행일)

본 계약은 2000년 0월 0일부터 시행한다.

본 계약을 입증하기 위하여 계약서 2통을 작성하여 “갑”, “을”이 서명 날인 후 각 1통씩 보관한다.

20○○년 ○월 ○일

“갑” ○○○○주식회사 : 대표이사 ○ ○ ○ ㊞

“을” ○○○○주식회사 : 대표이사 ○ ○ ○ ㊞

노무관리대행계약서

　　OOO(이하 "갑"이라 한다)와(과) 노무법인OOOO(이하 "을"이라 한다)은 노무관리대행계약을 체결함에 있어 다음과 같이 약정한다.

제1조(계약의 목적)

　　"갑"은 "을"에게 고용보험, 국민연금, 의료보험, 산업재해보상보험(이하 보험이라 한다) 관리업무와 급여업무를 위탁하고 "을"은 신의와 성실로서 공정하게 이를 수행할 것을 목적으로 한다.

제2조(계약의 내용) "을"이 제공하는 업무의 내용은 다음과 같다.

1. 보험관계 성립 및 소멸신고
2. 보험 자격취득, 자격상실 및 변경신고
3. 보험료 신고서 작성 및 제출 업무
4. 임금대장 작성 및 관리
5. 기타 "갑"과 "을"이 합의하는 사항

제2조(계약의 내용) "을"이 제공하는 업무의 내용은 다음과 같다.

1. 보험관계 성립 및 소멸신고
2. 보험 자격취득, 자격상실 및 변경신고
3. 보험료 신고서 작성 및 제출 업무
4. 임금대장 작성 및 관리
5. 기타 "갑"과 "을"이 합의하는 사항

제3조(대행보수)

① "갑"은 "을"에게 대행보수로서 월정액 금원정을 지불하며 본 계약 체결과 동시에 O개월 분(금원정)을 계약금으로 지불한다.
② "갑"은 "을"에게 전항의 보수를(매월, 분기, 6개월, 년)단위로 해당 월의 O일까지 선지급한다.
③ "갑"이 대행보수를 연체하는 경우에는 "을"은 대행업무를 중지할 수 있다.
④ 대행체결 기간중 상한의 인원수 초과시 해당 대행료로 변경 지불한다.

제4조(실비청구)

① 제2조에 의한 위임사무와 관련하여 실태조사, 자료모집 등에 상당한 기관과 특별한 연구 및 서비스를 요하는 경우 또는 교육훈련을 행하는 경우에는 "을"은 이에 상당하는 실비를 청구할 수 있다.
② 전항의 실비 기준과 청구 범위는 "갑"과 "을"이 협의하여 정한다.

제5조(자료제공)

"갑"은 "을"이 위임사무를 처리하는데 필요한 자료의 요청에 적극 협력하여야 하며, "을"은 "갑"이 제공한 자료의 범위 내에서 업무를 대행한다.

제6조(비밀엄수)

"을"은 본 계약기간 중 또는 계약기간 만료 후 라도 업무와 관련된 "갑"의 비밀을 정당한 이유 없이 타인에게 누설하지 아니한다.

제7조(계약기간)

본 계약의 기간은 계약일로부터 O년으로 하며, 계약기간만료 1개월 전까지 다른 의사표시가 없는 한 계약만료일로부터 1년 간 자동 연장된 것으로 본다.

제8조(기한이익의 상실)

① "갑"이 임의로 계약을 해지하거나 이 계약서에 정한 의무를 이행하지 아니한 때에는 "갑"은 기간의 이익을 상실한다.
② 전항에 의하여 기한의 이익이 상실된 경우에는 기 지불된 보수에 대하여 반환을 청구할 수 없다.

상기 사항을 증명하기 위하여 본 계약서 2통을 작성하여 각 1통씩 보관한다.

20○○년 ○월 ○일

"갑"	사업체명	:
	연락처	:
	주소	:
	대표자명	: ○○○ ㊞
"을"	사무소명	:
	연락처	:
	주소	:
	성명	: ○○○ ㊞
	담당공인노무사	: ○○○ ㊞

사장경영계약서

제1장 총 칙

제1조(계약의 목적)

이 계약은 정부투자기관관리기본법(이하 '기본법'이라 한다) 제13조의5에 의거하여 ○○○○의 사장(이하 '사장'이라 한다)의 임기중 달성 하여야 할 경영목표, 사장의 권한과 책임, 성과급을 포함하는 보수 등 제 반 사항에 대하여 공사와 사장간에 경영계약을 체결함으로써 회사의 경영성과 향상과 경쟁력을 제고하는 데 그 목적 이 있다.

제2조(계약의체결)

① 사장과 공사는 각각 이 계약의 당사자가 되며, 계약의 이행에 대하여 상대방에 대하여 책임을 진다

② 사장과 비상임이사 중 호선에 의하여 선출된 대표자가 공사를 대표하여 이 계약서에 각각 자필 서명 함으로써 이 계약이 성립된다.

제3조(계약기간)

① 이 계약의 계약기간은 사장의 임기가 개시된 2000년 ○○월 ○○일부터 그 임기가 종료되는 2000년 ○○월 ○○일까지로 한다.

② 이 계약은 전항의 계약기간 중이라 하더라도 본인의 사임 또는 해임, 기타의 사유로 중도에 퇴임하는 경우에는 퇴임과 동시에 종료되는 것으로 한다.

제4조(사장의 권한과 책임)

① 사장은 공사의 최고경영자로서 공사를 대표하며 제반 경영활동을 통할하여 관리한다.

② 사장의 직무 수행과 관련된 권한은 기본법과 공사의 정관 및 이 계약서가 정한 바에 따라 보장되며 상임이사와 비상임이사의 임명제청권 및 직원의 임면 권한을 가진다.

③ 제1항 내지 제2항에서 정하지 아니한 기타 사장의 권한과 책임은 이사회의 의결을 거쳐 정한 공사의 관련 규정 에 의한다.

제5조(임기중겸직제한 등)

① 사장은 공사에 재임하는 동안 그 직무 이 외에 영리를 목적으로 하는 다른 직무를 겸할 수 없다. 다만 이사회의 동의와 산업자원부장관의 승인을 받은 경우에는 그러하지 아니하다.

② 사장은 퇴임 후 ○년 동안 공사와 경쟁관계 또는 중요한 거래관계에 있는 기관의 직위에 취임하거나 대가를 받고 그 회사를 위하여 활동할 수 없다. 다만 이사회의 동의가 있는 경우에는 그러하지 아니하다.

③ 사장은 재임 중에는 물론 퇴임 후에도 사장으로 재임하면서 알게 되었거나 취득한 공사의 기밀을 외부에 누설하여서는 아니 되며, 그 기밀을 이용하여 공사의 이익에 상반되는 행위를 하여서도 안 된다.

④ 사장은 제2항과 제3항에서 정한 의무를 위반한 경우 상법 등 관련 법률이 정하는 바에 따라 손해배상 책임을 부담한다.

제2장 경영목표 및 경영실적 평가

제6조(경영목표)

① 경영계약에는 사장이 임기 중에 달성하여야 할 경영목표(이하 '경영목표'라 한다)가 포함되어야 한다.

② 전항의 경영목표에는 공사 및 국민경제발전에 기여할 수 있도록 공익성과 기업성, 경영혁신, 종합경영을 위한 목표 등이 반영되어야 한다.

제7조(경영목표의 설정)

① 이사회는 공사의 경영환경과 사업여건을 감안 하여 매 사업연도마다 경영목표를 정할 수 있다. 이 경우 경영목표는 매 사업연도 개시 전까지 비상임이사가 과반수 출석한 이사회의 의결을 거쳐 산업자원부장관 의 승인을 받아야 한다.

② 사장은 전항에 의거하여 경영목표가 확정된 경우 그 결과를 확정일로부터 7일 이내에 기획예산처장관에게 통보하여야 한다.

③ 비상임이사 중 호선에 의하여 선출된 대표자는 제1항에 의거하여 이사회가 이 계약 체결일이 속하는 사업연도 이 후 사업연도의 경영목표를 정함에 있어서 사장과 사전에 협의하여야 한다.

④ 사장은 경영목표를 정하는 이사회에 참여할 수 없다. 이 경우에는 전항에 의한 이사가 이사회의 의장이 된다.

⑤ 사장이 2000년도에 달성하여야 할 경영목표는 별표1과 같다.

제8조(경영계약이행실적 보고)

사장은 매년 경영계약의 이행에 관한 당해 연도 실적보고서를 작성하여 다음연도 ○○월 ○○일까지 국회, 기획예산처장 관 및 산업자원부장관에게 제출하여야 한다.

제9조(경영계약 이행실적평가)

① 사장의 경영계약 이행실적에 대한 평가(이하 '경영실적 평가'라 한다)는 기본법 제7조 의 규정에 의거하여 기획예산처장관이 실시하며, 기획예산처장관이 정하는 평가방법과 기준에 의한다.

② 사장은 제1항의 경영실적 평가와 관련하여 기획예산처장관이 추가로 관련 자료의 제출을 요청할 경우 그에 응하여야 하며 기획예산처장관 이사장의 경영실적 평가를 제3의 전문기관에 의뢰하는 경우에도 그러하다.

제3장 보수 및 복리후생

제10조(보수체계)

사장의 보수는 기본연봉, 성과급 및 퇴직금으로 하며 그 지급시기와 방법은 이 계약에서 특별히 정함이 없는 한 회사의 관련 규정을 준용한다.

제11조(기본연봉)

① 사장의 기본연봉은 연간 ○○○,○○○만원(₩○,○○,○○○,○○○)으로 하며, 매월 12분의 1씩 회사의 급여지급일 에 지급한다.

② 전항의 기본연봉에는 사장에게 지급되는 제 수당 및 금전적 복리후생 비가 포함된 것으로 한다.

③ 사장이 임기 중 해임되거나 임기만료 또는 사망 기타의 사유로 중도 에 퇴임하는 경우에 해임 또는 퇴임일이 속하는 월 의 기본연봉은 일할 계산 하 여 지급한다.

제12조(성과급)

① 사장의 성과급은 매년 사장의 경영실적 평가 결과와 공사의 경영실적 평가 결과를 감안하여 기획예산처장관이 별도로 정하는 바에 따라 기본연봉의 200%를 한도로 지급하며 지급률은 다음과 같이 산출한다.

연간 성과급 = 기본연봉×(종합 평가점수－70)÷30×200%

※평가점수의 만점이 100이 아닌 경우에는 100으로 환산하고,

70점 이하인 경우는 계산하지 아니함

② 성과급 지급시기는 정부의 정부투자기관 경영실적 평가가 완료되는 시점이 속하는 월의 급여지급일에 지급함을 원칙으로 한다.

③ 사장이 기본법 제7조 제5항의 규정에 따라 경영실적이 저조하여 해임 되는 경우에는 해임일이 속하는 사업연도의 성과급을 지급하지 아니 한다.

④ 사장이 기본법 제7조 제5항에서 정한 사유 외의 사유로 사업연도 중에 퇴임 또는 취임하는 경우에는 퇴임일 또는 취임일이 속하는 사업연도 의 성과급은 퇴임일까지 또는 임기개시일로부터 계산한 근무기간에 대하여 월할 계산하여 지급한다.

⑤ 공사는 사장이 사업연도 중에 퇴임한 경우에는 퇴임일로부터 1월 이 내에 해당 성과급을 지급함을 원칙으로 한다. 다만, 퇴임일이 속하는 사업 연도의 직전 사업연도에 대한 경영실적 평가가 종료되지 아니한 경우에는 직전 사업 연도에 대한 경영실적 평가가 종료된 날로부터 1월 이내에 지급한다.

⑥ 제4항 및 제5항의 규정에 따라 지급하여야 할 성과급은 사장이 이 계 약에 의하여 지급 받은 성과급 이 있는 경우 에는 가장 최근의 성과급 지급률(제5항 단서에 해당하는 경우에는 퇴임일이 속하는 사 업연도의 직전 사업연도에 대한 경영실적 평가에 따라 산정된 성과급 지급률을 말 한다)을 기준으로 계산하고 경영실적 평가를 받은 적이 없음으로 인하 여 성과급 지급금액을 산정할 수 없는 경우에는 기본연봉의 0%를 기준으로 계산한다.

제13조(성과급지급 후의조정)

① 사장에게 성과급을 지급한 이후에 조세 환급, 오류의 발견 기타의 사유로 인하여 성과급 지급 금액을 변경하여야 할 경우에는 다음연도의 성과급 지급시에 이를 가감조정한다.

② 사장이 중도에 퇴임하여 전항의 규정에 의한 성과급을 다음 연도의 성과급에서 가감 지급할 수 없는 경우로서 가산 지급의 사유가 있는 경우에는 공사가 퇴임한 사장에게 추가로 지급하고 감산 지급의 사유가 있는 경우에는 퇴임한 사장이 그 금액을 회사에 반환하여야 한다.

제14조(퇴직금)

① 퇴직금은 사장이 1년 이상 근속한 경우에 한하여 지급하며, 지급금액은 재임기간 1년에 대하여 1개월분의 월평균보수로 한다.

② 퇴직금 지급의 기준이 되는 월평균보수는 사장이 재임시 지급받은 기본연봉과 성과급을 합한 금액을 재임한 개월수로 나누어 산출한다.

③ 제1항의 재임기간을 계산함에 있어서 1년 미만에 대해서는 월할 계산하되, 1개월 미만의 재임기간에 대해서는 재임일수가 15일 이상인 경우 1월로 계산하고 15일 미만인 경우에는 계산하지 아니한다.

④ 기타 퇴직금과 관련하여 이 계약에서 정하지 않은 사항은 회사의 관련 규정을 준용한다.

제15조(복리후생등)

공사는 사장의 업무 수행에 필요한 차량, 주택, 보험 등의 편의를 제공할 수 있으며 이 계약에서 정하지 아니한 의료, 보건관리, 기타 비금전적인 복리후생 혜택은 공사의 관련 규정을 준용한다.

제4장 기 타

제16조(경영목표 및 계약내용의 변경)

① 이 계약 체결 후 다음 각 호의 1에 해당하는 사유로 인하여 경영목표 및 계약 내용의 변경이 불가피한 경우에는 산업자원부장관, 사장 또는 이사회의 요청으로 계약내용을 변경할 수 있다.
 1. 정부정책, 시장환경의 급격한 변화 등으로 경영목표를 변경해야 될 중 대한 사유가 발생하거나 발생이 명확하게 예상되는 경우
 2. 보수 등 계약내용에 관한 중대한 오류나 결함이 있다고 판단되거나, 여건변화로 변경이 필요하다고 상호 인정하는 경우
② 제1항에 의한 경영목표 및 계약내용의 변경은 비상임이사가 과반수 출석한 이사회의 의결을 거쳐 산업자원부장관 의 승인을 받아야 한다. 이 경우에는 제7조 제3항 및 제4항의 규정을 준용한다.
③ 공사와 사장은 계약내용이 변경된 경우 특별한 이유가 없는 한 승인이 있은 날로부터 7일 이내에 변경계약을 체결 하고 그 결과를 기획예산 처장관에게 통보하여야 한다.

제17조(계약의 해석)

이 계약의 용어 및 계약내용의 해석과 관련하여 공사와 사장 상호간에 이견이 있는 경우에는 사장이 참석하지 아니한 이사회의 결정에 따른다. 이 경우 이사회에는 비상임이사가 과반수 출석하여야 하며, 비상임이사 중 호선에 의하여 선출된 대표자가 이사회 의장을 맡는다.

제18조(권리의 귀속)

사장이 재임기간 중 업무와 관련하여 개발한 발명품, 특허권, 등록상표, 아이디어 및 기타의 모든 지적재산권은 공사에 귀속되며, 사장은 이와 관련된 어떠한 권리도 주장하지 못한다.

제19조(세금)

사장에게 지급하는 모든 보수에 대하여 관련 법령에 따라 징수 하여야 하는 제반 세금과 공과금은 사장에게 지급되는 모든 보수에서 원천징수한다.

제20조(계약서의 보관)

이 계약서는 2부를 작성하여 각 계약당사자가 1부 씩 보관한다.

부 칙

제1조(시행일)

이 변경계약은 계약의 당사자가 이 계약서에 각각 서명 날인한 날부터 시행한다.

제2조(경과조치)

이 변경계약의 시행일이 속하는 월의 기본연봉은 종전의 계약에 의한 연간기본급과 이 계약에 의한 기본 연봉을 기준으로 일할 계산하여 지급하며 일할 계산의 기준일은 2000년 0월 0일로 한다.

정부투자기관관리기본법과 한국전력공사 정관에 따라 비상임 이사를 대표하는 이사 OOO와 사장 OOO은 위 계약서의 모든 내용을 확인한 후 상호 합의에 의하여 이 변경경영계약을 체결함

20○○년 ○월 ○일

비상임이사 대표 : ○○○ (인)
○○○○사장 : ○○○ (인)

연봉계약서

● 본인은 연봉제 관련 제반 사항과 설명자료를 충분히 숙지하였으며, 다음과 같이 연봉계약을 체결한다.

> 본인은 당사 연봉제도에 동의하며, 평가에 따라 지급되는 연봉액수에 대해서도 긍정적인 자세로 수용한다. 또한 책정된 연봉을 타인에게 공표하거나 타인의 연봉에 대해서도 알려고 하지 않겠습니다. 만일 이 계약서에 위배되는 행위로 인하여 발생하는 불이익에 대해서 절대로 이의를 제기하지 않을 것을 서약한다.

A. 연봉적용사원 인적사항

이 름		급/년차		소속	

B. 계약내용

1. 계약기간 : ○○○○. ○○. ○○ ~ ○○○○. ○○. ○○

2. 총 연봉금액 : ₩/

※ 총연봉 산출액 = Core Pay×18(고정연봉)＋제수당(직책수당 등)

Core Pay		중식대			

※ (주)•상기 연봉금액 이외에 개인 및 조직성과에 따른 성과급을 별도로 지급할 수 있다.

　　•연봉 계약기간 중에 발생하는 승격에 대해서는 별도의 임금계약 없이 가급분만 가산한다.

3. 연봉지급 방식

　상기의 연봉 중 Core Pay에 해당하는 고정연봉은 균등 18분할하여 정기급여일에 12를 지급하고, 정기상여 지급일에 6을 지급한다.

C. 기타 상기에 명시도지 않는 내용은 회사가 정한 별도 기준을 적용한다.

D. 본 사항은 상기 계약기간 동안의 임금에 대해서만 발생하며, 기타 신분과 관련된 제반사항 은 입사시 제출한 근로계약서에 의한다.

2○○○년 ○월 ○일

연봉적용사원　：○○○ ㊞
연봉계약자　　：○○○ ㊞

○○(주) 대표이사 ○○○ 귀하

인력공급계약서

1. 계약당사자 :

"갑" ○○정보통신 주식회사

"을" ○○○

2. 개발용역명 : ○○주식회사○○프로젝트 개발

3. 계약 금액 : ₩(원정) (세액 포함)

4. 계약 기간 : 2000. ○. ○ - 2000. ○. ○ (○개월)

상기 "갑"과 "을"은 "갑"이 의뢰한 용역을 "을"이 신속하고 원할 하게 수행할 수 있도록 다음과 같이 계약을 체결한다.

– 다　음 –

제1조(계약의 효력발생)

본 계약은 "갑"과 "을"이 쌍방 서명 날인한 날로부터 유효하다.

제2조(용역의 완료)

1. 용역의 완료일은 2000. ○. ○. 으로 한다.
2. 용역업무의 지연 또는 추가업무발생으로 인해 용역기간이 지연될 경우는 상호합의에 의해 용역의 연장이 가능하다.

제3조(용역비 지급)

"을"은 용역의 대가로 "갑"에게 다음과 같이 용역비를 청구하고, "갑"은 아래의 지급 일자에 "을"에게 현금으로 지급한다.

1. 청 구 일 : 2000. ○. ○.
2. 지 급 일 : 2000. ○. ○.
3. 청 구 액 : ₩(세액 포함)

제4조(용역의 목적 및 범위)

1. 목적

본 계약서에 의거 "을"이 수행해야 할 제반사항을 규정하는 데 있다.

2. 용역의 범위

○○주식회사 ○○프로젝트 개발

제5조(상호 협력)

1. "갑"과 "을"은 상호신의를 가지고 계약의 각 조항을 성실히 이행하여야 한다.
2. "을"은 용역의 과정에서 "갑"의 요구가 있을 시는 수시로 용역내용에 관하여 "갑"과 협의하여야 하며, "갑" 또한 필요한 사항을 "을"에게 적극 협력하여야 한다.

제6조(비밀보장)

　"갑"과 "을"은 본 용역업무를 수행하면서 알게 된 상대방의 비밀사항에 대하여 쌍방간의 합의된 승인 없이는 외부에 제공하거나 공개하여서는 안 된다.

제7조(계약의 변경 및 해지)

1. "갑"과 "을"은 본 계약의 내용변경을 원칙적으로 금한다.
　단. 쌍방 간에 불가피하다고 인정한 경우 7일전 사전통보로 내용의 일부를 변경할 수 있으며, 이로 인한 계약금액 및 기간을 변경할 수 있다.
2. "갑"과 "을"의 부득이한 사정에 의하여 용역수행 도중 계약의 해지가 불가피할 경우, "을"은 해지시까지의 용역업무 인계인수 확인을 받아야 한다.
3. "갑"은 "을"이 계약기간동안 제4조의 용역 범위 임무를 성실히 수행치 않는다고 판단되는 경우다음과 같은 조치를 취할 수 있다.
　- "을"에게 서면통보에 의하여 계약을 해지할 수 있고,
　- "을"의 청구금액에 대하여 지불의무를 갖지 않으며,
　- "을"에게 계약금액 한도 내에서 계약해지에 따른 손해배상을 청구할 수 있으며 "을"은 30 일이 내에 이의 지불의무를 갖는다.

제8조(변경사항의 통보)

　"을"은 계약체결이후 주소 등의 주요사항을 변경하였을 경우, 이를 지체 없이 "갑"에게 통보하여야 하며, 이의 불이행으로 인하여 발생한 손해에 대하여는 "을"의 책임으로 한다.

제9조(계약의 해석)

　계약서에 명기되지 아니한 사항과 계약의 해석상 이의가 있을 시는 일반 관례에 따른다.

　이상으로 "갑"과 "을"은 서로 신의성실로서 본 계약을 수행하기로 하고, 계약서 2부를 작성하고, 날인하여 각각 1부씩 보관한다.

2000년 0월 0일

"갑"　　:　○○○　㊞
"을"　　:　○○○　㊞

【강사채용계약서】

강사채용계약서

　OOOO 학원(이하 "갑"이라 한다)과 OOO(이하 "을"이라 한다)은 다음과 같이 강사채용계약(이하 "본 계약"이라 한다)을 체결한다.

제1조(목적)

　강사채용 계약을 체결함에 있어서, "본 계약"은 학원사업에 동참하는 학원과 강사의 전반적인 사항을 규정하여 건전한 사교육풍토의조성과 아 울러 공동의 이익과 발전에 기여함을 그 목적으로 한다.

제2조(직위 및 담당과목)

1. 직위:
2. 담당과목:

제3조(계약기간)

　학사행정의 원칙과 안정을 위하여 1년을 원칙으로 한다.

제4조(근무시간 및 강의시수)

1. 근무시간

　●전임강사
초등부(월~금), 중등부(월~금)까지 근무한다. 단, 월 2회 토요 보충수업(4시간 이상)이 있으며 특별한 경우(학원행사, 홍보기간 등) 토요근무가 추가될 수 있다.(단, 방학기간 중에는 근무시간의 변동이 있다.)
　●비전임강사
개별상담 후 결정한다.
2. 출근시간

구분	출근시간(월~금)	출근시간(토)	비고
초등부			
중등부			
고등부			

*비전임강사(능력급강사)는 강의시작 2시간 전까지 출근한다.
3. 퇴근시간
　마지막 수업종료 후 출석부 및 각종일지를 작성하여 부원장의 결재를 받은 후 퇴근한다.

제5조(강의시수)

1. 전임강사

   초등부: 주당 24~26시간

   중등부: 주당 24~26시간

   (단, 초등부와 중등부, 중등부와 고등부 병행강의 시 초과될 수 있으며 "갑"과

   "을"이 합의한 초과수당을 지급한다.)

2. 비 전임강사(능력급강사)

   "갑"과 "을"의 상호협의에 의하여 정한다.

제6조(급여 및 퇴직금)

급여액은 월 ○○ 원으로 한다.(단 퇴직금은 노동법에 준하여 "갑" "을"이 협의하여 정한다.)

제7조(교육 및 연수)

강사의 자질향상을 위해 실시하는 교육 및 연수는 반드시 이수하여야 한다.

제8조(근무수칙) "을"은 ○○○○학원의 교직원으로서 품위유지와 함께 언행에 신중하며 모든 교직원은 동료애로서 서로를 아끼고, 화목한 분위기로 근무할 수 있도록 노력한다.

1. 학원의 운영방침 및 학사행정에 적극 협조한다.
2. 교재연구 및 수업을 충실히 하고 수업에 최선을 다한다.
3. 무단결근 시에는 시말서를 제출한다.
4. 무단결근 1회: 경고처분
5. 무단결근 2회: 계약해지 대상
6. 학생지도 시 체벌은 일체 허용하지 않는다.
7. 학원의 모든 시설과 물건에 대하여 주인의식을 갖고 철저히 보호한다.

제9조(퇴직)

1. 퇴직하고자 하는 경우에는 학사행정의 원활과 안정을 위하여 1개월 전에 퇴직 의사를 원장에게 보고 하여야 한다.
2. 퇴직 전 원장이 지정한 업무인수자에게 담당업무를 인계하여야 한다.
3. 퇴직 후 1년 이내에는 ○○시 ○○ 구 소재학원에서는 근무할 수없다.
4. 계약기간 만료 전에 퇴직할 시에는 1개월 간의 급여에 상당하는 금액을 위약금으로 배상하여야 한다.

제10조(계약해지)

다음과 같은 사유발생시 "갑"은 "을"의 동의 없이 본 계약을 즉시 해지할 수 있다.

-다 음-

1. 교육자로서 지녀야 할 품위와 자격이 실추된 경우
2. 건강상 재직이 불가능하다고 인정되는 경우
3. 2회 이상 무단 결근한 경우

4. 강의평가에 의해 강의능력이 부족하다고 인정되는 경우

5. 본 학원이외의 장소에서 본원을 대상으로 교습행위를 하는 경우(과외지도 포함)

제11조(기밀유지의 의무)

"을"은 ○○○○ 학원에 재직 중 알게 된 모든 정보에 대하여 재직 중, 퇴직 후에라도 제3자에게 알리거나 사용하도록 하여서는 안 된다.

제12조(불가항력)

천재지변, 전쟁, 내란, 소요 기타 양 당사간의 책임 없는 사유로 인해 본 계약상의 의무를 이행할 수 없게 된 경우에는 계약위반으로 보지 않는다. 단, 상기와 같은 경우에도 그 사유가 3개월 이상 지속될 경우에는 "갑"과 "을"은 본 계약을 해지할 수 있다.

제13조(법원의 관할)

본 계약서의 해석에 이의가 있는 경우에는 대한민국의 노동법 및 고용관례에 의하기로 하며 본 계약에 관하여 소송이 필요하게 된 경우에는 "갑"의 소재지를 관할하는 법원을 그 관할법원으로 한다.

제14조(보관)

본 계약서는 2부를 작성하여 상호기명날인하고 "갑"과 "을"이 각 각 1부씩 보관하기로 한다.

제15조(계약의 추완)

본 계약서에 명시되지 아니한 사항에 대하여 추가로 보완할 사항이 있는 경우에는 "갑", "을" 상호간에 별도의 약정서를 작성하여 첨부하기로 하며 그 효력은 본 계약에 의한 것으로 본다.

20○○년 ○월 ○일

"갑"　　학원주소 ：○○시 ○○구 ○○동 ○○번지
　　　　원장명　 ：○ ○ ○ ㊞
　　　　　　　　：
"을"　　주소　　 ：○○시 ○○구 ○○동 ○○번지
　　　　성명　　 ：○ ○ ○ ㊞

프리랜서계약서

　주식회사 ○○○○(이하 "갑")와 ○○○(이하 "을")는 "갑"이 판매하는 제품(이하 "제품"이라 칭함)의 수출을 위해서 "을"이 수출업무를 행하기 위한 양자 간의 기본사항에 대해 다음과 같이 합의한다.

제1조(기본거래의 원칙)

① 본 거래는 "을"의 요구에 따라 "갑"의 명의를 대여함과 동시에 "갑"의 제품을 수출하는 것이며, 이와 관련하여 발생되는 모든 수출업무는 "갑"이 하며 "을"은 영업행위와 수주행위만을 의미한다.
② "갑"은 "을"이 "갑"의 제품을 수출하기 위하여 필요한 자료를 제공하여야 한다.
③ "을"은 해외영업을 함에 있어 발생되는 사항을 "갑"에게 고지해야 할 의무가 있다.
④ "을"은 프리랜서로서 해외거래처, 바이어, 연락처 등을 "갑"에게 고지 할 의무는 없다.
⑤ "을"이 수주한 오더의 MASTER L/C 또는 T/T의 수혜자는 "갑"을 원칙으로 한다.
⑥ "을"의 보수는 "갑"으로 개설된 L/C 또는 T/T를 근거로 영업이익의 최고 O%를 지급하며, 지급시기는 네고 후 제반 경비를 제외한 나머지 영업이익금의 정해진 기준에 의하여 지급한다.
⑦ 본 계약의 기간은 서명 날인 후 2년을 기본으로 하며, 재계약을 할 경우 "을"은 "갑"에게 서면 또는 이에 상응하는 문서로 재 계약사항을 통보를 해야 하며, 통보를 하지 아니하여 발생한 손실에 대해서는 "을"의 책임이다.
⑧ "을"의 영업으로 인하여 발생된 오더는 추 후 거래가 계속 되는 한 성과급 지급은 계약기간 내에는 자동으로 지급되며, 계약이 해지되거나 종료됐을 경우에 "갑"은 지급 할 의무가 없다.
　▶ 계약기간 : 2000년 O월 O일 ～ 2000년 O월 O일 (O년)

제2조(거래방법)

① 수출과 관련된 P/O취득 및 해당제품 생산에 필요한 제반사항의 업무는 "갑"의 책임으로 한다.
② Nego시 환율변동에 따른 환차손익은 "갑"의 귀속으로 한다.
③ 선적물품 도착 시 통관, 하역, 운송 등 제반 수출입절차는 "갑"의 명의로 실제 이행하여 "갑"의 책임으로 한다.
④ "갑"의 명의로 관서나 기관에 제출하는 각서 및 기타 증빙서류에 대한 책임 및 이로 인하여 발생하는 손해 등 일체를 "갑"이 부담하고 "을"은 무관하다.
⑤ 환차손으로 인하여 영업이익이 발생하지 않을 경우에는 성과급을 지급하지 않아도 되며, 또한 영업손실이 났을 경우, 그 손실은 "갑"이 책임을 진다.
⑥ "을"은 하기 "제품"에 대하여 영업을 할 수 있다.
　1. TFT LCD MONITOR 및 TFT LCD MONITOR
　2. PDP TV

3. FLAT TV

4. MP3

5. 뉴젠

6. 휴대폰

7. 자동차 및 중장비, 건설장비

8. "갑"이 정한 제품과 "을"의 요청에 의한 제품이나 아이템

9. 기타 아이템(컨설팅 및 Project financing)

제3조(성과급 지급)

① "갑"은 선적 후 L/C NEGO대전에서 금융수수료, 물품대금 및 기타 "갑"이 투입한 경비 등을 공제한 영업이익금의 O%를 Nego와 동시에 "을"에게 지급한다. 단, 자동차는 아이템의 특성 상 별도규정에 의하여 지급한다.

② 성과급 지급에 대한 세금은 원천징수하며, 그 세율은 자유소득인으로서 세법이 정한 세율에 의하여 원천징수 한 후 지급한다.(자유소득인 : 소득금액의3.3%)

③ 성과급은 수출이 완료된 후의 CLAIM 및 UNPAID에 관계없이 지급하고, 추 후 심각한 CLAIM 또는 SHIP BACK 될 경우에는 성과급을 전액 상환한다.

④ 성과급 지급기준

- 자동차 및 중장비 관련 아이템은 별도의 성과급 지급기준에 준하며, 협의하여 결정하는 것을 원칙으로 한다.

- 회사의 아이템을 영업하는 경우와 추가적인 아이템을 "갑"의 명의로 수출을 한 경우에 한하여 성과급을 O% 지급하는 것을 원칙으로 한다.

- 프리랜서 본인이 수출오더 및 회사가 정한 아이템 외 본인의 아이템을 수출하는 경우도 성과급은 O% 지급한다.

제4조(경비)

① "갑"은 "제품"의 모든 수출경비(은행경비, 보험료, 통관료, 하역료, 창고료, 내륙운송비, 검사료 등)를 선 부담한다.

② 원칙적으로 수출상담이나 계약 또는 기타 업무로 인하여 해외 출장을 갈 경우, 원천적으로 "갑"이 "을"에게 지원해주는 것은 없는 것으로 한다.

제5조(품질검사)

"자재" 및 "제품"의 품질검사는 "갑"의 책임으로 한다.

제6조(품질불량 등)

가. "자재"의 품질불량, 수량부족, 품질 상이, 선적지연, 선적불이행 등의 사유로 인한 CLAIM에 대하여 "을"은 책임을 지지 아니한다.

나. "제품"의 품질불량, 수량부족, 포장불량, 품질 상이, 선적지연, 선적불이행, 선적서류 하자들의 사유로 수입상으로부터 제기되는 CLAIM 또는 UNPAID에 대해서는 "갑"의 책임으로 하며 "을"은 문제의 해결을 위하여 "갑"에게 최대한 협조를 하여야 한다.

제7조(통지의무)

　"을"은 수입상 기타 제3자로부터 CLAIM 통지 등, 이 수출업무와 관련된 통지를 받았을 때에는 지체 없이 동 사실을 "갑"에게 고지하여야 하며, 고지하지 않아 발생된 손실에 대하여서는 "을"이 책임을 진다.

제8조(해약)

① 당사자 일방의 계약불이행, 또는 당사자일방의 파산신청, 파산, 해산, 영업폐지, 지급불능, 당좌거래의 정지, 회사정리신청, 회사정리법에 의한 보전신청, 가압류신청, 가압류, 가처분 등 기타 신용을 현저히 상실하였다고 인정될 경우 상대방은 계약해지를 통보함으로써 본 계약을 해지할 수 있다.
② 전항의 계약해지는 기 발생된 권리 및 손해배상의 청구에 영향을 미치지 아니한다.

제9조(유효기간)

① 본 계약은 계약 체결일로부터 2000년 O월 O일까지 유효하다. 단, 계약기간 중 발생될 채권, 채무는 기간만료에 영향을 받지 아니한다.
② 유효기간의 연장여부 및 그 내용은 기간만료 2개월 전 당사자 간의 합의로써 결정한다.

제10조(내용변경)

　본 계약의 내용은 당사자 간 서면합의로 변경할 수 있다.

제11조(양도금지)

　당사자일방은 상대방의 사전 승인 없이 본 계약의 권리, 의무를 제3자에게 양도, 이전, 담보제공 등의 행위를 할 수 없다.

제12조(분쟁해결)

　본 계약으로 인하여 또는 본 계약과 관련하여 발생하는 모든 분쟁은 대한상사중재원의 중재로 최종 해결한다.

제13조(특약사항)

　"갑"의 제품을 해외영업 함에 있어서 제품의 가격은 "갑"이 정한 가격으로 영업함을 원칙으로 하며, 특별한 경우 "갑"의 승인을 득 한 후 가격결정을 할 수 있다.

제14조(기타)

　본 계약에 규정되지 않은 사항은 당사자 간 합의로서 결정하고, 합의되지 않는 사항은 일반적으로 인정되는 상관례에 의하며, 분쟁이 있을 경우 "갑"의 소재지 관할법원으로 한다.

　상기 계약내용을 확인, 증명하기 위하여 본 계약서 2통을 작성하고 "갑", "을"이 서명 날인 후 각 1통씩 보관한다.

2000년 0월 0일

	"갑"		"을"
상호	주식회사 0000		
사업자번호		주소	00시 00구 00동 00번지
주소	00시 00구 00동 00번지	주민번호	－
대표이사	000 ㉙	성명	000 ㉙
연락처		연락처	

참고 8 _ 확정일자 ▮_ 대한상사중재원

법률관계에 있어서 「일시(一時)」는 매우 중요한 작용을 한다. 즉, 민·상법 내지 형사법상의 시효(時效)에 그 영향을 미치며, 채권양도에 있어서는 「확정일자 있는 증서」가 그 효력이 강하게 되는 등, 일일이 열거할 수 없을 만큼 많은 작용을 하게 된다. 일반적으로 당사자가 작성한 계약서의 「일시」는 공증인이 확정일자를 압날(押捺)한 경우보다 그 신빙성이나 증명력에 있어서 약한 것이므로, 경우에 따라서는 「일시」에 대하여 확정일자가 있는 증서로 하여 두면 후일 분쟁 발생 시에 좋은 증거자료가 될 것이다.

【신원보증계약서】

신원보증계약서

피고용자주소 :

성명 :

생년월일 : 20OO년O월O일생

사용인 OOO와 위 피고용자의 신원보증인 OOO와의 사이에 신원보증계약을 체결한다.

제1조 피고용자가 사용자와의 근로계약을 위반하거나 또는 고의나 과실로 사용자에게 중대한 금전상, 업무상, 신용상 피해를 주었을 경우에는 연대하여 책임을 진다.

제2조 다음의 경우에는 지체 없이 신원보증인에게 통지한다.

1. 피고용자에게 업무상 부적합한 일이 있어서 그로 인해 신원보증인의 책임을 야기 시킬 우려가 있음을 알았을 때
2. 피고용자의 임무 또는 임지의 변경으로 신원보증인에게 손해가 가중될 때

제3조 계약의 존속기간은 계약일로부터 O년 동안으로 한다.

20○○년 ○월 ○일

"사용자"	주소	:
	회사명	:
	성명	: ○○○ ㊞
"신원보증인"	주소	:
	본인과의 관계	:
	성명	: ○○○ ㊞
	생년월일	:
"신원보증인"	주소	:
	본인과의 관계	:
	성명	: ○○○ ㊞
	생년월일	:

제3장 재산권 사용 · 용역 · 컨설팅

최근까지도 법적 분쟁이 마무리 되지 않은 애플과 삼성의 특허 관련 분쟁은 그 액수의 규모면에서나 파급력면에서 커다란 이슈를 불러 일으켰다.

이처럼 기업이나 연구소 등에서 개발한 특허 및 노하우, 영업비밀, 저작권(소프트웨어), 상표 등 지식재산(IP)과 관련한 계약은 해당 기업의 성쇠뿐만 아니라 경제 전반에 미치는 영향도 적지 않다.

이 장에서는 각종 재산권을 이용 및 사용하는 경우와 자문 · 컨설팅 등의 용역을 주는 경우에 작성하는 계약서 양식을 주로 다루고 있다.

특히 재산권과 관련해서는 특허, 실용신안, 저작권, 상표권 등 지적재산권 등을 사용하는 라이센스 계약이 널리 체결되며 이를 둘러 싼 법적 분쟁도 비일비재하므로 이를 중심으로 살펴본다.

1. 라이센스 계약 – 특허

(1) 의 의

특허권자가 자신의 특허권을 타인이 사용할 수 있도록 권한을 설정함에 있어서 독점적사용권을 설정하는 방법이 있고 비독점적사용권을 설정하는 2가지 방법이 있다.

독점적 사용권(전용실시권)	계약으로 정한 범위 내에서 독점적으로(그 범위 내에서는 특허권자도 실시할 수 없습니다) 실시할 수 있는 권리
비독점적 사용권(통상실시권)	채권적 권리로서 특허권자가 동일한 범위의 통상실시권을 중복해서 설정할 수도 있는 권리

따라서 라이센스 계약서를 체결할 때에는 사업적 판단에 맞게 독점적사용권을 설정할 것인지, 비독점적사용권을 설정할 것인지를 결정하여야 한다.

독점적 사용권을 설정하는 경우에는 로열티 수입을 해당 실시권자로부터만 받게 되므로 계약 체결과 동시에 지급받는 최소 로열티를 설정하여 두는 것이 특허권자의 입장에서 유리하다.

(2) 계약서 기재 시 주의사항

1) 정의규정

계약서의 앞부분에 정의 규정을 두어 자주 쓰이게 될 용어를 정의해 두어야 한다. 즉, 해당 라이센스 계약서에서 계약의 목적물이 무엇인지 등을 '실시특허', '실시제품' 등으로 명확히 규정해 두어야 한다. 혼동의 여지가 없도록 최대한 상세하고 구체적으로 적는 것이 좋으므로 별지 목록으로 작성하여 계약서에 편철하는 방식이 주로 사용된다.

2) 기 간

자신의 특허권을 상대방이 이용할 수 있도록 허여하는 계약이므로 그 기간의 설정 또한 매우 중요하다. 특히 계약기간이 소멸한 후에 특허를 적용하여 생산한 제품을 어떻게 처리할 것인지의 문제는 매우 민감한 문제이기도 하다.

3) 양도금지 규정

또한 특허권은 누구에 의해 어떻게 실시되느냐의 여부가 당해 특허권의 가치에 큰 영향을 주므로 일반적으로는 제3자에게 양도하거나 재허여하지 못하도록 규정한다.

4) 라이센서의 등록의무

독점적 실시권은 이를 등록해야만 효력이 발생하므로 라이센시(계약 상대방)의 입장에서는 계약서에 설정 등록에 관한 특허권자(라이센서)의 협조의무를 명시해 두어야 한다.

예) 라이센서의 등록의무 : 라이센서는 본건 계약에 따라 라이센시에게 설정한 독점적실시권의 등록에 필요한 서류 및 절차에 적극 협조하여야 한다.

5) 로열티 산정 방식

로열티 산정방식의 기준을 무엇으로 할 것인지를 정확히 하여야 한다. 총매출액을 기준으로 할 것인지, 순이익을 기준으로 할 것인지를 정하여 총매출액이라면 매출액 범위는 어디까지인지, 순이익이라면 순이익 산정 방식은 무엇인지까지도 상세히 기재하는 것이 혹시라도 있을지 모를 분쟁에 대비하는 방법이다.

6) 미니멈 개런티 지급

독점적 실시권의 경우 당해 상대방에게만 로열티를 지급받을 수 있으므로 계약 체결과 동시에 최소 로열티 지급 금액(미니멈 개런티)을 정하고 이를 지급받는 것이 일반적이다.

7) 회계장부 및 관련 자료의 제출

라이센서가 받게 될 로열티가 제대로 산출, 지급되었는지 객관적인 산출자료를 입수하기 위하여 관련된 회계자료를 조사, 확인할 수 있도록 한 조항을 두는 것이 유리하다.

2. 관련 판례

(1) 전용사용권 등록을 하지 않은 자의 지위

상표법 제56조 제1항에 의하면, 전용사용권의 설정은 이를 등록하지 아니하면 그 효력이 발생하지 아니하는 것이어서, 설령 상표권자와 사이에 전용사용권 설정계약을 체결한 자라고 하더라도 그 설정등록을 하지 않았다면 상표법상의 전용사용권을 취득할 수 없는 것이고, 상표법 제57조 제1항 및 제55조 제6항에 의하면, 통상사용권은 상표권자 혹은 상표권자의 동의를 얻은 전용사용권자만이 설정하여 줄 수 있는 것이므로, 설령 상표권자와 사이에 전용사용권 설정계약을 체결하고 나아가 상표권자로부터 통상사용권 설정에 관한 사전동의를 얻은 자라고 하더라도 전용사용권 설정등록을 마치지 아니하였다면 등록상표의 전용사용권자로서 다른 사람에게 통상사용권을 설정하여 줄 수 없다고 할 것이다(대판 2006.05.12., 2004후2529).

(2) 특허가 무효로 된 경우 특허발명 실시계약이 원시적 불능인지 여부

특허발명 실시계약이 체결된 이후에 계약 대상인 특허가 무효로 확정되면 특허권은 특허법 제133조 제3항의 규정에 따라 같은 조 제1항 제4호의 경우를 제외하고는 처음부터 없었던 것으로 간주된다. 그러나 특허발명 실시계약에 의하여 특허권자는 실시권자의 특허발명 실시에 대하여 특허권 침해로 인한 손해배상이나 금지 등을 청구할 수 없게 될 뿐만 아니라 특허가 무효로 확정되기 이전에 존재하는 특허권의 독점적·배타적 효력에 의하여 제3자의 특허발명 실시가 금지되는 점에 비추어 보면, 특허발명 실시계약의 목적이 된 특허발명의 실시가 불가능한 경우가 아닌 한 특허무효의 소급효에도 불구하고 그와 같은 특허를 대상으로 하여 체결된 특허발명 실시계약이 계약 체결 당시부터 원시적으로 이행불능 상태에 있었다고 볼 수는 없고, 다만 특허무효가 확정되면 그때부터 특허발명 실시계약은 이행불능 상태에 빠지게 된다고 보아야 한다. 따라서 특허발명 실시계약 체결 이후에 특허가 무효로 확정되었더라도 특허발명 실시계약이 원시적으로 이행불능 상태에 있었다거나 그 밖에 특허발명 실시계약 자체에 별도의 무효사유가 없는 한 특허권자가 특허발명 실시계약에 따라 실시권자로부터 이미 지급받은 특허실시료 중 특허발명 실시계약이 유효하게 존재하는 기간에 상응하는 부분을 실시권자에게 부당이득으로 반환할 의무가 있다고 할 수 없다(대판 2014.11.13., 2012다42666).

(3) 로열티 미지급을 이유로 한 계약 해제의 경우

갑이 을 주식회사에 자신이 운영하던 공장의 모든 생산설비, 자재, 특허권 등을 양도하고 을 회사에서 3년 이상 근무하기로 하는 계약을 체결하면서, 위 특허권을 이용하여 제조하는 기계에 대한 로열티를 생산제조원가에 따른 비율로 계산하여 나중에 지급받기로 약정하였는데, 갑이 을 회사에서 중도 퇴사한 후 그동안 제작한 기계에 대한 로열티 지급을 최고하고 그에 관한 소송을 제기하여 로열티 액수에 관하여 다투던 중 이행지체를 이유로 위 계약을 해제한다는 의사표시를 한 사안에서, 로열티는 생산제조원가를 알 수 있는 갑만이 정확히 계산할 수 있고 을 회사가 이를 정확하게 계산하는 데 한계가 있는 점 등을 고려하여 갑이 로열티 지급을 최고할 때 을 회사가 수긍할 수 있는 근거를 들어 로열티 금액의 이행을 구하였는지, 정확한 로열티 금액을 산정할 수 있도록 을 회사에 협조를 하였는지 등을 심리하여 을 회사에 로열티 지급 의무를 이행하지 아니할 정당한 사유가 있어 최고기간 또는 상당한 기간 내에 이행 또는 이행의 제공이 없다는 이유로 갑이 해제권을 행사하는 것이 신의칙상 제한될 수 있는지 판단하여야 하는데도, 이와 다른 전제에서 계약의 해제를 인정한 원심판결에 해제권 행사 제한에 관한 법리오해 등 위법이 있다(대판 2013.06.27, 2013다14880).

라이센스 계약서 – 특허

   본건 계약(이하 "본 계약")은 _____에 주 사무소가 있는 _____(이하 "라이센서")와 _____법에 의해 설립되고 _____에 주사무소가 있는 _____(이하 "라이센시")사이에서 _____의 _____번째 날(이하 "계약 유효일")에 체결되었다.

I. 서 문

   라이센서는 _____과 관련된 특허에 대한 모든 권리, 지위 및 이익(이하 "실시 특허"로 총징함)을 보유한다.
   라이센시는 _____을 제조·판매하는 사업을 영위하고 있으며 실시 특허를 사용하는 제품을 제조, 사용, 판매하고 그와 같은 발명을 실시할 수 있는 [비독점적/독점적] 실시권을 취득하기 원한다.
   라이센서와 라이센시는 실시 특허를 대상으로 하는 라이센스 계약을 체결하기로 합의한다.
   라이센서는 실시 특허를 바탕으로 라이센시에게 [비독점적/독점적] 실시권을 부여할 수 있는 권한을 가지고 있으며, 본 계약이 정하는 규정과 조건들에 따라 실시권을 부여하고자 한다;

   그리하여, 위 내용 및 아래 합의 사항을 반영하여 당사자들은 다음과 같이 합의한다.

1. 정의 → **정의 규정**

본 계약에서는, 계약 문언이 달리 요구하지 않는 한, 다음과 같은 용어는 아래와 같은 의미를 갖는다:

 1) 계열사
 라이센시를 직간접적으로 지배하거나, 라이센시와 공동 지배하에 있거나, 또는 라이센시에 의하여 지배되는 법인
 2) 지배
 상호 관련되는 용어인 "지배되는" 또는 "공동 지배하에 있는"이란 용어를 포함하여, 이는 계약 등에 근거하여, 유가증권에 대한 소유권, 파트너십, 또는 지분을 통하여 직간접적으로 경영진의 방향 또는 정책을 지시 또는 는 지시를 초래할 수 있는 권한을 가지는 것을 의미함.
 3) 비밀정보
 라이센서의 기술, 제품, 영업정보 또는 목적에 대한 재산적 정보 및 자료(특허가 부여될 수 있는지 여부 불문) 등 모든 자료, 노하우, 기타 정보로서 이러한 자료, 정보 또는 영업비밀이 상대방에게 공개되기 전이나 그 당시에 라이센서가 문자, 적절한 표시 또는 범례로 서면화하여 영업비밀로 지정한 것

4) 계약 유효일 : 본 계약의 체결일인 _____

5) 실시 특허 : 별첨 A에 기재된 모든 특허

6) 실시 제품 : 별첨 B에 기재된 제품.

7) 기간 → **기간에 관한 규정**

계약유효일로부터 실시 특허가 모두 기간이 만료되는 날 또는 본 계약이 종료되는 날 중 먼저 도래하는 일자까지의 기간을 의미함. 본 계약은 제8조에 의하여 그 이전에 종료되지 않는 이상, 기간의 만료시점에 종료됨.

8) 계약 지역 : _____와 그 영토 및 지배 영역

Ⅱ. 실시권

1 실시권의 허여 → **양도금지 규정**

본 계약 규정에 기초하여, 라이센서는 라이센시에게 본 계약 기간 동안 영토 안에서 실시 제품을 제조, 사용, 판매에 제공, 판매, 수입 또는 처분하기 위한 실시 특허에 대한 [독점적/비독점적]이고, 양도불가능하며, 실시료가 발생하는 실시권을 허여하며, 재실시권은 허여되지 않는다. 이러한 실시권은 제3자, 계열사, 또는 다른 법인에 미치지 아니한다.

2. 제한

위 실시권은 오직 실시 특허에 대해서만 허여된다. 본 계약은 라이센시에 대하여 본 계약에서 특정하여 명시적으로 사용권이 부여되지 아니한 어떠한 특허, 특허 출원, 발명, 방법, 기술 정보, 비밀 정보, 재산적 정보, 상표, 전문성, 노하우, 영업비밀, 또는 지식 등에 대한 어떠한 명시 또는 묵시의 권한을 금반언의 원칙 등에 의하여 수여하는 것으로 해석되거나 이해되지 아니한다.

3. 개량 및 발명에 대한 권한

당사자들은 실시 특허로부터 파생된 것으로서, 또한 그것이 전부이건 일부이건, 라이센시, 그 피고용인, 대리인 또는 실시 특허에 대한 권한에 기하여 본 계약으로 말미암아 행동하게 되는 그 밖의 사람에 의하여 만들어지거나, 고안되거나, 실행된 개량 발명 및 관련 산업재산 또는 지적재산(이하 "파생 발명"이라 한다)에 대한 소유권 또는 실시권은 라이센서가 전적으로 보유함에 합의한다.

라이센시는 (i) 라이센서에게 지속적으로 파생 발명"의 준비, 실패, 특허 출원 및 유지에 대해 알려야 하며, (ii) 파생 발명을 특허 출원하고 유지하는데 상업적으로 합리적인 노력을 기울여야 한다. 라이센시는 라이센서의 요청이 있는 경우에는, 파생 발명에 관하여 선취특권, 청구권 내지 어떠한 제한도 없이 완전한 모든 권리, 지위, 그리고 이익을 라이센서에게 양도하여야 하며, (ii) 라이센시는 더 이상 그러한 파생 발명과 관련된 어떠한 권리나 의무도 보유하지 않고, (iii) 그 이후부터는 오직 라이센서가 그러한 파생 발명을 단독으로 소유하게 된다. 양 당사자를 모두 만족시키는 조건이 있다면 라이센서는 라이센시에게 그러한 조건으로 이러한 파생 발명에 대한 실시권을 제공하여야 한다.

Ⅲ. 성실성

1. 성실의 의무

라이센시는 본 계약 기간 동안 시장 수요를 충족시키기 위해 최선을 다하여 빈틈 없고 의욕적이며 성실한 프로그램을 통하여 실시 특허를 시장에 공급하고, 능동적이며 성실한 마케팅 노력을 계속하여야 한다.

2. 성실의무 위반의 효과

라이센시가 제3.1항에서 정한 성실의무를 이행하지 못하는 경우, 라이센서는 서면으로 라이센시의 불이행 사실을 통지할 수 있다. 라이센시는 이러한 통지를 수령한 날로부터 30일 이내에 위와 같은 불이행을 시정하고 본 계약상의 성실의무를 이행하여야 하며, 그 이후에도 제3항에 따른 성실의무 불이행이 계속되는 경우, 이는 라이센서가 계약을 해지할 수 있는 사유가 된다.

Ⅳ. 대금지급 → 로열티에 관한 규정

본 계약 하에서 허여된 실시권에 대하여, 라이센시는 제4.1항에서 정한 선급 지급 의무뿐만 아니라 제4.2항에서 정한 로열티를 지급할 의무가 있음에 명시적으로 동의한다.

1. 선금지급 → 미니멈 개런티에 관한 규정

라이센시는 계약 유효일로부터 3일 이내에 본 계약에 의해 수여된 권리에 대한 대가로 라이센서에게 _____ 의 반환 불가능한 선급을 일시불로 지급하여야 한다.

2. 러닝 로열티

1) 로열티 지급

라이센시는 본 계약에서 부여한 권리에 대한 대가로, 아래 제4.2.3 및 4.2.3 이하의 규정에따라 라이센서에게 라이센시가 계약 지역 내에서 제조, 사용, 판매에 제공, 또는 판매하거나, 계약 지역으로 수입한 각각의 실시 제품에 대한 라이센시의 판매가격의 _____ 퍼센트(___%) 상당의 로열티를 지급하여야 한다.

2) 기간 만료 시 로열티 지급의무의 소멸

실시 특허 전부의 유효기간이 만료하였을 때부터는 로열티 지급의무는 종료된다. 라이센서는 실시 특허 전부의 효력이 소멸한 후 라이센시가 제공한 로열티에 대해서는 이를 크레딧(credit)으로 제공할 의무가 있다.

3. 로열티의 발생 (Accrual)

각각의 실시 제품에 대한 러닝 로열티는 해당 제품이 발송된 일자 또는 라이센시의 고객에게 비용이 청구된 일자 중 먼저 도래한 날에 발생한다. 실시권의 해지 혹은 권리의 종료 이전 본 계약 제4항에 의하여 발생한 로열티 지급의무는 그러한 권리의 종료 그리고 어떠한 특허의 만료에도 불구하고 그 효력을 유지한다.

4.지급방법

라이센서는 본 계약 하에서 인정되는 로열티를 미화로 지급하여야 한다. 라이센시는 라이센서에 대하여 분기별로 모든 로열티를 지급하여야 하는데, 제1분기는 매년 1월 1일부터 3월 31까지, 제2분기는 매년 4월 1일부터 6월 30일까지, 제3분기는 매년 7월 1일부터 9월 30일까지, 제4분기는 매년 10월 1일부터 12월 31일까지의 기간이다.

라이센서에 대한 로열티지급은 해당 대금과 관련된 기간이 만료된 후의 30일(이하 "만기일") 전에 이루어져야 한다. 위와 같이 규정된 각 로열티지급은 매분기당 최소 로열티 ____($_____.00) 이상이 되어야 한다. 로열티지급에 대해서는 반환, 환급 또는 조정이 불가능하다.

5. 회계보고

라이센시는 라이센서에게 위 제4.4항에서 정한 매 분기별로 이행기가 도래하는 로열티에 대하여 만기일 또는 그 이전에 보고를 제공하여야 하며, 이에는 그 분기에 지급하여야 할 금액 및 그 금액을 산정한 근거에 대한 내용이 포함되어 있어야 한다.

6. 이자

적용 가능한 관련 법률이 정한 허용한도 내에서, 지급 만기일로부터 10일이 지난 후부터는 대금에 만기일 그 다음 날로부터 지급일까지 연 (___%)의 비율로 산정된 이자가 발생한다.

7. 회계장부와 기록 및 감사 → **회계장부 체출에 관한 규정**

1) 라이센시는 본 계약과 관련하여 이루어진 모든 거래에 대한 모든 내용을 포함하는 완전하고 정확한 회계장부 및 기록을 유지하여야 한다.

2) 라이센시는 이러한 장부와 기록을 해당 자료가 관련되는 만기일로부터 3년간 보관하여야 한다. 라이센서는 본 계약 하에서 회계보고 또는 대금지급을 수락한 후에도 여전히 그것의 정확성에 대해 이의나 의문을 제기할 수 있다.

3) 본 계약 기간 및 그 이후 1년 동안 라이센서는 라이센시에게 합리적인 방법으로 서면 통지한 후 라이센시의 장부 및 기록에 대하여 본 계약과 관련하여 이루어진 보고의 정확성을 확인하기 위하여 독립적인 회계감사를 실시할 수 있으며, 회계감사의 결과 드러난 오류에 대해서는 적절한 당사자가 보상하여 즉각적인 수정이 이루어 져야 한다.

V. 분쟁해결

본 계약과 관련하여 당사자 간 발생하는 모든 분쟁은 상호 원만한 협의를 통해 해결되어야 한다. 본 계약 또는 본 계약과 관련하여 발생하는 분쟁에 대해 일방 당사자가 이의를 제기한 후 30일 이내에 해결책이 마련되지 아니한 경우에는, 라이센서와 라이센시 간의 모든 분쟁은 서울중앙지방법원을 관할법원으로 한다.

2000년 0월 0일

"갑" (라이센서)	사업체명	:	
	상호	:	
	대표자	:	○○○ (서명 또는 날인)
		:	
"을" (라이센시)	주소	:	
	상호	:	
	대표자	:	○○○ (서명 또는 날인)

특허사용계약서

【특허사용계약서】

주식회사 OOOO(이하 "갑"이라 한다)와 (주)OOOO(이하 "을"이라 한다)는 기술제휴에 관하여 아래와 같이 계약(이하 "본 계약"이라 한다)을 체결한다.

제1조(목적)

본 계약은 OO기술에 관한 특허권자인 "갑"이 "을"에게 "을"이 이를 독점적으로 실시하는 것을 허락함에 있어 필요한 제반사항을 정함을 그 목적으로 한다.

제2조(사용허락)

"갑"은 제O호 OO기술(이하 "본 특허발명"이라 한다)의 특허권자로서 "을"이 이를 독점적으로 실시하여 OO제품(이하 "본 제품"이라 한다)을 사용·판매·배포하는 것을 허락한다.

제3조(사용료)

① "을"은 "갑"에게 본 특허발명의 사용대가로서 다음 각 호와 같이 사용료를 지급한다.
  1. 선금 : 본 계약체결일로부터 O일 이내에 금( )원
  2. 사용료 : 본 계약기간동안 매월 O일 "을"이 매월 판매하는 본 제품의 매출금액 중 3%
② 제1항 제2호의 매출금액은 고객에 대한 총 매출금액에서 수하물 포장비, 운임, 물품세 및 고객의 할인액을 제외한 금액으로 한다.

제4조(보고의무)

"을"은 매월 "갑"에게 본 제품에 관한 자가소비수량, 생산수량, 판매수량, 재고수량, 매출금액, 기타 사용료 정산과 관련된 사항을 보고하여야 한다.

제5조(장부검사)

"을"은 본 계약에 따라 최초 제작한 본 제품의 생산, 수주 및 판매에 관하여 상세하게 기록한 장부를 구비해두어야 하며, "갑"은 필요한 경우 당해 장부를 검사할 수 있다.

제6조(통지의무)

"을"은 제3자가 본 특허발명을 침해하거나 침해하려고 하는 사실을 알았을 경우 지체 없이 "갑"에게 통보하고 "갑"과 협력하여 침해를 배제하기 위하여 노력하여야 한다.

제7조(신규발명)

"을"의 직원이나 피용자가 특허발명의 개량이나 확장에 관계된 신규 발명 또는 고안을 한 경우에는 당해 발명 또는 고안에 관한 특허 및 실용신안등록을 받을 권리는 "을"이 보유한다.

제8조(비밀준수의무)

① "갑"과 "을"은 본 계약기간 중은 물론 본 계약의 종료나 해지 이후에도 본 계약의 이행과정에서 알게 된 상대방의 영업비밀 또는 고객관련정보를 상대방의 서면동의 없이 제3자에게 유출하거나 본 계약의 이행 이외의 목적으로 이용하여서는 안 된다.

② "갑"과 "을"은 자신의 임직원, 대리인, 사용인 등 기타 관련자로 하여금 제1항과 동일한 비밀준수 의무를 지도록 한다.

제9조(통지의무)

"갑"과 "을"은 본 계약 체결 당시에 알고 있는 상호, 대표자, 소재지, 업종 및 기타 계약당사자의 주요사항이 변동되거나 합병, 영업양도, 부도, 화의, 회사정리, 파산 등 신용상태에 변경이 있거나 변경될 우려가 있는 경우 이를 지체 없이 상대방에게 통지하여야 한다.

제10조(계약기간)

본 계약의 유효기간은 계약체결일로부터 1년으로 하고, 계약기간 만료일 1월 전까지 별도 서면에 의한 의사표시가 없는 한 동일한 조건으로 1년씩 자동 연장되는 것으로 한다.

제11조(계약의 변경)

본 계약의 일부 또는 전부를 변경할 필요가 있는 경우에는 "갑"과 "을"의 서면 합의에 의하여 이를 변경하고, 그 변경내용은 변경한 날 그 다음날부터 효력을 가진다.

제12조(권리 · 의무의 승계)

본 계약상의 모든 권리와 의무는 "갑" 또는 "을"의 합병, 영업양도, 경영 위임 등의 경우에도 "갑" 또는 "을"의 합병회사, 영업양수인, 경영수임인 등에게 승계되며, "갑" 또는 "을"은 그들로 하여금 본 계약상의 권리와 의무를 승계하는 것에 동의하도록 할 의무를 진다.

제13조(권리 등의 양도 등 금지)

"갑"과 "을"은 상대방의 서면동의 없이 본 계약상의 일체의 권리 · 의무 등을 제3자에게 양도 · 증여 · 대물변제 · 대여하거나 담보로 제공할 수 없다.

제14조(해지)

① "갑" 또는 "을"은 다음 각 호의 사유가 발생한 경우에는 계약기간에 관계없이 상대방에 대한 서면통지로써 본 계약을 해지할 수 있다.

 1. 상대방이 정당한 사유 없이 본 계약에서 정한 사항을 위반하고 서면으로 시정요구를 받은 날로부터 7일 이내에 해당 위반사항을 시정하지 않은 경우

 2. 자신 또는 상대방의 주요재산에 대한 보전처분결정 및 강제집행, 화의, 회사정리, 파산 등의 개시로 더 이상 계약유지가 곤란한 경우

 3. 기타 본 계약을 수행하기 어려운 중대한 사유가 발생한 경우

② 제1항의 해지는 "갑"과 "을"의 손해배상 청구에 영향을 미치지 아니한다.

제15조(해제)

① "을"이 정당한 사유 없이 본 계약체결일로부터 3월 이내에 본 특허발명을 실시하지 아니하는 경우 "갑"은 서면으로 즉시 본 계약을 해제할 수 있다.

② 제1항의 해제는 "갑"의 손해배상 청구에 영향을 미치지 아니한다.

제16조(계약의 유보사항)

① 본 계약에서 정하지 아니한 사항이나 해석상 내용이 불분명한 사항에 대해서는 관계법령 및 상관습에 따라 상호 협의하여 결정한다.

② 제1항과 관련하여 필요한 경우 "갑"과 "을"은 별도의 약정을 할 수 있으며, 이는 본 계약의 일부를 이룬다.

제17조(관할법원)

본 계약과 관련하여 소송상의 분쟁이 발생한 때에는 서울지방법원을 관할로 한다.

본 계약의 내용을 증명하기 위하여 계약서 2부를 작성하고, "갑"과 "을"이 서명 또는 날인한 후 각 1부씩 보관한다.

2000년 0월 0일

"갑"	주소	:	
	상호	:	주식회사 0000
	대표이사	:	000 ㉑
"을"	주소	:	
	상호	:	000 ㉑
	대표이사	:	

특허권사용계약서(통상사용권)

　　○○주식회사(이하 "갑"이라 함)와 ○○○주식회사(이하 "을"이라 함)는 다음과 같이 계약을 체결한다.

제1조(목적)

　　"갑"은 "을"에 대해서 "갑"의 소유에 관한 아래의 특허권(이하 「본 건 특허」라 함)에 대해 통상사용권을 설정한다.

－ 아　래 －

특허번호	제○○호
발명명칭	○○○

제2조(사용권의 등록)

　　"을"은 본 계약 체결 후 자기 비용으로 앞 조의 사용권 설정등록수속을 할 수가 있으며 "갑"은 이에 협력한다.

제3조(사용권의 범위) "을"이 본 건 특허를 사용하는 권리의 범위는 다음과 같이 한다.

1. 사용지역 : 대한민국
2. 사용기간 : 20○○년 ○월 ○일부터 ○년간
3. 사용내용 : 제조 및 판매

제4조(사용보고)

　　"을"은 "갑"에 대해서 매년 ○월 말일 및 ○월 말일로 종료하는 6개월 간의 사용상황을 그 다음달 ○○일까지 문서로 보고한다.

제5조(사용료)

① "을"은 "갑"에 대해 본 건 특허의 사용료로써 제품의 판매가격의 ○%에 해당하는 금액을 지불한다.
② "을"은 앞 조의 보고 후 ○일 이내에 앞 항에 기초하여 계산한 사용료를 "갑"에게 송금하여 지불한다.

제6조(기록의 작성·열람)

① "을"은 제품의 생산수량, 판매수량, 재고수량 기타 제4조 보고의 기초가 되는 사항에 대해 정확한 기록을 작성한다.

② "을"은 "갑"의 청구가 있을 때에는 언제라도 앞 항의 기록을 "갑" 또는 "갑"이 지정하는 제3자에게 열람시켜야 한다.

제7조(재사용권)

"을"은 사전에 "갑"으로부터 서면에 의한 동의가 없으면 제3자에 대해 본 건 특허 사용권을 양도하거나 재사용권을 허락해서는 안 된다.

제8조(개량발명)

"을"이 본 계약 기간 중에 본 건 특허에 대해 개량발명 또는 개량고안을 하였을 경우는 "갑"에 대해 무상으로 통상사용권을 허락한다.

제9조(기술자료 등)

"갑"은 을에 대해서 본 계약 체결 후 O일 이내에 도면, 노하우 북 그 밖의 본 건 특허실시에 필요한 기술자료를 개시함과 동시에 "갑"의 기술자 O명을 O개월간 을에 파견하고 기술지도를 한다.

제10조(권리보전)

① "을"은 제3자가 본 건 특허를 침해하였을 때 또는 침해할 우려가 있을 경우 곧바로 "갑"에게 그 사실을 통지함과 동시에 배제 또는 예방에 대해 "갑"에게 협력한다.

② "을"은 어떠한 경우에도 본 건 특허의 유효성에 대해서 분쟁을 해서는 안 된다.

제11조(특허표시)

"을"은 제품, 포장, 카탈로그 등에 본 건 특허의 특허번호를 표시한다.

제12조(비밀유지)

"갑" 및 "을"은 본 계약에 기초하여 얻어진 상대방의 비밀을 제3자에게 누설해서는 안 된다.

제13조(사용료의 불반환)

"갑"은 어떠한 경우에도 이미 수령한 사용료를 반환하지 않는다.

제14조(계약해제)

을에 대해 다음의 사유 중 어느 항목이 발생하였을 경우 "갑"은 통지 최고를 하지 않고 곧바로 본 계약을 해제할 수가 있다.

1. 사용료의 지불을 게을리 했을 때
2. 정당한 이유 없이 본 계약 체결 후 O개월 이내에 본 건 특허실시를 하지 않았을 때
3. 스스로 발행하거나 배서한 어음 또는 수표가 1통이라도 부도처분을 받은 경우
4. 조세공과의 체납처분을 받은 경우
5. 스스로의 채무불이행으로 압류, 가압류, 가처분 등 강제집행을 받은 경우

6. 파산, 화의 또는 회사정리를 제기하거나 이들 제기가 이루어진 경우
7. 기타 본 계약을 위반한 경우

이상 본 계약의 성립을 증명하기 위해 본서 2통을 작성하고 "갑"·"을" 기명날인 후 각각 1통씩을 보유한다.

20○○년 ○월 ○일

"갑" 주소 :
성명 : OOO [인]

"을" 주소 :
성명 : OOO [인]

특허실시권 설정계약서

   본 계약은 2000년 O월 O일, 대한민국 법에 의해 설립된 현존하는 법인이고, 주영업소가 OO에 있는 OO주식회사(이하 "갑"이라 함)와 대한민국 법에 의해 설립된 현존하는 법인이고, 주영업소가 OO에 있는 OO주식회사(이하 "을"이라 함)사이에 "갑"이 보유하고 있는 특허권의 실시권 설정을 위하여 체결되었으며, 구체적인 계약내용은 다음과 같다.

-다 음-

제1조(정의)

1. "제품"은 "을"이 "갑"의 특허권을 사용하여 생산하는 물품으로, 제품의 명세는 별지1. 의 기재와 같다.
2. "특허권"은 본 계약에서 위 제품에 적용되는 한, "갑"이 보유하고 있는 별지2.기재의 특허 및 특허출원을 의미한다.
3. "계약지역"은 _____를 의미한다.

제2조(특허권의 실시허락)

   "갑"은 "을"이 특허권을 독점적으로 사용하여 계약지역 내에서 제품을 생산, 판매 및 배포하는 것을 허락한다.

제3조(실시료) "을"은 제1조의 특허권 실시의 대가로서 다음과 같이 "갑"에게 실시료를 지급한다.

1. 일시금
   가. 금액 : 금 _____원
   나. 지급기간 : 본 계약 체결일로부터 O일 이내
2. 실시료
   가. 금액 : "을"이 판매하는 '제품'의 매출금액의 O%
   나. 지급기간 : 본 계약의 유효기간 중
   다. 지급방법 : 매월 말일에 그 달 중에 발생한 모든 특허 실시료 지급한다.
   라. 위 가항의 매출금액은 총매출액에서 포장비, 운반비, 물품세 및 고객에 대한 할인액을 공제한 액수를 의미한다.

제4조(발명의 무효)

본 계약의 특허발명이 무효로 되는 경우에도 "을"이 이미 지급한 일시금 및 실시료는 반환하지 아니한다.

제5조(보고서)

"을"은 제3조의 지급에 있어서 별도로 정하는 양식에 따라 생산수량, 판매수량, 재고수량, 매출금액 등을 "갑"에게 보고하여야 한다.

제6조(장부검사)

"을"은 이 계약 체결일 이후에 제조된 제품의 생산, 수주량 및 판매액을 기록한 장부를 비치하여야 하며, "갑"은 영업시간 내에 언제든지 "을"의 사업장을 방문하여 관련 장부를 검사할 수 있다.

제7조(사용권의 처분금지)

"을"은 특허권의 일부 또는 전부를 제3자가 사용하도록 허락하거나 담보로 제공할 수 없다.

제8조(통지의무)

"을"은 제3자가 특허권을 침해하거나 침해하려고 하는 사실을 알았을 때, 지체 없이 "을"에게 통보하여야 한다.

제9조(해지 및 손해배상)

다음의 경우 "갑"은 "을"에게 서면통보로 본 계약을 해지하고 손해배상을 청구할 수 있다.
1. 사용료의 지불을 게을리 했을 때
2. 정당한 이유 없이 본 계약 체결 후 3개월 이내에 본 건 특허실시를 하지 않았을 때
3. 스스로 발행하거나 배서한 어음 또는 수표가 1통이라도 부도처분을 받은 경우
4. 조세공과의 체납처분을 받은 경우
5. 스스로의 채무불이행으로 압류, 가압류, 가처분 등 강제집행을 받은 경우
6. 파산, 화의 또는 회사정리를 제기하거나 이들 제기가 이루어진 경우
7. 기타 본 계약을 위반한 경우

제10조(유효기간)

이 계약의 유효기간은 본 계약 체결일로부터 O년 간으로 한다.

제11조(중재)

본 계약과 관련하여 "갑"과 을 사이에 해결할 수 없는 분쟁이 발생한 경우에는 대한상사중재원의 중재에 회부하여 결정한다.

제12조(계약의 해석 및 기타)

이상과 같이 "갑", "을" 양 당사자 간에 충분한 고려와 상호이해를 바탕으로 합의에 이르러 본 계약을 체결하고 본 계약서에 명시되지 않은 사항은 일반 상관관례에 따르기로 하며, 후일에 발생될 지도 모를 법적 분쟁을 방지하기 위해 계약서 2통을 작성하여 쌍방이 날인한 후 각각 1통씩 보관한다.

20○○년 ○월 ○일

	주소	:	
"갑"	상호	:	OO주식회사
	대표이사	:	OOO ㊞
	주소	:	
"을"	상호	:	OO주식회사
	대표이사	:	OOO ㊞

별지1. [제품의 명세]

별지2. [특허기술 명세]

참고 9 _ 특허출원제도 Ⅰ_ 특허청

1. 선출원주의와 선발명주의

동일한 발명이 2 이상 출원되었을 때 어느 출원인에게 권리를 부여할 것인가를 결정하는 기준으로서 선출원주의와 선발명주의가 있으며 우리나라는 선출원주의를 채택하고 있다.

2. 선출원주의

발명이 이루어진 시기에 관계없이 특허청에 먼저 출원한 발명에 권리를 부여하는 제도로서, 기술의 공개에 대한 대가로 권리를 부여한다는 의미에서 합리적이며 신속한 발명의 공개를 유도할 수 있다.
이 제도는 발명의 조속한 공개로 산업발전을 도모하려는 특허제도의 취지에 부합한다.

3. 선발명주의

출원의 순서와 관계없이 먼저 발명한 출원인에게 권리를 부여하는 제도로서, 발명가 보호에 장점이 있다. 특히 사업체를 가지고 있지 않은 개인발명가들이 선호하는 제도이다.
발명가는 발명에 관련된 일지를 작성하고 증인을 확보해야 하며 특허청으로서는 발명의 시기를 확인하여야 하는 불편이 있다.

기술권실시계약서

주식회사를 "갑"이라 하고 주식회사를 "을"이라 하여 , "갑" "을" 간에 "갑"이 발명한제조기술(이하 "기술권"이라 함)의 공여 등에 관해 다음과 같이 계약한다.

제1조(목적)

"갑"은 "을"이 "갑"의 기술권을 사용한 물품(이하 "물품")의 제조 및 판매를 승인한다.

제2조(통지의무)

1. "을"은 물품을 제작했을 때에는 그 상황 및 수량을 "갑"에게 통지하여야 한다.
2. "을"은 그가 제작한 물품의 판매하려 할 때에는 "갑"에 대하여 사전에 판매처·판매수량·금액 및 납품기일을 서면으로 통지하고, 그 지시를 받아야 한다.

제3조(실시료)

1. "을"은 기술권 사용의 댓가로서 물품 매상고의 %에 해당하는 금액을 "갑"에게 현금으로 지불한다.
2. 대가는 매월 말일 현재 "을"의 매상고를 기준으로 계산하며, 다음달까지 "갑"에게 현금으로 지불한다.

제4조(개선안의 처리)

"갑", "을"은 쌍방은 본 계약의 유효기간 중 제품에 관한 개선안 및 이에 관련하여 특허권·실용신안권을 취득했을 때에는, 상호 그 기술자료 및 실시권을 무상으로 제공한다.

제5조(비밀유지 의무)

1. "을"은 기술권에 관한 기밀을 타인에게 누설하여서는 안 된다.
2. "갑"은 "을"이 전항의 규정에 위반했다고 인정할 때에는 "갑"은 즉시 본 계약을 해제하고 손해 배상을 청구할 수 있다.

제6조(권리, 의무의 양도금지)

"을"은 이 계약에 근거하는 일체의 권리, 의무를 제3자에게 양도해서는 안 된다.

제7조(계약의 유효기간)

이 계약의 존속기간은 계약체결일로부터 ○년간이다. "갑" 또는 "을"이 계약기간 만료 8월 전에 상대방에게 서면에 의한 계약해지의 의사표시를 하지 않는 한 제1항의 규정에도 불구하고 본 계약은 동일한 조건으로 갱신된 것으로 본다. 연장된 계약의 갱신도 전항에 의한다.

제8조(합의관할)

본 계약과 관련하여 분쟁이 발생하는 경우 "갑"과 "을"은 상호신뢰를 바탕으로 원만히 해결하기로 하되 합의가 이루어지지 아니하여 "갑"이 소송을 제기하는 경우에는 "갑"의 주된 사무소 소재지 관할법원에, "을"이 소송을 제기하는 경우에는 "을"의 주된 사무소 소재지 관할법원에 소송을 제기할 수 있기로 한다.

제9조(계약의 해석 및 기타)

이상과 같이 "갑", "을" 양 당사자 간에 충분한 고려와 상호이해를 바탕으로 합의에 이르러 본 계약을 체결하고 본 계약서에 명시되지 않은 사항은 일반 상관관례에 따르기로 하며, 후일에 발생될 지도 모를 법적 분쟁을 방지하기 위해 계약서 2통을 작성하여 쌍방이 날인한 후 각각 1통씩 보관한다.

20○○년 ○월 ○일

	주소	:	
"갑"	상호	:	
	대표자	:	○ ○ ○ (서명 또는 날인)
		:	
	주소	:	
"을"	상호	:	
	대표자	:	○ ○ ○ (서명 또는 날인)

특허권(실용신안)양수양도 계약서

본 계약은 ○○○(이하 "갑"이라 한다)과 ○○주식회사(이하 "을"이라 한다)는 "갑"이 개발하고 특허를 보유하는 ○○○(실용신안 등록번호 : ○○○○)의 실용신안 특허권을 양수, 양도함에 있어 "갑"과 "을"은 그 기본조항을 정하고 상호신뢰와 협력관계를 기본으로 하여 합의하였으므로 본 계약서를 작성하고 다음과 같이 계약한다.

- 다 음 -

제1조(정의)

① "갑"이 "을"에게○○○에 관한 권리 일체를 양도하는 것으로 한다.

② "갑"은 "을"에게 실용신안권의 이전과 동시에 기술도 이전하는 것으로 한다.

제2조(기술이전)

① "갑"은 "을"로부터 실용신안권의 이전료를 영수하면 연료 절감장치 및 매연 저감장치 제조에 관련된 노하우, 기술지도, 설계제도개요, 제조를 위한 자료를 "을"에게 수시 제공 및 개종하여 필요한 기술이전을 개시한다.

② "을"은 "갑"의 기술이전, 기술지도를 받기 위한 공장과 기술원의 확보를 행하고 부품자재의 조달 등에는 "갑"과 "을"의 협의하에 연료절감 및 매연 저감장치 제조의 업무책임을 달성하는 것으로 하며 "갑"은 "을"이 ○○○제조를 할 수 있도록 기술이전, 기술지도를 행하고 협력한다.

제3조(권리 이전)

① "갑"이 "을"에게 양도하는 ○○○의 실용신안권 양수에 대한 이전료는○억 원으로 하며 국내세법에 준한 모든 제반비용을 포함한다. 또한 지급조건 및 시기에 관해서는 별도 "갑"과 "을"이 협의하여 본 계약 부속서로 한다.

② 기술이전 및 제조판매를 원활하게 수행하기 위하여 ○○○을 당사 고문으로 추대하여 연구실을 제공하기로 한다.(연구실의 소재지 및 조건은 별도 협의)

제4조(연료절감 및 매연 저감장치)

"갑"의 기술이전에 의하여 "을"이 제조한 ○○○의 판매는 제조 공장이 능률적이고 계획적인 생산을 하기 위하여 "을"의 요청이 있을 경우 "갑"은 제조 판매 활동에 적극 협력한다.

제5조(상표)

"을"은 ○○○를 판매함에 있어 "을"의 상표를 표시하는 것에 "갑"은 동의한다.

제6조(시장질서의 유지)

"을"은 ○○○에 대한 권리이전을 받지 않은 제3자가 특허를 침해 또는 저촉하고 있는 사실을 발견하였을 때에는 조속히 "갑"에게 연락하여 "갑"과 "을"이 협의하여 침해 또는 저촉의 배제를 행한다.

제7조(비밀준수의 의무)

① "갑"은 "을"에게 양도한 ○○○의 제조방법 및 기술자료 등을 제3자에게 개시 또는 누설해서는 안 된다.

② "갑"과 "을"은 본 계약에 위반하여 상대방에게 손해를 끼친 경우는 손해배상의 책임이 있다.

제8조(발명, 의장)

본 계약에 관련하여 발명, 의장이 생길 경우 "을"의 권리로 한다.

제9조(불가항력)

본 계약에 있어서 "갑"과 "을"의 불가항력에 의한 의무불이행은 본 계약의 위반이 아니며 책임의 추궁은 하지 않는 것으로 한다.

제10조(기타 특약)

본 계약에서 정한바가 없는 사항 및 해석상의 의의가 생겼을 경우는 그때그때 "갑"과 "을"은 성의를 다하여 원만한 대화 협의로써 해결하기로 하고 만약 소송분쟁이 발생할 경우는 "을"소재 관할 법원으로 한다.

제11조(유효기간)

본 계약은 20○○년 ○월 ○일 이후로 유효하며 "을"의 요청이 없는 한 변경 또는 수정 할 수 없다.

본 계약의 체결을 증명하기 위하여 "갑"과 "을"이 서명 날인 후 각각 1통씩 보유하고 후일 증명한다.

20○○년 ○월 ○일

"갑"	주소	:	
	성명	:	○ ○ ○ ㊞
	연락처	:	
		:	
"을"	주소	:	
	회사명	:	
	대표자	:	○ ○ ○ ㊞

산업재산권 사용계약서

OOO(이하 "갑"이라 함)와 OOO(이하 "을"이라 함)는 다음과 같이 계약을 체결한다.

제1조(목적)

"갑"은 을에 대해서 "갑"의 소유에 관한 아래의 산업 재산권(이하 「본 건 특허」라 함)에 대해 통상사용권을 설정한다.

제2조(산업 재산권의 종류)

제3조(사용권의 등록)

"을"은 본 계약 체결 후 자기 비용으로 앞조의 사용권 설정등록수속을 할 수가 있으며 "갑"은 이에 협력한다.

제4조(사용권의 범위) "을"이 본 건 특허를 사용하는 권리의 범위는 다음과 같이 한다.

1. 사용지역 :
2. 사용기간 : 2000년 O월 O일부터 O년 간
3. 사용내용 :

제5조(사용보고)

"을"은 "갑"에 대해서 매년 O월 O일 및 O월 O일로 종료하는 O개월 간의 사용상황을 그 다음달 일까지 문서로 보고한다.

제6조(사용료)

① "을"은 "갑"에 대해 본 건 특허의 사용료로써 약관의 내용에 따라 매월 지불한다.
② "을"은 앞조의 보고 후 O일 이내에 앞 항에 기초하여 계산한 사용료를 "갑"에게 송금하여 지불한다.

제7조(기록의 작성 · 열람)

① "을"은 제품의 생산수량, 판매수량, 재고수량 기타 제4조 보고의 기초가 되는 사항에 대해 정확한 기록을 작성한다.
② "을"은 "갑"의 청구가 있을 때에는 언제라도 앞 항의 기록을 "갑" 또는 "갑"이 지정하는 제3자에게 열람시켜야 한다.

제8조(재사용권)

"을"은 사전에 "갑"으로부터 서면에 의한 동의가 없으면 제3자에 대해 본 건 특허 사용권을 양도하거나 재사용권을 허락해서는 안 된다.

제9조(개량발명)

"을"이 본 계약 기간 중에 본 건 특허에 대해 개량발명 또는 개량고안을 하였을 경우는 "갑"에 대해 무상으로 통상사용권을 허락한다.

제10조(기술자료 등)

"갑"은 을에 대해서 본 계약 체결 후 O일 이내에 도면, 노하우 북 그 밖의 본 건 특허실시에 필요한 기술자료를 개시함과 동시에 "갑"의 기술자 OO명을 O개월 간 을에 파견하고 기술지도를 한다.

제11조(권리보전)

① "을"은 제3자가 본 건 특허를 침해하였을 때 또는 침해할 우려가 있을 경우 곧바로 "갑"에게 그 사실을 통지함과 동시에 배제 또는 예방에 대해 "갑"에게 협력한다.
② "을"은 어떠한 경우에도 본 건 특허의 유효성에 대해서 분쟁을 해서는 안 된다.

제12조(특허표시)

"을"은 제품, 포장, 카탈로그 등에 본 건 특허의 특허번호를 표시한다.

제13조(비밀유지)

"갑" 및 "을"은 본 계약에 기초하여 얻어진 상대방의 비밀을 제3자에게 누설해서는 안 된다.

제14조(사용료의 불반환)

"갑"은 어떠한 경우에도 이미 수령한 사용료를 반환하지 않는다.

제15조(계약해제) 을에 대해 다음의 사유 중 어느 항목이 발생하였을 경우 "갑"은 통지 최고를 하지 않고 곧바로 본 계약을 해제하고 후원금을 반납 받을 수가 있다.

1. 사용료의 지불을 게을리 했을 때
2. 정당한 이유 없이 본 계약 체결 후 3개월 이내에 본 건 특허실시를 하지 않았을 때
3. 스스로 발행하거나 배서한 어음 또는 수표가 1통이라도 부도처분을 받은 경우
4. 조세공과의 체납처분을 받은 경우
5. 스스로의 채무불이행으로 압류, 가압류, 가처분 등 강제집행을 받은 경우
6. 파산, 화의 또는 회사정리를 제기하거나 이들 제기가 이루어진 경우
7. 기타 본 계약을 위반한 경우

이상 본 계약의 성립을 증명하기 위해 본서 2통을 작성하고 "갑", "을" 기명날인 후 각각 1통씩을 보유한다.

2○○○년 ○월 ○일

"갑" : ○○○ ㊞
"을" : ○○○ ㊞

노하우사용계약서

OO주식회사(이하 "갑"이라 함)와 OO주식회사(이하 "을"이라 함)은 다음과 같이 계약 체결한다.

제1조(목적)

"갑"은 을에 대해서 "갑"의 발명에 관한 OO의 제조기술(이하 "본 건 노하우"라 함)을 사용하여 OO를 제조 및 판매하는 것을 인정한다.

제2조(사용료)

"을"은 "갑"에 대해서 본 건 노하우의 사용료로써 매월 제품 판매고의 O%에 해당하는 금액을 익월 OO일 까지 송금하여 지불한다.

제3조(실시보고)

"을"은 "갑"에 대해서 매월 OO일까지 전월 제품의 제조수량, 판매수량, 판매고 그밖에 "갑"이 지정하는 본 건 노하우의 사용상화에 관한 사항을 문서로 보고해야 한다.

제4조(개량발명)

"갑" 또는 "을"이 본 계약의 기간 중에 본 건 노하우 또는 제품에 대해 개량 발명 또는 개량 고안을 하였을 경우는 상대방에게 무상으로 사용권 및 필요한 기술자료를 공여한다.

제5조(기술지도)

"갑"은 을에 대해서 본 계약 체결 후 O일 이내에 노하우북 기타 본 건 노하우의 실시에 필요한 기술자료를 제공함과 동시에 "갑"의 기술자 O명을 O개월간 파견하여 기술지도를 해야 한다.

제6조(양도금지)

"을"은 본 계약에 기초한 일체의 권리의무를 제3자에게 양도하거나 담보로 제공해서는 안 된다.

제7조(비밀유지)

"을"은 본 건 노하우에 관한 비밀을 제3자에게 누설해서는 안 되며 "을"이 이를 위반하였을 경우 "갑"은 통지최고를 하지 않고 곧바로 본 계약을 해제하고 손해배상을 청구할 수가 있다.

제8조(유효기간)

본 계약의 유효기간은 본 계약체결일로부터 OO년 간으로 한다. 단 기간만료 OO개월 전까지 "갑",을 누구로부터 어떤 신청이 없을 경우는 다시 OO년 간 자동적으로 연장되며 그 후에도 동일하다.

이상 본 계약의 성립을 증명하기 위해 본서 2통을 작성하고 "갑", "을" 기명날인 후 각각 1통씩을 보관한다.

2000년 0월 0일

"갑"	주소	:	
	상호	:	주식회사 ○○○
	대표자	:	○ ○ ○ (서명 또는 날인)
		:	
"을"	주소	:	
	상호	:	주식회사 ○○○
	대표자	:	○ ○ ○ (서명 또는 날인)

참고 10 _ 실용신안 선등록제도 ▮_ 특허청

1. 도입배경

제품의 라이프사이클이 짧고 모방이 용이한 실용신안기술을 조기에 보호하고 중소벤처기업의 사업화 및 기술 개발 의욕을 증진시키기 위하여 도입

2. 주요내용

가. 실체심사를 하지 않고 방식 및 기초적 요건만을 심사한 후 조기에 권리를 부여하는 선등록제도를 도입

특허제도는 권리의 안정성을 중시하여 심사후 등록제도(신규성·진보성 등 권리부여에 필요한 모든 요건을 심사한 후 등록)를 채용하고 있는데 반해 실용신안제도는 조기등록을 위해 선등록제도(간단히 확인할 수 있는 방식 및 기재불비 등의 요건만을 심사한 후 등록)를 채용

나. 부실권리의 행사로 인한 제3자의 피해방지를 위해 기술평가제도 도입

등록실용신안에 대한 기술평가는 누구든지 청구할 수 있으며 청구항이 2 이상인 때에는 모든 청구항에 대하여 청구해야 함

권리를 부여받은 후 침해자 등에게 권리행사를 하기 위해서는 기술평가를 청구하여 유효한 권리임을 인정받아야 함

실용신안제도에서는 기술평가에 의한 등록유지결정을 받은 실용신안권에 한하여 침해행위에 대하여 과실이 있는 것으로 추정함

노하우사용계약서

【노하우사용계약서(지적재산권)】

OO주식회사(이하 "갑"이라 함)와 OO주식회사(이하 "을"이라 함)는 다음과 같이 계약을 체결한다.

제1조(목적)

"갑"은 을에 대해서 "갑"의 발명에 관한 OO의 제조기술(이하 「본 건 노하우」라 함)을 사용하여 OO를 제조 및 판매하는 것을 인정한다.

제2조(사용료)

"을"은 "갑"에 대해서 본 건 노하우의 사용료로써 매월 제품 판매고의 O%에 해당하는 금액을 익월 O일까지 송금하여 지불한다.

제3조(실시보고)

"을"은 "갑"에 대해서 매월 O일까지 전월 제품의 제조수량, 판매수량, 판매고 그밖에 "갑"이 지정하는 본 건 노하우의 사용 상황에 관한 사항을 문서로 보고해야 한다.

제4조(개량발명)

"갑" 또는 "을"이 본 계약의 기간 중에 본 건 노하우 또는 제품에 대해 개량발명 또는 개량고안을 하였을 경우는 상대방에게 무상으로 사용권 및 필요한 기술자료를 공여 한다.

제5조(기술지도)

"갑"은 을에 대해서 본 계약 체결 후 O일 이내에 노하우 북 기타 본 건 노하우의 실시에 필요한 기술자료를 제공함과 동시에 "갑"의 기술자 O명을 O개월 간 "을"에게 파견하여 기술지도를 해야 한다.

제6조(양도금지)

"을"은 본 계약에 기초한 일체의 권리의무를 제3자에게 양도하거나 담보로 제공해서는 안 된다.

제7조(비밀유지)

"을"은 본 건 노하우에 관한 비밀을 제3자에게 누설해서는 안되며 "을"이 이를 위반하였을 경우 "갑"은 통지최고를 하지 않고 곧바로 본 계약을 해제하고 손해배상을 청구할 수가 있다.

제8조(사용료의 불반환)

"갑"은 어떤 경우에도 이미 수령한 사용료를 반환하지 않는다.

제9조(유효기간)

본 계약의 유효기간은 본 계약 체결일로부터 O년간으로 한다. 단, 기간만료 O개월 전까지 "갑", "을" 누구로부터도 어떤 신청이 없을 경우는 다시 O년 간 자동적으로 연장되며 그 후에도 동일하다.

이상 본 계약의 성립을 증명하기 위해 본서 2통을 작성하고 "갑" "을" 기명날인 후 각각 1통씩을 보유한다.

20○○년 ○월 ○일

	주소	:
"갑"	상호	: 주식회사 ○○○
	대표이사	: ○ ○ ○ (서명 또는 날인)
		:
	주소	:
"을"	상호	: 주식회사 ○○○
	대표이사	: ○ ○ ○ (서명 또는 날인)

저작권(조건부)양도계약서

저작권자 "갑" : ○○○
음악출판사 "을" : ○○○○

위 당사자 간 별첨 목록 음악저작물(이하 "음악저작물"이라 한다)에 관하여 다음과 같이 저작권 양도 계약을 체결한다.

제1조(목적)

"갑"은 "갑"의 수탁자인 사단법인 한국음악저작권협회(이하 "협회"라 한다)로부터 "음악저작물"을 재 위탁하는 것을 조건부로 양도 승인 받아 "을"과 저작권양도 계약을 체결함으로서 "음악저작물"이용 촉진을 도모함을 목적으로 한다.

제2조(의무)

① "갑"은 "을"에 대하여 "음악저작물"이 타인의 권리를 침해함이 없이 적법하게 창작된 저작물임을 보증한다.
② "을"은 "음악저작물"의 이용촉진을 도모하여 "갑"의 권익을 신장시킨다.
③ "갑"과 "을"은 "협회"신탁계약약관을 준수해야 한다.

제3조(저작권의 양도)

① "을"은 "갑"으로부터 양도받은 "음악저작물"을 "협회"에 권리자로서 신탁하여 "협회"의 신탁관리를 받는다.
② "갑"은 "을"과의 계약해지 후 "음악저작물"을 "협회"에 재위탁하여야 한다.

제4조(양도의 지역)

본 건 계약 저작물의 양도 지역은 한다.

제5조(계약기간)

본 계약의 기간은 2000년 ○월 ○일~ 2000년 ○월 ○일까지 ○년간으로 한다.

제6조(저작권의 침해 구제)

본 계약기간 중 "갑"의 저작물이 제3자로부터 저작권 침해를 받았을 때에는 「소권」이 있는 "협회"를 통하여 구제 받는다.

제7조(저작권의 관리범위)

"갑"과 "을"은 임의로 저작권의 관리범위를 변경할 수 없으며, "협회"신탁계약약관에 의거 저작권 관리를 받는다.

제8조(사용료 분배율)

① 본 건 작품에 대하여 "을"은 "협회"를 통하여 발생되는 공연·방송권 사용료의(관리 수수료 공제 후) %를 "갑"에게 지불해야 한다.

② 본 건 작품에 대하여 "을"은 "협회"를 통하여 발생되는 복제권 및 기타의 저작재산권(관리 수수료 공제 후) %를 "갑"에게 지불해야 한다.

③ "을"은 "협회"와 상호관리 계약이 체결되지 아니한 국외에서 외국의 이용자로부터 직접 사용료를 징수하는 경우 "을"이 수령하는 총 금액의 %를 "갑"에게 지불한다.

제9조(권리승계자의 협력)

① 본 계약기간 중에 상속 등에 의해 "음악저작물"에 관한 "갑"의 권리를 승계하는 자가 있을 경우에 그 승계자는 "갑"의 권리를 적법하게 승계한 서류 등을 첨부하여 "을"에게 통지하여야 한다.

② "을"은 위 통지를 받지 않는 한 본 계약상의 지불의무 불이행 책임을 지지 아니한다.

제10조(권리승계자에 대한 계약의 효력)

"갑" 또는 "을"로부터 본 계약을 승계받는 자는 "협회"의 허락을 받아야 효력을 갖는다.

제11조(계약의 해지)

본 계약은 계약기간 종료로 해지된다.

제12조(계약의 중도해지)

"갑" 또는 "을"이 본 계약의 의무를 이행하지 아니하는 경우30일간의 기간을 정하여 상대방에게 문서로서 계약상의 의무이행을 최고하고 그 기간이 경과하기까지 계약의무 불이행이 계속되는 경우 서면통보로서 본 계약을 중도해지 할 수 있다.

제13조(당사자 간의 협의)

본 계약에 규정되어 있지 않은 사항이나 본 계약의 해석상 이견이 있는 경우 국내저작물 관리의 일반원칙에 의거, 상호 협의 하에 결정한다.

제14조(소송관할)

본 계약으로 인하여 생기는 일체의 소송에 대하여는 서울민사지방법원을 관할법원으로 한다.

20○○년 ○월 ○일

""갑"	"을"
주소	주소
성명　　　　○○○ ㉑	음악출판사명　　　○○○ ㉑
주민등록번호	사업자등록번호
연락처	대표자명
	연락처

【상표라이센스계약서】

상표라이센스계약서

　본 계약은 2000년 0월 0일 (회사의 준거법 : 국명 또는 주명)법에 의해 설립된 현존하는 법인이고, 주 영업소가 OO시 OO구 OO동 OO번지에 있는 (본 계약에서는 이하 "회사"라 한다)와 OOO법에 의해 설립된 현존하는 법인이고, 주영업소가 OO시 OO구 OO동 OO번지에 있는 OOO(본 계약서에는 이하 "라이센시"라 한다)와의 사이에 체결한다.

　다음의 사실을 증명한다.

　라이센시는 일정한 국가들에서 일정한 제품의 반포 및 판매와 관련해 본 계약중에 이하 정의된 회사의 상표 를 사용하는 실시권을 취득하기를 희망하고 있고, 회사는 위의 상표에 대한 모든 권리의 승인된 소유자로서 위 의 국가들에서 라이센시가 제조 및 판매하는 위의 제품에 관련해 이들 상표를 사용하는 실시권을 라이센시에 게 부여할 의사가 있기 때문에, 따라서 당사자는 다음과 같이 합의한다.

제1조(정의)

　본 계약 중에 다음의 용어가 사용되는 때에는 언제라도 그것들은 다음에 규정하는 의미를 갖는다.

1. 본 계약 중에 사용되는 「계약 상표」란 다음의 표에 규정되는 상표이고, 회사에 의해 본 계약 중에 다 음에 정의되는 계약품의 반포 및 판매와 관련해 사용되고, 회사가 타인에게 실시권을 부여하는 모든 권리를 갖는 것을 의미한다.

	상 표	국 가	등 록 일	지정 계약품
①				
②				
③				

2. 본 계약 중에 사용되는 「계약품」이란 본조 위의 1에 각각 규정되는 계약상표에 대응하는 다음의 제 품을 의미한다.
　① 계약상표 :
　② 계약상표 :
　③ 계약상표 :
　라이센시는 회사의 사전 서면 승인이나 동의 없이는 계약품을 수정 또는 개변하지 않는다.

3. 본 계약 중에 사용되는 「계약지역」이란 다음의 국가들을 의미하고, 그들 국가에서만 라이센시는 계약 품에 관하여 계약산표를 독점적으로 사용하는 실시권을 갖는다.
　① (국가명)
　② (국가명)
　③ (국가명)

4. 본 계약중에 사용되는 「정찰판매가」란 고객에 대한 인보이스 되는 가격에서 라이센시다. 계약지역에서 계약품을 판매할 때 적용하는 판매가격 중 운송료 및 보험료, 모든 도매 할인 또는 값 인하 및 부과금 또는 세금분을 제외한 것을 의미한다.

제2조(실시권)

회사는 본 계약에 따라 본 계약 기간 중 본 계약의 제조건에 의거해 계약품에 관하여 계약지역에서 계약상표를 사용하는 독점적이고 양도 불가능한, 그리고 이양 불가능한 실시권을 라이센시에게 부여한다.

제3조(대가)

본 계약에 의거해 부여되는 실시권 및 권리의 대가로서 라이센시는 다음의 제시조건에 의거해 본 계약 기간 중의 계약상표의 사용에 관해서 다음의 금액을 회사에 지불한다.

1. 라이센시는 본 계약 체결 후 O일 이내에 OOO의 선급금을 지불한다.
2. 라이센시는 계약품의 정찰판매가의 O%의 요율로 로열티를 지불한다. 이 같은 로열티는 매해 4분기마다 계산된다.
3. 본조 위의 2항에 의해 계산된 로열티 금액이 OOO에 달하지 않는 경우에도, 라이센시는 위 의 금액을 최소 로열티로서 회사에 지불할 것을 보증한다.
4. 로열티는 OOO통화로서 그것이 발생하는 각 4분기 말일후 OO일 이내에, 회사가 지정하는 OOO국가명 OOO소재 은행의 회사 계좌로 전신 송금에 의해 라이센시가 회사에 대해 지불한다.
5. 회사는 OOO의 세법에 따라 본 계약에 관한 회사의 로열티 수입에 대해 부과되는 세금을 부담한다.

제4조(장부 및 검사)

라이센시는 본 계약에 행해지는 모든 업무를 대상으로 하는 진정하고도 완전한 회계당부 및 기록을 보유하고, 제3조 3항에 의거하는 로열티 지불과 동시에, 직전의 4분기에 관해서 본 계약에 의거해 지불해야할 로열티 금액에 관한 감사인의 보고서를 4분기마다 회사에 제공한다.

제5조(상표의 사용법)

1. 라이센시는 본 계약에 따라 형태 및 색채를 포함해 회사가 사전에 승인한 이외의 방법으로, 계약품에 계약상표를 사용하지 않을 것을 동의한다. 라이센시는 사용 방법을 변경하지 않고, 또한 계약상표에 다른 어떤 문자, 명칭, 상표, 표장 또는 기타 표시도 결합하지 않는다.
2. 본 계약에 의거해 예약지역에서 라이센시가 판매하는 모든 계약품에는 업무상 가능한 경우에는 언제라도, (계약지역의 언어로)다음의 설명문을 붙인다.
「(국명)으로부터의 실시권에 따른 것임」
또한 만약 바람직한 경우에는 회사가 서면으로 승인하는 한편 정당하다고 인정하는 간략한 형식의 설명문을 붙이기로 한다.
3. 용기, 포장, 라벨 혹은 광고 및 판촉자료에 관하여 라이센시가 계약상표를 사용하기를 희망하는 경우, 그것들의 견본 2조를 먼저 회사에 제출해야 하고, 라이센시는 그것들의 사용에 앞서 회사의 서면 승인을 얻지 않으면 안 된다.

4. 라이센시는 회사의 제품에 관한 평판이나 영업권을 위태롭게 하는 품질 불량의 계약상표를 붙여 판매하지 않는다. 본 계약의 목적을 위해 회사는 라이센시의 공장, 영업소 또는 창고에서 수시로 검사를 행할 수 있다.

   회사의 검사 결과 계약상표가 품질 불량 계약품에 사용되거나 부정하게 사용되고 있다고 회사가 판단하는 경우, 라이센시는 계약품에 관한 계약상표의 사용을 즉시 중지한다.
5. 라이센시는 계약품의 판매 전에 스스로의 비용으로 계약품의 각 모델에 대해(수량)의 견본을 회사에 송부하고, 이들 각 모델에 대해 라이센시가 판매하기 위한 사전 서면 승인을 회사로부터 취득해야 한다. 그럼에도 불구하고 회사가 그 견본을 수령하고 나서 O일 이내에 라이센시의 판매를 중지하는 통지를 라이센시에게 주지 않은 경우, 라이센시는 계약품의 판매를 개시할 수 있다.

제6조(상표권)

1. 라이센시는 본 계약에 따라 계약상표의 효력 또는 그 소유권을 본 계약기간 중 또는 그 연장기간 중, 직접 또는 간접을 불문하고 또한 제삼자의 다툼을 원조하지 않을 것에 동의함과 동시에, 계약상표가 회사의 단독 및 독점적인 재산으로서 존속하는 것임을 인정한다.
2. 라이센시는 계약지역이나 그 밖의 지역에서 계약품 또는 기타 제품에 관해 계약상표 전체나 그 일부 혹은 계약상표와 유사한 기타 상표의 등록 출원을 하지 않고 또한 출원하게 하지 않는다.
3. 라이센시는 언제라도 본 계약 중에 별도로 특별히 규정되고 있는 것을 제외하고는, 계약상표에 대해 어떤 권리 또는 소유권도 갖고 있다는 표시를 하지 않고, 또한 계약상표에 대한 회사의 권리 또는 소유권을 어떠한 방법으로도 해치는 행위를 하지 않고 한편 제 삼자에게 시키지 않을 것에 동의한다.
4. 제삼자에 의해 계약상표의 분쟁이 발생하고 또한 침해되고 있음을 라이센시가 인지한 경우, 라이센시는 그 취지를 즉시 회사에 통지함과 동시에, 회사가 그 권리를 보호하기 위해서 필요한 조치를 강구하는데 있어 회사를 원조한다.

제7조(계약품의 판매)

   라이센시의 계약지역에서 판매를 유지하고 높이기 위해 라이센시는 회사의 계약상표에 대한 충분한 존중심을 갖고, 본 계약에 의거해 계약품을 제조하고, 판매하고, 충분하게 선전하기 위해 최선을 다한다. 라이센시가 사은품을 증정하는 특별 판매를 하는 경우, 라이센시는 사전에 회사의 승인을 얻어야 한다.

제8조(기간)

   본 계약은 본 계약 양 당사자가 정당히 인정된 사인(社印)을 날인한 날에 발효하고, 본 계약에서 별도로 규정한 대로조기에 종료되지 않는 한, O년간 유효하다.

제9조(종료)

① 당사자의 한편이 본 계약규정의 채무이행을 범하거나 또는 이를 위반한 경우, 상대방은 O일의 서면 통지를 줌으로써 본 계약을 종료하는 권리를 갖는다. 단, 전자가 위의 통지를 수령한 후 O일 이내에 채무불이행 또는 위반을 치유하는 경우에는, 그 통지는 유효성을 갖지 않는다.
② 본조 1항에 관계없이, 다음의 어느 사태가 발생한 경우 계약은 통지 없이 자동적으로 종료한다.
   1. 당사자 한편의 지불 불능, 재산 관리 또는 파산.

2. 당사자 한편의 완전한 정산, 합병, 회사 갱생이나 흡수 합병 내지는 신설 합병에 의한 당사자 한편의 법인격의 변경, 그리고 이들 변경이 본 계약의 목적을 위해 상대방의 동의를 얻지 못했을 때

제10조(종료 후)

본 계약의 종료에 임해서 라이센시는 어떠한 계약상표 또는 회사가 판단하기 또는 회사가 판단하기에 회사의 상표와 혼동을 일으킬 정도로 유한 상표의 사용을 중지할 것을 동의한다.

제11조(중제)

본 계약으로부터 또는 본 계약과 관련하거나 이에 관해 본 계약당사자 사이에 발생하는 모든 분쟁, 논쟁, 의견의 차이, 혹은 그 위반은 대한민국 서울에서 대한상사중재원의 상사중재규칙에 따라 중재에 의해 최종적으로 해결한다. 중재인이 내린 중재 판단은 최종적이고 양 당사자에게 구속력을 갖는다.

제12조(양도)

본 계약은 상대방의 서면 동의 없이는 회사 또는 라이센시 누구도 양도할 수 없다.
단, (사업명)에 관한 전 영업을 인수한 회사 또는 라이센시의 양수인에 대한 경우는 제외한다.

제13조(해석)

본 계약의 해석 및 이행은 OO법에 따라 지배된다.

위의 증거로 본 계약당사자는 정당한 권한을 위임받은 임원 또는 대표자에게 모두에 기재한 날짜에 본 계약에 서명 및 날인하게 하였다.

20○○년 ○월 ○일

회사	주소	:	
	회사명	:	
	연락처	:	
	대표자	:	○ ○ ○ ㊞
라이센시	주소	:	
	연락처	:	
	성명	:	○ ○ ○ ㊞

비밀유지계약서

본 계약서는 ○○○○(이하 "갑"이라 한다)과 ○○○○(이하 "을"이라 한다)은 광학필름 제조 및 가공기술에 관한 정보나 자료를 제공, 입수, 활용하는데 있어서 상호간에 준수하여야 할 비밀유지조건을 합의하였음을 확인하기 위한 계약서이다.

제1조(계약의 목적)

본 계약은 "갑"의 광학필름 가공용 ○○○○를 제작/개발에 관련된 정보에 대한 비밀준수와 "을"이 보유하고 제공하는 기술적인 정보가 외부에 유출되지 않도록 하며 상호간에 비밀유지에 관한 사항을 정함에 그 목적이 있다.

제2조(비밀 정보의 정의)

1. 이 계약에서 "비밀정보"라 함은 "갑"이 "을"에게 제공하는 정보뿐 아니라 "을"이 제작, 개발, 제공하는 Thomson Knife에 관련된 모든 정보를 의미한다.
2. 이 계약서에 "을"이 "갑"에게 제공받아 제작/개발하는 과정에서 발생한 기술정보 및 기타 영업 관련정보, 그리고 기존에 "을"이 보유하고 있는 Thomson Knife 제작에 관련된 모든 Know-how와 정보 및 납품되는 Thomson Knife의 외부반출과 정보유출을 막아 "을"의 지적재산권을 보호하고 "을"이 지득하게 되는 "갑"의 아이디어 Know-how도 비밀정보로 규정하여 비밀을 유지하도록 한다.
3. "갑"은 비밀정보가 서면 또는 유형의 형태로 제공되는 경우에는 반드시 "비밀"임을 표시하여야 하고, 만약 구두 또는 시각적인 형태로 제공되는 경우에는 정보제공 후 30일 내에 정보제공일자 및 제공한 정보의 내역 등을 명시하여 그 정보가 비밀정보임을 서면으로 "을"에게 통지하여야 한다.
4. "을"은 Thomson Knife에 관하여 Know-how와 구체적인 사례를 제시하여 상호간에 협력관계를 유지하면서 상호간에 비밀을 유지하여 보호하도록 한다. 구체적인 사례는 별지 첨부한다.

제3조(비밀유지)

1. "갑"과 "을"은 본 계약과 관련한 비밀정보를 본 계약기간 중은 물론 본 계약기간 해지 및 종료 후 에도 계속해서 비밀로 유지하고 제3자에게 공개하거나 누설, 제공할 수 없으며 비밀 정보를 사용해서는 안 된다.
   다만, 비밀정보가 다음 각 호에 해당하는 경우에는 비밀로써 유지해야할 정보에서 제외된다.
   1) 서로의 고의나 과실 없이 공공에 알려진 정보는 예외로 한다.
   2) 비밀정보 및 사용에 대해 서로가 합의 한 경우.
   3) 비밀정보가 행정적 또는 사법적인소송의 판결에 의해 누설이 요구되는 경우
   단. 사전에 상호간에 그 사실을 통지하고 합의하여야 한다.

2. 서로가 비밀정보를 선량한 관리자의 주의 의무를 가지고 관리하여야 하고 상호간에 사전 서면 승인 없이 비밀정보를 본 계약서의 목적 이외에 타목적으로 사용하거나 전용해서는 안 된다

제4조(기간과 해지)

1. 본 계약서는 체결일로부터 15년간 유효하다.
2. 상호간에 계약을 불이행하였을 경우 본 계약을 즉시 해지 할 수 있다.
3. 본 계약이 유효기간 이내라 해도 상호간에 합의하에 계약을 해지 할 수 있다.

제5조(손해배상)

"갑"이나 "을"이 위 사항을 위반하여 상호간에 손해를 끼친 경우는 협의하여 배상한다.

제6조(양도 및 수정금지)

"갑"이나 "을"은 상대방의 사전동의 없이 본 계약상의 권리의무를 제3자에게 양도하거나 본 계약의 내용을 수정 할 수 없다.

제7조(분쟁해결)

1. 본 계약서에서 정하지 않은 사항을 신의 성실의 원칙에 따라 상호 협의하여 결정하거나 일반 상 관례에 따른다.
2. 본 계약에 관한 분쟁이 발생한 경우, 원칙적으로 양사간에 합의로 해결하되, 만일 상호 협의하여 해결되지 않아 소송으로 진행될 경우 서울지방법원을 관할 법원으로 한다.

본 계약의 체결사실을 증명하기 위하여 계약서2부를 작성하고, 쌍방이 서명 날인 한 후 각 1부씩 보관하기로 한다.

200○년 ○월 ○일

"갑" 회사		"을" 회사	
성명	○ ○ ○ ㉑	성명	○ ○ ○ ㉑
직위		직위	
회사명		회사명	
주소		주소	

【제작계약서】

제작계약서

OOO(이하 "갑")과 OOO(이하 을)는 현장중계 제작에 관하여 다음과 같이 약정한다.

제1조(목적)

본 계약은 "갑"의 의뢰에 따라 "을"이 "갑"의 홍보용 비디오 제작물을 제작하는 것을 목적으로 한다.

제2조(제작물의 규격)

OOOO의 OOO 편집 1편.VHS 사본 1권으로 한다.

제3조(계약의 기간)

계약의 기간은 계약 일자로부터 납품 예정인 2000년 O월 O일까지로 한다.

제4조(제작의 방법)

① "을"은 "갑"의 홍보비디오 제작 전반에 대하여(제작기획, 문안, 영상내용 등)는 "갑"의 동의를 얻어 제작한다.
② "갑"은 "을"이 홍보비디오를 제작함에 있어 필요한(촬영장소, 시간, 출연자, 기타 소품 등) 제반 여건을 "을"에게 제공하여야 한다.
③ 홍보비디오는 'OOO'으로 제작 납품한다.

제5조(제작의 수정)

① "을"은 "갑"에게 납품 전에 시사회를 가져서 납품 동의를 얻어야 한다.
② "갑"은 "을"에게 시사회 직후 수정을 요구할 수 있다. 단 수정은 1차 수정 이상, 2차 수정부터는 소요되는 불가피한 경비에 대하여서는 "갑"은 그 소요비용을 "을"에게 지급하여야 한다.

제6조(제작비)

① 제작비는 금 (   )원(VAT별도)로 한다.
② 제작비의 지불은 계약 시 40%, 납품과 동시에 60%를 "갑"은 "을"에게 현금지불 하여야 한다.

제7조(제작의 형태)

홍보비디오는 OOO 촬영 후 편집본 1편으로 한다.

제8조(계약의 위반에 대한 위약 배상금)

"갑"과 "을"의 상호신뢰를 바탕으로 한 계약의 조항 가운데 제2·3·4·5·7조를 위반 및 기술·인적인 문제의 발생으로 계약의 내용을 이행하지 못하였을 시에는 계약금액을 일할 계산하여 120%를 위약 배상한다.

제9조(기타)

① 본 계약서에 명시되지 아니한 사항은 "갑"과 "을"의 상호 협의 하에 정한다.
② 상호협의가 되지 아니한 사항은 일반적인 관례에 따른다.

제10조(관할법원)

　본 계약에 관하여 "갑"과 "을"의 쌍방 간에 일어나는 민·형사상의 분쟁에 대한 재판 관할은 "갑"의 소재지 관할 지방법원으로 한다.

　본 계약을 증명하기 위하여 계약서 2통을 작성하고 "갑"과 "을"이 각각 서명·날인하여 1통씩 보관한다.

2000년 0월 0일

	상호	:
	사업자등록(주민)번호	:
"갑"	주소	:
	연락처	:
	대표이사	: 　○ ○ ○ ㉑
	상호	:
	사업자등록(주민)번호	:
"을"	주소	:
	연락처	:
	대표이사	: 　○ ○ ○ ㉑

출판계약서(일반)

저작자 표시	소속	
	직위	
	성명	
저작물 표시	종류	
	제목	

위에 표시된 저작물(이하 "위 저작물"이라 한다)을 출판함에 있어서 저작권자 _____을(를) "갑 "이라 하고, 출판권자 혜천대학 출판부를 "을"이라 하여 다음 사항을 약정한다.

제1조(출판권의 설정)

① "갑"은 "을"에 대하여 위 저작물의 출판권을 설정하고 "을"은 위 저작물의 복제 및 배포에 관한 독점적인 권리를 가진다.

② 제1항의 출판권이라 함은 도서의 형태를 지닌 모든 저작물에 대한 권리를 말한다.

제2조(출판권의 존속기간)

① 위 저작물의 출판권은 계약일로부터 초판 발행일까지와 초판발행 후 5년간 존속한다.

② 제20조에 의한 갱신의 경우, 제1항의 기간은 5년간 자동 연장된다.

제3조(배타적 이용)

"갑"은 본 계약 기간 중 위 저작물의 제호 및 내용의 전부 또는 일부와동일 또는 유사한 저작물을 출판하거나 제3자로 하여금 출판하도록 할 수 없다.

제4조(출판권의 등록)

"을"은 위 저작물에 대한 출판권 설정을 등록할 수 있고, "갑"은 이에 지체 없이 협력하여야 한다.

제5조(내용의 책임)

위 저작물의 내용이 제3자의 권리를 침해하여 "을" 또는 제3자에 대하여 손해를 끼칠 경우 "갑"이 그 책임을 진다.

제6조(교정의 책임)

위 저작물의 교정에 관한 책임은 당사자 간의 특약이 없는 한 "갑"에게 있다. 다만, "갑"은 "을"에게 교정에 대한 협력을 요청할 수 있다.

제7조(비용 부담)

① 위 저작물의 저작에 필요한 비용은 "갑"이 부담하고 제작, 선전 및 판매에 따른 비용은 "을"이 부담한다.

② "갑"의 요청에 따른 수정, 증감 등에 의하여 통상의 제작비를 현저히 초과할 경우에는 그 초과액의 전부 또는 일부를 "갑"에게 청구할 수 있다.

제8조(원고의 인도 및 발행기간)

① "갑"은 년 월 일까지 위 저작물의출판에 필요한 완전한 원고 또는 이에 상당한 자료(이하 "완결원고"라 한다)를 "을"에게 인도한다.

② "을"은 "갑"으로부터 완결원고를 인도받은 날로부터 ○개월 안에 위 저작물을 발행해야 한다. 다만, 부득이한 사정이 있을 경우 "갑"과 협의하여 그 기일을 변경할 수 있다.

제9조(저작 인격권의 존중)

"을"이 저작자의 명예나 성망을 해칠 우려가 있는 방법으로 위 저작물의 제호, 내용 또는 판형 등을 바꾸고자 할 때에는 반드시 "갑"의 동의를 얻어야 한다.

제10조(저작권의 표시 등)

① "을"은 저작물의 복제물에 적당한 방법으로 "갑"의 성명과 발행년월일 등 저작권 표시를 해야 한다.

② "갑"과 "을" 사이에서 추가 약정이 없는 한 검인지는 부착하지 아니한다.

제11조(장정, 부수, 정가 등)

위 저작물의 복제물의 체제, 장정, 정가, 발행부수, 중쇄의 시기 및 선전, 판매의 방법 등은 "을"이 결정한다. 다만, 중쇄의 경우 "갑"의 수정증감 요구가 있을 때에는 이에 응해야 한다.

제12조(저작권 사용료)

① "을"은 "갑"에게 정가의 %에 해당하는 금액에 판매부수를 곱한 금액을 저작권사용료로 지불한다.

② "갑"은 납본, 증정, 선전 등을 위하여 제공되는 부수에 대하여는 저작권사용료를 면제한다. 다만, 그 부수는 당사자 간의 합의로 정한다.

③ "을"은 본 계약과 동시에 계약금으로 원을 지급한다. 다만, 계약금은 판매종료 시 지급할 저작권사용료에서 공제한다.

제13조("갑"에 대한 증정본 등)

① "을"은 초판 발행 시 "갑"에게 부를 증정하여야 하며, 이는 당사자 간의 협의에 따라 조정할 수 있다.

② "갑"은 전항의 부수를 초과하여 구입하고자 할 경우 정가의 70%에 해당하는 금액으로 "을"로부터 구입할 수 있다.

제14조(개정판·증보판)

"갑"은 "을"의 사전동의 없이 위 저작물의 개정판 또는 증보판을 발행하거나 제3자로 하여금 발행하도록 할 수 없다.

제15조(이차적 사용)

계약기간 중에 위 저작물이 개작, 연극, 영화, 방송, 녹음, 녹화, CD형태 등 이차적으로 사용될 경우에는 "갑"이 그에 관한 처리를 "을"에게 위임하고 "을"은 구체적 조건에 대하여 "갑"과 협의하여 결정한다.

제16조(전집 또는 선집 등 수록)

계약기간 중에 "갑"이 위 저작물을 자신의 전집이나 선집 등에 수록·출판하고자 하는 경우에는 미리 "을"의 동의를 얻어야 한다.

제17조(저작권, 출판권의 양도 등)

① "갑"은 위 저작물에 대한 저작권의 전부 또는 일부를 제3자에게 양도하거나 이에 대하여 질권을 설정하고자 하는 경우에는 "을"의 동의를 얻어야 한다.

② "을"은 위 저작물의 출판권을 제3자에게 양도하거나 이에 대하여 질권을 설정하고자 하는 경우에는 "갑"의 동의를 얻어야 한다.

제18조(원고 반환)

"갑"과 "을" 사이에 추가 약정이 없는 한 위 저작물의 출판 후 "을"은 원고반환의 의무를 지지 아니한다.

제19조(계약내용의 변경)

"갑" 또는 "을"이 본 계약의 내용을 변경하고자 하는 경우에는 당사자 간의 협의로 결정한다.

제20조(계약의 갱신)

본 계약은 계약기간 만료일 3개월 전까지 어느 한 쪽에서 문서에 의한 통고(우편발송 시 등기우편)에 의하여 해지할 수 있으며, 그 통고가 없는 한 본 계약과 동일한 조건으로 5년씩 자동 연장된다.

제21조(계약의 해제)

"갑" 또는 "을"이 본 계약에서 정한 사항을 위반하였을 경우 그 상대방은 상당한 기간을 정해 그 이행을 최고한 후 본 계약을 해제할 수 있고 또한 손해의 배상을 청구할 수 있다.

제22조(출판권 소멸 후의 배포)

① 출판권이 소멸한 후에도 "을"은 이미 발행된 도서의 재고품을 배포할 수 있다.

② 전항의 경우에도 제13조에 의한 저작권사용료를 지급하여야 한다.

제23조(재해·사고)

천재지변 기타 불가항력의 재난으로 "갑" 또는 "을"이 손해를 입거나 계약의 이행이 지체 또는 불능하게 된 경우에는 상호 협의하여 공정하게 처리한다.

제24조(계약의 해석 및 보완)

본 계약에 명시되어 있지 아니하거나 해석상 이견이 있을 경우에는 저작권법, 민법 등을 준용하여 사회통념과 조리에 맞게 처리한다.

이 계약을 증명하기 위하여 계약서 2통을 작성하고 "갑"과 "을"(및 입회인)이 서명 날인한 다음 각 1통씩 보관한다.

2○○○년 ○월 ○일

저작권자 "갑"	소속	:	
	연락처	:	
	성명	:	○○○ ㊞
		:	
출판권자 "을"	주소	:	
	출판사명	:	
	대표자(대리인 출판부장)	:	○○○ ㊞

참고 11 _ 출판계약의 종류

1. 저작재산권 양도계약

이것은 출판자가 저작재산권 전부를 저작권자로부터 양도받는 경우이다. 따라서 출판자는 원칙적으로 출판을 하여야 할 의무늘 부담하지 않으며, 출판 목적의 복제, 배포권 이외에 공연권, 방송권, 전시권 등의 저작재산권 전부를 이전받게 되어 강대한 권리를 취득하게 된다.

2. 복제, 배포권 양도계약

저작재산권을 구성하는 여러 권리중 출판에 필요한 복제, 배포권만 양도받는 계약을 뜻한다. 따라서 저작재산권 주체에는 변동이 없으나, 저작재산권 양도계약과 같이 원칙적으로 출판을 하여아할 의무는 부담하지 않는다. 이 점에서 출판권설정계약이나 출판(허락)계약상의 출판자가 출판을 하여야 할 의무를 부담한다는 점에서 차이가 있다.

3. 출판권설정계약

출판권 설정을 목적으로 저작권자(또는 복제, 배포권자)와 출판자 간에 맺어지는 준물권계약을 말한다. 따라서 출판권 설정을 받은 자 즉, 출판권자는 독점, 배타적인 출판권을 취득함으로써 제3자의 출판행위에 대하여 직접 손해배상 청구는 물론 출판행위 자체도 금지 시킬 수 있다.

4. 출판(허락)계약

출판을 목적으로 저작권자가 출판자에게 출판을 허락하는 채권계약이다. 협의의 출판계약하면 이 계약을 말하는 것으로 특별한 합의(독점출판허락이 예상된다)가 없는 한 저작권자는 다른 출판자에게도 출판하게 할 수 있다.

【저작물복사이용 허락계약서】

저작물복사이용 허락계약서

OOOO(이하 "갑"이라 한다.)와 OOO(이하 "을"이라 한다.)는 저작물의 복사이용에 관하여 다음과 같이 계약을 체결한다.

제1조(복사이용 허락)

"갑"은 "을"에 대하여 『저작물 복사이용에 관한 허락계약 약관』에 따라 저작물의 복사이용을 허락한다.

제2조(허락의 대상)

본 계약에 의해 허락된 복사기기는 OO시 OO구 OO동 OO번지에 소재한 "을"의 영업소내의 복사기기 중 "갑"이 발행한 인증물(스티커)을 부착한 기기에 한한다.
(허락된 복사기기의 일련(고유)번호 :)

제3조(허락의 범위)

"을"은 도서의 경우 저작물의 전권 복사 또는 소부분 복사한 것을 여러 부 복사할 수 없으며 소부분(개별 저작물의 5%범위 내)을 1인 1부에 한하여 복사할 수 있다. 다만, 소부분 복사라 하더라도 1인 2부 이상 또는 판매를 목적으로 복사한 때에는 전권을 복사한 것으로 본다.

제4조(저작권 사용료의 산정)

"을"의 복사에 관한 저작권(출판권을 포함하는 것으로 한다. 이하 같다)사용료는 〈별지 1〉에서 정하는 방법에 의하여 산정한다.

제5조(저작권 사용료의 청구 및 납입)

① 제4조의 최저 저작권 사용료는 일금원으로 한다. 이 사용료 금액은 제4항이 규정하는 정산 시 미달할 경우에도 반환하지 아니한다.
② 제1항의 저작권 사용료가 일시납인 경우에는 200 년 월일까지 납입기로 한다. 다만, 제6조에서 분할 납입특약을 체결한 때에는 회차일(납입일)에 각각 납입하기로 한다.
③ 제1항의 저작권 사용료는 아래 은행계좌로 납입하기로 한다.
  (은 행 명) OO은행 OO지점
  (계좌번호)
  (예 금 주) OOO
④ 제1항의 저작권 사용료는 분기별로 복사매수를 확인하여 정산하여야 한다.
⑤ 저작권 사용료 납입을 연체하는 때에는 연 20%의 지연이자를 지급하여야 한다.

제6조(사용료 납입 특약)

"을"은 다음과 같이 저작권 사용료를 분할하여 납입하기로 특약한다.

제7조(복사내역 기록·보고)

"을"은 〈별지 2〉와 같은 복사내역 기록을 성실하게 기록하여 매분기말 "갑"에게 보고, 제출하여야 한다.

회 수	납입일	납입금액	비 고
제 1 차	2000년 0월 0일		
제 2 차			
제 3 차			
제 4 차			

제8조(협조 및 통지의무 등)

① "갑"은 "을"의 영업소에 대한 복사매수 미터조사, 저작권 사용료 분배를 위한 복사실태조사 및 불법 복사단속을 항상 실시할 수 있고 "을"은 이에 협조하여야 한다.

② "을"은 "갑"이 교부하는 게시물(전권복사의 금지를 고객에게 알리는 내용 등 기타사항)을 "을"의 영업소 내에 게시하는 데 협조하여야 한다.

③ "을"은 "갑"이 실시하는 불법 복사·복제 근절을 목적으로 하는 교육을 연1회 받아야 한다.

④ "을"은 다음 각 호 1이 변경되는 때에는 즉시 "갑"에게 서면으로 통지하여야 하며 지체로 인하여 발생하는 모든 손해는 "을"이 부담하기로 한다. 다만, 제3호의 경우에는 양수인의 계약인수 의사를 서면으로 통지하여야 한다.

 1. 영업소 주소 및 연락처 변경
 2. 대표자 변경
 3. 영업양도

제9조(비밀유지의무)

"갑"은 본 계약에 의하여 알게 된 정보를 제3자에게 개시(開示)할 수 없다. 다만, 소송절차 등에서 필요한 때에는 그러하지 아니하다.

제10조(이의 신청)

"갑"과 "을"은 저작권자 또는 출판권자로부터 본 계약에 대한 이의 신청이 있을 때에는 협의를 통하여 해결한다.

제11조(계약의 효력발생 및 기간)

① 본 계약의 효력은 제5조 제1항에서 정한 저작권 사용료가 "갑"의 계좌에 입금된 후부터 발생한다. 다만, 제6조에서 분할납입 특약을 체결한 때에는 초회 사용료가 납입된 때부터 발생한다.

② 본 계약기간 계약체결일로부터 1년으로 한다.

③ 계약기간 만료일 1개월 전까지 "갑" 또는 "을"로부터 특별한 의사표시가 없는 경우에 본 계약은 그 기간이 만료된 때에 동일한 조건으로 1년간 연장한 것으로 본다. 다만, 저작물 사용료를 납입하지 아니하는 때에는 그러하지 아니하다.

제12조(계약의 해지)

① "갑"은 "을"이 제3조에서 정한 허락범위를 초과하여 저작물을 복사하였을 때에는 즉시 계약을 해지할 수 있다.

② "갑"은 "을"이 제2조에서 정한 영업소 내 또는 그 외의 장소에서 불법복사 · 복제(전권복사 또는 여러 부의 복사 등)을 하거나, 그 복사물을 영업소로 반입한 경우에도 즉시 계약을 해지할 수 있다.

③ "갑"은 "을"이 제8조 제4항 제3호의 통지를 하지 아니하는 때에는 즉시 계약을 해지할 수 있다.

④ "갑"은 "을"이 제7조의 복사내역 기록을 불성실하게 또는 사실과 다르게 기록하는 경우에는 계약을 해지할 수 있다.

⑤ "갑"은 제1항 내지 제4항에 의한 계약해지 후 "을"에게 민 · 형사상 책임을 물을 수 있다.

제13조(계약에 관한 협의)

본 계약에 대한 이의 또는 계약에서 정하지 아니한 사항에 대하여는 양자 협의를 통하여 해결하도록 한다.

이상의 계약을 증거하기 위하여 본서 2부를 작성하여 "갑"과 "을"은 각각 1부씩 갖는다.

2000년 0월 0일

※ 사업자등록증 사본 첨부 요망

"갑"

단체
대표자 OOO ㊞
소재지

"을"

상 호 명		사업자등록번호	–
소 재 지			
대표자명	OOO ㊞	주민등록번호	–
대표전화		자 택 전 화	

【지적재산권사용에 관한 계약서】

지적재산권사용에 관한 계약서

[지적재산권 표시]

 1. OO캐릭터 : 상표등록 제 OO 호
 2. OO 밥솥 : 특허등록 제 OO호

  위 지적재산권을 사용함에 있어서 저작권자 OOOO을(를) "갑"이라 하고 사용자 OOOO를 "을"이라 하여 다음과 같이 약정하고 신의와 성실로써 이 계약을 체결하고 준수한다.

제1조(계약의 해석)

  본 계약은 "을"의 OO사업을 위해 필요한 "갑"의 지적재산권을 "을"이 사용함에 있어 계약 당사자인 "갑"과 "을"의 역할과 의무에 관한 법률관계를 규정하여 상호 원활한 협력관계를 구축함에 있다.

제2조(지적재산권의 설정)

① "갑"은 위에 표시된 지적재산권(이하 위 '지적재산권'이라 한다)의 사용을 "을"에게 설정하며 "을"은 위 지적재산권의 복제 및 배포에 관한 독점적인 권리를 가진다.
② "갑"은 "을"의 사전 서면동의 없이 3자에게 사용 권한을 이전할 수 없다.

제3조(지적재산권의 사용)

  "을"은 위 지적재산권에 대한 이용에 있어, "갑"은 이에 지체 없이 협력하여야 한다.

제4조(권한)

  위 지적재산권의 사용, 출판, 판매, 제조 방법 등 제반 사항은 "을"이 결정한다.

제5조(지적재산권의 존속기간)

① 위 지적재산권의 계약일로부터 3년으로 한다.
② 제13조에 의한 갱신의 경우에는 전항의 기간도 3년 간 연장된 것으로 본다.

제6조(원고 등의 인도)

  "갑"은 본 계약일로부터30일 이내에 위 지적재산권의 사용을 위하여 필요하고도 완전한 원고 또는 이와 관련된 자료 일체를 "을"에게 인도하여야 한다.

제7조(지적재산권자 인격권의 존중)

  "을"이 위 지적재산권의 제호, 내용, 또는 표현을 바꾸고자 할 때는 "갑"의 동의를 얻어야 한다.

제8조(지적재산권의 표시)

  "을"은 "갑"의 요구가 있을 때에는 "갑"에게 지적재산권이 있음을 표시한다.

제9조(지적재산권에 대한 사용료의 지급)

"을"은 "갑"의 지적재산권 사용에 대하여

총액	000,000,000	원정을	"갑"에게 지불함에 있어
계약금	000,000,000	원정은	계약시에 지불하고
중도금	000,000,000	원정은	2000년 00월 00일 지불하며,
잔금	000,000,000	원정은	2000년 00월 00일 지불한다.

제10조(지적재산권 내용에 따른 책임)

"갑"은 위 지적재산권의 내용에 있어 타인의 지적재산권을 침해하거나 명예훼손 또는 기타 문제의 발생으로 인하여 "을" 또는 제3 자에게 손해, 손실이 발생하였을 경우 그 책임을 지며 발생된 손해나 손실에 대하여 보상 또는 배상하여야 한다.

제11조(배타적 이용)

"갑"과 "을"은 본 계약에 따르는 권리와 의무의 전부 또는 일부를 제3 자에게 양도, 위탁 전대하거나 어떠한 명분으로도 질권이나 기타 담보의 목적으로 사용하지 못한다.

제12조(계약 내용의 변경)

"갑" 또는 "을"이 계약의 내용을 변경하고자 할 때에는 쌍방이 협의하여 결정한다.

제13조(계약의 갱신)

이 계약은 그 기간만료일 O개월 전까지 "갑", "을" 어느 한 쪽에서 계약 갱신을 원하지 않는다는 서면 통고가 없는 한 이 계약과 동일한 조건으로 자동적으로 갱신되어 유효기간이 O년 동안 연장된 것으로 본다.

제14조(계약의 해제)

"갑" 또는 "을"이 계약에 정한 사항을 위반했을 때에는 그 상대방은 상당한 기간을 정하여 그 이행을 최고한 후 계약을 해제할 수 있고, 또 손해의 배상을 청구할 수 있다.

제15조(지적재산권 소멸 후의 배포)

지적재산권이 소멸된 후에도 "을"은 이미 발행 또는 제조된 상품의 재고품을 배포, 판매할 수 있다.

제16조(계약의 해석 및 보완)

이 계약에 명시되어 있지 않거나 해석상 이견이 있을 경우에는 저작권법, 민법 등을 준용하고 사회통념과 조리에 맞게 해결한다.

제17조(관할법원)

① 합의에 이르지 못하거나 분쟁이 발생할 경우 "을" 소재지의 법원을 그 관할법원으로 한다.
② "갑"과 "을"은 이상의 계약내용을 성실히 수행할 것을 서약하면서 계약서 2부를 작성하여 상호 서명 날인하고 1부씩 보관하기로 한다.

20○○년 ○월 ○일

지적재산권자 "갑"	상호명	:	
	대표	:	○ ○ ○ ㉑
	주소	:	
	사업자등록번호	:	
사용자 "을"	상호명	:	
	대표	:	○ ○ ○ ㉑
	주소	:	
	사업자등록번호	:	

참고 12 _ 산업재산권 권리침해 보호 ▌_ 특허청

1. 산업재산권 침해행위에 대한 단속활동 강화

· 검찰·경찰·지방자치단체와 정기 및 수시 합동단속 강화
· 일간지, 대중매체를 통한 허위표시, 광고행위 조사·시정권고 조치
· 사이버지식재산보호센터 등 침해행위 상설신고센터 운영

2. 산업재산권 보호를 위한 교육 및 홍보 강화

– 기업의 산업재산권 관리능력 제고를 위한 교육·홍보
– 영업비밀침해시 처벌강화, 친고죄 폐지, 미수범 및 침해법인도 처벌
– 주로 도용되는 상표자료집, 'Anti-counterfeiting Activities in Korea' 발간 및 배포 (검·경·지방자치
  단체, 주한 EU대표부, 대사관 등)

3. 위조상품 단속직원 대상 「부정경쟁방지 및 영업비밀보호의 이해」(국제지식재산연수원) 운영 확대

특허사용계약서

주식회사 ㅇㅇㅇㅇ(이하 "갑"이라 한다)와 (주)ㅇㅇㅇㅇ(이하 "을"이라 한다)는 기술제휴에 관하여 아래와 같이 계약(이하 "본 계약"이라 한다)을 체결한다.

제1조(목적)

본 계약은 ㅇㅇ기술에 관한 특허권자인 "갑"이 "을"에게 "을"이 이를 독점적으로 실시하는 것을 허락함에 있어 필요한 제반사항을 정함을 그 목적으로 한다.

제2조(사용허락)

"갑"은 제ㅇ호 ㅇㅇ기술(이하 "본 특허발명"이라 한다)의 특허권자로서 "을"이 이를 독점적으로 실시하여 ㅇㅇ제품(이하 "본 제품"이라 한다)을 사용·판매·배포하는 것을 허락한다.

제3조(사용료)

① "을"은 "갑"에게 본 특허발명의 사용대가로서 다음 각 호와 같이 사용료를 지급한다.
  1. 선금 : 본 계약체결일로부터 ㅇ일 이내에 금 ( )원
  2. 사용료 : 본 계약기간동안 매월 ㅇ일 "을"이 매월 판매하는 본 제품의 매출금액 중 3%
② 제1항 제2호의 매출금액은 고객에 대한 총 매출금액에서 수하물 포장비, 운임, 물품세 및 고객의 할인액을 제외한 금액으로 한다.

제4조(보고의무)

"을"은 매월 "갑"에게 본 제품에 관한 자가소비수량, 생산수량, 판매수량, 재고수량, 매출금액, 기타 사용료 정산과 관련된 사항을 보고하여야 한다.

제5조(장부검사)

"을"은 본 계약에 따라 최초 제작한 본 제품의 생산, 수주 및 판매에 관하여 상세하게 기록한 장부를 구비해두어야 하며, "갑"은 필요한 경우 당해 장부를 검사할 수 있다.

제6조(통지의무)

"을"은 제3자가 본 특허발명을 침해하거나 침해하려고 하는 사실을 알았을 경우 지체 없이 "갑"에게 통보하고 "갑"과 협력하여 침해를 배제하기 위하여 노력하여야 한다.

제7조(신규발명)

"을"의 직원이나 피용자가 특허발명의 개량이나 확장에 관계된 신규 발명 또는 고안을 한 경우에는 당해 발명 또는 고안에 관한 특허 및 실용신안등록을 받을 권리는 "을"이 보유한다.

제8조(비밀준수의무)

① "갑"과 "을"은 본 계약기간 중은 물론 본 계약의 종료나 해지이후에도 본 계약의 이행과정에서 알게 된 상대방의 영업비밀 또는 고객관련정보를 상대방의 서면동의 없이 제3자에게 유출하거나 본 계약의 이행 이외의 목적으로 이용하여서는 안 된다.

② "갑"과 "을"은 자신의 임직원, 대리인, 사용인 등 기타 관련자로 하여금 제1항과 동일한 비밀준수 의무를 지도록 한다.

제9조(통지의무)

"갑"과 "을"은 본 계약 체결 당시에 알고 있는 상호, 대표자, 소재지, 업종 및 기타 계약당사자의 주요사항이 변동되거나 합병, 영업양도, 부도, 화의, 회사정리, 파산 등 신용상태에 변경이 있거나 변경될 우려가 있는 경우 이를 지체 없이 상대방에게 통지하여야 한다.

제10조(계약기간)

본 계약의 유효기간은 계약체결일로부터 1년으로 하고, 계약기간 만료일 1월 전까지 별도 서면에 의한 의사표시가 없는 한 동일한 조건으로 1년씩 자동 연장되는 것으로 한다.

제11조(계약의 변경)

본 계약의 일부 또는 전부를 변경할 필요가 있는 경우에는 "갑"과 "을"의 서면 합의에 의하여 이를 변경하고, 그 변경내용은 변경한 날 그 다음날부터 효력을 가진다.

제12조(권리 · 의무의 승계)

본 계약상의 모든 권리와 의무는 "갑" 또는 "을"의 합병, 영업양도, 경영 위임 등의 경우에도 "갑" 또는 "을"의 합병회사, 영업양수인, 경영수임인 등에게 승계되며, "갑" 또는 "을"은 그들로 하여금 본 계약상의 권리와 의무를 승계하는 것에 동의하도록 할 의무를 진다.

제13조(권리 등의 양도 등 금지)

"갑"과 "을"은 상대방의 서면동의 없이 본 계약상의 일체의 권리 · 의무 등을 제3자에게 양도 · 증여 · 대물변제 · 대여하거나 담보로 제공할 수 없다.

제14조(해지)

① "갑" 또는 "을"은 다음 각 호의 사유가 발생한 경우에는 계약기간에 관계없이 상대방에 대한 서면통지로써 본 계약을 해지할 수 있다.

1. 상대방이 정당한 사유 없이 본 계약에서 정한 사항을 위반하고 서면으로 시정요구를 받은 날로부터 7일 이내에 해당 위반사항을 시정하지 않은 경우
2. 자신 또는 상대방의 주요재산에 대한 보전처분결정 및 강제집행, 화의, 회사정리, 파산 등의 개시로 더 이상 계약유지가 곤란한 경우
3. 기타 본 계약을 수행하기 어려운 중대한 사유가 발생한 경우

② 제1항의 해지는 "갑"과 "을"의 손해배상 청구에 영향을 미치지 아니한다.

제15조(해제)

① "을"이 정당한 사유 없이 본 계약체결일로부터 3월 이내에 본 특허발명을 실시하지 아니하는 경우 "갑"은 서면으로 즉시 본 계약을 해제할 수 있다.

② 제1항의 해제는 "갑"의 손해배상 청구에 영향을 미치지 아니한다.

제16조(계약의 유보사항)

① 본 계약에서 정하지 아니한 사항이나 해석상 내용이 불분명한 사항에 대해서는 관계법령 및 상관습에 따라 상호 협의하여 결정한다.

② 제1항과 관련하여 필요한 경우 "갑"과 "을"은 별도의 약정을 할 수 있으며, 이는 본 계약의 일부를 이룬다.

제17조(관할법원)

본 계약과 관련하여 소송상의 분쟁이 발생한 때에는 서울지방법원을 관할로 한다.

본 계약의 내용을 증명하기 위하여 계약서 2부를 작성하고, "갑"과 "을"이 서명 또는 날인한 후 각 1부씩 보관한다.

20○○년 ○월 ○일

	주소	:	
"갑"	상호	:	
	대표이사	:	○ ○ ○ (서명 또는 날인)
		:	
	주소	:	
"을"	상호	:	
	대표이사	:	○ ○ ○ (서명 또는 날인)

【개발용역계약서】

개발용역계약서

계약번호 제 ○ 호

계약당사자 (주) ○○○○(이하 "갑"이라 칭함)와 (협력업체: (주) ○○○○) (이하 "을"이라 칭함)는 (목적물의 명칭: ○○○) (이하 "개발제품"이라 칭함)의 개발용역 및 공급에 관련하여 다음과 같은 내용으로 계약을 체결한다.

제1조(계약의 목적)

본 계약은 "갑"의 요구사양서가 요구하는 개발제품을 "을"의 자원을 투입하여 개발하고 첨부1의 납품목록과 같은 개발제품을 "갑"에게 공급하는데 있어 필요한 제반사항을 규정함에 그 목적이 있다.

제2조(계약의 이행)

"을"은 본 계약서, 계약특수조건, 요구사양서, 설계도면, 회로도 등 "갑"과 합의한 모든 사항을 이행하여야 하며, "갑"과 "을"은 계약 내용을 신의에 따라 성실히 이행하여야 한다.

제3조(검사 및 납품)

1. "을"은 본 계약서에 첨부한 납품목록에 명시된 개발제품을 표시된 납기에 따라 "갑"에게 납품하여야 한다.

2. "을"은 납품목록에 기재된 내역의 개발제품에 대한 성능을 입증하기 위하여 "갑"이 제시한 요구사양서의 검사항목 및 시험절차에 의거 납품일의 ○일전에 자체 시험하여야 하고 성능입증이 완료된 때에 "갑"에게 검수를 요청하여야 한다.

3. 전 제2항에 의거 검수 요청된 개발제품은 "을"의 자체적인 검수를 완료함으로써 이에 관한 "갑"의 순수 검수기간이 ○일을 초과하지 않도록 완벽한 기능을 갖추고 있을 것을 요한다.

4. "갑"의 검수결과 "을"이 납품할 개발제품의 전부 또는 일부에 기능상의 하자가 있을 경우, "을"은 "갑"의 통보에 따라 즉시 그 하자를 수정, 보완한 다음 ○일 이내에 재검사 실시를 요청하여야 한다.

제4조(최종 납품일)

전 제3조 제2항의 검수에 대한 기준은 "갑"이 정하여 "을"에게 제시한 요구사양서 또는 시험절차서 등의 서면에 의하며, 동 기준에 따라 개발제품이 독립적으로 또는 관련장비의 일부로서 정상적이고도 완전한 기능을 발휘한다는 것을 "갑"이 서면으로 인정하는 때에 최종납품이 완료된 것으로 본다.

제5조(지체 상금)

"을"이 제3조 제1항의 규정을 위반했을 경우 또는 제3조 제4항의 규정에 따라 수정, 보완 또는 재제작함으로 인하여 지체되는 일수에 대해서 지연일수 ○일당 미납품분에 해당하는 금액의 1000분의 ○에 해당하는 지체상환금을 "갑"에게 지급하여야 한다. 다만, 지연사유가 "갑"에게 있을 경우, 천재지변 또는 불가항력적인 사유로 인하여 지연되었을 경우는 그러하지 아니하다.

제6조(계약금액)

총 계약금액은 금 (   )원 (부가세 별도)으로 정하고 상세내역은 첨부의 납품목록에 기재한다.

제7조(계약 이행 보증)

"을"은 이 계약의 이행을 담보하기 위하여 "갑"의 선급금 지급과 동시에 계약이행 보증금으로 제6조 계약금액의 0%에 해당하는 금 (   )원의 금액을 "갑"을 피보험자로 하는 계약 이행보증보험 증권으로 "갑"에게 예치하여야 한다.

제8조(지급방법 및 지급기일)

1. 선급금   : 계약체결   후   0일 이내   000,000원
2. 중도금(1차)   : 0000   이후   0일 이내   000,000원
3. 중도금(2차)   : 0000   이후   0일 이내   000,000원
4. 중도금(3차)   : 0000   이후   0일 이내   000,000원
5. 잔금   : 제4조 최종납품일 이후 0일 이내 000,000원

제9조(자료제출 의무)

"을"은 이 계약의 규정에 따라 개발제품의 개발을 수행하고, 그 결과인 개발제품의 납품과 동시에 "계약특수조항"에 규정된 자료를 "갑"에게 제출하여야 한다.

제10조(생산 감독)

"갑"은 개발제품의 설계 및 제작과정을 감독할 수 있으며, "을"은 "갑"의 감독원의 지시에 응하여야 한다.

제11조(위험 부담등)

개발의 수행중 또는 완료 후에 있어서 개발제품 전부 또는 일부에 대한 점유가 "을"에 있는 동안 제3자의 압류나 가압류 및 기타 강제집행이 행하여지거나 또는 그 우려가 있을 경우, "을"은 그 사실을 즉시 "갑"에게 통보함과 아울러 동집행으로 인하여 "갑"의 권리에 영향을 미치지 않도록 해야 한다.

제12조(산업재산권등의 침해에 대한 면책)

"을"은 자신이 수행하는 개발의 수행방법 또는 개발제품에 적용한 기술이 제3자의 특허권, 실용신안권, 의장권등(이하 "산업재산권"이라 칭함)을 침해하지 않음을 보증함과 아울러 동 산업재산권과 관련하여 제3자로부터 제기되는 모든 침해, 기타 주장에 대하여 "을"의 비용과 책임으로 해결하기로 한다.

제13조(비밀 사항 및 비밀 보장)

1. "을"은 개발제품이나 이 계약의 이행에 관련하여 취득한 자료 일체를 비밀로 유지하여야 하며 이를 제3자에게 누설 또는 공개 할 수 없다. 만일 비밀이 누설 되었을 경우는 이로 인하여 "갑"이 입은 손해를 배상함은 물론 관계법령상의 모든 책임을 진다. 본항의 규정은 본 계약 종료 후에도 계속 유효하다.
2. "을"은 제2조에 의거 지급된 설계도면, 요구사양서, 견본품 등이 있을 경우 그 내용을 인가된 관계자 외에는 "갑"의 허가 없이 열람, 복사, 유출 할 수 없다.
3. "을"은 본 계약과 관련하여 "갑"으로부터 지급된 설계도면, 견본품, 대여품등이 있을 경우 이에 대한 보관관리를 철저히 하여야 하며 계약이 완료된 후에 제공자료와 사급품의 잔여량은 "갑"에게 반환하여야 한다. 만약, 원상을 변경 훼손하였을 경우에는 이의 복구를 위한 일체의 책임을 "을"이 부담해야 한다.
4. 계약과 관련하여 비밀로 분류된 사항일 경우에는 정부 보안 업무 규범 및 동 시행규칙과 군사기밀 보호법 및 동 시행령의 규정에 의거 취급한다.

제14조(권리의 귀속)

별도의 약정이 없는 경우 개발제품의 제작과정에서 발생하는 지적재산권은 "갑"의 소유로 하며 이는 납품과 동시에 "갑"에게 양도한다.

제15조(권리의 양도 및 처분 금지)

"갑" 또는 "을"은 서로 상대방의 서면 동의가 **있는 경우를** 제외하고는 어떠한 이유로도 이 계약상의 자신의 권리나 의무를 다른 제3자에게 이전, 양도하거나 **처분을** 할 수 없다.

제16조(계약의 해제 및 해지)

1. 양 당사자는 다음 각 호에 해당하는 사유가 발생하거나 계약을 이행할 능력이 없다고 인정 될 경우 책임 있는 상대방에게 사전에 서면통보 후 계약을 해제 또는 해지 할 수 있다.

   가. 계약 후 기술적 수행능력의 부재가 판정된 경우

   나. 입고된 개발제품의 상태가 제2조의 요구조건과 현저히 상이하고 납품 검사 시 합의된 시험항목의 O% 이상이 불합격으로 판정된 경우

   다. 정당한 사유 없이 계약기간의 O% 이상 최종 납품일이 지연된 경우

   라. "갑" 또는 "을"이 발행한 어음 또는 수표가 부도를 당할 경우, 파산, 법정관리 신청을 당한 경우

   마. "갑" 또는 "을"이 체납 처분을 당하거나 주요 재산을 강제집행(압류, 가압류, 가처분 및 전부명령 포함) 도는 파산선고를 받아 회사 정리절차가 계속되어 지속적인 거래가 곤란할 때

2. 전항의 규정에 의해 계약이 해제, 해지 된 경우에도 기 발생한 "갑" 또는 "을"의 권리나 손해배상 청구권에는 **영향을** 미치지 아니한다.

3. 제1항에 의하여 "갑"이 이 계약의 일부 또는 전부를 해지 할 경우는 "을"은 동 시점까지 수행한 개발의 결과물 및 기술자료를 "갑"에게 인도하여야 하며 이 경우 "을"에게 여하한 계약불이행 귀책사유가 없는 한 "을"이 제시하는 증빙서류에 따라 동 개발의 기성부분에 대한 대가를 지급하기로 한다.

4. "갑" 또는 "을"은 제1항 각 호에 해당하는 정당한 사유가 발생할 경우 서면의 통지로써 이 계약을 해지할 의사를 전해야 한다.

제17조(하자보증)

1. 하자 보증기간은 개발제품의 납품 완료 후 O개월로 한다. 다만, 하자보증 기간이 종료된 후라도 "을"의 고의 또는 중과실에 의한 하자가 발견되었을 경우에는 "을"의 하자보증 책임은 "갑"이 하자를 발견한 날로부터 O개월간 연장된다.

2. 제1항의 기간 내 에 발생하는 하자에 대하여 O일 이내에 "을"은 이를 무상으로 수리하거나 교체납품하여야 한다. 단, 하자발생 이유가 "갑"의 지시 또는 "갑"의 취급 부주의나 천재지변으로 인한 경우에는 그러하지 아니하다.

3. "을"이 전항의 지정기일 내에 보수를 완료하지 못하거나 보수상태가 불완전하다고 판단 될 때에는 "갑"은 "을"에게 서면통지를 하고 자신이 보수를 완성할 수 있다. 이 경우 보수에 소요된 비용은 "을"이 부담해야 한다.

제18조(일반조항)

1. 이 계약은 "갑"과 "을" 쌍방의 서면 합의에 의해서만 변경될 수 있다.

2. 이 계약에 규정되어 있지 않거나 해석상 이견이 있는 사항은 "갑"과 "을" 양 당사자의 상호 합의에 의하거나 일반 상관례에 따르기로 한다.

본 계약의 내용을 증명하기 위하여 본 계약서 2통을 작성하여 "갑"과 "을"이 각각 1통씩 보관한다.

계약 실시일 (계약효력 발생일) : 2000년 0월 0일

"갑"	상호	:	
	주소	:	
	대표이사	:	○ ○ ○ (서명 또는 날인)
	상호	:	
"을"	주소	:	
	대표이사	:	○ ○ ○ (서명 또는 날인)

계약특수조건

제1조 첨부 1의 "납품목록"에 나타난 각 장치 및 구성품은 "갑"의 기술 부서 (연구소)에서 제시한 요구사양서에 명시한 모든 요구조건을 만족해야 하며, 본 계약서의 첨부물인 계약특수조건, 요구사양서, 개발제안서 등은 우선순위에 따라 본 계약서와 동일한 효력을 가진다.

제2조 별도의 합의된 규정이 없는 한 본 계약과 관련한 설계 및 제작에 있어 문제점 발생시 다음의 우선순위를 따른다.

1. 요구사양서
2. 요구사양서에 제시한 참조규격(국방규격, KS, MIL-SPEC)
3. "갑"이 제공한 도면 및 설계자료
4. "을"이 제공한 개발제안서 또는 연구개발 계획서

제3조 "갑"이 제공한 요구사양서, 도면 등의 변경은 다음의 경우에 한한다.

1. "갑"의 기술부서의 요구가 있을 때
2. 설계 및 제작 중 불가피한 도면 변경 혹은 요구사양서 변경 사유가 발생하여 "을"의 요구에 따라 "갑"이 이를 인정한 경우

제4조 "갑"과 "을"은 사업 수행 중에 발생하는 제3조의 요구사양 변경사항 및 중요한 결정사항을 쌍방이 합의한 양식(기술변경기록서)에 따라 기록을 유지하여야 한다.

제5조 "을"은 "갑"이 제시한 요구사양서에 의해 세부설계를 수행하고 "갑"이 제시하는 방법으로 제작도면을 작성하여야 하며, 이에 대한 "갑"의 기술부서 (연구소) 담당자의 승인을 획득한 후 제작에 임하여야 한다.

제6조 "을"은 계약 체결 후 O일 이내에 설계 및 제작에 관한 계약이행 계획을 작성하여 "갑"의 기술부서 (연구소)에 제출하여 승인을 획득하여야 한다. 계약 이행계획상는 반드시 다음의 항목이 반영되어 있어야 한다.

1. 예비설계심사 (PDR)
2. 상세설계심사 (CDR)
3. 항목별 제작일정
4. 품목별 시험검사 일정
5. 납품예정일
6. 품질보증 활동계획

제7조 "을"은 일정 계획상의 시험검사 요구일 15일 이전에 각 장치 및 구성품의 시험검사 절차서를 작성하여 "갑"의 기술부서(연구소)에 제출하여 승인을 득 하여야한다.

제8조 "을"은 "갑"의 요구에 따라 업무협의 형식으로 각 장치 및 구성품에 대한 업무계획 대비 실적을 매월 소정의 양식에 의거 "갑"에게 보고하여야 한다. 업무진도보고 양식은 계약 후 15일 이내에 상호 협의에 의해 결정한다.

제9조 "을"은 각 장치 및 구성품 제작에 이용될 임가공 업체가 필요할시, "갑"에게 서면 통보하여 "갑"의 승인을 획득한 후 선정하고, 임가공 업체에 대한 품질 및 보안에 대한 관리 책임을 갖는다.

제10조(계약조건)

1. 본 계약은 (확정) 계약으로 처리한다.
2. 정부시책의 변동 혹은 이와 동등한 불가피한 사유로 인해 "갑"의 사업수행이 중단되었을 때 본 계약은 당해 연도로 계약이 완료된다.
3. "갑"의 대정부 정산을 위해 재료비, 직접가공비, 단순직접경비에 대한 자료 요구가 있을 시 "을"은 이에 성실히 응해야 한다.
4. "을"은 "갑"의 계약담당자 혹은 정부 원가계산 기관인원이 실사를 위해 업체를 방문하여 자료 요구 시 이에 성실히 응해야 한다.

제11조 개발진행 중에 "을"이 "갑"에게 제출할 자료는 다음과 같다.

1. 설계 심사 (PDR, CDR, FDR) 자료
2. 제작 기술변경에 관한 기록자료

제12조

최초 납품 시 "을"은 다음 항목의 기술자료를 "갑"에게 제출하여야 한다. 이는 계약 목적물의 특성에 따라 쌍방의 합의에 의해 추가 또는 취사선택 될 수 있다.
1. 운용지침서(S/W) 또는 동작 설명서
2. 조립도, 회로도 및 포선도

3. 부품표

4. 시제품에 대한 검사절차서 및 시험성적서

5. 모듈 및 완제품에 대한 사진 및 필름

6. 인쇄회로 설계자료 (아트웍 및 필름)

7. 주요조립체 및 기능 집적회로 부품의 설계자료(하이브리드, EPLD, FPGA)

8. 기타 사항은 합의에 의한다.

첨부1.납품목록(예)

(단위 :원)

품 명	수 량	계약 금액	납기	납품지역	비고

※ 부가세별도

기술변경기록서

문서번호		PJT/장치명	
발 신 처		승 인 자	
수 신 처		작 성 자	
작성일자		안건분류	(변경, 추가, 삭제, 회신, 확인)

안건제목 :

세부내용 :

경영컨설팅계약서

(이하 "갑"이라 한다)과 (이하 "을"이라 한다)은 신의성실 원칙에 준거하여 "갑"의 경영상의 사항에 대해 컨설팅 자문계약을 다음과 같이 체결한다.

제1조(자문업무의 내용)

"을"은 "갑"의 견실한 경영을 위하여 다음과 같은 경영자문을 수행한다.

① 사업전략 및 인적자원관리전략 수립

② 회사소개서 및 사업계획서 작성

③ 유가증권발행에 관한 업무

④ 자금유치를 위한 투자설명회 개최

⑤ 마케팅, 광고 및 판매망 구축

⑥ 법인 지분의 매입 또는 보유 지분의 매각

제2조(상호협조)

"갑"은 "을"이 "갑"과 관련한 자문업무 수행 시 필요한 정보와 자료를 최대한 "을"에게 제공하여야 하며 "을"은 "갑"과 약정한 자문업무의 내용에 관하여 신의 성실원칙에 따라 자문업무를 수행하여야 한다.

제3조(보수의 지급방법)

1. "갑"은 제1조에 규정한 자문에 대한 보수를 다음과 같은 방법으로 지급한다.

　가. 매월 금 원을 "을"에게 현금으로 지급한다(월단위지급).

　나. 계약기간년 월일부터 년 월 일 에 대해 금원을 "을"에게 현금으로 지급한다(연단위지급).

　다. "을"이 원할 경우 금원을 "을"에게 지급한다(과업단위 지급).

2. "갑"은 "을"이 "갑"의 보유주식매출 또는 "갑"의 신주발행을 통해 자금을 조달하는 경우 조달금액 총 액의%에 해당하는 금액을 성과 보수로 을에게 현금으로 지급한다.

제4조(보수의 지급시기)

제3조에 의한 보수의 지급시기는 다음과 같이 한다.

1. 제3조1.의 에 의한 보수 :

2. 제3조1.의 에 의한 보수 :

3. 제3조1.의 에 의한 보수 :

4. 제3조2.의 에 의한 보수 :

제5조(실비)

"을"은 제1조에 열거한 경영자문업무를 수행함에 있어 일상적인 사무비용을 부담하나건당 원을 초과하는 금액은 "을"의 청구에 의하여 "갑"이 "을"에게 (조건)지급하기로 한다.

제6조(계약기간)

1. 본 계약의 유효기간은 계약 당일로부터 개월 간으로 한다.

2. 본 계약에 대해 쌍방이 계약을 연장하는 경우 계약 종료일 전일까지 의사를 표시하여야 하며 본 계약 연장에 대하여 쌍방이 합의하거나 쌍방 중 일방이 상대편에 대하여 계약연장의 의사표시를 함에도 불구하고 나머지 일방이 이에 응낙하지 않은 경우 본 계약은 종료된다.

제7조(비밀준수의무)

1. "을"은 "갑"으로부터 제1조에 열거한 자문업무 목적을 위하여 제공받은 자료 및 정보를 본 목적이외의 용도로 사용하거나 제3자에게 누설할 수 없으며 "을"의 본 의무는 계약기간은 물론 계약기간 종료 후에도 존속한다.

2. 본 의무의 위반으로 인하여 "갑"이 손해를 입었을 경우 "갑"은 을에 대하여 동손해에 대한 보상을 청구할 수 있다.

제8조(관할법원)

본 계약으로 인한 분쟁 발생시 소송의 관할 법원은 "을"의 주소지를 관할하는 법원으로 한다.

제9조(기타)

상기에 계약하지 않은 사항은 건별로 "갑"과 "을"이 협의하여 결정하기로 하고
협의를 거쳐도 정해지지 않은 사항은 일반적인 상 관례에 따라 해석한다.

상기 사항을 증명하기 위하여 본 계약서를 2부 작성하여 각각 1부씩 쌍방이 보관하기로 한다.

2000년 0월 0일

		상호	:	
"갑"		대표이사(대표자)	:	○ ○ ○ ㉑
		사업자(주민)번호	:	
		주소	:	
		상호	:	
"을"		대표이사(대표자)	:	○ ○ ○ ㉑
		사업자(주민)번호	:	
		주소	:	

경영컨설팅업무위임계약서

    본 계약서는 (이하 "갑"이라 한다)이 대주주로서 소유하고 있는 주식회사 소재 사업부지 등을 매각하고자 하는 계획과 관련하여 아래 게기된 조건에 따라 (이하 "을" 회사라 한다)을 컨설팅기관으로 위임하는 계약서 이다.

    "을" 회사는 "갑"에 대한 기업매각 컨설팅 기관으로서 회사의 매각전략 구성, 인수자의 물색 및 선정, 평가, 교섭, 계약체결에 이르기까지의 종합적인 컨설팅 업무를 제공한다.

    이에 관련한 조건은 아래와 같다.

제1조(업무범위)

    경영컨설팅기관으로서 "을" 회사의 역할중 주요 부분에는 다음 사항들이 포함되나 반드시 이에 한정되지는 않는다.
1. 매각전략의 구성
2. 인수인의 정보수집, 기업분석평가 및 선정을 위한 자문
3. 인수인과의 교섭 및 기본의향서 작성을 위한 자문
4. 기업가치평가 자문
5. 각종 매각관련 인허가 절차에 대한 자문
6. 매각관련 계약서 등 법률적 서류작성을 위한 자문
7. 기타 본 계약을 성공적으로 종료하는데 필요한 경영자문

제2조(일반조건)

본 위임업무를 수행함에 있어 "을" 회사의 책임은 다음과 같다.
1. 컨설팅기관으로서의 "을" 회사
    "갑"은 본 계약의 성공적 종료를 위하여 "을" 회사를 유일한 전속기관으로 한다.
2. 공개
    "갑"은 본 위임업무의 성공적 수행을 위하여 본 위임업무와 관련된 정확하고 안전한 정보를 "을" 회사가 적시에 이용할 수 있도록 지원한다.
3. 면책
    "갑"은 "을" 회사 또는 그를 대리하는 컨설턴트 등 임직원들의 중대한 과실 또는 고의에 의하여 야기되지 않은 한 본 위임업무와 관련하여 발생하거나 입거나 주장되는 모든 청구, 멸실, 책임 및 손해로부터 "을" 회사 및 그 임직원들을 면책시키기로 한다.

4. 기밀유지

"갑"과 "을" 회사는 본 기업매각자문 위임업무와 관련하여 상호 교환된 모든 정보를 각자 본 매각업무를 위하여서만 사용하기로 하며, 필요시 별도의 비밀유지계약을 체결키로 한다.

5. 직접접촉제한

"갑"은 본 컨설팅계약업무의 기술적 및 경제적 타당성을 검토하는 동안은 물론 그 이후에라도 본 매각업무와 관련하여 당사자들과 독자적인 별도의 논의, 협의 또는 계약에 들어가지 않기로 한다.

6. 컨설팅 수수료

1) 본 위임계약의 수행을 위한 컨설팅 수수료는 착수수수료, 계약유지수수료, 그리고 성공불수수료의 3단계로 구성된다.

① 착수 수수료 : 없음 (컨설팅계약시 지급)

② 계약유지수수료 : 없음(₩ : 부가세 별도임)

2) 성공불 수수료는 "갑"이 "을" 회사의 자문에 힘입어 매매계약서 또는 영업 및 자산 양수도계약서 등을 체결한 시점 또는 그에 준하는 본 매각목표가 달성되었다고 인정되는 시점에서 발생하는 것으로 한다.

3) 성공불수수료는 매각목표 달성시점으로부터 삼개월간 월별로 금, 금 원,금 원으로 분할하여 지급키로 한다.

7. 중도해지

본 위임계약은 "갑" 또는 "을" 회사에서 30일 전에 서면으로 통지함으로써 해지될 수 있다. 다만, Ⅱ의 3, 4, 5, 6항은 계속하여 효력을 가진다. 즉, 본 계약해지 후 24개월 이내에 "을" 회사에서 제공한 정보와 자문에 의하여 행하여진 기업매각 등에 관해서는 "갑"에서 "을" 회사에 본 계약내용에 상당하는 매각자문수수료를 지급하여야 한다. 본 계약이 해지되는 경우 각 당사자는 상대방 당사자에 대하여 그 외의 아무런 책임도지지 않는다.

8. 기타

본 계약서의 효력은 기명날인 즉시 발생한다.

"갑"과 "을" 회사는 본 계약을 증명하기 위하여 계약서 2부를 작성하고, 서명 날인 후 각각 1부씩 보관한다.

20ㅇㅇ년 ㅇ월 ㅇ일

""갑"		"을"	
성명	ㅇㅇㅇ ㊞	성명	ㅇㅇㅇ ㊞
직위		직위	
상호		상호	
주소		주소	
연락처		연락처	

경영지도용역계약서

계약번호 :

　OOO(이하 "갑"이라 함)과 (주)OOOO (이하 "을"이라 함)은 다음의 각 사항을 준수키로 상호 합의하고 계약을 체결한다.

제1조(계약내용)

　본 계약은 경영지도 용역계약금 범위 내에서 일부 금액을 중소기업진흥공단으로부터 지원 받을 수 있는 사업임.
 - 중소기업진흥공단의 지원자금을 받지 못하는 경우, 업체부담
 - 실제 용역수행결과 정산가능

제2조(계약명 및 계약 금액)

1. 계 약 명 : 경영지도
2. 계약금액 : 一金원정 (VAT별도)

제3조(경영 지도기간 및 장소, 내용, 대상)

1. 지도기간 : 2000년O월 O일~ 2000년O월 O일
2. 지도장소 : OO시 OO구 OO동 OO번지
3. 내용 : 품질경영시스템 구축지도
4. 대상 :

제4조(대금지불방법)

1차 : 一金원정 (VAT별도) : 계약일
2차 : 一金원정 (VAT별도) : 용역검수2일전
3차 : 一金원정 (VAT별도) : 경영지도 완료일

※ 지정구좌

예금주　　(주) OOOO
계좌번호　OO은행　－ － －

제5조(지도 수행 및 자료제공)

1. "갑"과 "을"의 경영지도사 및 컨설팅 지도위원이 지도업무를 수행하는데 따른 자료제공, 출입허가, 담당자 지명, 지도의 자율성보장 등 제반사항에 대해 성실히 협조하여야 한다.
2. "을"은 원활한 지도를 수행하여야 하며, 지도 수행 중 지도금액의 수정이 불가피 할 경우는 "갑"의 동의를 받아 변경 수행 할 수 있다.

제6조(계약의 해지. 해약)

 "갑"은 "을"은 다음 각 호의 경우 본 계약을 해지·해약 할 수 있다.

1. "갑"과 "을"이 계약서 내용을 위반하였을 때
2. "갑"과 "을"이 상호협의에 의한 경우

제7조(손해배상)

 본 계약을 위반하여 상대방에게 손해를 끼친 당사자는 손해액을 전액 보상하여야 한다.

제8조(계약의 변경 또는 추가)

 본 계약에 포함되지 아니한 사항이나 변경이 요구되는 사항은 상호간에 협의하여 결정한다.

제9조(비밀준수)

 "을"은 본 사업 수행과정을 통하여 취득한 "갑"에 관한 정보 및 자료 등에 대하여 정당한 사유 없이 누설하여서는 안 된다.

제10조(계약의 효력)

 본 계약은 "갑"과 "을"이 서명 날인한 날부터 유효하다.

제11조(계약서 보관)

 본 계약을 입증하기 위해 계약서 2부를 작성하여 각각 1부씩 보관한다.

20○○년 ○월 ○일

	주소	:	
"갑"	상호	:	
	성명	:	○ ○ ○ (서명 또는 날인)
		:	
	주소	:	
"을"	상호	:	
	성명	:	○ ○ ○ (서명 또는 날인)

법률자문용역계약서

　(주)OOOO(이하 "갑"이라 한다)는 "갑"의 주식, 자산, 사업 등의 매각 또는 제3자 인수(이하 본 건이라 한다)를 추진할 수 있는 권한을 "갑"의 최대 채권자인 OOOO(이하 "을"이라 한다)에게 위임하고, "갑"과 "을"은 본 건을 추진함에 있어 법무법인 OOOO(이하 "병"이라 한다)을 법무용역 제공자로 지정하여 다음과 같이 법무자문용역계약(이하 "본 계약"이라 한다)을 체결한다.

제1조(목적)

　본 계약의 목적은 "병"이 "갑", "을" 및 본 건의 재무자문사 OOOO(이하 정이라 한다)의 요청에 따라 본 건 추진에 따른 법률자문을 "갑" "을" "정"에 제공하는데 따르는 제반사항을 규정함에 있다.

제2조(용역의 범위)

① "병"은 "갑", "을", "정"의 요청에 따라 본 건 관련 제반법률문제에 대하여 구두, 전화 또는 서면에 의한 상담, 문서작성, 감정 등 법률자문을 성실하게 응하여야 한다.
② 제1항에 대한 법률자문의 구체적 내용은 다음 각 호와 같다.
　1. 본 건 관련 법률자문 및 법률문제에 대한 대응방안 제시
　2. 본 건과 관련하여 정리담보권, 정리채권 및 공익채권 등 제반 권리관계의 적법성을 확인하는 업무
　3. 입찰관련서류와 제반계약서 등의 작성, 검토 및 협의
　4. 본 건과 관련된 협상에의 참여
　5. 행정부, 법원 기타 유관기관에 대한 법률행위의 대리 및 접촉
　6. 매각종료 후 사후관리 및 정리작업
　7. 기타 본 건과 관련하여 "갑", "을", "정"이 요청하는 사항에 관한 전문적이고 지속적인 제반 법률문제의 자문

제3조(용역수수료)

① "갑"은 다음의 요율에 의하여 계산된 병의 용역수수료(부가가치세는 별도로 지급한다. 이하 같다)를 병에게 지급하여야 한다.
　1. Partner 변호사 : 각 시간당 OO만원- OO만원
　2. Associate 변호사(미국변호사 OOO, 미국변호사 OOO) : 각 시간당 OO만원- OO만원
② 제1항에 의하여 계산된 수수료 총액은 금 (　)원을 한도로 한다. 다만, 외국인투자자가 우선협상대상자로 지정된 경우에는 금 (　)원을 한도로 한다.
③ "병"은 제1항 및 제2항의 용역수수료 이외의 일체비용을 청구하지 아니하기로 한다.

제4조(용역수수료의 지급방법)

① "병"은 본 건 업무가 완결된 이후 제3조제1항의 용역수수료 내역을 구체적으로 기재하여 "갑"에게 청구하여야 하며 "갑"은 이를 수령한 날로부터 ○○일 이내에 "병"이 지정하는 거래은행계좌에 송금하는 방법으로 지급한다.

② "갑"은 "병"이 송부한 제2항의 청구서를 검토한 후 과다하게 청구된 내용이 있다고 판단될 경우는 접수 후 ○일 이내에 병에게 조정을 요구할 수 있다.

③ "병"이 "갑"으로부터 제2항의 요구를 받았을 경우 "갑"과 협의하여 최종금액을 결정하기로 한다.

제5조(계약기간)

본 계약의 존속기간은 계약체결일로부터 2000년 ○○월 ○○일까지로 하되, 계약의 종기 전 본건이 완료되는 경우 그 완료일까지로 한다. 다만, 2000년 ○○월 ○○일까지 본건이 완료되지 아니할 경우에는 "갑", "을", "병"은 상호 협의하여 본 계약기간을 연장하되, 이 경우의 병에 대한 추가보수는 상호 협의하여 결정하기로 한다.

제6조(비밀유지의무)

① "병"은 본 계약을 수행함에 있어 취득한 정보 및 자료 기타일체에 대하여 비밀을 준수하여야 하고, 본 계약의 목적 이외에 사용하지 아니하며 이를 제3자에게 누설 또는 공표하지 아니하기로 한다.

② 제1항의 의무는 본 계약의 계약기간 종료 후에도 존속한다.

제7조(자료요청 등)

① "갑"과 "을"은 "병"이 본건 수행을 위하여 필요한 자료 및 정보를 요구할 경우 이를 병에게 제공하여야 한다. 다만, "갑"과 "을"이 제공하지 못하는 정당한 사유가 있을 경우 사전 병에게 그 사유를 설명하고 제공을 거부할 수 있다.

② "병"은 "갑"과 "을"이 본 건 업무처리를 위하여 병에게 제공한 일체의 서류와 자료를 훼손, 감손 또는 분실되지 아니하도록 하여야 한다.

③ "병"은 본 계약이 종료한 후 "갑"과 "을"의 요청이 있을 경우 제공된 서류와 자료일체를 즉시 반환하여야 한다.

제8조(계약해지 및 손해배상)

① 본 계약의 중도해지사유는 다음과 같으며 상호 ○○일 전에 서면으로 통지하여 해지할 수 있다.
  1. "갑"과 "을"이 본 건을 추진하지 아니하기로 결정하는 경우
  2. 본 계약상 내용을 어느 일방이 위반하는 경우

② "갑", "을", "병"은 본 계약상 의무위반으로 손해가 발생한 경우 이를 배상하여야 한다.

제9조(쌍방대리의 금리)

"병"은 본 계약 중 본 건 업무와 관련하여 "갑" 또는 "을"과 대립적 이해관계에 있는 제3자의 업무를 대리하거나, 자문을 하지 아니 하기로 한다.

제10조(신의성실의 원칙)

① "갑", "을", "병"은 본 계약상의 의무를 성실히 이행하여야 한다.

② 이 계약의 해석과 관련 이견이 있을 경우에는 "을"의 해석에 따르기로 한다.

제11조(관할의 합의)

① "갑", 을, 병의 재판상 다툼이 있는 경우의 관할은 서울지방법원으로 한다.
② 본 계약체결의 증명을 위하여 본 계약서를 3통 작성하여 각 1통씩 보관하기로 한다.

20○○년 ○월 ○일

	상호	:
"갑"	주소	:
	관리인	: ○○○ ㊞

	상호	:
	주소	:
"을"	사장	: ○○○ ㊞
	위 대리인 기업매각 부장	: ○○○ ㊞

	법무법인○○	:
"병"	주소	:
	대표변호사	: ○○○ ㊞

M&A를 위한 법무자문 용역 계약서

(주)OOOO (이하 "갑"이라 한다)는 "갑"의 주식, 자산, 사업 등의 매각 또는 제3자 인수(이하 본 건이라 한다)를 추진할 수 있는 권한을 "갑"의 최대 채권자인 OOOO(이하 "을"이라 한다)에게 위임하고, "갑"과 "을"은 본 건을 추진함에 있어 법무법인 OOOO(이하 "병"이라 한다)을 법무용역 제공자로 지정하여 다음과 같이 법무자문용역계약(이하 "본 계약"이라 한다)을 체결한다.

제1조(목적)

본 계약의 목적은 "병"이 "갑" "을" 및 본 건의 재무자문사 OOOO(이하 정이라 한다)의 요청에 따라 본 건 추진에 따른 법률자문을 "갑" "을" "정"에 제공하는데 따르는 제반사항을 규정함에 있다.

제2조(용역의 범위)

① "병"은 "갑", "을", "정"의 요청에 따라 본 건 관련 제반법률문제에 대하여 구두, 전화 또는 서면에 의한 상담, 문서작성, 감정 등 법률자문을 성실하게 응하여야 한다.

② 제1항에 대한 법률자문의 구체적 내용은 다음 각 호와 같다.

1. 본 건 관련 법률자문 및 법률문제에 대한 대응방안 제시
2. 본 건과 관련하여 정리담보권, 정리채권 및 공익채권 등 제반 권리관계의 적법성을 확인하는 업무
3. 입찰관련서류와 제반계약서 등의 작성, 검토 및 협의
4. 본 건과 관련된 협상에의 참여
5. 행정부, 법원 기타 유관기관에 대한 법률행위의 대리 및 접촉
6. 매각종료 후 사후관리 및 정리작업
7. 기타 본 건과 관련하여 "갑", "을", "정"이 요청하는 사항에 관한 전문적이고 지속적인 제반 법률문제의 자문

제3조(용역수수료)

① "갑"은 다음의 요율에 의하여 계산된 병의 용역수수료(부가가치세는 별도로 지급한다. 이하 같다)를 "병"에게 지급하여야 한다.

1. Partner 변호사(OOO, OOO, OOO, OOO, OOO, OOO) : 각 시간당 OO만원- OO만원
2. Associate 변호사(OOO, OOO, OOO, OOO, 미국변호사 OOO, 미국변호사 OOO) : 각 시간당 OO만원- OO만원

② 제1항에 의하여 계산된 수수료 총액은 금 OOO,OOO,OOO원을 한도로 한다. 다만, 외국인투자자가 우선협상대상자로 지정된 경우에는 금 OOO,OOO,OOO원을 한도로 한다.

③ "병"은 제1항 및 제2항의 용역수수료 이외의 일체비용을 청구하지 아니하기로 한다.

제4조(용역수수료의 지급방법)

① "병"은 본 건 업무가 완결된 이후 제3조제1항의 용역수수료 내역을 구체적으로 기재하여 "갑"에게 청구하여야 하며 "갑"은 이를 수령한 날로부터 ○○일 이내에 "병"이 지정하는 거래은행계좌에 송금하는 방법으로 지급한다.

② "갑"은 "병"이 송부한 제2항의 청구서를 검토한 후 과다하게 청구된 내용이 있다고 판단될 경우는 접수 후 ○일 이내에 "병"에게 조정을 요구할 수 있다.

③ "병"이 "갑"으로부터 제2항의 요구를 받았을 경우 "갑"과 협의하여 최종금액을 결정하기로 한다.

제5조(계약기간)

본 계약의 존속기간은 계약체결일로부터 2000년 ○○월 ○○일까지로 하되, 계약의 종기 전 본건이 완료되는 경우 그 완료일까지로 한다. 다만, 2000년 ○○월 ○○일까지 본건이 완료되지 아니할 경우에는 "갑" "을" "병"은 상호 협의하여 본 계약기간을 연장하되, 이 경우의 병에 대한 추가보수는 상호 협의하여 결정하기로 한다.

제6조(비밀유지의무)

① "병"은 본 계약을 수행함에 있어 취득한 정보 및 자료 기타일체에 대하여 비밀을 준수하여야 하고, 본 계약의 목적 이외에 사용하지 아니하며 이를 제3자에게 누설 또는 공표하지 아니하기로 한다.

② 제1항의 의무는 본 계약의 계약기간 종료 후에도 존속한다.

제7조(자료요청 등)

① "갑"과 "을"은 "병"이 본건 수행을 위하여 필요한 자료 및 정보를 요구할 경우 이를 병에게 제공하여야 한다. 다만, "갑"과 "을"이 제공하지 못하는 정당한 사유가 있을 경우 사전 "병"에게 그 사유를 설명하고 제공을 거부할 수 있다.

② "병"은 "갑"과 "을"이 본 건 업무처리를 위하여 병에게 제공한 일체의 서류와 자료를 훼손, 감손 또는 분실되지 아니하도록 하여야 한다.

③ "병"은 본 계약이 종료한 후 "갑"과 "을"의 요청이 있을 경우 제공된 서류와 자료일체를 즉시 반환하여야 한다.

제8조(계약해지 및 손해배상)

① 본 계약의 중도해지사유는 다음과 같으며 상호 ○○일 전에 서면으로 통지하여 해지할 수 있다.
 1. "갑"과 "을"이 본 건을 추진하지 아니하기로 결정하는 경우
 2. 본 계약상 내용을 어느 일방이 위반하는 경우

② "갑" "을" "병"은 본 계약상 의무위반으로 손해가 발생한 경우 이를 배상하여야 한다.

제9조(쌍방대리의 금리)

"병"은 본 계약 중 본 건 업무와 관련하여 "갑" 또는 "을"과 대립적 이해관계에 있는 제3자의 업무를 대리하거나, 자문을 하지 아니 하기로 한다.

제10조(신의성실의 원칙)

① "갑" "을" "병"은 본 계약상의 의무를 성실히 이행하여야 한다.

② 이 계약의 해석과 관련 이견이 있을 경우에는 "을"의 해석에 따르기로 한다.

제11조(관할의 합의)

"갑" "을" "병"의 재판상 다툼이 있는 경우의 관할은 서울지방법원으로 한다.

본 계약 "체결의 증명을 위하여 본 계약서를 3통 작성하여 각 1통씩 보관하기로 한다.

2000년 0월 0일

"갑"	상호	:	(주)0000
	주소	:	
	관리인	:	000 ㉑
"을"	주소	:	
	사장	:	000 ㉑
	위 대리인 기업매각부장	:	000 ㉑
"병"	상호	:	법무법인 0000
	주소	:	
	대표변호사	:	000 ㉑

자산관리 재위탁계약서

이 계약은 OO시 OO구 OO동 OO번지에 본점을 두고 있는 OOOO(이하 "자산관리자"라고 한다)과 OO시 OO구 OO동 OO번지에 본점을 두고 있는 주식회사 OOOO(이하 "보조자산관리자"라고 한다) 사이에 2000년 O월 O일에 체결된다.

제1조(목적)

(주)OOOO(이하 "위탁자"라고 한다)은 자산관리자로부터 유동화자산(이하에서 정의된다)을 양도받아 이를 기초로 하여 유동화증권을 발행하고 유동화자산의 관리, 운용, 처분에 의한 수익으로 유동화증권의 원리금을 상환하도록 하여 자산유동화에관한법률에 의한 자산유동화를 달성하고자 한다. 위탁자는 유동화자산의 관리에 관한 업무를 위탁자와 자산관리자 사이에 2000년 O월 O일 체결된 자산관리위탁계약(이하 "자산관리위탁계약"이라고 한다)에 의하여 자산관리자에게 위탁하였다. 이 계약은 자산관리자가 자산관리계약 제16조에 근거하여 보조자산관리자를 선임하여 위탁자로부터 위탁받은 업무를 보조자산관리자에게 다시 위탁함을 목적으로 한다.

제2조(정의) 이 계약에서 사용하는 용어는 다음과 같은 의미를 갖는다.

1. "사채인수계약"이라고 함은 2000년 O월 O일 채무자가 발행하는 사채를 양도인이 인수하는 내용의 중소기업회사채인수계약으로서 유동화자산의 발생근거가 되는 계약을 의미한다.
2. "선 순위사채"라고 함은 원리금의 상환조건에 선 순위특약이 부여된 유동화증권을 의미한다.
3. "업무위탁계약"이라고 함은 위탁자와 주식회사OOOO(이하 "업무수탁자"라고 한다) 사이에 2000년 O월 O일 체결된 업무위탁계약서를 의미한다.
4. "여신거래약정"이라고 함은 위탁자와 주식회사OOOO(이하 "신용공여기관"이라고 한다) 사이에 2000년 O월 O일 체결되는 여신거래약정서를 의미한다.
5. "유동화자산"이라고 함은 채무자가 2000년 O월 O일 발행하고 자산관리자가 인수하여 보유하고 있는 무보증사모사채 및 사채인수계약상의 권리 및 이에 부수하는 권리로서 자산양도계약의 별지 목록에 기재된 것을 의미한다.
6. "유동화자산 확정일"이라고 함은 자산양도계약에 따라 양도되는 유동화자산을 확정하는 기준일로 삼은 2000년 O월 O일을 의미한다.
7. "유동화증권"이라고 함은 위탁자가 자산유동화에관한법률 제31조에 근거하여 자산유동화계획에 따라 유동화자산을 기초로 하여 발행하는 선 순위사채 및 후 순위사채를 총칭한다.
8. "자산관리계좌"라고 함은 위탁자의 자산을 관리하기 위하여 주식회사 OOOO의 영업점에 위탁자 명의로 개설된 계좌를 의미한다.

9. "자산유동화계획"이라고 함은 위탁자가 자산유동화에관한법률 제3조에 따라 금융감독위원회에 등록하는 자산유동화에 관한 계획을 의미한다.

10. "채무자"라고 함은 유동화자산인 사채를 발행하여 이에 따른 원리금 상환의무를 부담하는 자 및 사채인수계약상의 보증인으로서 별지 목록에 기재된 자를 의미한다.

11. "후 순위사채"라고 함은 원리금의 상환조건에 후 순위특약이 부여된 유동화증권을 의미한다.

제3조(자산관리의 위탁)

① 자산관리자는 다음의 업무(이하 "자산관리업무"라고 한다)를 보조자산관리자에게 위탁하고, 보조자산관리자는 이 계약 체결일로부터 이 계약 및 자산유동화계획에 따라 자산관리업무를 수행하기로 한다.
  1. 유동화자산의 관리, 운용 및 처분업무
  2. 유동화자산에 관한 권리의 행사에 관한 업무
  3. 유동화자산 관련 서류의 보관, 관리업무
  4. 기타 위 각 호의 업무에 부수하는 업무 및 유동화자산의 관리를 위하여 필요한 일체의 업무

② 보조자산관리자는 자산관리업무의 처리에 관하여 적법, 유효한 대리권을 가지며 자산관리자를 대리하여 서명할 권한을 갖는다.이와 관련하여 자산관리자가 발부한 별도의 위임장이 필요한 경우 자산관리자는 보조자산관리자에게 위임장을 교부하기로 한다.

③ 제1항 및 제2항에 불구하고, 다음의 각 호의 사항은 보조자산관리자에게 위탁되는 업무에서 제외하기로 한다.
  1. 여신거래약정상의 여신한도금액의조정에 관한 신용공여기관과의 협의
  2. 업무위탁계약상 최저예치금 적립 비율의조정에 관한 업무 수탁자와의 협의

제4조(유동화자산의 추심, 수령)

① 보조자산관리자는 채무자가 지급하는 유동화자산의 원리금이 자산관리계좌에 입금되도록 하여야 한다.

② 채무자의 입금 착오, 자동이체의 오류, 전산상의 오류 등으로 인하여 채무자로부터 추심된 금원이 자산관리계좌에 입금되지 아니한 사실을 알게 된 경우, 보조자산관리자는 지체 없이 이를 자산관리계좌에 입금하거나 입금되기 위하여 필요한 조치를 취하여야 한다.

③ 보조자산관리자가 유동화자산과 관련하여 소송, 중재, 화해, 담보권의 실행, 보험금의 수령 등 기타의 사유로 금전, 채권, 유가증권 기타 물건을 직접 수령하는 경우, 그 수령한 금전 등을 지체 없이 자산관리계좌에 입금 또는 입고하여야 한다.

④ 보조자산관리자는 채무자가 유동화자산의 원리금 지급을 지체하는 경우 위탁자를 위하여 소송의 제기, 보전처분의 신청 등 원리금 회수를 위하여 필요한 법적 수단을 행사하여야 한다.

제5조(자산의 분별 관리)

보조자산관리자는 위탁자의 자산을 자산관리계좌를 통하여 자신의 고유재산과 구분하여 관리하여야 한다.

제6조(유동화자산 관련 서류 등의 관리 및 장부의 작성)

① 보조자산관리자는 사채의 등록필증, 사채인수계약서 등 유동화자산 관련 증서 및 서류에 유동화자산이 위탁자의 소유임을 표시하고 보조자산관리자의 고유재산에 관련된 서류와 구분하여 관리하여야 한다.

② 보조자산관리자는 유동화자산의 명세와 현황에 관하여 별도의 관리대장을 작성, 비치하여야 하며, 관련 업무를 전산시스템을 이용하여 처리하는 경우에는 고유재산과 위탁자의 재산을 구분할 수 있도록 하여야 한다.

③ 유동화증권 소지자가 제2항의 관리대장 및 전산내역의 열람을 요구하는 경우 자산유동화에관한법률 제9조가 허용하는 범위 내에서 이를 허용하여야 한다.

제7조(사후관리업무)

보조자산관리자는 채무자의 매 회계년도 결산서류의 징수 등 사채인수계약에 따른 사후관리업무를 성실히 수행하여 유동화자산으로부터의 원리금 상환에 차질이 없도록 하여야 한다.

제8조(보조자산관리자의 보고사항)

① 보조자산관리자는 유동화자산 확정일로부터 매분기마다 다음 각 호의 사항을 기재한 자산관리 현황에 관한 사항을 위탁자에게 보고하여야 한다.

1. 유동화자산별 원리금 추심 내역
2. 자산관리계좌로의 송금 내역
3. 유동화자산별 연체 내역

② 유동화자산에 관하여 자산양도계약 제9조의 사유가 발생한 경우, 보조자산관리자는 이를 즉시 위탁자에게 해당 유동화자산 및 손해배상액을 특정한 서면으로 이러한 사유발생 사실을 통지하여야 한다.

③ 보조자산관리자는 위탁자 자산관리자 또는 보조자산관리자 본인이 금융감독위원회로부터 업무 또는 재산에 관한 자료제출을 요청받거나 업무 또는 재산에 대한조사를 받는 경우 또는 업무개선명령을 받는 경우에 지체 없이 위탁자 및 자산관리자에게 서면으로 통지하여야 한다.

④ 보조자산관리자는 위탁자 및 자산관리자가 유동화자산 및 자산관리업무의 수행과 관련하여 합리적인 범위 내에서 요구하는 정보를 제공하여야 한다.

제9조(유동화증권의 만기시의 처리)

① 위탁자가 발행한 선 순위사채의 원리금 상환이 완료되는 경우 보조자산관리자는 아직 추심되지 아니한 유동화자산을 처분, 환가할 수 있다.

② 제1항에 의한 유동화자산의 처분가격은 해당 유동화자산의 잔존원금, 만기, 이자율, 연체여부 등을 고려하여 적정하게 계산된 금액으로 한다. 이 경우 위탁자가 선정하는 회계법인의 평가액을 기준으로 할 수 있다.

제10조(확인 및 보장사항)

보조자산관리자는 자산관리자에게 다음 사항을 확인하고 보장한다.

1. 보조자산관리자는 이 계약의 체결 및 이에 따른 자산관리업무의 수행에 필요한 내부수권절차를 모두 거쳤으며, 정부 인·허가, 기타 필요한 모든 적법절차를 갖추었다.

2. 이 계약의 체결 및 이에 따른 유동화자산의 관리 기타 이 계약의 내용은 법령에 위배되지 아니하며, 보조자산관리자에게 효력을 가지는 어떠한 계약이나 법원의 재판, 행정기관의 행정처분이나 지시·권

고에 위배되지 아니한다.

3. 이 계약을 체결함에 있어 보조자산관리자는 신의성실의 원칙에 따라 위탁자에게 필요한 모든 중요한 정보를 제공하였으며, 제공한 정보에 거짓이 있거나 다른 중요한 사실을 숨기거나 누락하지 아니하였다.

제11조(약정사항)

보조자산관리자는 다음 사항을 준수할 것을 약정한다.

1. 보조자산관리자는 선량한 관리자의 주의로써 자산관리업무를 수행하며, 그 업무수행에 있어서 자산유동화에관한법률 및 기타 관계 법령을 준수한다.
2. 보조자산관리자는 유동화자산에 관하여 그 원리금 상환조건을 변경하거나 채무를 면제하는 등 유동화자산에 관한 위탁자의 권리를 침해하는 일체의 행위를 하여서는 안 된다.
3. 보조자산관리자는 제9조에 정하여진 경우를 제외하고는 유동화자산을 처분할 수 없다.
4. 보조자산관리자는 자산관리자의 동의 없이 보조자산관리자의 지위를 사임할 수 없다.

제12조(손해배상)

보조자산관리자는 제10조 소정의 확인 및 보장사항이 사실이 아닌 경우 또는 제11조 소정의 약정사항을 포함하여 이 계약에 따라 보조자산관리자가 부담하는 의무를 이행하지 못하는 경우, 이로 인하여 위탁자나 자산관리자가 입게 되는 모든 손해를 배상하여야 한다.

제13조(비용 및 수수료)

① 보조자산관리자가 유동화자산에 대한 자산관리업무를 수행함에 있어서 발생한 비용은 위탁자의 부담으로 한다.
② 보조자산관리자는 매월 10일에 직전월 말일 현재 유동화증권 잔액에 0.00375%를 곱한 금액을 직전월 기간에 대한 관리수수료로서 지급받기로 한다. 다만 이 계약 체결일이 속하는 월 기간에 대하여는 이 계약체결일부터 해당 월의 말일까지의 기간에 대하여 일할계산한 금액을 지급하도록 하며, 이 계약이 중도 해지되는 경우에도 해지의 효력이 발생하는 날을 기준으로 일할계산한 금액을 지급, 정산하도록 한다.
③ 제1항 및 제2항의 금액은 위탁자로부터 지급받는 것으로 하며, 자산관리자는 이에 관하여 일체의 책임을 부담하지 않는다.

제14조(계약의 종료)

① 이 계약은 유동화증권의 원리금 상환이 완료되거나 위탁자의 청산이 완료됨으로써 종료된다. 유동화증권의 원리금 상환 완료에 따라 이 계약이 종료되는 경우 보조자산관리자는 자산관리업무와 유동화자산 및 이와 관련하여 보관하는 모든 금전 및 서류 일체를 자산관리자에게 이전하여야 한다.
② 자산관리자는 다음 각 호에 해당하는 경우 이 계약을 해지할 수 있다.
  1. 보조자산관리자가 이 계약상의 의무를 준수하지 아니하고, 위탁자 또는 업무보조자산관리자로부터 이를 시정할 것을 통지받은 후 10영업일 이내에 이를 시정하지 아니한 때
  2. 이 계약 제10조 소정의 보조자산관리자의 확인 및 보장사항이 허위임이 밝혀진 때
  3. 보조자산관리자에 대하여 법원에 해산신청 또는 파산, 회사정리 또는 화의절차의 개시신청이 있거나 법원의 해산명령 또는 해산판결이 있거나 보조자산관리자에 대하여 영업정지 기타 이와 유사한

사유가 발생한 때
4. 보조자산관리자가 이 계약에 따라 위탁자에게 지급하여야 할 금원을 7영업일 이내에 지급하지 아니한 때
5. 사채권자집회의 해임청구가 있는 경우
6. 기타 관계 법령, 금융감독당국 행정적 조치 등에 의하여 이 계약의 목적을 달성할 수 없는 상태가 발생한 때

③ 제2항에 따라 이 계약이 해지되는 경우 보조자산관리자는 자산관리업무와 유동화자산 및 이와 관련하여 보관하는 금전 및 서류 일체를 자산관리자가 지정하는 자에게 이전하고 해지에 따른 잔존업무를 성실히 이행하여야 한다.

제15조(보조자산관리자의 파산)

① 보조자산관리자가 파산하는 경우 보조자산관리자가 관리하는 위탁자의 자산은 보조자산관리자의 파산재단을 구성하지 아니하며, 자산관리자 또는 파산관재인은 그 관리하는 자산, 금전 및 관련 서류를 위탁자에게 지체 없이 인도하여야 한다.
② 제1항의 규정은 화의법에 의한 화의절차 또는 회사정리법에 의한 회사정리절차가 개시되는 경우에 관하여 준용된다.
③ 보조자산관리자가 이 계약에 의하여 관리하는 유동화자산은 보조자산관리자의 채권자가 이를 강제집행 할 수 없으며, 파산법, 화의법 또는 회사정리법에 의한 보전처분 또는 중지명령의 대상이 되지 아니한다.

제16조(계약의 양도)

이 계약의 당사자는 다른 당사자의 동의 없이 이 계약에 따른 권리나 의무를 제3자에 양도하거나 이전시킬 수 없다.

제17조(통지)

이 계약과 관련하여 행하여지는 모든 통지는 다음 주소로 직접 교부하거나 요금 선납의 등기우편, 또는 팩시밀리로 하여야 한다. 단 팩시밀리로 송부하는 경우에는 상대방으로부터 그 수령을 확인하는 내용을 유선으로 확인 받아야 한다.

자산관리자 앞 : : (주)0000
주소 :
참조 : ○ ○ ○ ㊞
팩시밀리 :

보조자산관리자 앞 : (주)0000
주소 :
참조 :
팩시밀리

제18조(준거법 및 관할)

① 이 계약은 대한민국 법률에 의하여 해석되고 규율된다.

② 이 계약과 관련하여 발생하는 분쟁의 제1심 소송사건에 대하여는 서울지방법원이 전속적인 관할권을 갖는다.

위 계약체결을 증명하기 위해 당사자들은 계약서 2통을 작성하여 기명날인 한 후 각자 1통씩을 보존한다.

20○○년 ○월 ○일

자산관리자	:	
직위	:	
성명	:	○ ○ ○ ㉙
	:	
보조자산관리자	:	
직위	:	
성명	:	○ ○ ○ ㉙

재무용역 자문계약서

○○○○종금이 보유중인 부실자산을 하나 이상의 SPC(Special Purpose Companies)에 매각(이하 "본건 거래")하는데 있어서, ○○○○유한회사(이하 "SIB")를 다음과 같은 조건으로 재무자문기관으로 선정하는 것을 본 계약서를 통해 확인한다.

제1조(용어의 정의) 본 계약서에서 사용하는 용어는 다음 각 호와 같다.

1. 대한종금이 보유중인 부실자산 : 본건 매각을 위하여 대한종금이 지정하여 SIB에 제시한 차주에 대한 대출금, 주식, 채권과 기타 자산

2. 매각 : ○○○○종금이 보유중인 부실자산을 해외 및 국내 제3자의 투자자에게 일정 대가로 양도하는 것.

3. 매각의 성사 : ○○○○종금이 보유중인 부실자산에 대하여 제3자의 투자자와 매매계약이 체결되고 그 매매대금이 지급될 때

4. 부대비용 : 매각과 관련하여 제3의 투자자에게 제시될 각종자료에 대한 복사비, 부동산등기부등본 징수료, 담보부동산에 대한 감정평가료, 담보물 실지답사를 위한 출장비, 투자자에게의 각종 통보서 발송을 위한 우편료 등

제2조(용역의 범위)

SIB는 ○○○○종금이 보유중인 부실자산의 매각에서 단독으로 ○○○○종금의 재무자문기관으로서의 역할을 수행할 것이다. 구체적으로는, ○○○○종금의 매각자산 선정, 매각거래구조 수립, "Loan Due Diligence"(대출서류 검토, 재무자료 분석, Investor Review File 및 Data Disk 준비 등), 제3자의 Subcontractors에 의한 실사업무관리, 매각절차 및 매각일정의 계획 및 운영, 예비투자자들의 접촉 및 선정, 홍보자료 준비, 투자자에게 제공할 자료 준비, 입찰서류 평가, 낙찰자 선정, 낙찰자와의 계약 협상과 체결 이행 관련 지원, 관련 정부당국과의 협의 및 신고절차 등의 이행 등을 지원하고 자문을 제공한다.

제3조(Subcontractors가 제공하는 용역 및 감독)

SIB는 부동산 담보 및 기타 자산에 대한 실사를 위한 Subcontractors를 고용, 그들로 하여금 관련서류 복사, 등기부등본 및 법원자료 검색, 관련 시장정보 수집, 부동산 현장 실사, Property Inspection Report 작성 등의 "Collateral Due Diligence"를 수행하게 하고 이를 감독한다.

제4조(용역수수료 및 비용) 상기 제2조에 명시된 용역에 대하여 대한종금은 다음과 같은 조건을 SIB에게 수수료를 지급한다.

1. Retainer Fee : ○○○○종금은 SIB에게 용역 계약체결일로부터 ○○영업일 이내에 초기 Retainer Fee로 ○○○만원 (KRW ○○○,○○○,○○○)을 지급한다. 그리고 추가적으로 월별 Retainer Fee로 초반 ○개월 동안 계약 체결일로부터 매월 ○○영업일 이내에 ○○○만원(KRW ○○○,○○○,○○○)씩을 지급한다.

2. Success Fee(성공보수) : 상기 Retainer Fee와는 별도로, 본건 거래가 성사되면 OOOO종금은 SIB에게 SPC가 취득하는 자산의 총매각대금(원화 기준)의 다음과 같은 성공보수율에 해당하는 금액을 지급한다.

제5조(계약의 종료 및 해지)

본 계약은 본 매각작업의 완료시에 종료된다. 단, 양측은 30일 전에 서면통지를 통해 계약을 해지할 수 있다. 이 경우 대한종금 또는 SIB가 서면 통지를 수령한 때 계약이 해지됩니다(단, 비록 계약이 해지되었더라도 본 매각 거래와 관련하여 계약 해지 후 O개월 이내에 본 거래가 성사될 경우, SIB가 계약을 스스로 포기하거나 SIB의 고의 또는 중과실로 계약이 해지되는 경우 외에는 SIB에게 본 계약서에 의한 보수를 지불해야 한다). 또한, 비밀유지, 면책과 보상 법조항에 의거한 사항들은 계약의 종료 및 해지와 관계없이 유효하다.

제6조(SIB의 의무)

SIB는 제2조에 언급된 용역을 수행함에 있어서 선량한 관리자의 주의의무 로서 부담한다.

제7조(비밀유지)

법률에 의해 요구되는 경우를 제외하고는 SIB에 의해 구두나 문서로 제공된 어떠한조언이나 의견도 대한종금의 이익을 위해서만 사용되어야 하고, SIB와 대한종금의 사전동의 없이 제3자에게 공개될 수 없다. 대한종금은 계약서 상의 용역을 제공하기 위해 SIB가 요청하는 모든 재무자료 모처럼 기타 자료를 제공할 것입니다. SIB는 본건 거래와 관련하여 대한종금 또는 기타 본건 거래에 관련된 집단으로부터 받은 모든 자료를 법률에 의해 강제로 요구되는 경우를 제외하고는 기밀로 취급해야 하고, 대한종금의 사전동의 없이는 제3자에게 자료를 공개할 수 없다. 또한 SIB는 대한종금에 제공되는 서비스와 관련된 경우에만 이러한 자료들을 이용할 수 있다. SIB는 대한종금 또는 기타 본건 거래에 관련된 집단으로부터 제공받는 모든 자료의 완전성 및 정확성을 추가적인 검증 없이 신뢰한다.

제8조(면책과 보상) 대한종금과 SIB는 다음과 같은 면책 및 보상을 제공할 것에 동의한다.

1. SIB는 대한종금 측 입장에서 재무자문을 제공한다. 따라서, 대한종금은 ① SIB 및 동 용역에 참가한 SIB 및 관계회사의 임직원들("면책대상집단")에게, 동 계약 또는 이 매각거래에 용역을 제공하는 과정에서 발생할 수 있는 각종 손실, 피해, 의무, 책임에 대해 면책제공하며, ② 이런 문제로 발생한 모든 비용(각종 소송을 위한조사비용 및 변호비용을 포함한다)에 대해 변제할 것입니다. 단, 법정에서 "면책대상집단"에게 고의 또는 중과실이 있다는 판결이 날 경우에는 위와 같은 면책이나 변제가 성립되지 않는다. 만약, 면책이 되지 않을 경우 "면책대상집단"이 부담해야 할 금액은 본 계약과 관련해 SIB가 실제로 받은 수수료와 받기로 예정된 수수료의 합보다 클 수 없다. 법정에서 "면책대상집단"에게 고의 또는 중과실이 있다는 판결이 난 경우를 제외하고는, "면책대상집단"은 본 계약과 관련되어 제공한 용역에 대해서는 대한종금 또는 기타 어떤 당사자에 대해서도 책임을 지지 않는다.
2. 계약관계가 종료 및 해지되더라도 면책조항은 유효하다.

제9조(동의 및 이해상충)

대한종금은 SIB가 본건 거래에 참여한 집단(대한종금과 입찰자들을 포함한다)에 대해 과거에 용역을 제공했거나 또는 향후에 용역을 제공할 수 있다는 것을 인정한다. 또한 SIB는 본 용역기간 중에는, 대한종금을 제외한 매각거래 참여집단(입찰자들)에게 제2조에서 제시하고 있는 용역 및 기타 본건 거래와 관련된 용역을 제공하지 않을 것을 확인한다.

제10조(기타)

① 대한종금의 동의 없이 SIB는 본 계약서 상의 자신의 권리와 의무를 SIB의 관계회사를 제외한 다른 기관에 양도할 수 없다. 단, SIB의 관계회사에 양도하는 경우 SIB와 유사한 성격 및 역량을 보유한 기관이어야 한다. 계약서 상에 명시된 모든 사항들은 대한종금, SIB, 제8조의 기타 "면책대상집단"그리고 이들의 대리인에 대해서만 적용되는 것입니다.
② 본 계약서 상에 언급된 책임은 계약체결 당사자들의 책임입니다. 계약체결 당사자들의 임직원, 대리인, 주주 혹은 Controlling Person은 본건 거래와 관련하여 어떤 개인적인 책임도 지지 않다.
③ 본 계약서에 근거하여 소송이 제기되는 경우, 승소자는 변호사비용 등을 포함하여 법원판결문에 근거한 합리적인 범위 내에서 소송관련 비용 일체를 상대방에게서 받을 권리가 있다.
④ 본 계약서의 일부조항이 무효가 될 경우, 다른 조항은 영향을 받지 않고 그 효력이 그대로 유지된다.
⑤ 본 계약은 관련된 사항에 대한 모든 사전협약 및 협의사항에 우선하며, 당사자들 간의 동의하에 서면에 의해서만 변경이 가능하다.
⑥ 대한종금의 사전동의 하에, SIB는 자체 비용을 본건 거래에 관련된 용역 제공 내용을 신문과 잡지 등의 언론 매체에 실을 수 있다.
⑦ 매각대상자산 규모의 결정 및 변경을 포함하여 본건 매각거래와 관련하여 본 계약에 규정되지 아니한 사항에 관하여는 대한종금의 SIB의 의견을 참작하여 결정할 수 있다.
⑧ 본 계약은 대한민국법에 의하여 적용, 해석되며 분쟁 시에는 대한민국의 서울지방법원을 관할법원으로 한다.

위 내용의 계약을 증명하기 위하여 약정서 2부를 작성하여 각 1부씩을 보관한다.

20○○년 ○월 ○일

상호 : 0000 종합금융 주식회사
성명 : 000 ㊞
직위 :

상호 : 0000 유한회사
성명 : 000 ㊞
직위 :

【광고업무대행계약서】

광고업무대행계약서

광 고 주 : (이하 "갑"이라 칭함)과

광고회사 : (이하 "을"이라 함)는 다음과 같이 광고업무대행에 관하여 계약을 체결한다.

-다 음-

제1조(계약의 목적)

본 계약은 "갑"이 "을"에게 광고업무대행을 위임함에 있어 상호 신뢰로서 업무를 진행하며 "을"은 "갑"의 업무를 성실히 수행, 대행하기로 하고 상호 합의하에 본계약서를 작성한다.

제2조(대행범위 및 광고품목)

1. 대행범위
   광고의 송출 집행관리로서 그 지역은 의 지역(전역)으로 한다.
2. 광고품목
   "갑"의 30초 SPOT광고물 1편.

제3조(전제조건)

가. 광고업무를 효과적으로 수행하기 위하여 "갑"은 "을"이 필요한 정보 및 자료를 제공하고 "을"은 이를 일절 외부에 누설하지 아니한다.

나. "을"은 광고업무 외에 "갑"의 기업PR및 홍보활동이나 각종조사 자료의 수집. 분석등 일반적인 서비스 업무에 대해 협조한다. 단, 이 경우에 소요되는 비용은 "갑"이 부담한다.

제4조(매체요금)

1. "갑"이 구입하는 매체단가는 규정단가 이상이어서는 안 된다.
2. "을"은 "갑"에게 일체의 매체집행 수수료를 청구하지 않는다.

제5조(지불조건)

1. 매체 광고비는 매월 말일을 기준으로 월간 단위로 정산·청구함을 원칙으로 한다.
2. 매월 말 일자 청구 세금계산서를 받은 "갑"은 청구 익월 5일까지 현금으로 "을"에게 지불하여야 한다.

제6조(계약기간)

본 계약은 20○○년 ○○월 ○○일로부터 20○○년 ○○월 ○○일로 한다.

제7조(손해발생시)

　　"을"의 작업중도포기 등을 포함한 귀책사유로 "갑"에게 시간, 경제적 손해가 발생되었을 경우 이를 "을"이 배상하여야 한다.(작업 기한 불이행 및 중도 포기 시, 총 계약금액을 남은 계약일로 나눈 금액을 배상한다)

　　또한 작업결과물이 "갑"의 요구사항대로 지켜지지 않았거나 불만족 사항이 있을 경우에는 "을"은 기간 내에 재작업을 요구하거나 상호협의에 의해 처리토록 한다.

제8조(기타)

1. 본 계약에 명시되지 않은 사유로 발생하는 이견이나 분쟁은 관례에 따라 처리한다.
2. 본 계약은 성실히 수행하기 위해 계약서 2통을 작성 "갑" "을"이 각 1통씩 보관한다.
3. 본 계약에 관하여 "갑"과 "을"의 쌍방간에 일어나는 민·형사상의 분쟁에 대한 재판의 관할은 "갑"의 소재지 지방법원으로 한다.
4. 본 계약에 관하여 민, 형사상 분쟁의 해결은 "갑"의 소재지 관할 법원으로 하며 기타 본 계약서에 명시되지 않은 사항에 대해서는 일반관례에 따른다.

2000년 0월 0일

	상호	:
	사업자등록(주민)번호	:
"갑"	주소	:
	연락처	:
	대표이사(대표자)	: 　 ○ ○ ○ ㊞

	상호	:
	사업자등록(주민)번호	:
"을"	주소	:
	연락처	:
	대표이사(대표자)	: 　 ○ ○ ○ ㊞

금융투자자문계약서

"갑"
상호 : (이하 "갑"이라 한다)
주소 :
연 락 처 :

"을"
상호 : (이하 "을"이라 한다)
주소 :
연 락 처 :

　　"갑"과 "을"은 "갑"이 자신의 금융자산 또는 투자자금을 운용함에 있어 계약기간동안 "을"에게 소정의 컨설팅보수를 지급하고 투자에 필요한 컨설팅을 제공받고자 상호 합의 하에 다음과 같이 투자컨설팅계약을 체결한다.

제1조(계약목적)

　　이 계약은 "갑"과 "을" 간의 투자컨설팅계약(이하 '계약'이라 한다)의 내용에 관한 제반사항을 규정하는 데 그 목적이 있다.

제2조(투자컨설팅의 내용)

　　"을"은 "갑"에게 다음과 같은 투자컨설팅(이하 '컨설팅'이라 한다)을 제공한다.
① 금융자산 운용을 위한 금융 및 경제 관련 정보의 분석과 판단
② 금융자산의 종류 및 적절한 투자시기에 대한 포괄적인 분석과 판단
③ 기타 금융자산의 운용에 필요하다고 상호 인정하는 자료와 정보의 제공

제3조(컨설팅의 방법)

　　컨설팅은 전화, 구두, 서면 기타의 방법에 의한다.

제4조(컨설팅보수)

　　"갑"은 계약기간동안 "을"이 제공하는 컨설팅에 대해 을에 계약시점에서 평가한 운용자산의 시가상당액의％에 해당하는 금액을 컨설팅보수로 지급한다.

제5조(보수의 지급방법)

"갑"은 계약일로부터 ○○일 이내에 컨설팅보수 전액을 일시에 현금으로 지급함을 원칙으로 한다. 단, 편의에 따라 "갑"과 "을"의 합의에 의하여 정한 방법을 따를 수 있다.

제6조(계약기간)

계약기간은 년(개월)을 원칙으로 하며, "갑"과 "을"이 합의하면 동일한 계약조건 하에 1년을 단위로 자동 연장된다. 단, 중도에 계약을 해지하는 경우의 계약기간은 계약의 해지시점까지로 한다.

제7조(계약내용)

"갑"과 "을"이 합의한 계약내용은 다음과 같다.
① 계약기간 :20○○.○.○. – 20○○.○.○.(○년간)
② 계약자산 :(   )원 (만 원)
③ 컨설팅보수 : (   )원 (만 원)

제8조(거래금융기관의 지정)

"갑"과 "을"은 계약의 이행을 보증하기 위해 상호 합의하여 거래금융기관을 지정할 수 있고, 계약기간동안 이를 변경하지 않는 것을 원칙으로 한다.

제9조(계약의 변경)

"갑"과 "을"은 계약기간 중 필요에 따라 합의에 의해 계약내용을 변경할 수 있다.

제10조(계약의 해지)

"갑"과 "을"은 사정에 의해 계약을 중도해지할 수 있다. "갑"의 사정으로 계약을 해지할 때는 "을"에게 계약의 해지를 통보함으로써 계약은 해지된 것으로 간주한다. 단, 이 때 "갑"은 "을"에게 컨설팅보수의 반환을 요구할 수 없다. "을"의 사정으로 계약을 해지할 경우 10일의 경과기간을 요하며, "을"은 계약기간 미경과분 컨설팅보수를 "갑"에게 즉시 반환해야 한다.

제11조(계약의 종료)

계약기간 만료 후 10일 이내에 계약연장에 대한 별도의 합의가 없으면 계약은 종료된 것으로 간주한다.

제12조(책임과 의무)

"갑"은 "을"의 컨설팅을 참고하여 자신의 책임 하에 스스로 판단하여 금융자산을 운용하며, 그 결과에 대해 "을"에게 책임을 물을 수 없고, "을"은 "갑"에게 계약내용 외 어떠한 권리도 주장할 수 없다. 단, "을"은 "갑"을 위해 충실하게 컨설팅을 제공해야 한다.

제13조(상호존중과 비밀의 유지)

"갑"과 "을"은 서로 의사를 존중하며 이 계약과 관련하여 선의의 피해를 입히지 않도록 적극 노력한다. "갑"은 계약기간동안 "을"이 제공한 컨설팅 내용을 자신의 금융자산을 운용하는 외의 목적으로 활용할 수 없으며, 이를 제3자에게 제공하거나 타인과 공동으로 활용할 수 없다. "을"은 컨설팅 목적으로 취득한 "갑"의 재산상의 비밀을 누설하지 않는다.

제14조(기타)

이 계약으로 명백하게 정하지 아니한 바는 "갑"과 "을"이 상호 협의하여 조정하되 일반적인 관례를 존중한다.

상기 사항을 증명하기 위하여 본 계약서를 2부 작성하여 각각 1부씩 쌍방이 보관하기로 한다.

20○○년 ○월 ○일

"갑" : ○ ○ ○ ㊞

"을" : ○ ○ ○ ㊞

기술용역계약서

1. 계약명 : ○○○○ DB시스템 개발을 위한 기술용역

2. 계약금액 : 일금 ○○○ 원 (○○○,○○○,○○○)VAT별도

① 착수금(계약 체결시) : 총액금의 ○○% (○○○,○○○,○○○ 원)

② 중도금(기술용역 완료시) : 총액금의 ○○% (○○○,○○○,○○○ 원)

③ 잔금(개발사업 종료시) : 총액금의 ○○% (○○○,○○○,○○○ 원)

용역 위탁인 ○○○○(이하 "갑"이라 한다)와 용역 수탁인 (주)○○○○(이하 "을"이라 한다)는 산업동향 DB 시스템을 "갑"이 요구하는 사양에 따라 제작 제공함에 있어, 아래와 같이 계약을 체결하고 이를 증명하기 위하여 본 계약서 2통을 기명날인 후 각 1 통씩을 보관하기로 한다.

제1조(목적)

본 계약의 목적은 "갑"의 산업동향 DB시스템을 "을"의 제작 납품 받아 구축 운영함에 대한 제반 사항을 규정함으로써 "갑"과 "을" 간의 이해관계에 문제가 없도록 하기 위함을 그 목적으로 한다.

제2조(적용범위)

본 계약의 적용 범위는 별첨으로 한다.

제3조(목적물)

본 계약의 목적물은 "갑"이 을에 대해 요청한 ○○○○ DB시스템을 지칭하며, 그 기능은 별첨사항으로 정한다.

제4조(납품)

"을"은 "갑"이 위탁한 목적물에 대해 계약에 명시된 일정에 따라 그 직무를 이행한다.

제5조(진도보고 및 보고서 제출)

① "을"은 "갑"이 사업주관기관에 보고할 수 있도록 다음 각 항목과 같은 기술용역의 진행사항과 추진내역을 "갑"에게 서면으로 보고하여야 한다.
　1. 요구사항분석 및 상세설계서 : 상세설계 완료 후 ○일 이내 1부
　2. 프로그램명세서 : 구현 완료 후 ○일 이내 1부
　3. 시험결과보고서 : 시험 완료 후 ○일 이내 1부
　4. 완료보고서 : 검사완료 후 ○○일 이내 1부
② 개발된 S/W의 경우, "을"은 검사완료 후 ○○일 이내에 본 계약에 의해 개발된 소스코드를 "갑"에게 제출하여 운영관리가 가능하게 한다.

제6조(승인)

"갑"은 "을"이 납품한 목적물에 대해 납품 2주 이내에 검토, 검수하여 요청사항에 합당한 경우 이를 승인하여야 한다.

제7조(보완)

"갑"은 "을"이 납품한 목적물에 관하여 "갑"이 요청한 사항과 차이가 있을시 이를 "을"에게 보완요청 할 수 있으며, "을"은 확인 및 상호협의에 따라 이에 응한다.

제8조(기술지원 및 교육)

"을"은 목적물을 "갑"에게 납품 후 "갑"이 운영에 따른 기술 자문이나 이에 필요한 자료를 요청할 경우 "을"은 "갑" 또는 "갑"이 지정하는 자에게 최대한 협조하여 지원 및 교육을 실시한다.

제9조(개발환경지원)

"을"은 "갑"의 요청에 따라 시스템 개발 과정에서 필요한 사항에 대한 지원을 "을"에게 요청할 수 있으며, 이에 "을"은 최대한 지원한다.

제10조(유지보수)

계약의 완료 후 제품의 보완, 완성을 위한기능개선 및 추가 지원에 대한 사항은 상호협의 후에 별도의 협약서를 체결한다.

제11조(신의, 성실, 협조)

① "갑"과 "을"은 신의를 가지고 이 계약의 각 조항을 성실히 이행하여야 한다.
② "갑"과 "을"은 개발 과정 중 상호요청이 있을시 정기 및 임시로 개발 내용에 관하여 상호 협의하여야 하며, 상호 적극 협조한다.

제12조(비밀유지)

"갑"과 "을"은 상대방의 승인 없이 본 계약과 관련하여 취득한 정보를 외부에 공개 하거나 제공하지 않는다.

제13조(계약의 해지)

"갑"과 "을"은 계약이후 "갑"이 "을"에게 불성실하거나 "을"이 "갑"에게 불성실하여 원활한 계약유지가 어렵다고 인정되는 경우, 1개월의 기간을 정하여 서면으로 시정을 요구하고, 그 기간 중 시정되지 않을시, 본 계약을 해지할 수 있다.

또한, "을"의 사유로 인하여 부득이 계약 이행이 어렵다고 인정되는 경우 "을"은 이미 받은 착수금을 20일 이내에 "갑"에게 현금으로 지급하고 본 계약을 해지 할 수 있다. 단 계약 시작일로부터 1개월 이내의 경우만 적용한다.

제14조(해석)

이 계약에 명기되지 않은 사항 및 계약의 해석상 이의가 있을 때에는 상호협의에 의하여 결정하되, 일반적 상관례에 따른다.

제15조(통보)

모든 통보는 본 계약서 말미에 있는 주소로 등기우편 및 E-Mail발송으로 행하며, 통보일은 발송일로 한다.

제16조(지급방법)

① 착수금의 지급 : 계약서 체결 후 "을"은 "갑"에게 착수금 지급청구서를 제출하면 "갑"은 "을"에게 10일 이내에 현금으로 지급한다.

② 중도금의 지급 : 개발이 완료된 시점에서 "을"이 "갑"에게 납품한 목적물에 대해서 검수 후 10일 이내에 "을"에게 현금으로 지급한다.

③ 잔금금의 지급 : "갑"의 사업완료 시점에서 DB구축 공공근로인력의 철수일과 동시에 "을"에게 현금으로 지급한다.

제17조(소유권)

"을"이 "갑"에게 제공한 OOOO DB 시스템의 소유권은 "갑"의 소유로 한다.

제18조(불가항력)

쌍방 당사자는 화재, 홍수, 지진, 폭풍, 전쟁, 혁명, 기타 당사자가 제어할 수 없는 사유에 의해 계약에 기초한 의무를 이행 할 수 없는 경우에는 관련 의무의 불이행 또는 이행 지연에 대해서는 책임을 지지 않는다.

제19조(관할법원)

본 계약에 관한 소송의 관할 법원은 "갑"의 주소지를 관할하는 법원으로 한다.

20○○년 ○월 ○일

"OOOO연구원 대표"　　　:　○ ○ ○　㊞

"(주)OOOO대표"　　　　　:　○ ○ ○　㊞

〈별첨〉

본 계약의 개발 및 지원범위는 아래와 같다. 기타 사항은 양사간의 협의에 따라 조정함을 원칙으로 한다.

1. 개발 프로그램의 범위

　1-1) 국내생산통계 DB시스템 웹 프로그램 1식

　1-2) 수출/수입통계 DB시스템웹 프로그램 1식

　1-3) 품목별 회사현황 DB 시스템 웹 프로그램1식

　1-4) 기사자료/웹검색 ActiceX 컨트롤개발 웹 연동 1식

　1-5) 참고문헌 검색시스템 웹 프로그램1식

　1-6) DB 시스템 검색엔진 프로그램 개발1식

　1-7) DB 시스템 데이터 연계시스템 웹 프로그램 1식

　1-8) 산업동향 DB 시스템 인터페이스 디자인 구성

2. OOOO DB시스템 개발기간은 계약시점 기준 O개월 내 상기의 기능을 구현 납품하도록 한다.

3. "을"은 OOOO DB시스템 구축에 따른 원활한 작업을 위한 공간(인력8명)을 "갑"의 사업기간 종료일 (2000.00.00 예정)까지 제공한다.

4. 산업동향 DB부분과 관련된 DB자료 입력 및 확보에 관련되어 수행될 작업은 "갑"이 수행함을 원칙으로 한다.

5. 전체적인 사업관련 관리부분은 "갑"의 관리자가 관리 수행함을 원칙으로 하며, 기타 필요 사항에 대해서는 본 계약서 및 산업자원부(주관부서 : OOOO)에 보고된 계획서에 명시된 부분을 기준으로 한다.

6. 기타 사업수행중 발생할 수 있는 문제에 대해서는 상호신의의 원칙에 따라 협의 운영함을 원칙으로 한다.

참고 13 _ 산업재산권 등록 ▮_ 특허청

"산업재산권 등록"이란 특허(실용신안·디자인·상표)등록이란 특허에 관한 권리의 발생·변경·소멸·기타 특허권에 대한 일정한 사항을 특허청장의 직권이나 당사자의 신청 또는 법원 등 국가기관의 촉탁에 의하여 특허청에 비치한 특허(등록)원부에 기재하는 것 또는 기재된 사항을 총칭한다.

"등록원부"란 특허청장이 산업재산권 및 그에 관한 권리에 대하여 법령에서 정하는 소정의 등록사항을 기재하기 위하여 특허청에 비치하는 공적장부를 말한다. 산업재산권에 관한 등록원부에는 다음의 4종류가 있으며, 각 등록원부에는 신탁원부가 별도로 존재한다. 특허발명의 명세서 및 도면, 디자인의 도면과 상표를 표시하는 서류는 등록원부의 일부로 본다.

기술용역계약서

1. 계 약 명 : ○○○ 계약

2. 계약금액 : ○○○ 만원

3. 계약기간 : 2000. 00. 00 – 2000. 00. 00

4. 계약당사자 : "갑"(주) ○○디자인 대표이사 ○○○○
"을"개인 (주민등록번호 ○○○○○○–○○○○○○○) / 은행 계좌번호 : ○○○○○○–○○–○○○○○○)

　(주)○○디자인 (이하 "갑"이라 한다)와 기술용역인 아무개(이하 "을"이라 한다)은 ○○디자인을 위해 다음과 같이 계약을 체결한다.

제1조(목적) 본 계약은 "갑"이 지정한 디자인을 "을"에게 위탁함에 있어 "갑"과 "을"의 권리, 의무 및 기타 필요한 사항을 규정함에 그 목적이 있다.

제2조(용역의 범위)

① "을"은 "갑"이 지정한 용역 개발의 내용에 적합한 디자인을 하고, 그 결과물을 제작하여 계약 기간 내에 제출하여야 한다.
② "갑"이 지정한 용역 개발의 내용은 다음과 같다.
　가. ○○○○○○○

제3조(인도 와 검수)

① "을"은 계약에 따른 정해진 일정대로 용역 개발의 결과물을 "갑"에게 제출해야 하며, 최종 물품의 공급일은 2000년 ○○월 ○○일로 한다.
② "갑"은 "을"로부터 물품을 공급받은 후 검수 판정을 "을"에게 통보하여야 한다(단 7일 이내에 "갑"으로부터 별다른 통보가 없는 경우에는 검수에 합격한 것으로 본다.)

제4조(지원) "갑"은 "을"의 원활한 용역수행을 위하여 필요한 장비 및 시설과 디자인 구성에 필요한 정보를 제공한다.

제5조(계약이행상의 감독) "갑"은 필요하다고 인정되는 경우 "을"의 용역 수행과정이나 계약 이행상황을 감독할 수 있다.

제6조(대가의 지급)

① "갑"은 제2조에 정한 용역에 대하여 정한 대가지급 시 제작단가의 50%를 선금 지급하고 이를 공제한 잔액을 용역 완료시 지급한다.

② 대가의 지급방법 : “갑”은 “을”이 지정하는 금융기관의 예금계좌에 온라인 입금한다.

제7조(지급기일) “갑”은 “을”에게 선금을 제외한 잔금을 제작 완료 후 7일 이내에 지급하여야 한다.

제8조(소유권) 공급된 물품의 소유권은 “갑”이 “을”에게 대금 지급을 완료한 시점에서 “갑”에게 전달하되 저작권은 공동 소유이며 OOO 디자인 관련파일 및 모든 출력물을 공유한다.

제9조(비밀의 준수) “을”은 본 계약기간 전후를 막론하고 본 계약과 관련하여 취득한 “갑”의 사업내용에 대한 비밀사항을 제3자에게 누설하여서는 안 되며, “갑”이 요구하는 보안 사항을 철저히 준수하여야 한다.

제10조(계약양도 금지) “갑”과 “을”은 본 계약에 의한 제반 권리, 의무를 제3자에게 양도하여서는 안 된다.

제11조(상호 협의) 본 계약서에서 명시되지 아니한 사항에 대하여는 “갑”과 “을”의 협의 하에 결정한다.

제12조(계약의 해지)

① 본 계약의 당사자 중 어느 일방이 본 계약서상의 의무를 태만 또는 불이행하여 계약 의 지속이 어려울 경우에 일정한 시정 기간을 경과하여도 적정한조치가 없으면 해약 을 통보할 수 있다.

② 본 계약이 어느 일방의 귀책사유로 해지될 경우 귀책사유가 있는 당사자는 해지로 인한 상대방의 손해를 배상해야 한다.

③ 부득이하게 계약을 지속시킬 수 없을 때는 쌍방의 협의 하에 계약을 해지할 수 있다.

제13조(보장 및 업그레이드)

“을”이 납품한 시스템의 기능, 성능 등이 부적합, 불완전과 같은 기타 하자 등으로 인하여 “갑”의 정상적인 시스템 운영에 지장을 초래할 경우 “ 을”은 한 달간 유지 보수한다.

제14조(분쟁)

본 계약에 분쟁이 발생하여 소송이 필요한 경우는 서울 민사지방법원을 관할 법원으로 한다.

본 계약 체결을 증명하기 위하여 계약서 2통을 작성하여 쌍방이 서명 날인하고 “갑”과 “을”이 각각 1통씩 보관한다.

20○○년 ○월 ○일

“갑” (주)OO디자인 대표이사 : ○○○ ㊞

“을” 기술용역인 : ○○○ ㊞

운송용역계약서

(주)○○대표○○○를(이하 "갑")이라 하고, ○○운수(주)△△ 대표△△△를(이하 "을")이라 한다. "갑"과 "을" 간에 제품운송을 위한 용차 사용계약을 다음과 같이 체결한다.

제1조(목적)

"갑"은 "을" 관리의 차량을 제품운송을 위해 용차하고, "갑"은 그에 대한 댓가로 소정의용차료를 "을"에게 지불한다.

제2조(계약 기간)

본 계약의 의무계약 기간은 20○○년 ○○월 ○○일 ~ 20○○년 ○○월 ○○일까지 ○년으로 하며, 현 계약급여 및 복지는 20○○년 ○○월 ○○일 ~ 20○○년 ○○월 ○○일까지 ○년으로 하며 "갑"과 "을" 쌍방 급여 및 복지 계약기간 만료 전 2개월 전에 재계약하며 의무기간 기간 만료 후 쌍방간의 이의가 없을시 1년 단위로 자동 연장하는 것으로 한다.

제3조(운송 용역비, 기타경비 및 복지)

가. 운송용역비는 대당 월 ○○만원으로 한다.(VAT 별도)

나. 유류대, 도로비는 ○○이 지불한다.

다. 기사의 휴무는 "갑"의 규정에 준한다.

제4조(배차통보)

가. "갑"은 "을"에게 당일 혹은 전일 배차통보를 원칙으로 하되 배차시간을 엄수하여야 한다.

나. "을"은 "갑"의 지시에 따라 "갑"의 사업자에서 요구하는 지역으로 운행함을 원칙으로 한다.

제5조(대금지급)

"을"은 "갑"이 요구하는 청구관련 서류를 당월 말까지 세금계산서를 청구하여야 하고 "갑"은 청구분에 대해 검토 후 익월 ○○일까지 제3조(가)항의 금액을 현금 지급한다.

제6조("을"의 의무)

가. "을"의 배송차량은 항시 지정된 장소에서 대기하여 "갑" 또는 "갑"의 대리인 지시에 의하여 투입하여야 한다.

나. "을"은 "갑"이 대리인과 항시 연락이 가능할 수 있는 통신수단을 준비하여 "갑" 또는 "갑"의 대리인과 연락을 취하여 업무에 차질을 주어서는 안 된다.

다. 차량의 도식의 도안 및 초안은 "갑"이 정하고, 비용은 별도 협의한다.

제7조(책임 한계)

"을"이 작업수행 중 발생하는 모든 사고의 책임은 "을"에게 있으며, "을"이 전적으로 처리 보상하여야 한다.

제8조(보험 가입)

자동차 보험가입은 영업용 차량으로 "을"의 책임하에 종합보험에 가입한다.

제9조(화물운송)

가. "갑"은 "을"의 차량을 사용하되 제3조 다항의 조건으로 1일 운송할 수 있는 화물은 면밀히 분석하여, 익일 전에 "을"의 기사에게 통보하여야 한다.

나. "을"은 "갑"의 물품을 성실하게 운송하며 "갑"의 거래처의 거래명세서 및 일반 행정 서류를 "갑"을 대행하여 처리한다.

다. "을"은 "갑"을 대신하여 배송업무를 수행하는 과정에서 "갑"의 정보 및 기밀사항, 기업의 이미지 및 품위를 손상하는 일이 없도록 교육을 받아 실행하여야 한다.

제10조(차량정비 및 점검)

가. "을"은 자동차의 정비, 점검 및 검사를 철저히 수행하여 "을"의 책임하에 항상 운전 가능한 최상의 상태를 유지하여야 한다.

나. "을"의 사정으로 운행이 불가능할 시에는 "을"은 신속히 대체 차량을 투입하여 업무에 지장을 초래하여서는 안 되며, 투입이 불가능 할 때에는 즉시 "갑"의 지시에 협조하여야 하며, 이에 필요한 경비는 "을"이 책임진다.

제11조(손해배상)

가. "을"이 본 계약을 이행함에 있어 고의, 과실 또는 계약위반으로 "갑"에게 계약 및 재산상의 피해(운송 중 발생하는 적재화물의 파손, 분실, 도난포함)를 주었을 때 "을"은 "갑"에게 그 피해액을 지체 없이 배상하여야 한다.

나. 손해 배상금액은 "갑"이 산정한 금액을 기준으로 하여 배상하여야 한다.

다. "을"의 무단결근으로 인하여 업무에 지장을 초래하였을 경우 운행에 따른 손해배상금액을 "갑"에게 지불하여야 한다.

제12조(계약해지 및 기사교체)

"갑"은 다음의 경우에 "을"과의 계약을 해지 및 요구할 수 있다.

가. "갑"은 기사가 작업수행이 현저하게 불성실하고 부적당 하다고 "갑"이 판단할 때

나. 작업내용중 비밀이 요구되는 사항을 "을"이 외부에 누설하였을 때

다. "갑"의 작업지시에 "을"이 불응 하였을 때

라. "을"의 기사가 본 계약을 위반하였을 때

마. "을"이 작업을 정상적으로 수행할 능력이 없다고 "갑"이 판단할 때

바. "갑"과 "을"이 합의 하였을 때

제13조(면책)

전쟁, 내란, 폭동, 천재지변 등에 의한 작업수행 불가시의 위약에 대하여는 면책된다.
단, 불가피한 사정의 판단은 "갑"이 한다.

제14조(변경신고)

"을"은 주소지 또는 상호, 대표자등 기타 계약 변경사유가 발생하는 즉시 "갑"에게 통보하여야 하며 이의 지연으로 인하여 발생하는 문제에 대한 책임은 "을"에게 귀속된다. wform.com

제15조(관할법원)

본 계약에 의하여 발생하는 소송은 "갑"의 소재지의 관할하는 법원으로 한다.

제16조(해석상의 이의)

본 계약서조항의 해석에 이의가 있을 때에는 "갑"과 "을"이 합의하여 결정하며, 상호간의 합의가 안 될 시에는 "갑"의 해석이 우선한다.

제17조(기타사항)

본 계약에 명시되지 아니한 사항은 일반상 관련에 따른다.

본 계약은 계약체결일로부터 유효하며 위와 같이 합의하였음을 증빙하기 위하여 계약서 2부를 작성, 서명 날인하고 "갑"과 "을"이 각각 1부씩 보관한다.

20ㅇㅇ년 ㅇ월 ㅇ일

"갑"	주소	:
	대표이사(대표자)	: ㅇ ㅇ ㅇ ㉺
		:
"을"	주소	:
	대표이사(대표자)	: ㅇ ㅇ ㅇ ㉺

【경비용역계약서】

경비용역계약서

도급인 "갑"
상 호 :
주 소 :
대 표 이 사 :

수급인 "을"
상 호 : ○○주식회사
주 소 : 서울 ○○구 ○○동 ○○번지 ○○빌딩 ○○호
대 표 이 사 : ○ ○ ○

위 "갑", "을" 당사자 간에 경비도급 계약을 체결함에 있어 "을"은 "갑"이 지정하는 경비 구역 내에 대한 경비업무를 성실하게 수행키로 하고 "갑"은 "을"에게 경비대금을 지급할 것에 각각 동의하여 아래와 같이 계약을 체결한다.

제1장 총 칙

제1조(목적)

이 계약은 경비업법 제2조 제1호 본문의 규정에 따라 "을"은 "갑"으로부터 제2조의 경비대상 시설 및 장소에 대하여 경비업무를 도급 받아 동시설 및 장소에서의 도난, 화재 기타 혼잡 등으로 인한 위해 발생을 방지함을 목적으로 한다.

제2조(대상물)

"을"이 "갑"에게 제공하는 경비 대상물건은 ○○○ 및 ○○○로 한다.

제3조(경비인원)

경비 인원은 ○명이 "을"의 책임하에 24시간 격일제로 근무한다.

제4조(경비료)

1. 경비료는 월 ○○○원 (부가가치세 별도)으로 한다.
2. 경비료는 경비원의 급료, 상여금, 퇴직금 등 직접 노무비와 피복장구비, 산재보험료, 국민건강보험료, 국민연금, 교육훈련비, 복리후생비, 기타 경비원에게 지출되는 제 비용 등의 간접노무비 이외에 일반관리비, 제세공과금, 위험부담금, 기업이윤 등을 포함한다.

제5조(계약기간)

1. 경비도급계약 기간은20년 ○○월 ○○일부터 ~ 20년 ○○월 ○○일까지 ○년으로 한다.
2. 본 계약은 계약 기간 만료 30일전까지 "갑" 또는 "을"이 상대방에 대하여 계약만료에 대한 서면 해약 통고가 없는 한, 계약 기간은 자동적으로 ○년간 연장된 것으로 한다. 단, 계약금액은 "갑" "을" 협의 하에 조정한다.

제6조(계약의 해지) "갑"은 "을"에게 다음 각 호의 사유가 발생하였을 때에는 예고기간 없이 구체적 사유를 명시 한 서면 통고로서 계약을 해지할 수 있다.

1. "을"이 파산 선고를 받았거나 파산 신청을 하였을 때
2. "을"이 해산 명령을 받았거나 해산의 결의를 하였을 때
3. "을"이 경비업 허가를 자진 반납하거나 허가 취소를 처분 받았을 때

제7조(경비대금의 청구 및 지급)

"을"은 경비료를 매월 ○○일까지 "갑"에게 청구하여야 하며 "갑"은 청구 금액에 이의가 없는 한 접수일로 부터 10일 이내에 경비대금을 현금으로 "을"에게 지급하여야 한다.

제2장 경비업자의 의무

제8조(규정 등의 준수)

"을"은 경비업무를 수행함에 있어 제 규정과 규칙을 준수하며 안전과 경비 업무에 필요한 지정된 교육을 받아야 한다.

제9조(권리와 의무)

1. "갑"은 본 계약의 효율적인 시행을 위하여 경비 업무에 대하여 "을"과 협의할 수 있 다.
2. "을"은 "갑"의 관리권 행사 범위 내에서 대상 시설의 경비업무를 성실히 이행할 의무 를 진다.
3. "을"은 경비원의 인사에 관한 사항 중 채용, 징계에 관한 사항에 대하여는 이를 "갑"에게 서면으로 통 보한다.

제10조(기밀의 보존)

"갑"과 "을"은 본 계약 체결 및 실행 과정에서 취득한 상대방의 기밀 사항을 제3자에게 일체 누설하지 않 는다.

제11조(양도의 금지)

"을"은 "갑"의 서면 승인 없이 본 계약상의 권리와 의무의 일부 또는 전부를 제3자에 양도하거나 계약에 따라 행할 일체의 업무를 하도급 할 수 없으며 담보의 목적물로 할 수 없다.

제3장 경비업무 실시

제12조(경비원의 채용)

"을"은 본 계약에 의한 경비업무 수행을 위하여 경비업법상 제10조 전항 각호의 결격 사유에 해당하지 않는 자로서 신체 건강하고 사상이 건전한 자를 선발하여 경비원으로 채용 배치한다.

제13조(방호의무)

"을"은 "갑"이 정하는 경비 대상 시설 내에서의 인명과 재산에 대한 도난, 화재, 혼잡, 무단 침입 등의 위해 발생을 방지하는 의무를 진다.

제14조(경비근무)

1. "을"은 소속 경비원으로 하여금 근무 수칙을 준수하게 하며 일일 경비상황과 이상 유 무를 기록한 경비 상황보고서를 작성하고 필요시 "갑"에게 통보한다.
2. "을"은 경비근무 중 경비원으로 하여금 정기 또는 비정기적으로 경비 구역에 대한 순 찰을 하도록 하며 순찰중 이상이 있을 시는 즉시 "갑"에게 통보한다.
3. "을" 업무 수행 중 긴급 사태가 발생하거나 발생이 예상될 때에는 지체 없이 "갑"에게 통보하며 "갑"은 이에 대하여 충분한 조치를 강구하여야 한다. 또한 "갑"은 사고발생의 위험이 있는 곳의 경비에 대하여는 사전에 "을"에게 관리 방법과 사고 방지를 위한 주의 사항 등을 서면 통보함과 동시 "을"과 충분히 협의하여야 한다.
4. "갑"은 본 계약 업무의 적정한 이행을 위하여 필요한 경우에는 "을"에게 주문 사항과 지시를 요구를 할 수 있다.

제15조(운용 감독)

"을"은 계약상의 경비업무를 수행하기 위하여 경비의 운용과 지휘 감독의 권한을 행사한다.

제16조(경비원의 통제)

1. "을"은 경비원의 불성실이나 근무태만, 비위사실 등에 대하여 사안에 따라 교체하거나 "을"의 징계 절차에 따라 처리하고 그 결과를 "갑"에게 통보한다.
2. 전항의 근무태만이라 함은 근무지 이탈, 근무 시간 중 음주, 수면, 빈번한 무단결근 및 기타 업무를 태만히 하는 행위로 경비업무 수행에 지장을 초래하거나 초래할 우려가 있는 경우를 말한다.

제17조(경비원의 고용 책임)

"을"은 본 계약 이행을 위하여 채용하는 경비원에 관련된 다음 각 호의 사항에 대하여 단독 책임을 진다.
1. 근로조건 및 근로기준법상의 일체의 책임
2. 노동 쟁의와 관련된 일체의 책임
3. 산업 재해 보상에 관한 책임
4. 경비원 임면에 관한 책임
5. "갑"의 업무에 대하여 취득한 비밀의 유지 보전에 대한 책임

제18조(상호협력)

"갑"과 "을"은 신의 성실의 원칙에 입각하여 본 계약의 이행에 상호 협력한다.

제19조(업무의 정지)

"을"은 천재지변, 전쟁 기타 불가항력적인 경유 또는 "갑"의 책임 있는 사유에 의하여 계약상의 업무 실시가 불가능할 경우에는 그 사유를 "갑"에게 통보하고 사유 소멸 시까지 업무의 실시를 정지할 수 있으며 정지기간 동안에는 "갑"에 대한 의무를 지지 아니한다.

제4장   손해배상

제20조(손해배상)

1. "을"은 경비업법의 규정에 따라 경비원이 업무 수행 중 고의 또는 과실로 "갑"의 경 비 대상 시설에 발생하는 손해를 방지하지 못한 때에는 그 손해를 배상하여야 한다.
2. "을"은 제1항의 손해 배상을 담보하기 위하여 경비업법 제26조의 규정에 의한 손해 배상 책임 공제에 가입하여 한국 경비협회장이 확인한 그 증서 사본이나 서울 보증에 서 발행한 증권을 "갑"에게 제출하여야 한다.
3. 손해 배상책임 한도액은 ○○○원으로 한다.

제21조(고지의무 등)

1. "갑"은 "갑" 또는 "갑"의 시설내의 입주 업체는 일과 시간이 종료한 시간부터 익일일과 개시 시간까지 그의 시설 내에 화폐, 수표, 유가증권, 인지, 금은 등의 보석류, 시계, 모피류, 글, 그림 류, 골동품, 설계도, 장부, 원고, 컴퓨터, 소프트웨어의 중요 물품을 보관하지 않음을 원칙으로 하고 부득이 보관하여야 할 사유가 있을 때에는 "갑" 또는 입주업체에는 반드시 보관 사실을 "을"의 경비원에게 고지하고 확인을 시 켜야 한다.
2. "갑"은 사고 발견 즉시 "을"에게 동사실을 통보하여 "갑" "을" 공동으로 현장을 확인 하여야 한다.

제22조("을"의 면책)

"을"은 다음 각 호의 사항에 대하여는 책임을 지지 아니한다.
1. 천재지변, 전쟁, "갑"의 쟁의행위 기타 불가항력으로 인하여 발생한 손해
2. "을"의 경비원이 본 계약이 정하는 업무 이외에 "갑"의 요구에 의한 행위로 발생한 손해
3. 본 계약서 제22조 제1항의 규정에 의한 고지 의무를 결하여 발생한 화폐, 수표, 유가증권, 인지, 금은 등의 보석류, 시계, 모피류, 글, 그림류, 골동품, 설계도, 장부, 원고, 컴퓨터, 소프트웨어 등 중요한 물품의 도난 사고에 대한 손해와 동조 제2항에 의한 통보를 결함으로서 사실 확인이 불가한 사고에 대한 손해
4. 경비 대상 시설 또는 대상시설내의 기물 파손 등 외부 침입 흔적이 없이 발생한 손해
5. 제23조 제1항의 규정에 의한 "을"의 책임 범위 이외의 사고와 동조 제2항의 규정에 의한 "갑"의 조치 불이행으로 발생한 손해
6. 기타 "갑"이 계약서에서 정한 규약을 위약하여 발생한 손해

제5장   경비원의 후생 복지

제23조(장비, 시설지원)

1. "갑"은 "을"에게 경비업무에 필요한 사무실 및 사무집기, 감시초소, 조명시설, 용수, 전력, 동계 난방 시설, 연료와 통신 시설 등을 무상으로 제공한다.
2. "을"은 선량한 관리자의 주의 의무로 "갑"이 제공한 장비 및 시설을 관리하며 제공받은 장비 및 시설은 경비 목적 이외에 사용할 수 없고 제3자에게 제공하거나 외부에 반출 또는 원형을 변경하지 못한다.

제24조(급여)

"을"은 "갑"으로부터 수령한 경비료중 적정한 직접 노무비를 경비원에게 지급하여 저임금으로 인한 이직율을 방지하고 철저한 경비업무를 수행할 수 있도록 한다.

제25조(후생복지)

1. "을"은 "갑"의 경비대상 시설에 근무 중인 경비원에대하여 다음 각 호의 후생 복지 제 도를 실시한다.
   가. 건강진단 년 1회 실시
   나. 산업 재해 보상보험 가입
   다. 국민 건강 보험 가입
   라. 국민연금 가입

제6장   보 칙

제26조(계약의 발효)

이 계약은 계약 체결일로부터 효력을 발생한다.

제27조(분쟁의 해결)

"갑"과 "을" 사이에 계약조항 해석에 이의가 있을 때에 "갑" "을" 상호간 협의에 의하여 정하고 협의가 이루어지지 않을 때에는 제3자에게 조정을 요청할 수 있다.

제28조(합의관할)

이 계약서에 관한 합의 관할은 법원으로 한다.

이 계약의 성립을 증명하기 위하여 계약서 2통을 작성 각자 서명 날인한 후 "갑" "을" 각 1통씩 보관한다.

20○○년 ○월 ○일

	주소	:	
도급인	회사명	:	
"갑"	연락처	:	
	대표이사(대표자)	:	○ ○ ○ (서명 또는 날인)
		:	
	주소	:	
수급인	회사명	:	
"을"	연락처	:	
	대표이사(대표자)	:	○ ○ ○ (서명 또는 날인)

참고 14 _ 공공기관 용역근로자 보호지침에 따른 계약서 명시사항

① **(고용승계)** 특별한 사정이 없는 한 **고용을 승계**

② **(고용유지)** 특별한 사정이 없는 한 용역계약기간 중 **고용유지**

③ **(근로조건 보호)** 적격심사시 제출한 외주근로자 근로조건 보호 관련 사항 **위반시 계약 해지 및 향후 입찰참가자격 제한 가능**

④ **(정보공개)** 노무비 산출내역 등 **계약내용을 홈페이지에 공개 가능**

⑤ **(임금명세서 제출)** 분기별로 발주기관에 임금지급명세서 제출

【아파트조경관리계약서】

아파트조경관리계약서

　*** 아파트 단지 내 공원을 관리하기 위하여 *** 아파트 관리사무소(이하 "갑"이라 칭한다)와 조경관리 업체 ****(이하 "을"이라 칭한다)와의 사이에 다음과 같이 공원관리계약을 체결한다.

제1조(목적)

본 계약은 "갑"의 아파트 단지 내 공원의 조경시설에 대하여 "을"이 전지, 소독, 시비, 잠복소 설치, 보온 등의 작업을 통한 최상의 공원을 유지함을 규율한다.

제2조(관리사항)

1. "을"이 관리하는 조경업무는 다음 각 호의 사항을 말한다.
　1) 전지작업
　2) 소독작업
　3) 시비작업
　4) 보온작업
　5) 잔디깎기
　6) 부산물 처리
　7) 기타조경관련 업무 일체
2. 제1항 제8호의 업무에 있어서는 사전에 "갑"이 "을"에게 통지하여 "을"이 이를 수행하며 별도의 추가 비용이 발생 시에는 관련 비용을 지출한다.

제3조(위탁료)

1. "갑"이 "을"에게 계약기간동안 지급하는 위탁료는 일금 *****원정으로 한다.
2. 제1항의 금액은 본 계약 체결 이후 매월 30일 1/12로 분할하여 "을"의 은행구좌에 현금 입금한다.
3. "을"의 입금계좌는 다음으로 한다.

은행명:
계좌번호:
예금주:

제4조(계약기간)

1. 본 계약기간은 20○○년 ○월 ○일부터 20○○년 ○월 ○일까지로 한다.
2. "을"은 매년 4월부터 11월까지 정상작업을 수행하고, 동절기(12월–3월)에는 정기적 관리점검만 한다.

제5조(안전관리)

　공원조경작업과 관련되어 발생하는 모든 안전사고의 책임은 "을"에게 있다.

제6조(신의성실)

1. "을"은 "갑"의 공원관리에 대하여 모든 작업을 적기에 시행하고 선량한 관리자의 주의의무를 다하여 계약을 이행한다.

2. 공원관리에 필요한 모든 장비는 "을"이 부담하며 공원관리 중 수목에 이상이 발생하여 고사하였을 "을"의 과실로 판명될 시 "을"이 변상한다.

제7조(기타사항)

1. 계약의 당사자는 본 계약의 내용을 신의성실에 의거하여 준수하여야 한다.

2. 계약 기간 중 계약의 변경은 당사자의 서면 합의에 의해서만 변경될 수 있으며 서면날인 된 문서를 본 계약서의 말미에 첨부한다.

3. 본 계약서상에서 명시되지 않은 부분에 대하여는 관련 법규 및 상관습에 따르기로 한다.

제8조(분쟁해결)

1. 본 계약과 관련하여 양 당사자 간의 분쟁이 발생한 경우, 원칙적으로 "갑"과 "을" 상호간의 합의에 의해 해결한다.

2. 상호 합의에 의하여 분쟁이 해결되지 않을 경우 "갑"의 주소지 관할 지방법원을 그 관할로 하여 재판함으로써 해결한다.

제9조(특약사항)

상기 계약일반사항 이외에 "갑"과 "을"은 아래 내용을 특약사항으로 정한다.

1.
2.
3.
4.

이 계약서 각 조항을 증명하기 위하여 본 계약서 2통을 작성하고 "갑"과 "을"이 각각 1통씩을 보관한다.

20○○년 ○월 ○일

	상호	:
"갑"	주소	:
	대표자	: ○○○ ㉑

	상호	:
"을"	주소	:
	대표자	: ○○○ ㉑

노무관리대행계약서

OOO(이하 "갑"이라 한다)와 노무법인OOOO(이하 "을"이라 한다)은 노무관리대행계약을 체결함에 있어 다음과 같이 약정한다.

제1조(계약의 목적)

"갑"은 "을"에게 고용보험, 국민연금, 의료보험, 산업재해보상보험(이하 보험이라 한다) 관리업무와 급여업무를 위탁하고 "을"은 신의와 성실로서 공정하게 이를 수행할 것을 목적으로 한다.

제2조(계약의 내용) "을"이 제공하는 업무의 내용은 다음과 같다.

1. 보험관계 성립 및 소멸신고
2. 보험 자격취득, 자격상실 및 변경신고
3. 보험료 신고서 작성 및 제출 업무
4. 임금대장 작성 및 관리
5. 기타 "갑"과 "을"이 합의하는 사항

제2조(계약의 내용) "을"이 제공하는 업무의 내용은 다음과 같다.

1. 보험관계 성립 및 소멸신고
2. 보험 자격취득, 자격상실 및 변경신고
3. 보험료 신고서 작성 및 제출 업무
4. 임금대장 작성 및 관리
5. 기타 "갑"과 "을"이 합의하는 사항

제3조(대행보수)

① "갑"은 "을"에게 대행보수로서 월정액 금원정을 지불하며 본 계약 체결과 동시에 O개월 분(금원정)을 계약금으로 지불한다.
② "갑"은 "을"에게 전항의 보수를(매월, 분기, 6개월, 년)단위로 해당 월의 O일까지 선지급한다.
③ "갑"이 대행보수를 연체하는 경우에는 "을"은 대행업무를 중지할 수 있다.
④ 대행체결 기간중 상한의 인원수 초과시 해당 대행료로 변경 지불한다.

제4조(실비청구)

① 제2조에 의한 위임사무와 관련하여 실태조사, 자료모집 등에 상당한 기관과 특별한 연구 및 서비스를 요하는 경우 또는 교육훈련을 행하는 경우에는 "을"은 이에 상당하는 실비를 청구할 수 있다.
② 전항의 실비 기준과 청구 범위는 "갑"과 "을"이 협의하여 정한다.

제5조(자료제공)

"갑"은 "을"이 위임사무를 처리하는데 필요한 자료의 요청에 적극 협력하여야 하며, "을"은 "갑"이 제공한 자료의 범위 내에서 업무를 대행한다.

제6조(비밀엄수)

"을"은 본 계약기간 중 또는 계약기간 만료 후 라도 업무와 관련된 "갑"의 비밀을 정당한 이유 없이 타인에게 누설하지 아니한다.

제7조(계약기간)

본 계약의 기간은 계약일로부터 O년으로 하며, 계약기간만료 1개월 전까지 다른 의사표시가 없는 한 계약만료일로부터 1년 간 자동 연장된 것으로 본다.

제8조(기한이익의 상실)

① "갑"이 임의로 계약을 해지하거나 이 계약서에 정한 의무를 이행하지 아니한 때에는 "갑"은 기간의 이익을 상실한다.
② 전항에 의하여 기한의 이익이 상실된 경우에는 기 지불된 보수에 대하여 반환을 청구할 수 없다.

상기 사항을 증명하기 위하여 본 계약서 2통을 작성하여 각 1통씩 보관한다.

2OOO년 O월 O일

"갑"	사업체명	:	
	연락처	:	
	주소	:	
	대표이사(대표자)	:	O O O (서명 또는 날인)
		:	
수급인 "을"	사무소명	:	
	연락처	:	
	주소	:	
	대표공인노무사	:	(서명 또는 날인)
	담당공인노무사	:	O O O (서명 또는 날인)

부동산컨설팅계약서

    _____(이하 "갑"이라 한다)와_____주식회사(이하 "을"이라 한다)는 본 계약에 첨부된 별지목록의 부동산(이하 "물건"이라 한다)과 관련하여 다음과 같이 부동산 컨설팅 계약을 체결한다.

제1조(컨설팅의 범위)

① "갑"이 "을"에게 위탁하는 컨설팅 업무의 범위는 다음과 같다.
  1. 물건의 적정용도 및 건물의 적정한 규모
  2. 입주자 모집 예상 및 인근의 상황
  3. 위 2항과 관련한 수지 예상과 자금 회전의 예상
  4. 상속세 평가에 관한조언
② "을"은 전 항의 업무결과를 정기적으로 "갑"에게 서면보고하여야 한다.

제2조(보수)

  컨설팅에 대한 보수는 금 _____원으로 한다.

제3조(비밀유지)

  "갑"과 "을"은 상대방의 동의가 없는 한 상대방에게 제시한 자료나 정보, 계약과 관련된 상대방의 기술상, 경영상의 비밀을제3자에게 누설하지 않아야 한다.

제4조(계약기간)

  본 계약의 기간은 _____년 __월 __일부터 _____년 __월 __일까지로 한다.

  본 계약을 증명하기 위해 "갑"과 "을"은 계약서 2통을 작성하여 각각 서명 날인 후 1통씩을 보관한다.

20○○년 ○월 ○일

                         "갑" 주소 :
                               성명 : ○ ○ ○ ㊞

                         "을" 주소 :
                               성명 : ○ ○ ○ ㊞

【업무대행계약서】

업무대행계약서

　　OOO(이하 "갑")와OOO(이하 "을")과의 사이에 업무를 위한 계약을 다음과 같이 체결한다.

- 다 음 -

제1조(계약범위)

　　"을"은 " "갑"이 발주한 대행 업무명 기입을 대행하기로 하고 상호 합의하에 본 계약서를 작성한다.

제2조(업무수행기관)

　　"을"은 "갑"의 업무대리인 자격으로 "갑"의 업무를 대행하는 것으로서 업무 수행기간은 "갑"의 사정에 따라 서로간의 합의에 의해 계약서에 명시한 기한 내에서 단축 또는 연장조정할 수 있다.

제3조(보수)

　　본 계약의 작업보수는 계약금 총액기입을 현금으로 지급키로 하며 지급방법은 아래와 같이 지급한다.

1. 작업 내용 :
2. 작업기간 : 2000년O월O일 ～ 2000년O월O일
3. 작업기간 외 수정 및 재수정 요구 기한 : 작업 마감일로부터 최대 10일 이내 - 2000년O월O일까지
4. 계약금 총액 : 일금원정(₩)
5. 지급 마감일 : 2000년O월O일까지(작업 마감일로부터 최대 15일 안)

제4조(손해발생시)

　　"을"의 작업중도포기 등을 포함한 귀책사유로 "갑"에게 시간, 경제적 손해가 발생되었을 경우 이를 "을"이 배상하여야 한다.(작업 기한 불이행 및 중도 포기 시, 총 계약금액을 남은 계약일로 나눈 금액을 배상한다)

　　또한 작업결과물이 "갑"의 요구사항대로 지켜지지 않았거나 불만족 사항이 있을 경우에는 "을"은 기간 내에 재작업을 요구하거나 상호협의에 의해 처리토록 한다.

제5조(중도사직)

　　"을"은 본인의 명예를 걸고 책임감 있게 업무를 진행하여 "갑"의 업무진행에 차질을 빚지 않도록 최선을 다하며 중도 사직을 희망할 경우 "을"은 "갑"에게 최소 계약 기간의 50%(일, 시간) 전에 통보를 하여야 한다.

제6조(상호협조)

"을"은 용역과정을 통하여 "갑"의 요청이 있을 때에는 수시로 업무내용에 대하여 "갑"에게 보고 할 수 있으며 "갑" 또한 "을"이 업무를 수행함에 있어 필요한 제반사항에 최대한 협조하여야 한다.

제7조(계약의 해지)

쌍방이 합의를 하였을 때는 부득이한 사유로써 본 계약을 해지 할 수 있으며, 이 경우에 "갑"은 해당 보수 지급 총액을 작업 일로 나눈 후 정산 지급한다.

제8조(일방적인 발주 해지)

① "갑"은 정당한 사유 없이 일방적으로 "을"과의 계약을 해지할 수 없으며, 해지 시에는 제7조에 따라 보수를 지급한다.
② "갑"이 "을"에게 지시한 작업물을 받은 후의 일방적인 계약 파기는 불가하며, 이 역시 제7조에 따라 보수를 지급한다.

제9조(작업기간 외 수정 및 재수정)

① 작업 계약 기간 외 수정 요구 가능 기한 : 작업 마감일로부터 최대 10일 이내 요구 가능
② 수정 작업 요구 기한은 작업 완료 후 10일 이내, 실질적인 수정 작업 범위는 총 작업의 10% 한해서 가능

제10조(관할법원)

본 계약에 따른 민, 형사상 분쟁의 해결은 "갑"의 소재지 관할 법원으로 하며 기타 본 계약서에 명시되지 않은 사항에 대해서는 일반관례에 따른다.

20○○년 ○월 ○일

"갑" : ○ ○ ○ ㊞

"을" : ○ ○ ○ ㊞

식당외주운영계약서

기업 (주)○○○(이하 "갑"이라 칭한다)와 식당운영 대행사 (주)○○○(이하 "을"이라 칭한다)는 상호간에 다음과 같이 식당 외주운영 계약을 체결한다.

제1조(목적)

본 계약은 "갑"의 기업체의 식당을 "을"이 외주 운영관리하고 이와 관련된 권리의무 사항을 규율함을 목적으로 한다.

제2조(운영 보증금)

1. "을"은 본 계약 체결과 동시에 보증금으로 일금○○○원정(₩ ○○○)을 "갑"에게 지급하며 "갑"은 계약의 종료 시 보증금을 반환한다. 다만, 종료 시 "을"이 "갑"에게 금전변제 의무가 있는 있는 경우에는 보증금에서 우선적으로 공제한다.
2. "을"은 매월 일금 ○○○원정(₩ ○○○)을 식당 사용료로서 "갑"의 계좌에 현금입금 하며, 지연 시에는 연체금에 대하여 매1일당 ○○%의 이자가 가산된다.

제3조(정식메뉴 공지)

1. "을"은 식당의 운영에 있어서 전적인 자율권을 지니고 운영을 하기로 하되, 매월의 정식메뉴 식단표는 사전에 매월 초 "갑"에게 통지하도록 한다. 다만, "갑"이 특별히 메뉴를 정하여 관련 정식메뉴를 주문한 경우에는 이에 응하여야 한다.
2. "을"이 정당한 이유 없이 제1항의조치에 불응하는 경우 "을"의 귀책사유로 인한 계약 해지 사유에 해당한다.

제4조(영양사 배치)

1. "을"은 식단의 배치 및 조리를 전담 관리 감독할 공인 자격증 소지의 영양사를 배치 근무하여야 한다.
2. "을"은 "갑"에게 영양사의 경력사항을 포함한 이력서를 제출하여야 한다.

제5조(재료의 사용)

1. 조리에 사용되는 모든 식자재 일체는 일반 시장에서 상품 이상의 제품을 사용하여야 하며 하품의 사용으로 인한 식단의 품질저하가 발생하지 아니하도록 한다.
2. "갑"은 수시로 "을"의 식당을 방문하여 식자재의 품질검사를 시행할 수 있으며 "을"은 이에 적극 응하여야 한다.

제6조(청결관리)

"을"은 조리과정에 있어서의 청결, 식당 시설물에 있어서의 청결 등 식당의 모든 운영상의 청결관리에 만전을 기하도록 한다.

제7조(영업시간)

1. 식당의 정식 메뉴 배식 시간은 "을"의 영업시간은 매주 월요일부터 금요일까지 오전 11시 30분부터 오후 2시까지의 1회와 오후 5시부터 오후 7시30분까지의 2회로 한정한다.
2. 제1항의 당일의 정식메뉴를 제외한 일반 메뉴의 영업시간은 자유로 하되, 정식메뉴는 "갑"의 근로자 및 방문증을 소지한 고객에게 우선적으로 공급하도록 하며 정식메뉴의 잔여분이 있을 경우 제1항의 시간을 경과한 이후에 일반인에게 판매할 수 있다.
3. 일반인들의 이용은 원칙적으로 자유로우나 제1항의 시간대에는 가급적 일반인과 "갑"의 직원의 이용식탁을 구분하여 "갑"의 근로자들이 우선적으로 식당의 이용의 여유와 편의성을 보장하여야 한다.

제8조(정식메뉴의 관리)

"을"은 "갑"에게 보고하거나 또는 "갑"이 지시한 매월의 정식메뉴의 품질관리에 특별히 신경을 쓰도록 한다.

제9조(시정조치 등)

1. "갑"은 매월 말일 "을"에 대한 "갑"의 근로자의 제반 민원사항을 접수하여 이를 "을"에게 통지하고 "을"은 이를 적극 반영하여 익월부터 조치하여야 한다.
2. 제1항의 경우 관련조치에 있어서 단가상승의 요인이 있는 경우에는 "을"은 해당 내용을 적시하여 서면으로 통지 및 해명하고 "갑"과 대응책을 협의하여야 한다.

제10조(계약기간)

1. 본 계약의 유효기간은 20○○년 ○○월 ○○일부터 20○○년 ○○월 ○○일로 한다.
2. 제1항의 기간만료일부터 ○○일 이전에 어느 일방의 계약 종료통지가 없는 한 계약은 동일조건으로 매 ○○년씩 자동 연장되는 것으로 한다.

제11조(해지)

1. 당사자 일방에 대하여 다음 각 호의 사유가 발생할 시 상대방은 즉시 계약을 해지할 수 있다.
   1) 가압류, 가처분, 경매 등의 사업의 불투명 사유가 발생할 시
   2) 파산, 회사정리, 화의신청 등의 사업 불가능 사유가 발생할 시
2. 일방이 본 계약상의 규정에 위배한 때 상대방은 ○○일 이상의 시정기간을 두고 사유를 명시하여 시정을 최고하며, 그럼에도 불구하고 시정이 이루어지지 아니할 시 즉시 계약의 해지를 통지한다.
3. 계약해지에 귀책사유 있는 당사자는 상대방에 대하여 손해배상의 책임이 있다.

제12조(기타사항)

1. 계약의 당사자는 본 계약의 내용을 신의성실에 의거하여 준수하여야 한다.
2. 계약 기간 중 계약의 변경은 당사자의 서면 합의에 의해서만 변경될 수 있으며 서면날인 된 문서를 본 계약서의 말미에 첨부한다.

3. 본 계약서에서 명시되지 않은 부분에 대하여는 관련 법규 및 상관습에 따르기로 한다.

제13조(분쟁해결)

1. 본 계약과 관련하여 양 당사자 간의 분쟁이 발생한 경우, 원칙적으로 "갑"과 "을" 상호간의 합의에 의해 해결한다.

2. 제1항에도 불구하고 분쟁이 해결되지 않을 경우 "갑"의 주소지 관할 지방법원을 그 관할로 하여 재판함으로써 해결한다.

제14조(특약사항)

상기 계약일반사항 이외에 "갑"과 "을"은 아래 내용을 특약사항으로 정하며, 특약사항이 본문과 상충되는 경우에는 특약사항이 우선하여 적용된다.

1. 2. 3. 4.

위와 같이 본 계약이 유효하게 성립하였음을 각 당사자는 증명하면서 본 계약서 2통을 작성하여, 각각 서명(또는 기명)날인 후 "갑"과 "을"이 각각 1통씩을 보관한다.

20○○년 ○월 ○일

"갑"	주소	:	
	상호	:	
	대표이사(대표자)	:	○ ○ ○ (서명 또는 날인)
		:	
"을"	주소	:	
	상호	:	
	대표이사(대표자)	:	○ ○ ○ (서명 또는 날인)

사내식당 위탁계약서

본 계약을 체결함에 있어 ㅇㅇㅇㅇ를 "갑"이라 칭하고 ㅇㅇㅇㅇ을(를) 이하 "을"이라 칭한다.

제1조(계약의 목적)

본 계약은 ㅇㅇㅇㅇ사원들의 원활한 식사를 제공하는 것을 원칙으로 한다.

제2조(의무)

원활한 식사제공 및 위생환경 청결에 만전을 기하며 음식물 제공으로 인한 각종질병 (예:식중독 발생시)은 "을"이 책임진다.

제3조(계약기간 / 재계약)

계약기간은 ㅇㅇㅇㅇ. ㅇㅇ. ㅇㅇ ~ ㅇㅇㅇㅇ. ㅇㅇ. ㅇㅇ 1년으로 하되, 계약기간 만료 시3개월 전에 "갑"과 "을" 협의하여 1년 단위로 연장할 수 있다.

제4조(보증금)

보증금은 ㅇㅇ만원(₩ㅇ,ㅇㅇㅇ)을 원칙으로 하되 20ㅇㅇ년 ㅇ월 ㅇ일에 ㅇㅇ만원(₩ㅇ,ㅇㅇㅇ) 나머지 잔액은 20ㅇㅇ년 ㅇ월 ㅇ일까지 "을"이 "갑"에게 지급한다. 단, 20ㅇㅇ년 ㅇ월 ㅇ일까지는 "을"은 "갑"에게 ㅇㅇ만원에 대한 수수료를 ㅇ,ㅇㅇㅇ/월 지급한다.

제5조(식사 단가 및 인원)

1. 식사단가는 ㅇ,ㅇㅇㅇ원으로 하며 조식, 중식, 석식을 인원에 맞추어 제공하는 것을 원칙으로 하되 간식이 있을 경우에는 당사에서 제공하며 조리 및 준비는 "을"이 제공한다.
2. 식사인원 계산은 출근인원을 원칙으로 하며 공제되는 인원은 사무실과 협의한다.

제6조(계약해제)

1. "갑"과 "을"은 상호계약 만료 시 재계약의사가 없을 시는 ㅇㅇ개월 전에 서명 또는 구두로 해지 통보를 하며 각각의 피해가 없도록 한다.
2. "을"의 귀책사유로 인하여 원활한 식사를 제공하지 못할 시 "갑"은
일방적으로 계약 해지를 할 수 있고 평균 ㅇㅇ일분(日分)의 식사대금을 공제하고 보증금을 반환한다.

제7조(부대설비제공)

식당운영에 있어서 전기, 수도, 식당공간과 요금을 "갑"이 제공한다.

제8조(식사대금 결제 방법)

1. ㅇㅇ일부터 ㅇㅇ일 마감으로 ㅇㅇ일 현금 지급한다.

2. ○○일부터 ○○일 마감으로 익월 ○○일 현금으로 지급한다.

제9조 위생 및 잔반처리

식당운영에 있어서 잔반처리 및 처리비용은 "을"이 책임진다.

제10조

본 계약서 상에 있어서 기록되지 않는 사항은 통상관계에 따른다.

제11조(관할법원)

분쟁의 문제발생시 "갑"의 관할법원으로 한다.

제12조

본 계약을 증명하기 위하여 계약서 2부를 작성하여 "갑"과 "을"은 날인하여 1부씩 보관한다.

20○○년 ○월 ○일

"갑"	주소	:	
	성명	:	○○○ ㉑
		:	
	주소	:	
"을"	성명	:	○○○ ㉑
	주민등록번호	:	

첨부

주민등록등본 1부

【급식위탁공급계약서】

급식위탁공급계약서

위탁급식 공급계약을 체결함에 있어 ○○학교 교장○○○를 "갑"이라 하고 운영자 ○○회사 대표○○○를 "을 "이라하여 다음과 같이 계약을 체결하고 "갑"과 "을"은 신의와 성실의 원칙에 입각하여 본 계약을 이행하여 한다.

제1조(용어의 정의)

1. "운영위탁급식"이라함은 학교급식소 시설물을 이용하여 운영자가 학생들에게 조리한 급식품을 제공하는 것을 말한다.
2. "시설운영위탁급식"이라 함은 학교 내에 운영자가 급식소 시설물을 설치하고 기부체납한 후 그 시설물을 이용하여 운영자가 학생들에게 조리한 급식품을 제공하는 것을 말한다.
3. "급식품"이라 함은 학교내조리실에서 조리·가공한 식품을 말한다.
4. "식자재"라 함은 급식품을 조리·가공하기 위하여 급식소에 반입되는 식품을 말한다.
5. "시설물"이라 함은 급식품 조리·가공·운반·배식 등에 필요한 건축물, 공작물 등을 말한다.
6. "기구"라 함은 급식품조리·가공·운반·배식 등에 필요한 기구, 비품을 말한다.

제2조(계약기간)

계약기간은 20 년 ○○ 월 ○○ 일부터 20 년 ○○ 월 ○○ 일까지로 한다.

제3조(위탁범위)

1. "을"이 학교 내에서 조리하여 학생들에게 제공하는 급식품에 한하며 급식회수는 "갑"이 정한 식사회수에 한한다.
2. 정규식사가 아닌 분식 또는 간식 등을 조리 제공할 시는 "갑"의 승인을 받은 후 제공하여야 한다.

제4조(용역제공)

1. "을"은 학교급식법과 식품위생법에서 정한 자격을 갖춘 영양사와 조리사를 배치하여야 하며, 조리에 필요한 적정한 인원의 조리종사원을 배치하여야 한다.
2. "을"은 배치된 인력에 대한 근로조건, 산업재해보상 등 근로관계에서 발생하는 모든 책임을 져야한다.
3. "을"이 배치한 인력 중 "갑"이 교육 목적상 학교내 근무하는 것이 부적합하다고 인정될 때에는 "을"에게 인력교체를 요구할 수 있다. 특별한 사유가 없는 경우를 제외하고 "을"은 "갑"의 요구에 응하여야 한다.
4. "갑"은 학교급식품을 조리함에 있어 인력이 부족하다고 판단될 때에는 "을"에게 추가 인력배치를 요구할 수 있다.

제5조(식자재 공급 및 가공·조리)

"을"은 학교급식법시행규칙 제4조의3 학교급식공급업자의 준수사항을 성실히 지키되 다음사항에 대하여 는 각별이 유념하여 급식품 조리 · 가공에 임하여야 한다.

1. "을"은 급식품을 조리가공하기 위하여 반입되는 식자재는 매월 공급계획을 수립 "갑"의 승인을 받아 공급하여야 한다.

2. "을"은 반입하는 식자재는 위생적으로 안전하고 건강에 위해하지 않은 식자재로 선정하여야 하며, "갑"은 필요하다고 인정될 때 반입되는 식자재 검수에 "갑" 또는 "갑"이 지정한 소속직원으로 하여금 참가하게 할 수 있다.

3. "갑"이 검수한 결과 식자재가 급식품 조리에 부적합하다고 판단될 경우 이를 "을"에게 시정요구할 수 있다. "갑"의 시정요구가 있을 시에는 "을"은 즉시 이행하여야 한다.

4. "을"은 조리 · 가공한 급식품에 대한 위생 및 안전에 대하여 일체의 책임을 진다.

5. "을"이 조리 · 가공한 급식품은 학교급식법 시행령 제3조 제1항의 규정에 의한 영양기준을 준수하여야 하며, 염분 · 유지류 또는 식품첨가물 등을 과다하게 사용하지 않도록 한다.

6. "을"은 조리 · 가공에 사용되는 식자재는 다양한 종류의 자연식품을 사용하여야 하며, 부득이 가공식품 을 사용할 경우에는 식품의 안전성이 확보된 가공식품을 일부에 한하여 사용하여야 한다.

7. 급식품은 반드시 급식소 내에서 조리 · 가공하여야 한다. 다만 부득이한 사유로 급식소 내에서 조리 · 가공이 불가능한 경우와 조리 · 가공이 부적합한 식품에 한하여 "갑"의 승인을 받아 완제품으로 제공 할 수 있다.

제6조(시설 설치 및 사용)

1. "을"은 급식품조리 · 가공에 필요한 시설물 또는 기구를 설치할 경우 "갑"의 허가를 받아 설치하여야 하며, 설치된 시설물 또는 기구는 "을"의 책임하에 유지 · 보수 및 관리하여야 한다. 이에 필요한 비용 은 "을"의 부담으로 한다.

2. "갑"이 설치한 시설물 또는 기구를 "을"이 사용할 경우에도 "갑"의 허가를 받아 사용하되, 시설물 및 기구의 유지 · 보수 및 관리에 필요한 비용은 "을"이 부담하여야 하며, 망손 또는 훼손 시에는 원상복 구 하여야 한다.

3. "을"이 "갑"의 허가를 받지 아니하고 설치한 시설물 또는 기구에 대하여 안전에 위해가 있다고 판단될 경우 "갑"은 "을"에게 철거 요구를 할 수 있다. "을"은 "갑"의 요구가 있을 경우 10일 이내에 철거하 여야 한다. 허가를 받은 시설물 또는 기구에 대하여도 적용한다.

제7조(위생관리)

1. "을"은 급식소 내 조리과정에서 발생 가능한 위생 사고에 대비하여 위생관리와 급식소 종사자 위생교 육에 최선을 다하여야 한다.(월 1회 이상 교육실시)

2. "을"은 급식으로 인한 사고(식중독 등)원인조사를 위하여 급식품으로 제공한 1인분에 해당하는 량의 급식품을 72시간이상 냉장보관(5℃이하)하여야 한다.

3. "을"은 급식소에 종사하는 직원(영양사, 조리사, 조리종사자, 배식직원 등)에 대하여 식품위생법 제26 조 및 동법시행규칙 제34조의 규정에 의한 연1회 이상 건강진단을 실시하고 그 결과를 "갑"에게 통보 하여야 한다.

4. "을"은 전염병예방법시행령 제11조의2, 동법시행규칙 제20조의 규정에 의거, 급식소에 매2개월마다 1회 이상 허가된 소독업체로부터 소독을 실시하고 소독필증을 비치하여야 하며, 사본을 "갑"에게 통보하여야 한다.

제8조(안전관리)

1. "을"이 사용하고 있는 시설물과 기구의 안전관리에 필요한 조치를 강구하고 "갑"이 정한 안전확보에 필요한 기기를 비치하여야 한다.
2. "을"이 사용하고 있는 시설물 또는 기구 중 다른 관계법령에 의하여 유자격자취급 또는 정기·수시 검사를 받아야 할 시설물 또는 기구에 대하여는 이를 이행하고 필요한 비용은 "을"이 부담한다.
3. "을"이 사용하고 있는 시설물 또는 기구의 안전사고에 대하여는 그 책임은 전적으로 "을"이 진다. 이에 따른 배상의 문제에 대하여도 또한 같다.

제9조(위생 및 안전점검)

1. "을"은 매일 위생 및 안전점검을 실시하고 그 내용을 기록 유지하여야 한다.
2. "갑"은 필요하다고 인정될 경우 수시로 시설물 및 급식기구와 급식품조리과정에 대하여 위생 및 안전 점검을 실시할 수 있다. "갑"이 위생 및 안전점검을 실시할 경우 "을"은 적극 협조하여야 한다.
3. "갑"의 감독관청에서 위생 및 안전점검을 실시할 경우에도 "을"은 적극 협조하여야 한다.
4. "갑" 또는 "갑"의 감독청에서조리·가공한 식품의 위생 및 안전을 확인하기 위하여 검사기관에 의뢰할 수 있으며, 이에 필요한 경비는 "을"이 부담한다.
5. "갑" 또는 "갑"의 감독청에서 실시한 위생 및 안전점검 결과 지적사항에 대해서는 즉시 시정하고 그 결과를 "갑"에게 통보하여야 한다.

제10조(급식단가)

1. 급식품의 1식당 단가는 원으로 한다.
2. 급식단가는 계약체결 후 향후 1년간 인상하지 못한다.
3. 1년경과 후 물가 변동으로 급식비 인상요인이 발생시 물가상승률과 학부모의 부담능력을 감안하여 "갑"과 "을"이 협의하여 조정하되 그 금액은 최소한의 경비에 한하며 식품비의 비율이 부가가치세를 제외한 급식단가의 65%이상 유지되도록 하여야 한다 이를 증명하기 위하여 "을"은 신뢰할 수 있는 기관에서 인정한 원가계산서를 제출하여야 한다.

제11조(급식비의 수납 및 대금정산)

급식비의 수납 및 대금정산은 "갑"과 "을"이 협의하여 정한사항 명시한다.

제12조(영양기준의 적합)

1. 학생들에게 제공되는 급식품의 영양기준은 본 계약서 제5조제4호의 규정에 따르되 매일 제공되는 급식품의 영양량 산출표와 식단표를 급식개시 월 10일전에 1개월분의 급식품 영양량 산출표와 식단표를 "갑"에게 제출하여 "갑"의 승인을 받아야 한다.
2. "을"이 제출한 식단표와 영양량 산출표가 부적합하다고 판단될 경우 "갑"은 시정을 요구할 수 있으며, "을"은 시정하여야 한다.

제13조(급식회수 및 급식시간)

급식회수와 급식시간에 관한 사항 명시한다.

제14조(대체 급식품 제공)

"을"은 천재지변 및 불가항력적인 사유로 학교 급식소에서 급식품을 조리·가공할 수 없을 경우 "갑"의 승인을 받아 대체 급식품을 제공할 수 있다.

제15조(급식운영 경비)

1. 급식과 관련한 공공요금(전기, 수도, 가스 등)은 별도의 계량기를 부착하여 "을"이 부담한다.
2. 급식과 관련하여 발생하는 음식물쓰레기처리 는 "적법한 절차에 따라 처리하여야 하며 처리비용은 "을"이 부담한다.

제16조(계약의 해지)

1. "갑"은 "을"이 본 계약의조건 또는 아래 사항을 위반했을 경우 계약을 해지할 수 있다.
   가. 제공된 급식품이 유해하다고 판단되었을 경우
   나. 제공된 급식품으로 인하여 위생사고 발생 시
   다. 급식품의 질 저하로 급식공급이 더 이상 어렵다고 판단될 경우
   라. 정당한 이유 없이 급식품 제공을 중단할 때
   마. 본 계약에 의하여 "갑"이 시정요구한 사항에 정당한 이유 없이 불이행할 때
2. "갑"은 계약해지 사유가 발생하였을 경우 계약해지일로부터 1개월 전에 "을"에게 사전 통고함으로써 계약을 해지할 수 있다.
3. 계약해지시는 "을"이 설치한 시설물 및 기구는 회수하고 원상복구하여야 한다. 원상복구에 필요한 경비는 "을"이 부담한다. "을"이 원상복구 불이행할 시에는 "갑"이 원상복구조치하고 그 경비를 "을"에게 청구한다.
4. 위와 같은 사유로 계약해지는 손해배상청구에 영향을 미치지 아니한다.

제17조(원상복구)

1. 계약기간 만료시 "을"은 "갑"에게 대하여 원상복구를 하여야 한다. 단, 사용목적상 "갑"이 허가할 경우에는 원상복구를 하지 아니하여도 된다.
2. "갑"은 계약만료시 필요한 시설물 및 기구에 대하여 필요할 경우 감가삼각비를 고려한 가격으로 매수할 수 도 있다.
3. "을"은 "갑"에게 기부체납(또는 기증)한 시설물 및 기구에 대한 원상복구는 하지 아니하여도 된다.

제18조(손해배상 및 보험가입)

1. "을"이 제공한 급식품의 원인으로 이용자에게 손해를 입게 한 경우 "을"은 이로 인한 손해를 배상하여야 하고 그 손해배상을 위한 보험에 가입하여야 한다.(보험금액은 학교장과 협의 결정)
2. "을" 또는 그 피고용자의 고의나 부주의로 인해 "갑"의 시설물 및 기구 등에 손해를 입게 한 경우에는 그 재산을 변상하여야 한다.

3. "을"이 사용하고 있는 시설물 또는 기구에 의하여 "갑" 또는 "갑"의 이용자가 손해를 입게 되었을 때 "을"은 그 손해에 대하여 배상할 책임이 있다..

4. "을"은 "갑"으로부터 사용허가를 받은 재산에 대하여 물건가액의 손해보험을 가입하여야 한다.

제19조(공유재산 사용료)

공유재산 사용료는 "갑"이 관계규정에 의하여 정한 금액을 "을"은 납부하여야 한다.

제20조(권리양도 등)

"을"은 본 계약서에서 정한 권리를 타인에게 양도·전대·담보설정 등 일체의 행위를 할 수 없다. 이 의무를 위반할 시는 계약을 해지한다. 동 사유로 계약해지 시에도 본 계약서 제16조 제2항 내지 제4항을 적용한다.

제21조(관할법원)

본 계약으로 인하여 분쟁이 발생할 경우 그 관할 법원 "갑"의 소재지 관할 법원으로 한다.

제22조(기타사항)

본 계약서에 명시되지 아니한 사항은 상호협의 하여 결정하되 이용자의 불이익에 대한 사항은 "갑"의 결정에 따른다.

위 계약을 증하기 위하여 계약서 2부를 작성 "갑"과 "을"이 서명 날인하고 쌍방이 각1부씩 보관한다.

2○○○년 ○월 ○일

"갑"	주소	:	
	관서명	:	
	대표자	:	○○○ ㊞

"을"	주소	:	
	상호명	:	
	대표자	:	○○○ ㊞

부동산컨설턴트 업무계약서

　　○○(이하 "갑"이라 한다)과 ○○주식회사(이하 "을"이라 한다)는 아래 표시의 부동산(이하 '본 물건'이라 한다)의 효율적 이용과 관련한 컨설턴트 업무(이하 '위탁업무'라 한다)수행에 있어서 아래의 조항대로 합의했으므로 본 계약을 증명하기 위해 본서 2통을 작성하여 "갑"과 "을"이 각각 1통씩 보관한다.

제1조(위탁업무의 내용)

1. "갑"이 "을"에게 위탁하는 업무내용은 다음과 같이 정한다.
　　① 본 물건의 개요(공법상의 조사)
　　② 본 물건의 적정용도 및 건물의 적정한 규모
　　③ ② 의 입주자 모집의 예상 및 인근의 상황
　　④ ② 의 수지상 예상과 자금 회전의 예상
　　⑤ 상속세 평가에 관한조언
2. "을"은 전 항의 의무를 수행함에 있어서 "갑"에게 서면으로 보고하지 않으면 안 된다.

제2조(부동산컨설턴트의 보수)

　　"갑"은 제1조의 위탁의무에 대한 보수로써 금원을 20○○년 ○월 ○일까지 "을"에게 지급한다.

제3조(시공책임 및 애프터서비스)

　　"갑"은 본 물건과 관련된 건축 시공을 수주한 경우, 그 시공책임 및 애프터서비스면에 있어서 최대한 성의를 갖고 수행할 것이며 이 건과 관련해서 고장이 발생했을 경우에도 모든 것을 "갑"이 책임지고 "을"에게 일체의 불편을 주지 않는다.

제4조(고충처리)

　　제3조의 시공과 관련해서 주변 거주자의 불편사항 처리, 완공 지연에 따른 발주자의 손해배상, 발주자 또는 입주자와의 문제 등은 모두 "갑"이 책임지고 이를 해결해야하며, "을"에게 일체의 부담이 가지 않아야 한다.

제5조(비밀유지)

　　"갑" 및 "을"은 서로 동의하지 않는 한 상대방에게 제시한 자료나 정보, 계약과 관련된 상대방의 기술상, 경영상의 비밀을 제3자에게 누설해서는 안 된다.

제6조(계약외사항)

　　본 계약에서 체결되지 않은 사항에 있어서는 "갑" 및 "을"은 성의를 가지고 협조하며 일을 해결해 나간다.

제7조(계약기간)

본 계약의 기간은 20○○년 ○월 ○일부터 20○○년 ○월 ○일까지로 한다.

20○○년 ○월 ○일

업무위탁자 "갑"	주소	:	
	성명	:	○ ○ ○ (서명 또는 날인)
		:	
업무수탁자 "을"	주소	:	
	상호	:	
	대표이사(대표자)	:	○ ○ ○ (서명 또는 날인)

(본 물건 표시)

건물관리 위탁계약서

위탁자 (이하 "갑"이라 함)과 (이하 "을"이라 함)과의 사이에 건물의 임대차 및 건물의 관리경영업무의 위탁에 관하여 다음과 같이 계약한다.

제1조 "갑"은 별표 표시의 건물의 일부 평을 "을"에게 임대함과 동시에 해당건물의 타 부분에 대하여 대실 및 수임 광고 영업에 관한 업무 기타 건물의 일반관리 경영업무를 "을"에게 위탁한다.

제2조 "을"은 제1조에 의하여 "갑"으로부터 임차한 사무실에서 자기의 영업을 하는 외에 "갑"의 지시 또는 승인에 기하여 해당건물의 관리경영 책임을 맡음과 동시에 수시로 결과를 "갑"에게 보고한다.

제3조

1. 이 계약의 기간은 년 월 일에서 년 월 일까지 년간으로 한다.
2. 제1항의 기간 만료 후의 계약의 계속 또는 갱신에 있어서는 기간만료 6개월 전까지 "갑", "을"은 다시 협정한다.

제4조 "갑"이 이 계약에 따라 "을"에게 위탁할 대실 또는 위탁관리의 범위는 "을"이 임차한 사무실을 포함하여 이 계약서에 첨부한 별표 기재와 같다.

제5조

1. "을"은 제4조에 의하여 표시되는 대실, 네온광고탑 및 광고간판에 대하여 "갑"으로부터 지시 또는 승인이 있는 제3자와의 사이에 임대차 또는 수탁광고취급에 관한 계약을 체결한다.
2. 제1항의 경우 계약의조건 및 이에 따르는 내용에 관하여 계약 전에 이를 "갑"에게 통지하여야 한다.

제6조

1. "을"은 이 계약에 기한 자기의 차임을 포함하여 당해 건물의 경영에 의한 수입금을 "갑"이 지시하는 시기 및 방법에 의하여 "갑"에게 납입한다.
2. 제1항의 경영 수입금액에 있어서는 매년 "갑" "을" 간에 따로 협정한다.

제7조

1. "갑"은 "을"이 선량한 관리자의 주의를 태만히 하지 아니하고 당해 건물관리경영의 책임을 다하고 또한 제6조에 의한 수입금을 기일에 지체 없이 납입하였을 때에는 "을"에게 관리 경영의 수수료를 지급하여야 한다.
2. 제1항의 수수료 금액은 매년 "갑", "을"이 협의하여 정한다.

제8조

1. "을"은 제5조에 의하여 대실 또는 수탁관리 취급에 관한 계약을 함에 있어서 각 당사자로부터 "갑"이 지시하는 보증금을 징수하며 이를 일괄하여 "갑"에게 기탁한다.
2. "갑"은 제1항의 보증금을 원만한 대실의 명도 혹은 수탁관리 계약의 해제가 있었을 경우 그에 상당한 분을 "을"을 통하여서 당사자에게 반환한다. 단, 이자는 붙이지 아니한다.

제9조 "을"은 "갑"의 승인 없이 다음 각 호의 행위를 하여서는 안 된다.

① 자기의 차실을 전대 또는 제3자에게 권리를 양도하거나 기타 이에 유사한 행위 및 목적의 변경
② 당해 건물 및 부대 제시설의 개조 또는 구조변경 및 공작물의 부가변경 및 개수공사
③ 이 계약에 기한 관리경영에 관한 권리, 의무의 일부 또는 전부를 제3자에게 위임하거나 양도하는 행위 및 기타 이에 유사한 행위
④ 대실 또는 위탁관리 계약의 당사자 변경 또는 계약조건의 변경 혹은 계약의 변경
⑤ 기타 당해 건물에 대한 "갑"의 소유권을 침해하거나 그 권리의 완전한 행사를 저해할 우려가 있다고 인정되는 행위

제10조

1. "을"은 해당 건물의 임차 및 관리경영에 따라서 발생하는 다음 각 호의 경비를 부담한다.
   ① 건물 및 부대시설에 대한 통상의 수선경비. 단, 주요한 구조부분에 대한 대규모의 개수공사는 제외함.
   ② 전력, 수도, 가스, 전화 등의 사용 또는 시설수리에 따른 제 경비.
   ③ 기타 당해 건물의 유지 관리에 필요한 경비 중 "갑"의 부담이 당연하다고 인정하기 어려운 종류의 비용.
2. "을"은 제1항 각호의 경비에 관하여 각 대실 또는 수탁관리계약 당사자에 대하여 공익비를 포함하는 실비의 부담을 청구할 수 있다.비

제11조 "을"이 제6조에 기한 수입금의 납입을 지체하거나 이 계약에 기한 선량한 관리자로서의 주의를 태만히 하여 "갑"에게 손해를 끼쳤을 경우에는 "갑"이 정한 손해의 배상을 부담한다.

제12조 제5조에 기하여 "을"이 행한 대실 및 수탁관리계약 당사자의 책임에 기한 사고 및 이에 따르는 손해에 대하여는 "을"이 일체의 책임을 부담한다.

제13조 계약 기간 중이라도 "갑"이 필요하다고 인정할 경우 혹은 "을"에게 이 계약상의 의무에 위배하는 행위가 있었을 경우, "갑"은 별단의 최고 없이 위탁의 취소 또는 계약의 전면적 해제를 할 수 있다.

제14조 계약의 종료 또는 해제의 경우 "을"은 즉시 자기의 임차실을 무조건 원상회복시켜 "갑"에게 명도함과 동시에 이 계약에 기하여 위탁된 관리경영업무의 일체를 "갑"에게 인계한다. 그러나 이에 관련하여 존재한 "을"의 책무는 일체 "을"이 변제한다.

제15조 경제정세의 변화, 고정자산세(도시계획세를 포함)의 부담증가, 기타 당해 건물관리 경영상의 경비의 증가 등으로 인하여 필요하다고 인정될 경우에는 수시로 "갑" "을"이 협의하여 제6조 및 제7조에 규정된 "을"의 납입액 또는 "갑"이 지급할 수수료액을 개정한다.

제16조

1. "갑"에게 필요가 생겼을 경우 혹은 당해 건물의 점유 또는 사용이 부적격하다고 인정될 경우에 "갑"은 제5조에 의하여 "을"이 행하였던 대실 또는 수탁광고계약 당사자에 대한 계약의 해제나 물건의 명도반환을 "을"에게 요구한다.
2. 제1항의 경우 "을"은 이의 없이 그 상대방과의 계약을 해제하거나 명도에 있어서의 필요조치를 강구하여야 한다.

제17조

1. "을"은 당해 건물의 경영관리상 필요할 경우에는 "갑"에게 신청하여 제5조에 의한 대실 또는 수탁관리계약 당사자에 대하여 계약의 해제, 물건의 명도반환을 청구하며 또한 이에 대한 필요조치를 청구할 수 있다.
2. 제1항의 경우 "갑"은 "을"의 행위에 협력하여 필요한 조치를 취한다.

제18조

제16조, 제17조의 경우에 사후의 관리경영상 필요한 조치에 관하여는 따로 "갑" "을" 간에 협정한다. 그러나 새로운 대실 또는 수탁관리취급을 할 경우에는, 제5조에 기하여서 "을"이 그 계약을 체결한다.

제19조

천재 기타 불가항력의 사고로 인하여 당해 건물 및 부대시설이 사용 불가능할 경우에는 이 계약을 해제한다. 그러나 그 사고가 그 일부에만 영향이 있을 경우의 조치에 관하여는 "갑" "을"이 따로 협의하여 그 조치를 결정한다.

제20조

이 계약 기재 이외의 사항은 필요할 때마다 "갑" "을"이 협의하여 결정하며 중요사항은 모두 문서로서 한다.

이 계약이 확실하다는 것을 증명하기 위하여 이 증서 2통을 작성하여 , "갑" "을"이 각 1통씩 보유한다.

200○년 ○월 ○일

	주소	:
위탁자 "갑"	상호	:
	대표이사(대표자)	: ○○○ (서명 또는 날인)
		:
	주소	:
수탁자 "을"	상호	:
	대표이사(대표자)	: ○○○ (서명 또는 날인)

해외기술자알선위탁계약서

 ○○○○을 "갑"으로 하고, ○○○○를 "을"로 하고, ○○○○를 "병"으로 하여 당사자 간에 다음과 같이 해외 기술자 알선에 따른 계약을 체결한다.

제1조(목적)

 "갑"이 추진하는 해외기술자초청기술지도사업 중 해외기술자 알선에 관한 사항을 "을"에게 위탁한다.

제2조(권리의무)

① "을"은 "갑"이 의뢰하는 해외기술자를 "병"에게 알선하여야 한다.
② "을"은 해외기술자 알선에 앞서 사전에 "병"과 충분한 의견교환을 하여야 한다.
③ "갑" "을" "병"은 본 계약서 내용을 신의성실의 원칙에 따라 성실히 수행하여야 한다.

제3조(이행시기)

① "을"은 "갑"의 해외기술자알선의뢰를 받은 날부터 2개월 이내에 "병"에게 알선하여야 한다. 부득이 알 선이 성사되지 않을 시 "갑" "을" "병"이 합의하여 연장할 수 있다.
② 제1항의 기간 내에 알선이 성사되지 않을 시 "을"은 "갑"에게 알선만료일 이후 7일 이내에 알선 연장 요청을 하여야 한다. "을"의 요청이 없을 시는 알선의사가 없는 것으로 간주한다.

제4조(조건)

① "알선"이라 함은 "을"이 알선한 해외기술자가 "병"의 승낙이후 해외기술자가 작성하는 "초청승락서"가 완료된 때를 말한다.
② 해외기술자가 입국하여 자문도중 "병"과 해외기술자간 계약관계가 해지되었을 시 "병"은 기지급한 알 선료를 돌려 받지 못한다.
③ "을"은 해외기술자초청사업 알선업무 추진 중 취득한 "병"의 업무내용을 누설하거나, 이를 이용하여서 는 안 된다.

제5조(비용부담)

① 알선료는 "을"의 견적 제출에 따른 "갑"의 결정에 따라야하며 "갑"과 "병"이 각 50%씩 부담한다.
 { "병"의 부담금액 : 총 금액원(₩)중 금원(₩)}
② "병"이 부담하는 알선료는 "초청승락서" 작성 완료 후 "갑"에게 선납하여야 한다.
③ 알선료는 해외기술자가 입국한 후 "갑"이 "을"에게 지급한다. 다만, 착수금("갑"과 "을"이 부담하는 알 선료의 10%에 해당하는 금액)은 "병"이 "갑"을 통하여 "을"에게 알선 의뢰 일부터 10일 이내에 지불한 다.

제6조(계약해지 및 환불)

① "갑"은 "을" 또는 "병"이 본 계약서 내용대로 이행하지 않을 경우 해지할 수 있다.

② "갑"이 "을"에게 알선 의뢰 후 "병"이 알선취소 요청이 있는 경우 "을"에게 이미 지급한 착수금은 반환하지 아니한다.

③ "을"은 제3조1항의 규정에 의한 알선기한 내 알선하지 못한 경우 착수금은 정산 후 "병"에게 반환한다. 다만, 알선을 위한 상당한 노력이나 조치사항을 입증하지 못한 경우에는 착수금 전액을 반환한다.

제7조(손해배상)

"을"이 "병"에게 해외기술자의 경력 등을 허위로 제시하여 "병"에게 손해를 입힌 경우 "을"은 "병"에 대하여 손해배상의 책임을 진다. 또한 이 경우 "갑"은 알선업체 지정에서 "을"을 제외시킨다.

제8조(의사표시)

본 계약서 이외의 사항에 대하여는 "갑"의 결정에 따른다.

제9조(권리이전)

본 계약서에 의한 "을"의 해외기술자 알선권리를 제3자에게 양도할 수 없다.

제10조(작성과 보관)

본 계약 내용을 증명하기 위하여 계약서3통을 작성하여 "갑", "을", "병"이 기명날인 후 각각 1통씩 보관한다.

2000년 0월 0일

"갑"	상호 :	
	소재지 :	
	대표이사 :	○ ○ ○ ㉑
"을" 알선사업자	업체명 :	
	소재지 :	
	대표자 :	○ ○ ○ ㉑
"병" 초청활용업체	업체명 :	
	소재지 :	
	대표자 :	○ ○ ○ ㉑

영업위탁계약서

주식회사 OO클리닝을 "갑"으로 하고, OOO을 "을"로 하고, OOO을 병으로 하여 당사자 간에 다음과 같이 영업위탁계약을 체결한다.

제1조(목적)

① "갑"은 을에 대해 "갑"이 임대한 OO시 OO구 OO동 OO번지 OO스토아 소재의 "갑"의 점포 내의 크리닝영업(이하 본 위탁영업이라 한다)을 "을"에게 위탁한다.
② 본 위탁영업장소의 위치 지정 및 변경은 "갑"에게 이를 행사하고, "을"은 이에 따르는 것으로 한다.

제2조(명의)

본 위탁경영은, "갑"의 명의로서 이를 행사한다. 단, "을"의 명칭을 사용하는 경우라 하더라도, 이로써 본 위탁영업장소에 따라 "을"의 임대권 등이 발생하는 것이 아님을 확인한다.

제3조(신용유지의무)

"을"은 본 위탁영업을 함에 있어서 "갑"의 신용을 손상시키지 않도록 유의하여야 한다.

제4조(승인사항)

"을"은 본 위탁영업에 따른 판매품목, 판매가격, 그 외 기본적인 사항에 대해서는 미리 "갑"의 승인을 얻는 것으로 한다.

제5조(내장설비)

"을"이 본 위탁영업을 행사하기 위해 필요한 내장 및 설비 등은 원칙적으로 "갑"이 설치하여 "을"에게 사용하게 한다.

제6조(기타비용)

"을"이 본 위탁영업을 행사하기 위하여 필요로 하는 집기 그 외 비품 등은 "갑"과 "을"이 협의하여 결정한 것을 "을"의 부담 하에 사용한다.

제7조(공공요금의 부담)

① "을"이 본 위탁영업을 행사하기 위하여 필요로 하는 전기, 수도, 가스 청소, 전화 등의 요금에 대해서는 원칙적으로 "을"의 부담으로 한다.
② 냉난방비는 "갑"의 부담으로 한다.

제8조(광고비용)

본 위탁영업에 관한 광고, 선전, 장식 및 이에 필요한 비용부담은 그 때마다 "갑"과 "을"이 협의하여 이를 행한다.

제9조(종업원의 사용)

① "을"은 본 위탁영업에 종사하는 종업원에 대해서, "갑"의 승인을 얻어야 하고 또 그 근무에 대해서는 "갑"의 지시에 따르기로 한다.

② "갑"이 전 항의 "을"의 사용인에 대하여 영업상 그 외의 이유에 따라 부적합하다고 인정할 경우는 언제라도 이를 변경할 수 있다.

제10조(위반시조치사항)

"을"은 미리 "갑"의 승인을 얻지 않으면, 본 위탁영업을 폐지 또는 휴지(休止)하는 것은 물론, 제3자에게 대행시킬 수 있다.

제11조(손해배상)

"을" 또는 "을"의 사용인이 본 위탁영업에 관하여 "갑" 또는 제3자에게 피해를 준 경우는, 그 이유를 불문하고 "을"은 본인의 책임 하에 이를 처리하며 손해배상을 하는 것으로 한다.

제12조(위험부담)

영업시간 중은 물론, 영업시간 외의 화재·도난·등의 원인에 의해 "을"이 손해를 입은 경우라 하더라도, "갑"은 그 원인을 불문하고 손해보상 등의 책임을 부담하지 않는다.

제13조(보수)

① "을"은 본 위탁영업의 매상대금의 일체를 "갑"이 지정하는 방법에 의해 "갑"에게 입금하기로 한다.

② 전항의 매상대금은 "갑"이 별도로 정한 기일마다 마감일에 계산하여 매상총액에서 제세공과금을 공제한 후, 그 잔액의 0%에 상당하는 금액을 보수(위탁료)로서 "을"에게 지급하는 것으로 한다.

③ 본 영업에 관한 부가가치세는 "갑"이 납부한다.

제14조(표준매상액)

"갑"과 "을"은 협의 하에 매월 표준매상고를 결정하는 것으로 한다.

제15조(계약의 해제)

① "갑" 및 "을"은 그 상황에 따라 2개월 전의 예고를 통해 이 계약을 해제할 수 있다.

② "을"이 본 계약의 각 조항 중 어느 것을 위반했을 때, 또는 "을"의 매상고가 6개월 이상 계속하여 제14조의 표준매상고에 미치지 못한 경우, "갑"은 최고통지 없이 본 계약을 해제할 수 있다.

③ 제1항 또는 제2항의 경우는, "갑"과 "을"모두 상대방에 대해 본 계약해제를 이유로 손해 배상의 청구를 하지 않는다.

제16조(원상복구)

"을"은 본 계약이 효력을 상실한 경우, 을 소유의 설비 및 물품을 즉시 "갑"의 점포 내에서 수거해야 한다. 만일, "을"이 이를 수거하지 않는 경우에 "갑"이 "을"의 비용으로 이를 수거하더라도

"을"은 어떤 이의를 제기할 수 없다.

제17조(규정 외 사항)

본 계약에 정하지 않은 사항에 대해서는, 그 때마다 "갑"과 "을"이 협의하여 정한다.

제18조(계약기간)

본 계약의 유효기간은 2000년 O월 O일에서 2000년 O월 O일까지로 한다. 단, 본 계약기간 만료 2개월 전에 "갑" 또는 "을"에게서 별다른 의사표시가 없는 경우, 다음 1년을 유효한 것으로 하고 이후 이 예에 따른다.

제19조(연대보증)

"병"은 본 계약에 근거하여 "을"이 부담하는 일체의 채무이행에 관하여 "을"과 연대하여 그 책임을 부담하기로 한다.

이 계약의 성립을 증명하기 위하여 본 계약서 3통을 작성하고, 각자 서명하고 날인한 다음 각 1통을 보관한다.

20○○년 ○월 ○일

위탁자 "갑"	주소	:
	성명	: ○ ○ ○ ㉑
	대표이사(대표자)	:
수탁자 "을"	주소	:
	성명	: ○ ○ ○ ㉑
보증인 "병"	주소	:
	성명	: ○ ○ ○ ㉑

창업용역계약서

　　○○○(이하 "갑"이라 한다)와 ○○○(이하 "을"이라 한다)이 다음과 같이 중소기업 창업지원법에 의한 ○○사업타당성 검토용역계약을 체결한다.

제1조(용역의 범위) 본 계약에 의하여 "을"이 제공하는 용역범위는 다음과 같다.

〈사업타당성검토 보고서 작성〉
① 일반현황
② 사업의 개요
③ 생산제품의 소개
④ 시장현황 및 전망
⑤ 공장입지 및 시설투자계획
⑥ 생산 및 판매계획
⑦ 원부자재조달계획
⑧ 조직, 인원계획
⑨ 소요자금 추정 및 자금조달방안
⑩ 사업추진일정계획
⑪ 사업타당성 검토
　– 시장성 검토
　– 기술성 검토
　– 재무성 검토

제2조(기간)

　　본 용역의 업무 수행기간은 다음과 같다.
1. 착수 일자 : 2000년 ○월 ○일
2. 완료 일자 : 2000년 ○월 ○일()일간

제3조(용역대금)

1. "을"이 제공하는 용역에 대한 용역대금은 　　원(₩)정으로 한다.
2. 본 용역대금의 지불은 중소기업 창원지원법에 의거하여 용역대금 중 금 ( )원(₩)정은 "갑"이 부담하며, 잔액 금 ( )원(₩)정은 용역대금의 정부지원승인시에는 동 지원금으로 갈음하고 승인불가 시에는 "갑"의 부담으로 한다.

제4조(용역대금의 지불)

1. "갑"은 용역체결과 동시에 원(₩)정을 착수금으로 "을"에게 지불한다.

2. "갑"은 보고서 인수와 동시에 잔금원(₩)정을 "을"에게 지불한다.

제5조(보고서 제출)

"을"은 용역수행 결과를 보고서 12부를 인쇄하여, 10부를 "갑"에게 제출하고 2부는 "을"의 비치용으로 소지할 수 있다.

제6조(협력사항)

중소기업 창업지원법에 의거하여 "을"이 중소기업 진흥공단으로부터 용역대금의 일부를 용역지원금으로 지급받을 수 있도록 "갑"은 대금의 수령에 필요한 일체의 구비서류를 "을"과 관계기관에 제출하여야 한다.

제7조(준수사항)

1. "갑"은 "을"이 용역을 원활히 수행할 수 있도록 "을"이 필요로 하는 자료의 제공, 소속인력의 참여 등 최대한의 편의를 "을"에게 제공한다.

2. "을"은 업무수행상 "갑"으로부터 입수한 기밀사항을 법령에 의하지 아니하고는 "갑"의 동의 없이 제3자에게 알릴 수 없다.

3. "갑"은 "을"이 대행한 결과에 대해서는 객관적으로 입증할 수 있는 자료의 제시 없이는 부당한 이의를 제기할 수 없다.

제8조(계약의 변경)

본 계약 내용의 변경, 가감, 삭제, 정정 등은 쌍방의 합의에 의하며 관청의 인, 허가가 필요한 경우는 당해 인, 허가 시점부터 효력이 발생한다.

제9조(해약)

제7조에 의한 준수사항 위배 시 서면에 의거 해약청구 할 수 있다.

(단, 해약 시 용역기간 중 발생비용은 착수금으로 우선 정산하고 과부족 발생시 "을"의 청구에 의거하여 발생된 비용을 지급하여야 한다.)

제10조(협의)

본 계약에 명시되지 아니한 사항에 대하여는 "갑", "을" 상호협의에 의하여 결정한다.

본 계약을 증명하기 위하여 계약서 2통을 작성하고 "갑"과 "을"이 각각 서명 날인 후 각 한 통씩 보관한다.

20○○년 ○월 ○일

"갑"   "을"

	"갑"		"을"
주소		주소	
성명	○ ○ ○ ㊞	성명	○ ○ ○ ㊞
주민등록번호(사업자번호)		주민등록번호	

설계용역계약서

　건축설계사인 ○○○(이하 "갑"이라 한다)과 주식회사○○○○(이하 "을"이라 한다)은 건축설계용역에 관하여 아래와 같이 계약(이하 "본 계약"이라 한다)을 체결한다.

제1조(목적)

　본 계약은 "갑"이 "을"에게 건물신축설계에 관한 건축저작물을 제공함에 있어 필요한 제반사항을 정함을 그 목적으로 한다.

제2조(설계의 대상)

　"갑"이 "을"에게 제공할 설계용역의 대상 건축물(이하 "본 건축물"이라 한다)은 ○○시 ○○구 ○○동 ○○번지 ○㎡ 지하 ○층 지상 ○층의 업무용 빌딩이다.

제3조(건축저작물의 제공)

① "갑"은 "을"에게 "을"이 본 건축물에 대하여 관계관청으로부터 허가를 받고 건축업자에 의하여 시공하여 준공하기까지에 있어 필요한 설계도면 등 건축저작물을 제공한다.

② 본 건축물에 관한 설계를 함에 있어서 "갑"은 "을"의 의사를 최대한 반영하고 "을"에게 설계진행과정을 수시로 설명하여야 한다.

제4조(건축저작물의 귀속 및 이용)

① "갑"이 제작한 본 건축물에 관한 건축저작물의 저작재산권은 "갑"에게 귀속한다.

② "을"은 본 건축물에 대하여 허가를 받고 시공하여 준공하는 일체의 과정에서 "갑"의 건축저작물을 이용할 수 있다.

제6조(용역비의 지급)

① "을"은 "갑"에게 본 건축물에 관한 설계용역을 제공하는 대가로 금 (　)원을 지급한다.

② "을"은 "갑"에게 제1항에서 정한 용역비를 다음 각 호와 같이 분할하여 지급한다.

　1. 계약금 : (　)원　　　　　2. 중도금 : (　)원　　　　3. 잔금 : (　)원

③ "을"은 "갑"에게 제1항에서 정한 용역비를 다음 각 호와 같이 지급한다.

　1. 계약금 : 본 계약을 체결한 날

　2. 중도금 : 본 건축물에 관한 건축허가를 마친 날

　3. 잔금 : 본 건축물에 관한 준공검사를 마친 날

④ "을"이 제3항에서 정한 용역비의 지급시기를 준수하지 못하는 경우 연 25%의 비율에 의한 지연손해금을 지급하여야 한다.

제6조(설계의 변경)

"갑"이 "을"에게 제공한 건축저작물에 따라 본 건축물에 관한 건축허가, 시공, 준공검사를 마치기 어려운 사정이 발생한 경우에는 "갑"과 "을"은 협의하여 설계를 일부 변경할 수 있다.

제7조(제3자와의 분쟁)

① "갑"은 "을"에게 본 건축물에 관한 건축저작물이 제3자의 권리를 침해하지 않는 범위에서 설계용역을 제공하여야 한다.

② 제1항과 관련하여 분쟁이 발생하는 경우 "갑"은 자기의 책임과 비용으로 이를 해결하며 "을"은 이에 협력하기로 한다.

③ "갑"이 제1항을 위반함으로써 "을"에게 손해가 발생하는 경우 "갑"은 이를 배상하여야 한다.

제8조(비밀준수의무)

① "갑"과 "을"은 본 계약기간 중은 물론 본 계약의 종료나 해지이후에도 본 계약의 이행과정에서 알게 된 상대방의 영업비밀 또는 고객관련정보를 상대방의 서면동의 없이 제3자에게 유출하거나 본 계약의 이행 이외의 목적으로 이용하여서는 안 된다.

② "갑"과 "을"은 자신의 임직원, 대리인, 사용인 등 기타 관련자로 하여금 제1항 및 제2항과 동일한 비밀준수 의무를 지도록 한다.

제9조(통지의무)

"갑"과 "을"은 본 계약 체결 당시에 알고 있는 상호, 대표자, 소재지, 업종 및 기타 계약당사자의 주요사항이 변동되거나 합병, 영업양도, 부도, 화의, 회사정리, 파산 등 신용상태에 변경이 있거나 변경될 우려가 있는 경우 이를 지체 없이 상대방에게 통지하여야 한다.

제10조(계약기간)

본 계약의 유효기간은 본 계약체결일로부터 본 건축물의 준공검사를 마친 날까지로 한다.

제11조(계약의 변경)

본 계약의 일부 또는 전부를 변경할 필요가 있는 경우에는 "갑"과 "을"의 서면 합의에 의하여 이를 변경하고, 그 변경내용은 변경한 날 그 다음날부터 효력을 가진다.

제12조(권리 등의 양도 등 금지)

"갑"과 "을"은 상대방의 서면동의 없이 본 계약상의 일체의 권리·의무 등을 제3자에게 양도·증여·대물변제·대여하거나 담보로 제공할 수 없다.

제13조(해제 및 해지)

① "갑" 또는 "을"은 다음 각 호의 사유가 발생한 경우에는 계약기간에 관계없이 상대방에 대한 서면통지로써 본 계약을 해제 또는 해지할 수 있다.

　1. 상대방이 정당한 사유 없이 본 계약에서 정한 사항을 위반하고 서면으로 시정요구를 받은 날로부터 7일 이내에 해당 위반사항을 시정하지 않은 경우

2. 자신 또는 상대방의 주요재산에 대한 보전처분결정 및 강제집행, 화의, 회사정리, 파산 등의 개시로 더 이상 계약유지가 곤란한 경우

3. 기타 본 계약을 수행하기 어려운 중대한 사유가 발생한 경우

② 제1항의 해제 또는 해지는 "갑"과 "을"의 손해배상 청구에 영향을 미치지 아니한다.

제14조(계약의 유보사항)

① 본 계약에서 정하지 아니한 사항이나 해석상 내용이 불분명한 사항에 대해서는 관계법령 및 상관습에 따라 상호 협의하여 결정한다.

② 제1항과 관련하여 필요한 경우 "갑"과 "을"은 별도의 약정을 할 수 있으며, 이는 본 계약의 일부를 이룬다.

제16조(관할법원)

본 계약과 관련하여 소송상의 분쟁이 발생한 때에는 서울지방법원을 관할로 한다.

본 계약의 내용을 증명하기 위하여 계약서 2부를 작성하고, "갑"과 "을"이 서명 또는 날인한 후 각 1부씩 보관한다.

20○○년 ○월 ○일

"갑"	소재지	:	
	주민등록번호	:	
	성명	:	○○○ ㉑
"을"	주소	:	○○○ ㉑
	상호	:	주식회사 ○○○○
	대표이사	:	○○○ ㉑

【창업컨설팅계약서】

창업컨설팅계약서

OOO(이하 "갑"이라 한다)와 OO주식회사(이하 "을"이라 한다)는 다음과 같이 창업 컨설팅 계약을 체결한다.

제1조(용역의 내용 및 기본범위)

본 계약에 의한 용역의 내용 및 범위는 별첨 1의 [용역의 내용 및 기본 범위]에 의한다.

제2조(용역의 성격)

이 용역 계약은 "갑"이 창업 준비를 함에 있어 "을"의 직원을 일정기간 동안 파견 받아 창업준비를 하는 형식의 성격을 갖는다.

제3조(용역기간)

본 계약에 의한 용역기간은 2000년 O월 O일부터 2000년 O월 O일까지 OO개월로 한다.

제4조(자료)

1. "을"은 용역업무 수행 중 필요할 경우에는 언제든지 "갑"에게 자료 또는 설명 등을 요구할 수 있으며, "갑"은 "을"이 요청하는 자료 등을 "을"의 요청일까지 "을"에게 제공한다.
2. "갑"의 자료 제공 지연 또는 부득이한 사유로 인하여 위 제2조의 용역기간 내에 용역업무 수행이 불가능하다고 인정될 경우 "을"은 그 기간을 연장할 수 있으며 이 경우 "을"은 연장된 용역기간을 "갑"에게 통지한다.

제5조(수수료)

1. 용역대행 수수료는 금원(₩)으로 하며, "갑"은 본 계약 체결 시 "을"에게 수수료를 선납한다. 단, 선납이 곤란한 경우에는 "갑"은 본 계약 체결 시에 수수료의 OO%를 지급하고 잔액은 본 계약 기간에 걸쳐 분할하여 월 단위로 지급할 수 있다.
2. 위 1항의 용역대행 수수료는 "을" 및 "을"의 직원에 대한 용역대행 인건비의 성격을 가지며 법인등기와 관련된 비용, 사규, 서식, 장표 제정에 따른 "을"의 내부 용역비용을 제외한 대외 지급 실비는 "갑"이 부담한다.
3. "갑"이 본 계약에 첨부된 별표 1의 용역의 기본 범위 외에 추가로 용역을 의뢰하는 경우 그 비용은 "갑"과 "을"이 상호 협의하되 "갑"이 추가로 부담한다.
4. "갑"이 위 2항의 대외실비지급 지연으로 인하여 용역기간이 연장되는 경우 "갑"은 연장되는 기간에 대한 용역 수수료를 "을"에게 추가로 지급한다.

제6조(세금공과, 법정 수수료 및 기타 비용)

"갑"은 위 제4조의 용역대행 수수료 이외의 세금공과 및 법정 수수료 등 실비 성격의 비용을 해당 절차 착수 전에 "을"에게 지급하며, "을"은 이를 행정관청 또는 제작처 등에 지급한 후 그 영수증을 "갑"에게 제출한다.

제7조(보고서 교부)

"을"은 매 단계별로 용역수행 결과를 서면 또는 구두로 "갑"에게 보고하며, "창업절차대행 결과 및 창업성공전략 수립"에 대해서는 별도의 규격화된 보고서를 "갑"에게 제출한다.

제8조(비밀보장)

"을"은 "갑"의 승인이 없는 한 용역대행과 관련하여 취득한 "갑"의 비밀을 제3자에게 공개 또는 제공하지 아니한다.

제9조(계약의 해지)

1. "갑"은 부득이한 사유로 본 계약을 해지하고자 할 경우에는 해지 ○○일 전까지 "을"에게 해지의사를 서면 통보함으로써 계약을 해지할 수 있다. 이 경우 "갑"은 본 계약에 따라 "을"에게 지급한 착수금 및 수수료의 반환을 요구할 수 없다.
2. "을"은 "갑"의 귀책사유에 의해 용역업무의 수행이 극히 곤란하거나 불가능하여 본 계약을 해지하고자 할 경우에는 해지 ○일 전까지 "갑"에게 해지의사를 서면 통보함으로써 계약을 해지할 수 있다.
3. "을"은 합리적인 사유로 인하여 용역업무의 수행이 극히 곤란하거나 불가능한 경우에는 "갑"에게 본 계약의 해지를 청구할 수 있으며, 이 경우 "을"은 "갑"으로부터 지급 받은 착수금 및 용역대행 수수료를 "갑"에게 반환한다.

제10조(면책)

"을"은 본 계약에 의한 용역의 결과로 인하여 "갑"이 입은 손해에 대해 그 손해가 "을"의 고의에 의한 경우를 제외하고는 일체의 책임을 지지 아니한다.

제11조(계약의 변경)

"갑"과 "을"은 서면합의에 의해 본 계약의 내용을 변경할 수 있다.

제12조(특약사항)

본 용역의 특수성을 고려하여 "갑"과 "을"은 다음과 같은 특약조건을 정한다.

[특약조건의 표시]

제13조(계약의 효력)

본 계약은 당사자 쌍방이 서명 날인한 날로부터 효력을 발생한다.

제14조(분쟁의 해결)

이 계약과 관련하여 발생하는 "갑"과 "을" 간의 모든 분쟁은 상호 협의하여 해결하며 협의에 의해 해결되지 않을 경우에는 대한상사중재원의 중재에 따라 해결한다.

본 계약을 증명하기 위하여 "갑"과 "을"은 계약서 2통을 작성하여 각각 서명 날인 후 각 1통씩 보관한다.

20○○년 ○월 ○일

	주소	:	
"갑"	성명	:	○○○ ㊞
		:	
	주소	:	
"을"	상호	:	
	성명	:	○○○ ㊞

별첨 1: [용역의 내용 및 기본 범위]

1. 용역의 내용
2. 용역의 기본 범위
   가. 정밀사업 적성검사 또는 사업 아이템 적성검사 (무료)
   나. 사업 아이템 추천 (선택은 "갑"이 한다)
   다. 사업계획서 작성 지도 (기본자료 제공 및 사업설명의 책임은 "갑"에게 있다)
   라. 사업타당성 분석 (총 용역비의5% 이내의 자료수집 및 조사용역비는 "을"의 부담으로 하며, 실제 시장조사 등을 함으로써 5%를 초과하여 비용이 발생하는 경우 5%를 초과하는 부분에 대해서는 "갑"의 부담으로 한다.)
   마. 사업타당성 분석 (기본 사업타당성 분석을 원칙으로 하며 기술성 분석, 소비자조사 등 정밀 사업 타당성 분석 비용은 "갑"이 부담한다.)
   바. 사업 인허가, 회사 설립 대행 및 사업자 등록신청(관공서 등에 지급하는 세금과 공과 및 법정 수수료 등은 "갑"이 부담한다.)
   사. 사규, 서식, 장표 제정 및 기본영업대행 (서식 인쇄, 도안 등을 위한 실비는 "갑"이 부담한다.)
   아. 창업절차 대행 결과보고 및 창업 성공전략 수립 (제작 및 인쇄비용은 "을"이 부담한다.)
3. 추가용역 의뢰사항
4. 용역의 담당자

【콜센터운영대행계약서】

콜센터운영대행 계약서

   상품 판매자 (주)○○○○(이하 "갑"이라 칭한다)와 콜센터 운영자 (주)○○○○(이하 "을"이라 칭한다)는 상호간에 다음과 같이 콜센터 운영대행 계약을 체결한다.

제1조(목적)

   본 계약은 "갑"이 생산 판매하는 ○○○○상품에 대한 판매, 고객불만 처리, 기타 상담 업무를 포함한 제반 콜센터 관리업무를 "을"이 담당하고 이와 관련된 사항의 처리를 목적으로 한다.

제2조(운영대행)

   "을"은 "갑"이 생산하는 제품 전반에 대하여 다음의 각호의 콜센터 업무를 수행한다.

1. 정보 업데이트 : 매월 "갑"의 취급 상품에 대한 정보의 업데이트를 통한 고객 상담
2. 유지관리업무 : 상품 판촉관리, 상품성능의 수정작업, 고객불만 및 질문에 대한 답변

제3조(관리비)

1. "갑"은 본 계약 체결과 동시에 일금 ○○○원정 계약금으로 "을"에게 현금지불하며 후일 계약금은 반환하지 않는다.
2. "갑"은 관리 대행 수수료로서 일금○○○원정을 매월 ○○일 "을"에게 현금 입금한다.

제4조(불법행위 등)

1. "을"은 콜센터 운영도중 "갑"의 상품에 대한 불법행위자 또는 "갑"의 상품하자로 인한 피해자가 있을 경우 즉시 "갑"에게 이를 통지하고 상호 대책을 협의하되, 대책에 절차에 소요되는 비용은 "갑"이 전적으로 부담하며 "을"은 이에 필요한 절차에 협력한다.
2. 제1항의 경우 "을"이 주도적으로 관련 분쟁의 해결을 하는 경우 별도의 분쟁처리 비용을 지불하도록 한다.

제5조(업무양도 금지)

   "을"은 본 계약상의 권리의무를 제3자에게 양도, 담보제공, 처분 등을 할 수 없다. 다만, "갑"의 서면동의에 의한 일부 권리의 대행수행은 가능하도록 한다.

제6조(계약기간)

   본 계약의 유효기간은 ○○○○년 ○○월 ○○일부터 ○○○○년 ○○월 ○○일로 하되, 기간만료일부터 ○○일 이전에 어느 일방의 계약 종료통지가 없는 한 계약은 동일조건으로 매 ○○년씩 자동 연장되는 것으로 한다.

제7조(직원교육)

"을"은 직원들에 대하여 "갑"의 상품에 대한 기본 정보의 숙지 및 기타의 필요한 정보를 모두 숙지하도록 하여 고객의 상담에 언제나 친절하게 응대하도록 하여야 하며 이를 위반하여 "갑"의 기업 이미지가 실추되지 아니하도록 하여야 한다.

제8조(해지)

1. 당사자 일방에 대하여 다음 각 호의 사유가 발생할 시 상대방은 즉시 계약을 해지할 수 있다.
   1) 가압류, 가처분, 경매 등의 사업의 불투명 사유가 발생할 시
   2) 파산, 회사정리, 화의신청 등의 사업 불가능 사유가 발생할 시
   2. 일방이 본 계약상의 의무 이행을 하지 아니한 때 상대방은 ○○일 이상의 시정기간을 두고 사유를 명시하여 시정을 최고하며, 그럼에도 불구하고 시정이 이루어지지 아니할 시 즉시 계약의 해지를 통지한다.

제9조(비밀유지)

1. 당사자 쌍방은 본 계약으로 지득한 상대방의 영업정보에 대한 일체의 사항에 대해 비밀을 유지하여야 한다.
2. "갑"이 "을"에게 제공한 자료는 본 계약이 유효한 동안만 "을"이 사용할 수 있으며 "갑"과의 계약이 종료된 후에는 "을"은 즉시 관련 자료를 삭제하여야 한다.

제10조(기타사항)

1. 계약의 당사자는 본 계약의 내용을 신의성실에 의거하여 준수하여야 한다.
2. 계약 기간 중 계약의 변경은 당사자의 서면 합의에 의해서만 변경될 수 있으며 서면날인 된 문서를 본 계약서의 말미에 첨부한다.
3. 본 계약서에서 명시되지 않은 부분에 대하여는 관련 법규 및 상관습에 따르기로 한다.

제11조(분쟁해결)

1. 본 계약과 관련하여 양 당사자 간의 분쟁이 발생한 경우, 원칙적으로 "갑"과 "을" 상호간의 합의에 의해 해결한다.
2. 제1항에도 불구하고 분쟁이 해결되지 않을 경우 "갑"의 주소지 관할 지방법원을 그 관할로 하여 재판함으로써 해결한다.

제12조(특약사항)

상기 계약일반사항 이외에 "갑"과 "을"은 아래 내용을 특약사항으로 정하며, 특약사항이 본문과 상충되는 경우에는 특약사항이 우선하여 적용된다.

1.
2.
3.
4.
5.

위와 같이 본 계약이 유효하게 성립하였음을 각 당사자는 증명하면서 본 계약서 2통을 작성하여, 각각 서명(또는 기명)날인 후 "갑"과 "을"이 각각 1통씩을 보관한다.

2○○○년 ○월 ○일

"갑" : ○○○ ㊞
"을" : ○○○ ㊞

홈페이지제작계약서

OOO와 OOOO은 웹사이트의 구축과 운영에 관한 계약을 다음과 같이 체결한다.

제1장 총 칙

제1조(목적)

본 계약은 OOO(이하 "갑"이라 칭함)이 시행하는 웹사이트의 구축을 위한 계약을 OOOO(이하 "을"이라 칭함)과 체결함에 있어 상호 신의와 성실의 정신으로 웹사이트의 발전을 도모하기 위한 제반 사항을 규정하는 데 목적이 있다.

제2조(용어의 정의)

1. 본 계약서에서 계약이라 함은 용역에 따르는 제반사항을 말한다.
2. 용어의 적용범위는 본 계약에 한하며 정의되지 않은 용어는 일반 상관례에 따른다.

제2장 계 약

제3조(계약의 범위)

"갑"의 웹사이트 주문에 대한 개발 및 구축에 관한 제반사항을 "갑"과의 전략적 제휴를 통해 "을"이 담당하며 구체적인 내용은 상호 협의하여 결정한다.

제4조(계약의 기간)

웹사이트구축 기간은 계약서 작성 직후부터 계산하여 통상 45일로 한다. 단 기획과 설계 과정에서 난이도나 추가사항을 고려하여 기간이 조정될 수 있다.

제5조(대금의 지불)

웹사이트 개발 및 구축 대금은 기획단계에서 상호 협의하여 결정하며 기획내용과 금액이 결정되면 계약서를 작성할 때 50%의 대금을 선납하고 나머지 50%의 잔금은 납품과 동시에 지급한다.

제3장 업무협조 및 작업진행

제6조(개발 진도보고)

"을"은 작업 단계별 공정 진도를 "갑"이 원할 시 "갑"에게 보고하여야 한다.

제7조(업무조정)

1. "갑"은 "을"에 대하여 수시로 업부 진행상황과 내용설명을 요구할 수 있으며 "을"은 이에 응해야 한다.
2. "을"은 개발시 필요한 자료를 "갑"에게 요청할 수 있으며 특별한 사유가 없는 한 모든 자료를 제공하여 개발 작업에 협조하여야 한다.

제4장 구축 완료

제8조(개발 완료)

1. "을"은 계약기간 만료일까지 최종 성과물을 "갑"에게 제출하여야 한다.
2. 성과물은 컴퓨터상에서 구현 가능하도록 해야 한다.
3. "을"은 개발된 내용이 충분히 완료되었다고 판단될 경우 계약기간 이전이라도 "갑"에게 통보하여 "갑"의 판단에 따라 완료할 수 있다.

제9조(품질 보증)

1. "을"은 최상의 성과물을 납품할 수 있도록 최선을 다해야 한다.
2. "갑"은 성과물을 납품 받은 후 한 달 이내로 성과물에 하자가 있을 경우 성과물의 보수를 "을"에게 요청 할 수 있고 "을"은 이에 응해야 한다.
3. "갑"은 성과물을 납품 받은 후 한 달 이내로 성과물의 총 제작 페이지의 10% 한도 내의 페이지에 대해 수정을 요청 할 수 있고 "을"은 특별한 사유가 없는 한 이에 응해야 한다.

제5장   기 타

제10조(비밀 준수)

1. "을"은 본 용역의 수행을 위해 "갑"이 제공한 각종 자료를 용역 완료와 동시에 "갑"의 요청이 있을 경우 반납하여야 한다.
2. "을"은 본 용역 수행 중 취득한 각종 자료의 누출, 대여, 판매를 할 수 없으며 습득한 비밀을 다른 곳에 누설해서는 안 되며, 이를 위반하여 "갑"에게 손해를 입힌 경우 배상의 책임을 진다.

제11조(계약의 파기)

1. 계약 당사자가 본 계약의 내용을 성실히 이행하지 않을 경우 계약이 파기된 것으로 본다.
2 "을"이 계약을 파기하였을 경우 그 시점에서 "갑"이 결재한 대금 전체를 환불한다.
3 "갑"이 계약을 파기했을 경우 결재한 대금의 반환을 요구할 수 없다.

제12조(해지의 통보)

"갑" 또는 "을"이 본 계약을 해지할 경우 상대방에게 서면으로 통보해야 하며 되도록 사전에 충분히 협의하여 결정한다.

제13조(분쟁의 조정)

1. 본 계약과 관련하여 "갑"과 "을"은 상호간에 발생한 오해 및 분쟁 사항은 가능한 양자의 신의를 바탕으로 조정과 합의를 통해 원만히 처리토록 노력한다.
2. 이것이 여의치 않을 경우 상황에 따라 "을"의 관할 법원에 중재를 의뢰한다.

제14조(계약의 효력)

본 계약은 계약서 작성일로부터 그 효력이 발생한다.

제15조(계약상의 지위 및 권한 양도 금지)

"갑"과 "을"은 자신의 본 계약상의 지위 및 권한을 제3자에게 양도할 수 없다.

제6장 부 칙

제16조(계약서 보관)

1. 본 계약서의 계약 당사자인 "갑"과 "을"은 본 계약서를 2부 작성하여 대표 또는 그 권한을 대행할 수 있는 사람이 상호 서명 날인한 후 각 1부씩 보관한다.
2. 계약과정이나 계약기간 중 상호 협의하여 상호 날인된 문서는 본 계약서에 추가되며 본 계약서와 동일한 효과를 지닌다.

제17조(추가 또는 특약사항)

본 계약에서 충분히 표현되지 못한 사항이나 특별히 규정해야 할 사항이 있을 때에는 별도의 규정을 상호 협의하여 첨부할 수 있다.

제18조(기타)

본 계약 외의 발생된 사항은 상거래 일반원칙 및 관례에 의거 처리한다.

2000년 0월 0일

"갑" 대표 : ○ ○ ○ ㊞
"을" 대표 : ○ ○ ○ ㊞

소프트웨어 개발계약서

　　OOO을 "갑"이라 하고 (주)OOOO를 "을"이라 하여 "갑", "을" 당사자 간에 다음과 같은 소프트웨어 개발 계약을 체결한다.

제1조 을은 갑에 대하여 다음 소프트웨어(홈페이지)를 아래 조항의 약정으로 개발납품한다.

　　소프트웨어(홈페이지)의 개발 및 튜닝(갑의 요구사양 참조)개발금액은 ( )원(부가세별도)으로 정하고 갑은 을 에 대하여 다음과 같은 방법으로 그 대금을 지급하기로 한다.

제2조
1. 계약금 (　　)원(부가세 별도)은 본 계약성립과 동시에 을에게 지급한다.
2. 잔 금 (　　)원(부가세 별도)은 최종 납품일에 을에게 지급한다. 을은 2000년 O월 O일까지 소프트 웨어(홈페이지) 전체 구성 및 전체 기능을 구현한 완성 제품을 납품한다.

제3조 "을"은 2000년 O월 O일부터 본 건의 서비스개시와 관련된 서버호스팅 또는 웹호스팅 등의 사전 준비를 서비스 개시일 이전에 완료하며 호스팅비용은 갑의 부담으로 한다.

제4조 "갑"의 개발 관련 자료제공 미비로 인한 개발 기간 지연에 대해 을은 책임을 지지 않으며, 지연 일수만큼 납품일자를 연장할 수 있다.

제5조 "갑", "을" 양 당사자의 일방이 본 건 계약을 위반할 때는 갑은 계약금을 포기하고 을은 그 배액을 제공하여 본 계약을 해약하기로 한다.

제6조 본 계약에 의한 소프트웨어 개발에 관한 일체의 비용은 을의 부담으로 한다.

제7조 "갑", "을" 양자의 일방이 본 건 계약을 위반시 그 상대방은 최고 없이 본 건 계약을 해제할 수 있다. 단, 이 해제로 인하여 생기는 각종 비용에 대해서는 그 손해배상을 청구할 권리가 있다.

제8조　유지보수는 별도 계약에 의하고, 완성 제품의 오류에 대한 보증 기간을 최종 납품일로부터 6개월로 한다.

제9조
1. "을"은 본 계약의 이행에 관해 "갑"에 대해서 얻은 사실을 본 계약의 이행 중은 물론이고 본 계약 종 료 후에도 제3자에게 개시 혹은 누설해서는 안 된다.
2. "을"은 본 계약의 이행에 관여하는 "을"의 종업원 그 밖의 자에 대해서도 앞 항의 의무를 준수 시켜야 한다.

위 계약을 체결함에 있어 후일에 증하기 위하여 계약서를 2통 작성, 날인하여 "갑", "을" 각각 1통씩 보관한다.

20ㅇㅇ년 ㅇ월 ㅇ일

	주소	:
"갑"	상호	:
	사업자등록번호	:
	성명	: ㅇㅇㅇ ㉙

	주소	:
"을"	상호	:
	사업자등록번호	:
	성명	: ㅇㅇㅇ ㉙

소프트웨어개발 위탁계약서

OO주식회사(이하 "갑"이라 함)와 OO주식회사(이하 "을"이라 함)는 컴퓨터시스템의 소프트웨어 개발업무 위탁에 관하여 다음과 같이 계약을 체결한다.

제1조(목적)

"갑"은 을에 대해서 별지목록 ① 기재의 컴퓨터시스템(이하 "본 건 시스템"이라 함)의 개발 업무(이하 "본 건 업무"라 함)를 위탁하고 "을"은 이것을 수탁한다.

제2조(기한 등)

"을"은 본 건 업무를 별지목록 ② 기재의 스케줄에 따라 성실하게 실시한다. 단, 사양의 변경 기타 사유에 의해 기한까지 본 건 시스템을 "갑"에게 납품할 수 없는 경우에는 "갑", "을" 협의 후 기한을 변경할 수가 있다.

제3조(위탁료)

① "갑"은 을에 대해 본 건 업무의 위탁료로서 총금액 OOO,OOO,OOO원을 다음과 같이 지불한다.

① 본 계약 체결과 동시에 금 OOO,OOO,OOO원

② 2000년 OO월 OO일까지 금 OOO,OOO,OOO원

③ 본 건 시스템의 검수 후 OO일 이내에 금 OOO,OOO,OOO원

② 별지목록기재의 본 건 시스템의 사양, 설계 등이 변경되었을 경우는 옳은 재견적을 하여 앞 항 기재의 위탁료 및 지불방법의 변경을 청구할 수가 있다.

③ 앞 항의 경우 "갑" 및 "을"은 신속하게 변경계약을 체결하기로 한다.

제4조(재위탁의 금지)

"을"은 사전에 "갑"으로부터 서면에 의한 승낙을 얻지 않고 본 건업무의 전부 또는 일부를 제3자에게 위탁해서는 안 된다.

제5조(자료의 보관, 관리)

"을"은 본 건 업무에 관해서 "갑"으로부터 제공된 서류, 도면, 정보, 데이터 기타 모든 자료를 선량한 관리자의 주의의무로 보관, 관리하고 사전에 "갑"으로부터 서면에 의한 승낙을 얻지 않고 복제하거나 반출 혹은 본 건 업무 이외에 목적으로 사용해서는 안 된다.

제6조(비밀유지)

① "을"은 본 계약의 이행에 관해 "갑"에 대해서 얻은 사실을 본 계약의 이행 중은 물론이고 본 계약 종료 후에도 제3자에게 개시 혹은 누설해서는 안 된다.

② "을"은 본 계약의 이행에 관여하는 "을"의 종업원 그 밖의 자에 대해서도 앞 항의 의무를 준수 시

켜야 한다.

제7조(검수)

① "갑"은 본 건 시스템의 납품 후 ○○일 이내에 검사를 하고 하자가 있는 경우에는 지체 없이 "을"에게 통지한다.

② "을"은 앞 항의 통지가 있을 때에는 곧바로 필요한 수정을 하고 "갑", "을" 별도의 협의를 하여 정해진 기한까지 재납품한다.

③ 제1항의 검사기간 내에 "갑"으로부터 "을"에게 어떤 통지가 이루어지지 않았을 때에는 납품한 본 건 시스템이 검사에 합격한 것으로 간주한다. 이 경우에는 검사기간이 경과한 날의 익일에 검수가 된 것으로 간주한다.

④ 제1항의 검사가 완료하였을 때에는 "갑"은 "을"에 대해서 검사완료 통지서를 발행하고 그 통지서의 발행일로 검수가 된 것으로 간주한다.

위 계약을 체결함에 있어 후일에 증하기 위하여 계약서를 2통 작성, 날인하여 "갑", "을" 각각 1통씩 보관한다.

20○○년 ○월 ○일

	주소	:
"갑"	회사명	:
	대표이사(대표자)	: ○○○ ㊞

	주소	:
"을"	회사명	: ○○○ ㊞
	대표이사(대표자)	:

소프트웨어사업 표준하도급계약서

○○○○회사(이하 "갑"이라 한다)와 △△△회사(이하 "을"이라 한다)는 소프트웨어사업 하도급거래에 대하여 공통적으로 적용되는 기본적 사항을 정하기 위하여 다음과 같이 기본계약을 체결한다.

제1조(기본원칙)

① "갑"과 "을"은 상호 존중 및 신의와 성실의 원칙에 따라 계약을 이행하여야 한다.
② "갑"과 "을"은 본 계약의 이행에 있어서 하도급거래공정화에관한법률, 독점규제및공정거래에관한법률 및 관련 법령의 제규정을 준수하여야 한다.

제2조(기본계약 및 개별계약)

본 계약은 "갑"과 "을" 간의 소프트웨어사업 하도급거래 계약에 관한 기본사항을 정한 기본계약으로 별도의 약정이 없는 한 개별계약에 대하여 적용되며, "갑"과 "을"은 기본계약 및 개별계약을 준수하여야 한다.

제3조(개별계약의 내용)

"갑"과 "을"은 개별계약을 통하여 위탁하는 개별업무의 용역내역서, 납기, 보수단가, 작업 장소, 납품, 검수의 시기 및 방법 등 기타 위탁에 관한 필요한 조건을 정한다.

제4조(개별계약의 성립)

① 개별계약은 원칙적으로 "갑"이 제3조의 내용을 서면으로 작성하여 "을"에게 의사표시를 하고, "을"이 이를 승낙함으로써 성립한다. 다만, "을"이 수락거부의사가 있을 때에는 "갑"의 발주서를 접수한 날로부터 10일 이내에 거부의사를 서면으로 통지하여야 한다.
② 개별계약서에서 따로 약정한 사항 이외의 사항은 본 기본계약에 의하기로 하고, 만일 기본계약에 정하는 사항과 개별계약에 정하는 사항 간에 차이가 있을 경우 그 상충하는 부분에 한하여는 개별계약에 정하는 사항을 우선하기로 한다.

제5조(계약의 변경)

① 본 계약 및 개별계약의 내용을 변경하고자 할 경우 "갑"과 "을"은 상호 합의하여 기명날인한 서면에 의하여야 한다.
② 제1항의 계약변경에 따라 손해가 발생한 경우의 처리는 다음 각 호에 따른다.
  1. "갑"의 귀책사유로 손해가 발생한 경우 "을"은 "갑"에게 손해배상을 청구할 수 있다.
  2. "을"의 귀책사유로 손해가 발생한 경우 "갑"은 "을"에게 손해배상을 청구할 수 있다.
  3. "갑"과 을 쌍방의 귀책사유로 손해가 발생한 경우 또는 쌍방의 귀책사유 없이 손해가 발생한 경우에는 "갑"과 "을"이 협의하여 정한다.

제6조(설비, 기기, 자료 등의 양도 또는 대여)

① "갑"은 목적물의 품질 유지·개선 및 기타 정당한 사유가 있거나 "을"의 요청이 있는 경우에 필요한 설비, 기기, 자료 등(이하 "설비 등"이라 한다.)을 "을"에게 양도 또는 대여할 수 있다.

② 제1항에 의한 설비 등의 양도 또는 대여의 경우 양도가격, 임대료, 임대기간, 기타 양도 또는 대여의 구체적인조건은 "갑"과 "을"이 협의하여 정한다.

③ "을"은 "갑"으로부터 대여 받은 설비 등이 멸실 또는 훼손되었을 경우 즉시 "갑"에게 그 사실을 통지하여야 하고, 그 멸실 또는 훼손이 "갑"의 귀책사유로 인한 경우를 제외하고는 "갑"의 지시에 따라 "을"의 부담으로 동 설비 등을 원상복구시키거나 대체품을 제공하는 등의 방법으로 "갑"의 손해를 배상하여야 한다.

④ "을"은 "갑"으로부터 대여 받은 설비 등을 해당업무의 수행목적이외에 사용해서는 안 된다.

제7조(작업장소) 본 용역의 수행을 위한 작업장소는 "갑"과 "을"이 상호 협의한 별도 개별 계약서에 의한다.

제8조(대가금액)

① "을"의 본 용역수행에 대한 대가금액은 사양, 납기, 품질, 인건비 등을 고려한 합리적인 산정방식에 따라 "갑"과 "을"이 합의하여 산정한다.

② "갑"과 "을"은 본 용역수행에 대한 대가 산정의 기초가 된 제1항의조건이 계약기간 중에 변경된 때에는 상대방에게 대가금액의 조정을 신청할 수 있으며, 이 경우 "갑"과 "을"은 신청일로부터 30일 이내에 상호 협의하여 다시 정한다.

③ "갑"과 "을"은 제2항에 따른 "을"의 본 용역수행에 대한 대가금액의 조정에 대하여 양자 간에 이견이 있다는 이유로 본 계약에서 정하여진 "갑"과 "을"의 의무이행을 지체하거나 소홀히 하여서는 안 된다.

제9조(대금지급 및 방법)

① "갑"은 "을"에게 목적물의 수령일로부터 60일 이내의 가능한 짧은 기간으로 정한 기한 내에 납품대금을 지급하여야 한다.

② 대금지급일이 정하여져 있지 않은 경우에는 목적물의 수령일로부터 60일째 되는 날을 대금지급기일로 본다.

③ "갑"이 대금을 어음으로 지급하는 경우에 그 어음은 법률에 근거하여 설립된 금융기관에서 할인이 가능한 것이어야 하며, 어음을 교부한 날로부터 어음의 만기일까지의 기간에 대한 할인료를 어음을 교부하는 날에 "을"에게 지급하여야 한다. 다만, 목적물의 수령일로부터 60일 이내에 어음을 교부하는 경우에는 목적물의 수령일로부터 60일을 초과한 날 이후 만기일까지의 기간에 대한 할인료를 목적물의 수령일로부터 60일 이내에 "을"에게 지급하여야 한다.

제10조(부당한 대금감액 금지)

① "갑"은 "을"에게 책임을 돌릴 사유가 없음에도 불구하고 부당하게 대금을 감액(이하 "부당감액"이라 한다.)하여서는 안 된다. 그리고 "을"에게 책임을 돌릴 사유가 있어 대금을 감액하는 경우 감액범위, 감액방법 등에 대해서는 "갑"과 "을"이 별도로 정하도록 한다.

② 다음 각 호의 1에 해당하는 "갑"의 행위는 제1항의 규정에 의한 부당감액에 해당한다.

　1. 용역위탁시 대금을 감액한조건 등을 명시하지 아니하고 용역위탁 후 협조요청 또는 거래상대방으로부터의 발주취소, 경제상황의 변동 등의 사유를 들어 대금을 감액하는 행위.

　2. "을"과 용역대가 인하 등을 포함한 대금감액에 대한 합의가 성립한 경우 성립 전에 위탁한 부분에 대하여도 일방적으로 이를 소급 적용하는 방법으로 대금을 감액하는 행위.

　3. 대금을 현금으로 또는 지급기일전에 지급함을 이유로 일방적으로 대금을 감액하는 행위.

　4. "갑"에 대한 손해발생에 실질적인 영향을 미치지 아니하는 경미한 "을"의 과오를 이유로 일방적으로 대금을 감액하는 행위.

　5. 목적물의 개발, 기능향상 또는 유지보수에 필요한 설비 등을 자기로부터 사게 하거나 자기의 장비를 사용하게 한 경우에 적정한 구매대금 또는 사용대가 이상의 금액을 대금에서 공제하는 행위

제11조(부당반품의 금지)

① "갑"은 "을"로부터 목적물을 수령한 때에는 "을"에게 책임을 돌릴 사유가 없음에도 불구하고 이를 "을"에게 반품(이하 "부당반품"이라 한다.)하여서는 안 된다.

② 다음 각 호의 1에 해당하는 "갑"의 행위는 제1항의 규정에 의한 부당반품으로 본다.

　1. 거래상대방으로부터의 발주취소 또는 경제상황의 변동을 이유로 목적물을 반품하는 행위.

　2. 검수의 기준 및 방법을 명확하게 정하지 아니하고 부당하게 목적물을 불합격으로 판정하여 이를 반품하는 행위.

　3. "갑"이 공급 또는 대여한 설비 등의 품질 불량으로 인하여 목적물이 불합격품으로 판정되었음에도 불구하고 이를 반품하는 행위.

　4. "갑"이 공급하는 설비 등의 공급지연에 따라 납기가 지연되었음에도 불구하고 이를 이유로 목적물을 반품하는 행위.

제12조(대금상계)

"갑"은 설비 등을 "을"에게 유상으로 양도 또는 대여함으로써 "을"로부터 지급 받아야 할 채권이 있는 경우, 쌍방이 협의하여 이를 을에 대한 용역대가지급채무와 상계할 수 있다.

제13조(납기)

납기란 "을"이 본 계약 및 개별계약에 따른 목적물을 "갑"이 지정하는 장소에 납품해야 할 기일을 말하며, 그 구체적 시기는 "갑"과 "을"이 협의하여 개별계약에서 정한다.

제14조(납품)

① "을"은 본 계약에 의한 목적물을 "갑"과 "을"이 협의하여 정하는 납품 절차에 따라 납품하여야 한다.

② "을"은 납기의 지연, 기타 납품과 관련한 문제점이 발생하였을 경우 신속하게 "갑"의 지시를 받아 필요한 조치를 강구하여야 한다.

제15조(수령 및 검수)

① "갑"은 "을"이 목적물을 납품한 경우 "을"에게 그 목적물에 대한 검수전이라도 즉시 수령증명서를 수급사업자에게 교부하여야 한다.

② "갑"은 정당한 사유가 있는 경우를 제외하고는 "을"로부터 목적물을 수령한 날로부터 10일 이내

에 검수결과를 "을"에게 서면으로 통지하여야 하며, 이 기간 내에 통지하지 않은 경우에는 검수에 합격한 것으로 본다.

③ 검수대상 목적물의 기술적 특수성 등으로 인하여 10일 이내 검수를 완료할 수 없는 정당한 사유가 있는 경우에는 "갑"과 "을"이 협의하여 별도의 검수기간을 정할 수 있다.

④ "을"이 납품한 목적물에 대한 검수의 기준 및 방법은 "갑"과 "을"이 협의하여 정하되 이는 객관적이고 공정타당 하여야 한다.

⑤ "을"이 "갑"의 지시에 따라 제3자에게 검수를 의뢰하는 경우에는 그 비용은 "갑"이 부담한다.

제16조(불합격품의 처리)

① "을"은 제14조에 따른 검수 결과 불합격된 목적물에 대해서는 "갑"의 지시에 따라 신속히 대체물의 납품 및 기타 필요한 조치를 취하여야 한다. 다만, 이 경우에도 "을"은 본래의 납기를 지체한데 대한 책임을 면치 못한다.

② 제14조에 따른 검수 결과 불합격된 목적물이 생겼을 경우 "을"은 "갑"과 협의하여 협의된 기간 내에 이를 인수하여야 한다.

③ "을"이 제2항의 기간 내에 불합격품을 인수하지 아니할 경우 "갑"은 이를 "을"에게 반송하거나 또는 "을"과 협의하여 폐기할 수 있다.

④ 불합격품이 "갑"이 공급한 설비 등의 하자에 의한 경우 이에 대한 책임은 "갑"이 부담한다.

제17조(발주품의 멸실훼손에 대한 책임)

① "을"이 목적물을 "갑"에게 납품하기 전에 발생한 목적물의 멸실 또는 훼손에 대하여는 "갑"의 귀책사유로 인한 경우를 제외하고 "을"이 그러한 멸실 또는 훼손에 대한 책임을 부담한다.

② "을"이 목적물을 "갑"에게 납품한 이후에 발생한 목적물의 멸실 또는 훼손에 대하여는 "을"의 귀책사유로 인한 경우를 제외하고 "갑"이 그러한 멸실 또는 훼손에 대한 책임을 부담한다.

제18조(품질보증)

① "을"은 목적물에 대하여 개발 전 과정에 걸쳐 품질보증체제를 확립, 운영함으로써 개발된 목적물이 본 계약에 따라 지정된 설계 또는 사양과 일치하도록 하여야 하며, "갑"은 품질과 신뢰성 확보를 위하여 품질보증계획서 등을 요구할 수 있다.

② "을"은 목적물과 관련하여 주요 개발 단계 및 개발 기법 등을 변경하고자할 경우에는 "갑"의 사전 승인을 받아야 한다.

제19조(하자보증)

① 발주품 검수완료 후 "갑"과 "을"이 약정한 하자보수보증기간 동안 발주품의 하자를 보증하기 위하여 "을"은 하자보수보증금을 "갑"에게 보증서 또는 증권 등으로 제출하여야 한다.

② 제1항의 하자보수보증기간 종료 후 유지보수는 "갑"과 "을"이 상호 합의하여 유상유지보수 계약을 체결할 수 있다.

③ 제1항에도 불구하고 소프트웨어의 기능변경, 사용방법개선 등 유상유지보수사항이 발생하면 하자보수기간 중에도 유상유지보수계약을 체결할 수 있다.

제20조(지적재산권)

① 본 계약에 의하여 개발된 산출물에 대한 지적재산권은 "갑"과 "을"의 별도 개별계약에 의한다.

② "을"은 목적물 개발을 위하여 "갑"으로부터 사용을 허락 받은 저작권, 특허권, 실용신안권, 의장권, 상표권, 노하우 및 재산적 가치가 있는 정보(이하 "지적재산권"이라 한다)를 본 계약에 의한 목적물 개발이외의 사용 및 "갑"의 사전 서면승락 없이 제3자에게 누설하거나 사용하게 하여서는 안 된다.

③ "을"은 목적물의 제작과 관련하여 "갑" 또는 "을"과 제3자 사이에 지적재산권에 관한 분쟁이 발생하거나 발생할 우려가 있는 경우 지체 없이 구체적인 상황을 "갑"에게 서면으로 통지하여야 한다. 또한 "을"은 "을"의 귀책사유로 상기 사항이 발생하거나 발생할 우려가 있는 경우 "갑"에게 손해가 미치지 않도록 "을"의 비용부담으로 사전조치를 취하여야 하며, 지적재산권의 분쟁으로 "갑"이 손해를 입은 경우 그 손해를 배상하여야 한다.

제21조(계약의 해제ㆍ해지)

① "갑" 또는 "을"은 상대방에게 다음 각 호의 사유가 발생한 때에는 서면으로 본 계약 및 개별계약의 일부 또는 전부를 해제하거나 해지할 수 있다.

  1. "갑" 또는 "을"이 금융기관으로부터 거래정지 처분을 받고 계약을 수행할 능력이 없다고 인정되는 경우

  2. "갑" 또는 "을"이 감독기관 등으로부터 영업취소, 정지 등의 처분을 받은 경우

  3. "갑" 또는 "을"이 어음 및 수표의 부도, 제3자에 의한 강제집행(가압류 및 가처분 포함), 파산선고 또는 회사정리의 신청 등 경영상 중대한 사유가 발생하여 계약을 수행할 능력이 없다고 인정되는 경우

  4. 상대방의 동의 없이 계약상의 권리 및 의무를 양도한 경우

② "갑" 또는 "을"은 다음 각 호의 사유가 발생한 때에는 상대방에게 서면으로 상당한 기간을 정하여 그 이행을 최고하고 그 기간 내에 이행하지 아니한 때에는 본 계약 및 개별계약의 전부 또는 일부를 해제하거나 해지할 수 있다.

  1. "갑" 또는 "을"이 본 계약 및 개별계약을 위반하였을 경우.

  2. "갑"이 목적물의 개발에 필요한 제반사항의 이행을 특별한 사유 없이 지연함으로써 "을"의 작업에 상당 기간 동안 지장을 초래케 하거나 또는 "을"이 특별한 사유 없이 목적물의 개발을 거부하거나 상당 기간 동안 착수를 지연하여 계약기간 내에 납품이 곤란하다고 인정되는 경우.

  3. "갑"이 정당한 사유 없이 "을"에게 업무수행에 대한 용역대가를 지불하지 않는 경우

③ "갑" 또는 "을"은 제1항 및 제2항 각호의 해제 또는 해지사유가 발생하였을 경우 상대방에게 지체 없이 통지하여야 한다.

④ 제1항에 의하여 계약이 해제 또는 해지되었을 때는 피해제(피해지)자가 해제(해지)권자에게 부담하는 일체의 채무는 기한의 이익을 상실하며 지체 없이 변제하여야 한다.

⑤ 해제 또는 해지와 관련하여 해제(해지)권자에 대하여 손해가 발생하였을 때에는 피해제(피해지)자는 그 손해를 배상하여야 한다.

제22조(비밀유지)

① "갑"과 "을"은 본 계약으로 지득한 상대방의 업무상 및 기술상의 기밀을 상대방의 승락이 없는 한 제3자에게 누설하여서는 안 된다.

② "갑"과 "을"은 본 계약의 계약기간 중은 물론 계약의 종료 또는 해지 이후에도 제1항의 의무를 부담하며, 제1항의 의무에 위반하여 상대방에게 손해를 입힌 경우 일체의 손해를 배상하여야 하며, 필요한 경우 비밀유지계약서 등을 체결할 수 있다.

제23조(재하도급)

"을"은 본 계약 업무를 수행함에 있어서 "갑"의 사전 서면동의를 얻어 동업무의 일부에 대하여 재하도급을 줄 수 있다.

제24조(손해배상)

"갑" 또는 "을"은 본 계약 및 개별계약의 위반으로 인하여 손해를 입었을 때는 상대방에게 손해배상을 청구할 수 있다.

제25조(불가항력)

"갑"과 "을"은 천재지변, 전쟁, 폭동, 테러, 시민봉기 및 기타 합리적인 지배범위 밖의 사유로 인하여 상대방 및 제3자에게 발생시킨 손해에 대하여 책임을 지지 아니한다.

제26조(계약당사자 간의 관계)

"갑"과 "을"은 본 계약상 권리와 의무를 이행함에 있어서 독립된 계약자의지위를 가지며 본 계약에 명시된 경우를 제외하고는 상대방을 대리하거나 상대방의 의무를 부담하지 아니한다.

제27조(잔존의무) "갑"과 "을"은 본 계약 및 개별계약의 기간 만료 후 및 계약의 해제 또는 해지 후에도 다음 각 호에 관한 의무를 부담한다.

① 제19조에 정하는 하자보증 책임에 관한 사항
② 제20조에 정하는 지적재산권에 관한 사항
③ 제22조에 정하는 비밀유지에 관한 사항

제28조(이의 및 분쟁의 해결)

① "갑"과 "을"은 본 계약 및 개별계약에 관하여 상호 이견이 있을 경우 상관습에 따르는 것으로 하고 그래도 해결이 되지 않을 경우 상호 협의하여 해결한다.

② 제1항과 관련하여 법률상의 분쟁이 발생하였을 경우 그 해결은 소프트웨어 하도급분쟁조정협의회의 중재에 따르거나, 소송으로 분쟁을 해결하고자 하는 경우 소송을 제기하는 당사자의 주된 사무소 소재지가 있는 관할법원에 소송을 제기할 수 있다.

제29조(특수조건)

본 계약에서 정하지 아니한 사항에 대하여는 "갑"과 "을"이 합의하여 특약으로 정할 수 있으나, 기본 계약서의 취지를 위배해서는 안 된다.

부 칙

제1조(계약적용의 범위) 이 계약은 이 계약이 체결되기 이전의 모든 하도급 거래에 관한 개별계약에도 적용되는 것으로 한다.

제2조(계약의 효력상실) 2000년 ○월 ○일 체결된 계약은 이 계약체결로 인하여 그 효력을 상실한다.

    이 계약의 체결을 증명하기 위하여 계약서 2통을 작성하여 "갑"과 "을"이 서명 날인 후 각각 1통씩 보관한다.

2000년 ○월 ○일

"갑"	주소	:	
	회사명	:	
	대표이사(대표자)	:	○ ○ ○ ㊞
	주소	:	
"을"	회사명	:	○ ○ ○ ㊞
	대표이사(대표자)	:	

소프트웨어유지보수계약서

구매자인 귀사 (이하 "갑"이라 칭한다)는 공급자인 OOO (이하 "을"이라 칭한다)와 소프웨어유지보수 계약을 체결하고 이를 증명하기 위하여 계약서 2부을 작성하여 "갑"과 "을"이 각각 1부씩 보관한다.

제1조(목적)

"을"이 "갑"에게 납품한 Software의 원활한 운용을 위해 정비 및 지원에 대한 제반 계약사항을 규정함을 목적으로 한다.

제2조(계약기간)

계약기간은 2000 년 OO 월 OO 일부터 2000 년OO 월 OO 일까지 OO 년으로 한다.
본 계약은 계약의 해지가 없는 한 OO 년간씩 계약을 자동 연장 한다.

제3조(월 정비보수료 청구 및 지급방법)

월 정비보수료는 일금 원정(₩OOO,OOO,OOO원)으로 한다.(부가세별도) 단, 최초 OOO 개월은 무상으로 처리한다.(최초 청구는 20OO년 OO월 OO 일입니다.) OOOO 추가시 일금 원정(₩OOO,OOO,OOO원)의 금액이 월 정비 보수료에 추가되어 청구된다. "을"은 당월분 정비보수료를 당월 초에 "갑"에게 청구하고, "갑"은 당월 말 이내에 현금으로 이를 지급한다.

제4조(지원방법 및 범위)

① "을"이 "갑"에게 공급한 영업관리 Software에 한한다.
② "갑"에게 운영상의 교육이 필요한 경우 교육일시 및 장소를 상호 협의하여 교육을 실시한다.
③ 년 중 업그레이드 버전이 출시될 경우, 무상으로 업그레이드를 실시한다.
④ "갑"의 요청 시, 전화 통화로서 처리 가능여부를 판단하고, 필요시 출장지원을 실시한다.
⑤ "을"은 "갑"과 특정일을 정하여, 월 O회 정기방문을 실시한다.

제5조(예외사항 및 특별 보수료) 다음과 같은 사유로 인하여 발생된 문제에 대해서 "을"은 책임을 지지 않으며,

"갑"의 비용부담으로 "을"이 지원할 경우 실비를 산출하여 "갑"에게 청구하고, "갑"은 당월 말에 지불해야 한다.

① "을"이 제공하지 않은 시스템 장애로 인하여 문제가 발생하였을 경우
② "갑"이 "을"에 대하여 본 계약서에 명시된 의무를 이행하지 않았을 경우
③ 무리한 환경조건 하에서 운영함으로서 발생한 고장
④ "갑"의 고의 또는 과실로 인하여 발생된 경우
⑤ 화재, 수해, 지진, 낙뢰 등 천재지변의 불가항력인 경우

⑥ "갑"의 내부사정으로 인하여 신규 프로그램의 추가 또는 수정사항 발생의 경우

제6조(타 기계와의 접속)

① "갑"은 "을"이 납품한 Software를 타 기계에 추가 접속하고자 할 경우에는 서면통지를 하고 "을"과 협의를 거쳐야 한다.

② "을"은 1항의 접속으로 인하여 공급된 Software 기능에 지장이 있다고 인정되는 경우에는 "을"은 접속을 만류할 수 있으며, 접속으로 인한 모든 문제에 대해서는 책임을 지지 않는다.

제7조(계약의 해지 및 해석)

"갑"과 "을"은 O개월 전 서면통고로서 본 계약을 해지할 수 있으며, 해지 이후의 정비 및 지원은 실 경비(₩   원/일) 지급조건으로 "을"에게 의뢰할 수 있다.

각 조항에 나타나지 않은 사항에 대하여는 쌍방이 합의 결정하되 합의에 이르지 못할 시는 일반 상관례에 따르기로 한다.

20○○년 ○월 ○일

"갑"　주소　：
　　　성명　：　○ ○ ○ ㉑

"을"　주소　：
　　　성명　：　○ ○ ○ ㉑

번역(통역)작업 용역계약서

　주식회사 OOOO (이하 "갑")와 OO주식회사(이하 "을")은 "갑"의 OOO 번역에 관한 용역계약서(이하 "본 계약")를 체결한다.[별첨1 견적서 참조]

제1조(신의 성실의 원칙)

　양 당사자는 신의성실의 원칙에 입각하여 본 계약을 이행한다.

제2조(당사자 의무)

　"갑"은 한글2010 원본을 본 계약 체결 즉시 "을"에게 제공하며, "을"은 계약 체결 후 일 후에 한글2010 문서로 번역작업을 완료한 후 작업 결과물을 E-mail로 "갑"에게 제출한다.

제3조(용역대금)

① "을"이 본 계약을 성실하고 정확하게 수행하는데 대한 대가로 총금액(일금:OOO, ₩OOO : VAT포함) 중 계약금으로 (2000년 O월 O일)에 (일금: OOO, ₩OOO)을 지급하고, 작업완료 후 7일까지(2000년 O월 O일) 잔금(일금: OOO ₩OOO)을 용역대금으로 "을"에게 현금으로 지급한다.
　(입금통장: OO은행 OOO-OO-OOOOO-O (주)OOO)

② 상기 3. 1항의 용역대금은 "을"이 본 계약을 이행하는데 대하여 "갑"이 지급해야 하는 대가의 전부로 "을"은 여하한 경우에도 달리 대가의 지급을 요구하지 아니한다.

제4조(지체배상)

　"을"은 번역결과물을 상기 제2조의 기한 내에 "갑"에게 제출하지 않을 경우, "갑"에게 치명적인 손실이 발생할 수 있음을 인정한다.

제5조(번역결과물의 수정작업의무)

　번역결과물이 내용이 미흡하거나 하자가 있는 있어서 "갑"이 "을"에게 재번역 및 감수를 요청한 경우 처음 의뢰한 내용에 한하여 "을"은 책임을 지고 추가비용 없이 작업을 마무리 해 준다.

제6조(손해배상)

　당사자 일방의 귀책사유로 본 계약이 해제 또는 해지되는 경우 상대방에 대하여 손해배상 책임을 진다.

제7조(정보보안)

　"을"은 번역에 관련된 모든 자료는 누설치 않아야 하며 만약 누설로 인한 문제가 발생시 전적인 책임을 진다.

제8조(기타사항)

　본 계약서에서 규정하지 아니한 사항은 상거래 관련 법률 및 일반 상거래 관행에 따르며, 필요하다고 인정되는 사항에 대해서는 상호 합의 하에 변경 또는 추가 약정을 체결한다. 이상의 계약을 준수하기 위하여 "갑"과 "을"은 본 계약 2통을 작성한 하여 서명 날인 후 각 1통씩 소지한다.

20○○년 ○월 ○일

"갑"
상호　　　　　　　　　:
사업자등록번호　　　　 :
소재지　　　　　　　　:
대표이사(대표자)　　　 :　　○○○　㊞

"을"
상호　　　　　　　　　:
사업자등록번호　　　　 :
소재지　　　　　　　　:
대표이사(대표자)　　　 :　　○○○　㊞

기계류 제조표준 하도급 기본계약서

(주)0000(이하 "갑"이라 한다)와 (주)0000(이하 "을"이라 한다)는 기계류제조 하도급 거래에 대하여 공통적으로 적용되는 기본적 사항을 정하기 위하여 다음과 같이 기본계약을 체결한다.

제1절 총 칙

제1조(기본원칙)

1. 거래는 상호이익 존중 및 신의에 따라 성실히 이행하여야 한다.
2. "갑"과 "을"은 이 계약의 이행에 있어서 하도급 거래 공정화에 관한 법률, 독점규제및공정거래에 관한 법률 및 관련법령의 제 규정을 준수하여야 한다.

제2조(기본계약 및 개별계약)

이 기본계약 (이하 "계약"라 한다)은 "갑"과 "을" 간의 제조하도급 거래계약에 관한 기본 사항을 정한 것으로 별도의 약정이 없는 한 개개의 거래계약 (이하 "개별계약"이라 한다)에 대하여 적용하며, "갑"과 "을"은 이 계약 및 개별계약을 준수하여야 한다.

제3조(개별계약의 내용)

1. 개별계약에는 발주년월일, 발주품목의 명칭, 사양, 수량, 단가, 납기, 납품장소, 검사방법 및 시기, 기타 발주조건 등을 정하여야 한다.
2. 전항의 규정에도 불구하고 개별계약의 내용의 일부를 "갑"과 "을"이 협의하여 미리 부속 협정서 등을 정할 수 있다.

제4조(개별계약의 성립)

1. 개별계약은 "갑"이 제3조의 거래내용을 기재한 발주서를 교부하고 "을"이 이를 수락함으로써 성립한다. 단, "을"은 수락거부 의사가 있을 때에는 "갑"의 발주서를 접수한 날로부터 10일 이내에 거부 의사표시를 하여야 하며, 이 기간 내에 거부 의사표시를 하지 않을 경우에는 계약이 성립한 것으로 한다.
2. "갑"은 납기가 세분되어 발주서에 발주품목의 납기를 기재할 수 없을 때에는 납기를 기재하지 않고 발주할 수 있으며, 이 경우 개별계약은 "갑"이 품명, 수량, 납기, 납입장소 등이 기재된 납품일정표를 "을"에게 교부함으로써 성립되는 것으로 한다.

제5조(계약의 변경)

1. 이 계약 및 개별계약의 내용을 변경하고자 할 때에는 "갑"과 "을"이 협의하여 변경하기로 한다.
2. 제1항의 계약변경에 따라 손해가 발생한 경우의 처리는 다음 각 호에 따른다.
① "갑"의 귀책사유로 손해가 발행한 경우 "을"은 "갑"에게 손해배상을 청구할 수 있다.
② "을"의 귀책사유로 손해가 발생한 경우 "갑"은 "을"에게 손해배상을 청구할 수 있다.

③ "갑"과 "을" 쌍방에 귀책사유가 있는 경우 또는 어느 쪽에도 귀책사유가 없는 경우 "갑"과 "을"이 협의하여 정한다.

제6조(사양등의 지정)

1. "을"은 "갑"의 설계 또는 "갑"이 개개의 발주품에 대하여 지시하는 질, 형상, 크기, 기타규격사양에 따라 발주품을 제조 "갑"에게 납품한다.
2. "을"은 제1항의 설계 또는 규격사양이 분명하지 않거나, 의문이 있을 경우, 그 사실을 지체 없이 "갑"에게 통지하여 협의하여야 한다.
3. "갑"과 "을"은 필요에 따라 설계, 사양 및 제작방법의 변경에 관한 의견을 제시할 수 있으며 변경에 따른 구형제품의 사후처리는 상호 협의하여 정한다.

제7조(도면, 규격서, 사양서류의 관리)

1. "갑"은 발주시 필요하다고 인정 될 때에는 도면, 규격서, 사양서류를 "을"에게 대여한다.
2. "을"은 "갑"에게서 대여한 도면, 규격서, 사양서를 선량한 관리자의 주의를 가지고 관리하여야 한다.
3. "을"은 "갑"에게서 대여한 도면, 규격, 사양서류를 손상한 때에는 신속히 "갑"에게 통지하여 교환을 받는다.

제8조(발주)

1. "갑"은 "을"에 대하여 개별계약에 관한 발주에 있어 "을"이 계약품목을 제조 납품하는데 지장이 없도록 충분한 시일을 두고 발주하도록 한다.
2. "갑"은 일에 대하여 가능한 한 장기적인 발주계획을 예고함과 동시에 필요한 정보를 제공하도록 한다.

제2절 재료 등의 지급 및 대여

제9조(사급재등의 지급)

1. "갑"은 품질의 유지, 개선, 생산성 및 안전도 향상, 관련법령의 준수, 기타 정당한 사유가 있는 경우 "을"과 협의하여 발주품의 제작에 사용되는 재료, 부품, 반제품, 제품 등 (이하 "사급재" 라 한다)을 "을"에게 지급할 수 있다.
2. 사급재에 대한 유상, 무상의 구분은 "갑"과 "을"이 협의하여 정하며, 유상 사급재의 경우 "갑"과 "을"이 상호 협의하여 정한 가격을 전액 단가에 반영한다.
3. 사급재의 지급일시, 장소, 대금지불방법 등은 "갑"과 "을"이 협의하여 정한다.
4. "을"은 사급재를 수령하는 경우 신속하게 이를 검사하여 품질, 수량 등을 확인하고 사급재의 하자 또는 수량의 과부족 등의 이상이 있을 경우 즉시 "갑"에게 통지하여 "갑"의 지시를 받아야 한다.
5. "을"은 "갑"의 지시에 의거 사급재의 공급업자로부터 직접 사급재를 수령하는 경우 신속히 제4항에 준하는 검사를 하고 그 내용을 "갑"에게 통지하여야 한다.
6. "을"은 무상사급재의 남은 자재 및 발생된 스크랩 등의 처리에 대하여 "갑"의 지시에 따라야 하며, 스크랩처리에 비용이 따를 경우는 "갑"과 "을"이 협의하여 조치한다.

7. "을"은 "갑"의 사급재에 가공불량을 발생시킨 경우 또는 "갑"의 사급재로 인하여 발주품목에 불량이 발생한 경우 신속히 "갑"에게 통지하여야 한다.

 이 경우 불량발생에 대한 보상책임은 그 원인 제공자가 짐을 원칙으로 하되 책임 소재가 명확하지 않은 경우는 "갑"과 "을"이 합의하여 처리한다.

8. "을"이 제4항 및 제5항의 검사를 태만히 하여 발생한 사급재의 하자 및 수량부족에 대한 책임은 "을"이 부담하여야 한다.

제10조(사급재의 소유권)

무상사급재 및 이것으로 제작한 제품의 소유권은 "갑"이 보유하고 유상사급재의 소유권은 "을"이 그 대금을 완제 했을 때 "갑"으로부터 이전되는 것으로 한다.

제11조(설비, 계측기기 등의 양도 또는 대여)

1. "갑"은 필요가 있다고 인정되는 경우에 발주품의 제작에 사용되는 설비, 금형 및 검사 시험을 위한 계측기, 게이지, 치공구류 (이하 설비, 계측기 등이라 한다)등을 "을"에게 양도 또는 대여할 수 있다.

2. 제1항에 의한 설비, 계측기 등의 양도 또는 대여의 경우 가격, 임대료, 보관, 반납 등은 "갑"과 "을"이 협의하여 정한다.

3. "을"은 대여 받은 설비, 계측기 등이 멸실 또는 훼손되었을 경우 즉시 "갑"에게 통지하여야 하고, 그 원인이 "갑"에게 있거나 불가항력적인 경우를 제외하고는 "갑"의 지시에 따라 "을"의 부담으로 원상복구시키거나 대체품을 제공하는 등 "갑"의 손해를 배상하여야 한다.

4. 설비, 계측기 등의 대여에 대하여는 제11조제2항 및 제3항을 설비, 계측기 등의 양도에 따른 소유권 및 위험부담의 이전에 대하여는 제10조를 준용한다.

제12조(사급재 및 설비 계측기 등의 관리)

1. "을"은 "갑"의 사급재 및 양도 또는 대여품을 선량한 관리자의 주의를 가지고 관리하여야 한다.

2. "을"은 "갑"의 동의 없이 사급재 및 양도 또는 대여 받은 설비, 계측기 등을 소정용도 이외에 전용하거나 제3자에게 양도, 대여, 저당 등의 행위를 하여서는 안 된다.

3. "을"은 사급재중 특히 무상사급재, 대금완제전에 양도받은 설비 계측기 등을 "을"의 자산과 장부 및 보관상 명확하게 구분하여 관리하고, "갑"의 소유권임을 명시하기 위한 적절한 조치를 강구하여야 한다.

4. "을"은 강제집행, 파산선고신청, 회사정리의 신청 및 노동쟁의 등과 같은 사유의 발생으로 대금완제전의 사급재양도 또는 대여받은 설비 계측기 등에 대한 "갑"의 소유권보전에 영향을 미칠 우려가 있는 경우 즉시 "갑"에게 그 사실을 통지하는 동시에 필요에 따라 이들 물품의 보관장소를 이전하는 등 "갑"의 소유권이 침해되지 않도록 적절한 조치를 하여야 한다.

5. "을"은 사급재, 금형 등을 유상으로 양도받아 그 대금을 완제한 경우에도 제4항과 유사한 사유가 발생할 경우 즉시 "갑"에게 그 사실을 통지하는 동시에 "갑"이 발주한 품목의 납품이 영향을 받지 않도록 필요에 따라 보관장소를 이전하는 등의 조치를 하여야 하며, 사급재, 설비, 계측기 등의 처리는 사후에 감가상각 등을 포함한 합리적인 산정방식에 따라 "갑"과 "을"이 협의하여 결정한다.

6. "을"은 설비, 계측기 등의 정밀도 유지를 위하여 적정한 기준기를 이용하여 정기점검 및 교정을 한다.
7. "갑"은 "을"의 설비, 계측기의 점검 및 교정의뢰시 적극 협조한다.

제3절 납 품

제13조(단가)

1. 단가는 수량, 사양, 납기, 대금지불방법, 품질, 재료가격, 노무비, 시가의 동향 등을 고려하여 합리적인 산정방식에 따른 적정한 관리적 경비 및 이익을 붙여 "갑"과 "을"이 협의하여 정한다.
2. 제1항의 단가는 별도의 약정이 없는 한 "갑"이 지정하는 인도장소까지의 포장비, 운임, 하역비, 보험료등 일체의 비용을 포함한 것으로 한다.
3. 단가결정의 기초가 된 제1항의조건이 계약기간 중 변경된 때에는 "갑" 또는 "을"은 단가조정신청을 할 수 있으며 이 경우 관련 자료를 검토한 후 상호 협의하여 다시 정할 수 있다.
4. 특별한 사유로 인하여 단가결정이 지연될 경우 "갑"과 "을"이 협의하여 정한 임시단가를 적용하며, 임시단가와 확정단가의 차액은 확정단가 결정시 정산한다.

제14조(납기)

   납기란 개별계약에 의하여 발주품을 "갑"이 지정하는 장소에 납품할 기일을 말하며, 개별 계약마다 "갑"과 "을"이 협의하여 정한다.

제15조(납품)

1. "을"은 발주품을 "갑"과 "을"이 협의하여 별도로 정하는 납품절차에 따라 "갑"이 정하는 수량을 납품하여야 한다.
2. "을"은 납기의 선행, 지연 또는 수량의 과부족 등 이상납품이 발생한 경우 신속하게 "갑"의 지시를 받아 필요한 조치를 강구하여야 한다.
3. "을"은 제2항의 이상납품이 "을"의 귀책사유로 인하여 발생된 때에는 "갑"이 입은 손해를 배상하여야 한다.
4. "갑"은 "갑"의 귀책사유로 납품기일이 연기되어 "을"에게 손해가 발생하였을 경우 그 손해를 배상하여야 하며 구체적 배상방법은 상호간 협의에 의한다.

제16조(수송방법)

   "을"이 발주품의 운송업무를 이행을 위하여 제3자와 수송계약을 체결 할 때에는 사전에 "갑"의 승인을 받는다.

제17조(포장방법)

   "갑"과 "을"은 납입물품의 포장 시 환경에 유해하지 않도록 재활용이 가능한 포장방법 사용에 노력하여야 하며, 포장방법에 대한 세부사항은 별도 협의한다.

제4절 시험 및 검사

제18조(시험검사)

1. "갑" 또는 "을"은 협의하여 발주품의 발주사양을 만족시키고 있다는 것을 명확히 하기 위하여 시험검사를 한다.
2. "을"은 "갑"이 시험검사방법을 지정한 경우에는 이에 따르도록 한다.
3. "갑"과 "을"은 검사를 할경우 KS, MIL 등의 근거 있는 방식을 사용한다.
4. "갑"은 필요에 따라 실시하는 검사 또는 제조공정상의 검사에서 발주품의 불량을 발견시에는 지체 없이 "을"에게 통지한다.
5. "갑"은 특히 지정한 검사공정의 시험, 검사에 "갑"이 인정한 검사원을 종사시킬 수 있다.

제19조(특수공정의 관리) "갑"은 다음 각 호의 특수공정에 관한 작업방법과 작업자에 대하여 필요한 지도, 협조를 한다.

1. 표면처리
2. 열처리
3. 용접 등 취약기술

제20조(수령, 검사 및 인수)

1. "갑"은 "을"이 발주품을 "갑"이 지정한 장소에 납품 또는 설치 후 "을"에게 수령증을 교부하여야 하며 발주품에 대한 납품검사는 미리 정한 검사규정 및 절차에 따라 신속히 실시하여야 한다.
2. "갑"은 납품된 물품을 수령한 날로부터 10일 이내에 검사결과를 "을"에게 서면으로 통지하여야 한다. 이 기간 내에 통지하지 않은 경우에는 검사에 합격한 것으로 한다.
3. "갑"은 검사전의 발주품에 대하여 선량한 관리자의 주의를 가지고 관리하여야 한다.

제21조(부족분, 불합격품 및 과납품의 처리)

1. "을"은 제15조에 따른 검사결과 수량부족 및 불합격된 것에 대해서는 "갑"의 지시에 따라 신속히 부족분 또는 대품을 납품하여야 한다. 단, 이 경우에는 "을"은 본래의 납기에 대한 이상납품의 책임을 면하지 못한다.
2. 제15조에 따른 검사결과 불합격품 또는 과납품이 생겼을 경우 "을"은 "갑"이 지정하는 기간 내에 이를 인수하여야 한다. 다만, 불합격품에 대하여 성능상 지장이 없다고 "갑"이 인정하는 경우 "을"과 협의하여 조건부 합격으로 받아 들 일수 있다. 단, 초도품, 크레임부품 등 주요부품에 대해서는 별도의 협의에 의한다.
3. "을"이 제2항의 기간 내 불합격품 또는 과납품을 인수하지 아니할 때는 "갑"은 이를 "을"에게 반송 또는 "을"과 협의하여 폐기할 수 있다.
4. "갑"은 불합격품 또는 과납품을 보관하는 동안 보관물품의 전부 또는 일부가 멸실, 훼손 또는 변질되었을 경우 그 손해는 "을"이 부담한다. 다만, 제2항에서 정하는 기간 내에 "갑"의 귀책사유로 생긴 손해에 대해서는 그러하지 아니한다.

5. "을"은 불합격품, 과납품을 "갑"의 사전동의 없이 시중거래선에 판매할 수 없으며, "갑"의 동의 없이 "갑"의 관련 업소에 판매함으로서 입힌 손해에 대하여 제반 관련비용을 부담하여야 한다.

제22조(발주품의 소유이전)

발주품의 소유권은 "갑"의 검사결과 합격판정을 받은 때로부터 "갑"에게 이전되는 것으로 한다.

제5절 지 불

제23조(대금지급)

1. 납품대금의 지급기일은 하도급거래 공정화에 관한 법률 제13조 제1항을 준용하는 것을 원칙으로 한다.
2. "을"은 납품대금을 수령할 때에는 "갑"에게 미리 등록한 인장이 날인된 영수증을 "갑"에게 제출하여야 하며, "을"이 등록된 인장 및 영수증을 분실하거나 도난 등의 사고가 발생하였을 경우 "을"은 지체 없이 이를 "갑"에게 신고하여야 한다. 단, 이 경우에는 인장 및 영수증의 도난, 분실로 인하여 발생하는 모든 사고에 대한 책임은 "을"이 부담한다.

제24조(대금지급방법)

대금지급방법은 하도급 거래공정화에 관한 법률 제13조 제2항 내지 제5항의 기준을 준용하는 것을 원칙으로 한다.

제25조(대금의 상계)

1. "갑"은 "을"에게 유상으로 지급한 사급재의 대금 및 기타 "을"로부터 지급 받아야 할 채권이 있는 경우 이를 "을"에 대한 납품대금의 지급 채무와 상계할 수 있다.
2. 제1항의 상계는 상계할 때마다 수령증을 교환하지 아니하고 "갑"이 그 명세를 "을"에게 통지하는 것으로 갈음한다.

제6절 보 증

제26조(품질보증)

1. "을"은 발주품에 대해 기획, 설계, 생산, 판매 등 전 과정에 걸쳐 유기적인 품질 보증 체제를 확립, 운영하여 제6조의 지정된 설계 또는 사양에 일치시키고 "갑"이 요구하는 품질과 신뢰성을 확보하도록 품질보증 활동을 하여야 한다.
2. "갑"과 "을"은 상호 또는 개별적으로 실시해야 하는 품질보증 사항에 대하여 별도의 품질보증협정을 체결하고 제1항의 품질보증 활동을 추진하여야 한다.
3. "을"은 발주품 중 주요공정 및 공법의 변경, 외주선의 변경, 금형의 수정 및 재제작, 재료변경, 조성 부품의 국산화 등의 경우에 "갑"에게 승인을 득한 후에 사용하여야 한다.

제27조(하자 담보책임)

"을"은 제21조의 규정에 의한 발주품의 소유권 이전 후 발주품에 숨겨진 하자가 발견된 경우 "갑"과 "을"이 별도로 체결하는 크레임 보상협정에 따라 그 하자의 보수, 대체품의 납품, 대금감액 및 하자에 기인하는 손해 배상 등의 책임을 진다.

제28조(제조물 책임)

1. "을"은 "갑"이 발주한 물품에 결함이 발생하지 않도록 최선을 다하여야 하며 제조물 책임에 관한 모든 의무를 다하여야 한다.
2. "을"은 발주품의 설계 또는 규격사양이 "갑"에 의하여 제공되었을지라도 발주품의 결함에 의해 발생한 것이라고 주장하는 사고로 인한 피해를 근거로 제기된 청구 및 소송을 방어해야 하며 그 청구 및 소송으로 인한 모든 손해배상 및 제반 관련비용을 부담하여야 한다.
  단, "갑"이 "을"에게 제공한 설계 및 사양자체의 하자에 기인하는 사고임이 입증된 경우에는 "갑"이 동 하자에 대하여 책임을 진다.
3. "갑"이 제2항에 의한 청구 및 소송으로 인해 비용을 지출 했을 시 "을"은 그 비용을 보상한다.
4. "갑"과 "을"은 제2항의 청구 및 소송의 발생 방지, 방어 및 대책수립에 상호 최대한 협조한다.

제7절   일반사항

제29조(자료수집 및 실태조사에 대한 협력)

1. "갑"은 필요에 따라 "을"에게 생산관리, 품질보증 등에 관한 자료 및 결산보고서 등 경영에 관한 자료의 제출을 요구할 수 있으며, 발주품의 생산 및 품질보증과 관련하여 "을"의 공장설비, 생산관리 실태 등을 수시 조사할 수 있다.
2. "을"은 "갑"으로부터 제1항과 관련된 요청을 받았을 때에는 특별한 사유가 없는 한 "갑"에게 협조하여야 한다.

제30조(개선제안의 협력)

1. "을"은 발주품의 품질개선, 납기준수, 가격의 합리화 등을 위한 개선제안을 언제든지 할 수 있다.
2. 제1항의 경우 "을"의 제안에 따른 효과가 있을 때는 "갑"과 "을"이 함께 그 효과를 배분한다.
3. 개선제안에 관한사항에 대하여는 별도의 규정 "을" 둘 수 있다.

제31조(지도 및 협력)

  "갑"은 발주품의 제작 및 품질향상 등을 위하여 필요한 경우 "을"에게 제작기술, 공법, 자재 및 생산관리, 품질보증 등에 관하여 지도와 조언을 할 수 있으며 "을"은 "갑"의 전문기술자가 출장하여 지도할 수 있도록 적극 협조하여야 한다.

제32조(내국신용장 개설)

  "갑"은 수출용 물품을 "을"에게 제조위탁 시 정당한 사유가 있는 경우를 제외하고는 "을"의 생산에 차질이 없도록 발주한 날로부터 ○○일 이내에 내국 신용장을 개설해 주어야 한다.

제33조(공업소유권의 실시 및 출원)

1. "을"은 발주품의 제작과 관련 "갑"으로부터 사용을 허락받은 특허권, 실용신안권, 의장권, 상표권 (이하 "공업소유권"이라 한다) 및 노하우를 발주품의 제작 이외에는 사용하지 못하며, 문서에 의한 "갑"의 승낙을 얻지 않는 한 제3자에게 공업 소유권 및 노-하우를 사용하게 할 수 없다.

2. "을"은 발주품의 제작과 관련 "갑" 또는 "을"과 제3자 사이에 공업소유권상의 분쟁 등이 발생할 우려가 있을 경우 또는 분쟁이 발생했을 경우 지체 없이 문서로서 "갑"에게 통지하는 한편 "을"은 "을"의 귀책사유로 상기사항이 발생하거나 발생할 우려가 있는 경우 "갑"에게 손해가 미치지 않도록 "을"의 비용부담으로 사전조치를 취하여야 하며, 공업소유권 분쟁으로 "갑"이 손해를 입은 경우 그 손해를 배상하여야 한다.

3. "을"은 이 계약기간 중은 물론 계약의 만료 및 계약의 해제 또는 해지 후에도 "갑"의 도면, 사양서에 의하여 제작된 발주품 및 그 제작방법에 관하여 공업소유권 "을" 획득하고자 할 경우 또는 발주품에 관하여 "갑"과의 공동연구, "갑"의지도 및 아이디어의 제공에 의거 공업소유권을 획득하고자 할 경우에는 사전에 "갑"에게 문서로서 통지하여 "갑"과 산업재산권 "을" 공동 출원한다. 그러나, 부득이한 사유로 "갑"의 사전허락 없이 "을"이 공업소유권을 획득한 경우에는 지체 없이 "갑"에게 이 사실을 통보하고 대가 없이 "갑"에게 권리를 양도 또는 공유하게 하여야 한다.

4. "을"은 "을"의 사양에 의거 발주품을 제작하는 경우 그 제품 및 제품의 제작방법이 제3자의 공업소유권 "을" 침해하지 않음을 보증하여야 하며 "갑"의 사양에 따라 발주품을 제작하는 경우에는 "갑"이 그 제작방법을 제시하는 경우를 제외하고는 그 제작방법이 공업소유권을 침해하지 않음을 보증하여야 한다.

제34조(상표 표기 및 포장)

"을"이 "갑"에게 납품하는 제품에 대한 상표의 표기 및 포장상태는 "갑"이 별도로 정하는 바에 따른다.

제35조(외주의 이용)

1. "을"은 "갑"으로부터 수주 받은 제품을 제작함에 있어 그 일부 또는 전부를 제3자에게 발주할 경우에는 "갑"의 승낙을 득해야 하며, "을"은 "갑"의 요구에 따라 관계자료를 제공하고 "갑"의 지시 및 결정에 따라야 한다.

2. "을"은 제1항의 경우 이 계약 및 개별계약에 따른 "을"의 이행의무를 면할 수 없다.

제36조(기밀의 유지)

1. "갑"과 "을"은 이 계약 및 개별계약으로 알게 된 상대방의 업무상 및 기술상 기밀을 상대방의 승낙이 없는 한 제3자에게 누설하여서는 안 된다.

2. "갑"과 "을"은 이 계약기간 중은 물론 계약의 만료 또는 해제 후에도 제1항의 의무를 가지고 있으며, 이 규정에 위반하여 상대방에게 손해를 입힌 경우 일체의 손해를 배상하여야 한다.

제37조(권리의 양도)

"갑"과 "을"은 문서에 의거 상대방의 승낙을 받지 않는 한 이 계약 및 그 부수 협정 또는 개별계약으로부터 생기는 권리의 전부 또는 일부를 제3자에게 양도하거나 담보로 제공할 수 없다.

제38조(계약의 해제, 해지)

1. "갑" 또는 "을"은 다음 각 호의 사유가 발생할 우려가 있거나 발생하였을 경우 즉시 이 계약 및 부수 협정과 개별계약의 전부 또는 일부를 해제 또는 해지할 수 있다.
   ① "갑" 또는 "을"이 금융기관으로부터 거래정지 처분을 받았을 때
   ② "갑" 또는 "을"이 감독관청으로부터 영업취소, 정지 등의 처분을 받았을 때
   ③ "갑" 또는 "을"이 어음 및 수표의 부도, 제3자에 의한 강제집행 (가압류 및 가처분 포함) 또는 파산 선고의 신청, 회사정리의 신청 등 경영상의 중대한 사유가 발생 하여 기 기본계약 및 부수협정에 의한 약정내용이 이행될 수 없다고 인정될 경우
   ④ "갑" 또는 "을"이 해산, 영업의 양도를 결의하거나 또는 타회사로 합병될 경우
   ⑤ "갑" 또는 "을"이 이 계약 및 그 부수협정과 개별계약을 위반하였을 경우
   ⑥ "갑" 또는 "을"이 재해 및 기타사유로 인하여 이 계약 및 부수협정과 개별계약의 내용을 이행하기 곤란하다고 쌍방이 인정하는 경우
   ⑦ "갑"이 발주품의 제작에 필요한 제반사항의 이행 "을" 특별한 사유 없이 지연함으로써 "을"의 작업에 지장을 초래하게 하거나 또는 "을"이 특별한 사유 없이 발주품의 제작을 거부하거나 착수를 지연하여 계약기간 내에 납품이 곤란하다고 인정되는 경우
   ⑧ "을"의 기술, 생산 및 품질관리 능력이 부족하여 이 계약 및 부수협정에 의하여 약정한 사항이 원만히 이행될 수 없다고 인정될 경우
2. "갑" 또는 "을"은 제1항 각호의 해제 또는 해지사유가 발생하였을 경우 상대방에게 지체 없이 통지하여야 한다.
3. 제1항에 의하여 계약이 해제 또는 해지되었을 때는 피해제자가 해제 또는 해지권자에 대하여 부담하는 일체의 재무는 기한의 이익을 상실하며 지체 없이 변제하여야 한다.
4. 해제, 또는 해지와 관련하여 해제 또는 해지권자에 대하여 손해가 발생하였을 때에는 피해제자 또는 해지자는 그 손해를 배상하여야 한다.

제39조(거래정지의 예고)

제37조의 사유가 아닌 부득이한 사유로 거래를 정지하고자 할 때에는 "갑"과 "을"은 상대방에게 부당한 피해가 없도록 상당기간의 거래정지 유예기간을 두어 이를 사전에 상대방에게 통보하여야 한다.

제40조(계약의 해제, 해지후의조치)

1. "갑" 또는 "을"은 제37조 제1항에 의한 계약해제 또는 해지의 경우 상대방에게 사양서류, 대여품 및 무상사급재 등을 신속히 반환하여야 하며, "을"은 "갑"의 요구가 있을 경우 "갑"으로부터의 양도여부에 관계없이 발주품의 제작에 사용되는 모든 설비, 계측기기 등과 발주품의 재고 및 유상사급재를 제3자에 우선하여 "갑"에게 양도하여야 한다.
2. 제1항에 의한 양도의 경우 유상사급재는 지급가격을 발주품의 재고는 납품가격을, 금형 등은 인수시점까지의 감가상각을 감안한 가격을 각 기준으로 하여 "갑"과 "을"이 협의하여 결정한다.

제41조(손해배상청구)

"갑" 또는 "을"은 이 계약 또는 개별계약의 위반으로 인하여 손해를 입었을 때는 상대방에게 손해배상을 청구 할 수 있다.

제42조(잔존의무) "갑"과 "을"은 이 계약 및 개별계약의 기간만료 후 및 계약의 해제 또는 해지 후에도 다음 각 호에 관한 의무를 진다.

1. 제26조에 정하는 하자담보책임에 관한사항
2. 제27조에 정하는 제조물 책임에 관한사항
3. 제32조에 정하는 공업소유권에 관한사항
4. 제35조에 정하는 기밀유지에 관한사항

제43조(이의 및 분쟁의 해결)

1. "갑"과 "을"은 이 계약 및 그 부수협정의 해석에 이견이 있을 경우 상관습에 따르는 것으로 하고 그래 도 해결이 되지 않을 때는 상호 협의하여 해결한다.
2. 제1항과 관련하여 법률상의 분쟁이 발생하였을 경우 그 해결은 중재법 및 상사 중재 규칙에 의한 대 한상사중재원의 중재에 따르기도 한다.

제44조(계약의 효력 및 유효기간)

1. 이 계약의 유효기간은 계약체결일로부터 만1년으로 한다. 다만, "갑" 또는 "을"이 계약기간 만료 3개 월전까지 계약갱신 또는 해약의사를 표시하지 않는 한 이 계약은 동일한 조건으로 1년간 계속되는 것 으로 보며 그 이후도 동일하다.
2. 제1항에 의한 이 계약의 실효시 존속하는 개별계약에 대한 이 계약의 유효기간은 당해 개별계약의 존 속기간까지 계속되는 것으로 한다.

부 칙

제1조(계약적용의 범위)

이 계약은 이 계약이 체결되기 이전의 모든 하도급 거래에 관한 개별계약에도 적용되는 것으로 한다.

제2조(계약의 효력상실)

2000년 O월 O일 체결된계약은 이 계약체결로 인하여 그 효력을 상실한다. 이 계약의 체결을 증명하기 위 하여 계약서 2통을 작성하여 "갑"과 "을"이 서명 날인한 후 각각 1통씩 보관한다.

2〇〇〇년 〇월 〇일

"갑"	주소	:	
	회사명	:	
	대표자	:	〇〇〇 ㊞
	연락처	:	

"을"	주소	:	
	회사명	:	
	대표자	:	〇〇〇 ㊞
	연락처	:	
	연락처	:	

엔지니어링표준 하도급계약서

◇ 엔지니어링사업명(하도급명) :

◇ 계약기간 : 2000년 0월 0일부터 2000년 0월 0일까지

◇ 계약금액 : 금   원정(₩)

◇ 공급가액 : 금   원정(₩)

◇ 부가가치세 : 금   원정(₩)

		금액	지급기일	지급방법
선급금				
중도금	1차			
	2차			
잔금				

◇ 납품일자(장소) : 2000년 0월 0일(   )

◇ 계약이행보증금율 : %

◇ 하자이행보증금율 : %,하자이행기간 : 하도급 준공후년

◇ 지체상금율 : 1일%, (단, 총 계약금액의 %를 초과할 수 없음)

　상기의 엔지니어링업무에 대하여 원사업자 OOO와 수급사업자 OOO는(은) 본 계약문서에 의하여 계약을 체결하고 신의에 따라 성실히 계약상의 의무를 이행할 것을 확약하며, 이 계약의 증거로서 계약서를 작성하여 당사자가 기명날인한 후 각각 1통씩 보관한다.

2000년O월O일

원사업자 "갑" 상호 또는 명칭 :　　　전화번호 :

주소 :

대표자 성명 :

등록번호 또는 신고번호 :

수급사업자 "을" 상호 또는 명칭 :　　　전화번호 :

주소 :

대표자 성명 :

등록번호 또는 신고번호 :

※ 첨부

1. 계약일반조건
2. 과업범위
3. 산출내역서
4. 공정예정표
5. 특약사항

계약일반조건

제1조(목적)

본 계약은 계약서에 명기한 하도급 사업을 원활하고 공정하게 수행함을 목적으로 한다.

제2조(총칙)

① 본 계약은 원사업자(이하 "갑"이라 한다)와 수급사업자(이하 "을"이라 한다)간의 엔지니어링활동에 관한 하도급거래에 대하여 적용하는 것을 원칙으로 한다.
② "갑"과 "을"은 상호협력하여 신의성실의 원칙에 따라 계약을 이행하여야 한다.
③ "갑"과 "을"은 이 계약의 이행에 있어서 하도급거래공정화에 관한 법률 및 관련법령의 제규정을 준수하여야 한다.

제3조(정의) 이 조건에서 사용하는 용어의 정의는 다음과 같다.

1. 하도급이라 함은 "갑"이 도급 받은 과업 중 일부과업을 "을"의 책임과 부담으로 수행하게 하는 것을 말한다.
2. "엔지니어링사업"이라 함은 엔지니어링기술진흥법 제2조제1호와 이에 준하는 사업을 말한다.
3. 발주자라 함은 원사업자에게 엔지니어링사업을 위탁한 자를 말한다.
4. 원사업자라 함은 발주자로부터 엔지니어링사업을 위탁받은 자를 말한다.
5. 수급사업자라 함은 원사업자로부터 엔지니어링사업을 위탁받은 자를 말한다.
6. 과업범위의 업무라 함은 수급사업자가 수행하여야 하는 업무로서 과업내용서에 기재된 업무를 말한다.
7. 추가업무라 함은 계약목적의 달성을 위한 과업범위의 업무 외에 추가되는 업무를 말한다.

제4조(계약의 성립)

본 계약의 성립은 원 사업자가 제시한 제조건을 "을"이 수락함으로써 성립하므로 "갑"은 기본계약체결 후 일방적으로 을에 대하여 발주를 하지 아니하거나 지연하여서는 안 된다.

제5조(엔지니어링사업의 착수)

　"갑"은 "을"이 수행하여야 할 과업범위, 제출하여 야 할 서류(이하 "성과품"이라한다.) 및 제출시기 등을 구체적으로 명시하여야한다.

제6조(선급금)

① "갑"은 하도급거래공정화에관한 법률 제6조의 규정에 의거 발주자로부터 선급금을 받은 경우에는 받은 날 또는 본 계약체결일로부터 15일 이내에 받은 내용과 비율대로 "을"에게 선급금을 지급하여야 하며, 발주자로부터 선급금을 받지 않은 경우라도 과업의 원활한 수행을 위하여 당사자 간 협의를 통해 선급금을 "을"에게 지급할 수 있다. 다만, 선급금에 대한 보증을 요구할 경우에는 국가를 당사자로 하는 계약에 관한법률의 "기술용역계약일반조건" 제8조를 준용한다.

② 선급금은 계약목적 이외에 사용할 수 없으며 노임지급 및 자재구입에 우선적으로 사용하여야 한다.

제7조(지체상금)

① "을"의 고의 또는 과실로 인하여 납기지연이 발생하였을 경우 "을"은 계약서에 명시된 지체상금을 "갑"에게 배상하여야 한다.

② 다음 각 호의 1에 해당되어 업무수행이 지체되었다고 인정할 때에는 그 해 당일 수를 제1항의 지체일 수에 산입하지 아니한다.

　　1. 천재지변 등 불가항력적인 사유에 의한 경우
　　2. "갑"의 귀책사유로 업무착수가 지연되거나 중단되었을 경우
　　3. 기타 "을"의 책임에 속하지 않은 사유에 의한 경우

제8조(계약의 변경)

　　"갑"과 "을"은 계약의 내용을 변경할 필요가 있는 경우에는 서로 협의하여 서면으로 계약을 변경하여야 한다.

제9조(수령, 검사 및 인수)

① "갑"은 "을"이 성과품을 납품한 경우 "을"에게 그 성과품에 대한 검사전이라도 즉시 수령증명서를 교부함을 원칙으로 한다.

② "갑"은 납품된 성과품을 수령한 날로부터 10일 이내에 검사결과를 "을"에게 서면으로 통지하여야 하며, 이 기간 내에 통지하지 않을 경우에는 검사에 합격한 것으로 한다. 다만 검사대상 성과품의 기술적 특수성 등으로 인하여 10일 이내에 검사를 완료할 수 없는 정당한 사유가 있는 경우에는 "갑"과 "을"이 협의하여 검사기간을 연장할 수 있다.

③ "을"은 "갑"의 검사결과에 이의가 있을 때에는 재검사를 요청할 수 있다. 또한 기성부분에 대하여 대가를 지급 받고자 할 때에도 같다.

④ "갑"은 검사기간 중의 성과품에 대하여 선량한 관리자의 주의를 가지고 관리하여야 한다. 검사기간 중 "갑"의 귀책사유 없이 발생한 손해에 대해서는 "갑"과 "을"이 협의하여 처리한다.

⑤ "을"이 납품한 성과품에 대한 검사의 기준 및 방법은 "갑"과 "을"이 협의하여 정하되 이는 객관적이고 공정ㆍ타당하여야 한다.

⑥ 성과품이 검사에 합격한 경우에 있어서도 성과품이 인도되는 시점은 실제 수령·납품한 날이며, 수령시 검사를 하지 아니하는 것으로 정한 경우 역시 성과품의 수령·납품시점에 성과품이 인도된 것으로 본다.

⑦ 완제품 납품방식 등 을의 책임하에 검사가 완료된 성과품에 불량 등이 발생하여 "갑"이 제3자에게 손해를 배상한 때에는 "을"에게 구상권을 행사할 수 있다. 단, "갑"의 고의·과실이 있는 경우에는 그러하지 아니한다.

⑧ 검사비용은 "갑"이 부담함을 원칙으로 한다. "을"이 "갑"의 지시에 따라 제3자에게 검사를 의뢰한 경우에도 또한 같다.

⑨ "갑"은 검사에 의하여 성과품 완성을 확인한 후 "을"의 인도요청이 있을 때에는 즉시 당해 성과품을 인수하여야 한다.

제10조(용역대가)

본 계약금액은 과업범위의 업무에 관해 산정한 것이므로 본 과업범위 외 추가로 발생되는 업무비는 상호 협의하여 정하여야 한다.

제11조(용역대가의조정)

① "갑"이 "을"에게 엔지니어링사업을 위탁한 후에 발주자로부터 설계변경·용역기간의 연장 또는 경제상황의 변동 등을 이유로 용역대가를 조정 받은 경우에는 "갑"은 하도급거래공정화에관한법률 제16조의 규정에 따라 용역대가를 조정해 주어야 한다.

② 발주자로부터조정을 받지 않았다 하더라도 "갑"의 사유로 설계변경 등이 발생하는 경우에는 "갑"은 "을"과 협의하여 용역대가를 조정할 수 있다.

제12조(용역대가의 지급)

① "갑"은 "을"에게 성과품 수령일(납품이 빈번하여 "갑"과 "을"이 월1회 이상 세금계산서의 발행일을 정한 경우에는 그 정한 날을 말한다)부터 60일 이내의 가능한 짧은 기한으로 정한 기일 내에 용역대가를 지급하여야 한다.

② 용역대가의 지급기일이 정하여져 있지 않은 경우에는 성과품 수령일을, 성과품의 수령일로부터 60일을 초과하여 용역대가의 지급기일을 정한 경우에는 성과품의 수령일로부터 60일째 되는 날을 각각 대금지급기일로 본다.

③ "갑"은 발주자로부터 해당 용역대가 또는 준공 용역대가를 수령한 경우에는 그 수령한 날로부터 15일 이내 "을"에게 지급하기로 한다.

④ "갑"이 제1항의 기일을 초과하여 대가의 일부 또는 전부를 지급한 경우에는 공정거래위원회의 고시에서 정하는 이자율에 의한 지연이자를 지급하여야 한다.

⑤ "갑"이 용역대가를 어음으로 지급하는 경우에는 어음을 교부한 날로부터 어음의 만기일까지의 기간에 대한 할인료를 어음을 교부하는 날에 "을"에게 지급하여야 한다. 단, 성과품의 수령일부터 60일 이내에 어음을 교부하는 경우에는 성과품의 수령일부터 60일을 초과한 날 이후 만기일까지의 기간에 대한 할인료를 공정거래위원회에서 고시한 할인율에 의거 "을"에게 지급하여야 한다.

제13조(용역대가의 직접지급) 원 사업자가 발주자로부터 도급 받아 하도급한 경우 다음 각 호의 1에 해당하는 경우에는 발주자가 수급사업자에게 용역대가를 직접 지급해도 이에 대하여 이의를 제기하지 아니한다.

1. 직접지급에 관한 법원의 확정판결이 있는 경우
2. 원 사업자가 파산, 부도, 영업정지 및 면허취소 등으로 용역대가를 수급사업자에게 지급할 수 없게 된 때
3. 기타 수급사업자의 보호를 위해 필요하다고 인정되는 경우

제14조(부당반품의 금지)

① "갑"은 "을"로부터 성과품을 수령 또는 인수한 때에는 "을"에게 책임을 돌릴 사유가 없음에도 불구하고 이를 "을"에게 반품(이하 "부당반품"이라한다.)하여서는 안 된다.

② 다음 각 호의 1에 해당하는 "갑"의 행위는 제1항의 규정에 의한 부당반품으로 본다.

1. 본 하도급계약시 반품할 조건 등을 명시하지 아니하고 거래상대방으로부터의 발주취소 또는 경제상황의 변동 등을 이유로 성과품을 반품하는 행위
2. 검사의 기준 및 방법을 명확하게 정하지 아니하고도 부당하게 성과품을 불합격으로 판정하여 이를 반품하는 행위
3. "갑"이 공급한 지급재 또는 대여품의 품질불량으로 인하여 성과품이 불합격품으로 판정되었음에도 불구하고 이를 반품하는 행위
4. "갑"의 지급재 공급지연에 따라 납품이 지연되었음에도 불구하고 이를 이유로 성과품을 반품하는 행위

제15조(부당한 용역대가의 감액금지)

① "갑"은 "을"에게 책임을 돌릴 사유가 없음에도 불구하고 부당하게 용역대가를 감액(이하 "부당감액"이라 한다.)하여서는 안 된다. 그리고 "을"에게 책임을 돌릴 사유가 있어 용역대가를 감액하는 경우 감액범위, 감액방법 등에 대해서는 "갑"과 "을"이 별도로 정하도록 한다.

② 다음 각 호의 1에 해당하는 "갑"의 행위는 제1항의 규정에 의한 부당감액에 해당된다.

1. 본 하도급계약시 용역대가를 감액할 조건 등을 명시하지 아니하고 계약 후 협조요청 또는 거래상대방으로부터의 발주취소, 경제상황의 변동 등의 이유를 들어 대금을 감액하는 행위
2. "을"과 단가인하에 대한 합의가 성립한 경우 성립 전에 위탁한 부분에 대하여도 일방적으로 이를 소급적용하는 방법으로 용역대가를 감액하는 행위
3. 용역대가를 현금으로 또는 지급기일전에 지급함을 이유로 과다하게 대금을 감액하는 행위
4. "갑"에 대한 손해발생에 실질적인 영향을 미치지 아니하는 경미한 "을"의 과오를 이유로 일방적으로 용역대가를 감액하는 행위
5. 성과품의 완성에 필요한 물품이나 장비 등을 "갑"이나 "갑"이 지정한 제3자로부터 사게 하거나 사용하게 한 경우에 적정한 구매대금 또는 사용대가 이상의 금액을 용역대가에서 공제하는 행위

제16조(소유권 이전)

성과품의 소유권은 제9조에 따라 성과품이 인도된 시점에 "갑"에게 이전되는 것으로 한다.

제17조(계약의 해제 · 해지)

① "갑" 또는 "을"은 상대방에게 다음 각 호의 사유가 발생한 때에는 서면으로 계약의 일부 또는 전부를 해제하거나 해지 할 수 있다.

1. 관할 행정관청으로부터 받은 면허나 등록사항이 이 계약상 역무 내용과 다른 경우
2. 관할 행정관청으로부터 받은 면허나 등록이 취소되거나 업무정지처분 등을 받은 경우
3. 금치산·한정치산·파산선고를 받았을 때
4. 상대방의 동의 없이 이 계약상의 권리 또는 의무를 양도한 경우
5. 사망, 실종, 질병 기타 사유로 계약이행이 불가능한 경우

② "갑" 또는 "을"은 다음 각 호의 사유가 발생한 때에는 상대방에게 서면으로 상당한 기간을 정하여 그 이행을 최고하고 그 기간 내에 이행하지 아니한 때에는 이 계약의 전부 또는 일부를 해제하거나 해지할 수 있다. 다만, 제4호의 경우에는 계약의 이행과 동시에 그 사유의 해소를 최고할 수 있다.

1. "갑"이 "을"의 업무수행 상 필요한 자료를 제공하지 아니하여 "을"의 업무수행이 곤란하게 되거나 정당한 이유 없이 약정한 착수기일을 경과하고도 업무수행에 착수하지 아니하여 약정기간 내에 성과품의 인도가 곤란하다고 인정되는 경우
2. 계약서상 과업수행기일 내에 엔지니어링사업을 완료하지 못하거나 "을"의 귀책사유로 완료할 가능성이 없음이 명백하다고 인정될 경우
3. "갑"이 정당한 사유 없이 "을"에게 업무수행에 대한 용역대가를 지불하지 않는 경우
4. 금융기관의 거래정지 처분, 어음 및 수표의 부도, 제3자에 의한 가압류·가처분·강제집행 또는 회사정리의 신청 등으로 계약이행이 곤란한 경우
5. 기타 계약조건을 위반하고 그 위반으로 인하여 계약의 목적을 달성할 수 없다고 인정될 경우

③ 천재지변 등 부득이한 사유로 계약이행이 곤란하게 된 경우에는 상대방과 협의하여 계약을 해제 또는 해지할 수 있다.

④ "갑" 또는 "을"이 제1항과 제2항에 의하여 계약을 해제 또는 해지한 때에는 "갑"은 그때까지 완성한 성과를 "을"에게 즉시 제출토록 할 수 있으며 그때까지 비용과 쌍방의 손해배상에 대해서 청구할 수 있다.

제18조(손해배상)

① "갑"과 "을"은 상대방이 이 계약을 위반하거나 제17조의 규정에 의한 계약의 해제 또는 해지로 인하여 손해가 발생한 때에는 용역대가의범위내에서 상대방에게 손해배상을 청구할 수 있다.

② 계약성과품의 인수 후 성과품의 하자로 인한 손해배상책임은 "갑"이 부담함을 원칙으로 한다. 여기서 계약성과품의 인수라 함은 수급사업자가 용역완료를 보고하고 원 사업자가 용역이 완료되었음을 승인·통지하는 것을 말한다. 단, "을"의 고의·과실 때문에 상기 하자가 발생했을 경우에는 그 손해배상액과 소송비용을 포함한 제반비용에 대하여 "을"에게 구상권을 행사할 수 있다.

③ "을"이 "갑"에게 인도한 설계도서가 제3자의 저작권을 침해하여 "갑"에게 손해를 발생시킨 경우에는 제1항을 준용한다.

제19조(하자담보책임)

성과품에 대한 "을"의 하자담보책임은 본 계약서에서 정한 기간과 요율로 한다.

제20조(권리·의무의 양도)

"갑" 또는 "을"은 상대방의 사전 서면승락 없이 본 계약 및 본 계약과 관련하여 생기는 권리 또는 의무의 전부 또는 일부를 제3자에게 양도 또는 이전하거나 담보로 제공할 수 없다.

제21조(재하도급의 금지)

"을"은 "갑"의 승낙 없이 재하도급을 할 수 없다.

제22조(비밀엄수 유지)

"갑"과 "을"은 업무수행 중 지득한 상대방의 업무상비밀을 누설하여서는 안 된다.

제23조(분쟁조정)

① 엔지니어링활동과 관련한 분쟁시 그 관할권이 불분명한 경우에는 공정거래위원회에 문의하여 정한다.
② 이 계약과 관련하여 발생하는 분쟁은 하도급거래공정화에관한법률 제24조에 의해 설립된 엔지니어링하도급분쟁조정협의회의조정으로 해결함을 원칙으로 한다.

제24조(준용규정)

이 일반조건에서 규정하고 있지 않은 사항에 관해서는 국가를 당사자로 하는 계약에 관한 법률에 의해서 정하고 있는 "기술용역계약일반조건"을 준용한다.

제25조(법령준수)

양당사자가 준수해야할 법령은 특약으로 기재하여야 한다. 다만, 특약으로 기재하지 않아도 그 법령의 효력을 배제할 수 없는 경우에는 예외로 한다.

제26조(특약)

"갑"과 "을"은 본 일반조건이외에 당해 계약에 필요한 특약사항을 명시하여 계약을 체결할 수 있다.

전자업종 표준하도급 기본계약서

　자재·기품 또는 물품(이하 "물품 등"이라 한다)의 제조·가공·수리 등을 위한 거래에 있어 ○○○○회사 (이하 "갑"이라 한다)와 ○○회사(이하 "을"이라 한다)는 다음과 같이 기본계약을 체결한다.

제1조(기본원칙)

① 거래는 상호이익의 존중 및 신의성실의 원칙에 따라 하여야 한다.

② "갑"과 "을"은 계약의 이행에 있어서 하도급거래공정화에관한법률, 독점규제및공정거래에관한법률 기 타 관련법령을 준수하여야 한다.

제2조(기본계약 및 개별계약)

① 본 기본계약(이하 "계약"이라 한다)은 "갑"과 "을" 간 물품 등의 제조·가공·수리 등(이하 "제조"라 한다)의 위탁에 관한 기본사항을 정한 것으로 별도의 약정이 없는 한 개개의 거래계약(이하 "개별계 약"이라 한다)에 대하여도 적용되며, "갑"과 "을"은 본 계약 및 개별계약을 준수한다.

② 개별계약에는 물품 등의 발주년월일, 품명·사양·수량 및 단가, 납기 및 납품장소, 검사의 방법 및 시기, 하도급 대금 및 그 지급방법과 지급기일 등을 기재하고 "갑"과 "을"이 기명날인하여야 한다. 다만, 개별계 약의 내용 중 일부를 "갑"과 "을"이 협의하여 사전에 부속협정서 등으로 갈음할 수 있다.

③ 납품이 빈번하여 개별계약을 체결할 수 없는 경우에는 제2항의 거래내용이 기재된 발주서(전산발주서 포함)를 "갑"이 교부함으로써 개별계약은 성립한다. 다만, "을"이 발주서 수령일로부터 10일 이내에 거절의 의사표시를 한 경우에는 그러하지 아니하다.

④ 본 계약 및 개별계약의 내용을 변경하고자 하는 경우에는 "갑"과 "을"이 협의하여 정한다.

제3조(권리·의무의 양도)

　"갑"과 "을"은 상대방으로부터 서면에 의한 사전 승낙이 있는 경우를 제외하고는 본 계약 및 개별계약에서 정한 제 권리·의무를 제3자에게 양도·담보제공 기타 처분행위를 할 수 없다.

제4조(발주)

　"갑"은 물품 등을 제조 위탁하고자 하는 때에는 "을"의 납품에 지장이 없도록 충분한 시일을 두고 발주한 다. 이 경우 "갑"은 "을"에게 장기적인 발주계획을 예고함을 원칙으로 하며 이에 필요한 정보를 함께 제공한 다.

제5조(대여서류의 관리)

① "을"은 "갑"으로부터 대여 받은 도면·시방서·규격 등(이하 "대여서류"라 한다)을 선량한 관리자의 주 의를 가지고 관리하여야 하며, 개별계약에서 정한 목적이외에는 이를 사용할 수 없다.

② "을"은 제1항에 의한 대여서류의 사용을 완료하거나 "갑"의 요구가 있는 경우에는 이를 지체 없이 반 환하여야 한다.

③ "을"은 "갑"의 서면에 의한 사전 승낙 없이 대여서류를 복사하거나 변경할 수 없으며, 대여서류 또는 "갑"이 승낙한 복사·변경서류를 제3자에게 열람·대여 기타 어떠한 처분행위도 할 수 없다.

④ "을"은 대여서류를 멸실·훼손하거나 제3항의 규정을 위반하여 "갑"에게 손해를 입힌 경우에는 이를 배상하여야 한다.

제6조(단가)

① 단가는 "을"의 적정이윤이 보장되도록 "갑"과 "을"이 협의하여 정한다.

② 제1항의 규정에 정한 단가결정의 기초가 된 조 계약기간 중 경제상황의 변동 등으로 인하여 변경된 때에는 "갑" 또는 "을"은 상대방에게 단가조정신청을 할 수 있다. 이 경우 신청일로부터 30일 이내에 상호 협의하여 다시 정한다.

③ 제1항 또는 제2항의 규정에 의한 단가결정이 특별한 사유로 인하여 지연될 때에는 "갑"과 "을"이 협의하여 정한 임시단가를 적용할 수 있다. 이 경우 임시단가와 확정단가의 차액은 확정단가를 정하는 때에 정산한다.

제7조(지급품)

① "갑"은 품질의 유지·개선 기타 정당한 사유가 있거나 "을"로부터 요청이 있는 경우에는 물품 등의 제조에 사용되는 재료 또는 부품(이하 "지급품"이라 한다)의 전부 또는 일부를 "을"에게 지급할 수 있다.

② 제1항에 의한 지급품의 인도장소는 원칙적으로 "갑"의 사업장내로 한다. 이 경우 지급품의 유·무상 구분, 품명·수량·제공일, 대가 및 그 지급방법·지급기일, 불량지급품으로 인한 손해배상 등은 "갑"과 "을"이 협의하여 서면으로 정한다.

③ "을"은 "갑"이 정한 공급업자로부터 지급품을 직접 수령한 경우에는 즉시 수령증을 "갑"에게 송부하여야 한다.

④ 제1항 또는 제3항에 의하여 "을"이 지급품을 수령한 때에는 지체 없이 검사하여야 하며, 이에 이상이 있는 때에는 즉시 "갑"에게 통지하여야 한다.

⑤ "갑"은 "을"로부터 제4항에 의한 통지를 받은 때에는 그 내용을 확인한 후 대체품 또는 부족분을 추가 지급한다.

⑥ "을"은 작업도중 지급품에 이상을 발견한 때에는 작업을 중지하고 "갑"에게 통지한 후 상호 협의하여 이를 처리한다.

⑦ "을"이 제3항·제4항 또는 제6항에 의한 조치를 태만히 하여 발생한 손해는 "을"이 부담한다.

⑧ 무상지급품에 대한 "을"의 가공불량이 허용치를 초과한 경우에는 그 초과분에 상당하는 가공비 및 당해 지급품에 상당하는 금액을 "을"은 "갑"에게 배상하여야 한다. 이 경우 불량율의 허용치, 변제 금액 및 방법 등에 대하여는 상호 협의하여 품목별·재료별로 구분하여 별도로 정한다.

제8조(지급품의 소유권)

지급품의 소유권은 "갑"이 보유한다. 다만, "갑"이 유상으로 지급한 사급재의 경우에는 "을"이 그 대금을 완제한 때에 "을"이 이를 소유한다.

제9조(대여품)

① "갑"은 물품 등의 품질의 유지·개선 기타 정당한 사유가 있거나 "을"로부터 요청이 있는 경우에는 제조에 사용되는 치공구·측정구·금형 등(이하 "대여품"이라 한다)을 대여할 수 있다.

② 제1항의 규정에 의한 대여를 하는 때의 방법·기간 기타 필요한 사항은 별도로 정한다.

제10조(지급품 및 대여품의 취급)

① "을"은 지급품("갑"의 소유에 한한다. 이하 같다) 또는 대여품을 선량한 관리자의 주의를 가지고 관리하여야 하며, "갑"의 서면에 의한 사전 승낙 없이 지급 또는 대여 목적이외에 사용하거나 제3자에게 매각·대여·담보권 설정 기타 "갑"의 소유권을 침해하는 일체의 처분행위를 할 수 없다.

② "을"은 제1항에 의한 지급품 또는 대여품을 "을"의 자산과 명확하게 구별될 수 있도록 적절한 명인방법을 갖추어 공시하여야 하며, 물품관리 장부상에도 "갑"의 소유임을 명확하게 구분하여 기재하여야 한다.

③ "을"은 무상지급품의 잔재·단재 또는 절분의 처리에 대해서는 "갑"의 요구에 따라야 한다.

④ "을"은 조세를 포함한 공과금의 체납처분 기타 강제집행을 받았거나 받을 우려가 있는 경우에는 "갑"의 지급품 또는 대여품이 강제집행의 목적물이 되지 아니하도록 적절한 조치를 하여야 하며, 이의 사실 및 경위를 즉시 "갑"에게 서면으로 통지하여야 한다.

⑤ "을"은 지급품 또는 대여품의 지급·대여기간이 종료하거나 계약이 해제·해지된 경우에는 이를 즉시 "갑"에게 반환하여야 한다.

⑥ "갑"은 필요한 경우 "을"의 동의를 얻어 "을"의 사업장을 방문하여 지급품 또는 대여품의 사용 및 보관상태를 사할 수 있다. "갑"의 위임을 받은 자가 "을"의 동의를 얻은 경우에도 또한 같다.

⑦ "갑"은 제6항에 의한 사결과 제1항 내지 제5항의 규정을 위반한 사실이 있는 경우에는 그에 대한 개선을 요구할 수 있으며, "을"은 자신의 책임과 부담으로 이에 필요한 조치를 취하여야 한다.

⑧ 지급품 또는 대여품이 멸실·훼손된 경우 그 원인이 "을"에게 있는 때에는 "을"은 완전한 대체품을 제공하거나 그 손해를 지체 없이 배상하여야 한다.

제11조(금형의 제작 및 상각)

① "갑"은 물품 등의 제조에 필요한 금형을 "을"에게 제작하게 할 수 있다. 이 경우 금형비의 계산·상각 방법 등은 상호 협의하여 정한다.

② 제1항의 규정에 의하여 상각이 완료된 금형의 소유권은 "갑"에게 귀속한다. 다만, 상각완료전이라도 "갑"이 미상각된 금액을 "을"에게 지불하는 경우에는 "갑"의 소유로 할 수 있다.

③ 상각금형에 있어서 "갑"이 금형비의 일부를 변제한 경우 그 금형의 소유는 "갑"과 "을"이 공유하며 금형비의 부담분 만큼 각자 지분을 가지되 사용권은 "갑"이 가진다. 금형비의 전액을 "을"이 부담하여 "을"의 소유인 경우에도 사용권은 "갑"이 가진다.

제12조(납기)

납기란 개별계약에 의하여 제조위탁하는 물품 등을 "갑"과 "을"이 협의하여 정하는 장소에 납품하는 기일을 말한다.

제13조(납기의 변경)

① "을"은 납기 전에 물품 등을 납품하고자 하는 경우에는 사전에 "갑"과 협의하여 변경할 수 있다.

② "을"은 물품 등을 납기까지 납품할 수 없다고 인정되는 경우에는 사전에 그 원인 및 실제 납품예정일을 "갑"에게 서면으로 통지하여야 한다.

③ "갑"은 사정의 변경 기타 사유로 인하여 납기를 변경하고자 하는 경우에는 사전에 "을"과 협의하여 정한다.

제14조(납품방법)

① "을"은 물품 등을 "을"의 책임과 부담으로 개별계약에 정한 내용에 따라 납품장소에 납품하여야 한다. "갑"은 "을"이 물품 등을 납품한 때에는 물품 등에 대한 검사전이라도 즉시(제15조에 의하여 내국신용장을 개설한 경우에는 검사완료 즉시) 수령증명서를 "을"에게 교부하여야 한다.

② "을"은 물품 등을 납품하는 때에 "갑"이 제공한 도면 · 사양서 · 취급설명서 · 예비품 등을 반환할 수 있다.

③ "을"은 별도의 약정이 있거나 "갑"이 승낙한 경우이외에는 분할 납품을 할 수 없다.

④ "을"이 제3항의 규정을 위반하여 분할 납품한 경우에는 "갑"은 자신의 선택으로 분할 납품분을 납품 처리하거나 일시 보관책임 만을 지는 것으로 할 수 있다.

제15조(내국신용장의 개설)

"갑"은 수출용 물품 등을 "을"에게 제조 위탁한 경우에는 정당한 사유가 있는 경우를 제외하고는 "을"의 제조에 차질이 없도록 발주한 날로부터 15일 이내에 내국신용장을 개설하여 주어야 한다.

제16조(납기지연배상)

① "을"이 제12조 · 제13조제2항 또는 제3항에서 정한 납기에 납품하지 못한 때에는 "갑"은 "을"에게 납기 지연으로 인한 손해배상을 청구할 수 있으며 배상청구의 범위는 별도로 정한 품질보증 및 납기보증계약서에 따른다.

② "갑"은 계별 계약에 명시된 납품기준을 위반하지 아니하는 한 "을"의 물품 등의 납품에 대한 수령을 거부하거나 지연하여서는 안 되며, 수령의 거부 또는 지연으로 인하여 "을"이 손해를 입은 경우에는 이를 배상하여야 한다.

제17조(포장규격의 준수)

"을"은 물품 등을 납품하는 때에는 "갑"이 정한 포장시방 · 포장수량 기타 포장규격을 준수하여야 한다.

제18조(부당반품의 금지)

"갑"은 "을"로부터 물품 등을 수령한 때에는 "을"에게 책임을 돌릴 사유가 없음에도 불구하고 이를 "을"에게 반품하여서는 안 된다.

제19조(검사)

① "갑"은 "을"이 물품 등을 납품한 때에는 이를 검사하여야 하며, 검사의 기준 및 방법은 "갑"과 "을"이 협의하여 정하되 객관적이고 공정 · 타당하여야 한다.

② "갑"은 정당한 사유가 있는 경우를 제외하고는 물품 등의 수령일로부터 10일 이내에 검사결과를 "을"에게 서면으로 통지하여야 하며 이 기간 내에 통지하지 아니한 경우에는 검사에 합격한 것으로 본다.

③ "갑"은 제2항의 규정에 의하여 검사에 합격한 때에는 이를 증명하는 서면을 교부하여야 하며 그 시점에 물품 등이 인도된 것으로 본다. 다만, 수령하는 때에 검사를 하지 아니하는 것으로 정한 경우에는 수령시점에 인도된 것으로 본다.

④ 검사비용은 "갑"이 부담하며, "을"이 "갑"의 요구에 의하여 제3자에게 검사를 의뢰한 경우에도 그 비용은 "갑"이 부담한다.

⑤ "갑"은 검사기간 중 "을"이 납품한 물품 등을 선량한 관리자의 주의를 가지고 관리하여야 한다.

제20조(부족품·불합격품 및 과납품의 처리)

① "을"은 제19조의 규정에 의한 검사결과 물품 등이 수량의 부족 또는 불합격된 경우에는 "갑"의 요구에 따라 신속하게 그 부족분 또는 대체품을 납품하여야 한다. 이 경우에도 "을"은 납품지연에 따른 책임을 진다.

② "을"은 검사결과 불합격품 또는 과납품이 발생한 경우에는 "갑"이 정하는 기간 내에 이를 회수하여야 한다. 다만, 불합격사유가 경미한 경우에는 "갑"은 불합격품임에도 불구하고 이를 인수할 수 있으며 이 때 물품 등의 대금은 최초 약정대금에서 상호 합의하여조정할 수 있다.

③ "을"이 제2항에서 정한 기간 내에 불합격품 또는 과납품을 회수하지 아니한 때에는 "갑"은 이를 "을"에게 반송하거나 "을"과 협의 후 폐기할 수 있다.

제21조(재검사)

① "을"은 검사결과 불합격된 물품 등에 대하여 그 불합격사유가 부당하다고 판단하는 경우에는 재검사를 요청할 수 있으며, 이의 재검사 방법 및 절차는 "갑"과 "을"이 협의하여 정한다.

② 제1항의 규정에 의한 재검사에 소요되는 비용은 검사의 귀책사유 및 책임의 정도에 따라 상호 협의하여 정한다.

제22조(중간검사)

"갑"은 물품 등을 제조위탁한 범위 안에서 "을"의 제조과정에 "갑"이 지정한 자를 "을"의 사업장에 파견하여 공정·품질관리 기타 필요한 사항에 대하여 중간검사를 할 수 있으며 "을"은 이에 적극 협조하여야 한다.

제23조(물품 등의 소유권 이전)

물품 등의 소유권은 제19조제3항에 의하여 물품 등이 인도된 시점에 "갑"에게 이전되는 것으로 본다.

제24조(대금의 지급)

① "갑"은 물품 등의 수령일(납품이 빈번하여 "갑"과 "을"이 월1회 이상 세금계산서의 발행일을 정한 경우에는 그 정한 날)부터 60일 이내의 가능한 짧은 기한으로 정한 날에 "을"에게 납품대금을 지급한다.

② "을"은 납품대금을 직접 수령하는 때에는 "갑"에게 미리 등록한 인장이 날인된 영수증을 "갑"에게 제출하여야 하며, "을"이 등록한 인장 또는 영수증의 분실·도난 등의 사고가 발생한 경우에는 지체 없이 이를 "갑"에게 통지하여야 한다. 이 경우 인장 또는 영수증의 분실·도난 등으로 인하여 발생하는 모든 사고에 대한 책임은 "을"이 부담한다.

③ 납품대금의 지급방법은 하도급거래공정화에관한법률 제13조제2항 내지 제8항을 적용한다.

제25조(부당감액의 금지)

　　"갑"은 "을"에게 책임을 돌릴 사유가 없는 경우에는 제2조제2항에서 정한 대금을 부당하게 감액할 수 없다. 다만, "을"에게 책임 있는 사유로 인하여 대금을 감액하는 경우에는 감액의 범위·방법 등에 대하여 상호 협의하여 별도로 정한다.

제26조(상계)

① "갑"은 유상 지급품의 대금, 제37조의 규정에 의하여 기한의 이익이 상실된 채권 기타 "을"로부터 지급 받아야 하는 확정된 채권이 있는 경우에는 이를 을에 대한 납품대금의 지급채무와 대등액으로 상계할 수 있다.
② 제1항의 규정에 의한 상계는 "갑"과 "을"이 상계액에 대한 수령증을 교환하는 방식을 원칙으로 하되, "갑"이 그 명세를 "을"에게 사전 서면통지하는 것으로 갈음할 수 있다.

제27조(품질보증)

① "을"은 물품 등의 제조공정부터 납품시점까지 "갑"이 요구하는 사양·품질 및 신뢰성 만족여부를 자체적으로 확인·보증하여야 한다.
② 제1항의 규정에 의하여 "을"은 사양·품질 및 신뢰성을 확보하기 위한 품질계획의 수립, 측정체계의 유지·운영, 통계적 공정관리, 검사·시험 결과의 보관, 품질개선대책의 수립, 현장 피드백 등 품질보증에 필요한 활동을 하여야 한다.
③ "을"이 물품 등의 품질을 보증하지 못하여 "갑"의 품질관리에 중대한 영향을 미치거나 미칠 우려가 있는 경우에는 "갑"은 이에 대한 개선을 요구할 수 있으며 "을"은 정당한 사유가 없는 한 이에 응하여야 한다.

제28조(하자담보책임)

　　제23조에 의하여 물품 등의 소유권이 이전된 후 "을"의 책임으로 인정되는 하자가 발견된 경우에는 "을"은 그의 책임과 부담으로 지체 없이 물품 등을 수리하여 주거나 완전한 물품 등과 교환해주어야 한다.

제29조(위험부담)

　　물품 등이 "갑"에게 인도되기 전에 물품 등의 전부 또는 일부가 멸실·훼손 또는 변질된 경우 그 위험은 "갑"의 고의 또는 과실에 의한 경우를 제외하고는 "을"이 부담한다. 다만, 인수지연 중 "갑"과 을 쌍방의 귀책사유 없이 목적물이 멸실·훼손 또는 변질되거나 제3자에게 손실이 발생한 경우에는 "갑"이 위험을 부담한다.

제30조(제조물책임)

① "을"은 "갑"이 발주한 물품 등에 결함이 발생하지 아니하도록 최선을 다하여야 한다.
② "갑"은 "을"이 납품한 물품 등에 대하여 "갑"에게 제조물책임 청구 또는 소송이 제기된 경우에는 이에 따른 손해배상 청구 또는 소송을 방어하며, 기타 이에 필요한 비용을 부담한다.
③ "갑"은 자기의 귀책사유가 없음에도 불구하고 "을"의 책임으로 인하여 제2항에 의한 청구 또는 소송에 따른 관련비용을 부담한 경우에는 "을"에게 구상할 수 있다.

④ "갑"과 "을"은 제2항에 의한 청구 또는 소송의 발생 방지·방어 및 대책수립에 상호 적극 협조한다.

제31조(비밀엄수)

"갑"과 "을"은 본 계약 및 개별계약으로 알게 된 상대방의 업무상 비밀(도면·필름·자료·금형 기타 모든 노하우)을 본 계약기간중이나 종료후에도 제3자에게 누설하여서는 안 된다.

제32조(산업재산권)

① "을"은 "갑"의 물품 등과 관련된 특허권·실용신안권·의장권 기타 산업재산권을 출원하고자 하는 때에는 그 취지를 "갑"에게 서면으로 통지하여 "갑"의 서면승낙을 얻어야 한다.

② 제1항의 규정에 의한 권리의 귀속에 대하여는 "갑"과 "을"이 협의하여 정한다.

③ "을"의 귀책사유로 인하여 제3자와 물품 등에 관한 제1항에 의한 권리에 분쟁이 발생한 경우에는 "을"의 책임과 부담으로 "갑"과 협의하여 처리한다.

④ "갑"과 "을"은 물품 등과 관련하여 각자가 현재 소유하고 있거나 앞으로 소유하게 될 제1항에 의한 권리를 계약기간 중 상호 許與할 수 있다.

제33조(재하도급)

① "을"은 제3자로 하여금 물품 등을 제조하게 하는 경우에는 사전에 "갑"과 이를 협의하여야 한다.

② 제1항의 규정에 의한 제조의 경우에도 "을"은 본 계약 및 개별계약에 따른 "을"의 이행의무를 면할 수 없다.

제34조(관계자료의 제출)

① "갑"은 제조위탁의 범위 안에서 "을"에게 업태 현황서, 생산관리·품질보증 등에 관한 자료 기타 경영 관련 자료의 제출을 요구할 수 있다.

② "을"은 "갑"으로부터 제1항의 규정에 의한 자료의 제출을 요구받은 때에는 특별한 사유가 없는 한 이에 협조하여야 한다.

제35조(사업장의 출입)

"갑" 또는 "을"은 본 계약 및 계별 계약에 의하여 상대방의 사업장에 출입하는 때에는 상대방의 제 규정을 준수하여 안전·질서의 유지에 협조하여야 한다.

제36조(기술의 지도·훈련)

"갑"은 물품 등의 제조에 필요하거나 "을"의 요청이 있는 경우에는 "갑"의 기술자를 "을"의 사업장에 파견하여 기술을 지도하거나 "을"의 기술자를 "을"의 비용으로 "갑"의 사업장에서 필요한 훈련을 하게 할 수 있다.

제37조(계약의 해제·해지)

① "갑" 또는 "을"은 다음 각 호의 1에 해당하는 사유가 발생한 경우에는 본 계약 및 개별계약에 대하여 그 전부 또는 일부를 해제·해지할 수 있다.

  1. "갑" 또는 "을"이 금융기관으로부터 거래정지처분을 받은 경우
  2. "갑" 또는 "을"이 감독관청으로부터 영업의 취소·정지 등의 처분을 받은 경우

3. "갑" 또는 "을"이 어음·수표의 부도, 제3자에 의한 강제집행, 파산·화의개시 또는 회사정리절차의 신청 등 영업상의 중대한 사유가 발생하여 계약의 이행이 곤란하다고 판단되는 경우

② "갑" 또는 "을"은 다음 각 호의 1에 해당하는 사유가 발생한 경우에는 상대방에게 1월 이상의 기간을 정하여 서면으로 시정 또는 계약의 이행을 최고하고, 그 기간 내에 이를 시정 또는 이행하지 아니한 때에는 본 계약 및 개별계약의 전부 또는 일부를 해제·해지할 수 있다.

1. "갑" 또는 "을"이 본 계약 또는 개별계약의 중요한 내용을 위반한 경우

2. "갑"이 정당한 사유 없이 물품 등의 제조에 필요한 사항의 이행을 지연하여 "을"의 작업에 지장을 초래한 경우

3. "을"이 정당한 사유 없이 물품 등의 제조를 거부하거나 착수를 지연하여 납기내에 납품이 사실상 곤란하다고 인정되는 경우

제38조(계약의 해제·해지후의조치)

① "을"은 제37조에 의한 계약의 해제·해지가 있는 경우 "갑"으로부터 제조를 위탁받은 납기전의 물품 등(작업 중인 것도 포함한다. 이하 같다)에 대하여 "갑"의 납품요청이 있는 때에는 지체 없이 이에 응하여야 한다.

② "갑"은 제1항의 규정에 의하여 납품받은 납기전의 물품 등을 직접 완성하기 위하여 필요한 경우에는 을 소유의 재료·기기·도면·치공구 등을 "을"로부터 양수하거나 사용할 수 있다.

③ 제1항 및 제2항의 규정에 관하여 필요한 사항은 "갑"과 "을"이 협의하여 별도로 정한다.

제39조(손해배상의 청구)

"갑" 또는 "을"은 다음 각 호의 1에 해당하는 사유로 인하여 손해를 입은 경우에는 상대방에게 손해배상 을 청구할 수 있다.

1. "갑" 또는 "을"이 본 계약 또는 개별계약을 위반한 경우

2. "갑" 또는 "을"이 제37조에 의하여 계약을 해제·해지한 경우

제40조(계약의 해석)

본 계약 및 개별계약에 명시되지 아니한 사항 또는 계약의 해석에 다툼이 있는 경우에는 "갑"과 "을"이 합 의하여 결정하되, 합의가 성립하지 아니한 경우에는 관련법령 또는 일반관행에 따른다.

제41조(재판의 관할)

본 계약에 관한 소송의 관할법원은 "갑"과 "을"이 합의하여 정한다.

제42조(유효기간)

① 본 계약은 계약 체결일로부터 1년간 효력을 가진다. 다만, "갑" 또는 "을"이 계약기간 만료 1월 전까 지 계약의 변경 또는 해약의 의사를 표시하지 아니하는 경우에는 본 계약은 동일한 조건으로 1년간 자동 연장되는 것으로 본다.

② 제1항의 규정에 의하여 본 계약의 효력이 소멸된 이후에도 개별계약의 효력이 존속되는 경우에는 제1 항의 규정에 불구하고 본 계약의 효력은 당해 개별계약의 존속기간까지로 한다.

부 칙

① (기본계약에 관한 경과조치) 본 계약 체결당시 종전의 기본계약은 본 계약체결로 인하여 그 효력을 상실한다.

② (개별계약에 관한 경과조치) 본 계약 체결당시 종전의 기본계약에 의하여 체결된 모든 외주거래에 관한 개별계약은 본 계약에 의하여 체결된 개별계약으로 본다.

　　본 계약의 체결을 증명하기 위하여 계약서 2부를 작성하여 "갑"과 "을"이 서명 날인한 후 각각 1부씩 보관한다.

20○○년 ○월 ○일

"갑"	주소	:
	상호	:
	대표이사(대표자)	: ○ ○ ○ (서명 또는 날인)
		:
"을"	주소	:
	상호	:
	대표이사(대표자)	: ○ ○ ○ (서명 또는 날인)

서비스유지보수 계약서

계약명 : ○○ 유지보수계약

　본 계약서는 "○○○"(이하 "갑"이라 칭함)과 (주)○○주식회사(이하 "을"이라 칭함)간에 "갑"의 물품명 ○○○를 유지보수를 위하여 다음과 같이 합의한다.

제1조(보수내역)

　"갑"의 사무실에서 사용하는 ○○○와 ○○○등 장치 및 부속기기의 유지 및 이동에 따른 보수

제2조(보수요령)

1. "을"은 2주1회 "갑"의 사무실로 방문하여 사무실내 지정된 장소에서 보수에 임함을 원칙으로 한다.
2. 상기시간 이외의 불시의 고장 또는 "갑"의 요청이 있을 경우 "을"은 한시라도 긴급보수에 임하여야 한다.

제3조(보수기록)

1. "을"은 매 근무일마다 컴퓨터 터미널 보수기록을 작성하여 "갑"에게 제출한다.
2. "을"의 보수 기록지를 "갑"에게 제출하여 "갑"의 확인을 받음으로써 계약의 이행에 따른 행위가 지속된 것으로 한다.

제4조(연락책임자)

　"갑"은 "을"과의 기술적 연락 유지에 관하여 책임자를 선정하여 "을"에게 서면으로 통보한다.

제5조(보안유지)

1. "을"은 "갑"의 설비 보수작업으로 인해 얻어진 "갑"이나 "갑"의 관련회사에 관한 과거, 현재 또는 미래의 연구 등 재반 정보를 여하한 경우라도 외부에 누설하여서는 안 된다.
2. "을"은 "갑"에게서 제공받은 도면 복사물 등 "갑"의 관련서류 및 책자 등은 계약의 해지 또는 만료 시 반환하여야 한다.
3. 전 1항의 금지사항을 위반하였을 시 "갑"은 예고 없이 본 계약을 일방 해지할 수 있다. 단, 이미 알려진 정보나 "을"의 그러한 정보를 입수한 후 금지된 것을 제외한다.

제6조(보상 및 책임)

1. "을"의○○○ 유지 보수자의 작업중 고의 또는 과실로 발생된 사고에 대하여는 "을"이 전적으로 책임을 지며 "갑"에 대한 재산상의 손해를 입혔을 경우 "을"이 이를 전액 보상하여야한다.
2. "을"의 종업원은 "갑"의 종업원으로 간주되지 않는다.

"을"에 의하여 제공되는 인원은 "을"의 종업원으로 간주되며 어떠한 목적으로도 "갑"의 직원이나 대리자로 간주되지 않는다.

"을"은 이 계약 하에 서비스를 수행하는 동안 "을"의 종업원의 모든 행동에 대하여 전적으로 책임을 지며 그들에 대한 감독 및 작업지시 및 근로자 보상의 책임을 진다.

제7조(계약기간)

이 계약은 2000년 ○월 ○일부터365일로 한다. 단, 계약기간 만료일로부터 30일전까지 쌍방의 해지의사 표시가 없는 한 1년 단위로 자동 연장하는 것으로 한다.

제8조(수리부품 및 소모품)

유지보수에 들어가는 수리용 부품 및 소모품은 "갑"이 부담한다.

제9조(서비스료의 지불)

1. 이 계약에 의한 월정 서비스료는 원(부가가치세별도)으로 한다.
2. 전 1항의 월정 서비스료는 매월 15일 "을"의 청구에 의하여 "갑"이 매월 말일까지 현금으로 지불한다.

제10조(계약의 해지)

1. 이 계약은 다음과 같은 경우 해지할 수 있다.
   1) 제5조 3항의 사유가 발생하였을 때
   2) 쌍방 중 자유로운 해지의 의사가 상대방에 전달되었을 때
   3) "갑"이 서비스료를 2회 이상 미지급할 때
2. 전 1항의 해지사유가 발생하였을 때는 "갑" 또는 "을"은 이를 서면으로 상대방에 해지사유를 통보하여야 한다.

제11조(부칙)

1. 이 계약서에 명기되지 않은 사항은 상호 협력하에 처리한다.
2. 이 계약을 증명하기 위하여 "갑"과 "을"이 날인하여 각 1통씩 보관하도록 한다.

2000년 ○월 ○일

"갑" : ○ ○ ○ ⑳
"을" : ○ ○ ○ ⑳

PC유지보수계약서

　　기술표준원 재무관 (이하 "갑"이라 한다)과 ○○○○대표 ○○○(이하 "을"이라 한다)은 다음과 같이 PC유지보수계약을 체결한다.

제1조(목적)

　　"갑"의 청사에 설치된 PC 및 이에 수반된 일반적인 운용소프트웨어(이하 "PC"라 한다)의 정상가동을 위하여 "을"이 "갑"의 PC에 대한 유지보수 및 정비(이하 "보수"라 한다)를 제공함에 있어 필요한 제반사항을 규정함에 있다.

제2조(유지보수 및 정비의 대상)

　　"을"이 유지보수 및 정비할 대상은 "갑"이 운용중인 PC를 말하며 그 세부내역은 붙임과 같다.

제3조(계약기간)

　　계약기간은 2000. ○. ○부터 2000. ○. ○까지로 한다.

제4조(계약금액)

　　계약금액일금 : 원정(₩,부가가치세 포함)으로 한다.

1. 계약금액 산출근거

품 명	대상PC수	취득금액	유지보수월수	월유지보수료	연간유지보수료
컴 퓨 터					
컴퓨터 및 LCD모니터					
계					

　　가. 유지보수월수는 '2000. ○. ○.기준임.

　　나. 월 유지보수료 = 취득금액(원)×(유지보수율, %) / 12월

2. 월별 유지보수료

월	유지보수료	월	유지보수료
1~		7~12	

3. 계약보증금 일금(계약금액: 20%)원정(₩ –)

제5조(유지보수)

① 보수라 함은 "을"이 "갑"의 PC를 정상가동 상태로 작동시키는 데 필요한 모든 예방정비, 조정, 수리(출장수리 및 반출수리) 부품교환 및 전산시스템에 대한 기술자문을 말한다.

② "갑"은 PC의 정상적인 가동을 위하여 적절한 환경상태를 유지하고 "을"이 파견요원의 상주장소, 대상 기기의 사용, 보수를 위한 기자재 및 도구의 보관 작업에 필요한 장소제공 등 기타 제반사항의 편의를 제공하여 유지보수 작업에 최대한 협조하여야 한다.

③ "을"은 원활한 보수를 위하여 기술자 1인을 상주하고 필요한 부품을 항상 적정하게 확보하여 부품의 대체가 필요한 경우 이를 무상으로 지급하고 교환한 불량부품의 소유권은 "을"에 귀속한다. 단, 보수용 소모품(디스켓, 전산용지 등)은 "갑"이 제공한다.

④ "을"은 PC유지보수일지를 비치하여 보수할 때마다 사용자의 확인을 받아 기록하고 매월 유지보수료 청구할 때 제출하여야 한다.

제6조(보수절차 등)

① "갑"의 PC사용자는 장애 발생시 보수주관 부서를 통하여 "을"에게 보수를 요청한다.

② "을"은 "갑"의 보수 요청을 받은 후 2시간(일상근무시간) 이내에 PC설치장소에 도착하여 보수를 하여야 한다.

③ "을"은 PC 고장시간이 24시간(일상근무시간)을 초과할 경우에는 다른 기기로 대체 공급하여 "갑"의 업무수행에 지장을 주지 않도록 하여야 하며, 대상기기의 대체는 유지보수 요청 후 48시간 이내에 이루어져야 한다.

④ "을"은 "갑"의 PC를 정상 상태로 유지하고 고장 발생을 예방하기 위하여 월 1회 이상 정기적으로 예방점검을 실시하여야 한다. 이 경우에도 "갑"의 사용자의 확인을 받아 PC유지보수일지에 기록 유지하여야 한다.

⑤ "갑"의 사유로 PC를 이전할 때, "을"은 기기의 해체 및 설치를 하고 이전 PC가 원활히 작동되도록 하여야 한다. 단, 기기의 이전에 소요되는 인건비, 운송비 등의 제반경비는 "갑"이 부담한다.

⑥ "을"의 보수요원은 휴대폰 등을 항시 휴대하여 언제라도 "갑"과 연락이 유지되도록 하여야 한다.

제7조(상주요원의 업무시간)

"을"의 보수요원의 업무시간은 공무원의 근무시간으로 한다.

제8조(보수의 예외사항) 다음 각 호의 경우는 보수비용을 "갑"이 부담한다.

1. "갑"의 사용상 고의 또는 중대한 과실에 의한 고장

2. 천재지변, 화재 등의 불가항력적인 사유로 인한 고장

제9조(보수료의 청구 및 지급)

① 월보수료는 매월 말 "을"이 청구하고 "갑"은 청구일로부터 14일 이내에 지급한다. 단, 12월의 경우는 업무 형편에 따라 청구 및 지급일을 조정할 수 있다.

② 1개월 미만에 대한 해당 월의 보수료는 일할 계산하여 지급한다.

제10조(지체상금)

"을"이 제6조제2항 및 제3항의 사항을 이행하지 못하여 "갑"의 업무처리에 지장을 초래하는 경우에는 지체일수 당 월보수료의 1/720에 해당하는 금액을 지체시간으로 계산하여 당월의 보수료에서 상계처리 한다.

제11조(검사)

"을"은 "갑"이 요청하는 PC를 보수한 후 "갑"의 당해 기기 사용자의 검사를 받아야 하며, 검사시 불합격된 기기에 대하여는 즉시 재 보수하여야 한다.

제12조(보안 및 기밀유지)

① "을"의 보수요원은 "갑"이 요구하는 보안 관련규정을 충실히 이행하여야 하며, "갑"은 이에 필요한 조치를 취할 수 있으며 "을"은 이에 응하여야 한다.

② 보수 중 교체되어 "을"의 소유가 되는 불량부품 중 데이터가 저장된 종류의 것과 반출수리를 위해 반출되는 PC는 사전에 당해 보안담당관의 검열을 받아 반출하여야 한다.

③ "을"은 본 계약과 관련하여 "갑"으로부터 취득한 비밀사항을 계약기간 및 종료 후에 이를 이용하거나 제3자에게 누설하여서는 안 된다.

④ "을"은 전항의 위반으로 인한 민·형사상의 모든 책임을 진다.

제13조(계약기기의 증설 및 계약변경)

본 계약기간 중 기기의 추가증설이 있을 경우 무상보수기간이 끝난 후 또는 불용 처리되는 장비가 있을 때에는 본 계약서에 준하여 협의조정 하여 계약을 변경할 수 있다.

제14조(변경사항의 통보)

"을"은 계약체결 이후 주소, 대표자 등 계약이행 이나 보수료 청구 등에 관한 주요사항이 변경되었을 때에는 이를 지체 없이 "갑"에게 통보하여야 한다.

제15조(양도제한 및 하도급 금지)

"갑"의 사전동의 없이 본 계약에 의한 권리, 의무를 제3자에게 양도 또는 하도급할 수 없다.

제16조(계약의 해지)

"갑"은 다음 각 호의 경우에는 계약기간 중 본 계약을 일방적으로 해지할 수 있다.

1. "을"이 본 계약의 내용을 위배하거나 태만한 경우
2. "을"이 보수요청에 이유 없이 응하지 아니하여 "갑"에 의해 서면으로 연 3회 이상 경고를 받았을 때

제17조(손해배상 책임)

"을"이 보수작업시 부주의하여 기기를 파손하는 등으로 "갑"에게 손해를 가하였을 경우에는 "을"은 원상회복 등 손해배상 책임을 진다. 이 경우의 손해배상액은 "갑"이 거래실례가격을 기준으로 산출한다.

제18조(계약의 해석)

"갑"과 "을" 간에 본 계약에 관한 해석상의 이의가 있을 때 또는 본 계약에서 정하지 않은 사항은 쌍방이 협의하여 결정한다.

위와 같이 계약을 체결하고 그 증거로써 계약서 2통을 작성하여 각 통에 "갑", "을"이 기명날인하여 각자 보관한다.

2000년 0월 0일

"갑" 기술표준원 재무관   :   ○ ○ ○ ㉑

"을" 대표   :   ○ ○ ○ ㉑

[특수조건]

제1조

　본 계약서 제1조의 "일반적인 운용소프트웨어"란 계약당시 계약대상PC에 탑재된 소프트웨어 전체를 말한다.

제2조

① 계약당시 계약대상 PC에 탑재된 소프트웨어를 다른 소프트웨어로 변경하고자 하는 경우는 "갑"이 정품 소프트웨어를 구입하여 "을"에게 변경요청을 하여야 하고, "을"은 요청접수시간부터 48시간 이내에 변경조치하여 주어야 한다. 이 때 소프트웨어 변경에 따른 기술료는 "갑"의 부담으로 한다.

② 기술료는 운용소프트웨어 종류에 따라 시중가격 범위 내에서 "갑"과 "을"이 협의하여 별도로 정한다.

제3조

　본 계약서 제5조 제3항의 무상교환대상 부품명세는 다음과 같다.

1. F.D.D.
2. Keyboard.
3. 각종 케이블 등
4. Mouse.
5. I/O Card.
6. 기타 소모성부품(전원부, 휴즈 등)

【유지정비보수계약서】

유지정비보수계약서

　"○○○○"(이하 "갑"이라 한다)와 "○○○○"(이하 "을"이라 한다) 업체 간에 컴퓨터 및 하드웨어(이하 "장치"라 한다)에 대한 유지보수 서비스 제공을 목적으로 하는 계약을 다음과 같이 체결한다.

제1장　총 칙

제1조(유지정비보수의 정의)

　유지정비보수란 "을"이 "갑"에게 대상품목에 대하여 "을"이 항상 기계의 성능을 정상상태로 유지정비보수하는 서비스를 시행하고, "갑"은 "을"에게 그 대가로 유지보수료를 지급하는 것을 말한다.

제2조(계약 목적)

1. 본 계약은 "갑"과 "을" 간의 회원 계약에 관한 전반적인 사항을 규정하고 상호 협조와 신뢰로써 이를 성실히 준수하고 공동의 번영과 발전을 도모함을 그 목적으로 한다.
2. "갑"이 보유하고 있는 전산장비 일체의 유지보수에 관한 제반계약 사항을 규정함을 목적으로 한다.

제3조(보수계약대상) 본 계약의 대상 내용은 별첨 정비 보수 계약장비 명세서에 한한다.

제4조(계약 기간) 계약 기간은 2000년 ○월 ○일부터 가산하여 1년으로 한다.

제5조(유지 보수료)

1. "갑"이 "을"과 계약하여 도입한 컴퓨터의 유지보수에 대한 수수료를 월 유지보수료라 한다.
2. 유지보수료라 함은 유지비, 정비보수에 대한 수수료, 교환하는 부품비와 관련된 기술료 등을 정비유지 보수료라 한다.
3. 월 유지 보수료는 월원으로 한다.
4. 유지 보수료는 "을"이 "갑"의 컴퓨터에 대하여 실시하는 유지보수 외에 전산소모품 및 이에 소요되는 특별한 경비는 "갑"의 비용으로 한다.
5. 유지 보수료라 함은 상기 가. 나.항과 본 계약 제15조사항의 모든 비용을 말하며 부가가치세는 별도로 한다.

제6조(청구 및 지불)

1. 유지 보수료는 선납을 원칙으로 한다.
2. "을"은 본 계약 개시와 동시에 유지 보수료를 청구하며, "갑"은 이 청구에 이의가 없는 한 약정된 날짜(매월 ○일)에 "을"이 현금 또는 지정계좌번호로 지불하여야 한다.

지정계좌번호	○○은행	863-02-297790	예 금 주 : ○○○ 인	비 고

3. 제15조 사항에 따른 유지 보수료는 매 발생 시마다 "을"은 별도 청구하며 "갑"은 이를 제6조 가.항과 동일한 방법으로 지불한다.

4. 입금이 지연될 경우 지연되는 기간 동안 지원을 일시 중단하거나 지연일 수 1일당 월 유지보수료의 3%에 해당하는 지체보상금을 "갑"은 "을"에게 지불한다.

5. "을"이 제2장 8조 유지보수사항의 규정을 위반하여 "갑"의 운영에 지장을 초래하는 경우 해당 컴퓨터의 지체시간당 월 유지보수료의 3%에 해당하는 금액을 당월 유지보수에서 상계 처리한다.

제7조(계약 금액의 변경)

① 대상기기가 증가되었을 경우 보수기간, 요율 금액 등은 현 계약 유지 보수 요율 기준에 따라 쌍방 협의하여 조정한다.

② 대상기기가 감소하였을 경우 감소되는 해당 월부터 대상정비 보수료를 감한다.

제2장 유지보수

제8조(유지보수의 내용)

1. "갑"은 "을"의 유지보수 요원이 유지보수를 위하여 컴퓨터 설치장소의 출입이나 컴퓨터 사용을 허가하며, 서비스기계 및 도구의 보관, 작업에 필요한 장소, 환경 및 기타제반사항의 편의를 제공하여야 한다.

2. "을"은 "갑"의 컴퓨터 시스템이 최적의 상태로 동작할 수 있도록 최선을 다하여 보수에 임하여야 한다.

3. "을"은 유지보수의 내용은 필요한 부품의 교환을 포함하고, 교환부품의 제공은 성능상 동질품 및 동등품의 부속품을 유지보수를 위해 항상 노력하여야 한다.

4. "을"은 고장수리가 완료된 즉시 "갑"에게 통보해야 하며 "갑" 또는 "갑"이 지정한 자의 입회하에 테스트로 확인시킴으로 수리가 완료된 것으로 한다.

5. 정기점검 일정은 상호협의 (최소 1주일 전)후 정하며 정해진 정기 검진일자는 임의로 변경 할 수 없다. (단, 상호 협의된 경우는 그러지 아니한다.)

6. 정기점검 일은 1개월에 1번으로 한다.

제9조(부대 설비의 하자)

1. "갑"이 컴퓨터에 선택 품목으로 타사 제품을 부착하고자 할 경우 "을"과 협의해야 하며 "을"은 컴퓨터의 성능 내지 기능이 저하되지 않는 한 이를 거절할 수 없으며, 협의 없이 부착시는 장비의 고장에 "을"이 책임지지 않는다.

가. "갑"은 "을"의 요원이 제시하는 사용방법과 시설조건을 준수하되 컴퓨터에 대하여는 "을"과 협의 없이 부속품의 부착이나 수리를 하여서는 안 된다.

제10조(장소의 변경)

1. "갑"이 컴퓨터의 설치장소를 이전코자 할 경우 "을"에게 통보하여야 하며, "을"의 책임하에 컴퓨터를 이전하여야 한다.

제11조(유지 보수 시간)

1. "을"은 고장통보를 받은 후 익일 내에 "을"의 요원을 장치의 설치장소에 도착시키며 고장 통보한 날의 익일이 공휴일이나 연휴인 경우는 그 다음날까지 도착하여 조치한다.
2. "을"은 고장통보를 받고 설치장소에 도착하여 유지보수에 최선을 다하며 24시간내에 정비 보수를 한다.
3. 유지보수는 "갑"의 고장통보에 의해 행하며, 고장통보는 정규근무시간(월~금요일은 ○○:○○ ~ ○○:○○시까지 , 토요일은 ○○:○○~○○:○○시까지)중으로 행한다.

제3장 부대사항

제12조(부품의 소유권) "을"이 정비보수 시 교환한 유상불량부품의 소유권은 "갑"에게 귀속된다.

제13조(계약의 변경

1. 본 계약은 본 계약 제4조에 정한 계약기간이 종료될 때까지 어느 일방에 의해 전체 혹은 일부분을 변경할 수 없다.
2. 정부시책의 변경, 경제여건의 현저한 변동 등 천재지변 및 기타 부득이한 사유가 발생할 경우에는 "갑"과 "을"은 합의 하에 본 계약의 일부 또는 전부를 변경할 수 있다.

제14조(계약의 해지

1. 다음에 해당하는 경우 "갑" 또는 "을"은 서로에게 통보 후 본 계약을 해지할 수 있다.
   ① "갑"이 영업상에 있어 "을"의 명예를 실추시키거나 불이익을 초래할 때
   ② "갑"이 "을"에게 지불해야 할 채무의 변제를 2개월 이상 지체한 때
   ③ "갑"이 강제집행을 받았거나 파산, 회사정리 신청이 있을 때
   ④ "을"이 사전통보 없이 서비스를 3회 이상 연기 또는 지체했을 때
   ⑤ "을"이 "갑"과의 사전 협의 없이 부당한 금액을 요구할 때
   ⑥ "을"이 "갑"과의 상의 없이 "갑"의 영업을 방해할 때
2. "갑", "을"이 본 계약을 해지하고자 할 경우 계약종료 1개월 전에 문서에 의한 요청으로 가능하다.

제15조(유지보수 예외 사항) 다음 각 항에 해당하는 사고가 발생했을 때에는 "을"은 "갑"에 대한 의무가 면제되며, 이로 인하여 발생되는 손해를 "을"이 책임지지 않는다.

1. "갑"의 컴퓨터 운영자 및 그 외 사람에 의한 고의 및 과실로 발생한 고장의 경우
2. "갑"이 규격 외 소모품을 사용함으로 인하여 발생한 고장의 경우
3. 낙뢰 등 천재지변에 준하는 경우 (단. 기술적 소명자료 제출은 "을"의 책임)
4. 타 업체에서 개조 및 수리 등으로 고장을 발생하거나 파손한 경우
5. 기준적인 환경 외조건 하에서 장치를 운용함으로써 발생한 고장의 경우 (단 문제 발생시에는 "을"은 "갑"에게 사전 통보해야 한다.)

6. HDD/모니터/프린터/HEAD등의 치명적인 불량으로 재생(수리)이 불가능한 경우는 "갑"은 교체에 따른 비용을 별도로 부담하며 "을"은 이를 실비용으로 제공한다.

7. 소프트웨어는 정품을 항시 사용해야 하며 원본디스크를 컴퓨터 자료보관실에 항상 비치해야 하며 소프트(데이타)는 유지보수 할 수 없으며 항상 사용자가 백업을 하여야 한다.

8. 데이터 유실시 복구전문업체에 의뢰하며, 모든 비용은 "갑"이 부담한다.

9. 제품 자체의 개발, 생산의 결함으로 인하여 오동작, 작동불능일 경우 유지보수에 해당되지 않으며제품의 신뢰성을 검토하여 그 자료를 "갑"에게 제출한다. 이때 제품의 하자가 있으면 제품을 즉시 교체해야 하며 비용은 "갑"이 부담한다.

제16조(정비보수 및 정기점검 불이행에 대한조치)

가. "을"이 정비보수에 관한 규정을 위반하여 "갑"의 운영에 지장을 초래하여 동일기기당 사용불가능 누적시간이 월 48시간 이상일 때에는 월 정비 보수료의 1/31씩 공제한다.

나. 자연재해로 인한 교통 두절 등 특수사정으로 지연될 경우에는 예외로 한다.

다. 시스템의 상황에 따라 추가적인 시간이 필요로 할 시 쌍방간의 합의에 따라서 임의적인 시간을 정할 수 있다. (단, 정해진 시간은 철저히 준수해야 한다.)

라. "갑"의 메인컴퓨터 또는 단말기의 사용 불가능이 기기운영자 및 그 외 사람에 의하여 고의로 발생하였거나 낙뢰 등 천재지변에 준하는 고장일 경우의 손해는 "을"이 책임지지 않는다.

제17조(계약의 해석)

본 계약의 각 조항 해석에 이의가 있을 시 "갑"과 "을"의 양자의 합의에 의하여 결정하되 합의에 이르지 못할 때에는 일반 상관례에 따르기로 한다.

가. 본 계약에서 정하지 아니한 사항 또는 본 계약 내용에 대하여 분쟁이 발생하였을 때에는 "갑"과 "을"이 상호 협의하여 해결한다.

나. 본 계약에서 정하지 아니한 사항 또는 본 계약의 각 조항과 다른 사항을 특약 할 경우에는 "갑"과 "을"이 따로 서면으로 합의함으로서 그 효력을 발휘한다.

다. 상기 가항의 협의에 의한 합의가 이루어지지 아니하여 소송할 필요가 있을 때에는 ○○민사지방법원을 관할 법원으로 한다.

제18조(계약 효력의 발생)

가. 본 계약을 증명하기 위하여 본 계약서의 2부를 작성하여 "갑"과 "을"이 공동서명 날인 후 각각 한 부씩 보관하기로 한다.

나. "갑"은 "을"이 장비를 외부로 반출하고자 할 때 "갑"의 관리지정자와 협력해서 장비를 반출할 수 있도록 책임진다.

다. 본 계약은 "갑" "을" 쌍방이 계약서에 서명 날인한 날로부터 유효하다.

제19조(기밀 유지)

"을"은 "갑"의 설치장소에 출입하는 보수요원의 신원에 대하여 책임을 지며 유지보수 활동과 관련하여 취득한 "갑"의 업무상 기밀사항 및 "갑"이 요구하는 보안사항을 제3자에게 누설하여서는 안 된다.

20○○년 ○월 ○일

	주 소	
"갑"	사업자등록번호	
	상 호	
	대 표 자	: ○○○ ㉮

	주 소	
"을"	사업자등록번호	
	상 호	
	대 표 자	: ○○○ ㉮

	주소	:
연대보증인	사업자(주민)등록번호	:
	상호	:
	대표자	: ○○○ ㉮

첨부
사업자등록증 및 주민등록증사본 1부

홈페이지유지보수계약서

OOOO회사(이하 "갑"이라 칭함)과 (주)OOOO회사(이하 "을"이라 칭함)은 홈페이지 및 운용 컴퓨터장비 (이하 "홈페이지운영"이라 칭함)의 유지보수에 관하여 다음과 같이 유지보수 계약을 체결하고 이를 성실히 준수하기로 약정하며본 계약의 내용을 증명하기 위하여 계약서 2부를 작성하고, 서명 날인 후 "갑"과 "을"이 각각 1부씩 보관하기로 한다.

제1조(유지보수 제공계약)

"을"은 "갑"의 요청 및 본 계약조건에 따라 홈페이지운영에 대한 유지보수 서비스를 제공한다."유지보수"라 함은 소프트웨어의 간단한 기능변경, 사용방법의 개선을 말하나 본 계약에서는 개발된 소프트웨어의 일부를 다시 보완 개발하는 업무량을 포함한다.

제2조(계약기간)

1. 본 계약의 유효기간은 계약 시행일로부터 2000년 O월 O일까지로 한다.
2. 본 계약은 매년 자동연장을 원칙으로 하되 자동연장 계약일은 매 회계연도 초 "갑"과 "을"이 체결된 계약을 기준으로 한다.

제3조(서비스 구분) 본 계약에 따라 "을"이 "갑"에게 제공하는 서비스를 아래와 같이 정한다.

1. 홈페이지 유지관리 서비스
   1-1. "을"은 홈페이지운영으로 인하여 "갑"의 보수 요청이 있는 경우 유지보수조건에 따라 유지보수를 시행한다.
   1-2. 유지보수 시간은 통상근무 시간으로 한다(단 일요일, 국, 공휴일은 제외한다.)
   평일 : OO:OO~OO:OO, 토요일 : OO:OO~OO:OO
2. 서비스 제외사항
   본 계약상 "을"이 수행할 유지보수 서비스에는 다음 사항을 포함하지 아니한다.
   2-1. "갑"의조작 실수 ,과실 ,과잉조작, "갑"에 의해 야기된 사고에 의한 장애
   2-2. "을"이 지정한 유지보수요원 이외의 요원이 수행한 S/W 및 PC의 개조, 첨가, 조정이 홈페이지 운영에 대한 중대한 영향을 끼친 경우
   2-3. 천재지변 , 화재 등 불가항력적 원인에 의한 발생된 장애
3. 유상 서비스
   3-1. 전항의 경우 "을"은 "갑"의 요청에 의하여 수리비용에 관한 견적을 제출할 수 있다.
   3-2. PC장비의 하드웨어적인 고장은 부품교환 비용을 청구함을 원칙으로 한다.
   3-3. "갑"은 3-1항의 견적을 받은 후 15일 이내에 "을"의 수리를 받을 것인지 여부를 통지하여야 하며, 이 기간을 경과한 경우 동 견적은 무효로 한다.

제4조(유지보수료)

1. 유지보수료라 함은 홈페이지운영의 유지보수에 투입된 인건비 및 본 계약 내용에 따라 유지보수 용역을 제공하기 위한 비용으로 "갑"이 부담한다.
2. 월 유지보수료는 240,000원(VAT별도)으로 하며 유지보수에 소요되는 부품은 "을"이 "갑"에게 청구한다.
   . 월 유지보수 대가 =홈페이지구축비의 O% / O개월
   . 월 유지보수료 :원 * O / O개월 = O원
3. 유지보수료는 매월 말 일자 기준으로 직접 또는 우편으로 청구하며 "갑"은 청구일 기준으로 15일 이내에 대금을 "을"에게 지불하여야 한다.

제5조(유지보수 서비스의조건)

1. "을"은 "갑"의 소프트웨어의 간단한 기능변경 및 사용방법의 개선 등 보수통보 접수 후 "을"은 신속히 S/W 유지보수를 완료한다. 다만 소프트웨어 일부 기능의 보완개발은 "갑"과 협의하여 협의한 기간 내에 유지보수를 완료한다.
2. "을"은 홈페이지운영에 대한 관련정보를 "갑"에게 제공하며 효율적인 운영을 위하여 필요시 기술 자문에 응하여야 한다.

제6조(계약 내용의 수정 및 변경)

"갑"과 "을"은 상호 합의에 의하여 본 계약의 수정 및 변경을 할 수 있고, 수정 및 변경 사항은 반드시 쌍방 책임자간의 서명을 하여야 효력이 발생하며, 문서로 보관하여야 한다.

제7조(계약의 해지)

1. 다음 각 호에 해당하는 경우 쌍방은 서면 통보로 이 계약을 해지할 수 있다.
   1-1. 계약 위반 사항에 대한 서면 시정명령 통보 후 30일 이내에 시정사항을 이행하지 않는 경우
   1-2. 비밀 사항의 외부 유출로 인한 손해가 발생한 경우
   1-3. 제3 자로부터 압류, 가압류, 가처분, 체납처분의 강제 집행 및 파산 선고를 받았을 경우

제8조(일반사항)

1. "을"은 수행한 모든 유지보수 작업 내용을 소정양식으로 작성하여 "갑"의 담당자 확인을 받아 제출하여야 한다.
2. "을"은 "갑"과 본 계약과 관련하여 취득한 비밀사항을 제3자에게 누설하여서는 안 된다.
3. "을"은 "갑"의 건물 출입에 있어서 "갑"이 요구하는 보안 사항을 충실히 이행하여야 한다.

제9조(계약의 해석)

본 계약의 각 조항 해석에 이의가 있을 시 "갑"과 "을"의 양자의 합의에 의하여 결정하되 합의에 이르지 못할 때에는 일반 상관례에 따르기로 한다.

1. 본 계약에서 정하지 아니한 사항 또는 본 계약 내용에 대하여 분쟁이 발생하였을 때에는 "갑"과 "을"이 상호 협의하여 해결한다.

2. 본 계약에서 정하지 아니한 사항 또는 본 계약의 각 조항과 다른 사항을 특약 할 경우에는 "갑"과 "을"이 따로 서면으로 합의함으로서 그 효력을 발휘한다.

제9조(기타사항)

1. "을"은 "갑"과 사전 서면 동의 없이 본 계약에 따른 권리와 의무를 타인에게 양도할 수 없다.
2. 본 계약에 규정되지 아니한 사항 또는 본 계약의 해석에 관하여 이의가 있을 경우 "갑"과 "을"에 체결된 계약서를 기준으로 하며, 본 계약에 관한 소송관할 법원은 "갑"소재 지방법원 본원으로 한다.

20○○년 ○월 ○일

		주소	:	
"갑"		회사명	:	
		대표자	:	○○○ ㊞

		주소	:	
"을"		회사명	:	
		대표자	:	○○○ ㊞

【정보통신공사 표준하도급계약서】

정보통신공사 표준하도급계약서

1. 발주자 :

원도급공사명 :

하도급공사명 :

2. 공 사 장 소 :

3. 공 사 기 간 : 착공 2000년○월○일

   준공 2000년 ○월 ○일

5. 계 약 금 액 : 일금 원정(₩)

   공급가액 : 일금 원정(₩)
   노 무 비 : 일금 원정(₩)
   부가가치세 : 일금 원정(₩)

※ 변경전 계약금액 : 일금 원정(₩)

6. 대금의 지급

가. 선급금

① 계약체결 후 ○일 이내에 일금 원정(₩)

※ 발주자로부터 지급 받은 날 또는 계약을 체결한 날부터 15일 이내에 그 내용과 비율에 따라 지급

나. 기성금 :

① 월 ()회
② 목적물 수령일부터 ()일 이내
③ 지급방법 : 현금 %, 어음%

※ 발주자로부터 지급받은 현급비율 이상 어음으로 지급받은 경우 어음의 지급기간 이내의 어음으로 지급

다. 설계변경, 경제상황변동 등에 따른 대금조정 및 지급

① 발주자로부터 조정받은 날부터 (30)일 이내에 그 내용과 비율에 따라 조정
② 발주자로부터 지급받은 날부터 (15)일 이내에 지급

7. 지급자재의 품목 및 수량 : 별도첨부

8. 계약보증금 : 일금 원정(₩)

9. 공사대금 지급보증금 : 일금원정(₩)

10. 하자담보책임

   가. 하자보수보증금률 : 계약금액의 ()%

   나. 하자보수보증금 : 일금 원정(₩)

   다. 하자담보책임기간 :

11. 지체상금률 : 계약금액의 ()%

   당사자는 위 내용과 별첨 정보통신공사 하도급 계약조건, 설계도()장, 시방서()책에 의하여 이 정보통신공사 하도급 계약을 체결하고 계약서 2통을 작성하여 각각 1통씩 보관한다.

2○○○년 ○월 ○일

"원사업자"	주소	:	
	상호	:	
	성명	:	○○○ (서명 또는 날인)
		:	
"수급사업자"	주소	:	
	상호	:	
	성명	:	○○○ (서명 또는 날인)

정보통신공사하도급 계약조건

제1조(기본원칙)

① 원사업자(「정보통신공사업법」에 의한 "수급인"을 말한다. 이하 "갑"이라 한다)와 수급사업자(「정보통신공사업법」에 의한 "하수급인"을 말한다. 이하 "을"이라 한다)는 대등한 입장에서 서로 협력하여 신의에 따라 성실히 계약을 이행한다.

② "갑"과 "을"은 이 공사의 시공 및 계약의 이행에 있어서 「정보통신공사업법」, 「하도급거래공정화에관한법률」(이하 "하도급법"이라 한다) 및 관계법령의 제 규정을 준수한다.

③ 이 계약의 내용과 배치되는 타 계약에 대해서는 이 계약에 의한 내용을 우선하여 적용한다. 다만, 제30조(특수조건)에 의거 이 계약에서 정하지 아니한 사항에 대하여 "갑"과 "을"이 대등한 지위에서 합의하여 특약으로 정한 내용은 그러하지 아니한다.

제2조(원사업자의 협조)

① "갑"은 하도급계약을 체결한 날부터 30일 이내에 발주자에게 통지한다. 다만, "갑"이 기한 내에 통지를 하지 아니한 경우에는 "을"이 발주자에게 이를 통지할 수 있다.

② "갑"은 "을"에게 이 공사 이행에 필요한 협조와 지원을 한다.

제3조(공사시공 등)

① "을"은 이 계약조건과 설계도서(공사시방서, 설계도면 및 현장설명서를 포함한다. 다만, 총액단가계약의 경우는 산출내역서를 포함하며, 양식은 재정경제부 회계예규의 양식을 준용한다. 이하 같다)에 의하여 공사를 시공한다.

② "을"은 계약체결 후 지체 없이 공사예정공정표를 작성하여 "갑"의 승인을 받아야 하며, "갑"에게 산출내역서를 제출한다.

제4조(관련공사와의조정)

① "갑"은 도급공사를 원활히 수행하기 위하여 이 도급공사와 관련이 있는 공사(이하 "관련공사"라 한다)와의조정이 필요한 경우에 "을"과 협의하여 이 공사의 공사기간, 공사내용, 계약금액 등을 변경할 수 있다.

② "을"은 관련공사의 시공자와 긴밀히 연락 협조하여 도급공사의 원활한 완성에 협력한다.

제5조(의견의 청취)

"갑"은 시공상 공정의 세부작업 방법 등을 정함에 있어 미리 "을"의 의견을 청취한다.

제6조(권리·의무의 양도 등)

① "갑"과 "을"은 이 계약으로부터 발생하는 권리 또는 의무를 제3자에게 양도하거나 승계하게 할 수 없다. 다만 상대방의 서면에 의한 동의(보증인이 있는 경우에는 보증인의 동의 포함)가 있는 경우에는 그러하지 아니하다.

② "을"은 공사목적물 또는 공사현장에 반입하여 검사를 마친 공사자재를 제3자에게 매각, 양도 또는 대여하거나 담보목적으로 제공할 수 없다.

제7조(계약이행 및 공사대금지급보증)

① "갑"과 "을"은 다음 각 호의 1의 방법으로 공사대금의 지급 및 계약이행을 상호 보증한다. 다만, 「하도급법시행령」 제3조의2의 규정에 의거 하도급대금지급보증이 면제된 경우에는 그러하지 아니하다.

 1. "갑"은 "을"에게 다음 각목의 1에 해당하는 금액의 공사대금지급보증
    가. 공사기간이 4월 이하인 경우에는 계약금액에서 선급금을 제외한 금액
    나. 공사기간이 4월을 초과하는 경우로서 기성부분에 대한 대가의 지급주기가 2월 이내인 경우에는 다음의 산식에 의하여 산출한 금액

    · 보증금액 = {(하도급계약금액 − 계약상선급금)÷공사기간(월수)} × 4

    다. 공사기간이 4월을 초과하는 경우로서 기성부분에 대한 대가의 지급주기가 2월을 초과하는 경우에는 다음의 산식에 의하여 산출한 금액

    · 보증금액 = {(하도급계약금액−계약상선급금)÷공사기간(월수)} × 기성부분에 대한 대가의 지급주기(월수) × 2

 2. "을"은 "갑"에게 계약금액의 100분의 10에 해당하는 금액의 계약이행보증

② 제1항의 규정에 의한 "갑"과 을 상호간의 보증은 현금(체신관서 또는 은행법에 의한 금융기관이 발행한 자기앞수표를 포함)의 납부 또는 다음 각 호의 1의 기관이 발행하는 보증서, 채권(국채 또는 지방채)이나 금융기관의 예금증서의 교부에 의한다.
  1. 정보통신공제조합
  2. 보험업법에 의한 보험사업자
  3. 신용보증기금법에 의한 신용보증기금
  4. 은행법에 의한 금융기관
③ "갑"이 을에 대하여 제2항의 규정에 의거 지급보증서를 교부함에 있어서 그 공사기간 중에 하도급 하는 모든 공사 또는 1회계년도에 하도급 하는 모든 공사에 대한 공사대금의 지급보증을 하나의 지급보증서로 교부할 수 있다.
④ "갑"이 제20조의 규정에 의한 공사대금의 지급을 지체하여 "을"로부터 서면으로 지급독촉을 받고도 이를 지급치 않은 경우 "을"은 제2항 각호의 보증기관에 공사대금중 미지급액에 상당하는 보증금의 지급을 청구할 수 있다. 다만, "갑"이 제2항의 규정에 의하여 현금, 채권, 예금증서를 교부한 경우에는 동 금액에서 공사대금중 미지급금액에 상당하는 금액을 "을"에게 귀속한다.
⑤ "을"이 계약상 의무를 이행하지 아니하여 "갑"이 제25조제1항의 규정에 의거 계약의 전부 또는 일부를 해제 또는 해지한 경우에는 "갑"은 제2항의 보증금에 대해 계약의 해제 또는 해지에 따른 손실에 상당하는 금액의 지급을 청구할 수 있다. 다만, "을"이 제2항의 규정에 의하여 현금의 납부 또는 보증서 등을 교부한 경우에는 손실금액에 상당하는 금액은 "갑"에게 귀속된다.
⑥ "갑"의 공사대금 미지급액 및 "을"의 계약불이행 등에 의한 손실이 제1항 규정에 의한 보증금을 초과하는 경우에는 "갑"과 "을"은 그 초과금액에 대하여 상대방에게 청구할 수 있다.
⑦ "갑"과 "을"이 납부한 보증금은 계약이 이행된 후 계약상대방에게 지체 없이 반환한다. 다만, "갑"이 "을"에게 공사대금을 어음으로 지급한 경우에는 어음만기일을 공사대금 지급보증에 있어서의 계약이행 완료일로 본다.

제8조(감독자)

① "갑"은 자기를 대리하는 감독자를 임명하였을 때에는 이를 서면으로 "을"에게 통지한다.
② 감독자는 다음과 같은 직무를 수행한다.
  1. 시공일반에 대하여 감독하고 입회하는 일
  2. 계약이행에 있어서 을 또는 "을"의 시공관리책임자에 대한 지시, 승낙 또는 협의하는 일
  3. 공사재료와 시공에 대한 검사 또는 시험에 입회하는 일
  4. 공사의 기성부분검사, 준공검사 또는 공사목적물의 인도에 입회하는 일
③ "을"이 "갑" 또는 감독자에 대하여 검사 입회 등을 요구한 때에는 "갑" 또는 감독자는 지체 없이 이에 응한다.
④ "을"은 감독자의 행위가 현저히 부당하다고 인정할 때에는 "갑"에 대하여 그 사유를 명시한 서면으로서 이의 시정을 요구 할 수 있다.

제9조(시공관리책임자)

① "을"은 시공관리책임자를 두며 이를 미리 "갑"에게 서면으로 통지한다.

② 시공관리책임자는 공사현장에 배치하여야 하며 "을"을 대리하여 시공과 관련된 일체의 사항을 처리한다.

③ "을"은 시공관리책임자가 「정보통신공사업법시행령」 제24조의 규정에 의한 정보통신기술자의 시공관리기준에 적합한 정보통신기술자가 아닌 경우에는 공사관리 기타 기술상의 관리를 위하여 적격한 정보통신기술자를 별도로 배치하고 "갑"에게 통지한다.

제10조(종업원 및 고용원)

① "을"이 공사를 시공함에 있어서 종업원이나 고용원을 사용할 때에는 당해 공사의 시공 또는 관리에 관한 상당한 기술과 경험이 있는 자를 채용한다.

② "을"은 그의 시공관리책임자, 안전관리책임자, 종업원 또는 고용원의 행위에 대하여 사용자로서의 모든 책임을 지며, "갑"이 "을"의 시공관리책임자, 종업원 또는 고용원에 대하여 공사의 시공 또는 관리에 있어 현저히 부적당하다고 인정하여 이의 교체를 요구한 때에는 정당한 사유가 없는 한 지체 없이 이에 응한다.

③ "을"은 제2항에 의하여 교체된 시공관리책임자, 종업원 또는 고용원을 "갑"의 동의 없이 당해 공사를 위하여 다시 채용할 수 없다.

제11조(공사재료의 검사)

① 공사에 사용할 재료는 신품이어야 하며, 품질, 품명 등은 반드시 설계도서와 일치하여야 한다. 다만, 설계도서에 품질, 품명 등이 명확히 규정되지 아니한 것은 표준품 또는 표준품에 상당하는 재료로서 계약의 목적을 달성하는데 가장 적합한 것이어야 한다.

② 공사에 사용할 재료는 사용전에 공사감독자의 검사를 받아야 하며, 불합격 된 재료는 즉시 대체하여 다시 검사를 받아야 한다. 이 경우에 "을"은 이를 이유로 계약기간의 연장을 청구할 수 없다.

③ 검사결과 불합격품으로 결정된 재료는 공사에 사용할 수 없다. 다만, 감독자의 검사에 이의가 있을 때에는 "을"은 "갑"에 대하여 재검사를 요청할 수 있으며, 재검사의 필요가 있을 때에는 "갑"은 지체 없이 재심사하도록 조치한다.

④ "갑"은 "을"로부터 공사에 사용할 재료의 검사를 요청 받거나 제3항의 규정에 의한 재검사의 요청을 받은 때에는 정당한 사유 없이 검사를 지체할 수 없다.

⑤ "을"이 불합격된 재료를 즉시 이송하지 않거나 대품으로 대체하지 않을 경우에는 "갑"은 일방적으로 불합격된 재료를 제거하거나 대품으로 대체시킬 수 있으며, 그 비용은 "을"의 부담으로 한다.

⑥ "을"이 재료의 검사를 받을 때에는 감독자의 지시에 따라야 하며, 검사에 소요되는 비용은 별도로 정한 바가 없으면 자재를 조달하는 자가 부담한다. 다만, 검사에 소요되는 비용을 발주자로부터 지급 받았을 경우에는 "갑"이 이를 부담한다.

⑦ 공사에 사용하는 재료 중 조합 또는 시험을 요하는 것은 감독자의 참여하에 그 조합 또는 시험을 한다.

⑧ "을"은 공사현장 내에 반입한 공사재료를 정당한 사유가 없는 한 감독자의 승낙 없이 공사현장 밖으로 반출하지 못한다.

⑨ 수중 또는 지하에 설치하는 공작물과 기타 준공 후 외부로부터 검사할 수 없는 공작물의 검사는 감독자의 참여 없이 시공할 수 없다.

제12조(지급재료 및 대여품)

① 계약에 의하여 "갑"이 지급하는 재료의 인도 시기는 공사예정공정표에 의하고, 그 인도 장소는 시방서 등에 따로 정한 바가 없으면 공사현장으로 한다.

② 1항에 의하여 지급된 재료의 소유권은 "갑"에게 귀속되며 정당한 사유가 없는 한 감독자의 서면 승낙 없이 공사현장에 반입된 재료를 이동할 수 없다.

③ "을"은 "갑" 또는 감독자가 지급재료가 비치된 장소에 출입하여 이를 검사하고자 할 때에는 이에 협조한다.

④ "갑"은 목적물의 품질유지, 개선이나 기타 정당한 사유가 있는 경우 또는 "을"의 요청이 있는 때에 공사 위탁과 관련된 기계 · 기구(이하 "대여품"이라 한다) 등을 대여할 수 있다. 이 경우 "갑"은 대여품을 지정된 일시와 장소에서 인도하며 인도후의 반송비는 "을"의 부담으로 한다.

⑤ 제1항의 지급재료와 제4항의 대여품을 지급한 후에 멸실 또는 훼손이 있을 때에는 "을"은 이에 대하여 책임을 진다. 다만, 선량한 관리자의 주의의무를 다한 경우에는 그러하지 아니하다.

⑥ "갑"이 지급한 재료와 기계 · 기구 등은 계약의 목적을 수행하는 데에만 사용한다.

⑦ 재료지급의 지연으로 공사가 지연될 우려가 있을 때에는 "을"은 "갑"의 서면승락을 얻어 자기가 보유한 재료를 대체 사용할 수 있다. 다만, 대체사용에 따른 경비는 "갑"이 부담한다.

⑧ "갑"은 제7항의 규정에 의하여 대체 사용한 재료를 그 사용당시의 가격에 의하여 산정한 대가를 공사 기성금에 포함하여 "을"에게 지급하여야 한다. 다만, 현품 반환을 조건으로 하여 재료의 대체사용을 승인한 경우에는 그러하지 아니하다.

⑨ 감독자는 지급재료 및 대여품을 "을"의 입회하에 검사하여 인도한다.

⑩ "을"은 공사내용의 변경으로 인하여 필요없게 된 지급재료 또는 대여품을 지체 없이 "갑"에게 반환한다.

제13조(부적합한 공사)

① "갑"은 "을"이 시공한 공사 중 설계도서에 적합하지 아니한 부분이 있을 때에는 이에 대한 시정을 요청할 수 있으며, "을"은 지체 없이 이에 응한다.

② 제1항의 경우에 있어서 "을"은 계약금액의 증액 또는 공기의 연장을 요청할 수 없다. 다만, 그 부적합한 시공이 "갑"의 요청에 의하거나 기타 "을"의 책임으로 돌릴 수 없는 사유인 경우에는 그러하지 아니하다.

제14조(공사의 변경 · 중지)

① "갑"은 필요하다고 인정하거나 발주자의 요청에 의하여 공사내용을 변경, 추가하거나 공사의 전부나 일부에 대한 시공을 일시 중지할 경우에는 변경계약서 등 서면을 사전에 "을"에게 교부하여야 한다.

② 제1항의 규정에 의한 계약금액의 증감은 발주자로부터 조정받은 범위 내에서 다음 각 호의 기준에 의한다.
  1. 증감된 공사의 단가는 제3조제2항의 규정에 의한 산출내역서상의 단가(이하 "계약단가"라 한다)로 한다.
  2. 계약단가가 없는 신규 품목의 단가는 설계변경 당시를 기준으로 산정한 단가에 낙찰률을 곱한 금액으로 한다.

③ 계약금액의 증감분에 대한 일반관리비 및 이윤은 체약체결 당시의 비율에 의한다.

④ "갑"의 지시에 의하여 "을"이 추가로 시공한 공사물량에 대하여는 "갑"이 발주자로부터 증액받지 못하였다 하더라도 "을"에게 증액하여 지급한다.

⑤ "을"은 제14조 또는 제15조에 규정된 계약금액의조정사유를 제외하고는 계약체결 후 계약조건의 미숙지, 덤핑 수주 등을 이유로 계약금액의 변경을 요구하거나 시공을 거부할 수 없다.

제15조(물가변동으로 인한 계약금액의 조정)

① "갑"은 계약체결이후 발주자로부터 설계변경 또는 경제상황의 변동 등의 이유로 계약금액을 조정하여 지급 받은 경우에는 동일한 사유로 목적물의 완성에 추가비용이 소요되거나 감액되는 때에는 그 내용과 비율에 따라 "을"에게 계약금액을 조정하여 지급한다.

② 제1항의 규정에 의한 하도급계약금액의조정은 "갑"이 발주자로부터조정을 받은 날부터 30일 이내에 하여야 하며, "갑"이 추가금액을 지급받은 날부터 15일을 초과하여 지급하는 경우에는 지연이자를, 추가금액을 어음으로 지급하는 경우에는 추가금액을 지급받은 날부터 15일을 초과한 날 이후 만기일까지의 기간에 대한 할인료(공정거래위원회가 정하여 고시하는 할인료를 말한다. 이하 같다)를 15일 이내에 각각 지급한다.

③ "갑"은 발주자로부터 계약금액을 조정받지 않은 경우에도 산출내역서에 포함되어 있는 품목의 가격 또는 요금의 급격한 변동이 있는 경우 계약금액을 조정하여 지급할 수 있는 약정을 상호 협의하여 별도로 정할 수 있다.

④ 제1항 내지 제3항의 규정에 의한 계약금액의조정은 물가변동 기준일 이후에 반입한 재료와 제공된 역무의 대가에 적용하되, 시공 전에 제출된 공사예정공정표상 물가변동기준일 이전에 이미 계약이행이 완료되었어야 할 공사부분에 대하여는 적용하지 아니한다. 다만, "갑"의 귀책사유 또는 천재지변 등 불가항력으로 인하여 지연된 경우에는 그러하지 아니하다.

제16조(응급조치)

① "을"은 화재방지 등을 위하여 필요하다고 인정될 때에는 미리 응급조치를 취하고 즉시 이를 "갑"에게 통지한다.

② "갑" 또는 감독자는 화재방지, 기타 공사의 시공상 긴급하고 부득이하다고 인정할 때에는 "을"에게 응급조치를 요구할 수 있다. 이 경우에 "을"은 즉시 이에 응한다. 다만, "을"이 요구에 응하지 아니할 때에는 "갑"은 제3자로 하여금 응급조치를 하게 할 수 있다.

③ 제1항 및 제2항의 응급조치에 소요된 경비에 대하여는 "갑"과 "을"이 협의하여 제14조의 규정을 준용한다. 다만, 응급조치 원인에 대한 책임이 "을"에게 있는 경우 "을"의 부담으로 한다.

제17조(검사의 기준·방법 및 시기)

① "갑"은 "을"로부터 기성부분 검사 또는 준공검사의 요청이 있는 때에는 양자가 협의하여 정한 검사의 기준 및 방법에 따라 즉시 검사를 하며, "갑"은 정당한 사유가 없는 한 10일 이내에 검사결과를 "을"에게 서면으로 통지하여야 한다. 다만, 이 기간 내에 이를 통지하지 아니하는 경우에는 검사에 합격한 것으로 본다. 이때 "을"의 기성청구는 문서로 하고, "갑"은 "을"의 기성청구서를 정당한 사유 없이 반려하여서는 안 된다.

② 제1항의 검사합격 통지시 "갑"에게 목적물이 인도된 것으로 보며, "갑"은 즉시 이를 인수하여야 한다.

③ "을"은 제1항의 검사에 합격하지 못한 때에는 지체 없이 이를 보수 또는 개조하여 다시 검사를 받아야 한다.

④ "을"은 "갑"의 검사에 이의가 있을 때에는 "갑"에 대하여 재검사를 요구할 수 있으며, 재검사의 요구가 있을 때에는 "갑"은 지체 없이 재검사를 한다.

⑤ "을"은 공사를 완성하였을 때에는 지체 없이 모든 공사시설, 잉여자재, 폐물질 및 가설물 등을 공사현장으로부터 철거, 반출하고 공사현장을 정돈한다.

제18조(손해의 부담)

① 공사의 목적물이 "갑"에게 인도되기 전에 "갑", "을" 쌍방의 책임 없는 사유로 공사의 목적물이나 제3자에게 손해가 생긴 경우 이는 "을"이 부담한다. 단, "갑"의 귀책사유가 있는 경우나 "갑"의 인수지연 중 "갑", "을" 쌍방의 책임 없는 사유로 목적물 또는 제3자에게 손해가 생긴 경우 이는 "갑"이 부담한다.

② 공사목적물 검사기간 중 "갑", "을" 쌍방의 책임 없는 사유로 공사의 목적물이나 제3자에게 손해가 생긴 경우 다른 약정이 없는 한 "갑"과 "을"이 협의하여 결정한다.

③ "갑"에게 공사의 목적물이 인도된 후, "갑", "을" 쌍방의 책임 없는 사유로 공사의 목적물이나 제3자에게 손해가 발생한 경우에는 "갑"이 부담한다. 그리고 천재지변 기타 불가항력에 의하여 검사를 마친 기성부분에 손해가 발생한 때에는 "을"은 그 사실을 지체 없이 "갑"에게 통지한다.

④ "을"이 고의 또는 과실로 인하여 하도급 받은 공사를 조잡하게 하여 타인에게 손해를 가한 때에는 그 손해를 배상한다.

⑤ "갑"이 제4항의 규정에 의한 손해를 "을"과 연대하여 그 손해를 배상한 경우에는 "을"에게 구상권을 행사할 수 있다.

제19조(부분사용)

① "갑"은 공사목적물의 인도전이라 하더라도 "을"의 동의를 얻어 공사목적물의 전부 또는 일부를 사용할 수 있다.

② 제1항의 경우, "갑"은 그 사용부분을 선량한 관리자의 주의로서 사용한다.

③ "갑"은 제1항에 의한 사용으로 "을"에게 손해가 있거나, "을"의 비용을 증가하게 한 때에는 그 손해를 배상하거나 증가된 비용을 부담한다. 이 경우 배상액 또는 부담액은 "갑"과 "을"이 협의하여 정한다.

제20조(하도급대금의 지급)

① "갑"은 목적물 인수일부터 60일 이내의 가능한 짧은 기한으로 정한 지급기일까지 하도급대금을 "을"에게 지급한다. 다만, "갑"이 발주자로부터 준공금을 받은 때에는 하도급대금을, 기성금을 받은 때에는 "을"이 시공한 분에 상당한 금액을 그 지급 받은 날부터 15일(하도급대금의 지급기일이 그전에 도래한 경우에는 그 지급기일) 이내에 "을"에게 지급한다.

② "갑"이 "을"에게 하도급대금을 지급함에 있어서는 "갑"이 발주자로부터 당해 정보통신공사와 관련하여 지급 받은 현금비율 이상으로 지급하며, 하도급대금을 어음으로 지급하는 경우에는 발주자로부터 교부받은 어음의 만기일을 초과하지 않는 어음을 교부한다.

③ "갑"이 하도급대금을 어음으로 지급하는 경우에 그 어음은 법률에 근거하여 설립된 금융기관에서 할인이 가능한 것이어야 하며, 어음을 교부한 날부터 어음의 만기일까지의 기간에 대한 할인료를 어음을 교부하는 날에 "을"에게 지급한다. 다만, 목적물 인수일부터 60일(발주자로부터 준공금 또는 기성금을 받은 때에는 제1항에서 정한 기일을 말한다. 이하 같다) 이내에 어음을 교부하는 경우에는 목적물 인수일부터 60일을 초과한 날 이후 만기일까지의 기간에 대한 할인료를 목적물 인수일부터 60일 이내에 "을"에게 지급한다.

④ "갑"이 하도급대금을 목적물 인수일부터 60일을 초과하여 지급하는 경우에는 그 초과기간에 대하여 공정거래위원회가 정하여 고시하는 이자율에 의한 이자를 지급한다.

제21조(하도급대금의 직접지급)

① 「하도급법」 제14조의 규정에 의거 "갑"이 다음 각 호와 같이 하도급대금을 지급할 수 없는 명백한 사유가 있는 경우에는 "을"은 발주자에게 하도급대금의 직접지급을 청구할 수 있다.

1. "갑"의 파산·부도가 있거나 사업에 관한 허가·인가·면허·등록 등이 취소되어 "갑"이 하도급대금을 지급할 수 없게 된 경우

2. 발주자가 하도급대금을 직접 "을"에게 지급한다는 뜻과 그 지급방법 및 절차에 관하여 발주자·"갑" 및 "을"이 합의한 경우

3. "갑"이 제7조제1항의 규정에 의한 하도급대금 지급보증의무를 이행하지 아니하고, 제20조제1항의 규정에 의하여 지급하여야 할 하도급대금의 2회분 이상을 지급하지 아니한 경우

② "을"이 제1항의 규정에 의하여 발주자에게 하도급대금의 직접지급을 청구하거나 발주자가 하도급대금을 "을"에게 직접 지급하고자 할 때에는 "갑"은 특별한 사유가 없는 한 그 지급의 방법 및 절차에 관하여 협조한다.

제22조(선급금의 지급)

① "갑"이 발주자로부터 선급금을 받은 때에는 "을"이 시공에 착수할 수 있도록 그가 받은 선급금의 내용과 비율에 따라 선급금을 지급 받은 날(정보통신공사의 하도급계약을 체결하기 전에 선급금을 받은 경우에는 하도급계약을 체결한 날)부터 15일 이내에 하도급법 제6조에서 규정한 바에 따라 선급금을 "을"에게 지급한다.

② "갑"이 발주자로부터 받은 선급금을 제1항의 규정에 의한 기한을 초과하여 지급하는 경우에는 그 초과기간에 대하여 공정거래위원회가 정하여 고시하는 이자율에 의한 이자를 지급한다.

③ 제20조제3항의 규정은 "갑"이 제1항의 규정에 의한 선급금을 어음으로 지급하는 경우의 어음할인료의 지급 및 할인율에 관하여 이를 준용한다. 이 경우 "목적물의 인수 일부터 60일"은 "갑"이 발주자로부터 선급금을 받은 날부터 15일"로 본다.

④ "을"이 선급금을 지급 받고자 할 때에는 제7조제2항 각호의 보증기관이 발행하는 선급금지급보증서를 "갑"에게 제출한다.

⑤ 선급금은 계약목적 외에 사용할 수 없으며, 노임지급 및 자재확보에 우선 사용하도록 한다.

⑥ 선급금은 기성부분의 대가를 지급할 때마다 다음 산식에 의하여 산출한 금액을 정산한다.

· 선급금 정산액 = 선급금액 × (당해기성금 ÷ 총계약금액)

제23조(하자담보)

① "을"은 계약서에서 정한 하자보수보증금율을 계약금액에 곱하여 산출한 금액(이하 "하자보수보증금"이라 한다)을 준공검사 후 그 공사대금을 지급 받음과 동시에 제7조제2항에서 정한 방법으로 "갑"에게 납부 또는 교부한다. 다만, 공사의 성질상 하자보수보증금의 납부가 필요하지 아니한 경우에는 그러하지 아니하다.

② "을"은 준공검사를 마친 날부터 계약서에 규정된 하자보수의무기간 중 "을"의 귀책사유로 하자가 발생한 것에 대하여는 이를 보수하여야 한다.

③ "을"이 제2항의 하자보수의무기간 중 "갑"으로부터 하자보수의 요구를 받고 이에 응하지 아니하면 제1항의 하자보수보증금은 "갑"에게 귀속한다.

④ 제1항의 하자보수보증금은 하자보수의무기간이 종료한 후 "을"의 청구가 있는 날부터 10일 이내에 반환하여야 한다.

제24조(이행지체)

① "을"이 계약서에서 정한 준공기한 내에 공사를 완성하지 못하였을 때에는 계약금액에 계약서에 규정된 지체상금율과 지체일수를 곱한 금액(이하 "지체상금"이라 한다)을 "갑"에게 상환한다.

② 제1항의 경우 기성부분에 대하여 검사를 거쳐 이를 인수한 때에는 그 부분에 상당하는 금액을 계약금액에서 공제한 금액을 기준으로 지체상금을 계산한다. 이 경우 기성부분의 인수는 성질상 분할할 수 있는 공사의 완성부분으로서 인수하는 것에 한한다.

③ "을"의 책임으로 돌릴 수 없는 다음 각 호의 1에 해당되는 사유로 공사가 지체되었다고 인정될 때에는 그 해당일수에 상당한 일수를 지체일수에 산입하지 아니한다.

 1. 태풍, 홍수, 기타 악천후, 전쟁 또는 사변, 지진, 화재, 폭동, 항만봉쇄, 방역 및 보안상 출입제한 등으로 인한 경우
 2. "갑"이 지급키로 한 지급재료의 공급이 지연되어 공사진행이 불가능하였을 경우
 3. "을"이 시공하는 공종이 아닌 선행 공종의 지연으로 공사진행이 불가능하였을 경우
 4. 기타 "갑"의 귀책사유로 인하여 착공이 지연되거나 시공이 중단된 경우

④ "갑"은 제1항의 지체상금을 "을"에게 지급하여야 할 공사비 또는 기타 예치금에서 공제할 수 있다. 이 때 "갑"은 지체상금계산내역을 "을"에게 제시하여야 한다.

제25조(계약의 해제, 해지)

① "갑" 또는 "을"은 다음 각 호의 1에 해당하는 경우 서면으로 상당기간을 정하여 최고한 후, 동 기간 내에 계약이 이행되지 아니하는 때에는 당해 계약의 전부 또는 일부를 해제·해지할 수 있다.

 1. "갑" 또는 "을"이 계약조건을 위반하여 그 위반으로 계약의 목적을 달성할 수 없다고 인정될 때
 2. 부도·파산 등 "을"의 귀책사유로 공기내에 공사를 완성할 수 없다고 인정될 때
 3. "갑"이 정당한 이유 없이 계약내용을 이행하지 아니하고 그 위반으로 공사를 완성하는 것이 불가능한 때
 4. "을"이 정당한 이유 없이 약정한 착공기간을 경과하고도 공사에 착공하지 아니한 때
 5. "갑"이 공사내용을 변경함으로써 계약금액이 100분의 40이상 감소한 때
 6. 제14조제1항에 의한 공사의 중지기간이 전체공사 기간의 100분의 50이상인 때

② 제1항에 의한 계약의 해제·해지의 경우에 "을"은 다음 사항을 이행한다.
1. 기성부분 검사를 필한 부분에 대한 하자보수보증금을 제23조제1항의 규정에 의거 "갑"에게 납부한다.
2. 해약통지서를 받은 부분에 대한 공사를 지체 없이 중지하고 모든 공사 관련 시설 및 장비 등을 공사현장으로부터 철거한다.
3. 제12조에 의한 대여품이 있을 때에는 지체 없이 "갑"에게 반환한다. 이 경우 당해 대여품이 "을"의 고의 또는 과실로 인하여 멸실 또는 파손되었을 때에는 원상회복 또는 그 손해를 배상한다.
4. 제12조에 의한 지급자재중 공사의 기성부분으로서 인수된 부분에 사용한 것을 제외한 잔여재료는 "갑"에게 반환한다. 이 경우 당해 재료가 "을"의 고의 또는 과실로 인하여 멸실 또는 파손되었거나 공사의 기성부분으로서 인수되지 아니한 부분에 사용된 때에는 원상으로 회복하거나 그 손해를 배상한다.
③ "을"은 제2항의 하자보수보증금을 현금으로 납부한 경우에는 공사 준공검사 후 하자보수보증서로 대체할 수 있다.
④ "을"은 제1항에 의한 계약의 해제 또는 해지로 발생한 손해에 대하여 "갑"에게 손해배상을 청구할 수 있다.

제26조(서류제출)

"을"은 하도급공사의 임금, 산업재해보상보험금의 지급, 요양 등에 관한 서류에 대하여 "갑"의 요구가 있을 때에는 이에 협조한다.

제27조(보험가입 등)

① 관계법령에 의하여 가입이 의무화된 보험(산업재해보상보험, 고용보험 등. 이하 같다) 등은 "갑"이 가입함을 원칙으로 하고, "을"은 시공에 있어서 재해방지를 위하여 만전을 기한다.
② "을"은 관계법령이 정하는 바에 의하여 보험 등에 가입할 수 있으며, 이때 "갑"은 "을"의 하도급내역을 기초로 산출된 보험가입에 필요한 금액을 별도 계상하여 지급한다.
③ "갑"은 제1항에 의해 보험 등에 가입한 경우에는 당해 사업장의 근로자가 보험금 등을 지급 받아야 할 사유가 발생한 때에는 관계법령에 의한 보험금 등의 혜택을 받을 수 있도록 하여야 한다.
④ "갑"은 재해발생에 대비하여 "을"에게 다음 각 호의 보험을 택일 또는 중복하여 가입토록 요구할 수 있고, 이 경우 동 보험료 상당액을 지급한다.
1. 사용자배상 책임보험
2. 영업배상 책임보험
3. 공사보험
⑤ "갑"이 산업재해보험에 일괄 가입하였을 경우, "을"이 책임이 있는 경우를 제외하고는 "갑"이 재해발생으로 인한 모든 책임을 져야 한다.

제28조(안전관리비)

① "갑"은 건설공사 표준안전관리비 계상 및 사용기준에 따라 안전관리비를 책정하여야 한다.
② "갑"은 계상된 안전관리비의 범위 안에서 "을"의 위험도 등을 고려하여 적정하게 지급하거나, "갑"의 관리 하에 공동으로 사용해야 한다.

③ "을"은 계약체결 후 지체 없이 안전관리비 사용기준, 공사특성에 적합한 안전관리계획 및 안전관리비 사용계획을 작성하여 "갑"에게 제출하고, 이에 따라 안전관리비를 사용하여야 한다.

제29조(산업재산권)

① "을"은 목적물의 시공과 관련하여 "갑"으로부터 사용을 허락받은 특허권·실용신안권·의장권 등(이하 "산업재산권"이라 한다)을 목적물 시공 외에는 사용하지 못하며, "갑"의 승락 없이 제3자에게 산업재산권을 사용하게 할 수 없다.

② "갑" 또는 "을"은 목적물에 대해 산업재산권 침해 등 분쟁이 발생한 경우에는 상대방에게 지체 없이 통지하여야 하며, "갑" 또는 을 중 책임이 있는 자가 분쟁을 해결하여야 한다.

③ "갑"과 "을"이 공동연구하여 개발한 산업재산권의 취득은 상호 협의하여 정한다.

제30조(특수조건)

이 계약에서 정하지 아니한 사항에 대하여는 "갑"과 "을"이 대등한 지위에서 합의하여 특약으로 정할 수 있다.

제31조(분쟁의 조정)

① 이 계약에서 발생하는 문제에 관한 분쟁은 "갑"과 "을"이 쌍방의 합의에 의하여 해결한다.

② 제1항의 합의가 성립하지 못할 때에는 「하도급법」 제24조의 규정에 의하여 설치된 "하도급분쟁조정협의회"등에 조정을 신청하거나 다른 법령에 의하여 설치된 중재기관에 중재를 신청할 수 있다.

정보시스템아웃소싱 표준계약서

제1장 총 칙

제1조(계약의 목적)

1. 발주기관 "갑"은 본 건 업무를 공급업체 "을"에게 위탁하고 "을"은 이를 수탁 받는다.
2. "갑"은 "을"에 대한 본 건 업무의 대가로 위탁료를 지불한다.
3. "갑"과 "을"은 본 건 업무의 수행에 있어 "갑", "을" 쌍방의 공동작업 및 분담작업이 필요함을 인식하고 작업의 성질이나 역할분담에 따라 공동작업이나 분담작업을 성실하게 수행함과 동시에 상대방의 분담작업실시에 대하여 성의를 다하여 협조한다.

제2조(용어 정의)

1. 사양서란 "갑"과 "을"의 협의하에 "을"이 "갑"에게 제공하도록 규정된 서비스 및 용역의 종류, 내용, 수준, 기간 등이 포함된 문서이다.
2. 아웃소싱자원이관이란 본 계약과 관련 있는 "갑"의 정보자원을 "을"의 관리 밑으로 옮기는 것으로서 "을"이 운용서비스를 개시할 수 있는 환경을 설정, 정비하는 것을 뜻한다.
3. 운영서비스업무란 아웃소싱자원이관에 의해 이관된 "갑"의 정보시스템과 관련된 정보자원을 "을"이 이용하여 본 계약을 토대로 "갑"의 정보시스템을 운용, 관리함으로써 "갑"에게 소정의 정보서비스를 제공하는 것을 의미한다.
4. 정보자원이란 정보시스템을 구성하는 자원 또는 그와 관련된 자원을 말하며 컴퓨터를 포함한 하드웨어, 소프트웨어, 데이터베이스, 통신회선, 센터설비 등의 모든 인프라스트럭춰를 포함한다.

제3조(아웃소싱 대상업무) 정보시스템아웃소싱 대상업무는 다음과 같이 분류될 수 있음

1. 어플리케이션 SW 부문(어플리케이션 SW개발, 유지보수, 통합)
2. 인프라스트럭춰관리부문(데이터센타운영, 네트웍서비스, 데스크탑서비스, 헬프데스크)
3. 컨설팅 및 관리부문(정보기술마스타플랜수립, 업무구조재구축, 교육훈련)

제2장 컨설팅 및 어플리케이션 SW 개발

제4조(업무의 범위)

"을"이 수행하여야 할 용역수행 업무의 범위는 "을"의 제안서를 바탕으로 작성된 과업지시서 내용으로 한다. 다만, 필요한 경우 "갑"과 "을"의 합의에 따라 사업내용의 일부를 변경 할 수 있다.

제5조(작업 분담)

제안서, 과업지시서 및 "갑"과 "을"이 합의한 기본사양서 및 서비스 사양서에 명기한 작업분담에 따라 각 분담작업을 각자의 책임하에 수행하여야 하며 공동작업에 관해서는 상호 협력하여 "갑"과 "을"이 공동으로 수행하도록 한다.

제6조(기본사양서 및 서비스사양서)

1. 제안서 또는 과업 지시서에 준하여 본 계약체결 후 00일 이내에 "갑"과 "을"의 합의하에 기본사양서와 서비스 사양서를 작성한다.
2. "갑"과 "을"은 기본사양서 및 서비스 사양서를 변경할 필요가 있을 경우 사안별로 "갑"과 "을"이 협의하여 변경할 수 있으며, 이때 변경에 따른 비용도 합의내용에 포함한다.

제7조(용역수행)

1. "을"은 계약시 컨설팅, 소프트웨어 개발, 장비납품 및 설치 등 주요공정에 관한 세부추진계획서 등을 "갑"에게 제출하여 승인을 받아야 한다.
2. "을"은 컨설팅 또는 소프트웨어 개발시 관리기법(방법론 등)에 의거하여 개발을 수행하되, 정보계획수립단계는 "갑"과 협의를 통한 업무범위확정으로 대체할 수 있으며, 그 외의 작업은 개발시스템 소규모 경로를 준용하여 수행하여야 한다.
3. "갑"은 "을"에 대하여 교육훈련계획 및 사업진행상황에 대한 보고를 요청할 수 있으며 이 경우 "을"은 성실하게 응해야 한다.

제8조(사업수행 장소)

사업수행 장소는 "을"과의 협의를 거쳐 "갑"이 정한다.

제9조(진도보고 및 용역보고서 제출)

1. "을"은 효율적인 진도관리를 위하여 정기(매---마다) 또는 수시로 사업수행의 진행상황 및 추진내역을 "갑"에게 보고하여야 한다.
2. "을"은 컨설팅 또는 소프트웨어 개발시 "갑"과 합의한 각 단계별 결과물을 각 단계 종료시점까지 다음 각 호의 결과물을 사업책임자 날인을 받아 "갑"에게 제출하여야 한다.
1) 컨설팅결과물 - ~후 O일 이내 O부
2) 사용자지침서 - ~후 O일 이내 O부
3) 운용자지침서 - ~후 O일 이내 O부
4) S/W 기능명세서 - ~후 O일 이내 O부
5) 설치결과보고서 - ~후 O일 이내 O부
6) 사업완료보고서 - ~후 O일 이내 O부

제10조(개발 SW 납품 및 검수)

1. "을"은 개발계약 SW를 계약일로부터 00년 0월 00일 까지 "갑"이 지정하는 장소에 "을"의 책임하에 납품 및 설치 완료하고 "갑"이 제시한 시험절차 및 항목에 따라 "갑"과 "을"의 입회하에 설치시험을 실시하여야 한다. 이 경우 설치시험비용은 "을"이 부담한다.

2. "을"은 제1항의 설치시험을 통과한 다음 검수요청에 필요한 장비현황표 및 구성도, 교육계획서, 도면, 결과보고서, 관련 기술문헌 등의 관련서류와 검수시험계획서를 첨부하여 "갑"에게 검수를 요청하여야 한다.

3. "갑"은 "을"의 검수요청 후 14일 기간을 시험운영 기간으로 정하여 시험운영 및 검수를 실시하고 그 결과를 "을"에게 통보하여야 한다.

4. 천재지변 등 불가항력적인 사유로 인하여 제1항에서 정한 기일 내에 설치가 불가능할 경우 "을"은 "갑"에게 설치기일의 연기를 요청할 수 있으며, "갑"은 "을"의 요청이 정당하다고 인정될 때에는 설치 기일을 연기할 수 있다.

제11조(개발 SW 하자보수)

1. "을"이 계약목적물을 "갑"이 지정한 장소에 설치완료 후 하자보수기간은 "갑"과 "을"이 정상가동을 확인한 날로부터 H/W는 00개월, S/W는 00개월로 하며 이 기간 내에 발생하는 시스템의 장애는 "을"의 비용으로 즉시 보완한다.

2. "을"은 제1항을 보증하기 위하여 계약금액의 100분에 3에 해당하는 금액을 이행(하자)보증보험증권으로 "갑"에게 제출하여야 한다.

3. "갑"이 시스템 인수 후 시스템의 규격과 품질이 상이함을 발견하였을 경우 그 원인이 "을"의 귀책사유일 경우에는 그 사실을 "을"에게 통지하고 당해 시스템의 대체공급 또는 물품대금의 반환을 요구할 수 있다.

제12조(사업결과의 귀속)

1. "을"이 납품한 모든 산출물과 기술자료의 소유권은 "을"에게, 이의 사용권은 "갑"에게 귀속된다.

2. "을"은 본 사업과 관련하여 대외적인 발표를 할 수 없다. 다만, "갑"과의 사전협의하에 발표할 수 있으며, 이 경우에도 "갑"의 위탁사업에 대한 사업수행결과임을 반드시 표시하여야 한다.

제3장 운영서비스(인프라스트럭쳐관리부문)

제13조(운영서비스 업무의 대상 및 범위)

운영서비스업무는 본 계약 및 운영사양서에 따라 "을"이 "갑"의 정보시스템을 운용, 관리하며 "갑"에 대해 정보처리시스템을 제공하는 제반 작업을 뜻하고 "갑"의 정보시스템과 관련된 정보자원의 유지보수까지 포함한다.

제14조(운영서비스 사양서)

1. "을"은 운영서비스 사양서를 작성하기 위해서 "갑"과 협의한다. 단, 대상비용, 기간 등의 세부사항은 제안서에 근거하고 제안서에 명기되지 않은 사항에 대해서는 "갑"과 "을"이 상호 협의하여 시행한다.

2. "갑"과 "을"은 운영사양서의 내용을 변경할 필요가 있는 경우 사안별로 "갑"과 "을"이 협의하여 변경할 수 있으며 이때 변경에 따른 비용도 협의내용에 포함한다.

제15조(운영개시일과 서비스 기간)

1. 운영서비스업무는 0000년 00월 00일 (이하 '운영개시일')부터 개시한다.

2. 운영서비스기간은 운영기시일로부터 만 O년간(이하 '기본기간')으로 하며 기본기간 완료 6개월 전까지 "갑" 또는 "을"이 상대측에 서면으로 별도의 의사표시를 하지 않는 한 기본 기간 완료일의 익일로부터 자동적으로 O년간 연장되는 것으로 한다. 이후의 기간 만료시에도 이 규정을 적용한다.

3. "을"은 기간만료 6개월 전까지 "갑"에게 서면통지로 갱신 후 적용될 운영서비스 위탁료의 변경을 요청할 수 있다.

제16조(운영서비스업무의 실시)

1. "을"은 운영서비스업무를 운영사양서에 따라 실시하며 "갑"은 그 수행을 적극 협력해야 한다.

2. "을"은 매월 실시한 운영서비스업무의 내용을 소정의 보고서 양식에 따라 익월 00일까지 "갑"에게 보고하고 "갑"은 이를 확인해야 한다.

3. "을"은 운영서비스업무를 수행함에 있어 출력 결과물 등을 제공하여야 할 경우 운영사양서에 따라 제공하고 "갑"의 검수를 받는다.

제17조(데이터 취급)

　"을"은 운영서비스업무를 실시함에 있어 "갑"의 데이터를 취급할 때 운영사양서에 따라 사용, 처리하고 관리자의 철저한 관리하에 보관, 관리를 하도록 하며 본 계약 이외의 목적으로는 일체 사용할 수 없다.

제18조(작업분담)

　"갑"과 "을"은 기본 사양서에 의한 작업분담에 따라 각 분담작업을 각자의 책임하에 수행하여야 하며 공동작업에 관해서는 상호협력하여 "갑"과 "을"이 공동으로 수행하도록 한다.

제19조(보고)

　"을"은 시스템운영과 관련하여 정기 또는 필요한 경우 수시로 "갑"에게 운영현황보고를 해야 한다.

제20조(업무변경)

1. "갑"은 "을"의 운영서비스업무수행과 관련하여 정보자원의 변경을 원할 경우 변경 희망일의 O일전까지 그 내용을 서면으로 "을"에게 통지하여야 한다.

2. "을"은 제1항의 통지를 받을 경우 그 내용이 "을" 또는 운영서비스업무에 미치는 영향을 고려하여 변경 여부 또는 변경에 따른 비용부담과 기타 필요한 세부사항을 "갑"과 협의하여 결정한다.

제21조(부가서비스)

1. "갑"이 운영사양서에 정해진 범위 이외의 서비스(이하 '부가서비스')를 "을"로부터 받고자 할 경우 "을"에게 희망하는 일자의 O일전까지 그 내용을 서면으로 신청하여야 한다.

2. "을"은 제1항의 신청을 받을 경우 가능한 범위 내에서 부가서비스의 제공에 유상으로 응하도록 하며 이와 관련한 추가계약은 "갑"과 협의하여 체결한다.

제22조(서비스 일시 정지)

"을"은 운영서비스용 설비, 통신회선 등의 보수나 기타 공사 등에 의해 운영서비스의 제공을 일시 정지할 경우 미리 그 내용을 "갑"에게 통지하고 필요한 범위 내에서 운영서비스를 일시 정지할 수 있다. 단, 긴급을 요하는 경우에는 예외로 한다.

제23조(장애 처리)

"갑"과 "을"은 운영서비스업무에 관해 통신회선의 단절로 인한 장애나 응답내용의 이상 등과 같은 장애가 발생한 것을 알았을 때 즉시 주무담당자를 통해 상대측 주무담당자에게 연락함과 동시에 복구대책(복구까지의 임시조치를 포함)에 대해 협의결정 후 신속하게 대처한다.

제4장 아웃소싱자원 이관

제24조(업무의 범위)

자원이관 업무는 본 계약서에 첨부된 기본 사양서(또는 '과업지시서')에 준하되 "을"이 운영서비스를 개시하기 위해 필요한 제반 작업으로서 이관대상정보자원의 확정, 대상 정보자원의 이관, "을"의 운영서비스 수행가능 환경의 정비 및 "을"에 의한 운영서비스 환경하에서의 "갑"의 정보시스템 운영시험까지를 포함한다.

제25조(자원이관 사양서)

1. "갑"과 "을"은 이행서비스업무의 내용에 대한 본 계약체결 후 0일 이내에 기본사양서(또는 과업지시서)와 "갑"과 "을"의 협의를 바탕으로 이행대상정보자원 및 이와 관련된 제반권리, 계약의 처리, 작업 내용, 작업분담, 일정 등 이행서비스업무의 실시에 필요한 세부사항(이하 '이행사양서')을 정하도록 한다.
2. "갑"과 "을"은 기본사양서 또는 이행사양서를 변경할 필요가 있을 경우 사안별로 "갑"과 "을"이 협의하여 변경할 수 있으며 이때 변경에 따른 비용도 협의내용에 포함한다.

제26조(이관대상자원의 이관)

1. 이행대상정보자원의 이관은 "을"이 본 계약, 기본사양서 및 이행 사양서에 정하여진 바에 따라 "갑"으로부터 이행대상정보자원을 이관 받아 "을"의 소정의 장소에 설치, 조정 및 기타 필요한 작업을 수행함으로써 이루어진다.
2. "을"은 이행대상 정보자원을 이관 받음에 있어 사전에 해당 정보자원을 "을"의 소정의 검사방법에 의해 검사하고 그 물건의 내용, 수량 등이 기본사양서와 이행사양서의 내용과 적합한지를 검토한 뒤 "갑"에게 이를 확인 통보한다.

제27조(업무기간 및 업무의 실시

1. 이행서비스업무는 본 계약체결일로부터 시작하여 0000년 00월 00일(이하 '이행완료일')까지 완료하며 "을"은 기본사양서 및 이행사양서에 따라 이행서비스업무를 실시하고 "갑"은 그 수행에 협조한다.

2. "갑"과 "을"은 이행 완료일을 변경할 필요가 있을 경우에는 그 변경일과 변경이유가 기재된 서면을 상대방에게 보내어 "갑", "을" 쌍방의 협의하에 변경여부 및 그 내용을 결정한다.

제28조(작업 분담)

"갑"과 "을"은 기본사양서 및 이행사양서에 준한 작업분담에 따라 각 분담작업을 각자의 책임하에 수행하여야 하며 공동작업에 관해서는 상호협력하여 "갑"과 "을"이 공동으로 수행하도록 한다.

제29조(이관 수준)

본 계약에 의해 정보자원이 이관되더라도 "을"은 이관이전에 "갑"이 제공받던 서비스의 수준을 유지할 수 있도록 이에 대한 방법과 내용을 사전에 협의하여야 하며 자세한 내용을 서비스수준협의서(SLA)에 기재하여야 한다.

제30조(운용을 위한 환경설정, 정비)

1. "을"은 "갑"으로부터 이관 받은 이행대상정보자원이 미흡할 경우 "을"이 이미 보유하고 있는 정보자원으로 보완하거나 해당 부족분에 대한 정보자원을 외부로부터 조달하여 운영서비스업무의 실시에 충당할 수 있다.
2. 제1항의 규정에 따라 "을"이 정보자원을 충당할 경우 소요비용을 "갑"이 부담한다.

제31조(운용시험)

1. "을"은 이행대상정보자원의 이관 및 환경설정, 정비가 끝난 후 신속하게 "갑"의 정보시스템 정상가동여부와 "을"에 의한 운영, 관리가 가능한지에 대한 검증을 위해 운영시험(이하 '운영시험')을 한다.
2. "갑"과 "을"은 운영시험 개시까지 시험항목, 방법, 결과의 확인방법, 실시체제 및 "갑", "을" 쌍방의 작업분담 등 필요한 사항을 협의결정하고 그 결정에 따라 "을"이 '시험사양서'를 작성하여 "갑"에게 제출한다.
3. "을"은 제2항의 '시험사양서'에 준한 운영시험을 실시하고 "갑"은 이에 협력한다.
4. "을"은 운영시험결과를 "갑"에게 통지하고 "갑"은 그 결과를 확인하여 합격/불합격 여부를 통지한다. 확인결과가 불합격인 경우에는 신속히 "갑"과 협의하여 대응책을 강구하고 실행한다.

제32조(운용사양서 및 이용자매뉴얼 작성)

1. "갑"과 "을"은 운영시험개시 전까지 "갑"의 정보시스템을 "을"이 운영, 관리함에 있어 기본적 사항(운영순서, '갑'과 "을" 쌍방의 작업분담, 장애시의 대응방법 등)에 대해 협의결정하고 그 결정에 따라 "을"은 운영사양서(이하 '운영사항서')를 작성하여 "갑"의 승인을 받는다.
2. "갑"과 "을"은 운영시험개시까지 "갑"의 종업원 등 "갑"의 정보시스템사용자가 단말조작 등 "갑"의 정보시스템을 이용함에 있어 필요한 사항을 협의 결정하고 그 결정에 따라 "을"은 사용자지침서(이하 '사용자지침서')를 작성하고 "갑"의 승인을 받는다.
3. "갑"은 운영사양서 및 사용자지침서 작성을 위해 필요한 서류를 "을"의 요청에 따라 무상으로 제공하여야 한다.

제33조(교육)

1. "갑"은 이행 완료일 까지 "을"에 의한 운용서비스를 원활하게 받을 수 있도록 "갑"의 사용자 및 기타 관계자에 대해 필요한 교육을 "을"로부터 받을 수 있다.
2. "갑"은 제11항 교육을 별도계약에 의해 "을"에게 위탁할 수 있다. 이 경우 "갑"은 교육내용과 기타 필요사항을 서면으로 "을"에게 신청하여야 하며 비용 및 세부사항에 대해서는 "갑"과 "을"이 협의 결정한다.

제34조(이관서비스업무의 완료)

1. "을"은 이행서비스업무가 완료될 경우 즉시 '이행서비스 업무완료 보고서'를 "갑"에게 제출한다.
2. "갑"은 제1항의 '이행서비스 업무완료 보고서'를 받은 날로부터 0일(이하 '이행서비스업무 확인기간') 이내에 기본사양서 및 이행사양서에 준하여 "을"이 실시한 이행서비스업무의 완료를 검사, 확인하고 '이행서비스 업무완료 확인서'를 "을"에게 교부한다.
3. "갑"은 제2항의 검사에서 미비한 점이 발견된 경우 즉시 그 내용을 서면으로 "을"에게 통지하고 "을"은 통지내용에 대해 조사하여 보수 및 적절한 조치를 취해 이행서비스를 완료한다. 이때 미비점에 대한 책임이 "을"에게 있는 경우는 관찰 보수, 개선을 시행한 후 제2항의 규정에 따라 업무종료절차를 취한다.
4. 이행서비스업무 확인기간 이내에 "을"이 "갑"으로부터 '이행서비스 업무완료 확인서'나 제3항의 규정에 따른 미비령에 대한 통지를 받지 못한 경우에는 이행서비스업무가 완료된 것으로 간주하며 이행서비스업무 확인기간 종료일에 '이행서비스 업무완료 확인서'가 교부된 것으로 본다.

제5장   일반조건

제35조(작업추진 체제)

1. "갑"과 "을"은 본 계약체결 후 0일 이내 해당 서비스의 업무를 원활하게 추진하기 위해 각각 주무담당자 1명과 필요한 작업추진 체제를 정해 상호 서면으로 통지한다. 이에 대한 변경이 있을 경우에도 즉시 서면으로 상대방에게 통지한다.
2. "갑"과 "을"은 별도로 정하는 경우를 제외하고는 이행서비스업무의 수행에 관한 상대방으로부터의 요청이나 지시의 수용 또는 상대방에 대한 의뢰, 기타 쌍방 간의 연락, 확인 등에 대해 주무담당자 경유를 원칙으로 한다.

제36조(하도급)

1. "을"은 본 건 업무의 일부를 "을"의 책임하에 제3자에게 재위탁할 수 있다.
2. 제3자에게 재위탁할 경우 기밀보호의무는 "을"에게 있고 재위탁받은 자는 해당 재위탁업무 수행에 대해 본 계약에서 정한 "을"의 의무와 동등한 의무를 진다.

제37조(인적자원의 관리 및 처우)

1. 승계요청 : "갑"소속 직원으로서 계약일 현재 이관되는 업무에 종사하는 자중 "을"이 이관을 요청하는 자

2. 고용조건 : 이관되는 인적자원에 대한 고용조건 제안시 Vendor는 기본급, 직위, 의료보험, 유가, 연금, 퇴직금, 서비스신용도, 근무위치 등의 내용을 포함해야 한다.

3. 근무시간 : Vendor의 근무시간과 동일

4. 보상 : 고용승계일 이전에 "갑"은 이관되는 인력에 대해 법적으로 재정적/행정적으로 해결해야 할 문제들을 청산해 주어야 한다.

5. 보충 : "갑"으로부터 인계되는 인력으로 서비스의 제공이 충분하다고 판단될 경우 Vendor는 필요인력을 충원할 수 있다.

6. "을"은 인적자원이관에 대한 총체적 책임을 지는 책임자를 선발해야 하며 "갑"의 동의 없이 사업개시 4주 이내에 인적자원책임자를 바꾸어서는 안 된다.

제38조(권리의무 양도의 금지)

"갑"과 "을"은 서면에 의한 상대방의 동의 없이 본 계약의 지위를 제3자에게 승계하거나 본 계약에서 발생된 권리의무의 전부 또는 일부를 제3자에게 양도하거나 담보로 제공할 수 없다.

제39조(지적재산권의 취급)

본 건 업무 수행과정에서 발생된 발명, 창작 등의 특허권, 저작권 및 그 밖의 지적재산권(노하우포함)에 대해서는 그 발명 및 창작이 "갑"이나 "을"의 어느 한쪽에서 단독으로 이루어진 것일 경우 해당지적재산권은 해당 당사자에게 귀속되는 것으로 하며, 공동으로 이루어진 것일 경우 "갑"과 "을"의 공유(지분은 기여도에 따라)로 한다.

제40조(자료 등의 제공, 관리 및 반환)

1. "갑"은 "을"로부터 본 건 업무 작업수행에 필요한 자료의 제공에 대한 요청을 받았을 경우 무상으로 "을"에게 이를 제공하여야 한다.

계산하여 반환하여여 한다.

　① 계약을 해제 또는 해지한 경우

　② 선급금을 타 용도에 사용하는 등 계약조건을 위반하는 경우

　③ 사고 또는 기업의 이월 등으로 선급금의 반환이 불가피하다고 인정되는 경우

3. 만일 "갑"이 정당한 사유 없이 약정이레 대금을 지급하지 않을 경우 미지출분에 대해서는 일반은행의 약정이자율을 계산하여 익월분과 함께 지불되어야 한다.

제41조(지불)

1. 본 계약사항에 해당되는 서비스에 대한 지불절차는 다음과 같다.

　(선급금, 중도금, 잔금의 각 지불 년월일과 방법, 금액, 기준 명기)

2. "을"은 선급금을 당해 계약목적 달성을 위한 용도이외에는 사용할 수 없으며 선급금을 받은 후 다음 각 호의 1에 해당하는 경우에는 "갑"의 선금잔액 반환지시에 따라 지체 없이 반환하여야 한다.

제42조(대가의 감액, 환수)

1. "갑"은 계약금액 결정상 명백한 하자로 인하여 "을"이 부당이득을 취한 사실이 발견될 경우 그 차액을 계약금액에서 감액하거나 환수조치할 수 있다.
2. 계약종결 후에 제1항의 규정에 의한 환수사유가 발생하였을 경우에도 "을"은 즉시 "갑"에게 현금으로 반환하여야 한다.

제43조(기밀보호)

1. "갑"과 "을"은 본 건 업무 수행과 관련하여 상대방으로부터 기밀로 지정된 정보에 대하여 비밀로서 취급하고 그 관리에 필요한 조치를 강구하도록 한다. 단 다음 각 호에 해당하는 정보에 대해서는 예외로 한다.
   ① 기밀보호의 의무가 없는 이미 보유하고 있는 정보
   ② 기밀보호의 의무가 없는 제3자로부터 입수한 정보
   ③ 상대방으로부터 제공받은 정보에 관계없이 독자적으로 개발한 정보
   ④ 본 계약에 위반되는 일이 없으며 상대방의 수령사실여부와 관계 없는 공지된 자료
2. "갑"과 "을"은 상대방의 비밀정보에 대해 본 계약의 목적범위 내에서 사용하여야 하며 서면에 의한 상대방의 사전동의 없이 제3자에게 열람해서는 안 된다.
3. 본조항의 규정은 본 계약 종료 후 0년간 유효하다.
2. "갑"이 "을"에게 제공하여야하는 자료의 내용에 대한 오류나 "갑"의 제공이 늦어져서 생긴 본 건 업무의 이행지체 및 납품물 또는 작업결과의 오류 등에 대해서 "을"은 그 책임을 지지 않는다.
3. "을"은 "갑"에게서 제공받은 자료를 본 건 업무 수행상 필요한 범위 에서만 사용, 복사 또는 변경할 수 있으며 관리자의 엄격한 통제하에 관리하고 다른 용도로 사용할 수 없다.
4. "을"은 "갑"으로부터 제공받은 자료(이들의 복제물 또는 변경물 포함)가 불필요하게 된 경우 지체 없이 이를 "갑"에게 반환하거나 "갑"의 지시에 따라 처리하여야 한다.

제44조(사고대응)

　"갑"과 "을"은 천재지변, 제3자에 의한 테러행위 또는 그 밖의 본 건 업무수행에 지장을 초래할 우려가 있는 사고의 발생을 감지할 경우 그 사고발생의 귀책에 관계없이 즉시 상대방에게 통지하고 그 대책을 상호협의하여 신속하게 결정한 대책을 분담 또는 상호 협력하여 실시하도록 한다.

제45조(계약의 해지 및 변경)

1. 본 계약의 계약기간은 본 계약체결일로부터 18조의 소정의 운용기간이 종료될 때까지로 한다. 단 계약기간 완료 후에도 계약종료에 따른 "갑"과 "을"의 책임은 유지된다.
2. "갑"은 계약기간 내에도 "을"에게 중도해약예정일 6개월 이전까지 서면으로 통지하면 본 계약을 중도에 해지할 수 있다. 단 해약예정일이 기본기간 만료일 이전일 경우 "갑"은 기본기간의 잔존기간 분 운용요금에 상당하는 금액을 해약예정일의 1개월 전까지 "을"에게 일괄 지급하여야 한다.
3. "갑"과 "을"은 상대방이 다음 각 호에 해당하는 일이 발생할 경우 최고통지 등의 절차 없이도 본 계약의 전부 또는 일부를 해지할 수 있다.
   ① 중대한 과실 또는 배신행위가 있을 때
   ② 지불불정지나 가압류, 가처분, 경매, 파산, 회사갱생절차개시, 회사정리개시, 특별청산개시 등을 명령받거나 자진신청한 경우

③ 수표교환소에서 거래정지처분을 받은 경우

④ 제세공과금의 납부연체처분을 받은 경우

⑤ 기타 본 계약을 유지하기에 어려운 중대한 사유가 발생한 경우

4. "갑"과 "을"은 상대방의 채무불이행에 대해 상당기간 최고한 후에도 시정되지 않을 경우 본 계약의 전부 또는 일부를 해지할 수 있다.

5. "갑" 또는 "을"은 위의 각 항에 있어서 상대방에 대한 일체의 금전적 채무에 관한 기간이익을 상실하면 즉시 변제하여야 한다.

제46조(책임과 손해배상)

1. "을"은 본 건 업무에 대해 통신회선의 장애, 이행대상정보자원 자체의 문제 및 장애, "갑"의 단말 오조작 등에 귀속되지 아니하는 이유로 인해 발생하는 장애사항에 대해 어떠한 원인에서건 책임을 지지 아니한다.

2. "갑" 또는 "을"은 본 계약에 관한 상대측 책임으로 인한 손해를 입게 되었을 때 그것이 직접적인 원인이 되어 현재 발생한 일반적인 손해에 한 해 상대방에게 본조 제4항의 한도범위 내에서 손해배상을 청구할 수 있다.

3. 제2항의 손해배성청구는 손해발생일 0일로부터 0년 이내에 행사하지 않으면 그 청구권은 소멸된다.

제47조(분쟁해결)

1. "갑" 또는 "을"이 본 계약에 관한 분쟁에 대해 중재를 원할 경우 OO(장소)의 OO중재기관에 의해 동 기관의 중재규칙에 따른 중재를 통해 최종해결을 한다.

2. "갑"과 "을" 쌍방 또는 제3자간 법적 처리의 필요성이 발생할 경우, 이를 해결하기 위한 기관으로서 각 당사자의 등기 설립시 사용한 본점 주소지 관할 법원으로 정한다. 만일, "갑" 또는 "을"이 법에서 정한 기관 또는 단체일 경우에는 해당법에서 정한 주관 기관 또는 위임감독 기관의 소재지 관할 법원으로 한다.

3. 1항 및 2항에 적용되지 않을 경우에는 대한미국 및 국제법상 상행위 관례에 준한다.

제48조(계약기간 및 중도해지)

1. 본 계약의 계약기간은 본 계약 체결일로부터 18조의 소정의 운용기간이 종료될 때까지로 한다. 단, 계약기간 완료 후라 하더라도 계약종료에 따른 "갑"과 "을"의 책임은 유지된다.

2. "갑"은 본 계약의 계약기간 내라 하더라도 "을"에게 해약예정일 6개원이전까지 서면으로 통지하면 본 계약을 중도에 해지할 수 있다. 단, 해약예정일이 기본기간만료 이전일 경우 "갑"은 해약예정일의 1개월 전까지 기본기간의 잔존기간 분 운용요금에 상당하는 금액을 "을"에게 일괄 지급하여야 한다.

3. "갑"의 귀책사유(제47조의 사유를 포함)로 인해 기본기간만료 이전에 본 계약이 종료된 경우에도 전항에 준한다.

제49조(성과의 공유)

"갑"은 본 계약기간 중 또는 계약기간 만료 후 서비스수준협의서(SLA)와 고객만족도조사에 기준하여 "을"에게(회사 또는 개인)포상할 수 있다.

첨부

가. 과업지시서

나. 어플리케이션SW개발 및 컨설팅 사양서

다. 운영사양서(인프라스트럭쳐부문)

라. 자원이관사양서

마. 제공서비스수준합의서(SLA)

- 제공사양서, 성과측정을 위한 측정치,
- 성과수준 측정을 위한 프로세스
- 변화에 대한 목표조정 및 수정을 위한 전담팀에 대한 정의
- 고객만족
- 기타

정보공급 및 이용계약서

　(주)OOOO(이하 "갑"이라한다)과 OOOO(이하 "을"이라한다)는 "갑"이 제공하는 OO(진로교육정보센터) 및 진로심리검사를인터넷정보(http://)를 통하여 "을"이 이용하는데 있어 다음과 같이 법인 (○보급형, ○일반형) 이용계약을 체결한다.

제1조(목적)

　본 계약의 목적은 "갑"이 제공하는 인터넷 정보를 "을"이 사용하는데 필요한 업무처리 방법 및 대금의 지급 절차를 정하는데 있다.

제2조(책임 및 의무)

1. "갑"의 책임과 의무
　가. "을"이 OO(진로교육정보센터)의 정보를 항시 이용할 수 있도록 시스템을 개방한다.
　나. "을"에게 양질의 서비스 제공을 위해 지속적으로 update를 실시한다.
2. "을"의 책임과 의무
　가. "을"의 전산망을 통해 "갑"이 제공한 site를 연결하여 이용토록 한다.
　나. "을"의 ○교직원, ○재학생에 한하여 사용토록 권고한다.

제3조(서비스의 이용)

1. 법인회원 보급형에 가입한 경우에는 교육기관내 교직원과 임직원에 한하여 상담자료로의 이용은 가능하나, 진로심리검사의 이용은 대상기관 계약학생수의 5배로 정하여 카운터한다.
2. 법인회원 일반형에 가입한 경우에는 교직원·임직원 및 소속학생들이 이용할 수 있으며, 진로심리검사를 대상기관 계약(가입)학생들이 이용 시에는 개인회원 자격으로 학생당 총 .30건의 검사를 받을 수 있다.

제4조(거래승인)

1. 쌍방은 CEC의 이용계약체결로 거래는 승인된다.
2. "갑"은 계약기간까지 "을"에게 계속 정보를 제공한다.

제5조(서비스 이용요금)

1. "갑"의 CEC 정보는 유료정보로 "을"은 이용에 따른 비용을 지불한다.
2. "을"은 "갑"의 법인회원 가입유형에 따라 보급형, 일반형, 특별형 중 택일할 수 있으며, 유형별 정보 이용료는 별도로 정할 수 있다.
3. "을"은 법인회원(○보급형, ○일반형)가입을 기준으로 정보이용료는 연간 _____만원이며, 부가세는 별도로 한다. 법인기관 소속 학생들의 회원가입비는 별도로 정한다.

4. "을"이 법인회원 보급형 가입이후 "을"의 진로심리검사 카운터 횟수가 계약기간 전에 종료 시에는 "갑"은 "을"에게 서비스 종료를 통보함으로써 기존 계약기간은 종료된다. 제6조(계약조건)

1. 이후 "갑"은 1년간(2000년 O월 O일 ~ 2000년 O월 O일) 계속해서 "을"에게 정보를 제공하고 "을"은 "갑"에게 제4조에 정한 서비스 이용요금을 지불한다.

2. 계약은 1년 단위로 하며, 2000년 O월 O일 이후 계약은 별도로 정한다. 다만 계약기간 종료일까지 쌍방간의 별도의 약정이 없는 경우에는 계약이 유효하며 1년 더 연장계약으로 간주한다.

3. "갑"과 "을" 중 연장계약 의사가 없는 경우에는 계약기관 종료일로부터 30일 전에 상대방에게 통보하기로 한다.

4. 계약기간 중 "갑"의 서비스 이용요금이 변경될 경우에도 계약기간까지는 계약시 이용요금으로 적용하며, 소속기관의 신규가입의 경우도 그러하다.

제7조(계약의 위반)

1. "갑"이 정상적으로 정보를 제공하지 못 할 때에는 미사용 개월수의 금액을 환산하여 환불한다. 단, 천재지변에 의한 때이거나 정보의 보완, 개선을 위한 단시일일 때에는 그러하지 아니한다.

2. "을"은 "갑"이 제공하는 정보를 소속 재학생과 교직원이 이용하는 목적이외에는 사용할 수 없다.

본 계약을 증명하기 위하여 계약서 2부를 작성하여 서명 날인 후 각각 1부씩 보관한다.

2000년 O월 O일

	대표이사	:	OOO ㉑
	사업자등록번호	:	
"갑"	법인등록번호	:	
	주소	:	
	전화	:	
	대표이사	:	OOO ㉑
	사업자등록번호	:	
"을"	법인등록번호	:	
	주소	:	
	전화	:	

【정보제공계약서】

정보제공계약서

　　기술신용보증기금(이하 "갑"이라 한다)과 (주)기업금융연구원(이하 "을"이라 한다)은 다음과 같이 정보제공에 관한 계약을 다음과 같이 체결한다.

제1조(계약목적) 본 계약은 "갑"이 "을"로부터 정보를 제공받음에 있어 제반 계약사항을 규정함에 있다.

제2조(용어의 정의) 본 계약에서 사용하는 용어의 정의는 다음과 같다.

① "제공정보"라 함은 "을"이 "갑"에게 온라인을 통해 제공하는 각종 정보를 말한다.

② "벤처기업종합정보시스템"이라 함은 "갑"이 수집·가공한 각종 기업정보 등을 인터넷을 통해 제공하는 "갑"의 정보시스템을 말한다(이하 『정보시스템』 이라 한다).

③ "정보이용료"란 "을"이 제공하는 정보를 "갑"이 이용함에 있어 그 대가로 "갑"이 "을"에게 지불하는 이용료를 말한다.

제3조(계약기간)

① 본 계약의 계약기간은 20ㅇㅇ년 ㅇ월 ㅇ일부터 20ㅇㅇ년 ㅇ월 ㅇ일까지로 한다.

② 계약기간은 계약기간 만료 1개월 전까지 별도의 서면통지가 없으면 동일한 조건으로 1년간씩 자동연장 되는 것으로 한다.

제4조(제공정보의 범위)

① 제공정보의 범위는 "별첨"에서 따로 정한다.

② 위 ①항에도 불구하고 상호간 협의하여 추가·갱신 및 수정된 자료는 제공정보의 범위에 포함한다.

제5조(정보의 제공방법)

　　"을"은 "갑"에게 제4조에서 정한 제공정보를 온라인을 통해 "갑"의 정보시스템에 계약기간 동안 제공하며 경영서식은 정보제공 출처를 명기한다.

제6조(정보이용료의 지급)

① "갑"은 "을"이 제공하는 정보를 정상적으로 수신하게 되면 "을"에게 매월ㅇㅇ만원(부가세 포함)의 정보이용료를 지급해야 한다.

② "을"은 "갑"이 제공정보를 이용한 월의 익월초에 청구서를 "갑"에게 발송하며, "갑"은 청구월 말일까지 "을"이 지정한 은행구좌에 정보이용료를 입금하여야 한다.

제7조(제공정보의 사용제한)

① "갑"은 "을"로부터 제공받은 정보를 제3자에게 재판매하거나 무상으로 제공하여서는 안 된다. 다만, 이와 같은 필요가 제기된 경우 "을"과 합의한 후 제공할 수 있다.

② 위 ①항의 "제3자"에 "갑"의 정보시스템 회원은 포함하지 아니한다.

제8조(손해배상)

① "을"이 제공하는 정보의 명백한 오류로 인하여 발생하는 "갑"의 영업상 손해에 대해서는 "을"이 손해 배상의 책임을 진다.

② 기타 "갑"과 "을"은 본 계약내용을 위반하여 발생하는 손해에 대하여 그 귀책사유에 따라 손해배상의 책임을 진다.

제10조(계약의 해지)

① "갑"은 "을"이 다음 각 호의 1에 해당하는 경우에는 당해계약을 해지할 수 있다.

  1. 제4조의 계약기간 중 "을"이 정보제공을 거부한 때
  2. "을"의 귀책사유로 인하여 정보제공이 계속 이루어질 가능성이 없음이 명백하다고 인정될 경우
  3. 기타 계약조건을 위반하고 그 위반으로 인하여 계약의 목적을 달성할 수 없다고 인정될 경우

② "을"은 계약상 기한 내에 데이터를 제공할 수 없다고 인정될 때에는 지체 없이 "갑"에게 통지하여야 한다.

③ "갑" 또는 "을"은 상대방에게 계약해지의 의사표시를 하는 경우 서면으로 하여야 한다. 이 경우 본 계약은 서면에 의하여 해지의사를 표시한 후 1개월의 기간경과로서 해지된다.

제11조(권리의무의 양도)

"을"은 "갑"의 서면동의 없이는 계약상의 권리의무를 제3자에게 양도할 수 없다.

제12조(기밀유지)

"갑"과 "을"은 본 계약과 관련하여 취득된 정보를 제3자에게 공표하거나 누설하여서는 안 된다.

제13조(계약내용의 변경)

본 계약의 일부를 개정 또는 보완할 필요가 있을 경우 "갑"과 "을"은 상호협의하여 변경할 수 있다.

제14조(관할법원)

본 계약에 관한 소송의 관할법원은 "갑"의 본점소재지를 관할하는 법원 또는 서울지방법원으로 한다.

"갑"과 "을"은 정보제공계약을 체결하고 신의에 따라 성실히 계약상의 의무를 이행할 것을 확약하며, 이 계약의 증거로써 계약서를 작성하여 당사자가 기명날인 한 후 각각 1통씩 보관한다.

2○○○년 ○월 ○일

	주 소	:	
"갑"	대표이사	:	○○○ ㊞
		:	
	주소	:	
"을"	대표이사	:	○○○ ㊞

【위탁기술개발계약서】

위탁기술개발계약서(표준양식)

О 기술개발 과제명 :

О 위탁기술개발 과제명 :

О 위탁계약기간 : 20 년 월 일부터 ~ 20 년월 일까지

О 위탁기술개발사업비 :

(단위 : 천원)

구분	1차년도 (20 . . – 20. . .)	2차년도 (20 . . – 20. . .)	3차년도 (20 . . – 20. . .)	합계
현금				
현물				
합계				

О 위탁기술개발책임자 : 소속직위성명
О 계약당사자

"갑" 주관기관장 : (기관명) (대표자)
"을" 위탁기관장 : (기관명) (대표자)

위 위탁기술개발과제 수행에 관하여 ("갑")과 "을"은 다음과 같이 계약을 체결한다.

제1조(기술개발목표) 첨부 1의 표준화기술개발사업계획서상의 기술개발 목표와 동일함.

제2조(기술개발의 수행) "을"은 위탁기술개발 책임자의조정과 감독으로 본 위탁기술개발사업을 기술개발사업계획서에 따라 수행하도록 하여야 한다.

제3조(기술개발사업비의 지급) "갑"은 "을"에게 다음과 같이 위탁기술개발사업비를 지급하여야 한다. 다만, 정부의 기술개발사업비 출연금 지급과 본 계약서 제7조에 따라 계약이 해약되었을 경우에는 이를 변경할 수 있다.

(가) 제1차 : 20 년   월   일   천원
(나) 제2차 : 20 년   월   일   천원
(다) 제3차 : 20 년   월   일   천원

제4조(기술개발 결과보고)
① "을"은 진도보고서를 년차별 기술개발기간 종료일 1개월 전까지, 최종보고서는 기술개발사업 종료일

로부터 2개월 이내에 요령의 규정에 따라 작성하여 ("갑")에게 제출하여야 한다.

② "을"은 ①항에 따라 기술개발사업비 사용실적을 증빙자료와 함께 ("갑")에게 제출하여야 한다.

③ 기술개발사업비의 집행은 산업기술개발사업 운영요령 및 지침과 별첨의 기술개발사업비 집행기준에 따라 집행한다.

④ "을"은 "갑"이 요구하는 바에 따라 위탁기술개발 책임자가 기술개발 내용을 보완 또는 시정하도록 하여야 한다.

제5조(관계자료의 제출 등)

"을"은 "갑" 또는 "갑"이 지정하는 자의 기술개발현장 확인, 관계서류의 열람, 관계자료의 제출요청에 성실히 응하거나 위탁기술개발 책임자가 이에 응하도록 하여야 한다.

제6조(계약의 변경)

"갑"과 "을"은 협의하여 산업기술개발사업 운영요령 및 지침이 정하는 범위 이내에서 본 계약의 내용과 표준화기술개발사업계획서 내용을 변경할 수 있다.

제7조(계약의 해약)

① "갑"과 "을"은 상대방이 본 계약을 중대하게 위반하였을 경우에는 각각 본 계약을 해약할 수 있다.

② "갑"은 다음 사유가 발생하였을 경우에는 본 계약을 해약할 수 있다.

1. 중대한 협약위반으로 기술개발사업의 계속 수행이 곤란하다고 판단되는 경우
2. 기술개발사업 수행이 정지상태가 되어 소기의 기술개발성과를 기대하기 곤란하거나 완수할 능력이 없다고 인정되는 경우
3. "을" 또는 참여기업이 기술개발사업의 수행을 포기하고자 하는 경우
4. 기타 "을" 또는 참여기업 등에서 중대한 사유가 발생하여 기술개발사업의 계속수행이 불가능한 경우
5. 산업기술정책 수행상 기술개발사업의 계속수행이 불필요하다고 산업자원부장관이 판단하는 경우

③ 본 계약이 해약되었을 경우에 "을"은 기수령한 기술개발사업비 중 실제로 본 기술개발사업에 사용한 기술개발사업비를 제외한 금액을 "갑"에게 지체 없이 반납하여야 한다.

제8조(관계법령의 준수)

"을"은 본 위탁기술개발사업을 수행함에 있어서 산업발전법 및 동법시행령, 산업기술개발사업 운영요령 및 지침을 준수하여야 한다.

제9조(기타 필요한 사항을 규정)

제10조(해석)

본 계약서의 해석상 의문이 있을 경우에는 "갑"의 해석에 의한다.

본 계약서(첨부 포함)는 2통을 작성하여 "갑"과 "을"이 각각 1통씩 보관한다.

첨부

1. 표준화기술개발사업계획서 1부

2. 산업기술개발사업 사업비 집행기준 1부

2000년 0월 0일

"갑"	주관기관장	:	
	기관명	:	
	대표자	:	○○○ (서명 또는 날인)
		:	
"을"	위탁기관장	:	
	기관명	:	
	대표자	:	○○○ (서명 또는 날인)
	위탁기술개발책임자		

※ 첨부 1 및 2는 한국산업기술평가원장과 주관기관장간의 협약 첨부서류에 기 포함되어 있으므로 중복하여 전담기관에 제출할 필요는 없음

【물품수리계약서】

물품수리계약서

계약번호 :

주식회사 0000(이하 "갑"이라 한다.) 과 OOO(이하 "을"이라 한다.)는 아래 조항과 같이 물품수리계약을 체결한다.

제1조(목적물)

"갑"은 아래 표시물품을 "을"로부터 수리 및 제작 · 납품하게 하고 "을"은 "갑"이 지정한 장소에 수리 및 제작 · 납품한다.

순 위	품 명	규 격	단 위	수 량	단 가	금액
1						
2						
3						
	합계					

(※ 부가가치세 별도)

제2조(계약금액)

계약금액은 일금   원정으로 한다.

제3조(계약보증금)

계약보증금은 일금   원정으로 하고, "을"은 동 금액을 이 계약체결과 동시에 계약이행보증금조로 "갑"에게 예치한다. 단, "을"은 계약이행 보증보험증권으로 대체할 수 있다. 이 때 보증(보험)기간은 2000년 0월 0일까지로 한다.

제4조(납품기일)

① "을"은 2000년 0월 0일부터 2000년 0월 0일까지 제1조의 물품을 "갑"의 공장 또는 "갑"이 지정하는 장소에 납품한다.

② "갑"의 요구가 있을 때에는 "을"은 ○차 분할 납품한다.

③ "을"이 납기 내에 수리 · 납품하지 않았을 때는 연체 매 1일마다 계약금액의 (   )의 연체료를 계산하여 "갑"이 지불할 대금에서 공제한다.

④ 천재지변 기타 "갑"이 인정할 때에는 연체료를 감면할 수 있다.

제5조(물품의 검수)

① "을"이 납품한 물품은 "갑"이 지정한 검수자가 계약사양에 의거 검수한다. 다만, 검사 또는 시험으로 발생하는 제 비용 및 물량의 손실은 "을"의 부담으로 한다.

② "을"은 검수시에 입회하고 검수에 합격함으로써 납품의 책임이 완료한 것으로 하며 검사 합격 전의 물품에 대한 책임은 "을"에게 있다.

③ 시운전을 요하는 품목은 납품 후 "갑"은 15일 이내에 시험을 하여야 하며 "갑"의 사정으로 인하여 시험검수가 지연될 경우에는 "을"의 요구에 의하여 기성고를 지불할 수 있다.

④ 검수완료 이전에 발생하는 제반사고(안전사고 포함)는 전적으로 "을"이 책임을 진다.

제6조(대금의 지불)

① 물품의 대금 및 계약보증금은 계약한 수량 전량을 납품, 검수완료한 후 "을"의 청구에 의하여 지불한다.

② 분할납품된 물품에 대한 대금은 "갑"의 재량에 의하여 분할 지불할 수 있다.

③ "을"은 "갑"의 승인 없이 물품의 대금에 대한 채권을 제3자에게 양도하거나 질권으로 설정할 수 없다.

제7조(선급금)

① "갑"은 계약체결 후 선급금조로 일금 원정을 "을"에게 지불하고, "을"은 동 금액과 "갑"이 제공하는 수리 물품에 대한 보증금 일금 원정, 합계 일금 원정의 지급계약보증보험증권을 "갑"에게 담보금조로 예치한다.

단, 보증(보험)기간은 2000년 O월 O일까지로 한다.

② 제8조에 따라 해약 시에는 "을"은 "갑"으로부터 지불받은 ①항의 선급금을 지체 없이 "갑"에게 반환하여야 한다.

제8조(해약의조건) 다음의 경우에는 "갑"은 "을"에게 아무런 최고등의 절차 없이 이 계약의 전부 또는 일부를 해약할 수 있다.

① "을"이 이 계약의 전부 또는 일부를 이행하지 않을 때
② 납품한 물건이 사양, 시공 또는 도면 및 견본과 상이하여 용도에 부적합할 때
③ "을"이 납기 내에 제1조의 목적물을 수리 및 제작납품 완료하지 아니하거나, 그 가능성이 없다고 "갑"이 인정할 때

제9조(위약)

제8조의 각 조항에 의하여 해약되었을 때에는 계약보증금은 위약금으로 "갑"에게 귀속한다.

제10조(하자담보)

① "갑"이 검수 완료한 날로부터 O개월 이내에 발생하는 훼손, 고장, 변질 등으로 그 기능에 하자가 발생하였을 때 "갑"의 귀책에 속한 것을 제외하고는 "을"의 책임하에 수리 또는 대체 복구하고 그로 인한 제 손해를 "을"이 배상하기로 한다.

② "을"은 하자보증금조로 일금 원정을 "갑"에게 예치한다. 다만, "갑"은 지불할 대금 중에서 공제예치하거나 하자이행보증보험증권으로 대체할 수 있다. 이 때 보증(보험)기간은 발생일로부터 O개월간으로 한다.

제11조(보안 및 안전관리)

① "을"은 "갑"이 제공한 도면, 기타 자료를 물품의 납품시 "갑"에게 반납하여야 한다.

② "을"은 전항의 자료를 "갑"의 승인 없이 복사하거나 제3 자에게 공개, 열람 기타 제작 이외의 목적에 사용하지 못하며 그 지득한 비밀은 엄수하여야 한다.

제12조(해석)

이 계약의 해석에 이의가 있을 때에는 "갑"의 해석에 따르며 명시되지 않은 사항에 대하여는 일반관례에 준한다.

20○○년 ○월 ○일

	주식회사 OOOO	:		
"갑"	대표이사	:	OOO	㊞
"을"	성명	:	OOO	㊞

【차량용역계약서】

차량용역계약서

 ○○ 학원(이하 "갑"이라 칭함)과 ○○○(이하 "을"이라 칭함)은 다음과 같이 차량 용역 계약을 체결한다.

제1조(신의성실의 원칙) 본 계약은 "갑"과 "을"이 상호신의와 신뢰로서 성실히 이행한다.

제2조(계약의 목적) 승합자동차로 "갑"의 학원생을 "갑"이 지정하는 장소로 친절하고 안전하게 운송하는 것을 목적으로 한다.

제3조(용어의 정의) 본 계약서에서 사용하는 용어의 정의는 다음과 같다.

① 용역이라 함은 "을"이 본 계약 제2조의 업무를 수행하는 것을 말한다.

② 차량이라 함은 본 계약 제2조의 업무를 수행하기 위하여○○○ 의 명의로 되어있 는 자가용 승합 자동차를 말한다.

③ 학원생이라 함은 운영하는 학원에서 강의를 받고자 내원하는 학생과 수강 후 귀가하는 학원생을 의미한다.

④ 운행지역이라 함은 "갑"이 지정한 노선을 말한다.

제4조(계약차종) 스타렉스 2015년형

제5조(계약기간) ① 본 용역의 계약기간은 ○년으로 한다.

② 계약기간 만료 1개월 전 "갑"과 "을" 협의 하에 연장 재계약 할 수 있다.

제6조(용역금액) ① 용역금액은 월로 정하고, 지급일자는 매월 일자에 지급하는 것으로 한다.(단, 전월 1일부터 말일까지 지급한다.)

② 상기 항의 용역금액에는 "을"이 차량운행에 대한 제반비용(유류비, 책임보험, 유상운송계약보험, 검사비, 수리비, 타이어 교체비, 제세공과금, 식대 등)이 합산된 금액이므로 "갑"으로부터 별도의 금액 청구를 할 수 없다.

제7조(운행에 대한 위탁관리) ① "을"의 운전자 휴무일자는 "갑"의 휴무일인 일요일 및 일반 공휴일자에 실시한다.

② "을"의 운전자 근무시간은 일반학기 중에는부터 당일 수업이 완료되어 안전하게 학생수송을 완료한 시점까지로 한다.

③ 운행지역 및 횟수는 "갑"의 운행방침에 따라 "을"은 따라야 한다.

④ "갑"이 인정할 수 있는 "을"의 사유로 운행이 불가능할 경우 "갑"에게 사전통보하고 "을"의 비용으로 대차운행 및 대리운전 운행을 실시하여 "갑"의 영업에 지장을 주어서는 안 된다.

⑤ "갑"의 필요에 의해 "을"의 휴무일자에 차량운행이 필요할 시 "갑"은 "을"에게 사전통보하고 "을"은 이에 따라야 하며 휴일근무 수당을 "갑"과 "을"이 정하여 지급한다.

⑥ 차량의 고장으로 인한 영업에 지장을 초래하지 않도록 "을"은 차량정비 및 관리에 만전을 기한다.

⑦ "을"이 관리 운행하는 차량은 일체 "을"의 경비로 관리한다.

제8조(배상책임)

① 계약기간 중 사고발생 및 기타 차량영업행위에 대한 민, 형사상 문제는 "을"이 책임을 진다.

② "을"은 불의에 사고 시 대비하여 보험가입에 만전을 기하며 보험가입 증서는 정기적으로 "갑"에게 제출한다.

제9조(운행 불이행 배상)

운행 중 "을"의 운전자 무단결근으로 "갑"의 회원수송에 지장을 초래하였을 경우 1일 결근에 5일치 금액을 공제한다.(단, 운행중 사고로 인한 당일 결행은 제외한다.)

제10조(계약해지)

① "갑"은 "을"의 결격 사유 없이 "갑"의 경영상의 사유로 본 계약을 중도에 해지할 경우 1개월 전에 "을"에게 사전통보하고 계약위약금 형식으로 1개월 분의 급료에 해당하는 금액을 지불하고 해지한다.

② 다음과 같은 경우 "갑"은 일방적으로 계약을 해지할 수 있다.

① 월간 "을"의 무단결근이 2회 이상 적발될 때

② "갑"의 운행 방침에 "을"이 반발하여 노선 및 운행을 불이행 할 때

③ "을"이 음주운전 및 학원생에게 불안감을 조성케 하는 행위(욕설 및 난폭 운전) 으로 "갑"의 경영에 위배될 시

제11조(양도의 제한)

① "을"은 본 계약의 권리를 타인 및 제3자에게 양도할 수 없다.

② "갑"이 인정할 수 있는 "을"의 사유로 본 계약의 권리를 제3자에게 양도할 시 최종결정권은 "갑"에게 있다.

제12조(협의사항)

본 계약서 각 사항의 의견상 이의가 있는 경우에는 협의 하에 "갑"이 결정한다.

2000년 0월 0일

"갑"	상호명	:	
	소재지	:	
	사업자등록번호	:	
	대표자	:	○○○ ㊞
"을"	주소	:	
	성명	:	○○○ ㊞
	주민번호	:	
	연락처	:	

【청소용역계약서】

청소용역계약서

서울 ○○시 ○○동 ○○○번지 ○○○ 아파트 입주자대표회장 ()을 "갑"(이하 "갑"이라 칭함)이라 칭하고 용역업체인 서울시 ○○구()를 "을" (이하 "을"이라 칭하)이라고 칭하여 다음과 같이 청소용역계약을 체결한다.

제1조 "갑"은 아파트 ○○,○○○평의 공용부분의 청소를 "을"의 책임전담 실시한다.

제2조 "을"이 이 전조의 작업을 시행하기 위하여 소요되는 청소용품 및 소모자개는 "을"의 부담으로 한다.

제3조 "갑"은 매월 청소용역비 ○,○○○원(평당○○○원 부가세 포함)을 "을"의 청구에 의하여 익월 15일까지 지급한다.

제4조 "갑"은 "을"에게 작업에 필요한 전기나 용수를 무상으로 제공한다.

제5조 "을"이 작업중 건물, 전기, 비품 기타 기구 등이 파손될 때에는 "갑"의 요구에 따라 "을"은 지체 없이 보상한다.

제6조 제5조에 대한 변상은 "을"이 신속히 이행하지 아니할 경우에는 용역대금 중에서 동 변상금액을 공제한다.

제7조 "을"이 작업 중 발생한 모든 안전사고 (대기실 등의 부주의로 인한 화재 등 포함)는 "을"의 책임하에 피해보상하고 "갑"은 어떠한 책임도 지지 않는다.

제8조 본 계약기간은 20○○년 ○월 ○일부터 20○○년 ○월 ○일까지로 하며 "을"이 청소용역을 성실히 이행치 않을 경우(별첨 시방에 의한 청소 등이 이루어지지 않을 경우 등 포함) 또는 "을"이 청소용역업 등을 수행할 능력이 없다고 인정된 경우에는 "갑"은 본 계약을 언제든지 해약할 수 있다. 단, 계약의 해지 시에는 입주자대표회의의 승인을 얻어 시행한다.

제9조 청소의 범위, 작업시간, 작업인원, 청소의 시방 등은 별첨시방서에 의한다.

제10조 본 계약을 증명하기 위하여 계약서 정본 2부를 작성하여 "갑"과 "을"이 각각 1부씩 보관한다.

20○○년 ○월 ○일

	소재지	: 서울 ○○시 ○○동 ○○○번지 ○○○아파트 입주자대표회의
"갑"	입주자대표회장	: ○○○ ㉑
	서울시 ○○구 ( )	
"을"	대표	: ○○○ ㉑

【사우나용역계약서】

사우나용역계약서

1. 계약당사자

임 대 인	성명	[인]	주민번호	–
	주소			
	전화번호		전자메일	
임 차 인	성명	[인]	주민번호	–
	주소			
	전화번호		전자메일	

위 ㅇㅇㅇ 사우나 임대인과 임차인은 아래와 같이 계약을 체결하고 위 사우나를 임대차에 있어 임차인은 보증금을 아래와 같이 지불하기로 약속한다.

2. 계약내용

사우나 소재지		면적	ㅇ ㎡ (ㅇ평)
보증금	一金 ㅇㅇㅇ 원정 (₩)		
계약금	一金 ㅇㅇㅇ 원정 (₩)		
잔금	一金 ㅇㅇㅇ 원정 (₩)		
명도일	20ㅇㅇ 년 ㅇ 월 ㅇ 일		
임대차 기간	20ㅇㅇ 년 ㅇ 월 ㅇ 일 ~ 20ㅇㅇ 년 ㅇ 월 ㅇ 일		

위 ㅇㅇㅇ 사우나를 임대차에 있어 임차인은 보증금과 계약금은 계약 시에 지불하고 잔금은 20ㅇㅇ 년 ㅇ월 ㅇ일까지 용역회사 입회하에 지불하기로 약속한다.

3. 계약의 위반

본 계약을 임대인이 위약 시는 계약금의 배액을 변상하며 임차인이 위약 시는 계약금을 무효로 하고 반환을 청구 할 수 없음.

4. 분쟁해결

이 계약으로부터 발생되는 모든 분쟁은 대한상사중재원의 중재규칙에 따라 중재로 최종 해결한다.

5. 계약서의 보관

위와 같이 본 계약이 유효하게 성립하였음을 각 당사자는 증명하면서 본 계약서 2통을 작성하여, 각각 서명(또는 기명)날인 후 임대인과 임차인이 각각 1통씩을 보관한다.

20ㅇㅇ년 ㅇ월 ㅇ일

임대인 : ㅇㅇㅇ [인]

임차인 : ㅇㅇㅇ [인]

【화물운송계약서】

화물운송계약서

"갑"과 "을"은 다음과 같이 운송계약을 체결한다.

제1조(용어의 정의)

1. 본 계약에서 '운송'이라 함은 ○○일원으로부터 ○○지역으로 수송, 반송 기타 이에 수반되는 제반 부대 행위를 말한다.

2. 본 계약서에 '화물'이라 함은 ○○○을(를) 말한다.

제2조(운송의 위임)

1. "갑"은 "을"에게 별첨양식의 화물운송 지시서에 의하여 화물의 운송을 의뢰하며, 필요한 경우에는 운송에 필요한 부대작업을 의뢰한다.

2. "을"은 "을"이 "갑"으로부터 의뢰 받은 사항을 각 출고분당 도착지를 명시 구분하여 배차하여야 한다.

제3조(운송의 책임과 의무)

1. "을"은 "갑" 또는 "갑"이 지정한 자에 의하여 위임받은 일체의 화물에 대하여 선량한 관리자의 주의의무로써 화물의 특성에 맞는 적절한 조치와 아울러 정확·안전하게 목적지까지 운송할 책임을 진다.

2. "을"은 "갑" 또는 "갑"이 지정하는 자의 지시 없이 화물 적재 운송이나 목적지의 임의 변경 입고 등으로 "갑"에 손해를 끼쳤을 경우 이로 인한 모든 손해를 배상할 책임을 진다.

3. "을"은 "갑"의 사전 서면 동의 없이 "갑"으로부터 의뢰 받은 사항을 제3자에 재의뢰 할 수 없으며, "갑"의 동의 하에 재의뢰 하는 경우도 이에 관한 일체의 책임을 연대하여 부담한다.

4. "을"은 항시 차량을 정비하여 "갑"의 위임 또는 의뢰가 있을 때 지체 없이 운송을 개시하여야 하며, 상차 완료 지점으로부터 약정시간 (서울－부산 ○○시간)내에 운송을 완료하여야 한다. 단, 천재지변, 사변, 폭동 등 불가항력의 사유가 발생할 경우에는 예외로 한다.

5. "을"은 우천, 강설 등 기후조건에 관계없이 운송에 임하여야 하며, 유개차 및 여타 시설을 준비하여 화물을 안전하게 상차, 수송하여야 한다. 단, 폭우 등 기상조건에 의한 운송 불가능 여부는 "갑"의 판단에 의한다.

6. "을"은 목적지까지 화물을 운송하여 "갑" 또는 "갑"이 지정한 자에게 화물 인수증과 교환하여 인도하여야 한다.

7. "을"은 각 공장 기타 창고로 적송되는 수종의 화물을 합적 하였을 경우 목적지(서울)에서 소형차에 이적, 신속하게 이송하여 업무에 차질이 없도록 최선을 다하여야 한다.

8. "갑"은 1일 출고량이 소량이거나 적재장소가 3개처 이상인 경우 및 22시 이후 상차분은 20시까지 배차 의뢰한다.

제4조(이행의무)

1. "을" 또는 "을"의 사용인은 운송 및 부대작업에 관하여 "갑" 또는 "갑"이 지정한 자의 제반지시와 감독에 순응하여야 한다.
2. "을"은 매일 우송작업의 현황 및 경과보고를 당일 혹은 늦어도 익일까지 "갑"에게 보고하여야 하며, 시급한 사항일 발생 시에는 즉시 연락을 취하여 상호협조, 업무에 차질이 없도록 한다.
3. 1 및 2항의 보고, 연락의 결여 및 지체로 인하여 발생되는 일체의 책임은 "을"에게 귀속된다.

제5조(기차운송)

"을"은 1일 출고량이 소량이거나 차량부족 기타 사유로 배차가 불가능한 경우 "갑"의 사전승인을 받아 기차로 운송할 수 있다. 단, 기차 운송의 경우도 본 별첨 요율표의 범위에 벗어날 수 없다.

제6조(우송료 및 기타 경비)

1. 우송료는 별첨 요율표에 의한다.
2. 상기 1항의 운송료와 사전에 "갑"의 동의를 받은 경비 이외의 기타 경비는 인정하지 않는다.
3. "을"은 계약기간 중 여하한 이율호도 운송료의 인상을 요구할 수 없다.

제7조(부대 경비의 대불)

"을"은 업무 수행상 필요한 경우에는 "갑"을 위하여 제반 경비를 대불하여야 한다. 단, 대불 경비가 고액이 예상될 때에는 "을"은 청구서에 산출근거를 명시하여 청구하고, "갑"은 예상금액의 일부를 선불할 수 있다.

제8조(운송료의 청구 및 지불)

1. "을"은 운송료 및 취급 수수료를 운송완료 후 "갑"이 요구하는 관계증빙서류를 첨부하여 월 2회로 구분 청구한다.
2. "갑"은 "을"이 업무수행상 "갑"을 위하여 대불한 제경비는 "을"의 청구서가 제출될 때에 지체 없이 지불한다.

제9조(사고책임 및 손해배상)

"을"은 "을" 또는 "을"의 사용인의 고의, 업무상의 과실 기타 "을" 또는 "을"의 귀책사유에 기인된 화물손상, 화재, 도난, 화물부족 등으로 이해 발생한 손해를 지체 없이 "갑"에게 전액 보상하여야 하며, 정당한 사유 없이 현금 배상을 지체할 때에는 송료의 지급을 "갑"이 일방적으로 중단할 수 있다. "을"의 "갑"에 대한 운임채권과 상계할 수 있다. 단, 천재지변, 사변, 폭동 등으로 인한 불가항력의 경우에는 예외로 한다.

제10조(계약의 해제 · 해지)

1. 다음 각 호 중 하나에 해당하는 사유가 발생할 경우 "갑"은 최고 없이 본 계약을 해제 또는 해지할 수 있다.
   ① "을"이 운송 관리 업무를 태만히 하여 사고가 발생하거나 본 계약상의 의무를 태만했을 경우
   ② "을"이 발행 · 배서 · 보증한 어음 또는 수표가 부도된 경우

③ "을"이 조세체납 처분을 받은 경우

④ "을"이 가압류·가처분·압류·경매를 당하거나, "을"에 대하여 파산, 회사정리절차 등의 신청이 있는 경우

2. 전항에 의한 계약해제 또는 해지는 "갑"의 "을"에 대한 손해배상청구권 행사에 영향을 미치지 아니한다.

제11조(담보제공)

1. "을"은 본 계약의 불이행과 화물사고, 배차거부행위 기타 "을"의 귀책으로 인하여 발생하는 "갑"의 손해를 배상하기 위하여 백지당좌수표를 "갑"에게 제출하여야 한다. "을"의 채무불이행이 있는 경우 "갑"은 위 배지당좌수표의 백지부분을 임의로 보충 행사할 수 있다.

2. "갑"은 본 계약기간 중이라도 "을"의 본 계약상의 의무불이행으로 이한 손해배상 청구를 전 1항의 수표로 할 수 있다.

제12조(보험부보)

"을"은 화물운송을 의뢰 받은 즉시 자기의 비용으로 "갑"을 피보험자로 하여 화물에 손해보험을 부보하고 동 보험증권을 "갑"에게 제공한다.

제13조(권리의 양도 등)

"을"은 본 계약에 관한 권리의 일부 혹은 전부를 "갑"의 사전 승인 없이 양도, 저당 또는 질권설정을 할 수 없으며, "을"이 타사에 흡수 합병될 경우 "을"의 본 계약에 관한 일체의 권리는 박탈된다.

제14조(계약기간)

본 계약의 유효기간은 2000. O. O.부터 2000. O. O.까지로 한다. 단, 계약기간만료 1개월 전 양방의 서면에 의한 해약통지가 없는 경우 동 조건으로 1년 간 연장한 것으로 본다.
이후 순차연장의 경우에도 위와 같다.

제15조(해석)

본 계약의 규정에 이의가 있을 때에는 신의성실의 원칙에 입각한 양당사자 간의 협의에 의하며, 그 밖의 사항은 대한민국 관계법령 및 일반 상관례에 따른다.

제16조(합의 관할)

본 계약과 관련하여 분쟁이 발행하는 경우 "갑"과 "을"은 상호신뢰를 바탕으로 원만히 해결하기로 하되 합의가 이루어지지 아니하여 이 소송을 제기하는 경우에는 "갑"의 주된 사무소 소재지 관할법원에, "을"이 소송을 제기하는 경우에는 "을"의 주된 사무소 소재지 관할법원에 소송을 제기할 수 있기로 한다.

본 계약을 후일에 증명하기 위하여 계약서 2부를 작성하고, "갑"과 "을"이 서명 날인한 후 각각 1부씩 보관한다.

20○○년 ○월 ○일

	주소	:
"갑"	상호	:
	대표이사(대표자)	: ○ ○ ○ (서명 또는 날인)

	주소	:
"을"	상호	:
	대표이사(대표자)	: ○ ○ ○ (서명 또는 날인)

참고 15 _ 이사업체 계약 시 주의사항

1. 약관 설명 듣기 및 사본 요청하기

이사업체는 이사화물의 운송을 의뢰하는 고객에게 다음의 사항을 이해할 수 있도록 설명해야 하고, 이 약관을 고객에게 명시해야 하며, 고객이 요구하면 이 약관의 사본을 내주어야 할 의무가 있다(「이사화물 표준약관」제5조제1항). 따라서 이사화물 운송 의뢰 시 약관의 내용을 꼼꼼히 확인하고 사본을 받아두어야 한다.

2. 계약서 받기 및 계약금 지급하기

이사업체가 고객에게 계약서를 내줄 때 계약금으로 운임 등의 합계액의 10%를 초과하는 금액을 청구할 수 없도록 하고 있다(「이사화물 표준약관」제6조). 따라서 이사업체가 10%를 초과하는 금액을 계약금으로 요구하는 것은 부당한 요구로 이를 거절할 수 있다.

3. 이사업체의 추가운임 등 청구 제한

이사업체는 고객이 이사화물 전부의 인도(일반이사의 경우) 또는 정리(포장이사의 경우)를 확인한 때 이미 지급된 계약금을 제외한 잔액을 청구할 수 있다(「이사화물 표준약관」제8조제1항). 또한, 이사업체는 미리 약정된 운임 외에 수고비 등 어떠한 명목의 금액도 추가로 청구할 수 없다(「이사화물 표준약관」제8조제3항).

폐기물위탁처리(운반포함)계약서

폐기물관리법 제25조와 관련하여 배출자 "OOO"(이하 "갑"이라 칭함)과 수집, 운반자 "OOOOO(주) 대표이사 OOO"(이하 "을"이라 칭함)과 처리업자 "OOOOO(주) 대표이사 OOO"(이하 "병"이라 칭함)간의 폐기물 위탁처리 계약을 다음과 같이 체결한다.

제1조(위탁운반처리)

"갑"의 사업장에서 발생되는 폐기물을 "乙"이 수집 운반하여 "병"이 위탁처리 한다.

제2조(폐기물 종류 및 수수료 지불)

"갑"과 "을"과 "병"의 폐기물 종류 및 수수료는 다음과 같다.

구분	폐기물종류	발생량 (년/톤)	성상	단위	운반비	처리비	처리방법	주위사항
수집운반 ("을")	폐흡착제 (폐활성탄)	(발생시)	고상	kg			차량운반	노출및화기주의
처리 ("병")	폐흡착제 (폐활성탄)	(발생시)	고상	kg			재활용	노출및화기주의

제3조(계약기간)

본 계약기간은 2000년 OO월 OO일부터 2000년 OO월 OO일까지로 하며, 본 계약만료 1개월 전까지 "갑", "을", "병" 어느 쪽에서도 서면으로 계약내용의 변경 또는 해약에 대한 의사표시가 없을 때에는 계약만료일로부터 년간 계약을 연장하는 것으로 간주한다.

제4조(준수사항)

1) "갑"은 "을"과 "병"이 요구하는 서류(사업장폐기물배출자신고필증, 폐기물처리계획서, 분석결과서등)제출에 적극 협조하여야 한다.
2) "을"은 "갑"이 지정하는 장소에 차량을 배치하여 폐기물을 수집하고 수집 즉시 "병"의 장소에 운반함을 원칙으로 한다.
3) "을"은 운반시 적재중량 및 높이를 준수하며 폐기물이 흩날리지 않도록 결속하거나 덮개로 덮는다.
4) "을"과 "병"은 폐기물 수거 처리함에 있어 폐기물관리법을 준수하여 적법하게 운반 및 처리해야 한다.
5) "을"과 "병"은 사업장에서 안전사고에 유의하여야 하며 "을"의 잘못으로 인하여 발생한 사고에 대하여 "을"은 전적으로 책임을 진다.

제5조(재위탁금지)

"을"과 "병"은 계약기간 중 위탁받은 폐기물을 정당한 사유 없이 위탁받은 성상 그대로 재위탁할 수 없다.

제6조(계약해지)

"을"과 "병"이 본 계약을 위반 하거나 기타 불법행위로 "갑" 또는 제 3자에게 손해를 입히거나 "갑"의 명예나 이미지를 실추시킨 때 또는 환경감사결과 정상적으로 처리할 수 없다고 판단될 때에는 "갑"은 계약을 해지할 수 있다.

제7조(환경감사)

"갑"은 환경경영시스템의 규정에 준하여 "을"과 "병" 회사에 대한 정기 및 불시환경 감사를 실시할 수 있으며, "을"과 "병"은 이에 성실히 협조해야한다.

제8조(부칙)

1) 본 계약에 명시되지 않은 사항에 대해서는 관계법령 또는 일반 상거래에 준하여 처리한다.
2) 본 계약서에서 발생되는 법적문제는 "갑"의 소재지를 관할하는 법원으로 한다.
3) 본 계약서를 입증하기 위하여, 계약서 3통을 작성 "갑", "을", "병" 3자간에 기명날인 후 각각 1통씩 보관한다.

2○○○년 ○월 ○일

"갑" 배출자	주소	:
	상호	:
	대표자	: ○ ○ ○ ㊞
	사업자등록번호	:

"을" 운반자	주소	:
	상호	:
	대표자	: ○ ○ ○ ㊞
	사업자등록번호	:
	연락처	:

"병" 처리자	주 소	:
	상호	:
	대표자	:
	사업자등록번호	:
	연락처	: ○ ○ ○ ㊞

빌딩종합관리용역 도급계약서

1. 관리대상물의 표시

가. ○ ○ ○빌딩 (별첨 : 대상시설 포함)

1) 건물명 :
2) 소재지 :
3) 연면적
4) 건물관리대상규모 : 지상○○ 층 , 지하○○층

별첨1

기계장비, 전기소방 자동제어 통신 승강기 주차설비 방송 TV 안테나 방범설비 등 시설물일체 포함)

2. 계약기간 :

3. 용역비 및 지급방법

가. 용역비 공급가액

부가세액
합 계

나. "갑"은 "을"의 청구에 의하여 매월말 전항의 용역비를 지급 한다.

4. (주) 대표이사 (이하 "갑"이라 칭함) 과 용역제공자(주) 대표이사 (이하 "을"이라 칭함) 간에 상기 건물의 별첨 관리 대상물 목록에 대한 종합관리 용역 도급계약을 체결하고 이를 위하여 계약서 2통을 날인하고 각각 1통씩 보관한다.

2 0 ○ ○ 년 ○ 월 ○ 일

제1조(운영범위)

"을"은 본 계약서 전면에 기재된 관리 대상물에 대한 적절한 운영과 시설, 경비, 청소, 주차, 안내 등을 포함한 투입인원 계획에 의거 집행 및 종합운영을 신의와 성실로써 책임 관리한다.

제2조(관리인의 현황보고) "을"은 다음 사항 보고 의무를 갖는다.

1. "을"은 익월 7일까지 월별 관리 현황을 "갑"에게 제출 보고 하며
2. 필요시 "갑"의 요구에 따라 관리일지 및 기타 관리서류를 제출 할 수 있다.

제3조(시설물 관리)

"을"이 시설관리 중 시설물의 하자를 발견하였을 때는 필요한 응급조치를 취하고 즉시 이를 "갑"게게 통보하여야 하며 "갑"과 협의하여 적절한 개·보수를 취한다.

제4조(보안경비)

"을"은 보안경비원으로 하여금 건물 외곽 및 내부시설 경비에 대한 만전을 기하여 제반사고를 미연에 방지하고 경비보안 운영은 시방서에 준한 업무를 시행한다.

제5조(청소) "을"은 건물의 수명 등을 고려하여 소정 청소용품을 사용하며 건물내외를 항시 청결하게 유지하고 모든 업무수행은 청소 관리용역 시방서에 준한다.

1. 각 영업장 내부 청소는 업장별 홀바닥 및 유리, 거울 청소를 하고 휴지통을 비운다.
2. 수영장내 청소는 매일 풀크리너 청소를 실시한다.}
3. 체련장 및 에어로빅 바닥청소는 진공기로 매일 청소를 한다.
   1. 순찰 및 교육 : "을"은 수시로 "을"의 간부급 이상이 순찰하여 근무상태를 점검 감독관리에 임하여야 한다.
   2. 기타사항 : 경비반장은 경비원에 대한 근무 배치 계획을 주간별로 작성하여 "갑"에게 제출하여야 하며, "갑"은 이의 수정을 명할 수 있다.
   3. 출입 통제 방안 및 안내(친절 우선) : 정문 근무자들은 각 업체의 출입통제 규정에 따라 불순 분자의 불법, 위장 침입을 방지하고 시설내의 재산 부정 유출을 방지하기 위해서 다음 요청에 의거 임무를 성실히 수행하여야 한다.

   1) 출입자에 대한 통제

   ① 여하한 상황아래서도 규정을 위반하는 일이 없도록 할 것이며, 통제상의 변경 사항은 반드시 동수 계통에 의한 지휘를 받는다.
   ② 출입자에 대한 검문은 철저히 이행하되 검문검색의 불가피성을 피검문자에게 사전 이해시킴으로서 출입자가 불쾌감 없이 검문검색에 응하도록 한다.
   ③ 출입자에 대한 출입통제에 관한 절차를 사전 설명하여 줌으로서 출입절차를 받도록 하고 되도록 명령조의 언사를 사용하기 보다는 경어로서 출입자의 인격을 존중하여야 한다.
   ④ 근무자 자신의 불쾌한 감정 등을 업무 수행상에 있어서 나타내지 않도록 절도 있게 행동하며, 또한 가능한 부드러운 언사를 쓰도록 한다.
   ⑤ 면회자에 대하여는 각별히 친절하게 안내하도록 한다.

   2) 출입차량에 대한 통제

   ① 각 업체 출입차량은 출입 전 반드시 정차시켜 철저한 검색을 받도록 한다.
      검색의 목적은 위험물, 폭발물, 사진기 등의 불법반입과 물품의 부정유출을 방지함에 있다.
   ② 불법, 부정행위가 발견되었을 경우에는 여하한 유혹에도 굴하지 않고 과감히 적발하여 보고한다.
   ③ 출입차량은 탑승자에 대하여도 일반출입자에 대한 통제방법과 같이 수행하며, 검색의 필요성을 첨가 설명하여 준다.

④ 출입차량에 대한 제반 사항을 상세히 기록한다.

⑤ 검색으로 오랜 시간이 지체되는 일이 없도록 업무량이 과중한 경우 전반적인 경비업무 감독에 지장이 없는 범위 내에서 경비 반장의 도움을 받는다.

3) 물품 반출입 통제

① 각업체의 자재반출을 규정에 의거 통제하되 정식절차에 의한 것인지를 확인 한다.

② 경비실에 등록된 출납자의 인장과 반출증의 인장이 동일한가 대조한다.

③ 반출증에 명시된 내용과 반출자재 수량을 철저히 대조, 확인 한다.

④ 긴급을 요하는 사전 지시가 없는 한 일과시간 이후의 자재반출을 금한다.

⑤ 부정 반출을 발견하였을 시는 이를 표면에 나타내지 말고 경비반장 입회하에 이를 자세히 밝히도록 하고 즉시 "갑"에게 보고하여야 한다.

4) 불순분자, 도난 및 방화의 사전 방지책

이미 작성 실시하고 있는 경비 계획서를 검토하여 현 실정에 부합되지 않는 것을 실정에 맞도록 "갑"과 협의 후 수정 한다.

① 반장은 2시간에 한 번씩 전 경비지역을 순찰, 검열하여 경비업무 상태를 철저하게 감독한다.

② 방벽 또는 건물 주변의 이상 유무를 확인하고 이상이 발견되면 즉각 원인을 조사하고 보수하도록 요청한다.

③ 공장내외에서 수상한자의 접근이나 배회를 방지하여 도난이나 방화 행위를 철저하게 예방한다.

④ 보안등을 점검하고 못쓰게 되었으면 즉시 새것으로 바꾸어 끼도록 요청한다.

⑤ 정문에서 검문 검색을 철저히 이행함으로서 불순분자의 위장침입이나 도난 사고를 미연에 방지한다.

5) 인근 경찰과 밀접한 협조

각 업체의 인명과 재산의 방호일부를 경비원의 자체능력만으로 완전 성취된다고 볼 수 없으며 인근 경찰과의 긴밀한 협조와 공동 노력으로 소기의 목적을 달성할 수 있는 것이므로 경비대 간부를 위시하여 경비 요원 전원이 이들을 동료로서 친근감을 가지고 친목을 도모함으로써 인간관계를 형성하도록 하여 임무수행상 민첩하고 적극적인 협조를 마련한다.

제5조(경비원 일반수칙)

1) 근무자는 "갑"의 재산보호 및 화재예방을 하여야 한다.

2) 근무자는 자신의 경비 책임구역 내에서 발생하는 제반사고를 미연에 방지함과 동시책임을 져야 한다.

3) 근무자는 출입인 및 반출입 물품을 예의주시 통제하고 필요시는 검문 검색한다.

4) 근무자는 상하번 교대에 의하지 아니하고는 여하한 일이 있어도 근무지를 이탈해서는 안 된다.

5) 근무자는 "갑"의 시설 및 입주자의 안전을 도모키 위하여 부단한 예방 순찰로서 사고를 미연에 방지한다.

6) 근무자는 소속상사의 명령에만 복종할 뿐이지 여하한 지위나 특권에 억압되어서는 아니 되며, 조직체의 일원으로써 규율 있는 행동을 하여야 한다.

7) 근무자는 기강 엄정한 가운데서 내방객에 대하여 최대의 친절을 베풀어야 하며, 모든 보고를 신속 정확히 육하원칙에 의하여야 한다.

8) 경비원은 "갑"의 사규 및 근무 지침에 따라 준수하며 충실히 근무하여야 한다.

9) 경비원은 근무중 근무지를 이탈하여서는 안 된다.

10) 경비원은 근무중 텔레비젼 및 라디오를 보거나 들어서는 안 된다.

11) 경비원은 근무중 졸거나 수면행위는 일체 금한다.

12) 용역 대행에 필요한 일체의 자료와 행정 업무는 "을"이 제공한다.

제6조(순찰)

1) 경우에 따라서는 비정기적으로 역순찰한다.

2) 순찰시에는 규정한 점검표에 따라 이상 유무를 확인한다.

3) 순찰 : 수시 책임구역 내를 순찰하며 무장괴한 및 불순분자 침입과 화재 도난 등의 방지에 적극 노력하여야 한다.

제7조(보안)

보안 태세를 확립하기 위하여 다음 사항을 이행하여야 한다.

① 사무실 책임에 방치된 문서의 유무 및 서류 보관함의 관리상태 확인

② "갑" 또는 입주자의 기밀 또는 배치인원 기타 사항을 타인에게 누설 엄금

5) 연락

비상시 연락 계통과 관계관청의 소재지 전화번호를 확인하여 유사시 신속한 연락을 취하여야 한다.

제8조(유의) 근무중 다음 사항을 지켜야 한다.

① 무단이석을 금함

② 고성방가를 금함

③ 복장단정 및 행동 경쾌

제9조(서류 비치)

① 근무일지

② 경비원 기록카드

③ 비상연락 계통로

④ 기타 필요한 사항

제10조(기타)

경비원은 근무관리를 철저히 하여 유사시에 대비한다.

【부동산관리신탁계약서】

부동산관리신탁계약서

　　○○(이하 "위탁자"라 함)는(은) 별지 기개의 부동산(이하) "신탁부동산"이라 함)을 ○○부동산신탁주식회사 (이하 "수탁자"라 함)에 신탁하고 수탁자는 이를 인수함에 있어 다음과 같이 부동산관리신탁계약(이하 "신탁 계약"이라 함)을 체결한다.

제1조(신탁목적)

이 신탁의 목적은 수탁자가 신탁부동산을 보전·임대 등 관리사무를 수행하는 데 있다.

제2조(신탁부동산의 인수)

1. 위탁자는 신탁계약 체결 즉시 신탁부동산을 수탁자에게 인도하고 수탁자는 이를 인수하며, 신탁을 원 인으로 한 소유권 이전등기 및 신탁등기를 한다.
2. 위탁자는 권리증, 인감증명, 위임장 등 신탁등기에 필요한 제반서류를 수탁자에게 제공하여야 한다.
3. 제1항의 등기에 필요한 제 비용은 위탁자가 부담한다.

제3조(신탁기간)

　　신탁계약기간은 년월일부터 년월일까지로 하며, 신탁종료 전에 위탁자, 수탁자 및 수익자가 협의하여 그 기 간을 연장할 수 있다.

제4조(수익자)

1. 이 신탁계약에 있어서의 수익자는 다음과 같이 정한다.
　　신탁원본의 수익자
　　성명(법인명) :
　　주민등록번호(사업자등록번호) :
　　주소 :
　　신탁수익의 수익자
　　성명(법인명) :
　　주민등록번호(사업자등록번호) :
　　주소 :
2. 위탁자는 수탁자의 승낙을 얻어 수익자를 새로 지정하거나 변경할 수 있다. 이 권리는 위탁자에게 전 속되며 상속되지 아니한다.

제5조(필요자금의 차입 및 담보제공)

　　수탁자는 신탁사무처리에 필요한 자금을 신탁재산 및 수익자의 부담 재무부장관이 정하는 방법으로 차입하 고, 차입금의 담보로서 신탁부동산에 근저당권을 설정할 수 있는 것으로 한다.

제6조(신탁부동산의 유지관리)

신탁부동산의 전부 또는 일부를 수탁자가 적정하다고 인정하는 임대방법 및 임대조건으로 임대를 하고, 임대를 위한 유지관리사무는 수탁자가 직접 하거나 수탁자가 선임하는 제3자에게 위탁할 수 있다.

제7조(선관의무 및 하자담보책임)

1. 수탁자는 신탁부동산의 임대사무, 유지관리 및 기타 신탁사무에 대하여 선량한 관리자의 주의의무를 가지며, 위탁자 및 수익자는 신탁부동산의 하자에 의한 책임을 부담한다.
2. 수탁자가 선량한 관리자로서 주의의무를 다한 경우에는 위탁자 또는 수익자에게 손해가 발생되더라도 수탁자는 그 책임을 지지 아니한다.

제8조(신탁의 원본)

신탁의 원본은 신탁부동산과 신탁부동산에 관하여 취득한 입주보증금, 신탁부동산의 대위재산 및 제5조의 차입금과 기타 이에 준하는 것으로 한다.

제9조(신탁의 수익)

신탁의 수익은 신탁부동산으로부터 발생하는 임대료 및 신탁재산에 속하는 금전의 운용에 의해 발생한 이익, 기타 이에 준하는 것으로 한다.

제10조(수익권증서)

수탁자는 수익자의 청구가 있는 경우 신탁수익권을 증명하기 위하여 수익권증서를 수익자에게 교부할 수 있으며, 이 경우 수익권증서는 지분비율을 표시하여 분할하여 작성할 수 있다.

제11조(신탁재산에 속하는 금전의 운용방법)

1. 신탁재산에 속하는 금전은 운용방법을 같이하는 다른 신탁재산과 합동 또는 단독으로 재무부장관이 정하는 방법으로 수탁자가 운용하기로 한다.
2. 신탁부동산의 임대에 따라 받은 입주보증금은 제1항의 운용방법을 따르는 외에 차입금 및 보증금 등의 변제에 충당할 수 있다.

제13조(비용의 부담)

1. 신탁재산에 관한 재세공과금, 유지관리비 및 금융비용 등 기타 신탁사무의 처리에 필요한 제비용 및 신탁수익은 금전으로 교부한다.
2. 계산기 이전에 수익자, 수익자 및 수탁자가 합의하는 경우에는 신탁재산에 의하여 발생된 수익과 비용 및 신탁 보수를 매월 또는 매분기별로 가정산할 수 있다.

제14조(신탁보수)

1. 신탁보수는 재무부장관이 정하는 보수요율의 범위 내에서 수탁자가 정하는 방법 및 시기에 신탁재산으로 충당하거나 수익자에게 이를 청구할 수 있다.
2. 수탁자가 입주자의 알선을 행한 때에는 별도로 부동산 임대차 중개수수료 상당액을 받을 수 있다.
3. 일반경제정세의 심한 변동 또는 신탁사무의 현저한 증감 기타 상당한 사유가 발생한 때에는 수탁자는 수익자와 협의하여 신탁보수를 조정할 수 있다.

제15조(신탁해지 및 책임부담)

1. 수익자는 천재지변 기타 부득이한 사정이 있는 경우를 제외하고는 원칙적으로 신탁해지를 할수 없으며, 수탁자가 신탁해지를 승낙한 경우에도 신탁해지에 의한 수탁자의 손해를 수익자가 부담하여야 한다.
2. 제1항의 규정에 불구하고 경제정세의 변화 기타 상당한 사유에 의하여 신탁의 목적 달성 또는 신탁사무 수행이 불가능하거나 현저히 곤란한 때에는 수탁자는 위탁자 및 수익자와 협의하여 신탁을 해지할 수 있으며, 이 경우 수탁자는 그 책임을 부담하지 아니한다.
3. 제2항의 해지에 있어 수탁자는 제비용 및 신탁보수와 손해가 발생한 경우에는 배상금을 신탁부동산으로부터 공제한다.

제16조(신탁의 종료 및 원본의 교부등)

1. 이 신탁은 신탁기간만료시 또는 신탁해지에 의하여 종료하며, 신탁종료시 수탁자는 최종계산에 관하여 수익자의 동의를 받도록 한다. 다만 수익자에게 이미 통지한 사항은 수익자가 동의한 것으로 간주하여 최종 계산서에 이를 생략할 수 있다.
2. 신탁의 원본은 제1항의 동의를 받은 후 신탁종료일의 익영업일 이후 수익자에게 수탁자가 정하는 방법으로 신탁계약서 또는 수익권증서와 상환으로 교부한다.
3. 신탁부동산은 현상 그대로 인도하며, 그 이외의 신탁재산은 수익자와 협의하여 현상 또는 환가처분하여 인도한다. 다만 기일미도래 또는 미수금 등 채권은 수익자가 이를 승계하는 것으로 한다.

제17조(인감의 대조 책임)

수탁자는 수익자가 제출한 제청구서류에 찍한 인영(또는 서명)을 기히 계출된 인영(또는 서명)과 상당한 주의로서 대조하고 틀림이 없다고 인정되어 신탁원본 또는 신탁수익의 교부 기타 신탁사무를 처리한 때에는 청구서 및 인감에 관한 위조, 변조, 도용 기타 어떠한 사고로 말미암아 손해가 발생하여도 수탁자는 그 책임을 지지 아니한다.

제18조(신고사항)

1. 위탁자, 수익자 또는 이들의 상속인은 다음 각 호의 경우에는 지체 없이 그 사실을 서명에 의하여 신고하여야 한다.
① 신탁계약서, 수익권증서 및 신고인감의 분실
② 위탁자, 수익자 및 이들의 대리인 기타 신탁관계인의 사망 또는 주소·성명·행위능력 등의 변경 및 신고인감의 변경
③ 기타 신탁계약에 관하여 변경을 인정하는 사항의 발생
2. 제1항의 신고가 지체됨으로서 발생한 손해에 대하여는 수탁자는 그 책임을 지지 아니한다.
3. 제1항의 신고를 게을리하여 수탁자에게 손해가 발생한 경우에는 위탁자와 수익자는 연대하여 그 손해를 배상하기로 한다.

제19조(소송)

1. 수탁자는 수익자로부터의 소송수속신청을 승낙하여 이에 응하거나 수탁자 스스로의 판단으로 소송수속을 할 수 있다.

2. 제1항의 소송인지대 및 변호사 보수 등 소송에 관한 비용 일체는 수익자가 부담한다.

제20조(관할법원) 이 신탁계약에 관해서 다툼이 발생한 경우에는 서울민사지방법원을 그 관할법원으로 하기로 한다.

제21조(기타사항) 이 약관에서 정하지 아니한 사항에 대하여는 위탁자와 수탁자가 따로 체결하는 계약에 의하기로 한다.

제22조(신탁계약서 작성) 신탁계약서는 2통을 작성하여 위탁자, 수탁자 각 1통씩 보관한다.

2○○○년 ○월 ○일

	성명(법인명)	: ○ ○ ○ (서명 또는 날인)
"위탁자"	주민등록번호(사업자등록번호)	:
	주소	:
		:
	주소	:
"수탁자"	상호	:
	지배인	: ○ ○ ○ (서명 또는 날인)

배달사원용역계약서

　OOOO도시락 (이하 "갑"이라 칭함)과 OOO(이하 "을"이라 칭함)는 "갑"을 고용인으로 "을"을 배달사원으로 해서 아래와 같이 배달 사원 용역 관리계약을 체결한다.

제1조(배달 관리업무)

① "을"은 "갑"에게 음식물 배달용 차량, 오토바이, 차량관리 및 배달관리를 용역한다.
② "을"은 용역차량, 오토바이를 운행함에 있어 "갑"이 인정하는 사원에 대하여 명랑한 배달수송이 되도록 업무수행상 필요한 제반조처와 친절로서 봉사하여야 한다.

제2조(용역 배달 운행관리)

① "갑"이 "을"에게 위임하는 (차량, 오토바이)는 O대이다.
② 배달 용역업무는 상호 합의된 운행방식을 적용한다.
③ "을"은 "갑"이 요청하는 운행 및 배달 시간에 아무런 이의 없이 시행하되, 상호 협의한다.

제3조(법적문제 배상)

① "갑"이 "을"로 인한 재산상의 피해, 명예훼손, 운행지시 불이행 및 민·형사상 손해를 입었을시 "을"에게 배상을 청구할 수 있으며, "을"은 "갑"이 제시한 손해배상 금액에 대하여 법적인 절차 없이 이를 지급하여야 한다.
② "갑"의 허락 없이 무단으로 "을"이 배달 운행 결행 시에는 당월 용역비에서 공제토록 한다. 단, 천재지변으로 운행이 불가시 제외되며, 공제금액은 "갑"이 배달하여 손실된 금액으로 한다.
③ "을"이 부득이한 사항 이외에 배달 지연 시에는 "갑"이 합의한 손해배상 금액에 대하여 당월 용역비에서 공제토록 한다.

제4조(차량, 오토바이의 사고처리)

① 사고로 인한 인적, 물적 제반비용은 "을"이 전액 부담하고, 계약기간중 발생하는 일체의 사고에 대한 민·형사상의 일체의 문제는 "을"이 책임지고 처리한다.
② 사고로 인한 배달 손실 책임은 "을"이 책임지고 대체하여야 한다.

제5조(차량보험)

　"을"은 배달 용역하는 차량에 대하여 책임보험과 종합보험에 가입하여야한다

제6조(계약기간)

① 계약기간은 O년(2000. O. O. ~ 2000. O. O.)으로 하되 "갑", 을간에 배달치못할 사유 발생시에

는 최소 O개월 이전에 일정을 서면통지하여 상호 합의하에 조치하고 만료 후에도 운행방식을 그대로 계속 유지시에는 용역비를 재조정하여 자동연장토록 한다.(단, 계약기간은 2000. O. O.부터 향후 O년으로 한다.)

제7조(해약) "갑"은 다음의 사유가 발생시로서 계약기간중에도 임의로 본 계약을 해지할 수 있다.

1. "을"이 "갑" 또는 "갑"이 지명한 자의 감독 및 지시에 불응할 때
2. "갑"의 승낙 없이 제3자를 상대로 영업행위를 하였을 때
3. 정비불량, 관리부실, 안전사고, 근무태만의 위험이 있다고 판단될 때
4. 계약조건보다 차량년식이 오래된 차를 운행할 때
5. 기타 계약의 이행이 불가능하다고 판단될 때

제8조(배달기사의 자질 및 보증)

① 면허증을 소지한 자로서 운전경험과 기능을 소유한 자라야 한다.
② 제반 교통법규와 안전운행 수칙을 준수하며 정직하고 성실하게 배달해야 한다.
③ 배달기사 중 부정, 차량관리 미흡, 근무태만, 운전미숙과 사고 등으로 인하여 "갑"의 요청이 있을 경우 "을"은 즉시 배달기사를 교체하여야 한다.
④ 배달기사의 신원에 대해서는 "을"이 전적으로 보증하여야 한다.
⑤ 배달기사가 근무 중 "갑"에게 손해를 끼칠 때 모든 것을 "을"이 보증하여야 한다.

제9조(계약의 위배)

일방적인 계약의 위배 시 위배자는 상대측에게 2개월분의 용역관리비 이상의 금액을 배상해야 하고, 이에 대한 이의를 제기하지 못한다.

제10조(기타)

① 본 계약에 명시되지 않은 사항은 민법 및 상법의 규정을 적용한다.
② 민법 및 상법에 명시된 규정이 없을 경우 관례 및 관습에 따른다.
③ 상기 ①, ② 의 규정에 없어 적용치 못할 경우 "갑"의 해석에 따른다.

위와 같이 계약을 체결하고 이를 증명하기 위하여 쌍방이 서명 날인하고 각각 1통씩 소지 보관한다.

2000년 O월 O일

"갑"
상호　　　　　　:
소재지　　　　　:
대표이사(대표자)　: O O O ㉛

"을"
상호　　　　　　:
소재지　　　　　:
대표이사(대표자)　: O O O ㉛

제4장 금전소비대차 / 채권 · 채무

민사 분쟁에서 가장 큰 부분을 차지하는 것 중 하나가 바로 금전소비대차에 관한 내용이다. 즉, 금전을 빌리고 빌려주는 금전거래는 일종의 계약으로 민법상 '금전소비대차'라고 하는데 이는 은행 등의 금융권에서 대출을 받는 것도 포함된다.

물론 금융권에서 대출을 받을 때는 해당 은행에서 제시하는 대출거래약관에 의해 대출계약이 체결되지만, 사인 간의 금전거래는 불분명한 계약내용으로 인해 법적 분쟁으로 이어지는 경우가 적지 않다.

따라서 이 장에서는 금전소비대차계약을 중심으로 살펴보기로 한다.

1. 금전소비대차

(1) 의 의

'금전거래'란 양 당사자가 금전을 빌리고 빌려주는 계약을 하는 것을 말하며, 민법상 용어로는 '금전소비대차'라 한다.

우리 민법 제598조에서는 당사자 일방이 금전의 소유권을 상대방에게 이전할 것을 약정하고 상대방은 같은 금액으로 반환할 것을 약정함으로써 그 효력이 생긴다고 규정하고 있는데, 이러한 금전거래는 통상 은행이나 대부업자를 통한 대출로 이뤄질 수도 있고, 개인 간에 이루어질 수도 있다.

당사자 사이에 이자 있음은 약정하였으나 이율은 약정하지 않은 경우에는 연 5%의 민사상 법정이율이 적용됩니다.

(2) 계약서 작성의 필요성

우리 민법상 모든 계약은 낙성·불요식계약이 원칙이므로 금전소비대차 또한 특별한 서면에 의하지 않고 양 당사자의 구두합의만으로도 성립한다. 그러나 계약서를 작성하지 않을 경우 차주가 돈을 갚지 않거나 대주가 기한보다 일찍 돈을 요구하는 경우 등의 법률분쟁이 발생했을 때 이를 해결하기 어려울 뿐만 아니라 나아가 금전거래의 사실을 입증하기조차도 곤란할 수 있다.

따라서 금전소비대차계약을 체결할 때에는 그 이름이 차용증이든 현금보관증이든을 불문하고 금전소비대차계약서를 작성하는 것이 좋다.

(3) 필수적 기재사항

• 채권자·채무자의 인적사항 (성명, 주민등록번호, 주소) • 채무액 • 이자에 관한 사항 • 채권자 · 채무자 주소	• 변제기일 및 변제방법 • 변제하지 않는 경우의 위약금 약정 • 기한 • 조건

1) 채권자·채무자의 인적사항(주민등록번호 · 주소)

금전소비대차 계약의 당사자인 채권자(대주)와 채무자(차주)를 정확하게 작성해야 한다. 당사자의 별명, 아호(雅號) 등을 사용하여 당사자를 특정할 수만 있으면 이를 사용하는 것도 무방하지만, 법적 분쟁을 예방하기 위해서는 실명과 주민등록번호 · 주소 · 전화번호를 정확히 기재해야 한다. 아울러 상대방의 인적사항을 신분증과 대조하여 동일한 사람인지를 확인하는 것이 좋다.

2) 대리인이 있는 경우

계약당사자의 대리인이 있는 경우에는 계약서에 별도로 대리인의 자격을 표시하고 대리인의 인적사항을 기재하여야 한다. 대리인의 신분증과 대조하여 신분을 확인해야 함은 물론이다.

또한 대리인의 대리권을 증명할 수 있는 위임장을 반드시 받아서 계약서에 함께 편철한다.

3) 채무액

차용한 금전의 원금을 기재하여야 하며, 보다 정확히 하기 위해 한글과 아라비아 숫자를 함께 쓰는 것이 좋다.

4) 이자

① 의 의

민법상 금전소비대차는 무이자인 것이 원칙이며, 이자를 받으려면 반드시 이자의 약정을 해야 한다. 만약 당사자 사이에 이자의 약정은 하였으나 이율을 정하지 않았을 경우에는 연 5%의 민사상 법정이율이 적용되므로(민법 제397조 및 제379조), 대주의 입장에서는 이율을 명확히 기재하는 것이 필수적이다.

단, 금전의 대여가 상행위에 기초한 경우에 만약 당사자 사이에 이율의 약정이 없다면 대주는 연 6%의 법정이자를 청구할 수 있다(상법 제55조 제1항 및 제54조).

한편, 계약서에 이자를 기재할 때 예금(禮金), 할인금, 수수료, 공제금, 체당금(替當金), 그 밖의 명칭으로 기재하더라도 금전의 대차와 관련하여 채권자가 받는 것은 이를 이자로 본다(이자제한법 제4조 제1항).

② 최고 이자율

원금이 10만원 이상인 금전소비대차에서 그 이율은 연 24%의 이자율의 한도에서 당사자의 합의로 자유롭게 정할 수 있다(이자제한법 제2조제1항·제5항 및 이자제한법 제2조제1항의 최고이자율에 관한 규정). 이 규정을 위반하여 최고이자율을 초과하는 이자부분은 무효이며, 그 이자를 받은 자는 1년 이하의 징역 또는 1천만원 이하의 벌금에 처해진다. 이 경우 징역형과 벌금형은 병과(併科)될 수 있다는 점을 주의해야 한다(이자제한법 제8조).

③ 이자의 사전공제 약정

금전소비대차계약의 이자율을 약정할 때에 당사자는 선이자를 미리 공제하기로 할 수 있다(이자제한법 제2조 제1항, 제3조).

예) 변제기한을 1년으로 하고 이자율을 연 20%로 1,000만원을 빌려주고 받는 금전소비대차계약을 체결할 때, 1년 후에 받을 이자 200만원을 미리 공제한 750만원만을 채무자에게 주는 경우

5) 변제기

변제기는 연·월·일을 정하여 정확히 적어야 하며, 만약 변제기 약정이 없는 경우에는 계약서에 기재하지 않아도 좋으나 채권자가 임의의 시기에 변제를 청구하면 상당한 기간이 경과한 뒤 변제기가 도래한 것으로 된다.

6) 기 한

① 의의

기한 '이란 법률행위의 당사자가 그 효력의 발생·소멸 또는 채무의 이행을 장래에 발생하는 것이 확실한 사실에 의존하게 하는 부관(附款)을 말한다.

예) 기한부 금전소비대차 : 내년 12월 31일까지 돈을 빌려준다.

② 기한이익의 상실

기한은 채무자의 이익을 위한 것으로 추정되는데, 이렇게 기한의 이익을 채무자에게 주는 것은 채무자를 신용하여 그에게 기한 만큼의 이행을 늦춰주기 위한 것이지만, 채권자의 입장에서도 그 기한동안 이자를 받을 수 있으므로 기왕에 체결한 금전소비대차계약을 해지시켜야 할 이익은 없다.

그러나 민법상 일정한 경우 채무자의 기한의 이익을 상실하도록 규정하고 있는데 그 사유는 다음과 같다.

> - 채무자가 담보를 손상하거나, 감소 또는 멸실하게 한 때(민법 제388조제1호)
> - 채무자가 담보제공의 의무를 이행하지 않은 때(민법 제388조제2호)
> - 채무자가 파산한 때(채무자 회생 및 파산에 관한 법률 제425조)

이러한 규정 외에 실제로 계약서에 기재되는 기한이익 상실 규정은 '채무자가 2회 이상 이자 지급을 연체했을 때' 등으로 기재되는 경우가 많다. 이와 같이 기한의 이익 상실 규정은 당사자 사이에서 계약 시 특약사항으로 부기할 수 있다.

2. 관련 판례

(1) 소비대차 계약의 성립

계약의 성립을 위한 의사표시의 객관적 합치 여부를 판단함에 있어, 처분문서인 계약서가 있는 경우에는 특별한 사정이 없는 한 계약서에 기재된 대로의 의사표시의 존재 및 내용을 인정하여야 한다(대판 2009. 4. 23, 2008다96291, 96307).

한편 제3자가 금전소비대차약정서 등 대출관련 서류에 주채무자 또는 연대보증인으로서 직접 서명·날인하였다면 제3자는 자신이 그 소비대차계약의 채무자임을 금융기관에 대하여 표시한 셈이고, 제3자가 금융기관이 정한 여신제한 등의 규정을 회피하여 타인으로 하여금 제3자 명의로 대출을 받아 이를 사용하도록 할 의사가 있었다거나 그 원리금을 타인의 부담으로 상환하기로 하였더라도, 특별한 사정이 없는 한 이는 소비대차계약에 따른 경제적 효과를 타인에게 귀속시키려는 의사에 불과할 뿐, 그 법률상의 효과까지도 타인에게 귀속시키려는 의사로 볼 수는 없다(대판 2016.03.24, 2015다246346).

(2) 소비대차 계약과 통정허위표시

통정허위표시가 성립하기 위해서는 의사표시의 진의와 표시가 일치하지 아니하고 그 불일치에 관하여 상대방과 사이에 합의가 있어야 하는데, 제3자가 금전소비대차약정서 등 대출관련 서류에 주채무자 또는 연대보증인으로서 직접 서명·날인하였다면 제3자는 자신이 그 소비대차계약의 채무자임을 금융기관에 대하여 표시한 셈이고, 제3자가 금융기관이 정한 여신제한 등의 규정을 회피하여 타인으로 하여금 제3자 명의로 대출을 받아 이를 사용하도록 할 의사가 있었다거나 그 원리금을 타인의 부담으로 상환하기로 하였더라도, 특별한 사정이 없는 한 이는 소비대차계약에 따른 경제적 효과를 타인에게 귀속시키려는 의사에 불과할 뿐, 그 법률상의 효과까지도 타인에게 귀속시키려는 의사로 볼 수는 없으므로 제3자의 진의와 표시에 불일치가 있다고 보기는 어렵다고 할 것인바, 구체적 사안에서 위와 같은 특별한 사정의 존재를 인정하기 위해서는, 금융기관이 명의대여자와 사이에 당해 대출에 따르는 법률상의 효과까지 실제 차주에게 귀속시키고 명의대여자에게는 그 채무부담을 지우지 않기로 약정 또는 양해하였음이 적극적으로 입증되어야 한다(대판 2015.02.12, 2014다41223).

(3) 소비대차 계약 상 이자가 민법 제103조 위반에 해당하는지 여부

금전 소비대차계약과 함께 이자의 약정을 하는 경우, 그 이자 약정이 대주가 그의 우월한 지위를 이용하여 부당한 이득을 얻고 차주에게는 과도한 반대급부 또는 기타의 부당한 부담을 지우는 것이어서 선량한 풍속 기타 사회질서를 위반한 사항을 내용으로 하는 법률행위로서 무효라고 보기 위해서는, 양쪽 당사자의 경제력의 차이로 그 이율이 당시의 경제적·사회적 여건에 비추어 사회통념상 허용되는 한도를 초과하여 현저하게 고율로 정하여졌다는 사정이 인정되어야 한다(대판 2009.06.11., 2009다12399).

(4) 처분문서인 계약서 상 의미가 명확히 드러나지 않은 경우의 해석 방법

계약당사자 사이에 어떠한 계약내용을 처분문서인 서면으로 작성한 경우에 문언의 객관적인 의미가 명확하다면 특별한 사정이 없는 한 문언대로의 의사표시의 존재와 내용을 인정하여야 하고, <u>그 문언의 객관적인 의미가 명확하게 드러나지 않는 경우에는 그 문언의 내용과 계약이 이루어지게 된 동기 및 경위, 당사자가 계약에 의하여 달성하려고 하는 목적과 진정한 의사, 거래의 관행 등을 종합적으로 고찰하여 사회정의와 형평의 이념에 맞도록 논리와 경험의 법칙, 그리고 사회일반의 상식과 거래의 통념에 따라 계약내용을 합리적으로 해석하여야 하는바</u>(대판 2002. 5. 24, 2000다72572참조), 특히 문언의 객관적 의미와 달리 해석함으로써 당사자 사이의 법률관계에 중대한 영향을 초래하게 되는 경우에는 그 문언의 내용을 더욱 엄격하게 해석하여야 할 것이다.

그런데 원·피고 사이의 이 사건 대출은 최초 계약 이래 1990. 5. 26.경 및 1997. 2. 27.경 그 대출조건이 일부 변경되었으므로 위 1997. 2. 27.자 최종 대출조건에 따라 작성된 금전소비대차약정서(갑 제1호증)의 기재 내용과 처분문서 해석의 법리를 바탕으로 관련 사정들을 참작하여 그 약정의 객관적·합리적 의미를 도출하여야 할 것인바, 위 금전소비대차약정서에는 이 사건 대출원금의 경우 단순히 '2001. 4. 30.에 상환'하는 것으로 규정한 것과 달리, <u>원금화된 이자는 '대출원금 상환 후 가스전 및 기타 광구 수익금으로 상환가능 시' 2001. 5. 26.까지 상환하도록 명시적으로 달리 규정한 이상, 위 예상 수익방안에 따른 상환가능한 수익금의 발생을 조건으로 그 상환의무가 발생한다고 보는 것이 위 금전소비대차약정서의 문언에 객관적으로 가장 부합하는 해석이라 할 것이고,</u> 이와 달리 위 상환가능한 수익금의 발생 여부와 상관 없이 확정적인 상환의무가 성립한 것으로 보는 원심과 같은 해석을 하기 위해서는 이를 수긍할 수 있는 특별한 사정이 존재하여야만 할 것이다(대판 2008.11.13., 2008다46531).

(5) 상인 간의 금전소비대차 상 이자청구

상법 제55조에 의하면 상인 간에서 금전의 소비대차를 한 때에는 대주는 법정이자를 청구할 수 있는 것이고, 상인 간에서 금전소비대차가 있었음을 주장하면서 약정이자의 지급을 구하는 청구에는 약정 이자율이 인정되지 않더라도 상법 소정의 법정이자의 지급을 구하는 취지가 포함되어 있다고 보아야 할 것이다.

원심판결 이유에 의하면 원심은 회사인 원고가 회사인 피고에게 1,861,000,000원의 대여금채권을 가지고 있음을 인정한 다음 위 대여금에 대하여 연 10%의 비율에 의한 약정이자 및 지연손해금의 지급을 구하는 원고의 청구에 대하여 이자 지급약정이 체결되었음을 인정할 증거가 없다는 이유로 이를 배척하고, 다만 이 사건 소장 송달 다음날 이후의 지연손해금 청구만을 인용하였다.

그러나 앞서 본 법리에 비추어 볼 때 원고의 위 이자지급 청구에는 상법 소정의 법정이자의 지급을 구하는 취지도 포함되어 있다고 보아야 할 것이므로 원심으로서는 원고와 피고 사이에 이자 지급약정이 체결되었음이 인정되지 않는다 하더라도 곧바로 원고의 이자 지급 청구를 배척할 것이 아니라 원고의 법정이자 청구에 대하여도 판단하였어야 할 것이다. 원심판결에는 이 점에 관한 판단유탈로 인하여 재판에 영향을 미친 위법이 있다(대판 2007.3.15., 2006다73072).

【금전소비대차 계약서】

금전소비대차 계약서

차용금원 금 ○○○원 → **채무액 적시**

이   자 연 ○○ % → **이자의 적시**

채무자는 채권자로부터 위 금원을 아래와 같은 조건으로 차용한다.

제1조(대여일시)

　채무자는 채권자로부터 20○○년 ○월 ○일 금 ○○○원을 차용하며 채권자는 이 금액을 즉시 채무자에게 지급한다.

제2조(변제기일 및 변제장소)

　채무자는 위 금원의 차용금 원금을 20○○년 ○월 ○일까지 채권자의 주소지에서 채권자에게 변제한다. → **변제기일과 변제장소 적시**

제3조(이자의 지급 등)

　위 차용금의 이자는 연 ○○%로 하고 지급은 매월 ○일에 채권자의 주소지에서 지급하거나 또는 채권자가 고지한 은행 계좌로 입금한다. 만일 ○회 이상의 이자지급을 지체한 때에는 채무자는 기한의 이익을 상실하고 즉시 위 차용 금원을 변제하여야 한다. → **기한의 이익 상실 사유 적시**

제4조(지연손해금)

　위 차용금을 위 2조의 이행기일까지 변제하지 않을 경우 또는 채무자가 기한의 이익을 상실할 경우에는 그 다음날부터 채무자는 위 차용금액에 대하여 연○○%의 비율로 1년을 365일로 보고 1일 단위로 계산한 지체일수에 해당하는 지연손해금을 채권자에게 지급한다. → **지연손해금의 적시**

　이 금전소비대차 약정서는 채무자가 위 차용원금을 지급 받았음을 증명하는　영수증에 갈음한다.
본 계약체결을 증하기 위하여 본서 2통을 작성하고 "갑" "을" 각 1통씩 보관한다.

20○○년 ○월 ○일

"갑"	성명	:	○ ○ ○ ㊞
	소재지	:	
	주민등록번호		
"을"	성명	:	○ ○ ○ ㊞
	소재지	:	
	주민등록번호	:	

【금전소비대차 계약서 – 차주가 연대채무자인 경우】

금전소비대차 계약서

금 ○○○원(단, 약정이자 매월 2%)

제1조

상기의 금액을 채권자 ○○○으로부터 아래 연대채무자 양인이 20○○년 ○월 ○일 연대하여 차용한다.

제2조

위 차용한 원금은 양인이 연대하여 20○○년 ○월 ○일까지 채권자 ○○○에게 전액 지참 변제하겠으며, 약정한 이자는 매월30일에 채권자에게 지참 변제한다.

제3조

만약 연대채무자들이 약정한 이자를 채권자에게 2월 이상 지급 연체한 때에는 변제기에 관계없이 언제든지 채권자가 청구하여도 이의 없겠으며, 또한 이 건 채무는 본인들이 연대하여 부담한 것이므로 청구할 경우에는 본인 양인 중 1명에 대하여 전부의 청구를 하거나 또는 동시에 혹은 순차로 본인들에 대하여 전부를 청구할 수 있다.

위 계약내용을 확증하기 위하여 아래 연대채무자들은 이 증서를 자유로운 의사상태에서 작성하고 서명 · 날인하여 채권자에게 교부한다.

20○○년 ○월 ○일

채권자	"갑"	성명	: ○○○ ㊞
		소재지	:
		주민등록번호	
연대채무자 1	"을"	성명	: ○○○ ㊞
		소재지	:
		주민등록번호	:
연대채무자 2	"병"	성명	○○○ ㊞
		소재지	
		주민등록번호	

【저당권 설정계약서】

저당권 설정계약서

_____(이하 "갑"이라 함)와 _____(이하 "을"이라 함)는 "을"이 "갑"에 대한 채무를 담보하기 위하여 다음과 같이 저당권설정계약을 체결한다.

제1조(목적)

20 년 월 일 "갑"을 간에 체결된 계약(이하 '기본계약'이라 함.)에 의하여 "을"의 하기 채무(이하 '본건채무'라 함)의 이행을 담보하기 위하여 "을"은 "갑"에 대하여 "을"소유의 말기 물건(이하 '본 물건'이라 함)에 대하여 제 ___순위의 저당권을 설정한다.

① 채무의 발생원인 :

② 채무금액 :

③ 기 한 :

④ 변제방법 :

⑤ 이 율 :

⑥ 이자지급 및 방법 :

⑦ 특약 :

"을"은 채무이행을 태만하였을 때 또는 채무기한의 이익을 상실하였을 때는 변제할 금액에 대하여 일금 _____원에 1일 _____전의 비율로써 손해금을 지급한다.

제2조

"갑"의 동의를 얻지 아니하고 다음 각 호의 행위를 하여서는 안 된다.

① 본 물건의 현재의 형상을 변경하는 것

② 본 물건의 소유권을 타인에 이전하는 것

③ 본 물건상에 타의 저당권, 근저당권, 임차권, 전세권, 기타 본 저당권행사의 방해가 되는 권리를 정하는 것

④ 공조공과 기타 담보물건에 관한 부담을 체납하는 것

⑤ 원인 여하를 불문하고 직접 또는 간접으로 본 물건의 가격을 감할 염려 있는 행위를 하는 것

제3조(증담보 등)

본 물건이 원인 여하를 불문하고 변경, 멸실 또는 그의 가격이 감소하였을 때에는 "을"은 "갑"의 청구에 따라 증담보 혹은 현금을 제공하고, 또는 새로이 "갑"의 승인하는 보증인을 설정하여야 한다.

제4조(손해보험의 부보)

① "을"은 담보물건 중 손해보험에 부할 수 있는 것에대하여는 "갑"의 승인하는 보험업자와 본건

채무금액을 최저 보험금액으로 하는 손해보험계약을 체결하고 본 계약기간중은 당해 보험계약을 계속하는 것으로 한다.

② "을"은 전항의 보험금채권을 본건채권을 담보하기 위하여 "갑"에 입질하고 보험증서에 _____보험회사의 입질승인의 개서를 받은 후 그 증서를 "갑"에게 교부하기로 한다.

③ 제1 항의 보험금의 청구원인이 발생하였을 때에는 "갑"이 이 보험금을 청구수령하고, 기한의 여하에 불구하고 본건채무의 변제에 충당하여도 "을"은 이의를 제기하지 못한다.

제5조(기한의 이익상실)

"을"이 다음 각 호의 1에 해당할 때는 본건채무에 대하여 기한의 이익을 상실하고 하등의 최고 없이 저당권을 실행하여도 "을"은 이의가 없다.

① "을"이 계약 또는 기본계약조항의 1에 위반하였을 때

② 어음부도를 내고, 또는 지급을 정지하였을 때

③ 가압류, 가처분, 강제집행 혹은 경매 등의 신고를 받고, 또는 체납처분 혹은 보전압류를 받았을 때

④ 파산, 화의, 회사정리 등의 신고를 받고 또는 자신이 신고하였을 때

⑤ 영업의 전부 또는 일부를 제3 자에 양도하였을 때

⑥ 기타 "갑"에 있어서 "을"이 채무를 이행하지 못할 염려가 있다고 인정하였을 때

제6조(저당권의 실행)

"을"이 채무이행을 태만하였을 때는 물론, 기한의 이익을 상실할 사유가 발생하였을 때, 본 계약에 위반하였을 때 또는 저당권이 침해당할 우려가 있다고 "갑"이 인정하였을 때는 "갑"은 통지최고를 하지 아니하고 "을"의 저당권을 실행하고 채무의 변제를 받을 수 있다.

제7조(임의처분)

① 저당권을 실행할 수 있는 경우 "갑"은 경매절차에 의하지 아니하고 저당물건을 일괄하여 또는 분할하여 임의로 처분할 수 있고, 처분에 의한 취득금은 처분비용을 공제하고 임의의 순서방법에 의하여 본건채무의 변제에 충당키로 한다.

② "을"은 "갑"의 요구가 있을 때는 즉각 전항의 임의처분에 필요한 권리증, 인감증명서, 위임장을 "갑"에게 교부하고 이에 협력한다.

제8조(대물변제)

① 저당권을 실행할 경우 "갑"은 그의 선택에 의하여 저당권의 실행에 대하여 저당물건의 전부 또는 임의의 일부의 가액을 현재의 채무액의 전부 또는 임의의 일부와 동액으로 보고 그 소유권을 대물변제로서 취득할 수 있는 것으로 한다.

② 전항에 의한 "갑"의 권리를 보전하기 위하여 "을"의 저당물건에 대하여, 을에 대하여 소유권이전 청구권 보전의 가등기를 할 수 있다.

제9조

본 계약증서의 작성 및 기타 본 계약에 관한 비용은 "을"이 부담한다.

※ 물건의 표시

본 계약체결을 증하기 위하여 본서 2통을 작성하고 "갑", "을" 각 1통씩 보관한다.

20○○년 ○월 ○일

	성명	:	○○○ ㊞
"갑"	소재지	:	
	주민등록번호		
	성명	:	○○○ ㊞
"을"	소재지	:	
	주민등록번호	:	

저당권부 토지매매계약서

매도인 ○○주식회사를 "갑"으로 하고 매수인 ○○주식회사를 "을"로 하여 "갑", "을" 간에 다음과 같이 토지매매계약을 체결한다.

제1조(목적)

"갑"은 그 소유한 아래 표시의 부동산(이하 '본 건 부동산'이라 함)을 "을"에게 다음 조항 이하의 약정으로 매도하고, "을"은 이를 매수할 것을 약정하였다.

제2조(매매대금)

매매대금은 아래 저당권 부담의 현상(現狀)으로 금   만원으로 한다.

제3조(계약금)

"을"은 금일 계약금으로 금   만원을 "갑"에게 교부하고, "갑"은 이것을 수령하였다.

제4조(매매대금의 지급시기)

"을"은 제2조의 매매대금을 본 건 부동산의 소유권이전등기신청과 교환하여 지급한다. 이 경우, 위조항의 계약금을 매매대금으로 충당하고, 이를 공제하도록 한다.

제5조(소유권이전과 비용부담)

본 건 부동산의 소유권이전등기는 2000년 ○월 ○일에 하기로 하고, "갑"과 "을"은 동일 ○○○변호사(또는 법무사) 사무소에 모여, "갑"은 제4조에 의한 잔금의 지급과 상환하여 소유권이전등기신청용 서류 일체를 "을"에게 교부하되, 소유권이전의 등기비용은 "을"이 부담한다.

제6조(부동산의 인도)

"갑"은 2000년 ○월 ○일까지 본 건 부동산을 현 상태 그대로 "을"에게 인도하도록 한다.

제7조(저당권의 부담)

본 건 부동산은 아래 내용의 채권을 담보하는 저당권의 부담을 조건으로 매매되는 것으로 한다.
1. 채권자 : ○○주식회사(병)
2. 채무자 : ○○주식회사 "갑"
3. 채무현재액 :만원
4. 이행기 : 2000년○월○일
5. 기한 후의 손해금 하루 이자 :원

제8조(저당채무의 변제)

1. 위 조항 채무의 이행기까지 "을"은 대위변제·면책적 채무인수 기타의 방법으로 "갑"의 병에 대한 채무를 소멸시켜야 한다.
2. "을"이 위 항의 의무이행을 해태함으로써 "갑"에게 손해를 입혔을 경우, "을"은 즉시 "갑"에 대해 이를 배상해야 한다.

제9조(매매대금의 감액)

"갑"의 병에 대한 채무의 현재액이 금만원을 초과할 경우는 본 건 매매대금을 초과액의 한도에서 감액한다.

제10조(부동산의 보증)

"갑"은 제7조 기재의 저당권을 제외하고는 현실적으로 본 건 부동산에 대하여 "을"의 완전한 소유권 행사를 저해하는 일체의 부담이 없다는 것을 보장한다.

제11조(기타 비용부담)

본 건 부동산의 제세공과금은 제6조에 의한 인도일로 구분하여, 당일까지의 비용은 "갑"이 이를 부담하고, 그 다음날 이후에 해당하는 비용은 "을"이 부담한다.

제12조(위험부담)

본 건 부동산이 제6조에 의한 인도 이전에 당사자의 책임으로 돌릴 수 없는 이유로 멸실 또는 훼손되었을 때 그 손해는 "갑"의 부담으로 한다.

제13조(계약의 해제)

1. "갑" 또는 "을"이 본 계약에 있어 불이행이 있었을 때는 상대방은 서면으로 이행을 최고한 후, 본 계약을 해제할 수 있다.
2. 이 경우, "갑"의 불이행에 의해 해제되었을 때는 이미 받은 매매대금을 "을"에게 반환함과동시에 금만원을 손해금으로 "을"에게 지급하도록 한다.
3. "을"의 불이행으로 해제되었을 때는 "갑"은 이미 받은 매매대금 가운데 금 만원을 손해금으로 충당한 뒤 잔액을 "을"에게 반환한다.

20ㅇㅇ년 ㅇ월 ㅇ일

매도인 "갑"	주소	:	
	상호	:	
	대표이사(대표자)	:	ㅇㅇㅇ (서명 또는 날인)
		:	
매수인 "을"	주소	:	
	상호	:	
	대표이사(대표자)	:	ㅇㅇㅇ (서명 또는 날인)

(부동산의 표시)

소 재 : ○○시 ○○구 ○○동 ○○번지
지 번 :
지 목 :
지 적 :

참고 16 _ 저당권과 근저당권의 차이 ▌

항 목	저당권	근저당권
담보채권	현재의 확정액	장래의 증감·변동하는 불특정 채권
부종성	현재 채권이 소멸하면 함께 소멸	결산일에 피담보채권이 확정되기 전까지 피담보채권이 소멸하더라도 유지
변제의 효력	변제하면 채권소멸	변제하더라도 결산기 전이면 채권이 소멸하지 않음
등기되는 금액	피담보채권액	피담보채권 최고액 (채권액이 최고액을 초과해도 최고액 이상의 우선변제권은 없음)

근저당권 설정계약서

채권자 겸 근저당권자 : 회사

채무자 소속 :

주소 :

성명 :

근저당권 설정자 주소 :

성명 :

채권액 : 금 원정(₩)

   위 당사자 사이에 다음과 같이 근저당권 설정계약을 체결함.

제1조(근저당권의 설정)

① 채권자의 채무자에 대한 주택자금 대부금과 그 이자, 연체이자 및 기타 이에 관련되어 발생하는 채무자가 부담할 제 비용 등으로 채무자가 채권자에 대하여 현재 부담 하는 또는 장래 부담하게 될 채무(이하 '본 채무'라고 함.)를 담보하기 위하여 설정자 소유의 아래 목록에 적은 물건(이하 '근저당 물건'이라 함.)에 순위 제번의 채권액 금 원

 (₩)의 근저당권을 설정함.

② 근저당물건의 증축, 개축, 수리, 개조 기타 각종 원인으로 근저당 물건에 부가종속 될 물건(입 목 포함)에도 전항의 근저당권 효력이 당연히 미치는 것으로 함.

제2조(변제방법, 이자, 연체이자 등)

① 채무자는 본 채무를 약정한 변제기일에 채권자의 지정하는 방법에 따라 이행하겠음.

② 본 채무에 대한 이자 및 연체이자의 율, 지급시기와 지급방법 등은 채권자의 정하는 바에 의 함.

제3조(담보보존의무)

① 설정자는 채권자의 사전승낙 없이는 근저당물건에 대하여 소유권의 이전, 저당권, 지상권, 임차권 등 각종 권리의 설정 또는 등기, 등기상황의 이동 기타 그 현상을 변경 하지 아니하겠음.

② 설정자와 채무자는 근저당물건의 멸실, 훼손, 공용징수 기타의 원인으로 근저당물건에 이상 이 생기거나 이상이 생길 염려가 있을 때에는 곧 이를 채권자에게 통지하겠음. 이 경우에 설정 자가 제3 자로부터 수령할 보상금, 교부금, 청산금 등의 금전이나 물건이 있을 때에는 그 채권 을 채권자에게 양도하겠으며 채권자를 위하여 필요한 협력을 다하겠음.

③ 전항에 의하여 채권자가 금전을 수령한 때에는 본 채무의 변제기 여하에 불구하고 임의로변제에 충당하여도 이의 없겠음.

제4조(담보가치의 유지)

채무자는 근저당물건이 사변, 재해 등 불가피한 사유로 멸실·감소하거나 채권자가 담보가액이 부족하다고 인정하는 때에는 청구에 의하여 곧 부족금을 입금하거나 대담보 또는 추가담보를 제공하겠음.

제5조(보험)

① 설정자는 근저당물건에 대하여 채권자의 요구가 있을 시 보험에 가입하여야 함. 또 한 채권자가 근저당물건의 보존에 필요하다고 판단하여 보험에 가입하여도 이의 없겠음.
② 설정자는 전항의 보험계약에 따른 권리를 채권자의 지정에 따라 채권자에게 양도하거나 이에 질권을 설정하겠음.
③ 채권자가 보험에 가입하였을 시 또는 보험료를 지급하였을 시 보험금을 채권자가 받은 때에 는 본 채무의 변제기 여하에 불구하고 임의로 변제에 충당하여도 이의 없겠으며 이재 후의 처리에 관하여는 모두 채권자의 지시에 따르겠음.

제6조(근저당물건의 처분)

① 근저당물건은 반드시 경매절차에 의하지 아니하더라도 일반적으로 적당하다고 인정되는 방법, 시기, 가격 등에 의하여 채권자가 임의처분하고 그 취득금으로부터 제 비용을 차감한 잔액을 법정순서에 불구하고 본 채무의 변제에 충당하여도 이의 없겠으며 잔존 채무가 있는 경우는 곧 변제하겠음.
② 채무불이행의 경우에는 채권자가 설정자를 대위하여 근저당물건을 관리하고 그 임대수익으로써 전항에 의하여 본 채무의 변제에 충당하여도 이의 없겠음.
③ 전 2항의 경우에는 설정자와 채무자는 채권자를 위하여 소요서류의 조인 기타 필요한 협력을 다하겠음.

제7조(기한의 이익상실)

채무자가 다음 각 호의 1에 해당될 때에는 채권자로부터의 통지, 최고 등이 없더라도 채권자에 대한 본 채무의 기한의 이익을 당연히 상실하고 곧 채무를 변제하겠으며 전조에 의하여 채권자가 근저당물건을 처분하여도 이의 없겠음.
① 주택자금을 그 목적 이외의 용도에 사용하였을 때
② 채무자가 주택자금 완제 전에 퇴직하였을 때
③ 대부금에 대한 할부변제금을 6개월 이상 연체하였거나 또는 6개월 이내의 연체분일지라도그 회수가 극히 우려된다고 회사로부터 판단되어질 때
④ 차용금으로 매입 또는 신축한 주택에 대하여 정해진 기간 동안(매입 시 3개월, 신축 시 6개월)소유권에 관한 등기 후 가옥등기부 등본을 제출하지 아니하였을 때
⑤ 기타 복지기금운영규정의 제 규정에 해당될 때

제8조(제 절차의 이행과 비용)

채권자가 이 계약에 의한 근저당권의 설정, 변경, 경정, 이전, 이관 등에 관한 등기, 등록 기타의 모든 절차를 청구할 때에는 채무자와 설정자는 곧 이를 이행하겠으며 제 절차에 관한 비용을 부담하겠음.

제9조(근저당물건의 보고조사)

근저당물건의 상황에 관하여 채권자로부터 청구가 있는 때에는 곧 보고하겠으며 언제든지 조사하여도 이의 없겠음.

제10조(담보변경)

설정자는 채권자가 필요에 따라 담보를 변경하거나 해제하여도 이의 없겠음.

제11조(채무자의 연대채무)

채무자는 이 계약의 각 조항에 의한 설정자의 채무를 연대하여 이행하겠음.

제12조(합의관할)

이 계약에 관하여 소송의 필요가 생긴 때에는 채권자의 본사 소재지를 관할하는 법원을 관할법원으로 할 것을 합의함.

2000년 0월 0일

채권자겸 근당권자	주소 :	
	성명 :	○○○ (서명 또는 날인)
채무자	주소 :	
	성명 :	
근저당권설정자	주소 :	
	성명 :	○○○ (서명 또는 날인)

추가근저당권 설정계약서

채권자 겸 근저당권자 :

채 무 자 :

근 저 당 권 설 정 자 :

　위 당사자 간에 다음과 같이 추가 근저당권 설정계약을 체결한다.

제1조(기존 근저당권 설정 등기)

　근저당권 설정자는 채무자가 채권자 겸 근저당권자에 대하여 현재 부담하고 장래 부담할 상품대금과 기타 모든 원인에 의한 일체의 채무금중 채권최고액 금○○원정의 담보로서 이미 2000년 ○월 ○일자로 근저당권 설정계약을 체결하고

지방법원 ○○등기소 2000년 ○월 ○일 등기접수 제 ○ 호

지방법원 ○○등기소 2000년 ○월 ○일 등기접수 제 ○ 호

지방법원 ○○등기소 2000년 ○월 ○일 등기접수 제 ○ 호

　각 제 ○순위 근저당권 등기를 필하였다.

제2조(추가 근저당권 설정등기)

　근저당권 설정자는 제1조에 의한 근저당권설정계약서에 기재된 담보물 이외에 뒷면기재의 담보물건(부가 종속된 물건 포함)을 채권자 겸 근저당권자에 대한 공동담보물로 설정하기 위하여 추가로 근저당권설정등기를 하기로 한다.

제3조(준용규정)

　채무자와 근저당권 설정자는 이 추가근저당권 설정계약에 있어서도 제1조 기재의 근저당권설정계약서에 의한 모든 조항을 적용함은 물론 준수사항을 성실히 이행할 것을 확약한다.

　위 계약을 확실히 하기 위하여 이 계약서를 작성하여 당사자가 서명 날인한다.

2000년 ○월 ○일

채권자겸 근 저당권자	: ○ ○ ○	㊞
채무자	: ○ ○ ○	㊞
근저당권설정자	: ○ ○ ○	㊞

금전대차 저당권 설정계약서

○○○를 "갑"으로 하고, ○○○를 "을"로 하며, ○○○를 '병'으로 하여 "갑", "을", "병" 사이에 다음과 같이 금전대차 저당권설정계약을 체결한다.

제1조 "갑"은 "을"에 대하여 금원을 다음의 내용으로 대여할 것을 약정하고, "을"은 이를 차용하여 그 금액을 수령하였다.

제2조

① 본건 대금의 변제기는 20○○년 ○월 ○일로 하고, 이자는 연%로 한다.
② "병"은 "을"의 본건 채무의 이행을 담보하기 위하여 그 소유의 다음 부동산에 저당권을 설정한다.
 － 다 음 －
 시 구 동 번지 대지평

제3조 "병"은 현재 상기 토지에는 하등의 제한물권이 없음을 확인하고 저당권 설정기간중 상기 토지를 "갑"의 승낙 없이는 양도, 임대 기타 일체의 수익, 처분 행위를 하지 않을 것을 약정하며, 저당권 설정기간중 "갑"에게 상기 토지에 대하여 임료 월 금 원의 약정으로 임차권을 설정하고 임차권설정등기 절차를 이행할 것을 승낙하였다. 단, "갑"이 상기 토지의 인도를 받은 후에만 위 임료를 지급한다.

제4조 "을"이 소정의 기일까지 원리금 전액의 지급을 하지 않을 때는 "갑"은 "을"의 선택에 좇아 저당권을 실행하거나, 그 실행에 갈음하여 제3조 기재의 대지의 소유권 이전을 요구할 수 있다.

상기 계약을 증명하기 위하여 본 계약서 3통을 작성하고, 각자 서명 날인한 후 1통씩 보관한다.

20○○년 ○월 ○일

"갑"	주소	:
대주	성명	: ○○○ ㉑

"을"	주소	:
차주	성명	: ○○○ ㉑

"병"	저당권설정자	: ○○○ ㉑
	주소	:

금전소비대차 계약서(기업용)

"갑"과 "을"은 다음과 같이 금전소비대차 계약을 체결하다.

제1조(차용금)

채권자 "갑"은 년 월 일에 금원 채무자 "을"에게 빌려주고 채무자 "을"은 이것을 차용하였다.

제2조(상환일)

차용금의 변제기한은 다음과 같다.

상 환 일	상환금액	상환장소	상환방법	비고

제3조(이자)

1. 차용금에 대한 이자는 연 %로 하고 매월일까지 지급하기로 한다.
2. 원리금의 변제를 지체했을 때 지연이자는 연 25%로 한다.

제4조(상환장소)

"을"의 변제는 "갑"의 주소지에 지참해서 변제하거나 "갑"이 지정하는 은행의 구좌에 송금해서 변제할 수 있다.

제5조(기한의 이익상실)

"을"이 제2조의 상환기일 중 어느 하나라도 이행을 지체할 경우 및 "을"이 어음교환소에서 부도처리 되었을 때, 또는 "을"에 가압류, 압류, 경매, 화의개시, 회사정리절차개시의 신청이 있었을 때 또는 "을"이 청산에 들어갔을 때, "을"의 "갑"에 대한 채무가 기일내 상환이 불가능하다고 객관적으로 명백할 때 기타 본 계약상의 의무 중 어느 하나라도 불이행이 있었을 때, "을"의 "갑"에 대한 모든 채무는 기한의 이익을 상실한다.

제6조(담보제공)

1. "을"은 본 계약상의 채무이행을 보증하기 위하여 다음의 담보를 "갑"에게 제공하기로 한다.
   ① "을" 발행 백지당좌수표매 및 동 보충권 부여증
   ② "을"이 발행하고 "을"의 대표이사가 개인자격으로 연대보증한 액면금액 금 원정의 공증 약속어음 매
   ③ "갑"의 여신관리 지침에 의거 감정가유효분 금원 이상의 부동산 위에 채권 최고금액 금원의 지급보증
2. 1항의 담보가 손해배상액의 예정을 의미하는 것은 아니다.
3. 담보제공에 따른 비용은 "을"의 부담으로 한다.

4. 1항의 담보의 처분은 법적절차에 의하지 아니하고 "갑"이 적당하다고 판단되는 방법에 의하여 처분할 수도 있으며, "을"은 전혀 이의를 제기치 아니한다.

제7조(내용변경)

본 계약의 내용변경은 당사자 서면합의로써 변경할 수 있다.

제8조(분쟁해결)

본 계약과 관련하여 분쟁이 발생하는 경우 "갑"과 "을"은 상호신뢰를 바탕으로 원만히 해결하기로 하되 합의가 이루어지지 아니하여 이 소송을 제기하는 경우에는 "갑"의 주된 사무소 소재지 관할법원에, "을"이 소송을 제기하는 경우에는 "을"의 주된 사무소 소재지 관할법원에 소송을 제기할 수 있기로 한다.

상기 계약내용을 확인 증명하기 위하여 본 계약서 2통을 작성하고 "갑", "을"이 서명 날인한 후 각 1통씩 보관한다.

20○○년 ○월 ○일

"갑"	주소	:	
	상호	:	
	대표이사(대표자)	:	○ ○ ○ ㊞
		:	
"을"	주소	:	
	상호	:	
	대표이사(대표자)	:	○ ○ ○ ㊞

【대금수령위임계약서】

대금수령위임계약서

주소		전 화	
주민등록번호		채 권 자	㊞
주소		전 화	
주민등록번호		채 무 자	㊞

채권자와 채무자는 다음과 같이 대금수령위임계약을 체결한다.

제1조(수령위임)

채무자는 채권자에 대하여 동인과의 사이의 19 년 월 일자 금전 소비대차계약(19 년 월 일자 계속적상거래계약)에 의한 채무 확보를 하기 위하여 제3 채무자에 대하여 가지는 후기채권의 청구수령을 위임하고 채권자는 이를 수임하였다.

제2조(양도 등의 금지)

채권자는 목적채권을 개인에게 양도, 입질 또 직접변제를 수령하는 등 목적채권의 수령을 훼방하는 행위를 하여서는 안 된다.

제3조(해제제한)

채무자는 채권자의 명시된 승낙이 없으면 이 계약을 해제할 수 없다.

제4조(위임장의 교부 및 통지)

채무자는 채권자에 대하여 이 위임계약의 취지에 따라 위임장을 교부하고 또 이 계약의 체결을 제3 채무자에게 통지하여야 한다.

제5조(채무충당)

① 채권자가 제3 채무자에게서 목적채권의 변제를 받은 경우 제1조 기재의 채무에 충당하고 그 시기에 그 한도로 그 채무를 소멸케 한다.
② 충당의 방법은 채권자의 임의로 하여 채무자는 이에 대하여 이의를 제기하지 아니한다.

제6조(권리행사의 순서)

채권자는 권리행사의 순서에 관하여 아무런 제약을 받지 아니하며, 임의의 판단에 따라 제1조 기재의 채권과 목적채권의 수령권한을 각별로 행사하거나 또는 이들을 동시에 행사할 수 있다.

제7조(부대의무)

① 채무자는 목적채권의 변제기가 도래한 때 또는 도래할 수 있게 된 때는 지체 없이 채권자에게 통지하

여야 한다.
② 전항의 경우 채권자의 청구가 있은 때는 지체 없이 변제기를 도래케 하여야 한다.

(목적채권의 표시)목적채권의 표시는 다음과 같다.

목적채권의 표시

____

____

20○○년 ○월 ○일

채권자 : ○○○ ㊞
채무자 : ○○○ ㊞

대물변제 계약서

제1조

　채무자는 채권자에게 부담하는 다음의 채무 중에서 금원의 변제 대신(혹은 대물변제로서) 채무자의 소유인 별지목록기재의 를 채권자에게 양도하고 채권자는 이것을 양수한다.

제2조

　채무자는 위에 적은 대물변제에 대해서 빨리 채권자에게 소유권 이전등기 수속을 하며 그 등기가 완료되면 금원의 범위에서 채무가 소멸되는 것으로 한다.

제3조

　채무자는 채무의 잔액원에 대해서는 오늘 이후부터 백원당 1일 *****원씩의 연대손해배상을 가산한 금액을 액면으로 하며, 20○○년 ○월 ○을 만기일로 하는 약속어음 1장을 채권자에게 발행하여 결제하는 것으로 한다.

제4조

　채권자는 제1조의 채무의 담보로서 담보제

　공자가 제공한 주식회사의 주권(액면 일천원, 일백원권 10매)을 제2항의 등록 수속이 완료되면 담보 제공자에게 반환하기로 한다.

　위의 계약을 증명하기 위하여 계약서 2통을 작성하고 서명 날인한 다음 1통씩 갖는다.

20○○년 ○월 ○일

"채권자"	주소	:	
	성명	:	○ ○ ○ ㊞
		:	
"채무자"	주소	:	
	성명	:	○ ○ ○ ㊞

【면책적 채무인수계약서】

면책적 채무인수계약서

________을 "갑"으로________을 "을"로 하여, "갑", "을" 양인은 다음과 같이 채무인수계약을 체결한다.

제1조

채무인수인 "갑은 채권자 "을"이 채무자_______에 대하여 가지고 있는 아래 채권에 관하여 채무자_______의 채무인수를 이행할 것을 약속하며, 채권자 "을"은 이를 승낙한다.

〈아 래〉

채권자 "을"이 채무자 _______에 대하여 가지고 있는 _____년_____일_____일자 금전소비대차 계약에 의한 원금 _______만원, 변제기 _______년____월____일, 이자 연 ___할의 비율, 이자 지급기일 매월 말일, 이자지급을 2개월분 이상 지체하였을 경우에는 원금의 일시지급의 특약, _______년___월___일까지의 이자지급필한 원급 전부의 채권.

제2조

채무인수인 "갑"은 채권자 "을"에 대하여 전주의 금전소비대차계약의 취지에 따라 전조의 채무를 이행하여야 한다.

제3조

채권자 "을"을 채무자 _______에 대하여 제1조의 채권전부를 면제한다.

위의 계약의 성립을 증여하기 위하여 본 증서 2통을 작성하여 "갑", "을" 각 1통씩 보존한다.

20ㅇㅇ년 ㅇ월 ㅇ일

"갑" 주소 :
성명 : ㅇㅇㅇ ㊞
:
"을" 주소 :
성명 : ㅇㅇㅇ ㊞

연대보증계약서

채권자 :

채무자 :

연대보증인 :

   채무자가 채권자와 또한 채권자의 영업부류에 속하는 모든 상거래를 하겠다는 합의를 보고, 채권자에게 현재 및 장래에 부담하는 모든 채무 및 위의 상거래에 관련해서 생기는 대출금, 수표, 손해배상 및 이자의 지불 혹은 변제에 관하여, 보증인은 다음에 따라 채무자와 연대해서 그 이행의 책임을 지겠습니다.

제1조

   보증 한도액 원정. 다만, 채무자가 채권자에 대한 채무의 총계가 위의 보증한도액을 초과했을 경우는 채무 발생의 전후에 따르지 않고 채권자가 임의로 지정한 채무에 대하여 보증한 것으로 하겠습니다.

제2조

   보증 기한 20○○년 ○월 ○까지 발생한 채무. 단 위의 기한의 3개월 전까지 채무자 및 연대보증인의 연서로 문서에 따라 해약의 의사표시를 하지 않는 한 보증기한을 ○년 더 연장하는 것으로 알고 이하 ○년마다 이것을 되풀이하겠습니다.

20○○년 ○월 ○일

채권자   : ○ ○ ○ ㊞

채무자   : ○ ○ ○ ㊞

연대보증인 : ○ ○ ○ ㊞

【양도담보설정계약서】

양도담보설정계약서

채권자 OOO(이하 "갑"이라 함)와 채무자 OOO(이하 "을"이라 함)는 다음과 같이 양도담보권설정계약을 체결한다.

제1조(목적)

"을"은 2000년 O월 O일자로 "갑"과의 사이에 체결된 상품거래계약(이하 '기본계약'이라 함)에 의하여 현재 및 장래에 걸쳐 부담할 매매대금 기타 일체의 채무이행의 담보로서 양도담보권의 설정을 약정하고 "을"이 소유하는 하기 물건(이하 '본 물건'이라 함)의 소유권을 "갑"에 이전하기로 한다.

※물건의 표시

1. 동 번지대지 평
2. 위 지상건물평

본 물건 중 그의 권리이전에 대하여 등기등록을 필요로 하는 것에 대하여는 "을"은 즉각 그의 절차이행에 협력하여야 한다.

제2조(사용대차)

① "갑"은 본 물건을 무상으로 을에 사용케 하기로 한다.
② "을"은 본 물건을 선량한 관리자의 주의로써 사용하여야 하고, 본 물건에 관한 통상의 필요비용은 "을"의 부담으로 한다.

제3조(해제조항)

기본계약의 해제사유, 기타 이 계약의 이행에 대하여 "을"의 불신행위가 있을 경우에는 전조의 사용대차는 당연히 해제되는 것으로 하고 "을"은 차용중의 물건의 점유를 해제하고 즉각 이것을 "갑"에게 반환인도 하여야 한다.

제4조(담보물의 처분방법 등)

전조의 경우 "갑"은 즉각 물건을 임의로 매각하여 채무의 기한에 불구하고, 임의의 순서방법에 의하여 변제에 충당할 수 있음은 물론, 그래도 부족할 때는 "을"의 일반 재산에 대하여 강제집행 할 수 있다.

제5조(완제 후의 반환절차)

"을"이 채무를 완제 하였을 때는 제2조에 정한 사용대차는 당연 해제에 의하여 소멸되고, "갑"은 양도담보 물건의 소유권을 을에 이전함과 동시에 등기등록의 절차이행을 하여야 한다.

제6조(담보제약)

"갑"은 취득한 권리를 채무이행하기 전에 제3 자에 양도하는 등 담보의 목적을 초월하여 행사하지 못한다.

제7조(인도방법)

제1조, 제2조 및 제5조의 양도담보물건의 인도는 점유개정 및 간이 인도방법에 의한다.

제8조(실정조사)

"갑"은 언제든지 "을"이 사용 중인 양도담보물건의 실정에 대하여조사하고, 또는 보고를 요구할 수 있다.

제9조(담보 훼멸에 관한 처리)

양도담보물건이 원인의 여하에 불구하고 훼손멸실 하였을 때, 또는 그의 가격이 감소하였을 때는 "을"은 즉각 그 상황을 "갑"에게 통지하여야 한다. 전항의 경우, "을"은 "갑"의 청구에 따라 지체 없이 증담보 혹은 체당담보의 제공절차를 취득 하든가, 또는 채무의 전부 혹은 일부를 변제하여야 한다.

제10조(소유권의 최종확인)

"갑"은 제4조의 규정에 불구하고 적당하다고 인정하였을 때는 담보권을 실행하는 대신 양도담보물건의 전부 또는 일부의 소유권을 최종적으로 취득할 수 있다. 전항에 의한 소유권의 취득에 대하여는 "갑"이 임의로 목적물건을 평가하고 그 평가액과 동액의 채권에 대하여 "갑"이 을에 대하여 의사표시를 하고 그의 의사표시의 도달로써 "을"의 "갑"에 대한 채무는 당해 금액만을 변제된 것으로 하며 소유권은 최종적으로 "갑"에 이전하는 것으로 한다.

제11조(일반재산에 대한 강제집행)

을에 있어서 거래상의 채무지급을 태만하였을 경우 "갑"은 즉각 최고 기타절차의 필요 없이 양도담보물건의 처분에 선행하여 "을"의 일반재산에 대하여 강제집행을 할 수 있는 것으로 하고, "을"은 이에 대하여 하등의 이의를 신청하지 못한다.

제12조(화재보험의 부보)

"을"은 "갑"으로부터 청구가 있을 경우에는 양도담보물건에 대하여 화재보험을 부하여야 한다. 보험회사, 보험금액, 보험계약기간, 보험청구권의 입질 등에 대하여는 "갑"의 지시에 따라야 한다.

제13조(공조공과 등 부담방법)

전조의 보험 및 양도담보물건에 대한 공조공과는 "을"의 부담으로 한다.

제14조(계약서의 공증증서화)

"을"은 "갑"으로부터 청구가 있을 경우에는 언제든지 이 계약서의 각 조항을 집행수락 약관을 부한 공증증서로 하는 절차이행에 협력하여야 한다.

제15조(규정 외 사항)

본 계약에 정함이 없는 사항에 대하여는 법령의 정하는 바에 의하는 외는 "갑"· "을"이 협의하여 결정한다.

이상 본 계약체결을 증하기 위하여 본서 2통을 작성하고 "갑", "을" 각 1통씩 보관키로 한다.

20○○년 ○월 ○일

"갑"   주소   :
          주민등록번호   :
          성명   : ○ ○ ○ ㉑

"을"   주소   :
          주민등록번호   :
          성명   : ○ ○ ○ ㉑

참고 17 _ 양도담보

채권을 담보하기 위하여 채무자나 제3자(물상보증인 포함)가 목적물의 소유권을 채권자에게 이전하고, 채무자가 채무를 변제하지 않으면 채권자가 소유권을 취득하거나 목적물로부터 우선변제를 받지만, 채무자가 채무를 이행하면 목적물을 다시 원래의 소유자에게 반환하는 제도이다.

양도담보는 담보제공자가 필요한 자금을 얻는 방법에 따라 매매의 형식을 이용하는 '매도담보'와 소비대차의 형식을 이용하는 '좁은 의미의 양도담보'로 나뉜다. '좁은 의미의 양도담보'는 다시 채권자에게 청산의무가 있고 없음에 따라 '약한 의미의 양도담보'와 '유담보형 양도담보'로 구별한다.

이러한 양도담보에 관해 여러 학설이 그 근거를 논하고 있지만, 우리 판례는 채권자(담보권자)가 소유권을 취득하지만 이 소유권은 담보의 목적에만 행사한다는 신탁계약의 구속을 받는다는 '신탁적 소유권이전설'을 따르고 있다.

【담보제공계약서】

담보제공계약서

"갑"
채권자겸 담보권자 주소 :
상호 :
대표자 :

"을"
채권자겸 담보권자 주소 :
상호 :
대표자 :

　채권자겸 담보권자를 "갑", 채무자겸 담보제공자를 "을"이라고 칭하여 유가증권을 담보제공(질권설정 또는 양도담보 제공)함에 관하여 다음과 같이 계약을 체결한다.

제1조(담보의 제공)

　"을"은 "갑"에게 대하여 현재 부담하고 있거나 또는 장래 부담하게 될 상거래 또는 기타 모든 원인에 의한 채무(주채무, 보증채무, 이자, 지연손해금, 손해배상채무와 체당금, 구상채무 등 일체의 채무를 포함)와 그러한 채무이행의 담보로 "을"이 발행, 배서, 보증, 인수한 모든 어음 또는 수표의 어음상 또는 수표상 채무의 이행을 담보하기 위하여 유첨1 목록의 유가증권(이하 "담보목적물"이라 한다)을 배서, 명의개서 기타 당해 유가증권의 담보제공을 필요한 절차를 취하고 관련서류를 첨부하여 "갑"에게 인도한다.

제2조(담보의 보충)

1. 이 계약에 의하여 담보로 제공된 담보목적물이 제3자로부터의 권리주장에 의하여 "갑"이 그에 대한담보권을 상실할 위험이 있거나, 또는 가격의 하락 등 원인의 여하를 불문하고 그 담보가치에 부족이 생긴 경우 또는 "을"의 "갑"에 대한 미청산 채무가 증가함으로 인하여 결국 이미 제공된 담보에 부족이 생기는 경우에는 "을"은 즉시 "갑"이 요구하는 추가 담보 또는 대체 담보를 제공하거나(이들을 총칭하여 "담보보충"이라고 칭한다) 채무의 전부 또는 일부를 변제하여야 한다.
2. "을"이 제1항에 의한 "갑"의 담보 보충 요구에 지체 없이 응하지 아니할 경우에는, "갑"이 "을"과 거래를 중지하거나 또는 거래한도액을 축소시킬지라도 "을"은 이의를 제기하지 못하는 것으로 한다.

제3조(기한의 이익상실)

　다음 각 호의 어느, 하나에 해당하는 경우에는 "을"은 제1조의 "갑"에 대한 모든 채무에 대하여 기한의 이익을 당연히 상실하며, "갑"으로부터 최고가 없더라도 일시에 모든 채무를 즉시 완제하여야 한다.

1. "을"과 "갑" 사이의 상거래가 종료하였을 때
2. "을"이 "갑"에 대한 각 개별적 원인에 의한 개별 채무의 이행을 하나라도 지체하였을 때
3. "을"이 지급정지, 지급불능 또는 채무초과에 빠졌을 때
4. "을"이 가압류, 가처분, 체납처분, 압류, 경매나 강제집행을 당하거나 "을"에 대한 파산, 화의 또는 회사정리절차의 신청이 있을 때
5. 담보목적물에 대하여 압류, 가압류, 가처분 또는 경매신청 등이 있었거나 체납처분 등을 받았을 때
6. "을"이 해산하거나 청산에 들어간 때
7. "을"이 담보목적물에 대한 "갑"의 권리를 침해하는 행위를 하였을 때
8. 담보목적물의 일부 또는 전부에 대한 공시최고절차의 신청 또는 제권판결이 있을 때
9. 기타 "을"이 이 계약조항 중 어느 하나라도 위반하였을 때

제4조(변제방법 이자 손해금 등)

1. "을"은 "갑"에 대한 각 채무를 약정한 변제기일에 "갑"이 지정하는 방법에 따라 이행하기로 한다.
2. 각 채무에 대한 이자의 율, 지급일시와 지급방법 등은 "갑"이 정하는 바에 의한다.
3. 채무불이행의 경우 지연손해금은 지급하여야 할 금액 원금에 대하여 일반 시중은행의 일반대출금 연체시에 적용하는 연체이자율(동 연체이자율이 변경될 경우에는 별도의 의사표시 없이 당연히 그 변경된 연체이자율)에 의하기로 한다.

제5조(담보목적물의 보관 및 관리)

1. 담보목적물의 보관방법은 "갑"의 임의에 속하며, "갑"은 담보목적물을 "갑"의 필요에 따라 제3자에게 담보로 제공하거나, 증권회사 등에 "갑"명의로 예탁하거나, 예탁받는 증권회사 등의 명의로 이전등록 절차를 경료(명의신탁)할 수 있다.
2. "갑" 또는 제1항에 의하여 담보목적물을 명의수탁한 제3자는 담보목적물의 소유자로서 행사할 수 있는 이익배당금 청구권, 주식배당청구권, 신주인수권, 주주로서의 의결권, 잔여재산분배 청구권, 준비금의 자본전입에 따른 무상주수령권, 이자 등의 청구권, 원금 수령권 등 주주 또는 공사채권자로서의 일체의 권리를 행사할 수 있다.
3. 제2항에 의거 "갑"이 이자, 배당금, 원금, 잔여재산의 분배금 등을 수령하였을 때는 법정충당의 순서와 방법에 불구하고 임의로 "갑"은 제1조의 피담보채무에 변제충당 할 수 있는 것으로 한다.

제6조(권리 침해 금지)

1. "을"은 이 담보목적물이 자기의 권리에 속하고, 제3자로부터 권리제한을 받고 있지 않음을 담보한다.
2. "을"은 "갑"의 서면에 의한 사전승낙 없이는 담보목적물에 대하여 "갑"의 권리를 침해하거나, 침해할 우려가 있는 행위도 하지 않는다.
3. 제3자가 "갑"의 권리행사를 방해하거나 방해할 우려가 있을 때에는 "을"은 지체 없이 이를 방지함에 노력할 것이며, 즉시 "갑"에게 그 요지를 서면 통지하여야 한다.

제7조(담보목적물의 처분)

1. "을"이 "갑"에 대한 채무의 일부라도 이행지체에 빠졌을 경우에는, "갑"은 담보목적물을 "갑"이

적당하다고 인정하는 방법, 시기, 가격 등에 의하여 임의 처분하여 그 대금으로 "갑"의 채권의 변제에 충당할 수 있으며, 만일 담보목적물의 처분대금에서 그 처분에 소요된 제비용을 공제한 금액이 "갑"이 채권전액에 미달할 경우에는 그 잔존채무는 즉시, 이를 추가 변제하여야한다. 단, 증권거래소에 상장된 주식, 공사채 등 유가증권에 대하여는 증권거래소를 통하여 임의 매각처분함을 원칙으로 한다.

2. 제1항의 담보목적물 처분 대금으로 "갑"의 채권에 변제 충당하는 순서와 방법은 제5조 제3항에 의하기로 한다.

3. 제1항의 경우에는 "을"은 "갑"의 담보목적물의 처분을 원활히 하기 위하여 소요서류에의 서명 기타 필요한 협력과 조치를 할 것을 확약한다.

제8조(담보목적물의 반환)

"을"의 "갑"에 대한 채무의 변제 등으로 인하여 담보목적물을 반환받음에 있어서 "갑"이 종류, 수량 및 권리가 동일한 동종의 유가증권으로서 반환하더라도 "을"은 이의하지 않기로 한다.

제9조(제절차의 이행과 남용)

"갑"이 이 계약에 의한 담보목적물에 관하여 담보권의 취득에 필요한 등기·등록 등의 제절차 이행이나 담보목적물의 인도를 청구할 때에는 "을"은 즉시 그에 응하겠으며 그에 따른 비용은 "을"의 부담으로 한다.

제10조(합의 관할)

이 계약에 관하여 소송의 필요가 생긴 때에는 서울민사지방법원(본원)을 관할 법원으로 하는데 합의한다.

이 계약을 확실히 하기 위하여 이 증서를 작성하고 다음에 서명 또는 기명날인한다.

2000년 0월 0일

"갑" 채권자겸 담보권자	사업체명 상호 대표자	: : : ○○○ (서명 또는 날인)
"을" 채권자겸 담보권자	주소 상호 대표자	: : : ○○○ (서명 또는 날인)

준소비대차계약서

　　OO주식회사를 "갑"으로 하고, OOO을 "을"로 하고, OOO을 병으로 하여 "갑", "을", "병" 간에 다음의 준소비대차계약을 체결한다.

제1조(목적)

　　"갑"이 을에 대하여 가지는 아래의 약속어음금에 대하여 금일 "갑" "을" "병" 당사자는 아래 어음금액을 준소비대차의 목적으로 할 것에 합의하고, "을"은 제2조 이하의 조건으로 이것을 변제하기로 약속한다.

－ 아　래 －

금액 : 금만원 정

발 행 지 : OO시 OO구 OO동 OO번지

지 급 지 : OO시 OO구 OO동 OO번지

지급장소 : 주식회사 OO은행 OO지점

발 행 일 : 2000년 O월 O일

만기 : 2000년 O월 O일

발 행 인 : "을"

수 취 인 : "갑"

제2조(변제일)

　　차용금 변제일은 2000년 O월 O일로 한다.

제3조(이자)

　　이자는 연OO%의 비율로, 매월 말일까지 지급하고, "을"이 원리금 변제를 지체했을 때는 "을"은 금 원 당 1일 금원의 비율로 연체손해금을 가산하여 지급하지 않으면 안 된다.

제4조(변제장소)

　　채무의 변제는 "갑"의 주소지 또는 지정장소에 지참 또는 송부한다.

제5조(기한의 이익 상실)

"을"은 다음의 경우 "갑"으로부터의 어떤 통지 또는 최고 등을 요하지 않고 당연히 기한의 이익을 잃고, 남아있는 채무 전부를 즉시 지급해야만 한다.

1. "을"이 이자 지급을 2회 이상 지체했을 때
2. "을" 또는 "병"이 제3자로부터 가압류, 가처분, 강제집행을 받고 또는 파산, 화의신청을 받았을 때
3. "을" 또는 "병"이 주소변경하고 그 내용을 "갑"에게 알리지 않을 때

제6조(보증책임)

"병"은 본 채무를 보증하고 "을"과 연대하여 "을"과 "병" 사이의 보증위탁계약의 효력여하에 관계없이 채무이행의 책임을 진다.

이 계약의 성립을 증명하기 위해 본 증서 3통을 작성하고 "갑", "을", "병"은 각기 서명 날인한 후 각 1통씩을 보관한다.

20○○년 ○월 ○일

채권자 "갑"	주소	:	
	성명	:	○ ○ ○ ㊞
	대표이사(대표자)	:	
채무자 "을"	주소	:	
	성명	:	○ ○ ○ ㊞
연대보증인 "병"	주소	:	
	성명	:	○ ○ ○ ㊞

【질권 설정계약서】

질권 설정계약서

증서의 표시

증서명	발행(예금)기관	금액	매수	발행일	만기일	증서번호

　채권자 ○○○○주식회사와 채무자 ○○○○는 물품 거래를 함에 있어서 채무자가 채권자에 대해 현재 또는 장래 부담할 일체의 채무를 담보하기 위해 상기증서에 대해 질권설정하고, 그 증서를 채권자에게 교부한다.

제1조(질권의 존속기간)

　20○○년 월 일까지로 한다.

제2조(질권행사 시기)

　채무자가 거래약정을 위반 또는 중단시 채권자에 대한 채무를 즉시 변제하지 않을 경우

제3조(질권행사 방법)

　채권자는 법적절차에 의하지 아니하고 임의로 처분하여 그 대금은 채무의 변제에 충당하고, 그 차액은 질권설정자에게 반환하기로 한다.

　위 계약을 증명하기 위해 본 계약서를 작성하여 각각 1통씩 갖는다.

20○○년 ○월 ○일

채권자겸 근 질권자　　:　○ ○ ○　㊞
채무자　　　　　　　　:　○ ○ ○　㊞
질권설정자　　　　　　:　○ ○ ○　㊞

【채무자교체에 의한 채무경개계약서】

채무자교체에 의한 채무경개계약서

신채무자 ○ ○ ○
OO시 OO구 OO동 OO번지

구채무자 ○ ○ ○
OO시 OO구 OO동 OO번지

저당권자 ○ ○ ○
OO시 OO구 OO동 OO번지

위 당사자 간 채무자 교체로 인한 채무의 갱개를 하기 위하여 다음과 같이 계약을 체결한다.

제1조

2000년 O월 O일 채권자와 구 채무자간에 체결한 금전대차 계약에 인하여 채권자는 구 채무자에게 있는 원금 원, 이자 연 O할 O푼, 이자 지급기일 매월 말일, 변제기 2000년 O월 O일 채권을 구 채무자의 승낙을 얻어 동일한 조건으로 신 채무자가 이를 부담한다.

제2조

채권자는 구채 무자에게 있는 상기 채권을 구 채무자에 대하여 이를 소멸시킨다.

제3조

상기 채무를 담보하기 위하여 2000년 O월 O일 접수 제OO호로서 기한 다음 부동산의 저당권은 계속 존속함.

20○○년 ○월 ○일

신채무자 : ○ ○ ○ ㊞
저당권자 : ○ ○ ○ ㊞
구채무자 : ○ ○ ○ ㊞

1. 부동산의 표시

채무인수계약서

채권자를 "갑"으로, 채무자를 "을"로, 채무인수자를 "병"로 하여 "갑" "을" "병"은 다음과 같이 채무인수계약을 체결한다.

- 다 음 -

제1조

"병"은 "갑"이 "을"에 대하여 2000년 0월 0일 현재 가지고 있는 채권 일금원정()을 변제할 채무를 "을"과 연대하여 이행할 것을 약속하고, "갑"은 이를 승낙한다.

제2조

"갑"은 상기 제1조의 채권에 관하여 "을"과 "병"에 대하여 동시에 또는 순차로 전부나 일부의 이행을 청구할 수 있다.

제3조

"을"과 "병"은 상기 제1조에 의한 "갑"에 대한 채무를 이행하지 않을 때에는 즉시 "을"과 병"이 "갑"에게 제공한 또는 제공할 담보 및 "을"과 "병"의 모든 재산에 대하여 강제집행을 받아도 이의없음을 약속한다.

위 계약을 확실히 하기 위하여 본 증서를 작성하여 "갑", "을", 병"이 서명 날인하고 이를 각각 1부씩 보관한다.

2000년 0월 0일

	주소	:
채권자	상호	:
	대표이사(대표자)	: 000 (서명 또는 날인)

【채권양도양수계약서】

채권양도양수계약서

"양도인"
성명 :
주민등록번호 :
주소 :

"양수인"
성명 :
주민등록번호 :
주소 :

〈양도할 채권의 표시〉

양도인이 (주)○○○○에 대하여 가지는 용역미수금 청구채권 일금 (   )원정 (₩)

양도인은 위 표시 용역미수금 청구채권에 대하여 양수인의 채무금의 변제조로 이를 양도 양수하기로 양 당사자 간에 합의하에 다음과 같이 본 계약을 체결한다.

– 다 음 –

1. 본 계약은 20년 월 일 양도인과 양수인이 계약 체결한 「○○○」과 관련하여 양도인이 양수인에게 기 수령한 용역 대금 중 반환하여야 하는 금 원(₩)에 대한 양수인의 채권확보를 위함이다.
2. 반환금의 변제방법 : 양도인은 년 월부터 월까지 개월간 매월 말 원(₩)씩 현금으로 양수인에게 반환금을 변제한다.
3. 양수인은 양도인이 2항의 조건을 이행치 않을 경우에는 양도인이 (주) ○○○에 대해 가지는 받을 채권을 양수인에게 반환금으로 우선 변제하여야 하며, 만일 받을 채권을 양도인이 타 용도로 사용 또는 전용 할 경우 어떠한 민 · 형사상의 책임도 감수 할 것을 각서 한다.
4. 본 계약을 확실히 하고 후일 이를 입증하기 위하여 각자 서명 날인하여 쌍방 1통씩 보관한다.

20○○년 ○월 ○일

위 채권양도인 ㊞

채권양수인 ㊞

채권양도계약서(채권매매의 경우)

양도인 OOO를 "갑"으로 하고, 양수인 OOO를 "을"로 하여 "갑"과 "을" 간에 다음과 같이 채권양도계약을 체결한다.

제1조(채권매매에 의한 양도) 양도인 "갑"은 양수인 을에 대해 다음의 채권을 이하의 약정으로 대금 OO만원으로 매도하고 양수인 "을"은 이를 매수하여 그 대금을 지급하여 당해 채권증서를 인수받았다.

1. "갑"으로부터 채무자 OOO에 대한 2000년 O월 O일부 금전소비대차계약서에 근거하여 대부원금원 및 이에 대한 2000년 O월 O일 이후 연 O할의 비율에 의한 이자채권의 전부

제2조(채권양도의 통지와 승인)

① "갑"은 채무자에 대하여 이 계약성립일로부터 O일 이내에 채권양도의 통지를 발하든지 채권자의 승인을 얻지 않으면 안 된다.

② "갑"이 전항의 통지를 하고 또 승낙을 얻으려면, 확정일자가 있는 증서로서 하지 않으면 안 된다.

③ "갑"이 소정의 기간 내에 제2항의 통지를 하지 않을 때는 "을"은 아무런 최고를 요하지 않고 즉시 이 계약을 해제할 수 있다.

제3조(채무의 보증)

"갑"은 채무자로부터 "갑"에 대항할 아무런 이유가 없는 것을 보증하고 아울러 본 건 매매대금 원의 한도에서 채무자의 자력(資力)을 담보한다.

제4조(계약의 해제)

채무자가 본 건 양도통지를 받기까지 "갑"에 대하여 가지는 사유로써 을에 대항했을 때는 "을"은 아무런 최고절차를 요하지 않고 즉시 이 계약을 해제할 수 있다.

제5조(손해배상금)

제4조의 경우에는 "을"은 "갑"에 대하여 본 건 채권의 양도절차를 밟고 이와 동시에 "갑"은 "을"에 대하여 매매대금 및 여기에 대하여 이 계약 성립일부터 반환일까지 연 O할의 비율로 이자를 가산하여 반환한다.

제6조(부족액의 지급의무)

"을"이 채무자에 대해 강제집행을 하여 취득한 금액이 본 건 매매대금에 미치지 못할 때는 "갑"은 즉시 그 부족액을 "을"에게 지급하지 않으면 안 된다.

이 계약의 성립을 증명하기 위해 본 증서 2통을 작성하여 "갑"과 "을"이 각 서명 날인 후 각 1통씩을 보관한다.

20○○년 ○월 ○일

양도인 "갑"　　주소　：
　　　　　　성명　：　○ ○ ○ ㊞

양수인 "을"　　주소　：
　　　　　　성명　：　○ ○ ○ ㊞

【증여계약서 ① 】

증여계약서

증여자 OOO을 "갑"이라 하고, 수증자 OOO을 "을"이라 하여 다음과 같은 내용의 증여계약을 체결한다.

제1조(계약의 목적)

본 계약은 "갑"이 무상으로 자기 소유인 별지 목록에 기재된 부동산을 "을"에게 증여함에 있어 필요한 제반 사항을 정함을 그 목적으로 한다.

제2조(이전등기)

"갑"은 "을"에게 OO년 O월 O일까지의 소유권이전등기를 경료하고 목적물을 명도한다.

제3조(비용의 부담)

"갑"이 제2조에서 정한 의무를 이행함에 있어 발생하는 모든 절차비용 및 세금은 "을"의 부담으로 한다.

제4조(담보책임)

"갑"은 목적물의 하자나 흠결에 대하여 책임을 지지 않는다. 단, "갑"이 그 하자나 흠결을 알고 "을"에게 고지하지 아니한 때에는 그러하지 아니한다.

제5조(계약의 변경)

본 계약의 일부 또는 전부를 변경할 필요가 있는 경우에는 "갑"과 "을"의 서면합의에 의하여 이를 변경하고, 그 변경내용은 변경한 날 그 다음날부터 효력을 가진다.

제6조(계약의 해제)

"갑" 또는 "을"은, 상대방이 본 계약에서 정한 사항을 위반하였을 때에는 언제든지 서면으로 그 이행을 최고하고, 최고서에 적시한 기한이 경과하여도 이를 이행하지 않을 경우에는 본 계약의 전부 또는 일부를 해제할 수 있으며 그에 따른 손해배상을 청구할 수 있다.

제7조(증여목적물의 반환)

제5조에 의하여 본 계약이 해제될 경우 "을"은 즉시 별지 목록에 기재된 부동산을 "갑"에게 인도하고 그 소유권이전등기 절차를 경료하여야 한다.

제8조(관할법원)

본 계약과 관련하여 소송상의 분쟁이 발생한 때에는 서울지방법원을 관할법원으로 한다.

이상의 내용을 성립을 증명하기 위하여 본 증서 2통을 작성, 서명 날인한 다음 각각 그 1통씩 서로 보관한다.

첨부

1. 부동산의 표시 1부
2000년 0월 0일

2000년 0월 0일

증여자 "갑"	주소 주민등록번호 성명	: : :	ㅇ ㅇ ㅇ ㉑
		:	
수증자 "을"	주소 주민등록번호 성명	: : :	ㅇ ㅇ ㅇ ㉑

증여계약서

　　○○○○(이하 "갑"이라 한다)과○○○○(이하 "을"이라 한다)는 아래 목적물의 증여에 관하여 아래와 같이 계약(이하 "본 계약"이라 한다)을 체결한다.

제1조(목적)

　　본 계약은 "갑"이 "을"에게 무상으로 목적물을 증여함에 있어 필요한 제반사항을 정함을 그 목적으로 한다.

제2조(목적물)

　　본 계약의 목적물은 ○○시 ○○구 ○○동 ○○번지이다.

제3조(소유권이전)

① "갑"은 2000. ○. ○. "을"에게 무상으로 목적물의 소유권이전등기를 경료하고 목적물을 명도한다.
② "갑"은 제1항에 따른 소유권이전등기절차 이행에 필요한 제반서류를 준비하여야 하고 "을"에게 저당권, 전세권 등 법적·사실적 부담이 없는 목적물을 증여하여야 한다.

제4조(비용부담)

　　"갑"이 제3조에서 정한 의무를 이행함에 있어 발생하는 모든 절차비용 및 세금은 "을"의 부담으로 한다.

제5조(담보책임)

　　"갑"은 목적물의 하자나 흠결에 대하여 책임을 지지 아니한다. 그러나 "갑"이 그 하자나 흠결을 알고 "을"에게 고지하지 아니한 때에는 그러하지 아니한다.

제6조(회계감사)

　　"을"은 제4조 제1항에 따라 목적물을 증여받은 날로부터 1년 간 "갑"에 대한 회계감사를 무상으로 수행한다.

제7조(비밀준수의무)

① "갑"과 "을"은 본 계약기간 중은 물론 본 계약의 종료나 해지이후에도 본 계약의 이행과정에서 알게 된 상대방의 영업비밀 또는 고객관련정보를 상대방의 서면동의 없이 제3자에게 유출하거나 본 계약의 이행 이외의 목적으로 이용하여서는 안 된다.
② "갑"과 "을"은 자신의 임직원, 대리인, 사용인 등 기타 관련자로 하여금 제1항 및 제2항과 동일한 비밀준수 의무를 지도록 한다.

제8조(통지의무)

"갑"과 "을"은 본 계약 체결 당시에 알고 있는 상호, 대표자, 소재지, 업종 및 기타 계약당사자의 주요사항이 변동되거나 합병, 영업양도, 부도, 화의, 회사정리, 파산 등 신용상태에 변경이 있거나 변경될 우려가 있는 경우 이를 지체 없이 상대방에게 통지하여야 한다.

제9조(계약의 변경)

본 계약의 일부 또는 전부를 변경할 필요가 있는 경우에는 "갑"과 "을"의 서면 합의에 의하여 이를 변경하고, 그 변경내용은 변경한 날 그 다음날부터 효력을 가진다.

제 10조(권리·의무의 승계)

본 계약상의 모든 권리와 의무는 "갑" 또는 "을"의 합병, 영업양도, 경영 위임 등의 경우에도 "갑" 또는 "을"의 합병회사, 영업양수인, 경영수임인 등에게 승계되며, "갑" 또는 "을"은 그들로 하여금 본 약정상의 권리와 의무를 승계하는 것에 동의하도록 할 의무를 진다.

제11조(권리 등의 양도 등 금지)

"갑"과 "을"은 상대방의 서면동의 없이 본 계약상의 일체의 권리·의무 등을 제3자에게 양도·증여·대물변제·대여하거나 담보로 제공할 수 없다.

제12조(해제 및 해지)

① "갑" 또는 "을"은 다음 각 호의 사유가 발생한 경우에는 상대방에 대한 서면통지로써 본 계약을 해제 또는 해지할 수 있다.
  1. 상대방이 정당한 사유 없이 본 계약 또는 본 계약에 따라 별도로 체결한 약정에서 정한 사항을 위반하고 서면으로 시정요구를 받은 날로부터 7일 이내에 해당 위반사항을 시정하지 않은 경우
  2. 자신 또는 상대방에 대하여 주요재산에 대한 보전처분결정 및 강제집행, 국세 또는 지방세의 체납절차, 화의, 회사정리, 파산 등의 개시로 인하여 더 이상 계약유지가 곤란한 경우
  3. 기타 본 계약을 수행하기 어려운 중대한 사유가 발생한 경우
② 제1항의 해제 또는 해지는 "갑"과 "을"의 손해배상 청구에 영향을 미치지 아니한다.
③ 제1항 제1호의 해제권 또는 해지권은 해제원인 또는 해지원인 있음을 안 날로부터 6월을 경과하거나 "갑"이 "을"에 대하여 처벌 불원의 의사를 표시한 때에는 소멸한다.

제13조(계약의 유보사항)

① 본 계약에서 정하지 아니한 사항이나 해석상 내용이 불분명한 사항에 대해서는 관계법령 및 상관습에 따라 상호 협의하여 결정한다.
② 제1항과 관련하여 필요한 경우 "갑"과 "을"은 별도의 약정을 할 수 있으며, 이는 본 계약의 일부를 이룬다.

제14조(관할법원)

본 계약과 관련하여 소송상의 분쟁이 발생한 때에는 서울지방법원을 관할로 한다.

본 계약의 내용을 증명하기 위하여 계약서 2부를 작성하고, "갑"과 "을"이 서명 또는 날인한 후 각 1부씩 보관한다.

20○○년 ○월 ○일

              주소   :

"갑"   상호   : 주식회사 0000

              대표이사 : ○ ○ ○ ㉑

                       :

              주소   :

"을"   상호   : 주식회사 0000

              대표이사 : ○ ○ ○ ㉑

【현금증여계약서】

현금증여계약서

　증여자 ○○○을 "갑"이라 하고, 수증자 ○○○을 "을"이라 하여 다음과 같은 내용의 증여계약을 체결한다.

제1조(계약의 목적)

　본 계약은 "갑"이 무상으로 자기 소유인 현금(예금)을 "을"에게 증여함에 있어 필요한 제반사항을 정함을 그 목적으로 한다.

제2조(증여물건의 인도)

　"갑"은 "을"에게 ○○년 ○월 ○일까지 현금의 명도(증여)를 경료하고 목적물을 명도한다("을"의 실명예금계좌로 이체하는 방법으로 명도한다).

제3조(비용의 부담)

　"갑"이 제2조에서 정한 의무를 이행함에 있어 발생하는 모든 절차비용 및 세금은 "을"의 부담으로 한다.

제4조(담보책임)

　"갑"은 목적물의 하자나 흠결에 대하여 책임을 지지 않는다. 단, "갑"이 그 하자나 흠결을 알고 "을"에게 고지하지 아니한 때에는 그러하지 아니한다.

제5조(계약의 변경)

　본 계약의 일부 또는 전부를 변경할 필요가 있는 경우에는 "갑"과 "을"의 서면합의에 의하여 이를 변경하고, 그 변경내용은 변경한 날 그 다음날부터 효력을 가진다.

제6조(계약의 해제)

　"갑" 또는 "을"은, 상대방이 본 계약에서 정한 사항을 위반하였을 때에는 언제든지 서면으로 그 이행을 최고하고, 최고서에 적시한 기한이 경과하여도 이를 이행하지 않을 경우에는 본 계약의 전부 또는 일부를 해제할 수 있으며 그에 따른 손해배상을 청구할 수 있다.

제7조(증여목적물의 반환)

　제6조에 의하여 본 계약이 해제될 경우 "을"은 즉시 당초의 증여재산인 현금(예금)을 "갑"에게 인도하고 그 명도, 이전 절차를 경료하여야 한다.

제8조(관할법원)

　본 계약과 관련하여 소송상의 분쟁이 발생한 때에는 서울지방법원을 관할법원으로 한다.

이상의 내용을 성립을 증명하기 위하여 본 증서 2통을 작성, 서명 날인한 다음 각각 그 1통씩 서로 보관한다.

20○○년 ○월 ○일

	주소	:	
증여자 "갑"	주민등록번호	:	
	성명	:	○ ○ ○ (서명 또는 날인)
		:	
	주소	:	
수증자 "을"	주민등록번호	:	
	성명	:	○ ○ ○ (서명 또는 날인)

참고 18 _ 증여계약을 해제할 수 있는 경우

1. 서면에 의하지 않은 증여계약
서면에 의하지 않은 증여는 그 이행이 있기 전이라면 언제든지 각 당사자가 증여를 해제할 수 있도록 하고 있다. 증여는 무상계약이므로 경솔하게 이루어진 경우 그 구속력을 약하게 하기 위해 마련한 규정이다.

2. 수증자의 망은행위
수증자가 증여자에 대하여 일정한 망은행위를 한 경우에는 증여자가 그 증여를 해제할 수 있도록 하고 있다. 민법이 정하고 있는 망은행위란, 수증자가 증여자 또는 그 배우자나 직계혈족에 대한 범죄행위가 있는 경우 또는 수증자가 증여자에 대하여 부양의무 있는 경우에 이를 이행하지 아니하는 경우이다. 다만 망은행위에 의한 해제권은 증여자가 그 망은행위가 있음을 안 날로부터 6월을 경과하거나, 증여자가 수증자에 대하여 용서의 의사를 표시한 때에는 더 이상 해제권을 행사하지 못한다.

3. 증여자의 재산상태 악화
증여계약 후에 증여자의 재산상태가 현저히 변경되고 그 이행으로 생계에 중대한 영향을 미칠 경우에는 증여자는 그 증여계약을 해제할 수 있다.

채권증여계약서

증여자 OOO(이하 "갑"이라 한다)와 수증자 OOO와 당사자 간에 아래와 같이 증여계약을 체결한다.

제1조(목적)

"갑"은 "을"에 대해 아래 채권을 무상으로 양도하고, "을"은 이를 수락한다.

1. 채권의 표시

금 만원

 (채권자 "갑"(OOO)과 채무자 병(OOO)사이에 2000년 O월 O일에 체결된 금전소비대차계약에 의한 채권)

2. 채무자 병의 주소 :

제2조(채권양도의 통지)

① "갑"은 지체 없이 "병" OOO에 대해 제1조의 채권양도통지를 하고, "병" OOO의 승낙을 얻어야 한다.
② 위 통지 또는 승낙은 배달증명우편 또는 확정일이 명시된 증서로 하여야 한다.
③ 양수(讓受)채권의 회수에 대해서는 모두 "을"의 책임과 부담으로 한다.

위와 같이 계약이 성립되었으므로 본 서 2통을 작성하여 "갑"과 "을" 각 1통을 보관한다.

2000년 O월 O일

증여자 "갑"	주소	:	
	성명	:	OOO ㊞
		:	
수증자 "을"	주소	:	
	성명	:	OOO ㊞

채권추심위임계약서

「신용정보의 이용 및 보호에 관한 법률」에 의거 위임자 ○○○이(가) 상거래에서 발생한 채권(특수채권 포함)중 "별지"에 표시한 채권에 대한 추심을 신용보증기금에 위임함에 있어 위임자 ○○○(이하 "갑"이라 한다)와 수임자 신용보증기금(이하 "을"이라 한다)간에 다음 사항을 약정한다.

제1조(추심위임) "갑"은 채권 추심에 관한 다음의 사항을 "을"에게 위임한다.

1. 채무자(연대보증인등 채무관계자 포함, 이하동일)에 대한 주소지 추적 및 재산조사
2. 전신, 서면 또는 면담에 의한 변제의 촉구
3. 채무자와의 채무의 분할상환 약정 또는 변제금의 수령
4. 관계법령에서 허용된 범위내의 기타업무

제2조(인계인수)

① "갑"은 채권의 추심에 필요한 채권의 권리관계 서류사본을 "을"에게 인계한다. 다만 "을"이 채권회수를 위하여 원본을 필요로 할 때에는 "갑"은 즉시 "을"의 청구에 응하여야 하며, "을"은 인수한 원본서류를 그 사유 해소 즉시 "갑"에게 반환하여야 한다.
② 제1항의 인계인수는 "갑"과 "을"이 합의한 장소에서 행한다.

제3조(협의사항)

① "을"이 채권추심에 필요한 다음 사항을 처리하고자 할 때에는 사전에 "갑"과 협의하여야 한다.
　1. 채무의 감면 및 분할상환 허용
　2. 채권의 일부변제 및 기타 변제조건에 관한 사항
　3. 기타 중요하다고 인정되는 사항
② "갑"은 제1항의 사항을 협의 받았을 때에는 10일 이내에 "을"에게 회보하여야 하며 그 기간이 경과하여도 회보가 없을 때에는 "을"은 "갑"이 협의내용에 응한 것으로 보고 업무처리를 할 수 있다.

제4조(변제금 수령간주)

채권추심위임계약 이후 다음 각 호의 1에 해당하는 사유가 발생한 경우에는 추심에 성공하여 변제금을 수령한 것으로 간주한다.

1. "갑"이 채무자로부터 현금 또는 자기앞수표를 수령한 경우
2. "갑"이 채무자로부터 어음, 당좌수표, 가계수표, 국.공채 또는 회사채 등을 수령한 후 현금화 한 경우
3. "갑"이 채무자와의 대물변제, 채무인수, 경개계약을 체결한 경우

4. "갑" 또는 채무자가 상계 처리한 경우

5. 채무자가 변제공탁을 한 후 "갑"이 공탁통지서를 수령한 경우

제5조(변제금의 인도시기)

"을"이 변제금을 수령한 경우에는 변제금을 상환받은 날로부터 5영업일 이내에 "갑"에게 변제금을 인도한다. 다만, "갑"과 별도의 합의가 있는 경우에는 매월 말 정산하여 익월 5일까지 인도할 수 있다.

제6조(기본실비부담)

"갑"은 추심성공시에 제7조의 수수료 외에 "을"의 채권추심활동에 소요된 재산조사비용 등에 충당할 수 있도록 채권 1건당 원의 기본실비를 지급하기로 한다. 다만, 추심위임채권의 채무자가 동일한 경우에는 1건으로 계산한다.

제7조(수수료) "갑"이 채권추심위임업무와 관련하여 "을"에게 지급할 수수료는 다음과 같다.

1. "을"이 재산을 발견하여 "갑"이 법적조치를 취한 물건으로부터 채권을 회수한 경우 또는 법적조치 후에 동재산관련 채무자가 법적조치된 물건과 관련하여 "갑" 또는 "을"에게 직접 변제한 경우, 또는 "을"이 채무자에 대한 재산조사, 면담, 변제촉구 등 회수노력을 하여 회수한 경우("갑"이 변제금을 수령한 경우 포함)

　　가. 일반채권(특수채권을 제외한 모든 불량채권) : 회수금액의 O%

　　나. 특수채권(대손상각 처리한 채권, 채무자가 금융기관 등으로부터 신용불량자로 규제중인 자의 채권) : 회수금액의 O%

2. 다음의 경우에는 수수료를 면제한다.

　　가. "갑"이 재산을 발견하여 압류, 가압류 기타 채권보전조치를 한 후 직접 회수한 경우

　　나. 회사정리절차개시결정에 의하여 위임 해지하는 경우

제8조(수수료 지급시기)

① "갑"이 "을"에게 지급할 채권추심수수료는 "을"이 변제금을 수령한 경우에는 "갑"에게 변제금을 인도할 때에는 해당금액을 공제하고 나머지 금액을 인도하며, "갑"이 변제금을 직접 수령한 경우에는 "을"의 채권추심수수료 청구서를 접수한 날로부터 O영업일 이내에 해당금액을 지급한다.

② "갑"은 "갑"의 필요에 의하여 제10조 제1항 및 제2항 이외의 사유로 채권추심위임을 해지하고자 할 때에는 당해 채권에 대하여 채무의 분할상환 약정이 체결되어 있거나 채권보전조치된 물건이 있을 경우 또는 제4조 각호의 1에 해당하는 변제금의 수령간주사유가 발생되어 있는 경우에는 그 회수예상금액에 대하여 제7조의 규정에 의한 채권추심수수료를 채권추심위임 해지 전에 "을"에게 미리 납부하여야 한다.

제9조(과태료)

"갑"은 채권추심수수료를 제8조의 규정에 의한 소정기간 내에 납부하지 아니하였을 경우에는 최종납부기일 익일부터 납부당일까지 미납된 채권추심수수료에 대하여 연 O%에 해당하는 금액을 수수료와는 별도로 "을"에게 과태료로 지급하여야 한다.

제10조(추심위임의 해지)

① 다음 각 호의 1에 해당하는 추심위임채권은 "을"의 통지에 의하여 자동위임해지된 것으로 본다.
  1. 채권이 원인 무효된 경우
  2. 채무자가 채무를 부인하고 "갑"이 채권을 증명하지 못하는 경우
  3. 채무자가 사망하고 추심실익이 있는 상속재산이 없을 때
  4. 채무자의 주민등록이 말소되었거나 주민등록이 되어있는 주소지에 거주하고 있지 않아 사실상 계속 추적이 어려울 때
  5. 채무자가 소유재산이 없는 것으로 파악되고 65세 이상 고령으로서 건강상태 등으로 보아 경제활동 능력이 없는 것으로 인정될 때
  6. 채권의 소멸시효가 완성된 경우
② "갑"과 "을"은 협의에 의하여 추심위임채권의 일부 또는 전부를 위임해지 할 수 있다.
③ 채권추심위임이 해지되면 "을"은 "갑"이 제출한 서류 중에서 원본이 있는 때에는 "갑"에게 반환한다.

제11조(위임해지 수수료) "갑"의 필요에 의하여 제10조 제1항 및 제2항 이외의 사유로 추심위임을 해지하고자 할 경우에는 당초 위임채권금액에서 변제금 수령액을 차감한 금액에 대하여 2%에 해당하는 금액을 위임해지수수료로 "을"에게 지급하여야 한다.

제12조(통지사항)

① "갑"은 다음 각 호의 사항이 발생할 경우 즉시 "을"에게 그 내용을 통보하여야 한다.
  1. 위임채권을 직접 수령한 경우
  2. 위임채권을 포기 또는 감면한 경우
  3. 재산을 발견하였을 경우
  4. 발견재산에 대하여 가압류, 가처분 기타 채권보전조치 또는 강제집행을 하였을 경우
  5. 채무명의를 얻은 경우
  6. 채무자와 대물변제, 채무인수, 경개계약 등을 체결한 경우
  7. 채권의 시효와 관련하여 변동사항이 발생한 경우
  8. "갑"의 주소, 상호 또는 변제금수령 계좌번호 등이 변경된 경우
  9. 기타 중요하다고 인정되는 사유가 발생한 경우

제13조(위험부담)

① "갑"은 "을"에게 제출한 증서 또는 기타 문서가 사변, 재해, 수송도중의 사고 등 불가항력적인 사유로 인하여 분실, 손상 또는 멸실된 경우에는 "을"에게 책임을 묻지 않겠으며 "을"의 청구에 따라 곧 그에 대신할 증서 등을 제출하여야 한다.
② "갑"은 "을"이 "갑"의 귀책사유로 인하여 채무자나 제3자로부터 제소를 당하는 등의 명예훼손이나 금전적인 피해를 입었을 경우에는 그 피해액을 배상하여야 한다.

제14조(소송관할 합의)

이 계약에 의한 권리의무에 관하여 소송의 필요가 생긴 때에는 소송의 1심법원은 법이 정하는 관할법원과 아래에 적은 법원 중 "을"이 선정하여 제소하는 법원의 관할로 하기로 합의한다.

1. 서울지방법원
2. "을"의 본점 소재지 관할법원
3. "을"의 이 약정에 의한 채권추심 거래 영업점 소재지 관할법원

20○○년 ○월 ○일

"갑"	주소	:	
	(신청인) 상호	:	
	성명	:	○ ○ ○ ㊞
	주민등록번호	:	
"을"	주소	:	
	신용보증기금이사장	:	
	위대리인	:	○ ○ ○ ㊞

【채권추심위임증서】

채권추심위임증서

□ 위임채권의 내용

1. 총위임채권액 : 원

2. 상 세 내 역:

▣ 구분 : 일반, 특수

▣ 채무자 : 업체명 : ○○○○

　대표자 : ○ ○ ○
　주민등록번호(법인등록번호) −

　위임인은 신용정보의 이용 및 보호에 관한 법률 제6조에 의거 상기채권의 채권추심업무에 대한 일체의 행위를 신용보증기금에 위임함.

20○○년 ○월 ○일

위임인(신청인)상호	:	
주소	:	
대표자	:	○ ○ ○ ㊞
연락처	:	

* 의뢰건이 여러건인 경우는 위임채권명세표를 작성함

【부동산대물계약서】

부동산대물변제계약서

채권자		주 소	
채무자		주 소	

위 당사자 간에 있어서 대물변제를 위하여 다음의 계약을 체결한다.

제1조 위 당사자 간에 체결한 19년월일의 계약에 의하여 채권자가 채무자에 대하여 갖고 있는 금원 및 이자 금원의 변제에 갈음하여 채무자는 그가 소유하는 다음 부동산의 소유권을 채권자에게 이전한다.

소 재 지 :
건물구조 :

제2조 채권자는 전조의 부동산의 소유권이전에 의하여 제1조에 게기한 채권은 모두 소멸하는 것을 승인한다.

제3조 상기 당사자 간에 있어서의 20○○년 ○월 ○일의 계약서의 등본을 이 계약서에 첨부한다.

상기 계약서의 성립을 표시하기 위하여 본 계약서 2통을 작성하고 각기 서명 날인하여 각각 1통씩 소지한다.

20○○년 ○월 ○일

채권자 : ○ ○ ○ ㊞
채무자 : ○ ○ ○ ㊞
입회자 : ○ ○ ○ ㊞

제5장 매매 · 구매 · 납품 · 공급

매매계약은 일반적으로 동산과 부동산으로 구별하여 살펴볼 수 있는데, 부동산 매매계약은 동산 매매계약과는 다른 특성이 존재하므로 다음 장에서 별도로 논하기로 하고 이 장에서는 동산의 매매계약, 그 중에서도 물품을 대량으로 구매하는 경우인 물품구매계약을 중심으로 살펴보고자 한다.

1. 물품구매(제조)계약

(1) 의의

물품구매(物品購買)계약이란 매매계약의 일종으로 상품 등의 재산권을 상대방에게 이전할 것을 약속하고, 상대방은 이에 대한 대금을 지급할 것을 계약하면서 성립된다.

이 계약 성립에 의해 매도인은 물품인도의 의무를 부담하고 매수인(구매자)은 대금지급의 의무를 부담한다.

(2) 물품구매계약의 유형

1) 국가, 지방자치단체 등 공공기업의 물품구매계약

① 의 의

정부계약은 그 일방 주체가 국가 등 공공기관이지만 원칙상 사법상의 계약이므로 민법상의 일반원칙인 계약자유의 원칙, 신의성실의 원칙, 사정변경의 원칙과 권리남용금지의 원칙 등이 적용된다.

② 특성

정부계약의 기본법인 국가계약법은 제5조에서 「계약은 상호대등한 입장에서 당사자의 합의에 따라 체결되어야 한다」라고 규정하고 있어 결국 국가계약법에 의한 계약은 「국가가 사인의 지위에서 사인 상호간에 대립하는 2개 이상의 의사표시가 합치되어 성립하는 법률행위」로서 사경제주체로서 행하는 사법상의 법률행위라 할 수 있다.

그러나 정부계약은 개인의 이익을 추구하는 일반적 계약과 달리 공공복리의 추구라는 목적의 달성을 위하여 체결되며, 이에 따라 별도의 계약관련규정을 운영하고 있는 것이다.

한편 국가계약법령에서는 정부의 우월적 지위를 이용하여 계약상대자의 계약상 이익을 부당하게 제한하는 특약이나 조건을 정하지 않도록 하고, 당사자는 계약의 내용을 신의성실의 원칙에 따라 이행하도록 하는 정부계약의 원칙을 규정하고 있다(법제5조 및 시행령 제4조).

③ 적용규정

재정경제부 회계예규가 물품구매(제조)계약의 일반조건으로 제시되며, 각 구매계약의 특성과 기관에 따라 특수조건이 별첨으로 붙게 된다.

2) 일반 사기업의 물품구매계약

① 구 분

납품계약	대기업이 하청업체와 물품구매를 계약하는 경우
구매계약	기업이 농수산물 가공제품을 만들기 위해 농수산물을 구매하거나, 상인이 특정물품 등을 구입하기 위해 계약하는 경우

② 종류

공산품 물품구매계약	기계류 물품계약서 / 가구 물품계약서 / 자재 물품계약서 / 부품 물품계약서 / 재조설비 물품계약서 / 문구류 물품계약서 / 의료 및 의약품 물품계약서
농수산물 물품구매계약	과일류 물품계약서 / 곡물류 물품계약서 / 채소류 물품계약서 / 어류 물품계약서 / 해초류 물품계약서 / 조개류 물품계약서

③ 물품구매계약서의 기본구성

물품구매계약서는 기본항목, 일반항목, 기타항목 등의 구성으로 이루어져 있다.

기본항목	계약의 목적(총칙), 납품관계, 규격과 품질, 특허 및 상호, 대금지불결재, 작성연월일, 당사자의 기명날인
일반항목	계약문서, 물건의 검수, 포장 및 표지
기타항목	대금지불의 특례, 계약 불이행에 따른 손해배상, 담보책임

④ 물품구매계약서의 필요적 기재사항

구매목적물의 특정내용	• 총칙(목적)과 계약문서에 관한 내용의 물품구매목적물에 관한 사항 • 계약당사자에 관한 사실과 목적물을 특정, 구매목적물의 납품, 규격 및 품질, 검수, 포장 및 표지 등에 관한 사항을 구체적으로 특정
양도사항 및 특허사항	• 상품구매에 따른 권리의무에 관하여 양도의 인정유무를 협의하여 기재 - 인정범위에 관하여 명시 • 구매상품이 특허상품이거나 기타 이에 준하는 경우 - 그 처리문제와 어떠한 구매상품에 대한 상호를 무엇으로 사용할 것인가 등도 명확히 기재

납품기일 및 대금결제	• 구매의 기일과 기간 및 수량에 대하여 얼마의 수량을 납품할 것인가를 특정하여 명확하게 기재 • 구매할 물품의 대금결재는 어떠한 방법으로 어떻게 지급할 것인가도 명확하게 기재 • 불이행 시의 손해배상에 관한 사항을 기재 – 이를 담보하기 위한 담보제공에 관한 사항도 기재
계약분쟁 시 관련사항	• 구매계약 후에 당사자 간의 계약불이행 시, 처리방안을 기재 • 당사자 간의 분쟁이 원활하게 해결되지 않았을 경우를 대비하여 분쟁을 다룰 관할 법원 기재 • 계약 작성일자와 당사자의 이름 및 신상명세 등을 반드시 기명날인 함

⑤ 농수산물 구매 시 특이사항

사전에 농수산물을 구매하기로 계약을 한 경우, 계약 체결 후 농수산물의 가격하락으로 인한 구매자의 구매 불이행 등으로 매도자의 손실이 발생할 수 있다. 따라서 이러한 기준을 명확히 기재하여야 하고 기타 납품물 검사에 관한 규정을 정할 때에는 명확한 검사방법과 기준을 설정하고 불량물품에 대한 처리 및 보상 문제 등을 명확하게 협의하여 기재하여야 한다.

2. 관련 판례

(1) 물품구매계약의 일반조건과 특수조건

국가를 당사자로 하는 계약은 그 본질적인 내용이 사인 간의 계약과 다를 바가 없으므로 그 법령에 특별한 규정이 있는 경우를 제외하고는 사법의 규정 내지 법원리가 그대로 적용되고, 계약 내용이 국가계약법령의 규정을 배제하려는 것이 뚜렷하게 드러나거나 그에 모순되지 않는다면 가능한 국가계약법령이 규정하는 바를 존중하는 방향, 즉 해당 계약 조항을 관련 국가계약법령의 규정 내용을 보충 내지 구체화하는 내용으로 해석되어야 한다.

그런데 구 국가를 당사자로 하는 계약에 관한 법률 시행령(2009. 5. 6. 대통령령 제21480호로 일부 개정되기 전의 것, 이하 '국가계약법 시행령'이라 한다) 제4조는 "각 중앙관서의 장 또는 그 위임·위탁을 받은 공무원(이하 "계약담당공무원"이라 한다)은 계약을 체결함에 있어서 법, 이 영 및 관계 법령에 규정된 계약상대자의 계약상 이익을 부당하게 제한하는 특약 또는 조건을 정하여서는 아니 된다."고 규정하고 있고, 물품구매계약 일반조건 제3조 제2항은 "계약담당공무원은 「국가를 당사자로 하는 계약에 관한 법령」, 물품관련 법령 및 이 조건에 정한 계약 일반사항 외에 당해 계약의 적정한 이행을 위하여 필요한 경우 물품구매계약 특수조건을 정하여 계약을 체결할 수 있다."고, 제3항은 "제2항에 따라 물품구매계약 특수조건에 「국가를 당사자로 하는 계약에 관한 법령」, 물품관련 법령 및 이 조건에 의한 계약상대자의 계약상 이익을 제한하는 내용이 있는 경우 특수조건의 동 내용은 효력이 인정되지 아니한다."고 각 규정하고 있는바, 앞서 본 법리에 비추어 보면 <u>물품구매계약 일반조건 제3조 제3항은 국가계약법 시행령 제4조를 배제하거나 그에 모순되게 규정된 것이 아니라 국가계약법 시행령 제4조를 구체화한 내용으로 보일 뿐이므로 이를 해석함에 있어서도 국가계약법 시행령 제4조의 입법 취지에 맞게 '계약상대자의 계약상 이익을 부당하게 제한하는 경우'에 한하여 물품구매계약 특수조건의 효력이 인정되지 않는다고 보아야 할 것이다</u>(대판 2012.12.27., 2012다15695).

(2) 납품기한과 검사요청

국가를 당사자로 하는 물품구매(제조)계약 특수조건에서 '납품기한 내에 검사요청을 하고 검사에 합격한 경우에는 검사요청일을 납품일자로 보며, 납품기한 내에 검사요청을 하고 납품기한 경과 후 검사에 합격하고 검수완료한 경우 납품검사 및 검수에 소요된 기간은 지체일수에 포함되지 아니한다'고 정한 사안에서, 국가를 당사자로 하는 계약에 관한 법령과 관련 계약조항의 내용 등을 종합하여 보면, <u>계약상대자는 납품기한 내에 납품장소에 계약물품을 현실적으로 반입하여야 하고 단지 물품의 반입을 위한 준비를 완료하고 검사를 요청하는 것만으로 물품반입 의무 이행을 다하였다고 할 수 없으므로, 위 특수조건에서 정한 검사요청이 유효하기 위하여는 검사장소로 물품의 현실적인 반입이 선행되거나 적어도 동시에 이루어질 것을 요하고, 물품의 현실적인 반입 없이 검사요청이 이루어진 경우에는 그 후 현실적인 반입이 이루어진 때에 비로소 유효한 검사요청이 있었다고 보아야 한다</u>(대판 2011.05.13., 2010다16458).

(3) 물품구매계약 특수조건에 기한 계약금액 환수청구권의 법적 성질

이 사건 구매계약의 특수조건 제7조(또는 제8조) 제1항은 계약 체결 후라 할지라도 계약금액 결정에 하자 또는 착오가 있어 동 계약금액을 감액하여야 할 사유가 발생하였을 경우와 이미 체결된 계약상의 물품 구매가격이 타관서의 동종 물품 구매가격에 비하여 현저히 고가인 경우에는 계약 담당공무원이 정하는 금액을 감액 또는 환수 조치할 수 있다고 규정하고, 제2항은 계약자는 하시라도 가격 증빙자료의 제시 또는 열람 요구에 응하여야 하며 가격 증빙자료의 위조, 변조 또는 정당한 이유 없이 증빙자료 제시에 불응하거나 기타 사실과 상이한 가격자료의 제출 사실이 발견된 경우 계약 담당공무원은 이에 따라 계약금액을 일방적으로 감액, 수정 또는 환수 조치할 수 있다고 규정하고 있음을 알 수 있는바, 이는 원고가 계약자에게 정당한 가격을 제시할 의무를 부과하고 그 의무불이행시 그로 인한 손해배상청구권을 취득한다는 취지라고 할 것이므로, 원고의 피고들에 대한 이 사건 계약금액 환수청구권은 일종의 채무불이행으로 인한 손해배상채권으로서 과실상계의 대상이 된다 할 것이다(대판 1997.06.27., 95다19959).

【물품구매 표준계약서】

물품구매 표준계약서

계약번호	제	호
공고번호	제	호

계약자	발 주 처	대한법률구조공단 → **공공기업의 물품구매계약**	
	계 약 상 대 자	· 상 호 : · 주 소 : · 대표자 :	· 사업자등록번호 : · 전화번호 :

계약내용	물 품 명	「2016년 개정증보판 알아두면 힘이 되는 생활법률」인쇄 계약
	계 약 금 액	₩
	계 약 보 증 금	계약금액의 100분의 10
	지 체 상 금 률	지체일수 1일당 계약금액의 10,000분의 15
	납 품 일 자	계약체결일로부터 30일 이내
	납 품 장 소	지정장소

대한법률구조공단과 계약상대자는 붙임의 계약문서에 의하여 위 물품에 대한 구매계약을 체결하고 신의에 따라 성실히 계약상의 의무를 이행할 것을 확약하며, 이 계약의 증거로서 계약서를 작성하여 당사자가 기명날인한 후 각각 1통씩 보관한다.

붙임서류 : 1. 물품구매계약 일반조건　1부. → **재정경제부 회계예규가 적용됨**
　　　　　 2. 물품구매계약 특수조건　1부. → **각 계약의 특성에 따라 적용됨**

2015년　11월　　일

"갑" 대한법률구조공단　　　　"을" 계약상대자　상호(사업자등록번호)

서울 서초구 서초3동 1703-10　　　　　　　　　　주소

　재 무 관 :　　　　　(인)　　　　　　　　대표자　　　　　(인)

물 품 내 역 서

품 명	규 격	단위	수 량	단 가	금 액
2016년 개정증보판 알아두면 힘이 되는 생활법률	크라운판 (176×248mm)	부	2,000		

물품구매계약 일반조건

본 물품구매(제조)계약에 명시되지 않은 사항은 물품구매(제조)계약일반조건(기획재정부 회계예규 2200.04-103-16, 2011.05.13.)을 준용한다.

(붙임 2)

물품구매계약 특수조건

대한법률구조공단(이하 "갑"이라 한다)과 계약상대자(이하 "을"이라 한다)간에 「2011년 개정증보판 알아두면 힘이 되는 생활법률」 인쇄계약의 특수조건을 다음과 같이 정한다.

제1조(목적) 이 특수조건은 갑의 요청에 의한 을의 「2011년 개정증보판 알아두면 힘이 되는 생활법률」 인쇄·납품에 관한 사항과 기타 계약에 필요한 제반사항을 정함을 목적으로 한다.

제2조(계약금액 및 단가) 계약금액은 일금   원정(₩   , @   , 부가세 포함) 이내로 한다.

제3조(물품규격) ① 을이 갑에게 인쇄·납품하는 물품은 다음의 규격을 준수하여야 한다.

구　분	내　용
수　량	2,000부
책자크기	크라운판(176mm×248mm)
면　수	2,700면 내외(표지, 면지4면 제외)
용　지	표 지 : 하드커버 1,800파운드 합지, 무광코팅, 4도 면 지 : 밍크C군 120㎎/㎡ 본 문 : 미색모조지 80㎎/㎡ 커버표지 : 아트지 180㎎/㎡,4도 1장, 싸바리: 아트지 120㎎/㎡,4도 1장
표지 디자인	인쇄업체 시안 제출 후 결정

인쇄방법	표 지 : 옵셋4도 단면
	본 문 : 옵셋4도 양면
제 본	양장제본
기타 중요사항	표지 디자인 및 본문 편집 포함
제작기간	계약체결 후 30일

② 제1항의 규격은 갑의 요청이 있는 경우에 한하여 변경할 수 있다.

제4조(원고수교 및 손해배상 등) ① 계약체결 후 을은 즉시 대한법률구조공단 구조관리팀(이하 "인쇄요청부서"라 한다)에게 수량, 규격, 견품 등 일체의 제반조건을 재확인하고 계약 이행에 착수하여야 하며, 이의 불이행으로 인하여 발생한 모든 손해는 을의 부담으로 한다.

② 을은 인쇄요청부서가 지정하는 날짜 및 장소에서 원고를 교부받아야 하며, 최종원고 인수 익일까지 원고수교확인서를 갑에게 제출하여야 한다. 단, 인쇄요청부서의 원고교부 통보에도 불구하고 을이 인수하지 않을 때는 을은 이로 인하여 발생한 손해를 배상하여야 한다.

제5조(납품) ① 을은 최종원고 수교일로부터 30일 이내에 인쇄요청부서에서 지정하는 장소에 납품하여야 하며 납품시간은 갑의 근무시간으로 한다.

② 을은 인쇄요청부서에서 납품 전 견본제작 요청시 견품을 제작하여 인쇄요청부서의 최종 확인을 받은 후 납품한다.

③ 을은 납품과 동시에 견본 2부를 갑에게 제출하여야 한다.

제6조(지체상금) ① 을은 제5조에 따른 납품이 지연되는 경우 지연 1일당 계약금액의 10,000분의 15를 지체상금으로 갑에게 현금으로 납부하여야 한다.

② 을의 납품지연이 갑의 원고교정 지연 등 갑에게 그 원인이 있고 을이 동 지연사유에 대한 인쇄요청부서의 확인서를 받아 갑에게 제출한 때에는 동 지연사유 해당 기간을 지체일수에 산입하지 아니한다.

제7조(검사) 을은 계약이행을 완료한 때에는 그 사실을 갑에게 통지하고 필요한 검사를 받아야 한다.

제8조(대금지급 등) 을은 갑의 물품검사 완료 후 물품대금을 청구할 수 있고, 갑은 청구받은 날로부터 7 영업일 이내에 을의 정당청구서에 의거 계좌입금 지급한다.

제9조(보안대책) ① 을은 계약이행 과정에서 취득한 정보, 기밀사항, 자료 등 관련사항 일체에 대해 자체보안대책을 수립하여 시행하는 등 보안유지에 철저를 기하여야 한다.

② 을은 제1항의 정보 등을 외부에 누설하거나 보안사항의 불이행으로 갑에게 피해를 끼쳤을 경우 그에 따른 피해보상을 포함한 모든 민·형사상의 책임을 부담하여야 한다.

③ 을은 갑의 직원 및 제3자의 업무수행에 지장이나 불편이 없도록 하여야 하며 사전허가 없이 출입이 금지된 지역을

출입하여서는 아니 된다.

제10조(조업정보 통보의무) 을은 영업장소를 이전하고자 할 때, 3일 이상의 휴업을 하고자 할 때, 적정종업원을 유지하지 못하는 때, 기타 정상적인 조업이 어려운 사태가 발생하였을 경우 즉시 갑에게 그 사실을 통보하여야 한다.

제11조(권리의무 및 직접생산) ① 을은 서면에 의한 갑의 사전동의 없이는 이 계약상의 권리나 의무를 제3자에게 양도, 전매 또는 이전하여서는 아니 된다.

② 이 계약에 따른 인쇄물은 관련 법규에 따라 직접 생산하여야 한다.

제12조(계약의 해제 또는 해지) 갑은 을이 다음 각 호의 1에 해당하는 경우에는 이 계약을 해제 또는 해지할 수 있으며 손해배상도 청구(기획재정부 회계예규 "물품구매계약일반조건" 제26조에 따른 경우 포함)할 수 있다.

 1. 을의 귀책사유로 인한 납품지체일수가 15일을 초과하는 경우

 2. 이 특수조건 제4조, 제5조, 제9조 내지 제11조를 위반하였을 경우

 3. 기타 중대한 사유 등으로 계약 목적을 달성할 수 없다고 판단될 경우

제13조(기타) ① 이 계약서에 명시되지 아니한 사항은 국가를 당사자로 하는 계약에 관한 법률 및 동법 시행령, 동법 시행규칙 기획재정부 회계예규 등에 따르며 그래도 적당한 사항이 없으면 일반 상관례에 의한다.

② 이 계약에 관한 소송은 갑의 주소지 관할법원으로 한다.

물품구매(제조)계약 일반조건

[기획재정부계약예규 제2200.04-103-17호, 2012.1.1, 일부개정]

제1조(총칙) 계약담당공무원과 계약상대자는 물품구매표준계약서(이하 "계약서"라 한다)에 기재한 물품의 구매("제조"를 포함한다. 이하 같다) 계약에 관하여 제3조의 규정에 의한 계약문서에서 정하는 바에 따라 신의와 성실의 원칙에 입각하여 이를 이행한다.

제2조(정의) 이 조건에서 사용하는 용어의 정의는 다음과 같다.

1. "계약담당공무원"이라 함은 「국가를 당사자로 하는 계약에 관한 법률 시행규칙」(이하 "시행규칙"이라 한다) 제2조의 규정에 의한 공무원을 말한다. 이 경우 각 중앙관서의 장이 계약에 관한 사무를 그 소속공무원에게 위임하지 아니하거나 직접 처리하는 경우에는 이를 계약담당공무원으로 본다.

2. "계약상대자"라 함은 정부와 물품구매계약을 체결한 자연인 또는 법인을 말한다.

3. 이 조건에서 따로 정하는 경우를 제외하고는 「국가를 당사자로 하는 계약에 관한 법률 시행령」, 「특정조달을위한국가당사자로하는계약에관한법률시행령특례규정」(이하 각각 "시행령, 특례규정"이라 한다), 시행규칙 및 계약예규 물품구매입찰유의서(이하 "유의서"라 한다)에 정하는 바에 의한다.

제3조(계약문서) ① 계약문서는 계약서, 규격서, 유의서, 물품구매계약일반조건, 물품구매계약특수조건, 산출내역서 등으로 구성한다. 다만, 산출내역서는 제9조 및 제11조의 규정에 의한 수량조절 및 물가변동으로 인한 계약금액의 조정과 제22조제4항의 규정에 의한 기납대금의 지급시에 적용할 기준으로서 계약문서의 효력을 가진다.

② 계약담당공무원은 「국가를 당사자로 하는 계약에 관한 법령」, 물품관련 법령 및 이 조건에 정한 계약일반사항 외에 당해 계약의 적정한 이행을 위하여 필요한 경우 물품구매계약 특수조건을 정하여 계약을 체결할 수 있다.

③ 제2항에 따라 정한 물품구매계약 특수조건에 「국가를 당사자로 하는 계약에 관한 법령」, 물품관련 법령 및 이 조건에 의한 계약상대자의 계약상 이익을 제한하는 내용이 있는 경우 특수조건의 동 내용은 효력이 인정되지 아니한다.

④ 이 조건이 정하는 바에 의하여 계약당사자 간에 행한 통지문서등은 계약문서로서의 효력을 가진다.

제4조(사용언어) ① 계약을 이행함에 있어서 사용하는 언어는 한국어로 함을 원칙으로 한다.

② 계약담당공무원은 계약체결시 제1항의 규정에 불구하고 필요하다고 인정하는 경우에는 계약이행과 관련하여 계약상대자가 외국어를 사용하거나 외국어와 한국어를 병행하여 사용할 수 있도록 필요한 조치를 할 수 있다.

③ 제2항의 규정에 의하여 외국어와 한국어를 병행하여 사용한 경우 외국어로 기재된 사항이 한국어와 상이할 때에는 한국어로 기재한 사항이 우선한다.

제5조(통지 등) ① 구두에 의한 통지·신청·청구·요구·회신·승인 또는 지시 등(이하 "통지 등"이라 한다)은 문서로 보완되어야 효력이 있다.

② 통지 등의 장소는 계약서에 기재된 주소로 하며, 주소를 변경하는 경우에는 이를 즉시 계약당사자에게 통지하여야 한다.

③ 통지 등의 효력은 계약문서에서 따로 정하는 경우를 제외하고는 계약당사자에게 도달한 날부터 발생한다. 이 경우 도달일이 공휴일인 경우에는 그 익일부터 효력이 발생한다.

④ 계약상대자는 계약이행중 관계법령 및 이 조건 등에 정한 바에 따라 서면으로 정당한 요구를 받은 경우에는 이를 성실히 검토하여 회신하여야 한다.

제6조(채권양도) ① 계약상대자는 이 계약에 의하여 발생한 채권(대금청구권)을 제3자에게 양도할 수 있다.

② 계약담당공무원은 제1항의 규정에 의한 채권양도와 관련하여 적정한 계약이행목적 등 필요한 경우에는 채권양도를 제한하는 특약을 정하여 운용할 수 있다.

제7조(계약보증금) ① 계약을 체결하고자 하는 자는 계약체결일까지 시행령 제50조의 규정에 정한 바에 따라 시행령 제37조제2항에 규정된 현금 또는 보증서 등으로 계약보증금을 납부하여야 한다.

② 계약보증금의 전부 또는 일부의 납부를 면제받은 경우에는 제8조제1항 및 제2항의 규정에 의하여 국고귀속사유가 발생할 때에 계약보증금에 해당하는 금액을 현금으로 납입할 것을 보장하기 위하여 그 지급을 확약하는 내용의 문서(이하 "계약보증금지급각서"라 한다)를 제출하여야 한다.

③ 단가계약에 의하는 경우로서 수회에 걸쳐 분할하여 계약을 이행하게 하는 때에는 매회별 이행예정량중 최대량에 계약단가를 곱한 금액의 100분의 10 상당금액이상을 계약보증금으로 납부하게 할 수 있다.

④ 계약담당공무원은 시행령 제37조제2항제2호의 규정에 의한 유가증권이나 현금으로 납부된 계약보증금을 계약상대자가 특별한 사유로 시행령 제37조제2항제1호 내지 제5호에 규정된 보증서 등으로 대체납부할 것을 요청한 때에는 동가치 상당액 이상으로 대체납부하게 할 수 있다.

⑤ 계약상대자는 이 조건의 규정에 의하여 계약금액이 증액된 경우에는 이에 상응하는 금액의 계약보증금을 제1항의 규정에 따라 추가로 납부하여야 하며, 계약담당공무원은 계약금액이 감액된 경우에는 이에 상응하는 금액의 계약보증금을 반환해야 한다.

제8조(계약보증금의 처리) ① 계약상대자가 정당한 이유 없이 계약상의 의무를 이행하지 아니할 때에는 계약보증금을 국고에 귀속한다.

② 제1항의 규정은 시행령 제69조의 규정에 의한 장기물품제조계약에 있어서 계약상대자가 2차 이후의 물품제조계약을 체결하지 아니한 경우에 이를 준용한다.

③ 제7조제2항의 규정에 의하여 계약보증금지급각서를 제출한 경우로서 계약보증금의 국고귀속사유가 발생하여 계약담당공무원의 납입요청이 있을 때에는 계약상대자는 당해 계약보증금을 지체 없이 현금으로 납부하여야 한다.

④ 제1항 및 제2항의 규정에 의하여 계약보증금을 국고에 귀속함에 있어서 그 계약보증금은 이를 기성 또는 기납부분에 대한 미지급액과 상계 처리할 수 없다. 다만, 계약보증금의 전부 또는 일부를 면제받은 자의 경우에는 국고에 귀속되는 계약보증금과 기납부분에 대한 미지급액을 상계 처리할 수 있다.

⑤ 계약상대자가 납부한 계약보증금은 계약이 이행된 후 계약상대자의 청구에 의하여 반환한다.

제9조(수량조절) 계약담당공무원은 필요에 따라 계약된 물품의 수량을 100분의 10 범위내에서 증감조절할 수 있다. 다만, 계약담당공무원이 당해 물품의 수급상황 등을 고려하여 부득이하다고 판단하는 경우 계약상대자의 동의를 얻어 100분의 10 범위를 초과하여 계약수량을 증가시킬 수 있다.

제10조(계약이행상의 감독) ① 계약담당공무원은 계약의 적정한 이행을 확보하기 위하여 필요하다고 인정하는 경우에는 물품의 제조를 위하여 사용하는 재료 및 기타 제조공정에 대하여 감독할 수 있으며 계약상대자에 대하여 필요한 조치를 요구할 수 있다.

② 계약상대자는 발주기관의 감독업무수행에 협력하여야 하며, 발주기관은 감독업무를 수행함에 있어서 계약상대자의 업무를 부당하게 방해하여서는 아니된다.

제11조(물가변동으로 인한 계약금액의 조정) ① 물가변동으로 인한 계약금액의 조정은 시행령 제64조 및 시행규칙 제74조의 규정에 정한 바에 의한다.

② 동일한 계약에 대한 계약금액의 조정시 품목조정율 및 지수조정율을 동시에 적용하여서는 아니되며, 계약을 체결할 때에 계약상대자가 지수조정율 방법을 원하는 경우 외에는 품목조정율 방법으로 계약금액을 조정하도록 계약서에 명시하여야 한다. 이 경우 계약이행중 계약서에 명시된 계약금액 조정방법을 임의로 변경하여서는 아니된다.

③ 제1항의 규정에 의하여 계약금액을 증액하는 경우에는 계약상대자의 청구에 의하여야 하고, 계약상대자는 제22조의 규정에 의한 완납대가(장기계속계약의 경우에는 각 차수별 완납대가) 수령전까지 조정신청을 하여야 조정금액을 지급받을 수 있으며, 조정된 계약금액은 직전의 물가변동으로 인한 계약금액조정기준일부터 90일 이내에 이를 다시 조정할 수 없다. 다만, 천재·지변 또는 원자재의 가격급등으로 당해 기간내에 계약금액을 조정하지 아니하고는 계약이행이 곤란하다고 인정되는 경우에는 계약을 체결한 날 또는 직전 조정기준일로부터 90일 이내에도 계약금액을 조정할 수 있다.

④ 계약상대자는 제3항의 규정에 의하여 계약금액의 증액을 청구하는 경우에는 계약금액조정내역서를 첨부하여야 한다.

⑤ 발주기관은 제1항 내지 제4항의 규정에 의하여 계약금액을 증액하는 경우에는 계약상대자의 청구를 받은 날부터 20일 이내에 계약금액을 조정하여야 한다. 이 경우 예산배정의 지연 등 불가피한 사유가 있는 경우에는 계약상대자와 협의하여 그 조정기한을 연장할 수 있으며, 계약금액을 증액할 수 있는 예산이 없는 때에는 제조량 등을 조정하여 그 대가를 지급할 수 있다. 〈개정 2011.5.13.〉

⑥ 계약담당공무원은 제4항 및 제5항의 규정에 의한 계약상대자의 계약금액조정 청구내용이 일부 미비하거나 분명하지 아니한 경우에는 지체 없이 필요한 보완요구를 하여야 하며, 이 경우 계약상대자가 보완요구를 통보받은 날부터 발주기관이 그 보완을 완료한 사실을 통지받은 날까지의 기간은 제5항의 규정에 의한 기간에 산입하지 아니한다. 다만, 계약상대자의 계약금액조정 청구내용이 계약금액 조정요건을 충족하지 않았거나 관련 증빙서류가 첨부되지 아니한 경우에는 그 사유를 명시하여 계약상대자에게 당해 청구서를 반송하여야 하며, 이 경우 계약상대자는 그 반송사유를 충족하여 계약금액조정을 다시 청구하여야 한다.

제12조(납품) ① 계약상대자는 계약서에 정한 납품기일까지 해당물품(검사에 필요한 서류 등을 포함한다)을 「산업표준화법」 제24조에 따른 한국산업표준(특별한 사유가 없는 한 「화물유통촉진법」 제5조에 따른 물류표준을 포함한다)을 준수하여 계약담당공무원이 지정한 장소에 납품하여야 한다.

② 제1항의 규정에 의하여 납품된 물품을 검사·수령하기까지 정부의 책임 없는 사유로 인하여 발생된 물품의 망실·파손 등은 계약상대자의 부담으로 한다.

③ 계약담당공무원이 필요에 따라 분할납품을 요구하거나, 계약상 분할납품이 허용된 경우를 제외하고는 분할납품을 할 수 없다.

제13조(규격) ① 모든 물품의 규격은 계약상 명시된 규격명세, 규격번호 및 발주기관이 제시한 견품의 규격에 맞아야 하며, 구매목적에 맞는 신품이어야 한다.

② 계약상 규격이 명시되어 있지 아니한 경우에는 상관습과 기술적 타당성 및 구매규격 등에 부합되는 견고하고 손색 없는 물품이어야 한다.

③ 예비부속품으로서 기계·기구를 완성하는데 필요한 조립비는 물품대에 포함되어 있는 것으로 간주한다. 다만, 계약에 부속품으로 기계, 기구를 완성하는데 필요한 조립비가 별도로 표시되어 있는 경우에는 예외로 한다.

제14조(포장 및 품목표시) ① 포장은 계약조건과 계약규격서에 규정된 포장조건에 따라야 하며 내용물의 보전에 충분하여야 한다.

② 기계의 모체와 분리하여 부속품 또는 예비부속품을 포장할 때에는 관련 참조번호 및 기호 등을 명기한 꼬리표를 붙여야 한다.

③ 계약상대자는 대한민국 외에서 제조된 계약물품을 납품하고자 할 때에는 관세청장이 고시한 원산지제도운영에관한고시 및 산업자원부장관이 고시한 대외무역관리규정에 의하여 원산지를 당해 물품에 표시하여야 한다.

제15조(포장명에 표기할 사항) 물품의 포장면에는 다음 각 호의 사항을 명기하여야 한다.

1. 제작자 상호 및 계약상대자 상호

2. 계약번호

3. 품명 및 물품저장번호

4. 포장내용물의 일련번호 및 수량

5. 순무게, 총무게 및 부피

6. 취급시 주의사항

7. 기타 계약상 요구되는 표기

제16조(표기) ① 납품한 물품에는 계약상 규격서에 규정된 포장 외에 제작자명 또는 상표와 발주기관이 정한 관수품 표시를 하여야 한다.

② 표지는 물품의 형태 또는 성질에 따라 인쇄, 금속판 첩찰, 꼬리표 또는 기타방법에 의하여 표시하여야 한다.

③ 물품에 표기하여야 할 표지는 그 물품의 지구성과 같아야 하며 포장의 표지는 목적된 장소에 도착할 때까지 선명하여야 한다.

제17조(포장명세서) ① 계약상대자는 납품할 때 포장내용물에 관하여 상세히 기재한 포장명세서를 제출하여야 한다.

② 포장명세서에는 포장번호, 포장수, 포장품명, 수량, 순무게, 부피 등을 기명하여야 한다.

③ 포장에는 포장명세서 1통을 첨부하여야 한다. 다만, 드럼통 등 명세서를 첨부하기 어려운 것에는 용기에 기명하여야 한다.

제18조(사용 및 취급주의서) 사용 및 취급상의 주의가 필요하다고 생각될 때에는 그 물품의 사용, 보관, 수리 등의 요령과 주의사항을 명기한 주의서를 제출하여야 한다.

제19조(검사) ① 계약상대자는 계약이행을 완료한 때에는 그 사실을 서면으로 계약담당공무원에게 통지하고 필요한 검사를 받아야 한다. 기납부분에 대하여 완납전에 대가의 전부 또는 일부를 지급하고자 할 때에도 또한 같다.

② 「산업표준화법」 제15조 및 제16조에 따라 인증을 받은 제품 또는 「품질경영 및 공산품안전관리법」 제7조에 따라 품질경영체제인증을 받은 자가 제조한 물품에 대하여는 제1항에 불구하고 검사를 면제하여야 한다. 다만, 특약조건이 있거나 당해 물품이 성질상 인명피해 및 화재발생의 원인이 될 수 있다고 판단되는 경우에는 그러하지 아니하다.

③ 계약담당공무원은 제1항의 통지를 받은 때에는 검사관계규정 및 다음 각 호의 요령에 따라 계약서 기타 관계서류에 의하여 그 날로부터 14일 이내에 계약상대자의 입회하에 그 이행을 확인하기 위한 검사를 하여야 한다. 다만, 천재ㆍ지변 등 불가항력인 사유로 인하여 검사를 완료하지 못한 경우에는 당해 사유가 존속되는 기간과 당해 사유가 소멸된 날로부터 3일까지는 이를 연장할 수 있다.

1. 검사는 품질, 수량, 포장, 표기상태, 포장명세서, 품질식별기호 등에 관하여 행한다.

2. 물품을 신규로 제조할 필요가 있거나 물품의 성질상 제조과정이 중요한 경우에는 제조과정에서 검사를 할 수 있다.

3. 계약상대자는 검사를 받기 위하여 발주기관이 지정하는 장소에 물품을 반입하였을 때에는 즉시 반입통지를 하여야 한다.

4. 검사에 필요한 일체의 비용과 검사를 하기 위한 변형, 소모, 파손 또는 변질로 생기는 손상은 계약상대자의 부담으로 한다.

④ 계약담당공무원은 제3항의 검사에 있어서 계약상대자의 계약이행 내용의 전부 또는 일부가 계약에 위반되거나 부당함을 발견한 때에는 필요한 시정조치를 할 수 있다. 이 경우에는 계약상대자로부터 그 시정을 완료한 사실을 통지받은 날로부터 제3항의 기간을 계산한다.

⑤ 제3항의 경우에 계약이행기간이 연장될 때에는 계약담당공무원은 제24조의 규정에 의한 지체상금을 부과한다.

⑥ 계약상대자는 제3항의 규정에 의한 검사에 입회·협력하여야 한다. 계약상대자가 입회를 거부하거나 검사에 협력하지 아니함으로써 발생하는 지체에 대하여는 제4항 및 제5항의 규정을 준용한다.

⑦ 계약상대자는 제3항 및 제4항의 규정에 의한 검사에 이의가 있을 때에는 재검사를 요청할 수 있다. 이 경우 계약담당공무원은 지체 없이 검사를 하여야 한다.

⑧ 계약담당공무원은 검사를 완료한 때에는 그 결과를 서면으로 계약상대자에게 통지하여야 한다.

제20조(특허권 등의 사용) 계약상대자는 당해 계약의 이행에 제3자의 권리의 대상으로 되어 있는 특허권 등을 사용할 때에는 그 사용에 관한 일체의 책임을 져야 한다. 다만, 계약문서에 지정되지 않은 특허권 등의 사용을 발주기관이 요구한 경우에는 소요된 비용을 계약상대자에게 지급하여야 한다.

제21조(보증) ① 계약상대자는 검수와는 별도로 납품후 1년간 납품한 물품의 규격과 품질이 계약내용과 동일함을 보증하여야 한다.

② 계약담당공무원은 납품후 1년 이내 납품한 물품의 규격과 품질이 계약내용과 상이함을 발견한 때에는 그 사실을 계약상대자에게 통지하고 당해물품의 대체납품 또는 당해 물품대금을 반환하도록 청구할 수 있다.

③ 계약상대자는 제2항의 통지를 받으면 조속히 당해 물품을 계약조건에 따라 대체납품하여야 한다. 이 경우에 모든 대체물품대와 이에 따르는 경비는 계약상대자의 부담으로 한다.

④ 제3항의 대체물품에 대하여는 제1항의 규정을 적용한다.

⑤ 계약상대자가 계약담당공무원이 요구한 물품의 대체를 거부하거나, 계약담당공무원이 통지를 한 후, 소정기일내에 물품의 대체납품을 하지 못할 때에는 계약상대자는 당해 물품대를 발주기관에 반납하여야 한다.

제22조(대가의 지급) ① 계약상대자는 계약이행을 완료한 후 제19조의 규정에 의한 검사에 합격한 때에는 대가지급청구서(하수급인에 대한 대금지급 계획을 첨부하여야 한다)를 제출하는 등 소정절차에 따라 대가지급을 청구할 수 있다. 〈개정 2011.5.13.〉

② 계약담당공무원은 제1항의 청구를 받은 때에는 그 청구를 받은 날로부터 5일(공휴일 및 토요일은 제외한다. 이하 이 조에서 같다) 이내에 그 대가를 지급하여야 하며, 동 대가지급기한에도 불구하고 자금사정 등 불가피한 사유가 없는 한 최대한 신속히 대가를 지급하여야 한다. 다만, 계약상대자와의 합의에 의하여 5일을 초과하지 아니하는 범위안에서 대가의 지급기간을 연장하는 특약을 정할 수 있다.

③ 천재·지변 등 불가항력의 사유로 인하여 대가를 지급할 수 없게 된 경우에는 당해 사유가 존속되는 기간과 당해 사유가 소멸된 날로부터 3일까지는 대가의 지급을 연장할 수 있다.

④ 기성부분 또는 기납부분에 대한 대가를 지급하는 경우에는 제2항의 규정에 불구하고 계약수량, 이행의 전망, 이행기간 등을 참작하여 적어도 매 30일마다 공평하게 지급하여야 하며 제19조제3항의 규정에 의한 검사를 한 후 계약상대자의 청구를 받은 날로부터 5일 이내에 지급하여야 한다.

⑤ 계약담당공무원은 제2항 및 제4항에 따른 대가지급시 제1항의 대금지급 계획상의 하수급인에게 대가지급 사실을 통보하고 대금 수령내역(수령자, 수령액, 수령일 등) 및 증빙서류를 제출(「전자서명법」제2조에 따른 전자문서에 의한 제출을 포함한다. 이하 제22조의2제1항에 따른 제출 및 통보에 있어 같다)하게 하여야 한다. 〈신설 2011.5.13.〉

⑥ 계약담당공무원은 제1항 또는 제4항의 청구를 받은 후 그 청구내용의 전부 또는 일부가 부당함을 발견한 때에는 그 사유를 명시하여 계약상대자에게 당해 청구서를 반송할 수 있다. 이 경우에는 반송한 날로부터 재청구를 받은 날까지의 기간은 제2항 또는 제4항의 지급기간에 이를 산입하지 아니한다.

⑦ 제4항의 규정에 의하여 기성부분에 대한 대가를 지급하는 경우에는 제3조제1항 단서의 규정에 의한 산출내역서의 단가에 의하여 이를 계산한다.

제22조의2(하도급대금 지급 확인) ① 계약상대자는 제22조에 따른 대가를 지급받은 경우 15일 이내에 하도급대금을 하수급인에게 현금으로 지급하여야 하며, 하도급대금의 지급 내역(수령자, 지급액, 지급일 등)을 5일(공휴일 및 토요일은 제외한다) 이내에 발주기관에게 통보하여야 한다.

② 계약담당공무원은 제1항에 따른 대금 지급내역을 제22조제5항에 따라 하수급인으로부터 제출받은 대금 수령내역과 비교·확인하여야 한다.

③ 하도급거래 공정화에 관한 법률 제2조에 따라 동법의 적용을 받지 않는 하도급계약에 대해서는 제1항 및 제2항을 적용하지 아니한다.(제22조제5항의 경우에도 같다)

〈본조 신설 2011.5.13.〉

제22조의3(국민건강보험료 등의 사후정산) 계약담당공무원은 「정부 입찰·계약 집행기준」 제93조에 의하여 국민건강보험료 등을 사후정산 하기로 한 계약에 대하여는 제22조에 따른 대가 지급시 계약예규 「정부 입찰·계약 집행기준」 제94조에 따라 정산하여야 한다. 〈본조 신설 2012.1.1.〉

제23조(대가지급지연에 대한 이자) ① 계약담당공무원은 대가지급청구를 받은 경우에 제22조의 규정에 의한 대가지급기한(국고채무부담행위에 의한 계약의 경우에는 다음 회계년도 개시 후 「국가재정법」에 의하여 당해 예산이 배정된 날부터 20일)까지 대가를 지급하지 못하는 경우에는 지급기한의 다음날부터 지급하는 날까지의 일수(이하 "대가지급지연일수"라 한다)에 당해 미지급액에 대하여 지연발생 시점에 금융기관 대출평균금리(한국은행 통계월보상의 금융기관 대출평균금리를 말한다)를 곱하여 산출한 금액을 이자로 지급하여야 한다.

② 천재지변 등 불가항력적인 사유로 인하여 검사 또는 대가지급이 지연된 경우에 제19조제3항단서 및 제22조제3항의 규정에 의한 지연기간은 제1항의 대가지급지연일수에 산입하지 아니한다.

제24조(지체상금) ① 계약상대자는 계약서에서 정한 납품기한 내에 물품을 납품하지 아니한 때에는 매 지체일수마다 계약서에서 정한 지체상금율을 계약금액(장기계속계약의 경우에는 연차별 계약금액)에 곱하여 산출한 금액(이하 "지체상금"이라 한다)을 현금으로 납부하여야 한다.

② 계약담당공무원은 제1항의 경우에 기납부분에 대한 검사를 거쳐 당해 부분을 인수(인수하지 아니하고 관리·사용하고 있는 경우를 포함한다. 이하 이조에서 같다)한 때에는 그 부분에 상당하는 금액을 계약금액에서 공제한다. 기납부분의 인수는 성질상 분할할 수 있는 물품에 대한 완성부분으로서 인수하는 것에 한한다.

③ 계약담당공무원은 다음 각 호의 1에 해당되어 납품이 지체되었다고 인정할 때에는 그 해당일수를 제1항의 지체일수에 산입하지 아니한다.

1. 천재·지변 등 불가항력의 사유에 의한 경우

2. 계약상대자가 대체사용할 수 없는 중요 관급재료의 공급이 지연되어 제조공정의 진행이 불가능하였을 경우

3. 발주기관의 책임으로 제조의 착수가 지연되었거나 중단되었을 경우

4. 기타 계약상대자의 책임에 속하지 않은 사유로 인하여 지체된 경우

④ 계약담당공무원은 제1항의 규정에 의한 지체일수를 다음 각 호에 따라 산정하여야 한다.

1. 납품기한내에 제12조제1항의 규정에 의하여 물품(검사에 필요한 서류를 포함한다. 이하 이항에서 같다)을 납품한 때에는 제19조의 규정에 의한 검사에 소요된 기간은 지체일수에 산입하지 아니한다. 다만, 납품기한 이후에 제19조제4항의 규정에 의한 시정조치를 한 때에는 시정조치를 한 날부터 최종 검사에 합격한 날까지의 기간(검사기간이 제19조제3항의 규정에 정한 기간을 초과한 경우에는 동조에 정한 기간에 한한다. 이하 같다)을 지체일수에 산입한다.

2. 납품기한을 경과하여 물품과 검사서류를 제출한 때에는 납품기한 익일부터 검사(시정조치를 한 때에는 최종 검사)에 합격한 날까지의 기간을 지체일수에 산입한다.

3. 납품기한의 말일이 공휴일(관련 법령의 규정에 의하여 발주기관의 휴무일인 경우를 포함한다)인 경우 지체일수는 공휴일의 익일 다음날부터 기산한다.

⑤ 계약담당공무원은 제1항 내지 제4항의 규정에 의하여 산출된 지체상금을 계약상대자에게 지급될 대가, 대가지급지연에 대한 이자 또는 기타 예치금 등과 상계할 수 있다.

제25조(계약기간의 연장) ① 계약상대자는 제24조제3항 각호의 1의 사유가 계약기간 내에 발생한 경우에는 계약기간 종료 전에 지체 없이 계약담당공무원에게 서면으로 계약기간의 연장신청과 제4항의 규정에 의한 계약금액 조정신청을 함께 하여야 한다. 다만, 연장사유가 계약기간 내에 발생하여 계약기간 경과 후 종료된 경우에는 동 사유가 종료된 후 즉시 계약기간의 연장신청과 제4항의 규정에 의한 계약금액 조정신청을 함께 하여야 한다.

② 계약담당공무원은 제1항의 규정에 의한 계약기간연장 신청이 접수된 때에는 즉시 그 사실을 조사 확인하고 계약이 적절히 이행될 수 있도록 계약기간의 연장 등 필요한 조치를 하여야 한다.

③ 계약담당공무원은 제1항의 연장청구를 승인하였을 경우에는 제24조의 규정에 의한 지체상금을 부과하여서는 아니 된다.

④ 제2항의 규정에 의하여 계약기간을 연장한 경우에는 그 변경된 내용에 따라 실비를 초과하지 아니하는 범위 안에서 계약금액을 조정한다.

⑤ 계약담당공무원은 제1항 내지 제4항의 규정에 불구하고 계약상대자의 의무불이행으로 인하여 발생한 지체상금이 시행령 제50조제1항의 규정에 의한 계약보증금상당액에 달한 경우로서 계약목적물이 국가정책사업 대상이거나 계약의 이행이 노사분규 등 불가피한 사유로 인하여 지연된 때에는 계약기간을 연장할 수 있다.

⑥ 제4항의 규정에 의한 계약기간의 연장은 지체상금이 계약보증금상당액에 달한 때에 하여야 하며, 연장된 계약기간에 대하여는 제24조의 규정에 불구하고 지체상금을 부과하여서는 아니 된다.

제26조(계약상대자의 책임 있는 사유로 인한 계약의 해제 또는 해지) ① 계약담당공무원은 계약상대자가 다음 각 호의 1에 해당하는 경우에는 당해 계약의 전부 또는 일부를 해제 또는 해지할 수 있다. 다만, 제3호의 경우 계약상대자의 계약이행 가능성이 있고 계약을 유지할 필요가 있다고 인정되는 경우로서 계약상대자가 계약이행이 완료되지 아니한 부분에 상당하는 계약보증금을 추가납부하는 때에는 계약을 유지한다.

1. 계약서상의 납품기한(또는 연장된 납품기한)내에 계약상대자가 계약된 규격 등과 같은 물품을 거부하거나 완료하지 못한 때

2. 계약상대자의 귀책사유로 인하여 납품기일 내에 납품할 가능성이 없음이 명백하다고 인정될 경우

3. 제24조제1항의 규정에 의한 지체상금이 시행령 제50조제1항의 규정에 의한 당해 계약의 계약보증금상당액에 달한 경우

4. 장기물품제조 등의 계약에 있어서 제2차이후의 계약을 체결하지 아니하는 경우

5. 계약의 수행 중 뇌물수수 또는 정상적인 계약관리를 방해하는 불법·부정행위가 있는 경우

6. 기타 계약조건을 위반하고 그 위반으로 인하여 계약의 목적을 달성할 수 없다고 인정될 경우

② 계약담당공무원은 제1항의 규정에 의하여 계약을 해제 또는 해지할 때에는 그 사실을 당해 계약상대자에게 통지하고 기납부분 검사를 필한 물품을 기납부분으로서 인수한 경우에는 당해부분에 상당하는 대가를 계약상대자에게 지급한다.

③ 계약상대자는 계약상 기한 내에 납품할 수 없다고 인정될 때에는 지체 없이 계약담당공무원에게 통지하여야 한다.

④ 제1항의 규정에 의하여 계약이 해제 또는 해지된 경우 계약상대자는 지급받은 선금에 대하여 미정산잔액이 있는 경우에는 그 잔액에 대한 약정이자상당액[사유발생 시점의 금융기관 대출평균금리(한국은행 통계월보상의 대출평균금리를 말한다)에 의하여 산출한 금액]을 가산하여 발주기관에 상환하여야 한다.

제27조(사정변경에 의한 계약의 해제 또는 해지) ① 발주기관은 제26조제1항 각호의 경우 외에 객관적으로 명백한 발주기관의 불가피한 사정이 발생한 때에는 계약을 해제 또는 해지할 수 있다.

② 발주기관은 제1항의 규정에 의하여 계약을 해제 또는 해지하는 경우에는 다음 각 호에 해당하는 금액을 해제 또는 해지한 날부터 14일 이내에 계약상대자에게 지급하여야 한다. 이 경우 제7조의 규정에 의한 계약보증금을 동시에 반환하여야 한다.

1. 제22조제4항의 대가 중 지급하지 아니한 금액

2. 전체물품제조의 완성을 위하여 계약의 해제 또는 해지일 이전에 투입된 계약상대자의 인력·재료 및 장비의 철수비용

③ 계약상대자는 선금에 대한 미정산잔액이 있는 경우에는 이를 발주기관에 상환하여야 한다. 이 경우 미정산잔액에 대한 이자는 가산하지 아니한다.

제28조(부정당업자의 입찰참가자격제한) ① 계약상대자가 시행령 제76조의 규정에 해당하는 경우에는 정부로부터 일정기간 동안의 입찰참가자격 제한조치를 받게 된다.

② 계약상대자는 「지방자치단체를 당사자로 하는 계약에 관한 법률」 또는 「공공기관의 운영에 관한 법률」에 따라 입찰참가자격제한을 받은 사실이 통보 되거나 지정정보처리장치에 게재된 경우 시행령 제76조제8항에 따라 그 제한사유가 시행령 제76조제1항 제1호 내지 제5호, 제7호 내지 제8호에 의한 것은 반드시 그 제재를 받게 된다.

제29조(기술지식의 이용 및 비밀엄수의무) ① 발주기관은 계약서상의 규정에 의하여 계약상대자가 제출하는 각종 보고서, 정보, 기타자료 및 이에 의하여 얻은 기술지식의 전부 또는 일부를 계약상대자의 승인을 얻어 발주기관의 이익을 위하여 복사, 이용 또는 공개할 수 있다.

② 계약상대자는 당해계약을 통하여 얻은 모든 정보 또는 국가의 기밀사항을 계약이행의 전후를 막론하고 외부에 누설할 수 없다.

제30조(적격심사관련사항 이행) ① 시행령 제42조제1항 본문의 규정에 의한 물품을 제조·구매함에 있어 계약상대

자는 계약예규 「적격심사기준」(발주관서의 장이 직접 적격심사요령을 작성한 경우 동 심사요령) 심사항목에 규정된 사항에 대하여 적격심사당시 제출한 내용대로 철저하게 이행하여야 한다.

② 계약담당공무원은 제1항에 규정한 이행상황을 수시로 확인하여야 하며, 제출된 내용대로 이행이 되지 않고 있을 때에는 즉시 시정토록 조치하여야 한다.

제31조(분쟁의 해결) ① 물품계약의 수행 중 계약당사자 간에 발생하는 분쟁은 협의에 의하여 해결한다.

② 제1항의 규정에 의한 협의가 이루어지지 아니할 때에는 법원의 판결 또는 「중재법」에 의한 중재에 의하여 해결한다. 다만 「국가를 당사자로 하는 계약에 관한 법률」(이하 "국가계약법"이라 한다) 제4조의 규정에 의한 국제입찰의 경우에는 국가계약법 제28조 내지 제31조에 규정한 절차에 의할 수 있다.

③ 계약상대자는 제1항 및 제2항의 규정에 의한 분쟁기간 중 물품계약의 수행을 중지하여서는 아니 된다.

제32조(유효기한) 이 예규는 「훈령·예규 등의 발령 및 관리에 관한 규정」(대통령훈령 제248호)에 따라 이 예규 발령 후의 법령이나 현실여건의 변화 등을 검토하여야 하는 2012년 9월 21일까지 효력을 가진다.

【식품구매대행계약서】

식품구매대행계약서

제1조(총칙)

계약담당자와 계약상대자는 식품구매대행계약서(이하 "계약서"라 한다)에 기재 한 식품의 구매 ("제조"를 포함한다. 이하 같다)계약에 관하여 제3조의 규정에 의한 계약문서에서 정하는 바에 따라 신의와 성실의 원칙에 입각하여 이를 이행한다.

제2조(정의) 이 조건에서 사용하는 용어의 정의는 다음과 같다.

① "계약담당자"이라 함은 가톨릭상지대학 업무분장에 의한 행정직원을 말한다.
② "계약상대자"라 함은 가톨릭상지대학과 식품구매계약을 체결한 자연인 또는 법인을 말한다.
③ 이 조건에서 따로 정하는 경우를 제외하고는 국가를 당사자로 하는 계약에 관한 법률 시행 령, 시행규칙 및 회계예규 식품구매입찰유의서(이하 각각 "시행령" "시행규칙" 및 "유의서"라 한다)에 정하는 바에 의한다.

제3조(계약문서)

① 계약문서는 계약서, 규격서, 유의서, 식품구매계약일반조건, 식품 구매 계약 특수조건, 산출내역서 등으로 구성한다. 다만, 산출내역서는 제9조 및 제11조의 규정에 의한 수량조절 및 물가변동으로 인한 계약금액의조정과 제22조 제4항의 규정에 의한 기납대금의 지급시에 적용할 기준으로서 계약문서의 효력을 가진다.
② 계약담당자는 제1항에 규정된 식품구매계약특수조건을 정함에 있어서는 국가를 당사자로 하는 계약에 관한 법령에서 정한 계약사항과 관련법령에 규정된 계약상대자의 계약상 이익을 부당하게 제한하지 않는 범위 내에서 당해 식품구매계약의 특성상 필요하다고 인정되는 사항에 한하여 명시할 수 있다.
③ 이 조건이 정하는 바에 의하여 계약당사자 간에 행한 통지문서 등은 계약문서로서의 효력을 가진다.

제4조(사용언어)

① 계약을 이행함에 있어서 사용하는 언어는 한국어로 함을 원칙으로 한다.
② 계약담당자는 계약체결시 제1항의 규정에 불구하고 필요하다고 인정하는 경우에는 계약이행과 관련하여 계약상대자가 외국어를 사용하거나 외국어와 한국어를 병행하여 사용할 수 있도록 필요한 조치를 할 수 있다.
③ 제2항의 규정에 의하여 외국어와 한국어를 병행하여 사용한 경우 외국어로 기재된 사항이 한국어와 상이할 때에는 한국어로 기재한 사항이 우선한다.

제5조(통지등)

① 구두에 의한 통지·신청·청구·요구·회신·승인 또는 지시 등(이하 "통지 등"이라 한다)은 문서로 보완되어야 효력이 있다.

② 통지 등의 장소는 계약서에 기재된 주소로 하며, 주소를 변경하는 경우에는 이를 즉시 계약당사자에 게 통지하여야 한다.

③ 통지 등의 효력은 계약문서에서 따로 정하는 경우를 제외하고는 계약당사자에게 도달한 날부터 발생 한다. 이 경우 도달일이 공휴일인 경우에는 그 익일부터 효력이 발생한다.

④ 계약당사자는 계약이행중 관계법령 및 이 조건 등에 정한 바에 따라 서면으로 정당한 요구를 받은 경 우에는 이를 성실히 검토하여 회신하여야 한다.

제6조(채권양도)

① 계약상대자는 식품제조의 이행을 위한 목적이외에는 이 계약에 의하여 발생한 채권(대금청구권)을 제 3자에게 양도하지 못한다.

② 계약상대자가 채권양도를 하고자 하는 경우에는 미리 발주기관의 서면승인을 받아야 한다.

③ 계약담당자는 제2항의 규정에 의한 계약상대자의 채권양도 서면승인 요청에 대하여 계약이행을 위한 목적에 해당되지 않음을 이유로 승인을 하지 않는 경우에는 그 사유를 서면으로 계약상대자와 그 채 권을 양수하고자 하는 자에게 통보하여야 한다.

제7조(계약보증금)

① 계약을 체결하고자 하는 자는 계약체결일까지 시행령 제50조의 규정에 정한 바에 따라 시행령 제37 조제2항에 규정된 현금 또는 보증서 등으로 계약보증금을 납부하여야 한다.

② 계약보증금의 전부 또는 일부의 납부를 면제받은 경우에는 제8조제1항 및 제2항의 규정에 의하여 본 대학회계 귀속사유가 발생할 때에 계약보증금에 해당하는 금액을 현금으로 납입할 것을 보장하기 위 하여 그 지급을 확약하는 내용의 문서(이하 "계약보증금지급각서"라 한다)를 제출하여야 한다.

③ 단가계약에 의하는 경우로서 수회에 걸쳐 분할하여 계약을 이행하게 하는 때에는 매회별 이행예정량 중 최대량에 계약단가를 곱한 금액의 100분의 10 상당금액 이상을 계약보증금으로 납부하게 할 수 있다.

④ 계약담당자는 제37조제2항제2호의 규정에 의한 유가증권이나 현금으로 납부된 계약보증금을 계약상 대자가 특별한 사유로 시행령 제37조제2항제1호 내지 제5호에 규정된 보증서 등으로 대체납부할 것 을 요청한 때에는 동가치 상당액 이상으로 대체 납부하게 할 수 있다.

⑤ 계약상대자는 이 조건의 규정에 의하여 계약금액이 증액된 경우에는 이에 상응하는 금액의 계약보증 금을 제1항의 규정에 따라 추가로 납부하여야 하며, 계약금액이 감액된 경우에는 이에 상응하는 금액 의 계약보증금을 반환 청구할 수 있다.

제8조(계약보증금의 처리)

① 계약상대자가 정당한 이유 없이 계약상의 의무를 이행하지 아니한 때에는 계약보증금을 본 대학 회계 에 귀속한다.

② 제1항의 규정은 시행령 제69조의 규정에 의한 장기식품제조계약에 있어서 계약상대자가 2차 이후의 식품제조계약을 체결하지 아니한 경우에 이를 준용한다.

③ 제7조제2항의 규정에 의하여 계약보증금지급각서를 제출한 경우로서 계약보증금의 본 대학회계 귀속 사유가 발생하여 계약담당자의 납입요청이 있을 때에는 계약상대자는 당해 계약보증금을 지체 없이 현금으로 납부하여야 한다.

④ 제1항 및 제2항의 규정에 의하여 계약보증금을 본 대학회계에 귀속함에 있어서 그 계약보증금은 이를 기성 또는 기납부분에 대한 미지급액과 상계처리할 수 없다.

⑤ 계약상대자가 납부한 계약보증금은 계약이 이행된 후 계약상대자의 청구에 의하여 반환한다.

제9조(수량조절)

계약담당자는 필요에 따라 계약된 식품의 수량을 100분 10 범위 내에서 증감조절할 수 있다.

제10조(계약이행상의 감독)

① 계약담당자는 계약의 적정한 이행을 확보하기 위하여 필요하다고 인정하는 경우에는 식품의 제조를 위하여 사용하는 재료 및 기타 제조공정에 대하여 감독할 수 있으며 계약대상자에 대하여 필요한 조치를 요구할 수 있다.

② 계약상대자는 발주기관의 감독업무수행에 협력하여야 하며, 발주기관은 감독업무를 수행함에 있어서 계약상대자의 업무를 부당하게 방해하여서는 안 된다.

제11조(물가변동으로 인한 계약금액의 조정)

① 물가변동으로 인한 계약금액의조정은 시행령 제64조 및 시행규칙 제74조의 규정에 정한 바에 의한다.

② 동일한 계약에 대한 계약금액의조정시 품목조정율 및 지수조정율을 동시에 적용하여서는 아니되며, 계약체결시 계약상대자와 협의하여 품목조정율 및 지수조정율 중 하나의 방법을 택하여 계약서에 명시하여야 한다.

③ 제1항의 규정에 의하여 계약금액을 증액하는 계약상대자의 청구에 의하여야 하며, 조정된 계약금액은 직전의 물가변동으로 인한 계약금액 조정기준일부터 60일 이내에 이를 다시 조정할 수 없다.

④ 계약상대자는 제3항의 규정에 의하여 계약금액의 증액을 청구하는 경우에는 계약금액조정내역서를 첨부하여야 한다.

⑤ 발주기관은 제1항 내지 제4항의 규정에 의하여 계약금액을 증액하는 경우에는 계약상대자의 청구를 받은 날부터 30일 이내에 계약금액을 조정하여야 한다. 이 경우 예산배정의 지연 등 불가피한 사유가 있는 경우에는 계약상대자와 협의하여 그 조정기한을 연장할 수 있으며, 계약금액을 증액할 수 있는 예산이 없는 때에는 제조량 등을 조정하여 그 대가를 지급할 수 있다.

⑥ 계약담당자는 제4항 및 제5항의 규정에 의한 계약상대자의 계약금액조정 청구내용이 부당함을 발견한 때에는 지체 없이 보완요구 등 필요한 시정조치를 하여야 한다. 이 경우 계약상대자가 보완요구 등의 조치를 통보받은 날부터 발주기관이 그 보완을 완료한 사실을 통지받은 날까지의 기간은 제5항의 규정에 의한 기간계산시 제외한다.

제12조(납품)

① 계약상대자는 계약서에 정한 납품기일까지 해당식품(검사에 필요한 서류 등을 포함한다)을 산업표준

화법 제32조의 규정에 정한 바에 따라 규격(특별한 사유가 없는 한 화물유통촉진법 제5조의 규정에 의한 물류표준기준을 포함한다)을 준수하여 계약담당자가 지정한 장소에 납품하여야 한다.

② 제1항의 규정에 의하여 납품된 식품을 검사·수령하기까지 정부의 책임 없는 사유로 인하여 발생된 식품의 망실, 파손 등은 계약상대자의 부담으로 한다.

③ 계약담당자는 필요에 따라 분할납품을 요구하거나, 계약상 분할납품이 허용된 경우를 제외하고는 분할납품을 할 수 없다.

제13조(규격)

① 모든 식품의 규격은 계약상 명시된 규격명세, 규격번호 및 발주기관이 제시한 견품의 규격에 맞아야 하며, 구매목적에 맞는 신품이어야 한다.

② 계약상 규격이 명시되어 있지 아니한 경우에는 상관습과 기술적 타당성 및 구매규격 등에 부합되는 견고하고 손색없는 식품이어야 한다.

③ 예비부속품으로서 기계·기구를 완성하는데 필요한 조립비는 식품대에 포함되어 있는 것으로 간주한다. 다만, 계약에 부속품으로서 기계, 기구를 완성하는데 필요한 조립비가 별도로 표시되어 있는 경우에는 예외로 한다.

제14조(포장 및 품목표시)

① 포장은 계약조건과 계약규격서에 규정된 포장조건에 따라야 하며 내용물의 보전에 충분하여야 한다.

② 기계의 모체와 분리하여 부속품 또는 예비부속품을 포장할 때에는 관련 참조번호 및 기호 등을 명기한 꼬리표를 붙여야 한다.

③ 계약상대자는 대한민국 외에서 제조된 계약식품을 납품하고자 할 때에는 관세청장이 고시한 원산지관리세칙 및 통상산업부장관이 고시한 대외무역관리 규정에 의하여 원산지를 당해 식품에 표시하여야 한다.

제15조(포장면에 표기할 사항) 식품의 포장면에는 다음 각 호의 사항을 명기하여야 한다.

1. 제작자 상호 및 계약상대자 상호
2. 계약번호
3. 품명 및 식품저장번호
4. 포장내용물의 일련번호 및 수량
5. 순무게, 총무게 및 부피
6. 취급시 주의사항
7. 기타 계약상 요구되는 표기

제16조(표기)

① 납품한 식품에는 계약상 규격서에 규정된 포장 외에 제작자명 또는 상표와 발주기관이 정한 관수품 표시를 하여야 한다.

② 표지는 식품의 형태 또는 성질에 따라 인쇄, 금속판첨찰, 꼬리표 또는 기타 방법에 의하여 표시하여야 한다.

③ 식품에 표시하여야 할 표지는 그 식품의 지구성과 같아야하며 포장의 표지는 목적된 장소에 도착할 때까지 선명하여야 한다.

제17조(포장명세서)

① 계약상대자는 납품할 때 포장내용물에 관하여 상세히 기재한 포장명세서를 제출하여야 한다.

② 포장명세서에는 포장번호, 포장수, 포장품명, 수량, 순무게, 총무게, 부피 등을 기명하여야 한다.

③ 포장에는 포장명세서 1통을 첨부하여야 한다. 다만, 드럼통 등 명세서를 첨부하기 어려운 것에는 용기에 기명하여야 한다.

제18조(사용 및 취급주의서)

사용 및 취급상의 주의가 필요하다고 생각될 때에는 그 식품의 사용, 보관, 수리 등의 요령과 주의사항을 명기한 주의서를 제출하여야 한다.

제19조(검사)

① 계약상대자는 계약이행을 완료한 때에는 그 사실을 서면으로 계약담당자에게 통지하고 필요한 검사를 받아야 한다. 기납부분에 대하여 완납 전에 대가의 전부 또는 일부를 지급하고자 할 때에도 또한 같다.

② 산업표준화법 제11조및 제12조의 규정에 의한 K·S 표시품 또는 품질경영촉진법 제8조의 규정에 의하여 등급이 사정된 식품에 대하여는 제1항의 규정에 불구하고 검사를 면제하여야 한다. 다만, 특약조건이 있거나 당해 식품이 성질상 인명피해 및 화재발생의 원인이 될 수 있다고 판단되는 경우에는 그러하지 아니하다.

③ 계약담당자는 제1항의 통지를 받은 때에는 검사관계규정 및 다음 각 호의 요령에 따라 계약서 기타 관계서류에 의하여 그날로부터 14일 이내에 계약상대자의 입회하에 그 이행을 확인하기 위한 검사를 하여야 한다. 다만, 천재·지변 등 불가항력인 사유로 인하여 검사를 완료하지 못한 경우에는 당해 사유가 존속되는 기간과 당해 사유가 소멸된 날로부터 3일까지는 이를 연장할 수 있다.

  1. 검사는 품질, 수량, 포장, 표기상태, 포장명세서, 품질식별기호 등에 관하여 행한다.

  2. 식품을 신규로 제조할 필요가 있거나 식품의 성질상 제조과정이 중요한 경우에는 제조과정에서 검사를 할 수 있다.

  3. 계약상대자는 검사를 받기 위하여 발주기관이 지정하는 장소에 식품을 반입하였을 때에는 즉시 반입통지를 하여야 한다.

  4. 검사에 필요한 일체의 비용과 검사를 하기 위한 변형, 소모, 파손 또는 변질로 생기는 손상은 계약상대자의 부담으로 한다.

④ 계약담당자는 제3항의 검사에 있어서 계약상대자의 계약이행 내용의 전부 또는 일부가 계약에 위반되거나 부당함을 발견한 때에는 필요한 시정조치를 할 수 있다. 이 경우에는 계약상대자로부터 그 시정을 완료한 사실을 통보 받은 날로부터 제3항의 기간을 계산한다.

⑤ 제3항의 경우에 계약이행기간이 연장될 때에는 계약담당자는 제24조의 규정에 의한 지체상금을 부과한다.

⑥ 계약상대자는 제3항의 규정에 의한 검사에 입회·협력하여야 한다. 계약상대자가 입회를 거부하거나 검사에 협력하지 아니함으로써 발생하는 지체에 대하여는 제4항 및 제5항의 규정을 준용한다.

⑦ 계약상대자는 제3항 및 제4항의 규정에 의한 검사에 이의가 있을 때에는 재검사를 요청할 수 있다. 이 경우 계약담당공무원은 지체 없이 재검사를 하여야 한다.

⑧ 계약담당자는 검사를 완료한 때에는 그 결과를 서면으로 계약상대자에게 통지하여야 한다.

제20조(특허 및 상표)

① 계약상대자는 계약을 이행함에 있어서 발생하는 상표 또는 특허상의 문제에 대하여 일체의 책임을 진다.

② 계약담당자는 계약상대자가 제1항의 규정을 위반함으로써 발주기관이 손해를 받은 경우에는 계약상대자에 대하여 손해배상을 청구할 수 있다.

제21조(보증)

① 계약상대자는 검수와는 별도로 납품 후 1년간 납품한 식품의 규격과 품질이 계약내용과 동일함을 보증하여야 한다.

② 계약담당자는 납품 후 1년 이내 납품한 식품의 규격과 품질이 계약내용과 상이함을 발견한 때에는 그 사실을 계약상대자에게 통지하고 당해 식품의 대체납품 또는 당해 식품대금을 반환하도록 청구할 수 있다.

③ 계약상대자는 제2항의 통지를 받으면 조속히 당해 식품을 계약조건에 따라 대체 납품하여야 한다. 이 경우에 모든 대체식품대와 이에 따르는 경비는 계약상대자의 부담으로 한다.

④ 제3항의 대체식품에 대하여는 제1항의 규정을 적용한다.

⑤ 계약상대자는 계약담당자가 요구한 식품의 대체를 거부하거나, 계약담당자가 통지를 한 후, 소정 기일 내에 식품의 대체납품을 하지 못할 때에는 계약상대자는 당해 식품대를 발주기관에 반납하여야 한다.

제22조(대가의 지급)

① 계약상대자는 계약이행을 완료한 후 제19조의 규정에 의한 검사에 합격한 때에는 소정절차에 따라 대가지급을 청구할 수 있다.

② 계약담당자는 제1항의 청구를 받은 때에는 그 청구를 받은 날로부터 14일 이내에 그 대가를 지급하여야 한다. 이 경우 계약상대자와의 합의에 의하여 14일을 초과하지 아니하는 범위 안에서 대가의 지급기간을 연장하는 특약을 정할 수 있다.

③ 천재ㆍ지변 등 불가항력의 사유로 인하여 대가를 지급할 수 없게 된 경우에는 당해 사유가 존속되는 기간과 당해 사유가 소멸된 날로부터 3일까지는 대가의 지급을 연장할 수 있다.

④ 기성부분 또는 기납부분에 대한 대가를 지급하는 경우에는 제2항의 규정에 불구하고 계약수량, 이행의 전망, 이행기간 등을 참작하여 적어도 30일마다 공평하게 지급하여야 하며 제19조제3항의 규정에 의한 검사를 한후 계약상대자의 청구를 받은 날로부터 7일 이내에 지급하여야 한다.

⑤ 계약담당자는 제1항 또는 제4항의 청구를 받은 후 그 청구내용의 전부 또는 일부가 부당함을 발견한 때에는 그 사유를 명시하여 계약상대자에게 당해 청구서를 반송할 수 있다. 이 경우에는 반송한 날로부터 재청구를 받은 날까지의 기간은 제2항 또는 제4항의 지급기간에 이를 산입하지 아니한다.

⑥ 제4항의 규정에 의하여 기성부분에 대한 대가를 지급하는 경우에는 제3조제1항 단서의 규정에 의한 산출내역서의 단가에 의하여 이를 계산한다.

제23조(대가지급지연에 대한 이자)

① 계약담당자는 대가지급청구를 받은 경우에 제22조의 규정에 의한 대가지급기한(국고채무부담 행위에 의한 계약의 경우에는 다음 회계년도 개시 후 예산회계법에 의하여 당해 예산이 배정된 날부터 20일) 까지 대가를 지급하지 못하는 경우에는 지급기한의 다음날부터 지급하는 날까지의 일수(이하 "대가지급지연일수"라 한다)에 당해 미지급액에 대하여 금융기관의 일반자금대출시 적용되는 연체이자율을 곱하여 산출한 금액을 이자로 지급하여야 한다.
② 천재지변 등 불가항력적인 사유로 인하여 검사 또는 대가 지급이 지연된 경우에 제19조제3항 단서 및 제22조제3항의 규정에 의한 지연기간은 제1항의 대가지급지연일수에 산입하지 아니한다.

제24조(지체상금)

① 계약상대자는 계약서에서 정한 납품기한 내에 식품을 납품하지 아니한 때에는 매 지체일수마다 계약서에서 정한 지체상금을 계약금액에 곱하여 산출한 금액(이하 "지체상금"이라 한다)을 현금으로 납부하여야 한다.
② 계약담당자는 제1항의 경우에 기납부분에 대한 검사를 거쳐 당해 부분을 인수(인수하지 아니하고 관리·사용하고 있는 경우를 포함한다. 이하 이조에서 같다)한 때에는 그 부분에 상당하는 금액을 계약금액에서 공제한다. 다만, 기납부분의 인수는 성질상 분할할 수 있는 식품에 대한 완성부분으로서 인수하는 것에 한한다.
③ 계약담당자는 다음 각 호의 1에 해당되어 납품이 지체되었다고 인정할 때에는 그 해당일수를 제1항의 지체일수에 산입하지 아니한다.
  1. 천재·지변 등 불가항력의 사유에 의한 경우
  2. 계약상대자가 대체사용할 수 없는 중요 관급재료의 공급이 지연되어 제조공정의 진행이 불가능하였을 경우
  3. 발주기관의 책임으로 제조의 착수가 지연되었거나 중단되었을 경우
  4. 기타 계약상대자의 책임에 속하지 않는 사유로 인하여 지체된 경우
④ 계약담당자는 제1항의 규정에 의한 지체일수를 다음 각 호에 따라 산정하여야 한다.
  1. 납품기한 내에 제12조제1항의 규정에 의하여 식품(검사에 필요한 서류를 포함한다. 이하 이항에서 같다)을 납품한 때에는 제19조의 규정에 의한 검사에 소요된 기간은 지체일수에 산입하지 아니한다. 다만, 납품기한 이후에 제19조제4항의 규정에 의한 시정조치를 한 때에는 시정조치를 한 날부터 최종 준공검사에 합격한 날까지의 기간(검사기간이 제19조제3항의 규정에 정한 기간을 초과한 경우에는 동조에 정한 기간에 한한다. 이하 같다)을 지체일수에 산입한다.
  2. 납품기한을 경과하여 식품과 검사서류를 제출한 때에는 납품기한 익일부터 검사(시정조치를 한 때에는 최종 검사)에 합격한 날까지의 기간을 지체일수에 산입한다.
⑤ 계약담당자는 제1항 내지 제4항의 규정에 의하여 산출된 지체상금을 계약상대자에게 지급될 대가, 대가지급지연에 대한 이자 또는 기타 예치금 등과 상계할 수 있다.

제25조(계약기간의 연장)

① 계약상대자는 제24조제3항 각 호의 1의 사유가 계약기간 내에 발생한 경우에는 지체 없이 계약담당자에게 서면으로 계약기간의 연장을 청구할 수 있다.

② 계약담당자는 제1항의 규정에 의한 계약기간연장 신청이 접수된 때에는 즉시 그 사실을 조사 확인하고 계약이 적절히 이행될 수 있도록 계약기간의 연장 등 필요한 조치를 하여야 한다.

③ 계약담당자는 제1항의 연장청구를 승인하였을 경우에는 제24조의 규정에 의한 지체상금을 부과하여서는 안 된다.

④ 계약담당자는 제1항 내지 제3항의 규정에 불구하고 계약상대자의 의무불이행으로 인하여 발생한 지체상금이 시행령 제50조제1항의 규정에 의한 계약보증금상당액에 달한 경우로서 계약목적물이 국가정책사업 대상이거나 계약의 이행이 노사분규 등 불가피한 사유로 인하여 지연된 때에는 계약기간을 연장할 수 있다.

⑤ 제4항의 규정에 의한 계약기간의 연장은 지체상금이 계약보증금상당액에 달한 때에 하여야 하며, 연장된 계약기간에 대하여는 제24조의 규정에 불구하고 지체상금을 부과하여서는 안 된다.

제26조(계약상대자의 책임 있는 사유로 인한 계약의 해제 또는 해지)

① 계약담당자는 계약상대자가 다음 각 호의 1에 해당하는 경우에는 당해 계약의 전부 또는 일부를 해제 또는 해지할 수 있다. 다만, 제3호의 경우에는 해제 또는 해지하여야 한다.

1. 계약서상의 납품기한(또는 연장된 납품기한)내에 계약상대자가 계약된 규격 등과 같은 식품의 납품을 거부하거나 완료하지 못한 때
2. 계약상대자의 귀책사유로 인하여 납품기일 내에 납품할 가능성이 없음이 명백하다고 인정될 경우
3. 제24조제1항의 규정에 의한 지체상금이 시행령 제50조제1항의 규정에 의한 당해 계약의 계약보증금상당액에 달한 경우로서 계약이행기간을 연장하여 식품의 제조·납품을 완료할 가능성이 없다고 판단될 경우
4. 장기식품제조 등의 계약에 있어서 제2차이후의 계약을 체결하지 아니하는 경우
5. 계약의 수행 중 뇌물수수 또는 정상적인 계약관리를 방해하는 불법·부정행위가 있는 경우
6. 기타 계약조건을 위반하고 그 위반으로 인하여 계약의 목적을 달성할 수 없다고 인정될 경우

② 계약담당자는 제1항의 규정에 의하여 계약을 해제 또는 해지할 때에는 그 사실을 당해 계약상대자에게 통지하고 기납부분 검사를 필한 식품을 기납부분으로서 인수한 경우에는 당해부분에 상당하는 대가를 계약상대자에게 지급한다.

③ 계약상대자는 계약상 기한 내에 납품할 수 없다고 인정될 때에는 지체 없이 계약담당자에게 통지하여야 한다.

제27조(사정변경에 의한 계약의 해제 또는 해지)

① 발주기관은 제26조제1항 각 호의 경우 외에 객관적으로 명백한 발주기관의 불가피한 사정이 발생한 때에는 계약을 해제 또는 해지할 수 있다.

② 발주기관은 제1항의 규정에 의하여 계약을 해제 또는 해지하는 경우에는 다음 각 호에 해당하는 금액을 해제 또는 해지한 날부터 14일 이내에 계약상대자에게 지급하여야 한다. 이 경우 제7조의 규정에 의한 계약보증금을 동시에 변환하여야 한다.

1. 제22조제4항의 대가 중 지급하지 아니한 금액

2. 전체식품제조의 완성을 위하여 계약의 해제 또는 해지일 이전에 투입된 계약상대자의 인력·재료 및 장비의 철수비용

③ 계약상대자는 선금에 대한 미정산잔액이 있는 경우에는 이를 발주기관에 상환하여야 한다. 이 경우 미정산잔액에 대한 이자는 가산하지 아니한다.

제28조(부정당업자의 입찰참가자격제한)

① 계약상대자가 시행령 제76조의 규정에 해당하는 경우에는 정부로부터 일정기간 동안의 입찰참가자격 제한조치를 받게 된다.

② 계약상대자는 지방자치단체 또는 정부투자기관에서 입찰참가자격제한을 받은 경우 시행령 제76조제8 항의 규정에 의하여 그 제한사유가 시행령 제76조제1항제1호 내지 제5호, 제7호 내지 제8호에 의한 것은 반드시 그 제재를 받게 된다.

제29조(기술지식의 이용 및 비밀엄수 의무)

① 발주기관은 계약서상의 규정에 의하여 계약상대자가 제출하는 각종 보고서, 정보, 기타자료 및 이에 의하여 얻은 기술지식의 전부 또는 일부를 계약상대자의 승인을 얻어 발주기관의 이익을 위하여 복 사, 이용 또는 공개할 수 있다.

② 계약상대자는 당해 계약을 통하여 얻은 모든 정보 또는 국가의 기밀사항을 계약이행의 전후를 막론하 고 외부에 누설할 수 없다.

제30조(적격심사관련사항 이행)

① 시행령 제42조제1항 본문의 규정에 의한 식품을 제조·구매함에 있어 계약상대자는 회계예규적격심사 요령(발주관서의 장이 직접 적격심사요령을 작성한 경우 동 심사 요령)심사항목에 규정된 사항에 대 하여 적격심사당시 제출한 내용대로 철저하게 이행하여야 한다.

② 계약담당자는 제1항에 규정한 이행상황을 수시로 확인하여야 하며, 제출된 내용대로 이행이 되지 않 고 있을 때에는 즉시 시정토록 조치하여야 한다.

제31조(분쟁의 해결)

① 식품계약의 수행 중 계약당사자 간에 발생하는 분쟁은 협의에 의하여 해결한다.

② 분쟁이 발생한 날로부터 30일 이내에 제1항의 협의가 이루어지지 아니할 때에는 다음 각 호에서 정 하는 바에 의하여 해결한다.

1. 관계법률의 규정에 의하여 설치된 조정위원회 등의 조정 또는 중재법에 의한 중재기관의 중재에 의 한다.
2. 제1항의조정에 불복하는 경우에는 발주기관의 소재지를 관할하는 법원의 판결에 의한다.

③ 계약상대자는 제1항 및 제2항의 규정에 의한 분쟁기간 중 식품계약의 수행을 중지하여서는 안 된다.

【상품 장기공급 계약서】

상품 장기공급 계약서

제1조(계약상품)

"갑"은 "을"에게 아래 상품을 본 계약조건에 따라 계속적으로 매도하고 "을"은 이를 매수할 것에 동의한다.

1. 상품명 :
2. 규격 :

제2조(최소 구매물량 및 단가)

1. "을"은 본 계약기간 동안 아래에 규정된 물량을 아래에 규정된 단가로서 매수한다.
   ① 최소 구매물량 :
   ② 단가 :
2. 전항에 규정된 최소 구매물량 및 단가는 "을"의 요청에 따라 양 당사자 간의 합의에 의해 변경할 수 있다.

제3조(주문 및 인도)

1. "을"은 매수시 마다 주문서에 의하여 상품을 주문하며, "갑"은 동 주문서에 따라 상품을 인도한다. 주문서에는 상품명, 규격, 수량, 인도시기, 인도수량 등을 명기하여하며, 동 인도시기는 주문서 전달일로부터 최소한 일 이상의 유예기간을 두어야 한다.
2. "갑"은 상품을 전항의 인도시기에 인도하여야 한다. "갑"은 불가항력에 의한 인도자체에 대하여는 책임지지 아니하며, 일전의 사전 통지로써 인도시기를 연장 할 수 있다.
3. "을"은 상품을 인도받은 즉시 인도받은 상품과 포장명세서를 대조한 후 인수증을 발급한다.
4. 상품의 인도에 따른 운임은 "갑"의 부담으로 한다. 단 특별한 포장, 특별한 수송 및 작업을 요할 경우의 추가비용은 "을"의 부담으로 한다.

제4조(대금지급)

1. 본 계약의 상품대금은 매월 20일로 마감하고 이를 당월의 매도대금으로 하며, "을"은 이를 "갑"의 청구일로부터 일 이내에 현금(또는 수표)으로 "갑"에게 지참 또는 송금하여 지급한다. 단 특약이 있는 경우에는 일 만기의 약속어음에 의할 수 있다.
2. "을"은 전항의 대금지급을 지체하였을 경우에는 지급기일로부터 완제일까지 매 지체 1일당 3/1000의 비율에 의한 지체 상금을 "갑"에게 지급하여야 한다.

제5조(상품의 소유권)

본 계약에 의거 "을"에게 인도된 상품의 소유권은 전조에 의한 상품대금이 "갑"에게 현금으로 지급되거나 또는 약속어음이나 수표의 결제가 완료된 때에 "갑"으로부터 "을"에게 이전한다.

제6조(보증금)

"을"은 본 계약에 따른 대금지급을 담보하기 위하여 본 계약 체결과 동시에 금원의 보증금을 "갑"에게 예치한다. "갑"은 전기 보증금에 대하여 "을"에게 이자를 지급할 의무를 지지 아니한다.

제7조(근저당권 설정)

"을"은 제4조 대금지급의무 기타 본 계약상의 의무 이행을 담보하기 위하여, "갑"과의 합의에 따른 부동산 위에 "갑"을 근저당권자로 하는 채권 최고금액원의 근저당권을 설정하여야 한다.

제8조(하자담보 책임)

1. 파손, 수량부족 등을 포함하는 상품의 하자에 관하여는 "을"이 동 하자의 존재사실을 "갑"의 상품 인도일로부터 일 이내에 "갑"에게 통지하지 않으면 "갑"은 이에 대하여 책임을 지지 아니한다.
2. 전항의 기간 경과후의 상품에 대한 하자의 경우에 "을"의 요청에 따라 "갑"은 통상적으로 "갑"이 고객에게 제공하는 조건으로 동 하자를 수리 또는 치유한다.

제9조(변제 충당)

"을"이 대금지급의 지연 등 본 계약의 위반으로 인하여 "갑"에게 손해를 끼쳤을 경우, "갑"은 제6조의 보증금 또는 근저당권의 실행에 의한 경매대금으로써 임으로 "을"의 채무 변제에 충당 할 수 있다. 단, 전기 처분은 "갑"의 별도 손해배상의 청구에 영향을 미치지 아니한다.

제10조(계약의 해지)

아래 사항의 어느 하나가 발생할 경우, "갑"은 "을"에게 일 전의 사전서면통지를 하고 본 계약을 해지할 수 있으며, 또한 본 계약이 해지됨에 따라 자신이 입은 손해를 "을"에게 청구할 수 있다.
1. "을"이 본 계약상의 의무를 위반하거나 이행하지 아니하는 경우
2. "을"이 파산신청, 압류, 부도, 공과체납 등으로 인하여 본 계약상의 의무를 이행하기 어려운 상태에 있다고 (갑)이 판단하는 경우

제11조(계약 기간)

본 계약은 체결일로부터 년간 존속한다. 단 동기간의 만료 1개월 전에 어느 당사자가 갱신을 원하지 않음을 서면으로 타방당사자에게 통지하지 않은 경우에는 동일조건으로 동일기간동안 자동 연장된다.

제12조(부인)

"갑"이 "을"에게 어느 의무의 이행을 요구하지 않거나 또는 계약위반 상태의 치유를 요구하지 아니하더라도, 동 권리행사의 유보는 다른 권리행사의 유보나 차후 동일한 권리행사의 유보로 해석되지 아니한다.

제13조(해석 및 관할법원)

1. 본 계약상의 해석에 이견이 있거나 본 계약에 규정되지 아니한 사항에 대하여는 양 당사자의 합의에 의하여 결정한다.
2. 본 계약과 관련하여 분쟁이 발생하는 경우에는 서울 민사지방법원을 관할법원으로 한다.

이상을 증명하기 위하여 본 계약서 2부를 작성하고, 양 당사자가 날인한 후 각각 1부씩 보관한다.

2000년 0월 0일

"갑"　　　 :　○ ○ ○ ㊞
"을"　　　 :　○ ○ ○ ㊞
"연대보증인"　:　○ ○ ○ ㊞

【상품공급계약서】

상품공급계약서

주식회사 OOOO(이하 "갑"이라 칭함)과 OOOO(이하 "을"이라 칭함)은 기 체결된 표준거래계약서를 기준으로 다음과 같이 상품을 공급한다.

1. 공급상품 내역(부가세 별도)

상 품 명	규 격(색상/사이즈)	공 급 가 격	납기	비 고

2. 거래조건

① 거래형태 : ㈎ 직매입㈏ 특정매입㈐ 수수료
② 배송주체 : ㈎ "갑"㈏ 을
③ 지급조건 :
④ 방송진행비용 :
⑤ 기타 사항 :

3.상품의 인도 및 검사

① 배송주체에 따라 "을"은 "갑"의 발주서 및 출고지시서에 의해 위1. 공급상품내역에 의한 상품을 "갑"이 지정한 장소로의 입고 또는 "갑"이 지정한 고객에게 배송 하여야 한다.
② 상품의 입/출고시 "갑"의 기준에 따라 상품을 검사할 수 있으며, 그 기준의 의하여 "을"에게 시정요구를 할 수 있다.

4. 공급내역의 변경 '

"갑"과 "을"은 공급내역의 변경사유가 발생한 경우 상대방에게 통보하고 그 합의한 내용을 근거로 본 상품공급계약서를 재작성 할 수 있다.

5. 배송업체의 지정

배송 주체가 "을"인 경우 "갑"은 배송 및 반품확인을 위해 "을"에게 배송회사를 지정할 수 있다.

20○○년 ○월 ○일

"갑"	"을"
주소	주소
상호	상호
대표이사　　　　○ ○ ○　㊞	대표이사　　　　○ ○ ○　㊞

상품공급거래계약서

상품공급자 (주)OOOO (이하 "갑"이라 칭함)과 공급받는 자 (주)OOOO (이하 "을"이라 칭함)는 다음과 같이 상품공급 거래계약서를 체결한다.

제1조(계약의 목적)

본 계약은 "을"이 "갑"의 OOO 상품을 상호 협의한 할인매장 및 지정 판매점에 공급, 판매하는 제반사항을 규정한다.

제2조(공급 방법)

"갑"은 "을"이 요청한 주문서에 의해 상품을 공급하고 "을"은 상품인수 후 즉시 인수증을 "갑"에게 제출하여야 한다.

제3조(공급 장소)

"갑"은 "을"이 지정한 지역 OOO 하치장까지 수송 및 운임을 부담한다.

제4조(결제방법)

1. "을"은 주문금액의 30%에 해당하는 계약금을 상품주문시 현금으로 "갑"에게 지급하여야 하며 주문 생산된 상품을 인수치 않을 경우 "을"은 계약금 반환 청구를 할 수 없다.
2. "갑"의 공급분에 대한 대금결제는 물품 공급 완료일 7일전에 상품공급대금 전액을 결재 하여야한다.

특약조항 : 제3차 주문 상품부터는 결제 방법을 아래조항에 준한다.

1. "을"은 주문 금액의 30%에 해당하는 계약금을 상품주문시 약속어음(기간: 발행일로부터 90일)으로 "갑"에게 지급하여야 하며, 주문 생산된 상품을 인수치 않을 경우 "을"은 계약금 반환을 청구를 할 수 없다.
2. "을"은 상품공급 완료일에 특약조항 1항에 의거 계약금을 제외한 잔금을 약속어음(기간: 발행일로부터 90일) 으로 전액결제 하여야 한다.
3. "을"은 특약조항의 채무를 보증하기 위하여 상응하는 부동산 담보를 "갑"에게 제공하여야 한다.

제5조(상품의 반품 및 교체)

"을"은 불량상품 발견시에는 상품 인도 후 15일 이내에 "갑"에게 반품 또는 정상품으로 교체를 요청할 수 있다.

제6조(판매 장소)

"을"은 "갑"이 공급한 상품에 대하여 "갑"과 "을"이 상호 협의한 할인점 또는 지정점에서만 판매하여야 하며 기타 지역에서는 판매하여서는 안 된다.

제7조(상표 및 상표보존의 협조사항)

1. "을"은 본 계약의 존속기간 또는 종료 후에도 "갑"이 문서상 의사표시 없이는 OOO상품 또는 상표와 상호의 사용, 수정, 등기 등을 응용할 수 없다.

2. "을"은 OOO 상품에 사용한 상표는 "갑"의 재산임을 인정해야 하며 판매지역에서 발생하는 "갑"의 특허권, 상표, 등기권, 디자인 형식 및 형태 등 권리침해 행위를 할 수 있는 여하한 사정을 "갑"에게 사전 통지해야 하며 "갑"의 요구에 따라 "갑"의 권리 보호를 위하여 합법적인조치를 취할 경우 "갑"에게 협조하여야 한다.

제8조(계약 기간)

본 계약의 유효기간은 계약체결일로부터 다시 1년으로 하고, 계약만료 1개월 전에 "갑"과 "을" 쌍방이 서면상으로 계약해지의 의사표시가 없을 시 본 계약을 동일조건으로 1년 단위 자동 연장한다.

제9조(계약의 해지)

1. "을"이 계약상품의 제품 인수를 거절하거나 협의된 판매처가 아닌 기타 업체에 계약상품을 판매 또는 판매할 목적으로 제공하였을 경우

2. "을"이 고의나 중대한 과실로 인해 "갑"의 사업추진에 손실을 입히거나 계약유지가 불가능하다고 판단될 경우

3. "을"의 재무상태 및 신용이 부실하여 "갑"과의 계약이행이 불가능하다고 판단되는 경우

4. 기타 상거래 질서를 문란케 하거나 상거래에 벗어난 행위로 "갑"에게 불이익을 초래한 경우

제10조(권리 의무 양도 및 담보금지)

"을"은 "갑"의 승낙 없이 본 계약상의 권리의무를 제3자에게 양도하거나 담보제공 할 수 없다.

제11조(소송관할)

본 계약으로 인하여 발생하는 일절의 분쟁은 "갑"이 소재해 있는 서울민사지방법원으로 한다.

20OO년 O월 O일

"갑"	주소	:
	상호	:
	대표자	: OOO ㉑
"을"	주소	:
	상호	:
	대표자	: OOO ㉑

석유제품공급계약서

　　공급자 ○○주식회사(이하 "갑"이라 한다)와 구매자 ○○주식회사(이하 "을"이라 한다)는 다음과 같이 석유제품 공급계약을 체결하고 이를 성실히 이행할 것을 약정한다.

제1조(통칙)

　　"갑"은 이 계약의 제조건에 따라 "갑"이 취급하는 석유류 제품을 "을"에게 공급 하고 "을"은 "갑"으로부터 이를 구매한다.

제2조(공급제품)

이 계약에 따라 공급하는 제품은 휘발유, 실내등유, 보일러등유, 경유, 윤활유 등을 포함하는 일반석유류 제품으로 한다.

제3조(제품가격)

　　이 계약에 따라 "갑"이 공급하는 석유류제품의 가격은 양 당사자가 별도 합의하는 바에 따른다.

제4조(대금지급)

1. "을"이 "갑"으로부터 공급받는 석유류 제품의 매매대금은 주유소에서 출하시에 현금으로 지급하기로 한다. 단, 외상으로 거래할 경우에는 양당사자 간에 합의한 바에 따른다.
2. 대금지급은 "갑"이 지정하는 입금계좌(예금주: ○○○, 금융기관: ○○은행, 계좌번호:)로 입금하여야 한다. 단, 대금지급 입금계좌를 다르게 하고자 할 경우에는 양당사자 간에 서면합의한 바에 따른다.
3. 이 계약에 따라 "을"이 "갑"에게 지급할 석유류제품의 매매대금 및 기타 금전 지급 채무이행을 지체할 경우에는 "을"은 지체기간 동안 미지급 대금에 대하여연(계약당시 ○○%)의 이자를 지급하여야 하며, "갑"은 시중은행 연체이자율을 고려하여 동 이자율을 변경 할 수 있다.

제5조(제품인도 및 품질)

1. "갑"이 공급하는 석유류제품은 (주유소 주입, 현장배달 주입)을 원칙으로 한다.
2. "을"이 "갑"의 주유소에서 차량주입을 하는 경우 "갑"에게 주유하는 차량의 번호를 사전에 통보하여야 하고, 그 주유차량에 변경이 있는 경우에는 "갑"에게 즉시 서면으로 통보 하여야 한다.
3. "갑"은 "갑"의 제품 품질규격에 부합하는 제품을 "을"에게 공급하고, 만약 인수 제품의 수량 및 품질에 이의가 있을 경우에는 제품 인수시에 이의를 제기하여야 한다. 다만 인수시에 발견할 수 없는 품질 하자에 대하여는 해당 제품의 견본 및 증빙서류를 첨부하여 인수후 ()일 이내에 서면으로 이의를 제기할 수 있다.

제6조(준수사항)

1. "을"은 이 계약기간 중 영업의 폐쇄, 휴업을 하고자 할 경우 1개월 전에 "갑"에게 이를 통지하여야 한다.
2. "을"은 사업 대표자의 변경, 상호·주소·영업장소의 변경, 합병, 분할, 주유차량의 변경, 기타 중요한 사항의 변경이 있을 경우 "갑"에게 즉시 서면통지를 하여야 한다.
3. "갑"은 정기적으로 "을"에게 채권잔액확인을 요청할 수 있으며, "을"은 반드시 검토/확인한 후 서명 날인 하여야 하며, 서명 날인 한 잔액확인서에 대하여는 "을"이 책임을 지기로 한다.

제7조(담보제공)

"을"의 "갑"에 대한 이 계약 및 이 계약에 부수하는 계약에 따른 의무의 이행을 담보하기 위하여 "갑"은 "을"에 대하여 담보제공을 요구할 수 있다.

제8조(손해배상)

"갑"과 "을"은 본 계약의 성실한 이행을 확약하며 만일 어느 일방이 상당한 이유 없이 본 계약을 위약 하였을 경우에는 배상책임을 부담한다.

제9조(계약효력)

본 계약은 계약자 쌍방 및 기승계인과 양수인에게 구속력을 가지며 그들의 이익을 위하여 효력을 가진다.

제10조(계약기간)

이 계약은 계약체결일로부터 유효하며 기간은 계약일로부터 1년간으로 정하고, 기간만료 후에도 상호 이의 가 없으면 자동적으로 1년간씩 연장함을 원칙으로 한다.

제11조(불기재 사항)

이 계약서에 명시되지 않거나 해석상 당사자 간에 이견이 있는 사항은 관련법규 및 일반 상관례에 따른다.

제12조(합의 관할)

이 계약과 관련된 소송은 강릉지방 법원의 관할로 한다.

20○○년 ○월 ○일

"갑" (공급자)　　　　　　　　　　　　　　"을"(구매자)
주 소　　　　　　　　　　　　　　　　　주 소
회사명　　　　　　　　　　　　　　　　　회사명
대표자　　　　　　○○○ ㊞　　　　　　대표자　　　　　　○○○ ㊞
연락처　　　　　　　　　　　　　　　　　연락처

【차량유류공급계약서】

차량유류공급계약서

차량용 유류를 공급함에 있어 수요자인 (주)OOOO을 "갑"이라 하고 공급자인 (주)OOOO을 "을"이라 하여 다음과 같이 유류공급 계약을 체결한다.

제1조(유류납품)

1) "갑"은 유류 실수요자로서 소요량을 "을"로부터 공급받기로 하며, "을"은 "갑"이 소유하는 차량에 유류 공급을 하여야 한다.
2) 수방 및 제설 등 비상재해시에 "갑"이 원하는 장소(현장, 차고지)에 "을"의 장비로 유류를 이동 납품 하여야 한다.

제2조(계약기간)

유류 납품기간은 2000. O. O부터 2000. O. O까지로 하며 "갑"과 "을"이 상호 협의하여 연장 또는 단축 할 수 있다.

제3조(공급유종 및 방법)

1) "을"이 "갑"에게 제공하는 유류는 저유황경유(OO%)로 한다.
2) 유류는 "을"이 발행하고 "갑"이 제시하는 주유카드에 의하여 "갑"의 차량에 공급(주입)한다.
3) "을"은 "갑"에게 유류공급시 주유량에 해당하는 영수증을 발급하며 영수증에 운전자의 서명을 받은 후 부본을 운전자에게 발급한다.
4) "을"은 주유카드의 부정사용 방지를 위하여 주유카드상의 차량번호를 확인 후 주유하며 차량번호가 불일치시 주유를 거부하여야 한다.
5) "을"의 차량번호 확인 소홀로 "갑"의 소유차량이 아닌 차량에 주유하는 경우 "갑"에게 대금청구 또는 이의제기를 할 수 없다.
6) "갑"은 주유카드 분실 시 지체 없이 "을"에게 통보하여야 하며 "을"은 분실 주유카드에 대하여 지체 없이 사용을 정지하여야 한다.

제4조(납품가격 및 자료제출)

1) "을"은 "갑"에게 공급하는 유류단가(L당)는 유가연동제를 적용하되 쌍방합의하에 따로 정할 수 있다.
2) "을"은 "갑"이 요구하는 유류대금 청구 자료를 지체 없이 "갑"에게 제출하여야 한다.

제5조(대금지급 방법)

1) "을"이 납품한 유류대금은 매월 1일부터 말일까지의 금액을 익월 초 주유 영수증을 첨부하여 "갑"에게 청구한다.

2) "갑"은 제1항에 의거 "을"이 청구한 유류대금을 정산 확인한 후 주유대금 청구를 받은 날로부터 10일 이내에 지급한다.

제6조(계약해지)

1) "갑"은 계약기간에 불구하고 다음 경우에는 "을"에게 서면통보 하여 본 계약을 해지할 수 있으며 "을"은 이에 대하여 이의를 제기할 수 없다.
    가. "을"이 불량품을 공급하여 "갑"에게 손해를 끼치게 된 경우
    나. "을"이 계약을 이행할 수 없다고 "갑"이 인정한 경우
    다. "갑"의 형편에 의하여 해지하고자 할 때
2) 전항의 "가" "나"호로 인하여 "갑"이 손해를 입었을 때에는 "을"은 이를 배상 할 책임을 진다.

제7조(배상책임 면제)

천재지변 등의 불가항력적인 사태가 발생하여 본계약을 이행할 수 없을 때에는 배상 책임을 면제한다.

제8조(조문해석)

본 계약서에 명시되지 아니한 사항은 일반관례에 따르며 견해가 다를 경우에는 "갑""을" 간의 상호 협의에 의하여 결정한다.

제9조(관할법원)

본 계약으로 인하여 발생하는 소송은 "갑"의 소재지 관할법원으로 한다.

제10조(문서의 보관)

이 계약이 체결되었음을 증명하기 위하여 계약서 2통을 작성하고 "갑", "을"이 기명날인하여 각 1부씩 보관한다.

20ㅇㅇ년 ㅇ월 ㅇ일

"갑"		"을"	
상호		상호	
주소		주소	
사업자등록번호		사업자등록번호	
대 표 자	ㅇㅇㅇ ㉑	대 표 자	ㅇㅇㅇ ㉑

곡류공급계약서

1. 계약금액 : 일금원정(₩)

2. 공급품 및 가격

품명		kg	단가/5kg	금액	비고
맵쌀현미					
맵쌀백미					
찹쌀현미					
찹쌀백미					
향찰					
기타					
계					

3. 계약조건

가. 구매자는 위 계약금 전액을 최초 공급 희망일 이전까지 납부하여야 한다.

 (계좌번호 : ○○은행,- , (주) ○○○○)

나. 계약한 전체 물량을 공급자가 보관하며, 구매자가 일정 물량 배달을 요청하면 이를 공급함을 원칙으로 한다.

다. 공급자는 구매자가 공급을 요청하면, 요청 일로부터 5일 이내 이를 택배로 공급함을 원칙으로 하고, 단 택배비는 구매자가 부담한다.

4. 계약 당사자

20○○년 ○월 ○일

구매자	주소			
	이름	○○○ (서명, 인)	주민등록번호	
	전화	○○○-○○○-○○○○		
공급자	주소			
	대표	○○○ ㉑	FAX	전화

【납품계약서】

납품계약서

OO주식회사(이하 "갑"이라 칭함)와 OO주식회사(이하 "을"이라 칭함)는 "을"이 공급하는 제품(이하 "을"이라 칭함)을 "갑"을 구매자로 하고 "을"이 공급자로 하여 아래와 같은 조건과 방법으로 거래할 것을 합의한다.

제1조(발주내역)

품명	SPEC.	STYLE NO	단가	수량	금액	납기	비고

단, 상기 내역을 기본으로 하고 제품의 품종, 수량, 납기는 "갑", "을" 상호 합의하에 변경할 수 있다.

제2조(원·부자재)
"을"은 제품을 제조함에 있어서 "갑"의 생산지시서에 의한 원·부자재를 자체조달, 사용함을 원칙으로 하며 포장자재 및 LABEL, TAG은 "갑"이 공급한다.

제3조(견품승인)
"을"은 제품을 제조하기 전에 "갑"의 생산지시서에 의거하여 제조된 견품에 대한 "갑"의 승인을 득하여야 한다.

제4조(하도급 금지)
"을"은 "갑"의 사전 승인 없이 "갑"이 제조 요청한 본 계약의 목적작업을 타인에게 하도급주거나 이와 유사한 행위를 하지 못하며, 이에 위반할 시는 "갑"의 처리에 따른다.

제5조(비밀유지의무)
"을"은 "갑"이 제조 요청한 제품의 DESIGN(PATTERN 포함)및 KNOW_HOW에 대한 비밀을 유지하여야 하며, 생산완료 후 "갑"이 제공한 SAMPLE이나 PATTERN을 "갑"에게 반드시 반환하여야 한다.

제6조(검사)

1. "을"은 생산한 제품에 대하여 "갑"이나 "갑"이 지정하는 자 또는 기관의 검사를 필하여야 하며 수검을 위한 제반 준비 및 편의를 제공하여야 한다.
2. 제품의 외형검사기준은 "갑"의 검사기준에 의한다.
3. 제품의 이화학 검사(원자재 혼용율, 세탁견뢰도, 땀 견뢰도, 수축율 등)는 "갑"이 지정하는 공공기관에 의뢰하여야 하며 OO "급" 이상이 되어야 합격함을 원칙으로 한다.

제7조(불합격품의 처리)

1. 생산된 제품은 "갑"의 검사기준에 의거 정상출하 가능한 A급과 정상출하는 불가능하나 불량상태가 경미한 B급, 정상출하가 불가능하며 불량상태가 심한 C급으로 분류된다.

2. 불합격품 중 B급은 "갑"이 선택적으로 계약단가의 ()%로 인수할 수 있으며 "갑"이 인수하지 않을 시 는 "을"은 LABEL 및 TAG을 제거한 후 판매할 수 있다.

3. "을"은 불합격품 중 C급에 대하여는 폐기 처분함을 원칙으로 하며 LABEL 및 TAG을 제거하더라도 출고할 수 없다.

제8조(상표관리)

1. "을"은 "갑"이 요청한 제품에 "갑"이 요청하는 상표 및 상호를 명확히 부착하여야 하며 이를 외부에 유출하여서는 안 된다. 또한 "을"은 작업 완료 후 "갑"의 지시에 따라 LABEL 및 TAG 잔량분은 전부 반납하거나 "갑"의 입회하에 폐기하여야 한다.

2. "을"은 자사 또는 타인의 상품에 "갑"의 상표, 상호 또는 LABEL, TAG 및 이와 유사한 표지를 사용 할 수 없다.

제9조(납품)

1. 제품의 납품은 "갑"의 검사에 합격한 수량(B급 중 "갑"이 인수키로 한 수량을 포함한다)에 한하여 납 품된 것으로 한다.

2. 납품은 LOT별로 ORDER된 전량을 납품하는 것을 원칙으로 한다.

3. 제품의 납품기일은 제1조에 의거하며 "을"은 납품기일을 엄수하여야 한다.

4. 납품장소는 "갑"이 지정하는 곳으로 한다.

제10조(대금결제)

"을"이 제품의 납품을 하자 없이 완료한 경우 "갑"은 납품된 수량에 대하여 계약된 금액을 결제하여야 한 다. 단, 제품의 하자로 인한 소비자의 배상요구의 우려가 있는 경우 및 "을"의 계약사항 위반 등으로 "갑"에게 손실이 예상될 경우 하자담보의 제공을 요청할 수 있다.

제11조(손해배상)

1. "을"은 "갑"이 제공한 DESIGN과 동일 또는 유사한 제품을 판매할 목적으로 생산할 수 없다.

2. "을"은 검사 불합격품, 제고제품 또는 "갑"의 제품과 유사한 상품을 "갑"의 사전 승인 없이 시중에 유 출하여 판매한 경우에는 유출된 양의 정상판매가격의 OO%를 손해배상금으로 "갑"에게 지급하여야 하 며, 미유출 잔량분은 전량 "갑"에게 무상 기속하기로 한다. 단, "갑"의 상표, 상호 또는 LABEL, TAG 및 이와 유사한 표지를 부착한 상태로 시중 유출하여 판매한 경우에는 정상판매가격의 OO%를 손해 배상금으로 지급하여야 한다.

제12조(납품 불이행)

1. 수량

"을"의 납품수량이 계약 수량에 미달할 경우에는 미달된 수량에 대한 납품가격의 OO%를 손해배 상으로 "갑"에게 지급하여야 한다.

2. 납기

"을"이 납기를 위반하였을 경우 지연배상금으로 1일당 납품 가액의 O/OOO씩 배상하며 10일 이 상 지연시 10일 단위로 지연배상율을 배증하여 적용한다.

제13조(담보제공)

1. "을"은 본 계약의 이행 및 "을"이 생산, 공급한 제품 또는 자체의 하자로 인한 사고, 기타 예상되는 모든 손실에 대비한 담보로서 "갑"의 요청에 의거 근저당 또는 기타 "갑"이 인정하는 담보를 "갑"에게 제공하여야 한다.
2. "을"이 본 계약의 조항을 이행하지 않거나, 제품하자로 인한 사고가 발생한 경우 등에는 "을"은 기한의 이익을 상실하고 "갑"은 최고 또는 이행의 제공 후 즉시 담보권을 행사할 수 있다.

제14조(유효기간)

1. 본 계약은 계약 체결일로부터 본 계약에 정한 거래의 종료일까지 유효하며 쌍방합의에 의하여 기간을 연장할 수 있다.
2. 본 계약에 대한 양당사자 간의 손해배상의무 등이 완전히 이행되지 아니할 경우 본 계약은 그 범위 내에서 유효하다.

제15조(양도금지)

"을"은 "갑"의 사전 승인 없이 본 계약에 기한 "을"의 지위를 제3자에게 양도, 이전하지 아니한다.

제16조(분쟁해결)

본 계약으로 인하여 또는 본 계약과 관련하여 발생하는 모든 분쟁은 대한상사중재원의 중재로써 최종 해결한다.

제17조(기타)

본 계약에 규정되지 않은 사항은 당사자 간 합의로써 결정하고 합의가 이루어지지 않을 경우 일반적으로 인정되는 상관례에 의한다.

상기 계약내용을 확인, 증명하기 위하여 본 계약서 2통을 작성하고 "갑", "을"이 서명 날인한 후 각 1통씩 보관한다.

2000년 0월 0일

	상호	:
	사업자번호	:
"갑"	주소	:
	연락처	:
	대표이사	: ㅇㅇㅇ ㉑

	상호	:
	사업자번호	:
"을"	주소	:
	연락처	:
	대표이사	: ㅇㅇㅇ ㉑

물품납품계약서

본 계약에 있어 다음 기재사항을 승낙함.

2000년O월O일

주소 : OO시 OO구 OO동 OO번지

상호 : OOOO

성명 : OOO

건 명						
금 액	金원(₩)					
품 명	규 격	단 위	수 량	단가(원)	금액(원)	비 고
부가가치세액						
계						

승낙사항

1. 2000년 O월 O일까지 지정한 장소에 납품할 것이며, 그 납품 중 검사 불합격품이 있을 때에는 지정 기일까지 교환하겠음.
2. 납품기일 내에 완납치 못할 때에는 그 지연일수에 대하여 1일당 1,000분의 (2.5)에 상당하는 지체상 금을 징수하여도 이의가 없음.
3. 납품기한 또는 교환기일 경과 후 10일까지 완납하지 못할 때, 납품물품의 사양서 견본 등과 적합하지 아니할 때, 또는 계약담당자가 계약이행이 불가능하다고 인정할 때에는 그 계약을 해지하여도 이의신 청 기타의 청구를 하지 않겠음.
4. 제3호에 의하여 계약해지를 할 때에는 손해배상으로서 계약해지물품의 대가에 대하여, 납부기일 내에 는 100분의 5, 납부기일 후에는 100분의 10에 상당하는 금액을 납부하겠음.
5. 전 각호에 의하여 납부하여야 할 금액은 물품대금과 상계하여도 이의를 제기하지 않겠음.

【독점공급계약서】

독점공급계약서

　○○주식회사 (이하 "갑"이라 한다)와 ○○주식회사 대표이사 ○○○(이하 "을"이라 한다) 아래조항에 의거하여 국내 독점공급계약을 체결한다.

제1조(목적)

　본 계약은 "갑"이 "을"에게 제2조에 정하는 물품을 독점 공급하고 "을"은 국내 유통망을 형성하여 시장기반을 안정적으로 확장시키고 공동의 번영을 위해 상부상조의 바탕 하에 상호이익을 도모함을 목적으로 한다.

제2조(품명 및 월 수량)

1. 품명
   1) ○○
   2) ○○
2. 월 수량 : ○

제3조(판매지역)

　"을"의 판매지역은 전 지역으로 하고 부득이한 경우 "갑"은 "을"과 상의하여 변경할 수 있다.

제4조(인도가격 및 판매가격)

1. 제품원가, 기타 제반상황으로 인한 증감이 유할 경우 "갑"과 "을" 협의 하에 조절할 수 있다.
2. 판매가격은 "갑"과 "을" 상호협의 국내유통망 형성을 위한 최선의 가격으로 출고조절한다.

제5조(결제조건)

1. 대금청구 방법은 "갑"이 "을" 창고인도와 동시 "을"은 공급된 물품대금을 지급한다.
2. "갑"의 양해에 따라 "을"은 계약금 50%를 지불하고 물품 입고 시 잔금 50%를 결재한다.
3. "갑"이 공급한 물품에 하자 발생 시에는 "갑"은 그 책임을 지고 "을" 요청에 따라 변상 또는 교환조치를 즉시 행한다.

제6조(계약기간 및 종료)

1. 계약기간은 계약 체결일로부터 2년으로 하되 "갑"과 "을" 쌍방의 의의가 없는 한 만료 후 계약기간만큼 자동연장 된다.
2. 계약의 종료는 계약사항에 대한 위반 또는 불이행으로 인한 당사자에게 다른 당사자가 그러한 위반사항을 시정요구하는 내용을 구두 또는 서면으로 통보한 후 30일이 경과하도록 계속 위반 할 경우 다른 당사자는 그에 대하여 등기우편으로 계약의 효력을 종료시킬 수 있으며 그에 대한 손해배상을 청구할 수 있고 본 계약은 그러한 통지를 발송한 일자로 종료된다.

제7조(정보제공 및 기밀유지)

"갑"과 "을"은 거래를 실시하는 과정에서 얻은 각종 시장정보를 성실하게 상호 교환하는 한 영업사의 각종 비밀을 준수하고 이를 제3자에게 누설하여서는 안 된다.

제8조(재판 관할권)

분쟁 발생기 재판 관할권은 "갑"의 관할지역으로 한다.

제9조(특약사항)

상기 계약 일반사항 이외에 아래 내용을 특약사항으로 정하며, 일반사항과 특약사항이 상충되는 경우에는 특약사항을 우선하여 적용하도록 한다.

1.
2.
3.

제10조(기타)

이 계약에 명시되지 않은 사항은 일반 상관례에 준한다.

위와 같이 계약을 체결하고 계약서 2통을 작성, 서명 날인 후 "갑"과 "을"이 각각 1통씩 보관한다.

20○○년 ○월 ○일

		주소	:	
"갑"		회사명	:	
		대표자	:	○ ○ ○ ㊞
		연락처	:	

		주소	:	
"을"		회사명	:	
		대표자	:	○ ○ ○ ㊞
		연락처	:	

【물품공급계약서】

물품공급계약서

　　OOO (이하 "갑"이라 칭함)와 OOO(이하 "을"이라 칭함)는 상호 신의에 입각하여 OO에 대하여 물품 공급 계약을 체결한다.

제1조(품명 및 단가 : 별첨 단가표 참조)

1. 계약기간 중 단가변동은 불가능한 것을 원칙으로 하나 정부고시가 변동 OO% 이상 가격등락이 있다고 인정될 경우에는 "갑"과 "을"이 상호 협의하여 단가를 조정할 수 있다
2. 이때 "갑"과 "을"은 상호간에 공문서로 단가조정 요청을 통보하여야 하고 상호 합의가 이루어져 단가 조정이 완료될 때까지는 기 계약단가로 납품하여야 한다.
3. 계약이외의 품목은 별도의 견적서에 의거 단가를 결정한다.

제2조(납기 및 납품조건)

1. 납 기 : "을"은 계약기간 중 "갑"의 발주서("갑"의 구매의뢰서로 대체)에 명시된 기일 내에 물품을 납품하여야 한다.
2. "갑"의 긴급상황으로 인하여 물품의 선납 요청이 있을 경우 "을"은 납품량의 많고 적음에 관계없이 신속하게 납품한다.
3. "을"은 휴일이라도 "갑"의 업무 형평상 긴급자재의 납품 요청이 있을 경우 납품에 협조를 하여야 한다.

제3조(대금 지불조건) : "갑"의 지급규정에 따른다.

제4조(품질 보장)

　　모든 물품은 별첨 단가표에 정해진 규격으로 하고 단가표 이외의 물품은 "갑"이 정하는 규격 또는 K.S 규격품이어야 한다.

1. "을"은 공급품 중 불량품은 100% 반품 처리하며 "을"은 동일물품을 즉시 재공급 하여야 한다.
2. 시험성적서가 필요로 한 물품에 대해서는 시험 성적서를 필히 제출해야 한다.
3. 품질검사를 위한 샘플 요청이 있을 경우 "을"은 이를 무상으로 제공하고 시험검사에 필요한 제비용은 "을"의 부담을 원칙으로 하다. 단, 시험검사를 실시한 샘플이 고가제품으로 시험검사에 합격한 경우 "갑"과 "을" 합의 하에 비용을 처리한다.

제5조(납기지연 및 피해배상)

1. "을"의 납품지연으로 인하여 발생되는 "갑"의 피해 발생시 "을"은 "갑"의 피해를 전액 현금배상 또는 납품대금 지불시 공제할 수 있다.

2. 불량발생으로 인한 피해에 대해서도 제5조 "가" 항과 동일하게 적용한다.
3. "을"의 "갑"에 대한 피해보상이 완료된 이후라도 계약의 유효 및 연장 또는 무효 및 파기에 대한 판단은 "갑"의 고유 권한으로 한다.
4. 천재지변, 기타 불가항력적인 사유에 의한 납기지연에 대해서는 "갑"의 확인 및 승인절차를 거쳐 예외 규정으로 협의 처리한다.

제6조(계약의 해지)

아래와 같은 경우 "갑"은 "을"에 대한 계약해지를 통보하고 계약을 해지할 수 있으며, 이때 "을"은 계약해지에 따른 "갑"의 고유권한에 항의할 수 없다.
1. "을"이 계약이행을 이행할 수 없다고 "갑"이 판단할 때
2. "을"이 정당한 사유 없이 납품을 기피하거나 납품을 지연 또는 불량품을 납품할 때
3. "갑"과 "을" 상호간에 특수한 사정으로 계약준수가 불가능하여 상호간에 합의할 경우
4. 계약기간 만료시. 단, 계약기간 만료 O개월 전 상호 계약만료 내용을 서면으로 통보하며 계약해지에 따른 보완조치를 할 수 있도록 하여 상호 발전에 도움이 될 수 있도록 한다.

제7조(채권, 채무의 양도금지)

1. "을"은 어떠한 경우라도 타인으로 하여금 물품을 대납토록 하거나 본 계약서에 명시된 의무 및 권리를 타인에게 양도할 수 없다.
2. "을"은 납품대금에 관한 의무 및 권리사항을 타인에게 양도할 수 없다.

제8조(계약기간)

본 계약기간은 20OO년 O월 O일부터 20OO년 O월 O일까지 한다. 단, "갑"과 "을"의 상호 합의가 있을 경우 계약 만료 1개월 전 서로 협의하여 계약기간을 연장할 수 있다.

제9조(분쟁의 해결)

1. "갑"과 "을"의 분쟁발생시 상호 합의에 의하여 해결한다.
2. 합의가 불가능할 경우 관할 법원은 "갑"의 소재지 관할 법원으로 한다.

제10조(기타)

본 계약에 명시되지 아니한 사항은 일반 상관례에 준하여 시행한다.

"갑"과 "을"은 이를 보증하기 위해 계약서를 작성하여 쌍방이 서명 날인하고 이를 각 1통씩 보관한다.

20○○년 ○월 ○일

"갑" : ○○○ ㉑
"을" : ○○○ ㉑

물품구매계약서

제1조(총칙)

(주)OOOO (이하 "공급자"라 한다)과 (주)OOOO (이하 "발주자"라 한다)는 물품구매계약서(이하"계약서"라 한다)에 기재한 물품구매계약에 관하여 제2조의 규정에 의한 계약문서에서 정하는 바에 따라 신의와 성실을 바탕으로 이를 이행한다.

제2조(계약문서)

1) 계약문서는 계약서, 물품 구매계약 일반약관, 물품 사양서 및 필요시 도면 등으로 구성된다. (단, 발주자의 필요하에 발주서로 대체할 수 있다.)
2) 사양서 및 설계도 내용이 불분명하거나 상호 모순되는 점이 있을 때는 공급자는 즉시 이 사실을 발주자에게 지적, 통지하여야 한다.
3) 발주자는 2항의 통지를 받은 때에는 즉시 그 사실을 조사 확인하고 발주자, 공급자 합의하에 필요한 조치를 취해야 한다.

제3조(납품)

1) 공급자는 계약서상의 납기일내에 계약전량을 납품장소에 현품으로 인도하고 검수요청을 하여야 하며, 발주자의 검수에 합격하고 발주자에게 수령됨으로서 납품완료된 것으로 한다.
2) 품목과 수량을 분할하여 납품을 지시하거나 계약상 분할납품이 허용된 경우에는 분납 단위별로 검수 수령한다.
3) 공급자는 납품 지체가 예상되거나 지체사유가 발생할 경우 자재 사용 부서 및 관련 부서에 지체사유와 납품가능일자를 사전에 납품연기원으로 제출하여야 한다. 만일, 이를 이행치 않을 경우 발주자는 사후 지체상근공제 혹은 계약을 해약하고 제재조치를 취할 수 있다.

제4조(규격 및 품질)

1) 모든 물품은 계약상에 명시된 시방서, 도면, 규격명세서 또는 견품 등에 적합하여야 하며, 특별한 약정이 없을 때에는 발주자의 구매목적과 사용용도에 맞는 정상적인 신품이어야 한다.
2) 구매되는 자재의 전산등록규격, 자재규격 또는 도면에 인용되거나 요구하는 사외규격 중 별도로 정하지 않은 최신본을 적용한다.

제5조(검수)

1) 검수는 발주자 자체 검수기준에 의하여 실시한다.
2) 검수는 납품된 물품을 하나하나 확인함을 원칙으로 한다. 다만, 전량 검사가 부적당 하거나 곤란할 때에는 그 일부를 추출하여 검사할 수 있다.
3) 검수결과 계약과 일치된 때에는 합격 판정을 하고 검수 불합격된 때에는 해약할 수 있다. 다만, 발주

자가 필요하다고 인정할 경우 공급자의 부담으로 재납품하게 할 수 있다. 이 경우 공급자는 재납품 후 재검수요청을 하여야 한다.

4) 공급자는 검수결과 불합격된 품목에 대해서는 즉시 반출, 재제작 할 의무를 지며 불합격 발생 후 30일 경과 시까지 반출하지 아니한 불합격 미반출품에 대하여는 반출의사가 없는 것으로 간주하여 발주자가 임의처리 할 수 있다. 단, 불합격품 처리방법을 별도로 약정한 경우에는 그러하지 아니한다.

5) 기타 검수절차와 이에 따른 권리의무는 특별히 다른 약정을 하지 않는 한 발주자의 검수기준은 적용한다.

6) 계약내용의 검수방법은 발주자의 사정에 따라 공급자와 별도의 합의하에 변경할 수 있다.

7) 자재규격 또는 제작도면 없이 구매되는 물품 중 검수 코드에 의거 특정검사를 실시하는 경우는 전산 등록규격에 기입된 재질의 해당규격을 기준으로 검수 및 판정한다.

제6조(포장 및 표지)

1) 공급자는 납품하는 물품의 운송 과정중 유실이 없도록 충분히 포장하여야 하며, 다음 사항을 명기한 표지를 달아야 한다.
   - 제작사 상호 및 계약자 상호
   - 계약번호 (발주번호)
   - 포장 단위별 일련번호, 품명, 규격, 단위, 수량
   - 총 중량, 순 중량, 체적
   - 취급상 주의사항

2) 표지는 견고하여야 하며, 당해 물품과 수명을 같이할 지구성 있는 표지로 함을 원칙으로 한다.

3) 공급자는 모든 계약물품에 대하여 상당기간 저장하여도 품질이 보존되도록 하여야 하며 해당물품을 보호하기 위한 포장재는 환경에 유해하지 않는 재질을 사용하고, 폐기시 총량이 최소화 되도록 하여야 한다.

4) 공급자는 제조일로부터 일정기간이 지나면 물품의 성능저하 및 기능상실이 예상되는 시효성자재에 대해서는 제조일, 저장유효기간을 필히 표시하여야 한다.

5) 공급자의 계약물품 중 플라스틱 재질 [철재에 PVC코팅 포함] 로 입고된 포장용기는 사용 후, 발주자의 요구시 공급자가 전량 회수하여 반출하여야 한다.

제7조(권리의무의 양도 금지)

공급자는 발주자의 서면 승인 없이는 권리의무를 제3자에게 양도할 수 없고 계약서에 명기된 제작자를 변경하거나 물품의 주요부분 제조를 제3자에게 하도급 할 수 없다.

제8조(특허 및 상호)

공급자는 계약이행에 관련된 특허, 상표, 허가 기타 행정상 문제처리와 비용부담의 책임을 진다.

제9조(대금지불)

공급자는 특별히 약정한 경우를 제외하고는 납품완료 후 발주자의 검수절차에 합격하여 해당물품에 대한 권리가 발주자에게 취득된 후 대금지불을 청구할 수 있으며, 대금지불방법은 발주자의 내부 규정에 의한다.

제10조(대금지불의 특례)

공급자가 납품완료 전이라도 거래상의 금융사정 기타 자체 수급사정을 고려하여 발주자가 특히 필요하다고 인정할 때에는 기납부분에 상당하는 계약금액을 한도로 대금의 일부를 지급할 수 있다.

20○○년 ○월 ○일

공급자	상호	:	
	주소	:	
	사업자등록번호	:	
	대표자	:	○○○ [인]
발주자	상호	:	
	주소	:	
	사업자등록번호	:	
	대표자	:	○○○ [인]

【물품인수계약서】

물품인수계약서

　　물품보유업체 ○○주식회사(이하 "갑"이라 한다)와 인수업체 ○○주식회사(이하 "을"이라 한다)는 상호간에 아래와 같이 물품인수 계약을 체결한다.

제1조(목적)

　　본 계약은 "갑"이 보유 사용하는 ○○관련 물품 일체를 "을"이 유상으로 인수하기로 하고 이와 관련된 권리 의무 사항의 규율을 목적으로 한다.

제2조(인수 물품표)

1. 본 계약에 따라 "을"이 인수하는 ○○ 물품은 공인기관에서 인증한 성능검사 검정표가 첨부된 물품을 지칭하며 구체적 물품 목록은 당사자 쌍방이 참석한 상태에서 작성된 인수물품표에 따른다.
2. 제1항의 인수물품표는 본 계약 체결 이후 ○일 이내에 작성하여 본 계약서 말미에 첨부하도록 하되, 당해 인수물품표에는 각 물품의 상태 및 평가산정 금액이 기재되어야 한다.

제3조(인수가격)

1. "을"은 인수물품표의 작성 이후 계약의 진행을 희망하고자 하는 경우 계약금으로 일금 원정(₩)을 "갑" 에게 현금 입금한다. 다만, 계약의 진행을 거부한 경우 인수물품표 작성과 관련된 일체의 자료를 폐 기 및 당해 정보의 외부 유출 금지의 의무를 부담한다.
2. 잔금 일금 원정(₩)은 거래물품의 최종 인도일에 검수와 동시에 지급하기로 하되, 20년 월 일까지 인 도하여야만 한다. 단, 대금의 연체 시 연 ○%의 연체이자를 부담한다.

제4조(무료인수 물품)

　　본 계약의 진행 시 "갑"은 본 계약서 말미에 첨부된 무료제공 품목서에 기재된 물품을 무료로 "을"에게 제 공하도록 한다.

제5조(선관의무)

　　본 계약상 거래되는 모든 물품에 대하여 그 유·무상을 불문하고 "갑"은 인도일까지 선관주의 의무를 부담 한다.

제6조(권리보증)

1. "갑"은 본 계약의 거래대상 물품에 대하여 제3자에 대한 양도, 담보설정 등 제반 권리사항에 있어서 하자가 없음을 보증한다.
2. "갑"은 거래물품의 성능 상태에 대하여 "을"과 공동조사시 고지하는 상태와 상위가 없음을 보증한다.

제7조(운반)

1. 본 계약 물품의 인도는 "을"이 비용을 부담하여 직접 "갑"의 영업소를 방문하여 거래물품의 인도를 받는다.
2. 거래물품의 인도와 동시에 위험부담은 "을"이 부담한다.

제8조(하자발생)

1. "을"이 최종 물품 인수한 후 최초 작성한 물품표와 상이한 사항이 발견될 시 관련 사유의 해명을 "갑"에게 요구하고, 물품의 손실 등이 발견될 시 해당 가치의 감소분만큼 잔금의 지급액에서 공제한 잔액을 지급한다.
2. 검수결과 물품의 오차가 심하여 본 계약의 목적을 달성할 수 없을 경우 "갑"은 계약금을 즉시 "을"에게 반환하여야 하고, "을"은 관련 장비 일체를 "갑"에게 반환하여야 한다. 단, 반환에 소요되는 비용은 "갑"이 부담한다.

제9조(해제)

1. 당사자 일방은 물건의 인도 이전에 본 계약을 해제할 수 있으며, "갑"이 해제할 경우 계약금의 ○배를 반환하며 "을"이 해제할 경우 계약금을 포기하고 해제한다.
2. "갑"이 정하여진 기일에 물품인도를 거부하는 경우 "을"은 계약을 해제하고 손해배상을 청구한다.

제10조(분쟁해결)

1. 본 계약과 관련하여 양 당사자 간의 분쟁이 발생한 경우, 원칙적으로 "갑"과 "을" 상호간의 합의에 의해 해결한다.
2. 제1항에도 불구하고 분쟁이 해결되지 않을 경우 "갑"의 주소지 관할 지방법원을 그 관할로 하여 재판함으로써 해결한다.

제11조(특약사항)

상기 계약 일반사항 이외에 아래 내용을 특약사항으로 정하며, 일반사항과 특약사항이 상충되는 경우에는 특약사항을 우선하여 적용하도록 한다.

1.
2.

제12조(기타사항)

1. 계약의 당사자는 본 계약의 내용을 신의성실에 의거하여 준수하여야 한다.
2. 계약 기간 중 계약의 변경은 당사자의 서면 합의에 의해서만 변경될 수 있으며 서면날인 된 문서를 본 계약서의 말미에 첨부한다.
3. 본 계약서에서 명시되지 않은 부분에 대하여는 관련 법규 및 상관습에 따르기로 한다.

　위와 같이 계약을 체결하고 계약서 2통을 작성, 서명 날인 후 "갑"과 "을"이 각각 1통씩 보관한다.

20○○년 ○월 ○일

	주소	:	
"갑"	상호명	:	
	연락처	:	
	대표자	:	○ ○ ○ ㊞

	주소	:	
"을"	상호명	:	
	연락처	:	
	대표자	:	○ ○ ○ ㊞

매매계약서

　OO주식회사("갑"이라 한다)와 OOO("을"이라 한다)은 다음과 같이 매매계약을 체결한다.

제1조(목적)

　"갑"은 "을"에 대해 아래 물건을 계속적으로 매도할 것을 약정하고 "을"은 "갑"에게서 이것을 매수할 것을 약정하였다.

- 아　래 -

1. OOO

(종류, 품질등급, 규격, 상품명 등)

제2조(계약기간, 수량, 매매대금)

"갑" 및 "을" 사이의 매매계약의 기간, 수량, 대금 및 대금의 지급방법은 다음과 같다.

1. 기간 : 본 계약일로부터 만 O년
2. 수량 : 기간 중의 거래수량 총 OOO개
3. 대금 : 1 개당 일금 원
4. 대금의 지급방법 : 인도와 동시에 지급한다(또는 인도 후 O개월 지급 약속어음으로 지급한다).

제3조(사정변경)

　"갑" 및 "을"은 위 조항에 기초하여 본 계약물건을 매매하기로 하는데 거래의 수급관계에 따라 수량 및 대금을 협의한 후, 변경할 수 있다.

제4조(주문)

　"을"은 "갑"에게 매수할 때마다 주문서를 교부하고, "갑"은 이 교부된 주문서의 내용에 기초하여 본 계약의 물건을 "을"에게 매도하도록 한다. 주문서에는 품명, 품질등급, 규격, 종류 및 인도장소를 명기하도록 한다.

제5조(대금지급의 담보)

　"을"은 "갑"을 위해 본 매매계약에 기초하여 대금의 지급을 담보하기 때문에 아래 표시의 을 소유 부동산에 대해 채권한도액 일금만원정의 제O순위 근저당권을 설정하고, 그 등기절차를 밟는다.

제6조(손해배상)

　"을"이 대금의 지급을 해태하였을 때는 연체일수에 따라 하루 이자 일금원의 비율에 의한 손해금을 지급하도록 한다.

제7조(자동갱신)

본 계약 기간 만료의 6개월 전까지 "갑" 또는 "을"이 갱신 거절의 의사표시를 하지 않을 때는 본 계약은 동일조건 하에서 갱신되는 것으로 한다.

이 계약을 보증하기 위해 계약서 2통을 작성하여, 각자 서명 날인한 후, 각 1통을 보관한다.

20○○년 ○월 ○일

매도인 "갑"	주소	:
	성명	:
	대표이사	: ○○○ ㊞
매수인 "을"	주소	:
	성명	: ○○○ ㊞

[저당물건의 표시] (생략)

매매계약서

　　매도인 OOO(이하 "갑"이라 한다.)과 매수인 OOO(이하 "을"이라 한다.)는 제1조에 정하는 매매를 위하여 다음과 같이 합의한다.

제1조(조건)

1. 품명 :
2. 수량 :
3. 금액 :
4. 인도기한 :
5. 인도장소 · 방법 :
6. 대금총액 :
7. 지급기한 :
8. 지급방법 :

제2조(소유권 이전) 물품의 소유권은 전조에 정한 대금이 "갑"에게 현금으로 지급되거나 또는 약속어음이나 수표의 결제가 완료된 때에 "갑"으로부터 "을"에게 이전한다.

제3조(위험부담) 물품의 인도 전에 발생한 물품의 멸실, 훼손, 기타 일체의 손해는 그 원인이 "을"의 귀책사유인 것을 제외하고는 "갑"이 부담하며, 물품의 인도 후에 발생한 이들의 손해는 그 원인이 "갑"의 귀책사유인 경우를 제외하고는 "을"이 부담한다.

제4조(인도 및 수령) "갑"은 약정기한 내에 약정 인도장소에 물품을 지참하여 인도하며, "을"은 물품수령시에 인수증을 발급한다.

제5조(대금지불)

1. 매매대금은 지급기한 내에 현금(또는 수표)으로 지급한다. 단, 특약이 있을 때에는 O일 만기의 약속어음에 의할 수 있다.
2. 어음에 의한 지급이 인정되었을 경우에 있어서 제7조 각 호의 1에 해당하는 사실이 발생하였을 때에는 "갑"의 청구에 의하여 "을"은 언제라도 현금으로 지불하여야 한다.

제6조(지체상금) "을"이 매매대금의 지급을 지체할 경우에는 "갑"에게 지급기일의 다음날부터 완제일까지 매지체 1일당 3/1000의 비율에 의한 지체상금을 지급하여야 한다.

제7조(기한의 이익상실)

다음 각 호의 경우에는 "갑"청구가 있으면 "을"은 즉시 채무의 전액을 일시에 변제하여야 한다.

1. "을"이 본 계약에 의거한 "갑"에 대한 매매대금 지급채무, 기타 일체의 채무에 관하여 지급의무를 이행하지 아니하였을 때

2. "을"이 압류, 가압류, 조세 체납처분, 부도 등 본 계약상의 의무를 이행하기 어려운 상태에 있다고 "갑"이 판단하는 경우

제8조(물품의 임의 처분) "을"이 인도기일에 물품을 수령하지 아니하는 등 계약의 이행을 하지 아니할 경우에는 "갑"은 언제라도 물품을 그의 계산에 의하여 임으로 처분한 후 그 처분대금으로써 "을"에 대한 손해배상 채권을 포함하는 일체의 채권변제에 충당하고, 부족액이 있을 때에는 "을"에게 청구할 수 있다.

제9조(하자담보)

1. "갑"은 물품이 계약조건과 상위 하거나 또는 인도전의 원인에 의하여 발생한 물품의 품질 불량, 수량 부족, 변질, 기타의 하자에 관하여 물품의 인도일로부터 O일 동안 책임을 부담하며, "을"은 하자의 보수 또는 대금감액을 청구할 수 있고, 그 하자의 존재로 인하여 본 계약의 목적을 달성할 수 없는 경우에는 본 계약을 해제할 수 있다.

2. "을"은 곧 발견할 수 있는 하자에 대하여는 물품의 수령 후 O일 이내에 통지를 하지 아니 할 경우 그 해제권 또는 청구권을 상실한다.

제10조(즉시해제)

1. 제7조 각 호의 1에 해당하는 사실이 발생하였을 때에는 "갑"은 최고 및 자기 채무이행의 제공을 하지 아니하고 즉시 본 계약을 해제할 수 있고, 이 경우 "을"은 "갑"의 손해배상 청구에 응하여야 한다.

2. "갑"이 본 계약의 조항에 위반하였을 때에는 "을"은 최고 및 자기 채무이행의 제공을 하지 아니하고 즉시 해제하고 "갑"에게 손해배상을 청구할 수 있다.

제11조(해석 및 관할법원)

1. 본 계약에 정하지 아니한 사항이 있거나 본 계약의 해석에 이의가 있을 경우에는 양 당사자 간의 별도합의에 의한다.

2. 본 계약과 관련하여 분쟁이 발생하는 경우에는 서울 민사지방법원을 관할법원으로 한다.

이상을 증명하기 위하여 본 계약서 2부를 작성하고, 양 당사자가 날인한 후 각각 1부씩 보관한다.

20○○년 ○월 ○일

"갑" : ○ ○ ○ ㊞
"을" : ○ ○ ○ ㊞

【기계매매계약서】

기계매매계약서

( )를 "갑"으로 하고, ( )를 "을"로 하여 "갑"과 "을" 간에 다음과 같이 계약을 체결하였다.

제1조(목적)

"갑"은 "을"에게 아래 표시의 기계를 매도할 것을 서약하고, "을"은 이것을 매수하였다.

제2조(매매대금) 매매대금은 총액 금 만원으로 하고, "을"은 "갑"에게 다음과 같이 지급하도록 한다.

1. 금일 계약금으로 금 만원을 지급하고,
2. 년월일까지 아래 표시의 기계를 "을"의 본사 공장에 설치, 인도함과 동시에 금 만원을 지급한다.

제3조(인도기한)

"갑"은 "을"에게 아래 표시의 기계를 년월일까지 위 제2조 제2호의 잔금과 교환하여 "을"의 본사 공장에 설치하여 인도하도록 한다.

제4조(위험부담)

아래 표시의 기계에 대하여 위 제3조의 인도기일까지 "갑" 또는 "을"의 책임이 아 닌 사유로 기계가 훼손 혹은 멸실되었을 때는 "을"은 대금의 지급을 면한다.

제5조(보증의무)

"갑"은 아래 표시의 기계가 사양서대로의 성능을 가지고 있다는 것을 보증하고, 제3조의 인도 전에 시운전을 완료하여, 성능을 증명하도록 한다.

제6조(하자보수책임)

"갑"은 을에 대해 아래 표시의 기계 당 3년간 품질과 성능을 보증하고, 을측 의 과실이 아닌 자연스런 고장에 대해서는 무상으로 수선할 의무를 진다.

제7조(손해배상)

① 위 조항에 의한 "갑"의 수선에도 불구하고 아래 표시의 기계가 가동하지 않거나 혹은 성능이 현저하게 저하되어 있는 기간이 1개월 이상에 이를 때는 "을"은 다음 각 호중 하나를 선택하여 "갑"에게 청구할 수 있도록 한다.

1. 동종의 기계와 교환할 것. 단, 사용기간 1년당 제2조의 대금의 5분의 1에 상당하는 금액을 "갑"에게 지급할 것을 조건으로 한다.
2. 기계를 반품할 것. 단, "갑"은 "을"이 아래 표시의 기계를 사용한 기간 1년당 제2조의 대금의 5분의 1에 상당하는 금액을 대금액에서 공제한 잔액을 "을"에게 반환하도록 한다.

② 위 ①항 각 호의 사용기간의 계산은 "을"의 사용, 비사용을 불문하고 제3조의 인도일부터 위 ①항의 신청을 한 날까지의 일수로 계산한다.

제8조(계약의 해제)

① "을"이 제2조의 기일까지 인도함과 동시에 잔금을 지급하지 않았을 때는 "갑"의 최고 없이도 본 계약은 해제된 것으로 하고, "갑"은 즉시 후기 기계를 회수할 수 있다.

② 위 ①항의 경우, "갑"의 기계운송비, 설치비용, 회수에 필요한 비용은 일체 "을"의 부담으로 하고, 동시에 "갑"은 그 이외의 손해배상으로 계약금을 취득할 수 있다.

제9조(계약의 해제)

"갑"이 제3조의 기일까지 아래 표시의 기계를 인도하지 못했을 때는 "을"은 10 일의 기간 내에 인도를 완료할 것을 "갑"에게 최고하고, 동 기간 내에 "갑"이 이행하지 못했을 때는 본 계약을 해제하고, 제2조의 계약금 반환 및 계약금과 같은 액수의 손해배상을 청구할 수 있다.

이상의 계약이 성립되었으므로 계약서 2통을 작성하고, "갑"과 "을"은 각 1통을 보관하도록 한다.

20○○년 ○월 ○일

매도인   주소   :
"갑"   성명   : ○ ○ ○ ㉶

매수인   주소   :
"을"   성명   : ○ ○ ○ ㉶

도메인매매계약서

본 계약은 OOO(이하 "갑"이라 한다)과 OOO(이하 "을"이라 한다)간의 도메인 매매에 관한 사항을 증명하기 위하여 서명 날인 후 각각 1부씩 보관하도록 한다.

▶ 매매 대상 도메인 :

▶ 매매 가격 : 일금   정(₩)

제1조 본 도메인 매매 계약은 "갑"이 소유하고 있는 도메인의 소유권을 "을"에게 양도하는 것을 의미하며, 계약 완료 시점에서 "갑"은 어떠한 권리도 행사할 수 없다.

제2조 계약 완료 시점이라 함은 "갑"의 소유로 되어 있는 도메인을 "을"이 관리할 수 있도록 관리자 변경 등의 사항을 인터넷에 요청하여 완료한 시점을 의미한다.

20○○년 ○월 ○일

"갑"   주소   :
     성명   : ○ ○ ○ ㊞

"을"   회사명 :
     주소   :

【중고설비매매계약서】

중고설비매매계약서

계약서번호 : 호

1. 설비품목 :
2. 규격 및 수량 :
   1) 본체에 관한 리스트
   2) 부품에 관한 리스트
   3) SPARE PART에 관한 리스트 (전기, 기계적사항 포함)
   4) JIG에 관한 리스트
3. 설비금액 : ---- V.A.T 별도
4. 계약일자 : 년 월 일
5. 출고예정일 : 계약 후일 이내 (년 월 일)

　양자는 계약 편의상 매도인 OOO(이하 "갑"이라 칭함)와 매수인 OOO(이하 "을"이라 칭함) 간에 상기품목에 관한 계약사항을 아래와 같이 체결한다.

－ 아 래 －

제1조(분해 및 출고지침)

1. "을"은 분해계획 및 출고계획 일정을 "갑"에게 분해일시 최소 O일전에 제출하여야 하며 "갑"은 이를 위한 제반사항에 최대한 협조한다.
2. 설비의 출고는 잔금의 입금이 확인된 이후 실시하여야 한다.
3. "을" 설비의 해체 전 최종적인 설비의 상태 및 부품의 유무를 확인하여 "갑"과 "을" 간에 기계검수 및 설비해체 착수확인서를 작성하여야 한다.
4. 분해, 출고의 작업은 "을"의 책임하에 시행하며 "갑"은 이를 지원 협조한다.
5. 분해, 출고과정에서 "을"의 귀책사유로 발생한 제반사항 (망실, 훼손 등)에 대해서는 "을"의 책임으로 "갑"은 이를 책임지지 않는다.
6. "을"은 분해작업을 위한 공구필요 시 "갑"에게 공사착수 O일 전에 필요리스트를 제출하여 지원 받을 수 있으며, "갑"은 이를 준비하여 무상 임대한다.
(단 "을"은 보증금만원을 예치해야 하며, 공사완료 시 공구반납과 동시에 이를 회수하고, "갑"은 공구 폐, 망실 시 이를 현물 변상토록 한다.)

제2조(대금의 지불)

　"을"은 "갑"의 물품에 대한 대금을 계약일로부터 다음과 같이 지불한다.

1. 계약금 : 일금

지급시기 : 2000년○월○일

2. 중도금 :

지급시기 : 계약일로부터 ○일 이내 2000년○월○일

3. 잔금 :

지급시기 : 설비출고 전2000년○월○일

제3조(계약의 해지)

"을"이 다음 각 호에 해당하는 경우 "갑"은 "을"이 계약이행의 의사가 없는 것으로 판단하여 계약의 전부 또는 일부를 해약할 수 있다.

1. 중도금, 잔금의 지급시기를 초과하였을 때,

2. "을"이 정당한 사유 없이 계약조건을 위반하고 그 위반으로 인하여 본 계약의 목적을 달성할 수 없다고 "갑"이 인정할 때,

3. 중도금, 잔금의 시기를 초과하였을 경우 "갑"의 승인에 의하여 계약해지를 연기 할 수 있으나, 초과 일 일당, 중도금, 잔금의 1/1000에 해당하는 지체보상금을 "을"은 "갑"에게 지불하여야만 한다.

(단, 중도금은 7일, 잔금은 20일 이상 연기는 불가하다. 또한 잔금이 지불되지 않고는 설비의 일체반출이 불가하다.)

4. 중도 계약해지 시 기지불한 계약금 및 중도금은 "을"이 포기한 것으로 간주한다.

제4조(물품의 해체 및 출고비용)

설비해체 및 출고에 따른 일체의 비용은 "을"이 부담한다.

제5조(물품의 검수 및 하자)

양도, 양수 시(분해 착수 전) "갑", "을" 쌍방이 상기 물품에 대하여 확인하고 분해착수 되는 시점이후 발생하는 하자에 대해서는 "갑"은 책임을 지지 아니한다.

제6조(완료시점)

설비의 분해, 출고, 교육이 사전 합의대로 원만히 진행되어 쌍방간에 이의제기가 없을 경우 완료로 본다.

제7조(설비의 운전교육)

M/C의 운전방법에 관한 교육은 별도의 계약에 의거 시행한다.

제8조(안전관리)

1. 설비분해, 출고작업에 있어서 "을"은 사전에 안전에 관한조치를 취해야 하며 ,작업 중 발행하는 안전사고에 대한 인명적, 재산상의 피해에 대하여 민·형사상 모든 책임을 진다.

2. "을"은 화기를 다룰 시 반드시 소화용구를 갖추어야 한다.

제9조(보상 및 책임)

1) "을"은 본 공사에 종사하는 고용인에 대하여 관리상의 책임을 지며 고의 또는 과실로 인하여 "갑"에게 재산상의 피해를 끼쳤을 때 이를 즉시 변상하여야 한다.

제10조(기타)

1. 본 계약서에 명시되지 아니한 사항은 일반관례에 따른다.
2. 천재지변 등 불가항력으로 인하여 문제발생시 "갑", "을" 간의 협의에 의하여 본 계약서 일부를 변경, 연기할 수 있다.
3. "갑"과 "을" 사이에 분쟁이 발생할 경우 관할 법원은 "갑"과 "을"이 협의하여 결정한다.

　　위와 같이 물품매매계약을 체결하고 이를 증명하기 위하여 계약서 2부를 작성, 서명 날인 한 후에 "갑", "을"이 1부씩 보관한다.

* 특기사항

1) 기계운전을 위한 준비 공급한다.
2) 설비운용을 위한 보유 MANUAL 일체 및 설계 MANUAL 일체를 "갑"은 "을"에게 공급한다.

20○○년 ○월 ○일

"갑"	상호	:
	대표이사	: ○ ○ ○ ㊞
"을"	상호	:
	대표이사	:

【상품매매계약서】

상품매매계약서

_____(이하 "갑"이라 한다)와 _____(이하 "을"이라 한다)는 다음과 같이 상품 매매계약을 체결한다.

제1조(계약의 목적)

"갑"은 아래의 상품을 "을"에게 계속적으로 매도하고 "을"은 이를 매수한다.

(상품의 표시)

제2조(계약기간, 수량, 매매단가)

이 매매계약의 기간과 상품의 수량, 단가 및 대금 지급방법은 다음과 같다.

1. 기간:
2. 수량:
3. 단가:
4. 대금 지급방법:

제3조(주문)

"을"은 상품을 매수할 때마다 "갑"에게 주문서를 교부하고, "갑"은 이 주문서의 내용에 따라 상품을 "을"에게 매도한다. 주문서에는 품명, 규격, 수량 및 인도장소를 명기하여야 한다.

제4조(담보의 제공)

"을"은 "갑"에게 본 매매계약에 따른 상품대금의 지급을 보증하기 위하여 "갑"이 수락할 수 있는 조건과 방법으로 본 계약체결일로부터 ○일 이내에 담보를 제공한다.

제5조(상품검수)

"을"은 인수한 상품에 대하여 검수를 하여야 하며 품질상의 하자 또는 수량 부족을 발견한 때에는 인수일로부터___일 이내에 그 내용을 서면으로 "갑"에게 통지하여야 한다. 전술한 기일 내에 통지가 없을 경우 "을"은 "갑"에게 어떠한 손해배상도 청구할 수 없다.

제6조(손해배상)

"을"이 상품대금의 지급을 지연하는 경우 "을"은 "갑"에게 일일당 연체금액의 ____%를 지연손해금으로 지급한다.

제7조(계약기간의 갱신)

본 계약 기간 만료전 ○개월 이내에 "갑" 또는 "을"이 계약기간 갱신의사가 없음을 서면으로 통지하지 않는 한 본 계약은 동일한 조건으로 ○년간 갱신된다.

제8조(분쟁의 해결)

이 계약과 관련하여 발생하는 "갑"과 "을" 간의 모든 분쟁은 상호협의하여 해결하며, 협의에 의해 해결되지 않을 경우에는 대한상사 중 재원의 중재에 따른다.

이 계약을 보증하기 위해 "갑"과 "을"은 계약서 2통을 작성하여, 각각 서명 날인 후, 각 1통씩을 보관한다.

20○○년 ○월 ○일

"갑" 주소 :
성명 : ○ ○ ○ [인]

"을" 주소 :
성명 : ○ ○ ○ [인]

농산물위탁매매계약서

위탁자 (이하 "갑"이라 한다)와 위탁매매인(수탁자) (이하 "을"이라 한다)은 다음과 같이 합의하여 계약을 체결한다.

제1조(위탁매매) "갑"은 다음의 농산물을 "을"에게 위탁하고 "을"은 그의 이름으로 이를 판매한다.

대상농산물	

제2조(거래방법) 이 계약서를 기본으로 하여 발생하는 개별적 거래는 품목, 수량, 품질 등이 기재된 거래명세서에 의한다.

제3조(계약기간) 이 계약의 유효기간은 계약일로부터   년으로 하며, 기간 만료 전 3월부터 1월까지 당사자의 계약 해지, 조건변경 등 별도의 의사표시가 없으면 1년씩 자동연장되는 것으로 한다.

제4조(위탁시기 및 수량) 농산물의 위탁시기 및 수량, 규격 등은 개별거래시 마다 당사자가 협의하여 정한다.

제5조(인도) 농산물의 운송은 이   하며 다음의 장소에서 인도한다. 인도에 필요한 비용은이 부담한다.

인도장소	

제6조(수익의 귀속 및 수수료)

① "을"이 농산물을 판매하고 얻은 수익은 "갑"에게 귀속한다. 다만, "을"은 대금 정산시 판매대금의%를 수수료로 공제하고 "갑"에게 지급한다.

② 제1항의 수수료에는 "을"의 판매에 필요한 모든 비용을 포함한다.

제7조(최저가격)

① "을"은 다음의 최저가격 이상으로 농산물을 판매하여야 한다.

최저판매가격	

② "을"이 제1항의 최저가격 미만으로 판매하고자 할 경우 "갑"의 승낙을 받아야 하며 "갑"의 승낙 없이 최저가격 미만으로 판매한 경우에 그 차액은 "을"의 부담으로 한다.

제8조(판매대금의 정산)

① "을"은 인도일로부터   일내에 농산물을 판매하여야 하며 판매 익일까지 대금을 정산한다.

② "을"이 제1항의 기간 내에 판매하지 못했을 경우에는 제7조제1항의 최저가격으로 먼저 정산하고 판매 후 즉시 추가정산한다.

③ "을"이 농산물을 판매하고 상대방으로부터 대금을 지급받지 못하였더라도 이는 대금정산에 영향을 미치지 않는다.

④ "을"이 제1항의 정산기일을 어긴 경우 그 익일부터 지급일까지 정산금액에 연25%로 계산된 위약금을 배상하여야 한다.

제9조(위험부담) 농산물의 인도시점을 기준으로 그 이전은 "갑"이 그 후는 "을"이 위험부담의 책임을 진다.

제10조(하자의 통지)

① "을"은 농산물의 인도시 이를 검수하여야 하며 농산물의 훼손 또는 하자 발견 즉시 "갑"에게 그 내용을 통지하여야 한다. 농산물의 인도 당일 "을"의 통지가 없으면 농산물에 하자가 없는 것으로 한다.

② 제1항의 농산물의 하자로 인하여 판매가격에 영향을 미친 부분은 "갑"의 책임으로 한다.

제11조(소유권의 귀속) 위탁 농산물의 소유권은 판매 까지 "갑"에게 있다.

제12조(반품) 이 계약에 의한 농산물은 반품하지 못한다. 다만 농산물에 중대한 하자가 있어 판매할 수 없거나 "갑"의 요청이 있을 경우에는 그러하지 아니하다.

제13조(양도금지) "을"은 "갑"의 승인 없이 본 계약에서 발생하는 권리 또는 의무를 양도하거나 처분하지 못한다.

제14조(계약해지)

① "갑"은 다음 각 호의 경우에 이행의 최고 없이 계약을 해지할 수 있다.
  1. 대금정산 기일에 대금을 정산하지 않거나 판매대금을 속여서 정산한 경우
  2. "을"이 다른 채권자로부터 가압류, 압류, 가처분을 받거나 "을"이 발행한 어음·수표가 부도처리된 경우
  3. 기타 "을"이 본 계약을 위반한 경우

② "을"은 다음 각 호의 경우에 계약을 해지할 수 있다.
  1. "갑"이 정당한 사유 없이 농산물 위탁을 거절한 경우
  2. "갑"이 고의 또는 중대한 과실로 하자있는 물건을 위탁하여 "을"에게 손해를 끼친 경우
  3. 기타 "갑"이 본 계약을 위반한 경우

제15조(기한의 이익 상실) 제14조제1항 각호의 사유발생시 "을"은 기한의 이익을 상실하며 "갑"의 통지 없이도 미정산금액의 전부를 즉시 이행하여야 한다.

제16조(회계장부) "을"은 위탁된 농산물의 수령과 판매에 관한 모든 거래를 포함하는 회계장부를 기록 유지하고 "갑"의 요청시 언제라도 이를 공개한다.

제17조(연대보증) 연대보증인 는 이 계약에 의하여 발생하는 일체의 채무에 대하여 "을"과 연대하여 이행의 책임을 부담한다.

제18조(관할법원) 이 계약에 관한 소송의 관할법원은 "갑"의 주소지를 관할하는 법원으로 한다.

　이 계약을 증명하기 위하여 계약서 2통을 작성하여 "갑"과 "을"이 서명 날인한 후 각각 1통씩 보관한다.

20○○년 ○월 ○일

위탁자 "갑"	주 소 주민등록번호 전화 성 명　　　　　○○○　㊞
위탁매매인 "을"	주 소 주민등록번호 전화 성 명　　　　　○○○　㊞
"을"의 연대보증인	주 소 주민등록번호 전화 성명　　　　　○○○　㊞

물품보관계약서

제1조 총 칙

"갑"(   )과 "을"()은 물품 보관창고 사용에 대하여 아래와 같이 계약을 체결한다.

제2조 입 고

1. "갑"이 입고하는 물품에 대해 "을"은 이상 유무를 확인하며 이상이 있을 시 "갑"에게 통보한다.
2. "갑"은 통보받은 그 즉시 이상 유무를 확인하여야 한다.
3. 입고 시 제품보관에 따르는 예상위험에 대하여 "갑"은 "을"에게 성실하게 알려 주어야 하며 "을"은 그 내용을 보관증에 명시하여 보관 관리한다.
4. 일반 공산품은 박스 제품명으로 관리하며 박스제품과 내용물이 다를 시 "을"에게 통보 하여야 한다.

제3조 출 고

1. 보관품 출고는 "갑"의 직인이 날인된 출고의뢰서를 통해서만 출고가 가능하며 "갑"이 인증 할 수 있다(단 계약 시 "갑"과 "을"의 출고 의뢰 방식을 협의 할 수 있다).
2. 보관 시점부터 출고차량에 적재하여 "을"의 창고를 출발 할 때 까지 그 책임을 지며 운송 중 발생 하는 물품의 훼손, 파손, 부족분에 대해서는 배상을 요구 할 수 없다.

제4조 창 고 료

1. 보관료 산정기간은 전기(매월1일~15일까지), 후기(매월16일~말일까지)로 보관료 계산한다.
2. 상, 하역은 입고 시 하역료, 출고 시 상차료를 청구한다.
3. 정산된 창고료 금액은 부가세 별도로 청구한다.

제5조 기 간

본 계약의 유효기간은 계약 체결 후 12개월로 한다.

2000년 0월 0일

"갑"	주소	:	
	성명	:	ㅇㅇㅇ ㉑

"을"	주소	:	
	성명	:	ㅇㅇㅇ ㉑

【상품보관계약서】

상품보관계약서

OOO(이하 “갑”이라 한다)와 OOO(이하 “을”이라 한다)는 다음과 같이 상품의 임치계약을 체결한다.

제1조(임치대상 상품)

“갑”이 “을”에게 임치 할 상품(이하 “상품”이라 한다)은 다음과 같다.

(상품의 표시)

제2조(반입 반출)

“갑”은 필요할 때는 언제든지 상품을 반입 또는 반출할수 있으며 “을”은 상품의 반입 반출과 관련하여 어떠한 책임도 지지 않는다.

제3조(보관료)

보관료는 상품의 유무 및 수량에 관계없이 월 금 (　　)원으로 하며 “갑”은 매월 금 (　　)원 “을”에게 보관료를 지급한다.

제4조(계약의 해지)

“갑” 또는 “을”은 본 계약을 해지하고자 할 경우 해지 O개월 전에 상대방에게 통보하여야 한다.

이를 증명하기 위해 “갑”과 “을”은 계약서 2통을 작성하여, 각각 서명 날인 후 각 1통씩을 보관한다.

20○○년 ○월 ○일

“갑”　주소　:
　　　성명　:　○ ○ ○ ㊞

“을”　주소　:
　　　성명　:　○ ○ ○ ㊞

수입상품매매계약서(일반)

　　매도자 (　　)(이하 "갑"이라 칭한다)와 매수자 (　)○○○(이하 "을"이라 칭한다)는 다음과 같이 수입상품매매 기본계약을 체결하고 계약 내용을 성실히 이행하기로 합의한다.

제1조(물품명세, 거래조건) "갑"이 수입하여 "을"에게 매도하기로 한 물품, 수량, 기타 제조건은 본 계약서 소정의 규정 및 개별계약에서 정하는 바에 따른다.

1. 물 품 명:
2. 수 량 :
3. 가 격 :
4. 기타조건:

제2조(물품의 가격)

1. "갑"이 "을"에게 매도하는 물품의 판매가격은 일금 (　　)원으로 한다.
2. 제1항의 판매가격은 국제 거래시세 및 제반 여건에 따라 "갑"과 "을"이 합의하여 변경할 수 있다.
3. 본조의 규정은 기 체결된 주문량에는 영향을 미치지 않는다.

제3조(물품의 인수도)

1. 물품의 인수도 장소는 "갑" 지정 창고도를 원칙으로 한다.
2. 위 인수도 장소를 "을"의 편의를 위하여 "을"이 지정하는 장소로 할 경우 운송비용 등 추가비용은 "을"의 비용으로 한다.
3. "을"은 본 계약 체결 후○일 이내에 물품을 인수하여야 한다.

제4조(대금결제)

1. "을"은 "갑"으로부터 물품 인수 시 제2조에서 정한 물품의 가격을 전액 현금으로 지급함을 원칙으로 한다. 단. "갑"이 인정하는 경우에는 "갑"이 정하는 조건에 따라 "을"은 물품을 본 항의 대금지급전에 인수할 수 있으며, 이 경우 "을"이 물품대금 전액을 "갑"에게 지급할 때까지 물품의 소유권은 "갑"에게 있다.
2. 제1항 단서의 사유발생 시　을　은 물품 인수 시 금 (　)원의 "을" 발행 당좌수표 또는 은행 약속어음을 "갑"에게 교부하여야 하며, 만기 시까지 연 ○%의 이자를 적용한다.
3. 제2항의 약정 기일까지도 지급치 않을 경우 지급일까지 연 25%의 연체이자율에 의한 지연손해 금을 "갑"에게 지급하여야 한다.
4. 제1항의 소유권 유보사항의 주장이익은 오직 "갑"만 가지며, "을"이나 제3자는 주장할 수 없다.

제5조(품질 보증) "갑"은 물품의 수량과 품질 등에 대하여 본 계약 및 개별계약에서 정한 범위 내에서만 책임을 부담한다.

제6조(물품검사 및 하자 담보책임)

1. "을"은 물품수령 즉시 이를 검사하여야 하며, 물품의 품질 불량, 수량 부족, 변질, 기 타 하자에 대하여 지체 없이 "갑"에게 그 통지를 발송하지 아니하면 "을"은 이로 인한 계 약해제, 대금감액, 또는 손해배상 등을 청구하지 못한다.
2. 즉시 발견할 수 없는 제1항의 사유 발생 시에는 수령일로부터 14일 이내에 "갑"에게 통지하지 아니하면 "을"은 이로 인한 계약해제, 대금감액 또는 손해배상 등을 청구하지 못한다.
3. 그 하자의 사유가 현저하여 본 계약의 내용을 달성할 수 없을 경우에는 "을"은 "갑"에 대하여 계약의 해지를 주장할 수 있다.

제7조(담보)

1. "을"은 본 계약상의 의무이행을 담보하기 위하여 다음의 담보를 "갑"에게 제공하여야 한다.
   ① "갑"의 여신관리지침에 의거 감정평가 유효분 금 ( )원 이상의 부동산 근저당 또는 은행 및 보증보험사의 지급보증
   ② "을"이 발행하고 "을"의 대표이사가 개인자격으로 연대보증한 액면금액 금 ( )원의 공증약속어음 1매
   ③ 재산세 납부실적이 5만 원 이상인 연대보증 ○명 입보
   ④ 점포(공장), 집의 금 ( )원 이상의 임차보증금 반환채권양도
   ⑤ "갑"을 수익자로 하는 금 ( )원 이상의 동산종합보험 및 화재보험 부보
   ⑥ "을" 발행 백지당좌수표 또는 은행도 약속어음 1매 및 동 보충권위임장
2. "갑"은 채권담보에 필요한 최소한의 담보를 요구하여야 하며 "을"의 채무불이행시 그 처분도 "을"의 이익을 고려하여 최소한의 범위 내에서 집행하여야 한다.
3. 채무자의 신용변동, 담보가치의 감소 기타 채권보전상 필요하다고 인정되는 상당한 사유가 발생한 경우에 "갑"은 "을"에게 제1항의 담보 외에 추가로 담보제공을 요청할 수 있으며 "을"은 합리적인 대안제시가 없는 한 5일 이내에 추가담보를 제공하여야 한다.
4. 담보설정을 위한 감정평가·설정비용은 "갑"과 "을"이 균분하는 것을 원칙으로 한다.
5. "갑"은 본 계약에 따른 거래가 종료되고 "을"의 해지 요구가 있을시 해지에 필요한 서류를 "을"에게 교부하여야 한다.

제8조(물품의 임의처분, 손해배상)

1. "을"이 제3조제3항의 인도기일까지 물품을 수령하지 아니하거나 또는 계약의 이행을 하지 아니할 경우에는 14일 이내에 시정할 것을 최고한 후 시정되지 아니할 때는 "갑" 은 언제라도 물품을 "을"의 계산에 의하여 임의로 처분한 후 그 처분대금으로써 "을"에 대한 손해배상채권을 포함하는 일체의 채권변제에 충당하고 부족액이 있을 때에는 "을"에게 청구할 수 있다.
2. "갑"이 손해(물품전매 시 전매차손, 일실이익금 및 전매 시 발생비용, "갑"의 투입자금, 비용에 대한 연 ○% 이율에 의한 이자 기타 비용)를 입은 경우 "을"은 즉시 그 손해에 상당하는 금액을 배상하여야 한다.

제9조(계약의 해지 · 해제)

1. "갑" 또는 "을"은 상대방에게 다음의 각 호의 1이 발생할 경우 최고 없이 즉시 본 계약을 해지할 수 있다.
   ① "갑" 또는 "을"이 발행한 어음이나 수표가 부도 또는 거래 정지된 경우
   ② "갑" 또는 "을"이 파산, 법정관리신청을 당하거나 한 경우
   ③ 세금을 납부하지 못해 체납처분을 당하거나 주요재산에 압류, 경매신청이 된 경우
   ④ "을"이 "갑"의 사전동의 없이 영업권을 타인에게 양도한 경우
2. "갑"은 다음의 경우 10일 이상의 기간을 정하여 "을"에게 최고하고 동 기간 내에 시정 되지 않을 때에는 본 계약을 해지할 수 있다.
   ① "을"이 상품대금을 2회 이상 연체하거나 지급약정을 위반하는 경우
   ② "을"이 가압류, 가처분신청을 당하였을 경우
   ③ "을"이 종업원에 대한 급여를 체불할 정도로 신용상태가 현저히 저하된 경우
   ④ "을"이 본 계약조건을 위반하거나 판매능력이 현저히 부족하여 본 계약의 목적달성 이 곤란하다고 판단되는 경우
3. "갑" 또는 "을"은 상대방에 대한 60일 전의 서면통지로써 본 계약을 해지할 수 있다.
4. 본 계약이 해지되는 경우 "을"의 "갑"에 대한 모든 채무는 기한의 이익을 상실하며 "을"은 즉시 모든 채무를 현금으로 지급하여야 한다. 이 경우 "갑"은 소유권유보부물품의 회수 및 담보의 실행 등 필요한 조치를 취할 수 있으며 이에 대하여 "을"은 이의를 제기치 아니한다.
5. "을"이 물품대금지급을 위하여 "을"이 발행했거나 배서하여 "갑"에게 입금시킨 선일자 당좌수표, 가계수표 등의 발행일이 아직 도래하지 않았다 하더라도 계약 해지일로부터 "갑"은 언제든지 제시할 수 있다.
6. 본 계약이 해지되는 경우 "을"은 "갑"의 특허권, 의장권, 상표권 및 기타의 지적재산권사용을 즉시 중지하여야 한다. 이 경우 "갑"은 재고상품의 회수, 담보의 실행 등 필요한 조치를 취할 수 있으며 이에 대하여 "을"은 이의를 제기치 아니한다.

제10조(해석) 본 계약의 해석은 본 계약에 의거 개별계약 체결시 개별계약이 우선하고 개별계약에 의해서도 해석 할 수 없는 것은 상관례에 따르며 상관례도 없을 경우에는 법원의 해석에 따른다.

제11조(분쟁해결) 이 계약과 관련하여 발생하는 분쟁은 상호신뢰를 바탕으로 원만히 해결하되 당사자 간에 화해가 성립되지 아니하여 "갑"이 소송을 제기할 때는 "갑"의 주된 사무소 소재지 관할법원에 "을"이 소송을 제기할 때는 "을"의 주된 사무소 소재지 관할법원에 소송을 제기할 수 있다.

제12조(유효기간)

1. 계약의 유효기간은 년 월 일까지로 한다. 단, 계약기간 중 발생한 채권, 채무는 기간 만료에 영향을 받지 아니한다.
2. 계약만료일로부터 개월 전 일방의 서면에 의한 해약통지가 없는 경우 같은 조건으로 1년간 연장된 것으로 본다. 이후 순차 연장의 경우에도 같다.

위와 같이 계약을 체결하고 계약의 성립을 증명하기 위하여 계약서 2통을 작성 "갑"과 "을"이 날인 각 1통씩 보관한다.

2○○○년 ○월 ○일

	상호	:
매도자 "갑"	주소	:
	대표이사(대표자)	: ○ ○ ○ (서명 또는 날인)
		:
	상호	:
매수자 "을"	주소	:
	대표이사(대표자)	: ○ ○ ○ (서명 또는 날인)

【수출상품계약서】

수출상품계약서

　　○○○(이하 "갑"이라 한다)와 ○○○(이하 "을"이라 한다)는 "갑"이 제조하는 해외수출용 제품공급을 위해 아래와 같이 거래계약을 체결한다.

제1조(제품)

"갑"과 "을"이 거래할 제품은 다음과 같다.

1.
2.

제2조(제품의 단가)

제품의 공급단가는 "갑"과 "을"이 상호 협의하여 결정한다.

제3조(제품의 공급)

1. "을"은 제품을 공급받고자 할 경우 "갑"을 수익자로 하는 취소불능 내국 신용장(Local L/C)을 개설하여야 한다.
2. "을"은 공급받는 제품을 내수용으로 전용할 수 없다.

제4조(제품의 인도)

　　"을"은 제품 인수예정일 전 ○○일전까지 제품공급을 요청하며, "갑"은 납기를 준수하여 "을"이 지정하는 장소에 제품을 인도한다.

제5조(대금결제)

　　"을"은 이 계약 제3조 1항에 따라 공급받은 제품에 대하여 제품을 인수한 날로부터 ○○일 이내에 "갑"에게Local L/C Nego에 필요한 서류를 교부한다.

제6조(검수)

　　"을"은 인수한 제품을 검수하여야 하며 하자 또는 수량부족을 발견한 경우에는 ○○일 이내에 그 내용을 서면으로 "갑"에게 통지한다. 위 기일 내에 통지가 없을 경우 인도된 제품은 어떠한 하자도 없는 것으로 간주되며 "을 "은 반품 또는 손해배상을 청구할 수 없다.

제7조(계약기간 및 해지)

1. 이 계약의 기간은 계약체결일로부터 ○년간으로 하며, "갑" 또는 "을"이 상대방에게 해지의사를 서면 통보하지 않는 한 ○년간 자동 갱신된다.
2. "갑" 또는 "을"이 이 계약상의 의무를 이행할 수 없는 중대한 사유가 발생했거나 발생될 우려가 있다고 판단되는 경우 각 상대방은 서면통지로 이 계약을 해지할 수 있다.

제8조(분쟁의 해결)

이 계약과 관련하여 발생하는 "갑"과 "을" 간의 모든 분쟁은 상호 협의하여 해결하며, 협의에 의해 해결되지 않을 경우에는 대한상사중재원의 중재에 따른다.

제9조(특약사항)

상기 계약 일반사항 이외에 아래 내용을 특약사항으로 정하며, 일반사항과 특약사항이 상충되는 경우에는 특약사항을 우선하여 적용하도록 한다.

1.
2.

이 계약을 보증하기 위해 "갑"과 "을"은 계약서 2통을 작성하여, 각각 서명 날인 후, 각 1통씩을 보관한다.

2000년 0월 0일

"갑"	주소	:		
	상호명	:		
	연락처	:		
	대표자	:	○ ○ ○	㉲

"을"	주소	:		
	상호명	:		
	연락처	:		
	대표자	:	○ ○ ○	㉲

자재납품계약서

주문서 번호	
주 문 일 자	20○○년 ○월 ○일

1. 물품의 표시

품 목	규격	단위	수량	단가	금액	비고

2. 납품조건

납품장소		검수방법	
납품기일		계약보증	
지불조건		하자보증	
운임부담		지체보상금	
품질		하자기간	

상기조건에 명시되지 아니한 사항은 관례에 따르고 합의 계약사항에 이의가 있을 때에는 주문자의 해석에 따른다.

주문자	㉑	납품자	㉑

자재인수계약서

    자재보유자 (주)○○○○(이하 "갑"이라 칭한다)와 인수자 (주)○○○○(이하 "을"이라 칭한다)는 상호간에 다음과 같이 자재인수 계약을 체결한다.

제1조(목적)

    본 계약은 "갑"이 보유 사용하는 측정 기자재 일체를 "을"이 유상으로 인수하기로 하고 이와 관련된 권리의무 사항을 규율함을 목적으로 한다.

제2조(측정기자재)

1. 본 계약상 인수하는 측정기자재는 "을"의 제조공정에 사용되는 정밀측정기계와 관련된 것으로서 공인기관에서 인증한 성능검사 검정표가 첨부된 것을 지칭한다.
2. 본 계약상 측정기자재에 대해 "을"은 본 계약 체결 이전에 "갑"의 현장을 방문하여 "갑"과 공동으로 작성한 측정 기자재현황 명세서에 근거한 관련 장비 일체를 인수한다.

제3조(인수가격)

1. "을"은 본 계약 체결 시 계약금으로 일금○○○원정(₩ ○○○)을 "갑"에게 현금 입금한다.
2. 잔금 일금 ( )원정(₩ ○○○)은 ○○○○년 ○○월 ○○일까지 측정기자재의 최종 인도 후 ○○ 이내 검수 후 즉시 "갑"에게 현금 입금한다.
3. 대금의 연체 시 연 ○○%의 연체이자를 부담한다.

제4조(성능상태)

1. "갑"은 본 계약상 양도대상인 측정기에 대하여 권리관계에 있어서 하자가 없음을 보증한다.
2. "갑"은 측정기의 성능 상태에 대하여 "을"이 사전조사한 상태와 상위가 없음을 보증한다.

제5조(인도)

1. 본 계약상의 장비의 인도는 "을"의 비용으로 하며 "을"이 직접 "갑"의 영업소를 방문하여 측정기의 인도를 받는다.
2. 측정기의 인도와 동시에 위험부담은 "을"이 부담한다.

제6조(하자발생)

1. "을"이 장비를 인수한 후 검수결과 "을"이 최초 검사한 작성한 명세서의 장비상태와 상위함이 발견될 시 관련 사유의 해명을 "갑"에게 요구한다.
2. 제1항의 검수결과 측정기의 손실 등이 발견될 시 해당 가치의 감소분만큼 잔금의 지급액에서 공제하고 잔액을 지급한다.

3. 검수결과 측정기의 오차가 심하여 본 계약의 목적을 달성할 수 없을 정도로 인수의 의미가 없을 경우 "갑"은 계약금을 즉시 "을"에게 반환하여야 하고, "을"은 관련 장비 일체를 "갑"에게 반환하여야 한다. 이때 반환의 비용은 "갑"이 부담한다.

제7조(선관의무)

1. "갑"은 본 계약 체결이후 측정기의 인도 전까지 선량한 관리자의 주의를 다하여 보관하여야 한다.
2. "을"은 위의 기간 동안 공인기관에 의한 측정기의 재측정을 요구하여 관련 검정표를 새로이 제출할 것을 요구할 수 있다.

제8조(해제)

1. 당사자 일방은 물건의 인도 이전에 본 계약을 해제할 수 있으며, "갑"이 해제할 경우 계약금의 ○○배를 반환하며 "을"이 해제할 경우 계약금을 포기하고 해제한다.
2. "갑"이 정하여진 기일에 장비인도를 거부하거나 장비의 멸실이 심하여 장비의 인도가 의미 없을 경우 "을"은 계약을 해제하고 손해배상을 청구한다.
3. "을"이 검수기간이 경과 후에도 대금의 지급을 거절한 경우에도 "갑"은 계약을 해제하고 손해배상을 청구할 수 있다.

제9조(기타사항)

1. 계약의 당사자는 본 계약의 내용을 신의성실에 의거하여 준수하여야 한다.
2. 계약 기간 중 계약의 변경은 당사자의 서면 합의에 의해서만 변경될 수 있으며 서면날인 된 문서를 본 계약서의 말미에 첨부한다.
3. 본 계약서에서 명시되지 않은 부분에 대하여는 관련 법규 및 상관습에 따르기로 한다.

제10조(분쟁해결)

1. 본 계약과 관련하여 양 당사자 간의 분쟁이 발생한 경우, 원칙적으로 "갑"과 "을" 상호간의 합의에 의해 해결한다.
2. 제1항에도 불구하고 분쟁이 해결되지 않을 경우 "갑"의 주소지 관할 지방법원을 그 관할로 하여 재판함으로써 해결한다.

제11조(특약사항)

상기 계약일반사항 이외에 "갑"과 "을"은 아래 내용을 특약사항으로 정하며, 특약사항이 본문과 상충되는 경우에는 특약사항이 우선하여 적용된다.

1.
2.
3.
4.

위와 같이 본 계약이 유효하게 성립하였음을 각 당사자는 증명하면서 본 계약서 2통을 작성하여,

각각 서명(또는 기명)날인 후 "갑"과 "을"이 각각 1통씩을 보관한다.

20○○년 ○월 ○일

	상호	:	
"갑"	주소	:	
	대표이사(대표자)	:	○ ○ ○ (서명 또는 날인)
		:	
	상호	:	
"을"	주소	:	
	대표이사(대표자)	:	○ ○ ○ (서명 또는 날인)

별첨

1. 측정기자재명세서

【제작물공급계약서】

제작물공급계약서

　　OO주식회사(이하 "갑"이라 함)와 OOO주식회사(이하 "을"이라 함)는 다음과 같이 계약을 체결한다.

제1조(목적)

　　"갑"은 을에 대해서 OO(이하「본 제품」이라 함)을 제작하여 납품할 것을 약정하고 "갑"은 을에 대해서 대금을 지불할 것을 약속하였다.

제2조(개별계약)

① 본 제품의 제작에 관해서는 본 계약의 결정 외에 그때 "갑"·을 간에 체결된 개별계약(이하「개별계약」이라 함)의 결정에 의하고 본 계약의 결정과 개별계약의 결정에 차이가 있을 경우는 개별계약의 결정이 우선한다.

② 개별계약은 "갑"의 신청에 대해 "을"의 승낙한 경우에 성립한다.

③ 앞 항의 신청 및 승낙은 각각 "갑"의 주문서 및 "을"의 청구서로 행해진다. 단 "갑"·을 협의 후 별도 방법에 의할 수도 있다.

제3조(사양)

　　"을"은 본 계약, 개별계약 및 "갑"이 "을"에게 교부하는 사양서, 도면 그 밖의 도서 및 "갑"의 지시에 따라서 본 제품을 제작한다.

제4조(하청금지)

　　"을"은 본 제품을 스스로 제작하고 사전에 "갑"의 승낙이 없는 한 본 제품 또는 일부의 제작을 제3자에게 하청을 주어서는 안 된다.

제5조(납품)

① "을"은 개별계약에 정해진 납기에 본 제품을 "갑"이 지정한 장소에 납품해야 한다.

② "을"은 납기 전에 본 제품을 납품하려고 할 경우 사전에 "갑"의 승낙을 얻어야 한다.

③ "을"은 납기에 본 제품을 납품할 수가 없을 우려가 발생한 때에는 곧바로 그 사실을 "갑"에게 통지하고 "갑"의 지시에 따라야 한다.

④ "을"은 납기지연으로 "갑"이 손해를 입은 경우는 손해배상을 해야 한다.

제6조(검사 및 검수)

① "갑"은 본 제품이 납품되었을 때는 지체 없이 제품 검사를 실시하고 납품된 제품이 제품검사에 합격하였을 때에는 을에 대해 검수 통지를 발송해야 한다.

② 납품검사로 품종, 수량, 품질에 대해서 개별계약의 결정과 차이가 발견되었을 때에는 "갑"은 곧바로 그 사실을 "을"에게 통지하고 아울러 그 처리에 대해서 지시를 내린다.

③ "을"은 앞 항에 기초하여 "갑"으로부터 지시를 받았을 때에는 곧바로 그 지시에 따라 처리를 해야 한다. 단 "을"이 곧바로 처리를 하지 않은 경우 "갑"은 스스로 그 처리를 할 수가 있다. 이 경우 처리에 소요된 비용은 "을"이 부담한다.

④ "갑"으로부터 검수 통지가 이루어졌다고 해도 제8조에 정한 "을"의 책임은 경감되지 않는다.

제7조(소유권 및 위험부담)

본 제품의 소유권 및 위험부담은 검수 통지가 이루어졌을 때에 "을"로부터 "갑"에게 이전한다.

제8조(보증)

① "을"은 "갑"에게 납품한 본 제품이 "갑"이 지시한 사양에 합치하고 정해진 품질, 성능을 구비할 것을 보증한다.

② "을"이 "갑"에게 납품한 본 제품에 숨겨진 하자가 발견되었을 때 "을"은 무상으로 하자 있는 제품의 수리, 대체품의 납품, 기타 "갑"이 요구하는 조치를 강구해야 한다. 단, 검수 후 1년이 경과되었을 때에는 이에 해당되지 않는다.

③ "을"은 "갑"에게 납품한 제품의 숨겨진 하자에 기인하여 "갑"이 손해를 입은 경우는 손해배상을 해야 한다. 단, 검수 후 1년이 경과하였을 때는 이에 한하지 않는다.

제9조(지불방법)

① 본 제품의 제작대금 및 그 지불방법은 "갑"·을 협의 후 별도로 정한다.

② "갑"은 을에 대해서 금전채권을 가질 경우는 제작대금과 해당 금전채권을 해당금액으로 상계할 수가 있다.

제10조(제공자료 등의 정리)

① "을"은 본 제품의 제작에 관해 "갑"으로부터 자료, 도면 그 밖의 서류 제공을 받았을 경우는 이것들을 선량한 관리자의 주의의무를 갖고서 보관, 관리하고 사전에 "갑"으로부터 서면에 의한 승낙 없이 이것들을 제3자에게 개시 또는 누설해서는 안 된다.

② "을"은 본 계약이 종결하거나 해제되었을 때 곧바로 앞 항의 서류원본 및 모든 복사본을 "갑"에게 반환해야 한다.

제11조(계약해제)

"갑" 또는 "을"이 본 계약 또는 개별계약의 결정에 위반하여 상대방이 상당한 기간을 정하여 시정을 최고하였음에도 불구하고 그 기간 중에 시정이 이루어지지 않은 경우 상대방은 곧바로 본 계약을 해제할 수 있다.

제12조(유효기간)

본 계약의 유효기간은 2000년 O월 O일부터 O년 간으로 한다. 기간만료 3개월 전까지 "갑" "을" 누구로부터 별도의 신청이 없을 때는 다시 1년간 연장하는 것으로 하고 이후에도 동일하다.

제13조(협의)

　본 계약에 정해지지 않은 사항 또는 해석에 이의가 발생한 사항에 대해서는 "갑" "을"이 협의 후 해결하기로 한다.

2000년 0월 0일

"갑"	상호	:	
	주소	:	
	대표이사(대표자)	:	○○○ (서명 또는 날인)
		:	
"을"	상호	:	
	주소	:	
	대표이사(대표자)	:	○○○ (서명 또는 날인)

물품구매단가계약서

위 사업체간은 아래품목을 ○○년간 단가계약으로 체결하고 성실히 이행한다.

* 계약건명 :

* 계약년월일 :

* 계약기간 :

* 물가연동폭 :

품명	규 격	단가	비고

* 결제조건 :

* 지급시기 :

○○○○년 ○○월 ○○일

첨부

1. 샘플 1매

2. 도면 1부

제1조(총칙)

(주)0000000(이하 "발주자"라 한다)과 0000000(이하"공급자"라 한다)는 물품구매단가계약서(이하"계약서"라 한다)에 기재한 물품구매계약에 관하여 제2조의 규정에 의한 계약문서에서 정하는 바에 따라 신의와 성실을 바탕으로 이를 이행한다.

제2조(계약문서)

1. 계약문서는 계약서, 물품 구매계약 일반약관, 물품 사양서 및 필요시 도면 등으로 구성된다. (단, 발주자의 필요하에 발주서로 대체할 수 있다.)

2. 사양서 및 설계도 내용이 불분명하거나 상호 모순되는 점이 있을 때는 공급자는 즉시 이 사실을 발주자에게 지적, 통지하여야 한다.

3. 발주자는 2항의 통지를 받은 때에는 즉시 그 사실을 조사 확인하고 발주자, 공급자 합의하에 필요한 조치를 취해야 한다.

제3조(납품)

1. 공급자는 계약서상의 납기일내에 계약전량을 납품장소에 현품으로 인도하고 검수요청을 하여야 하며, 발주자의 검수에 합격하고 발주자에게 수령됨으로서 납품완료된 것으로 한다.
2. 품목과 수량을 분할하여 납품을 지시하거나 계약상 분할납품이 허용된 경우에는 분납단위별로 검수 수령한다.
3. 공급자는 납품 지체가 예상되거나 지체사유가 발생할 경우 자재 사용부서 및 관련부서에 지체사유와 납품가능일자를 사전에 납품연기원으로 제출하여야 한다. 만일, 이를 이행치 않을 경우 발주자는 사후 지체상근공제 혹은 계약을 해약하고 제재조치를 취할 수 있다.

제4조(규격 및 품질)

1. 모든 물품은 계약상에 명시된 시방서, 도면, 규격명세서 또는 견품 등에 적합하여야하며, 특별한 약정이 없을 때에는 발주자의 구매목적과 사용용도에 맞는 신품이어야 한다.
2. 구매되는 자재의 전산등록규격, 자재규격 또는 도면에 인용되거나 요구하는 사외규격 중 별도로 정하지 않은 최신본을 적용한다.

제5조(검수)

1. 검수는 발주자 자체 검수기준에 의하여 실시한다.
2. 검수는 납품된 물품을 하나하나 확인함을 원칙으로 한다. 다만, 전량 검사가 부적당하거나 곤란할 때에는 그 일부를 추출하여 검사할 수 있다.
3. 검수결과 계약과 일치된 때에는 합격 판정을 하고 검수 불합격된 때에는 해약할 수 있다. 다만, 발주자가 필요하다고 인정할 경우 공급자의 부담으로 재납품하게 할 수 있다. 이 경우 공급자는 재납품 후 재검수요청을 하여야 한다.
4. 공급자는 검수결과 불합격된 품목에 대해서는 즉시 반출, 재제작 할 의무를 지며 불합격 발생 후 10일 경과시까지 반출하지 아니한 불합격 미반출품에 대하여는 반출의사가 없는 것으로 간주하여 발주자가 임의처리 할 수 있다. 단, 불합격품 처리방법을 별도로 약정한 경우에는 그러하지 아니한다.
5. 기타 검수절차와 이에 따른 권리의무는 특별히 다른 약정을 하지 않는 한 발주자의 검수기준은 적용한다.
6. 계약내용의 검수방법은 발주자의 사정에 따라 공급자와 별도의 합의하에 변경할 수 있다.
7. 자재규격 또는 제작도면 없이 구매되는 물품 중 검수코드에 의거 특정검사를 실시하는 경우는 전산등록규격에 기입된 재질의 해당규격을 기준으로 검수 및 판정한다.

제6조(포장 및 표지)

1. 공급자는 납품하는 물품의 운송 과정중 유실이 없도록 충분히 포장하여야 하며, 다음 사항을 명기한 표지를 달아야 한다.
가. 제작사 상호 및 계약자 상호
나. 계약번호 (발주번호)
다. 포장 단위별 일련번호, 품명, 규격, 단위, 수량
라. 총중량, 순중량, 체적
마. 취급상 주의사항

2. 표지는 견고하여야 하며, 당해 물품과 수명을 같이할 지구성 있는 표지로 함을 원칙으로 한다.

3. 공급자는 모든 계약물품에 대하여 상당기간 저장하여도 품질이 보존되도록 하여야 하며 해당물품을 보호하기 위한 포장재는 환경에 유해하지 않는 재질을 사용하고, 폐기 시 총량이 최소화 되도록 하여야 한다.

제7조(권리의무의 양도 금지)

공급자는 발주자의 서면 승인 없이는 권리의무를 제3자에게 양도할 수 없고 계약서에 명기된 제작자를 변경하거나 물품의 주요부분 제조를 제3자에게 하도급 할 수 없다.

제8조(특허 및 상호)

공급자는 계약이행에 관련된 특허, 상표, 허가 기타 행정상 문제처리와 비용부담의 책임을 진다.

제9조(대금지불)

공급자는 특별히 약정한 경우를 제외하고는 납품완료 후 발주자의 검수절차에 합격하여 해당물품에 대한 권리가 발주자에게 취득된 후 대금지불을 청구할 수 있으며, 대금지불방법은 발주자의 내부 규정에 의한다.

제10조(대금지불의 특례)

공급자가 납품완료 전이라도 거래상의 금융사정 기타 자체 수급사정을 고려하여 발주자가 특히 필요하다고 인정할 때에는 기납부분에 상당하는 계약금액을 한도로 대금의 일부를 지급할 수 있다.

제11조(법적책임)

본 약정서는2통 작성하여 각각 기명날인하고 1통씩 보관한다.
약정서의 법적관계는 ○○지방법원으로 할 것을 합의한다.

2○○○년 ○월 ○일

"갑"	상호명	:	
	대표자	:	○ ○ ○ ㊞
	주소	:	
	연락처	:	
"을"	상호명	:	
	대표자	:	○ ○ ○ ㊞
	주소	:	
	연락처	:	

제6장 부동산 매매 · 임대차

이 장에서는 부동산 매매나 임대차 등 부동산 관련 계약서의 양식을 주로 살펴본다.

흔히 하는 말 중에서 이런 말이 있다.

'일생에서 가장 큰 쇼핑은 부동산을 구매하는 것이다.'

그만큼 부동산을 매매하고 임대차하는 것은 주거생활과 경제생활의 기반과 매우 밀접한 관련이 있는 분야이므로 계약서를 작성할 때는 특히 주의해야 한다.

1. 부동산 매매

(1) 계약 전 주의사항

거래하려는 부동산 자체에 문제나 하자가 없는지 반드시 현장확인을 하는 것이 좋다.

부동산을 사고자 하는 자는 먼저 해당 지번을 확인하고, 임야대장, 토지대장, 등기부등본, 가옥대장, 도시계획확인원, 용도지역 확인원등을 떼어보고 현장을 반드시 확인하여야 한다.

실제 면적과 상기의 공적 장부와 다를 때가 종종 있으므로 직접 가서 서류와 차이가 없는지 조사 확인하는 것이 혹시라도 있을지 모를 분쟁을 미리 예방하는 것이다.

또한 토지의 경우에는 국토이용관리법이나 도시계획법, 농지법, 건축법, 군사시설보호법, 자연공원법 등의 법률적 규제가 없는지 잘 살펴보아야 한다.

(2) 계약서 기재사항 및 작성요령

계약자유의 원칙상 양당사자 간의 합의만으로도 계약은 성립될 수 있지만, 이는 채권적 효력만 가져올 뿐 '소유권 이전'이라는 물권적 효력까지 발생하는 것은 아니다. 즉, 부동산 매매계약은 '소유권 이전'이라는 이행의 문제를 남기게 되는데 바로 이 '이행의 문제'에 아무런 이상이나 하자가 없어야 비로소 부동산 매매라는 계약의 목적을 온전히 달성할 수 있는 것이다.

따라서 계약서 작성 단계에서부터 소유권을 이전받는데 아무런 하자가 없는지를 잘 살펴야 함은 물론이다.

부동산 매매계약서에 필수적으로 기재되어야 하는 사항은 다음과 같다.

매매계약 합의의 표시	'매도인과 매수인은 다음과 같은 내용으로 매매계약을 체결한다.'
부동산의 표시	• 계약목적물을 특정하기 위해 매매계약서에 부동산의 소재지, 지목과 그 면적 및 건물내역과 같은 부동산의 표시를 기재 • 부동산등기부의 표제부 중 표시란에 기재된 것과 동일하게 기재
당사자의 표시	• 매도인(원칙적으로 등기부상 소유자로 기재되어 있는 사람)과 매수인을 매매계약서에 기재 – 상대방 주민등록증의 직접 확인을 통한 본인확인 필수 • 매도인이나 매수인 중 대리인을 선임한 경우 – 대리인의 명의로 매매계약서를 작성해도 매매계약은 유효 – 유효한 대리권 존재 여부 확인 필수 • 매도인 또는 매수인이 회사(법인)인 경우 – 계약상대방인 회사의 법인등기부등본을 통해 현재 계약을 체결하는 사람이 회사를 대표할 권한이 있는 사람인지 여부를 확인 필수 – 회사의 이름과 대표자의 이름을 매매계약서에 동시에 기재
매매대금	• 매매대금과 그 지급날짜를 정확히 기재 • 매매대금 총액과 계약금, 중도금, 잔금의 순서로 기재

소유권 이전 및 인도에 관한 사항	• 동시이행 관계 • 계약당사자 간에 특별한 약정이 없는 한 매도인은 매수인으로부터 매매대금의 잔금을 받음과 동시에 소유권이전등기에 필요한 서류 전부를 교부해야 함
해제에 관한 사항	• 계약금만을 주고받은 경우 해제 가능 • 매수인이 해제하는 경우 계약금을 포기, 매도인이 해제하는 경우 계약금의 2배를 반환
특약 사항	계약당사자 간에 특별히 정하는 사항이 있는 경우 그 사항을 구체적이고 자세하게 기재
날짜 및 서명날인	• 계약을 맺은 날짜를 기재하고, 계약당사자 명의의 서명을 날인 • 계약서 보관 : 당사자의 수만큼 작성하여 계약당사자가 각각 원본을 보관

(3) 부동산 중개업체를 통한 매매계약서 기재사항

부동산 중개업체를 통해 부동산 매매가 이뤄졌을 경우에는 다음의 사항을 기재하고 부동산 개업공인중개사(법인인 경우에는 대표자, 법인에 분사무소가 설치되어 있는 경우에는 분사무소의 책임자)가 서명 및 날인하되, 해당 중개행위를 한 소속공인중개사가 있는 경우에는 소속공인중개사가 함께 서명 및 날인해야 한다(공인중개사법 제26조 제2항 및 제25조 제4항).

• 거래당사자의 인적 사항 • 물건의 표시 • 계약일 • 거래금액 · 계약금액 및 그 지급일자 등 지급에 관한 사항 • 물건의 인도일시	• 권리이전의 내용 • 계약의 조건이나 기한이 있는 경우에는 그 조건 또는 기한 • 중개대상물 확인 · 설명서 교부일자 • 그 밖의 약정내용

(4) 잔금지급과 등기서류 교부

잔금지급 시 매도인으로부터 받아야 할 서류는 인감증명서(부동산매도용) 1통, 등기권리증, 주민등록등본, 검인용 매매계약서 각 1통이다.

또한 중도금 지급 시에는 지방세가 밀렸는지도 확인해야 하며(지방세가 체납되었을 경우 매매계약서에 검인을 받을 수 없음), 잔금을 지급할 때 재산세와 종합토지세를 집주인과 정산해야 한다.

매입자는 입주 이후의 세금만 내면 되는데, 재산세와 종합토지세는 과세기준일이 각각 5월 1일과 6월 1일이다. 따라서 과세액에 입주일부터 차기 과세기준일까지의 개월수를 곱한 뒤 12로 나눠 납부액을 계산하게 된다.

이 모든 사항을 확인하여 등기관련서류를 교부받았다면 60일 이내에 관할 등기소에 이전등기 신청을 해야 한다. 만약 이 기한을 초과하였을 경우 최고등록세액의 300%까지 과태료가 부과된다.

2. 임대차계약서 작성방법

(1) 계약 체결 전 확인사항

계약을 체결하기 전에 최소한 다음 사항을 반드시 확인하여야 한다.

① 등기부를 발급받아 보고 임대인이 등기부상 소유자로 등기된 사람인지를 확인하고, 신분증을 보고 그 사람이 맞는지를 확인하여야 한다.

② 등기부등본을 발급받아 그 부동산에 대하여 저당권 등 제한물권이나 가압류, 가처분 등 처분제한 등기 등이 없는지 확인하여야 한다.

③ 임차인은 전기, 가스, 수도 등의 요금 납부 영수증을 통하여 각종 공과금 등이 미납된 것이 없는지 확인하여야 한다.

(2) 계약체결 후 전입신고 등 안내

① 주택의 경우

- 임차인이 주택을 인도받고 주민등록(전입신고)을 마친 때에는 그 다음날로부터 대항력이 생기고, 여기에 더하여 확정일자를 갖춘 경우에는 경매(공매) 등의 절차에서 후순위권리자보다 우선하여 보증금을 변제받을 권리가 있다. 따라서 가능하면 신속히 전입신고와 확정일자를 받아두는 것이 유리하다.

- 주택임대차계약서에 대한 확정일자는 등기소, 동사무소{동사무소에서는 ㉠ 임차인의 전입신고시, ㉡ 임차인의 전입신고가 먼저 이루어지고 그 이후에 주택임대차계약서에 확정일자를 청구하는 경우, ㉢ 주택임대차계약서에 확정일자를 부여받은 후 계약기간 만료로 계약을 갱신하거나 기존 계약내용의 일부(보증금의 증감 등)를 변경하여 갱신계약서나 변경계약서에 확정일자를 청구하는 경우에 확정일자를 부여함} 및 공증인사무실에서 부여받을 수 있다. 그 중 등기소에서 부여하는 확정일자는 전국의 어느 등기소에서나 관할에 관계없이 확정일자를 부여하므로 가까운 등기소 아무 곳이나 방문하여 신청하실 수 있다. 필요한 서류는 임대차계약서 원본을 가지고 가시면 되고, 따로 필요한 서류는 없다.

② 상가의 경우

- 일정한 보증금(2006년 12월 서울지역 기준으로 240,000,000원) 이하의 임차인이 상가건물을 인도받고 세무서에 사업자등록을 신청한 때에는 그 다음날로부터 대항력이 생기고, 여기에 더하여 관할세무서장으로부터 확정일자를 받은 경우에는 경매(공매) 등의 절차에서 후순위권리자보다 우선하여 보증금을 변제받을 권리가 있다. 따라서 가능하면 신속히 사업자등록을 신청하고 확정일자를 받아두는 것이 유리한다. 상가에 대하여는 관할세무서장에게 사업자등록을 신청하고 확정일자를 받아야 한다는 점을 유의하여야 한다.

(3) 작성방법 및 해설

계약서를 작성하시기 전에 다음의 사항을 먼저 읽어보시면 도움이 된다.

① 부동산의 표시

– 등기부를 발급받거나 인터넷으로 열람하여 보고, 부동산의 표시를 등기부의 표제부 중 '표시란'에 기재된 것과 동일하게 기재하여야 한다.

– 소재지는 그 건물이 소재하는 시·구·읍·면·동과 그 번지를 기재한다. 등기부등본의 '소재지번란'에 기재된 내용을 보고 기재하시면 된다.

– 건물인 경우 구조 및 용도와 면적을 기재한다. 등기부등본 제일 앞면을 보시면 '건물내역'이 있다. 이곳에 있는 내용을 기재하시면 된다.

– 집합건물(통상 아파트, 연립, 다세대 등이 집합건물에 해당하는데, 등기부등본을 보시면 제일 앞면에 '집합건물'이라고 표시되어 있다)에 대하여는 등기부등본 표제부에 기재된 동과 호수를 정확히 기재하여야 한다.

– 부동산의 일부분만이 목적물인 경우는 임대차목적물을 명확히 특정하여 분쟁의 소지를 없애기 위하여 임대차계약서에 그 임차부분에 관한 도면을 작성하여 첨부하는 것이 바람직하다.

② 당사자의 표시

– 임대인은 부동산을 빌려주는 사람을 말한다. 임대인은 등기부상 소유자로 기재되어 있는 사람이어야 함이 원칙입니다.

– 임차인은 부동산을 빌리는 사람을 말한다.

– 계약당사자가 개인이 아닌 회사(법인 등)인 경우에는 대표자 개인이 계약당사자인 것으로 오인되지 아니하도록 반드시 회사(법인 등)의 명칭과 대표자의 이름을 기재하여야 한다.

– 임대인 또는 임차인이 2인 이상인 경우(예를 들면 부부 공유의 부동산을 임대하거나 부부 공동으로 부동산을 임차하는 경우)에는 모든 당사자를 '임대인란' 또는 '임차인란'에 기재하여야 한다.

③ 대리인과 계약을 체결하는 경우 등

－ 계약당사자 본인과 직접 계약을 체결하는 경우에는 인적사항의 동일성을 확인하는 것만으로도 충분하나, 대리인이 본인을 대리하여 계약을 체결하는 경우에는 대리인 자격을 표시한 다음 대리인의 인적사항을 기재하고 대리인의 신분증과 대조하여 두는 것이 차후에 발생할지도 모르는 분쟁을 예방하는 데 도움이 된다.

－ 또한 대리인과 계약을 체결할 때에는 대리인에게 본인을 대리할 수 있는 권한, 즉 대리권이 있음을 증명할 수 있는 증거서류를 받아두어야 한다. 대리권을 증명하는 서류는 원칙적으로 위임장(본인의 인감증명서와 동일한 인영이 날인되어 있고, 위임의 범위가 명확히 기재되어 있는 위임장)이어야 한다. 실제 거래관행상 본인과 대리인이 부부관계이거나 직계존비속의 관계에 있는 경우 신분관계를 증명하는 주민등록등본이나 호적등본만을 믿고 별도로 위임장을 받지 않는 경우가 있으나 신분관계가 있다고 하여 당연히 대리권이 있다고 인정받는 것은 아니므로 유의하여야 한다.

■ 제1조(보증금 및 그 지급시기)
－ 임대차보증금과 그 지급날짜를 기재한다. 금액은 착오를 방지하기 위하여 한글과 아라비아 숫자로 나란히 기재하는 것이 안전하다. 중도금은 꼭 기재하여야 하는 것은 아니고 당사자가 원하지 않을 경우 중도금 약정을 하지 않아도 된다.

■ 제2조(월세)
－ 월세(차임)에 대한 부가가치세를 임차인이 부담하기로 하는 경우 '월세란'에는 부가가치세를 포함한 금액을 기재하도록 하고, 월세(차임)가 선불인지, 후불인지 여부도 분쟁의 소지를 방지하는 차원에서 확실히 정해두는 편이 바람직하다.

■ 제3조(관리비 등)
－ 월세(차임) 이외에 임차인이 부담할 관리비가 있는 경우 이를 구체적으로 기재한다(관리비가 없는 경우에는 위 조항을 삭제하거나, 해당란에 '없음'이라고 기재한다).
－ 임차인이 부담할 관리비가 ① 매월 일정한 금액으로 정해진 경우에는 해당란에 그 금액을 기재하고, ② 그 밖의 경우에는 임차인이 부담할 구체적인 항목을 기재한다(예: 임대부분에 대한 전기료, 수도료, 가스료, 정화조 청소비)
－ 임대차와 관련하여 월세 및 관리비와 별도로 임차인이 부담할 것을 특별히 정한 사항이 있는 경우에는 '관리비 외 다음 항목'란에 기재한다.

- **제4조(부동산의 인도 및 임대차기간 등)**
  - 임대인은 임차인에게 임대차목적물을 인도하고 계약 존속 중 그 사용 · 수익에 필요한 상태를 유지하게 할 의무를 집니다. 잔금을 받는 날 부동산을 인도하는 것이 보통입니다만, 부동산을 인도하는 날짜를 달리 정할 수도 있다.
  - 참고로, 주택에 대하여는 기간의 정함이 없거나 기간을 2년 미만으로 정한 임대차는 그 기간을 2년으로 보도록 하고 있다. 다만, 임차인은 2년 미만으로 정한 기간이 유효함을 주장할 수 있다(주택임대차보호법 제4조).
  - 일정한 보증금 이하의 상가에 대하여는 기간의 정함이 없거나 기간을 1년 미만으로 정한 임대차는 그 기간을 1년으로 봅니다. 다만, 임차인은 1년 미만으로 정한 기간이 유효함을 주장할 수 있다(상가건물임대차보호법 제9조).

- **제5조(업종의 지정), 제6조(구조 또는 용도의 변경, 양도 등의 금지)**
  - 임차인은 계약 또는 목적물의 성질에 의하여 정하여진 용법으로 임차물을 사용 · 수익하여야 하며, 임대인의 승낙 없이 임차물을 타인에게 사용 · 수익하게 할 수 없다. 또한 상가의 경우에는 임대인의 승낙 없이 업종을 변경하여 임차물을 사용할 수 없다.

- **제7조(계약해지권)**
  - 임차인이 월세 및 관리비 등을 몇 회 이상 연체할 때 임대인에게 계약해지권이 생기는지를 임대인과 임차인은 협의하여 계약서의 공란에 기재하여야 한다.

- **제9조(계약 종료시 의무)**
  - 임대차계약이 종료된 경우에 임차인이 자신의 비용으로 원상회복의무를 부담하기로 약정하였다면 임대인이 임대차목적물에 지출한 각종 유익비 또는 필요비의 상환청구권을 미리 포기하는 취지임이 보통이므로, 이와 달리 정하는 경우에는 그 약정내용을 명확히 기재하도록 한다.

- **제13조(권리금)**
  - 임차인은 원칙적으로 임차인에게 권리금을 청구할 수 없다.

- **날짜 및 서명 날인**
  - 계약을 맺은 날짜를 기재한다. 계약서가 두 장 이상일 경우 간인을 하거나 계약서 전체에 쪽 번호를 기재하는 것이 좋다.
  - 당사자가 회사인 경우 회사의 이름과 대표자의 이름을 기재하고, 반드시 회사의 법인 인감도장을 날인하여야 한다.
  - 계약서는 계약당사자의 수만큼 작성하여 당사자가 각각 원본을 보관하고 있는 것이 차후의 분쟁을 예방하는 방법입니다.

3. 관련 판례

(1) 명의신탁자의 당사자 여부

부동산등기는 그것이 형식적으로 존재하는 것 자체로부터 적법한 등기원인에 의하여 마쳐진 것으로 추정되며, 타인에게 명의를 신탁하여 등기하였다고 주장하는 사람은 그 명의신탁 사실에 대하여 증명할 책임을 진다(대판 1997. 9. 30, 95다39526, 대판 2000. 3. 28, 99다36372, 대판 2015. 10. 29, 2012다84479 등 참조).

그리고 계약을 체결하는 행위자가 타인의 이름으로 법률행위를 한 경우에 행위자 또는 명의인 가운데 계약 당사자가 누구인지는 계약에 관여한 당사자의 의사해석 문제에 해당한다(대판 2012. 11. 29, 2012다44471 등 참조). 행위자와 상대방의 의사가 일치하는 경우에는 그 일치한 의사대로 행위자 또는 명의인을 계약 당사자로 확정하여야 하고, 행위자와 상대방의 의사가 일치하지 않는 경우에는 그 계약의 성질·내용·목적·체결 경위 등 그 계약 체결 전후의 구체적인 제반 사정을 토대로 상대방이 합리적인 사람이라면 행위자와 명의자 중 누구를 계약 당사자로 이해할 것인지에 의하여 계약 당사자를 결정하여야 한다(대판 2001. 5. 29, 2000다3897, 대판 2003. 9. 5, 2001다32120 등 참조).

따라서 어떤 사람이 타인을 통하여 부동산을 매수하면서 매수인 명의 및 소유권이전등기 명의를 그 타인 명의로 하기로 한 경우에, 이와 같은 매수인 및 등기 명의의 신탁관계는 그들 사이의 내부적인 관계에 불과하므로, 상대방이 명의신탁자를 매매당사자로 이해하였다는 등의 특별한 사정이 없는 한 대외적으로는 계약명의자인 타인을 매매당사자로 보아야 하며(대판 1993. 4. 23, 92다909 판결, 1997. 5. 16, 95다29116 등 참조), 설령 상대방이 그 명의신탁관계를 알고 있었다 하더라도 상대방이 계약명의자인 타인이 아니라 명의신탁자에게 계약에 따른 법률효과를 직접 귀속시킬 의도로 계약을 체결하였다는 등의 특별한 사정이 인정되지 아니하는 한 마찬가지라 할 것이다(대판 2016.07.22., 2016다207928).

(2) 부동산등기부의 표제와 실제 면적이 다른 경우

물권의 객체인 토지 1필지의 공간적 범위를 특정하는 것은 지적도나 임야도의 경계이지 등기부의 표제부나 임야대장·토지대장에 등재된 면적이 아니므로, 부동산등기부의 표제부에 토지의 면적이 실제와 다르게 등재되어 있어도 이러한 등기는 해당 토지를 표상하는 등기로서 유효하다. 또한 부동산등기부의 표시에 따라 지번과 지적을 표시하고 1필지의 토지를 양도하였으나 양도된 토지의 실측상 지적이 등기부에 표시된 것보다 넓은 경우 등기부상 지적을 넘는 토지 부분은 양도된 지번과 일체를 이루는 것으로서 양수인의 소유에 속한다(대판 2016.06.28., 2016다1793).

(3) 부동산 매수인이 임대차보증금 반환채무를 인수한 경우 그 성격

부동산의 매수인이 매매목적물에 관한 임대차보증금 반환채무 등을 인수하는 한편 그 채무액을 매매대금에서 공제하기로 약정한 경우, 그 인수는 특별한 사정이 없는 이상 매도인을 면책시키는 면책적 채무인수가 아니라 이행인수로 보아야 하고, 면책적 채무인수로 보기 위해서는 이에 대한 채권자 즉 임차인의 승낙이 있어야 한다(대판 2001. 4. 27, 2000다69026, 대판 2008. 9. 11, 2008다39663 등 참조). 채무자인 매도인이나 제3자인 매수인은 임차인에게 임대차보증금 반환채무에 대한 매도인의 면책에 관한 승낙 여부를 최고할 수 있으며, 임차인이 상당한 기간 내에 확답을 발송하지 아니한 경우에는 이를 거절한 것으로 본다(민법 제455조).

한편 임차인의 승낙은 반드시 명시적 의사표시에 의하여야 하는 것은 아니고 묵시적 의사표시에 의하여서도 가능하다. 그러나 임차인이 채무자인 임대인을 면책시키는 것은 그의 채권을 처분하는 행위이므로, 만약 임대보증금 반환채권의 회수가능성 등이 의문시되는 상황이라면 임차인의 어떠한 행위를 임대차보증금 반환채무의 면책적 인수에 대한 묵시적 승낙의 의사표시에 해당한다고 쉽게 단정하여서는 아니 된다(대판 2015.05.29., 2012다84370).

부동산매매검인계약서

매도인 ○ ○ ○
매수인 ○ ○ ○

아래 표시 부동산에 관하여 약정내용과 같이 매매계약을 체결한다.

<table>
<tr><td>검인 접수 ○○ 호

부동산등기특별조치법 제3조의 규정에 따라 검인함.
2000년 ○월 ○일
구청장 ㉑</td></tr>
</table>

1. 부동산의 표시 → **부동산에 관한 사항**

○○시 ○○구 ○○동 ○번지

대 210㎡

위 지상

목조 기와지붕 1층 주택

1층 90㎡

2. 약정내용

제1조 위 부동산에 있어 매수인은 매매대금을 아래와 같이 지급키로 한다. → **대금에 관한 사항**

매매대금		금 원( ) 원정 (평당 원)	
계 약 금	금	원정은	2000년 ○월 ○일 지급
중 도 금	금	원정은	2000년 ○월 ○일 지급
잔 대 금	금	원정은	2000년 ○월 ○일 지급

제2조 잔대금 중 은행융자원리금 20,000,000원, 전세보증금 90,000,000원은 매매대금에서 공제하며 매수인이 잔대금을 매도인에게 지급한 때에는 매도인은 매수인에게 소유권이전등기에 필요한 모든 서류를 교부하고 매매목적물을 2000년 ○월 ○일까지 인도하여야 한다. → **소유권 이전 및 인도에 관한 사항**

제3조 매매물건에 관한 조세공과 기타의 부과금은 매매대금 지급일까지는 매도인의 부담으로 하고 그 이후에는 매수인의 부담으로 한다. 단, 재산세의 납부책임은 지방세법상의 납부의무자로 한다.

제4조 매매물건의 소유권은 잔대금지급기일에 매도인으로부터 매수인에게 이전한다.

제5조 등록세 기타 소유권이전등기에 소요되는 비용은 매수인의 부담으로 한다.

제6조 매도인, 매수인의 어느 일방이 이 계약을 위배했을 때는 타의 일방은 최고 없이 이 계약을 해제함과 동시에, 매수인이 위약한 때에는 계약금은 매도인이 취득하며 매도인이 위약한 때에는 계약금의 배액을 매수인에게 변상하여야 한다. → **계약금에 의한 해제에 관한 사항**

제7조 위 계약을 증하기 위하여 계약서 5통을 작성하고 계약당사자 간의 이의 없음을 확인하고 각자 서명 날인한다.

특약사항으로는 다음과 같이 합의한다.

.
.
.
.
.
.
.

2000년 0월 0일

매매당사자의 표시

매 도 인	성명	㊞
	주민등록번호	
	주소	
매 수 인	성명	㊞
	주민등록번호	
	주소	

신청인의 표시

성 명　법무사 OOO

주 소　OO시 OO구 OO동 OO번지

(사무소)

【부동산매매계약서】

부동산매매계약서

부동산의 표시

건물소재지				
면 적	대지		건물구조 및 용도	
	건물			

제1조 위 부동산매매에 대하여 매수자는 다음과 같은 지불 방법으로 매도자에게 대금을 지불키로 한다.

대금총액	일금 원정 (₩)
계 약 금	원정을 계약당시 지불
중 도 금	원정을 2000년0월0일 지불
잔 액 금	원정을 2000년0월0일 지불

제2조 매도자는 잔금 수령시 매수자에게 소유권 이전(등기)에 필요한 수속서류를 잔금과 상환하여야 한다.

제3조 가옥명도는 2000년 0월 0일 명도하기로 한다.

제4조 본 계약을 매도자가 위약 하였을 때는 계약금의 배액을 매수자에게 배상하고 매수자가 위약 하였을 때는 본 계약은 무효로 하며 계약금 반환청구를 할 수 없다.

위 각 조항을 엄수키 위하여 본 계약서를 4통 복사 작성하여 매매당사자용, 매매신고용, 업소보관용으로 각각 사용하기로 하고 매수인 정정은 이를 불허함.

2000년0월0일

매도인	주소					
	주민등록번호		성 명	[인]	전 화	
매수인	주소					
	주민등록번호		성 명	[인]	전 화	
중개인	주소		상 호		신고번호	제 OO 호
	주민등록번호		성 명	[인]	전 화	

부동산매각 위임계약서

OO를 "갑"이라 칭하고 OO를 "을"이라 칭하여 "갑" "을" 양 당사자는 다음과 같이 위임계약을 체결한다.

제1조 위임자 "갑"은 수임자 "을"에게 제2조 이하의 약정에 따라 "갑"의 소유인 아래 부동산을 타에 매각할 것과 이에 관한 일체의 행위를 위임하며 수임자 "을"은 이를 승낙한다.

– 아 래 –

OO시   OO동 O번지
1. 택지평
   1.   택지평
        건물가옥번호 동 호
   1.   건물구조
        건평평 이층평 평
        및 위 지상의 정원수, 정원석 및 건물의 등 현장일절

제2조 수임자 "을"은 전후의 부동산을 년월일까지 대금원 이상으로 타에 매도한다. 단, 월일까지 매도하지 못하였을 때 수임자 "을"은 즉시 그 취지를 위임자 "갑"에게 통보하여야 한다.

제3조 위임사무처리에 관한 비용은 위임자 "갑"의 부담으로 하고 위임자 "갑"은 수임자 "을"의 청구가 있을 때는 "을"에게 선급한다.

제4조 수임자 "을"에 대한 보수는 원으로 하고 동 목적물이 매각되었을 때는 성공보수로서 다시 매각대금의 백분율에 상당하는 금액을 위임자 "갑"이 위임사무처리와 동시에 수임자 "을"에게 지급한다.

제5조 수임자 "을"은 필요한 경우 자기의 책임으로 복대리인을 선임할 수 있다.

위의 계약을 증명하기 위하여 본 증서 2통을 작성, 날인하여 각각 1통씩을 보관한다.

2000년 0월 0일

"갑" 위임자	주소	:	
	성명	:	O O O ㉑
		:	
"을" 수임자	주소	:	
	성명	:	O O O ㉑

【건물매매계약서】

건물매매계약서

※ 부동산의 표시

 소 재 지 :

 건물구조 :

 건물면적 :㎡

 대지면적 :㎡

제1조(매매목적물 및 대금지급)

계약금	일금	20년월일
중도금	일금	20년월일
잔금	일금	20년월일

제2조(대금의 지급)

제3조(차지권에 대한 약정)

 ○○○은 ○○○에 대하여 ○○○이 본건 건물을 소유하기 위해 그 부지에 대한 임대료 1개월 금 ○○○원, 매월 ○○일 지급, 존속기간 ○년의 임차권을 인정한다.(건물이 차지상에 있는 경우) ○○○은 ○○○에게 이전하는 것으로 하고 ○○○에 이에 대하여 ○○○ 본건 건물 부지 소유자의 승낙을 받는데 협력한다.

제4조(인도와 등기)

 ○○○은 ○○○에 대하여 20년 ○○월 ○○일까지 ○○○의 대금지급과 동시에 교환으로 소유권 이전등기 절차를 한다.

 ○○○은 본건 건물에 대한 저당권, 질권, 임차권 등의 등기가 있을 때는 소유권 이전등기할 때까지 이를 말소해야 한다.

제5조(위험부담)

 이 계약 성립 후 본건 건물을 인도할 때까지 본건 건물의 멸실 또는 그 손실은 ○○○부담으로 한다.○○○이 전항의 경우로 이 계약을 체결한 목적을 달성할 수 없을 때는 ○○○은 무상으로 계약을 해약할 수 있으며 기타의 경우에는 멸실 · 훼손의 비율에 따라 대금의 감액을 청구할 수 있다.

제6조(하자담보)

 ○○○이 ○○○으로부터 본건 건물의 인도를 받은 후에 본건 건물에 하자가 있다고 해도 ○○○은 이를 이유로 해약 또는 대금감액의 청구를 하지 않기로 한다.

제7조(부담의 귀속)

본건 건물에 대한 고정자산세 기타 공과금은 본건 건물의 이전분은 ㅇㅇㅇ이, 그 이후의 분은 ㅇㅇㅇ이 부담한다.

제8조(설비의 이전 등)

ㅇㅇㅇ은 본건 건물에 부속된 수도·전기·가스 기타의 설비에 관한 권리를 일체 ㅇㅇㅇ에게 이전하며 또한 그 명의의 변경 절차에 협력한다.

제9조(계약해제)

ㅇㅇㅇ중의 어느 일방이 이 계약의 각 조항을 일개조라도 위반할 때는 상대방은 즉시 이 계약을 해제할 수 있다.

제10조(위약금)

ㅇㅇㅇ의 의무불이행으로 인하여 ㅇㅇㅇ이 이 계약을 해제했을 때는 ㅇㅇㅇ은 계약금의 반환을 청구할 수 없다. ㅇㅇㅇ의 의무불이행으로 인하여 ㅇㅇㅇ이 이 계약을 해제했을 때는ㅇㅇㅇ은 계약금의 배액을 지급하여야 한다.

이 계약의 성립을 증명하기 위하여 본 계약서를 2통 작성, 매도인, 매수인 각각 서명 날인하고 각 1통씩 보유한다.

20ㅇㅇ년 ㅇ월 ㅇ일

매도인   주소 :
           성명 :   ㊞
           연락처 :

매수인   주소 :
           성명 :   ㊞
           연락처 :

입회인   주소 :
           성명 :   ㊞
           연락처 :

【토지매매계약서】

토지매매계약서

주소	
대	
대금	

제1조 상기 부동산 매매에 대하여 계약당시에 매수자는 계약금으로 일금원정을 매도인에게 지급하고 매도인은 이를 영수한다.

제2조 중도금원정을 2000년 O월 O일에 지급키로 하고 잔액 금원정은 2000년 O월 O일, 매도인은 소유권 이전에 필요한 수속, 서류와 교환하기로 한다. 단, 잔금 지급은 소개인 입회하에 지급키로 한다.

제3조 대금지급 후 등기 명의인을 추가로 하든지 매도인은 매수인의 요구에 응하기로 한다.

제4조 토지명도는 2000년 O월 O일로 한다.

제5조 소개료는 쌍방에서 각각 계약당시의 OOO을 소개인에게 지급하기로 한다.

제6조 매도인이 본 계약을 위약할 때는 계약금의 배액을 매수인에게 배상하기로 하고 매수인이 본 계약을 위약할 때는 계약금은 무효되고 반환청구를 행사하지 못한다.

2000년 O월 O일

| 매도인 | 주소 | : |
| | 성명 | : OOO ㊞ |

| 매수인 | 주소 | : |
| | 성명 | : OOO ㊞ |

| 소개인 | 주소 | : |
| | 성명 | : OOO ㊞ |

【토지건물매매계약서】

토지건물매매계약서

　　매도인 OOO를 "갑"으로 하고, 매수인 OOO을 "을"로 하여 "갑"과 "을" 간에 다음과 같이 매매계약을 체결한다.

제1조(목적)

　　"갑"은 "을"에 대해 아래 표기의 토지건물을 현황 그대로 매도할 것을 서약하고, "을"은 이것을 매수한다.

제2조(매매대금과 지급)

① 매매가격은 총액 일금만원으로 하는데, 계산의 기초는 토지 에 대해 실측 면적을 기준으로 1평방미터당 일금원으로 하고, 건물대금은 일금만원으로 한다.

② "을"은 "갑"에 대해 매매대금을 다음과 같이 지급한다.

　1. 금일 계약금으로 일금 원(잔금 지급 시 선금으로 충당)

　2. 잔금원은 2000년 O월 O일까지 아래 토지건물의 소유권이전등기신청과 상환하여 지급한다.

제3조(소유권의 이전)

① "갑"은 "을"에게 아래 토지건물에 대해 2000년 O월 O일까지 위 제2조 제2항 제2호의 잔금지급과 동시에 소유권이전등기신청을 하도록 하고, 같은 날 아래의 토지건물(빈 집)을 인도한다.

② 위 항목 소유권이전등기신청시 아래 토지건물의 소유권은 "을"에게 이전한다.

제4조(위험부담)

　　"갑" 또는 "을"의 책임이 아닌 사유로 아래 건물이 멸실 또는 훼손되었을 때의 부담은 "갑"에게 돌아감과 동시에 자동적으로 본 계약은 해제되는 것으로 하고, "갑"은 을에 대해 제2조 제1호의 계약금을 반환한다.

제5조(제한권의 소멸의무)

　　"갑"은 "을"에게 아래 토지건물에 대해 하등의 제한 또는 부담 없는 완전한 소유권을 이전해야 한다.

제6조(비용부담)

　　아래 토지건물에 대한 제세공과금 기타 부과금은 소유권이전등기신청 전날까지는 "갑"의 부담으로 하고, 동 신청일 이후는 "을"의 부담으로 한다.

제7조(비용부담)

　　아래 토지건물의 소유권이전등기에 필요한 등기면허세, 등기신청에 필요한 등록세, 취득세 기타 비용은 "을"의 부담으로 하고, 상기 소유권이전등기의 전제로 필요한 말소등기 등의 등기신청에 드는 제 비용은 "갑"의 부담으로 한다.

제8조(계약의 해제)

"갑" 또는 을 어느 쪽인가가 이 계약의 이행에 착수할 때까지는 "갑"은 을에 대해 계약금의 배액을 반환하고, "을"은 "갑"에 대해 계약금을 포기하여 각각 본 계약을 해제할 수 있다.

제9조(계약의 해제와 손해배상)

① "갑" 또는 "을"에게 본 계약상의 채무불이행이 있었을 경우에는, 그 상대방은 불이행을 한 자에 대해 서면으로 이행을 최고하고 본 계약을 해제할 수 있다.

② 위 항목으로 해제되었을 경우, "갑"이 불이행했을 때는 계약금을 반환하고, 동시에 이와 같은 액수의 손해배상을 지급하도록 하고, "을"이 불이행했을 때는 "갑"은 수령한 계약금을 손해배상채권으로 충당할 수 있다.

제10조(하자담보책임)

"갑"은 "을"에게 아래 표시의 건물에 대해 본 계약체결일로부터 6개월 간 하자담보의 책임을 지는 것으로 하고, 이 기간 경과 후에는 일체의 책임을 지지 않는다.

이상과 같이 계약이 성립되었으므로 본 증서 2통을 작성하여 "갑"과 "을"이 각자 1통을 보관한다.

2○○○년 ○월 ○일

	주소	:
매도인 "갑"	성명	: ○○○ ㊞

	주소	:
매수인 "을"	성명	: ○○○ ㊞

[부동산의 표시]

① 토 지(공부상)	② 건 물(공부상)
소재 :	소재 :
지번 :	가옥번호 :
지목 :	종류 :
지적 :	구조 :
(실측) :	건면적 :
	(현황) :

【저당권부토지매매계약서】

저당권부토지매매계약서

　　매도인 ○○주식회사를 "갑"으로 하고 매수인 ○○주식회사를 "을"로 하여 "갑", "을" 간에 다음과 같이 토지매매계약을 체결한다.

제1조(목적)

　　"갑"은 그 소유한 아래 표시의 부동산(이하 '본 건 부동산'이라 한다)을 "을"에게 다음 조항 이하의 약정으로 매도하고, "을"은 이를 매수할 것을 약정하였다.

제2조(매매대금)

　　매매대금은 아래 저당권 부담의 현상(現狀)으로 금 만원으로 한다.

제3조(계약금)

　　"을"은 금일 계약금으로 금만원을 "갑"에게 교부하고, "갑"은 이것을 수령하였다.

제4조(매매대금의 지급시기)

　　"을"은 제2조의 매매대금을 본 건 부동산의 소유권이전등기신청과 교환하여 지급한다. 이 경우, 위조항의 계약금을 매매대금으로 충당하고, 이를 공제하도록 한다.

제5조(소유권이전과 비용부담)

　　본 건 부동산의 소유권이전등기는 2000년 ○월 ○일에 하기로 하고, "갑"과 "을"은 동일 ○○○변호사(또는 법무사) 사무소에 모여, "갑"은 제4조에 의한 잔금의 지급과 상환하여 소유권이전등기신청용 서류 일체를 "을"에게 교부하되, 소유권이전의 등기비용은 "을"이 부담한다.

제6조(부동산의 인도)

"갑"은 2000년 ○월 ○일까지 본 건 부동산을 현 상태 그대로 "을"에게 인도하도록 한다.

제7조(저당권의 부담)
본 건 부동산은 아래 내용의 채권을 담보하는 저당권의 부담을 조건으로 매매되는 것으로 한다.

1. 채권자 : ○○주식회사(병)
2. 채무자 : ○○주식회사 "갑"
3. 채무현재액 : 만 원
4. 이행기 :2000년 ○월 ○일
5. 기한 후의 손해금 하루 이자 : 원

제8조(저당채무의 변제)

1. 위 조항 채무의 이행기까지 "을"은 대위변제·면책적 채무인수 기타의 방법으로 "갑"의 병에 대한 채무를 소멸시켜야 한다.
2. "을"이 위 항의 의무이행을 해태함으로서 "갑"에게 손해를 입혔을 경우, "을"은 즉시 "갑"에 대해 이를 배상해야 한다.

제9조(매매대금의 감액)

"갑"의 병에 대한 채무의 현재액이 금만원을 초과할 경우는 본 건 매매대금을 초과액의 한도에서 감액한다.

제10조(부동산의 보증)

"갑"은 제7조 기재의 저당권을 제외하고는 현실적으로 본 건 부동산에 대하여 "을"의 완전한 소유권 행사를 저해하는 일체의 부담이 없다는 것을 보장한다.

제11조(기타 비용부담)

본 건 부동산의 제세공과금은 제6조에 의한 인도일로 구분하여, 당일까지의 비용은 "갑"이 이를 부담하고, 그 다음날 이후에 해당하는 비용은 "을"이 부담한다.

제12조(위험부담)

본 건 부동산이 제6조에 의한 인도 이전에 당사자의 책임으로 돌릴 수 없는 이유로 멸실 또는 훼손되었을 때 그 손해는 "갑"의 부담으로 한다.

제13조(계약의 해제)

1. "갑" 또는 "을"이 본 계약에 있어 불이행이 있었을 때는 상대방은 서면으로 이행을 최고한 후, 본 계약을 해제할 수 있다.
2. 이 경우, "갑"의 불이행에 의해 해제되었을 때는 이미 받은 매매대금을 "을"에게 반환함과 동시에 금만원을 손해금으로 "을"에게 지급하도록 한다.
3. "을"의 불이행으로 해제되었을 때는 "갑"은 이미 받은 매매대금 가운데 금 만원을 손해금으로 충당한 뒤 잔액을 "을"에게 반환한다.

20○○년 ○월 ○일

	주소	:
매도인 "갑"	상호	:
	대표이사(대표자)	: ○ ○ ○ ㉑

		:
	주소	:
매수인 "을"	상호	:
	대표이사(대표자)	: ○ ○ ○ ㉑

(부동산의 표시)

소 재 : ○○시 ○○구 ○○동 ○○번지

지 번 :

지 목 :

지 적 :

참고 19 _ 토지거래 허가제 ▌

지역	구분
• 광역도시계획, 도시·군기본계획, 도시·군관리계획 등 토지이용계획이 새로 수립되거나 변경되는 지역 • 법령의 제정·개정 또는 폐지나 그에 의한 고시·공고로 인하여 토지이용에 대한 행위 제한이 완화되거나 해제되는 지역 • 법령에 의한 개발사업이 진행 중이거나 예정되어 있는 지역과 그 인근지역 • 그 밖에 국토교통부장관 또는 시·도지사가 투기우려가 있다고 인정하는 지역 또는 관계 행정기관의 장이 특별히 투기가 성행할 우려가 있다고 인정하여 국토교통부장관 또는 시·도지사에게 요청하는 지역	허가구역이 둘 이상의 시·군(광역시의 관할 구역에 있는 군을 포함한다) 또는 구의 관할 구역에 걸쳐 있는 경우: 국토교통부장관이 지정 허가구역이 동일한 시·군 또는 구 안의 일부 지역인 경우: 시·도지사가 지정

화해계약서(임대차)

임대인 ○○○을 "갑"이라 하고, 임차인 ○○○을 "을"이라 하여 당사자 간에 아래와 같이 합의가 성립되어 합의서를 작성한다.

제1조(임대차계약의 종료)

"갑" 소유의 별지에 기재한 건물의 1층 부분("갑"과 을" 간 20○○년 ○월 ○일자 점포임대차계약 제1조 기재한 부분)(별지 도면 참조)에 있어 점포임대차계약서 (확정일시 공증인 사무소 20○○년 ○월 ○일)에 의거 임대차기간 만료일인 20○○년 ○월 ○일에 종료된 것을 "갑"과 을" 쌍방이 무조건 확인한다.

제2조(부분인도와 반환)

"을"은 "갑"에 대해 제1조의 가옥 중 1층 바닥(점포) 평방미터(별지 도면 사선 부분 이하 본 건 가옥이라 한다)를 제외한 부분을 모두 퇴거하여 명도하고, "갑"은 "을"로부터 인도받는다.

제3조(유예기간)

"갑"은 "을"에 대해 본 건 가옥의 명도를 20○○년 ○월 ○일까지 유예하고, "을"은 같은 날에 본 건 가옥을 명도한다.

제4조(지연기간 사용료)

"을"은 "갑"에 대해 전 조에 본 건 가옥의 명도유예기간 중 임대료 상당액을 손해금으로 20○○년 ○월 ○일부터 20○○년 ○월 ○일까지 월 금 원을 20○○년 ○월 ○일부터 본 건 가옥의 명도가 끝나기까지 한 달 금 원을 매월 일에 한하여 위 갑에게 지참 또는 송금하여 지급한다.

제5조(공탁금반환청구권의 양도)

"을"이 법원에 납입했던 공탁금에 대한 공탁금반환청구권을 "을"은 제4조의 손해금 지급에 충당하기 위해 "갑"에게 양도한다. 단, 공탁금에 대한 양도절차는 "을"이 하기로 한다.

제6조(유예기한의 이익상실)

"을"은 다음 각 호의 하나를 위반했을 때는 제3조 명도유예기한의 이익을 상실하고, 즉시 "을"은 본 건 가옥으로부터 퇴거하여 명도한다.
 1. 차임상당 손해금의 지급을 ○회 이상 게을리 했을 때
 2. 본 건 가옥을 영업 이외의 영업용도로 사용한 때
 3. 본 건 가옥에 자기가 만들어 넣거나 원상태를 변경할 때
 4. 본 건 가옥의 점유 일부 또는 전부를 명목 여하를 불문하고 제3자에게 이전했을 때

5. 본 건 가옥에 대한 제세공과금을 제외한 수도료, 전기료, 가스료, 그 외 자기 영업에 의해 발생한 일체의 비용 지급을 게을리 했을 때

6. "을"이 본 건 가옥에 대한 수선비를 부담하지 않을 때

제7조(합의관할)

"갑"과 "을" 쌍방은 본 건 합의에 대한 분쟁이 있을 경우 ◯◯법원에서 소를 제기하기로 약속한다.

이상의 합의를 증명하기 위해 본 서 2통을 작성하여, 각자 서명 날인한 다음 각 1통을 보관한다.

20◯◯년 ◯월 ◯일

"갑" 임대인	주소	:	
	성명	:	◯ ◯ ◯ (서명 또는 날인)
"을" 임차인	주소	:	
	성명	:	
"병" 입회인	주소	:	
	성명	:	◯ ◯ ◯ (서명 또는 날인)

매장임대차계약서

　(주)0000 대표이사 000(이하 "갑"이라 칭함)과 000(이하 "을"이라 칭함)간에 하기 내용에 관한 매장 사용에 임대차계약을 유통업의 상업도덕을 성실히 이행하기로 다음 조항과 같이 체결한다.

－ 다　음 －

목적물의 표시 : 00시 00구 00동 00번지

1. 임대차매장

점유면적	㎡(	평)
공유면적	㎡(	평)
계	㎡(	평)

2. 임대보증금 : 일금　　　　　만원정(₩　　　　　)

　"을"은 다음과 같이 기일엄수 납입하며 인테리어 공사가 있을 시는 사전 완납한다.

구 분	계약금　　%	중도금　　%	잔금　　%
불입일	2000년 0월 0일	2000년 0월 0일	2000년 0월 0일
금 액	일금	일금	일금

3. 기준임대료월액 : 일금일　　　　만원정(₩　　　　　)

4. 업　종

5. 임대차기간

	주 　소 　변 　동 　사 　항

제1장　보증금 및 임대료

제1조(임대차)

　"갑"은 000의 목적물을 "을"에게 임대하고, "을"은 본 유통(00 가칭)점의 점규와 영업규칙 및 본 계약 조항에 의하여 임차한다.

제2조(임대보증금)

　"을"은 전기 매장을 임차함에 있어서 계약과 동시 계약금 ○○%, 약정일 중도금 ○○%와 개점 2개월 전 인테리어 확장공사 시 잔금 ○○%를 불입 완료하였을 때 매장 임차권을 취득한다.

제3조(업종 및 취급상품)

1. "을"은 "갑"으로부터 임차한 매장에서 "갑"이 지정한 업종과 별지에 작성된 취급상품에 한하여 상행위를 영위할 수 있다.
2. "을"은 항시 상품구색을 구비하고 최우량품목만을 취급하여야하며 위생관리를 철저히 이행하고 고객에 대한 환품, 교환, 수리 등 판매관리 일체는 "갑"의 규정에 따라 한다.

제4조(임대료 기산)

　본 계약에 의한 임대료는 입주일로부터 계산한다. (부가가치세 별도)

제5조(임대료 납입)

1. "을"은 매월 ○일까지 전 월분 임대료를 "갑"이 지정하는 방법에 따라 납부하여야 하며, "을"이 정당한 이유 없이 임대료 납입 최종일인 15일을 경과하여 임대료납입을 지연한 경우에는 그 지연일수에 대하여 위약금으로 월 ○%의 이율의 지체상금을 "갑"에게 배상하여야 한다.
2. "을"의 계약기간이 만료되거나 "갑"의 재계약요구 등 임대차계약을 조정할 시 "을"이계약을 기피, 지연 또는 쌍방의 합의가 되지 않은 상태에서 "을"이 영업을 계속하다 철수하는 경우의 임대료 상당 손해금 징수는 다음 각 호와 같이 처리한다.
   (1) 영업일수는 종전 계약만료 익일부터 "갑"의 매장에서 철수하는 당일을 포함하는 기간으로 한다.
   (2) 징수임대료는 "갑"이 제시한 종전 계약평당 단가를 기준하여 영업일수로 계산한다. 단, 종전 계약만료 시점부터 영업일수는 1개월을 초과할 수 없다.

제6조(기준 임대보증금) "갑"은 기에 임대차보증금 ○○원을 "갑"에게 전액 예치하여야 하며, 기준 임대보증금에 대한 금리는 인정치 않는다.

(1) 기준 임대보증금은 계약일 경과 15일간은 연체료 없이 납입할 수 있다.
(2) 부득이한 경우 16일부터 30일까지 납입하는 경우는 연체일 동안 월 2%의 연체료를함께 납입하여야 한다. 단, 연체일수는 매장 임대차 계약서 제4조의 계약일(납입기한일) 또는 기존 계약만료일(재계약시점일)부터 납입전일까지의 기간으로 한다.
(3) 상기 1, 2항의 기간이 경과하여도 기준 임대보증금이 완납되지 않을 때는 계약 자체를 해제하며 "을"은 "갑"의 조치에 응해야 한다.

제7조(보증금 및 임대료의 개정)

　"갑"은 본 계약 유효기간 중이라도 본 건물을 유지관리하고 영업함에 불가피하다고 인정할 시 또는 제물가의 변동이 심할 때에는 사정변경의 원칙을 적용, 쌍방 협의하여 임대차보증금 및 임대료를 변경할 수 있다.

제8조(장소변경)

"갑"과 "을"은 건물 관리 운영상 또는 매장 운영상 불가피한 경우에는 쌍방이 합의하여 "을"의 임대장소를 이전 또는 위치 변경할 수 있다.

제2장 제관리비용

제9조(관리비) "을"은 다음 각 호의 제비용을 설비를 기준으로 하여 "갑"이 산출한 방법에 의거 지정기일내에 매월 납부하여야 한다. 단, 지연납부 시는 제5조에 준하여 처리한다.

1. 공익비(공익부분 관리비)
   건물설비 관리인(보안, 경비, 청소, 보수관리비), 전기, 수도, 냉난방, 공조, 소모품비, 주차장 사용료, 공용잡비, 기타 공익부분에 사용되는 제비용)
2. 직접비(점내 관리비)
   전기, 가스, 수도, 냉난방, 공조, 교환대, 전화료 및 교환대 사용료 등

제10조(시설사용료)

1. "을"은 "갑"이 설치한 점포의 고정성 장치·장식에 대하여 "갑"의 산정기준에 따라 일정한 금액의 시설사용료를 매월 "갑"에게 지불하고 이를 사용한다.
2. "을"은 "갑"이 설치한 점포의 이동성 장치·장식에 대한 비용을 "갑"의 사정기준에 따라 보증금 납입 시에 우선 납부하고 추후 최종비용 확정시 정산한다.

제11조(시설 변경에 따른 양여 및 원상회복)

"을"은 임대차 기간 중 "갑"이 설치한 고정성 장치·장식의 보수, 변경, 일부 시공 또는 전기, 수도, 전화, 냉난방 장치, 기타 대소를 막론하고 일체의 시설보수 및 변경은 "을"의 부담으로 하여야 하고, 비용이 자담이라 할지라도 반드시 "갑"의 사전승인을 얻어야 하며, 계약기간의 만료 시 또는 해약 시는 "을"이 설치한 고정시설 일체를 "갑"에게 무상으로 양여하거나 "갑"의 원상회복 요구 시는 이에 응하여야 한다. 단, 자비부담으로 설치한 이동성 장치 장식은 "을"이 소유로 한다.

제12조(비품 대여)

1. "갑"은 "을"에게 임대한 매장의 유지 관리상 필요한 비품을 대여하며 "을"은 "갑"이 별도 정하는 바에 따라 본 대여품 사용료를 매월 15일까지 "갑"에게 납부한다.
2. 전항의 대여품의 자연 마멸 및 정기보수는 "갑"이 부담하며 "을"의 부주의 내지 사용 결함에 따라 발생한 제보수 비용은 "을"이 부담한다.

제13조(비품 설치)

"을"은 "갑"이 설치한 시설 이외의 비품 등을 비치할 시는 "갑"의 사전 승인을 득해야한다.

제14조(선관 의무)

"을"은 "갑"으로부터 대여받은 시설물 일체에 대해 선관의무자로서 유지 관리 책임을 진다.

제15조(경비 지불 기준일)

1. 모든 경비의 지불은 매월 15일을 기준으로 하며 15일이 "갑"의 휴무일 경우에는 그 익일까지 납부하여야 한다.

2. "을"이 본 계약상 지불하여야 할 금액 중 미납금이 있을 경우에는 "갑"이 "을"에게 지불하여야 할 일체의 대금 중에서 "을"의 미납금 전액을 대치 영수할 수 있다

제3장 영업행위 및 금지사항

제16조(사용인 채용 및 교육)

1. "을"이 그 사용인을 채용할 때에는 "갑"이 별도로 정하는 소정의 절차에 따라 "갑"의 사전승인을 받아야 한다.
2. "을" 또는 "을"의 사용인은 "갑"이 별도로 실시하는 소정의 교육을 받아야 한다.
3. "을"과 그 사용인을 "갑"의 점규를 준수하여야 하며, "갑"이 지정한 책임자의 감독, 지시, 승인을 받아야 하며, 위반 시는 "갑"은 "을" 또는 그 사용인의 출입을 정지시킬 수 있다.
4. 전항의 "을"의 사용인이라 함은 "을"의 영업에 관련된 일체의 종업원을 말한다.

제17조(상품관리)

1. "을"은 그 취급상품을 자기 책임하에 보관하고 발점 후에는 각 진열장에 제건하여야 하며, "갑"은 "갑"의 귀책사유로 발생한 "을"의 손실에 대하여 "을"에게 배상한다.
2. "을"은 불의의 사고에 대비하여 반드시 "을" 소유상품 및 비품가격 전액을 화재보험에 부보하여야 하며, 화재발생으로 인한 "을"의 손해에 대하여는 "갑"은 일체의 책임을 면한다.
3. "갑" 또는 "갑"의 사용인이 사전에 "을"의 양해를 구할 시간적 영유가 없는 비상사태 또는 건물관리상 급박한 경우에는 "을"의 부재 시라도 "을"의 임대매장 내에서 상기 사태에 대응할 수 있다.

제18조(인·허가)

1. "을"이 주무관청의 허가 또는 등록을 요하는. 업종을 영위하거나 상품을 판매할 경우에는 영업허가 또는 등록을 "을"의 명의로 제출하고 영업상의 대외적 책임은 일절 "을"에게 있다.
2. "을"이 "갑"의 명의로 된 허가, 면허증에 의해 영업행위를 할 때에는 "을"은 이에 대한 면허세, 영업세, 조합비등을 부담한다.
3. "을"의 부주의 및 허가, 면허조건상의 업무 불이행 등으로 허가, 면허 등이 취소되는 경우에는 "을"의 책임으로 상기의 허가 및 면허를 복구하여야 하며, 면허복구가 불가할 시, "갑"은 계약해지 및 손해배상을 청구할 수 있다.

제19조(영업시간 및 휴업일)

"을"은 영업기간 및 휴업일은 "갑"이 별도로 정하는 영업규칙에 따른다.

제20조(금융등록기 설치)

"을"은 주무관청의 방침에 따라 "갑"이 지정한 금융등록기를 설치 운용해야 하며, 이에 의한 영수증을 발급해야 한다.

제21조(유가증권의 발행금지)

"을"은 "갑"의 사전승인 없이 "갑"의 명의 또는 "을"의 명의로 보관증, 인환증을 발행할 수 없다.

제22조(금지사항) "을"은 다음 각 호의 행위를 하지 못 한다.

1. 공중에 대하여 불쾌감을 주거나 공용시설물에 방해가 될 만한 간판, 광고물의 설치, 게시 또는 상품 등을 방치하는 행위
2. 폭발물 등 위험성이 있는 물질 또는 인체에 유해하고 불쾌감을 주거나 재산을 파손할 염려가 있는 물품 등 "갑"이 그 사용을 금지하는 물품을 반입하는 행위
3. 소란스러운 행위, 악기사용·애완동물의 사육행위
4. 당국이 정한 부정외래품의 취급 및 판매행위
5. 기타 본 계약에 위반하는 행위

제23조(판촉물 및 기타 제작물 사용)

1. "을"은 "을"의 영업활동상의 선전을 위하여 행하는 광고, 선전, PR행위 등은 "갑"의 사전승인을 득해야 한다.
2. P.O.P 제작, 장치·장식 및 유니폼, 쇼핑백, 포장박스, 포장지, 안내문 등의 각종 C.I.P의 제작, 작성 등은 "을"이 임의로 제작 사용할 수 없으며, 반드시 "갑"의 사전승인을 얻어 득해야 한다.
3. 전항에 의거 제작, 작성된 광고물 및 포장물은 점내에서만 사용해야 한다.

제24조(크레디트카드)

"갑"이 발행, 관리하고 있는 크레디트카드는 의무적으로 취급하여야하며, 이의 사용에 의한 매장 매출의 수수료율은 0%로 하고 월 임대료와 같이 납입한다.

제4장 해약권 및 손해배상

제25조(해약권 등) "갑"은 다음 사유가 발생할 때에는 최고 없이 이 계약을 일방적으로 해약처리 또는 영업정지처분을 할 수 있으며, 이 처분에 불응할 때에는, "갑"은 단전, 매대 및 진열품, 전화 등 "갑"의 대여비품을 회수하고 "갑" 및 사용인 출입을 금지시킬 수 있다.

1. "갑"의 승인 없이 명의변경 또는 제3자에게 매장사용권을 양도, 전매, 전대하거나 질권, 기타 이를 담보로 제공하였을 때
2. "을"이 파산 또는 지급불능에 빠지거나 "을"에 대한 회사정리절차의 신청이 있거나 채무로 인하여 강제집행신청(가압류, 가처분 포함)을 받거나 경매신청을 받았을 경우
3. 계약자와 실 운영자가 상이하거나 동업할 경우
4. "갑", "을" 간 약정된 임대료 납입 및 제 6, 9, 10, 11, 12, 15, 18조에 해당하는 비용 등 "을"이 "갑"에게 납입하여야 할 제비용을 1개월 이상 연체할 경우
5. "을" 또는 "을"의 사용인이 "갑"이 규정한 관련규정 및 지침을 위반하였을 경우
6. "을"의 영업준비가 미비하여 개정이 불가능하다고 인정될 때
7. "을"의 사정에 의하여 1주일 이상 발점할 경우
8. "을" 또는 "을"의 사용인이 "갑"의 직원에게 어떠한 형태라도 사례를 베풀 시

제26조(계약의 종료) 본 계약은 다음 각 호의 사항에 해당될 경우 종료한다.

1. 임대차기간 종료 시

2. 전조에 의거 "갑"이 해지한 경우

제27조(존속기간)

"갑"과 "을"은 임대차 유효기간 만료 1개월 전까지 쌍방이 서면으로 별도의 의사표시가 없는 경우에는 본 임대차계약을 1년 간 연장하는 것으로 한다.

제28조(중도해약)

1. "갑" "을" 당사자가 유효기간 중에 중도해약 하고자 할 경우에는 3개월 전에 상대방과 합의를 득하여 야 한다.
2. 해약합의 후 3개월이 경과하여도 "을"이 명도치 않을 경우에는 "갑"은 하시라도 제25조에 의하여 조 치하여도 "을"은 이의를 제기치 못한다.
3. 제1항의 "갑"의 합의 없이는 "을"이 상품을 철수하거나 "을"이 일방적으로 해약을 할 수 없으며, 또한 "갑"의 합의를 득하여 예고 없이 해약할 시에는 3개월간의 임대료와 관리비를 "을"은 "갑"에게 납부 하여야 한다.

제29조(보증금 반환)

1. 해약 시 "을"이 "갑"에게 지불한 매장사용보증금은 해약 일로부터 기산하여 3개월 초과치 않는 기간 내에 반환하되, 임대료 및 제비용과 기타 "갑"에게 지불해야 할 비용 일체를 공제한 후 지불한다.
2. "을"에게 손해배상, 기타 본 계약상 외의 채무가 있는 경우, "을"의 보증금 중 일부 또는 전부로서 변 제에 충당할 수 있다.

제30조(손해배상)

1. "을"은 본 임대차 물건을 선관 의무자로서 주의를 다하여 관리하여야 한다.
2. "을" 또는 그 사용인 및 그 고객의 고의, 과실을 불문하고 "갑"에게 손해를 입힌 경우에는, "을"은 지체 없 이 "갑"에게 통지하여야 하며, "갑"에게 입힌 손해를 즉시 배상하거나 원상복구하여야 한다.
3. 손해액의 규정은 배상당시의 시가에 따라 쌍방 협의하여 결정한다.

제5장 조사권 및 소송관할

제31조(영업조사권)

"을"의 현저한 계약조건위반 및 "갑"의 명예와 신용에 차질을 초래할 우려가 인정될 시는 "갑"은 "을"에 대 한 조사를 할 수 있으며, "을"은 이에 응해야 한다.

제32조(통지방법)

본 계약에 관한 "갑", "을" 간의 제반 공지사항의 통지는 구두나 서면으로 "을"의 사용인에게 전달함으로써 "을"에게 통지한 것으로 본다.

제33조(통지의무) "을"은 다음 각 호에 해당하는 사실이 발생할 경우에는 지체 없이 필요서류를 첨부, "갑"에게 서면으로 통지하여야 한다.

1. 주소, 상호 및 대표가 직계상속으로 변경된 경우
2. 정관이 변경된 경우
3. 자본구성에 중대한 변경이 있는 경우
4. 개인사업자가 법인으로 변경되거나 법인이 개인사업자로 변경된 경우

제34조(보증인)

"을"의 보증인은 본 임대차계약조항에 의거 "을"이 부담하는 일체의 채무에 대하여 "을"과 연체하여 책임을 진다.

제35조(해석)

본 계약에 정하지 아니한 사항 또는 이의가 발생한 경우에는 일반 상관례 및 신의성실의 원칙에 의하여 쌍방 협의하여 정한다.

제36조(소송관할)

본 계약으로 발생하는 "갑" "을" 간의 소송은 "갑"의 소재지 관할법원으로 한다.

본 계약을 증명키 위하여 "갑"과 "을" 쌍방은 상기 계약조항을 확인하고 자필 서명 날인하여 본 계약의 효력을 발생시키며, "을"은 이행서류를 작성하여 "갑" "을" 각각 1통씩 보관하고 이의가 없기로 한다.

20○○년 ○월 ○일

"갑"	상호 :	
	주소 :	
	대표자 : ○○○ ㊞	

"을"	상호 :	
	주소 :	
	대표자 : ○○○ ㊞	

"보증인"	상호 :	
	주소 :	
	대표자 : ○○○ ㊞	

【가옥임대차계약서】

가옥임대차계약서

임 대 인		주 소	
임 차 인		주 소	

　　계약의 편의상 임대인을 "갑"이라 칭하고 임차인을 "을"이라 칭하여 위 당사자 간 다음 건물에 대하여 임대차계약을 체결함.

제1조(부동산의 표시) "갑"은 자기가 소유하는 다음 건물을 "을"에게 임대한다.

① 건물구조
　건 평 평흡작
　2층 평흡작

제2조(보증금) "갑"은 보증금으로 금 ( )원을 "을"로부터 수령한다.

제3조(공과금 기타 부담)

"갑"은 제1조 기재 건물에 관한조세 기타의 공과 및 대수선을 부담한다.
(임대료)임대료는 1개월 원으로 하고 매월 말일 "갑"의 주소에서 지급한다.

제4조(배상책임) "을"은 그 책임이 될 사유로 인하여 임차건물을 훼손한 경우에는 그 배상의 책임을 진다.

제5조(충당금) "을"이 제4조의 임대료 또는 배상금의 지급을 해태한 때는 "갑"은 보증금으로서 이 변제에 충당할 수 있다.

제6조(보증금의 반환) "갑"은 본 건물의 명도가 완료되면 보증금을 "을"에게 반환한다. 위 제6조의 규정에 의해서 변제에 충당한 보증금의 잔여분이 있을 때도 같다.

제7조(원상회복) "을"은 명도에 있어서 본건 건물을 원상으로 회복하지 않으면 안 다. 그러나 "갑"의 승낙을 얻어 조작·건구 등을 부착시킨 경우에는 "갑"은 시가에 의해서 그 작·건구 등을 매수하는 것으로 한다.

제8조(건물용도) "을"은 본건 건물을 주거(혹은 점포)로 사용하고 다른 용도로 사용하지 못 한다. "을"이 전항을 위반한 경우에는 "갑"은 계약을 해지할 수 있다.

제8조(건물의 구조 변경) "을"은 "갑"의 승낙을 얻지 않으면 건물 또는 조작의 형태를 바꿀 수 없다.

제9조(임대차기간) 본건 임대차계약의 기간은 19년 월 일로부터 년간(또 는 19년 월 일까지)으로 한다.(기간을 약 정하지 않은 경우는 각 당사자 공히 언제든지 임대차의 계약을 해지 청구할 수 있다. 이 경우 "을"은 해약의 청 구가 있은 후 6개월 이내에 본건 건물을 명도한다.) 전항의 경우 임대료는 명도기일까지 할로 계산한다.

위 계약을 증명하기 위하여 본 계약서를 2통 작성하여 각기 서명 날인하고 각 1통씩 보관한다.

2OOO년 O월 O일

"임대인" : O O O ㉔
"임차인" : O O O ㉔

건물임대차계약서

　주식회사 0000(이하 "갑"이라 한다)과 주식회사 0000(이하 "을"이라 한다)는 건물의 임대차에 관하여 아래와 같이 계약(이하 "본 계약"이라 한다)을 체결한다.

제1조(목적)

　본 계약은 "갑"이 "갑" 소유의 건물(이하 "본 건물"이라 한다)을 "을"에게 임대하고, "을"이 본 건물을 제3자에게 전대(轉貸)하여 임대하되, 임대차기간이 종료하게 되면 이를 "갑"에게 명도하는 것에 관하여 필요한 제반사항을 정함을 그 목적으로 한다.

제2조(본 건물)

"갑"이 "을"에게 임대하는 본 건물은 다음 각 호와 같다.
1. 소 재 : 00시 00구 00동 00번지
2. 종류 및 구조 : 콘크리트 슬레이트조 2층 건물
3. 면적 : 00.00 평방미터

제3조(임대료)

　임대료는 매월 금원으로 하고, "을"은 매월 말일까지 당월 분을 "갑"의 00은행 00지점 예금구좌(000-000)에 납입하여 지급하는 것으로 한다. 단, 기간이 1월이 채워지지 아니할 경우 날짜로 계산하여 임대료를 납입하여 지급한다.

제4조(보증금)

　"을"은 본 계약의 체결과 동시에 "갑"에게 보증금으로 금 원을 지급하고, "갑"은 즉시 이를 수령한다. 이때 보증금에는 이자가 발생하지 아니하며, 본 계약이 해지 또는 종료된 경우 "을"이 "갑"에게 지급하여야할 모든 채무 및 손해배상액 등을 공제한 후 잔금은 지체 없이 "을"에게 반환하여야 한다.

제5조(사전동의) "을"은 다음 각 호의 1의 사유가 발생하는 경우 "갑"으로부터 사전에 서면에 의한 동의를 얻어야 한다.

1. 건물의 개조·조작·모양 변경 등 원상을 변경하고자 하는 경우
2. "을"이 제3자에게 본 건물에 대한 임차권을 양도하거나 본 건물의 전부 또는 일부를 전대하고자 하는 경우

제6조(수선의무)

　본 건물에 대하여 부분적이거나 작은 하자로 인하여 수선이 필요한 경우에는 "을"이 "을"의 비용으로 직접 수선한다.

제7조(원상복구의무)

"을"의 책임 있는 사유로 본 건물이 오손·파손·멸실된 경우 "을"은 "갑"의 선택에 따라 지체 없이 이를 원상복구하거나 손해를 배상하여야 한다.

제8조(가스의 사용료 등)

가스, 전기, 수도, 전화 등의 사용료는 "을"의 부담으로 한다. 다만, 냉·난방비는 "갑"과 "을"이 협의하여 별도로 정한다.

제9조(명도)

① "을"은 본 계약이 종료 또는 해지되는 경우 "을"은 지체 없이 "을"이 본 건물내에서 소유하거나 보관중이던 물건 등을 모두 철거하여 원상회복하여 "갑"에게 명도하여야 한다.

② 본 계약이 종료되거나 해지된 후 "을"이 본 건물의 명도를 지체하는 동 안 "을"은 "갑"에게 제3조에 정한 임대료의 2배를 손해배상금으로 지급하여야 한다.

제10조(통지의무)

"갑"과 "을"은 본 계약 체결 당시에 알고 있는 상호, 대표자, 소재지, 업종 및 기타 계약당사자의 주요사항이 변동되거나 합병, 영업양도, 부도, 화의, 회사정리, 파산 등 신용상태에 변경이 있거나 변경될 우려가 있는 경우 이를 지체 없이 상대방에게 통지하여야 한다.

제11조(임대차 기간)

본 건물의 임대차기간은 2002년 11월 1일부터 2004년 10월 31일까지로 하고, 계약기간 만료일 1월 전까지 별도 서면에 의한 의사표시가 없는 한 동일한 조건으로 1년씩 자동 연장되는 것으로 한다.

제12조(계약의 변경)

본 계약의 일부 또는 전부를 변경할 필요가 있는 경우에는 "갑"과 "을"의 서면 합의에 의하여 이를 변경하고, 그 변경내용은 변경한 날 그 다음 날부터 효력을 가진다.

제13조(권리 등의 양도 등 금지)

"갑"과 "을"은 상대방의 서면동의 없이 본 계약상의 일체의 권리·의무 등을 제3자에게 양도·증여·대물변제·대여하거나 담보로 제공할 수 없다.

제14조(계약의 종료)

본 계약은 다음 각 호의 1의 경우 별도의 최고 없이 당연히 종료된다.

1. 본 건물이 화재 기타 재해로 대파 또는 멸실되었을 때
2. 본 건물의 전부 또는 일부가 공공사업을 위하여 매도, 수용 또는 사 용되어 더 이상 본 계약을 유지할 수 없을 때

제15조(해지)

① "을"이 계속해서 2회 이상 임대료의 지급을 지연하거나 제5조제2호에서 정한 사항을 위반하는 경우 "갑"은 을에 대하여 별도의 최고 없이 즉시 본 계약을 해지할 수 있다.

② "갑" 또는 "을"은 다음 각 호의 사유가 발생한 경우에는 계약기간에 관계없이 상대방에 대한 서면통지로써 본 계약을 해지할 수 있다.

1. 상대방이 정당한 사유 없이 본 계약에서 정한 사항을 위반하고 서면으로 시정요구를 받은 날로부터 7일 이내에 해당 위반사항을 시정하지 않은 경우
2. 자신 또는 상대방의 주요재산에 대한 보전처분결정 및 강제집행, 화의, 회사정리, 파산 등의 개시로 더 이상 계약유지가 곤란한 경우
3. 기타 본 계약을 수행하기 어려운 중대한 사유가 발생한 경우

③ 제1항 및 제2항의 해지는 "갑"과 "을"의 손해배상 청구에 영향을 미치지 아니한다.

제16조(계약의 유보사항)

① 본 계약에서 정하지 아니한 사항이나 해석상 내용이 불분명한 사항에 대해서는 관계법령 및 상관습에 따라 상호 협의하여 결정한다.

② 제1항과 관련하여 필요한 경우 "갑"과 "을"은 별도의 약정을 할 수 있으며, 이는 본 계약의 일부를 이룬다.

제17조(관할법원)

본 계약과 관련하여 소송상의 분쟁이 발생한 때에는 서울지방법원을 관할로 한다.

본 계약의 내용을 증명하기 위하여 계약서 2부를 작성하고, "갑"과 "을"이 서명 또는 날인한 후 각 1부씩 보관한다.

2000년 0월 0일

"갑"	주소	:
	상호	: ○○○ ㊞
	대표이사(대표자)	:
"을"	주소	:
	상호	: ○○○ ㊞
	대표이사(대표자)	:

【건물일시임대차계약서】

건물일시임대차계약서

OOO을 "갑", OOO을 "을"로 하여 "갑"과 "을" 사이에 아래 표시의 건물(이하 '본 건 건물'이라 한다)의 일시 임대차에 관해 다음과 같이 계약한다.

제1조(목적) "갑"은 본 건 건물을 "을"에게 일시 임대하고, "을"은 이를 빌린다.

제2조(용도) "을"은 본 건 건물을 자기가 OO에 건축 중인 건물의 완성 때까지의 가주거로 사용하는 것으로 하고, 그 이외의 목적으로는 사용치 않는다.

제3조(임대료) 임대료는 1개월당 금 OO원으로 하고, "을"은 매월 말일까지 다음달 치 임대료를 "갑"의 주소에 지참 혹은 송금의 방식으로 지급한다.

제4조(원상복구의무) "을"은 본 건 건물에 부속물을 설치할 수 있다. 단, 이 계약 종료 시에 "을"은 본 건 건물을 원상으로 복구하여 "갑"에게 반환하여야 한다.

제5조(계약의 갱신) 본 건 임대차계약은 제2조의 "을"의 주거용 건물이 완성되어 "을"이 그것을 인도 받았을 때 종료하고 그 후 이를 갱신할 수 없다.

제6조(전대의 금지) "을"은 본 건 건물에 관한 임차권을 제3자에게 양도 혹은 본 건 건물을 전대할 수 없다.

제7조(보증금)

① "을"은 이 계약의 채무이행을 확보하기 위해 일금 OO원을 보증금으로 당일 "갑"에게 기탁한다. 단, 이 보증금에는 이자가 붙지 않는다.

② "갑"은 위 항목의 보증금을 "을"이 본 계약에 기초하여 부담하는 임대료, 손해배상금으로 충당할 수 있다.

③ 본 계약 기간의 만료 혹은 계약의 해지 등에 의해 "을"이 본 건 건물을 "갑"에게 반환했을 때는 "갑"은 신속히 보증급을 "을"에게 반환한다.

제8조(손해배상책임) "을"은 고의 혹은 과실로 본 건 건물을 멸실 또는 훼손했을 때는 그로 인해 "갑"에게 입힌 손해를 배상해야 한다.

제9조(계약의 해제) "을"이 다음 각 호 중 하나에 해당할 때는 "갑"은 아무런 최고 없이 즉시 본 계약을 해제할 수 있다.

1. 임대료의 지급을 2개월 분 이상 지체했을 때
2. 제6조를 위반했을 때

이상과 같이 계약했으므로 계약서 2통을 작성, "갑"과 "을"은 각기 서명 날인한 후 각 1통씩 이를 보관한다.

2000년 0월 0일

임대인 "갑"	주소	:	
	성명	:	○ ○ ○ ㊞
채무자 "을"	주소	:	
	성명	:	○ ○ ○ ㊞

【상가건물임대차계약서】

상가건물임대차계약서

부동산의 표시

소재지 :

건물의 표시 구조 및 용도 : 면적 :㎡

임대할 부분 :

(임대할 부분이 건물의 일부인 경우에는 도면을 작성하여 붙인다)

당사자의 표시

임대인 이름(회사이름과 대표자) :

　주소(회사본점이 있는 곳) :

　주민등록번호(사업자등록번호) :

　전화번호 :

임차인 이름(회사이름과 대표자) :

　주소(회사본점이 있는 곳) :

　주민등록번호(사업자등록번호) :

　전화번호 :

　　　　　　　　　　임대인과 임차인은 다음과 같이 임대차계약을 맺는다.

제1조(보증금 및 그 지급시기) 임대차부동산에 대한 임대차보증금 및 그 지급시기를 아래와 같이 한다.

임대차보증 원 계약금원은 계약시에 지급하고, [받은 사람의 확인: (서명 또는 인)]
중도금원은 20○○년 ○월 ○일에 지급하며, 잔금원은 20○○년 ○월 ○일에 지급하기로 한다.

제2조(월세)

① 임차인은 월세 (부가가치세 포함)원(₩)을 매월 일에 (선불, 후불)로 지급하기로 한다.
② 임차인은 보증금이 남아 있다는 이유로 월세의 지급을 거절하지 못한다.

제3조(관리비 등) 임차인이 월세 이외에 부담하는 부분은 다음과 같다.

① 관리비 :

② 관리비 외 다음 항목 :

제4조(부동산의 인도 및 임대차기간 등)

① 임대인은 임대차부동산을 이 임대차계약 체결 당시의 상태로 년 월 일에 임차인에게 인도하여야 하며, 임대차기간은 인도된 날로부터 년 월 일까지로 한다.

② 임대인과 임차인은 임대차부동산을 인도받은 날로부터 년 월 일까지 기간 동안을 시설물설치 등 영업준비를 위한 기간으로 인정하여 위 기간 동안의 월세를 월 원으로 감액하는 데 합의한다.

제5조(업종의 지정)

① 임차인은 임대차 부동산을 업종의 영업을 하는 용도로 사용하여야 하며 다른 용도로 사용하여서는 안 된다.

② 임차인이 임대차부동산에서 영업하는 데 필요한 행정절차는 임차인의 책임으로 하며, 인·허가 등의 문제로 영업하지 못하는 경우라도 이로 인한 불이익은 임차인이 부담하며 임대인에게 그 책임을 묻지 아니한다.

③ 임차인은 임대인의 동의 없이 위 지정된 업종을 변경할 수 없다.

제6조(구조 또는 용도의 변경, 양도 등의 금지)

① 임차인은 임대인의 동의 없이 임대차부동산의 구조나 용도를 변경할 수 없다.

② 임차인은 임대인의 동의 없이 임대차부동산의 전부나 일부를 자신이 임대인의 자격으로 다른 사람에게 다시 임대(전대)하거나, 임차권을 양도할 수 없고, 임대차보증금 반환채권을 다른 사람에게 양도하거나 질권, 기타 담보로 제공할 수 없다.

제7조(계약해지권)

① 임대인은 임차인이 월세(제2조)를 회 이상 연체할 때(반드시 연속적인 연체가 아니라도 해당된다)는 이 계약을 해지할 수 있다.

② 임대인 또는 임차인이 이 계약에서 정한 의무를 이행하지 아니하는 경우 그 상대방은 이 계약을 해지할 수 있다.

제8조(계약의 자동연장)

① 임대인 또는 임차인이 이 계약에서 정한 임대차기간이 끝나기 전 6월에서 1월까지 사이에 상대방에게 '임대차계약을 더 이상 연장하지 아니하겠다,' 또는 '계약조건을 변경하는 조건으로 다시 임대차계약을 체결하겠다.'는 뜻을 통지하지 아니할 때에는 이 계약과 동일한 조건으로 다시 임대차한 것으로 본다.

② 위 ① 의 경우 임차인은 언제든지 임대인에 대하여 계약해지를 통지할 수 있고, 그 계약해지의 효력은 임대인이 그 통지를 받은 날부터 3월이 경과함으로써 발생한다.

제9조(계약 종료시 의무)

① 임차인은 자신의 비용으로 임대차부동산을 원래의 상태로 복구하여 임대인에게 반환한다.

② 임대인은 임대차보증금을 임차인에게 반환하되, 그 금액은 연체된 월세 등 임대차에 따른 임차인의 모든 채무를 공제한 금액으로 한다.

제10조(권리금) 임차인은 임대차부동산에 대하여 어떠한 명목으로도 권리금 또는 시설에 대한 프리미엄 등을 임대인에게 요구하거나 받아서는 아니 되며, 이에 대하여 임대인은 일체의 책임을 지지 아니한다.

제11조(손해배상) 임차인의 영업행위로 인하여 임대인에게 행정처분 등의 불이익이 발생할 경우에는 임차인은 그로 인한 손해를 배상하여야 한다.

제12조(불가항력) 화재, 도난, 천재지변, 지진 등 불가항력으로 인하여 임차인에게 손해가 발생한 경우 임대인은 책임을 지지 아니한다.

제13조(특별히 정하는 사항)

①

②

③

20○○년 ○월 ○일

임대인　　　　(서명 또는 인)
대리인　　　　(서명 또는 인)
(대리인의 주민등록번호:) ○○○○○○-○○○○○○○

임차인　　　　(서명 또는 인)
대리인　　　　(서명 또는 인)
(대리인의 주민등록번호:) ○○○○○○-○○○○○○○

【공장전세계약서】

공장전세계약서

1. 공장의 표시				
소 재 지	OO시 OO구 OO동 OO번지			
대지	m²	용 도		
건물	m²	전 력	KW	

2. 계약내용

제1조 임차인은 상기 표시 공장에 대한 임대보증금을 아래와 같이 임대인에게 지불한다

전 세 금	금 원정 (₩)
계 약 금	금 원정은계약 시 지불하고 영수함.
중 도 금	금 원정은2000년 O월 O일에 지불한다.
잔금	금 원정은2000년 O월 O일에 지불한다.

제2조 임대인은 상기 공장을 전세목적에 사용할 수 있는 상태로 하여 2000년 O월 O일까지 임차인에게 인도하며, 전세기간은 인도일로부터 O개월로 한다.

제3조 임차인은 임대인의 동의 없이 상기 부동산의 용도나 구조 등을 변경하거나 전대, 전세권 양도 또는 담보제공을 하지 못하며 전세 목적 이외의 용도에 사용할 수 없다.

제4조 임차인 사정으로 전세계약 기간 전에 이사를 할 경우 중개수수료는 임차인이 부담한다.

제5조 전세 계약기간이 종료한 경우 임차인은 상기 공장을 원상으로 복구하여 임대인에게 인도하여야 하며, 임대인은 전세보증금을 임차인에게 반환한다.

제6조 임차인이 임대인에게 중도금(중도금이 없으면 잔금)을 지불하기 전까지는 임대인은 계약금의 2배액을 상환하고, 임차인은 계약금을 포기하고 본 계약을 해제할 수 있다

제7조 중개수수료와 실비는 본 계약체결과 동시에 임대인과 임차인 쌍방이 각각 지불하여야 하며 중개업자의 과실 없이 거래 당사자 사정으로 본 계약이 해약되어도 중개수수료는 지불한다.

※중요시설 및 특약사항 :

본 계약에 대하여 계약당사자가 확인하고 각자 서명 날인한다.

2000년 O월 O일

임대인	주소							
	주민등록번호		–	전화		성명		인
임차인	주소							
	주민등록번호		–	전화		성명		인
중개업자	소 재 지							
	허가번호			전화				
	상호					대표		인

공장임대차계약서

임대인 "갑"과 임차인 "을"은 다음과 같이 공장 임대차계약을 체결한다.

제1조 "갑"은 그 소유인 ○○제조공장의 별지 명세표상의 대지, 건물 및 공장설비일체(이하 "공장"이라 한다)를 "을"에게 임대하면 "을"은 이를 임차한다.

제2조 차임은 월 금원으로 하고 "을"은 매월 ○일까지 당월분 차임을 현금으로 "갑"의 사무소에 지참하여 지급한다.

제3조

① "을"은 본 계약상의 채무를 담보하기 위하여 "갑"에게 보증금으로 금원을 2000년 ○월 ○일까지 지급하여야 한다. 위 보증금에는 이자를 부가하지 아니하며 "을"은 위 보증금을 차임에 충당하도록 요구하지 못한다.

② 보증금은 "을"의 채무불이행으로 인한 지연손해금 기타 "갑"에게 끼친 손해의 전보에 충당하며 본 계약의 소멸 시에는 정산 후 "을"에게 반환한다.

제4조 "갑"은 2000년 ○월 ○일 "을"로부터 위 보증금을 수령함과 동시에 공장을 "을"에게 명도하여야 한다. 명도 · 인도하여야 할 설비는 별지 명세표상의 부동산과 동산이며 공장의 명도 · 인도 후 즉시 공장이 가동가능 한 상태이어야 하며 "갑"은 이를 보증한다.

제5조 본 계약 체결일 현재 공장내에 현존하고 있는 공장가동을 위한 소모품은 "갑", "을" 쌍방이 별도 명세표로서 그 종류와 양을 확인하여 "갑"은 "을"에게 공장의 명도와 아울러 동시에 무상으로 인도하여야 한다.

제6조 "을"은 공장의 사용에 있어서 선량한 관리자의 주의로서 이를 사용하여야 하며, 사용에 있어서 통상의 필요비, 수선비, 관리비를 부담하여야 한다. 또 공장을 "을"이 채무의 담보로 제공하여서는 안 된다.

제7조 공장기계의 사용으로 인한 기계손실의 감가상각비로써 "을"은 "갑"에게 월금원의 금품을 차임과 함께 지참하여 지급하여야 한다.

제8조 "갑"은 위 공장을 담보로 하는 공장저당권의 실행을 본 계약기간동안 실행되지 아니하도록 조치함으로써 "을"에게 이로 인한 손해를 입혀서는 안 된다.

제9조 공장에 설정된 공장저당권은 2000년 O월 O일 OO지방법원 OO등기소접수 제 O호로 경료한 채권최고액 금원 채권자 OO은행으로 된 것 이외에는 하등의 담보물권이 설정되어 있지 아니함을 "갑"은 보장한다. 아울러 "갑"은 본 계약기간동안 공장에 어떤 담보물권도 설정하여서는 안 된다.

제10조 "을"은 공장의 명도를 받은 후 즉시 "갑"이 지정하는 보험금을 지정보험회사의 공장에 관하여 화재보험계약을 체결하고 본 계약기간동안 이를 계속하여야 한다.

제11조 "갑", "을" 쌍방의 귀책사유 없는 불가항력에 의한 공장의 멸실의 경우에 잔존부부분만으로 계약의 목적을 달성할 수 없을 때에는 본 계약은 소멸하고 목적달성이 가능한 경우에는 "을"은 "갑"에게 멸실부분에 상응하여 차임과 감가상각비의 감액을 청구할 수 있으며 "갑"은 이에 응하여야 한다.

제12조 "을"은 공장의 인도를 받은 날 이후 공장에 과하여지는 공조공과를 부담하고 "갑"의 청구가 있는 즉시 당해 금액을 "갑"에게 지급한다.

제13조 "갑", "을" 쌍방이 본 계약조항의 어느 하나라도 불이행할 때에는 상대방은 최고를 하고 본 계약을 해지할 수 있다.

제14조 "을"이 "갑"에 대하여 부담하는 금전채무의 이행을 지체할 때에는 "을"은 월 O분의 비율에 의한 지연손해금을 지급하여야 하고 "갑"은 위 보증금에서 이를 공제 충당할 수 있다.

제15조 "을"이 계약을 해지 당하였거나 공장의 멸실 기타의 원인으로 계약종료의 사유가 발생했을 때에는 즉시 "갑"에게 공장을 명도하여야 한다. 이 경우 "을"은 공장에 부가한 물건 등을 수거하여 계약 이전의 상태로 회복한 후 공장을 명도하여야 한다.

제16조 "을"은 임차구획 내에서 위생상 유해위험이나 인근에 방해가 되는 업무 기타 공장을 손상·파괴하는 행위를 하여서는 안 된다.

제17조 "갑"은 다음의 경우에 차임의 증액을 청구할 수 있고 "을"은 이의 없이 이에 응한다.
1. "갑"이 공장에 개량공사를 시행한 후
2. 경제상정의 변동 등에 의하여 차임 적정하지 못한 경우

제18조 임대차기간은 2000년 O월 O일부터 2000년 O월 O일까지 OO년간으로 한다. 단, 임대차기간 만료 후에는 "갑" "을" 쌍방협의하여 동일조건으로 본 계약을 갱신할 수 있다.

제19조 본 계약에 분쟁이 발생했을 경우에는 "갑"의 사무소 소재지를 관할하는 법원을 관할법원으로 한다.

제20조 계약종료 시 영업으로 이하여 각 관청에 부담하고 있는 의무는 "을"이 모두 책임을 지기로 한다.

제21조(특약사항) 이 계약을 증명하기 위하여 이 증서를 작성, 당사자와 중개업자가 서명 날인하고 각자 1통씩 보관한다.

20○○년 ○월 ○일

임대인	성명	:	○○○ ㊞
	주민등록번호	:	
	주소	:	
	연락처	:	
임차인	성명	:	○○○ ㊞
	주민등록번호	:	
	주소	:	
	연락처	:	
중개업자	성명	:	○○○ ㊞
	주민등록번호	:	
	주소	:	
	허가번호	:	

농지(임대차/사용대차) 계약서

농지 표시	소재지			지번	
	지목		면적		m²(평)

제1조 위 농지에 대하여 임대인과 임차인 합의하에 아래와 같이 계약함

제2조 위 농지를 임차함에 있어 임대인에게 다음과 같이 임차료를 지불하기로 함

임차료		임차료 지급방법		임차료 지급시기	

제3조 농지의 명도는 년 월 일로 함

제4조 임대차 기간은 년 월 일로부터 년 월일까지() 개월로 함

제5조 임대인과 임차인간의 위 농지에 관한 공과금등 비용의 부담은 다음과 같이 정함

임대인의 부담비용	
임차인의 부담비용	

제6조 본 계약은 상대방의 동의 없이 당사자의 일방이 이를 해지할 수 없음. 다만, 다음에 정한 사유가 있는 경우에는 그러하지 아니함

임대인이 해지할 수 있는 경우	
임차인이 해지할 수 있는 경우	

〈특약사항〉

위 계약조건은 틀림없이 지키기 위하여 본 계약서를 작성하고 각각 1통씩 갖기로 함

임대인 (사용대인)	주소				
	성명	㊞	주민등록번호	전화번호	
임차인 (사용차인)	주소				
	성명	㊞	주민등록번호	전화번호	

【부동산임대차계약서】

전세
월세 부동산임대차계약서

No.

근거 : 부동산 중개업자(복덕방)에대한 과세자료 수집사무취급 규정	
1. 부동산의 표시	
소재지	
평수	건물 :평대지 : 평기타 :평
전세(보증)금	월세금 원정(매월 일 지불)

2. 계약조건

제1조 위 부동산에 대한 임대인과 임차인 쌍방합의 하에 아래와 같이 계약한다.

제2조 위 부동산을 임차함에 있어 임차인은 임대인에게 다음과 같이 전세(보증)금을 지불하기로 한다.

계약금	원정은 계약 시에 임대인에게 지불하고	
중도금	원정은 2000년 O월 O일지불하고	
잔금	원정은 2000년 O월 O일	중개인 입회하에 지불키로 한다.

제3조 부동산의 명도는2000년O월O일로 명도하기로 한다.

제4조 전(월)세 기한은 임차인에게 부동산을 명도한 날로부터 OO개월로 정한다.

제5조 임차인은 임대인의 승인 하에 개축 또는 변조할 수 있으나 부동산의 반환기일 전에 임차인의 부담으로
원상복구키로 한다.

제6조 중개료는 쌍방에서 계약시에 각각 전(월)세 금액의 OO%씩을 중개인에게 지불하기로 한다.

제7조 임대자가 본 계약을 어겼을 때에는 계약금으로 받은 금액의 2배를 임차인에게 주기로 하고 임차인이 본
계약을 어겼을 때에는 계약금은 무효가 되고 돌려달라는 청구를 할 수 없다.

제8조 본 계약서 부본을 관할세무서에 제출함에 있어 계약 쌍방은 중개인에게 이의를 제기할 수 없다.

단, 위 계약조건을 틀림없이 지키기 위하여 본 계약서를 작성하고 각각 1통씩 보관하기로 한다.

2000년O월O일

임대인	㉑	주민등록번호		주 소		
임차인	㉑	주민등록번호		주 소		
중개인	㉑	사업자등록번호	상호		사업장	

사무실임대차계약서

1. 사무실의 표시

사무실 소유주	
사무실 소재지	
사무실 구조	일. 철근 콘크리트 3층 건물 일. 목조 ○○ 2층 건물
사무실 평수	1동의내제 ○○호실(평합)

2. 계약당사자

사무실 임대인	성명	㉕		
	주민번호		전화번호	
	주소			
사무실 임차인	성명	㉕		
	주민번호		전화번호	
	주소			

3. 계 약 내 용

계 약 일	20○○년○ 월○ 일
임대기간	20○○년○ 월○ 일 ～ 20○○년○ 월○ 일

위 사무실 소유 물건 및 그 정착물·부속품 모두를 20년 ○○월 ○○일부터 본인의 임차한다. 따라서 아래조항을 굳게 지켜 추호도 위배함이 없을 것을 확약한다.

제1조 임대차의 존속기간은 20년 ○○월 ○○일로부터 향후 5년간으로 한다. 단 존속기간 만료의 때는 상호 협의하여 위 기간을 연장할 수 있다.

제2조 임대료는 월 금 ○○○원으로 정하여 매월 말일까지 그 월분의 연대료와 함께 임대인 주소에 지참 지급한다.

제3조 임차인은 본 임대차의 증거로서 금일 보증금○○○원을 임대인에게 교부한다. 전항의 보증금에는 이자를 가하지 않는다.

제4조 임대료는 제2조와 같이 정하나 장래 법령의 개정이나, 기타 일반 임료의 증액 또는 토지·건물에 대한조세 기타 부담의 증가 또는 일반 경제상태의 변동에 따라 인접건물의 임료 등을 참작하여 쌍방 협의한 후 변경할 수 있다.

제5조 임차인은 본 임대물건을 사무실로서 그 본래의 용도에 따라 선량한 관리자로서 사용한다.

제6조 임차인은 아래에 열기한 행위를 아니한다.

1. 임차물건의 용도의 변경
2. 임차권의 양도
3. 임차물건의 전대
4. 명의 여하를 불문하고 사실상 타인에게 사용케 하는 행위
5. 임차물건의 개조 기타 물건의 원상을 변경케 하는 일체의 공작 가공을 하는 행위
6. 비치, 동산을 타에게 반출하는 행위

제7조 임차인은 자기 또는 사용인 등의 과실이나 태만으로 인하여 임차물의 전부 또는 일부를 훼손시켰을 때는 임대인의 지시에 따라 즉시 그 수선을 이행하거나 그 량정액의 손해배상을 하여야 한다.

제8조 임차인은 임차물건에 관하여 제세공과를 제외한 수도사용료, 전등료, 유리파손, 보수료, 형광등 대체 또는 부속기구의 파손대체료, 깨스대, 전화료, 동기본료, 전보료, 기타 자기가 사용함으로써 생기는 일체의 비용을 부담 지급한다.

제9조

임차인은 공공사업을 위하여 임차물건이 개조 또는 수거되어야 할 경우는 언제라도 임대인의 청구에 응하여 이의 없이 물건 전부의 반환을 하고, 결코 임대인에 대하여 그 손해의 구상을 하지 아니한다.

제10조 임차인이 다음 각 호에 해당했을 때 임차인은 최고 없이 즉시 본 계약을 해제할 수 있다.

1. 1회 이상 실료 및 부대료의 지급을 지체했을 때
2. 타의 채무로 인하여 재산의 압류, 가압류, 가처분 등을 받거나 경매, 파산 등의 신청 을 받았을 때
3. 본 계약의 각 조항에 위반했을 때

제11조

임차인은 본 계약의 만료 또는 해제로 인하여 계약이 종료되는 때는 본 임대차 물건을 즉시 임대인에게 반환하여야 한다.

제12조

1. 임차인은 전조의 물건을 반환함에 있어서는 임대인이 입회한 자리에서 물건 전부의 점검을 하고, 만약 임대인의 승락 없이 설치 가공한 것이 있을 때는 모두 원상으로 회복하여야 한다.

2. 임차인이 그 의무를 이행하지 않을 때는 임대인은 임차인의 비용으로서 이를 대행할 수 있다.임차인은 그 지출 비용에 관하여 상당이자를 부가하여 즉시 임대인에게 상환하여야 한다. 또 임대인이 원상회복을 원하지 아니하여 무상인도를 요구했을 때는 이의 없이 이에 응하며 그 대상요구를 하지 않는다.

제13조 임차인은 임차물건을 반환함에 있어서 그 반환을 태만히 했을 때는 그 반환완료에 이를 때까지 약정 실료와 동액의 손해금을 지급한다.

제14조 임차인은 본 임차물건의 사용에 관하여는 법률, 규칙, 관공서의 지시, 조합규약, 관습 등을 준수하고, 조금이라도 벌칙에 저촉되거나 위생상 유해한 행위 또는 인근 불편을 끼치는 등, 모든 임대인의 폐를 끼치는 행위를 결코 하지 않는다.

제15조 본 임대차 계약의 효력은 하기 사항이 발생한 때에는 최고 기타 절차 없이 당연히 소멸한다.

1. 임차인이 임차물건으로부터 퇴거했을 때
2. 임차물건이 화재·천재 등으로 인하여 대파 또는 멸실했을 때

제16조 임대인은 임차인이 본 계약을 완전히 이행하여 물건을 반환한 때 별도로 구상해야 할 것이 없을 경우에는 제3조의 보증금을 임차인에게 환부하여야 한다. 단 실료 및 부대료 또는 손해금, 공과의 체납 기타 임차인이 부담해야 할 채무미지급금이 있을 때는 해당 보증금 중에서 임의로 이를 공제하여도 임차인은 이의를 하지 아니한다. 임차인 또는 그 사용인 등의 과실로 인하여 본 임차물건의 일부 또는 전부가 분실된 때는 제3조의 보증금 전부는 임대인에게 귀속되고 그 반환을 구하지 않는다.

제17조 임차인이 임차 후 3년 이내에 그 일방적 사유 또는 제10조 소정의 규정에 따라 임대차계약을 끝마쳤을 때는 제3조 소정의 보증금의 3할을, 또 5년 이내일 때는 2할의 임대인의 위약 손해금으로서 취득하여도 임차인은 이의를 하지 아니한다.

제18조 임차인은 본 계약 보증금채권으로서 실료 및 부대료 등의 채무와 상계할 수 없다.또 보증금 채권은 타에 양도 또는 처분할 수 없다. 또한 보증금 보관증서의 재발행은 이를 일체하지 않는다.

제19조 연대보증인은 본 계약에 관하여 임차인과 동등의 의무를 부담한다.

제20조 임차인이 본 임차물건을 완전히 명도한 후 30일을 경과한 후 보증금을 환부한다.

제21조 임차인 사용의 비치, 내선, 전화는 현상대로 임차인이 상용하되 임차인은 전화를 사용하지 아니하여 기본료 등을 부담한다. 후일을 위해 보증인 연서로서 본 임대차계약증서를 제공한다.

제22조 분쟁해결은 당사자 간의 협의로 해결되지 못하는 경우에는 법원을 통한 소송 또는 대한상사중재원의 중재로 해결한다. 다만 계약당사자는 계약체결 시에 소송 또는 중재를 선택하여야 하며, 선택이 없는 경우에는 일방이 먼저 제기한 절차에 따른다.

제23조 위와 같이 본 계약이 유효하게 성립하였음을 각 당사자는 증명하면서 본 계약서 2통을 작성하여, 각각 서명(또는 기명)날인 후 "갑"과 "을"이 각각 1통씩 보관한다.

20○○년 ○월 ○일

사무실 임대인 대표자 성명   :   ○○○ ㊞

사무실 임차인 대표자 성명   :   ○○○ ㊞

【점포임대차계약서】

점포임대차계약서

　　임대인 ○○주식회사를 "갑"으로 하고, 임차인 ○○○○상점을 "을"로 하여 다음과 같이 임대차 계약을 체결했다.

제1조(계약의 목적)

"갑"은 그 소유의 다음 건물을 본 계약 체결일로부터 2년 간, "을"에게 임대하여 사용토록 할 것을 약정하고, "을"은 이것을 임차하여 임대료를 지급할 것을 약정하였다.

(건물의 표시)

1. 소재지 : ○○시 ○○구 ○○동 ○○번지
2. 구조 : 벽돌슬라브조 ○층 점포 ○동
3. 면적 :1층 ○○평방미터

2층 ○○평방미터

…

제2조(보증금)

"갑"은 보증금으로 일금만원을 "을"로부터 수령하였다.

제3조(임대료와 지급방법)

　　임대료는 1개월에 원으로 하고 "을"은 매월 말일에 "갑"의 주소에 지참하여 지급한다.(무통장 입금도 가능하며 무통장 입금표를 영수증으로 갈음한다.)

제4조(보증금의 변제충당)

　　"을"이 임대료의 지급을 3회 이상 연체하였을 때는, "갑"은 보증금으로 그 변제에 충당할 수 있다.

제5조(계약의 해제)

　　"을"이 ○개월 이상 임대료의 지급을 연체하였을 때는 "갑"은 "을"에게 아무런 최고 없이 이 계약을 해제할 수 있다.

제6조(용도변경의 금지)

1. "을"은 이 건물을 점포(또는 ○○을 제조하는 공장, ○○을 판매하는 점포) 이외의 용도로 사용해서는 안 된다.
2. "을"이 위 1항의 계약에 위반하여 사용했을 때는 "갑"은 이 계약을 해제할 수 있다.

제7조(원상변형의 금지)

1. "을"은 "갑"의 승낙 없이 건물이나 부속물의 모양 변경을 할 수 없다. 다만, 전체적인 형태의 변

경을 가하지 않는 통상적인 부속물의 설치나 변경은 가능한 것으로 한다. "을"이 이를 위반했을 때는 "갑"은 이 계약을 해제할 수 있다.

2. "을"은 계약종료시 건물을 원상복구한 상태로 인도하도록 한다.

이 계약의 성립을 보증하기 위해 본 계약서 2통을 작성하고, 각자 서명 날인한 후 그 1통을 보관한다.

20○○년 ○월 ○일

"갑"

주소 :
상호 :
대표이사(대표자) : ○ ○ ○ ㊞

:

"을"

주소 :
상호 :
대표이사(대표자) : ○ ○ ○ ㊞

【토지임대차계약서】

토지임대차계약서

임대인 OOO과 임차인 OOO와의 사이에 다음과 같은 토지임대차계약을 체결한다.

제1조(계약의 목적) 임대인은 그 소유인 다음에 표시한 토지를 목조건물 소유의 목적으로 임차인에게 임대하고 임차인은 이를 임차하는 약정을 한다.

1. 토지의 소재장소 : OO OO구 OO동 OO번지 OO호
2. 택지 : ㎡

제2조(계약기간)

임대차기간은 2000년 O월 O일부터 2000년 O월 O일까지 5년으로 한다.

제3조(임대료)

임대료는 월원으로 하고, 매월 말일까지 다음달 분의 임대료를 임대인의 주소지에 지참하여 지급하는 것으로 한다. 그리고 그 임대료가 경제사정의 변동, 제세공과금의 증액, 인근의 임대료와의 비교 등에 의하여 상당하지 않게 된 때에는 임대인은 계약기간 중에도 임대료의 증액을 청구할 수 있다.

제4조(전대 등의 금지)

임차인은 다음과 같은 경우에는 사전에 임대인의 서면에 의한 승낙을 얻지 않으면 안 된다.
1. 임차인이 본 건 임차권을 양도하거나 본 건 토지를 전대(轉貸)할 경우, 또는 어떠한 명목이든지 사실상 이와 같은 결과를 낳는 행위를 할 때
2. 임차인이 본 건 토지상에 소유하는 건물을 개축이나 증축할 때

제5조(계약의 해제) 임차인이 다음과 같은 경우에 해당할 때 임대인은 최고 없이 곧바로 계약을 해제할 수 있다.

1. 임차인의 차임연체액이 2기의 차임액에 달하는 때
2. 임차인이 위 제4조의 규정에 위반되는 행위를 한 경우
3. 기타 본 계약에 위반되는 행위를 한 때

제6조(보증금)

임차인은 임대료의 지급을 보증하기 위하여 일금원을 보증금으로 임대인에게 지급한다. 이 보증금은 임대료의 연체가 발생하는 경우 임대료에 충당할 수 있으며, 위의 보증금은 계약의 종료 또는 해약시 임차인에게 반환한다.

제7조(관할법원)

본 계약에 관한 분쟁에 대하여는 임대인의 거주지 법원을 제1심의 관할법원으로 하기로 한다.

제8조(특약사항)

  위 계약이 성립되었음을 증명하기 위하여 이 증서를 각자 서명 날인한 후 각 1통씩 보관한다.

2000년 0월 0일

임대인주소 : ○○시 ○○구 ○○동 ○○번지

성명 : ○ ○ ○㊞

임차인주소 : ○○시 ○○구 ○○동 ○○번지

성명 : ○ ○ ○㊞

토지(건물)일시사용 임대차계약서

임대인 OOOO과 임차인 OOOO 간에 다음의 토지(이하 '본 건 토지'라고 한다)에 관하여 일시사용 임대차 계약을 체결한다.

제1조

① 임대인은 그 소유의 다음에 표시한 토지를 임차인에게 임대하고, 임차인은 이것을 임차하기로 약정한다.

② 토지의 소재장소 : OO시 OOO구 OO동 OO번지 대 OO ㎡

제2조

① 본 계약의 일시사용 목적은 다음과 같이 정하고, 그 외의 목적으로 사용하여서는 안 된다.

② 사용목적 : 임차인이 현재 영업 중인 점포를 헐고 새로이 신축하기 위한 공사기간 동안임시의 점포를 가설함

제3조

본 건 토지를 임대차 하는 기간은 2000년 O월 O일부터 2000년 O월 O일까지로 정한다. 그러나 사용목적 을 달성하기 위하여 필요한 기간은 당사자 간에 협의를 거쳐서 그 기간을 연장 또는 갱신할 수 있다.

제4조

임대료는 월 OO만원으로 하고 임차인은 매월 말일 다음 달 분의 임대료를 임대인 또는 임대인이 지정하는 사람에게 지급하여야 한다.

제5조

임차인은 본 건 토지의 전부 또는 일부를 전대, 임차권의 양도, 또는 담보제공 등 임대인에게 손해를 끼치 는 행위를 하지 못한다. 임차인은 본 건 토지의 전부 또는 일부를 타인에게 사실상 사용하도록 하지 못한다.

제6조

임차인이 본 계약을 위반하였을 때는 임대인은 최고 없이 본 계약을 해제할 수 있다.

제7조

① 임차인은 본 계약이 종료하였을 때 곧바로 본 건 토지를 원상에 회복시켜 임대인에게 명도하여야 한 다. 임차인이 본 계약이 종료된 후에도 본 건 토지를 명도하지 아니한 때에는 일일 OO원의 손해금을 임대인에게 지불한다.

② 임차인이 원상회복을 게을리 할 때에는 임대인은 임차인의 부담으로 원상회복할 수 있다.

제8조

임차인이 본 건 토지를 일시 사용하는 중에 인근 주민에 대하여 유해 또는 위험한 일체의 행위를 하지 못한다.

제9조(당사자 간에 특별히 약정할조항)

위와 같이 계약이 성립되었음을 증명하기 위하여 본 계약서를 2통 작성하여, 각자 서명 날인하고 1통씩 소지한다.

20○○년 ○월 ○일

		주소	:	
임대인		성명	: ○ ○ ○ ㉖
		주민등록번호	:
			:
		주소	:
임차인		성명	: ○ ○ ○ ㉖
		주민등록번호	:

○○년 ○월 ○일

임대인

주 소 :

성 명 :㉖

주민등록번호 :

임차인

주 소 :

성 명 :㉖

주민등록번호 :

【건설기계임대차계약서】

건설기계임대차계약서

목적물의 표시 (전국건설기계사업자협회서식제1)

건설기계명	규 격	건설기계등록번호	대 수	공사현장명

"갑" 임대인   "을" 임차인

대표자명   ○ ○ ○ ㉑   대표자명   ○ ○ ○ ㉑

주소   주소

상호   상호

법인등록번호(사업자번호)   법인등록번호(사업자번호)

상기 계약 당사자 간에 임대인을 "갑", 임차인을 "을"이라 칭하여 아래와 같이 계약을 체결한다.

—아 래—

제1조(작업장의 소재지)

위 장비의 사용장소는 ○○도(시) ○○군(구) ○○읍, 면(동)지역 내의공사현장으로 한다.

제2조(계약 기간)

임대차 기간은 2000년 ○월 ○일부터 2000년 ○월 ○일까지 (○월 ○일간)으로 한다. 단, 계약기간 만료 후에도 "을"이 계속하여 사용하고자 할 경우에는 "갑"의 동의를 얻은 후 기간을 연장 할 수 있다

제3조(사용 시간)

1) 건설기계의 사용시간은 1일 8시간, 월 200 시간을 기본으로 한다.
2) 사용시간의 산정은 장비가 현장 도착시간부터 대기시간 및 식사시간도 포함되며 "을"의 사정으로 기본시간이 미달된 경우에는 기본시간으로 산정하며, 기본시간이 초과한 경우에는 초과되는 매 시간당 10%, 심야사용은 20%를 추가 산정 지급한다.

제4조(임차 사용료)

사용료는 (시간), (일), (월), (m²), (m³), (톤)당 일금 만원으로 하고, 임대된 건설기계가 "을"의 사정으로 기본시간을 미달 또는 초과한 경우에는 제3조의 산정방법에 의하여 지급한다.

제5조(건설기계 및 자재의 운반비)

운반비는 "을"이 부담한다. 다만 상호 합의 할 경우, (왕복).(편도)를 ("갑") ("을")이 부담한다.

제6조(임대료의 지불기일)

1) "을"은 계약 시에 선수금조로 일금만원을 지급하고 매 O월 O일에 사용료를 지불한다.
2) "을"은 당일 결재 이외에 후불로 현금 또는 어음으로 결재할 시에는 원 수급자 또는 발주자의 지불보증을 해야 한다.

제7조(전대 및 사용목적 이외의 사용금지)

"을"은 임차물을 당해 건설기계의 목적 이외로 사용하거나 타인에게 전대 할 수 없다.

제8조(수리비 부담 등)

1) 건설기계를 사용기간 중 발생하는 수리비는 건당 일금만원미만은 "을"이 부담한다.
2) 고장수리로 인하여 가동하지 못한 날이 월 5일 이상일 경우에는 쌍방 합의에 따라 사용기간을 연장 또는 임대료에서 그 금액을 공제하고, 지연 손해배상은 할 수 없다. 다만, "을"의 고의 또는 과실로 인한 고장수리는 "을"이 모두책임 진다.

제9조(유류 및 소모품 등)

작업 중 소요되는 유류 및 잡유와 작업상 필요한 자재, 부품, 와이어, 자바라, 받침 목 등은 "을"이 그 사용상의 규격에 맞도록 준비 부담한다. 다만, 유류에 한하여는 쌍방 합의하에 "갑", "을"이 부담한다.

제10조(종업원의 급여 및 숙식 등)

1) 건설기계를 사용하는 기간 동안 "을"은 당해 건설기계조종사(조수 포함)와 별도의 근로계약서를 작성하여 "을"의 근로자로 채용하며, 따라서 급여 및 숙식을 "을"이 제공한다.
2) 제1)항의 경우 종업원의 급여는 "을"이 제공하되 편의상 건설기계임대료에 포함하여 "갑"에게 지급할 수 있다.

제11조(안전관리)

1) 건설기계의 임대차 계약기간동안 건설기계가 현장에 도착함과 동시에 건설기계와 그 종사원은 위 제10항의 별도의 근로계약서의 작성에 불구하고 "을"이 임차자로서의 책임하에 관리하고 "을"은 산업안전보건법 및 산업안전기준에 관한 규칙상의 사용자로서 안전관리 책임을 진다.
2) "을"은 임차기간 중 건설기계의 제반법규위반, 도난, 파손, 작업장 내에서의 임차건설기계로 인한 인명, 지하매설물, 지상위험물, 등 타인 또는 종사원에게 끼친 피해에 대하여 책임을 지며 조종사의 산업재해 및 민, 형사상의 모든 책임을 진다.

제12조(임대차 계약이행에 대한조치 및 철수)

1) 계약기간 중 "갑", "을" 쌍방 간에 부득이한 사정으로 건설기계를 철수하여야 할 사유가 발생할 경우에는 월 당의 경우 3일전, 일당의 경우("을"이 일당지급 후)에 그 사실을 통보하여 쌍방합의하에 철수한다. 다만, 작업이 불가능하거나 무리한 작업일 경우에는 "갑"이 일방적으로 철수 할 수 있다.
2) 본 계약의 불이행 시에 "갑"과 "을"은 각각 상대방이 입은 피해에 대하여 보상하여야 하며 "갑"

은 즉시 당해 건설기계를 철수 할 수 있으며, 이로 인한 분쟁발생 시에 소송관할 법원은 "갑"의 관할 법원으로 한다.

제13조(기타)

1) 본 계약에 명시되지 않은 사항은 건설기계 임대 통상관례에 준 한다.
2) 본 계약을 증명하기 위하여 계약서 2통을 작성 각각 서명 날인 후 각1부씩 보관하되 일당임대차계약일 경우 임차인 회사의 대표자가 부득이한 사정으로 그 직원 또는 하도급업자가 대리로 서명했을 경우 그 공사현장의 회사 대표자가 서명 한 것으로 보며 본 계약서 및 근로 계약서를 팩스로 전송한 전송 용지도 원본과 동일한 효력을 가진다.

※. 특약 : 본 계약은 민법제618조에 의한 임대차계약이며, 민법제192조에 의한 점유자는 임차인이 되고, 그 건설기계의 종사원은 민법 제195조에 의한 보조 점유자로 보며, 민법 제201조를 준용한다. 따라서 산업안전보건법상의 사용자는 임차인으로 본다.

※비고

2000년 0월 0일

위 임대인   주민등록번호   :
          성명   : 000 (서명 또는 날인)

위 임차인   주민등록번호   :
          성명   : 000 (서명 또는 날인)

【전대차계약서】

전대차계약서

1. 부동산의 표시

소재지	OO시 OO구 OO동 OO번지		
전대할부분		상호	OOOO

2. 계약내용(약정사항)

제1조전차인은 상기 표시 부동산의 전대차보증금 및 차임(월세)을 다음과 같이 지불하기로 한다.

전대차보증금 금 원정(W)	
계약금	금 원정은 계약시에 지불하고 영수함
중도금	금 원정은 2000년0월0일에 지불한다
잔금	금 원정은 2000년0월0일 중개업자 입회하에 지불한다
차임(월세)	금 원정은 매월0일까지 지불하기로 한다

제2조 전대차 기간은 2000년0월0일부터 2000년0월0일까지로 한다.

제3조 전대인은 상기표시 부동산을 전대차 목적대로 사용. 수익 할 수 있는 상태로 하여 2000년0월0일까지 전차인에게 인도한다.

제4조 전차인은 전대인의 동의 없이 상기 표시 부동산의 용도나 구조 등의 변경, 전전대, 양도, 담보제공 등 전대차 목적 외에 사용할 수 없다.

제5조 전차인은 전대차 계약기간 중 불법영업으로 인해 발생하는 민, 형사상의 책임과 금전적인 손실금도 함께 책임진다.

제6조 상기 표시 부동산의 인도일을 기준으로 하여 당해 부동산에 발생한 수익과 공과금 등의 지출부담은 그 전일까지의 것은 전대인에게 귀속하며 그 이후의 것은 전차인에게 귀속한다.

제7조 전차인이 차임(월세)을 2회 이상 체납시에는 본 계약을 해지한다. 단 쌍방합의시는 합의에 따른다.

제8조 부동산 소유자와의임대차 계약내용

임대보증금	금 원정(W)	월세	금 원정(W)
소유자성명	OOO	임대차기간	2000년0월0일부터 2000년0월0일까지

제9조 전차인이 전대인에게 중도금(중도금 약정이 없는 경우에는 잔금)을 지불하기 전까지는 본 계약을 해제 할 수 있는바. 전대인이 해약할 경우에는 계약금의 2배액을 상환하며 전차인이 해약할 경우에는 계약금을 포기하는 것으로 한다.

제10조 중개수수료는 당해 전대차계약의 체결과 동시에 전대인 전차인 쌍방이 각각 지불하여야 한다.

*특약사항

본 계약에 대하여 계약당사자가 이의 없음을 확인하고 각자 서명. 날인한다.

2000년0월0일

3. 계약당사자 및 중개업자의 인적사항

전대인	주 소						
	주민등록번호	–	전화		성명	O O O	[인]
전차인	주 소						
	주민등록번호		전화		성명	O O O	[인]
중개업자	소 재 지						
	상호		허가번호		대표	O O O	[인]

지상권설정계약서

○○주식회사를 "갑"으로 하고, ○○주식회사를 "을"로 하여 양 당사자 간에 지상권 설정을 위해 다음과 같은 계약을 체결한다.

제1조(목적) 토지소유자 "을"은 그 소유하는 다음의 토지에 대해 "갑"을 위해 건물소유를 목적으로 하는 지상권을 설정한다.

1. ○○시 ○○구 ○○동 ○○번지
  택지 ○○.○○ 평방미터

제2조(임대료)

① 지상권자 "갑"은 지대(임대료)로서 1평방미터 당 1년치 금액 원을 토지소유자 "을"에게 지급해야 한다.
② 위 항목의 지대지급 시기는 매년 ○월 ○일로 정한다.

제3조(기간)

  이 지상권의 존속기간은 ○○년으로 한다.

제4조(감액청구)

① 지상권자 "갑"은 불가항력으로 토지사용에 대해 손실을 입었을 때에도 지대의 면제 또는 감액을 청구할 수 없다.
② 토지의 일부가 지상권자의 과실에 의하지 않고 멸실 되었을 때는, 지상권자는 그 멸실된 부분의 비율에 따라 지대의 감액을 청구할 수 있다.

제5조(권리의 포기)

  지상권자 "갑"은 불가항력으로 3년 이상 계속 토지를 전혀 사용할 수 없을 때는 그 권리를 포기할 수 있다.

제6조(계약의 해제)

  지상권자 "갑"이 계속 지대의 지급을 2년 이상 지체하거나 혹은 파산선고를 받았을 때는 토지소유자 "을"은 지상권의 소멸을 청구할 수 있다.

제7조(계약종료 후의조치)

① 지상권자 "갑"은 이 지상권이 소멸되었을 때는 토지를 이 계약을 체결했을 당시의 현상으로 복구, 그 설치한 공작물을 제거해야 한다.

② 이 계약을 체결했을 때의 토지의 현상은 이 계약서에 첨부한 서면 및 도면과 같다.

　이 계약을 보증하기 위해 계약서 2통을 작성, 각각 서명 날인하고 각자 1통을 보관하여 후일의 증거로 한다.

2○○○년 ○월 ○일

임차인 지상권자 "갑"	주소 상호 대표이사(대표자)	: : :	○ ○ ○ (서명 또는 날인)
		:	
임대인 토지소유자 "을"	주소 상호 대표이사(대표자)	: : :	○ ○ ○ (서명 또는 날인)

【렌탈서비스계약서】

렌탈서비스계약서

　OOOO(이하 "갑"이라한다)와 OOOO(이하 "을"이라 한다) 간에 Rental 서비스 계약을 다음과 같이 체결한다.

제1조(Rental의 정의)

　렌탈서비스란 "을"의 소유기계를 "갑"에게 임대하여 "을"이 항상 기계의 성능을 정상상태로 유지 보수하는 서비스를 시행하고, "갑"은 "을"에게 그 대가로 임대요금을 지급하는 것을 말한다.

제2조(서비스 제공범위 및 내용)

1. "을"은 계약기간 중 기계사용에 필요한 토너, 드럼, 부품 및 기술료는 서비스계약 종류에 따라 제4조에 의거 유상 또는 무상 제공한다.
2. "을"의 서비스 실시는 "을"의 영업시간 내에 한하여 실시함을 원칙으로 한다.
3. 다음의 각 항에 해당하는 경우에는 "을"의 서비스 무상 제공 책임이 면제된다.
   ① "을"이 공급하는 제품의 소모품, 토너, 드럼, 부품 및 지정된 복사용지 이외의 것을 임의로 사용하여 고장이 발생한 경우.
   ② "을" 또는 "을"이 지정한자 이외의 제3자에게 기계를 분해, 수리, 개조, 가공시킨 결과로 인한 고장의 경우
   ③ "을"이 지도한 조작방법을 위배하거나, "갑"의 고의로 인해 고장이 발생된 경우
   ④ 천재지변, 화재 등으로 불가항력적인 재해의 경우
   ⑤ "갑" 또는 제품 사용자의 고의 또는 과실로 인한 고장수리에 대하여는 보증기간에 관계없이 "을"은 "갑"에게 실비로 요금을 청구한다.

제3조(렌탈서비스계약기계)

　렌탈서비스계약 대상기계는 다음과 같다.

대상기계	기종	기번	기계설치일	설치장소	TEL	계약시카운터

제4조(서비스계약 종류 및 유/무상서비스제공사항)

　서비스 계약 및 유/무상서비스 제공사항은 다음과 같다.
(VAT별도)

서비스계약종류	유 / 무 상 서 비 스 제 공 사 항					
	토 너	드 럼	부품및기술료	기 타	복사용지	보 증 금

제5조(렌탈요금)

1. 렌탈요금은 월단위로 계산하며 다음과 같다.

(VAT별도)

구 분	매수	복사기임대요금		요 금 계
기 본	월 매까지	원	원	원
추 가	매 이상부터	매당원		

2. "갑"의 월간 사용매수가 기본계약매수에 미달할 경우에는 "갑"은 기본요금을 "을"에게 지급한다.

3. 계약해지의 월 사용기간이 1개월 미달되는 경우에도 기본요금을 "을"에게 지급한다.

제6조 Rental요금 정산 및 지불

1. "갑"과 "을"은 매월 ()일에 해당기계의 Counter 수치(복사매수)를 공동 확인하여 Rental 요금을 정산 하며, "갑"은 "을"에게 Rental요금을 ()일 까지 현금 또는 지정계좌에 입금 지불한다.

지정계좌번호	○○은행		예금주 : ○○○인	비 고	

2. ○년간 기본요금을 일시불 납입하고 월 기준 매수를 초과 사용할 경우 동일한 방법으로 정산한다.

제7조(계약기간)

본 계약의 유효기간은 2000년 ○월 ○일부터 2000년 ○월 ○일까지 ○년(○개월)으로 하되 계약만료일 1개 월 전에 쌍방의 서면으로 해약 의사가 없을 경우에는 자동으로 1년간 연장되는 것으로 한다.

제8조(소유권 및 권리의무)

1. "갑"은 "을"이 규정하는 기계 및 소모품을 관리 보존하여야 하며, 화재 및 분실 등의 어떠한 재해로부 터도 보호하여야 한다.

2. "갑"은 기계 및 소모품을 타에 매각, 양도, 대여, 유용, 질권 설정 또는 공장저당법에 의한 저당 목적 물로 제공하는 행위 등 기타 "을"에게 손해를 야기케 할 우려가 있는 일체의 행위를 하여서는 안 된 다.

3. "갑"은 "을"의 소유권을 침해하는 제3자의 행위(압류, 가압류, 가처분, 공조 및 공과의 체납)등에 의한 행위에 대해 "을"의 소유재산이라는 사실을 주장, 입증하여야 함은 물론 이러한 사태가 발생한 경우 에는 즉시 그 사실을 "을"에게 통지하고 "을"의 조치에 따라야 한다.

4. "갑"이1,2,3항의 규정을 위반하는 등 "갑"의 고의 또는 중대한 과실로 인하여 기계 및 소모품이 손상 되었을 경우 "을"의 청구에 의하여 "갑"은 즉시 그 손해액을 배상하여야 한다.

제9조(설치장소의 변경)

1. 기계의 설치 장소는 제3조에 기재된 장소에 한정키로 하고 만약 "갑"이 설치장소를 변경하고자 할 때 는 "을"과 사전 협의하여야 하며, 이동설치는 "을"이 담당한다.

2. "을"은 본 제품의 이동설치에 따른 소요경비를 "갑"에게 청구 할 수 있으며 "갑"은 "을"에게 이를 지 급해야 한다.

제10조(계약조항의 변경)

"갑" 또는 "을"이 본 계약의 내용을 개정하고자 할 때에는 이를 1개월 전에 문서로서 상대방에게 통보하여야 한다.

제11조(철회권)

1. "갑"은 계약서 교부일 또는 계약서를 교부 받지 않은 경우에는 기계설치 일로부터 7일 이내에 서면으로 본 계약에 관한 청약을 철회할 수 있으며 서면을 발송한 날로부터 그 효력이 발생한다. 단, 아래의 경우에는 계약을 철회 할 수 없다.
   ① "갑"에게 책임 있는 사유로 기계가 멸실 또는 훼손된 경우
   ② "갑"이 상행위를 목적으로 본 계약을 체결한 경우
2. "갑"이 청약을 철회하는 경우 "갑"은 이미 설치한 기계를 반환하고 "을"은 이미 지급받은 보증금을 동시에 반환하며, "을"은 기계반환에 필요한 비용 및 위약금 또는 손해배상금을 청구 할 수 없다.

제12조(계약의 해지)

1. "갑" 또는 "을"이 본 계약을 해지코자 할 때는 1개월 이전에 서면으로 상대방에게 통지하여야 한다.
2. 다음 각항에 해당하는 사유가 발생한 경우 "을"은 "갑"에게 그 이행을 최고하는 15일간의 서면 최고 절차 후 본 계약을 해지할 수 있으며, 이 경우 "갑"은 "을"의 기계 철수에 협조하고 계약 해지시의 채무전액을 즉시 지급해야한다.
   ① "갑"이 본 계약조항 중 어느 하나라도 위반하는 사유 발생하는 경우
   ② "갑"이 본 계약서에서 정하는 Rental 서비스요금의 지급을 2개월(60일 초과)이상 지체한 경우.
   ③ "갑"이 압류, 가압류, 경매, 공과 및 공조의 체납처분 및 이와 유사한 행위가 있어 공신력이 현저히 상실된 때
3. "갑"이 회사정리 절차의 개시, 해산, 파산 등의 신청을 당한 경우, "을"은 사전 최고 없이 본 계약을 해지할 수 있다.
4. 계약이 해지될 경우 "갑"은 "을"로부터 공급받은 물품 등을 즉시 "을"에게 반환하여야 한다.

제13조(연대보증)

1. "갑"은 본 계약의 이행을 담보하기 위하여 "을"이 요구하는 일정한 자격을 가진 1인 이상의 연대보증인을 내세우기로 한다.
2. 연대보증인은 본 계약서에 "갑"이 부담하는 물품대금 지급의무 및 손해배상의무 등 일체의 채무를 부담한다.

제13조(기타)

1. 본 계약에 명시되지 않은 사항은 상법, 민법, 상사관습 등에 따라 상호 협의하여 결정 한다.
2. 본 계약과 관련된 법적 분쟁의 관할법원은 "을"의 본점 소재지 또는 "갑"의 소재지 관할법원으로 한다.

2○○○년 ○월 ○일

"갑"	주소	:	
	사업자등록번호	:	
	상호	:	
	대표자	:	○ ○ ○ ㊞

"을"	주소	:	
	사업자등록번호	:	
	상호	:	
	대표자	:	○ ○ ○ ㊞

연대보증인	주소	:	
	사업자등록번호	:	
	주민등록번호	:	
	상호		
	대표자	:	○ ○ ○ ㊞

첨부

사업자등록증 및 주민등록증사본 1부

물품설치확인서 1부

본 계약을 신의, 성실로 이행키로 하고 계약체결을 증명하기 위하여 2통을 작성하여 각각 서명 날인 후 "갑"과 "을" 각 1통씩 보관하기로 한다.

【판매 및 렌탈(임대차)계약서】

판매 및 렌탈(임대차)계약서

계약내용을 반드시 읽어 보신 후에 서명 날인하시고, 계약서 사본을 교부 받으십시오

☑ 고객 기본 사항 설치일자 2000년 0월 0일

성 명 (상 호)	○○○	주민등록번호 (사업자등록번호)	－
전화번호	○○○－○○○－○○○○		
주소 (설치장소)	○○시 ○○구 ○○동 ○○번지		

☑ 계약조건

상 품 명	수량	보 증 금	설치등록비	월사용료(VAT 별도)	합계	구분

■ 임대 및 회원제는 의무사용기간은 최소 12개월이며 도중해약 시 미사용기간의 해당금액을 일괄 청구한다.

■ 월 사용료 납부는 반드시 카드(은행)자동이체만 가능하며, 자동이체 신청이 되지 않을 시 상품 설치를 해드리지 않다.

■ 임대기간 중 상품을 분실, 파손, 압류나 도주시 회사는 상품의 소유권 이전시까지의 미사용 개월 수만큼의 손실료를 일괄 청구한다.

☑ 결제방법 (카드이용명세서에는 (주)○○○으로 표시된다.

은행	카 드 번 호	유 효 기 간	회 원 명
○○은행		2000년 0월	○○○
결 제 일	(매월)0일		

[금융 거래 정보의 제공 동의서]

계약서 약관에 따라 위와 같이 카드 자동이체 거래를 신청하며 본 신청과 관련하여 본인은 다음 카드결제를 신규 신청하는 때로부터 해지 신청 할 때까지 카드사에 제공하는 것에 대하여 [금융실명거래 및 비밀보장에 관한 긴급제정 경제 명령]의 규정에 따라 동의한다.

2000년 0월 0일

신청인   서명

■ 사용 중 불편하거나 궁금한 사항이 있으시면 바로 저희 회사로 연락주시기 바랍니다.

 0000 A/S센타

TEL : (000)000-0000

＊담당확인 : 000 인

＊고객확인 : 000 인

분양대행계약서

• 물건의 표시

사 업 명	개 별 신 탁사 업
대 지위 치	○○시 ○○구 ○○동 ○○번지
대 지면 적	○○○,○○○
연 면 적	○○○,○○○
건 물용 도	상업 및 근린생활시설
규모	지하 ○층, 지상 ○층
분양대행면적	분양 부분

상기 물건을 분양함에 있어 사업시행자인 (주)○○○○ 를 "갑"이라 칭하고, 분양대행자인 (주)○○○○ 를 "을"이라 칭하며 "갑"과 "을"은 아래와 같이 위 표시부동산에 대한 분양대행계약을 체결한다.

• 층별 분양 가격

영업계획에 의거 "갑"이 정한 바에 따른다.

제1조(목적)

"갑"과 "을"은 위 표시 부동산을 분양함에 있어 분양대행 업무의 제반조건을 명시함과 동시에 상호간에 공동이익을 신의와 성실에 따라 상호 협력하는데 그 목적이 있다.

제2조(분양 업무의 범위)

1. "갑"은 본 계약을 체결함과 동시에 위 표시 부동산에 대한 분양대행 권한을 "을"에게 부여한다.
2. 분양금의 관리 및 계약서, 기타 관련서류는 "갑"의 책임하에 관리키로 한다.
3. 분양목적의 대상은 위 표시 부동산을 구성하고 있는 미분양부분으로 한다.
4. "을"은 "갑"의 승낙 없이 제3자에게 분양대행을 재위임할 수 없다.
5. "갑"이 사업진행 및 운영 관리상 브랜드 유치 등을 목적으로 건물의 전체 또는 일부를 계약 유치한 경우 "을"은 이에 협조하여야 하며 "을"은 이에 따른 일체의 수수료를 요구할 수 없다.

제3조(분양계약서 작성 및 운영관리)

1. 분양계약서 작성은 반드시 "갑"이 지정한 장소에서 소정의 양식에 따라 "갑"과 직접 체결하여야 하며 "을"은 수입, 지출 등 직·간접 금전수지를 할 수 없으며 "을"은 계약 당사자가 될 수 없다.
2. "갑"은 청약자 모집을 지원 관리하기 위하여 관리책임자를 현장에 파견하며 분양에 따른 일체의 사항을 관리한다.
3. "을"은 청약에 따른 각종 선전 팸플릿, 설계광고물 등의 규격 및 작업방향 등을 "갑"과 협의 후 "갑"의 승낙을 득하도록 한다.

제4조(계약기간)

　　본 분양대행계약의 기간은 계약체결일로부터 O개월로 한다. 단 "갑"과 "을"이 협의하여 계약기간을 연장, 단축할 수 있다.

제5조(계약의 해지)

1. "을"이 다음 각 호에 해당하는 경우 "갑"은 계약의 해지 및 손해배상을 요구할 수 있고 이행보증금과 분양대행수수료에서 손해액 상당을 우선 변제 충당할 수 있다.
　　① "을"이 분양대행업무중 "갑"의 명예를 손상시키거나 재산상의 손해를 입혔을 경우
　　② "을"이 정당한 사유 없이 분양행위를 중단한 경우 또는 분양실적이 저조하여 "갑"의 사업진행이 어렵다고 판단될 때
　　③ "을"이 모집한 청약자들의 청약완료 및 O차 중도금 시점까지 금전사고 등 하자 발생시
　　④ "을"이 청약자들에게 허위, 과장 광고 또는 홍보를 할 경우
　　⑤ 분양 등 관련 업무에 관한 "갑"의 정당한 권고와 지시를 거부할 경우
　　⑥ "을"이 본 계약에 따른 업무수행 및 자격요건 미비로 해당 관청으로부터 행정처분을 받거나 받을 우려가 있다고 판단될 경우
2. "갑"이 다음 각 호에 해당하는 행위를 했을 시 "을"은 계약해지 및 손해배상을 요구할 수 있다.
　　① "갑"이 정당한 사유 없이 분양대행수수료를 지급하지 않거나 O개월 이상 지연시킬 경우

제6조(분양대행 수수료 및 지급)

1. 분양대행수수료는 분양평수에 관계없이 분양금액의 OO%(부가세별도)로 한다.
2. 분양대행수수료에 따른 제세금은 "을"의 부담으로 하며 "을"이 부담할 재세공과금은 "갑"의 판단에 따라 "갑"이 원천징수 할 수 있다.
3. 지급방법은 "갑"이 계약금 수납시 총 수수료의 OO%, O차 중도금 납부시 OO%, 잔금납부시 OO%를 "갑"이 "을"에게 지급하기로 한다.
4. 제3항의 수수료 지급시기는 지급사유 발생월의 말일에 "을"에게 지급하기로 한다.
5. "을"은 분양대행수수료를 지급받기 위하여 반드시 "갑"에게 세금계산서를 발급하여야 한다.

제7조(광고선전비)

1. "갑"은 "을"의 영업개시 시점으로부터 분양촉진을 위한 광고지제작 및 배포에 대한 비용은 "갑"의 지원으로 하되 "을"이 100% 부담키로 한다.(단 광고의 시기와 방법은 "갑"의 결정에 따른다)
2. 영업활동에 필요한 카다록, 전단 기타 홍보물의 제작은 "갑"이 하며 그 비용은 "을"이 부담한다.

제8조(분양업무 수행에 따른 경비부담)

　　분양대행 업무를 수행함에 있어 발생가능한 모든 경비는 "을"의 부담으로 처리한다.

제9조(설계변경 및 용도의 변경)

　　"을"은 위 표시 부동산을 분양함에 있어 "갑"이 정한 점포의 형상이나 용도 등을 임의로 변경할 수 없다. 다만 분양을 원활히 하기 위해 필요하다고 인정될 경우에는 제반법규의 범위 내에서 "갑"과 협의하여 "갑"의 승낙을 득한 후 처리하기로 한다.

제10조(해약자 발생시)

1. 분양계약이 체결된 후 해약하게 될 시에는 "을"은 "갑"으로부터 기지급 받은 수수료를 전액 "갑"에게 반환하여야 한다.
2. 위1항의 경우 "을"은 기지급수수료의 반환은 물론 해약분의 차기 예정수수료도 자동 무효화되며, 지급된 수수료의 반환이 없을시 지급될 수수료에서 공제 후 잔여금액을 지불한다.
3. 분양계약이 체결된 후 해약이 있는 경우 "갑"은 어떠한 경우에도 계약금을 반환하지 아니하며 계약금은 위약금으로 "갑"에게 귀속시킨다.
4. "을"의 청약자 모집 및 중도금납부는 청약자들이 "갑"의 제반관련 인허가 설계 등에 관계없이 청약금 및 중도금을 납부토록 해야 하며 이로 인하여 발생되는 민형사상의 모든 책임은 "을"이 진다.

제11조(금지행위)

1. "을"은 본 계약서상의 권리를 제3자에게 양도하거나 질권설정 또는 이와 유사한 행위를 할 수 없다.
2. "을"은 "갑"의 명예를 해치거나 기타 불필요한 약속을 고객에게 할 수 없다.

제12조(관할법원)

본 계약에 관련된 분쟁이 발생할 시는 서울 민사지방법원을 관할법원으로 한다.

제13조(기타)

1. 본 계약에 명시되지 아니한 사항에 대하여는 일반적 관례에 따라 "갑"과 "을"이 협의하여 결정한다.
2. 본 계약의 효력은 "갑"과 "을"이 날인한 날로부터 발생한다.
3. "갑"과 "을"의 추가 약정사항은 첨부서류로 보완한다.

　본 계약을 증명하기 위하여 계약서 2부를 작성하여 "갑"과 "을"이 각 1부씩 보관한다.

20○○년 ○월 ○일

	주소	:
"갑"	(사업주)상호	: (주) 0000
	대표자	: ○ ○ ○ ㊞

	주소	:
"을"	(분양대행사)상호	: (주) 0000
	대표자	: ○ ○ ○ ㊞

상가(공동주택 복리시설) 표준분양계약서

☐ 재산의 표시

– 층호 :

– 소재지 :

– 건물 :

  전용면적 ㎡ (평)

  공용면적 ㎡ (평)

  분양면적 ㎡ (평)

– 대 지 : 공유지분 ㎡ (평)

☐ 입점예정일 : 2000년 0월

위 표시 재산을 분양함에 있어 매도인을 "갑"이라 칭하고 매수인을 "을"이라 칭하여 다음과 같이 분양계약을 체결한다.

제1조(분양금액) 위 표시 물건의 분양금액은 금(₩)원정(부가세 포함)으로 하고, "을"은 아래의 납부방법에 의하여 "갑"이 지정하는 장소에 납부하여야 한다.

① 납부일시 및 금액 :

 계 약 금 : 2000년 0월 0일 원

 1회 중도금 : 2000년 0월 0일 원

 2회 중도금 : 2000년 0월 0일 원

 잔금(입점지정일) : 2000년 0월 0일 원

(당초의 입점예정일이 변경될 경우에는 확정된 입점지정일을 추후 개별통보하기로 함)

② 납부장소 :

제2조(할인료, 연체료 및 지체상금)

① "갑"은 "을"이 중도금과 잔금을 약정일 이전에 부하는 경우에는 선납액에 대하여 년 00%의 할인율을 적용하여 선납일수에 따라 산정된 금액을 할인한다. 다만, 잔금에 대하여는 입점지정 최초일을 기준으로 하여 할인한다.

② "을"은 중도금 및 잔금의 납부를 지연하였을 때에는 그 지연일수에 00%의 연체요율을 적용한 연체료를 납부하여야 한다. 다만, 연체요율은 시중은행 일반자금 대출의 연체요율 범위를 초과할 수 없다.

③ "갑"이 "을"로부터 받은 분양대금의 변제충당의 순서는 "을"이 부담할 연체료, 선중도금, 잔금의 순으로 한다.

④ "갑"은 본 계약서 전문에서 정한 입점예정일을 지연하였을 경우 기 납부한 대금에 대하여 제2항에서 정한 연체요율을 적용한 금액을 지체상금으로 지급하거나 잔여대금에서 공제한다.

⑤ 천재지변 또는 "갑"의 귀책사유에 의하지 아니한 행정명령 등의 불가항력적인 사유로 인하여 입점이 지연될 경우에는 "갑"은 이를 "을"에게 통지하기로 하며, 이 경우 제4항을 적용하지 아니한다.

⑥ 입점지정일이 당초 입점예정일보다 앞당겨질 경우에는 미도래 중도금과 잔금을 납부하여야만 입점할 수 있다.

제3조(소유권 이전)

① "갑"은 공부정리가 완료되면 즉시 "을"에게 통지하고, "을"은 소유권 이전신청이 가능한 날로부터 60일 이내에 소유권 이전을 "을"의 비용으로 완료하여야 한다.

② "을"이 제1항의 소유권 이전절차를 지체함으로써 발생하는 '부동산등기특별조치법'에 의한 과태료 등 제반피해는 "을"이 전액 부담하여야 한다.

③ 공유대지는 공부정리 완료 후에 공유지분으로 이전하되 "갑"은 "을"에게 위치를 지정하지 아니하고 "을"은 공유대지의 분할을 청구하거나 건물과 분리하여 처분할 수 없다.

④ 천재지변 또는 "갑"의 귀책사유에 의하지 아니한 행정명령·기타 택지개발 사업 미준공 및 공부 미정리 등의 부득이한 사정으로 소유권 이전 절차가 지연되는 경우 "을"은 이에 대하여 이의를 제기하지 못한다.

⑤ "갑"은 본 건물의 사용 승인일로부터 60일 이내에 소유권 보존등기를 하여야 한다.

⑥ "을"은 택지개발지구의 경우 택지개발사업이 종료되어 지적공부정리가 완료될 때까지 공유대지에 대한 지분소유권 이전청구를 할 수 없다.

⑦ "을"의 고의 또는 과실로 상가 시설을 훼손하거나 기타 행위로 "갑"에게 손해를 발생케 하였을 때에는 "을"은 그에 상당하는 손해액을 "갑"에게 변상하여야 한다.

제4조(제세공과금 등)

① 위 표시 재산에 대한 재산세 및 종합토지세는 과세기준일이 "갑"이 통보한 잔금납부지정일 이전인 경우에는 "갑"이 부담하고, 그 이후인 경우에는 "을"이 부담한다.

② "을"은 잔금 납부일로부터 30일 이내에 취득세를 납부하여야 한다. 단, 잔금 납부일이 사용승인일 이전일 때에는 사용승인일(가사용 승인시는 그 승인일)을 기준으로 하여 30일 이내에 납부하여야 한다.

제5조(계약해제)

① "을"이 아래 각호의 1에 해당하는 행위를 하였을 경우에는 "갑"은 상당한 기간을 정하여 이행의 최고를 한 후 그 이행이 없을 경우 본 계약을 해제할 수 있다.

가) 분양대금(중도금, 잔금)을 납부기일로부터 1월 이상 납부치 않았을 때

나) "을"이 상당한 이유 없이 입점지정일 내에 입점 개점하지 않을 때

다) "을"이 잔금납부 전에 "갑"의 승인 없이 사실상의 양도, 임대, 담보설정, 기타 제한 물권을 설정하였을 때

라) 위 상가 점포의 형상을 "갑"의 승인 없이 변경(모양변경 또는 증축)하여 상가 전체의 운영에 지장을 줄 우려가 있을 때

마) 공동시설, 공용면적 또는 공유대지를 부당하게 사용하여 상가 전체의 운영에 지장을 줄 우려가 있을 때

② "을"은 자신의 사정으로 인한 경우 스스로 본 계약을 해제할 수 있다. 다만, 중도금 납부 후에는 "갑"이 인정하는 경우에 한한다.

③ 을은 갑의 귀책사유로 인하여 입점이 당초 입점예정일로부터 3월을 초과하여 지연된 경우 또는 계약기간 중 갑의 계약이행이 불능하게 된 때에는 본 계약을 해제할 수 있다.

④ 제1항 내지 제3항에 해당하는 사유로 본 계약이 해제된 때에는 제1항 또는 제2항의 경우에는 을이, 제3항의 경우에는 갑이 각각 그 상대방에게 위약금으로 분양대금 총액의 10%를 지급하기로 한다.

제6조(화재보험 및 시설의 보수유지 등)

① "을"은 입점지정일 이후 화재로 인한 재해보상과 보험가입에 관한 법률에 의거하여 화재보험에 가입하여야 하며, 미가입으로 인한 제반손해는 "을"이 책임진다.

② 위 표시 상가의 시설기준은 사용승인 또는 가사용 승인을 받은 상태대로 하고 "갑"이 시설기준에 따라 설치한 시설물 이외에 별도로 점포칸막이·진열대· 상수도·가스배관·전기·간판 기타시설 등의 추가 또는 변경 설치가 필요할 경우 "을"이 부담하여야 함을 원칙으로 한다. 다만, 계약체결 전 별도의 분양안내서 또는 계약자에게 배포한 전단 등에 다른 표시나 내용 등이 있는 경우에는 그에 따른다.

③ 입점지정일 이후 위 표시 상가에 발생하는 수선유지비·특별수선충당금 및 공동시설의 유지·관리에 필요한 제 부담금은 "을"의 부담으로 한다. 다만, 하자보수 보증기간 내의 하자보수의 책임은 "갑"의 부담으로 한다.

④ "을"은 상당한 이유가 없는 한 입점지정일까지 입점 개점하여야 하며, 입점 지연에 따른 당해 점포내부시설의 훼손에 대하여는 "갑"의 고의 또는 중대한 과실에 의한 경우를 제외하고는 "을"의 책임으로 한다.

제7조(상가의 용도)

① 갑은 사업계획 승인 또는 건축허가 내용의 범위 내에서 작성한 분양계획(또는 분양광고)의 내용에 따라 위 표시상가를 다음 용도로 지정·분양하고 이에 따라 개점영업 되도록 한다. 다만, 분양계획(또는 분양광고)에 상가 용도를 지정하지 않았을 경우에는 그러하지 아니하다.

상가의 용도 :

② 을은 위 용도로 개점 영업하여야 하며, 다른 용도로 변경하고자 할 경우에는 전체 상가 구성과의조화 및 활성화를 저해하지 않도록 갑과 사전에 협의하여야 한다.

③ 을이 입점 후 용도를 변경하고자 할 경우에는 상가자치관리규정 등에서 정하는 바에 따른다.

제8조(관리)

① 위 표시 상가는 입점일 이후에는 "을"이 관리함을 원칙으로 하며조속한 시일 내에 상가자치관리위원회를 구성하여 자치 관리한다.

② 입점지정일 이후 발생되는 모든 관리비는 "을"의 부담으로 한다.

③ "을"의 영업종목에 따른 영업허가 및 허가조건에 따른 시설보완 등은 "을"의 책임과 비용으로 처리한다.

④ "을"은 관련법규 및 행정당국에 의하여 영업관리를 위한 허가가 필요할 시는 상가 자치 관리위원회를 중심으로 즉시 법인을 설립하여야 한다. 만약, 법인설립 지연으로 인한 제반문제 및 발생 비용은 을"의 책임으로 한다.

제9조(수인의무)

"을"은 "갑"의 승인 없이 기 설치된 시설물의 이전, 변형, 손괴 등 기존의 형상을 변경하는 일체의 행위를 할 수 없다.

제10조(간판부착)

상가의 간판설치는 관련 법률에 저촉되지 않는 범위 내에서 아파트단지 및 상가의 미관을 감안하여 "갑"과 협의하여 부착하여야 한다.

제11조(기타)

① "을"은 본 계약서상의 주소가 변경되었을 경우에는 10일 이내에 "갑"에게 서면으로 통보하여야 한다. 이를 이행하지 아니할 경우 "갑"의 "을"에 대한 계약의 해제통고 등 제반통고는 종전 주소지로 발송 후 7일이 경과함으로써 도달한 것으로 본다. 이에 대한 "을"의 불이익은 "갑"이 책임지지 아니한다. 또한 계약서상의 주소가 부정확한 경우도 이와 같다.

② 표시재산의 지번 및 필지수는 토지의 합병, 분할 등으로 변경될 수 있다.

③ 본 계약에 관한 소송의 관할법원은 위 상가의 소재지를 관할하는 법원 또는 민사소송법에 의한 법원으로 한다.

④ 본 계약에 명시되지 않은 사항은 "갑"과 "을"이 협의하여 결정하며 합의되지 아니한 사항은 관계법령 및 일반관례에 따른다.

본 계약의 내용을 증명하기 위하여 계약서 2통을 작성하여 "갑"과 "을"이 각 1통씩 보관한다.

20○○년 ○월 ○일

	상호	:	
매도인 "갑"	회사명	:	
	대표이사	:	○ ○ ○ ㊞

	주소	:	
	성명	:	○ ○ ○ ㊞
	연락처	:	
매수인 "을"	주민등록번호	:	
	사업자등록번호	:	
	업종(업태)	:	
	상호(법인명)	:	

【음식점인수계약서】

음식점인수계약서

　음식점 운영자 (주)○○○○(이하 "갑"이라 칭한다)와 인수자 (주)○○○○(이하 "을"이라 칭한다)는 상호간에 다음과 같이 음식점 인수 계약을 체결한다.

제1조(목적)

　본 계약은 "갑"이 운영하는 ○○○○전문 음식점을 "을"이 인수하기로 하고 이와 관련된 인수비, 주방설비, 종업원 고용승계 등에 관한 사항을 규율함을 목적으로 한다.

제2조(인수비)

1. 당사자 쌍방은 본 계약의 인수비를 다음과 같이 정한다.
   1) 음식점 건물 및 대지 인수비 : 일금○○○원정(₩ ○○○)
   2) 주방설비 비품 일체의 인수비 : 일금○○○원정(₩ ○○○)
2. "을"은 일금○○○원정(₩ ○○○)을 본 계약 체결과 동시에 계약금으로 "갑"에게 현금 지급한다.
3. 잔금 일금○○○원정(₩ ○○○)은 음식점의 소유권이전 등기경료의 서류이전과 상환으로 하여 지급한다.

제3조(인수일)

1. "갑"은 ○○○○년 ○○월 ○○일까지 "을"에게 음식점의 양도절차를 종료하여야 한다.
2. 양도에 소요되는 법무사비 기타 부동산 등기이전에 소요되는 제반 경비는 상호 공동으로 부담하기로 한다.

제4조(주방설비)

　"갑"은 본 계약 체결 당시 음식점이 보유하고 있는 주방설비 일체를 현상대로 "을"에게 인도하기로 하고 별도의 주방설비 인도 명세서를 본 계약 체결과 동시에 "을"과 공동으로 작성한다.

제5조(고용인수)

1. "을"은 "갑"의 음식점에 근무하고 있는 근로자 가운데 ○○명을 고용승계하기로 한다.
2. 제1항에 포함되지 아니하는 인원은 본 인도일 이전까지 "갑"이 책임지고 해당 인원을 정리하여야 한다.
3. "갑"은 고용승계 인원을 음식에 관한 특별한 기술이 있는 종업원들을 우선적으로 존속시키도록 하여 "을"의 음식점 영업에 지장을 초래하도록 하지 않도록 한다.

제6조(음식 노하우)

1. "갑"은 보유한 음식제조의 비법을 "을"에게 전수하기로 하며 이를 위하여 본 계약 체결 이후 ○○개월 간 "을"에게 해당 기술을 교육한다.
2. 제1항의 비법 전수는 본 계약상의 매매대금에 포함되는 것으로 한다.

제7조(거래처 유지)

"을"은 희망할 경우 기존에 "갑"이 거래하던 재료 제공처와 동일조건으로 거래를 할 수 있으며 "갑"은 이에 적극 협력하여 거래선이 유지되도록 하여야 한다.

제8조(유사행위 금지)

본 계약 체결이후 "갑"은 "을"의 영업소와 동일한 지역(광역시단위 이상)에서 "을"의 영업과 동일 또는 유사한 메뉴를 통한 음식점 개업을 할 수 없다.

제9조(조세 공과금 등)

본 계약 체결이후 음식점의 양도 이전에 발생하는 수도세, 전기세, 세금 등 제반조세공과금 일체는 "갑"이 부담하기로 하고, 음식점의 양도 절차가 종료된 시점 이후의 조세공과금은 "을"이 부담하기로 한다.

제10조(매입매출 정리)

1. 본 계약 체결이후 음식점의 양도일 이전까지 "갑"은 매출금 및 매입금과 관련된 대금 일체를 정산하도록 하며, 향후 "을"이 인수할 당시에 이로 인한 손해가 발생하지 않도록 하여야 한다.
2. 제1항의 사유로 인한 "을"의 손실에 대해 전적으로 "갑"이 이를 배상하여야 하며, 관련 클레임의 처리도 그러하다.
3. 본조의 경우 관련 대금을 "갑"과 "을"이 공동으로 인수대금의 산정에 반영하여 이에 대한 평가가 상호 종결된 항목의 경우에는 그러하지 아니하다.

제11조(해제)

1. 본 계약을 체결 후 인수 일까지 "갑"이 정당한 사유 없이 인도하지 아니할 때 "을"은 최고 후 계약을 해지하며, "갑"은 이때 기지급된 계약금의 ○○배를 "을"에게 반환하여야 한다.
2. "을"이 인수일 이전에 계약을 포기한 경우 "갑"은 계약금의 반환의무가 없으며 계약은 종료된다.
3. 당사자 일방이 본 계약상의 의무를 이행하지 아니하는 경우 상대방은 계약을 해제하고 손해배상을 청구한다.

제12조(기타사항)

1. 계약의 당사자는 본 계약의 내용을 신의성실에 의거하여 준수하여야 한다.
2. 계약 기간 중 계약의 변경은 당사자의 서면 합의에 의해서만 변경될 수 있으며 서면날인 된 문서를 본 계약서의 말미에 첨부한다.
3. 본 계약서에서 명시되지 않은 부분에 대하여는 관련 법규 및 상관습에 따르기로 한다.

제13조(분쟁해결)

1. 본 계약과 관련하여 양 당사자 간의 분쟁이 발생한 경우, 원칙적으로 "갑"과 "을" 상호간의 합의에 의해 해결한다.
2. 제1항에도 불구하고 분쟁이 해결되지 않을 경우 "갑"의 주소지 관할 지방법원을 그 관할로 하여 재판함으로써 해결한다.

제14조(특약사항)

상기 계약일반사항 이외에 "갑"과 "을"은 아래 내용을 특약사항으로 정하며, 특약사항이 본문과 상충되는 경우에는 특약사항이 우선하여 적용된다.

1.

2.

3.

4.

5.

위와 같이 본 계약이 유효하게 성립하였음을 각 당사자는 증명하면서 본 계약서 2통을 작성하여, 각각 서명(또는 기명)날인 후 "갑"과 "을"이 각각 1통씩을 보관한다.

20○○년 ○월 ○일

	주소	:	
	상호	:	
"갑"	대표이사(대표자)	:	○ ○ ○ ㊞
		:	
	주소	:	
	상호	:	
"을"	대표이사(대표자)	:	○ ○ ○ ㊞

【대관계약서】

대관계약서

　　○○○ (이하 "갑"이라 한다)과 대관사업자(이하 "을"이라 한다)는 상호 신의, 성실로 다음과 같이 대관사항을 확약한다.

1. "을"이 "갑"의 문예회관대관사용 내역과 대관료는 다음과 같다
   ⑴ 대관시설 :
   ⑵ 공연행사 및 단체명 : ○○○○
   ⑶ 대관기간 : 2000년 ○월 ○일 - 2000년○월 ○일
   ⑷ 대관료 : 원

2. "을"은 제1항의 대관사용에 있어 '문예회관 대관수칙'을 사전 숙지, 이에 동의하고 동 수칙에 명시된 제반조항 및 본 계약을 준수할 것을 확약한다.

3. "을"은 계약체결시 대관료의 20%를 보증금으로, 대관료 잔금은 대관초일을 기준으로 30일전까지 납부하거나, 또는 계약시까지 전액 일괄 납부토록 한다. 정해진 기간내 대관료 보증금과 잔금 납부가 이루어지지 않을 경우 "갑"은 본 계약을 해약하고 "갑"의 대관을 취소할 수 있다

4. 대관과 관련하여 발생한 사고에 대하여는 명백히 "갑"의 중과실인 경우를 제외하고는 "을"이 민·형사상의 모든 책임을 진다.

5. "을"이 본 계약이나 관련 수칙을 위반하여 해약(대관취소) 또는 중지를 받음으로써 발생되는 손해에 대하여 "갑"은 그 손해를 배상하지 아니한다.

6. 본 계약조항의 해석에 이의가 있거나 명기되지 않은 사항은 '문예회관 운영규정 및 대관수칙'을 우선 적용하되 그 외의 사항은 민법의 규정에 따르며 최대한 "갑"과 "을"이 합의하여 결정한다.

7. 본 계약을 증명하기 위하여 계약서 2통을 작성하여 "갑" "을" 쌍방이 서명 날인하고 각각 1통씩 보관한다.

※ 붙임

1) 대관료 산정표 1부 / 2) 문예회관 대관수칙 1부

2000년 ○월 ○일

"갑"　주소 :
　　　연락처 :
　　　성명 : ○ ○ ○ ⑳

"을"　주소 :
　　　연락처 :
　　　성명 : ○ ○ ○ ⑳

극장대관계약서

OO극장시설을 대관함에 있어 국립 중앙 극장장을 "갑", 대관자를 "을"이라 하고, 다음조건으로 대관계약을 체결한다.

제1조(계약의 표시)

대관장소	대관목적 및 대관자인적사항		승인일정	대 관 료	
☐ 해오름극장 ☐ 달오름극장 ☐ 별오름극장 ☐ 하늘극장 ☐ 기타( )	제명		2000. 0. 0~2000. 0. 0	공연, 행사, 냉방, 난방	
			(일간) 단,. 은 휴관	장치비	
	대관자 (☎ 000-000-0000)		장 치(시간)	연습비	
				공연비	
	주소 OO시 OO구 OO동 OO번지		연 습(시간)	냉,난방비	
				가산금	
			공 연(회)	리셉션비	
			리셉션	철거비	
	주민등록번호 -		냉,난방(시간)	총액	
			철 거(시간)		

제2조(대관료)

"을"은 대관료를 "갑"이 발행하는 납입고지서에 의거 지정 기한내에 납부하여야 하며, 지정기한 내에 납부하지 않을 때 "갑"은 국유재산법 제25조 제3항과 국세징수법 제21조 내지 제23조의 규정에 의거 가산금 및 중가산금을 징수한다.

제3조(대관료의 반환)

"갑"이 제6조 제1항 제2호 내지 제4호와 제2항에 의하여 해약 또는 정지 명령한 경우에는 "을"이 납부한 대관료를 반환하지 아니한다.

제4조(대관자의 행위제한)

"을"은 "갑"의 사전 승인 없이 다음 각 호의 행위를 하지 못하며 대관승인조건, 신청인 또는 공연자, 공연물의 종류는 이를 변경하지 아니한다.

제5조(대관자의 의무)

① "을 '은 극장사용일 7일 이전에 극장 시설 이용 및 무대설치계획서(극장소정 양식)을 제출하여야 한다.

② "을"은 "갑"이 정한 다음 각 호의 사항을 반드시 지켜야 하며, 안전사고를 유발할 위험이 있다고 판단하여 "갑"이 그 시정을 요구할 때에는 이에 응해야 한다.

1. 극장이 정한 안전수칙 및 사용자 준수사항
2. 공연장내 화환반입 및 허가받지 않은 홍보물(현수막, 현판, 배너 등) 설치금지
3. 극장 가용직원 이외 인원에 대하여는 대관자의 책임 및 비용부담으로 직접채용
4. 문예진흥기금은 유료 관람권의 판매 잔표 기준 환산액을 공연종료 이전에 극장에 납부
5. 대관이 종료되거나 해약 및 정지된 경우에는 시설물 등을 반드시 원상회복조치
6. 대관자는 자체 매표원을 배치하고 극장 근무 규정에 의거 근무조치

제6조(해약 및 정지명령)

① "갑"은 "을"이 다음 각 호의 1에 해당하는 경우에는 본 계약을 일방적으로 해약하거나 공연의 정지를 명할 수 있다.
1. 정부의 주료행사 및 공연을 위하여 필요한 때
2. 대관시설물을 제3자에게 양도한 때
3. 기타 관련법령 및 본 계약사항을 위반할 때
4. 중가산금 1차 고지 후 대관료 징수가 어렵다고 판단될 때
② "을"이 본 계약을 해약하고자 할 경우에는 사전에 해약원을 제출하여야 하며, 해약시 "을"은 계약 대관료의 10%를 기한 내에 납부하여야 한다.

제7조(책임의 한계)

대관과 관련하여 발생한 사고에 대하여는 "을"이 민·형사상의 모든 책임을 진다.

체8조(손해배상)

① "을"이 이 계약사항이나 관련법령을 위반하여 해약 또는 정지명령을 받음으로써 "을"에게 손해가 생기더라도 "갑"은 그 손해를 배상하지 아니한다.
② "을"이 허가조건을 위반하거나 그 이행을 태만히 함으로써 "갑"에게 손해를 끼친 때에는 그 배상의 책임을 진다.

제9조(부관)

① "극장대관규칙"은 이 계약의 일부가 되며, 관련법령 및 본 계약에 명시되지 않은 사항은 "갑"이 정하는 바에 따른다.
② 본 계약조항에 관하여 의문이 있는 경우에는 "갑"의 결정에 따른다.
③ 이 계약을 증명하기 위하여 계약서 2통을 작성하여 계약당사자 쌍방이 기명날인하고 각각 1통씩 보관한다.

2○○○년 ○월 ○일

위 "갑" ○○극장장   :   ○ ○ ○ ㊞
위 "을"   :   ○ ○ ○ ㊞

수련시설이용계약서

학교O 학년의 수련활동을 실시함에 있어 학교장을 "갑"이라 칭하고, 칠보산 청소년수련원 대표를 "을"이라 칭하여 다음과 같이 계약을 체결한다.

제1조(행사기간 및 장소)

기간 : 2000년 O월 O일 ~ 2000년 O월 O일 (O 박 O 일)

장소 : ○○○ 수련원

제2조(인원 및 행사비)

1) 참가 예상 인원 : 학생 총 명 (남 명, 여 명)

2) 지도교사명 (남 명, 여 명)

2) 수련 시설 이용료 : 1인당 원, 총 금액 원

제3조(숙식제공)

1) 숙박 : "을"은 이용자 전원이 편안하게 휴식할 수 있도록 적정인원을 배치하고 깨끗한 침구와 쾌적한 분위기를 조성한다.

2) 식사 : "을"은 식단표에 의거 충분한 양식 제공하고, 식중독 등 위생상 야기되는 사항에 대하여 전적으로 책임을 진다.

제4조(시설, 교재이용)

1) "을"은 시설 및 교재를 "갑"이 최대한 이용할 수 있도록 섬김과 봉사의 정신으로 모든 편의를 제공하며, 안전사고 발생 시 전적인 책임을 진다.

2) "갑"은 "을"의 시설을 사용함에 있어 고의적인 파괴 및 훼손 행위를 금하여야 하며 파손 및 훼손된 부분은 "갑"이 책임을 진다.

제5조(의무)

"갑"과 "을" 은 부득이한 사정으로 인하여 계약변경을 요구할 시에는 행사 15일전까지 상 협의 해야하며, 불이행 시 야기되는 사항은 원인 제공을 한 편에서 배상에 책임을 진다.

제6조(행사비 정산)

"갑"은 입소인원에 대하여 행사종료 후 온라인으로 입금하기로 한다.

제7조(기타)

본 계약서에 누락된 이외의 사항에 대하여는 법령 또는 일반관례에 준하여, 상기 계약내용을 충실히 이행하기 위하여 본 계약서를 2부 작성하여 "갑", "을"이 각각 날인하고 1부씩 소지한다.

2000년 0월 0일

"갑" OO고등학교 학교장 (직인)

"을" OO 청소년 수련원장 OOO ㉑

참고 20 _ 일시사용을 위한 임대차에 관한 판례 ▌

공중접객업인 숙박업을 경영하는 자가 투숙객과 체결하는 숙박계약은 숙박업자가 고객에게 숙박을 할 수 있는 객실을 제공하여 고객으로 하여금 이를 사용할 수 있도록 하고 고객으로부터 그 대가를 받는 일종의 일시 사용을 위한 임대차계약으로서 객실 및 관련 시설은 오로지 숙박업자의 지배 아래 놓여 있는 것이므로 숙박업자는 통상의 임대차와 같이 단순히 여관 등의 객실 및 관련 시설을 제공하여 고객으로 하여금 이를 사용·수익하게 할 의무를 부담하는 것에서 한 걸음 더 나아가 고객에게 위험이 없는 안전하고 편안한 객실 및 관련 시설을 제공함으로써 고객의 안전을 배려하여야 할 보호의무를 부담하며 이러한 의무는 숙박계약의 특수성을 고려하여 신의칙상 인정되는 부수적인 의무로서 숙박업자가 이를 위반하여 고객의 생명·신체를 침해하여 투숙객에게 손해를 입힌 경우 불완전이행으로 인한 채무불이행책임을 부담하고, 이 경우 피해자로서는 구체적 보호의무의 존재와 그 위반 사실을 주장·입증하여야 하며 숙박업자로서는 통상의 채무불이행에 있어서와 마찬가지로 그 채무불이행에 관하여 자기에게 과실이 없음을 주장·입증하지 못하는 한 그 책임을 면할 수는 없다(대판 2000.11.24, 2000다38718)

리스계약서

계약번호 :

계약일자 : 2000.00.00

 "갑" :

 "을" :

　위 리스회사(이하 "갑"이라 한다)와 리스이용자(이하 "을"이라 한다)는 다음과 같은 계약을 체결하고 이를 증명하기 위하여 기재일자에 계약서 2부를 작성하여 각 1부씩 보관한다.

제1조(리스물건)

　"갑"은 "을"이 선정한 별표 ① 란 기재의 리스물건(이하 "물건"이라 한다)을 구입하여 "을"에게 리스한다.

제2조(리스기간)

　리스기간은 별표④ 란 개재에 의하며 이는 "을"이 리스개시 통보일로부터 개시된다.

제3조(리스료 산정 기준금액)

　별표⑤ 란의 리스료 산정 기준금액은 물건의 가액을 원칙으로 하되, "갑" "을" 그리고 매도인간의 협의에 의하여 기타 물건의 구입과 관련하여 발생된 부대비용을 포함한 금액으로 한다.

제4조(리스료 및 지급방법)

　"을"은 별표⑦ 란에 기재된 리스료를 동란에 정한 지급일에 지정된 방법으로 "갑"에게 지급한다.

제5조(리스계약 보증금)

　"을"은 별표⑥ 란에의 리스계약 보증금을 "갑"에게 리스 기간 동안 현금으로 예치하여야 하나, "갑"은 "을"의 신용을 고려하여 면제한다.

제6조(물건의 구입)

　"을"은 자기의 책임하에 물건을 선정한 것임을 확인하고 물건의 품질, 성능에 대하여 "갑"은
책임을 지지 아니한다.

제7조(보험)

① "을"이 물건을 인수하면 "갑"을 피보험자로 하여 "을"의 비용으로 동산종합보험에 부보한다.
② 보험사고가 발생한 때에는 "을"은 지체 없이 그 내용을 "갑"에게 통지하고 보험금 수령에 필요한 모든 서류를 "갑"에게 제출하여야 한다.

③ "갑"은 "을"에게 동산종합보험료를 년1회 청구한다.

제8조(물건의 인수 및 리스물건 영수증 교부)

"을"은 "갑" 또는 매도인으로부터 물건을 수령하여 별표③ 란의 장소에 설치한 때에는 지체 없이 리스물건 수령증을 발급하여 "갑"에게 교부하여야 한다.

제9조(물건의 사용 및 보관)

① "을"은 리스물건을 사용, 보관함에 있어 정상적인 운전상태를 유지하고 완전한 기능과 성능을 유지하도록 필요한 모든 조치와 선량한 관리자로서의 주의, 의무를 다 하여야 한다.

② "을"은 "갑"의 서면에 의한 승인을 얻지 않고 리스물건을 양도, 개조, 이동하지 못함은 물론, 기타 "갑"의 소유권을 침해하는 행위를 하지 못한다.

③ "을"은 리스 물건에 부착된 소유권 표찰 등을 제거 또는 오손 하여서는 안 된다.

④ "을"은 리스물건에 대하여 다른 제3자로부터 강제집행, 기타 법률상 또는 사실상의 침해가 없도록 충분한 보존조치를 취하여야하고, 이러한 사태가 발생한 때에는 즉시 "갑"에게 통지하여야 하며, "을"의 책임과 비용부담으로 그 사태를 지체 없이 해소하여야 한다.

제10조(계약의 중도해지)

① "을"이 본 계약을 중도해지 하고자 할 경우에는 "갑"에게 제13조의 규정손실금을 즉시 납입하여야 한다.

② "갑"은 아래 각 호의 해당사유가 발생할 경우 "을"에게 사전에 통보나 최고 후 본 계약을 해지할 수 있다.

③ "갑"이 본 계약의 해지를 "을"에게 서면 통보하면 "을"은 "갑"에게 제13조의 규정손실금을 즉시 납입하여야 한다.

  1. "을"이 본 계약 본조항의 어느 하나라도 위반했을 때
  2. "을"이 제4조의 지불약정 사항을 3회 이상 불이행 했을 때
  3. 기타 "을"의 정상적인 계약의 이행이 곤란하다고 인정할 때

제11조(리스기간 종료후 물건의 처리)

별표 ④란의 리스기간이 종료되고 "을"이 그 기간 동안의 의무를 완전히 이행한 경우에 "갑"은 리스물건을 무상양도한다.

제12조(규정손실금)

① 리스기간 중 각 연도초 의 규정손실금액과 체감금액은 별표 ⑧란에 기재된 금액으로 한다.

② 각 년도중의 규정손실금액은 해당년도초의 규정손실금액에서 해당년도중의 체감월액의 경과월수(해당 년도의 임대료 지급월액)상당액을 차감한 금액으로 한다.

③ 규정손실금액의 산정 기준 일에 리스료가 연체되었을 때에는 제2항의 산정금액에 연체된 리스료와 연체료를 가산한 금액으로 규정손실 금액으로 한다.

제13조(연체료)

"을"이 본 계약에 의하여 "갑"에게 지급할 채무이행을 지체시킬 때에는 별표(10)란에 표시된 소정의 연체료율에 의한 연체료를 "갑"에게 지급한다.

제14조(현황통지)

"을"은 물건이 감실 또는 훼손된 때 지체 없이 그 내용을 "갑"에게 서면으로 통지하여야 한다.

제15조(재판관할)

본 계약에 관한 분쟁이 발행하여 소송의 필요가 있을 때에는 "을"의 주소지를 관할하는 법원을 관합법원으로 한다.

제16조(특약사항)

별표 기재의 특약사항도 본 계약과 일체가 되어 본 계약을 보완하거나 수정하는 것으로 한다.

제17조(청렴계약이행 준수의무)

① "갑"과 "을" 간에 상호 교부한 청렴계약 이행 서약서는 이 계약의 일부로 하며 "갑"과 "을"은 청렴계약 이행 서약서의 내용을 성실히 준수하여야 한다.

제18조(청렴계약 위반 시 조치)

"갑"과 "을" 간에 상호 교부한 청렴계약 서약서의 내용을 위반할 시에는 "갑"은 "을"에 대하여 계약해지, 해제 등의 조치를 취할 수 있다.

【전세버스 임대차계약서】

전세버스 임대차계약서

OO고등학교장을 "갑"이라 하고, (주)OOOOO 대표 OOO을 "을"이라 하여 다음과 같이 OO수련원 학생수송을 위한 차량 임대차 계약을 체결한다.

1. 임대기간 : 2000년 OO월 OO일, OO월 OO일까지 (O일간)

2. 임차금액 : 육백육십만원정(₩6,600,000) 단, 부가가치세, 봉사료, 주차비, 고속도로비 포함한 금액임

3. 행선지: OO수련원으로 하되, 세부사항은 추후 "갑"이 "을"에게 통보한다. 단, "갑"의 형편에 따라 경유지 및 임대기간 내에서 시간배정을 변경할 수 있다.

4. 임차수량 및 차종 : 책임보험, 종합보험(대인보상은 무한대) 또는 이에 상응하는 공제조합에 가입된 대형관광버스로, 정기점검을 필하고, 냉난방 시설이 완비되고, 좌석이 안락한 차량 1대(보험가입증서 사본 및 차량등록증 사본을 계약서에 첨부한다)

5. "을"은 운행 첫날 출발 전에 차량번호를 인솔책임 교사에게 제시하고 계약된 차량여부를 확인해 주어야 한다.(버스출발시간 – OO:OO, OO유원지 입구 – OO:OO분까지)

6. "을"은 안전운행을 위하여 차량정비를 철저히 하고 "학생수송차량"이라는 표지판과 차량호수 표지판(1호)을 준비하여 버스 전면에 부착하고 운행한다.

7. 차량 확인결과 계약된 차량이 아니거나, 시설이 미비한 차량이 있을 대에는 해당 임차료의 30%를 감액하여 지급한다.

8. 운행도중 "을"의 귀책사유로 인해 운행이 지연 될 때에는 지체 1시간당 당일 임차료의 10%를 감액하여 지급하며, 4시간 이상 운행이 지연될 때에는 당일 임차료는 지급하지 않는다.

9. 보험가입이 안된 차량이 발견되어 운행이 중단될 때에는 "을"은 이에 따른 모든 책임을 지고 그 손해를 전액 보상하여야 한다. 또한 부득이 운행을 하더라도 해당 임차료의 50%를 감액하여 지급한다.

10. "갑"은 "을"이 본 계약을 완전히 이행한 후 "을"의 청구(세금계산서)에 의하여 "을"의 계좌에 대금을 입금한다.

11. "을"은 천재지변의 사유 없이 본 계약을 일방적으로 해약하는 경우 본 계약의 해약금은 물론본 여행의 계약에 수반되는 모든 경제적 손해를 배상하여야 한다.

12. 기타 본 계약에 약정되지 않은 사항은 쌍방 합의 하에 일반 관행에 따른다.

13. 본 계약의 해석에 차이가 있을 때에는 "갑"의 해석에 따른다.

14. 본 계약의 입증을 위하여 계약서 2통을 작성, 각자 1통씩 보관한다.

20○○년 ○월 ○일

"갑" ○○학교 교장   :   ○○○ ㉑

      사업자등록번호   :
      주소   :
"을" 상호   :
      대표자   :
      전화   :   ○○○ ㉑

차량(임대)사용계약서

○○○를 "갑"이라 하고 ○○○를 "을"이라 하여 아래와 같은 차량임대사용계약을 체결한다.

제1조(차량사용 물건의 표시 및 용도)

1. "갑"과 "을"의 차량 사용 요건은 아래와 같다.

물건의 표시

2. "을"은 본 물건을 법인 차량으로만 사용하여야 하며 "갑"의 서면 동의 없이는 용도를 변경할 수 없다.

제2조(계약기간)

1. 차량사용기간은 2000년 ○월 ○일초부터 2000년 ○월 ○일로 한다.
2. 차량사용 만료인 ○일 전까지 이 계약 당사자 일방이 서면으로 사용기간의 연장을 반대하는 의사를 표시하지 않으면 본 계약은 종전과 같은 조건으로 사용 계약을 1년 연장하는 것으로 한다. 다만 "갑"은 제3조 차량사용보증금조정권을 행사할 수 있다.
3. "을"은 본 물건을 사용개시 전까지 약정 차량사용보증금을 "갑"에게 지급하여야 하며 계약일로부터 ○일 사용을 시작하지 않으면 본 계약은 어떠한 표시도 거치지 않고 해제 및 해지된다.
4. 제1항의 차량사용기간 또는 연장기간 중 "을"은 "갑"에게 사전 서면통지로써 언제든지 계약을 해지 할 수 있다.

제3조(차량사용보증금)

1. 차량사용보증금은 금 원으로 하며 보증금은 2000년 ○월 ○일까지 "갑"에게 지급하여야 한다.
2. 차량사용보증금은 무이자로 한다.
3. "을"은 차량사용보증금으로써 모든 비용을 대체하지 못한다. 또한 반환청구권을 타인에게 양도하거나 질권 기타 담보의 목적으로 할 수 없다. 차량사용 계약 기간의 만료 또는 해지 기타 사유로 인하여 계약이 종료되는 경우에는 본 물권을 명도한 후 1개월 이내에 "갑"은 차량사용보증금을 "을"에게 반환한다.

제4조(사용료)

본 물권에 대해 월 사용료는 없는 것으로 한다.

제5조(관리유지비)

1. 본 물권에 대한 제반비용, 관리유지비용, 제세공과금, 보험료 등 모든 것을 계약 체결 후 "을"이 부담
   키로 한다.
2. 본 물권에 대한 전항의 비용 등을 이행치 않았을 때는 "갑"은 "을"의 차량사용보증금에서 대체 할 수
   있다. 또한 손해배상청구를 할 수 있다.

제6조(권리이전 등의 금지)

"을"은 제삼자에게 계약상의 "을"의 권리를 양도하거나 물권을 전부 또는 일부를 전매할 수 없다. 이 계약
의 내용을 명확히 하기 위하여 계약서 O통을 작성하여 이에 기명날인하고 "갑" 및 "을"이 각 한 통씩 보관한
다.

20○○년 ○월 ○일

차량임대인   :   ○○○ ㊞
차량임차인   :   ○○○ ㊞

【차량지입계약서】

차량지입계약서

본 계약은 OOO를 "갑"이라 칭하고, OOO를 "을"이라 칭하여 아래와 같이 체결한다.

제1조(계약급료)

"갑"은 본 계약을 체결함에 있어서 "을"에게 월 만원을 지급하고 급료 지급 시일은 매월 일로 정한다.

제2조("을"의 책임과 의무)

가. "을"은 "갑" 또는 "갑"이 지정하는 자에 의하여 위임 또는 의뢰받은 일체의 화물에 대하여 신속, 정확, 안전하게 도착 시까지 운송할 책임을 진다.

나. "을"은 "갑"의 위임 또는 의뢰가 있을 때 화물 출고일로부터 지정된 지역과 시간 이내에 납품을 완료하여야 한다.

제3조(근무 및 휴무)

가. 출근시간은 오전 시로 하고 퇴근 시간은 오후 시로 한다.

나. "갑"의 업무상 출,퇴근 시간이 변경될 수도 있다.

다. 은 휴무를 원칙으로 하되 부득이한 근무자는 휴일 근무 수당을 지급한다.

라. 부득이한 근무란 "갑"이 필요로 하는 휴일근무를 일컫는다.

마. 개인의 부득이한 경우(경조사, 국가지정 교육)에는 사전 "갑"에게 서면으로 공식 통보하여야 한다.

제4조(운행경비)

식대 및 주유비와 기타 자동차 수리비(이하)는 영수증 및 기타의 방법에 의하여 "갑"이 지불한다.

제5조(사고책임 및 손해배상)

"을"은 "을" 또는 "을"의 지정인이 고의, 과실 등 귀책사유에 기인된 화물에 손상, 화재 및 도난 등으로 화물의 부족 등이 발생 시는 "갑"의 손해배상 요구 시 "을"은 1개월 이내에 변제 하여야 하며, 변제의 범위는 공장 출고가로 한다.

제6조("을"의 면책)

가. 제5조 의외의 화물 혹은 서류 및 기타 품목 등을 "을"에게 확인 시키지 않은 손해는 "을"이 책임질 수 없다.

나. 천재지변 기타 불가항력적인 사고 및 서류상의 착오(수취인 오기 및 불명 등)가 발생시

다. "갑"의 과실(내용품의 변질, 파손품, 수량부족 등)도 거래처로부터 수취거부시

제7조(해약의 사유)

가. "을"이 본 계약을 수행할 수 없다고 "갑"이 판단하였을 때

나. "을"이 본 계약의 일부 또는 전부를 위반하였을 때

제8조(권리 의무의 위임금지)

"을"은 본 계약에 관한 권리의 일부 또는 전부를 "갑"의 사전 승인 없이 제3자에게 양도하거나 담보의 목적물로 사용할 수 없다.

제9조(해석 및 관할 법원)

가. 본 계약서에 명시 되지 않은 사항은 양 당사자 간이 협의에 의하여 계약에 명시되지 않은 사항은 관계법령 및 일반 상관례에 의한다.
나. 본 계약에 관한 소송은 관할 법원으로 한다.

제10조(계약기간)

본 계약은 200 년 월 일부터 200년 월 일까지로 한다.

제11조(재계약 및 계약연장)

계약 기간 중 "을"이 성실하게 계약의무를 이행 하였을 경우 "갑"과 "을"은 상호 협의하여 이를 연장할 수 있으며, "을"은 재계약(계약연장)의 의사가 있을 시는 계약 만료일 기준 1개월 전에 재계약 요청서를 서면으로 제출하여 "갑"은 특별한 사유가 없는 한 이를 응함을 원칙으로 한다.

본 계약을 성실히 수행하기 위하여 본 계약서를 2부 작성하여 상호날인 서명한 후 각 1부씩 보관하기로 한다.

20○○년 ○월 ○일

"갑"
주 소 :
상호 :
대표이사 : 000 ㊞
:

"을"
주소 :
상호 :
대표이사 : 000 ㊞

【컴퓨터 임대차계약서】

컴퓨터 임대차계약서

OOO(이하 "갑"이라 한다)와 OO컴퓨터(주)(이하 "을"이라 한다)와는 을 소유의 아래 표시의 컴퓨터 OO시스템(이하 '장치'라 한다)의 임대차에 관해 다음과 같이 계약을 체결한다.

1. 품명/수량 : OO시스템(명세는 별첨 명세표와 같다)
2. 임 대 료 : 장치의 임대료 월 원(보수비 포함)
3. 사용기간 :
4. 납품기일 : 2000년 O월 O일
5. 설치장소 :
6. 제 비 용 : 장치납품시의 포장, 운송, 설치공사 및 현지조정에 필요한 비용 및 해약에 따른 장치거래 시의 해체포장 및 을 공장까지의 운송에 필요한 비용은 "갑"의 부담으로 하고, 별도 계약하도록 한다.

구체적인 계약조항은 다음과 같다.

제1조(계약의 목적)

① "갑"에 대한 장치의 임대에 대해서는 이 계약조항을 따르기로 한다.
② 이 계약에서 이하 '장치의 전부 또는 일부'를 말하고, 특히 장치의 일부만을 특정하여 나타낼 필요가 있을 경우에는 '기기'라고 한다.

제2조(납품, 설치 및 조정)

① "을"은 장치를 납품기일까지 납입하고, 그 후 신속히 설치하고 또 장치를 사용할 수 있는 상태로조정을 완료하여 "갑"에게 인도하는 것으로 한다.
② "갑"은 위 항목의 업무에 지장을 초래하지 않도록 설치장소에 있어 장치의 수납 준비를 완료하도록 한다.
③ "을"은 장치에 "을"의 소유에 속한다는 취지의 표시를 할 수 있다.

제3조(사용시간)

① 장치의 사용시간은 위 전문 기재의 시간으로 한다. 단, "갑"으로부터의 문서(시간제 신청서)에 의한 신청에 의거 장치의 사용시간을 400시간 혹은 600시간으로 계약할 수 있다.
② "을"은 장치의 주요한 기기에 사용시간계를 장착함으로써 장치의 사용시간을 측정한다.
③ 사용시간계는 장착된 기기 및 그에 관련되는 기기를 계시의 대상으로 한다.
④ 장치의 사용시간이 제1항에 의한 계약사용시간 이하일 경우, 사용시간은 계약사용시간으로 하고, 이를 넘었을 경우는 초과된 시간을 초과사용시간으로 한다.

제4조(임대료, 시간제 임대료 및 초과사용임대료

① 장치의 임대료는 전문 기재의 금액으로 한다. 단, 위조항 제1항 단서에서 정하는 400시간 또는 600시간 계약의 경우는 해당 장치에 대해서는 임대료 대신 시간제 임대료를 청구하여 받는다.

② 위 항목의 시간제 임대료는 다음 식에 의거 산출된 액수로 한다.
  ⑴ 400시간 임대료 ⋯⋯⋯⋯
  ⑵ 600시간 임대료 ⋯⋯⋯⋯

③ 위조항 제4항에 정해진 초과사용시간에 대해서는 다음 식에 의거 산출된 액수를 초과 사용 임대료로 하여 임대료 또는 시간제 임대료에 가산하여 청구해 받는다.

(산식 생략 ⋯⋯⋯⋯⋯⋯)

제5조(임대료의 발생)

① 임대료(시간제 임대료 포함, 이하 동일)는 "갑"에게 장치를 인도한 날(이하 '인도완료일'이라 한다)의 다음 날부터 기산하고, 이 계약 해제일(이하 '해약일'이라 한다)까지를 임대기간으로 하여 달마다 계산한다.

② 장치의 인도에 있어서는 "갑"이 확인('임대 컴퓨터 인도완료 확인서'에의 날인)한 날을 인도완료일로 한다.

③ 인도완료일 또는 해약일이 달의 도중일 경우, 그 달의 임대료는 다음 식에 의거 산출된 액수로 한다.

(산식 생략⋯⋯⋯⋯⋯⋯)

제6조(임대료의 지급 등)

① "을"은 매월 초에 청구서를 통해 해당 사용 월 분의 임대료를 "갑"에게 청구하고, "갑"은 다음 달 o일까지 "을"에게 지급한다.

② 초과사용 임대료는 "을"이 초과사용시간을 확인한 달의 다음 달 초에 청구하고 "갑"은 그 달 말일까지 지급한다.

③ "갑"의 임대료 및 초과사용 임대료의 지급이 약정기일까지 이루어지지 않은 경우, "을"은 "갑"의 지급 지연일수에 따라 연 O%의 비율로 연체금을 청구해 받을 수 있다.

④ 임대료 및 초과사용 임대료 기타 이 계약에 기초하여 "갑"이 부담하는 비용의 지급은 현금으로 을 소정의 방법으로 한다.

제7조(장치의 보수)

① "을"은 장치가 정상적으로 작동할 수 있도록 "을"의 부담 하에 별도로 정하는 보수기준에 의거 보수한다. 단, "갑"의 고의 또는 과실로 장치를 수리 또는 조정할 필요가 발생했을 경우는 그에 소요되는 비용은 "갑"의 부담으로 한다.

② "갑"의 신청으로 위 항목에서 정하는 보수기준을 넘은 보수를 했을 경우 그에 소요되는 비용은 "갑"의 부담으로 한다.

③ 장치의 보수에 필요한 용역비는 "갑"의 부담으로 한다.

④ 장치의 정기보수는 원칙적으로 "을"의 통상의 근무시간 이내에 한다. 단, 시간제 계약의 경우에는 별도로 정한 바에 따라 실시한다.

제8조(프로그램의 제공)

① "을"은 장치의 조작에 필요한 기본적인 프로그램을 제공한다.

② "갑"의 신청으로 특별한 프로그램을 제공했을 경우 그에 소요되는 비용은 "갑"의 부담으로한다(카드, 테이프 기타).

제9조(카드, 테이프 기타)

① "갑"은 카드, 테이프 기타에 대해서 "을"의 규격에 합치되는 물품을 장치에 사용하도록 한다.

② 위 항목에서 정하는 물품 이외의 물품의 사용으로 발생한 장치의 사고에 대해서는 "을"은 그 책임을 지지 않는다.

제10조(다른 기계의 설치, 장치의 재고 및 이전)

① "갑"은 다음 각 호에서 정하는 사항에 대해서는 사전에 문서에 의한 "을"의 승낙을 필요로 한다.

  1. 장치에 다른 기계기구를 설치하려고 할 경우

  2. 장치를 개조하려고 할 경우

  3. 장치를 전문 기재의 설치장소에서 이전하려 할 경우

② 위 항목 각 호에 소요되는 비용은 모두 "갑"의 부담으로 한다.

제11조(기기의 추가, 해약, 교체)

① 기기의 추가, 일부 해약 또는 교체의 경우에는 변경계약을 체결한다.

② 교체로 인해 해약되는 기기에 대해서는 제12조 제1항이 정하는 '구속기간'은 적용하지 않는 것으로 한다.

제12조(계약의 해약)

① 인도완료일 다음 날부터 기산하여 12개월(이하 '구속기간'이라 한다)은 어떠한 이유로도 이 계약의 전부 혹은 일부의 해약신청을 할 수 없는 것으로 한다. 단, 제11조가 정하는 기기의 교체의 경우는 이 항을 적용하지 않기로 한다.

② "갑"은 구속기간 경과 후, 언제라도 을에 대해 이 계약의 해약을 신청할 수 있다. 또한 이 경우 제11조에 기초한 추가기기에 대해서는 구속기간 경과 후일 필요는 없다.

③ 위 항목의 해약은 "갑"의 신청이 있은 날부터 3개월을 경과했을 때 성립하는 것으로 한다.

④ 해약신청은 반드시 문서에 의하도록 하고, "을"이 그 문서를 수령한 날을 위 항목의 신청이 있는 날로 한다.

제13조(장치의 회수)

① "을"은 해약된 장치를 신속히 회수하도록 한다.

② 위 항목의 회수 시에 "갑"은 설치된 다른 기계기구를 떼내는 등 장치를 인도 당시의 원상으로 복구한다. 또한 이에 필요한 비용은 "갑"의 부담으로 한다.

③ 장치의 회수에 필요한 포장 및 운송 등의 비용은 "갑"의 부담으로 한다.

제14조(선관의무)

① "갑"은 장치의 설치장소를 미리 "을"이 신청한 기준에 의거 장치를 위해 양호한 환경을 유지하고, 또 위조항 제1항이 정하는 장치의 회수가 완료될 때까지 선량한 관리자의 주의로 장치를 관리하도록 한다.

② "갑"은 제3자에 대해 이 계약에 기초한 임차권 또는 장치를 양도하는 일, 혹은 장치를 대여 또는 이에 권리를 설정하는 일 등 일체의 처분행위는 불가능하다.

제15조(손해배상)

"갑"의 고의 또는 과실로 인해 장치가 손해를 입거나 혹은 이에 결함이 생긴 경우, "을"은 그 배상을 청구한다.

제16조(출입권 및 비밀준수)

① "을"은 그 종업원을 장치의 납입, 보수, 관리 및 회수 등을 위해 장치의 설치장소에 출입시킬 수 있다.

② "을"은 위 항목의 출입으로 얻은 "갑"의 업무상의 비밀을 절대로 제3자에게 누설하지 않도록 한다.

제17조(계약위반)

① "갑" 및 "을"은 상대방이 이 계약의 채무를 이행하지 않을 경우, 상대방에게 최고를 한 후, 문서로 이 계약을 해지할 수 있다.

② "갑"이 다음 각 호의 어떤 것에 해당할 때, "을"은 문서를 통해 언제라도 이 계약을 해약할 수 있다. 또한 이 경우, "을"이 임대료 등의 미수채권의 확보 및 장치의 보전 등에 소요하는 비용은 "갑"의 부담으로 한다.

   1. "갑"의 재산에 대해 압류 혹은 경매신청이 이루어진 경우, "갑"이 파산, 화의개시, 회사정리개시 또는 법정관리를 신청한 경우 혹은 이루어진 경우, 또는 "갑"이 해산, 파산 혹은 영업을 휴업, 폐지한 경우

   2. "갑"이 제세공과금을 체납하여 압류를 당한 경우

   3. "갑"이 발행한 수표가 부도처리된 경우 혹은 "갑"이 은행거래 정지처분을 받은 경우

제18조(협의)

이 계약의 이행에 대해 의의가 있을 경우 및 이 계약이 정하지 않은 사항에 대해서는 "갑" 및 "을" 쌍방이 협의하여 원만히 해결을 꾀하도록 한다.

제19조(분쟁의 처리)

위조항의 협의에 의해서도 여전히 이 계약의 이행에 대한 분쟁이 원만히 해결되지 않은 경우는 관할 법원에서 분쟁을 처리하도록 한다.

이 계약체결의 증거로 본서 2통을 작성하여, "갑"과 "을"이 서명 날인 후, 각각 1통을 보관한다.

20○○년 ○월 ○일

"임차인" 갑 주소 :
       성명 : ○○○ ㊞

"임대인" 을 주소 :
       성명 : ○○○ ㊞

참고 21 _ 법인과 임대차 계약을 할 경우 필요서류

1. 법인이 임대인인 경우

- 법인등기부등본
- 법인인감 증명서
- 사업자등록증
- 법인인감 또는 사용인감(사용인감계)
- 대표자 신분증 또는 위임장과 위임인 신분증

2. 법인이 임차인인 경우

- 법인등기부등본
- 법인인감 또는 사용인감

제7장 대리점·프랜차이즈

경제 활동의 부분 중 '창업'과 관련하여 가장 중요시 되는 게 바로 가맹계약(대리점 · 프랜차이즈 계약)이다.

일부 프랜차이즈 업체의 무분별한 가맹계약 유도로 인하여 계약 체결 시 업체가 선전하고 광고하였던 것과 다른 현실 때문에 고통받고 있는 업주들이 양산되는 것이 사회적 문제로 대두되고 있는데, 이 장에서는 가맹계약을 할 때의 주의사항을 중점으로 살펴보기로 한다.

가맹계약의 내용은 계약자유의 원칙에 따라 가맹계약자와 가맹본부가 자유롭게 정할 사항이나, 가맹계약자는 거의 예외 없이 가맹본부가 미리 작성하여 제공하는 가맹계약서로 가맹계약을 체결하게 된다.

가맹계약서에는 영업표지의 사용에 관한 사항, 가맹점사업자의 영업활동조건에 관한 사항 등이 포함되어야 하고, 가맹계약서의 내용이 가맹계약자에게 부당하게 불리한 경우 등인 때에는 공정을 잃은 것으로 추정되어 효력이 없는 경우가 있으므로, 그 내용을 자세히 살펴보아야 할 것이다.

1. 가맹계약서 검토 시 유의사항

가맹계약자는 보통 가맹본부가 만들어서 제공하는 가맹계약서를 가지고 가맹계약을 체결하게 되는데, 가맹본부는 이러한 가맹계약서를 작성할 때 가맹계약자의 정당한 이익이나 합리적

인 기대에 반하지 않고 형평에 맞도록 계약의 내용을 정해야 한다

(1) 가맹계약서의 공정성

가맹계약서가 다음의 내용을 정하고 있는 경우에는 공정성을 잃은 것으로 추정된다(「약관의 규제에 관한 법률」 제6조제2항).

- 가맹계약자에 대하여 부당하게 불리한 경우
- 가맹계약자가 보통의 가맹계약의 영업이나 거래의 형태 등에 비추어 예상하기 어려운 경우
- 가맹계약의 목적을 달성할 수 없을 정도로 가맹계약에 따른 가맹계약자의 본질적인 권리를 제한하는 경우

(2) 면책조항의 금지

가맹계약서의 내용 중 가맹본부의 책임에 대해 다음과 같이 정하고 있는 조항은 무효이다(「약관의 규제에 관한 법률」 제7조).

- 가맹본부, 이행 보조자 또는 피고용자의 고의 또는 중대한 과실로 인한 법률상의 책임을 배제하는 조항
- 상당한 이유 없이 가맹본부의 손해배상 범위를 제한하거나 가맹본부가 부담해야 할 위험을 가맹계약자에게 떠넘기는 조항
- 상당한 이유 없이 사업자의 담보책임을 배제 또는 제한하거나 그 담보책임에 따르는 가맹계약자의 권리행사의 요건을 가중하는 조항
- 계약목적물에 관한 견본이나 품질·성능 등에 관한 표시가 있는 경우 정당한 이유 없이 그 보장된 내용에 대한 책임을 배제 또는 제한하는 조항

(3) 손해배상액의 예정

가맹계약자에게 부당하게 과중한 지연 손해금 등의 손해배상 의무를 부담시키는 약관 조항은 무효이다(「약관의 규제에 관한 법률」 제8조).

(4) 계약의 해제 및 해지

가맹계약서의 내용 중 계약의 해제·해지에 관해 다음과 같이 정하고 있는 조항은 무효이다 (「약관의 규제에 관한 법률」 제9조).

> • 법률에 따른 가맹계약자의 해제권 또는 해지권을 배제하거나 그 행사를 제한하는 조항
> • 법률에서 규정하고 있지 않은 해제권 또는 해지권을 가맹본부에게 부여하여 가맹계약자에게 부당하게 불이익을 줄 우려가 있는 조항
> • 법률에 따른 가맹본부의 해제권 또는 해지권의 행사 요건을 완화하여 가맹계약자에게 부당하게 불이익을 줄 우려가 있는 조항
> • 계약의 해제 또는 해지로 인한 원상회복의무를 상당한 이유 없이 가맹계약자에게 과중하게 부담시키거나 가맹계약자의 원상회복 청구권을 부당하게 포기하도록 하는 조항
> • 계약의 해제 또는 해지로 인한 가맹본부의 원상회복의무나 손해배상의무를 부당하게 경감하는 조항
> • 계속적인 채권관계의 발생을 목적으로 하는 계약에서 그 존속기간을 부당하게 단기 또는 장기로 하거나 묵시적인 기간의 연장 또는 갱신이 가능하도록 정하여 가맹계약자에게 부당하게 불이익을 줄 우려가 있는 조항

(5) 채무의 이행

가맹계약서의 내용 중 채무의 이행에 관해 다음과 같이 정하고 있는 조항은 무효이다(「약관의 규제에 관한 법률」 제10조).

> • 상당한 이유 없이 급부(給付)의 내용을 사업자가 일방적으로 결정하거나 변경할 수 있도록 권한을 부여하는 조항
> • 상당한 이유 없이 사업자가 이행하여야 할 급부를 일방적으로 중지할 수 있게 하거나 제3자에게 대행할 수 있게 하는 조항

(6) 권익 보호

가맹계약서의 내용 중 가맹계약자의 권익에 관해 다음과 같이 정하고 있는 조항은 무효이다 (「약관의 규제에 관한 법률」 제11조).

- 법률에 따른 가맹계약자의 항변권, 상계권 등의 권리를 상당한 이유 없이 배제하거나 제한하는 조항
- 가맹계약자에게 주어진 기한의 이익을 상당한 이유 없이 박탈하는 조항
- 가맹계약자가 제3자와 계약을 체결하는 것을 부당하게 제한하는 조항
- 가맹본부가 업무상 알게 된 가맹계약자의 비밀을 정당한 이유 없이 누설하는 것을 허용하는 조항

(7) 의사표시

가맹계약서의 내용 중 의사표시에 관해 다음과 같이 정하고 있는 조항은 무효이다(「약관의 규제에 관한 법률」 제12조).

- 일정한 행위를 했거나 하지 않은 경우 이를 이유로 가맹계약자의 의사표시가 표명되거나 표명되지 않은 것으로 보는 조항
※ 다만, 가맹계약자에게 상당한 기한 내에 의사표시를 하지 않으면 의사표시를 했거나 하지 않은 것으로 본다는 뜻을 명확하게 따로 고지한 경우이거나 부득이한 사유로 그런 고지를 할 수 없는 경우는 예외
- 가맹계약자의 의사표시의 형식이나 요건에 대하여 부당하게 엄격한 제한을 두는 조항
- 가맹계약자의 이익에 중대한 영향을 미치는 사업자의 의사표시가 상당한 이유 없이 가맹계약자에게 도달된 것으로 보는 조항
- 가맹계약자의 이익에 중대한 영향을 미치는 가맹본부의 의사표시 기한을 부당하게 길게 정하거나 불확정하게 정하는 조항

(8) 대리인의 책임

가맹계약자의 대리인이 계약을 체결한 경우 가맹계약자가 그 의무를 이행하지 않은 경우에 대리인이 대신 그 의무의 전부 또는 일부를 이행하도록 하는 내용의 가맹계약서 조항은 무효이다(「약관의 규제에 관한 법률」 제13조).

(9) 소송 제기의 금지

가맹계약서의 내용 중 소송 제기 등과 관련해 다음과 같이 정하고 있는 조항은 무효이다(「약관의 규제에 관한 법률」 제14조).

2. 가맹계약 체결 시 주의사항

(1) 가급적 피해야 할 7가지 가맹본부 유형

1) 정보공개서가 없는 가맹본부

정보공개서는 가맹본부의 일반현황, 임원의 법위반 사실, 가맹점사업자가 부담해야 할 사항 및 영업활동에 대한 조건 등에 대한 설명, 가맹본부의 가맹점 수 등 가맹사업현황에 대한 설명, 영업개시에 관한 상세 절차 및 교육훈련 프로그램 등을 기재한 책자이다.

「가맹사업거래의 공정화에 관한 법률」은 가맹본부가 가맹희망자에게 정보공개서를 제공할 것을 규정하고 있는데, 상당수 가맹본부들이 정보공개서를 갖추지 않았을 뿐 아니라, 그런 제도가 있다는 사실 조차 모르는 경우도 많은데, 이러한 유형의 가맹본부와는 계약 체결을 삼가야 한다.

2) 객관적 근거가 없는 고수익 보장 등으로 유혹하는 가맹본부

향후 수익전망을 제시하는 프랜차이즈 업체라면 반드시 구체적이고 객관적인 자료를 요구해야 한다. 어떤 가맹점이 그런 정도의 수익을 얻었는지에 대한 자료를 서면으로 받아하며, 그래야 향후 있을지 모를 분쟁에서 이길 수 있는 자료가 된다.

3) 공짜 가맹금을 내세우는 가맹본부

가맹금에는 초기 가맹금뿐만 아니라 여러 가지가 포함되는데, 가맹금이 얼마 되지 않는다고 하여 이를 그대로 믿는 것은 절대 금물이다. 실제로 프랜차이즈 업체들의 수익중에는 초기 가맹금 외에 인테리어 등 매장설치를 대신해 주거나, 물품대·교재대 등의 명목으로 떼어가는 돈이 더 많은 것이 일반적인데, 구체적으로 들어가는 비용이 무엇인지 확인하고, 반드시 증빙으로 남겨두어야 한다.

4) 일단 돈부터 요구하는 가맹본부

교육이나 교재비 명목으로 선금을 요구하는 가맹본부는 대부분 제대로 된 가맹점 관리보다는 일단 모집부터 하고 보자는 경우라고 보면 될 것이다. 돈부터 주고나면 나중에 마음이 바뀌어도 이를 돌려받는 것은 쉽지 않다.

5) 너무 많은 브랜드를 가진 가맹본부

현실적으로 가맹본부의 수익은 가맹점으로부터 받는 가맹비, 그 밖의 인테리어 비용 등 창업 초기에 대부분 발생한다. 제대로 된 브랜드 개발을 하려면 적게는 수개월에서 1년 이상 소요되는 것이 정상이므로 한두 달 만에 금방 만들어낸 브랜드는 그저 유행에 편승하기 위한 목적인 경우가 더 많다는 점을 유의해야 한다.

6) 가맹점 수가 너무 많거나 적은 가맹본부

가맹점 수가 너무 많다는 것은 더 이상의 가맹점 개설이 어려우므로 기존의 가맹점에 대한 관리보다는 새로운 브랜드 개발이나 새로운 수익원을 찾는 원인이 되게 된다. 새로운 브랜드 개발에 치중하다보면 기존 브랜드에 대한 관리가 소홀해질 가능성이 크고, 한편으로는 기존 가맹점주에 대한 불공정거래를 시도할 유인이 생기게 된다. 한편 가맹점 수가 너무 적은 것은 아직까지도 상당한 위험이 있다는 의미이고 검증되지 않았기 때문에 사기로 인해 피해를 볼 가능성 또한 크다는 것을 의미한다.

7) 직영점 운영기간이 짧은 가맹본부

상당수 가맹본부는 스스로 직영점을 설립함과 동시에 체인 모집을 하기도 한다. 직영점 운영을 통해 사업성이 검증되지도 않은 상태에서는 아무리 좋은 아이디어라 하더라도 실패할 가능성이 크므로 회사 연혁 등을 확인하고, 직영점 운영기간과 운영 상태를 제대로 살펴서 충분한 사업성이 인정될 때 투자를 결심해야 한다.

(2) 가맹계약 체결 전 체크리스트

- **정보공개서의 확인**
- **본사와 물류시스템의 확인**
- **반드시 기존 가맹점주에게 문의할 것**
- **폐업율을 확인할 것**
- **법인등기부등본 확인**
- **분쟁조정협의회를 통한 가맹본부의 분쟁 내역 확인**

3. 관련 판례

(1) 영업권리금 반환

백화점 내 매장에 관하여 특정매입 거래계약을 체결한 갑이 그 매장에 관한 영업권을 을에게 매도한 후 경영을 위탁받아 5년간 수익금을 정산하기로 하는 위탁영업 가맹계약 등을 체결하면서 2년 이상 영업을 보장한다는 약정하에 을에게서 영업권리금을 지급받았으나 백화점과의 계약이 갱신되지 않아 을에게 당초 보장된 기간 동안의 재산적 가치를 이용하게 해주지 못한 사안에서, 갑은 을에게 영업권리금 중 일부를 반환할 의무가 있다고 한 원심의 판단은 정당하다(대판 2011.01.27., 2010다85164)

(2) 유예기간 중 급부제공을 거부할 수 있는지 여부

가맹사업거래의 공정화에 관한 법률(2007. 8. 3. 법률 제8630호로 개정되기 전의 것) 제14조는 가맹본부가 가맹계약을 해지하고자 하는 경우에는 해당 가맹점사업자에게 계약을 해지하는 날부터 2월 이상의 유예기간을 두고 3회 이상 계약해지의 사유를 기재한 문서로서 그 시정을 요구하도록 하고, 그와 같은 절차를 거치지 아니한 가맹계약의 해지는 효력이 없다고 규정하고 있는바, 이는 가맹점사업자들로 하여금 위 유예기간 동안 계약해지사유에 대하여 해명하고 시정할 수 있는 기회를 충분히 가지도록 하기 위한 강행규정이므로, 가맹본부로서는 위 법률 제14조가 규정하는 유예기간 중에는 가맹점사업자에게 가맹계약상의 급부 제공을 거절할 수 없고, 이에 위반하는 행위는 불법행위가 될 수 있다 할 것이다(대판 2009.9.24., 2009다32560).

(3) 영업표지 변경에 동의하지 않는 가맹점주의 손해배상 청구

피고의 주장과 같이 기존 가맹점사업자 중 96%가 피고의 영업표지 변경에 동의하는 상황에서 원고가 이에 동의하지 않고 이 사건 가맹계약에 따라 'LG25' 영업표지를 계속 사용하고 있는 상태에서 이 사건 가맹계약의 해지를 주장하는 것이 오로지 위약금을 받을 목적으로 한 비진의 의사표시라거나 신의칙에 위배되는 것이라고 볼 수는 없으므로, 같은 취지에서 이 부분 피고의 주장을 배척한 원심의 조치는 정당한 것으로 수긍할 수 있고, 거기에 피고가 상고이유로 주장하는 바와 같은 신의칙 등에 대한 법리오해 등의 위법이 없다(대판 2008.11.13., 2007다43580).

가맹점 계약서

_____(이하 "가맹점"이라 한다)와 _____ (이하 "본사"라 한다)는 다음과 같이 가맹점 계약을 체결한다.

제1조(용어의 정의) → **정의 규정**

본 계약에서
1. "제품"이란 본사가 소비자에게 판매하도록 승인한 품목을 의미한다.
2. "상품"이란 제품 제조 및 판매에 필요한 냉동품, 냉장품, 일반원료 또는 소모품 등을 의미한다.
3. "판촉물"이란 판매촉진을 위해 필요한 포스터, 전단지, 책받침, 스티커, 고객 선물용 상품 등을 의미한다.
4. "주방기기"란 제품제조에 필요한 기기류를 의미한다.
5. "집기비품"이란 제품제조 및 점포운영에 필요한 용기 등 기타비품을 의미한다.

제2조(가맹점 가입) → **당사자 및 상표·상호에 관한 규정**

본사는 아래 기재된 가맹점에게 "____" 및 기타 본사가 지정 또는 사용하는 등록상표 및 상호의 사용을 승인하며 가맹점은 이를 수락한다.
1) 점포명:
2) 대표자:
3) 점포 소재지:
4) 점포 면적:

제3조(계약기간) → **기간에 관한 규정**

1. 본 계약의 기간은 본 계약 체결일로부터 ____년 ___월 ___일까지로 한다.
2. 계약 만료 ___개월 전까지 본사 또는 가맹점의 어느 일방이 해지 신청을 하지 않는 한 계약기간은 __년간 연장된다.

제4조(가맹금, 로열티 및 보증금) → **가맹금 및 로열티 규정**

1. 가맹점은 본사가 제공하는 상호, 상표 및 사업상의 노우하우의 사용 대가로서 본 계약 체결시 가맹금 ____원(부가가치세 별도)을 본사에 지급한다. 가맹금은 어떠한 경우에도 반환되지 아니한다.
2. 가맹점은 월 ____원의 로열티를 매월 ___일 본사에 지급한다.
3. 가맹점은 본사로부터 구입한 상품 또는 제품의 매매대금 및 로열티 기타 본사에 대한 채무를 담보하기 위해 본 계약 체결시 금 __원의 보증금을 본사에 예탁한다. 보증금에는 이자가 붙지 않으며, 본사는 본 계약이 해지 또는 종료된 경우에 가맹점이 본사에 지급해야 할 물품대금 및 손해배상금 등을 공제한 후 잔금을 가맹점에게 반환한다.

제5조(영업의 승계)

계약기간중 본사로부터 아래의 사항을 승인받는 경우에는 본 계약상의 가맹점 대표자의 명의를 변경하여 계약을 갱신하더라도 본계약에 따른 영업을 승계한 것으로 간주한다.

1) 법인 대표자의 명의를 변경하는 경우
2) 직계 존비속에게 영업을 승계하는 경우
3) 동업자간의 대표자 명의를 변경하는 경우
4) 법인을 설립하여 그 법인의 대표자가 되는 경우
5) 법인의 대표자가 개인명의로 변경되는 경우
6) 점포를 다른 장소로 이전하여 영업을 계속하는 경우

제6조(영업의 양도)

1. 가맹점은 본사의 사전서면 승인이 없는 한 가맹점 영업을 제3자에게 양도하거나 대표자 명의를 변경할 수 없으며, 본 계약과 관련한 권리를 담보로 제공할 수 없다.
2. 본사의 사전승인을 받아 영업을 양도하거나대표자를 변경한 경우에도 위 제3조의 사항에 해당되지 않는 영업 양수인 또는 대표자는 본사에 가맹금을 지급해야 한다.
3. 가맹점은 본인 또는 제3자의 명의로 동종 또는 유사한 업종의 영업을 할 수 없다.

제7조(상품 및 제품의 공급과 가격) → **가맹 계약 공정성에 관한 본질적 내용**

1. 가맹점은 ___삼치를 찾는 고객에게 통일된 맛과 표준화된 서비스를 제공하기 위해 본사가 공급 또는 지정하는 상품 및 제품만을 취급해야 하며, 본사가 허가하지 않는 타상품을 구입, 판매 또는 취급할 수 없다.
2. 본사는 가맹점의 주문에 따라 본사가 정한 배송일정계획에 따라 차량 또는 기타의 방법으로 상품 및 제품을 공급한다.
3. 본사는 다음의 경우 상품 공급의 일부 또는 전부를 중단할 수 있다.
   1) 천재지변 또는 물품공급처에 긴급한 사정이 발생한 경우
   2) 가맹점의 채무가 본사가 정한 채권관리 한도액을 초과한 경우
   3) 가맹점이 위 1항을 위반한 경우에는 본사는 본 계약을 해지하기 전이라도 가맹점이 본 계약을 유지할 의사가 없는 것으로 판단하고 상품 및 제품의 공급을 중단할 수 있다.
   4) 가맹점이 본 계약조건을 위반한 경우
4. 상품의 반품 또는 교환은 본사가 가맹점에서 동상품의 인도 시 행한 검사에 따라 하자가 있는 상품에 한하여 현장반품으로만 이루어진다.
5. 상품의 공급 가격 및 제품의 판매가격은 본사가 정한다.
6. 본사가 공급한 상품의 관리책임은 상품인수와 동시에 가맹점에게 귀속되며, 가맹점은 식품위생법 및 관련법규에 따라 위생관리 및 인허가상의조건을 준수하여야 한다.
7. 가맹점은 어떠한 경우에도 본사로부터 공급받은 물품을 다른 점포에 제공하거나 대여할 수 없다.

제8조(대금의 납입)

1. 가맹점은 인테리어 공사, 주방기기 및 집기비품 등을 포함한 초기시설투자비 총액의 __%를 점포 시설 공사 착수 전까지 본사 또는 본사가 지정하는 업체에게 현금으로 지급하며, 잔금은 공사감리 및 시운전 완료 후 원재료가 인도되기 전까지 본사에 납입한다.

2. 가맹점은 본사로부터 공급받은 상품 등에 대한 대금을 상품 인수 즉시 현금으로 지급하며, 상품 대금의 지급을 지체하는 경우에는 본사는 물품의 공급을 중단할 수 있다. 이 경우물품 공급은 __일 이상 또는 월 __회 이상 중단되며 본사는 최고절차 없이 본 계약을 해지할 수 있다.

제9조(계약의 해지) → **계약 종료에 관한 사항**

1. 다음의 경우 본사는 본 계약을 즉시 해지할 수 있다.

가맹점이

  1) 본 계약 제7조 1항 또는 제8조의 규정을 위반한 경우
  2) 본사의 영업방침 또는 운영규칙을 준수하지 않거나 ___의 명예를 훼손한 행위로 경고를 받고도 시정하지 않을 경우
  3) 본사와 사전협의 없이 점포의 운영을 중단하거나 __일 이상 임의로 휴점하는 경우
  4) 본 계약조건을 위반한 경우
  5) 발행, 배서 또는 교부한 어음, 수표, 기타 유가증권 등이 부도처리 된 경우
  6) 강제집행을 당할 우려가 있거나 당한 경우
  7) 제세공과금을 체납하여 압류를 당한 경우
  8) 신용이 악화되어 정상적인 영업활동을 할 수 없다고 본사가 판단한 경우

2. 위 1항에 따라 본 계약이 해지되는 경우 가맹점은 계약해지일로부터 ___일 이내에 본사에 대한 채무 전액을 본사에 지급해야 하며, 채무상환이 지연되는 경우에는 변제기일의 익일부터 기산하여 완제일까지 연리 ___%의 지연손해금을 가산 지급한다.

3. 본 계약의 해지 또는 종료 시 가맹점은 점포의 영업, 본사의 등록 상표 상호의 사용을 즉시 중지해야 하며 모든 시설물을 자신의 비용으로 철거해야 한다.

제10조(기기 및 판촉물)

1. 본사는 가맹점의 판매를 지원하기 위해 기기 및 시설물을 대여할 수 있으며, 가맹점은 대여받은 기기 및 판촉물을 본사가 정하는 용도로만 사용해야 하고 매매 또는 질권설정 등의 목적으로 사용할 수 없다.

2. 가맹점은 고의 또는 과실로 본사가 제공한 기기 또는 시설물을 분실 또는 훼손하여 그 사용이 불가능해진 경우에는 본사의 최초 구입가격으로 변상한다.

3. 가맹점은 본사의 반환 요구가 있을 경우대여 기기 또는 시설물을 즉시 본사에 반환하여야 하며 고장 또는 훼손이 있을 때는 이를 원상회복하여 반환한다.

4 가맹점은 대여 기기 및 시설물의 관리유지에 필요한 모든 비용을 부담하며, 본사는 수리업체를 지정할 수 있다.

5. 가맹점의 사정에 의해 본사가 대여한 기기 또는 시설물에 대하여 강제집행 등의 소송사건이 유발되었거나 본사가 보존유지에 문제가 있다고 판단하는 경우에는 기기 및 시설물을 최고절차 없이 회수할 수 있다.

제11조(비밀 준수)

1. 가맹점은 본 계약 및 점포 경영상 알게 된 본사와 관련된 비밀을 계약기간 중에는 물론이고 계약의 해지 또는 종료 후에도 제3자에게 누설하지 않아야 한다.
2. 가맹점의 가족, 종업원, 기타 관계자들 또한 비밀을 준수해야 하며, 이들이 본조항을 위반한 경우가맹점은 그에 따른 민형사상의 책임을 진다.

제12조(교육)

교육훈련에 소요되는 비용은 본사가 별도로 정한다.

제13조(점포시설)

1. 가맹점의 점포시설(인테리어 포함) 및 기기 등의 배치는 본사가 정하는 표준안에 따라 설계 시공한다.
2. 가맹점의 기기 및 비품은 본사가 정하는 규격 및 모델로 설치한다. 단, 동종의 사업자로서 기기를 보유하고 있을 때는 본사와 협의하여 그대로 사용할 수 있다.
3. 점포의 시공에 관련된 인허가에 필요한 비용은 가맹점이 부담한다.
4. 가맹점은 점포환경을 청결하게 유지하여야 하며 노후한 점포시설은 교체 또는 보수하여 사용한다.

제14조(경영지도)

1. 본사는 가맹점에 관리사원을 파견하여 아래와 같은 내용으로 점포경영에 관한 사항을 지도할 수 있다.
   1) 판촉
   ___ 제품의 소개와 개개의 제품 특성을 살리는 방법에 대한 설명 및 지도
   2) 판로개척
   ___제품의 판매증진을 위한 활동지도
   3) 점포의 경영, 세무상담 및 기타 점포경영상 발생할 수 있는 여러 가지 문제의 분석 및 경영지도
2. 가맹점은 본사에 훈련요원의 파견을 요청할 수 있으며 본사는 파견의 필요성이 인정될 경우에는 즉시 훈련요원을 파견한다. 훈련요원을 파견하는데 따른 비용은 본사가 정하는 기준에 따라 가맹점이 부담한다.
3. 가맹점은 본사에서 파견한 관리사원 및 훈련요원의 경영지도 활동에 적극 협조한다.
4. 가맹점은 본사가 모니터 요원 또는 관리사원 등을 통해 얻은 정보 등을 토대로 한 영업, 판매방법, 컴퓨터 관리, 시설물의 개보수 등의 제반 업무에 관한 개선안에 따라야 한다.

제15조(보고)

1. 가맹점은 본사가 요구하는 사항을 본사가 정하는 기준과 기간에 맞추어 보고한다.
2. 가맹점은 본사가 파견한 관리사원 및 이에 준하는 경영지도 요원의 요구가 있을 때는 장부 등 서류 일체를 제시한다.

제16조(복장)

점포관리 요원 및 종업원은 본사가 지정하는 복장을 착용해야 한다.

제17조(광고 판촉)

1. 본사는 가맹점의 판매증진을 위하여 TV (케이블 TV 포함), 라디오, 신문, 잡지, 지역 정보지, 기타 매체에 판매촉진 광고활동을 계획 및 전개하며 그 비용의 일부 또는 전부를 가맹점에게 청구할 수 있다.

2. 본사가 가맹점의 판매증진을 위하여 판촉행사를 주관하는 비용은 본사가 정하는 기준에 따라 본사와 가맹점이 분담할 수 있다.

제18조(가맹점 운영규칙)

본사는 가맹점 운영규칙을 제정하여 가맹점에게 통보하며 가맹점은 이를 반드시 준수한다.

제19조(분쟁해결)

이 계약과 관련하여 발생하는 "갑"과 "을" 간의 모든 분쟁은 상호협의 하여 해결하며 협의에 의해 해결되지 않을 경우에는 대한상사중재원의 중재에 따라 해결한다.

본 계약을 증명하기 위하여 "갑"과 "을"은 계약서 2통을 작성하여 각각 서명 날인 후 각 1통씩 보관한다.

20○○년 ○월 ○일

"갑"	주소	:	
	성명	:	○○○ ㊞
		:	
"을"	주소	:	
	상호	:	
	성명	:	○○○ ㊞

【프랜차이즈가맹점계약서】

프랜차이즈가맹점계약서

가맹사업자 (주)○○○○ (이하 "가맹사업자"라고만 한다)와 가맹계약자 ○○○ (이하 "가맹계약자"라고만 한다)은 "○○○○프랜차이즈"의 경영에 관하여 다음 아래와 같이 상호 합의로 프랜차이즈 계약을 체결한다.

제1조(목적)

본 계약은 프랜차이즈 가맹사업자와 가맹계약자 간의 공정한 가맹사업(프랜차이즈) 계약체결을 위해 그 계약조건을 제시함을 목적으로 한다.

제2조(용어의 정의)

① 가맹사업자(franchisor)라 함은 가맹계약자에게 자기의 상호, 상표, 서비스표, 휘장 등을 사용하여 자기와 동일한 이미지로 상품판매의 영업활동을 하도록 허용하고 그 영업을 위하여 교육·지원·통제를 하며, 이에 대한 대가로 가입비(franchise fee), 정기납입경비(royalty) 등을 수령하는 자를 말한다.

② 가맹계약자(franchisee)라 함은 가맹사업자로부터 그의 상호, 상표, 서비스표, 휘장 등을 사용하여 그와 동일한 이미지로 상품판매의 영업활동을 하도록 허용 받고 그 영업을 위하여 교육·지원·통제를 받으며, 이에 대한 대가로 가입비, 정기납입경비 등을 지급하는 자를 말한다.

제3조(권리의 부여)
가맹사업자는 그가 개발한 가맹사업을 영위하기 위하여 다음의 권리를 별표에 명시한 가맹계약자에게 부여한다.

1. 상호, 상표, 서비스표, 휘장 등의 사용권
2. 가맹사업과 관련하여 등기·등록된 권리
3. 각종 기기를 대여 받을 권리
4. 상품 또는 원·부자재(이하 '상품·자재'라 함)의 공급을 받을 권리
5. 기술(know-how)의 이전 등 경영지원을 받을 권리
6. 기타 가맹사업자가 정당하게 보유하는 권리로서 당사자가 협의하여 정한 사항
   * 가맹계약자의 표시
   (1) 점포 명 :
   (2) 상호 및 대표자 :
   (3) 점포 소재지 :
   (4) 점포 규모 :㎡(평)
   (5) 영업지역 : 첨부에 표시된 지역

제4조(영업지역)

① 가맹사업자는 영업지역을 구분하고 이를 가맹계약자가 선택한다.

② 가맹사업자는 가맹계약자의 동의를 얻어 영업지역을 변경할 수 있으며, 가맹계약자의 동의를 얻지 않고 한 영업지역의 변경은 효력이 없다.

③ 가맹사업자가 가맹계약자의 점포가 설치되어 있는 영업지역 내에 직영매장을 설치하거나 다른 가맹계약자의 점포의 설치를 허용하고자 하는 때에는 기존 가맹계약자의 동의를 얻어야 한다. 이 경우 가맹사업자는 기존 가맹계약자의 매출감소가 초래되지 않는다는 객관적 자료를 제시하여야 하며, 가맹계약자도 합리적인 사유 없이 그 동의를 거부하여서는 안 된다.

제5조(계약기간)

① 계약기간은 O년으로 하며 연장할 수 있다.

② 가맹사업자 또는 가맹계약자가 계약을 종료하고자 하는 때에는 기간 만료 2개월 전에 상대방에 대하여 계약의 종료를 통지하여야 한다.

③ 제2항의 계약종료의 통지 없이 계약기간을 경과한 때에는 계약이 전과 같은 조건으로 갱신된 것으로 본다.

제6조(계약의 해지)

① 가맹사업자 또는 가맹계약자는 다음의 경우에는 2주일 이상의 기간을 정하여 서면으로 이행 또는 시정을 최고하고 그 이행 또는 시정이 이루어지지 아니하면 계약을 해지할 수 있다.
  1. 가맹계약자에게 제25조 제1항 각호의 사유가 있는 경우
  2. 가맹사업자가 약정한 상품·자재의 공급, 경영지원 등을 정당한 이유 없이 하지 않거나 지체하는 경우

② 가맹사업자 또는 가맹계약자는 다음의 경우에는 최고 없이 즉시 계약을 해지할 수 있다.
  1. 가맹계약자에게 제25조 제2항 제1호 내지 제3호의 사유가 있는 경우
  2. 가맹계약자가 영업을 계속할 수 없는 객관적인 불가피한 사유가 있는 경우
  3. 가맹사업자가 파산하는 경우
  4. 가맹사업자가 발행한 어음·수표가 부도처리되는 경우
  5. 가맹사업자가 강제집행을 당하는 경우
  6. 천재지변이 있는 경우

제7조(계약의 종료와 조치)

① 계약이 기간만료 또는 해지로 종료된 때에는, 가맹계약자는 계약이행보증금을 지급한 경우에는 가맹사업자로부터 제10조 제2항의 정산잔액과 정산서를 받은 때로부터(정산잔액이 없는 경우에는 정산서를 받은 때로부터), 계약이행보증보험증권이나 물적담보를 제공한 경우에는 잔존 채무·손해배상액의 통지서를 받은 때로부터, 즉시 상호·상표·서비스표·휘장·간판 등의 사용을 중단하고 이를 철거하여 원상으로 복구한다.

② 가맹사업자가 제8조 제3항에 의하여 가입비의 일부를 반환해야 하는 경우에는, 가맹계약자가 제1항의 상호등의 사용중단·원상복구를 하기 위해서는 그 반환도 있어야 한다.

③ 제1항의 철거·원상복구의 비용은 계약이 가맹계약자의 귀책사유로 인해 종료되는 경우에는 가맹계약자가, 가맹사업자의 귀책사유로 인해 종료되는 경우에는 가맹사업자가 부담한다.

제8조(가입비)

① 가맹계약자는 계약 체결시에 가입비를 일시급으로 지급한다. 다만, 가맹사업자의 동의를 얻어 분할 지급할 수 있으며, 이 경우에는 ○○%의 이자를 가산한다.

② 가입비에는 점포개설에 따른 최초 훈련비·장소선정 지원비·가맹사업 운영매뉴얼 제공비·부가가치세 등을 포함하며, 가입비에 포함되는 사항은 가맹사업자와 가맹계약자가 협의하여 정한다.

③ 가맹계약자가 그의 책임 없는 사유로 최초 계약기간 내에 영업을 중단하는 경우에는, 가맹사업자는 가입비를 최초 계약기간 중의 미경과일수에 따라 일괄계산하여 반환한다.

④ 가맹사업자가 제3항에 의해 가입비의 일부를 반환해야 하는 경우에는 가맹계약자의 청구가 있는 날로부터 10일 이내에 반환해야 한다.

제9조(프랜차이즈료)

① 가맹계약자는 가맹사업자의 상호·상표·서비스표·휘장 등의 사용 및 경영지원에 대한 대가로 정기 납입경비를 매 분기마다 가맹사업자에게 지급하며, 그 금액은 당해 분기 동안의 총매출액의 ○○%로 한다.

② 제1항의 분기는 ○개월로 한다.

③ 가맹계약자는 다음 분기의 첫 달의 말일까지 직전 분기의 총매출액을 가맹사업자에게 서면으로 통지하고 정기납입경비를 지급한다.

제10조(계약이행보증금)

① 가맹계약자는 상품·자재의 대금, 정기납입경비, 광고·판촉비(가맹계약자가 책임지기로 약정한 금액에 한함) 등의 채무액 또는 손해배상액의 지급을 담보하기 위하여 계약체결시에 계약이행보증금으로 원을 가맹사업자에게 지급하거나 이에 상당하는 계약이행보증보험증권 또는 물적 담보를 제공한다.

② 계약이 기간만료 또는 해지로 종료된 때에는 가맹사업자는 기간만료일 또는 해지 일로부터 10일 이내에 계약이행보증금으로 잔존 채무·손해배상액을 정산하여 잔액을 상환하고 정산서를 교부한다.

③ 물적담보가 제공된 경우에는 가맹사업자는 가맹계약자가 잔존 채무·손해배상액을 지급하는 즉시 물적담보의 말소에 필요한 서류를 교부하여야 한다.

제11조(교육 및 훈련)

① 가맹사업자가 정한 교육 및 훈련과정을 이수하지 아니하는 자는 가맹계약자의 점포 관리자로 근무할 수 없다.

② 교육은 개업시 교육, 정기교육, 특별교육으로 구분한다.

③ 정기교육은 이를 실시하기 1개월 전에 그 교육계획을 수립하여 가맹계약자에게 서면으로 통지한다.

④ 비정기 교육은 이를 실시하기 1주일 전에 장소와 시간을 정하여 서면으로 통지한다.

⑤ 교육비용은 가맹사업자가 책정하고 가맹계약자에게 그 산출근거를 서면으로 통지한다.

⑥ 가맹계약자는 필요시 자신의 비용부담으로 가맹사업자에게 교육 및 훈련요원의 파견을 요청할 수 있다.

제12조(경영지도)

① 가맹사업자는 가맹계약자의 경영활성화를 위하여 경영지도를 할 수 있다.

② 가맹계약자는 자신의 비용부담으로 가맹사업자에게 경영지도를 요청할 수 있다.

③ 제2항의 요청을 받은 가맹사업자는 경영지도계획서를 가맹계약자에 제시하여야 한다.

④ 경영지도계획서에는 지도할 내용, 기간, 경영진단 및 지도할 자의 성명, 소요비용 등을 기재하여야 한다.

⑤ 가맹사업자는 경영지도결과 및 개선방안을 가맹계약자에게 서면으로 제시하여야 한다.

제13조(감독·시정권)

① 가맹사업자는 가맹계약자의 점포 경영상태를 파악하기 위하여 월(주) O회 점포를 점검하고 기준에 위반하는 결과에 대해 시정을 요구할 수 있다.

② 점포의 점검은 위생, 회계처리, 각종설비관리, 원·부자재관리 등의 상태를 점검한다.

③ 가맹사업자는 점포의 노후시설의 교체·보수를 명할 수 있다. 이 경우 가맹사업자는 가맹계약자와 협의하여 직접 교체·보수하거나 제3자에게 의뢰할 수 있다.

④ 가맹사업자는 첨부한 것과 같은 관리기준을 서면으로 가맹계약자에 제시해야 하고, 제시 후 O일 후부터 이 기준에 의거하여 점검한다.기준을 변경하는 경우에도 같다.

제14조(점포의 설치장소의 선정)

① 가맹사업자는 가맹계약자와 협의하여 점포를 설치할 장소를 선정한다.

② 장소의 선정은 통행인의 수·교통량 및 질·시장특성·통행인의 구매습성·주요한 근린시설·업종별 특성에 따른 매출성향 등을 항목별로 구분하여 종합적으로 판단한다.

③ 가맹사업자는 제2항의 분석결과에 대한 의견과 예상오차를 서면으로 가맹계약자에게 제시하여야 한다.

제15조(점포의 설비)

① 가맹계약자의 점포설비(인테리어)는 가맹사업 전체의 통일성과 독창성을 유지할 수 있도록 가맹사업자가 정한 사양에 따라 설계·시공한다.

② 가맹사업자는 가맹계약자의 의뢰가 있는 경우에 직접 시공할 수 있다.

③ 가맹계약자는 가맹사업자가 정한 사양에 따라 직접 시공하거나 가맹사업자가 지정한 업체를 선정하여 시공할 수 있다. 이 경우 가맹사업자는 공사의 원활한 진행을 위하여 직원을 파견할 수 있다.

④ 점포설비에 따른 제반 인·허가는 이 계약체결일로부터 O일 이내에 가맹계약자가 자신의 책임과 비용으로 취득하는 것으로 한다.

⑤ 가맹계약자는 청결한 점포환경을 유지하기 위하여 노후된 시설을 교체·보수한다.

⑥ 가맹사업자는 가맹사업의 개선을 위하여 필요한 때에는 점포의 실내장식, 시설, 각종의 기기를 교체·보수할 것을 요구할 수 있다. 이 경우 가맹사업자는 비용분담에 관해 가맹계약자와 협의하여야 한다.

제16조(주방기기의 설치 및 유지)

① 가맹계약자는 가맹사업자가 제시한 모델과 동일한 주방기기를 사용하여야 한다.

② 가맹사업자는 직접 주방기기를 공급할 수 있다.

③ 가맹계약자가 주방기기를 설치하는 경우에 공사의 원활한 진행을 위하여 가맹사업자는 직원을 파견할 수 있다.

④ 가맹계약자는 가맹사업자가 공급한 주방기기의 수리를 가맹사업자에 의뢰할 수 있다.

⑤ 제4항의 경우 가맹사업자는 수리비의 견적 및 수리에 소요되는 기간을 즉시 통지하여야 하고, 수리가 불가능한 때에는 이유를 명시하여 소정기일 내에 회수하여야 하며 이유 없이 신품의 교체를 강요할 수 없다.

제17조(설비 및 기기의 대여)

① 가맹사업자는 가맹계약자의 요청이 있는 경우 설비 · 기기의 전부 또는 일부를 대여할 수 있다.
② 가맹사업자로부터 대여받은 설비 · 기기의 소유권은 그에게 있다.
③ 가맹계약자는 대여받은 각종의 설비 · 기기를 매매, 담보제공 또는 질권설정의 목적으로 할 수 없다.
④ 가맹계약자는 대여받은 설비 · 기기를 자신의 비용으로 보존 · 관리한다.
⑤ 가맹계약자는 대여받은 설비 · 기기에 대하여 가맹사업자의 반환요구가 있으면 현물로 반환할 수 있다.
⑥ 가맹계약자가 대여받은 설비 · 기기를 분실 · 훼손한 경우에는 구입가격에서 감가상각한 잔액으로 배상한다.
⑦ 가맹계약자는 월 원의 사용료를 지급한다. 단 면제의 합의가 있으면 그에 따른다.

제18조(광고)

① 가맹사업자는 가맹사업의 활성화를 위하여 전국규모 및 지역단위의 광고를 할 수 있다.
② 광고의 횟수 · 시기 · 매체 등에 관한 세부적 사항은 가맹사업 운영매뉴얼에서 정하는 바에 의한다. 단, 가맹사업자는 가맹사업의 원활한 운영과 필요에 따라 이를 조정할 수 있다.
③ 광고에 소요되는 비용은 가맹사업자가 ○○%, 가맹계약자측(전국규모의 광고의 경우에는 전국의 가맹계약자들, 지역단위의 광고의 경우에는 해당 지역의 가맹계약자들)이 ○○%씩 분담한다. 각 가맹계약자 간의 비용부담의 배분은 각각의 총매출액에 따른 비율에 의한다.
④ 가맹사업자는 매 분기 지출한 광고비 중에서 각 가맹계약자가 부담해야 할 광고비를 다음 분기 첫 달의 말일까지 그 명세서를 첨부하여 통지하고, 가맹계약자는 그 통지를 받은 날로부터 2주일 이내에 지급한다.

제19조(판촉)

① 가맹사업자는 가맹사업의 활성화를 위하여 전국규모 및 지역단위의 할인판매, 경품제공, 시식회, 이벤트 등과 같은 판촉활동을 할 수 있다.
② 판촉활동의 횟수 · 시기 · 방법 · 내용 등에 관한 세부적 사항은 가맹사업 운영매뉴얼에서 정하는 바에 의한다. 단, 가맹사업자는 가맹사업의 원활한 운영과 필요에 따라 이를 조정할 수 있다.
③ 가맹계약자가 직접 판매하는 상품의 할인비용이나 직접 제공하는 경품 · 기념품 등의 비용은 당해 가맹계약자가 부담하며, 판촉활동을 위한 통일적 팜플렛 · 전단 · 리플렛 · 카달로그의 제작비용 등은 가맹사업자가 부담한다.
④ 제3항에서 규정하지 아니하는 그 밖의 판촉행위에 소요되는 비용은 가맹사업자와 가맹계약자가 분담한다. 이 경우 가맹사업자는 산출근거를 서면으로 제시하여 가맹계약자의 동의를 얻어야 한다.
⑤ 가맹계약자는 자기의 비용으로 자기 지역 내에서 판촉활동을 할 수 있다. 이 경우 가맹계약자는 가맹사업자와 협의하여야 한다.

제20조(영업양도 및 담보제공)

① 가맹계약자는 가맹사업자의 승인을 얻어 점포의 영업을 양도, 전대하거나 영업재산을 담보로 제공할 수 있다.

② 제1항의 승인은 2개월 전에 가맹사업자에 대하여 서면으로 청구하여야 한다.

③ 가맹사업자는 승인청구를 받은 날로부터 1개월 이내에 서면으로 승인 또는 거절을 하여야 한다. 단, 거절을 하는 경우에는 그 사유를 구체적으로 명시하여야 한다.

④ 양수인, 전차인은 가맹계약자의 가맹사업자에 대한 권리와 의무를 승계한다.

⑤ 양수인, 전차인에 대하여는 가입비가 면제된다. 단, 소정의 교육비는 부담한다.

⑥ 양수인이 요청하는 경우에는 가맹계약자의 잔여 계약기간 대신에 완전한 계약기간을 부여할 수 있다. 이 경우에는 신규계약으로 한다.

제21조(영업의 상속)

① 가맹계약자의 상속인은 가맹계약자의 영업을 상속할 수 있다.

② 상속인이 영업을 상속할 경우에는 가맹사업자에게 상속개시일로부터 3개월 이내에 상속사실을 통지하여야 한다.

③ 상속인에 대해서는 가입비를 면제한다. 단, 소정의 교육비는 부담한다.

제22조(지적소유권)

① 가맹사업자는 상호·상표·휘장 등에 대한 배타적 독점권을 확보하는데 필요한 절차를 갖춘다.

② 가맹사업자는 가맹계약자에게 상호·상표·휘장 등을 사용할 정당한 권한을 부여하였음을 증명하는 증서를 교부한다.

③ 가맹사업자는 가맹계약자에게 사용을 허가한 각종의 권리에 대하여 책임을 진다.

제23조(상품의 조달과 관리)

① 가맹사업자는 브랜드의 동일성을 유지하는데 필요한 상품·자재를 가맹계약자에게 공급한다. 단, 상품·자재 범위에 이견이 있는 경우에는 가맹사업자와 가맹계약자가 협의하여 결정한다.

② 가맹사업자가 정당한 사유 없이 공급을 중단하거나 공급하지 않는 상품·자재는 이를 가맹계약자가 직접조달하고 판매할 수 있다. 이 경우 가맹계약자는 브랜드의 동일성을 해치지 않도록 하여야 한다.

③ 가맹계약자가 제2항에 의해 직접 조달하는 상품·자재에 대해서는 가맹사업자는 품질관리기준을 제시하고 그 품질을 검사할 수 있다. 이 경우 가맹계약자는 가맹사업자의 품질검사에 협조하여야 한다.

④ 가맹사업자와 가맹계약자는 식품위생법과 기타 관련 법률의 규정에서 정한 설비와 장비를 갖추어 상품·자재의 성질에 적합한 방법으로 상품·자재를 운반·보관하여야 한다.

⑤ 가맹사업자는 가맹사업의 목적달성을 위한 필요한 범위를 벗어나서 가맹계약자에게 상품·자재를 자기 또는 자기가 지정한 자로부터만 구입하게 할 수 없다.

⑥ 가맹계약자는 가맹사업자의 허락 없이는 공급받은 상품·자재를 타인에게 제공하거나 대여할 수 없다.

제24조(상품의 하자와 검사)

① 가맹계약자는 상품·자재를 공급받는 즉시 수량 및 품질을 검사한 후 그 하자 유무를 서면으로 가맹사업자에 통지하여야 한다.

② 상품·자재의 성질상 수령 즉시 하자를 발견할 수 없는 경우에는 6개월 이내에 이를 발견하여 통지하고 완전물로 교환을 청구할 수 있다.

③ 가맹계약자가 검사를 태만히 하여 손해가 발생한 경우에는 반품·수량보충·손해배상을 청구할 수 없다. 단, 가맹사업자가 하자 있음을 알면서 공급한 경우에는 가맹계약자는 제2항의 기간과 상관 없이 가맹사업자에게 손해배상 등을 청구할 수 있다.

④ 가맹사업자는 그의 상표를 사용하여 공급한 상품·자재의 하자로 인하여 소비자나 제3자가 입은 손해에 대하여 책임을 진다. 그러나 가맹사업자는 그가 공급하지 않은 상품·자재를 가맹계약자가 판매하여 제3자에게 손해를 가한 경우에는 책임을 지지 않는다.

⑤ 계약이 기간만료, 해지로 인해 종료한 때에는 가맹계약자는 공급된 상품·자재 중에서 완전물을 가맹사업자에 반환하여야 하며, 이 경우 가맹사업자는 출고가격으로 상환한다. 그러나 하자물에 대해서는 그 상태를 감안하여 가맹사업자와 가맹계약자의 협의로 상환가격을 정한다.

제25조(상품공급의 중단)

① 가맹사업자는 다음의 경우에 1주일 전에 서면으로 예고한 후 가맹계약자에 대한 상품·자재의 공급을 중단할 수 있다. 이 경우 재공급조건을 지체 없이 가맹계약자에게 통지하여야 한다.

1. 가맹계약자가 ○○개월에 걸쳐 3회 이상 상품·자재의 대금지급을 연체하는 경우
2. 가맹계약자가 2회 이상 정기납입경비의 지급을 연체하는 경우
3. 가맹계약자가 정기납입경비의 산정을 위한 총매출액 또는 매출액 증가비율을 3회 이상 허위로 통지하는 경우
4. 가맹사업자의 품질관리기준을 3개월에 3회 이상 위반하는 경우
5. 가맹계약자의 채무액이 계약에서 정한 한도액을 초과하는 경우
6. 가맹계약자가 가맹사업자와의 협의 없이 점포 운영을 5일 이상 방치하는 경우
7. 가맹계약자가 가맹사업자와 약정한 판매촉진활동을 이행하지 않는 경우
8. 가맹계약자가 노후된 점포설비의 교체·보수의 요청에 따르지 않는 경우
9. 가맹계약자의 종업원이 규정된 복장을 착용하지 않는 경우

② 가맹사업자는 다음의 경우에는 즉시 상품의 공급을 중단할 수 있다.

1. 가맹계약자가 파산하는 경우
2. 가맹계약자가 발행한 어음·수표가 부도처리되는 경우
3. 가맹계약자가 강제집행을 당하는 경우
4. 천재지변이 있는 경우

제26조(영업)

① 가맹계약자는 주 ○일 이상 월 ○일 이상 개장하여야 하고 연속하여 ○일 이상 휴업할 수 없다.

② 가맹계약자가 휴업할 경우에는 사전에 가맹사업자에 사유를 기재한 서면으로 통지하여야 한다.

제27조(복장)

① 가맹계약자 및 종업원은 가맹사업자가 지정한 복장을 착용한다.

② 가맹사업자는 종업원의 복장을 지정한 경우에는 복장의 색깔, 규격을 서면으로 통지한다.

③ 가맹사업자는 가맹계약자의 청구에 따라 종업원의 복장을 공급할 수 있다.

제28조(보고의무)

① 가맹계약자는 년 O회 매출상황과 회계원장 등을 가맹사업자에 서면으로 보고하여야 한다.

② 가맹계약자는 가맹사업자가 파견한 경영지도위원의 서면에 의한 요구가 있을 때에는 장부 등 서류를 제시하여야 한다.

③ 가맹계약자는 가맹사업자로부터 사용허가를 받은 상호, 상표, 서비스표, 특허권 등에 대한 침해를 이유로 제3자가 소를 제기한 경우에는 이를 가맹사업자에 보고하여야 한다.

제29조(보험)

① 가맹사업자는 가맹계약자에게 그의 영업상의 과실, 상품의 하자, 점포의 화재로 인하여 소비자나 제3자가 입은 손해를 배상하기 위하여 보험가입을 권유할 수 있다.

② 가맹계약자는 자신의 책임으로 보험업자, 보험의 종류, 피보험자를 정한다.

제30조(가맹계약자의 의무)

① 가맹계약자는 계약 및 경영상 알게 된 가맹사업자의 영업상의 비밀을 계약기간은 물론이고 계약종료 후에도 제3자에게 누설해서는 안 된다.

② 가맹계약자는 가맹사업자의 허락 없이 교육과 세미나자료, 편람의 내용 등을 인쇄 또는 복사할 수 없다.

③ 가맹계약자는 계약의 존속 중에 가맹사업자의 허락 없이 자기 또는 제3자의 명의로 가맹사업자의 영업과 동종의 영업을 하지 않는다.

제31조(가맹사업자의 의무)

① 가맹사업자는 가맹사업계약을 체결하는 과정에서 가맹희망자들이 가맹 여부를 적정하게 판단할 수 있도록 필요한 자료 및 정보를 충분히 공개하여야 한다.

② 가맹사업자는 가맹희망자들의 요구가 있을 때에는 다음의 자료 및 정보를 서면으로 제공하여야 한다.

1. 가맹사업자의 재무상황, 등기부등본, 최근 5년간의 사업경력, 가맹사업과 관련하여 진행중인 소송
2. 계약체결시 또는 계약체결 후 부담해야 할 가입비, 정기납입경비(로얄티) 계약이행보증금, 기타 공과금 등의 금전에 관한 내용
3. 상품·자재의 공급조건, 경영지원과 이에 대한 대가지급방법, 영업의 통제사항, 계약의 해제·해지
4. 가맹희망자가 운영할 점포 인근지역의 가맹계약자현황, 가맹사업자가 제시한 예상 매출액 산정내역

제32조(지연이자)

제8조 제4항, 제10조 제2항 등에 의해 가맹사업자가 가맹계약자에게 금전을 지급해야 하는 경우나 제9조 제3항, 제18조 제4항 등에 의해 가맹계약자가 가맹사업자에게 금전을 지급해야 하는 경우에, 그 지급기간을 경과하면 미지급액에 대하여 지급기간 경과일의 다음날로부터 지급하는 날까지 연 이율 OO%의 지연이자를 가산한다.

제33조(재판의 관할)

이 계약에 관한 소송은 가맹계약자의 주소지나 점포소재지를 관할하는 법원으로 한다. 다만, 가맹사업자와 가맹계약자가 합의하여 관할법원을 달리 정할 수 있다.

본 계약의 내용을 증명하기 위하여 계약서 2부를 작성하고, “갑”과 “을”이 서명 또는 날인한 후 각 1부씩 보관한다.

20○○년 ○월 ○일

	주소	:	
	상호	:	
“갑”	사업자등록번호	:	
	주민등록번호	:	
	대표이사(대표자)	:	○○○ ㊞
	주소	:	
	상호	:	
“을”	사업자등록번호	:	
	주민등록번호	:	
	대표이사(대표자)	:	○○○ ㊞

가맹점 업무제휴계약서

(주)0000 (이하 "갑"이라 함)와 (주)0000 (이하 "을"이라 함)는 0000 가맹점 업무제휴계약을 다음과 같이 체결한다.

제1조(목적)

본 계약은 상호 공동 이익의 증진을 도모함에 있어 "을"의 신용카드회원(이하 "회원"이라 함)에 포인트 제공과 관련하여 "갑"과 "을" 간의 0000 가맹점 업무제휴 내용을 규정함에 그 목적이 있다.

제2조(용어의 정의)

① "Top 특별포인트"(이하 "포인트"라 함)는 "갑"이 "을"의 회원이 이용한 신용판매대금에 대해 "갑"과 "을"이 정한 기준에 따라 회원에게 제공키로 한 포인트를 말한다.
② "회원"이란 "을"이 정한 자격기준에 따라 신용카드를 발급받아 정상적으로 사용할 수 있는 권한을 부여받은 자를 말한다.

제3조(업무제휴 내용)

① "갑"은 신용판매대금의 일정비율을 "을"에게 포인트로 제공하며, "을"은 동 포인트를 회원에게 적립한 후, 회원의 요청에 따라 포인트를 지급하기로 한다.
② "갑"은 포인트를 제공하는 시점에서 포인트에 대한 일체의 권리관계가 "을"과 " 회원"에게 이전됨에 동의한다.
③ "을"은 "갑"이 제공한 포인트를 회원에게 적립하기 위하여 필요한 각종세부운영업무를 담당한다.
④ "갑"은 제공된 포인트에 대해 "을"과 0000 TOP가맹점 업무제휴 계약을 약정한 모든 가맹점에서 사용하는데 동의하고, 업무의 관리 목적 상 포인트를 사용할 수 있는 가맹점을 지정할 권리는 "을"에게 있음을 이해하고, 이에 이의를 제기하지 않는다.

제4조(대상회원)

본 계약의 적용을 받는 대상 회원은 "을"의 모든 회원으로 한다.

제5조(포인트 제공율 및 정산방식)

① "갑"은 "을"의 회원이 이용한 신용판매대금의 0%를 포인트로 제공한다.
② 전항의 포인트 정산은 "갑"의 신용판매대금 입금시 가맹점 수수료와 함께 선공제 하는 것을 원칙으로 한다.
③ "을"은 "갑"의 요청이 있을시 포인트 공제내역 및 회원의 사용진위 확인 등 필요한 자료를 제공키로 한다.

제6조(홍보)

"을"은 "갑"과의 업무제휴 내용을 자체 매체(가맹점홍보지, 회원홍보지, 사내홍보지, 회원가입신청서, 포스터 등)를 통해 지속적으로 홍보키로 한다.

제7조(기타 업무)

본 계약서의 "OOOO"와 직접적인 관련이 없는 일반적인 신용판매 거래에 관한 사항은 "갑"과 "을" 간의 가맹점약관에 따라 처리한다.

제8조(사후 관리)

"갑"은 "갑"의 직원에 대하여 지속적인 교육을 통해 "을"의 회원이 불편 없이 신용카드를 사용할 수 있도록 지원한다.

제9조(신의 성실)

"갑"과 "을"은 동 계약의 이행에 있어 상호 이미지와 명성을 손상시키는 일체의 행위를 하여서는 안 되며 상호 계약내용을 신의 성실하게 이행하여야 한다.

제10조(변동사항 통보)

① "갑"은 영업정보(상호, 주소, 대표자, 사업자등록번호, 전화번호 등)의 변동이 있을시 이를 즉시 "을"에게 반드시 통보하여야 한다.

② "갑"과 "을"은 전항의 변동사항 이후에도 동 계약은 계속 유효한 것으로 한다.

제11조(기밀 유지)

"갑"과 "을"은 본 계약서상의 업무와 관련하여 알게 된 상대방의 영업상 기밀 및 고객정보에 대하여 상대방의 서면 동의 없이 제3자에게 유출하거나 계약서상의 업무 이외의 목적으로 이용 하여서는 안 되며, 이를 위반하여 발생하는 모든 손해에 대해서는 그 위반 책임이 있는 자가 민·형사상의 모든 책임을 진다.

제12조(계약의 유효기간)

본 계약의 유효기간은 2000년 O월 O일부터 2000년 O월 O일까지로 한다. 단, 계약만료일 O개월 전까지 상대방에게 서면에 의한 별도 해지통보가 없을 시에는 동일조건으로 매 O년씩 자동 연장하는 것으로 본다.

제13조(계약의 해지)

① "갑"과 "을"은 다음 각 호의 사유가 발생한 경우에는 계약기간에 관계없이 서면으로 본 계약을 해지할 수 있으며 해지의 효력은 해지일자로 한다.

  1. 본 계약의 책임사항 및 의무 이행을 현저히 태만하거나 지연하여 상대방의 영업 활동에 지장을 초래한 경우

  2. 파산, 화의, 부도처리, 회사정리절차 등 관계법령상의 하자 발생으로 그 신용에 위험이 있어 계약의 정상적인 이행이 곤란하다고 판단되는 경우

3. 일방의 고의 또는 과실로 인하여 상대방에게 손해가 발생한 경우

4. 기타 본 계약을 이행하기 어려운 중대한 사유가 발생한 경우

② "갑"은 본 계약이 해지된 경우에도 기적립된 포인트에 대한 일체의 권리를 주장할 수 없다.

③ 전 ①항의 해지로 인하여 상대방에게 손해가 발생한 경우에는 상호 협의하여 그 손해액을 산정하고 산정된 손해액 전액을 배상하여야 한다.

제14조(계약의 해석)

본 계약에서 정하지 않은 사항이나 해석상 내용이 불분명한 사항에 대해서는 가맹점 약관을 준용하며, 그 외의 사항은 관계법령 및 일반 상관례에 따라 상호 호혜적 입장에서 협의하여 결정한다.

제15조(관할 법원)

본 계약과 관련하여 소송의 분쟁이 발생시 관할법원은 "을"의 본점 소재지 관할법원으로 한다.

제16조(기타)

① 전 제5조 ①에도 불구하고 "을"과 무이자할부특약을 기 체결 한 경우에는 일시불 신용판매대금에 한하여 포인트를 제공키로 한다.

② 본 계약서에서 정한 사항 이외 추가 협의사항은 별도 협약서로 처리한다.

상기 계약의 체결을 증명하기 위하여 계약서 2부를 작성하여 "갑"과 "을"이 날인한 후 각각 1부씩 보관한다.

2○○○년 ○월 ○일

	상호	:
"갑"	주소	:
	대표자	: ○○○ ㉑

	상호	:
"을"	주소	:
	대표자	: ○○○ ㉑

【총판계약서】

총판계약서

　　상기 당사자 간에 하기조항에 의거하여 국내총판매 대리점계약을 체결함에 있어 편의상 OOO를 "갑"이라 칭하고 OOO를 "을"이라 칭하여 아래와 같이 계약을 체결한다.

제1조(목적)

　　본 계약은 "갑"이 "을"에게 제2조에 정하는 물품을 공급하고 "을"은 유통판매망을 형성하여 시장기반을 안정적으로 확장시키고 공동의 번영을 위해 상부상조하여 신뢰를 바탕으로 상호이익을 도모함을 목적으로 한다.

제2조(품명)

1.
2.
3.

제3조(판매지역)

1. "을"의 판매지역은 전 지역으로 총괄하고 부득이한 경우 "갑"은 "을"과 상의하여 변경할 수 있다.

제4조(인도가격 및 판매가격)

1. 인도가격은 "갑"이 "을"의 창고인도로 하고 상기가격은 계약일로부터 1년 간 준수하며 제품원가, 기타 제반상황으로 인한 증감이 유할 경우 "갑"과 "을" 협의 하에 조절할 수 있다.
2. 판매가격은 "갑"과 "을" 상호협의 국내 유통망 형성을 위한 최선의 가격으로 출고조절 한다.

제5조(결제조건)

1. 대금청구 방법은 "갑"이 "을" 창고인도와 동시 "을"은 공급된 물품대금을 지급한다.
2. "갑"의 양해에 따라 "을"은 계약금 50%를 지불하고 물품입고시 잔금 50%를 결재한다.
3. "갑"이 공급한 물품에 하자 발생시에는 "갑"은 그 책임을 지고 "을" 요청에 따라 변상 또는 교환조치를 즉시 행한다.

제6조(계약기간 및 종료)

1. 계약기간은 계약 체결일로부터 2년으로 하되 "갑"과 "을" 쌍방의 의의가 없는 한 기간만료후 계약기간만큼 자동연장 된다.
2. 계약의 종료는 계약사항에 대한 위반 또는 불이행으로 인한 당사자에게 다른 당사자가 그러한 위반사항을 시정요구하는 내용을 구두 또는 서면으로 통보한 후 30일이 경과하도록 계속 위반 할 경우 다른 당사자는 그에 대하여 등기우편으로 계약의 효력을 종료시킬 수 있으며 그에 대한 손해배상을 청구할 수 있고 본 계약은 그러한 통지를 발송한 일자로 종료된다.

제7조(정보제공 및 기밀유지)

"갑"과 "을"은 거래를 실시하는 과정에서 얻은 각종 시장정보를 성실하게 상호 교환하는 한 영업사의 각종 기밀을 준수하고 이를 제3자에게 누설하여서는 안 된다.

제8조(판매지원)

"을"의 시장기반조성을 위한 각종 지원(SAMPLE BOOK, 카탈로그)등을 "갑"은 최대한의 성의를 다하여 성실히 수행하여야 한다.

제9조(기타)

이 계약에 명시되지 않은 사항은 일반 상관례에 준한다. 본 계약을 후일에 증하기 위하여본 계약서 2통을 작성하고 각자 서명 날인하여 1통씩 보관한다.

제10조

분쟁 발생 시 재판 관할권은 "갑"의 관할지역으로 한다.

200○년 ○월 ○일

"갑"	주소	:	
	상호	:	
	대표자	:	○○○ ㊞
		:	
"을"	주소	:	
	상호	:	
	대표자	:	○○○ ㊞

건강식품독점판매계약서

　건강식품 제조업자 **** (이하 "갑"이라 칭한다)와 건강식품 판매업자 ****(이하 "을"이라 칭한다)는 상호간에 독점적 판매계약을 다음과 같이 체결한다.

제1조(목적)

　본 계약은 "갑"이 제조하는 건강식품을 "을"이 독점적으로 공급 판매하는 내용을 규율함을 목적으로 한다.

제2조(건강식품) 본 계약에서 "갑"이 제조하여 "을"에게 독점 공급하는 건강식품은 다음과 같다.

1) 100% 유기농 재배 콩을 사용한 재래식 제조법의 손두부
2) 강원도 삼척지역에서 생산되는 장뇌삼
3) 강원도 평창지역에서 생산되는 고로쇠 수액
4) 기타 별도첨부 목록의 건강식품 일체

제3조(공급가격)

1. 제품의 공급가격은 본 계약서 말미에 별도의 가격명세서를 첨부하여 이에 의한다.
2. "을"은 제1항의 공급제품에 대하여 매1개월 정산하여 익월 30일에 "갑"의 계좌로 현금 입금한다. (부가세별도).
3. 제2항의 결제금액 연체 시 연체 1일당 결제할금액 *3/100의 연체손해금이 발생한다.

제4조(독점권)

1. "갑"은 제2조의 제품을 "을"에게 독점공급하며 이는 대한민국 전체에 영향을 미친다.
2. "갑"이 제2조의 제품과 동일 또는 유사한 제품을 "을" 이외의 제3자에게 공급을 하는 경우 "을"은 해당 위반제품의 유통가격의 2배액에 상당하는 금액을 손해금으로 청구한다.
3. "갑"이 제2조의 제품이외에 유사한 신제품을 공급하는 경우 "갑"은 최우선적으로 "을"에 통보하여야 한다.

제5조(한정적 공급)

1. "을"은 제2조의 건강식품이 한정적 수량에 따른 공급수량 부족에 대하여 이를 허용한다.
2. 제1항의 경우 "갑"이 고의적으로 제3자에 유통시킬 목적으로 공급을 제한하거나 기타 독점공급에 위배되는 행위에 대하여는 "을"은 매월 평균 공급량에 상당하는 1개월 매출액의 2배액을 손해배상액으로서 청구할 수 있다.

제6조(운송 등)

1. "갑"은 "을"의 지정된 영업소에 제품을 공급하여야 하며, 운송비는 "갑"이 부담한다.

2. "을"의 영업소에 제품을 인도하기 이전까지 발생되는 위험부담은 "갑"이 부담한다.

3. "갑"은 "을"의 발주일로부터 5일 이내에 제품의 공급을 하여야 한다. 다만, 제5조의 사유로 공급하지 못하는 경우는 공급재개가 가능한 시점에 즉시 "갑"에게 통지하여 공급여부를 재차 확인하고 공급한다.

제7조(판매지원)

1. "갑"은 "을"이 원활한 판매를 할 수 있도록 공급제품에 대한 기본정보를 제공한다.

2. 제1항의 정보사항에는 제품의 제조법(단, 비밀을 침해하지 않는 선에서), 제품의 효능, 복용의 방법 기타 "을"이 요구하는 관련정보를 포함하여야 한다.

제8조(홍보)

"갑"과 을"은 상호간의 합의로 공동명의로 제품의 홍보를 수행할 수 있으며 이러한 경우 비용은 절반씩 부담함을 원칙으로 한다.

제9조(양도금지)

당사자 쌍방은 본 계약상의 상대방에게 인정한 권리를 제3자에게 양도할 수 없다.

제10조(유효기간)

1. 본 계약은 20○○년 ○월 ○일부터 20○○년 ○○월 ○○일까지로 한다.

2. 제1항의 기간만료 2개월 이전에 어느 일방의 계약 종료 통지가 없을 시에는 1년간 자동 연장된다. 그 이후에는 재계약하여야 한다.

제11조(해지)

1. 쌍방은 다음의 경우 언제든지 서면통지를 함으로서 법적 절차 없이 본 약정을 해지할 수 있다.
   1) 대금지불이 상호 합의한 일자까지 또는 연기된 경우에는 연기된 일자까지 이루어지지 않는 경우
   2) "을"의 독점판매권리에 변동이 있는 경우
   3) 본 계약서의조건을 위반하는 경우

제12조(기타사항)

1. 계약의 당사자는 본 계약의 내용을 신의성실에 의거하여 준수하여야 한다.

2. 계약 기간 중 계약의 변경은 당사자의 서면 합의에 의해서만 변경될 수 있으며 서면날인 된 문서를 본 계약서의 말미에 첨부한다.

3. 본 계약서에서 명시되지 않은 부분에 대하여는 관련 법규 및 상관습에 따르기로 한다.

제13조(분쟁해결)

1. 본 계약과 관련하여 양 당사자 간의 분쟁이 발생한 경우, 원칙적으로 "갑"과 "을" 상호간의 합의에 의해 해결한다.

2. 제1항에도 불구하고 분쟁이 해결되지 않을 경우 "갑"의 주소지 관할 지방법원을 그 관할로 하여 재판함으로써 해결한다.

제14조(특약사항)

상기 계약일반사항 이외에 "갑"과 "을"은 아래 내용을 특약사항으로 정하며, 특약사항이 본문과 상충되는 경우에는 특약사항이 우선하여 적용된다.

1.

2.

3.

위와 같이 본 계약이 유효하게 성립하였음을 각 당사자는 증명하면서 본 계약서 2통을 작성하여, 각각 서명(또는 기명)날인 후 "갑"과 "을"이 각각 1통씩을 보관한다.

별첨

제품별 가격명세서

20○○년 ○월 ○일

"갑"	주소	:	
	회사명	:	
	대표이사(대표자)	:	○ ○ ○ ㊞
"을"	주소	:	
	회사명	:	○ ○ ○ ㊞
	대표이사(대표자)	:	

표준판매위탁계약서(안)

　판매위탁자인 ○○증권투자회사(이하 "갑"이라 한다)와 위탁판매회사인 ○○○○회사(이하 "을"이라 한다)는 "갑"의 주식을 모집·판매(이하 "위탁판매"라 한다)하기로 하고 다음과 같이 판매위탁계약을 체결한다.

제1조(목적) 이 계약서는 "을"이 주식의 위탁판매업무 및 부수 업무를 수행함에 있어서 "갑"과 "을"의 업무범위 및 권리의무 관계를 정하는데 그 목적이 있다.

제2조(적용원칙) "을"이 주식의 위탁판매업무를 수행함에 있어서는 관련법령에 위배되지 않는 한 본 계약이 적용되며, 관련법령이 변경되거나 "갑"의 정관이 변경되는 경우에는 "갑"과 "을"이 합의하여 본 계약을 변경할 수 있다.

제3조(용어의 정의) 이 계약서에서 사용하는 용어의 정의는 증권투자회사 관련 법령 및 다음 각 호와 같다.

1. "자산운용회사"라 함은 "갑"과의 계약에 의하여 위탁자산 ("갑"의 자산을 말한다. 이하 같다)의 운용을 담당하는 회사를 말한다.
2. "일반사무수탁회사"라 함은 "갑"과의 계약에 의하여 "갑"의 일반사무업무를 담당하는 회사를 말한다.
3. "자산보관회사"라 함은 "갑"과의 계약에 의하여 "갑"의 자산의 보관 및 관리업무를 담당하는 회사를 말한다.
4. "관련수탁회사"라 함은 위탁자산의 운용, 보관관리, 일반사무업무를 담당하는 자산운용회사, 자산보관회사, 일반사무수탁회사를 말한다.

제4조(위탁업무) "을"은 "갑"의 주식 위탁판매와 관련하여 다음 각 호의 업무를 수행한다.

1. 주식의 모집 및 판매
2. 주식의 매매의 중개 (등록 또는 상장되는 경우 등)
3. 기타 위의 각호에 부수되는 업무

제5조("갑"의 보증사항)

1. "갑"은 관련법령에 의하여 유효하게 설립되어 존재하는 증권투자회사로서 존립과 영업에 필요한 인허가, 등록, 신고 등의 절차를 완료하였다.
2. "갑"은 "갑"이 발행한 수표 또는 어음이 부도처리 되거나 회사정리 또는 화의의 신청 또는 절차가 진행 중에 있지 아니하며 은행 또는 다른 금융기관과의 거래가 중지된 상태에 있지 않다.
3. "갑"이 본 계약을 체결하고 이행하는 것은 관련법령(법원 및 정부의 지시포함)과 "갑"이 당사자이거

나 구속받는 다른 계약에 위배되지 아니하며 "갑"의 정관 기타 사내규칙에 위배되지 아니한다.

제6조("을"의 보증사항) (판매기관이 증권회사 이외인 경우 이를 달리 적용함)

1. "을"은 증권거래법에 의하여 합법적으로 증권업을 영위하고 있는 증권회사로서 증권투자회사법에 의해 판매회사로 등록을 완료하였다.

2. "을"은 "을"이 발행한 수표 또는 어음이 부도처리 되거나 회사정리 또는 화의의 신청 또는 절차가 진행 중에 있지 아니하며, 은행 또는 다른 금융기관과의 거래가 중지된 상태에 있지 않다.

3. "을"이 본 계약을 체결하고 이행하는 것은 관련법령(법원 및 정부의 지시포함)과 "을"이 당사자이거나 구속받는 다른 계약에 위배되지 않으며 "을"의 정관 기타 사내규칙에 위배되지 않는다.

제7조(위탁판매에 관한 사항)

1. "갑"과 "을"은 주식공모 시 위탁판매와 관련하여 위탁판매 할 주식의 수, 1주당 발행가액, 청약기간 및 납입기일, 청약방법, 청약결과배정공고 등의 사항을 상호협의 하여 1개 이상의 일간지에 공고하고 "을"의 영업소에 공시한다.

2. "갑"은 위탁판매와 관련된 "갑"의 정관, 투자설명서, 회사소개서 등을 청약개시일 전까지 "을"에게 제공하여 "을"이 각 청약사무취급처에 배포할 수 있도록 한다.

3. "갑"이 주식의 모집 등에 관한 일정을 변경하고자 할 경우에는 "을"에게 사전 통지하고 "을"과 협의하여야 한다.

제8조(수수료)

위탁판매 수수료와 관련하여 다음 방법 중 하나를 선택할 수 있다.

(선취(先取)의 경우)

① "위탁판매"에 대한 보수(이하 "위탁판매보수")는 총 "위탁판매"금액에 1000분의 ( )를 곱한 금액으로 하며, 주주의 주식매입대금에서 위탁판매보수분을 공제하여 주식 위탁판매일로부터 1개월 이내에 "을"에게 지급한다.

(기간평잔의 경우)

① 위탁판매보수의 계산기간(이하 "보수계산기간"이라 한다)은 "갑"이 법에 의해 금감위에 증권투자회사로 등록 후 일반공모에 의한 자금이 자산보관회사의 계좌로 납입된 날로부터 OO개월 단위로 한다. 다만, 제3항의 보수지급사유가 발생하는 시점이 최근 보수계산기간 말일부터 3월이 경과하지 않은 경우에는 보수지급사유 발생일까지를 보수계산기간으로 본다.

② 위탁판매보수는 보수계산기간 중 순자산총액의 평균잔액(매일의 순자산총액을 보수계산기간 초일부터 보수계산기간 당일까지 누적하여 합한 후에 보수계산기간중의 일수로 나눈 금액을 말한다.)에 1000분의 OO를 곱한 금액으로 하여 "을"이 취득한다.

---

③ "갑"은 보수계산기간 중 위탁판매보수를 매일 위탁자산계정원장에 계상하고 다음 각 호의 1의 사실이 발생하는 날로부터 1월 이내에 "을"이 지정하는 은행계좌에 입금 처리한다.

  1. 보수계산기간의 종료
  2. 위탁자산의 자본감소(자본감소분에 상당하는 위탁판매보수 인출에 한한다.)
  3. 본 계약의 종료

④ "갑"과 "을"은 이 계약서상에 약정되지 아니한 수수료 등에 대해서는 쌍방이 협의하여 정할 수 있으며, "갑"과 "을"은 상호 협의하여 보수를 연단위로조정할 수 있다.

제9조(비용부담)

"을"이 자체적으로 주식 판매촉진을 위하여 제작하는 것은 "을"이 부담하되, 관련수탁회사에서 판매를 위해 제공되어야 하는 것을 "을"에게 제공되도록 조치하여야 한다. 다만, "을"이 "갑"을 위하여 비용을 대신 지출한 경우에는 "을"의 비용 상환청구에 따라 "갑"은 당해 비용을 "을"에게 지급하여야 한다.

제10조(보고 등)

① "갑" 또는 "갑"의 감독이사 등이 법령 또는 이 계약서에 의하여 보고를 요구하는 경우 "을"은 특별한 사유가 없는 한 이에 응하여야 하며, 관련수탁회사가 "갑"을 위한 업무수행에 필요하다고 인정되는 범위 내에서 "을"은 "갑"에게 그 사항을 통보한 후 요청자료를 제공한다.
② "갑"은 "을"이 관련수탁회사에게 본 계약서상의 업무수행을 위하여 필요한 보고서를 요청하는 경우 당해 관련수탁회사가 "을"에게 해당 보고서를 제출하도록 조치하여야 한다.

제11조(공시)

① "갑"은 매1주일마다 시가로 평가한 순자산가치 및 주식의 1주당 평가액을 "을"이 당해 영업소에 게시할 수 있도록 평가일 익일 업무개시시간 전까지 제공하며, "을"은 "갑"이 제공한 순자산가치 및 주식의 1주당 평가액을 영업소에 게시하고 금융감독위원회가 정하는 방법에 따라 전자문서 등으로 공시한다.
② "갑"은 관련법령에 의하여 "을"이 영업점에 비치하거나 공시하여야 할 자료를 "을"이 비치 또는 공시할 의무 발생시점 이전에 "을"에게 제공하여야 한다.

제12조(책임과 면책)

① 관련 수탁회사가 "갑" 또는 제3자에 대하여 손해배상책임을 부담하는 경우 "을"에게도 귀책사유가 있는 때에는 "을"은 당해 손해배상의 책임이 있는 관련수탁회사와 연대하여 손해를 배상할 책임을 진다.
② "을"은 제1항에 의하여 "갑"에게 책임을 져야 하는 경우를 제외하고는 이 계약에 의해 "을"이 행한 모집, 판매와 관련된 업무에 대하여 책임을 져야할 의무가 없다.

제13조(계약기간 및 계약의 종료)

① 이 계약은 계약체결일 또는 "갑"이 금융감독위원회에 증권투자회사로 등록한 날 중 늦게 도래한 날로부터 법에 의해 "갑"이 해산 및 청산하는 경우 그 완료일 까지 유효하다.

〈따로 계약기간을 정한 경우〉
① 이 계약의 계약기간은 2000년 O월 O일부터 2000년 O월 O일까지 OO년 O월간으로 한다.

② 제1항의 규정에도 불구하고 계약기간 중에 "갑" 또는 "을"이 이 계약을 해지하고자 하는 경우, 계약해지를 원하는 날로부터 1개월 전까지 계약의 상대방에게 그 뜻을 서면으로 통보하여야 하며, 이 경우 특별한 사유가 없는 한 계약은 통보한 계약해지일에 해지된다.

③ 제2항의 규정에 의하여 계약이 해지되는 경우 "을"은 후임 위탁판매회사에게 주식위탁판매업무 수행과 관련한 모든 사항(업무 수행상 취득한 각종 정보, 분석자료, 기록 및 기타자료 포함)을 인계해야 한다.

④ "갑"은 이 계약이 정당하게 해지되지 않는 한 계약해지일 이전에 효력이 발생하는 위탁판매계약을 제3자와 체결할 수 없다.

제14조(계약의 변경)

① 이 계약의 내용이 법령을 위반하는 경우 또는 당사자의 일방 또는 쌍방의 사정 변경에 의하여 계약이행이 불가능하거나, 불가능해질 우려가 있는 경우에는 "갑"과 "을"은 쌍방의 합의에 의하여 계약기간 중 언제라도 이 계약의 내용을 변경할 수 있다.

② 제1항에 의하여 계약의 내용을 변경하고자 하는 경우 당사자는 그 변경하고자 하는 날로부터 1개월 전까지 계약상대방 및 관련수탁회사에게 이를 서면으로 통보하여야 한다.

제15조(비밀유지)

"갑"과 "을"은 계약상대방의 동의, 법원의 명령에 의한 경우를 제외하고는 계약기간중이나 계약기간의 종료 후에도 위탁판매업무와 관련된 비밀사항을 제3자에게 누설하여서는 안 된다.

제16조(지시 및 통보 방식)

① "갑"과 "을"이 상대방에게 지시 또는 통보를 하는 경우에는 다음 각 호의 1에 의한 방법으로 한다. "갑"과 "을"은 상대방이 관련수탁회사에 대한 지시 또는 통보를 함에 있어서도 다음 각 호의 1에 의한 방법으로 하는데 대하여 이의를 제기하지 않는다.
  1. 소정의 승인권자의 서명 혹은 인감에 의한 지시서 또는 통보서
  2. 암호체계 또는 다른 절차 등에 의하여 진위가 검증된 전신
  3. 우편(등기 또는 항공) 또는 전보
  4. 텔렉스
  5. 팩스전문
  6. 기타 전자전송

② 제1항 제1호에 의하여 통보 또는 지시를 하는 경우 "갑"과 "을"은 업무수행의 편의를 위해 당해 회사의 법인인감에 갈음하여 별도의 인감을 사용할 수 있다. 이 경우에는 계약상대방 및 관련수탁회사에게 그 용도를 명시한 인감신고서를 미리 통보해야 하며, 사용인감의 변경 시에도 동일하다.

③ 제1항에서 규정된 바에 따라 통보 또는 지시를 하는 경우에는 별도의 정함이 없는 한 접수·도달시점을 효력발생시기로 본다.

제17조(관계법령의 준용)

이 계약의 규정에 없는 사항이나 이 계약서의 해석에 대해 이의가 있을 때에는 "갑"과 "을"이 상호 협의하여 결정하되, 합의가 이루어지지 아니할 경우에는 관계법령 또는 일반 상관례에 따른다.

제18조(권리의 양도금지)

"갑" 또는 "을"은 이 계약으로 취득하거나 부담하는 권리 또는 의무를 상대방의 명시적인 동의 없이는 제3자에게 양도할 수 없다.

제19조(관할법원)

이 계약으로 인한 분쟁발생시의 관할법원은 "갑"소재지의 법원으로 한다.

"갑"과 "을"은 이 계약서의 모든 조항을 확인하고 서로 이 계약을 성실히 이행할 것을 약속함과 동시에 이를 증명하기 위하여 계약서 2부를 작성하고 서로 기명날인한 후 각각 1부씩 보관한다.

20○○년 ○월 ○일

	주소		
"갑"	회사명	:	
	대표이사(대표자)	:	○ ○ ○ ㊞

	주소		
"을"	회사명	:	○ ○ ○ ㊞
	대표이사(대표자)	:	

【학원가맹점계약서】

학원가맹점계약서

가맹사업자	회 사 명		대표이사	㉑
	주소			
	전화번호		팩스번호	
	사업자등록번호	000 - 00 - 00000		
가맹계약자	성명	㉑	주민번호	-
	주소			
	전화번호		전자메일	

가맹사업자인 (주)○○○○와 가맹계약자는 ○○○○ ○○학원에 관한 가맹 계약을 아래와 같이 체결한다.

제1조(목적)

이 계약서는 (주)○○○○ (이하 "가맹사업자"라고 함)와 가맹계약자 간의 공정한 가맹사업(franchise)계약체결을 위해 그 계약조건을 정함을 목적으로 한다.

제2조(용어의 정의)

① 가맹사업자라 함은 가맹계약자에게 ○○○○학원의 상호, 상표, ○○교재 등을 사용하여 동일한 이미지로 ○○교육 서비스를 제공하고, 그 ○○교육 서비스를 위하여 교육·지원을 하며, 이에 대한 대가로 가맹비(franchise fee), 로열티(royalty) 등을 수령하는 자를 말한다.

② 가맹계약자라 함은 가맹사업자로부터 그의 상호, 상표, ○○교재 등을 사용하여 그와 동일한 이미지로 ○○교육 서비스를 제공 하고, 그 ○○교육 서비스를 위하여 교육 지원을 받으며, 이에 대한 대가로 가맹비, 로열티 등을 지급하는 자를 말한다.

제3조(권리의 부여) 가맹사업자는 가맹사업을 영위하기 위하여 그가 개발한 다음의 권리를 아래에 명시한 가맹계약자에게 부여한다.

1. ○○○○ ○○학원의 상호, 상표 사용권
2. ○○학원용 멀티미디어 ○○교재 사용권
3. 학원 및 학생관리를 위한 인터넷시스템 사용권
4. ○○학원용 교재를 공급 받을 권리
5. 학원경영을 위해 필요한 경영지원을 받을 권리

* 가맹계약자의 표시

① 학원명 : (주)○○○○

② 학원소재지 : ○○시 ○○구 ○○동 ○○○○소재

③ 영업지역 : ○○○○

제4조(영업지역)

① 영업지역은 가맹사업자와 가맹계약자가 협의하여 정하고, 다른 가맹계약자에게 배타적으로 인정하며, 첨부의 지도에 그 지역을 명확히 표시한다.

② 가맹계약자는 다른 가맹계약자의 영업지역에서 고의적으로 영업활동을 해서는 안 된다.

③ 가맹사업자와 가맹계약자는 상호 서면으로 합의하여 영업지역을 변경할 수 있다.

제5조(계약기간)

① 계약기간은 계약일로부터 3년으로 한다.

② 가맹사업자 또는 가맹계약자가 계약을 종료하고자 하는 때에는, 기간 만료 2개월 전에 상대방에 대하여 계약의 종료를 통지하여야 한다.

③ 제2항의 계약종료의 서면통지 없이 계약기간을 경과한 때에는 계약이 전과 같은 조건으로 갱신된 것으로 본다.

제6조(계약의 해지)

① 가맹사업자 또는 가맹계약자는 다음의 경우에는 2주일 이상의 기간을 정하여 서면으로 이행 또는 시정을 통지하고, 그 이행 또는 시정이 이루어지지 아니하면 계약을 해지할 수 있다.

　1. 가맹사업자가 약정한 멀티미디어 ○○교재(책 포함)의 공급 및 경영지원을 정당한 이유 없이 하지 않는 경우

　2. 가맹사업자가 서면합의 없이 가맹계약자의 영업지역을 변경하는 경우

　3. 가맹계약자가 다른 가맹계약자의 영업지역에서 고의적으로 영업활동을 하는 경우

　4. 가맹계약자가 리틀팍스 ○○학원에 등록된 학생과 선생님 이외의 다른 사람에게 부당하게 멀티미디어 ○○교재(책 포함)를 이용하게 하는 경우

　5. 가맹계약자가 로열티를 허위로 통지하는 경우

② 가맹사업자 또는 가맹계약자는 다음의 경우에 통지 없이 즉시 계약을 해지할 수 있다.

　1. 영업을 계속할 수 없는 객관적인 불가피한 사유가 있는 경우

　2. 파산, 부도, 강제집행을 당하는 경우

　3. 천재지변이 있는 경우

제7조(계약의 종료와 조치)

① 계약이 기간만료 또는 해지로 종료된 때에는, 가맹계약자는 1개월내에 상호·상표·간판 등의 사용을 중단하고 이를 철거한다.

② 가맹사업자가 제8조 제6항에 의하여 가맹비의 일부를 반환해야 하는 경우에는, 가맹계약자가 제1항의 상호 등의 사용중단을 하기 위해서는 그 반환도 있어야 한다.

③ 제1항의 철거의 비용은 계약이 가맹계약자의 귀책사유로 인해 종료되는 경우에는 가맹계약자가, 가맹사업자의 귀책사유로 인해 종료되는 경우에는 가맹사업자가 부담한다.

제8조(가맹비)

① 가맹계약자는 계약체결시에 가맹비(원)를 일시급으로 지급한다.

② 가맹비는 약 1km2 의 영업지역을 기준으로 A급, B급, C급 지역으로 구분하여 정한다.

③ A, B, C급 지역과 실제 영업지역은 행정구역, 인구밀집도, 주거형태, 소득수준을 토대로 가맹사업자가 현지 실사 후 결정한다.

④ 가맹계약자는 계약기간이 만료되어 갱신할 때에는 갱신시점 가맹비의 10%를 지급한다.

⑤ 가맹비에는 다음 항목이 포함된다.

1. 리틀팍스 ○○학원의 상호, 상표 사용권
2. 멀티미디어 ○○교재의 학원/학생 사용권
3. 학원 및 학생관리를 위한 인터넷시스템 사용권
4. 리틀팍스어학원 CI 매뉴얼(간판, 외부창문, 출입문, 차량, 광고전단지등)
5. 일정수량의 Level Test지
6. 일정수량의 학부모 상담용 팜플렛 및 회비 봉투
7. 학원개설에 따른 최초 훈련비
8. 기타 학원 운영에 필요하다고 판단되는 자료

⑥ 가맹계약자가 그의 책임 없는 사유로 최초 계약기간 내에 영업을 중단하는 경우에는, 가맹사업자는 가맹비를 최초 계약기간 중의 미경과일수에 따라 일괄계산하여 반환한다.

⑦ 가맹사업자가 제5항에 의해 가맹비의 일부를 반환해야 하는 경우에는 가맹계약자의 청구가 있는 날로부터 10일 이내에 반환해야 한다.

제9조(로열티 [royalty])

① 가맹계약자는 가맹비와 별도로 가맹사업자의 상호, 상표 및 멀티미디어 ○○교재 등의 사용에 대한 대가로 로열티를 매월 가맹사업자에게 지급하며, 그 금액은 월 총수강료 수입의 3%로 한다. 단, 계약체결 후 3개월 또는 학원에 등록한 학생이 50명 이하인 경우에는 로열티를 면제한다.

② 가맹계약자는 매월 10일까지 전월의 총수강료수입액을 가맹사업자에게 서면 또는 인터넷상으로 통지하고 로열티를 지급한다.

제10조(학원의 시설)

① 가맹계약자는 특별한 경우를 제외하고는 전체의 통일성과 독창성을 유지할 수 있도록 가맹사업자가 정한 사양에 따라 학원시설을 한다.

② 가맹계약자는 가맹사업자가 정한 사양에 따라 직접 시공하거나 가맹사업자가 지정한 업체에게 시공하게 할 수 있다.

제11조(멀티미디어 ○○교재의 공급과 관리)

① 가맹사업자는 학원의 운영을 위해 필요한 멀티미디어 ○○교재와 이를 활용하기 위한 인터넷시스템을 가맹계약자에게 공급한다.

② 가맹계약자는 특별한 경우를 제외하고는 리틀팍스 ○○학원에 등록된 학생과 선생님에 한해서만 멀티미디어 ○○교재를 이용하게 할 수 있으며, 이를 제외한 다른 사람이 부당하게 이용할 수 있게 해서는 안 된다.

③ 가맹사업자는 다음의 경우에 1주일 전에 서면으로 통지한 후 가맹계약자에 대한 멀티미디어 ○○교재의 공급을 중단할 수 있다. 이 경우 재공급조건을 지체 없이 가맹계약자에게 통지하여야 한다.

　1. 가맹계약자에게 제6조 제1항 제3호~제5호의 사유가 있는 경우

　2. 가맹계약자가 3개월 이상 로열티와 ○○교재대금의 지급을 연체하는 경우

　3. 가맹계약자가 멀티미디어 ○○교재와 함께 사용하도록 되어 있는 ○○교재(책)를 사용하지 않고, 멀티미디어 ○○교재만 사용하는 경우

제12조(○○교재의 공급과 관리)

① 가맹사업자는 학원의 운영을 위해 필요한 ○○교재(책)를 가맹계약자에게 공급한다.

② 가맹사업자가 정당한 사유 없이 공급을 중단하거나 공급하지 않는 경우를 제외하고 다른 ○○교재를 사용할 수 없다. 단, 가맹계약자가 불가피하게 다른 ○○교재를 추가로 사용하여야 하는 경우에는 가맹사업자와 사전 서면에 의한 합의를 하여야 한다.

③ 가맹계약자는 특별한 경우를 제외하고는 공급받은 ○○교재를 리틀팍스 ○○학원에 등록된 학생과 선생님 이외의 다른 사람에게 제공하거나 대여할 수 없다.

④ 가맹계약자의 ○○교재 주문은 매월 말일까지 정기적으로 하여야 하며, 다음달 10일까지 가맹사업자에게 주문대금을 지급한다.

⑤ 가맹사업자는 주문된 ○○교재에 대해 매월 15일까지 가맹계약자에게 공급하여야 한다. 이때 운송비용은 가맹사업자가 부담한다.

⑥ 가맹계약자의 정기적인 주문이 아닌 경우에는 가맹사업자는 재고가 있는 경우에 한해 ○○교재를 공급할 수 있으며, 이 경우 운송비용은 별도로 정한 바에 의한다.

⑦ 가맹계약자는 ○○교재를 공급받는 즉시 수량 및 품질을 검사한 후, 하자가 있는 경우 공급받은지 5일 이내에 가맹사업자에 통지하여야 하며, 가맹사업자는 통지 받는 즉시 가맹계약자가 원하는 대로 처리하여야 한다.

제13조(교육)

① 가맹계약자의 학원에서 근무할 선생님과 원장님은 가맹사업자가 정한 교육과정을 특별한 사유가 없는 한 이수하여야 한다.

② 교육은 학원오픈시 교육, 정기교육, 특별교육으로 구분한다.

③ 교육은 이를 실시하기 1개월 전에 그 교육계획을 수립하여 가맹계약자에게 서면 또는 인터넷상으로 통지한다.

④ 가맹사업자는 가맹계약자가 별도로 교육비용을 부담하여야 하는 경우에는 가맹계약자에게 상세한 산출근거를 서면 또는 인터넷으로 통지한다.

⑤ 가맹계약자는 필요시 자신의 비용부담으로 가맹사업자에게 교육요원의 파견을 요청할 수 있다.

제14조(광고)

① 가맹사업자는 가맹사업의 활성화를 위하여 전국규모 및 지역단위의 광고를 할 수 있다.

② 광고의 횟수·시기·매체·비용 등에 관한 세부적 사항은 가맹사업자와 가맹계약자의 지역대표자 등으로 구성된 광고위원회에서 협의하여 계획을 수립하되, 전체 가맹계약자의 1/2이상의 서면 또는 인터넷상에서 동의를 받아 확정한다.

③ 가맹계약자는 자기의 비용으로 자기 지역 내에서 광고활동을 할 수 있다. 이 경우 가맹계약자는 과장광고를 하여서는 안 된다.

제15조(가맹사업자의 의무)

① 가맹사업자는 가맹사업계약을 체결하는 과정에서 가맹희망자들이 가맹 여부를 적정하게 판단할 수 있도록 필요한 자료 및 정보를 충분히 공개하여야 한다.

② 가맹사업자는 가맹희망자들의 요구가 있을 때에는 다음의 자료 및 정보를 제공하여야 한다.

③ 가맹사업자의 등기부등본, 최근 5년간의 사업경력, 가맹사업과 관련하여 진행중인 소송

④ 계약체결시 또는 계약체결후 부담해야 할 가맹비, 로열티, ○○교재가격 등의 금전에 관한 내용

⑤ 가맹희망자가 운영할 학원 인근지역의 가맹계약자 현황

제16조(영업양도)

① 가맹계약자는 가맹사업자와 사전에 협의하여 학원의 영업을 양도, 전대할 수 있다. 이때 가맹계약자는 양수인, 전차인에게 반드시 가맹사업자와 체결한 계약서를 제시하고 계약내용을 충분히 설명하여야 한다.

② 양수인, 전차인은 양수, 전차에 관한 계약 체결후, 가맹사업자에게 계약서 사본을 송부하여야 한다.

③ 양수인, 전차人은 가맹계약자의 가맹사업자에 대한 권리와 의무를 승계한다.

④ 양수인, 전차인에 대하여는 가맹비가 면제된다.

⑤ 양수인이 요청하는 경우에는 가맹계약자의 잔여 계약기간 대신에 완전한 계약기간을 부여할 수 있다. 이 경우에는 신규계약으로 한다.

제17조(영업의 상속)

① 가맹계약자의 상속인은 가맹계약자의 영업을 상속할 수 있다.

② 상속인이 영업을 상속할 경우에는 가맹사업자에게 상속개시일로부터 3개월 이내에 상속사실을 통지하여야 한다.

③ 상속인에 대해서는 가맹비를 면제한다.

제18조(지연이자)

가맹사업자 또는 가맹계약자가 상대방에게 금전을 지급해야 하는 경우에, 그 지급기간을 경과하면 미지급액에 대하여 지급기간 경과일의 다음날로부터 지급하는 날까지 연 이율 12%의 지연이자를 가산한다.

제19조(일반사항)

① 본 계약에 의한 서비스가 공동사업임을 인식하여 상호 신의와 성실로써 협조한다.

② 본 계약에서 정하지 않은 사항은 일반 상관례 및 관계법령에서 정한 바에 따른다.

제20조(효력발생)

본 계약은 계약 체결일로부터 효력이 발생된다.

제21조(분쟁의 해결)

　본 계약의 성립 및 효력과 관련하여 당사자 간 분쟁이 발생할 경우 상호 합의하에 원만히 해결하는 것을 원칙으로 하되, 합의가 이루어지지 아니하는 경우 소송은 가맹계약자의 주소지나 학원소재지를 관할하는 법원으로 한다. 다만, 가맹사업자와 가맹계약자가 합의하여 관할법원을 달리 정할 수 있다.

제22조(계약서 보관)

본 계약서는 2부를 작성한 후 상호 서명 날인하고 각각 1부씩 보관한다.

부 칙

　이 계약서는 ○○○○년 ○○월 ○○일부로 시행한다.

첨부 : 영업지역

대리점계약서

주식회사 OOOO(이하 "갑"이라 한다)과 OOOO대리점(이하 "을"이라 한다) 간에 OOOO제품을 OOOO사업부에서 취급하는 제품 판매에 대한 모든 규정을 상호 성실히 수행할 것을 확약하며 공동이익 도모를 목적으로 다음과 같이 대리점계약을 체결한다.

제1장 총 칙

제1조(대리점 지정)

① "갑"은 "을"을 "갑"의 상표(BRAND)로 생산하는 제품과 "갑"이 판매를 위하여 제3자로부터 공급받은 상품(이하 상품이라 한다)에 대한 도매 행위를 주로 하는 "갑"의 대리점으로 지정한다.

② "갑"이 "을"에게 제공할 상품의 종류, 종목, 수량 및 가격은 "갑"이 정한 바에 의한다.

제2조(대리점 명칭 및 영업 거점)

① 대리점 명칭은 OO 서울 강동 대리점으로 하며 영업거점은 아래와 같다.

1. (서울) 강동구

2. (경기) 성남시, 하남시, 광주군

② 신시장 형성 및 "을"의 판매 지역 관리능력을 감안하여 판매 정책상 필요하다고 인정될시 "갑"은 계약기간중이라도 거래지역을 분할 또는 통합조정할 수 있다.

③ 영업 거점 구역 내의 백화점, 할인매장, "갑"의 간판 소매점 중 "갑"이 지정한 거래선 등에 대해서는 원칙적으로 영업권을 제외하고, "갑"의 요구가 있을 경우 공급을 중단키로 한다.

제3조(타지역 소매점 개설 금지)

"을"은 직접 또는 간접으로 판매지역 이외의 지역에 소매점을 개설할 수 없으며, 만약 타지역에 소매점을 개설할 경우에는 사전에 반드시 관할대리점과 합의서를 작성하여 "갑"에게 제출하며, 상품의 공급도 소매점 개설 지역을 거점으로 하는 대리점에 의하도록 한다.

제4조("갑"의 LOGO를 이용한 간판 사용 승인)

① "갑"의 상호 또는 LOGO를 이용한 간판은 "갑"의 승인 없이 "을"의 임의로 부착 또는 사용할 수 없다.

② "을"은 "갑"의 승인 없이 관할 지역 내의 소매점에 임의로 간판을 부착할 수 없다.

③ 현재 관할 지역 내에 부착되어 있는 간판 중 "갑"이 지정한 규격에 맞지 않거나 "갑"이 승인하지 않은 사항을 포함하고 있을 때 "을"은 이를 즉시 "갑"에게 통보하고 향후 별도로 정한 "갑"의 정책에 따르기로 한다.

제5조(본사 장기근속 임직원이 퇴직 후 "을"의 지역에 소매점을 개설할 경우)

본사에서 5년 이상 장기근속 또는 특별히 공로가 인정되는 임직원이 퇴직 후 매장을 개설할 경우 "갑"과 "을"은 적극 지원토록 한다.

제6조(판매의 독려) "을"은 판매지역 내에서 "갑"의 방침에 따라 다음 각 호에 게재하는 사항을 준수 실행하여야 한다.

　1. 상품에 대한 수요의 증대, 판로 확대에 대한 유지 도모
　2. 상품의 품질 향상 및 영업정책 수립에 관한 자료 등 "갑"의 사업운영에 필요한 정보 제공
　3. 차량 운행 관리 및 장부 기장 관리에 관한 지도
　4. 수요자에 대한 "갑"의 명성 및 신뢰에 대한 유지 향상에의 노력
　5. 전 항의 목적을 달성하기 위하여 "을"은 "갑"이 지시하는 판매망 및 시설을 항시 준비하고 "갑"의 요구가 있을 경우에는 이들을 개선하여야 한다.

제7조(기밀유지)

"을"은 이 계약과 이에 부수되는 계약의 내용 및 "갑"의 사업과 제품의 기밀에 속하는 일체의 사항을 타인 혹은 "갑"과 경쟁적 관계에 있는 모든 사업체에게 누설하는 등 "갑"의 권리 또는 이익을 해치는 행위를 하지 않아야 한다.

제8조(광고 선전, 판촉 활동 및 장치 장식의 제공)

① "갑" 또는 "을"의 영업활동을 위하여 광고 선전 및 판촉활동을 하는 경우, 비용 분담의 필요가 있을 시에는 쌍방 협의에 의한다.
② "을"은 "을"이 개별적으로 행하는 광고 선전 및 판촉 활동에 필요한 제작물의 내용을 "갑"에게 사전 제시하여 동의를 얻어야 한다. 이때 그 제작비용은 "을"의 부담으로 한다.
③ "갑"은 "을"에게 상품 판매 증대를 위해서 매장 시설, 제품 진열 등의 방법을 지도하며, "갑"의 제품에 대한 상표 상징의 제 장치와 장식을 제공키로 한다. 이때 비용도 "갑", 을 상호 협의하여 결정한다.

제9조(경합 상품의 판매 금지)

"을"은 "갑"의 서면에 의한 승인 없이는 "갑"이 공급한 상품 이외의 상품을 판매하여서는 안 된다.

제10조(부당경쟁의 금지)

① "을"은 상품 판매에 있어서 동일 제품을 취급하는 다른 대리점과 부당한 경쟁을 하여서는 안 된다.
② 전 항에 관하여 다른 대리점과의 사이에 분쟁이 생겼을 때, "을"은 "갑"의 중재에 따른다.

제11조(영업상황의 보고)

① "을"은 매월 말일 현재 또는 "갑"이 요구하는 시점의 재고 현황을 파악하여 "갑"에게 통보해야 하며, 이 경우 "갑"은 통보 내용의 진위를 파악하기 위하여 필요한 조사를 행할 수 있다.

② "갑"은 "을"의 정상적인 영업상태를 유지시키기 위해 분기별 정기 경영 실태조사를 행할 수 있으며, 이 경우 "갑"은 공정한 조사를 하기 위해 필요로 하는 자료(수불대장, 미수금대장, 어음관리대장, 재고원장, 거래통장, 거래명세서 등)를 을에 요청할 수 있으며, "을"은 이에 응하여야 한다.

③ 전 항에 대하여 "을"은 "갑"의 업무수행에 있어서 공정한 관리가 이루어질 수 있도록 최대한의 성의를 가지고 협조하여야 한다.

④ 시장조사에 의한 상호협조

제12조(사업용 차량운영 및 차량 도색)

① 영업용으로 보유한 차량은 전부 "갑"이 지정한 LOGO 및 COLOR로 도색하고, 도색비용은 "갑"이 부담하며, 만일 영업용 차량을 도색하지 않고 영업을 계속 할 경우 "갑"은 물론 물품 공급 중단 및 계약해지 등 필요한 조치를 취할 수 있다.

② "을"이 도색차량을 매매 또는 폐차시킬 경우 사전에 "갑"에게 그 내용을 통보하여야 하며, 특히 매매 시 도색을 완전히 제거한 증빙서류(사진 등)을 "갑"에게 제출하여야 한다. 이때 발생하는 비용은 "을"이 부담하며 도색을 제거치 않고 판매한 차량이 적발될 시에는 소정의 벌금을 징수키로 한다.

제2장 거래

제13조(사업의 중요사항 협의)

"을"은 그 경영의 형태, 조직, 방식 등을 변경하거나 중요한 자산을 양도 임대 또는 제3자의 권리의 목적으로 하려고 할 때에는 사전에 "갑"에게 통지하여야 한다.

제14조(상품의 공급 및 인도)

① "갑"은 "갑"의 생산, 판매 계획에 따라 적정 물량을 "을"의 판매활동을 위해 적극적으로 공급해야 한다.

② "갑"의 창고에서 출하된 상품은 "갑"의 비용으로 "을"의 점포까지 인도한다.

③ 위 2항의 인도장소를 "을"의 편의를 위하여 "을"이 지정하는 장소로 할 경우 운송비 등 추가비용은 "을"의 비용으로 하며, 특수한 경우가 발생될 시에는 그 인도 비용 부담 주체를 변경할 수 있다.

④ "을"은 상품 인수 즉시 인수증을 "갑"에게 교부하여야 하며 상품을 검사하여 하자 유무, 수량 부족 여부 등을 인수일로부터 5일 이내에 "갑"에게 도달되도록 즉시 서면 통보하여야 한다.

⑤ 제4항의 통지가 없을 시에는 "을"은 "갑"으로부터 인수한 상품의 하자 등을 이유로 어떠한 권리도 행사할 수 없다.

제15조(통합구매업체와의 거래 방법)

"을"은 여러 지역에 걸쳐 분산되고 있는 체인점 형태의 거래점으로부터 통합 구매 요청이 있을 경우 가급적 분산구매를 권유하며, 부득이한 경우에는 "갑"으로부터 사전 승인을 받아 통합구매에 응하되 판매실적은 "갑"이 지정하는 방식대로 각 관할 대리점에 분배한다.

제16조(거래율)

"을"은 판매 증진을 목적으로 영업활동에 최선을 다하여야 하며, 해당 지역에 소재한 전체 소매점 중 최소한 1/2 이상 방문, 거래하여야 한다.

제17조(위험부담 및 손해보험 계약)

"갑"이 "을"에게 상품을 인도한 후 그 물품이 "갑"의 귀책사유가 아닌 사유로 인하여 멸실, 훼손, 도난되었을 경우 그 손해는 소유권 유보에도 불구하고 "을"이 부담한다. 또한 "을"은 "을"의 부담으로 화재, 수재, 도난 등에 대비하여 손해보험계약을 체결하도록 한다.

제18조(소유권 유보)

① 상품 대금을 현금으로 전액 결재하거나 입금한 어음이나 수표가 지급기일에 정상 결제 될 때까지 상품의 소유권은 "갑"에게 있으며 "을"은 선량한 관리자로서의 주의 의무를 다하여야 한다.

② 본 계약 제22조에 의한 계약의 해지/해제 사유 발생시 "을"이 보관하고 있는 "갑"의 공급 상품 중 미결제분은 즉시 반환하기로 하며, 본 상품이 "을"의 창고에 있든지 "을"이 위탁한 제3의 창고에 있는지를 불문하고 "갑"은 환급 할 수 있다.

③ 제2항의 사유 발생시 "을"은 "갑"에게 어떠한 민·형사상의 책임도 묻지 않기로 하며 채권자로부터 가압류, 압류, 가처분 등 강제집행이 취해질 때는 "갑"의 물품임을 주장하여 강제집행으로부터 "갑"의 권리를 보호하여야 한다.

④ 소유권 유보로 말미암는 권리는 외상판매로부터 오는 "갑"의 위험을 담보하기 위한 것이므로 세금계산서 발행 등에도 불구하고 오직 "갑"만 가지며 "을"이나 제3자는 주장할 수 없다.

제19조(불가항력)

전쟁, 폭동, 내란 법령 제정/개폐, 수송기관의 사고, 천재지변, 기타 예측할 수 없는 사고 등 불가항력에 의하여 "갑"이 상품을 인도할 수 없게 된 경우 "갑"은 본 계약 및 개별 계약상의 제반의무로부터 면제된다.

제20조(반품 및 교환) "을"은 "갑"과의 거래에 있어서 아래의 사항이 발생할 경우 반품 및 교환이 가능하다.

1. "갑"의 제작상 품질 불량에 따를 반품 : "을"은 "갑"으로부터 공급받은 물품 중 제품 자체에 품질 불량이 발생한 경우에는 "갑"과 협의하여 즉시 반품처리토록 하되, 소량 또는 부득이한 경우에는 연 2회 "갑"과 합의하여 반품키로 한다.

   가. 반품 단가 : "갑"의 출고가대로 반품

   나. 반품 절차 : 불량상품이 발생한 경우에는 즉시 "갑"에게 서면 통보하고 "갑"이 검수/판정 후 불량품을 회수하고 적자계산서를 발행하여 외상대에서 감소시킨다. 단, 소량 또는 부득이한경우, 제2항의 유통상 하자상품 반품시 처리할 수 있으며, 필요시 "갑"의 입회하에 "을"의 창고에서 현지 폐기키로 한다.

2. 유통상 하자 : 상기 1항의 경우처럼 "갑"의 하자로 인한 명백한 불량 상품이 아닌 경우에는 연 2회 지정된 기간에 반품 정리키로 한다.

가. 반품 단가 : "갑"의 출고가 기준 50%("갑"과 "을"이 절반씩 부담)

　나. 반품 절차 : 연 2회(3월, 9월)에 거쳐 유통 중 발생한 하자 상품의 리스트를 "갑"에게 제출하면 "갑"이 검수 / 판정 후 하자 상품을 회수하고 적자계산서를 발행하여 외상대에서 감소시킨다.

3. 과다 재고에 대한 반품 및 교환 : "갑"으로부터 출고된 물품은 원칙적으로 반품은 불가능하며, "갑"의 적극적인 개입으로 을끼리 과다재고를 점간 이동시키도록 유도하며, "갑"이 특별한 경우에는 아래조건에 부합되어야 한다.

　가. 반품 총액 : 연간 총 매출액의 1% 이내

　나. 반품조건 : 개봉하지 않은 완박스 단위(낱개단위 반품불가)

　다. 위 1, 2, 3호의 반품 운송비용은 "을"이 부담키로 한다.

4. 기타의 반품 규정은 "갑"이 정한 특약 사항에 준한다.

5. 반품의 정산 방법

　가. "갑"에게 반품한 과다물품에 대해서는 수량, 가격에 대하여 일차적으로 "갑"과 "을" 간에 상호 확인한 다음 신의성실의 원칙에 입각하여 반품처리를 하며 "갑"의 정산 결과에 대해 "을"은 이의를 제기치 않기로 한다. 한편, "을"이 대리점 영업권을 상실한 후 "갑"과의 정산시 결과에 대해서도 이의를 제기치 않는다.

　나. "을"이 확실한 정산을 위해서 "갑"측의 정산 방법에 참여를 원할 경우 "갑"은 이를 허용하되 정산에 따른 업무 일정에 대해서는 "갑"의 일정에 따르기로 한다.

　다. 나.호에서 발생되는 "을" 측의 경비는 "을"이 부담키로 한다.

제21조(담보)

① "을"은 본 계약 및 개별 계약에 의거 발생하는 "갑"의 일체의 채권을 확보하기 위해 아래와 같이 "갑"에게 담보로 제공하여야 한다.

1. 현금보증금 : OOO,OOO,OOO원

2. "갑"의 여신관리 지침에거감정 평가 유효분금 : OOO,OOO,OOO원 이상의 부동산 근저당

3. 은행(신용보즘기금, 보증보험회사)의 지급 보증 : OOO,OOO,OOO원

4. 재산세 납부 총액 10만원 이상의 연대보증인을 입보하여야 하며, 연대보증인은 "을"이 "갑"과의 상거래를 함에 있어서 기 발생한 채무는 물론, 현재 또는 장래에 발생하는 채무에 대해서 별도 체결한 임대보증계약서에 의거 연대책임을 지기로 한다.

5. 을 발행 백지당좌 수표 1매 및 동 보충권 위임장

② 담보목적물은 "갑"지정 공인 감정 평가 기관(한국 감정원)과 평가를 받아야 하며 평가에 따른 비용 및 담보물건 설정 비용 일체는 "을"이 부담한다. 단, "갑"은 목적물을 직접 평가할 수 있다.

③ 담보 목적물의 가치 감소 및 멸실 또는 기타 사유로 담보 목적물을 충분히 확보할 수 없다고 "갑"이 인정하는 경우 "을"은 "갑"의 요청에 따라 추가 담보를 제공하여야 한다.

제22조(계약의 해제, 해지 및 기한 이익 상실)

① "갑" 또는 "을"은 상대방에게 다음의 각 호의 1이 발생할 경우 최고 없이 즉시 본 계약을 해지할 수 있다.

1. "갑" 또는 "을"이 발행한 어음이나 수표가 부도 또는 거래 정지된 경우

2. "갑" 또는 "을"이 파산, 법정관리 신청을 당하거나 한 경우

3. 세금을 납부하지 못해 체납 처분을 당하거나 주요 재산에 압류, 경매 신청이 된 경우

4. "을"이 사전동의 없이 영업권을 타인에게 양도한 경우

② "갑"은 다음의 경우 10일 이상의 기간을 정하여 "을"에게 최고하고 동기간 내에 시정되지 않을 때에는 본 계약을 해지할 수 있다.

1. "을"이 상품 대금을 2회 이상 연체하거나 지급 약정을 위반하는 경우

2. "을"이 가압류, 가처분 신청을 당하였을 경우

3. "을"이 종업원에 대한 급여를 체불할 정도로 신용상태가 현저히 저하된 경우

4. "을"이 배서하여 입금시킨 어음 수표의 부도 반환 후 3일 이내에 현금 입금을 시키지 않은 경우

5. "을"이 본 계약조건을 위반하거나 판매 능력이 현저히 부족하여 본 계약의 목적 달성이 곤란하다고 판단되는 경우

6. "을"의 영업차량 및 대리점 명의로 타상품을 도매할 경우

7. "갑"과의 사전동의 없이 3일(영업일수 기준) 이상 판매 업무를 중단할 경우

8. "갑"과 합의한 대금 결재 규정을 연속하여 2회 이상 위반할 경우

③ "갑" 또는 "을"은 상대방에 대한 60일 전의 서면통지로써 본 계약을 해지할 수 있다.

④ 본 계약이 해지되는 경우 "을"의 "갑"에 대한 모든 채무는 기한의 이익을 상실하여 "을"은 즉시 모든 채무를 현금으로 지급하여야 한다. 이 경우 "갑"은 소유권 유보부 물품의 회수 및 담보의 실행 등 필요한 조치를 취할 수 있으며 이에 대하여 "을"은 이의를 제기치 않는다.

⑤ "을"이 상품 대금 지급을 위하여 "을"이 발행했거나 배서하여 "갑"에게 입금시킨 선일자 당좌수표 약속어음, 가계수표 등의 발행일이 아직 도래하지 않았다 하더라도 계약 해지일로부터 "갑"은 언제든지 제시할 수 있다.

⑥ 제4항의 현금 지급 사유 발생 시로부터 실제 지급하는 날까지 연25%의 지연손해금을 추가 지급키로 한다.

제23조(상계)

① 계약의 해제/해지 사유가 발생하여 계약이 종료될 때 본 계약과 관련하여 "을"이 "갑"에게 채무를 부담하고 있을 경우 본 건 채권의 기도래 여부를 불문하고 본 건 채권과 "갑"이 "을"에 대하여 부담하는 채무를 대등액에서 상계할 수 있으며 "을"은 이에 대해 이의를 제기치 아니한다.

② 제1항의 계약 종료시가 아니더라도 "을"의 채권자로부터 "갑"이 "을"에 대하여 지급할 채무에 대하여 가압류, 압류, 채권압류 및 추심명령이나 전부명령이 집행된 경우에는 집행 전에 상계할 수 있었던 것으로 보고 상계한 후 서면으로 상계 사실을 통지하기로 한다.

제24조(정산관계)

① "갑"과 "을"은 본 계약의 해제/해지 등으로 인해 정산을 할 경우에는 지체 없이 다음 각 호의 사항을 이행하여야 한다.

1. 계약이 해제 또는 해지된 날로부터 30일 이내에 그간의 거래에 대한 모든 사항을 정산하여야 한다.

2. "을"이 보유하고 있는 재고 상품은 전량 "갑"이 인수하는 것으로 한다(단, 판매 불가능하다고 판단되는 상품은 "갑"의 입회하에 폐기 처리한다).

3. "을"은 "갑"에 대한 외상 매출금 중에서 전항의 "갑"이 인수한 것을 제외한 금액에 대하여 본 계약의 해제 또는 해지된 날로부터 30일 이내에 "갑"에게 지급하여야 하며, "갑"은 이에 따라 "을"이 예치한 보증금을 반환하고 또 한 담보해지에 동의하여야 한다. 단, "을"이 위 지급 채무를 이행하지 않을 경우에는 "갑"은 담보권을 행사할 수 있다.

② "을"은 본 계약의 효력이 소멸된 날로부터 다음사항을 준수하여야 한다.

1. 더 이상 "갑"의 제품과 관련된 상호, 상표 내지 이와 유사한 문자 또는 의장을 사용할 수 없으며, "갑"이 제공한 상표 상징의 제 장치("갑"과 "을"이 공동 부담 및 "을"이 부담한 상표상징의 제 장치 포함)와 장식에 대해서는 무상으로 반환하거나 "갑"의 입회하에 폐기하여야 한다.

2. 도색차량은 더 이상 사용할 수 없으며, "갑"이 지정한 대리점에 시세대로 우선적으로 매도하되, 부득이한 경우에는 도색을 지워서 사용해야 하며 이때 비용은 "을"이 부담키로 한다.

3. 전 항의 내용과 관련해 "을"이 이를 성실히 이행치 않음으로 인해서 발생되는 모든 문제는 "을"이 책임진다.

제4장 부 칙

제25조(권리 양도)

"을"은 "갑"의 사전동의 없이 명의를 변경하거나 타인에게 본 계약상의 권리 의무 중 일부 또는 전부를 양도하거나 또는 제3자의 권리 목적으로 제공할 수 없다.

제26조(영업 사항)

"갑"과 "을"은 영업과 관련한 사항에 대해서는 별도 협의하여 정한다.

제27조(분쟁 해결)

이 계약으로부터 또는 이 계약과 관련하여 또는 이 계약의 불이행으로 말미암아 당사자 간에 발생하는 모든 분쟁은 "갑"의 소재지를 관할하는 민사지방법원을 합의 관할로 한다.

제28조(계약 기간)

① 본 계약의 존속기간은 2000년 OO월 OO일까지이다.

② "갑" 또는 "을"이 계약 만료 OO일 이전에 상대방에게 서면에 의한 계약 해지의 의사 표시를 하지 않는 한 제1항의 규정에 불구하고 본 계약은 동일한 조건으로 갱신된 것으로 본다.

③ 연장된 계약의 갱신도 전 항에 의한다.

제29조(계약 해석)

이 계약 각 조항의 해석에 관하여 이의가 생겼을 때 "갑"과 "을" 간에 체결한 개별적 계약이 있을 때에는 그 개별 계약에 의하고 별도의 개별 계약이 없을 때에는 일반 상관례에 따른다.

이상과 같이 "갑"과 을 "양" 당사자 간에 충분한 고려와 상호 이해를 바탕으로 합의에 이르러 본 계약을 체결하고 본 계약에 명시되지 않은 사항은 일반 상관례에 따르기로 하며 후일에 발생할지도 모를 모든 법적 분쟁을 방지하기 위하여 계약서 2통을 작성하여 쌍방이 날인한 후 각각 1통씩 보관한다.

20○○년 ○월 ○일

"갑"	상호	:
	주소	:
	대표이사(대표자)	: ○○○ ㊞
"을"	상호	: (유한회사) OOOO
	주소	:
	대표이사(대표자)	: ○○○ ㊞

사이버대리점계약서

OOOO(주)(이하 "갑"이라고 한다)와(과) (주)OOOO(이하 "을"이라고 한다)는 디지털 상품권 판매 대행에 관한 사이버 대리점 계약을 아래와 같이 체결한다.

제1조(목적)

본 계약은 "갑"이 "을"의 디지털 상품권 판매 서비스를 대행하는데 필요 사항을 약정하는데 그 목적이 있다.

제2조(서비스 내용)

① "갑"은 "을"의 디지털 상품권 판매 서비스를 대행한다.
② "을"은 "갑"의 서비스 시스템에서 디지털 상품권을 판매 할 수 있도록 관련 프로그램을 무상 제공한다.
③ "갑"의 사이트를 통해 판매한 디지털 상품권은 "을"과의 제휴된 쇼핑몰'에서 사용가능하며 수수료율은 총 판매 금액의%로 한다.
④ "갑"은 "을"의 디지털 상품권 판매를 위한 링크를 제공하며, "갑"은 "갑"의 사이트상에서 디지털 상품권 판매관련 자체 홍보를 실시한다.

제3조(계약기간)

본 계약 기간은 2000년 O월 O일부터 2000년 O월 O일까지로 한다. 계약 만료 1개월 전까지 일방 당사자가 상대방에게 계약 갱신 거절의 의사를 서면으로 통지하지 아니하는 경우 본 계약은 1년 간씩 같은 조건으로 연장된다.

제4조(판매 방법)

"갑"은 인터넷상에서 "을"의 상품권 사이트와의 링크를 통해 고객에게 신용카드나 현금으로 디지털 상품권을 판매한다.

제5조(수수료 정산방법)

① "갑"과 "을"은 상호 정산 자료를 교환 검증한 후 결제 금액을 정한다. 다만, 이의가 있을 경우 상호 확인한 후 협의하여 결제 금액을 정한다.
② 정산 자료 교환일시는 따로 협의하여 결정하는 것으로 한다.
③ "을"은 매월 1일부터 말일까지 판매한 디지털 상품권 금액에 대해서는 익월 2일까지 수수료를 "갑"이 지정한 은행 계좌로 지급하며 만약 지급 일이 휴일인 경우에는 다음 근무일에 지급한다. 단, 1항에서 결제 금액이 정하여지지 않은 경우에는 결제 금액이 정하여진 후에 지급한다.
④ "을"이 지급일까지 지급하지 아니할 때에는 연체기간에 대한 연체료 "갑"이 거래하는 시중은행)를 "갑"에게 지급한다.

제6조(손해배상)

① 디지털 상품권 판매 대행 서비스와 관련하여 고객과의 분쟁이 발생한 경우 분쟁과 이로 인하여 발생한 손해에 대하여서는 "갑"과 "을"이 합의하여 결정한다.

② "을"은 회선의 장애 및 서비스 중단 사태가 발생하였을 때 빠른 시간 내에 서비스를 재개 할 수 있도록 최대한 노력해야 한다.

제7조(계약의 해지)

① "갑"과 "을"은 다음 각 호에 해당하는 사유가 발생한 경우 서면통지에 의하여 계약을 해지할 수 있다.

1. "갑" 또는 "을"이 본 계약상의 의무를 이행하지 아니하거나 위반하여 상대방으로부터 서면통지에 의한 이행최고 또는 시정요구를 받고도 정당한 사유 없이 30일 이내에 그 의무를 이행하지 아니하거나 위반 사항을 시정하지 아니하는 경우

2. "갑" 또는 "을"이 판매하는 상품이 관계법령에 의하여 판매가 금지되어 판매할 수 없게 된 경우

3. "갑" 또는 "을"이 회사정리 또는 파산이 신청되거나 강제 집행이 개시된 경우

4. "갑" 또는 "을"이 발행한 어음이나 수표가 부도난 경우

제8조(분쟁의 조정)

본 계약내용에 대한 이의 발생 시 "갑"과 "을"은 관계법령 및 상관례에 따라 서로 협의하여 호혜적 차원에서 해결하며, 협의가 성립되지 아니할 때에 관할법원은 "갑"의 소재지 관할법원으로 한다.

본 계약을 증명하기 위하여 계약서 2부를 작성하고, 양 당사자가 기명날인한 후 "갑"과 "을"이 각각 1부씩 보관한다.

2000년 0월 0일

"갑"	대표이사(대표자)	:	○ ○ ○ (서명 또는 날인)
		:	
	주소	:	
"을"	상호	:	
	대표이사(대표자)	:	○ ○ ○ (서명 또는 날인)

지점 계약서

　　(주)0000(이하 "갑"이라 한다)와 000(이하 "을"이라한다)은 (주)0000에서 운영하는 "000"의 마케팅 대행 업무에 관련하여 다음과 같이 계약을 체결한다.

- 다 음 -

제1조(목적)

　　본 계약은 "갑"과 "을" 간의 마케팅 대행에 대한 전반적인 사항을 규정하고 상부상조하여 상호 신뢰로서 본 계약을 성실히 준수하여 공동의 발전을 도모함을 그 목적으로 한다.

제2조(계약기간)

1) 본 계약 기간은 2000년 O월 O일부터 2000년 O월 O일로 계약 체결부로 1년으로 한다.(상호 이의가 없을 경우에는 1년 단위로 자동 연장한다.)
2) "갑"과 "을"이 상호 협의에 의거 계약은 해지 될 수 있으며 상호 계약사항을 준수하지 못한 경우 어느 일방에 의한 계약 해지를 요청할 수 있다.
3) 계약 해지시 해지요청 통보 후 1주일 이내에 상호 이의가 없을 경우에는 자동으로 해약된다.

제3조("을"의 업무)

1) "을"은 "갑"이 서비스하는 "000"이 원활히 보급될 수 있도록 신규 고객유치에 열심을 다한다.
2) 온라인 마케팅 및 매너 등을 통하여 마케팅을 대행한다.
3) "갑"의 영업이 활발히 운영 될 수 있도록 "0000"의 사이트에 배너 광고를 삽입하여 활성화한다.
4) 대리점은 유치한 운영자에 대한 관리(운영, 영업 등)에 관한 업무를 직접 담당한다.

제4조("갑"의 업무)

1) "을"의 마케팅 대행 업무를 활성화 시켜주기 위한 다양한 배너제작 및 이메일 마케팅에 따른 지원 등 을의 요청이 있을 경우에는 제작하여 준다.
2) "갑"은 "을"에게 쇼핑몰의 매출결과를 확인 할 수 있는 관리자 모드를 제공한다.
3) "갑"의 정책과 경영에 대한 전반적인 사항에 대하여 "을"이 업무의 활성화를 위해 반드시 알아야겠다고 생각하는 사항에 대하여 그 내용과 이유를 "갑"은 "을"에게 통보한다.

제5조(계약조건 및 담보)

1) "을"은 "갑"의 사이트 "0000"에 대한 마케팅 대행 총판으로써 "갑"과의 계약에 의거 마케팅을 진행한다.

2) 지점 가입금액은 ㈜0000에서 정한 규칙에 의해 일금 (₩ ○만 원)으로 책정한다. 이 금액은 지점의 마케팅 활동에 필요한 자료 제공에 관한 비용을 포함한다.

3) "갑"은 "을"에게 아래의 내용을 지원한다.

   ① 마케팅 교육자료

   ② 상품 카탈로그

   ③ 전자상거래교육 및 자료 지원

   ④ 명함, 전단지 제공

   ⑤ 기타 지원

제6조(판매 장려금)

1) "을"의 마케팅 대행 영업에 의해 회원가입이 되어 매출이 발생시 아래와 같은 수익률에 의해 "갑"은 "을"에게 수익금을 지급한다.

2) 소호몰 유치 수익률

   ① 소호몰 유치(1개)를 할 경우 수익금의 일부분인 ○○만원을 지급한다.

3)상품판매

   지점 그룹 매출이○○만원 이하일 경우 총 매출의 0% 지급

   ○○만원 이하일 경우 총 매출의 0% 지급

   ○○만원 이하일 경우 총 매출의 0% 의 수수료를 지급한다.

제7조(개인정보 및 데이터베이스 정보관리)

1) 고객 회원정보와 데이터베이스는 "갑"에게 귀속되며 "을"이 임의로 사용할 수 없다.

2) 1)항의 정보 및 데이터베이스를 임의로 사용하여 분쟁시 모든 책임은 "을"이 진다.

제8조(판매장려금 지급일)

1) "을"의 판매수익금을 "갑"이 정산하여 "을"이 계약할 당시 제출한 통장의 계좌로 무통장 입금하여 지급한다.

2) 1)항의 판매 장려금은 매월 말일 마감하여 익월 ○일에 지급한다.

제9조(세금계산서)

1) "을"은 반드시 "사업자 등록"이 있어야 한다.

2) "을"의 영업실적에 의한 수익은 "을"의 매출에 의한 수익이므로 "갑"은 "을"에게 세무법에 의해 자료를 주고받는다.

제10조(계약해지)

1) "갑"은 "을"이 다음 각 호에 해당되는 경우, 사전예고 없이 계약을 해지할 수 있다.

   ① 계약상 의무를 이행하지 않거나 계약조건을 위반할 때

   ② 상품대금의 변제를 위해 발행 또는 배서한 수표가 부도시

   ③ 상품대금의 변제를 현저하게 지체하거나 대금지급 약정에 위배된 경우

   ④ "갑"의 동의 없이 "을"의 영업권을 타인에게 양도한 경우

⑤ 2개월 이상 거래가 중지된 경우

⑥ 을"이 발행한 세금계산서를 세무서에 정상적으로 신고하지 않아서 "갑"에게 피해를 입혔을 때

⑦ 사업자간의 불화를 조성하거나 본사를 비방하는 행위를 한 경우 2) "을"은 계약이 해지되는 즉시 지점 기능을 상실하며, O일 이내로 채무 및 기타 외상 매입금을 일시불로 변제한다.

3) 또한 "을"의 사업권이 해지되는 순간부터 사업권은 본사에 있으며 지점의 매출 수익금은 지급되지 아니한다.※계약해지에 따른 작업비용 및 초도 비용은 반환 및 환불이 되지 아니한다.

제11조(소송의 관할)

"갑"과 "을"이 분쟁이 발생시 "갑"의 관할 법원으로 한다. 이상의 계약내용을 증명하기 위해 계약서 2통을 작성하여 "갑"과 "을"이 각각 1통씩 보관한다.

2○○○년 ○월 ○일

"갑"	상호	:	
	사업자등록(주민)번호	:	
	주소	:	
	연락처	:	
	대표이사(대표자)	:	○○○ ㉕
"을"	지점명	:	
	상호	:	
	사업자등록(주민)번호	:	
	주소	:	
	연락처	:	
	대표이사(대표자)	:	○○○ ㉕

대리점/지사계약서

(주)○○○○(이하 "갑"이라 한다)와 ○○○(이하 "을"이라 한다)는 다음과 같이 가맹점/체인점 계약을 체결하고 이를 증명하기 위해서 이 계약서 2 통을 작성 기명날인 후 각 1 통씩 보관하기로 한다.

제1조(계약의 목적)

이 계약은 "갑"과 "을" 간의 대리점/지사 계약에 관한 전반적인 사항을 규정하고 상호 협조와 믿음으로써 이를 성실히 준수하여 공동의 번영과 발전에 이바지함을 그 목적으로 한다.

제2조(사업의 개요)

""갑"은 보유하고 있는 모든 정보 및 프로그램을 "을"에게 공급하고 "을"은 "갑"이 제공하는 정보를 활용하고 회원을 확보하고 사업을 운영한다.

제3조(용어의 정의)

① "대리점/지사"이라 함은 "갑"이 제공하는 모든 정보를 제공받고 소정의 가맹점비를 납부하며 사업을 운영하는 업체를 말한다.
② "가맹점비"라 함은 대리점/지사가 자격유지를 위해 "갑"에게 납부하는 소정의 회비를 말한다.

제4조(대리점/지사의 명칭)

본 계약에 따라 "갑"과 "을"은 업무를 수행하기 위하여 개설하는 대리점의 명칭을 아래와 같이 한다.
대리점/지사의 명칭 : 대리점/지사.

제5조(회원관리지역)

"을"의 회원관리지역은 관할 행정구역의 구, 읍, 면, 동 단위로써 이며, "을"은 변경사항이 발생할 경우 "갑"에게 변경사항을 미리 통보하여 서면 동의를 득하여야 한다.

제6조(관계규정 준수)

본 계약에 의한 업무 수행에 있어서 "을"은 업무와 관련된 법령과 "갑"의 관련규정을 준수하여야 하며, 또한 계약사항을 충실히 이행하고 업무 수행 중 본 계약서에 명시되지 않은 사항은 반드시 "갑"의 지도를 받아야 한다.

제7조(업무 분담)

① "갑"의 업무는 다음과 같다.
  1. 인터넷 관련 환경구축(무료 홈페이지 및 쇼핑몰, 통계프로그램 제공, 인터넷 웹키워드광고)
  2. 정보제공 및 새로운 콘텐츠 제공(명함복권 및 가상전화서비스)

3. 프로그램의 지속적인 지원 및 교육

4. 광고 , 홍보 지원 및 EVENT 행사 지원

② "을"의 업무는 다음과 같다.

  1. 신뢰와 정직으로 사업 운영

  2. 명함복권의 영업, 쇼핑몰 및 홈페이지, 웹 광고영업 등등

  3. 가맹점의 확보 및 관리(하부사업자모집 및 관리)

  4. 심의받은 홍보물 사용

③ "갑"과 "을"의 공동업무

  1. 회원에 대한 상담 및 공동의 콘텐츠 개발

  2. 광고/홍보와 관련된 업무

  3. 기타 사업을 위하여 공동 수행이 요청되는 업무

  4. 초기가맹점비는 지사○○만대리점은 ○○만으로 하고 가맹점비는 소멸되는 것으로 한다.

"갑"은 가맹점비로 명함복권의 지사 사업자에게 홈페이지 및 쇼핑몰을 150개까지, 대리점 사업자는 홈페이지 및 쇼핑몰을 기본 50개까지 제공하고 서버 및 프로그램의 관리비로 각 홈페이지마다 월1만원씩 수금한다.

(쇼핑몰이 50개 이상이면 5만원씩의 추가 부담)

제8조(개인정보의 보호)

① "갑"과 "을"은 회원 등록 시 등록된 개인정보를 보호하기 위해 적절한 조치를 취해야하며 동 정보를 이용약관에 명시되지 않은 용도로 사용하거나 사용자가 동의하지 아니한 방법으로 사용할 수 없다.

② "갑"과 "을"이 제1항을 위배할 경우 그에 따른 민/형사상의 책임을 진다.

제9조(비밀유지)

"갑"과 "을"은 공동사업의 수행 중 또는 본 계약의 종료 후에도 어떠한 방법에 의해서도 제3자에게 누설하여서는 안 된다.

제10조(회사의 상호, 상표, 마크 등의 사용)

① "을"은 "갑"이 사전에 승인한 범위를 넘어서 "갑"의 상호, 상표, 마크 등을 사용할 수 없으며, 승인을 얻은 경우라 하더라도 필요 시 "갑"의 요구에 응하여야 한다.

② "을"은 본 계약이 해지되면 "갑"의 상호, 상표 및 의장권 등 영업표장 및 지적 재산권의 사용을 즉시 중지하여야 한다.

제11조(계약 기간)

계약기간은 계약체결 일로부터 1년까지로 하되 해지의 사유 또는 "을"의 협정 내용 변경의 요청이 없으면 본 계약은 자동연장(1년) 되는 것으로 한다.

제12조(계약의 해지)

'을'이 본 계약 중 일부를 위반하고 있는 경우 일정기간(15일)내에 위반사항을 정정하여야 하며, 기간 내에 이를 이행하지 않는 경우 '갑'은 일방적으로 본 계약을 해지할 수 있다.

① 아래 다음사항이 발생할 경우 최고 없이 즉시 본 계약을 해지할 수 있다.

  1. "을"이 가맹비를 납부하지 아니할 때

  2. "을"이 파산, 법정관리신청을 당한 경우

  3. "을"이 세금을 납부하지 못해 체납처분을 당하거나 주요 재산에 압류, 경매신청이 된 경우

  4. "을"이 사업운영이 현저히 부실하여 본 계약의 목적달성이 불가능하다고 판단되는 경우

  5. "을"이 "갑"의 사전동의 없이 영업권을 타인에게 양도한 경우

② "갑"과 "을"은 상대방에 대해 계약 만료 전에 서면 또는 유선통지로서 본 계약을 해지 할 수 있다.

③ "갑"과 "을"이 협의하에 계약을 해지 시 을은 체인점의 계약으로 알게 된 정보를 사용할 수 없다.

제13조(손해배상)

① "갑"과 "을"은 공동사업과 관련하여 양사 및 그 종업원의 고의 또는 중대한 과실로 인하여 상대방에게 명백한 손해를 발생시킨 경우 이를 배상하여야 한다. 또한 제21조에 의한 계약 해지의 경우에도 손해 배상 책임은 면책되지 않는다.

② 본 사업과 관련하여 사용자 또는 기타의 제 3 자에게 손해가 발생한 경우 제 7 조의 업무 분담에 따른 책임자가 이를 배상한다.

③ 본 계약의 체결 후 어느 일방이 본 계약의 중요한 사항을 이행하지 못하여 계약이 해제되는 경우, 계약 해제에 대한 귀책 일방은 상대방의 직접적인 손실에 대하여 손해액 전액을 배상하여야 한다.

제14조(관할법원)

  본 계약과 관련하여 분쟁이 발생하는 경우 "갑"과 "을"은 상호 신뢰를 바탕으로 자율적 해결을 위해 노력하며, 이에도 불구하고 해결되지 못한 일체의 분쟁에 대하여는 대구지방법원을 그 관할 법원으로 한다.

제15조(일반사항)

① 이 계약은 "갑"과 "을" 쌍방이 서명 날인한 일자로부터 그 효력을 발생한다.

② 본 계약서에 명시되지 않은 사항은 일반적인 상 관행에 따른다.

③ 명함복권의 유효기간은 6개월로 하고 당첨의 유효기간은 15주로 한다.

제16조(영업이익의 분배)

① 명함복권의 이익은 갑과 을의 별도 계약에 의해 분배하기로 한다.

 ○○○○ : 원 지사 : 원대리점 원

② 셋팅비의 이익도갑과 을의 별도 계약에 의해 분배하기로 한다.

 ○○○○ : 원 지사 : 원대리점 원

③ 인터넷 광고의 이익은 갑과 을의 별도 계약에 의해 분배하기로 한다.

 ○○○○ : % 지사 : % 대리점 : %

2 0 ○ ○ 년 ○ 월 ○ 일

"갑" :   ○ ○ ○ ㉑

"을" :   ○ ○ ○ ㉑

상품위탁판매대리점계약서

제1장 계약의 목적 및 위탁판매상품

제1조(계약의 목적)

본 계약은 주식회사○○○○(이하 "당사"라 한다.)와 상품위탁판매대리점(이하 "위탁점"이라 한다)과의 관계에 대한 전반적인 사항을 규정하고 상부상조하여 상호 신뢰로써 이 계약을 성실히 준수하여 공동의 번영과 발전에 이바지함을 목적으로 한다.

제2조(용어의 정의)

1. "위탁점"이란 당사가 제공하는 상품 또는 용역을 가입자가 이용할 수 있도록 홍보, 판매, 개설까지의 업무 또는 업무의 일부를 위탁받은 개인 또는 사업자를 의미한다.
2. "가입자"란 당사가 제공하는 서비스를 정당한 방법과 수단으로 이용하는 개인 또는 사업자를 의미한다.
3. "개통수수료"란 "위탁점"이 가입자를 유치하여 신규 가입자가 1회차 이용료를 제공했을 경우, 당사가 "위탁점"에 지급하는 금액을 의미한다.
4. "관리수수료"란 "위탁점"이 유치한 가입자가 계약기간 중 이용료를 연체하지 않고, 당사의 서비스를 지속적으로 이용할 수 있도록 성실한 관리자의 의무를 다할 수 있도록 지급하는 금액을 의미한다.
5. "판촉장려금"이란 "위탁점"이 월별 또는 분기별로 우수한 영업성과를 거두었을 경우 지급하는 금액을 의미한다.
6. "설치수수료"란 당사가 "가입자"에 당사의 서비스를 직접 개통시킬 수 없는 경우, "위탁점"에 이를 의뢰하여 설치 건별로 지급하는 금액을 의미한다.

제3조(매매목적물)

당사가 판매하거나 위탁하는 목적물(이하 "상품"이라 한다)은 아래와 같다.
① VPN(Virtual Private Networks)을 활용한 인터넷전용선
② VPN 인터넷전용선 서비스를 위한 운영장비 및 관련 서비스
③ 기타 당사가 정하여 "위탁점"이 제공하는 서비스

제4조(상품의 종류 및 규격 수량)

"상품"의 종류 및 규격은 당사의 사양에 의하며, 상품의 수량은 "위탁점"의 요청에 의하여 당사가 정하되, 당사의 사정에 의하여 이를 적의조정할 수 있다.

제5조(판매가격의 결정 등)

1. 당사는 "위탁점" 및 가입자에게 제공하는 상품의 판매가격을 정한다. 단, "위탁점"은 당사가 부여한 범위 내에서 판매가격을 조정할 수 있다.

2. 당사는 사업목적에 따라 "위탁점"에 제공하는 상품의 판매가격을 조정할 수 있다. 이 경우 조정 범위 및 기준은 상호 별도 협의하기로 한다.

제6조(상품의 변경)

1. 당사의 상품은 불가피할 경우 변경될 수 있다.
2. 제6조 1항에 따라 "가입자"가 입은 손해는 "위탁점"이 "가입자"에게 배상하지 않는다.

제2장 위탁점 가입절차 및 수수료

제7조(가입절차)

1. "위탁점" 가입을 위해서는 당사 또는 당사의 홈페이지에서 위탁점 가입신청을 하고 관련 서류를 작성 하여 당사로 우송하거나 직접 전달해야 하고, 당사는 이를 심사하여 위탁점 가입을 승인함으로써 가 입절차가 완료된다. 당사는 시장상황 및 당사의 사업계획에 따라 위탁점 가입을 거부할 수 있다.
2. "위탁점" 가입시 설치용역에 대한 위탁을 원할 경우, 설치시 필요한 물품에 대한 적정재고를 유지하 여야 하며, 적정 재고물량에 대한 보증금을 당사에 납입하여야 한다.

제8조(위탁점 가입서류) "위탁점" 가입서류는 아래와 같다.

① 위탁점 가입신청서(당사 소정양식)
② 신청인의 주민등록등본 또는 사업자등록증 사본
③ 주민등록증 또는 신분증 사본

제9조(수수료 지급방법)

"위탁점"의 가입자 유치에 따라 당사는 아래와 같이 수수료를 발생 익월 말일까지 지급한다. 단, "위탁 점"이 사업자인 경우 세금계산서를 발행하여 당사에 청구하여야 하며, "위탁점"이 개인인 경우 당월 수수료를 청구하면 주민세와 소득세를 원천징수 한 금액을 지급한다.
① 개통수수료 : 가입자의 1회 차 납입 완료시, 월 회선사용료의 50% 현금 지급
② 관리수수료 : 가입자의 2회 차 이후 납입 완료시, 월 회선이용료의 5% 현금 지급
③ 판촉장려금 : 기타 당사의 위탁점 지원정책에 따라 분기별 또는 별도로 현금 지급
④ 설치수수료 : 당사와 "위탁점" 상호간 별도 협의
⑤ 당사의 잘못으로 인해 계약금액보다 적은 금액이 청구된 경우라도 당사는 계약금액을 기준으로 "위탁 점"에 수수료를 지급한다.

제10조(수수료의 환수)

"위탁점"의 가입자가 대금을 연체하거나 중도 해지하는 경우 아래와 같이 수수료를 정산한다. 단, 6 개월 이후 해지한 경우 당사는 "위탁점"에 중도해지에 대한 손해배상을 청구하지 아니한다.
① 개통수수료 : 6개월 이내 해지시 지급액의 100% 환수
② 관리수수료 : 6개월 이내 해지시 지급액의 100% 환수

제3장 의무 및 손해배상

제11조(비밀유지의 의무)

당사와 "위탁점"은 본 계약에 따라 취득한 상대방 및 "가입자"에 대한 영업비밀 기타 가입정보에 대해서 비밀을 유지하여야 한다. 특히 "위탁점"의 과실에 의해 "가입자" 정보가 유출된 경우 당사는 어떠한 책임도 지지 않는다.

제12조(통지 및 가입자 관리의무)

1. 당사는 "위탁점"이 신규가입을 의뢰한 경우, 그 결과에 대해 "위탁점"과 "가입자"에게 신속히 통지할 의무를 진다.
2. "위탁점"은 당사의 통지내용을 신속하게 "가입자"에게 통지할 의무를 진다.
3. 통지는 반드시 보관될 수 있는 자료나 E-메일 또는 온라인방식으로 전달되어야 하며, 전화상의 음성 전달은 인정하지 않는다.
4. "위탁점"은 "위탁점"이 유치한 가입자의 경영사항을 수시로 확인하여, 악성채권의 발생을 미연에 방지하여야 하며, "위탁점"의 태만으로 인해 당사가 손해를 입게 된 경우 그 손해액을 수수료에서 상계할 수 있다.

제13조("위탁점"의 의무) "위탁점"은 아래와 같은 행위를 하여서는 안 된다.

① 당사의 서비스 이용에 관한 정보의 누설
② 신청 또는 변경시 허위내용의 기재, 오기
③ 가입자 정보의 관리 허술 및 다른 목적으로 활용
④ "위탁점"운영에 대한 고의적인 방해
⑤ 당사 또는 다른 제3자의 지적재산권의 침해행위
⑥ 기타 당사의 경영상 중요한 내용을 공개 또는 배포하는 행위

제14조(지적재산권)

1. "위탁점"운영과 이에 관련된 내용의 저작권 등 지적재산권은 당사에 있다.
2. "위탁점" 또는 "가입자"는 당사와의 관계 속에 얻은 정보를 사전승낙 없이 복제, 배포, 출판, 전시, 방송 등 여하한 수단으로도 이용하거나 제3자에게 제공하여서는 안 된다.

제15조(손해배상)

손해배상은 원인제공자가 손해배상의 책임이 있다. 단, 사전에 고시된 서비스의 중단 및 천재지변, 전쟁, 폭동, 내란 등의 불가항력에 의해서 본 계약에 따른 전부 또는 일부의 이행이 지연되거나 불가능하게 된 경우 당사는 이에 대해서 그 책임을 지지 않는다.

제4장 가입자 유치 및 계약의 해지

제16조(상품 가입신청) "위탁점"은 아래와 같은 방법으로 "신규가입자"의 당사 서비스의 가입 신청을 대행한다. 단, "위탁점"은 가입신청서를 가입자 자필과 서명으로 받아서 원본을 보관하여야 하며, "위탁점"이 대리로 서명한 경우 가입의 책임은 위탁점에 있다.

① 온라인가입신청 - 인터넷상에서 가입신청서를 작성하고 필요서류를 우송
② FAX 가입신청 - 가입신청서를 팩스로 송신하고, 필요서류를 우송

제17조(신규가입의 성립) "위탁점"의 가입신청시 아래와 같은 경우를 제외하고는 체결된 것으로 간주한다.

① 내용에 허위, 기재의 누락, 오기가 있는 경우
② 가입신청서 이외의 첨부서류가 완비되지 않은 경우
③ 가입신청 행위가 서비스 운영상 현저히 지장이 있다고 당사가 판단한 경우
④ 서비스의 내용이 변경되어 상품의 공급이 불가능하거나 가격이 변경된 경우
⑤ "가입자"가 신용불량자인 경우
⑥ "가입자"가 타사의 서비스 이용시 연체가 있는 경우

제18조(계약의 해지)

1. 당사는 "위탁점"이 다음 각 호에 해당하는 경우 사전 최고 없이 본 계약을 해제할 수 있다.
   ① 계약상의 의무를 이행하지 아니하거나 계약조건을 위반할 때
   ② 강제집행, 파산, 강제회의, 회사정리의 신청이 제기되었을 때
   ③ 당사의 사전동의 없이 "위탁점"의 권리를 타인에게 양도하거나, "을"이 법인일 경우 대표이사가 교체되었을 때
   ④ 3개월 이상 거래가 중단되었을 때
2. "위탁점"은 계약이 해제되는 즉시 모든 기한의 이익을 상실하고, 15일 이내에 당사와의 채무나 외상매입이 있을 경우 일시불로 변제하여야 한다.

제19조(서비스의 중단)

1. 당사는 시스템의 고장, 점검, 보수, 네트워크 등의 통신 단절 등이 있을 경우 서비스 제공을 일시적으로 중단할 수 있다.
2. 당사는 전쟁, 천재지변 등 불가항력적인 외부환경에 따라 서비스가 중단된 경우 가입자 또는 "위탁점"이 입은 손해에 대하여 책임지지 않는다.

제20조(A/S 및 기타)

당사가 제공하는 서비스의 A/S는 당사 또는 당사의 위탁자가 "가입자"에게 직접 제공한다. 본 약관에서 정하지 아니한 사항과 본 약관의 해석에 관하여는 관계법령 또는 상관례에 따른다.

제21조(계약의 기간)

본 계약의 계약기간은 계약일로부터 거래 종료시까지로 하고, 당사의 변경 사유로 인하여 "위탁점"과 협의 갱신할 수 있고, "위탁점"이 해지하고자 할 때에는 2개월 전에 당사에 서면으로 해지를 통보해야 한다.

제22조(분쟁해결 및 관할법원)

　당사와 "위탁점"은 신의성실에 따라 계약의 유지를 위해 노력할 의무가 있으며, 계약 내용상 이의가 있는 경우 쌍방이 협의하여 분쟁을 해결해야 한다. 본 계약과 관련된 일체의 분쟁은 당사 소재지 법원을 합의 관할로 한다.

2000년 ○월 ○일

　　　"갑"　　주소　　　　　　　　　　：
　　　　　　(주)0000 대표이사　　　：　○ ○ ○　㊞
　　　　　　　　　　　　　　　　　　：
　　　"을"　　주소　　　　　　　　　　：
　　　　　　대표이사(대표자)　　　　：　○ ○ ○　㊞

상품권판매대행계약서

OOOO사업에 관하여 (주)OOOO(대표 OOO) (이하 "갑"이라 칭함)과 (주)OOOO 대표이사 OOO ("을"이라 칭함)는 다음과 같이 계약을 체결한다.

제1조(목적)

이 계약은 "을"이 의뢰한 상품권의 판매관리업무 일부를 "갑"에게 위탁함에 있어서 이에 필요한 사항을 정함에 있다.

제2조(상품권의 판매)

"갑"은 본 계약에서 정한 바에 따라 "갑"의 사업장에서 "을"이 발행한 상품권을 "을"이 정한 판매 가격으로 판매하여야 한다.

제3조(위탁판매 상품권의 종류)

① "갑"이 위탁판매(이하 "판매"라 한다)할 수 있는 상품권의 권종은 "을"이 별도 지정하는 상품권에 한한다.

② 제①항의 상품권 권종은 3만원권, 5만원권, 10만원권, 30만원권, 50만원권의 5종으로 한다. 단, 권종은 필요에 따라 다양화 할 수 있다.

제4조(판매시간)

상품권 판매 시간은 "갑"의 영업시간 범위 내에 한한다.

제5조(위탁업무의 양도 및 위임금지)

"갑"은 "을"과 체결한 위탁업무를 타인에게 양도하거나 위임할 수 없다. 다만 "을"에게 사전에 신고하여 협의하였을 때에는 그러하지 아니한다.

제6조(상품권의 청구 및 교부관리)

① "갑"은 상품권을 판매하기 위하여 수시 또는 일정 일에 소요량을 "을"에게 청구한다.

② "갑"은 "을"에게 교부받은 상품권을 매일 점검하여 수불 상태 및 재고관리를 한다.

제7조(교부된 상품권에 대한 책임)

① "을"로부터 교부받아 "갑"이 보관 판매중인 상품권의 분실, 도난의 경우 "갑"은 그로 인한 책임이나 손해를 감수하여야 한다. 다만 분실, 도난된 상품권에 관련한 정보가 노출되어 상품권이 사용되기 이전에 분실, 도난 신고를 "을"에게 통지하였을 경우에는 그러하지 아니한다.

② "갑"은 상품권의 분실, 도난 사실을 발견하는 즉시 분실 도난된 내용을 유선이나 기타 가능한 통신수단으로 "을"에게 신고한다.

③ 교부받은 상품권이 제조하자 상품권에 해당하는 경우에는 "을"은 새 상품권으로 재교부한다.

제8조(판매 대행 수수료율)

"갑"의 상품권 판매 대행의 수수료율은 1.0%로 한다. 이때 부가가치세는 별도로 한다.

제9조(판매대금의 납입)

① "갑"은 상품권 판매대금 중 제8조에서 정한 판매 수수료율을 제외한 금액을 "을"이 지정한 은행 예금계좌에 다음 각 호와 같이 입금하기로 한다.
  – 매주 일요일부터 수요일까지 상품권 판매대금을 익주 화요일에 입금한다.
  – 매주 목요일부터 토요일까지 상품권 판매대금을 익주 금요일에 입금한다.
  위의 제1호 및 제2호의 입금일이 공휴일이나 휴무일 인 경우에는 그 다음 영업일에 입금한다.

② 상품권 판매대금이 정상적으로 확정되었는데도 "갑"의 착오로 상품권 판매대금을 지정된 일자에 지급하지 않고 지급일자를 경과한 경우에는 상품권 판매대금의 연 10%에 해당하는 이자금액을 경과일 수만큼 "을"에게 지급한다.

③ "갑"은 상품권 판매대금을 정산하기 위하여 "을"이 제공하는 상품권 거래내역서와 "갑"이 보유한 상품권을 관리번호별로 관리하여 상호 확인한 다음, 상품권 판매대금의 정산 금액을 확정한다.

④ "갑"은 "을"의 상품권 위탁 판매량에 대한 담보를 "을"에게 제공한다.

⑤ 담보 금액은 상품권 수량의 금액과 동일하며 보증보험증권으로 담보금액을 대신할 수 있다. 또한 양사 합의에 의해 담보 금액은 증액할 수 있다.

제10조(분쟁해결의 책임 및 상계)

① 아이캐시 상품권의 위탁판매와 관련된 고객과의 분쟁이 발생한 경우 분쟁해결의 책임은 "을"에게 있다.

② 제①항에 의한 손해에 대하여 "을"은 "갑"에게 배상한다.

제11조(계약의 해지)

① "을"은 다음 각 호에 해당하는 경우에는 판매 계약을 해지할 수 있다.
  – 동 계약에 의한 판매자의 준수 사항을 이행하지 아니할 때
  – 제5조의 약정에 의한 위탁업무를 타인에게 양도하거나 위임할 수 없음에도 불구하고 위임 또는 양도한 때

② "갑"은 다음 각 호에 해당하는 경우에는 판매 계약을 해지할 수 있다.
  – 본 계약의 약정을 준수하지 않을 때
  – "을"의 신용상태가 현저히 악화되었다고 판단되는 경우
  – 상품권의 위탁판매와 관련된 사항에 대한 고객의 항의로 인해 "갑"의 이미지가 손상되었다고 판단될 때

③ 계약을 해지할 경우에는 그 사유 및 일시 등을 명시하여 지체 없이 통지한다.

④ 기타 부득이한 사정으로 해지할 경우, 그 내용을 통지하고 상당 기간 후 계약을 해지할 수 있다. 이 경우 손해가 있으면 이를 배상해야 한다.

제12조(대행 판매금액 제한)

"을"은 자체의 판단에 따라 "갑"의 신용상태 등을 고려하여 상품권의 판매한도를 정할 수 있다. 이때는 그 사유와 한도액을 "갑"에게 통보한다.

제13조(협력의무)

① "갑"과 "을"은 본 계약에 기재된 업무의 제공 및 발전을 위해 협력할 의무를 진다.

② 기타 협의되지 않은 사항은 문서로써 협의하고 상호 동의하에 시행한다.

제14조(해석)

이 계약에 명시되지 아니한 사항 또는 해석상의 이의에 관하여는 "갑", "을" 쌍방의 협의에 의하여 정한다.

제15조(계약기간)

① 이 계약의 유효기간은 시행일로부터 1년으로 한다.

② 계약 기간 만료 1개월 전까지 계약해지에 대한 의사표시가 없을 때에는 1년씩 계약기간이 연장되는 것으로 본다.

제16조(기타)

이 계약의 성립을 증명하기 위하여 계약서 2통을 작성하여 기명날인하고 각각 1통씩 보관한다.

2○○○년 ○월 ○일

"갑"	상호	:	
	사업자등록번호	:	
	대표이사(대표자)	:	○ ○ ○ (서명 또는 날인)
		:	
"을"	상호	:	
	사업자등록번호	:	
	대표이사(대표자)	:	○ ○ ○ (서명 또는 날인)

제8장 부동산 개발·공사

  건설공사는 시설물을 설치·유지·보수하는 공사, 시설물을 설치하기 위한 부지조성공사, 기계설비 기타 구조물의 설치 및 해체공사 등을 말하는 것으로서, 건축주의 의뢰에 의하여 설계자가 설계도면을 작성하고, 시공자가 그 도면에 따라 공사를 시행하게 되는데, 소규모 건설공사라고 하더라도 그 시공에 있어서 기초부터 내장에 이르기까지 수많은 자재가 사용되고 다양하고 세분화된 각종 공사가 공정에 따라 순서대로 진행되어 완공에 이르게 된다.

  이처럼 건설공사는 상당한 시간에 걸쳐서 복잡 다양한 공정을 거쳐 이루어지고 자재나 시공기술도 다양하며 그에 따라 가격도 천차만별일 뿐만 아니라 건축주나 설계자 및 시공자가 느끼고 선호하는 경향이 상당히 다르므로, 시공 도중에 설계나 공사계약 당시에는 전혀 예측하지 못한 문제점이 발생하는 경우가 많으며 공사가 완공된 경우에도 하자가 생기는 사례가 많고, 이로 인하여 분쟁이 발생할 위험도 매우 크게 된다.

  따라서 설계를 의뢰할 때부터 시공과정을 거쳐 공사가 완공될 때까지 건설의 모든 공정을 철저하고 꼼꼼히 점검하고 이를 명확히 한 다음 세세한 부분까지 서면으로 작성하여 상대방의 확인을 받아 두고 객관적 증거를 확보하여 두는 것이 필요하다.

1. 건설공사계약 체결시의 주의사항

(1) 계약체결 전 주의사항

건축주는 설계를 의뢰하기에 앞서 자신이 계획하는 규모와 취향에 맞는 건축내용을 구체적으로 정한 다음, 설계자가 자격과 능력을 갖추었는지를 확인하고 설계계약을 체결하는 것이 좋다. 통상 건축사에게 설계와 감리(감리는 시공이 설계도서의 내용대로 제대로 수행되는지 여부를 확인하여 관리하고 이를 건축주에게 보고하는 업무를 말합니다)를 함께 계약하고, 시공을 건축업자에게 도급을 주는 경우가 일반적인 형태다.

간혹 설계부터 시공, 감리까지 모두 동일업자에게 도급을 주거나, 시공업자에게 설계를 맡기는 경우가 있으나, 이러한 경우 일에 대한 견제와 감독이 제대로 이루어지지 않아 분쟁이 발생하기 쉬우므로 바람직하지 않다.

건축주는 설계자에게 자신이 계획하고 있는 공사비예산과 자신이 원하는 건축내용을 구체적으로 알려주고, 이에 대하여 설계자와 의견을 교환하여 세세한 부분까지 협의를 하는 것이 좋다. 설계진행과정에서 최소 2회(기본설계 완료 후와 건축허가 제출 전) 이상은 설계자로부터 설계내용의 설명을 듣고 자신의 생각과 다르게 설계된 부분을 수정하고, 설계내용을 숙지하는 것이 필요하다.

시공자를 선정함에 있어서는 시공능력을 갖추었는지를 반드시 확인하고(시공자가 시공한 건물을 답사하고 그 건축주의 의견을 물어보는 방법도 있습니다) 가능한 한 사업자등록증이 있는 사업자를 선정하며, 시공자와 도급계약을 체결하기 전에 미리 설계자와 논의하여 공사의 사소한 부분까지 명시적으로 정리한 다음, 시공자가 이러한 내용과 도면을 근거로 세세한 부분까지 감안하여 견적을 하도록 하는 것이 좋다.

(2) 계약의 체결

시공자와 공사계약을 체결함에 있어서는 건설교통부에서 고시하는 건설공사표준도급계약서,

표준시방서를 사용하는 것이 바람직하다.

공사계약은 평당 가격으로 하지 말고 공사비의 세부적 내역서를 반드시 첨부하되, 자재의 종류나 등급, 단가, 시공방법, 시공할 부분을 구체적으로 기재하여야 하고(자재의 경우 품질에 따라 가격이 다양하므로 상표명까지 기재하는 것이 좋다), 공사대금에 관하여는 금액, 지급시기(공사의 진행 정도에 따라 몇 회에 나누어 언제 지급할 것인지), 부가가치세 포함 여부, 지체상금률, 지급방법 등을 반드시 정하여야 하며, 전기·수도·가스 등의 인입 관계비용, 위법 발생 시 이행강제부담금, 인허가 등에 필요한 각종 공과금 등을 누가 부담할 것이지 여부도 정하는 것이 좋고, 정해진 사항은 반드시 계약서에 구체적으로 기재하여야 한다.

2. 시공 과정에서의 주의사항

건축주는 시공과정을 주요 공정별로 상시 점검하는 것이 필요하다. 만일 시공자와 의견에 차이가 있는 부분이 있으면 사소한 부분이라도 협의를 충분히 하여야 하고, 잘못된 시공이나 미심쩍은 부분을 발견하였을 경우에는 이를 즉시 시공자에게 문의하여 해결하며, 협의 내용은 반드시 서면으로 정리하여 쌍방의 확인내용을 기재하여 놓고, 잘못된 시공부분은 사진을 찍어두는 등 객관적 증거를 확보하여 두는 것이 좋다. 또한, 건축주는 감리자에게 시공과정에 대하여 확실한 점검을 요구하는 등 감리자를 적극적으로 활용하는 것이 바람직하다.

시공 도중 당초의 설계 및 계약내용과는 다른 변경사항이 발생한 경우에는 변경하게 된 원인을 찾아 변경시공의 내용 및 범위와 그로 인한 비용의 증감 여부를 확정하고, 그 비용의 부담자를 정하여야 하며, 구두로 합의한 것은 후에 인정받기 어려우므로 작은 부분이라도 반드시 서면에 기재한 다음 쌍방의 확인 서명을 받아두는 것이 필요하다

또한, 건축주가 변경된 공사에 관련된 비용을 지급할 경우에는 원래의 공사대금에서 공제되는 것인지를 명확히 하고 반드시 시공자로부터 확인받아 두어야 한다.

설계자는 건축주로부터 제시받은 조건, 예산을 고려하여 기본설계도면(허가도면)을 작성하고 이를 토대로 시공자가 실제로 공사를 수행하는 데 필요한 실시설계도면(공사도면)을 작성하는데, 실시설계도면은 추가공사나 변경시공이 있을 경우 그 수량 등을 산정하는 기준이 된다. 또

한, 시공자는 시공 중 또는 완성단계에서 건축물의 실제상황을 나타내는 시공상세도면(준공도면)을 작성하는데 이 도면은 하자보수나 유지관리의 기본이 된다. 건축주는 설계자나 시공자가 위와 같이 수량산정, 하자보수 및 유지관리의 기본이 되는 도면들을 제대로 작성하였는지 확인하고, 이를 인수받아 잘 보관하여야 한다.

3. 자주 발생하는 분쟁유형과 유의사항

(1) 공사계약의 해제

① 공사완공 지체 및 시공자의 공사중단

건축주(도급인)는 시공자(수급인)가 공사완공을 지체할 경우나 시공자의 공사중단 등으로 약정된 준공기한까지 공사완공이 불가능하다는 것이 명백하여진 경우에는 상당한 기간을 정해 이행을 최고하고 그 기간 내에 이행이 없으면 시공자의 책임을 사유로 하여 공사계약을 해제할 수 있다.

시공자의 잘못으로 공사계약이 해제되면, 시공자는 해제 당시의 건축물 상태 그대로 건축주에게 인도하고, 건축주는 인도받은 건축물의 기성고에 해당하는 공사대금을 시공자에게 지급하여야 한다. 이때 시공자는 공사중단으로 인하여 건축주가 입은 손해도 배상해야 한다.

② 공사 완공 전 해제

건축주는 시공자에게 별다른 잘못이 없는 경우라도 공사를 완성하기 전에 공사계약을 해제할 수 있는데(민법 제673조), 이때 건축주는 시공자에게 시공자가 이미 지출한 비용과 일을 완성했더라면 얻었을 이익을 합한 금액을 배상하여야 하고, 시공자는 해제 당시의 상태대로 건축주에게 인도하면 된다.

③ 해제사유의 발생

건축주와 시공자는 공사계약서에 명시된 해제사유가 발생한 경우 계약을 해제할 수 있고, 서로 합의하여 공사계약을 해제할 수도 있다. 합의로 해제할 경우에는 당사자 간에 기성고 부분에 대한 정산합의를 하는 것이 좋다. 그러나 그와 같은 정산합의가 없는 경우에도 시공자는 원칙적으로 건축주에게 기성고 부분에 대한 공사대금을 청구할 수 있다.

④ 건물 완공 후 해제 불가

건물이 이미 완공된 이후에는 그 건물의 하자가 중대한 경우라도 건축주가 이를 원인으로 계약을 해제할 수는 없고(민법 제668조 단서), 시공자에게 하자담보책임(하자보수청구 또는 손해배상청구)만을 물을 수 있다.

⑤ 기성공사대금채권

건축주가 시공자에게 기성고에 따라 공사대금을 분할하여 지급하기로 약정하였다거나, 공사계약이 중도에 해제되어 공사가 중단된 경우 건축주는 약정된 공사대금을 기준으로 하여 여기에 기성고 비율을 곱하는 방식으로 산정된 공사대금을 지급하여야 한다.

이때 기성고의 확정시점은 분할지급의 경우에는 '공사대금 지급일'이고, 공사계약이 중도에 해제된 경우에는 '해제된 날'이다.

> 기성고 공사대금 = (약정된 총공사대금) × {완성부분 공사비/(완성부분 공사비 + 미시공부분 공사비)}

기성고를 산정하기 위하여는 완성부분 공사비와 미시공부분 공사비를 확정하여야 하므로, 기성고 확정시점의 완성부분과 미시공부분을 시공자와 확인하여 구체적으로 확정하는 것이 필요하고, 분쟁이 발생할 경우에 대비하여 이를 서면으로 작성하여 서명을 받아 두고 시공부분에 대하여 사진 촬영을 하거나 감리인의 세부감리를 받아 현장확인서를 받아두는 등 객관적인 증거를 확보하여 두어야 한다.

(2) 공사대금 청구

1) 공사의 완성으로 인한 공사대금 청구

건축주(도급인)는 원칙적으로 공사계약내용에 따라 공사가 완성된 뒤 이를 인도받음과 동시에 시공자(수급인)에게 공사대금을 지급하여야 한다. 그러나 대개 공사의 진행정도(기성고)에 따라 대금을 몇 회에 나누어 지급하기로 약정하는 경우가 많고, 이 경우 그 약정에 따라 대금을 지급해야 함이 원칙이다.

공사가 완성된 것인지는 보통 공사에 필요한 공정을 모두 마쳤는지에 따라 판단하고, 만약 모든 공정을 마쳤다면 비록 그것이 불완전하여 보수가 필요하다고 하더라도 공사는 일단 완성된 것으로 해석함이 일반적이므로, 시공자는 공사대금을 청구할 수 있다. 이때 하자가 있는 경우 건축주는 시공자에게 보수 또는 손해배상청구를 할 수 있다.

2) 설계변경 또는 추가공사로 인한 공사대금 청구

공사가 진행되던 중 설계가 변경되거나, 계약에서 예정하지 않은 추가공사가 이루어지는 경우가 많은데, 이 경우 추가·변경공사에 관하여 대금에 관한 약정까지 하고 그 자료를 명확히 남겨 두어야만 분쟁을 예방할 수 있다. 이러한 경우에는 그 약정에 따라 건축주나 시공자가 추가·변경공사비를 부담하게 된다.

만일, 추가·변경공사에 관한 약정이 없이 시공자가 공사를 하거나, 약정은 하였으나 대금에 관하여 정한 바가 없는 경우에는 공사도급계약의 목적, 시공자가 추가·변경공사를 하게 된 경위, 추가·변경공사의 내용(통상적인 범위를 넘는지 여부), 건축주의 공사현장에의 상주 여부(건축주의 지시나 묵시적 합의), 추가공사에 소요된 비용이 전체 공사대금에서 차지하는 비율 등 제반사정을 종합, 고려하여 추가·변경공사대금채권의 인정 여부를 판단한다.

3) 부가가치세

공사계약에서 건축주가 부가가치세를 부담하기로 약정한 경우(보통 공사대금을 정하고, '부가가치세는 별도'라는 취지의 문구를 넣은 경우임), 시공자는 건축주에게 부가가치세 상당액의 지급을 청구할 수 있다.

시공자가 부가가치세를 부담하기로 약정한 경우에는 당연히 시공자는 건축주에게 그 지급을 청구할 수 없다.

만약 부가가치세의 부담에 관한 약정이 없는 경우에는 특별한 사정이 없는 한 공사대금에 부가가치세가 포함된 것으로 보아 시공자가 건축주에게 그 지급을 청구할 수 없다고 보는 것이 대법원의 견해이다.

4) 공사대금의 지급방법

건축주가 공사대금을 금전으로 지급하는 것이 일반적이지만, 공사대금의 전부 또는 일부를 금전이 아닌 완성 또는 미완성의 건물 등의 소유권을 이전함으로써 변제하는 대물변제의 방법으로 하는 경우도 있는데, 대물변제의 경우에는 소유권을 이전하는 물건의 가치가 얼마인지가 매우 중요하므로 당사자 간에 그 조건, 기준, 내용 등에 관한 구체적인 합의가 반드시 필요하다.

건축주가 시공자(수급인)를 대신하여 하수급인에게 자재대금, 노임 등을 지급하는 경우에는 보통 건축주, 시공자, 하수급인의 3자 합의에 의하여 이루어지고, 3자 사이에 정산을 하게 된다.

5) 지체상금

시공자가 약정완공기일 이내에 공사를 완성하지 못하는 등 공사계약에 따른 의무의 이행을 지체할 경우에 건축주에게 지급하여야 할 손해배상금을 지체상금이라 하는데, 건축주가 약정에 기한 지체상금을 청구하기 위해서는 시공자와 사이에 지체상금에 관한 명시적인 약정을 하였어야 함은 물론이고, 시공자가 공사완공을 지체한 사실을 입증하여야 한다. 이때 건축주는 공사계약상의 공사완공일을 지나 공사가 완공된 사실을 입증하면 되고 그로 인한 손해의 발생 및 손해의 액수를 입증할 필요는 없다.

지체상금 = 총공사금액 × 지체일수 × 1일당 지체상금률
(공사계약시 지체상금률을 정하여 계약서에 반드시 기재하여야 한다.
지체상금률은 1/1000로 정하는 경우가 일반적이다)

지체일수는 약정준공기한 다음날부터 공사완공 후 건물을 인도한 날까지이고, 하자가 있더라도 예정된 최후의 공정까지 종료되어 완공되면 지체상금의 발생은 종료된다. 시공자가 책임질 수 없는 사유로 공사가 지연된 기간은 지체일수에서 공제하여야 하나, 이는 시공자가 입증하여야 한다.

만일, 공사계약 당시 지체상금에 관한 약정을 하지 않았다면 건축주는 시공자가 공사완공을 지체한 사실과 함께 그로 인한 손해의 발생 및 손해의 액수에 관하여서도 입증함으로써 시공자의 공기지연으로 인한 손해배상청구를 할 수 있다.

(3) 하자가 발생한 경우

하자는 시공된 부분에 사회통념상 또는 공사계약에서 정한 내용에 미치지 못하는 구조적·기능적 결함이 있는 부실시공, 특정 공사부분이 시공되지 아니한 미시공 및 당초 약정된 것과 달리 변경시공된 경우를 말한다.

시공된 부분에 하자가 존재하는지 여부는 공사도급계약서, 시방서, 설계도 등 관련서류를 기초로 하여 계약의 목적, 계약체결 당시의 사정 등 제반 사정을 고려하여 판단하게 되므로, 공사계약서 등 관련서류를 세세하게 구체적으로 작성하여 이를 잘 보관하는 것이 필요하고, 분쟁이 발생할 경우에 대비하여 하자 있는 시공부분을 시공자에게 확인받거나 객관적 증거를 확보하여 두는 것이 필요하다.

시공된 부분에 하자가 있는 경우, 원칙적으로 건축주는 시공자에게 상당한 기간을 정하여 하자의 보수를 청구할 수 있으나, 하자가 그다지 중요하지 않은 반면 이를 보수하기 위해서는 과다한 비용을 필요로 하는 경우에는 하자보수를 청구할 수 없고, 손해배상 청구만 할 수 있다.

건축주는 시공자에게 하자보수를 청구하는 대신 하자로 인한 손해배상을 청구할 수 있고, 나아가 하자보수를 하더라도 보전되지 아니하는 손해가 있을 경우에는 하자보수청구와 함께 나머지 손해배상청구도 할 수 있다.

건축주가 스스로 하자를 보수한 경우에는 시공자의 하자보수의무의 범위 내에서 시공자에게 그 비용의 상환을 청구할 수 있으나, 이 경우 하자부분은 보수에 의하여 사라지게 되므로 시공자가 하자를 부인할 경우에 대비하여 미리 하자에 대한 객관적 증거를 확보해 두어야 합니다.

건축주는 하자로 인한 손해배상을 받을 때까지 그 손해배상액 상당 공사대금의 지급을 거절할 수 있고, 나아가 공사대금을 손해액과 같은 금액 범위 내에서 상계할 수 있습니다.

설계자가 작성한 설계도서 자체의 하자에 의하여 건축물에 하자가 발생하거나, 감리자의 감리상의 하자로 인하여 건축주에게 손해가 발생한 경우에는, 건축주는 설계자나 감리자에게 손해배상을 청구할 수 있다.

4. 관련 판례

(1) 하자 발생시 손해배상의 범위

도급계약에서 완성된 목적물에 하자가 있는 경우에 도급인은 수급인에게 하자의 보수나 하자의 보수에 갈음한 손해배상을 청구할 수 있다. 이때 하자가 중요한 경우에는 비록 보수에 과다한 비용이 필요하더라도 보수에 갈음하는 비용, 즉 실제로 보수에 필요한 비용이 모두 손해배상에 포함된다. 나아가 완성된 건물 기타 토지의 공작물(이하 '건물 등'이라 한다)에 중대한 하자가 있고 이로 인하여 건물 등이 무너질 위험성이 있어서 보수가 불가능하고 다시 건축할 수밖에 없는 경우에는, 특별한 사정이 없는 한 건물 등을 철거하고 다시 건축하는 데 드는 비용 상당액을 하자로 인한 손해배상으로 청구할 수 있다(대판 2016.08.18., 2014다31691).

(2) 건축 공사계약의 당사자 여부

계약을 체결하는 행위자가 타인의 이름으로 법률행위를 한 경우에 행위자 또는 명의인 가운데 누구를 당사자로 볼 것인가에 관하여는, 우선 행위자와 상대방의 의사가 일치한 경우에는 그 일치한 의사대로 행위자 또는 명의인을 계약의 당사자로 확정하여야 할 것이고, 쌍방의 의사가 일치하지 않는 경우에는 그 계약의 성질·내용·목적·경위 등 계약체결 전후의 구체적인 제반 사정을 토대로 상대방이 합리적인 사람이라면 행위자와 명의인 중 누구를 계약당사자로 이해할 것인지에 의하여 결정하여야지 그 계약상의 명의인이 언제나 계약당사자가 되는 것은 아니라 할 것이고, 이러한 법리는 종합건설업자로 등록되어 있지 아니한 수급인이 도급인과 건축도급계약을 체결하면서, 당사자의 합의하에 계약상의 수급인 명의를 종합건설업자로 등록된 사업자로 표시하여 도급계약을 체결하기는 하였지만 그 공사를 직접 시공하고 공사대금도 자기의 계산으로 하는 등 스스로 계약당사자가 될 의사이었음이 인정되는 경우에도 마찬가지로 적용된다 (대판 2016.03.10., 2015다240768).

(3) 미승인 건축부분에 대한 하자보수금

이 사건 신탁계약에 따라 분양을 목적으로 공동주택을 분양한 사업주체인 피고는 집합건물의 소유 및 관리에 관한 법률(2005. 5. 26. 법률 제7502호로 개정된 것) 제9조 제1항, 민법 제667조 내지 제671조에 의하여 이 사건 아파트의 구분소유자들에 대하여 하자담보책임을 부담하므로, 위 하자담보책임을 이행하기 위하여 지출한 하자관련비용은 이 사건 신탁계약 제19조 제1항의 '분양(처분) 및 임대사무 처리에 필요한 비용'으로서 원칙적으로 수익자인 원고들이 부담할 비용에 해당한다.

그리고 앞서 본 법리에, ① 이 사건 신탁계약에서는 '공사도급계약상 시공사인 세창의 귀책사유로 인한 피고의 손해에 대해 원고들이 연대하여 책임진다(특약사항 제6조 제2항).'고 약정하여 시공사의 책임으로 인한 손해에 대해서는 피고의 책임을 감경하고 있는 점, ② 주택법 제24조는 사업계획승인권자가 지정한 감리자는 '시공자가 설계도서에 적합하게 시공하는지 여부'를 확인하여 그 수행상황을 사업계획승인권자와 사업주체에게 보고하도록 규정하고 있고, 이 사건에서도 주식회사 성광엔지니어링 건축사무소(이하 '성광'이라 한다)가 감리자로 지정되어 위와 같은 감리업무를 맡은 점, ③ 피고는 시공사인 세창으로부터 미승인 건축부분에 관하여 보고를 받거나 검토요청을 받은 사실이 없을 뿐 아니라 감리자인 성광이 작성한 분기별 감리보고서와 최종보고서에도 미승인 건축부분에 관한 설계변경 사항이 기재되어 있지 않았기 때문에 미승인 건축부분에 관하여 사업계획변경승인이 필요한 사정을 알지 못한 점, ④ 피고는 2005. 1. 중순경 경미한 사항의 변경보고를 하면서 미승인 건축부분을 변경내역 목록에 기재하지 않았지만 수정 설계도면에는 반영하여 제출한 점, ⑤ 북구청장은 2005. 3. 11. 사용승인을 하였음에도 민원이 제기되자, 미승인 건축부분에 대한 재시공 등의 시정조치를 명령한 점, ⑥ 사업승인도면은 사업주체가 주택건설사업계획의 승인을 받기 위하여 사업계획승인권자에게 제출하는 기본 설계도서에 불과하고 대외적으로 공시되는 것이 아니어서 별도의 약정이 없는 한 사업주체와 수분양자 사이에 사업승인도면을 기준으로 분양계약이 체결되었다고 보기 어렵고, 실제 건축과정에서 공사의 개별적 특성이나 현장의 여건을 감안하여 공사 항목 간의 대체시공이나 가감시공 등 설계변경이 빈번하게 이루어지고 있는 점 등에 비추어 특별한 사정이 없는 한 아파트에 하자가 발생하였는지 여부는 준공도면을 기준으로 판단하여야 하는 점(대법원 2014. 10. 15. 선고 2012다18762 판결 등 참조) 등을 종합하여 보면, <u>미승인 건축부분에 대해 사업계획변경승인 없이 변경시공되었다고 하더라도 그것이 수탁자인 피고의 이 사건 신탁계약상의 선량한 관리자의 주의를 위반한 과실로 인한 것이라고 볼 수는 없다.</u>

<u>따라서 미승인 건축부분에 대한 하자보수금 984,738,552원은 신탁비용으로서 피고가 이를 신탁재산에서 지출한 것은 정당하다고 할 것이므로,</u> 이 부분 원심판결에는 수탁자의 선관주의 의무 위반에 관한 법리를 오해하여 판결에 영향을 미친 잘못이 있다(대판 2016.01.14., 2013다47651).

【건설공사 표준하도급계약서】

건설공사 표준하도급계약서

1. 발주자 : → **당사자에 관한 사항**

   원도급공사명 :

2. 하도급공사명 :

3. 공 사 장 소 :

4. 공 사 기 간 : 착공 연월일 → **기간에 관한 사항**

   준공 년월일

5. 계 약 금 액 : 일금 원정 (₩) → **금액에 관한 사항**

   ○공급가액 : 일금 원정 (₩) (노무비: 일금원정)
   * 건설산업기본법시행령 제84조 규정에 의한 노무비
   ○부가가치세 : 일금 원정 (₩)
   ※ 변경전 계약금액 : 일금 원정 (₩)

6. 대금의 지급 → **대금 지급 방법 및 시기에 관한 사항**

가. 선급금

   ① 계약체결 후 ( )일 이내에 일금원정 (₩)
   ② 발주자로부터 지급받은 날 또는 계약일로부터 15일 이내 그 내용과 비율에 따름

나. 기성부분금 : ① 월 ()회

   ② 목적물 수령일로부터 ()일 이내
   ③ 지급방법 : 현금 %, 어음 %

다. 설계변경, 경제상황변동 등에 따른 대금조정 및 지급

   ① 발주자로부터 조정받은 날로부터 (30)일 이내 그 내용과 비율에 따라 조정
   ② 발주자로부터 지급받은 날로부터 15일 이내 지급

7. 지급자재의 품목 및 수량 : 별도첨부

8. 계약보증금 : 원정 (₩)

9. 하자보수 보증금률 : %

10. 하자담보책임기간 :

11. 지체상금률 :%

　당사자는 위 내용과 별첨 공사하도급 계약조건, 설계도()장, 시방서() 책에 의하여 이 공사하도급 계약을 체결하고 계약서 2통을 작성하여 각각 1통씩 가진다.

20○○년 ○월 ○일

"원사업자"	주소 상호 성명	: : : ○ ○ ○ (서명 또는 날인)
		:
"수급사업자"	주소 상호 성명	: : : ○ ○ ○ (서명 또는 날인)

건설공사 하도급계약서 (본문)

제1조(기본원칙)

① 원사업자 (이하 "갑"이라 한다)와 수급사업자 (이하 "을"이라 한다)는 대등한 입장에서 서로 협력하여 신의에 따라 성실히 계약을 이행한다.

② "갑"과 "을"은 이 공사의 시공 및 이 계약의 이행에 있어서 건설산업기본법, 하도급거래공정화에 관한 법률 및 관계법령의 제규정을 준수하다.

③ 이 계약의 내용과 배치되는 타계약에 대해서는 이 계약에 의한 내용을 우선하여 적용한다. 다만, 제 30조(특수조건)에 의거 이 계약에서 정하지 아니한 사항에 대하여 "갑"과 "을"이 대등한 지위에서 합의하여 특약으로 정한 내용은 그러하지 아니한다.

제2조(원사업자의 협조)

① "갑"은 하도급계약을 체결한 날로부터 30일 이내에 발주자에게 통지한다. 다만, "갑"이 기한 내에 통지를 하지 아니한 경우에는 "을"이 발주자에게 이를 통지할 수 있다.

② "갑"은 "을"에게 이 공사 이행에 필요한 협조와 지원을 한다.

제3조(공사시공 등)

① "을"은 이 계약조건과 설계도서(공사시방서, 설계도면 및 현장설명서를 포함한다. 다만, 총액단가계약의 경우는 산출내역서를 포함하며, 양식은 재정경제부 회계예규의 양식을 준용한다. 이하 같다)에 의하여 공사를 시공한다.

② "을"은 공사예정공정표를 작성하여 계약체결 후 지체 없이 "갑"의 승인을 받아야 하며, 계약체결후 지체 없이 "갑"에게 산출내역서를 제출하여야 한다.

제4조(관련공사와의조정)

① "갑"은 도급공사를 원활히 수행하기 위하여 이 공사와 관련이 있는 공사(이하 "관련공사"라 한다)와의 조정이 필요한 경우에 "을"과 협의하여 이 공사의 공사기간, 공사내용, 계약금액 등을 변경할 수 있다.

② "을"은 관련공사의 시공자와 긴밀히 연락 협조하여 도급공사의 원활한 완성에 협력한다.

제5조(의견의 청취)

"갑"은 시공상 공정의 세부작업 방법 등을 정함에 있어 미리 "을"의 의견을 청취한다.

제6조(권리·의무의 양도)

① "갑"과 "을"은 이 계약으로부터 발생하는 권리 또는 의무를 제3자에게 양도하거나 승계하게 할 수 없다. 다만 상대방의 서면에 의한 승낙을 받았을 때에는 그러하지 아니하다.

② "을"은 공사목적물 또는 공사현장에 반입하여 검사를 마친 공사자재를 제3자에게 매각, 양도 또는 대여하거나 담보목적으로 제공할 수 없다.

제7조(계약이행 및 공사대금지급보증)

① "갑"과 "을"은 다음 각 호의 1의 방법으로 계약이행 및 공사대금의 지급을 상호 보증한다. 다만, 건설산업기본법령 또는 하도급거래공정화에관한 법령에 의거 하도급대금지급보증이 면제된 경우에는 상호간에 보증을 하지 아니할 수 있다.
  1. "을"은 "갑"에게 계약금액의 10%에 해당하는 금액의 계약이행보증
  2. "갑"은 "을"에게 다음 각목의 1에 해당하는 금액의 공사대금지급보증
  가. 공사기간이 4월 이하인 경우에는 계약금액에서 계약상 선급금을 제외한 금액
  나. 공사기간이 4월을 초과하는 경우로서 기성금지급 주기가 2월 이내이면 「(하도급계약금액－계약상 선급금)÷공사기간인 월수」에 4를 곱한 금액
  다. 공사기간이 4월을 초과하는 경우로서 기성금지급 주기가 2월을 초과하면 「(하도급계약금액－계약상 선급금)÷공사기간인 월수」에 기성금지급주기인 월수의 배수를 곱한 금액
② 제1항의 규정에 의한 "갑"과 을 상호간의 보증은 현금의 납부 또는 다음 각 호의 1에 의한 보증서의 교부에 의한다.
  1. 건설공제조합, 전문건설공제조합 또는 보증보험회사, 신용보증기금 등 이와 동등한 보증기관이 발행하는 보증서
  2. 국채 또는 지방채
  3. 금융기관의 지급보증서 또는 예금증서
③ "갑"이 "을"에 대하여 제2항제1호의 방법으로 공사대금지급보증서를 교부하는 경우 "갑"이 도급받은 공사의 공사기간중 하도급하는 모든 공사에 대한 공사대금 일괄지급보증서 또는 "갑"이 1회계년도에 하도급하는 모든 공사에 대한 공사대금 일괄지급보증서로 갈음할 수 있다.

④ "갑"이 제20조의 규정에 의한 공사대금의 지급을 지체하여 "을"로부터 서면으로 지급독촉을 받고도 이를 지급치 아니한 경우 "을"은 제2항 제1호의 보증기관에 공사대금 중 미지급액에 상당하는 보증금의 지급을 청구할 수 있다. 다만, "갑"이 현금납부 또는 제2항제2호 및 제3호의 증서를 교부한 경우에는 동 금액에서 공사대금 중 미지급액에 상당하는 금액을 "을"에게 귀속한다.

⑤ "을"이 계약상 의무를 이행하지 아니하여 "갑"이 제25조제1항의 규정에 의거 계약의 전부 또는 일부를 해제 또는 해지한 경우 "갑"은 제2항 제1호의 보증금에 대해 계약의 해제 또는 해지에 따른 손실에 상당하는 금액의 지급을 청구할 수 있다. 다만, "을"이 현금납부 또는 제2항제2호 및 제3호의 증서를 교부한 경우에는 손실액에 상당하는 금액은 "갑"에게 귀속된다.

⑥ "갑"의 공사대금 미지급액 및 "을"의 계약불이행 등에 의한 손실액이 제1항의 규정에 의한 보증금을 초과하는 경우에는 "갑"과 "을"은 그 초과액에 대하여 상대방에게 청구할 수 있다

⑦ "갑"과 "을"이 납부한 보증금은 계약이 이행된 후 계약상대방에게 지체 없이 반환한다. 이 경우 "갑"이 "을"에게 공사대금을 어음으로 지급한 경우는 어음만기일을 공사대금 지급보증에 있어서의 계약이 행완료일로 본다.

제8조(감독원)

① "갑"은 자기를 대리하는 감독원을 임명하였을 때에는 이를 서면으로 "을"에게 통지한다.

② 감독원은 다음과 같은 직무를 수행한다.
  1. 시공일반에 대하여 감독하고 입회하는 일
  2. 계약이행에 있어서 을 또는 "을"의 현장대리인에 대한 지시, 승낙 또는 협의하는 일
  3. 공사재료와 시공에 대한 검사 또는 시험에 입회하는 일
  4. 공사의 기성부분검사, 준공검사 또는 공사목적물의 인도에 입회하는 일

③ "을"이 "갑" 또는 감독원에 대하여 검사입회 등을 요구한 때에는 "갑" 또는 감독원은 지체 없이 이에 응한다.

④ "을"은 감독원의 감독 또는 관리에 있어서 그 처리가 현저히 부당하다고 인정될 때에는 "갑"에 대하여 그 사유를 명시한 서면으로써 필요한 지시를 요구할 수 있다.

제9조(현장대리인)

① "을"은 현장대리인을 두며 이를 미리 "갑"에게 통지한다.

② 현장대리인은 법률에 의하여 2개 현장에 배치할 수 있는 경우를 제외하고는 공사현장에 상주해야 하며 "을"을 대리하여 일체의 사항을 처리한다.

③ 현장대리인이 건설산업기본법시행령 제35조 별표5의 규정에 의한 건설기술자의 현장배치 기준에 적합한 기술자가 아닌 경우에는 "을"은 공사관리 기타 기술상의 관리를 위하여 적격한 건설기술자를 별도로 배치하고 "갑"에게 통지한다.

제10조(종업원 및 고용원)

① "을"이 공사를 시공함에 있어서 종업원이나 고용원을 사용할 때에는 당해 공사의 시공 또는 관리에 관한 상당한 기술과 경험이 있는 자를 채용한다.

② "을"은 그의 대리인, 안전관리책임자, 종업원 또는 고용원의 행위에 대하여 사용자로서의 모든 책임

을 지며, "갑"이 "을"의 대리인, 종업원 또는 고용원에 대하여 공사의 시공 또는 관리에 있어 현저히 부적당하다고 인정하여 이의 교체를 요구한 때에는 정당한 사유가 없는 한 지체 없이 이에 응한다.

③ "을"은 제2항에 의하여 교체된 대리인, 종업원 또는 고용원을 "갑"의 동의 없이 당해공사를 위하여 다시 채용할 수 없다.

제11조(공사재료의 검사)

① 공사에 사용할 재료는 신품이어야 하며, 품질, 품명 등은 반드시 설계도서와 일치하여야 한다. 다만, 설계도서에 품질·품명 등이 명확히 규정되지 아니한 것은 표준품 또는 표준품에 상당하는 재료로서 계약의 목적을 달성하는데 가장 적합한 것이어야 한다.

② 공사에 사용할 재료는 사용 전에 공사 감독원의 검사를 받아야 하며 불합격된 재료는 즉시 대체하여 다시 검사를 받아야 한다. 이 경우에 "을"은 이를 이유로 계약기간의 연장을 청구할 수 없다.

③ 검사결과 불합격품으로 결정된 재료는 공사에 사용할 수 없다. 다만, 감독원의 검사에 이의가 있을 때에는 "을"은 "갑"에 대하여 재검사를 요청할 수 있으며, 재검사의 필요가 있을 때에는 "갑"은 지체 없이 재심사하도록 조치한다.

④ "갑"은 "을"로부터 공사에 사용할 재료의 검사를 요청받거나 제3항의 규정에 의한 재검사의 요청을 받은 때에는 정당한 사유 없이 검사를 지체할 수 없다

⑤ "을"이 불합격된 재료를 즉시 이송하지 않거나 대품으로 대체하지 않을 경우에는 "갑"은 일방적으로 불합격된 재료를 제거하거나 대품으로 대체시킬 수 있으며, 그 비용은 "을"의 부담으로 한다.

⑥ "을"은 재료의 검사를 받을 때에는 감독원의 지시에 따라야 하며, 검사에 소요되는 비용은 별도로 정한 바가 없으면 자재를 조달하는 자가 부담한다. 다만, 검사에 소요되는 비용을 발주자로부터 지급받았을 경우에는 "갑"이 이를 부담한다.

⑦ 공사에 사용하는 재료 중 조합 또는 시험을 요하는 것은 감독원의 참여하에 그 조합 또는 시험을 한다.

⑧ "을"은 공사현장 내에 반입한 공사재료를 감독원의 승낙 없이 공사현장 밖으로 반출하지 못한다.

⑨ 수중 또는 지하에 설치하는 공작물과 기타 준공 후 외부로부터 검사할 수 없는 공작물의 검사는 감독원의 참여 없이 시공할 수 없다.

제12조(지급재료 및 대여품)

① 계약에 의하여 "갑"이 지급하는 재료의 인도시기는 공사예정공정표에 의하고, 그 인도장소는 시방서에 따로 정한 바가 없으면 공사현장으로 한다.

② 제1항에 의하여 지급된 재료의 소유권은 "갑"에게 속하며 감독원의 서면 승낙 없이 공사현장에 반입된 재료를 이동할 수 없다.

③ "을"은 "갑" 또는 감독원이 지급재료가 비치된 장소에 출입하여 이를 검사하고자 할 때에는 이에 협조한다.

④ "갑"은 목적물의 품질유지, 개선이나 기타 정당한 사유가 있는 경우 또는 "을"의 요청이 있는 때에 건설위탁과 관련된 기계·기구(이하 "대여품"이라 한다) 등을 대여할 수 있다. 이 경우 "갑"은 대여품을 지정된 일시와 장소에서 인도하며 인도후의 반송비는 "을"의 부담으로 한다.

⑤ 제1항의 지급재료와 제4항의 대여품을 지급한 후에 멸실 또는 훼손이 있을 때에는 "을"은 이에 대하여 책임을 진다. 다만 선량한 관리자의 주의의무를 다한 경우에는 그러하지 아니한다.

⑥ "갑"이 지급한 재료와 기계, 기구 등은 계약의 목적을 수행하는 데에만 사용한다.

⑦ 재료지급의 지연으로 공사가 지연될 우려가 있을 때에는 "을"은 "갑"의 서면승락을 얻어 자기가 보유한 재료를 대체 사용할 수 있다. 다만, 대체사용에 따른 경비는 "갑"이 부담한다.

⑧ "갑"은 제7항의 규정에 의하여 대체사용한 재료를 그 사용당시의 가격에 의하여 그 대가를 공사기성금에 포함하여 "을"에게 지급하여야 한다. 다만 현품반환을 조건으로 하여 재료의 대체사용을 승인한 경우에는 그러하지 아니하다.

⑨ 감독원은 지급재료 및 대여품을 "을"의 입회하에 검사하여 인도한다.

⑩ "을"은 공사내용의 변경으로 인하여 필요 없게 된 지급재료 또는 대여품을 지체 없이 "갑"에 반환한다.

제13조(부적합한 공사)

① "갑"은 "을"이 시공한 공사중 설계도서에 적합하지 아니한 부분이 있을 때에는 이에 대한 시정을 요청할 수 있으며, "을"은 지체 없이 이에 응한다. 이 경우 "을"은 계약금액의 증액 또는 공기의 연장을 요청할 수 없다.

② 제1항의 경우에 그 부적합한 시공이 "갑"의 요청 또는 시공에 의하거나 기타 "을"의 책임으로 돌릴 수 없는 사유로 인한 때에는 "을"은 그 책임을 지지 아니한다.

제14조(공사의 변경·중지)

① "갑"은 필요하다고 인정하거나 발주자의 요청에 의하여 공사내용을 변경하거나 추가 또는 공사의 전부나 일부에 대한 시공을 일시 중지할 경우에는 변경계약서 등 서면을 사전에 "을"에게 교부하여야 한다.

② 제1항의 규정에 의한 계약금액의 증감은 발주자로부터 조정받은 범위 내에서 다음 각 호의 기준에 의한다.
  1. 증감된 공사의 단가는 제3조제2항의 규정에 의한 산출내역서상의 단가 (이하 "계약단가"라 한다)로 한다.
  2. 계약단가가 없는 신규 비목의 단가는 설계변경 당시를 기준으로 산정한 단가에 낙찰율을 곱한 금액으로 한다.

③ 계약금액의 증감분에 대한 일반관리비 및 이윤은 계약체결 당시의 율에 의한다.

④ "갑"의 지시에 의하여 "을"이 추가로 시공한 공사물량에 대하여 "갑"은 발주자로부터 증액받지 못하였다 하더라도 "을"에게 증액 지급한다.

⑤ "을"은 제14조 또는 제15조에 규정된 계약금액의조정사유 이외의 계약체결 후 계약조건의 미숙지, 덤핑 수주 등을 이유로 계약금액의 변경을 요구하거나 시공을 거부할 수 없다.

제15조(물가변동으로 인한 계약금액의 변경)

① "갑"은 계약체결이후 품목의 가격 또는 요금변동 등의 이유로 발주자로부터 계약금액을 조정받아 지급받은 경우 동일한 사유로 목적물의 완성에 추가비용이 소요되든가 감액되는 때에는 그 내용과 비율에 따라 "을"에게 계약금액을 조정하여 지급한다. 이 경우 하도급계약 금액의조정은 "갑"이 발주자로부터조정을 받은 날부터 30일 이내에 하기로 한다.

② "갑"은 발주자로부터 계약금액을 조정받지 않은 경우에도 산출내역서에 포함되어 있는 품목의 가격 또는 요금의 급격한 변동이 있는 경우 계약금액을 조정하여 지급할 수 있는 약정을 상호 협의하여 별도로 정할 수 있다.

③ 제1, 2항의 규정에 의한 계약금액의조정은 물가변동후 반입한 재료와 제공된 역무의 대가에 적용하되 시공전에 제출된 공사예정공정표에서 물가변동이 있는 날 이전에 이미 계약이행이 완료되었어야 할 부분을 제외한 잔여부분의 대가에 대하여만 적용한다. 다만, "갑"의 책임이 있는 사유 또는 천재지변 등 불가항력으로 인하여 지연된 경우에는 그러하지 아니하다.

제16조(응급조치)

① "을"은 화재방지 등을 위하여 필요하다고 인정될 때에는 미리 응급조치를 취하고 즉시 이를 "갑"에게 통지한다.

② "갑" 또는 감독원은 화재방지, 기타 공사의 시공상 긴급하고 부득이하다고 인정할 때에는 "을"에게 응급조치를 요구할 수 있다. 이 경우에 "을"은 즉시 이에 응한다. 다만, "을"이 요구에 응하지 아니할 때에는 "갑"은 제3자로 하여금 필요한 조치를 하게 할 수 있다.

③ 제1항 및 제2항의 응급조치에 소요된 경비에 대하여는 "갑"과 "을"이 협의하여 제14조의 규정을 준용한다. 다만, 응급조치 원인에 대한 책임이 "을"에게 있는 경우 "을"의 부담으로 한다.

제17조(검사 및 인도)

① "갑"은 "을"로부터 기성부분 검사 또는 준공검사의 요청이 있는 때에는 하도급거래공정화에관한법률 제9조 제1항의 규정에서 정한 검사기준 및 방법에 따라 즉시 검사를 하여야 하며, 정당한 사유가 없는 한 10일 이내에 검사결과를 "을"에게 서면으로 통지하여야 한다. "갑"이 10일 이내에 통지를 하지 아니하는 경우에는 검사에 합격한 것으로 본다.

② 제1항의 검사합격 통지시 "갑"에게 목적물이 인도된 것으로 보며, "갑"은 즉시 이를 인수하여야 한다.

③ "을"은 제1항의 검사에 합격하지 못한 때에는 지체 없이 이를 보수 또는 개조하여 다시 검사를 받아야 한다.

④ "을"은 "갑"의 검사에 이의가 있을 때에는 "갑"에 대하여 재검사를 요구 할 수 있으며, 재검사의 요구가 있을 때에는 "갑"은 지체 없이 재검사를 한다.

⑤ "을"은 공사를 완성하였을 때에는 모든 공사시설, 잉여자재, 폐물질 및 가설물 등을 공사현장으로부터 즉시 철거, 반출하고 공사현장을 정돈한다.

제18조(손해의 부담)

① 공사의 목적물이 "갑"에게 인도되기 전에 "갑", "을" 쌍방의 책임 없는 사유로 공사의 목적물이나 제3자에게 손해가 생긴 경우 이는 "을"이 부담한다. 단, "갑"의 귀책사유가 있는 경우나 "갑"의 인수지연 중 "갑", "을" 쌍방의 책임 없는 사유로 목적물 또는 제3자에게 손해가 생긴 경우 이는 "갑"이 부담한다.

② 공사목적물 검사기간중 "갑", "을" 쌍방의 책임 없는 사유로 공사의 목적물이나 제3자에게 손해가 생긴 경우 다른 약정이 없는 한 "갑"과 "을"이 협의하여 결정한다.

③ "갑"에게 공사의 목적물이 인도된 후 "갑", "을" 쌍방의 책임 없는 사유로 공사의 목적물이나 제3자

에게 손해가 발생한 경우 이는 "갑"이 부담한다. 그리고 천재지변 기타 불가항력에 의하여 검사를 마친 기성부분에 손해가 발생한 때에는 "을"은 그 사실을 지체 없이 "갑"에게 통지한다.

④ "을"은 고의·과실로 인하여 하도급 받은 공사를 조잡하게 하여 타인에게 손해를 가한 때에는 그 손해를 배상한다.

⑤ "갑"이 제4항의 규정에 의한 손해를 건설산업기본법 제44조(건설업자의 손해배상책임) 제3항의 규정에 따라 배상한 때에는 "을"에게 구상권을 행사할 수 있다.

제19조(부분사용)

① "갑"은 공사목적물의 인도전이라 하더라도 "을"의 동의를 얻어 공사목적물의 전부 또는 일부를 사용할 수 있다.

② 제1항의 경우 "갑"은 그 사용부분을 선량한 관리자의 주의로서 사용한다.

③ "갑"은 제1항에 의한 사용으로 "을"에게 손해가 있거나 "을"의 비용을 증가하게 한 때에는 그 손해를 배상하거나 증가된 비용을 부담한다. 이 경우 배상액 또는 부담액은 "갑"과 "을"이 협의하여 정한다.

제20조(대금지급)

① "갑"은 목적물인수일로부터 60일 이내의 기한으로 정한 지급기일까지 "을"에게 대금을 지급하여야 한다.

② "갑"이 발주자로부터 준공금을 받은 때에는 하도급대금을, 기성금을 받은 때에는 "을"이 시공한 분에 상당한 금액을 그 지급받은 날로부터 15일(대금지급기일이 그전에 도래한 경우에는 지급기일) 이내에 "을"에게 지급하여야 한다.

③ "갑"이 대금을 어음으로 지급하는 경우에는 그 어음은 법률에 근거하여 설립된 금융기관에서 할인이 가능한 것이어야 하며, 어음을 교부한 날부터 어음의 만기일까지의 기간에 대한 할인료를 어음을 교부하는 날에 "을"에게 지급하여야 한다. 다만, 목적물인수일로부터 60일 (발주자로부터 준공금 또는 기성금을 받은 때에는 제2항에서 정한 기일을 말함. 이하 같다) 이내에 어음을 교부하는 경우에는 목적물의 인수일로부터 60일을 초과한 날 이후 만기일까지의 기간에 대한 할인료를 목적물의 인수일로부터 60일 이내에 "을"에게 지급하여야 한다.

제21조(하도급대금의 직접지급청구)

① 건설산업기본법 등 관계법령에 의거 발주자가 하도급대금을 직접 지급할 수 있는 사유에 해당하는 경우, "을"은 발주자에게 하도급대금의 직접지급을 청구할 수 있다.

② "을"이 제1항의 규정에 의하여 하도급대금의 직접지급을 청구하거나 발주자가 관계법령에 의하여 하도급대금을 "을"에게 직접 지급하고자 할 때에는 "갑"은 특별한 사유가 없는 한 그 지급의 방법 및 절차에 관하여 협조한다.

제22조(선급금)

① "갑"은 계약서에 정한 바에 따라 선급금을 "을"에게 지급한다.

② “갑”이 발주자로부터 선급금을 받은 때에는 “을”이 시공에 착수할 수 있도록 그가 받은 선급금의 내용과 비율에 따라 선급금을 지급받은 날로부터 15일 이내의 범위 안에서 계약서에 정한 바에 따라 선급금을 “을”에게 지급한다.

③ “을”이 선급금을 지급받고자 할 때에는 제23조제1항 각호의 1에 해당하는 증서를 “갑”에게 제출한다.

④ 선급금은 계약목적 외에 사용할 수 없으며, 노임지급 및 자재확보에 우선 사용하도록 한다.

⑤ 선급금은 기성부분의 대가를 지급할 때마다 산출한 금액을 정산한다.

제23조(하자담보)

① “을”은 계약서에서 정한 하자보수보증금율을 계약금액에 곱하여 산출한 금액 (이하 “하자보수보증금”이라 한다)을 준공검사 후 그 공사의 대가를 지급받을 때까지 현금 또는 다음의 증서로써 “갑”에게 납부한다. 다만, 공사의 성질상 보증금의 납부가 필요하지 아니한 경우에는 그러하지 아니하다.

1. 건설공제조합, 전문건설공제조합, 설비공사공제조합, 전기공사공제조합 및 정보통신공제조합이 발행하는 보증서
2. 보증보험증권
3. 신용보증기금의 보증서
4. 국채 또는 지방채
5. 금융기관의 지급보증서
6. 금융기관의 예금증서

“을”은 준공검사를 마친 날로부터 계약서에 정하는 하자보수의무기간 중 “을”의 귀책사유로 하자가 발생한 것에 대하여는 이를 보수하여야 한다.

③ “을”이 제2항의 하자보수의무기간중 “갑”으로부터 하자보수의 요구를 받고 이에 응하지 아니하면 제1항의 하자보수보증금은 “갑”에게 귀속한다.

④ 제1항의 하자보수보증금은 하자보수의무기간이 종료한 후 “을”의 청구가 있는 날로부터 10일 이내에 반환하여야 한다.

제24조(이행지체)

① “을”이 계약서에서 정한 준공기한 내에 공사를 완성하지 못하였을 때에는 계약금액에 계약서에 정한 지체상금율과 지체일수를 곱한 금액 (이하 “지체상금”이라 한다)을 “갑”에게 현금으로 납부한다.

② 제1항의 경우 기성부분에 대하여 검사를 거쳐 이를 인수한 때에는 그 부분에 상당하는 금액을 계약금액에서 공제한 금액을 기준으로 지체상금을 계산한다. 이 경우 기성부분의 인수는 성질상 분할할 수 있는 공사의 완성부분으로서 인수하는 것에 한한다.

③ 다음 각 호의 1에 해당되는 사유로 공사가 지체되었다고 인정될 때에는 그 해당일수에 상당한 일수를 지체일수에 산입하지 아니한다.

1. 태풍, 홍수, 기타 악천후, 전쟁 또는 사변, 지진, 화재, 폭동, 항만봉쇄, 방역 및 보안상 출입제한 등으로 인한 경우
2. “갑”이 지급키로 한 지급재료의 공급이 지연되어 공사진행이 불가능하였을 경우
3. “갑”의 귀책사유로 인하여 착공이 지연되거나 시공이 중단된 경우

4. 기타 "을"의 책임에 속하지 아니하는 사유로 인하여 지체된 경우

④ "갑"은 제1항의 지체상금을 "을"에게 지급하여야 할 공사비 또는 기타 예치금에서 공제할 수 있다.

제25조("갑", "을"의 계약해제, 해지)

① "갑" 또는 "을"은 다음 각 호의 1에 해당하는 경우 서면으로 서약의 이행을 (일 또는 월)의 기간으로 정하여 최고한 후 동 기간 내에 계약이 이행되지 아니하는 때에는 당해 계약의 전부 또는 일부를 해제·해지할 수 있다.

1. "갑" 또는 "을"이 계약조건에 위반하여 그 위반으로 계약의 목적을 달성할 수 없다고 인정될 때
2. 부도·파산 등 을의 귀책사유로 공기 내에 공사를 완성할 수 없는 것이 명백히 인정될 때
3. "갑"이 정당한 이유 없이 계약내용을 이행하지 아니하고 그 위반으로 공사를 완성하는 것이 불가능한 때
4. "을"이 정당한 이유 없이 약정한 착공기간을 경과하고도 공사에 착공하지 아니한 때
5. "갑"이 공사내용을 변경함으로써 계약금액이 40/100이상 감소한 때
6. 제14조 제1항에 의한 공사의 정지기간이 진체공사 기간의 50/100이상인 때

② 제1항 각호의 사유로 계약을 해제 또는 해지한 경우 "을"은 기성부분 검사를 필한 부분에 대한 하자보수보증금을 제23조 제1항의 규정에 의거 "갑"에게 납부한다.

③ "을"은 제2항의 하자보수보증금을 현금으로 납부한 경우 공사 준공검사 후 하자보수보증서로 대체할 수 있다.

④ "갑"이 제1항 각호의 사유로 계약을 해제 또는 해지한 경우 "을"은 다음 각 호의 사항을 이행한다.

1. 해약통지서를 받은 부분에 대한 공사를 지체 없이 중지하고 모든 공사관련시설 및 장비 등을 공사현장으로부터 철거한다.
2. 제12조에 의한 대여품이 있을 때에는 지체 없이 "갑"에게 반환한다. 이 경우 당해 대여품이 "을"의 고의 또는 과실로 인하여 멸실 또는 파손되었을 때에는 원상회복 또는 그 손해를 배상한다.
3. 제12조에 의한 지급자재중 공사의 기성부분으로서 인수된 부분에 사용한 것을 제외한 잔여재료는 "갑"에게 반환한다. 이 경우 당해재료가 "을"의 고의 또는 과실로 인하여 멸실 또는 파손되었거나 공사의 기성부분으로서 인수되지 아니한 부분에 사용된 때에는 원상으로 회복하거나 그 손해를 배상한다.

⑤ "을"은 제1항에 의한 계약의 해제 또는 해지로 손해가 발생한 때에는 "갑"에게 손해배상을 청구할 수 있다.

제26조(서류제출)

"을"은 하도급공사의 임금, 산업재해보상보험금의 지급, 요양 등에 관한 서류에 대하여 "갑"의 요구가 있을 때에는 이에 협조한다.

제27조(보험가입등)

① 관계법령에 의하여 가입이 의무화된 보험등 (산재보험, 고용보험 등 이하 같다)은 "갑"이 가입함을 원칙으로 하고, "을"은 시공에 있어서 재해방지를 위하여 만전을 기한다.

② "을"은 관계법령이 정하는 바에 의하여 보험 등에 가입할 수 있으며, 이 때 "갑"은 "을"의 하도급

내역을 기초로 산출된 보험가입에 필요한 금액을 별도 계상 지급한다.

③ "갑"은 제1항에 의해 보험 등에 가입한 경우에는 당해 사업장의 근로자가 보험금 등을 지급받아야 할 사유가 발생한때에는 관계법령에 의한 보험금 등의 혜택을 받을 수 있도록 하여야 한다.

④ "갑"은 재해발생에 대비하여 "을"에게 아래각호의 보험을 택일 또는 중복 가입토록 요구할 수 있고, 이 경우 동보험료 상당액을 지급한다.

  1. 사용자 배상책임보험.

  2. 영업배상 책임보험

  3. 공사보험

⑤ "갑"이 산업재해보험에 일괄 가입하였을 경우 "을"이 책임이 있는 경우를 제외하고는 "갑"이 재해발생으로 인한 모든 책임을 져야 한다.

제28조(안전관리비)

① "갑"은 건설공사 표준안전관리비계상 및 사용기준에 따라 안전관리비를 책정하여야 한다.

② "갑"은 계상된 안전관리비의 범위 안에서 "을"의 위험도 등을 고려하여 적정하게 지급하거나, "갑"의 관리 하에 공동으로 사용해야 한다.

③ "을"은 계약체결 후 지체 없이 안전관리비 사용기준, 공사특성에 적합한 안전관리계획 및 안전관리비 사용계획을 작성, "갑"에게 제출하고 이에 따라 안전관리비를 사용하여야 한다.

제29조(공업소유권)

① "을"은 목적물 시공과 관련하여 "갑"으로부터 사용을 허락받은 특허권·실용신안권·의장권 등(이하 "공업소유권"이라 한다)을 목적물 시공 외에는 사용하지 못하며, "갑"의 승락 없이 제3자에게 공업소유권을 사용하게 할 수 없다.

② "갑" 또는 "을"은 목적물에 대해 공업소유권침해 등 분쟁이 발생한 경우 상대방에게 지체 없이 통지하여야 하며, "갑" 또는 "을" 중 책임이 있는 자가 분쟁을 해결하여야 한다.

③ "갑"과 "을"이 공동연구하여 개발한 공업소유권의 취득은 상호 협의하여 정한다.

제30조(특수조건)

이 계약에서 정하지 아니한 사항에 대하여는 "갑"과 "을"이 대등한 지위에서 합의하여 특약으로 정할 수 있다.

제31조(분쟁의 해결)

① 이 계약에서 발생하는 문제에 관한 분쟁은 "갑"과 "을"이 쌍방의 합의에 의하여 해결한다.

② 제1항의 합의가 성립하지 못할 때는 건설산업기본법 제69조의 규정에 의한 건설분쟁조정위원회나 하도급거래공정화에관한법률 제24조의 규정에 의한 하도급분쟁조정협의회 등에 조정을 신청하거나 다른 법령에 의하여 설치된 중재기관에 중재를 신청할 수 있다.

【민간건설공사 표준도급계약서】

민간건설공사 표준도급계약서

1. 공 사 명 : OOOO

2. 공사장소 : OO시 OO구 OO동 OO-OO

3. 착공년월일 :2000 년 OO월 OO일

4. 준공예정년월일 :2000 년 OO월 OO일

5. 계약금액 : 일금OOO원정 (부가가치세 포함)

(노무비 : 일금OOO원정)

 ※ 건설산업기본법 제88조제2항, 동시행령 제84제1항 규정에 의하여 산출한 노임

6. 계약보증금 : 일금OOO원정

7. 선금 : 일금OOO원정

8. 기성부분금 : OO 월에 1회

9. 지급자재의 품목 및 수량

10. 하자담보책임(복합공종인 경우 공종별로 구분 기재)

공종	공종별계약금액	하자보수보증금율(%) 및 금액	하자담보책임기간
OOOO	OOO,OOO,OOO	OO % OOO원정	OO 개월
OOOO	OOO,OOO,OOO	OO % OOO원정	OO 개월
OOOO	OOO,OOO,OOO	OO % OOO원정	OO 개월

11. 지체상금율 : OO%

12. 대가지급 지연 이자율 : OO%

13. 기타사항 :

　　도급인과 수급인은 합의에 따라 붙임의 계약문서에 의하여 계약을 체결하고, 신의에 따라 성실히 계약상의 의무를 이행할 것을 확약하며, 이 계약의 증거로서 계약문서를 2통 작성하여 각 1통씩 보관한다.

붙임서류 :

1. 민간건설공사 도급계약 일반조건 1부

2. 공사계약특수조건 1부

3. 설계서 및 산출내역서 1부

20○○년 ○월 ○일

"도급인"	주소	:	
	성명	:	○ ○ ○ ㉞
"수급인"	주소	:	
	성명	:	○ ○ ○ ㉞

【건축용역 도급계약서】

건축용역 도급계약서

1. 계약번호 : 제호
2. 용 역 명 :
3. 계약금액 : 일금 원정
   (공급가액 : ₩ 부가가치세 : ₩ 계 : ₩)
4. 계약보증금 : 일금원정(₩)
   (종류 : 면제사유 :   )
5. 물가변동으로 인한 계약금액조정방법 : (   )조정율
6. 하자보수보증금율 :%
7. 하자담보책임기간 :O년
8. 지 체 상 금 율 :%
9. 착공년월일 : 2000년O월O일
10. 준공년월일 : 2000년O월O일(간)

   위의 용역계약을 체결함에 있어 계약상대자는 용역에 필요한 모든 노력과 기계, 기구 및 재료를 구비하고 용역입찰유의서, 용역계약일반조건, 동 특수조건, 설계서 및 내용설명사항 등의 모든 조건이 이 계약의 일부가 됨을 수락하고 위의 금액으로 준공기한 내에 이 용역을 완성할 것을 확약하며, 연대보증인은 계약상대자와 연대하여 계약상의 의무이행을 완수할 것을 확약한다.

2000년 0월 0일

발주자	주소	:	
	상호	:	
	대표자	:	○ ○ ○ ㉑
	성 명	:	
계약상대자	주소	:	
	상호	:	
	대표자	:	○ ○ ○ ㉑
연대보증인	주소	:	
	상호	:	
	대표자	:	○ ○ ○ ㉑

용역계약일반조건

제1조(총칙)

발주자와 계약상대자는 용역도급계약서(이하 "계약서"라 한다)에 기재한 용역계약에 관하여 제4조의 규정에 의한 계약문서에서 정하는 바에 따라 신의와 성실의 원칙에 입각하여 이를 이행한다.

제2조(정의)

이 조건에서 사용하는 용어의 정의는 다음과 같다.

1. "발주자"라 함은 한국전력공사 사장(이하 "당사"라 한다) 또는 그 위임을 받은 자를 말한다.
2. "계약상대자"라 함은 당사 또는 그 위임을 받은 자와 용역계약을 체결한 자연인 또는 법인을 말한다.
3. "계약담당직원"이라 함은 당사 또는 그 위임을 받은 자로부터 용역계약에 관한 권한을 위임받은 직원을 말한다.
4. "용역감독직원"이라 함은 당사 또는 그 위임을 받은 자가 임명한 기술직원 또는 그의 대리인을 말한다.
5. "설계서"라 함은 용역시방서, 설계도면 및 내용설명서를 말한다.
6. "기본업무"라 함은 계약상대자가 수행하여야 하는 업무로서 과업내용서에 기재된 용역을 말한다.
7. "추가업무"라 함은 계약목적의 달성을 위해 기본업무 외에 과업내용서에 추가업무항목으로 기재되거나 발주자가 추가하여 지시 또는 승인한 용역을 말한다.
8. "특별업무"라 함은 계약목적 외의 목적을 위해 특수조건 등에 특별업무항목으로 기재 되거나 발주자가 그 수행을 지시 또는 승인한 용역항목으로서 제6호 및 제7호에 속하지 아니하는 용역을 말한다.
9. 이 조건에서 따로 정하는 경우를 제외하고는 국가를당사사로하는계약에관한법률시행령, 국가를당사자로하는계약에관한법률시행규칙, 특정조달을위한국가를당사자로하는계약에관한법률시행령특례규정, 특정조달을위한국가를당사자로하는계약에관한법률시행특례규칙, 정부투자기관회계규칙, 정부투자기관회계기준, 회계기준시행세칙 및 계약업무처리요령(이하 각각 "시행령", "시행규칙", "특례규정", "특례규칙", "회계규칙", "회계기준", "시행세칙", "요령"이라 한다) 및 용역입찰참가신청 및 입찰유의서(이하 "유의서"라 한다)에 정하는 바에 의한다.

제3조(용역의 범위)

이 조건에서 계약의 이행 또는 용역의 수행이라 함은 계약문서에서 정하는 바에 따라 계약상대자가 수행하여야 할 기본업무, 추가업무, 특별업무의 수행을 말한다.

제4조(계약문서)

① 계약문서는 계약서, 설계서, 유의서, 용역계약일반조건, 용역계약특수조건, 과업내용서 및 산출내역서로 구성되며 상호보완의 효력을 가진다. 다만, 이 경우 산출내역서는 이 조건에서 규정하는 계약금액의 조정 및 기성부분에 대한 대가의 지급시에 적용할 기준으로서 계약문서로서의 효력을 갖는다.

② 계약담당직원은 제1항에 규정된 용역계약특수조건을 정함에 있어서는 회계규칙에서 정한 계약사항과 관계법령에 규정된 계약상대자의 계약상 이익을 부당하게 제한하지 않는 범위 내에서 당해 용역계약의 특성상 필요하다고 인정되는 사항에 한하여 명시할 수 있다.

③ 이 조건이 정하는 바에 의하여 계약당사자 간에 행한 통지문서 등은 계약문서로서의 효력을 가진다.

④ 계약당사자는 계약이행중 이 조건 및 관계법령 등에서 정한 바에 따라 서면으로 정당한 요구를 받은 경우에는 이를 성실히 검토하여 회신하여야 한다.

제4조의2(내역서 제출)

① 계약상대자는 낙찰금액에 대한 산출내역서 5부를 작성, 발주자의 용역주관 부서 또는 시공부서로 제출하여 "내역서검토필" 날인을 받은 산출내역서 4부를 착수신고서 제출 시까지 계약담당직원에게 제출하여야 한다.

② 계약상대자는 제1항의 내역서 작성시 제15조의2 실적정산비목을 다음 산식에 의해 산출한 금액이하로 할 수 없다.

$$\text{실적정산비목} = \text{실적정산비목 사정금액} \times \text{낙찰율(낙찰금액/사정금액)}$$

제5조(사용언어)

① 계약을 이행함에 있어서 사용하는 언어는 한국어로 함을 원칙으로 한다.

② 계약담당직원은 계약체결 시 제1항의 규정에 불구하고 필요하다고 인정하는 경우에는 계약이행과 관련하여 계약상대자가 외국어를 사용하거나 외국어와 한국어를 병행하여 사용할 수 있도록 필요한 조치를 할 수 있다.

③ 제2항의 규정에 의하여 외국어와 한국어를 병행하여 사용한 경우 외국어로 기재된 사항이 한국어와 상이한 때에는 한국어로 기재한 사항이 우선한다.

제6조(통지 등)

① 구두에 의한 통지·신청·청구·요구·회신·승인 또는 지시등(이하 "통지등"이라 한다)은 문서로 보완되어야 효력이 있다.

② 통지 등의 장소는 계약서에 기재된 주소로 하며, 주소를 변경하는 경우에는 이를 즉시 계약당사자에게 통지하여야 한다.

③ 통지 등의 효력은 계약문서에서 따로 정하는 경우를 제외하고는 계약당사자에게 도달한 날부터 발생한다. 이 경우 도달일이 공휴일인 경우에는 그 익일부터 효력이 발생한다.

④ 계약당사자는 계약이행중 이 조건 및 관계법령 등에서 정한 바에 따라 서면으로 정당한 요구를 받은 경우에는 이를 성실히 검토하여 회신하여야 한다.

제7조(채권양도 등)

① 계약상대자는 용역의 이행을 위한 목적 이외에는 이 계약에 의하여 발생한 채권(용역대금청구권)을 제3자에게 양도하지 못한다.

② 계약상대자가 채권양도를 하고자 하는 경우에는 미리 연대보증인 또는 용역이행보증서 발급기관(이하 "보증기관"이라 한다)의 동의를 얻어 발주자의 서면승인을 받아야 한다.

③ 계약담당직원은 제2항의 규정에 의한 계약상대자의 채권양도 서면승인 요청에 대하여 계약이행을 위한 목적에 해당되지 않음을 이유로 승인을 하지 않는 경우에는 그 사유를 서면으로 계약상대자와 그 채권을 양수하고자 하는 자에게 통보하여야 한다.

제8조(계약보증금)

① 계약상대자는 이 조건의 규정에 의하여 계약금액이 증액된 경우에는 이에 상응하는 금액의 계약보증금을 시행령 제50조 및 제52조에 정한 바에 따라 추가로 납부하여야 하며 계약금액이 감액된 경우에는 이에 상응하는 금액의 계약보증금을 반환 청구할 수 있다.

② 계약담당직원은 시행령 제37조제2항 제2호의 규정에 의한 유가증권이나 현금으로 납부된 계약보증금을 계약상대자가 특별한 사유로 시행령 제37조 제2항 제1호 내지 제5호에 규정된 보증서 등으로 대체 납부할 것을 요청한 때에는 동가치 상당액 이상으로 대체 납부하게 할 수 있다.

③ 시행령 제37조 제2항 제1호, 제3호, 제4호의 방법으로 계약보증금을 납부한 경우로서 계약이행기간의 연장이 있을 때에는 계약상대자는 소정기일 내 위 보증서의 계약이행보증기간을 연장 제출하여야 한다. 다만, 보증서의 효력이 보증기간에 불구하고 용역 실제완료일까지 유효한 것으로 약정된 경우에는 그러하지 아니하다.

제9조(계약보증금의 처리)

① 계약상대자가 정당한 이유 없이 계약상의 의무를 이행하지 아니한 때에는 계약보증금을 당사에 귀속한다.

② 제1항의 규정은 시행령 제69조의 규정에 의한 장기계속용역계약에 있어서 계약상대자가 2차 이후의 용역계약을 체결하지 아니한 경우에 이를 준용한다.

③ 시행령 제50조제10항의 규정에 의하여 계약보증금지급각서를 제출한 경우로서 계약보증금의 당사귀속사유가 발생하여 계약담당직원의 납입요청이 있을 때에는 계약상대자는 당해 계약보증금을 지체 없이 현금으로 납부하여야 한다.

④ 계약상대자가 납부한 계약보증금은 계약이 이행된 후 계약상대자에게 지체 없이 반환한다.

제10조(연대보증인등의 자격)

① 시행령 제52조의 규정에 의한 연대보증인 및 보증이행업체는 다음 각 호에 해당하는 자격을 갖추고 있어야 하며, 계약담당직원은 연대보증인 및 보증이행업체의 적격여부를 심사하기 위하여 계약상대자에게 관련 자료의 제출을 요구할 수 있다.

1. 독점규제및공정거래에관한법률에 의한 계열회사가 아닌 자
2. 회계규칙 제23조의 규정에 의한 입찰참가자격제한을 받고 그 제한기간 중에 있지 아니한 자
3. 시행령 제36조의 규정에 의한 입찰공고 등에서 정한 입찰참가자격과 동등이상의 자격을 갖춘 자
4. 시행령 제13조의 규정에 의한 입찰의 경우에는 입찰참가자격사전심사 기준에 따른 입찰참가에 필요한 종합평점 이상이 되는 자

② 계약담당직원은 제1항의 규정에 의하여 연대보증인 및 보증이행업체로 된 자가 부적격하다고 인정되는 때에는 연대보증인 및 보증이행업체의 변경을 요구할 수 있다.

③ 시행령 제52조 제1항 제3호의 규정에 의한 용역이행보증서의 제출 등에 대하여는 제1항 및 제2항 외에 재정경제부 회계예규 공사이행보증제도 운용요령을 준용한다.

제11조(계약상대자의 근로자)

① 계약상대자는 당해 계약의 수행에 필요한 기술과 경험을 가진 근로자를 채용하여야 하며 근로자의 행위에 대하여 모든 책임을 져야 한다.

② 계약상대자는 용역감독직원이 계약상대자가 채용한 근로자에 대하여 당해 계약의 수행 상 적당하지 아니하다고 인정하여 이의 교체를 요구할 때에는 즉시 교체하여야 하며 용역감독직원의 승인 없이는 교체된 근로자를 당해 계약의 수행을 위하여 다시 채용할 수 없다.

제12조(계약이행상의 감독)

발주자는 필요하다고 인정할 때에는 용역의 수행과정이나 계약이행상황을 감독할 수 있다.

제13조(용역의 착수 및 보고)

① 계약상대자는 계약문서에서 정하는 바에 따라 용역을 착수하여야 하며, 착수시에는 관련법령에서 정한 서류 및 다음 각 호의 사항이 포함된 착수신고서를 용역감독직원에 제출하여야 한다.
  1. 용역공정예정표
  2. 인력 및 장비투입계획서
  3. 기타 발주자가 지정한 사항

② 계약상대자는 계약의 이행 중에 과업내용의 변경 등으로 인하여 제1항의 규정에 의하여 제출한 서류의 변경이 필요한 때에는 관련서류를 변경하여 제출하여야 한다.

③ 발주자는 제1항 및 제2항의 규정에 의하여 제출된 서류의 내용을 조정할 필요가 있다고 인정될 경우에는 계약상대자에게 이의조정을 요구할 수 있다.

④ 발주자는 용역의 전부 또는 일부의 진행이 지연되어 소정의 기간 내에 수행이 불가능하다고 인정되는 경우에는 주간공정현황을 제출토록 하는 등 계약상대자에게 필요한 조치를 할 수 있다.

제13조의2(용역감독 직원)

① 용역감독직원은 계약된 용역의 수행을 지휘, 감독하며, 용역에 사용될 자재 또는 공작물을 검사 또는 시험한다.

② 용역감독직원은 계약상대자의 의무와 책임을 면제시킬 수 없으며, 임의로 설계를 변경시키거나 기일연장 등 계약조건과 다른 지시나 결정을 할 수 없다.

제14조(휴일 및 야간작업)

① 계약상대자는 계약문서에서 별도로 규정하고 있지 아니하는 한 발주자의 필요에 의한 경우를 제외하고는 발주자의 승인 없이 휴일 또는 야간작업을 할 수 없다.

② 계약상대자는 제1항의 규정에 의하여 발주자의 승인을 얻어 휴일 또는 야간작업을 하는 경우에는 그로 인한 추가비용을 청구할 수 없다. 다만, 발주자의 기간단축지시 및 발주자의 부득이한 사유로 인하여 휴일 또는 야간작업을 지시하였을 때에는 그러하지 아니하다.

제15조(물가변동으로 인한 계약금액의 조정)

① 물가변동으로 인한 계약금액의조정은 시행령 제64조 및 시행규칙 제74조의 규정에 정한 바에 의한다.

② 동일한 계약에 대한 계약금액의조정시 품목조정율 및 지수조정율을 동시에 적용하여서는 아니되며, 계약체결 시 계약상대자와 협의하여 품목조정율 또는 지수조정율 중 하나의 방법을 택하여 계약서에 명시하여야 한다.

③ 제1항의 규정에 의하여 계약금액을 증액하는 경우에는 계약상대자의 청구에 의하여야 하며, 조정된 계약금액은 직전의 물가변동으로 인한 계약금액조정기준일부터 60일 이내에 이를 다시 조정할 수 없다.

④ 계약상대자는 제3항의 규정에 의하여 계약금액의 증액을 청구하는 경우에는 계약금액조정내역서를 첨부하여야 한다.

⑤ 발주자는 제1항 내지 제4항의 규정에 의하여 계약금액을 증액하는 경우에는 계약상대자의 청구를 받은 날부터 30일 이내에 계약금액을 조정하여야 한다. 이 경우 예산배정의 지연 등 불가피한 경우에는 계약상대자와 협의하여 그 조정기한을 연장할 수 있으며, 계약금액을 증액할 수 있는 예산이 없는 때에는 업무량 등을 조정하여 그 대가를 지급할 수 있다..

⑥ 계약담당직원은 제4항 및 제5항의 규정에 의한 계약상대자의 계약금액조정 청구내용이 부당함을 발견한 때에는 지체 없이 보완요구 등의 필요한 조치를 하여야 한다. 이 경우 계약상대자가 보완요구 등의 조치를 통보받은 날부터 발주자가 그 보완을 완료한 사실을 통지받은 날까지의 기간은 제5항의 규정에 의한 기간에 산입하지 아니한다.

제15조의2(실적정산비목의 계약금액 결정)

용역대가 원가계산 시 역무량 산정이 곤란하여 용역이행량에 따라 실적정산하기로 계약을 체결한 경우 실적정산 비목의 정산금액 산출방법은 다음 산식에 의한다.

정산금액 = 실적정산분 용역이행량 × 이행당시의설계단가 × 낙찰율(낙찰금액/사정금액)

제16조(과업내용의 변경)

① 발주자는 계약의 목적상 필요하다고 인정될 경우에는 다음 각 호의 과업내용을 계약상대자에게 지시할 수 있다.
  1. 추가업무 및 특별업무의 수행
  2. 용역공정계획의 변경
  3. 특정용역항목의 삭제 또는 감소

② 제1항의 규정에 의한 과업내용의 변경은 그 변경이 필요한 부분의 이행 전에 완료하여야 한다. 다만, 계약담당직원은 계약이행의 지연으로 품질저하가 우려되는 등 긴급하게 용역을 수행하여야 할 필요가 있는 때에는 계약상대자와 협의하여 그 변경시기 등을 명확히 정하고, 과업내용의 변경을 완료하기 전에 우선용역을 이행하게 할 수 있다.

③ 계약상대자는 계약의 기본방침에 대한 변동 없이 과업내용서상의 용역항목을 변경함으로써 발주자에게 유리하다고 판단될 경우에는 제1항 각호에 해당하는 제안을 할 수 있다. 이 경우 발주자는 제안요청을 받은 날부터 14일 이내에 그에 대한 승인여부를 계약상대자에게 통지하여야 한다.

④ 제1항 내지 제3항의 규정에 의하여 과업내용의 변경을 지시하거나 승인한 경우에 계약금액조정은 시행령 제65조 제1항 내지 제6항의 규정을 준용한다.

⑤ 발주자가 제1항 내지 제4항의 규정에 의하여 계약금액을 조정하는 경우에는 계약상대자의 계약금액조정 청구를 받은 날부터 30일 이내에 계약금액을 조정하여야 한다. 이 경우 예산배정의 지연 등 불가피한 경우에는 계약상대자와 협의하여 그 조정기한을 연장할 수 있으며, 계약금액을 조정할 수 있는 예산이 없는 때에는 업무량 등을 조정하여 그 대가를 지급할 수 있다.

⑥ 계약담당직원은 제5항의 규정에 의한 계약상대자의 계약금액조정 청구내용이 부당함을 발견한 때에는 지체 없이 보완요구 등의 필요한 조치를 하여야 한다. 이 경우 계약상대자가 보완요구 등의 조치를 통보받은 날부터 발주자가 그 보완을 완료한 사실을 통지받은 날까지의 기간은 제5항의 규정에 의한 기간에 산입하지 아니한다.

제17조(기타 계약내용의 변경으로 인한 계약금액의 조정)

① 발주자는 용역계약에 있어서 제15조 및 제16조의 규정에 의한 경우이외에 기타 계약내용의 변경으로 인하여 계약금액을 조정할 필요가 있는 경우에는 그 변경된 내용에 따라 실비를 초과하지 아니하는 범위 안에서 이를 조정한다.

② 제1항의 경우에는 시행령 제65조 제6항의 규정을 준용한다.

③ 제1항 내지 제2항의 규정에 의한 계약금액조정의 경우에는 제16조 제5항·제6항의 규정을 준용한다.

제18조(지체상금)

① 계약상대자는 계약서에 정한 용역수행 기한 내에 용역을 완성하지 아니한 때에는 매 지체일수마다 계약서에 정한 지체상금율을 계약금액에 곱하여 산출한 금액(이하 "지체상금"이라 한다)을 현금으로 납부하여야 한다.

② 계약담당직원은 제1항의 경우에는 제22조의 규정에 의하여 기성부분을 인수(인수하지 아니하고 관리, 사용하고 있는 경우를 포함한다. 이하 이조에서 같다.) 한 때에는 그 부분에 상당하는 금액을 계약금액에서 공제한다. 이 경우 기성부분의 인수는 그 성질상 분할할 수 있는 용역에 대한 완성부분으로 인수하는 것에 한한다.

③ 계약담당직원은 다음 각 호의 1에 해당되어 용역수행이 지체되었다고 인정할 때에는 그 해당 일수를 제1항의 지체일수에 산입하지 아니한다.

 1. 제24조에서 규정하는 불가항력의 사유에 의한 경우
 2. 발주자의 책임으로 용역착수가 지연되거나 용역수행이 중단되었을 경우
 3. 계약상대자의 부도 등으로 연대보증인이 보증이행을 할 경우
 4. 계약상대자의 부도 등으로 보증기관이 보증이행업체를 지정하여 보증이행할 경우
 5. 기타 계약상대자의 책임에 속하지 않는 사유로 지체된 경우

④ 제3항 제3호의 규정에 의하여 지체일수에 산입하지 아니하는 기간은 부도 등이 확정된 날부터 보증이행을 지시한 날까지이며, 제3항 제4호의 규정에 의하여 지체일수에 산입하지 아니하는 기간은 발주자로부터 보증채무이행청구서를 접수한 날부터 보증이행 개시일 전일까지(단, 30일 이내에 한한다)로 한다.

⑤ 계약담당직원은 제1항의 규정에 의한 지체일수를 다음 각 호에 따라 산정하여야 한다.

1. 용역수행기한 내에 용역목적물 또는 용역완료보고서를 제출한 때에는 제20조의 규정에 의한 검사에 소요된 기간은 지체일수에 산입하지 아니한다. 다만, 용역수행기한 이후에 제20조 제3항의 규정에 의한 시정조치를 한 때에는 시정조치를 한 날부터 최종검사에 합격한 날까지의 기간(검사기간이 제20조의 규정에 정한 기간을 초과한 경우에는 동조에 정한 기간에 한한다. 이하 같다)을 지체일수에 산입한다.

2. 용역수행기한을 경과하여 용역목적물 또는 용역완료보고서를 제출한 때에는 용역수행기한 익일부터 검사(시정조치를 한 때에는 최종 검사)에 합격한 날까지의 기간을 지체일수에 산입한다.

⑥ 계약담당직원은 제1항 내지 제5항의 규정에 의하여 산출된 지체상금을 계약상대자에게 지급될 대가, 대가지급지연에 대한 이자 또는 기타 예치금 등과 상계할 수 있다.

제19조(계약기간의 연장)

① 계약상대자는 제18조 제3항 각호의 1의 사유가 계약기간 내에 발생한 경우에는 지체 없이 발주자에게 서면으로 계약기간의 연장을 청구하여야 한다.

② 발주자는 제1항의 규정에 의한 계약기간 연장신청이 접수된 때에는 즉시 그 사실을 조사확인하고 당해 용역이 적절히 이행될 수 있도록 계약기간의 연장 등 필요한 조치를 취하여야 한다.

③ 발주자는 제1항에서 규정한 연장청구를 승인하였을 경우 동 연장기간에 대하여는 제18조의 규정에 의한 지체상금을 부과하여서는 안 된다.

④ 제2항의 규정에 의하여 계약기간을 연장한 경우에는 제17조의 규정에 의하여 그 변경된 내용에 따라 실비를 초과하지 아니하는 범위 안에서 계약금액을 조정한다. 다만, 제18조 제3항 제3호 및 제4호의 사유에 의한 경우에는 그러하지 아니하다.

⑤ 발주자는 제1항 내지 제4항의 규정에 불구하고 계약상대자의 의무불이행으로 인하여 발생한 지체상금이 시행령 제50조 제1항의 규정에 의한 계약보증금 상당액에 달한 경우로서 계약목적물이 국가정책사업 대상이거나 계약의 이행이 노사분규 등 불가피한 사유로 인하여 지연된 때에는 계약기간을 연장할 수 있다.

⑥ 제5항의 규정에 의한 계약기간의 연장은 지체상금이 계약보증금 상당액에 달한 때에 하여야 하며, 연장된 계약기간에 대하여는 제18조의 규정에 불구하고 지체상금을 부과하여서는 안 된다.

제20조(검사)

① 계약상대자는 용역을 완성하였을 때에는 그 사실을 서면으로 발주자에게 통지하고 필요한 검사를 받아야 한다. 기성부분에 대하여 완성 전에 대가의 전부 또는 일부를 지급받고자 할 때에도 또한 같다.

② 발주자는 제1항의 통지를 받은 때에는 계약서, 설계서, 준공계, 기타 관계서류에 의하여 그 날로부터 14일 이내에 계약상대자의 입회하에 그 이행을 확인하기 위한 검사를 하여야 한다. 다만, 천재·지변 등 불가항력적인 사유로 인하여 검사를 완료하지 못한 경우에는 당해 사유가 존속되는 기간과 당해 사유가 소멸된 날로부터 3일까지는 이를 연장할 수 있다.

③ 발주자는 제2항의 검사에 있어서 계약상대자의 계약이행 내용의 전부 또는 일부가 계약에 위반되거나 부당함을 발견한 때에는 필요한 시정조치를 하여야 한다. 이 경우에는 계약상대자로부터 그 시정을 완료한 사실을 통지받은 날로부터 제2항의 기간을 산정한다.

④ 제3항의 경우에 계약이행기간이 연장될 때에는 계약담당직원은 제18조의 규정에 의한 지체상금을 부과하여야 한다.

⑤ 계약상대자는 제2항의 규정에 의한 검사에 입회·협력하여야 한다.계약상대자가 입회를 거부하거나 검사에 협력하지 아니함으로써 발생하는 지체에 대하여는 제3항 및 제4항의 규정을 준용한다.

⑥ 발주자는 검사를 완료한 때에는 그 결과를 지체 없이 계약상대자에게 통지하여야 한다. 이 경우 계약상대자는 검사에 대한 이의가 있을 때에는 재검사를 요청할 수 있으며 발주자는 필요한 조치를 취하여야 한다.

제21조(인수)

① 발주자는 제20조의 규정에 의한 검사에 의하여 용역의 완성을 확인한 후 계약상대자가 서면으로 인수를 요청하였을 때에는 즉시 당해 용역목적물을 인수하여야 한다.

② 발주자는 계약상대자가 제1항의 요청을 아니 한 때에는 용역대가의 지급과 동시에 당해 용역목적물의 인도를 요구할 수 있다. 이 경우에 계약상대자는 지체 없이 당해 목적물을 인도하여야 한다.

제22조(기성부분의 인수)

① 발주자는 전체 계약목적물이 아닌 기성부분(성질상 분할할 수 있는 용역에 대한 완성부분에 한한다)에 대하여 이를 인수할 수 있다.

② 제21조의 규정은 제1항의 경우에 이를 준용한다.

제23조(일반적 손해)

① 계약상대자는 계약의 수행 중 용역목적물 및 제3자에 대한 손해를 부담하여야 한다. 다만, 계약상대자의 책임 없는 사유로 인하여 발생한 경우에는 발주자의 부담으로 한다.

② 제21조 및 제22조의 규정에 의하여 인수한 계약목적물에 대한 손해는 발주자가 부담하여야 한다.

제24조(불가항력)

① 불가항력이라 함은 태풍·홍수 기타 악천후, 전쟁 또는 사변, 지진, 화재, 전염병, 폭동 기타 계약당사자의 통제범위를 초월하는 사태의 발생 등의 사유(이하 "불가항력의 사유"라 한다)로 인하여 계약당사자 누구의 책임에도 속하지 아니하는 경우를 말한다. 다만, 이는 대한민국 국내에서 발생하여 용역수행에 직접적인 영향을 미친 경우에 한한다.

② 제1항에서 규정한 불가항력의 사유로 인하여 다음 각 호에 발생한 손해는 발주자가 부담하여야 한다.
 1. 제20조의 규정에 의하여 검사를 필한 기성부분
 2. 검사를 필하지 아니한 부분 중 객관적인 자료(감독일지, 사진 또는 비디오테이프 등)에 의하여 이미 수행되었음이 판명된 부분
 3. 제23조 제1항 단서 및 동조 제2항의 규정에 의한 손해

③ 계약상대자는 제2항의 손해가 발생하였을 때에는 지체 없이 그 사실을 발주자에게 통지하여야 하며, 발주자는 통지를 받았을 때에는 즉시 그 사실을 조사하고 그 손해의 상황을 확인한 후 그 결과를 계약상대자에게 통지하여야 한다.

④ 발주자는 제3항의 규정에 의하여 손해의 상황을 확인하였을 때에는 별도의 약정이 없는 한 용역금액의 변경 또는 손해액의 부담 등 필요한 조치를 계약상대자와 협의하여 이를 결정한다. 다만, 협의가 성립되지 않을 때에는 제36조의 규정에 의해서 처리한다.

제25조(특허권의 사용)

용역의 수행에 제3자의 권리의 대상으로 되어 있는 특허권 등을 사용할 때에는 계약상대자는 그 사용에 관한 일체의 책임을 져야 한다. 그러나 발주자가 계약문서에 수행방법을 지정하지 아니하고 그 수행 또는 적용을 요구할 때에는 계약상대자에 대하여 제반 편의를 제공·알선하거나 소요된 비용을 지급할 수 있다.

제26조(기성대가의 지급)

① 계약상대자는 적어도 30일마다 검사를 완료하는 날까지 기성부분에 대한 대가지급청구서를 발주자에게 제출할 수 있다.

② 발주자는 검사완료 일부터 7일 이내에 검사된 내용에 따라 기성대가를 확정하여 계약상대자에게 지급하여야 한다. 다만, 계약상대자가 검사완료일 후에 대가의 지급을 청구한 때에는 그 청구를 받은 날부터 7일 이내에 지급하여야한다.

③ 발주자는 제1항의 규정에 의한 청구서의 기재사항이 검사된 내용과 일치하지 아니할 때에는 그 사유를 명시하여 계약상대자에게 이의 시정을 요구하여야 한다. 이 경우 시정에 소요되는 기간은 제2항에서 규정한 시간에 산입하지 아니한다.

④ 기성대가는 계약단가에 의하여 산정·지급한다.

⑤ 제27조 제3항의 규정은 기성대가 지급의 경우에 준용한다.

제27조(대가의 지급)

① 계약상대자는 용역을 완성한 후 제20조의 규정에 의한 검사에 합격 한 때에는 소정절차에 따라 대가지급을 청구할 수 있다.

② 발주자는 제1항의 청구를 받은 때에는 그 청구를 받은 날로부터 14일 이내에 그 대가를 지급한다. 이 경우 계약당사자와의 합의에 의하여 14일을 초과하지 아니하는 범위 안에서 대가의 지급기간을 연장할 수 있는 특약을 정할 수 있다.

③ 천재·지변 등 불가항력의 사유로 인하여 대가를 지급할 수 없게 된 경우에는 당해 사유가 존속되는 기간과 당해 사유가 소멸된 날로부터 3일까지는 대가의 지급을 연장할 수 있다.

④ 발주자는 제1항의 청구를 받은 후 그 청구내용의 전부 또는 일부가 부당함을 발견한 때에는 그 사유를 명시하여 계약상대자에게 당해 청구서를 반송할 수 있다. 이 경우에는 반송한 날로부터 재청구를 받은 날까지의 기간은 제2항의 지급기간에 이를 산입하지 아니한다.

제28조(대가지급 지연에 대한 이자)

① 발주자는 대가지급청구를 받은 경우에 제26조 및 제27조의 규정에 의한 대가지급기한까지 대가를 지급하지 못하는 경우에는 지급기한의 다음날부터 지급하는 날까지의 일수(이하 "대가지급지연일수"라 한다)에 당해 미지급액에 대하여 은행의 일반자금대출시 적용되는 연체이자율을 곱하여 산출한 금액을 이자로 지급하여야 한다.

② 천재지변 등 불가항력의 사유로 인하여 검사 또는 대가지급이 지연된 경우에 제20조 제2항 단서 및 제27조 제3항의 규정에 의한 연장기간은 제1항의 대가지급 지연일수에 산입하지 아니한다.

제29조(계약상대자의 책임 있는 사유로 인한 계약의 해제 또는 해지)

① 계약담당직원은 계약상대자가 다음 각 호의 1에 해당하는 경우에는 사전에 시정을 위한 최고를 하고, 사전 최고 후에도 계속 시정하지 아니할 때에는 당해 계약의 전부 또는 일부를 해제 또는 해지할 수 있다.

  1. 정당한 이유 없이 약정한 착수기일을 경과하고도 용역수행에 착수하지 아니할 경우

  2. 계약상대자의 귀책사유로 인하여 용역수행기한까지 당해 용역을 완료하지 못하거나 완료할 가능성이 없다고 인정될 경우

  3. 제18조제1항의 규정에 의한 지체상금이 시행령 제50조 제1항의 규정에 의한 당해 계약의 계약보증금상당액(계약금액의 100분의 10이상)에 달한 경우로서 계약기간을 연장하여도 용역수행을 완료할 가능성이 없다고 판단되는 경우

  4. 장기계속용역의 계약에 있어서 제2차 용역 이후의 계약을 체결하지 아니하는 경우

  5. 계약의 수행 중 뇌물수수 또는 정상적인 계약관리를 방해하는 불법·부정행위가 있는 경우

  6. 제28조의2 제1항의 규정을 위반하였을 때

  7. 계약상대자의 거주지나 주소 등 연락처가 불명확하거나 계약이행을 소홀히 할 때

  8. 정당한 이유 없이 계약상대자가 본 계약의 해약을 요구하였을 때

  9. 발주자가 본 계약이행을 위하여 요구하는 서류제출, 기타 협조요구에 정당한 이유 없이 불응하거나 고의로 지연시켰을 때

  10. 기타 계약조건을 위반하고 그 위반으로 인하여 이 계약의 목적을 달성할 수 없다고 인정될 경우

② 정당한 이유로 계약상대자가 본 계약의 해제 또는 해지를 요구한 경우 발주자가 그 정당성을 인정하였을 때에는 제8조에 정한 계약보증금을 위약금으로 받지 아니하고 본 계약의 전부 또는 일부를 해제 또는 해지할 수 있다.

③ 발주자는 제1항의 규정에 의하여 계약을 해제 또는 해지한 때에는 그 사실을 계약상대자에게 통지하여야 한다.

④ 제1항의 규정에 의한 통지를 받은 계약상대자는 다음 각 호의 사항을 준수하여야 한다.

  1. 해약통지를 받은 부분에 대한 기술용역은 지체 없이 중지하고 모든 기구들을 용역현장으로부터 철거한다.

  2. 발주자가 요구하는 용역현장의 모든 자료, 정보 및 편의를 발주자에게 제공하여야 한다.

⑤ 발주자는 제1항의 규정에 의하여 계약을 해제 또는 해지한 경우 및 제33조의 규정에 의하여 연대보증인 또는 보증기관이 보증이행을 하는 경우에 기성부분을 검사하여 인수하는 때에는 인수한 날로부터 14일 이내에 당해 부분에 상당하는 대가를 계약상대자에게 지급하여야 한다.

⑥ 제1항의 규정에 의하여 계약이 해제 또는 해지되는 경우 계약상대자는 지급받은 선금에 대하여 미정산잔액이 있는 경우에는 그 잔액에 대한 약정이자상당액을 가산하여 발주자에 상환하여야 한다. 이 경우 발주자는 상환할 금액과 기성부분의 대가를 상계할 수 있다.

제30조(사정변경에 의한 계약의 해제 또는 해지)

① 발주자는 제29조 제1항 각호의 경우 외에 객관적으로 명백한 발주자의 불가피한 사정이 발생한 때에는 계약을 해제 또는 해지할 수 있다.

② 제29조 제3항 본문의 규정은 제1항의 규정에 의하여 계약을 해제 또는 해지하는 경우에 이를 준용한다.

③ 발주자는 제1항의 규정에 의하여 계약을 해제 또는 해지할 경우에는 다음 각 호에 해당하는 금액을 해제 또는 해지한 날부터 14일 이내에 계약상대자에게 지급하여야 한다. 이 경우 제8조의 규정에 의한 계약보증금을 동시에 반환하여야 한다.
   1. 제24조 제2항 제1호 내지 제2호에 해당하는 수행부분의 대가중 지급하지 아니한 금액
   2. 전체용역의 완성을 위하여 계약의 해제 또는 해지일 이전에 투입된 계약상대자의 인력·자재 및 장비의 철수비용

④ 계약상대자는 선금에 대한 미정산잔액이 있는 경우에는 이를 발주자에 상환하여야 한다. 이 경우 미정산잔액에 대한 이자는 가산하지 아니한다.

제31조(계약상대자에 의한 계약의 해제 또는 해지)

① 계약상대자는 다음 각 호의 1에 해당하는 사유가 발생한 경우에는 당해 계약을 해제 또는 해지할 수 있다.
   1. 제16조의 규정에 의하여 계약내용을 변경함으로써 계약금액이 100분의 40이상 감소되었을 때
   2. 제32조의 규정에 의한 용역수행 정지기간이 계약기간의 100분의 50을 초과하였을 경우

② 제30조 제2항 내지 제4항의 규정은 제1항의 규정에 의하여 계약이 해제 또는 해지되었을 경우에 이를 준용한다.

제32조(용역의 일시정지)

① 용역감독직원은 다음 각 호의 경우에는 용역의 전부 또는 일부의 수행을 정지시킬 수 있다. 이 경우 계약상대자는 정지기간 중 선량한 관리자의 주의의무를 해태하여서는 안 된다.
   1. 용역의 수행이 계약내용과 일치하지 아니하는 경우
   2. 용역의 전부 또는 일부의 안전을 위하여 정지가 필요한 경우
   3. 기타 발주자의 필요에 의하여 발주자가 정지시킨 경우

② 발주자는 제1항의 규정에 의하여 용역을 정지시킨 경우에는 지체 없이 계약상대자에게 정지사유 및 정지기간을 통지하여야 한다.

③ 제1항의 규정에 의하여 용역을 정지시킨 경우 계약상대자는 계약기간의 연장 또는 추가금액을 청구할 수 없다. 다만, 계약상대자의 책임 있는 사유로 인한 정지가 아닌 때에는 그러하지 아니하다.

④ 발주자의 책임 있는 사유에 의한 용역정지기간이 60일을 초과한 경우 발주자는 그 초과된 기간에 대하여 잔여계약금액에 초과일수 매 1일마다 시중은행 일반자금대출금리를 곱하여 산출한 금액을 준공대가 지급 시 계약상대자에게 지급하여야 한다.

제32조의 2 (계약상대자의 용역 정지 등)

① 계약상대자는 발주자가 국가를당사자로하는계약에관한법령과 계약문서 등에서 정하고 있는 계약상의 의무를 이행하지 아니하는 때에는 발주자에 계약상의 의무이행을 서면으로 요청할 수 있다.

② 계약담당직원은 제1항의 규정에 의하여 계약상대자의 통지를 받은 날로부터 14일 이내에 이행계획을 서면으로 계약상대자에게 통지하여야 한다.

③ 계약상대자는 계약담당직원이 제2항에 의한 기간 내에 통지를 하지 않거나 계약상의 의무이행을 거부하는 때에는 당해 기간이 경과한 날 또는 의무이행을 거부한 날부터 용역의 전부 또는 일부의 이행을 정지할 수 있다.

④ 계약담당직원은 제3항의 규정에 의하여 정지된 기간에 대하여는 제19조의 규정에 의하여 계약기간을 연장하여야 한다.

제33조(용역계약의 보증이행)

① 발주자는 계약상대자가 제29조 제1항 각호의 1에 해당하는 경우에는 제10조의 규정에 의한 연대보증인 또는 보증기관에 대하여 당해 용역을 완성할 것을 청구할 수 있다.

② 제1항의 청구가 있을 때에는 연대보증인 또는 보증기관은 지체 없이 그 보증의무를 이행하여야 한다. 다만, 보증기관은 보증이행업체를 지정하여 보증의무를 이행하는 대신 용역이행보증서에 정한 금액을 현금으로 발주자에 납부함으로써 보증의무이행에 갈음할 수 있다.

③ 제2항의 규정에 의하여 당해 계약을 이행하는 연대보증인 또는 보증기관은 계약금액 중 보증이행부분에 상당하는 금액을 발주자에 직접 청구할 수 있는 권리를 가지며 계약상대자는 연대보증인 또는 보증기관의 보증이행부분에 상당하는 금액을 청구할 수 있는 권리를 상실한다.

④ 발주자는 연대보증인이 제1항의 청구를 받고 보증의무를 이행하지 아니한 경우에는 계약상대자와 동일한 제재조치를 취할 수 있다.

⑤ 제1항 내지 제3항의 규정 외에 용역이행보증서 제출에 따른 보증의무 이행에 대하여는 재정경제부 회계예규 공사이행보증제도운용요령을 준용한다.

제34조(부정당업자의 입찰참가자격 제한)

계약상대자(연대보증인을 포함한다. 이하 이조에서 같다)가 회계규칙 제23조의 규정에 해당하는 경우에는 발주자로부터 일정기간동안 입찰참가자격 제한조치를 받게 된다.

제35조(기술지식의 이용 및 기밀엄수 의무)

① 발주자는 계약서상의 규정에 의하여 계약상대자가 제출하는 각종 보고서, 정보, 기타자료 및 이에 의하여 얻은 기술지식의 전부 또는 일부를 계약상대자의 승인을 얻어 발주자의 이익을 위하여 복사, 이용 또는 공개할 수 있다.

② 계약상대자는 당해 계약을 통하여 얻은 정보 또는 발주자의 비밀사항을 계약이행의 전후를 막론하고 외부에 누설할 수 없다.

③ 계약상대자는 용역을 수행함에 있어 발생하는 제반 문제점 및 이에 대한 해소방안 등을 문서로서 작성, 비치하여야 하며, 발주자의 제출요구가 있을 경우에는 이에 응하여야 한다.

제36조(분쟁의 해결)

① 계약의 수행 중 계약당사자 간에 발생하는 분쟁은 협의에 의하여 해결한다.

② 제1항의 규정에 의한 협의가 이루어지지 아니할 때에는 다음 각 호에 정한 바에 의하여 해결한다.

1. 중재법에 의한 중재기관의 중재
2. 발주자의 소재지를 관할하는 법원의 판결

③ 계약상대자는 제1항 및 제2항의 규정에 의한 분쟁처리절차수행기간 중 용역의 수행을 중지하여서는 안 된다.

제37조(용역관련 자료의 제출 등)

발주자는 필요하다고 인정할 경우 계약상대자에게 산출내역서의 기초가 되는 단가산출서 등의 제출을 요구할 수 있으며 이 경우 계약상대자는 이에 응하여야 한다.

제38조(적격심사 관련사항 이행)

① 시행령 제42조 제1항 본문의 규정에 의한 용역을 수행함에 있어 계약상대자는 발주자의 적격심사기준의 심사항목에 규정된 사항에 대하여 적격심사당시 제출한 내용대로 철저하게 이행하여야 한다.

② 발주자는 제1항에 규정한 이행사항을 수시로 확인하여야 하며, 제출된 내용대로 이행이 되지 않고 있을 때에는 즉시 시정토록 조치하여야 한다.

【건설시설 공사계약서】

건설시설 공사계약서

상기의 양 당사자를 각각 "갑", "을"이라고 칭하고 다음과 같이 체결한다.

- 다 음 -

제1조(공사명)

제2조(공사금액)

20ㅇㅇ년 ㅇ월 ㅇ일부터 20ㅇㅇ년 ㅇ월 ㅇ까지

제3조(공사기간)

20ㅇㅇ년 ㅇ월 ㅇ일부터 20ㅇㅇ년 ㅇ월 ㅇ까지

제4조(대금지불조건)

계 약 금(%) : 일금 　　　　　　　　　 만원(₩ 　　　　　　　)
중 도 금(%) : 일금 　　　　　　　　　 만원(₩ 　　　　　　　)
잔 　 금(%) : 일금 　　　　　　　　　 만원(₩ 　　　　　　　)

제5조(이행보증)

"을"은 본 계약을 성실히 이행하기 위하여 공사금액의 (%)에 해당하는 금액을 계약 이행 보증보험으로 "갑"에게 공사완료시까지 예치시킨다.

제6조(도면승인)

"을"은 본 계약 체결 후 일 이내에 당사에서 제시한 공사 시방서 문서 또는 구두로 제시한 내용에 의거 공사시 공사 도면을 작성하여 "갑"의 시행 부서 승인을 득한 후 시공한다.

제7조(재료)

본 공사에 소요되는 기자재 일체는 공사 시방서에 특별히 명시하지 않는 부분에 대하여는 K.S 규격품을 사용하며 해당 기자재에 K.S 인정제도가 없을 시는 시중 최상품으로 하되 "갑"의 시행부서의 검사를 받아야 하며 중고가 아닌 신품을 사용하여야 한다.

제8조(사양변경)

1. 본 공사의 시공 중이라도 "갑"이 필요하다고 인정할 시는 사양의 일부를 변경할 수 있으며 이에 따른 공사기간 연장 및 공사금액의 증감이 필요한 경우 "갑", "을" 쌍방이 합의하여 결정하되 경미한 사

항은 "을"의 부담으로 한다.

2. 시공 중 "을" 측에서 야기되는 일체의 사양 변경에 대하여는 "갑"의 감독자의 사전 서면 승인을 득한 후 시행한다.

제9조(하도급 사항)

"을"은 본 공사의 일부를 제3자에게 하도급할 경우에는 사전에 "갑"의 승인을 받아야 한다.

제10조(부적합한 공사)

"갑"은 승인도면과 공사 시방서에 일치하지 아니한 부분에 대하여는 "을"에게 시정 명령을 내릴 수 있으며 "을"은 지체 없이 이에 응하여야 한다.

이 경우 "을"은 공사금액의 증액 또는 공사의 연장을 요구할 수 없다.

제11조(안전관계)

"갑"은 "을"이 공사 중 발생하는 "을"의 종업원의 재해나 상해에 대하여 치료비나 기타 여하한 명목의 손해배상 청구도 책임지지 아니하며, 민·형사상의 책임 또는 "을"이 진다.

제12조(하자관계)

1. "을"은 공사 완료 후 1년 이내에 발생하는 모든 하자에 대하여는 즉시 무료 보수 또는 재시공하여야 한다.

2. "을"은 공사 완료 후 검사 후 하자 보증금조로 총 공사금액의 100%에 해당하는 하자보증보험증권을 에게 1년간 예치시킨다.

3. 하자 발생시 "을"이 즉시 처리하지 않는 경우 전기 2항의 하자 보증예치금을 "갑"의 임의로 처리할 수 있으며 전기 1항의 규정을 이행치 않을 때는 "갑"은 "을"이 부담할 제손실금을 하자 보증금으로 충당 제3자에게 위촉하여 보안 시공케 할 수 있으며, 제2항의 하자보증금으로 보완 공사비가 부족될 시는 "을"로부터 추징한다.

제13조(계약의 해제권)

1. "갑"은 하기의 경우 하시라도 "갑"의 임으로 계약을 해제할 수 있다.
   ① 공사승인도 또는 시방서에 적합하지 아니하거나 사용이 불하한 때
   ② "을"이 본 계약을 이행할 수 없다고 "갑"이 판단될 겨우
   ③ 기타 "갑"이 본 계약의 어느 한 조항이라도 위반 또는 불이행하였을 때
   ④ 전항에 의거 "갑"이 본 계약을 해제하였을 경우 "을"은 이의를 제기하거나 손해배상을 청구할 수 없다.

제14조(지체상환금)

"을"이 본 공사기간 내에 완성하지 못할 때는 그 익일부터 계산하여 완공할 때까지 매일 계약금의 3/1000에 해당하는 지체상환금을 지불해야 한다.

제15조(허가승인 및 검사)

"을"은 관계 당국의 허가승인 및 검사를 요하는 사항은 책임지고 대행하여야 한다.

제16조(해석)

　계약서 및 유첨되는 시방서, 도면, 합의서, 각서 등 제반서류의 해석에 이전이 있을 시는 "갑"의 해석하는 바에 따른다.

제17조(기타)

1. "을"은 "갑"으로부터 입수된 기술자료 도면 기타정보를 본 계약의 목적 외에 타목적으로 유용하지 못한다.
2. 본 계약에 관하여 소송이 발생할 경우 "갑"의 본사 소재지를 관할하는 법원으로 한다.
3. 본 계약에 명시하지 않은 사항은 일반상관례에 준하여 "갑"이 해석하는 바에 따른다.

　상기와 같이 계약하며 본 계약을 입증하기 위하여 계약서 2통을 작성하고 "갑" "을" 쌍방이 서명 날인 후 각각 1부씩 보관한다.

　　　　　　　　　　　2 0 0 0년 0 월 0 일

　　　　　　　　주소　　　　　　：
　　　　"갑"　상호　　　　　　：
　　　　　　　　대표이사(대표자)　：　○ ○ ○ (서명 또는 날인)
　　　　　　　　　　　　　　　　：
　　　　　　　　주소　　　　　　：
　　　　"을"　상호　　　　　　：
　　　　　　　　대표이사(대표자)　：　○ ○ ○ (서명 또는 날인)

건설공사변경계약서

원사업자인 OOO와 수급사업자인 OOO은 건설공사 도급계약에 대해 아래와 같이 변경계약을 체결한다.

제1조(정의) 본 계약은 2000년 OO월 OO일자 계약체결한 OOOO건설공사 계약(이하 "원계약"이라 한다)에 대한 변경계약이다.

제2조(계약변경) 원계약에 대한 계약변경은 다음과 같다.

◦ 변경내용

구 분	당 초	변 경
계 약 금 액	일금 OOO 원정 (₩ OOO,OOO,OOO)	일금 OOO 원정 (₩ OOO,OOO,OOO)
공 사 기 간	OO개월	OO개월
기타변경사항		

제3조(원계약의 준용) 본 계약서에서 변경 약정하지 아니한 원계약서의 각 조항은 계속하여 효력을 가진다.

제4조(계약서 보관) 본 계약체결의 증거로서 본 계약서 정본 2통을 작성하여 쌍방이 날인 후 각각 1통씩 보관한다.

2000년 O월 O일

"원사업자"	주소	:	
	상호	:	
	성명	:	OOO (서명 또는 날인)
	주소	:	
"수급사업자"	상호	:	
	성명	:	OOO (서명 또는 날인)

건설공사변경도급계약서

발주자인 ○○○와 수급인인 ○○○는(은) 건설공사 도급계약에 대해 아래와 같이 변경계약을 체결한다.

제1조(정의) 본 계약은 20○○년 ○월 ○일 체결한 ○○건설공사 도급계약서(이하 "원계약"이라 한다)에 대한 변경계약이다.

제2조(계약변경) 원계약에 대한 계약변경은 다음과 같다.

- 계약내용 변경

당초	변 경

제3조(원계약의 준용) 본 변경계약서에서 변경 약정하지 아니한 원 계약서의 각 조항은 계속하여 효력을 가진다.

제4조(계약서 보관) 본 계약체결의 증거로서 본 계약서 정본 2통을 작성하여 쌍방이 날인 후 이를 상호 보관한다.

20○○년 ○월 ○일

"발주자"	주소 상호 성명	: : ○ ○ ○ ㊞
"발주자 보증인"	주소 상호 성명	: : ○ ○ ○ ㊞
"수입인(또는 현장관리인)"	주소 상호 성명	: : : ○ ○ ○ ㊞
"수급인 보증인"	주소 상호 성명	: : : ○ ○ ○ ㊞

공사하도급변경계약서

1. 공 사 명 :

2. 하도급자공사명 :

3. 공사장소 :

4. 공사기간 :

변경후	2000년 0월 0일 ~ 2000년 0월 0일

5. 계약금액 :

구분	추가계약금액	
계약금액	₩	₩
공급가약	₩	₩
부가가치세	₩	₩

6. 하자기간

변경전	2000년 0월 0일 ~ 2000년 0월 0일
변경후	2000년 0월 0일 ~ 2000년 0월 0일

　　상기공사에 관하여 공사도급인 0000건설주식회사(이하 "갑")와 공사 수급인000(이하 "을") 간에 체결한 공사하도급 계약을 변경키로 합의하고, 본 변경 계약서 이외의 모든 사항은 원 계약서 그대로 효력을 가지며 본 계약을 입증하기 위하여 2통을 작성하여 각각 1 통씩 보관한다.

2000년 0월 0일

"갑"	주소	:	
	상호	:	
	대표자	:	0 0 0 ㉑
"을"	주소	:	
	상호	:	
	대표자	:	0 0 0 ㉑
"연대보증인"	주소	:	
	상호	:	
	대표자	:	0 0 0 ㉑
"연대보증인"	주소	:	
	상호	:	
	대표자	:	0 0 0 ㉑

아파트 신축공사 가계약서

1. 공 사 명 : ○○시 ○○구 ○○동 ○○아파트 신축공사

2. 공사장소 : ○○시 ○○구 ○○동 ○○-○○ 외

3. 공사기간 : 착공 후 ○○개월

4. 계약금액

 - 가계약금액　　 : ₩○○○,○○○,○○○,○○○(일금○○○백만원정)
 - 공급가액　　　 : ₩○○○,○○○,○○○,○○○(일금○○○백만원정)
 - 부가가치세　　 : ₩○○○,○○○,○○○,○○○(일금○○○백만원정)

　○○시 ○○구 ○○동 ○○-○○ 외의 토지 소유자인 ○○주식회사 대표이사 ○○○(이하 "갑"이라 칭한다)과 동 토지상에 건립 예정인 ○○아파트의 시공자인 ○○주식회사 대표이사 ○○○(이하 "을"이라 칭한다)간에 "갑"의 소유 토지 위에 공동주택을 신축하여 분양함에 있어 다음과 같은 조건으로 가계약을 아래와 같이 체결한다.

제1조(사업추진 방법 및 원칙)

① 사업의 추진방법은 "갑"과 "을"이 주택건설 촉진법 제33조의 4에 의한 지주공동사업으로 추진함을 원칙으로 하며 "을"은 공동사업시행자로서 또한 시공자로서 공동주택인 아파트, 부대시설에 필요한 신축공사, 인·허가, 분양, 사용승인 및 입주 등의 관리업무 등 일체의 사항을 책임지고 건설하는 조건으로 사업을 시행한다.

② 단, "갑"이 효율적인 채무변제 등을 위하여 필요하다고 판단하는 경우, "갑"은 "을"에게 토지를 매도하는 것으로 사업추진 방향을 변경하기로 하며 "을"은 이를 수용하기로 한다.

제2조(사업의 규모) 사업의 규모는 다음 각 호와 같다.

1. 공사명 : ○○시 ○○구 ○○동 ○○아파트 신축공사
2. 공사장소 : ○○시 ○○구 ○○동 ○○-○○번지 외
3. 대지면적 : 약 ○○,○○○평
4. 공사연면적 : ○○,○○○평(용적율 ○○○.○○% 기준시)
5. 공사기간 : 착공 후 ○○개월
6. 기타 : 상기의 내용은 사업승인 내용에 따라 변경될 수 있다.

제3조("갑"의 토지대금 미 개발이익금)

　"을"이 본 가계약에 의한 지주 공동사업으로 "갑"에게 지급하는 토지대금 및 개발이익금은 아래와 같다.

1. 2000년 ○○월 ○○일 이전에 도시계획 변경 관련 최종 승인이 날 경우

1안) 용적율이 ○○○% 이상일 경우 총액을 ○○,○○○백만원으로 하며

  – 승인일로부터 ○일 이내에 총액의 ○○% 현금지급

  – 이후 ○○일 이내 또는 2000년 ○○월 ○○일 중 빠른 일자에 잔금 ○○,○○○백만원을 일시에 현금지급

2안) 용적율이 ○○○% 미만일 경우 총액을 ○○,○○○백만원으로 하며

 – 지급조건은 1안)과 동일

2. 조세 특례제한법상 특별부가세의 면세조항이 2000년 ○○월 ○○일까지 연장되고 도시계획변경 관련 최종 승인이 2000년 ○○월 ○○일까지 완료 될 경우

3안) 용적율이 ○○○%이상일 경우 총액을 ○○,○○○백만원으로 하며

  – 승인일로부터 ○일 이내에 총액의 ○○% 현금지급

  – 이후 ○○일 이내 잔금 ○○,○○○백만원을 일시에 현금지급

  – 2000년 ○○월 ○○일부터 지급기일까지의 기간에 대해서는 년 ○○% 금리 별도 지급

3. 상기 제3조 2항의조세 특례제한법상의 특별부가세 면제조항이 연장되지 않고 도시계획변경 관련 최종 승인이 2000년 ○○월 ○○일까지 완료될 경우에는 상기 제3조 2항의 3안), 4)안에 명기된 각 안의 용적율 별 총액에 년 ○○%의 이자를 가산한 금액을 특별부가세의 인정과세 문제가 발생되지 않는 한도 내에서 "갑"이 요청하는 시기에 분할하여 현금으로 지급하기로 한다.

제4조(공사비)

  공사비는 잠정적으로 제2조의 내용에 따라 확정되는 공사연면적에 대하여 아래에 명기된 조건으로 평당 ○○○만원(공사비 ○○○만원, 분양보증수수료 포함한 분양경비 ○만원, 설계감리비 ○만원)을 적용하여 공급가액을 확정하기로 한다.

1. 마감수준 : ○○시 ○○구 ○○동 ○○아파트 수준

2. 건립평형 : 전용면적 ○○제곱미터 이상 아파트 건립조건

3. 착공시점 : 2000년 ○○월 ○○일 이전(당해 토지의 도시계획 변경 후)

4. 공사비 포함비용

  가. 아파트 건축공사비

  나. 토목 및 대지조성공사비(통상적인 지질조건)

  다. 분양경비 일체(모델하우스 건립/운영, 광고, 분양보증수수료 등)

  라. 설계비(도시계획 변경에 소요되는 용역비) 및 감리비

5. 공사비 제외비용

  가. 단지외부 공사

  나. 기타 각종 분담금 등 사업시행자가 부담하는 비용

제5조(분양가)

① 아파트의 분양가는 본 가계약서 제2조 및 제4조의 내용을 조건으로 공급면적 평당 ○○○만원(부가가치세 포함금액)이상으로 결정하기로 하며, 이는 전체 공급면적에 대한 가중 평균가이므로 아파트의 각 평형별, 층별, 동별, 향별 분양가는 분양성 제고를 위하여 차등 적용을 할 수 있다.

② 단, "을"은 본 가계약서 제2조, 제3조 및 본조 1항의 내용과 관련된 "갑"의 권리가 침해되지 않는

것을 조건으로, "을"의 재량에 의하여 마감수준을 상향조정하거나 별도의 분양촉진 방안을 시행하는 등의 방안을 통하여 분양가를 평당 ○○○만 원보다 높게 책정할 수 있으며 이 경우, 초과 분양수입(마감수준 상향조정에 따른 공사비, 분양촉진 비용을 공제한 금액)은 "갑"과 "을"이 각각 ○○%씩 배분하기로 하고 최종 공사비 정산 시 정산하기로 한다.

제6조("갑"과 "을"의 책임)

① "갑"은 본 사업을 위한 다음 사항에 대하여 책임을 부담한다.

　1. 본 사업부지에 대한 시흥시 및 경기도의 도시계획변경에 관한 승인과 용역비를 부담키로 한다.

② "을"은 본 사업을 위한 다음 사항에 대하여 책임을 부담한다.

　1. 본 사업부지에 대한 시흥시 및 경기도의 도시계획 변경 승인과 사업계획 승인

　2. 아파트의 건설, 분양 및 이에 소요되는 비용과 업무 일체

　3. 토지의 도시계획 변경 승인 후 본 계약체결 지체 또는 계약금 지급지연 등으로 발생하는 "갑"의 손해 일체. 단, 손해액은 제3조 1항(1안 및 2안)과 2항(3안 및 4안)에서 정한 지급기일보다 지연된 기간에 대하여 시중은행 대출이자 연체율을 적용하여 산정하는 금액으로 하며 지연기간이 ○개월을 초과하는 경우 이 가계약은 무효로 한다.

　4. 사업 추진형식이 제3조 3항으로 추진되는 경우 이 가계약 체결일 현재 사업부지상에 설정되어 있는 제한물권은 사업승인 후 "을"의 책임으로 말소하기로 한다.

제7조(기타)

① 상기조건을 이행토록 "갑"과 "을"은 신의, 성실 원칙에 의거하여 최선의 노력을 한다.

② 이 가계약에서 정한 사항을 양자가 충실히 이행하는 경우 본계약을 체결하기로 한다.

③ 이 계약은 도시계획법 상의 용도변경 승인을 전제로 유효하다.

④ 제3조의조건에 따라 토지대 및 개발이익금은 어떠한 경우에도 감액되지 아니한다.

　본 가계약의 내용이 가계약 당사자 쌍방의 합의에 의하여 날인되었음을 증명하기 위하여 본 가계약서는 2부가 작성되어 "갑", "을"의 서명 날인 후 각 1부씩 보관하기로 한다.

별첨

1. 가계약조건
2. 각 안별 토지대 산출내역 끝.

2○○○년 ○월 ○일

	주소	:
"갑(공동 시행자 겸 토지소유자)"	상호	:
	대표이사(대표자)	: ○○○ ㊞
		:
	주소	:
"을(공동시행자 겸 시공자)"	상호	:
	대표이사(대표자)	: ○○○ ㊞

건축공사표준계약서

1. 공 사 명 :

2. 대지위치 : ○○시 ○○구 ○○동 ○○번지

3. 공사기간 :

　　착공 2000년 ○월 ○일
　　준공 2000년 ○월 ○일

4. 도급금액 : 일금 원정

　　공급가액 : 일금 원정
　　부가가치세액: 일금 원정

5. 선금 : 일금 원정

6. 기성부분급의 시기 및 방법 :

7. 하자담보책임기간 :

8. 하자보수보증금율 :

9. 지체상금율 :

10. 계약보증금 :

11. 기타사항 :

　건축주와 시공자는 이 계약서 및 별첨설계도와 시방서에 의하여 공사계약을 체결하고 그 증거로 이 계약서 및 관련문서를 2통 작성하여 각 1통씩 보관한다.

2000년 ○월 ○일

	주소	
"건축주"	상호	:
	성명	: ○ ○ ○ ㊞

	주소	
"건축주 보증인:	상호	:
	성명	: ○ ○ ○ ㊞

"시공자(또는 현장관리인)"	주소	:
	상호	:
	성명	: ○○○ ㉑
"시공자 보증인"	주소	:
	상호	:
	성명	: ○○○ ㉑

제1조(총칙)

건축주(이하 "갑"이라 한다)와 시공자(이하 "을"이라 한다)는 대등한 입장에서 서로 협력하여 신의에 따라 성실히 계약을 이행한다.

제2조(계약보증)

① "갑"과 "을"은 계약상의 의무이행을 보증하기 위해 계약보증금을 계약체결 전까지 상호 교부하도록 하되, 계약보증금액이 계약금액에서 차지하는 비율은 "갑", "을" 상호간에 협의하여 정한다.
② 제1항의 계약보증금은 당사자의 협의에 따라 제24조제1항 각호의 보증기관이 발행한 보증서로 갈음할 수 있다.

제3조(보증인)

이 계약에 관하여 보증인을 세우는 경우에 그 보증인은 당사자의 계약불이행으로 인한 손해에 대하여 당사자와 연대하여 책임을 진다.

제4조(공사감독원)

① "갑"은 자신을 대리하여 다음 각 호의 사항을 행하는 자 (이하 "공사감독원"이라 한다)를 선임할 수 있다.
  1. 시공일반에 대하여 감독하고 입회하는 일
  2. 공사의 재료와 시공에 대한 검사 또는 시험에 입회하는 일
  3. 공사의 기성부분 검사, 준공검사 또는 공사목적물의 인도에 입회하는 일
  4. 기타 공사감독에 관하여 "갑"이 위임하는 일
② "갑"은 제1항의 규정에 의하여 공사감독원을 선임한 때에는 그 사실을 즉시 "을"에게 통지하여야 한다.
③ "을"은 공사감독원의 감독 또는 지시사항이 공사수행에 현저히 부당하다고인정할 때에는 "갑"에게 그 사유를 명시하여 필요한 조치를 요구할 수 있다.

제5조(현장대리인)

① "을"은 착공 전에 현장대리인을 임명하여 이를 "갑"에게 통지하여야 한다.
② 현장대리인은 공사현장에 상주하여야 하며 시공에 관한 일체의 사항에 대하여 "을"을 대리한다.
③ "갑"은 제1항의 규정에 의하여 임명된 현장대리인이 신체의 허약, 시공능력부족 등으로 인하여 업무수행의 능력이 없다고 인정할 때에는 "을"에게 현장대리인이 교체를 요청할 수 있으며 이 경우에 "을"은 정당한 사유가 없는 한 이에 응하여야 한다.

제6조(공사예정공정표와 공사가격 내역서)

① "을"은 계약체결 후 착공신고서 제출 시 까지 설계도서(설계도면, 공사시방서 등 건축법 제2조제14호의 규정에 의한 설계도서와 현장설명서를 말한다. 이와 같다)를 기초로 작성한 공사예정 공정표와 내역서를 "갑"에게 제출하여야 한다.

② 제1항의 규정에 불구하고 총액단가 계약과 같이 공사물량이 기재된 산출내역서를 제시하고 이에 따라 계약금액을 정한 경우에는 동 산출내역서는 제1항의 설계도서에 포함되며, 이 경우 "을"은 착공신고서 제출 시까지 공사예정 공정표를 "갑"에게 제츨하여야 한다.

제7조(선금)

"갑"이 선금을 지급한 경우 "을"은 이를 도급목적 외에 사용할 수 없으며, 노임지급 및 자재확보에 우선 사용하여야 한다.

제8조(재료의 검사등)

① 공사에 사용할 재료 중에서 "갑"이 품목을 지정하여 검사를 요구하는 경우에는 "을"은 사용 전에 "갑"의 검사를 받아야 하며, 설계도서와 상이하거나 품질이 현저히 저하되어 불합격된 재료는 즉시 대품으로 대체하여 다시 검사를 받아야 한다.

② "을"은 제1항의 재료 검사에 소요되는 비용을 부담하여야 하며, 검사 또는 재검사 등을 이유로 계약기간의 연장을 요구할 수 없다.

③ 공사에 사용하는 재료 중 조립 또는 시험을 요하는 것은 "갑"의 입회하에 그 조립 또는 시험을 하여야 한다.

④ 수중 또는 지하에서 행하여지는 공사나 준공 후 외부에서 확인할 수 없는 공사는 "갑"의 입회하에 시공하여야 한다.

제9조(지급재료와 대여품)

① 계약에 의하여 "갑"이 지급하는 재료와 대여품은공사예정공정표에 의한 공사일정에 지장이 없도록 적기에 인도되어야 하며, 그 인도장소는 시방서 등에 따로 정한 바가 없으면 공사현장으로 한다.

② "을"은 지급재료 및 대여품의 품질 또는 규격이 시공에 적당하지 아니하다고 인정할 때에는 즉시 "갑"에게 이를 통지하고 그 대체를 요구할 수 있다.

③ 재료지급의 지연으로 공사가 지연될 우려가 있을 때에는 "을"은 "갑"의 서면승락을 얻어 자기가 보유한 재료를 대체 사용할 수 있다. 이 경우 "갑"은 현품 또는 사용당시 가격을 지체 없이 "을"에게 지급하여야 한다.

④ "을"은 "갑"이 지급한 재료와 기계·기구 등 대여품을 선량한 관리자의 주의로 관리하여야 하며, 계약의 목적을 수행하는 데에만 사용하여야 한다.

⑤ "을"은 공사내용의 변경으로 인하여 필요없게 된 지급재료 또는 사용완료된 대여품을 지체 없이 "갑"에게 반환하여야 한다.

제10조(상세시공도면 작성)

① "을"은 건축법 제19조의2제4항에 따라 공사감리자로부터 상세시공도면의 작성을 요청받은 경우에는 상세시공도면을 작성하여 공사감리자의 확인을 받아야 하며, 이에 따라 공사를 하여야 한다.

② "갑"은 상세시공도면의 작성범위에 관한 사항을 설계자 및 공사감리자의 의견과 공사의 특성을 감안하여 계약서상의 시방에 명시하고, 상세시공도면의 작성비용을 공사비에 반영한다.

제11조(안전관리 및 재해보상)

① "을"은 산업재해를 예방하기 위하여 안전시설의 설치 및 보험의 가입 등 적정한 조치를 하여야 한다. 이때 "갑"은 계약금액에 안전관리비 및 보험료 상당액을 계상하여야 한다.

② 공사현장에서 발생한 산업재해에 대한 책임은 "을"에게 있다. 다만, 설계상의 하자 또는 "갑"의 요구에 의한 작업으로 인한 재해에 대하여는 그러하지 아니하다.

제12조(응급조치)

① "을"은 재해방지를 위하여 특히 필요하다고 인정될 때에는 미리 긴급조치를 취하고 즉시 이를 "갑"에게 통지하여야 한다.

② "갑"은 재해방지 기타 공사의 시공상 긴급 부득이하다고 인정할 때에는 "을"에게 긴급조치를 요구할 수 있다.

③ 제1항 및 제2항의 응급조치에 소요된 경비에 대하여는 제16조제2항의 규정을 준용한다.

제13조(공사기간의 연장)

① "갑"의 책임 있는 사유 또는 천재지변, 불가항력의사태 등 "을"의 책임이 아닌 사유로 공사수행이 지연되는 경우 "을"은 공사기간연장을 "갑"에게 요구할 수 있다.

② 제1항의 규정에 의거 공사기간이 연장되는 경우 이에 따르는 현장관리비등추가경비는 제18조의 규정을 적용하여 조정한다.

제14조(부적합한 공사)

① "갑"은 "을"이 시공한 공사 중 설계도서에 적합하지 아니한 부분이 있을 때에는 이의 시정을 요구할 수 있으며, "을"은 지체 없이 이에 응하여야 한다.

② 제1항의 경우 설계도서에 적합하지 아니한 공사가 "갑"의 요구 또는 지시에 의하거나 기타 "을"의 책임으로 돌릴 수 없는 사유로 인한 때에는 "을"은 그 책임을 지지 아니한다.

제15조(불가항력에 의한 손해)

① "을"은 검사를 마친 기성부분 또는 대여품에 대하여 천재지변 기타 불가항력에 의한 손해가 발생한 때에는 즉시 그 사실을 "갑"에게 통지하여야 한다.

② "갑"은 제1항의 통지를 받은 경우 즉시 그 사실을 조사, 확인하고 그 손해의 보전에 관하여 "을"과 협의하여야 한다.

③ 제2항의 합의가 성립되지 않은 때에는 제32조의 규정에 의한다.

제16조(설계변경으로 인한 계약금액의 조정)

① 설계서의 내용이 공사현장의 상태와 일체하지 않거나 불분명, 누락, 오류가 있을 때 또는 시공에 관하여 예기하지 못한 상태가 발생되거나 사업계획이 변경된 때에는 설계를 변경한다.

② 제1항의 설계변경으로 인하여 공사량의 증감이 발생한 때에는 다음 각 호의 기준에 의하여 계약금액을 조정한다.

　1. 증감된 공사의 단가는 제6조의 규정에 의한 공사가격 내역서상의 단가를 기준으로 한다.

　2. 공사가격 내역서에 포함되어 있지 아니한 신규비목의 단가는 설계변경 당시를 기준으로 산정한 단가로 한다.

　3. 증감된 공사에 대한 일반관리비 및 이윤은 산출내역서상의 율을 적용한다.

제17조(물가변동으로 인한 계약금액의 조정)

① 계약체결 후 120일 이상 경과한 경우에 잔여공사에 대하여 공사가격 내역서에 포함되어 있는 품목 또는 비목의 가격 등의 변동으로 인한 등락액이 잔여공사에 해당하는 계약금액의 100분의5 이상인 때에는 계약금액을 조정한다.

② 제1항의 규정에 의한 계약금액의조정은 공사예정공정표상으로 물가변동이 있은 날 이후에 이행되어야 하는 부분의 대가에 적용하되, 물가변동이 있은 날 이전에 이미 계약이행이 완료되어야 할 부분에 대하여는 적용하지 아니한다. 다만, "갑"의 책임이 있는 사유 또는 천재지변 등 불가항력으로 인하여 지연된 경우에는 그러하지 아니하다.

제18조(기타 계약내용의 변경으로 인한 계약금액의 조정) 제16조 및 제17조에 의한 경우이외에 계약내용의 변경으로 계약금액을 조정하여야 할 필요가 있는 경우에는 그 변경된 내용에 따라 계약금액을 조정하며, 이 경우 제16조제2항제3호를 준용한다.

제19조(기성부분급)

① 계약서에 기성부분급에 관하여 명시한 때에는 "을"은 이에 따라 기성부분에 대한 검사를 요청할 수 있으며, 이때 "갑"은 지체 없이 검사를 하여야 한다.

② "을"은 제1항의 검사결과와 제6조의 공사가격 내역서의 단가에 의하여 산출한 기성금액을 요구할 수 있으며 "갑"은 계약서에 명시한 바에 따라 지급하여야 한다.

③ "갑"이 제2항의 규정에 의한 기성금액의 지급을 지연하는 경우에는 제22조제4항의 규정을 준용한다.

제20조(부분사용)

① "갑"은 공사목적물의 인도전이라 하더라도 "을"의 동의를 얻어 공사목적물의 전부 또는 일부를 사용할 수 있다.

② 제1항의 경우 "갑"은 그 사용부분을 선량한 관리자의 주의로써 사용한다.

③ "갑"은 제1항에 의한 사용으로 "을"에게 손해가 있거나 "을"의 비용을 증가하게 한 때는 그 손해를 배상하거나 증가된 비용을 부담한다.

제21조(준공)

① "을"은 공사를 완성한 때에는 "갑"에게 통지하여야 하며 "갑"은 통지를 받은 후 지체 없이 "을"의 입회하에 검사를 하여야 한다.

② "을"은 제1항의 검사에 합격하지 못한 때에는 지체 없이 이를 보수 또는 개조하여 다시 검사를 받아야 한다.

③ "을"은 검사의 결과에 이의가 있을 때에는 재검사를 요구할 수 있으며, "갑"은 이에 응하여야 한다.

제22조(대가지급)

① "을"은 "갑"의 준공검사에 합격한 후 즉시 잉여자재, 폐물, 가설물 등을 철거, 반출하는 등 공사현장을 정리하고 공사대금의 지급을 "갑"에게 청구할 수 있다.

② "갑"은 특약이 없는 한 계약의 목적물을 인도받음과 동시에 공사대금을 지급하여야 한다.

③ "갑"이 공사대금을 어음으로 지급하는 경우 그 어음은 금융기관에서 할인이 가능한 것에 한하며, 공사대금 지급기일로부터 어음만기일까지의 할인료는 어음을 교부하는 날 "을"에게 지급하여야 한다.

④ "갑"은 공사대금을 지급기한 내에 지급하지 못하는 경우에는 그 미지급금액에 대하여 지급기한의 다음날부터 지급하는 날까지의 일수에 시중은행의 일반 대출시 적용되는 연체이자율을 적용하여 산출한 이자를 지급하여야 한다.

제23조(지체상금)

① "을"은 준공기한 내에 공사를 완성하지 아니한 때에는 매 지체일수마다 지체 상금률을 계약금액에 곱하여 산출한 금액(이하 "지체상금"이라 한다)을 "갑"에게 납부하여야 한다. 다만, 천재지변, 전쟁, 항만폐쇄, 전염병, 방역을 위한 출입제한, 기타 "을"의 책임으로 돌릴 수 없는 사유로 지체된 경우에는 그러하지 아니하다.

② 제1항의 경우에 성질상 분할할 수 있는 공사의 완성부분으로서 "갑"이 검사를 거쳐 인수한 부분에 상당하는 금액은 계약금액에서 공제한다.

③ "갑"은 제22조에 의한 공사대금 또는 대금지급 지연에 대한 이자와 지체상금을 순차로 상계 할 수 있다.

제24조(하자담보)

① "을"은 계약서에 정한 하자보수 보증금 율을 계약금액에 곱하여 산출한 금액(이하 "하자보수보증금"이라 한다)을 준공검사 후 그 공사의 대가를 지급할 때까지 현금 또는 다음 각 호의 증서로서 "갑"에게 납부하여야 한다.

1. 건설공제조합의 보증서
2. 보증보험증권
3. 은행의 지급보증서
4. 은행의 정기예금증서
5. 신탁회사의 수익증권
6. 증권회사의 수익증권
7. 전문건설공제조합의 보증서
8. 신용보증기금의 보증서

② "을"은 준공검사를 마친 날로부터 계약서에 정한 하자담보 책임기간 중 당해 공사에 발생하는 일체

의 하자를 보수하여야 한다. 다만, 공사목적물의 인도 후에 천재지변 등 불가항력이나 "을"의 책임이 아닌 사유로 인하여 발생한 것일 때에는 그러하지 아니하다.

③ "을"이 "갑"으로부터 제2항의 규정에 의한 하자보수의 요구를 받고 이에 응하지 아니하는 경우 "갑"은 "을"의 부담으로 직접 하자보수를 행할 수 있다. 이때 발생하는 비용은 하자보수 보증금으로 우선 충당하며, 부족액이 있는 경우에는 "을"에게 이를 청구할 수 있다.

④ 제1항의 규정에 의한 하자보수 보증금은 하자담보 책임기간이 종료한 후 "을"의 청구에 의하여 반환한다. 다만, 제3항의 규정에 의하여 "갑"이 직접 이행한 하자보수 비용은 공제한다.

제25조(하도급의 제한)

① "을"은 계약된 공사의 일부를 제3자에게 하도급 하고자 할 때에는 "갑"의 서면승인을 받아야 한다. 다만, 건설업법의 규정에 의하여 전문공사를 당해 전문공사업자에게 하도급하는 경우에는 "갑"에 대한 통지로 갈음할 수 있다.

② "갑"은 제1항의 규정에 의해 통보된 하도급업자가 부적당하다고 인정될 때에는 "을"에 대하여 하도급자의 교체를 요구할 수 있다. 이 경우 "을"은 특별한 사유가 없는 한 하도급자를 교체하여야 한다.

제26조("갑"의 계약해제 등)

① "갑"은 다음 각 호의 1에 해당하는 경우에는 계약의 전부 또는 일부를 해제 또는 해지할 수 있다.
  1. "을"이 정당한 사유 없이 약정한 착공기일을 경과하고도 공사에 착수하지 아니한 경우
  2. "을"이 책임 있는 사유로 인하여 준공기일 내에 공사를 완성할 가능성이 없음이 명백한 경우
  3. 기타 "을"의 계약조건 위반으로 인하여 계약의 목적을 달성할 수 없다고 인정되는 경우

② 제1항의 규정에 의한 계약의 해제 또는 해지는 그 이유를 명시하여 "을"에게 통지함으로써 효력이 발생한다.

③ "을"은 제2항의 규정에 의한 통지를 받은 때에는 다음의 사항을 준수하여야 한다.
  1. 당해공사를 지체 없이 중지하고 모든 공사기구들을 공사장으로부터 철거한다.
  2. 제9조의 규정에 의한 지급재료의 잔여분과 대여품은 지체 없이 "갑"에게 반환한다.

제27조("을"의 계약해제등)

① "을"은 다음 각 호의 1에 해당하는 경우에는 계약의 전부 또는 일부를 해제 또는 해지할 수 있다.
  1. 공사내용을 변경함으로써 계약금액이 100분의 40이상 감소된 때
  2. "갑"의 책임 있는 사유에 의한 공사의 정지기간이 90일을 초과하거나 계약서상 공사기간의 100분의50을 초과한 때
  3. "갑"이 정당한 이유 없이 계약내용을 이행하지 아니함으로써 공사의 적정이행이 불가능하다고 명백히 인정되는 때

② 제1항의 규정에 의한 계약의 해제 또는 해지는 그 사유를 명시하여 "갑"에게 통지함으로써 효력이 발생한다.

제28조(손해배상등)

① 제26조 및 제27조의 규정에 의하여 계약이 해지된 때에는 "갑"과 "을"은 지체 없이 기성부분의 공사금액을 청산하여야 한다.

② 제26조 및 제27조의 규정에 의한 계약의 해제 또는 해지로 인하여 손해가 발생한 때에는 상대방에게 그에 대한 배상을 청구할 수 있다.

제29조(권리의무의 양도)

이 계약에 의하여 발생하는 권리 또는 의무는 제3자에게 양도하거나 위임할 수 없다. 다만, 상대방의 서면 승락과 보증인의 동의를 얻었을 때에는 그러하지 아니하다.

제30조(법령의 준수)

① "갑"과 "을"은 이공사의 시공 및 계약의 이행에 있어서 건설업법등 관계법령의 제규정을 준수한다.
② "을"은 도급받은 공사에 대하여 하도급하는 경우에도 건설업법 및 하도급거래 공정화에 관한 법률 등 관계법령의 제 규정을 준수한다.

제31조(적용의 완화)

건설업법의 적용을 받지 않는 건축물에 대하여는 "갑"과 "을"의 합의에 따라 제4조, 제5조, 제6조, 제10조, 제11조, 제17조, 제24조, 제30조제2항의 규정을 완화하여 정할 수 있다.

제32조(분쟁의 해결)

① 계약에 별도로 규정된 것을 제외하고는 계약에서 발생하는 문제에 관한 분쟁은 계약당사자가 쌍방의 합의에 의하여 해결한다.
② 제1항의 합의가 성립되지 못할 때에는 당사자는 관련법령에 의하여 설치된 조정 또는 중재기관의 조정 또는 중재에 의하여 해결할 수 있다.

제33조("갑"으로 보수 있는 자)

제8조, 제12조, 제14조, 제19조제1항, 제21조, 제26조의 규정을 적용함에 있어 공사감리계약에 따라 공사감리를 "갑"으로 볼 수 있다.

제34조(특약사항)

기타 이 계약에서 정하지 아니한 사항에 대하여는 "갑"과 "을"이 합의하여 별도의 특약을 정할 수 있다.

연립주택 재건축공사 계약서

　　○○○○연립 재건축추진위원회 위원장 ○○○(이하 "갑"이라 칭한다)와 (주)○○○○건설 대표이사 ○○○(이하 "을"이라 칭한다)은 다음과 같이 공사계약(이하 "계약"이라 칭한다)을 체결하고 각 당사자는 상호 신의, 성실의 원칙에 입각하여 계약을 이행키로 한다.

제1장　총 칙

제1조(계약일반)

　　"갑"은 주택건설촉진법 및 관계법규에 따른 사업의 시행자로서 그 책임과 의무를 지며 "을"은 공사의 시공자로서 신축공사의 책임을 지기로 한다.

제2조(공사의 기본사항)

공사의 기본사항은 다음 각 호와 같다.
1. 명칭 : ○○○○ 연립 재건축 사업(지분제 방식)
2. 위치 : ○○시 ○○구 ○○동 ○○-○○
3. 공사내역
　가. 대지면적 : ○○○,○○○평
　나. 건축연면적 : ○○○,○○○평
　다. 공사규모 : 아파트 ○○세대 및 부속시설(단, 설계변경 및 인허가 과정에 따라 공사규모는 변경가능)
4. 공사수준 : 최근 시공한 ○○아파트 기본형 수준
5. 공사기간 : 착공 후 ○○개월

제2장　사업시행조건 및 방법

제3조(사업시행의 원칙)

① "갑"은 본 재건축조합사업을 시행함에 있어 조합원은 제5조에 명시된 "갑"의 지분을 분양받도록 한다.
② "을"은 본 재건축사업을 시공하기로 하고 그 대가로 제4조에 의한 공사비를 지급받는다.

제4조(공사금액)

① 공사금액은 사업계획 승인서상의 연면적에서 제5조의조합지분을 제외한 일반분양금 총액 및 조합부담금 중 본 사업으로 인하여 "을"에게 대여하는 사업비를 제외한 전액으로 한다.

② 전 1항의 공사금액은 인, 허가 및 준공정산에 따라 변경이 불가피할 경우 "을"의 요청에 의하여 공사비 변경계약을 한다.

제5조("갑"의 지분)

① "갑"의 지분은 ○○평형 아파트(전용면적 ○○평형) ○○세대를 분양받고 금 ○○○원정(₩   )을 "을"에게 입주 전까지 지급한다.

② 아파트 공급면적은 전용면적 + 공유면적으로 하고, 면적계산은 소수점 셋째자리까지로 하며, 셋째자리초과에서 절사한다(단, "갑"의 지분 면적에 상응하는 지하 주차장 면적은 무상으로 지급하며, 초과되는 지하 주차장면적은 분양가에 의해 정산키로 한다).

제6조(설계 변경 및 면적증감)

본 계약은 현재 계획설계 내용이 사업승인시 변경이 없는 것을 기준으로 하며, 정부시책이나 관련법규의 변경에 의해 불가피하게 사업승인면적의 증감이 있을 시는 "갑", "을"은 형평성의 원칙을 준수하여 지분내용을 수정할 수 있다.

제7조(공사기간)

① 공사기간은 착공계처리일로부터 ○○개월로 하되, "을"의 시공상 귀책사유가 아닌 제반 주변민원으로 인하여 지연되는 기간은 공사기간에서 제외된다. 또한, 인허가 사항의 변경이나 천재지변 등 불가항력적으로 공사기간을 연장할 필요가 있을 경우 "갑"과 "을"은 상호협의하여 공사기간을 연장할 수 있다.

② 공사완공일은 최초의 사용검사(임시사용검사 포함) 필증교부일로 한다. 단, "갑"의 귀책사유 및 "을"의 시공상 귀책사유가 아닌 주변민원으로 인하여 사용검사 및 임시 사용 검사 지연 시에는 실질적인 공사 완료일을 공사완공일로 본다.

③ "을"의 본 1항의 기간 내에 공사를 완공하지 못할 시에는 지체○일당 공사금액의 1,000분의 ○에 해당하는 지체상금을 "갑"에게 배상한다. 단, "갑"의 귀책사유 및 제반 주변 민원으로 인한 사용검사 및 임시 사용검사 미필일 경우는 "갑"에게 지체상금의 배상의무를 지지 아니한다.

제8조(인허가 업무의 주관)

본 사업과 관련한 모든 인허가 업무는 "갑"이 주관하며 "을"은 적극 협조한다.

제9조(민원)

① 본공사와 관련된 제반 민원사항 중 "을"의 명백한 시공상 귀책사유로 발생된 사항은 "을"의 책임으로 처리한다.

② 상기 "을"의 시공상 책임이 아닌 사항으로 야기되는 제반민원은 "갑"이 처리하여야 한다.

제3장 이주와 지장물 철거

제10조(조합원의 이주 및 세입자의 처리)

① "갑"은 사업승인일로부터 ○개월 이내에 사업구역 내 거주자 등 조합원의 이주를 완료하여 "을"의 공사착공에 지장이 없도록 하여야 한다.

② 세입자의 구역 외 이주 및 사후처리는 "갑"의 책임으로 한다.

③ "갑"은 거주자들이 이주한 건축물에 부착된 상수도, 전기, 전화 등 시설물의 사용정지에 필요한 조치를 취하여야 하며, 철거개시일 전일까지 제세공과금 및 사용료 납부 확인과 정산조치를 취하여야 한다.

④ 이주에 불응하는 기구로 인한 이주지연 등의 사항 발생시는 조합의 귀책사항으로 "갑"의 책임으로 해결하여야하며 공사진행이 지연되어 발생한 공사비의 추가부담은 제12조에 준한다.

제11조(지장물 철거비용)

① "갑"이 주민을 이주시키고 제10조에 의한 조치를 취한 건축물 등의 지장물은 "을"의 비용으로 "을"이 철거하여야 한다.

② 이주 완료한 건축물의 천거, 폐자재 및 부산물 등에 대하여 "을"이 임의 처리하여도 "갑"과 조합원은 이에 대한 보상청구 등 이의를 제기치 않는다.

제12조(이주지연의 책임)

사업구역 내 거주자가 이주하지 아니하여 "을"의 공사진행이 지연됨으로써 발생하는 모든 손해 및 결과는 "갑"이 책임지며 계약조건 제10조 1항에 의한 기간 내에 이주하지 아니하여 "을"의 공사착공이 지연되는 경우 모든 대여금의 지급을 중지하며, 기 지급된 대여금에 대하여 이주 완료일까지 연체된 기간 동안의 이자를 "갑"은 "을"에게 배상토록 하며, 이 경우 지연일수만큼 년 ○○%의 연체이자를 적용한다.

제4장   대여금의 상환

제13조(자금의 대여 및 상환)

① "을"은 사업시행에 따른 필요한 다음 각 호의 자금을 "갑" 또는 "갑"의 조합원에게 대여하고 "갑" 또는 는 "갑"의 조합원으로부터 상환받는다.

1. 기본이주비   (단위 : 천원, 세대)

구분	세대수	무상대여비	계	비고
○ ○ ○	○○	○○○,○○○	○○,○○○,○○○	

2. 기타 "갑"의 요청에 의해 "을"이 인정하는 비용

② "을"은 사업시행에 필요한 다음의 자금을 "갑"의 사업비용으로 대여하고 "갑"의 일반 분양분 분양금으로 충당한다.

1. 조합운영비
2. 설계감리비
3. 안전진단비
4. 설정, 신탁비
5. 감정평가비
6. 광고 선전비

7. 기타 사업추진 제반경비

③ 본조 1항의 이주비 중 유상 대여비 요청시는 가구당 최고 O천만 원 한도 내에 년 15%의 이자율을 적용하여 유이자 대여하며, 대여금의 이자기산기간은 "을"이 "갑" 또는 "갑"의 조합원에게 대여한 일자부터 상환일까지로 한다.

제14조(이주비의 대여)

① "을"이 "갑"의 조합원에게 대여하는 기본이주비(무이자, 유이자)를 제13조 1항 1호의 내용으로 "갑"이 조합원으로부터 접수받은 조합원 및 세입자의 이주계획에 의한 이주비 대여 신청서(전세 계약서 등 증빙첨부)와 담보서류(등기권리증, 설정계약서, 위임장, 주민등록등본)를 인계 받은 후 대여키로 한다.

② 전 1항의 이주비 지급시기는 "갑"이 사업승인을 득한 익일부터로 한다.

③ "을"이 "갑"에게 대여하는 이주비의 지급방법은 계약금으로 세대당 OOO,OOO,OOO원을 지급하고 이주비 잔액을 지불토록 하며, 계약금 수령 O일전에 이주비 총액을 액면가로 이주비 OO%에 상당하는 채권최고액으로 채권자를 1순위로 하는 근저당을 설정하여야 하며 이에 소요되는 비용은 "을"의 부담으로 한다. 또한 조합인가서상의조합장 및 임원은 금전대차계약에 따른 제반서류에 연대보증 하여야 한다.

④ 전 3항의 이주비, 대여자는 "을" 및 "을"이 지정하는 시중은행이 될 수 있으며, 이주비를 시중은행으로부터 대여받을 경우 "을"은 지급보증 하여야 하며, 무상이주비에 대한 은행이자는 "을"이 부담하여야 한다.

제15조(부동산에 관련된 제한물권의 말소)

"갑"과 "갑"의 조합원은 사업부지내의 대지 및 건물에 대한 소유권 이외의 권리(저당권, 임차권, 지상권 등)를 포함한 일체의 근저당 및 기타 담보권을 해지하여야 한다.

제16조(조합운영비)

"을"은 조합운영비로 월 OO,OOO,OOO원을 "갑"에게 지원하며 그 지급기한은 사전결정심의를 완료한 시점부터 OO개월까지로 한다.

제17조(대여금의 상환)

① 제13조의 이주비등의 상환기간은 "을"이 지정하는 입주개시일로부터 OO일 이내로 하며 그 상환은 입주와 관계없이 상환기간 내에 완료하여야 한다.

② 제13조의 이주비 등의 상환은 "갑"이 보증하며 제1항의 기간 내의 미상환조합원에 대하여는 년 OO%의 연체이자율을 적용한 연체기간 동안의 이자를 가산 "을"에게 상환한다.

③ 이주비 등을 상환완료시까지 "갑"은 미상환조합원에게 아파트의 입주와 소유권등기 및 입주를 허용하여서는 안 되며 입주개시일 이후 O개월까지 대여금을 상환하지 않을 경우에는 "을"은 분양받은 건축시설에 제14조 3항의 근저당권을 행사, 해당조합원에 대하여는 제25조 6항을 준용하여 처리한다.

④ "갑"은 이주비를 대여받은 조합원이 종전의 토지와 건물 등의 권리를 양도하는 경우 그 양도자 또는 양수자로부터 그 대여받은 이주비 등 대여금 전액을 "을"에게 일시불 현금 상환토록 한 후 그 권리의 양도, 양수를 승인하여야 한다.

제5장 설계와 공사시공

제18조(설계도서의 작성 및 시공의 기준)

① "을"이 시공할 건축시설의 설계도서는 "을"이 지정한 건축사무소에서 "갑"과 협의하여 작성하고 그 비용은 제13조 2항을 준용한다.

② "을"이 시공하는 건축시설은 전항의 설계도서에 의거 관할관청의 승인권자가 승인한 설계도면에 의하되 "을"이 사업추진과정에서 건축계획변경이 불가피한 경우에는 "갑"과 "을"은 별도협의하여 변경할 수 있다.

③ "갑"은 필요한 경우 "을"이 시공하는 건축자재의 검사를 요구할 수 있으며, 전항과 상이한 건축자재를 사용할 경우 그 교체를 요구할 수 있다.

④ 본 계약서에 의거한 아파트의 명칭은 "○○"으로 한다.

제19조(건축자재)

"을"이 사용하는 건축자재는 한국공업규격(KS)으로서 신품이어야 하며 규격표시가 제정되지 아니한 자재는 설계도서 및 견본주택에 있는 자재를 사용하거나 "갑" "을" 협의한 자재를 한다.

제20조(공사의 감리)

"갑"과 "을"은 협의하여 관계법령이 지정하는 공사감리자를 선정 공사진행에 차질이 없도록 하고 그 비용은 제13조 2항을 준용한다.

제21조(공사현장 대리인)

① "을"은 당해 공사에 적합한 기술면허 소지자를 공사현장대리인으로 지명하여 "갑"에게 통지하여야 한다.

제22조(공사시정 명령)

"을"이 관계법규와 승인된 설계도서 및 계약조건에 위반하여 건축시설을 시공하는 경우 "갑"은 이의 시정을 요구할 수 있으며 "을"은 정당한 사유 없이 이를 거절할 수 없다.

제23조(계약의 해제)

① "갑"은 다음 각 호의 1에 해당하는 경우 "을"에게 공사를 중지하도록 하고 계약을 해제할 수 있으며 이로 인하여 발생한 "갑"의 손해는 "을"이 배상한다.
  1. "을"이 정당한 사유 없이 공사기간 안에 건축시설을 완공할 가망이 없을 때
  2. 기타 계약조건을 위반하여 계약 목적의 달성이 불가능할 때
  3. 거주자의 이주가 완료되어 착공을 통지한 ○○일이 경과되어도 특별한 사유 없이 착공하지 않을 경우

② "을"은 다음 각 호의 1에 해당하는 경우에 공사를 중지하고 계약을 해제할 수 있으며 이로 인하여 발생한 "을"의 손해는 "갑"이 배상한다.
  1. 사업승인일로부터 ○개월이 경과하여도 완전이주가 안되어 공사수행에 지장이 있거나 불가능한 때
  2. "갑"의 귀책사유로 인하여 공사가 ○개월 이상 지연된 때

3. "갑"이 정당한 사유 없이 계약조건을 이행하지 아니하여 건축시설의 완공이 불가능한 때

③ 전 항 각 호에 의하여 계약을 해제할 경우 "갑"은 본 계약 당시까지 지급한 이주비, 조합운영비 및 공사비 등과 그에 대한 이자와 손해 배상금을 합한 금액을 "을"에게 즉시 상환하여야 하며 이를 상환하기 전까지는 본 계약의 해제 시까지 시공된 건축물 등의 소유권은 "을"이 유보한다.

제24조(재해방지 책임)

"을"은 공사현장에 안전표지판을 설치하는 등 재해방지에 필요한 조치를 취하여야 하며 공사로 인한 모든 안전사고에 대하여는 "을"의 책임으로 한다.

제6장   건축시설물의 분양과 공사비의 변제

제25조(조합원에 대한 분양)

① 조합원이 분양받은 세대당 평수는 계약서 5조의 내용으로 1가구 1세대에 한한다.

② 조합원이 4조 1항의 분양평수를 초과한 규모의 아파트를 분양받고자 하는 경우 조합규약이 정하는 바에 의하여 우선 공급하는 것을 원칙으로 하며 분양대금은 "갑"의 일반분양 계약자의 납부방법에 의하여 "을"에게 지급하여야 한다. 연체가 있을 경우에도 일반분양 아파트의 연체율을 적용한다.

③ 제1, 2항에 의거 조합원 공급 아파트는 별도의 아파트 분양계약서를 작성하며, 공급계약서에 제13조 1항에 준용하여 "을"에 대여한 금액에 대한 제18조 대여금 상환조건 및 명의변경 금지사항 등을 명기한다.

④ 조합원에게 분양하는 아파트의 동, 호수는 "갑"에게 희망 층으로 우선공급하고 동, 호수 추첨에 관한 세부사항은 "갑" "을" 협의하여 결정한다.

⑤ 일반분양자 및 조합원이 분양금(조합분담금)의 납부를 지체하는 경우 지체일수에 년 OO%의 연체이자를 징수하며, 조합원은 분양금의 체납액을 입주개시일로부터 O개월 이내에 납부하여야 하며, 입주 개시일로부터 O개월 이내에 체납된 분양금을 납부하지 아니하는 경우 "을"은 본조 6항에 준용하여 처리한다.

⑥ 금전청산이라 함은 "갑"의 조합원이 조합원별 분양금(조합분담금)과 이주비등 대여금을 "을"에게 상환하지 아니할 경우 "갑"이 해당조합원의 아파트를 일반분양가에 준한 가격으로 "을"이 임의 처분할 수 있으며 해당조합원이 "을"에게 상환해야 할 총 분양금(분담금)과 이주비등 대여금 및 연체이자를 공제하고 그 잔여금액을 해당조합원에게 현금지급함을 말한다.

제26조(일반분양)

① 조합원에게 공급하고 남은 잔여세대 아파트에 대하여는 주택공급에 관한 규칙에 의거 일반분양하며 분양대상, 방법, 절차, 분양가격 결정, 분양대금의 징수 등은 관할관청 승인권자의 승인을 받아 "갑"의 명의로 분양하며 그 업무는 "을"이 대행한다.

② 전 항의 분양수입금은 "을"이로서 관리하며, 공사대금 및 대여금 연체이자 순으로 충당한다.

제27조(공사비의 상환)

① "을"이 시공한 건축시설의 공사대금은 제25조 2항의 조합원 분담금 및 제26조의 일반분양금으로 충당한다.

② 전 항의 전체금액 중 일반분양아파트의 상환시기 및 금액은 주택공급규칙 제9조, 18조, 19조의 규정에 의거 일반분양분 입주자 모집공고 시에 공고된 비율, 구분회수 및 일자로 한다.

③ 전 1항의 전체금액 중 제25조 2항에 의한 조합원 유상면적에 대한 상환시기는 계약금(O회), 중도금(O회), 잔금(O회)로 하되 계약금, 중도금은 모집공고가 지정익일자로, 잔금상환일자는 입주개시일로 한다.

제7장 건축시설의 준공과 입주

제28조(사용검사)

① 건축시설에 대한 공사가 완료된 때에는 "을"은 시공감리자의 확인을 받아 "갑"에게 이를 통지하여야 하며 "갑"은 관할관청에 사용검사(임시사용검사)를 "을"은 사용검사(임시사용검사)필에 대한 책임을 진다.

② 건축시설에 대한 승인권자로부터 사용검사(임시사용검사)를 필한 경우 "을"은 즉시 입주지정일을 지정하여 "갑"에게 통지하여야 한다.

③ 본 계약으로 인한 건축시설 전부에 대한 승인권자의 사용검사필과 동시에 "을"의 "갑"에 대한 공사시공상의 모든 의무를 소멸한다.

제29조(입주)

① "갑"은 건축시설을 분양받은 조합원이 입주하는 경우 조합분양금(분담금) 및 이주비 등 대여금 완납 여부를 미리 확인하여야 하며, 이를 완납하지 아니한 자에게 입주를 허용하여서는 안 된다.

② "갑"과 "을"은 조합원 분양금 및 이주비 등 대여금의 상환이 완료되기까지는 미납조합원의 완성건물에 대하여 대지 및 건물에 대한 소유권 보존등기를 보류할 수 있다.

제30조(관리와 하자)

건축시설에 대한 사용검사 후 관리와 하자에 대한 사항(범위, 기간, 보증금 등)은 입주자 부주의에 따른 사항을 제외하고는 공동주택관리령이 정하는 바에 따른다.

제8장　기타사항

제31조(책임 및 한계)

① "갑"은 사업주체로서 사업시행에 필요한 토지, 건물을 제공하고 그 대가로 받은 제5조의조합원 분양 아파트 및 재건축조합의 제반 업무에 대하여 책임을 진다.

② "을"은 사업시행에 필요한 자금의 대여와 건축시설의 공사시공 및 공사로 인한 안전사고의 책임을 진다.

제32조(건축시설의 기성부분에 대한 손해)

① 건축시설의 기성부분에 대하여 "을"은 선량한 관리자의 주의의무를 다하여 관리하여야 한다.

② 건축시설의 사용검사 전에 천재지변 또는 불가항력에 의하여 건축시설의 기성부분에 손해가 발생한 경우 그 손해는 "갑", "을"이 공동으로 부담한다.

제33조(분쟁 및 소송관할)

① 본 계약과 관련한 "갑"과 "을"의 이견에 대하여는 당사자가 협의하여 처리하며, 협의가 성립되지 않을 경우 일반관례에 따른다.

② 본 계약과 관련한 쟁송에 관하여는 서울지방법원의 관할로 한다.

제34조(계약외의 사항)

본 계약서에 명시되지 아니한 사항에 대하여는 주택건설촉진법, 집합건물의 소유 및 관리에 관한 법률, 주택공급에 관한 규칙과 민법 등의 관계법령과 사회통념에 따라 처리하되, 기타 세부실무내용에 관하여는 "갑"과 "을"의 협의에 따른다.

제35조(제세금 및 부담금의 부담)

본 사업 시행으로 인하여 관련세법이 정하는 바에 따라 "갑"과 "을" 각각에게 부과될 수 있는 제세공과금은 부과되는 납부의무자가 각각 부담한다.

제36조(계약의 갱신)

① 조합장은조합의 책임과 권한을 대표하여, 본 계약내용에 명기된 "갑"의 의무를 성실히 수행한다.

② 주택건설촉진법 및 관련법규의 개정 또는 정부 시책의 변경, 사업계획 변경 결정 등으로 본 계약조건으로는 도저히 사업시행이 불가능할 경우 "갑" "을" 협의하여 본 계약을 갱신할 수 있다.

제37조(계약효력의 발생)

① 본 계약의 효력은 계약체결일로부터 발생한다.

② 본 계약은 "갑"의 임원변경 등의 사유로 본 계약의 효력에 영향을 미치지 아니한다.

계약을 체결함에 써 "갑"과 "을"은 위 계약조건을 충실히 이행할 것을 서명 날인하고 2부를 작성하여 각 1부씩 보관키로 한다.

20○○년 ○월 ○일

"갑(OO동 OO연립 재건축 추진위원회)"	주소	:
	추진위원장	: ○ ○ ○ ㊞
	주민등록번호	:
"을(주식회사 OOOO건설)"	주소	:
	사업자등록번호	:
	대표이사(대표자)	: ○ ○ ○ ㊞
	연락처	:
"갑"의 연대보증인	주소	:
	성명	: ○ ○ ○ ㊞
	주민등록번호	:

건물건축공사 도급계약서

제1조 "을"은 "갑"에 대하여 아래 건물에 건축공사를 도급 받아 이를 완성할 것을 약정하고, "갑"은 이에 대하여 보수를 지급할 것을 약정하였다.

― 아　래 ―

○○시 ○○구 ○○동 ○○번지 소재 대지㎡ 상에 철근콘크리트 3층 주택 1동 및 그 부속건물에 대한 건축공사 일체.

다만 공사사양은 별지와 같다.

제2조 "을"은 본 계약의 성립일로부터 ㅇ일 이내에 건축공사에 착수하고 공사착수일로부터 ㅇ일 이내에 이것을 완성하며 완성일로부터 ㅇ일 이내에 "갑"에게 인도하는 것으로 한다.

제3조 도급금액은 총액을 일금원으로 정하며 "갑"은 을에 대하여 본 계약의 성립과 동시에 금원, 공사완성 후 인도함과 동시에 잔금 원을 지불한다.

제4조 건축에 필요한 자재 및 노무에 대하여는 전부 "을"이 공급한다.

제5조 공사 중 건축자재의 가격에 변동이 생겼을 경우는 "을"의 책임으로 한다. 다만, "갑"이 제3조의 지불시기로 정하여진 날보다 늦게 지불함으로써 생긴 자재 값의 인상에 대하여는 "갑"의 책임으로 한다.

제6조 "을"이 전 2조의 기일에 공사를 완공하지 못하여 목적물을 인도하는 것이 불가능하게 된 때에는 그 일수에 따라 일일 금원 비율로 지체배상금을 "갑"에게 지불한다. 이 경우 "갑"은 을에 대하여 지불하여야 할 보수 중 좌기 금액을 공제할 수 있다.

제7조 "갑"은 본 건축의 설계사양을 변경할 수 있다. 이 때 "갑"과 "을"은 보수의 증감 및 공사물의 완성과 인도 시기의 변경에 대하여 협의하여 이를 정한다.

제8조 본 건축공사에 하자가 발생하였을 경우 "을"은 인도일로부터 ㅇ년간 그 담보책임을 진다.

제9조 본 건축공사 완공 후에 천재지변에 의한 불가항력에 의해 목적물이 멸실 또는 훼손되었을 경우에는 "을"이 그 위험에 대한 책임을 진다.

제10조 "갑"은 본 건축공사 중 필요에 따라 계약을 해지할 수 있다. 다만 "갑"은 이에 따른 손해를 배상하여야 한다.

제11조 본 계약에 관하여 분쟁이 있을 경우 ○○법원을 그 관할 법원으로 한다.

상기와 같이 "갑"과 "을" 간에 계약이 성립되었기 본 증서를 2통 작성하고 각 자 기명날인 한 후 각 1통씩 보관하기로 한다.

20○○년 ○월 ○일

	주소	:
발주자	상호	:
"갑"	성명	: ○○○ ㊞
	사업자등록번호(주민등록번호)	:
	주소	:
도급자	상호	:
"을"	성명	: ○○○ ㊞
	사업자등록번호(주민등록번호)	:

건설레미콘운반도급계약서

　　○○○○(주) ○○(이하 "갑"이라 함)과 (이하 "을"이라 함)간에 "갑"이 출하하는 레미콘의 운반에 관하여 다음과 같이 계약을 체결한다.

－ 다 음 －

제1조(계약의 목적)

　　"을"은 "갑"의 출하 요청에 따라 자신이 보유한 레미콘트럭(이하 "차량"이라 함)으로 "갑"이 출하하는 레미콘을 신의와 성실을 다하여 "갑"의 수요자(처)에게 신속, 정확하게 운반, 공급함을 목적으로 한다.

제2조(계약의 범위)

1. "갑"의 공장에서 출하되는 레미콘의 운반
2. "갑"의 요청에 의한 동양메이저(주)의 타 공장 지원
3. 기타 본 계약에 명시된 사항 및 운반업무 수행에 따른 일체의 부대사항

제3조("을"의 책임과 의무)

1. "을"은 "갑"의 출하 요청에 따라 물품을 소정의 목적지까지 안전하게 운송하여야 한다.
2. "을"은 차량에 대한 사전 점검 및 예방수리를 철저히 하여 레미콘 운반도급 업무에 지장이 없도록 하여야 한다.
3. "을"은 "갑"이 정하는 절차와 방법에 따라 성실한 자세로서 레미콘을 운송하고, 운송장소, 운송거리, 운송물량, 운송시간 등 "갑"의 운송요청에 정당한 이유 없이 불응하여서는 아니 되며 "갑"에게 손해를 끼쳐서는 안 된다.
4. 본 계약 수행 중 "갑"의 책임 없이 "을"로 인하여 발생하는 모든 사고, 재해 및 위법사항에 대한 민·형사상의 책임은 "을"이 부담한다.
5. "을"은 책임보험과 대인, 대물사고에 대한 종합보험에 필히 가입해야하며 보험가입 증명서 사본을 계약과 동시에 "갑"에게 제출하여야 한다.
6. "을"은 본인이 직접 차량을 운행하여야 하며 부득이한 사유가 있을 때에는 "갑"의 사전 승인하에 일정기간 대리운전을 시킬 수 있다.
7. "을"은 제3자를 운전원으로 채용할 수 있고 제3자의 운반비 등 제비용은 "을"이 전적으로 부담하며 제3자로 하여 운행하게 할 때에는 "갑"의 사전승인 하에 일정기간 운행하게 할 수 있다. 이때 "갑"은 제3자의 자격과 기능이 이 업무에 적합한자의 여부를 판단한다.

8. 대리운전원, 제3자 운행은 그 운전자가 "을"과 동일한 책임과 의무를 부담한다.

제4조(운반단가 및 운반비 지급) 운반차량의 기준운반단가는 다음과 같다.

1. 운반단가 : 기본단가 1㎥당원정

2. "을"은 매월 말 월마감하여 익월 5일 이내에 세금계산서를 발행하여 청구하고, "갑"은 이를 확인한 후 익월 10일에 대금을 지급한다.

3. 1회 운반물량이 6㎥이하일 경우는 계산물량을 6㎥로 하여 운반비를 지급한다.

4. 운반현장별 거리(㎞)는 "갑"이 측정한 기본거리를 기준으로 한다.

5. "을"이 "갑"의 타 공장을 지원할 시 운반비 책정은 "을"의 소속공장과 피 지원 공장의 운반단가 중 높은 쪽의 단가를 적용하며, 차량 이동시 발생하는 유류비, 통행료 및 숙박비 등은 실비로 계산하여 "갑"이 부담한다.

제5조(비용부담)

1. "을"은 본 계약을 수행함에 따라 발생하는 일체의 비용(각종 보험료, 부가세, 소득세 등 제세공과금, 유류비, 범칙금, 타이어비용 등 일체)을 부담하며 모든 관리는 "을"의 독자적인 계산하여 운영한다.

2. 다음의 경우에 한하여 발생비용을 "갑"이 부담한다.
   1) 수요처 현장의 주차위반 및 통행금지구역 주행 시 발생한 범칙금
   2) 수요처 현장사정에 의한 차량 침하 등의 비용("을"의 귀책사유는 제외함)
   3. "을"은 제법규 및 행정지시에 의한 차량검사 및 교육훈련에 당연히 참가 하여야 하며 이로 인한 비용은 "을"이 전적으로 부담한다.

제6조(손해 배상)

1. "을"이 "갑"의 운반요청에 따른 제반주의를 소홀히 하거나 차량에 대한 정비 불량 등 운행에 필요한 준비 부족으로 인하여 제품이 반송되거나 불량품이 발생하였을 시는 그 손해액을 "을"이 부담해야 한다. 단, "갑"의 제품이 불량품이었다고 판명되거나, 수요처의 현장사정 및 과다 배차에 기인할 경우는 제외한다.

2. 폐 레미콘 발생시 "을"은 즉시 "갑"에게 통보하여 조치를 받아야 하며, 통보 및 폐기처리 지연으로 인하여 발생된 손해액은 "을"이 부담한다.

3. "을"의 고의, 과실 또는 해태 등으로 인하여 레미콘 출하에 지장을 초래함으로써 "갑"의 손해 및 영업상의 손실이 발생하였을 시는 손해액을 "을"이 부담한다.

4. 위 각호에 해당하는 손해액 산출방법은 아래 각 호와 같다.

가) 손해액이 명확할 때 : 손해액 전액을 적용함.

나) 손해액이 명확하지 않을 때
   ① 출하가 중단된 경우: "을"의 귀책사유로 인하여 출하가 중단된 기간중의기간중의 물량을 중단직전 1개월 동안의 일평균 물량으로 추정하여 산출한 후 평균 판매단가를 적용함.
   ② 일부 출하가 진행된 경우 : 전월 일평균물량에 당해기간의 일수 곱하여 산출한 달성 가능물량과 당해기간의 실제 운반물량의 차이물량에 평균판매단가를 적용함.

5. "을"이 "갑"에게 손해배상을 하여야 할 사유가 발생하였을 시는 "을"에게 지급할 운반 비중에서

우선 공제한다.

제7조(금지 사항)

1. "을"은 "갑"의 사전동의 없이 본 계약의 권리와 의무를 제3자에게 양도 하거나 이 계약서상의 권리를 제한하게 할 수 없다.
2. "을"은 "갑"의 레미콘 운송물량이 부족하여 소득이 현저하게 감소할 경우에는 "갑"의 사전협의 및 동의를 얻어 독자적으로 운송물량을 개척하여 사업을 영위할 수 있다.

제8조(계약기간)

본 계약의 기간은 20○○년 ○월 ○일부터 20○○년 ○월 ○일까지로 하며 만료 시 "갑"과 "을" 간에 이의가 없을 때에는 1년 단위로 계약이 자동 연장된 것으로 본다.

제9조(계약변경)

본 계약의 내용에 대하여 "갑"과 "을" 상호간에 변경 및 수정의 필요성이 있다고 정할 때는 쌍방이 충분히 협의한 후 문서에 의해서만 할 수 있다.

제10조(계약해지) "갑"은 "을"이 본 계약을 성실히 수행하지 않거나 위약하였을 경우 5일의 기한을 주는 1회의 최고를 거쳐 본 계약을 해지할 수 있으며 이에 대하여 하등의 이의를 제기할 수 없다.

1. "갑"은 "을"의 다음사항에 대하여 운반계약 해지를 할 수 있다.
   가) 운송장소, 운송거리, 운송물량, 운송시간 등 "갑"의 운송요청에 정당한 이유 없이 운행을 거부하여 레미콘 출하에 지장을 초래하는 경우
   나) 현장에서 거래처 상대방에게 금품을 수수하거나 회사의 지시 없이 회차하는 경우
   다) 현장에서 거래처 상대방에게 폭력 및 타설조작 거부 등 불미스러운 행동을 하여 회사에 피해를 주었을 경우
   라) 도박, 음주, 고성방가, 폭행 등 계약자로서의 풍기를 문란하게 하는 경우
   마) 운행종료 후 공장구내에 폐수나 쓰레기를 방류하는 경우
   바) "갑"의 사전 승인 없이 대리운전이나 제3자로 운전하게 하는 경우
   사) 레미콘 출하에 지장을 주는 제반 행위를 위한 타계약자 선동 및 담합 행위
   아) 교통사고나 기타의 형사사건으로 구속되어 운송을 위한 면허가 취소되었을 경우
   자) 기타 "을"이 본 계약상의 책임과 의무를 이행하지 않거나 약정을 위반 하였을 경우
   * 단, 사) 아) 항목은 최고 없이 운반계약 해지를 할 수 있다.
2. "을"은 "갑"의 다음사항에 대하여 운반계약 해지를 할 수 있다.
   가) "을"이 성실한 운행을 하였음에도 불구하고 ○○○○(주)가 운반비를 지급하지 않았을 때
   나) "갑"이 정당한 사유 없이 조출 및 야간운행, 장거리물량 및 소량물량출하 배 차 순서 등의 고의적 순서조작으로 타 운반계약자들과 다른 불공평한 대우를 할 경우
   다) 기타 "갑"이 본 계약상의 약정을 위반하였을 경우

제11조(이행보증)

"을"은 본 계약이행을 보증하기 위하여 보증보험회사에서 발행하는 이행(계약)보증보험증권을 "갑"에게 계약시점으로부터 1주일 이내에 제출하여야 한다.

제12조(기타사항)

본 계약에 명시되지 않은 사항에 대해서는 일반상관례에 준하며, 문 해석에 의견이 있을 경우에는 "갑"과 "을"이 상호 협의하여 결정한다.

제13조(관할 법원)

본 계약에 소송의 관할법원은 "갑"과 "을"이 합의하여 결정하는 관할법원으로 하며, "갑"과 "을" 간에 합의가 이루어지지 아니한 경우에는 민사 소송법상에 의한 법원으로 한다.

본 계약을 증하기 위하여 계약서 2부를 작성하여 쌍방 날인하고 "갑"과 "을"이 각 1부씩 보관한다.

20○○년 ○월 ○일

"갑"	주소	:	
	상호	:	
	대표자	:	○○○ ㊞
		:	
"을"	성명	:	○○○ ㊞

협약서 ②

본 협약서는 레미콘 운반도급 계약서 제4조(운반단가 및 운반비 지급)와 관련 사항으로 "갑"과 "을"은 상호 신의에 유가 연동부분 요율적용조정을 다음과 같이 적용할 것을 협약한다.

-다 음-

제1조(협약의 목적)

"갑"은 "을"의 레미콘 운반도급에 따른 유류비를 보조 지원함을 목적으로 한다.

제2조(유류비 변동기준)

계약시점의 주유소 평균단가(VAT별도)를 적용하여 ±10%시에는 매월 변동유가를 적용한다.

제3조(유류비 변동요율 적용기간)

　본 협약기간은 20○○년 ○월 ○일부터 20○○년 ○월 ○일까지로 한다.

제4조(유류비 변동요율 정산방법)

－ 기준단가는 최초 시행일자(1998년 6월 1일)의 주유소 유가 평균금액 443원/L로 한다.
－ 유류 원단위는 0.60L를 적용하며 "을"의 운행일보 기준에 의한 평균 운반거리를 적용한다. 단, 유류 비 인상금액은 소수점이하 절사한다.

＊ 정상방법의 예
1) 계약시점 유가 : 443원/L → 489원/L(당월가중치 평균유가 산출시 적용금액)
2) 당월 평균유가 산정방법
　－ ○월 ○일부터 ○월 ○일까지 : 443원/L
　－ ○월 ○일부터 ○월 ○일까지 : 500원/L
　－ ○월 ○일부터 ○월 ○일까지 : 510원/L
　(443원×7일)+(500원×15일)+(510원×8일)/30일 ＝ 489.36원
3) 1회전 평균거리 : 24㎞
4) 유류 원단위 : 0.60L
5) ㎥당 인상금액 : (489원－443원)×24㎞×0.60L/6㎥＝110원
6) 운반물량 × 요율적용단가 : 650㎥×110원＝71,500원

　본 협약을 증하기 위하여 협약서 2부를 작성하여 쌍방날인하고 "갑"과 "을"이 각 1부씩 보관한다.

20○○년 ○월 ○일

	주소	:
"갑"	상호	:
	대표자	: ○ ○ ○ ㊞
		:
"을"	성명	: ○ ○ ○ ㊞

협약서 ③

　"갑"은 별도로 체결한 매매계약서상의 차량에 대한 분할상환금의 상환이 완료 될 때까지 "갑"의 제품운송과 관련하여 보험회사의 자체보험에 준하는 차량사고가 발생하였을 경우 이에 해당하는 차량의 수리를 "갑"이 책임진다. 단, "을"은 다음사항을 준수하여야 한다.

-다 음 -

1) "갑"의 필요시 사실을 증빙할 수 있는 제반 증빙서류 제출(현장 및 피해차량사진 포함)
2) "을"의 차량수리는 "갑"이 지정하는 정비공장에서 실시하여야 하며 이에 대한세금계산서 및 수리명세
서를 "갑"에게 제출한다.
3) 정비불량으로 판단되는 사고에 대한 책임은 "을"이 전적으로 진다.
4) 자차 보험에 준하는 면책금에 해당되는 금액은 "을"이 책임진다.

2○○○년 ○월 ○일

"갑"	주소	:	
	상호	:	
	대표자	:	○ ○ ○ ㊞
		:	
"을"	성명	:	○ ○ ○ ㊞

【공사 하도급계약서】

공사 하도급계약서

1. 공사명 :

2. 하도급자공사명 :

3. 공사장소 :

4. 공사기간 –착공일 : 2000년0월0일

완공일 : 2000년0월0일

5. 계약금액 –일금 :

공급가액 : 일금
부가가치세 : 일금

6. 선수금 :

7. 하자 보증 기간 : 2000년 0월 0일 ~ 2000년 0월 0일

상기 공사에 관하여 공사도급인 OO건설주식회사(이하 “갑”)와 공사 수급인(이하 “을”)은 별첨 계약조건, 시방서, 설계서 등에 의하여 본 공사 하도급 계약을 체결하고 계약서 2 통을 작성하여 각각 1 통씩 보관한다.

20○○년 ○월 ○일

“갑”	주소	:
	상호	: (납세번호:)
	대표자	: ○○○ ㊞
“을”	주소	:
	상호	: (납세번호:)
	대표자	: ○○○ ㊞
“연대보증인”	주소	:
	상호	
	대표자	: ○○○ ㊞
“연대보증인”	주소	:
	상호	:
	대표자	: ○○○ ㊞

계약조건

제1조(하도급자)

① "을"은 이 계약조건과 설계도면, 시방서, 현장설명서 및 공정 계획표 등에 의하여 계약기간 내에 공사를 완성하여야 한다.

② "을"은 계약체결 후 5 일 이내에 공사착공계, 공사계획서 등을 "갑"에게 제출하여 그 승인을 받아야 한다.

③ "을"은 근로기준법, 산업재해보상보험법 및 기타 법령에 규정된 사업주 또는 사용자로서의 책임을 지며 관계법령에 규정된 보상금 이 외의 비용을 부담하고 시공 중에 발생하는 민, 형사상의 제반 문제를 책임진다.

④ "을"은 공사를 시공함에 있어 "을"의 책임 있는 사유로 제3자에게 미친 손해에 대하여 그 배상책임을 진다.

제2조(재하도급 금지)

"을"이 하도급 받은 공사의 전부 또는 일부를 제3자에게 재 하도급 할 수 없다.

제3조(권리, 의무의 양도금지)

① "을"은 이 계약으로부터 발생하는 권리 또는 의무를 제3자에게 양도 또는 승계 시킬 수 없다.

② "을"은 공사목적물 또는 공사현장에 반입하여 검사 완료된 공사자재를 제3자에게 양도하거나 대여 또는 담보목적물에 제공할 수 없다.

제4조(공사의 이해보증)

"을"은 이 계약의 이행을 보증하기 위하여 계약체결과 동시에 계약금액의 100 의 10 이상이 해당하는 현금 또는 이에 상당하는 유가증권, 이해보증보험증권, 등으로서 "갑"이 인정하는 증권 또는 증서를 "갑"에게 예치하여야 한다.

제5조(현장대리인)

① "을"은 공사현장 대리인을 선정하여 "갑"에게 통지하고 대리인을 현장에 상주하여 공사에 관한 모든 책임을 진다.

② "갑"은 "을"의 현장대리인이나 "을"의 사용자가 공사수행상 부적당하다고 인정될 때에는 "을"에게 이들의 교체를 명할 수 있고 "을"은 이에 응하여야 한다.

제6조(공사재료)

① 공사재료는 "갑"의 검사에 합격된 것을 사용하여야 한다.

② 검사결과 불합격된 공사재료는 지체 없이 공사현장으로부터 이를 반출하여야 한다.

③ 공사재료 중 시방서 등에 품질이 명시되어 있지 아니한 것은 "갑"이 인정하는 최상급의 것을 사용하여야 한다.

제7조(지급재료, 대여품)

① "을"은 지급재료 또는 대여품에 대하여 선량한 관리자로서의 의무를 보관 또는 사용하여야 하며 고의 또는 과실에 의한 감소 또는 파손이 있을 경우에는 "을"이 배상책임을 진다.

② 사용하고 남은 지급재료는 설계도서에 명시되어 있지 아니한 때에는 "갑"의 지시에 따른다.

③ 공사내용의 변경으로 말미암아 사용할 수 없게 된 지급재료 또는 사용 완료된 대여품은 지체 없이 "갑"에게 반환하여야 한다.

제8조(공사의 변경)

"갑"은 공사내용을 변경 또는 추가할 수 있으며 "을"은 시공도중 다소의 증감에 대하여는 정식 설계변경으로 증감이 생기지 않는 한 당초 내용대로 시공하여야 한다.

제9조(준공검사)

① "을"은 공사를 완료한 준공계를 "갑"에게 제출하고 "갑"의 준공검사를 받아야 한다.

② 전항의 검사에 합격하지 못한 때에는 "을"은 지체 없이 이를 보수 또는 개수하여 "갑"의 검사를 다시 받아야 한다.

제10조(기성지불 방법)

① "을"은 공사의 기성부분 검사 또는 준공검사에 합격한 때에는 도급대금의 지급을 "갑"에게 청구할 수 있다.

② "을"은 매월 말 기준 기성부분 검사요청을 할 수 있으며 그 기성부분에 대한 대가의 90 / 100 이내에서 지급한다.

 단, 준공불은 준공정산 후 지불한다.

③ 기성부분의 공사대금지불은 "갑"의 현자에서 지급한다.

제11조(선급금의 지불방법)

① "갑"은 공사집행을 원활하게 하기 위하여 "을"의 청구에 의하여 계약금액의 ○○% 이내에서 선급금을 지급할 수 있다.

② 제1항의 규정에 의하여 "을"이 선급금을 신청하고자 할 때에는 "을"은 선급금 사용계획서, 지급보증서 (은행의 지급 보증서) "갑"을 피보험자로 한 이행보증 보험보증을 "갑"에게 제출하여야 한다.

③ "을"은 수령한 선급금을 당해 공사 이외의 타 용도에 사용할 수 없으며, 선급금액의 사용에 대하여 "갑"의 확인 요구가 있을 때에는 언제든지 성실하게 이에 응하여야 한다.

④ 선급금의 공제는 ○○회로 나누어 분할 공제한다.

제12조(지체보상금)

① "을"은 계약기간 내에는 "을"의 사유로 인하여 공사를 완성치 못하였을 때에는 지체된 매 1 일에 대하여 계약금액의 1000 분의 3 이상을 "갑"에게 납부하여야 한다.

제13조(하자보증)

① "을"은 "갑"의 하자기간 중 발생되는 이 계약상의 모든 하자에 대하여 보수 및 재시공의 책임을

지고 이를 보증하기 위하여 계약금액의 100분의 5에 상당하는 현금을 예치하여야 한다.

 단, 유가증권, 하자보증보험증권 등으로 대체할 수도 있다.

② 하자기간은 "갑"이 발주관서와 체결한 기간과 동일하게 한다.

제14조(계약의 해제)

① "갑"은 "을"이 다음 각 호에 해당되어 계약을 이행할 수 없다고 인정될 때에는 제4조에 의한 이행보
   증금을 위약금으로 취득하고 계약의 전부 또는 일부를 해제 또는 해지할 수 있다.

　㉠ 정당한 사유 없이 약정된 착공 기일까지 공사를 착수하지 아니 하였을 때

　㉡ 공사가 공정표와 같이 추진되지 아니하거나 공사를 소홀히 하여 공기 내 준공할 가능성이 없다고
     인정될 때

　㉢ "갑"의 승인 없이 재하도급을 하여 제2조의 규정을 위반하였을 때

　㉣ "을"이 기타 계약조건을 위반하였을 때

② 전항에 의한 계약해제에 있어 "을"은 이의신청이나 손해배상을 청구할 수 없으며 해약으로 인하여
   "갑"이 손해를 당하였을 때에는 "을"이 배상책임을 진다.

③ 연대보증 : "을"은 본 공사에 관하여 보증인 2 인 이상을 선정하여 연대 보증케 하며 본 시공에 관한
   일체의 책임에 대하여 연대보증인으로서의 의무 및 책임을 진다.

제15조(기타)

　이 계약에 명시되지 아니한 사항은 관례에 따르고 계약사항에 대한 이의가 있을 때에는 "갑"의 의견에 따른
다.

【공사추가 도급계약서】

공사추가 도급계약서

제1조 계약자

	발 주 처	한국토지공사 사장
계 약 자	계약상대자 (I)	· 주소 : · 상호 : · 대표자 :　　　　전화번호
	계약상대자 (II)	· 주소 : · 상호 :　　　　법인등록번호: · 대표자 :　　　　전화번호 :
	계약상대자 (III)	· 주소 : · 상호 :　　　　법인등록번호: · 대표자 :　　　　전화번호 :
	연대보증인	· 주소 : · 상호 :　　　　법인등록번호: · 대표자 :　　　　전화번호 :

제2조(계약내용)

① 공사명 :

② 추가계약금액 : 금 원정(₩)

③ 가계약보증금 : 금 원정(₩)

④ 지체상금율 : 분의

⑤ 변경전 준공년월일 : 2000. O. O.

⑥ 변경후 준공년월일 : 2000. O. O.

⑦ 기타사항 :

제3조(변경후 하자담보책임 (복합공종의 경우 공종별 구분 기재)

공종	하자보수 보증금율(%)	하자담보 책임기간(년)	공종	하자보수 보증금율(%)	하자담보 책임기간(년)

한국토지공사 사장과 계약상대자는 위의 공사추가도급계약을 체결함에 있어 본 추가도급계약에 규정되지 않은 사항에 대하여는 변경 전 계약의 모든 조건이 계약의 일부가 되고 신의에 따라 성실히 계약상의 의무를 이행할 것을 확약하며, 연대보증인은 계약상대자와 연대하여 계약상의 의무이행을 완수할 것을 확약한다. 이 계약의 증거로서 계약서를 작성하여 기명날인한 후 각각 1통씩 보관한다.

20○○년 ○월 ○일

한국토지공사 사장 : ○○○ [인]
계약상대자(Ⅰ) : ○○○ [인]
계약상대자(Ⅱ) : ○○○ [인]
계약상대자(Ⅲ) : ○○○ [인]
연대보증인 : ○○○ [인]

건축물의 설계계약서

1. 설계계약 건명 :

2. 대지위치 :

3. 설 계 개 요

  1) 대 지 면 적 : ㎡ (평)

  2) 용 도 :

  3) 층 수 : 지하 층 지상층

  4) 구조 :

  5) 연면적의 합계 : ㎡ (평)

4. 계 약 금 액 : 일금 원정(₩)

   "갑"과 "을"은 이 계약서에 의하여 설계계약을 체결하고 각 1부씩 보관한다.

2000년 0월 0일

건축주 "갑"	주소	:	
	성명	:	○ ○ ○ ㊞
	주민등록번호	:	
	연락처	:	
건축주 "을"	주소	:	
	사무소명	:	
	면허번호	:	
	성명	:	○ ○ ○ ㊞
	연락처	:	

제1조(총칙)

   이 계약은 건축법 제9조의2 및 건축사업무 및 보수기준(이하 "보수기준"이라 한다)에 의하여 건축주(이하 "갑"이라 한다)가 건축사법 제23조 제1항의 규정에 의하여 등록한 건축사(이하 "을"이라 한다)에게 위탁한 설계 업무의 수행에 필요한 상호간의 권리와 의무 등을 정한다.

제2조(용역기간)

   설계용역업무의 수행기간은 2000년 0월 0일부터 2000년 0월 0일까지로 한다.

제3조(용역범위)

"을"이 "갑"에게 제공할 용역의 범위는 건축물의 건축을 위한 기본설계도, 실시설계도, 기타 공사실시에 필요한 설계도서를 작성하는 업무(이하 "설계업무"라 한다)로 한다.

제4조(용역비의 산출 및 지불방법)

① 용역비의 산출기준 및 방법은 보수기준에 의한다. 단, 현장여건 및 설계조건이 특수하거나 업무가 추가되는 경우에는 "갑"과 "을"이 협의하여 정한다.

② 설계업무의 보수는 일시불로 또는 분할하여 지불할 수 있다.

③ 보수를 분할하여 지불하는 경우에 그 지불시기 및 지불금액은 다음과 같이 이행함을 원칙으로 하되, "갑"과 "을"이 협의하여 조정할 수 있다.

지 불 시 기	지불비율	지 불 금 액	비 고
용역계약시	20%	₩	
기본설계(허가신청용)인도시	40%	₩	
실시설계(착공신고용)인도시	40%	₩	
계	100%	₩	

제5조(특약 등)

이 계약에서 정하는 사항 외에 "갑"과 "을" 간의 특약이 있는 경우에는 이에 부수되는 개별계약을 추가로 체결할 수 있으며, 이에 소요되는 비용은 보수기준에 의하여 별도로 산정한다.

제6조(보수의 조정)

설계업무의 수행기간이 1년을 초과하는 경우에 이 기간 중 보수기준에 의한 인건비의 변경이 있을 때에는 국가를당사자로하는계약에관한법률시행규칙 제74조의 규정에 의하여 "갑"과 "을"이 협의하여 보수를조정할 수 있다.

제7조(자료의 제공 및 성실의무)

① "갑"은 "을"이 설계업무를 수행하는데 필요한 다음 각 호의 자료를 요구할 때에는 지체 없이 제공하여야 하며 이때 "갑"은 제공해야할 자료의 수집을 "을"에게 위탁할 수 있다.

1. 건축물의 구체적 용도와 이에 관련된 요망 사항
2. 설계진행 및 건축허가에 필요한 제반서류(소유권 관계 등)
3. 토지이용에 관한 증빙서류(도시계획 확인원, 지적도, 토지대장, 건축물 관리대장 등)
4. 대지측량도(현황 및 대지경계명시 측량도)
5. 지질조사서 및 지내력 검사서, 굴토설계도서
6. 대지에 관한 급·배수, 전기, 가스등 시설의 현황을 표시하는 자료
7. 교통영향평가서, 환경영향평가서에 필요한 제반서류

8. 기타 업무수행에 필요한 자료

② "갑"이 제1항의 자료수집을 "을"에게 위탁한 경우에는 "갑"은 이에 소요되는 비용을 지불한다.

③ "갑"은 본인이 의도하는 바를 "을"에게 요구할 수 있으며 "을"은 "갑"의 요구내용을 수용하여 맡은바 업무를 성실히 수행한다.

④ "갑"과 "을"은 계약이 종료될 때까지 신의와 성실의 관계를 유지하고 "을"은 설계도서에서 의도한 바를 "갑"에게 설명하며 자문한다.

제8조(자재검사 등의 의뢰)

① "을"은 설계도서에서 지정한 건축자재를 선정하기 위하여 자재검사 및 품질시험을 관계전문기관에 의뢰할 수 있다.

② "을"은 제1항의 검사 및 시험의뢰에 앞서 "갑"과 협의하여야 하며, "갑"은 협의된 검사 및 소요되는 비용을 지불한다.

제9조(설계도서의 작성·제출)

① "을"이 설계도서를 작성함에 있어서는 건축법 제19조 제2항의 규정에 의하여 건설교통부장관이 승인한 설계도서 작성기준에 의한다.

② "을"은 완성된 설계도서를 청사진으로 3부를 작성하여 "갑"에게 제출한다.

③ 제2항에 의한 설계도서는 자기디스켓·광디스크·마이크로필름 등으로 작성하여 제출할 수 있으며, 수록내용을 임의로 수정할 수 없도록 작성한다.

④ "갑"과 당해 건축물의 시공자는 "을"이 제출한 설계도서를 검토하여 미진한 부분이 있을 때에는 "을"에게 그 보완을 요구할 수 있다.

제10조(설계도서의 총괄)

① "갑"이 전기 및 기계설비 등에 대한 설계도서 작성을 별도로 발주한 경우에 "을"은 그 설계도서의 작업수행을 총괄한다.

② "갑"은 제1항에 의해 설계도서를 별도로 작성하는 자로 하여금 "을"의 총괄업무에 협조하도록 조치한다.

③ "갑"은 "을"의 총괄업무에 소요되는 경비를 지불한다.

제11조(계약의 양도 및 변경 등)

① "갑"과 "을"은 상대방의 승낙 없이는 이 계약상의 권리·의무를 제3자에게 양도, 대여, 담보제공 등 기타 처분행위를 할 수 없다.

② "갑"의 계획변경, 관계법규의 개·폐, 천재지변 등 불가항력적인 사유의 발생으로 설계업무를 수정하거나 계약기간을 연장할 상당한 이유가 있는 때에는 "갑"과 "을"은 서로 협의하여 계약의 내용을 변경할 수 있다.

③ 제2항의 규정에 의하여 이미 진행한 설계업무를 수정하거나 재설계를 할 때에는 이에 소요되는 비용은 보수기준에 따라 산정하여 추가로 지불한다.

제12조(이행지체)

① "을"은 설계업무를 약정기간 내에 완료할 수 없음이 명백한 경우에는 이 사실을 지체 없이 "갑"에게 통지한다.

② "을"이 약정기간 내에 업무를 완료하지 못한 경우에는 지체일수 매1일에 대하여 보수의 2.5/1000에 해당하는 지체상금을 "갑"에게 지불한다.

③ 천재지변 등 부득이한 사유 또는 "을"의 책임이 아닌 사유로 인하여 이행이 지체된 경우에는 제2항의 규정을 적용하지 아니한다.

④ "갑"은 "을"에게 지급하여야 할 보수에서 지체상금을 공제할 수 있다.

제13조(이행보증보험증서의 제출)

① "갑"과 "을"은 계약의 이행을 보증하기 위하여 계약체결 시에 상대방에게 이행보증보험증서를 제출할 수 있다.

② 제1항의 규정에 의하여 이행보증보험증서를 제출 받은 경우에는 이를 계약서에 첨부하여 보관한다.

제14조("갑"의 계약해제 · 해지)

① "갑"은 다음 각 호의 경우에 계약의 전부 또는 일부를 해제 · 해지할 수 있다.

  1. "을"이 관할 행정청으로부터 면허 또는 등록의 취소, 업무정지 등의 처분을 받은 경우
  2. "을"이 금융기관의 거래정지 처분, 어음 및 수표의 부도, 제3자에 의한 가압류 · 가처분 · 강제집행, 금치산 · 한정치산 · 파산선고 또는 회사정리의 신청 등으로 계약이행이 곤란한 경우
  3. "을"이 상대방의 승낙 없이 계약상의 권리 또는 의무를 양도한 경우
  4. 사망, 실종, 질병, 기타 사유로 계약이행이 불가능한 경우

② 천재지변 등 부득이한 사유로 계약이행이 곤란하게 된 경우에는 상대방과 협의하여 계약을 해제 · 해지할 수 있다.

③ "을"은 제1항 각호의 해제 · 해지 사유가 발생한 경우에는 "갑"에게 지체 없이 통지한다.

④ "갑"은 제1항의 규정에 의하여 계약을 해제 · 해지하고자 할 때에는 그 뜻을 미리 "을"에게 14일전까지 통지한다.

제15조("을"의 계약 해제 · 해지)

① "을"은 다음 각 호의 경우에는 계약의 전부 또는 일부를 해제 · 해지할 수 있다.

  1. "갑"이 "을"의 업무를 방해하거나 그 보수의 지불을 지연시켜 "을"의 업무가 중단되고 30일 이내에 이를 재개할 수 없다고 판단된 때
  2. "갑"이 계약 당시 제시한 설계요구조건을 현저하게 변경하여 약정한 "을"의 업무수행이 객관적으로 불가능한 것이 명백할 때
  3. "갑"이 상대방의 승낙 없이 계약상의 권리 또는 의무를 양도한 경우
  4. "갑"이 "을"의 업무수행상 필요한 자료를 제공하지 아니하여 "을"의 업무수행이 곤란하게 된 경우
  5. 사망, 실종, 질병, 기타 사유로 계약이행이 불가능한 경우

② 천재지변 등 부득이한 사유로 계약이행이 곤란하게 된 경우에는 상대방과 협의하여 계약을 해제 · 해지할 수 있다.

③ "갑"은 제1항 각호의 해제·해지 사유가 발생한 경우에는 "을"에게 지체 없이 통지한다.

④ "을"은 제1항의 규정에 의하여 계약을 해제·해지하고자 할 때에는 그 뜻을 미리 "갑"에게 14일전까지 통지한다.

제16조(손해배상)

"갑"과 "을"은 상대방이 제11조 제2항의 규정에 의한 계약변경, 제14조 및 제15조의 규정에 의한 계약의 해제·해지 또는 계약위반으로 인하여 손해를 발생시킨 경우에는 상대방에게 손해배상을 청구할 수 있다.

제17조("을"의 면책사유)

"을"은 다음 각 호의 사항에 대하여는 책임을 지지 아니한다.

1. "갑"이 임의로 설계업무 보수의 지불을 지연시키거나 요구사항을 변경함으로써 설계업무가 지체되어 손해가 발생한 경우

2. 설계도서가 완료된 후 건축관계법령 등이 개·폐되어 이미 작성될 설계도서 및 문서가 못쓰게 된 경우

3. 천재지변 등 불가항력적인 사유로 인하여 업무를 계속적으로 진행할 수 없는 경우

제18조(설계업무 중단시의 보수지급)

① "갑"의 귀책사유로 인하여 설계업무의 전부 또는 일부가 중단된 경우에는 "갑"은 "을"이 이미 수행한 설계업무에 대하여 중단된 시점까지의 보수를 지불한다.

② 중단된 시점까지 수행한 업무에 대한 보수는 보수기준에 의하여 산정한다.

③ "을"의 귀책사유로 인하여 설계업무의 전부 또는 일부가 중단된 경우에는 "갑"이 "을"에게 이미 지불한 보수에 대하여 이를 정산·환불한다.

제19조(설계도서의 보관 등)

① "을"은 그가 작성한 설계도서를 당해 건축물의 사용승인을 받은 후 10년 간 그 사무소에 보관한다.

② 제1항의 규정에 의한 설계도서는 자기디스켓·광디스크·마이크로필름 등으로 보관할 수 있다.

③ "을"은 설계수급대장을 기록·유지하여야 한다.

제20조(저작권 보호)

이 계약과 관련한 설계도서의 저작권은 "을"에게 귀속되며, "갑"은 "을"과 협의 없이 이 설계도서를 사용하여 다른 곳에 건축을 할 수 없다.

제21조(비밀보장)

"갑"과 "을"은 업무수행 중 알게 된 상대방의 비밀을 제3자에게 누설하여서는 안 된다.

제22조(외주의 제한)

① "을"은 건축법 제59조의2의 규정에 의하여 관계전문기술자의 협력을 받아야 하는 경우를 제외하고는 "갑"의 승낙 없이 제3자에게 외주를 주어서는 안 된다.

② 관계전문기술자의 협력을 받는 경우에 외주내용에 대한 책임은 당해 관계전문기술자가 지되, "을"이 업무수행을 총괄한다.

③ 외주를 주는 경우에 보수의 지불은 제4조의 규정에 의한 보수의 범위 내에서 "을"이 지불한다.

제23조(분쟁조정)

① 이 계약과 관련하여 업무상 분쟁이 발생한 경우에는 관계기관의 유권 해석이나 관례에 따라 "갑"과 "을"이 협의하여 정한다.

② "갑"과 "을"이 협의하여 정하지 못한 경우에는 건축법 제76조의2의 규정에 의한 건축분쟁조정위원회에 신청하여 이의 결정에 따른다.

③ 건축분쟁조정위원회의 결정에 불복이 있는 경우에는 "갑"의 소재지 관할법원의 판결에 따른다.

제24조(통지방법)

① "갑"과 "을"은 계약업무와 관련된 사항을 통지할 때에는 서면통지를 원칙으로 한다.

② 통지 후 7일 이내에 회신이 없는 경우에는 통지내용을 승낙한 것으로 본다.

【건축물의 공사감리계약서】

건축물의 공사감리계약서

1. 공사감리계약 건명 :

2. 대 지 위 치 :

3. 공 사 개 요

1) 대지면적 :㎡ (평)
2) 용도 :
3) 층 수 : 지하층 지상층
4) 구조 :
5) 건축면적 : ㎡ (평)
6) 연면적 : ㎡ (평)
7) 건축 허가일 : 20OO년O월O일 (허가번호 제 호)

4. 설계자

1) 사무소명 :
2) 성명 :
3) 전 화 / Fax :
5. 계 약 금 액 : 일금 원정(₩)

"갑"과 "을"은 이 계약서에 의하여 공사감리계약을 체결하고 각 1부씩 보관한다.

20○○년 ○월 ○일

건축주 "갑"	주소	:	
	성명	:	
	주민등록번호	:	
	연락처	:	○○○ ㊞
공사감리자 "을"	사무소 주소	:	
	사무소명	:	
	면허번호	:	
	성명	:	○○○ ㊞
	연락처	:	

제1조(총칙)

이 계약은 건축법 제9조의2 및 건축사업무및보수기준(이하 "보수기준"이라 한다)에 의하여 건축주(이하 "갑"이라 한다)가 공사감리자(이하 "을"이라 한다)에게 위탁한 공사감리업무의 수행에 필요한 상호간의 권리와 의무 등을 정한다.

제2조(업무기간)

공사감리업무의 수행기간은 착공일부터 완공일까지로 한다.

2000년0월0일부터2000년0월0일까지

제3조(공사감리비의 산출 및 지불방법)

① 공사감리비의 산출기준 및 방법은 보수기준에 의한다. 단, 현장여건 및 공사감리조건이 특수한 경우에는 "갑"과 "을"이 협의하여 정하며, 다중이용건축물의 감리대가는 건설기술관리법이 정하는 바에 의한다.

② 공사감리업무의 보수는 일시불로 또는 분할하여 지불할 수 있다.

③ 보수를 분할하여 지불하는 경우에 그 지불시기 및 지불금액은 다음과 같이 이행함을 원칙으로 하되, "갑"과 "을"이 협의하여 조정할 수 있다.

지불시기	지불금액	비고
공사감리업무 계약시	₩	
…	₩	
공사감리업무 완료시	₩	
계	₩	

제4조(특약 등)

이 계약에서 정하는 공사감리의 기본업무 외에 "갑"과 "을" 간의 특약이 있는 경우에는 이에 부수되는 개별 계약을 추가로 체결할 수 있으며, 이에 소요되는 비용은 보수기준에 의하여 별도로 산정한다.

제5조(보수의조정)

공사감리업무의 수행기간이 1년을 초과하는 경우에 이 기간 중 보수기준에 의한 인건비의 변경이 있을 때에는 국가를당사자로하는계약에관한법률시행규칙 제74조의 규정에 의하여 "갑"과 "을"이 협의하여 보수를 조정할 수 있다.

제6조(자료의 제공 및 성실 의무)

① "갑"은 공사감리 업무를 수행하는데 필요한 다음 각 호의 자료를 "을"이 요구할 때는 지체 없이 제공하여야하며 이때 "갑"은 "을"에게 자료수집을 위탁할 수 있다.

1. 건축허가 설계도서 및 공사계획 신고서
2. 공사도급계약서 및 현장관리인의 인적사항 관련자료
3. 시공계획서, 시공도면 및 공정표
4. 지적공사의 대지경계명시측량도 및 건축물의 현황측량도

5. 사용자재납품서 및 시험성적표

  6. 지반 및 지질조사서

  7. 보험가입증서, 산재보험가입 증서

  8. 기타 공사감리업무수행에 필요한 자료

② "갑"이 제1항의 자료수집을 "을"에게 위탁한 경우에는 "갑"은 이에 소요되는 비용을 지불한다.

③ "갑"과 "을"은 신의와 성실의 관계를 유지하고 관계 법령을 준수하며, "을"은 건축물의 품질 향상을 위하여 노력한다.

제7조(업무의 착수시기)

① "갑"은 착공 3일전까지 "을"에게 착공 일자를 통지하고, "을"은 착공일부터 공사감리업무를 착수한다.

② "갑"은 공사시공자에게 "을"의 인적 사항을 착공 전까지 통지한다.

제8조(업무의 수행)

① "을"은 관계 법령이 정하는 바에 의하여 건축물이 설계도서의 내용대로 시공되는지의 여부를 확인하고, 건축공사감리세부기준에 의하여 건축물의 규모에 따라 공사감리업무를 수행한다.

② "을"은 당해 공사가 설계도서대로 시행되지 아니하거나 관계 법령 및 이 규정에 의한 명령이나 처분에 위반된 사항을 발견한 경우에는 이를 "갑"에게 통보한 후 공사시공자에게 이를 시정 또는 재시공하도록 요청한다.

③ "을"은 제2항의 규정에 의한 요청에 대하여 공사시공자가 취한조치의 결과를 확인한 후 이를 "갑"에게 통보한다.

④ "을"은 공사시공자가 제2항의 규정에 의한 요청에 응하지 아니하는 경우에는 당해 공사를 중지하도록 요청할 수 있다.

⑤ "을"은 공사시공자가 시정·재시공 또는 공사 중지 요청에 응하지 아니하는 경우에는 이를 시장·군수·구청장에게 보고한 후 "갑"에게 통보한다.

⑥ "갑"은 제2항·제4항 및 제5항의 규정에 의하여 위반사항에 대한 시정·재시공 또는 공사중지를 요청하거나 위반사항을 시장·군수·구청장에게 보고한 "을"에 대하여 이를 이유로 공사감리자의 지정을 취소하거나 보수의 지불을 거부 또는 지연시키는 등 불이익을 주어서는 안 된다.

⑦ "갑"은 공사시공자가 "을"의 시정·재시공 또는 공사중지 요청에 응하도록 협조한다.

제9조(현장확인지도)

"을"은 다음 각 호의 경우에 대하여는 현장에서 확인지도를 실시한 후에 공사 진행을 하게 한다.

  1. 공사착공 시

  2. 건물의 배치, 수평보기, 기초 및 지하층 흙파기 시

  3. 기초 및 각층 철근배근과 거푸집 설치 시

  4. 외벽 등 주요 구조부공사 시

  5. 단열, 방수, 방습 및 주요 취약부공사 시

  6. 주요 설비 및 전기공사시

  7. 기타 건축물의 규격 및 품질관리상 주요 부분의 공사 시

제10조(주요 공정의 확인 점검)

① "을"은 공사의 주요 공정의 경우에는 그 적합성을 확인하고 서명한 후 "갑"에게 그 결과를 통보한다.

② 제1항의 규정에 의한 주요 공정은 설계도서에 따른 시공 여부의 확인과 건축물의 품질 향상을 위하여 필요한 공정으로서 건축물의 유형에 따라 "갑"과 "을"이 협의하여 다음과 같이 정한다.

   1.

   2.

   3.

제11조(상세시공도면의 작성 요청 등)

① "을"은 연면적의 합계가 5천 제곱미터 이상인 건축 공사의 경우에 공사시공자에게 상세시공도면을 작성하도록 요청할 수 있다.

② "을"은 작성된 상세시공도면을 반드시 확인 · 검토하여 공사시공자에게 의견을 제시하고 "갑"에게 이를 통보한다.

제12조(공기 및 공법의 변경)

① "갑" 또는 공사시공자가 공기 및 공법을 변경할 때에는 7일 전까지 "을"에게 통보한다.

② "을"은 제1항의 규정에 의한 공법의 변경과 관련하여 공법의 안전성, 건축물의 품질 확보, 공사시공자의 기술력 확보 등에 대한 검토 의견을 제시할 수 있다.

제13조(감리보고서 등)

① "을"은 "갑"에게 감리 결과를 매월 ○○일에 통보하되, 건축법시행령 제19조제3항에서 정한 진도에 다다른 때에는 감리중간보고서를, 공사를 완료한 때에는 감리완료보고서를 각각 작성하여 "갑"에게 제출한다.

② "을"은 감리일지와 공사감리수급대장을 기록 · 유지한다.

제14조(감리보조원 등)

① "을"을 대리하여 감리보조원이 공사감리업무를 수행하는 경우에는 "을"이 하는 것으로 본다.

② "을"은 감리보조원의 변경이 있는 경우에는 변경 후 3일 이내에 "갑"과 공사시공자에게 통지한다.

③ "을"은 공사감리업무에 참여하는 감리보조원의 신상명세, 자격 여부 등을 기록한 현황표를 공사 현장에 비치한다.

제15조(자재의 검사 등)

① "을"은 자재의 검사 및 품질시험을 "갑"과 협의하여 관련전문기관에 의뢰할 수 있으며, "갑"은 이에 소요되는 비용을 지불한다.

② "을"은 자재의 검사 및 품질시험의 결과를 확인 · 검토한다.

③ "갑" 또는 공사시공자가 자재의 검사 및 품질시험을 의뢰하는 경우에는 그 일시, 장소, 시험목록을 시험일 7일전까지 '을 "에게 통지한다.

④ "을"은 제3항의 규정에 의한 자재의 검사 및 품질시험에 입회할 수 있다.

제16조(계약의 양도 및 변경)

① "갑"과 "을"은 상대방의 승락 없이는 이 계약상의 권리·의무를 제3자에게 양도, 대여, 담보 제공 등 기타 처분행위를 할 수 없다.

② "갑"의 계획 변경, 관계법규의 개·폐, 천재지변 등 불가항력적인 사유의 발생 기타 공사감리업무를 수정하거나 계약 기간을 연장할 상당한 이유가 있는 때에는 "갑"과 "을"은 서로 협의하여 계약의 내용을 변경할 수 있다.

제17조(이행보증보험증서의 제출)

① "갑"과 "을"은 계약의 이행을 보증하기 위하여 계약체결시에 상대방에게 이행보증보험증서를 제출할 수 있다.

② 제1항의 규정에 의하여 이행보증보험증서를 제출 받은 경우에는 이를 계약서에 첨부하여 보관한다.

제18조("갑"의 계약 해제·해지)

① "갑"은 다음 각 호의 경우에 계약의 전부 또는 일부를 해제·해지할 수 있다.
  1. "을"이 관할 행정청으로부터 면허 또는 등록의 취소, 업무정지 등의 처분을 받은 경우
  2. "을"이 금융기관의 거래정지 처분, 어음 및 수표의 부도, 제3자에 의한 가압류·가처분·강제집행, 금치산·한정치산·파산선고 또는 회사정리의 신청 등으로 계약이행이 곤란한 경우
  3. "을"이 상대방의 승락 없이 계약상의 권리 또는 의무를 양도한 경우
  4. 사망, 실종, 질병, 기타 사유로 계약 이행이 불가능한 경우

② 천재지변 등 부득이한 사유로 계약이행이 곤란하게 된 경우에는 상대방과 협의하여 계약을 해제·해지할 수 있다.

③ "을"은 제1항 각호의 해제·해지 사유가 발생한 경우에는 "갑"에게 지체 없이 통지한다.

④ "갑"은 제1항의 규정에 의하여 계약을 해제·해지하고자 할 때에는 그 뜻을 미리 "을"에게 14일 전까지 통지한다.

제19조("을"의 계약의 해제·해지)

① "을"은 다음 각 호의 경우에 계약의 전부 또는 일부를 해제·해지할 수 있다.
  1. "갑"이 "을"의 업무를 방해하거나 그 보수의 지불을 지연시켜 "을"의 업무가 중단되고 30일 이내에 이를 재개할 수 없다고 판단된 때
  2. "갑"이 계약 당시 제시한 설계요구조건을 현저하게 변경하여 그 실현이 객관적으로 불가능한 것이 명백할 때
  3. "갑"이 상대방의 승락 없이 계약상의 권리 또는 의무를 양도한 경우
  4. "갑"이 "을"의 업무수행상 필요한 자료를 제공하지 아니하여 "을"의 업무 수행이 곤란하게 된 경우
  5. 사망, 실종, 질병, 기타 사유로 계약이행이 불가능한 경우

② 천재지변 등 부득이한 사유로 계약이행이 곤란하게 된 경우에는 상대방과 협의하여 계약을 해제·해지할 수 있다.

③ "갑"은 제1항 각호의 해제·해지 사유가 발생한 경우에는 "을"에게 지체 없이 통지한다.

④ "을"은 제1항의 규정에 의하여 계약을 해제·해지하고자 할 때에는 그 뜻을 미리 "갑"에게 14일 전까

지 통지한다.

제20조(손해배상)

"갑"과 "을"은 상대방이 제16조제2항의 규정에 의한 계약변경, 제18조 및 제19조의 규정에 의한 계약의 해제 · 해지 또는 계약 위반으로 인하여 손해를 발생시킨 경우에는 상대방에게 손해배상을 청구할 수 있다.

제21조("을"의 면책사유) "을"은 다음 각 호의 경우에는 책임을 지지 아니한다.

1. "갑"이 임의로 공사감리업무에 대한 보수의 지불을 지연시켜 업무가 중단된 경우
2. 공사시공자의 공사중단으로 인하여 손해가 발생한 경우
3. 공사시공자가 제8조의 규정에 의한 "을"의 요청에 응하지 아니하고 임의로 공사를 계속 진행하여 손해가 발생된 경우
4. 공사시공자가 제9조의 규정에 의한 현장확인지도를 받지 아니하고 공사를 진행하여 손해가 발생한 경우

제22조(공사감리 업무 중단시의 보수지불)

① "갑"의 귀책사유로 인하여 공사감리 업무의 전부 또는 일부가 중단된 경우에는 "갑"은 "을"이 이미 수행한 공사감리 업무에 대하여 중단된 시점까지의 보수를 지불한다.
② 중단된 시점까지 수행한 업무에 대한 보수는 보수기준에 의하여 산정한다.
③ "을"의 귀책사유로 인하여 공사감리 업무의 전부 또는 일부가 중단된 경우에는 "갑"이 "을"에게 이미 지불한 보수에 대하여 이를 정산 · 환불한다.

제23조(기성공사비의 지불검토)

① "갑"은 "을"에게 공사시공자로부터 제출 받은 기성공사비의 지불청구에 대한 검토 · 확인을 요구할 수 있다.
② "을"은 제1항의 규정에 의한 기성공사비의 지불청구에 대한 검토 · 확인결과를 "갑"에게 통보한다.

제24조(특정공사에 대한 확인점검)

① "갑"이 전기 및 기계설비 등의 특정공사에 대하여 제3자에게 도급을 준 경우에는 "을"이 그 특정공사에 대하여 확인 · 점검할 수 있도록 보장한다.
② "갑"은 "을"이 전기 및 기계설비 등의 특정공사의 시공자에게 공사감리에 필요한 자료를 제시받을 수 있도록 보장한다.

제25조(비밀보장)

"갑"과 "을"은 업무수행 중 알게 된 상대방의 비밀을 제3자에게 누설하여서는 안 된다.

제26조(외주의 제한)

① "을"은 공사감리 업무의 전부를 "갑"의 승낙 없이 제3자에게 외주를 주어서는 안 된다. 단, 특수전문분야에 대한 감리의 경우에는 "갑"과 협의하여 관계전문기술자에게 의뢰할 수 있다.
② 관계전문기술자에게 감리를 의뢰한 경우에 외주내용에 대한 책임은 당해 관계전문기술자가 진다.

제27조(분쟁조정)

① 이 계약과 관련하여 업무상 분쟁이 발생한 경우에는 관계기관의 유권해석이나 관례에 따라 "갑"과 "을"이 협의하여 정한다.

② "갑"과 "을"이 협의하여 정하지 못한 경우에는 건축법 제76조의2의 규정에 의한 건축분쟁조정위원회에 신청하여 이의 결정에 따른다.

③ 건축분쟁조정위원회의 결정에 불복이 있는 경우에는 "갑"의 소재지 관할법원의 판결에 따른다.

제28조(통지 · 통보방법)

① "갑"과 "을"은 계약업무와 관련된 사항을 통지 · 통보할 때에는 서면으로 하는 것을 원칙으로 한다.

② 통지 · 통보 후 7일 이내에 회신이 없는 경우에는 통지 · 통보내용을 승락한 것으로 본다.

【건물도장공사계약서】

건물도장공사계약서

아파트 도장공사를 체결함에 있어 발주자 ○○아파트 관리소장을 "갑"이라 칭하고 시공회사 ○○○○를 "을"이라 칭하여 아래조항을 체결한다.

제1조(공사명 ○○아파트 도장 공사)

제2조(공사금액 일금 (   )원 부가세 포함

제3조(공사시간)

2000년○월○일 ～ 2000년○월○일까지 (일간)

제4조(공사방법)

시방서에 의거 "갑"의 감독관의 지시에 순응하며 시공한다.

제5조(공사 대행금지)

"을"은 도급받은 공사의 일부 또는 전부를 제3자에게 양도하여 하도급을 줄 수 없으며 반드시 "을"은 공사현장 책임자를 선정하여 상주시켜 작업한다.

제6조(납입자재 검수방법)

① 자재 납품에 있어서는 "갑"에게 예보한 후 반입하되 시방서에 지시된 지정회사 제품과 규격 수량 등을 "갑"이 지정한 검수원의 검사를 받아야 한다.
② 물품 검사결과 불합격품은 즉시 반품하며 "갑"과 "을"이 상의 후 기간 내에 완전 대체하여 재검사를 받아야 한다.
③ 현장에 반입된 자재는 감독관의 승인을 얻어 반출하여 사용한다.

제7조(공사재료)

제8조(피해보상)

"을"의 무성의 또는 고의로 "갑"에게 손해를 끼쳤을 때에 "을"은 그에 따른 상당액의 배상을 "갑"에게 지불한다. 이 경우 "갑"은 공사대금이 지불될 금액에서 공제할 수 있다.

제9조(공사중지 및 해약) "갑"은 아래의 경우 공사중지 및 해약할 수 있다.

1) 소정 기일내에 착공하지 않을 때
2) 납품한 물품이 "갑"이 제시한 견본 또는 시방서에 적합하지 않을 때
3) "을"의 사용인이 부정행위가 있을 때

4) "을"의 본 계약을 이행할 수 없다고 "갑"이 인정할 때

5) "을"의 무성의 또는 고의로 예정공정 또는 기간 내에 준공이 불가능하다고 인정될 때

6) 자재 및 기구의 사용방법, 관리방법이 불량하고 훼손율이 높고 시공이 조잡할 때

7) "갑"의 감독관의 지시, 감독에 순응하지 않을 때

제10조 "을"은 공사계약 체결 후 견적계산, 착오, 물가품귀, 소요 사용량 효과 등 사유로 공사금액 변경 및 해약을 요구할 수 없다. 단, 천재지변 및 기타 불가항력적인 경우는 제외한다.

제11조(지체시 배상금 징수)

"을"이 소정기간까지 공사를 완료하지 못할 시에는 지체상금으로 매일 3/1000에 해당하는 금액을 "갑"에게 배상하며 공사 금액에서도 공제할 수 있다. 천재지변 및 기타 불가항력의 요인으로 지체될 때는 그러하지 아니 한다.

제12조(채권 양도 금지)

"을"은 "갑"의 승인 없이 본 계약에 관한 채권을 제3자에게 양도하거나 담보의 목적으로 제공할 수 없다.

제13조(공사금 지불 방법)

1. 전체 작업 공정의 20% 진척시 10% 지불

2. 전체 작업 공정의 40% 진척시 30% 지불

3. 전체 작업 공정의 70% 진척시 30% 지불

4. 준공 후 1주일 이내 (준공승인 득한 후) 30% (잔금) 지불완료

제14조

① "을"은 공사 완료 후 즉시 공사 금액의 5/100 상당한 금액을 현금 또는 보증보험증권을 "갑"에게 예 치하고 하자보수 기간은 1년으로 한다.(건설공제조합 보증서도 가능 함)

② 계약보증금은 10/100에 상당하는 현금 또는 은행지급보증으로 "갑"에게 예치한다.

제15조: 하자보증금 처리

"을"은 하자보증금 기간 중 하자에 대한 책임보수를 이행하지 아니할 때 보증금의 일부 또는 전부는 "갑" 에게 귀속한다. 단, 천재지변 및 기타 불가항력일 경우는 그러하지 않는다.

제16조(산재보험 가입)

"을"은 본 공사를 계약과 동시에 산업재해보험을 가입하여야 한다. 뿐만 아니라 "을"은 공사중 발생한 재해 및 인사 사고에 대하여도 민형사상의 모든 책임을 진다. 단, 송사건 발생시 "갑"의 관할법원으로 한다.

제17조(연대보증)

연대보증인은 상기 계약 각 항에 대하여 자료의 규격 및 품지례에 대한 보증과 더불어 공사 전반에 대한 감리 의 책임을 진다.

제18조(기타조건)

본 계약서에 명시되지 않은 모든 사항은 "갑" "을"이 합의하에 처리하며, 이의가 있을 때는 "갑"의 해석과 결정에 의하여 처리한다.

본 계약 체결을 증명하기 위하여 본 계약서 2통을 작성하여 쌍방 날인하고 "갑" "을" 각 1통씩 보관한다.

20○○년 ○월 ○일

"갑"	주소 :	
	성명 :	○ ○ ○ (서명 또는 날인)
"을"	주소 :	
	성명 :	
"연대보증인"	주소 :	
	성명 :	○ ○ ○ (서명 또는 날인)

【공사도급계약서】

공사도급계약서

1. 공 사 명 :

2. 도급금액 : 일금원정(단, 부가세 별도)

3. 공사기간 : 착공 :

            준공 :

    위 공사도급에 관하여 도급인 주식회사 (이하 "갑"이라 한다.)와 수급인(이하 "을"이라 한다.)는 다음조항과 같이 도급계약을 체결한다.

제1조(공사의 내용)

공사의 내용은 별첨 공사설명서, 시방서 및 설계도면 등과 같다.

제2조(계약보증금)

① 이 계약의 체결과 동시에 "을"은 계약이행보증금조로 일금 원 정을 "갑"에게 예치한다. 단, 계약이행보증보험증권으로 대체할 수 있다. 이 때 보증(보 험)기간은 19 년 월 일까지로 한다.

② 제7조에 의하여 도급금액이 증감되었을 때, "갑"은 제1 항에 의한 계약보증금을 추징하거나 환부한다.

③ 공사의 준공 인수 후 "갑"은 계약보증금을 환부한다. 단, "갑"이 필요하다고 인정할 때에는 제12조의 하자담보기간 만료시까지 이를 보류할 수 있다.

제3조(공정표 등의 제출, 승인)

 "을"은 계약체결 후 일 내에 "갑"에게 공사시방서, 도면에 의한 공정표, 공사내역명세서, 착공계와 현장대리인계를 제출하고 그 승인을 받아야한다.

제4조(하도급의 금지)

 공사는 "을"이 직접 수행하여야 하며, 사전 "갑"의 서면동의 없이 제3자에게 하도급하지 못한다.

제5조(권리의 양도 및 저당금지)

 "을"은 "갑"의 승인 없이 이 계약에 의한 권리를 양도하거나 또는 담보의 목적으로 제공하지 못한다.

제6조(공사시방서 위배)

① 준공전후를 불문하고 공사의 시공이 공사시방서나 설계도면 등 과 다른 때에는 "갑"은 그의 보수 또는 개조를 요구할 수 있고, "을"은 이에 따라야 한다. 단, 이로 인하여 도급대금을 증액하거나 공기를 연장할 수 없다.

② "을"이 전항의 이행을 태만할 때는, "갑"은 "을"에 대신하여 시공하거나 혹은 제3자로 하여금 시공케 할 수 있다. 이 때 "을"은 어떠한 이의도 제기할 수 없으며, 이에 소요된 비용은 "을"이 부담한다.

제7조(공사의 중지 또는 변경)

① "갑"은 사정에 따라서 공사의 전부 또는 일부를 중지시키거나, 변경할 수 있다. 이 경우에 "갑"은 필요에 따라 공사기간을 단축할 수 있다.

② 전항의 경우에 "갑"은 공사비내역명세서의 단가에 따라 공사비를 증감할 수 있다. 단, 공사비내역명세서의 단가에 의하기 곤란할 때 또는 공사비내역명세서 기재 외에 속하는 것일 때에는 쌍방협의하고 협의가 이루어지지 않을 때에는 "갑"이 상당하다고 인정하는 바에 따라 정한다.

③ 일단 중지된 공사의 전부 혹은 일부를 다시 착공할 때는 "을"은 "갑"의 재착공 요구일로부터 3일 이내에 재착공 하여야 한다.

제8조(지체상금)

"을"이 계약기간내 또는 제7조에 의하여 "갑"이 정하는 기간 내에 공사를 완료치 못한 때에는 그 지체일수 매 1일에 대하여 도급대금액의 1,000분의 1에 해당 하는 지체상금을 도급대금 지불시 이를 공제한다. 이 경우에 제10조에 의하여 이미 인수한 부분에 대한 대가는 당해공사의 운영에 지장이 없는 범위 내에서 공사도급대금에서 차감계산한다. 단, 천재지변 기타 불가항력으로 인정되는 사유가 있을 때에는 지체상금을 감면할 수 있다.

제9조(준공검사)

공사가 준공된 때에는 "을"은 지체 없이 준공계를 제출하고 "갑"의 검사를 받아야 한다. 일부 준공에 대하여 "갑"이 그 인도를 요구할 때에도 또한 같다.

제10조(부분인수)

"갑"은 사정에 따라 공사준공 전에 "을"의 동의를 얻어 그 당시 기성공작물을 인수하거나 인수 전이라도 이를 사용할 수 있다.

제11조(도급대금 지불)

"을"이 제9조에 의한 검사에 합격한 후 소정의 절차에 따라 도급대금을 청구하면 "갑"은 도급목적물을 인수한 후 도급대금을 지불한다.

제12조(담보책임)

① "을"은 공사의 목적물을 "갑"에게 인도 후 개월 동안 당해목적물의 파손 또는 멸실, 성능 기타 하자에 대한 담보책임을 진다.

② 전항의 기간 동안 "을"은 하자보수보증금조로 도급금액의 100분의 5에 해당하는 금액을 도급대금지불시 공제하여 "갑"에게 예치한다. 단, 하자이행보증보험증권으로 대체할 수 있다. 이 때 보증(보험)기간은 발행일로부터 개월간으로 한다.

③ 목적물에 하자가 발생한 때에는 "을"은 "갑"이 지정한 기일 내에 자비로 보수하고, 그로 인한 손해를 배상하여야 한다.

④ 전항의 손해는 하자보증금으로서 우선 충당하고 부족금액은 별도로 배상하여야 한 다.

제13조(기성고 지불)

① 공사의 기성에 대하여는 기성부분대가의 100분의 90의 범위 내에 서 도급대금을 분할지불할 수 있다. 단, 공사 기성부분대가의 지불총액이 공사도급계약 금액의 100분의 70을 초과할 수 없다.

② 전항의 기성부분에는 본 공사현장에 반입된 기자재 중 소정의 검사에 합격하고 감독원이 검수한 기자재를 포함할 수 있다.

③ 기성고 지불을 받은 기자재가 멸실 또는 훼손하였을 때는 "을"이 이에 대한 책임을 진다.

제14조(기성고 정산) "갑"이 전조에 의하여 "을"에게 지불한 기성고는 제11조의 공사도급대금 지불시 정산하되 해 약시에는 다음에 의한다.

1. 제20조에 의한 경우에는 "갑"이 인수하는 기성부분의 대가로 보되, "갑"이 "을"에게 지불할 금액보다 부족할 때는 "갑"은 "을"에게 부족액을 지불한다.

2. 제19조에 의한 경우에는 "갑"의 청구 즉시 "을"은 기수령한 기성고를 반환한다. 단, "갑"이 타당하다고 인정할 시는 전항에 의할 수 있다.

제15조(기자재 검사)

"을"이 사용하는 공사용 기자재는 사용 전 "갑"이 지정한 감독원의 검사를 받아야 하며, 불합격 시는 조속히 대품을 반입하여 검사에 합격된 기자재를 사용 하여야 한다. 단, 이로 인하여 공사기간을 연장할 수 없다.

제16조(사급기자재)

① 공사에 사용하는 기자재 중 "갑"이 제공하는 기자재는 "갑"이 지정하는 장소에서 "을"에게 인도하며, "을"은 그 후 일체의 보관운반책임을 지되 분실 또는 훼손 하였을 때는 "을"은 "갑"의 요구에 의하여 원상회복, 수선 또는 대품을 충당하거나 "갑"이 상당하다고 인정한 대가를 변상한다. 단, 불가항력 또 는 "갑"의 귀책사유로 인한 때에는 이를 감면할 수 있다.

② 전항에 의하여 "갑"이 제공한 기자재에 대하여는 "을"은 공사준공 즉시 기자재 사용명세서를 "갑"에게 제출하고 잔여기자재가 있을 때에는 "갑"에게 반환한다.

제17조(기기 및 시설물 대여)

① "갑"은 이 공사상 필요하다고 인정될 때에는 "을"에게 대지, 기계, 기구 기타 시설물을 대여할 수 있 다.

② 전항에 제16조의 규정을 준용한다.

제18조(수중 또는 지하작업)

수중 또는 지하에 매몰된 공작물, 기타 준공 후 외부로부터 검 사하기 곤란한 공작물의 작업은 "갑"의 입회 하에 시행하여야 한다.

제19조(계약 해제)

① 다음 각 호의 1에 해당할 때에는 "갑"은 계약을 해제할 수 있으며, 계약 보증금은 위약금으로 "갑"

이 취득한다.

1. "을"이 정당한 사유 없이 소정기일 내에 착공하지 아니할 때

2. 시공상태가 공정표와 같이 진행되지 않으며, 준공기일 내에 준공되지 않거나 또는 준공의 가망이 없다고 "갑"이 인정할 때

3. 제7조 3 항에 정한 기간 내에 재착공하지 않았을 때

4. 공사감독 또는 검사에 있어 을 혹은 그 대리인, 사용인 등이 "갑"의 지시에 불응하거 나 그 직무집행을 방해하거나 또는 사기 기타 부정행위의 행적이 있었을 때

5. "을"의 거소가 불명할 때 또는 공사를 방기 혹은 정당한 사유 없이 휴지할 때

6. 정당한 사유 없이 "을"이 계약의 해제를 요구할 때

7. "을"이 계약의 이행을 위하여 "갑"이 요구하는 서류제출, 기타 협조요구에 정당한 이유 없이 불응하거나 고의로 지연시켰을 때

8. 기타 계약을 위반할 때

② 전항의 경우에 "을"은 이의제기나 손해배상을 청구할 수 없으며, 해약으로 인하여 "갑"에게 손해가 발생했을 때에는 "을"은 그 손해를 배상하여야 한다.

제20조(부득이한 해지)

① 다음 각 호의 1에 해당할 때는 "갑"은 위약금을 받지 않고 계약을 해지하고 계약보증금을 반환하며 "을"은 이에 대하여 이의를 제기하거나 손해배상을 청구할 수 없다.

1. 정당한 이유로서 "을"이 계약의 해지를 요구하여 "갑"이 그 정당성을 인정했을 때

2. "을"이 무능력자가 되었을 때

3. "을"이 금치산선고, 한정치산선고 또는 파산선고를 받았을 때

4. "을"이 사망하여 그 상속인이 공사를 완수할 수 없다고 인정했을 때

5. 제7조에 의한 설계변경으로 인하여 공사도급대금이 3분의 1 이상 감소된 때

6. "갑"이 부득이한 형편에 의할 때

② 전항에 의하여 계약을 해지할 때는 "갑"은 제7조 2 항에 의하여 산출된 금액의 100분의 90 이내를 대가로서 공사기성부분 또는 공사현장에 있는 검사필기자재를 인 수할 수 있으며, 해지로 인하여 "을"에게 과중한 손실이 있다고 "갑"이 인정할 때는 보상 할 수 있다.

제21조(재해로 인한 책임)

"을"은 공사와 관련하여 발생한 일체의 재해에 대하여 민·형사상의 책임을 진다. 단, 천재지변 기타 불가항력으로 인한 경우에는 그러하지 아니하다.

제22조(보안 및 안전관리)

① "을"은 공사장 및 "갑"의 공장 내에 있어서의 보안 및 안전관리를 위하여 다음 각항을 준수하여야 한다.

1. "을"의 종사원(잡역부 포함)의 신원은 확실하여야 하며 "을"은 종사원에 대한 연대보증인이 된다.

2. "을"은 작업상 안전관리에 항상 유의하여야 하며, 그의 종사원에 대하여 철저한 안전 교육을 실시하여야 한다.

3. 공사장 및 "갑"의 공장 내에는 "을"의 책임하에 공사와 관련 없는 자의 출입을 금하며 공사장 및 "갑"의 공장 내에서 발생하는 인명사고(종사원은 물론 행인 포함), 도난 기타 모든 사고에 대하여는 "을"이 책임진다.

4. "을"은 사전에 종사원명부를 "갑"에게 제출한다.

② "을"은 "갑"으로부터 받은 관련도면 기타 일체의 자료를 "갑"의 사전승인 없이 제3자에게 공개, 열람 기타 목적 이외에 사용하지 못하며, 지득한 자료내용을 누설할 때에 는 그 민·형사상의 책임은 을(관련자 포함)에게 있다.

제23조(위험부담)

"을"은 계약체결 후 견적착오, 물가등귀 등을 이유로 도급금액의 증액, 설계 변경 또는 해약을 요구할 수 없다.

제24조(보증인)

보증인은 계약의 이행 및 손해배상에 관하여 "을"과 연대책임을 진다.

제25조(계약의 해석)

이 계약에 명시되지 아니한 사항 또는 이 계약의 해석에 관하여 이의 가 있을 때는 "갑"의 정하는 바에 의한다.

※부대조건

이 계약이 적법하게 성립되었음을 증하기 위하여 계약서 2통을 작성, 당사자 각각 기명날인한 후 각 1통씩 이를 소지한다.

20○○년 ○월 ○일

"갑"	:	○ ○ ○ ㉑
"을"	:	○ ○ ○ ㉑
"보증인"	:	○ ○ ○ ㉑
"보증인"	:	○ ○ ○ ㉑

인테리어디자인 표준설계계약서

설 계 명	
위치	
용도	
설계면적	

위 용도의 인테리어 설계를 하기 위하여 설계의뢰자 "OOO"(이하 "갑"이라 한다.)는 인테리어 디자이너 "OOO"(이하 "을"이라 한다.)에게 설계 업무를 위촉함에 있어서 사단법인 한국 인테리어 디자이너 협회의 인테리어 업무 및 보수기준과 윤리 강령, 윤리규정에 의거하여 다음과 같이 계약을 체결한다.

제1조 설계보수액은 일금 원정(₩)으로 한다.

제2조 "갑"은 계약을 체결할 때에 "을"에게 계약금으로 제1조의 설계보수액의 30%를 지불하고 설계업무 진행에 따라 30%를 중간불로 지불하여야 하며 잔D액은 설계완료시 지불한다.(인테리어 디자이너 협회 보수기준 3조 5항 참조)

제3조 설계업무의 실행기간은 계약일로부터 OO일간으로 한다.

(2000년 O월 O일부터 2000년 O월 O일까지)
단, 다음 각 호의 경우에는 설계기간을 "갑"과 "을"이 협의하여 업무실행기간을 연장 할 수 있다.
　1. 천재지변 또는 이에 준하는 부득이한 사유가 발생한 때
　2. "갑"이 계획을 변경하거나 또는 관계법규가 개정되었을 때

제4조 "갑"이 "을"에게 위촉하는 설계업무는 인테리어 디자이너 협회 보수기준 제2조 사항 중 다음 각 호의 내용 중에서 "갑" "을" 쌍방이 협의하여 채택하고 그 이외의 부분은 삭제한다.

1. 기획설계
　가. 의뢰자의 의도, 목적, 기본방침에 관하여 일반적인 협의, 필요한 자료의 조사검토
　나. 입지조건, 건물의 상태, 이용자 등 제조건의조사, 검토 및 계획의 조정
　다. 관계법령에 따라 기술적 제 문제에 관한 협의조정
　라. 기본구상, 운영방침, 시설개요, 공기, 예산배분 등을 표시하는 계획도서의 작성
2. 기본설계
　가. 설계 이미지 스케치
　나. 평면도, 전개도, 천정평면도, 일반 단면도
　다. 설계 설명서
　라. 공사비 계산서 및 공정 개요

3. 실시설계
  가. 평면도, 전개도, 상세도의 작성
  나. 상품, 전시품들의 배치, 공간구성, 연출에 따르는 도서 작성
  다. 가구 집기구의 배치 및 선정
  라. 공사비 명세서
  마. 공사 시방서 및 특기 시방서
  바. 관계법령에 따른 허가 수속에 따른 협력

제5조 "갑"은 "을"이 설계업무를 수행하는데 필요한 다음 각 호의 자료를 요구할 때에는 즉시 제공하여야 한다.

1. 설계업무에 필요한 제반자료
2. 각종 관련도면(건축, 설비, 전기, 조경)

제6조 "을"이 설계업무를 수행하는 동안 "갑"이 이 계획을 변경하거나 관계법규의 개정으로 인하여 이미 진행한 설계업무의 상당한 수정 또는 재설계를 요할 때는 "갑"은 "을"에게 한국 인테리어 디자이너협회 보수기준(3조 3항)에 의하여 보수액을 추가로 지불하여야 한다.

제7조 "을"이 작성한 설계도서의 하자로 인하여 실내공사 진행 중 문제점이 발생되었을 때에는 "을" 책임 하에 이를 해소시켜야 한다.

제8조 "갑"은 "을"에게 다음 각 호의 사항을 의뢰하고자 할 때에는 실제 소요경비를 별도로 우선 지급하여야 한다.

1. 제5조의 자료를 위탁하는 경우
2. 본 업무수행을 위하여 출장 할 경우
3. 본 업무수행을 위하여 각종 시험 등이 필요한 경우
4. 해외 기술자문을 필요로 할 경우
5. 실내 모형, 투시도의 제작을 요하는 경우
6. 제9조의 납품도서 이외 추가로 요하는 경우

제9조 "을"은 "갑"에게 완성된 설계도서를 청사진으로 3부 작성하여 계약기간 내에 납부하여야 한다.

제10조 설계도서의 저작권은 "을"에게 귀속되며 "갑"은 본 설계도서로서 다른 위치에 재사용할 수 없다.

제11조 "갑"은 제1조의 보수금액을 완불하지 아니하고는 본 계약에 의한 도서를 행사하거나 사용할 수 없다.

제12조 "갑"은 설계계획의 전체 또는 일부의 실시를 중지하거나 폐지하는 경우라도 이미 수행한 업무에 대한 보수는 한국 인테리어 디자이너 협회 보수기준에 의하여 "을"에게 지불해야 한다.

제13조 "을"이 정당한 사유 없이 설계업무를 지연시켰을 때에는 설계보수액에 대하여 매 1일마다 1000분지 2에 해당하는 지체상금을 "갑"에게 지불하여야 한다.

제14조 본 계약에 의하여 발생되는 권리의무는 상호간의 승인 없이 제3자에게 양도 또는 해지할 수 없다. 단, "갑" "을"공히 고의적으로 계약이행을 태만히 하거나 계약이행의 능력이 없어졌다 인정되었을 때에는 상대방에 문서로 통지한 후 협의하여야 하며 통지일로부터 30일 이내에 협의가 되지 않았을 때에는 일방적으로 계약을 해지할 수 있다.

제15조 본 계약에 기재되지 아니한 필요한 사항은 별지에 명시하여 첨부하고 업무진행 중 이의가 발생될 때에는 법상 해석이나 관례에 따라 "갑" "을"이 협의하여 결정한다.

상기 계약을 증빙하기 위하여 본 계약서 2통을 작성하여 "갑" "을"이 서명 날인하고 각 1통씩 보관한다.

2000년 0월 0일

설계의뢰인 "갑"	성명	: ○ ○ ○ ㉑
	주소	:
	주민등록번호	:
인테리어 디자이너 "을"	사무소명	:
	사무소소재지	:
	대표자명	: ○ ○ ○ ㉑

인테리어공사 도급계약서

    도급인 (주)○○산업개발(이하 "갑"이라 한다)와 수급인 (주)○○인테리어(이하 "을"이라 한다)는 ○○대학 ○○도서관 인테리어 공사에 대하여 다음과 같이 도급계약을 체결한다.

[공사내역]

1. 공 사 명 : ○○대학 ○○도서관 인테리어공사

2. 공사장소 : ○○도 ○○시 ○○동 ○○대학 ○○○

3. 공사기간

① 착공일자 : 2000년 ○월 ○일
② 준공일자 : 2000년 ○월 ○일 ○○일간

4. 계약금액

① 총공사금액 : 일금 원정(₩)
② 공급가액 : 일금 원정(₩)
③ 부가세 : 일금 원정(₩)

5. 대금의 지급

① 준공금 : 100%(공사 완료 후 지급)
② 지불방법 : 현금지급

6. 하자담보 책임기간 : 준공검사 후 목적물을 "갑"에서 인수한 날로부터 2년

7. 하자보수 보증금율 : 10%

8. 지체상금율 : 0.1%

[도급계약 일반조건]

제1조(총칙)

    도급인 (이하 "갑"이라 한다)과 수급인 (이하 "을"이라 한다)은 대등한 입장에서 서로 협력하여 신의에 따라 성실히 계약을 이행한다.

제2조(계약보증금) "을"은 본 계약의 이행보증을 위하여 계약체결 전까지 총 계약 금액의 10%에 해당하는 금액을 현금 또는 다음 각 호의 증서로서 "갑"에게 납부하여야 한다.

1. 건설공제조합의 보증서
2. 보증보험증권
3. 은행 약속어음

제3조(공사감독원)

① "갑"은 자신을 대리하여 다음 각 호의 사항을 행하는 자 (이하 "공사감독원"이라 한다)를 선임할 수 있다.
   1. 시공일반에 대하여 감독하고 입회하는 일
   2. 공사의 재료와 시공에 대한 검사 또는 시험에 입회하는 일
   3. 공사의 기성부분 검사, 준공검사 또는 공사목적물의 인도에 입회하는 일
   4. 기타 공사감독에 관하여 "갑"이 위임하는 일
② "갑"은 제1항의 규정에 의하여 공사감독원을 선임할 때에는 그 사실을 즉시 "을"에게 통지하여야 한다.
③ "을"은 공사감독원의 감독 또는 지시사항이 공사수행에 현저히 부당하다고 인정할 때에는 "갑"에게 그 사유를 명시하여 필요한 조치를 요구할 수 있다.

제4조(현장대리인)

① "을"은 착공 전에 현장대리인 임명하여 이를 "갑"에게 통지하여야 한다.
② 현장대리인은 공사현장에 상주하여야 하며, 시공에 관한 일체의 사항에 대하여 "을"을 대리한다.

제5조(재료의 검사 등)

① 공사에 사용할 재료 중에서 "갑"이 품목을 지정하여 검사를 요구하는 경우에는 "을"은 사용 전에 "갑"의 검사를 받아야 하며, 설계도서와 상이하거나 품질이 현저히 저하되어 불합격된 재료는 "갑"과 협의하여 다시 검사를 받아야 한다.
② "을"은 재료의 검사에 소요되는 비용을 부담하여야 하며, 검사 또는 재검사 등을 이유로 계약기간의 연장을 요구할 수 없다.
③ 공사에 사용하는 재료 중조립 또는 시험을 요하는 것은 "갑"의 입회하에 그 조립 또는 시험을 하여야 한다.

제6조(안전관리 및 재해보상)

① "을"은 산업재해를 예방하기 위하여 안전시설의 설치 및 보험의 가입 등 적절한 조치를 하여야 한다.
② 공사현장에서 발생한 산업재해에 대한 책임은 "을"에게 있다.

제7조(공사기간의 연장)

"갑"의 책임 있는 사유 또는 천재지변, 불가항력의 사태 등의 책임이 아닌 사유로 공사수행이 지연되는 경우 "을"은 공사기간의 연장을 "갑"에게 요구할 수 있다.

제8조(부적합한 공사)

"갑"은 "을"이 시공한 공사 중 설계도서에 적합하지 아니한 부분이 있을 때에는 이의 시정을 요구할 수 있으며, "을"은 지체 없이 이에 응하여야 한다.

제9조(기성부분급)

　계약서에 기성부분급에 관하여 명시한 때에는 "을"은 이에 따라 기성부분에 대한 검사를 요청할 수 있으며, 이때 "갑"은 지체 없이 검사를 하여야 한다.

제10조(준공)

① "을"은 공사를 완성한 때에는 "갑"에게 통지하여야 하며 "갑"은 통지를 받은 후 지체 없이 "을"의 입회 하에 검사를 하여야 한다.

② "을"은 제1항의 검사에 합격하지 못한 때에는 지체 없이 이를 보수 또는 개조하여 다시 검사를 받아야 한다.

③ "을"은 검사의 결과에 가 있을 때에는 재검사를 요구할 수 있으며, "갑"은 이에 응하여야 한다.

제11조(대금지급)

　"을"은 "갑"의 준공검사에 합격한 후 즉시 잉여자재, 폐물, 가설물 등을 철거, 반출하는 등 공사현장을 정리하고 공사대금의 지급을 "갑"에게 청구할 수 있다.

제12조(하도급 대금의 직접지급) "갑"은 다음 각 호의 경우 하도급자에게 하도급대금을 직접 지급할 수 있다.

1. 하도급자가 "을"을 상대로 하여 제조, 수리 또는 시공분에 해당하는 하도급대금의 지급이행을 명하는 확정 판결을 받은 경우

2. "을"의 파산, 부도, 영업정지 또는 면허취소 등의 이유로 "을"이 하도급대금을 지급할 수 없는 명백한 사유가 있다고 인정하는 경우

3. 하도급계약의 이행보증을 요하는 건설공사의 하도급계약 중 "을"이 하도급자에게 하도급대금의 지급을 보증하지 아니한 경우, "갑"이 하도급자의 보호를 위하여 필요하다고 인정하는 경우

제13조(이행지체)

① "을"은 준공기한 내에 공사를 완성하지 아니한 때에는 매 지체일수마다 지체상금율을 계약금액에 곱하여 산출한 금액(이하 "지체상금"이라 한다)을 "갑"에게 납부하여야 한다. 단, 천재지변, 기타불가항력 등 "을"의 책임으로 돌릴 수 없는 사유로 지체된 경우는 그러하지 아니하다.

② "갑"은 "을"에게 지급하여야 할 공사대금에서 지체상금을 공제할 수 있다.

제14조(하자담보)

① "을"은 계약서에 정한 하자보수보증금율을 계약금액에 곱하여 산출한 금액 (이하 "하자보수보증금"이라 한다)을 준공검사 후 그 공사의 대가를 지급할 때까지 현금 또는 다음 각 호의 증서로서 "갑"에게 납부하여야 한다.
　1. 건설공제조합의 보증서
　2. 보증보험증권
　3. 은행 약속어음

② "을"은 준공검사를 마친 날로부터 계약서에 정한 하자담보책임기간 중 당해 공사에 발생하는 일체의 하자를 보수하여야 한다. 단, 공사목적물의 인도 후에 천재지변 등 불가항력이나 "을"의 책임이 아닌

사유로 인하여 발생한 것일 때에는 그러하지 아니하다.

③ "을"이 "갑"으로부터 제2항의 규정에 의한 하자보수의 요구를 받고 이에 응하지 아니하는 경우 "갑"은 "을"의 부담으로 직접 하자보수를 행할 수 있다. 이때 발생하는 비용은 하자보수보증금으로 우선 충당하며, 부족액이 있는 경우에는 "을"에게 이를 청구할 수 있다.

④ 제1항의 규정에 의한 하자보수보증금은 하자담보 책임기간이 종료한 후 "을"의 청구에 의하여 반환한다. 단, 제3항의 규정에 의하여 "갑"이 직접 이행한 하자보수비용은 공제한다.

제15조(계약해제 등)

① "갑"의 다음 각 호의 1에 해당하는 경우에는 계약의 전부 또는 일부를 해제 또는 해지 할 수 있다.
　1. "을"이 정당한 이유 없이 약정한 착공기일을 경과하고도 공사에 착수하지 아니한 경우
　2. "을"이 책임 없는 사유로 인하여 준공기일 내에 공사를 완성할 가능성이 없음이 명백한 경우
　3. 기타 "을"이 계약조건 위반으로 인하여 계약의 목적을 달성할 수 없다고 인정되는 경우
② 제1항의 규정에 의한 계약의 해제 또는 해지는 그 이유를 명시하여 "을"에게 통지함으로써 효력이 발생한다.

제16조(손해배상 등)

제14조의 규정에 의하여 계약이 해지된 때에는 "갑"과 "을"은 지체 없이 기성부분의 공사금액을 정산하여야 하며, 계약의 해제 또는 해지로 인하여 "갑"에게 손해가 발생한 때에는 "을"이 배상하여야 한다.

제17조(권리의무의 양도)

이 계약에 의하여 발생하는 권리 또는 의무는 제3자에게 양도하거나 위임할 수 없다. 단, 상대방의 서면승낙이 있을 경우에는 그러하지 아니하다.

제18조(법령의 준수)

"갑"과 "을"은 이 공사의 시공 및 계약의 이행에 있어서 건설산업기본법 등 관계법령의 제규정을 준수한다.

제19조(분쟁의 해결)

① 계약에 별도로 규정된 것을 제외하고는 계약서에 발생하는 문제에 관한 분쟁은 계약당사자가 쌍방의 합의에 의하여 해결한다.
② 제1항의 합의가 성립되지 못할 때에는 당사자는 건설산업기본법 제69조의 규정에 의하여 설치된 건설분쟁조정위원회에 분쟁의 조정을 신청하고 동 위원회의조정에 따른다.

제20조(특약사항)

기타 본 계약서에서 정하지 아니한 사항에 대하여는 "갑"과 "을"이 합의하여 별도의 특약을 정할 수 있다.

도급인과 수급인은 본 계약서와 별첨 도급계약 일반조건, 설계도, 시방서 및 산출내역서에 의하여 공사도급계약을 체결하고 그 증거로 본 계약서 및 관련 문서를 2통 작성하여 각각 1통씩 보관한다.

2000년 0월 0일

	회사명	:
도급인 "갑"	주소	:
	연락처	:
	대표자	: ○○○ ㊞

	회사명	:
수급인 "을"	주소	:
	연락처	:
	대표자	: ○○○ ㊞

참고 22 _ 도급계약 관련 판례 ▌

도급인이 공동도급계약운영요령에 따라 공사대금채권을 공동수급체 구성원 각자에게 지급하고 공동수급체가 그와 같은 지급방식에 의하여 그 대금을 수령한 사정만으로 조합 구성원 사이에 민법규정을 배제하려는 의사가 표시되어 있다는 등 특별한 사정이 있었다고 할 수는 없으므로 공사대금채권은 조합원에게 합유적으로 귀속되는 조합채권으로서 조합원 중 1인이 조합의 채무자에 대하여 출자비율에 따른 급부를 청구할 수 없다(2000다32482).

수급인인 6개 회사가 공동협정서에 터잡아 상호 출자하여 신축공사 관련사업을 공동으로 시행하기로 하는 내용을 약정한 경우 그들 사이에는 민법상 조합이 성립하므로, 세무서장이 조합의 구성원인 1개 회사의 부가가치세 체납을 이유로 6개 회사의 조합재산인 공사대금 채권에 대하여 압류처분을 한 것은 체납자 아닌 제3자 소유의 재산을 대상으로 한 것으로서 당연무효라고 보았다(2000다68924).

조경공사 계약서

　000(이하 "갑"이라 한다)와 000(이하 "을"이라 한다)은 00 0000 조경공사에 대하여 다음과 같이 공사 계약을 체결한다.

[공사내역]

1. 공사명 : 000 0000 조경공사

2. 공사장소 : 000 000 000 0000

3. 공사기간

(1) 착공일 : 00년 00월 00일
(2) 준공일 : 00년 00월 00일

4. 계약금액

(1) 총공사금액 : 일금 00000만원(₩000,000,000)
(2) 계약금 및 중도금액 : 일금 0000만원(₩000,000,000)
　① 00월 00일 000,000,000만 원
　② 00월 00일 00,000,000만 원 및 가계수표 00,000,000만원
　③ 00월 00일 00,000,000만 원
　④ 00월 00일 00,000,000만 원
　⑤ 00월 00일 00,000,000만 원
(3) 잔금은 준공검사 후 지불한다. 일금 0000만원(₩00,000,000 만원)

【지장물 철거계약서】

지장물 철거계약서

지 장 물			구조 및 규격	수량	보상액 (원)
소 재 지	지 번	물건의 종류			

　(주)○○○에서 시행하는 (　　) 건설공사에 편입되는 위 지장물을 철거 이전함에 있어 ○○○○공사를 "갑"이라 칭하고 철거의무자 (　　)를 "을"이라 칭하여 아래조항을 계약한다.

제1조 지장물 철거보상은 감정평가기관의 평가금액으로 한다.

제2조 보상금액은 실제 철거가 필요한 부분까지의 지장물로 하되, 증감에 대하여는 이미 정하여진 단가에 의하여 정산한다.

제3조 "을"은 본 계약 체결후년 월 일까지 위 지장물의 전부를 철거하여야 하며 "을"이 이를 이행하지 아니할 경우 "갑"이 임의 철거하여도 "을"은 하등의 이의를 제기하지 아니한다.

제4조 "갑"의 사업계획 변경 등으로 인하여 지장물이 도로에 편입되지 아니할 경우에는 본 계약의 일부 또는 전부를 해제할 수 있다.

제5조 "을"은 지장물에 대하여 세입자 또는 점유자가 있을 시 본 계약 체결과 동시에 해약 절차를 취하여 "갑"의 공사 시행에 지장이 없도록 조치하여야 한다.

제6조 지장물 철거로 인한 일체의 사고는 "을"이 책임진다.

제7조 보상금 지급 후 과다·이중 또는 착오로 지급되었음이 확인될 경우에는 "을"은 확인된 보상금의 원리금을 지체 없이 환입하여야 한다.

　위 계약을 증명하기 위하여 본서 2통을 작성하여 "갑", "을"이 각1부씩 보관한다.

20○○년 ○월 ○일

매수자 "갑" (주)○○○ 건설 사업소장　　　㊞
의무자 "을" 주 소
　　　　　　성명　　　㊞

전기업종 표준하도급 기본계약서

　　○○○○회사 (이하 "갑"이라 한다)와 ○○○○회사 (이하 "을"이라 한다)는 전기업종 관련 자재·기기 물품 등(이하 '목적물'이라 한다)의 제조·가공·수리 등(이하 '제조'라 한다)을 위하여 다음과 같이 기본계약을 체결한다.

제1조(기본원칙)

① "갑"과 "을"은 이 기본계약 및 이 기본계약에 따른 개별적인 부속 구입계약(이하 "개별계약"이라 한다)을 신의성실의 원칙에 따라 이행하여야 한다.

② "갑"과 "을"은 이 계약의 이행에 있어서 하도급거래공정화에관한법률, 독점규제및공정거래에관한법률 기타 관련법령의 제규정을 준수하여야 한다.

③ 이 계약의 내용과 배치되는 타계약에 대해서는 이 계약에 의한 내용을 우선하여 적용한다.

제2조(개별계약의 성립)

① 개별계약은 "갑"이 제3조의 거래내용을 기재한 발주서를 교부하고 "을"이 이를 수락함으로써 성립되며, "을"은 발주를 거부할 의사가 있을 경우 "갑"의 발주서를 접수한 날부터 10일 이내 거부의사를 표시하여야 한다.

② "갑"은 제1항의 개별계약과 관련하여 기본계약체결 후 일방적으로 을에 대하여 발주를 하지 아니하거나 지연하여서는 아니 되며, 이 계약체결일부터 ( )일 또는 ( )월 이내에 "을"에게 발주서 등을 교부하여 개별계약을 체결하여야 한다.

③ 개별계약에서 따로 약정한 사항이외의 사항은 이 기본계약에 의하기로 하고, 만일 이 기본계약에서 정하는 사항과 개별계약에서 정하는 사항간에 차이가 있을 때는 그 상충하는 부분에 한해서 개별계약에 정하는 사항이 우선하기로 한다.

제3조(개별계약의 내용)

① 개별계약에는 목적물의 위탁연월일, 목적물의 내용, 납기 및 장소, 검사의 방법 및 시기, 대금의 지급방법 및 지급기일 등을, 또 원재료 등을 제공하고자 하는 경우에는 그 품명, 수량, 제공일, 대가 및 대가의 지급방법과 지급기일 등을 정하여야 한다.

② "갑"과 "을"은 제1항의 규정에도 불구하고 개별계약 내용의 일부를 협의하여 미리 부속협정서 등으로 달리 정할 수 있다.

제4조(계약의 변경)

① "갑"과 "을"은 이 계약 및 개별계약의 내용을 변경하고자 할 때는 상호 협의하여 변경하기로 한다.

② 제1항의 계약변경에 따라 손해가 발생할 경우 그 처리는 다음 각 호에 따른다.

1. "갑"은 "을"의 귀책사유로 손해가 발생한 경우 "을"에게 손해배상을 청구할 수 있다.
2. "을"은 "갑"의 귀책사유로 손해가 발생한 경우 "갑"에게 손해배상을 청구할 수 있다.
3. "갑"과 "을"은 쌍방의 귀책사유로 손해가 발생한 경우 또는 쌍방의 귀책사유 없이 손해가 발생한 경우 상호 협의하여 정한다.

제5조(발주)

① "갑"은 "을"에게 목적물을 위탁시 "을"이 목적물을 제조 납품하는데 지장이 없도록 충분한 시일을 두고 발주하도록 한다.

② "갑"은 "을"에게 가능한 장기적인 발주계획을 예고함과 동시에 필요한 정보를 제공하도록 한다.

제6조(사양서류)

① "갑"이 "을"에게 제시하는 목적물의 사양서류는 원칙적으로 다음 각 호와 같이 하고 필요에 따라 "갑"과 "을"이 협의하여 추가 또는 생략할 수 있다.

  1. 도면, 승인도, 목적물 규격
  2. 검사기준, 한도견본
  3. 포장지시서(포장, 방진, 손상방지 및 보관을 위하여 필요한 방청 등에 관한조치사항의 기재 포함)

② "을"은 제1항의 사양서류의 내용이나 규격 등이 분명하지 않아 의문이 있을 경우 또는 사양(설계, 규격 등)에 결함이 있음을 인지하였을 경우 목적물 제조를 중지하고 그 사실을 지체 없이 "갑"에게 통지하여 협의하여야 한다.

③ "을"은 제1항의 사양서류를 선량한 관리자의 주의를 가지고 관리하여야 하고, 이를 분실하거나 그 내용을 제3자에게 누설하여서는 안 된다.

④ "갑"과 "을"은 필요에 따라 사양 및 제조방법의 변경에 관한 의견을 제시할 수 있으며 사양 및 제조방법의 변경에 따른 사후처리는 원칙적으로 변경을 일으키게 한 자가 책임지기로 한다.

제7조(재료 및 부품의 지급)

① "갑"은 "을"에게 목적물의 품질유지·개선, 생산성 및 안전도 향상, 관련법령의 준수, 기타 정당한 사유가 있는 경우 "을"과 협의하여 정한 바에 따라 목적물의 제조에 사용될 재료 및 부품(이하 '지급품'이라 한다)을 지급할 수 있다. 또한 "갑"은 "을"이 목적물의 제조에 필요한 지급품의 전부 또는 일부를 요청할 경우 이를 "을"에게 지급할 수 있다.

② "갑"은 제1항에 따라 지급품을 지급할 경우 지급품의 인도장소, 인도일, 품명, 수량, 유·무상지급의 구분, 대금 및 대금지불방법, 불량지급품으로 인한 손해배상 등 그 조건과 내용을 "을"과 협의하여 정한다.

③ "을"은 지급품을 수령하는 경우 신속하게 이를 검사하여 품질·수량 등을 확인하고 지급품의 하자 또는 수량의 과부족 등의 이상이 있을 경우 즉시 "갑"에게 통보하여 "갑"의 지시를 받아야 한다.

④ "갑"은 "을"로부터 지급품에 대한 하자나 수량부족 등의 통지를 받았을 경우 그 내용을 확인한 후 지급품의 대품 혹은 부족분을 추가 지급하기로 한다.

⑤ "을"은 작업도중에 하자를 발견한 경우 해당부분의 작업을 중지하고 즉시 "갑"에게 통보하여 "갑"의 지시를 받아야 한다.

⑥ "을"이 제3항 및 제5항에 따른 검사를 태만히 하거나 조치를 지연·이행하지 않아 발생한 손해에 대한 책임은 "을"이 부담하여야 한다.

제8조(지급품의 소유권)

제7조에 의하여 지급된 지급품의 소유권은 무상의 경우 "갑"이 보유하고 유상의 경우 "을"이 그 대금을 완제하였을 때 "을"에게 이전된 것으로 본다.

제9조(치공구 등의 대여)

① "갑"은 "을"에게 목적물의 품질유지·개선, 생산성 및 안전도 향상, 관련법령의 준수, 기타 정당한 사유가 있는 경우와 "을"의 요청이 있는 경우 목적물 제조와 관련된 치공구, 측정구, 금형 등(이하 '대여품'이라 한다)을 대여할 수 있다.

② 제1항의 대여에 관한 방법, 기간, 차임 등은 별도의 개별계약에 따른다.

제10조(지급품 및 대여품의 취급)

① "을"은 "갑"의 지급품 또는 대여품을 선량한 관리자의 주의를 가지고 관리하여야 한다.

② "을"은 "갑"의 동의 없이 지급품 또는 대여품을 소정용도 이외에 전용하거나 제3자에게 양도, 대여, 저당 등의 행위를 하여서는 안 된다.

③ "을"은 지급품 중 특히 무상지급품 및 대금완제 전에 양도받은 유상지급품 그리고 대여품 등을 "을"의 자산과 명확하게 구분하여 관리하고, "갑"의 소유권임을 명시하기 위한 적절한 조치를 하여야 한다.

④ "을"은 강제집행, 파산선고신청, 회사정리의 신청 및 노동쟁의 등과 같은 사유의 발생으로 대금완제전의 지급품 또는 대여품 등에 대한 "갑"의 소유권 보전에 영향을 미칠 우려가 있는 경우 즉시 "갑"에게 그 사실을 통지하는 동시에 필요에 따라 이들 물품의 보관장소를 이전하는 등 "갑"의 소유권이 침해되지 않도록 적절한 조치를 하여야 한다.

⑤ "을"은 지급품 또는 대여품 등을 유상으로 양도받아 그 대금을 완제한 경우에도 제4항과 유사한 사유가 발생할 경우 즉시 "갑"에게 그 사실을 통지하는 동시에 "갑"이 위탁한 목적물의 납품이 영향을 받지 않도록 필요에 따라 보관장소를 이전하는 등의 조치를 하여야 한다.

제11조(무상지급 자재의 가공불량시 손실부담)

"을"은 "갑"의 지급품 중 무상 지급한 재료 등의 가공불량을 발생시킨 경우 또는 "갑"의 지급품으로 인하여 목적물에 불량이 발생한 경우 신속히 "갑"에게 통지하여야 한다. 이 경우 불량발주에 대한 보상책임은 그 원인제공자가 짐을 원칙으로 한다.

제12조(금형제조 및 감가상각)

① "갑"은 목적물의 제조에 필요한 금형을 "을"에게 제조하게 할 수 있으며, 이 경우 금형 제조비용 및 감가상각 방법 등은 "을"과 협의하여 별도로 정한다.

② "갑"은 목적물의 품질유지·개선, 생산성 및 안전도 향상, 관련법령의 준수, 기타 정당한 사유가 있는 경우와 "을"의 요청이 있는 경우 목적물의 제조에 필요한 금형 및 치공구를 제조하여 "을"에게 대여 또는 매각할 수 있다. 이 경우 대여 기간, 방법, 대가 등 또는 매각 등에 관하여는 개별계약에서 별도로 정한다.

제13조(단가)

① 목적물의 단가는 수량, 사양, 납기, 대금지급방법, 품질, 재료가격, 노무비, 시가의 동향 등을 고려하여 합리적인 산정방식에 따라 적정한 관리적 경비 및 이익을 붙여 "갑"과 "을"이 협의하여 정한다.

② 제1항의 단가는 별도의 약정이 없는 한 "갑"이 지정하는 인도장소까지의 포장비, 운임, 하역비, 보험료 등 일체의 비용을 포함한 것으로 한다.

③ "갑" 또는 "을"은 단가결정의 기초가 된 제1항의조건이 계약기간 중 변경되었을 경우 단가조정신청을 할 수 있으며, 이 경우 신청일부터 30일 이내 상호 협의하여 목적물의 단가를 다시 정한다.

④ 특별한 사유로 인하여 단가결정이 지연될 경우 "갑"과 "을"이 협의하여 정한 임시단가를 적용하며, 임시단가와 확정단가의 차액은 확정단가 결정시 정산한다.

제14조(납기)

납기란 "을"이 개별계약에 의하여 목적물을 "갑"이 지정하는 장소에 납품하여야 할 기일을 말하며, 개별계약마다 "갑"과 "을"이 협의하여 정한다.

제15조(납품방법)

① "갑"은 "을"과 협의하여 납품과 관련하여 별도로 그 절차를 정할 수 있다.

② "을"은 납기의 선행, 지연 또는 수량의 과부족 등 이상납품이 발생한 경우 신속하게 "갑"의 지시를 받아 필요한 조치를 강구하여야 한다.

③ "을"은 제2항의 이상납품이 "을"의 귀책사유로 인하여 발생하였을 경우 "갑"이 입은 손해를 배상하여야 한다.

④ "갑"은 임의로 "을"의 납품에 대한 수령을 지연하거나 거부하여서는 아니 되며, 수령지연 및 거부로 인하여 "을"이 손해를 입은 경우 이를 배상하여야 한다.

제16조(내국신용장 개설)

"갑"은 수출용 목적물을 "을"에게 제조위탁시 정당한 사유가 있는 경우를 제외하고는 "을"의 생산에 차질이 없도록 위탁한 날부터 15일 이내 내국신용장을 개설해 주어야 한다.

제17조(목적물의 수령·검사 및 인도)

① "갑"은 "을"이 목적물을 납품한 경우 "을"에게 그 목적물에 대한 검사전이라도 즉시(제16조에 의한 내국신용장을 개설한 경우에는 검사완료 즉시) 수령증명서를 교부하여야 한다.

② "갑"은 납품된 목적물을 수령한 날부터 10일 이내 검사 결과를 "을"에게 서면으로 통지하여야 한다. 이 기간내 통지하지 않는 경우에는 검사에 합격한 것으로 본다.

③ "갑"은 검사 전 또는 검사기간 중의 목적물에 대하여 선량한 관리자의 주의를 가지고 관리하여야 한다. 검사기간 중에 발생한 손해에 대해서는 "갑"과 "을"이 협의하여 정한다.

④ "을"이 납품한 목적물에 대한 검사의 기준 및 방법은 "갑"과 "을"이 협의하여 정하되 이는 객관적이고 공정·타당하여야 한다.

⑤ "갑"은 목적물이 검사에 합격하였을 경우 목적물이 검사에 합격하였음을 증명하는 서면을 교부하여야 하며 그 시점에 목적물이 인도된 것으로 본다. 수령 시 검사를 하지 아니하는 것으로 정한 경우에는 목적물 수령시점에 목적물이 인도된 것으로 본다.

⑥ "갑"은 완제품 납품방식 등 을의 책임하에 검사가 완료된 목적물에 불량 등이 발생하여 "갑"이 제3자에게 손해를 배상한 때는 "을"에게 구상권을 행사할 수 있다.

⑦ "갑"과 "을"은 검사대상 목적물의 기술적 특수성 등으로 인하여 10일 이내 검사를 완료할 수 없는 정당한 사유가 있는 경우 상호 협의하여 검사기간을 연장 할 수 있다.

⑧ "갑"은 목적물의 검사에 소요되는 비용을 부담하며, "을"이 "갑"의 지시에 따라 제3자에게 검사를 의뢰한 경우에도 그 비용은 "갑"이 부담한다. 단, "을"의 귀책사유로 인한 재검사의 경우 목적물의 재검사에 소요되는 비용은 "을"이 부담한다.

제18조(부족분, 불합격품 및 과납품의 처리)

① "을"은 제17조의 규정에 따른 검사결과 수량부족 및 불합격된 것에 대해서는 "갑"의 지시에 따라 신속히 부족분 또는 대품을 납품하여야 한다. 그러나 이 경우 "을"은 본래의 납기에 대한 지연책임을 면하지 못한다.

② "을"은 제17조의 규정에 따른 검사결과 불합격품 또는 과납품이 발생하였을 경우 "갑"이 지정하는 기간 내 이를 인수하여야 하며, 그 기간은 적정하여야 한다. 그러나 "갑"은 불합격품에 대하여 성능상 지장이 없다고 인정되는 경우 "을"과 협의하여 조건부로 합격시킬 수 있다.

③ "갑"은 "을"이 제2항의 기간 내 불합격품 또는 과납품을 인수하지 아니할 때는 이를 "을"에게 반송 또는 "을"과 협의하여 폐기할 수 있다.

④ "을"은 제2항에서 정한 기간을 초과한 후 "갑"이 보관하는 불합격품 또는 과납품에 전부 또는 일부가 멸실·훼손 또는 변질되었을 경우 그 손해를 부담한다. 그러나 제2항에서 정한 기간 내 "갑"의 귀책사유로 생긴 손해에 대해서는 "갑"이 부담한다. 다만, 제2항에서 정한 기간 내 "갑"의 귀책사유 없이 발생한 손해에 대한 처리는 "갑"과 "을"이 협의하여 정한다.

⑤ "갑"은 검사결과 "갑"이 지급한 지급품의 하자로 인해 목적물이 불합격되었을 경우 이에 대한 책임을 진다.

제19조(목적물의 소유권 이전)

목적물의 소유권은 제17조제5항에 따라 목적물이 인도된 시점에 "갑"에게 이전된 것으로 본다.

제20조(부당반품의 금지)

① "갑"은 "을"로부터 목적물을 수령 또는 인수한 때는 "을"에게 책임을 돌릴만한 사유가 없음에도 불구하고 이를 "을"에게 반품(이하 '부당반품'이라 한다)하여서는 안 된다.

② 다음 각 호의 1에 해당하는 "갑"의 행위는 제1항의 규정에 의한 부당반품으로 본다.
  1. 거래상대방으로부터의 발주취소 또는 경제상황의 변동 등을 이유로 목적물을 반품하는 행위
  2. 검사의 기준 및 방법을 명확하게 정하지 아니하고 부당하게 목적물을 불합격으로 판정하여 이를 반품하는 행위
  3. "갑"이 공급한 지급품 또는 대여품의 품질불량으로 인하여 목적물이 불합격품으로 판정되었음에도 불구하고 이를 반품하는 행위

4. "갑"의 지급품 공급지연에 따라 납품이 지연되었음에도 불구하고 이를 이유로 목적물을 반품하는 행위

제21조(대금 지급)

① "갑"은 "을"에게 목적물수령일(납품이 빈번하여 "갑"과 "을"이 월 1회 이상 세금계산서의 발행일을 정한 경우에는 그 정한 날을 말한다)부터 60일 이내의 가능한 짧은 기한으로 정한 기일 이내에 납품대금을 지급하여야 한다.

② "을"은 납품대금을 수령할 때는 "갑"에게 미리 등록한 인장이 날인된 영수증을 "갑"에게 제출하여야 하며, "을"이 등록한 인장 및 영수증을 분실하거나 도난 등의 사고가 발생하였을 경우 "을"은 지체 없이 이를 "갑"에게 신고하여야 한다. 단, 이 경우 인장 및 영수증의 도난, 분실로 인하여 발생하는 모든 사고에 대한 책임은 "을"이 부담한다.

③ "갑"은 발주자로부터 선급금을 받은 때에는 그가 받은 선급금의 내용과 비율에 따라 선급금을 지급받은 날(계약 전에 선급금을 받은 경우에는 계약 체결일)부터 15일 이내 선급금을 지급하여야 한다.

④ 대금의 지급방법은 하도급거래공정화에관한법률 제13조 제2항 내지 제8항 및 제14조 제1항 내지 제3항을 적용한다.

제22조(대금의 지급수단)

① "갑"은 "을"과 협의하여 기업구매카드대출, 기업구매자금대출, 외상매출채권담보대출 제도 등을 이용하여 대금을 지급할 수 있다.

② "갑"은 제1항의 경우 다음 각 호의 내용을 "을"에게 서면으로 통지하여야 한다.
  1. 금융기관의 명칭
  2. 금융기관으로부터 대출 또는 지급 받기로 한 금액
  3. 하도급대금에 상당하는 대출금액 등의 지급기일 등

제23조(부당감액의 금지)

① "갑"은 "을"에게 책임을 돌릴만한 사유가 없음에도 불구하고 부당하게 대금을 감액(이하 '부당감액'이라 한다)하여서는 안 된다. 다만, "을"에게 책임을 돌릴만한 사유가 있어 대금을 감액하는 경우에는 감액의 범위·방법 등에 대하여 "갑"과 "을"이 상호 협의하여 별도로 정하도록 한다.

② 다음 각 호의 1에 해당하는 "갑"의 행위는 제1항의 규정에 의한 부당감액에 해당된다.
  1. 제조위탁시 대금을 감액할 조건 등을 명시하지 아니하고 제조위탁 후 협조요청 또는 거래상대방으로부터의 발주취소, 경제상황의 변동 등의 이유를 들어 대금을 감액하는 행위
  2. "을"과 단가인하에 대한 합의가 성립한 경우 성립 전 위탁한 부분까지 일방적으로 이를 소급 적용하는 방법으로 대금을 감액하는 행위
  3. 대금을 현금으로 또는 지급기일 전에 지급함을 이유로 과다하게 대금을 감액하는 행위
  4. "갑"에 대한 손해발생에 실질적인 영향을 미치지 아니하는 경미한 "을"의 과오를 이유로 일방적으로 대금을 감액하는 행위
  5. 목적물의 제조·수리 또는 시공에 필요한 부품 등을 자기로부터 사게 하거나 자기의 장비 등을 사용하게 한 경우에 적정한 구매대금 또는 사용대가 이상의 금액을 대금에서 공제하는 행위

제24조(품질보증)

① "을"은 목적물에 대해 기획, 설계, 생산, 판매 등 전 과정에 걸쳐 유기적인 품질보증 체제를 확립, 운영하여 제6조의 사양서류에 일치시키고 또한 "갑"이 요구하는 품질과 신뢰성을 확보하도록 품질보증 활동을 하여야 한다.

② "갑"과 "을"은 상호 또는 개별적으로 실시해야 하는 품질보증 사항에 대하여 별도의 품질보증협정을 체결하고 제1항의 품질보증 활동을 추진하여야 한다.

③ "을"은 목적물 중 주요공정 및 공법의 변경, 외주선의 변경, 금형의 수정 및 재제조, 재료변경 등의 경우에 "갑"에게 시제품을 제출하여 승인을 얻은 후에 사용하여야 한다.

제25조(하자담보책임)

① "을"은 제19조의 규정에 의한 목적물의 소유권 이전 후 6개월 이내 목적물에 숨겨진 하자가 발생된 경우 "갑"과 "을"이 별도로 체결하는 보상협상에 따라 그 하자에 기인하는 손해배상 등의 책임을 진다. 다만, 목적물의 특성상 6개월 이내 목적물의 숨겨진 하자의 발견이 어려울 경우 개별계약에서 별도로 하자담보책임 기간을 정할 수 있다.

② 숨겨진 하자는 "갑"이 일방적으로 결정할 수 없고 공신력 있는 제3자의 판정 등 객관적으로 입증되어야 한다.

제26조(제조물 책임)

① "을"은 "갑"이 위탁한 목적물에 결함이 발생하지 않도록 최선을 다하여야 하며 제조물 책임에 관한 모든 의무를 다하여야 한다.

② "을"은 목적물의 설계 또는 규격사양이 "갑"에 의하여 제공되었을지라도 목적물의 결함에 의해 발생한 것이라고 주장하는 사고로 인한 피해를 근거로 제기된 청구 및 소송을 방어해야 하며 그 청구 및 소송으로 인한 모든 손해배상 및 제반 관련비용을 부담하여야 한다. 단, "갑"이 "을"에게 제공한 설계 및 사양자체의 하자에 기인하는 사고임이 입증된 경우에는 "갑"이 그 책임을 진다.

③ "갑"은 자기의 귀책사유가 없음에도 불구하고 제2항에 의하여 청구 또는 소송에 따른 관련비용을 부담한 경우에는 "을"에게 구상할 수 있다.

④ "갑"과 "을"은 제2항의 청구 및 소송의 발생 방지·방어 및 대책수립에 상호 최대한 협조한다.

제27조(자료수집 및 실태조사에 대한 협력)

"갑"은 "을"과 협의를 거쳐 "을"의 생산관리, 품질관리 등에 관한 자료를 요구할 수 있고, 목적물의 생산 및 품질보증과 관련하여 필요한 범위 내에서 "을"의 공장설비 등을 조사할 수 있다.

제28조(개선제안의 협력)

① "을"은 "갑"에게 목적물의 품질개선, 납기준수, 가격의 합리화 등에 대한 개선제안을 언제든지 할 수 있다.

② 제1항의 경우 "을"의 제안에 따른 효과가 있을 때는 "갑"과 "을"이 함께 그 효과를 배분한다.

③ 개선제안에 관한 사항에 대하여는 별도의 규정을 둘 수 있다.

제29조(지도 및 협력)

"갑"은 목적물의 제조 및 품질향상 등을 위하여 필요할 경우 "을"에게 제조기술, 공법, 자재 및 생산관리, 품질보증 등에 관하여 지도와 조언을 할 수 있으며, "을"은 "갑"이 지도와 조언을 위해 현장에 출장하여 이를 확인하고 검사할 수 있도록 적극 협조하여야 한다.

제30조(산업재산권의 실시 및 출원)

① "을"은 목적물의 제조와 관련 "갑"으로부터 사용을 허락 받은 특허권, 실용신안권, 의장권, 상표권(이하 '산업재산권'이라 한다) 및 노하우(KNOW-HOW)를 목적물의 제조이외에는 사용하지 못하며, 문서에 의한 "갑"의 승낙을 얻지 않는 한 제3자에게 산업재산권 및 노하우를 사용하게 할 수 없다.

② "을"은 목적물의 제조와 관련 "갑" 또는 "을"과 제3자 사이에 산업재산권상의 분쟁 등이 발생할 우려가 있거나 분쟁이 발생하였을 경우 지체 없이 문서로서 "갑"에게 통지해야 한다. 한편 "을"은 "을"의 귀책사유로 상기사항이 발생하거나 발생할 우려가 있는 경우 "갑"에게 손해가 미치지 않도록 "을"의 비용부담으로 사전조치를 취하여야 하며, 산업재산권 분쟁으로 "갑"이 손해를 입은 경우 그 손해를 배상하여야 한다.

③ "을"은 이 계약기간 중은 물론 계약의 만료 및 계약의 해제 또는 해지 후에도 "갑"의 도면, 사양서에 의하여 제조된 목적물 및 그 제조방법에 관하여 산업재산권을 획득하고자 할 경우와 또는 목적물에 관하여 "갑"과의 공동연구, 중요부분에 대한 "갑"의 지도 및 아이디어의 제공에 의거 산업재산권을 획득하고자 할 경우에는 사전에 "갑"에게 문서로서 통지하여 "갑"과 산업재산권을 공동 출원한다.

④ "을"은 "을"의 사양에 의거 목적물을 제조하는 경우 그 제조방법이 제3자의 산업재산권을 침해하지 않음을 보증하여야 하며, "갑"의 사양에 따라 목적물을 제조하는 경우에는 "갑"이 그 제조방법을 제시하는 경우를 제외하고는 그 제조방법이 산업재산권을 침해하지 않음을 보증하여야 한다.

제31조(상표 표기 및 포장)

"을"이 "갑"에게 납품하는 목적물에 대한 상표의 표기 및 포장상태는 "갑"이 별도로 정하는 바에 따른다.

제32조(외주의 이용)

① "을"은 "갑"이 위탁한 목적물을 제조함에 있어 그 일부 또는 전부를 제3자에게 위탁할 경우에는 "갑"의 승낙을 얻어야 하며, "을"은 "갑"의 요구에 따라 관계자료를 제공하고 "갑"의 지시 및 결정에 따라야 한다.

② "을"은 제1항의 경우 이 계약 및 개별계약에 따른 "을"의 이행의무를 면할 수 없다.

제33조(기밀의 유지)

① "갑"과 "을"은 이 계약 및 개별계약으로 알게 된 상대방의 업무상 및 기술상 기밀을 상대방의 승낙이 없는 한 제3자에게 누설하여서는 안 된다.

② "갑"과 "을"은 이 계약기간 중은 물론 계약의 만료 또는 해제·해지 후에도 제1항의 의무를 가지고 있으며, 이 규정에 위반하여 상대방에게 손해를 입힌 경우 상호 협의하여 정한 범위 내에서 손해를 배상하여야 한다.

제34조(권리·의무의 양도)

"갑"과 "을"은 문서에 의거 상대방의 승낙을 받지 않는 한 이 계약 및 그 부수협정 또는 개별계약으로부터 생기는 권리·의무의 전부 또는 일부를 제3자에게 양도하거나 담보로 제공할 수 없다.

제35조(계약의 해제·해지)

① "갑" 또는 "을"은 다음 각 호의 사유가 발생할 우려가 있거나 발생하였을 경우 이 계약 및 부수협정과 개별계약의 전부 또는 일부를 해제·해지할 수 있다.

1. "갑" 또는 "을"이 금융기관으로부터 거래정지 처분을 받고 계약을 수행할 능력이 없다고 인정되는 경우
2. "갑" 또는 "을"이 감독관청으로부터 영업취소, 정지 등의 처분을 받았을 때
3. "갑" 또는 "을"이 어음 및 수표의 부도, 제3자에 의한 강제집행(가압류 및 가처분 포함한다) 또는 파산선고의 신청, 회사정리의 신청 등 경영상의 중대한 사유가 발생하여 이 기본계약 및 부수협정에 의한 약정내용이 이행될 수 없다고 인정될 경우
4. "갑" 또는 "을"이 해산, 영업의 양도를 결의하거나 또는 타회사로 합병될 경우
5. "갑" 또는 "을"이 천재지변 등 불가항력적인 사유로 이 계약 및 부수협정과 개별 계약의 내용을 이행하기 곤란하다고 쌍방이 인정하는 경우

② "갑" 또는 "을"은 다음 각 호의 사유가 발생하였을 경우 상대방에게 일정 기간을 정하여 서면으로 계약의 이행을 최고한 후, 동 기간 내 계약이 이행되지 아니할 때는 이 계약 및 부수협정과 개별계약의 전부 또는 일부를 해제·해지할 수 있다.

1. "갑" 또는 "을"의 이 계약 및 부수협정과 개별계약을 위반하였을 경우
2. "갑"이 목적물의 제조에 필요한 제반사항의 이행을 특별한 사유 없이 지연함으로써 상당기간동안 "을"의 목적물 제조에 지장을 초래케 하거나, 또는 "을"이 특별한 사유 없이 목적물의 제조를 거부하거나 상당기간동안 착수를 지연하여 계약기간 내 납품이 곤란하다고 인정되는 경우

③ "갑" 또는 "을"은 제1항 및 제2항 각호의 해제·해지사유가 발생하였을 경우 상대방에게 지체 없이 통지하여야 한다.

④ 제1항에 의하여 계약이 해제·해지되었을 때 피해제자가 해제 또는 해지권자에 대하여 부담하는 일체의 채무는 기한의 이익을 상실하며 지체 없이 변제하여야 한다.

⑤ 해제·해지와 관련하여 해제·해지권자에 대하여 손해가 발생하였을 경우 피해제자·피해지자는 그 손해를 배상하여야 한다.

제36조(거래정지의 예고)

제35조의 사유가 아닌 부득이한 사유로 거래를 정지하고자 할 때는 "갑"과 "을"은 상대방에게 부당한 피해가 없도록 납기 ◯개월 전에 이를 상대방에게 통보하여야 한다.

제37조(계약의 해제·해지 후의조치)

① "갑" 또는 "을"은 제35조에 의한 계약 해제·해지의 경우 상대방에게 사양서류, 대여품 및 무상지급품 등을 신속히 반환하여야 하며, "을"은 "갑"의 요구가 있을 경우 "갑"으로부터의 양도 여부에 관계없이 목적물의 제조에 사용되는 모든 전용 금형 등과 목적물의 재고 및 유상지급품을 제3자에 우선하여 "갑"에게 양도하여야 한다.

② 제1항에 의한 양도의 경우 유상지급품은 지급가격을, 목적물의 재고는 납품가격을, 금형 등은 인수시점까지의 감가상각을 감안한 가격을 각각 기준으로 하여 "갑"과 "을"이 협의하여 결정한다.

제38조(손해배상청구)

"갑" 또는 "을"은 이 계약 또는 개별계약의 위반으로 인하여 손해를 입었을 때는 개별계약에서 정한 손해배상청구 범위 내에서 상대방에게 손해배상을 청구할 수 있다.

제39조(잔존의무) "갑"과 "을"은 이 계약 및 개별계약의 기간만료 후 계약의 해제·해지 후에도 다음 각 호에 관한 의무를 진다.

1. 제25조에 정하는 하자담보책임에 관한 사항
2. 제26조에 정하는 제조물책임에 관한 사항
3. 제30조에 정하는 산업재산권에 관한 사항
4. 제33조에 정하는 기밀유지에 관한 사항

제40조(이의 및 분쟁의 해결)

① "갑"과 "을"은 이 계약 및 그 부수협정의 해석에 이견이 있을 경우 상관습을 따르는 것으로 하고, 그래도 해결이 되지 않을 때는 상호 협의하여 해결한다.
② 제1항과 관련하여 법률상의 분쟁이 발생하였을 경우 그 해결은 중재법 및 상사중재규칙에 의한 대한상사중재원의 중재에 따를 수도 있다.

제41조(계약의 효력 및 유효기간)

① 이 계약의 유효기간은 계약체결일부터 만 1년으로 한다. 다만, "갑" 또는 "을"이 계약기간 만료 3개월 전까지 계약갱신 또는 해약의사를 표시하지 않는 한 이 계약은 동일한 조건으로 1년간 지속되는 것으로 보며 그 이후도 동일하다.
② 제1항에 의한 이 계약의 실효 시 존속하는 개별계약에 대한 이 계약의 유효기간은 당해 개별계약의 존속기간까지 계속되는 것으로 한다.

본 기본계약의 성립을 증명하기 위하여 계약서 2부를 작성하여 "갑"과 "을"이 기명날인 후 각각 1부씩 보관한다.

20○○년 ○월 ○일

"갑"	주소	:
	상호	:
	대표자	: ○○○ ㊞
"을"	주소	:
	회사명	:
	대표자	: ○○○ ㊞

전기업종 표준외주거래기본계약서

 ○○○회사 (이하 "갑"이라 한다)와 ○○○회사 (이하 "을"이라 한다.)는 "갑"과 "을" 간의 자재, 기기, 물품의 제조 가공, 수리(이하 "목적물"이라 한다) 등을 위한 계약을 체결한다.

제1조(기본원칙)

① "갑"과 "을"은 이 기본계약 및 이 기본계약에 따른 개별적인 부속 구입계약 (이하 "개별계약"이라 함)을 신의성실의 원칙에 따라 이행하여야 한다.

② "갑"과 "을"은 이 계약의 이행에 있어서 하도급거래공정화에 관한 법률 및 관련 법령의 제 규정을 준수하여야 한다.

③ 이 계약의 내용과 배치되는 타계약에 대해서는 이 계약에 의한 내용을 우선하여 적용한다.

제2조(개별계약의 성립)

① 개별계약은 "갑"이 제3조의 거래내용을 기재한 발주서를 교부하고 "을"이 이를 수락함으로써 성립되며, "을"은 발주를 거부할 의사가 있는 때에는 "갑"의 발주서를 접수한 날로부터 10일 이내에 거부의사를 표시하여야 한다.

② "갑"은 제1항의 개별계약과 관련하여 기본계약체결 후 일방적으로 을에 대하여 발주를 하지 아니하거나 지연하여서는 아니 되며, 이 계약체결일로부터 ○일 또는 ○월 이내에 "을"에게 발주서 등을 교부하여 개별계약을 체결하여야 한다.

③ 개별계약서에서 따로 약정한 사항이외의 사항은 이 기본계약에 의하기로 하고, 만일 이 기본계약에 정하는 사항과 개별계약에 정하는 사항 간에 차이가 있을 때는 그 상충하는 부분에 한하여는 개별계약에 정하는 사항이 우선하기로 한다.

제3조(개별계약의 내용)

① 개별계약에는 발주년월일, 목적물의 내용, 납기 및 장소, 검사의 방법 및 시기, 대금의 지급방법 및 지급기일 등을, 또 원재료 등을 제공하고자 하는 경우에는 그 품명, 수량, 제공일, 대가 및 대가의 지급방법과 지급기일 등을 정하여야 한다.

② 전항의 규정에 불구하고 개별계약의 내용의 일부를 "갑"과 "을"이 협의하여 미리 부속협정서 등을 정할 수 있다.

제4조(계약의 변경)

① 이 계약 및 개별계약의 내용을 변경하고자 할 때에는 "갑"과 "을"이 협의하여 변경하기로 한다.

② 제1항의 계약변경에 따라 손해가 발생한 경우의 처리는 다음 각 호에 따른다.

  1. "갑"의 귀책사유로 손해가 발생한 경우 "을"은 "갑"에게 손해배상을 청구할 수 있다.

2. "을"의 귀책사유로 손해가 발생한 경우 "갑"은 "을"에게 손해배상을 청구할 수 있다.

③ "갑", 을 쌍방에 귀책사유로 손해가 발생한 경우 또는 쌍방의 귀책사유 없이 손해가 발생한 경우에는 "갑"과 "을"이 협의하여 정한다.

제5조(발주)

① "갑"은 "을"에 대하여 물품 등을 발주함에 있어 "을"이 동 물품을 제조 납품하는데 지장이 없도록 충분한 시일을 두고 발주하도록 한다.

② "갑"은 "을"에 대하여 가능한 한 장기적인 발주계획을 예고함과 동시에 필요한 정보를 제공하도록 한다.

제6조(사양서류)

① "갑"이 "을"에게 제시하는 목적물의 사양서류는 원칙적으로 다음 각 호와 같이 하고 필요에 따라 "갑"과 "을"이 협의하여 추가 또는 생략할 수 있다.

1. 도면, 승인도, 목적물 규격
2. 검사기준, 한도견본
3. 포장지시서(포장, 방진, 손상방지 및 보관을 위하여 필요한 방청 등에 관한조치사항의 기재 포함)

② "을"은 제1항의 사양서류의 내용이나 규격 등이 분명하지 않아 의문이 있을 경우 그 사실을 지체 없이 "갑"에게 통지하여 협의하여야 한다.

③ "을"은 제1항의 사양서류를 선량한 관리자의 주의를 가지고 관리하여야 하고, 이를 분실하거나 그 내용을 제3자에게 누설하여서는 안 된다.

④ "갑"과 "을"은 필요에 따라 사양 및 제작방법의 변경에 관한 의견을 제시할 수 있으며 사양 및 제작방법의 변경에 따른 사후처리는 원칙적으로 변경을 일으키게 한 자가 책임지기로 한다.

제7조(재료 및 부품의 지급)

① "갑"은 "을"에게 제조 등의 위탁을 한 목적물의 품질의 유지, 개선이나 기타 정당한 사유가 있을 경우 "갑"과 "을"이 상호 합의하여 정한 바에 따라 재료 및 부품(이하 "지급품"이라 한다)을 지급할 수 있고, "을"의 요청이 있을 경우에는 "갑"은 목적물의 제작에 필요한 지급품의 전부, 또는 일부를 "을"에게 지급할 수 있다. 이 경우 지급품의 인도장소 및 기타 유·무상지급의 구분, 인도일, 품명, 수량, 대금 및 대금지불방법 및 불량지급품으로 인한 손해배상 등 그 조건과 내용을 "갑"과 "을"이 상호 협의하여 정한다.

② "을"은 지급품을 수령한 때에는 지체 없이 이를 검사해야 하고 지급품에 하자, 혹은 수량부족 등이 발견되는 경우에는 즉시 "갑"에게 통보하여 "갑"의 지시를 받아야 한다.

③ "갑"은 "을"로부터 지급품에 관한 하자나 수량부족 등의 통지를 받았을 경우에는 그 내용을 확인한 후에 지급품의 대품 혹은 부족분을 추가 지급하기로 한다.

④ "을"은 작업도중에 하자를 발견한 경우에는 해당부분의 작업을 중지하고 즉시 "갑"에게 통보하여 "갑"의 지시를 받아야 한다. "을"이 전 ②, ④항의 조치를 지연하거나 이행하지 않아 발생한 손해는 "을"의 부담으로 한다.

제8조(지급품의 소유권)

제7조에 의하여 지급된 유상지급품의 소유권은 "을"이 그 대금을 "갑"에게 완제할 때까지 "갑"에게 유보되고 무상지급품의 소유권은 "갑"이 보유하고 있는 것으로 한다.

제9조(치공구 등의 대여)

① "갑"은 목적물의 품질의 유지, 개선이나 기타 정당한 사유가 있거나 "을"의 요청이 있는 경우에는 제조위탁 등의 위탁과 관련한 치공구, 측정구, 금형(이하 "대여품"이라 한다) 등을 대여할 수 있다.

② 전항의 대여에 관한 방법, 기간, 차임 등은 개별계약서에서 별도로 정한다.

제10조(지급품 및 대여품의 취급)

① "을"은 "갑"의 지급품 또는 대여품을 선량한 관리자의 주의를 가지고 관리하여야 한다.
"을"은 "갑"의 동의 없이 지급품 또는 대여품을 소정용도 이외에 전용하거나 제3자에게 양도, 대여, 저당 등의 행위를 하여서는 안 된다.

② "을"은 지급품 중 특히 무상지급재, 대금완제 전에 양도받은 대여품 등을 "을"의 자산과 보관상 명확하게 구분하여 관리하고, "갑"의 소유권임을 명시하기 위한 적절한 조치를 강구하여야 한다.

③ "을"은 강제집행, 파산선고신청, 회사정리의 신청 및 노동쟁의 등과 같은 사유의 발생으로 대금완제전의 지급품 또는 대여품 등에 대한 "갑"의 소유권 보전에 영향을 미칠 우려가 있는 경우 즉시 "갑"에게 그 사실을 통지하는 동시에 필요에 따라 이들 물품의 보관장소를 이전하는 등 "갑"의 소유권이 침해되지 않도록 적절한 조치를 하여야 한다.

④ "을"은 지급품 또는 대여품 등을 유상으로 양도받아 그 대금을 완제한 경우에도 제4항과 유사한 사유가 발생할 경우 즉시 "갑"에게 그 사실을 통지하는 동시에 "갑"이 발주한 목적물의 납품이 영향을 받지 않도록 필요에 따라 보관장소를 이전하는 등의 조치를 하여야 한다.

제11조(무상지급 자재의 가공불량시 손실부담)

"을"은 "갑"의 지급품 중 무상지급한 재료 등의 가공불량을 발생시킨 경우 또는 "갑"의 지급품으로 인하여 발주물품에 불량이 발생한 경우 신속히 "갑"에게 통지하여야 한다. 이 경우 불량발주에 대한 보상책임은 그 원인제공자가 짐을 원칙으로 한다.

제12조(금형제작 및 상각)

① "갑"은 목적물의 제조 및 가공에 필요한 금형을 "을"에게 제작하게 할 수 있으며 이 경우 금형비 계산 및 상각방법 등은 "갑", "을"이 협의하여 별도로 정한다.

② "갑"은 목적물의 품질의 유지, 개선이나 기타 정당한 사유가 있거나 "을"의 요청이 있는 경우에는 목적물의 제작에 필요한 치공구 및 금형을 제작하여 "을"에게 대여 또는 매각할 수 있다. 이 경우 기간, 대가 등 대여(매각)에 관하여는 개별계약에서 별도로 정한다.

제13조(단가의 결정)

① 단가는 수량, 사양, 납기, 대금지급방법, 품질, 재료가격, 노무비, 시가의 동향 등을 고려하여 합리적인 산정방식에 따른 적정한 관리적 경비 및 이익을 붙여 "갑"과 "을"이 협의하여 정한다.

② 제1항의 단가는 별도의 약정이 없는 한 "갑"이 지정하는 인도장소까지의 포장비, 운임, 하역비, 보험료 등 일체의 비용을 포함한 것으로 한다.

③ 단가결정의 기초가 된 제1항의조건이 계약기간 중에 변경된 때에는 "갑" 또는 "을"은 단가조정신청을 할 수 있으며 이 경우 신청일로부터 30일 이내에 상호협의하여 다시 정한다.

④ 특별한 사유로 인하여 단가결정이 지연될 경우 "갑"과 "을"이 협의하여 정한 임시단가를 적용하며, 임시단가와 확정단가의 차액은 확정단가 결정시 정산한다.

제14조(납기)

납기는 개별계약서에 기재된 물품 및 수량을 "갑"이 지정하는 장소에 인도하는 시점을 말한다.

제15조(납품방법)

① "갑"과 "을"은 협의하여 납품과 관련, 별도로 납품절차를 정할 수 있다.

"을"은 납기의 선행, 지연 또는 수량의 과부족 등 이상납품이 발생한 경우 신속하게 "갑"의 지시를 받아 필요한 조치를 강구하여야 한다.

② 제2항의 이상납품이 "을"의 귀책사유로 인하여 발생된 때 "을"은 "갑"이 입은 손해를 배상하여야 한다.

③ "갑"은 임의로 "을"의 납품에 대한 수령을 지연하거나 거부하여서는 아니 되며, 수령지연 및 거부로 인하여 "을"이 손해를 입은 경우 이를 배상하여야 한다.

제16조(내국신용장 개설)

"갑"은 수출용 물품을 "을"에게 제조위탁하는 경우에는 "을"의 생산에 차질이 없도록 최소한 발주한 날로부터 15일 이내에 내국신용장을 개설해 주어야 한다.

제17조(수령, 검사 및 인수)

① "갑"은 "을"이 목적물을 납품한 경우 "을"에게 그 목적물에 대한 검사전이라도 즉시(제16조에 의한 내국신용장을 개설한 경우에는 검사완료 즉시)수령증명서를 교부하여야 한다.

② "갑"은 검사결과를 납품된 물품을 수령한 날로부터 10일 이내에 "을"에게 서면으로 통지하여야 한다. 이 기간 내에 통지하지 않을 경우에는 검사에 합격한 것으로 한다.

③ "갑"은 검사기간 중의 목적물에 대하여 선량한 관리자의 주의를 가지고 관리하여야 한다. 검사기간 중에 발생한 손해에 대해서는 "갑"과 "을"이 협의하여 정한다.

④ "을"이 납품한 목적물에 대한 검사의 기준 및 방법은 "갑"과 "을"이 협의하여 정하되 이는 객관적이고 공정·타당하여야 한다.

⑤ 목적물이 검사에 합격한 때 갑은 목적물이 검사에 합격하였음을 증명하는 서면을 교부하여야 하며 그 시점에 목적물이 인도된 것으로 본다. 수령시 검사를 하지 아니하는 것으로 정한 경우에는 목적물 수령시점에 목적물이 인도된 것으로 본다.

⑥ 완제품 납품방식 등 을의 책임하에 검사가 완료된 목적물에 불량 등이 발생하여 "갑"이 제3자에게 손해를 배상한 때에는 "을"에게 구상권을 행사할 수 있다.

⑦ 검사대상 목적물의 기술적 특수성 등으로 인하여 10일 이내에 검사를 완료할 수 없는 정당한 사유가 있는 경우에는 "갑"과 "을"이 협의하여 검사기간을 연장 할 수 있다.

⑧ 검사비용은 "갑"이 부담한다. "을"이 "갑"의 지시에 따라 제3자에게 검사를 의뢰한 경우에도 그 비용은 "갑"이 부담한다.

제18조(부족분, 불합격품 및 과납품의 처리)

① "을"은 제17조에 따른 검사결과 수량부족 또는 불합격된 것에 대해서는 "갑"의 지시에 따라 신속히 부족분 또는 대품을 납품하여야 한다. 단, 이 경우에도 "을"은 본래의 납기에 대한 이상납품의 책임을 면하지 못한다.

② 제17조에 따른 검사결과 불합격품 또는 과납품이 생겼을 경우 "을"은 "갑"이 지정하는 기간 내에 이를 인수하여야 하며, 그 기간은 적정하여야 한다. 다만, 불합격품에 대하여 성능상 지장이 없다고 "갑"이 인정하는 경우 "을"과 협의하여 조건부 합격으로 받아들일 수 있다.

③ "을"이 제2항의 기간 내에 불합격품 또는 과납품을 인수하지 아니할 때는 "갑"은 이를 "을"에게 반송 또는 "을"과 협의하여 폐기할 수 있다.

④ "갑"이 불합격품 또는 과납품을 "을"에게 인수토록 통보한 기간 내에 보관품의 전부 또는 일부가 멸실, 훼손 또는 변질되었을 경우 그 손해는 "갑"이 부담하고, 다만, 위 통보기간 중 "갑"의 귀책사유 없이 발생한 손해에 대해서는 "갑"과 "을"이 협의하여 정한다. 그리고 위 통보기간이 경과한 후에 발생한 손해는 "을"이 부담한다.

⑤ 불합격품이 "갑"이 지급한 지급재의 하자에 의한 경우 이에 대한 책임은 "갑"이 부담한다.

제19조(목적물의 소유권 이전) 목적물의 소유권은 제17조제5항에 따라 목적물이 인도된 시점에 "갑"에게 이전되는 것으로 한다.

제20조(부당반품의 금지)

① "갑"은 "을"로부터 목적물을 수령 또는 인수한 때에는 "을"에게 책임을 돌릴 사유가 없에도 불구하고 이를 "을"에게 반품하여서는 안 된다.(이하 "부당반품"이라한다)

② 다음 각 호의 1에 해당하는 "갑"의 행위는 제1항의 규정에 의한 부당반품으로 본다.
  1. 거래상대방으로부터의 발주취소 또는 경제상황의 변동 등을 이유로 목적물을 반품하는 행위
  2. 검사의 기준 및 방법을 명확하게 정하지 아니하고도 부당하게 목적물을 불합격으로 판정하여 이를 반품하는 행위
  3. "갑"이 공급한 지급재 또는 대여품의 품질불량으로 인하여 목적물이 불합격품으로 판정되었음에도 불구하고 이를 반품하는 행위
  4. "갑"의 지급재 공급지연에 따라 납품이 지연되었음에도 불구하고 이를 이유로 목적물을 반품하는 행위

제21조(대금지급)

① "갑"은 "을"에게 목적물수령일(납품이 빈번하여 "갑"과 "을"이 월 1회 이상 세금계산서의 발행일을 정한 경우에는 그 정한 날을 말한다)부터 60일 이내의 가능한 짧은 기한으로 정한 기일 이내에 납품대금을 지급하여야 한다.

② "을"은 납품대금을 수령할 때에는 "갑"에게 미리 등록한 인장이 날인된 영수증을 "갑"에게 제출하여야 하며, "을"이 등록한 인장 및 영수증을 분실하거나 도난 등의 사고가 발생하였을 경우 "을"은 지체 없이 이를 "갑"에게 신고하여야 한다. 단, 이 경우에도 인장 및 영수증의 도난, 분실로 인하여 발생하는 모든 사고에 대한 책임은 "을"이 부담한다.

제22조(대금지급방법)

① 대금지급기일이 정하여져 있지 않은 경우에는 목적물수령일을, 목적물의 수령일로부터 60일을 초과하여 대금지급기일을 정한 경우에는 목적물의 수령일로부터 60일째 되는 날을 각각 대금지급기일로 본다.

② "갑"이 대금을 어음으로 지급하는 경우에 그 어음은 법률에 근거하여 설립된 금융기관에서 할인이 가능한 것이어야 하며, 어음을 교부한 날로부터 어음의 만기일까지의 기간에 대한 할인료를 어음을 교부하는 날에 "을"에게 지급하여야 한다. 단 목적물의 수령일로부터 60일 이내에 어음을 교부하는 경우에는 목적물의 수령일로부터 60일을 초과한 날 이후 만기일까지의 기간에 대한 할인료를 "을"에게 지급하여야 한다.

제23조(부당한 대금감액금지)

① "갑"은 "을"에게 책임을 돌릴 사유가 없음에도 불구하고 부당하게 대금을 감액(이하 "부당감액"이라한다)하여서는 안 된다. 그리고 "을"에게 책임을 돌릴 사유가 있어 대금을 감액하는 경우 감액 범위, 감액방법 등에 대해서는 "갑"과 "을"이 별도로 정하도록 한다.

② 다음 각 호의 1에 해당하는 "갑"의 행위는 제1항의 규정에 의한 부당감액에 해당된다.

1. 제조위탁시 대금을 감액할 조건 등을 명시하지 아니하고 제조위탁 후 협조요청 또는 거래상대방으로부터의 발주취소, 경제상황의 변동 등의 이유를 들어 대금을 감액하는 행위
2. "을"과 단가인하에 대한 합의가 성립한 경우 성립 전에 위탁한 부분에 대하여도 일방적으로 이를 소급적용하는 방법으로 대금을 감액하는 행위
3. 대금을 현금으로 또는 지급기일전에 지급함을 이유로 과다하게 대금을 감액하는 행위
4. "갑"에 대한 손해발생에 실질적인 영향을 미치지 아니하는 경미한 "을"의 과오를 이유로 일방적으로 대금을 감액하는 행위
5. 목적물의 제조·수리 또는 시공에 필요한 부품 등을 자기로부터 사게 하거나 자기의 장비 등을 사용하게 한 경우에 적정한 구매대금 또는 사용대가 이상의 금액을 대금에서 공제하는 행위

제24조(품질보증)

① "을"은 목적물에 대해 기획, 설계, 생산, 판매 등 전 과정에 걸쳐 유기적인 품질보증 체제를 확립, 운영하여 제6조의 사양서류에 일치시키고 또한 "갑"이 요구하는 품질과 신뢰성을 확보하도록 품질보증 활동을 하여야 한다.

② "갑"과 "을"은 상호 또는 개별적으로 실시해야 하는 품질보증 사항에 대하여 별도의 품질보증협정을 체결하고 제1항의 품질보증 활동을 추진하여야 한다.

③ "을"은 목적물중 주요공정 및 공법의 변경, 외주선의 변경, 금형의 수정 및 재제작, 재료변경 등의 경우에 "갑"에게 시제품을 제출하여 승인을 득한 후에 사용하여야 한다.

제25조(하자담보책임)

② "을"은 제19조의 규정에 의한 목적물의 소유권 이전 후 6개월 이내에 목적물에 숨겨진 하자가 발생된 경우 "갑"과 "을"이 별도로 체결하는 보상협상에 따라 그 하자에 기인하는 손해배상 등의 책임을 진다. 다만, 목적물의 특성상 6개월 이내에 목적물의 숨겨진 하자의 발견이 어려울 경우 개별계약에서 별도로 하자담보책임 기간을 정할 수 있다.

② 숨겨진 하자는 "갑"이 일방적으로 결정할 수 없고 공신력 있는 제3자의 판정 등 객관적으로 입증되어야 한다.

제26조(자료수집 및 실태조사에 대한 협력)

"갑"은 "을"과 협의를 거쳐 "을"의 생산관리, 품질관리 등에 관한 자료를 요구할 수 있고, 목적물의 생산 및 품질보증과 관련하여 필요한 범위 내에서 "을"의 공장설비 등을 조사할 수 있다.

제조(개선제안의 협력)

① "을"은 목적물에 품질개선, 납기준수, 가격의 합리화 등을 위한 개선제안을 언제든지 할 수 있다.
② 제1항의 경우 "을"의 제안에 따른 효과가 있을 때는 "갑"과 "을"이 함께 그 효과를 배분한다.
③ 개선제안에 관한 사항에 대하여는 별도의 규정을 둘 수 있다.

제27조(지도 및 협력)

"갑"은 목적물의 제작 및 품질향상 등을 위하여 필요할 경우 "을"에게 제작기술, 공법, 자재 및 생산관리, 품질보증 등에 관하여 지도와 조언을 할 수 있으며, "을"은 "갑"이 지도와 조언을 위해 현장에 출장하여 이를 확인하고 검사할 수 있도록 적극 협조하여야 한다.

제28조(산업재산권의 실시 및 출원)

① "을"은 목적물의 제작과 관련 "갑"으로부터 사용을 허락받은 특허권, 실용신안권, 의장권, 상표권(이하 "산업재산권"이라 한다) 및 노-하우(KNOW-HOW)를 목적물의 제작이외에는 사용하지 못하며, 문서에 의한 "갑"의 승낙을 얻지 않는 한 제3자에게 산업재산권 및 노우-하우를 사용하게 할 수 없다.
② "을"은 목적물의 제작과 관련 "갑" 또는 "을"과 제3자 사이에 산업재산권상의 분쟁 등이 발생할 우려가 있을 경우 또는 분쟁이 발생했을 경우 지체 없이 문서로서 "갑"에게 통지하는 한편 "을"은 "을"의 귀책사유로 상기사항이 발생하거나 발생할 우려가 있는 경우 "갑"에게 손해가 미치지 않도록 "을"의 비용부담으로 사전조치를 취하여야 하며, 산업재산권 분쟁으로 "갑"이 손해를 입은 경우 그 손해를 배상하여야 한다.
③ "을"은 이 계약기간중은 물론 계약의 만료 및 계약의 해제 또는 해지 후에도 "갑"의 도면, 사양서에 의하여 제작된 목적물 및 그 제작방법에 관하여 산업재산권을 획득하고자 할 경우 또는 목적물에 관하여 "갑"과의 공동연구, 중요부분에 대한 "갑"의 지도 및 아이디어의 제공에 의거 산업재산권을 획득하고자 할 경우에도 사전에 "갑"에게 문서로서 통지하여 "갑"과 산업재산권을 공동 출원한다.
④ "을"은 "을"의 사양에 의거 목적물을 제작하는 경우 그 제작방법이 제3장의 산업재산권을 침해하지 않음을 보증하여야 하며 "갑"의 사양에 따라 목적물을 제작하는 경우에도 "갑"이 그 제작방법을 제시하는 경우를 제외하고는 그 제작방법이 산업재산권을 침해하지 않음을 보증하여야 한다.

제29조(상표 표기 및 포장)

"을"이 "갑"에게 납품하는 목적물에 대한 상표의 표기 및 포장상태는 "갑"이 별도로 정하는 바에 따른다.

제30조(외주의 이용)

① "을"은 "갑"으로부터 수주 받은 목적물을 제작함에 있어 그 일부 또는 전부를 제3자에게 발주할 경우에는 "갑"의 승낙을 득해야 하며, "을"은 "갑"의 요구에 따라 관계자료를 제공하고 "갑"의 지시 및 결정에 따라야 한다.

② "을"은 제1항의 경우 이 계약 및 개별계약에 따른 "을"의 이행의무를 면할 수 없다.

제31조(기밀의 유지)

① "갑"과 "을"은 이 계약 및 개별계약으로 알게 된 상대방의 업무상 및 기술상 기밀을 상대방의 승낙이 없는 한 제3자에게 누설하여서는 안 된다.

② "갑"과 "을"은 이 계약기간중은 물론 계약의 만료 또는 해제 후에도 제1항의 일부를 가지고 있으며, 이 규정에 위반하여 상대방에게 손해를 입힌 경우 "갑"과 "을"이 정한 범위 내에서 손해를 배상하여야 한다.

제32조(권리 · 의무의 양도)

"갑"과 "을"은 문서에 의거 상대방의 승낙을 받지 않는 한 이 계약 및 그 부수협정 또는 개별계약으로부터 생기는 권리 · 의무의 전부 또는 일부를 제3자에게 양도하거나 담보로 제공할 수 없다.

제33조(계약의 해제 · 해지)

① "갑" 또는 "을"은 다음 각 호의 사유가 발생할 우려가 있거나 발생하였을 경우 이 계약 및 부수협정과 개별계약의 전부 또는 일부를 해제 또는 해지할 수 있다.
   1. "갑" 또는 "을"이 금융기관으로부터 거래정지 처분을 받고 계약을 수행할 능력이 없다고 인정되는 경우
   2. "갑" 또는 "을"이 감독관청으로부터 영업취소, 정지등의 처분을 받았을 때
   3. "갑" 또는 "을"이 어음 및 수표의 부도, 제3자에 의한 강제집행(가입금 및 가처분포함) 또는 파산선고의 신청, 회사정리의 신청 등 경영상의 중대한 사유가 발생하여 이 기본계약 및 부수협정에 의한 약정내용이 이행될 수 없다고 인정될 경우
   4. "갑" 또는 "을"이 상대방의 승인 없이 영업의 양도를 결의하거나 또는 타회사로 합병될 경우
   5. "갑" 또는 "을"이 천재지변 등 불가항력적인 사유로 이 계약 및 부수협정과 개별 계약의 내용을 이행하기 곤란하다고 쌍방이 인정하는 경우

② "갑" 또는 "을"은 다음 각 호의 사유가 발생하였을 때에는 상대방에게 서면으로 계약의 이행을(일 또는 월)의 기간으로 정하여 최고한 후 동기간 내에 계약이 이행되지 아니하는 때에는 이 계약 및 부수협정과 개별계약의 전부 또는 일부를 해제 또는 해지할 수 있다.
   1. "갑" 또는 "을"의 이 계약 및 부수협정과 개별계약을 위반하였을 경우
   2. "갑"이 발주품의 제작에 필요한 제반사항의 이행을 특별한 사유 없이 지연함으로써 "을"의 작업에 상당기간동안 지장을 초래케 하거나 또는 "을"이 특별한 사유 없이 발주품의 제작을 거부하거나 상당기간동안 착수를 지연하여 계약기간 내에 납품이 곤란하다고 인정되는 경우

③ "갑" 또는 "을"은 제1항 및 제2항 각호의 해제 또는 해지사유가 발생하였을 경우 상대방에게 지체 없이 통지하여야 한다.

④ 제1항에 의하여 계약이 해제 또는 해지 되었을 때는 피해제자가 해제 또는 해지권자에 대하여 부담하는 일체의 채무는 기한의 이익을 상실하며 지체 없이 변제하여야 한다.

⑤ 해제 또는 해지와 관련하여 해제 또는 해지권자에 대하여 손해가 발생하였을 때에는 피해제자 또는 해지자는 그 손해를 배상하여야 한다.

제34조(거래정지의 예고)

제34조의 사유가 아닌 부득이한 사유로 거래를 정지하고자 할 때에는 "갑"과 "을"은 상대방에게 부당한 피해가 없도록 납기()개월 전에 이를 사전에 상대방에게 통보하여야 한다.

제35조(계약의 해제·해지 후의조치)

① "갑" 또는 "을"은 제34조에 의한 계약해제 또는 해지의 경우 상대방에게 사양서류, 대여품 및 무상지급품 등을 신속히 반환하여야 하며, "을"은 "갑"의 요구가 있을 경우 "갑"으로부터의 양도 여부에 관계없이 목적물의 제작에 사용되는 모든 전용금형 등과 목적물의 재고 및 유상지급품을 제3자에 우선하여 "갑"에게 양도하여야 한다.

② 제1항에 의한 양도의 경우 유상지급품은 지급가격을, 목적물의 재고는 납품가격을, 금형 등은 인수시점까지의 감가상각을 감안한 가격을 각각 기준으로 하여 "갑"과 "을"이 협의하여 결정한다.

제36조(손해배상청구)

"갑" 또는 "을"은 이 계약 또는 개별계약의 위반으로 인하여 손해를 입었을 때는 개별계약에서 정한 손해배상청구범위내에서 상대방에게 손해배상을 청구할 수 있다.

제37조(잔존의무) "갑"과 "을"은 이 계약 및 개별계약의 기간만료 후 계약의 해제 또는 해지 후에도 다음 각 호에 관한 의무를 진다.

1. 제25조에 정하는 하자담보책임에 관한 사항
2. 제29조에 정하는 산업재산권에 관한 사항
3. 제32조에 정하는 기밀유지에 관한 사항

제38조(이의 및 분쟁의 해결)

① "갑"과 "을"은 이 계약 및 그 부수협정의 해석에 이견이 있을 경우 상관습을 따르는 것으로 하고 그래도 해결이 되지 않을 때는 상호 협의하여 해결한다.

② 제1항과 관련하여 법률상의 분쟁이 발생하였을 경우 그 해결은 중재법 및 상사 중재규칙에 의한 대한상사중재원의 중재에 따르기로 한다.

제39조(계약의 효력 및 유효기간)

① 이 계약의 유효기간은 계약체결일로부터 만 1년으로 한다. 다만, "갑" 또는 "을"이 계약기간 만료 3개월까지 계약갱신 또는 해약의사를 표시하지 않는 한 이 계약은 동일한 조건으로 1년간 지속되는 것으로 보며 그 이후도 동일하다.

② 제1항에 의한 이 계약의 실효시 존속하는 개별 계약에 대한 이 계약의 유효기간은 당해 개별계약의 존속기간까지 계속되는 것으로 한다.

이 계약의 체결을 증명하기 위하여 계약서 2통을 작성하여 "갑"과 "을"이 서명 날인한 후 각각 1통씩 보관한다.

20○○년 ○월 ○일

"갑"	주소	:	
	상호	:	
	대표자	:	○ ○ ○ ㊞
"을"	주소	:	
	회사명	:	
	대표자	:	○ ○ ○ ㊞

전기공사 표준하도급계약서

1. 발주자 :

○ 원도급공사명 :

2. 하도급공사명 :

3. 공 사 장 소 :

4. 공 사 기 간 : 착공 2000년 0월 0일

준공 2000년 0월 0일

5. 계 약 금 액 : 일금원정(₩)

○ 공급가액 : 일금원정(₩)
(노무비 : 일금원정(₩)
* 전기공사업법시행령 제16조의 규정에 의한 노무비
○ 부가가치세 : 일금원정(₩)
※ 변경 전 계약금액 : 일금원정(₩)

6. 대금의 지급

가. 선급금
① 계약체결 후 0일 이내에 일금원정(₩)

※ 발주자로부터 지급 받은 날 또는 계약을 체결한 날부터 15일 이내에 그 내용과 비율에 따름

나. 기성금
① 월 0회
② 목적물 수령일부터 00일 이내
③ 지급방법 : 현금 00%, 어음 00%

다. 설계변경, 경제상황변동 등에 따른 대금조정 및 지급
① 발주자로부터조정 받은 날부터 00일 이내에 그 내용과 비율에 따라 조정
② 발주자로부터 지급 받은 날부터 00일 이내에 지급

7. 지급자재의 품목 및 수량 : 별도첨부

8. 계약보증금 : 일금원정(₩)

9. 공사대금 지급보증금 : 일금원정(₩)

10. 하자담보책임

가. 하자보수보증금률 : 계약금액의 ○○

　　나. 하자보수보증금 : 일금원정(₩)

　　다. 하자담보책임기간 :

11. **지체상금률** : 계약금액의 ○○%

　　당사자는 위 내용과 별첨 전기공사 하도급 계약조건, 설계도 ○○장, 시방서 ○○ 책에 의하여 이 전기공사 하도급 계약을 체결하고 계약서 2통을 작성하여 각각 1통씩 보관한다.

200○년 ○월 ○일

"원사업자"	주소	:	
	상호	:	
	성명	: ○ ○ ○ ⑪	

"수급사업자"	주소	:	
	상호	:	
	성명	: ○ ○ ○ ⑪	

전기공사하도급 계약조건

제1조(기본원칙)

① 원사업자(「전기공사업법」에 의한 "수급인"을 말한다. 이하 "갑"이라 한다)와 수급사업자(「전기공사업법」에 의한 "하수급인"을 말한다. 이하 "을"이라 한다)는 대등한 입장에서 서로 협력하여 신의에 따라 성실히 계약을 이행한다.

② "갑"과 "을"은 이 공사의 시공 및 계약의 이행에 있어서 「전기공사업법」, 「하도급거래공정화에관한법률」(이하 "하도급법"이라 한다) 및 관계법령의 제 규정을 준수한다.

③ 이 계약의 내용과 배치되는 타계약에 대해서는 이 계약에 의한 내용을 우선하여 적용한다. 다만, 제 30조(특수조건)에 의거 이 계약에서 정하지 아니한 사항에 대하여 "갑"과 "을"이 대등한 지위에서 합의하여 특약으로 정한 내용은 그러하지 아니한다.

제2조(원사업자의 협조)

① "갑"은 하도급계약을 체결한 날부터 30일 이내에 발주자에게 통지한다. 다만, "갑"이 기한 내에 통지를 하지 아니한 경우에는 "을"이 발주자에게 이를 통지할 수 있다.

② "갑"은 "을"에게 이 공사 이행에 필요한 협조와 지원을 한다.

제3조(공사시공 등)

① "을"은 이 계약조건과 설계도서(공사시방서, 설계도면 및 현장설명서를 포함한다. 다만, 총액단가계약의 경우에는 산출내역서를 포함하며, 양식은 재정경제부 회계예규의 양식을 준용한다. 이하 같다)

에 의하여 공사를 시공한다.

② "을"은 계약체결 후 지체 없이 공사예정공정표를 작성하여 "갑"의 승인을 받아야 하며, "갑"에게 산출내역서를 제출한다.

제4조(관련공사와의조정)

① "갑"은 도급공사를 원활히 수행하기 위하여 이 도급공사와 관련이 있는 공사(이하 "관련공사"라 한다)와의조정이 필요한 경우에는 "을"과 협의하여 이 공사의 공사기간, 공사내용, 계약금액 등을 변경할 수 있다.

② "을"은 관련공사의 시공자와 긴밀히 연락 협조하여 도급공사의 원활한 완성에 협력한다.

제5조(의견의 청취)

"갑"은 시공상 공정의 세부작업 방법 등을 정함에 있어 미리 "을"의 의견을 청취한다.

제6조(권리 · 의무의 양도 등)

① "갑"과 "을"은 이 계약으로부터 발생하는 권리 또는 의무를 제3자에게 양도하거나 승계 하게 할 수 없다. 다만, 상대방의 서면에 의한 동의(보증인이 있는 경우에는 보증인의 동의 포함)가 있는 경우에는 그러하지 아니하다.

② "을"은 공사목적물 또는 공사현장에 반입하여 검사를 마친 공사자재를 제3자에게 양도, 담보설정, 기타의 처분행위를 하지 못한다.

제7조(계약이행 및 대금지급보증)

① "갑"과 "을"은 다음 각 호의 1의 방법으로 공사대금의 지급 및 계약이행을 상호 보증한다. 다만, 「하도급법시행령」 제3조의2의 규정에 의거 하도급대금지급보증이 면제된 경우에는 그러하지 아니하다.

　1. "갑"은 "을"에게 다음 각목의 1에 해당하는 금액의 공사대금지급보증

　　가. 공사기간이 4월 이하인 경우에는 계약금액에서 선급금을 제외한 금액

　　나. 공사기간이 4월을 초과하는 경우로서 기성부분에 대한 대가의 지급주기가 2월 이내인 경우에는 다음의 산식에 의하여 산출한 금액

　　· 보증금액 = (하도급계약금액 − 계약상선급금) ÷ 공사기간(월수)}× 4

　　다. 공사기간이 4월을 초과하는 경우로서 기성부분에 대한 대가의 지급주기가 2월을 초과하는 경우에는 다음의 산식에 의하여 산출한 금액

　· 보증금액 = {(하도급계약금액−계약상선급금) ÷공사기간(월수)} ×기성부분에 대한 대가의 지급주기(월수) × 2

　2. "을"은 "갑"에게 계약금액의 100분의 10에 해당하는 금액의 계약이행보증

② 제1항의 규정에 의한 "갑"과 을 상호간의 보증은 현금(체신관서 또는 은행법에 의한 금융기관이 발행한 자기앞수표를 포함)의 납부 또는 다음 각 호의 1의 기관이 발행하는 보증서, 채권(국채 또는 지방채)이나 금융기관의 예금증서의 교부에 의한다.

　1. 전기공사공제조합

　2. 보험업법에 의한 보험사업자

　3. 신용보증기금법에 의한 신용보증기금

4. 은행법에 의한 금융기관

③ "갑"이 을에 대하여 제2항의 규정에 의거 지급보증서를 교부함에 있어서 그 공사기간 중에 하도급 하는 모든 공사 또는 1회계년도에 하도급 하는 모든 공사에 대한 공사대금의 지급보증을 하나의 지급보증서로 교부할 수 있다.

④ "갑"이 제20조의 규정에 의한 공사대금의 지급을 지체하여 "을"로부터 서면으로 지급독촉을 받고도 이를 지급치 않은 경우, "을"은 제2항 각호의 보증기관에 공사대금 중 미지급액에 상당하는 보증금의 지급을 청구할 수 있다. 다만, "갑"이 제2항의 규정에 의하여 현금의 납부 또는 보증서 등을 교부한 경우에는 동 금액에서 공사대금 중 미지급금액에 상당하는 금액을 "을"에게 귀속한다.

⑤ "을"이 계약상 의무를 이행하지 아니하여 "갑"이 제25조제1항의 규정에 의거 계약의 전부 또는 일부를 해제 또는 해지한 경우에는 "갑"은 제2항의 보증금에 대해 계약의 해제 또는 해지에 따른 손실에 상당하는 금액의 지급을 청구할 수 있다. 다만, "을"이 제2항의 규정에 의하여 현금의 납부 또는 보증서 등을 교부한 경우에는 손실액에 상당하는 금액은 "갑"에게 귀속된다.

⑥ "갑"의 공사대금 미지급액 및 "을"의 계약불이행 등에 의한 손실이 제1항 규정에 의한 보증금을 초과하는 경우에는 "갑"과 "을"은 그 초과액에 대하여 상대방에게 청구할 수 있다.

⑦ "갑"과 "을"이 납부한 보증금은 계약이 이행된 후 계약상대방에게 지체 없이 반환한다. 다만, "갑"이 "을"에게 공사대금을 어음으로 지급한 경우에는 어음만기일을 공사대금 지급보증에 있어서의 계약이행 완료일로 본다.

제8조(감독자)

① "갑"은 자기를 대리하는 감독자를 임명하였을 때에는 이를 서면으로 "을"에게 통지한다.

② 감독자는 다음과 같은 직무를 수행한다.

1. 시공일반에 대하여 감독하고 입회하는 일
2. 계약이행에 있어서 을 또는 "을"의 시공관리책임자에 대한 지시, 승낙 또는 협의하는 일
3. 공사재료와 시공에 대한 검사 또는 시험에 입회하는 일
4. 공사의 기성부분검사, 준공검사 또는 공사목적물의 인도에 입회하는 일

③ "을"이 "갑" 또는 감독자에 대하여 검사 입회 등을 요구한 때에는 "갑" 또는 감독자는 지체 없이 이에 응한다.

④ "을"은 감독자의 행위가 현저히 부당하다고 인정할 때에는 "갑"에 대하여 그 사유를 명시한 서면으로서 이의 시정을 요구 할 수 있다.

제9조(시공관리책임자)

① "을"은 시공관리책임자를 두며 이를 미리 "갑"에게 통지한다.

② 시공관리책임자는 공사현장에 배치하여야 하며 "을"을 대리하여 시공과 관련된 일체의 사항을 처리한다.

③ "을"은 시공관리책임자가 「전기공사업법시행령」 제12조의 규정에 의한 전기공사기술자의 시공관리기준에 적합한 전기공사기술자가 아닌 경우에는 공사관리 기타 기술상의 관리를 위하여 적격한 전기공사기술자를 별도로 배치하고 "갑"에게 통지한다.

제10조(종업원 및 고용원)

① "을"이 공사를 시공함에 있어서 종업원이나 고용원을 사용할 때에는 당해 공사의 시공 또는 관리에 관한 상당한 기술과 경험이 있는 자를 채용한다.

② "을"은 그의 시공관리책임자, 안전관리책임자, 종업원 또는 고용원의 행위에 대하여 사용자로서의 모든 책임을 지며, "갑"이 "을"의 시공관리책임자, 종업원 또는 고용원에 대하여 공사의 시공 또는 관리에 있어 현저히 부적당하다고 인정하여 이의 교체를 요구한 때에는 정당한 사유가 없는 한 지체 없이 이에 응한다.

③ "을"은 제2항에 의하여 교체된 시공관리책임자, 종업원 또는 고용원을 "갑"의 동의 없이 당해 공사를 위하여 다시 채용할 수 없다.

제11조(공사재료의 검사)

① 공사에 사용할 재료는 신품이어야 하며, 품질, 품명 등은 반드시 설계도서와 일치하여야 한다. 다만, 설계도서에 품질, 품명 등이 명확히 규정되지 아니한 것은 표준품 또는 표준품에 상당하는 재료로서 계약의 목적을 달성하는데 가장 적합한 것이어야 한다.

② 공사에 사용할 재료는 사용 전에 공사감독자의 검사를 받아야 하며, 불합격 된 재료는 즉시 대체하여 다시 검사를 받아야 한다. 이 경우에 "을"은 이를 이유로 계약기간의 연장을 청구할 수 없다.

③ 검사결과 불합격품으로 결정된 재료는 공사에 사용할 수 없다. 다만, 감독자의 검사에 이의가 있을 때에는 "을"은 "갑"에 대하여 재검사를 요청할 수 있으며, 재검사의 필요가 있을 때에는 "갑"은 지체 없이 재심사 하도록 조치한다.

④ "갑"은 "을"로부터 공사에 사용할 재료의 검사를 요청 받거나 제3항의 규정에 의한 재검사의 요청을 받은 때에는 정당한 사유 없이 검사를 지체할 수 없다.

⑤ "을"이 불합격된 재료를 즉시 이송하지 않거나 대품으로 대체하지 않을 경우에는 "갑"은 일방적으로 불합격된 재료를 제거하거나 대품으로 대체시킬 수 있으며, 그 비용은 "을"의 부담으로 한다.

⑥ "을"이 재료의 검사를 받을 때에는 감독자의 지시에 따라야 하며, 검사에 소요되는 비용은 별도로 정한 바가 없으면 자재를 조달하는 자가 부담한다. 다만, 검사에 소요되는 비용을 발주자로부터 지급받았을 경우에는 "갑"이 이를 부담한다.

⑦ 공사에 사용하는 재료 중 합 또는 시험을 요하는 것은 감독자의 참여 하에 그 조합 또는 시험을 한다.

⑧ "을"은 공사현장 내에 반입한 공사재료를 정당한 사유가 없는 한 감독자의 승낙 없이 공사현장 밖으로 반출하지 못한다.

⑨ 수중 또는 지하에 설치하는 공작물과 기타 준공 후 외부로부터 검사할 수 없는 공작물의 검사는 감독자의 참여 없이 시공할 수 없다.

제12조(지급재료 및 대여품)

① "갑"이 지급하는 재료의 인도시기는 공사예정공정표에 의하고, 그 인도장소는 시방서에 따로 정한 바가 없으면 공사현장으로 한다.

② 제1항에 의하여 지급된 재료의 소유권은 "갑"에게 귀속되며 정당한 사유가 없는 한 감독자의 서면 승낙 없이 공사현장에 반입된 재료를 이동할 수 없다.

③ "을"은 "갑" 또는 감독자가 지급재료가 비치된 장소에 출입하여 이를 검사하고자 할 때에는 이에 협조한다.

④ "갑"은 목적물의 품질유지, 개선이나 기타 정당한 사유가 있는 경우 또는 "을"의 요청이 있는 때에 공사 위탁과 관련된 기계·기구(이하 "대여품"이라 한다) 등을 대여할 수 있다. 이 경우 "갑"은 대여품을 지정된 일시와 장소에서 인도하며 인도후의 반송비는 "을"의 부담으로 한다.

⑤ 제1항의 지급재료와 제4항의 대여품을 지급한 후에 멸실 또는 훼손이 있을 때에는 "을"은 이에 대하여 책임을 진다. 다만, 선량한 관리자의 주의의무를 다한 경우에는 그러하지 아니하다.

⑥ "갑"이 지급한 재료와 기계·기구 등은 계약의 목적을 달성하는 데에만 사용한다.

⑦ 재료지급의 지연으로 공사가 지연될 우려가 있을 때에는 "을"은 "갑"의 서면 승낙을 얻어 자기가 보유한 재료를 대체 사용할 수 있다. 다만, 대체사용에 따른 경비는 "갑"이 부담한다.

⑧ "갑"은 제7항의 규정에 의하여 대체 사용한 재료를 그 사용당시의 가격에 의하여 산정한 대가를 공사기성금에 포함하여 "을"에게 지급하여야 한다. 다만, 현품 반환을 조건으로 하여 재료의 대체사용을 승인한 경우에는 그러하지 아니하다.

⑨ 감독자는 지급재료 및 대여품을 "을"의 입회하에 검사하여 인도한다.

⑩ "을"은 공사내용의 변경으로 인하여 필요 없게 된 지급재료 또는 대여품을 지체 없이 "갑"에게 반환한다.

제13조(부적합한 공사)

① "갑"은 "을"이 시공한 공사 중 설계도서에 적합하지 아니한 부분이 있을 때에는 이에 대한 시정을 요청할 수 있으며, "을"은 지체 없이 이에 응한다.

② 제1항의 경우에 있어서 "을"은 계약금액의 증액 또는 공기의 연장을 요청할 수 없다. 다만, 그 부적합한 시공이 "갑"의 요청에 의하거나 기타 "을"의 책임으로 돌릴 수 없는 사유인 경우에는 그러하지 아니하다.

제14조(공사의 변경·중지)

① "갑"은 필요하다고 인정하거나 발주자의 요청에 의하여 공사내용을 변경, 추가하거나 공사의 전부나 일부에 대한 시공을 일시 중지할 경우에는 변경계약서 등 서면을 사전에 "을"에게 교부하여야 한다.

② 제1항의 규정에 의한 계약금액의 증감은 발주자로부터조정 받은 범위 내에서 다음 각 호의 기준에 의한다.

　1. 증감된 공사의 단가는 제3조제2항의 규정에 의한 산출내역서상의 단가(이하 "계약단가"라 한다)로 한다.

　2. 계약단가가 없는 신규 품목의 단가는 설계변경 당시를 기준으로 산정한 단가에 낙찰률을 곱한 금액으로 한다.

③ 계약금액의 증감분에 대한 일반관리비 및 이윤은 체약체결 당시의 비율에 의한다.

④ "갑"의 지시에 의하여 "을"이 추가로 시공한 공사물량에 대하여는 "갑"이 발주자로부터 증액 받지 못하였다 하더라도 "을"에게 증액하여 지급한다.

⑤ "을"은 제14조 또는 제15조에 규정된 계약금액의조정사유를 제외하고는 계약체결 후 계약조건의 미숙지, 덤핑 수주 등을 이유로 계약금액의 변경을 요구하거나 시공을 거부할 수 없다.

제15조(물가변동 등으로 인한 계약금액의 조정)

① "갑"은 계약체결이후 발주자로부터 설계변경 또는 경제상황의 변동 등의 이유로 계약금액을 조정하여 지급 받은 경우에는 동일한 사유로 목적물의 완성에 추가비용이 소요되거나 감액되는 때에는 그 내용과 비율에 따라 "을"에게 계약금액을 조정하여 지급한다.

② 제1항의 규정에 의한 하도급계약금액의조정은 "갑"이 발주자로부터조정을 받은 날부터 30일 이내에 하여야 하며, "갑"이 추가금액을 지급 받은 날부터 15일을 초과하여 지급하는 경우에는 지연이자를, 추가금액을 어음으로 지급하는 경우에는 추가금액을 지급 받은 날부터 15일을 초과한 날 이후 만기일까지의 기간에 대한 할인료(공정거래위원회가 정하여 고시하는 할인료를 말한다. 이하 같다)를 15일 이내에 각각 지급한다.

③ "갑"은 발주자로부터 계약금액을 조정 받지 않은 경우에도 산출내역서에 포함되어 있는 품목의 가격 또는 요금의 급격한 변동이 있는 경우 계약금액을 조정하여 지급할 수 있는 약정을 상호 협의하여 별도로 정할 수 있다.

④ 제1항 내지 제3항의 규정에 의한 계약금액의조정은 물가변동 기준일 이후에 반입한 재료와 제공된 역무의 대가에 적용하되, 시공 전에 제출된 공사예정공정표상 물가변동기준일 이전에 이미 계약이행이 완료되었어야 할 공사부분에 대하여는 적용하지 아니한다. 다만, "갑"의 귀책사유 또는 천재지변 등 불가항력으로 인하여 지연된 경우에는 그러하지 아니하다.

제16조(응급조치)

① "을"은 화재방지 등을 위하여 필요하다고 인정될 때에는 미리 응급조치를 취하고 즉시 이를 "갑"에게 통지한다.

② "갑" 또는 감독자는 화재방지, 기타 공사의 시공 상 긴급하고 부득이하다고 인정할 때에는 "을"에게 응급조치를 요구할 수 있다. 이 경우에 "을"은 즉시 이에 응한다. 다만, "을"이 요구에 응하지 아니할 때에는 "갑"은 제3자로 하여금 응급조치를 하게 할 수 있다.

③ 제1항 및 제2항의 응급조치에 소요된 경비에 대하여는 "갑"과 "을"이 협의하여 제14조의 규정을 준용한다. 다만, 응급조치 원인에 대한 책임이 "을"에게 있는 경우 "을"의 부담으로 한다.

제17조(검사의 기준 · 방법 및 시기)

① "갑"은 "을"로부터 기성부분 검사 또는 준공검사의 요청이 있는 때에는 양자가 협의하여 정한 검사의 기준 및 방법에 따라 즉시 검사를 하며, "갑"은 정당한 사유가 없는 한 공사의 시공 또는 기성부분의 통지를 받은 날부터 10일 이내에 검사결과를 "을"에게 서면으로 통지한다. 다만, 이 기간 내에 이를 통지하지 아니하는 경우에는 검사에 합격한 것으로 본다.

② 제1항의 검사합격 통지시 "갑"에게 목적물이 인도된 것으로 보며, "갑"은 즉시 이를 인수하여야 한다.

③ "을"은 제1항의 검사에 합격하지 못한 때에는 지체 없이 이를 보수 또는 개조하여 다시 검사를 받아야 한다.

④ "을"은 "갑"의 검사에 이의가 있을 때에는 "갑"에 대하여 재검사를 요구할 수 있으며, 재검사의 요구가 있을 때에는 "갑"은 지체 없이 재검사를 한다.

⑤ "을"은 공사를 완성하였을 때에는 지체 없이 모든 공사시설, 잉여자재, 폐물질 및 가설물 등을 공사현장으로부터 철거, 반출하고 공사현장을 정돈한다.

제18조(위험의 부담)

① 공사의 목적물이 멸실, 훼손되거나 제3자에게 손해가 생긴 경우에는 다른 약정이 없으면 "을"의 책임으로 한다. 다만, "갑"의 귀책사유 또는 인수지연으로 인한 경우에는 "갑"의 책임으로 한다.

② 공사목적물 검사기간 중 "갑", "을" 쌍방의 책임 없는 사유로 공사의 목적물이나 제3자에게 손해가 생긴 경우 다른 약정이 없는 한 "갑"과 "을"이 협의하여 결정한다.

③ "갑"에게 공사의 목적물이 인도된 후, "갑", "을" 쌍방의 책임 없는 사유로 공사의 목적물 또는 제3자에게 손해가 발생한 경우에는 "갑"이 부담한다. 그리고 천재지변 기타 불가항력에 의하여 검사를 마친 기성부분에 손해가 발생한 때에는 "을"은 그 사실을 지체 없이 "갑"에게 통지한다.

④ "을"이 고의 또는 과실로 인하여 하도급 받은 공사를 조잡하게 하여 타인에게 손해를 가한 때에는 그 손해를 배상한다.

제19조(부분사용)

① "갑"은 공사목적물의 인도전이라 하더라도 "을"의 동의를 얻어 공사목적물의 전부 또는 일부를 사용할 수 있다.

② 제1항의 경우, "갑"은 그 사용부분을 선량한 관리자의 주의로서 사용한다.

③ "갑"은 제1항에 의한 사용으로 "을"에게 손해가 있거나, "을"의 비용을 증가하게 한 때에는 그 손해를 배상하거나 증가된 비용을 부담한다. 이 경우 배상액 또는 부담액은 "갑"과 "을"이 협의하여 정한다.

제20조(하도급대금의 지급)

① "갑"은 목적물 인수일부터 60일 이내의 가능한 짧은 기한으로 정한 지급기일까지 하도급대금을 "을"에게 지급한다. 다만, "갑"이 발주자로부터 준공금을 받은 때에는 하도급대금을, 기성금을 받은 때에는 "을"이 시공한 분에 상당한 금액을 그 지급 받은 날부터 15일(하도급대금의 지급기일이 그전에 도래한 경우에는 그 지급기일) 이내에 "을"에게 지급한다.

② "갑"이 "을"에게 하도급대금을 지급함에 있어서는 "갑"이 발주자로부터 당해 전기공사와 관련하여 지급 받은 현금비율 이상으로 지급하며, 하도급대금을 어음으로 지급하는 경우에는 발주자로부터 교부받은 어음의 만기일을 초과하지 않는 어음을 교부한다.

③ "갑"이 하도급대금을 어음으로 지급하는 경우에 그 어음은 법률에 근거하여 설립된 금융기관에서 할인이 가능한 것이어야 하며, 어음을 교부한 날부터 어음의 만기일까지의 기간에 대한 할인료를 어음을 교부하는 날에 "을"에게 지급한다. 다만, 목적물 인수일부터 60일(발주자로부터 준공금 또는 기성금을 받은 때에는 제1항에서 정한 기일을 말한다. 이하 같다) 이내에 어음을 교부하는 경우에는 목적물 인수일부터 60일을 초과한 날 이후 만기일까지의 기간에 대한 할인료를 목적물 인수일부터 60일 이내에 "을"에게 지급한다.

④ "갑"이 하도급대금을 목적물 인수일부터 60일을 초과하여 지급하는 경우에는 그 초과기간에 대하여 공정거래위원회가 정하여 고시하는 이자율에 의한 이자를 지급한다.

제21조(하도급대금의 직접지급)

① 「하도급법」 제14조의 규정에 의거 "갑"이 다음 각 호와 같이 하도급대금을 지급할 수 없는 명백한 사유가 있는 경우에는 "을"은 발주자에게 하도급대금의 직접지급을 요청할 수 있다.

1. "갑"의 파산·부도가 있거나 사업에 관한 허가·인가·면허·등록 등이 취소되어 "갑"이 하도급대금을 지급할 수 없게 된 경우

2. 발주자가 하도급대금을 직접 "을"에게 지급한다는 뜻과 그 지급방법 및 절차에 관하여 발주자 "갑" 및 "을"이 합의한 경우

3. "갑"이 제7조제1항의 규정에 의한 하도급대금 지급보증의무를 이행하지 아니하고, 제20조제1항의 규정에 의하여 지급하여야 할 하도급대금의 2회분 이상을 지급하지 아니한 경우

② "을"이 제1항의 규정에 의하여 발주자에게 하도급대금의 직접지급을 청구하거나 발주자가 하도급대금을 "을"에게 직접 지급하고자 할 때에는 "갑"은 특별한 사유가 없는 한 그 지급의 방법 및 절차에 관하여 협조한다.

제22조(선급금의 지급)

① "갑"이 발주자로부터 선급금을 받은 때에는 "을"이 시공에 착수할 수 있도록 그가 받은 선급금의 내용과 비율에 따라 선급금을 지급 받은 날(전기공사의 하도급계약을 체결하기 전에 선급금을 받은 경우에는 하도급계약을 체결한 날)부터 15일 이내에 계약서에 정한 바에 따라 선급금을 "을"에게 지급한다.

② "갑"이 발주자로부터 받은 선급금을 제1항의 규정에 의한 기한을 초과하여 지급하는 경우에는 그 초과기간에 대하여 공정거래위원회가 정하여 고시하는 이자율에 의한 이자를 지급한다.

③ 제20조제3항의 규정은 "갑"이 제1항의 규정에 의한 선급금을 어음으로 지급하는 경우의 어음할인료의 지급 및 할인율에 관하여 이를 준용한다. 이 경우 "목적물의 인수일부터 60일"은 "갑"이 발주자로부터 선급금을 받은 날부터 15일"로 본다.

④ "을"이 선급금을 지급 받고자 할 때에는 제7조제2항 각호의 기관이 발행하는 선급금지급보증서를 "갑"에게 제출한다.

⑤ 선급금은 계약목적 외에 사용할 수 없으며, 노임지급 및 자재확보에 우선 사용하도록 한다.

⑥ 선급금은 기성부분의 대가를 지급할 때마다 다음 산식에 의하여 산출한 금액을 정산한다.

선급금 정산액 = 선급금액 × (당해기성금 ÷ 총계약금액)

제23조(하자담보)

① "을"은 계약서에서 정한 하자보수보증금율을 계약금액에 곱하여 산출한 금액(이하 "하자보수보증금"이라 한다)을 준공검사 후 그 공사대금을 지급 받음과 동시에 제7조제2항에서 정한 방법으로 "갑"에게 납부 또는 교부한다. 다만, 공사의 성질상 하자보수보증금의 납부가 필요하지 아니한 경우에는 그러하지 아니하다.

② "을"은 준공검사를 마친 날부터 계약서에 규정된 하자담보책임기간 중 "을"의 귀책사유로 하자가

발생한 것에 대하여는 이를 보수하여야 한다.

③ "을"이 제2항의 하자담보책임기간 중 "갑"으로부터 하자보수의 요구를 받고 이에 응하지 아니하면 제1항의 하자보수보증금은 "갑"에게 귀속한다.

④ 제1항의 하자보수보증금은 하자담보책임기간이 종료한 후 "을"의 청구가 있는 날부터 10일 이내에 반환하여야 한다.

제24조(이행지체)

① "을"이 계약서에서 정한 준공기한 내에 공사를 완성하지 못하였을 때에는 계약금액에 계약서에 규정된 지체상금율과 지체일수를 곱한 금액(이하 "지체상금"이라 한다)을 "갑"에게 상환한다.

② 제1항의 경우 기성부분에 대하여 검사를 거쳐 이를 인수한 때에는 그 부분에 상당하는 금액을 계약금액에서 공제한 금액을 기준으로 지체상금을 계산한다. 이 경우 기성부분의 인수는 성질상 분할할 수 있는 공사의 완성부분으로서 인수하는 것에 한한다.

③ "을"의 책임으로 돌릴 수 없는 다음 각 호의 1에 해당되는 사유로 공사가 지체되었다고 인정될 때에는 그 해당일수에 상당한 일수를 지체일수에 산입하지 아니한다.

1. 태풍, 홍수, 기타 악천후, 전쟁 또는 사변, 지진, 화재, 폭동, 항만봉쇄, 방역 및 보안상 출입제한 등으로 인한 경우

2. "갑"이 지급키로 한 지급재료의 공급이 지연되어 공사진행이 불가능하였을 경우

3. 기타 "갑"의 귀책사유로 인하여 착공이 지연되거나 시공이 중단된 경우

④ "갑"은 제1항의 지체상금을 "을"에게 지급하여야 할 공사비 또는 기타 예치금에서 공제할 수 있다.

제25조(계약의 해제, 해지)

① "갑" 또는 "을"은 다음 각 호의 1에 해당하는 경우 서면으로 상당기간을 정하여 최고한 후, 동기간 내에 계약이 이행되지 아니하는 때에는 당해 계약의 전부 또는 일부를 해제·해지할 수 있다.

1. "갑" 또는 "을"이 계약조건을 위반하여 그 위반으로 계약의 목적을 달성할 수 없다고 인정될 때

2. 부도·파산 등 을의 귀책사유로 공기 내에 공사를 완성할 수 없다고 인정될 때

3. "갑"이 정당한 이유 없이 계약내용을 이행하지 아니하고 그 위반으로 공사를 완성하는 것이 불가능한 때

4. "을"이 정당한 이유 없이 약정한 착공기간을 경과하고도 공사에 착공하지 아니한 때

5. "갑"이 공사내용을 변경함으로써 계약금액이 100분의 40이상 감소한 때

6. 제14조제1항에 의한 공사의 중지기간이 전체공사 기간의 100분의 50이상인 때

② 제1항에 의한 계약의 해제·해지의 경우에는 "을"은 다음 사항을 이행한다.

1. 기성부분 검사를 필한 부분에 대한 하자보수보증금을 제23조제1항의 규정에 의거 "갑"에게 납부한다.

2. 해약통지서를 받은 부분에 대한 공사를 지체 없이 중지하고 모든 공사 관련 시설 및 장비 등을 공사현장으로부터 철거한다.

3. 제12조에 의한 대여품이 있을 때에는 지체 없이 "갑"에게 반환한다. 이 경우 당해 대여품이 "을"의 고의 또는 과실로 인하여 멸실 또는 파손되었을 때에는 원상회복 또는 그 손해를 배상한다.

4. 제12조에 의한 지급자재중 공사의 기성부분으로서 인수된 부분에 사용한 것을 제외한 잔여재료는 "갑"에게 반환한다. 이 경우 당해 재료가 "을"의 고의 또는 과실로 인하여 멸실 또는 파손되었거나 공사의 기성부분으로서 인수되지 아니한 부분에 사용된 때에는 원상으로 회복하거나 그 손해를 배상한다.

③ "을"은 제2항의 하자보수보증금을 현금으로 납부한 경우에는 공사 준공검사 후 하자보수보증서로 대체할 수 있다.

④ "을"은 제1항에 의한 계약의 해제 또는 해지로 발생한 손해에 대하여 "갑"에게 손해배상을 청구할 수 있다.

제26조(서류제출)

"을"은 하도급공사의 임금, 산업재해보상보험금의 지급, 요양 등에 관한 서류에 대하여 "갑"의 요구가 있을 때에는 이에 협조한다.

제27조(보험가입 등)

① 관계 법령에 의하여 가입이 의무화된 보험(이하 산업재해보상보험, 고용보험 등을 포함한다.) 등은 "갑"이 가입함을 원칙으로 하고, "을"은 시공에 있어서 재해방지를 위하여 만전을 기한다.

② "을"은 관계 법령이 정하는 바에 의하여 보험 등에 가입할 수 있으며, 이때 "갑"은 "을"의 하도급내역을 기초로 산출된 보험가입에 필요한 금액을 별도 계상하여 지급한다.

③ "갑"은 제1항에 의해 보험 등에 가입한 경우에는 당해 사업장의 근로자가 보험금 등을 지급 받아야 할 사유가 발생한 때에는 관계 법령에 의한 보험금 등의 혜택을 받을 수 있도록 하여야 한다.

④ "갑"은 재해발생에 대비하여 "을"에게 다음 각 호의 보험을 택일 또는 중복하여 가입토록 요구할 수 있고, 이 경우 동 보험료 상당액을 지급한다.

1. 사용자배상 책임보험
2. 영업배상 책임보험
3. 공사보험

⑤ "갑"이 산업재해보험에 일괄 가입하였을 경우, "을"이 책임이 있는 경우를 제외하고는 "갑"이 재해발생으로 인한 모든 책임을 져야 한다.

제28조(안전관리비)

① "갑"은 건설공사 표준안전관리비 계상 및 사용기준에 따라 안전관리비를 책정하여야 한다.

② "갑"은 계상된 안전관리비의 범위 안에서 "을"의 위험도 등을 고려하여 적정하게 지급하거나, "갑"의 관리 하에 공동으로 사용해야 한다.

③ "을"은 계약체결 후 지체 없이 안전관리비 사용기준, 공사특성에 적합한 안전관리계획 및 안전관리비 사용계획을 작성하여 "갑"에게 제출하고, 이에 따라 안전관리비를 사용하여야 한다.

제29조(공업소유권)

① "을"은 목적물 시공과 관련하여 "갑"으로부터 사용을 허락 받은 특허권·실용신안권·의장권 등(이하 "공업소유권"이라 한다)을 목적물 시공 외에는 사용하지 못하며, "갑"의 승낙 없이 제3자에게 공업소유권을 사용하게 할 수 없다.

② "갑" 또는 "을"은 목적물에 대해 공업소유권 침해 등 분쟁이 발생한 경우에는 상대방에게 지체 없이 통지하여야 하며, "갑" 또는 을 중 책임이 있는 자가 분쟁을 해결하여야 한다.

③ "갑"과 "을"이 공동 연구하여 개발한 공업소유권의 취득은 상호 협의하여 정한다.

제30조(특수조건)

이 계약에서 정하지 아니한 사항에 대하여는 "갑"과 "을"이 대등한 지위에서 합의하여 특약으로 정할 수 있다.

제31조(분쟁의 조정)

① 이 계약에서 발생하는 문제에 관한 분쟁은 "갑"과 "을"이 쌍방의 합의에 의하여 해결한다.

② 제1항의 합의가 성립하지 못할 때에는 「하도급법」 제24조의 규정에 의하여 설치된 "하도급분쟁조정협의회"에 조정을 신청하거나 다른 법령에 의하여 설치된 중재기관에 중재를 신청할 수 있다.

전기공사계약서

건물주 (주)○○○○(이하 "갑"이라 칭한다)와 전기공사업자 (주)○○○○(이하 "을"이라 칭한다)는 상호간에 다음과 같이 전기공사 계약을 체결한다.

제1조(목적)

본 계약은 "갑"의 소유 건물에 대한 전기공사를 "을"이 수행하고 이와 관련된 제반 권리의무 사항의 규율을 목적으로 한다.

제2조(공사정보)

1) 공사장소 : ○○시 ○○구 ○○동 ○○번지
2) 공사금액 : 일금○○○원정(₩ ○○○)
3) 공사기간 : ○○○○년 ○○월 ○○일~○○○○년 ○○월 ○○일

제3조(정산절차)

1. "갑"은 본 계약의 공사금액을 다음 각 호의 절차에 의거하여 "을"에게 현금입금 하도록 한다.
   1) 본 계약 체결 시- 일금○○○원정(₩ ○○○)
   2) 공사 완료 후 검수 합격 시 - 일금○○○원정(₩ ○○○)
2. 제1항의 검수는 완료 후 ○○일 이내에 종료하고 동 기일 만료와 동시에 잔액을 지급하여야 한다. 단, 동 기일 내에 검수합격 여부의 통지가 없을 시 검수합격으로 간주한다.

제4조(공사이행보증)

1. "을"은 공사의 성실한 이행을 보증하기 위하여 총 공사대금의 ○○%를 이행보증금으로 "갑"에게 예치하고 "갑"은 공사완료 시 이를 반환한다.
2. 제1항의 이행보증금은 "을"의 계약 불이행과 관련된 제반 사항의 발생 시 우선적으로 이에 충당한다.

제5조(대금지급보증)

"갑"은 공사대금의 성실한 지급을 보증하기 위하여 "을"이 인정한 보증보험사의 보증보험증서를 "을"에게 제출하며 기간은 본 계약의 시공완료 기간으로 대금은 제4조의 금액으로 한다.

제6조(법규준수)

"을"은 전기공사업법 등 관계법규에 위반되지 아니하는 자격증을 보유한 인력의 투입 및 관련 법령을 준수하여 시공을 하도록 하며 "갑"이 지정한 특별한 경우 표준보다 더 강화된 기준의 재료를 사용하여 시공을 하여야 한다.

제7조(시공)

"을"은 본 계약체결 후 ○○일 이내에 공사 수행과 관련된 설계도서(공사시방서, 설계도면 및 현장설명서를 포함한다) 및 공사예정 공정표를 작성하여 "갑" 또는 "갑"이 승인한 대리인에게 제출하여 승인을 받아야 한다.

제8조(공사조정)

1. "갑"은 본 건물의 다른 관련 공사가 있는 경우 공사의 원활한 수행을 위하여 상호조정을 할 수 있으며 "을"은 이에 적극 협조하여야 한다.

2. 제1항의 이유로 공사의 공사기간, 공사내용, 계약금액 등에 변경이 생기는 경우 즉시 관련 변경사항을 서면 작성하여 본 계약서 말미에 첨부한다.

제9조(양도금지)

1. "을"은 이 계약으로부터 발생하는 권리 또는 의무를 제3자에게 양도하거나 승계하게 할 수 없다. 다만, "갑"의 서면에 의한 동의가 있는 경우에는 그러하지 아니하다.

2. "을"은 공사목적물 또는 공사현장에 반입하여 검사를 마친 공사자재를 제3자에게 양도, 담보설정, 기타의 처분행위를 하지 못한다.

제10조(감독자)

1. "갑"은 자기를 대리하는 감독자를 임명하였을 때에는 이를 서면으로 "을"에게 통지하고, 감독자는 "을"의 시공 일반에 대한 감독 및 입회업무, "갑"의 지시, 승낙의 전달 또는 협의하는 일, 공사재료와 시공에 대한 검사 또는 시험에 입회, 기성부분검사, 준공검사 또는 공사목적물의 인도에 입회의 업무를 수행한다.

2. "을"이 "갑" 또는 감독자에 대하여 검사 입회 등을 요구한 때에는 "갑" 또는 감독자는 지체 없이 이에 응한다.

3. "을"은 감독자의 행위가 현저히 부당하다고 인정할 때에는 "갑"에 대하여 그 사유를 명시한 서면으로서 이의 시정을 요구 할 수 있다.

제11조(시공관리책임자)

1. "을"은 시공관리책임자를 두어 공사현장에 배치하여야 하며 이를 미리 "갑"에게 통지하고 "을"을 대리하여 시공과 관련된 일체의 사항을 처리하도록 한다.

2. 제1항의 시공관리책임자는 전기공사업법 및 관련 법령에 따른 전기공사기술자의 시공관리기준에 적합한 전기공사기술자이어야 한다.

제12조(인부 등)

공사에 사용하는 인부는 "을"이 전적인 책임을 지고 투입하고 본 계약상의 작업 수행에 차질이 없도록 하여야 한다.

제13조(자재)

1. 공사에 사용되는 모든 자재는 표준품질을 준수하여야 하며 "갑"이 품질을 지정한 품목이 있는 경우 당해 자재를 사용하여야 한다.
2. "갑" 또는 대리인은 수시로 사용자재에 대한 검사를 할 수 있으며 불합격품은 즉시 대체하여 다시 검사를 받고 사용하여야 한다. 기 시공된 부분에 있어서는 철거하여 재시공하여야 한다.

제14조(안전사고)

공사의 수행과 관련하여 발생하는 모든 안전사고에 대하여는 "을"이 전적인 책임을 부담하여 사고의 처리 및 손해의 배상을 하여야 한다.

제15조(검수)

"갑"은 공사완료와 동시에 본인 및 전기관련 전문가를 선임하여 검수를 수행하고 하자가 발견된 경우 "을"은 즉시 보수하여야 한다.

제16조(협력의무)

"을"은 "갑"이 법령에 의거하여 행정관련 부서로부터 승인 등을 득하여야 할 경우 서류발행, 하자시공 등 관련 절차에 적극 협력하여야 하며, 하도급공사의 임금, 산업재해보상보험금의 지급, 요양 등에 관한 서류에 대하여 "갑"의 요구가 있을 때에도 그러하다.

제17조(이행지체)

"을" 본 계약에 정한 시공기한 내에 공사를 완성하지 못하였을 때에는 총 계약금의 ○○%에 해당하는 지연이자가 매 1일당 발생한다. 단, 사전에 "갑"의 서면동의를 득한 연장 또는 불가항력으로 인한 연장의 경우에는 그러하지 아니하다.

제18조(보험가입 등)

1. "을"은 관계 법령이 정하는 바에 의하여 보험 등에 가입되어 있어야 하며 법령이 없더라도 안전사고 등에 대비한 보험에 가입되어 있어야 한다.
2. "을"은 소속 근로자가 보험금 등을 지급 받아야 할 사유가 발생한 때에는 관계 법령에 의한 보험금 등의 혜택을 받을 수 있도록 하여야 한다.
3. "갑"은 재해발생에 대비하여 "을"에게 다음 각 호의 보험을 택일 또는 중복하여 가입토록 요구할 수 있고, 이 경우 동 보험료 상당액을 지급한다.
1) 사용자배상 책임보험
2) 영업배상 책임보험
3) 공사보험

제19조(해지)

1. 당사자 일방에 대하여 다음 각 호의 사유가 발생할 시 상대방은 즉시 계약을 해지할 수 있다.
1) 가압류, 가처분, 경매 등의 사업의 불투명 사유가 발생할 시
2) 파산, 회사정리, 화의신청 등의 사업 불가능 사유가 발생할 시

2. 일방이 본 계약상의 규정에 위배한 때 상대방은 ○○일 이상의 시정기간을 두고 사유를 명시하여 시정을 최고하며, 그럼에도 불구하고 시정이 이루어지지 아니할 시 즉시 계약의 해지를 통지한다.

3. 계약해지에 귀책사유 있는 당사자는 상대방에 대하여 손해배상의 책임이 있다.

제20조(기타사항)

1. 계약의 당사자는 본 계약의 내용을 신의성실에 의거하여 준수하여야 한다.

2. 계약 기간 중 계약의 변경은 당사자의 서면 합의에 의해서만 변경될 수 있으며 서면날인 된 문서를 본 계약서의 말미에 첨부한다.

3. 본 계약서에서 명시되지 않은 부분에 대하여는 관련 법규 및 상관습에 따르기로 한다.

제21조(분쟁해결)

1. 본 계약과 관련하여 양 당사자 간의 분쟁이 발생한 경우, 원칙적으로 "갑"과 "을" 상호간의 합의에 의해 해결한다.

2. 제1항에도 불구하고 분쟁이 해결되지 않을 경우 "갑"의 주소지 관할 지방법원을 그 관할로 하여 재판함으로써 해결한다.

제22조(특약사항)

상기 계약일반사항 이외에 "갑"과 "을"은 아래 내용을 특약사항으로 정하며, 특약사항이 본문과 상충되는 경우에는 특약사항이 우선하여 적용된다.

```
1.
2.
3.
```

위와 같이 본 계약이 유효하게 성립하였음을 각 당사자는 증명하면서 본 계약서 2통을 작성하여, 각각 서명(또는 기명)날인 후 "갑"과 "을"이 각각 1통씩을 보관한다.

20○○년 ○월 ○일

"갑"	상호	:	
	주소	:	
	대표이사(대표자)	:	○ ○ ○ ㊞
"을"	상호	:	
	주소	:	
	대표이사(대표자)	:	○ ○ ○ ㊞

감리계약서

　(주)OOOO건설 관리인 OOO(이하 "갑"이라 한다)은 (주)OOOO건축사 사무소장 대표이사 OOO(이하 "을"이라 한다)에게 건축물의 공사 감리 및 이와 관련되는 업무를 위탁하고 "을"은 "갑"에게 적합하고 질적으로 우수한 건축물이 되도록 감리하는 것을 목적으로 다음의 내용의 "갑"과 "을"이 신의성실의 원칙에 따라 이행하는 것으로 계약을 체결한다.

제1조(개요) 개요는 다음 각 호와 같다. 다만, 이조에서 정한 내용은 "갑"의 사정 또는 설계의 진행에 따라 변경될 수 있다.

1. 공사명 : OO빌라 신축공사
2. 대지위치 : OO시 OO구 OO동 OO번지외 1필지
3. 대지면적 : OOO㎡ (OOO평)
4. 연면적 : OOO㎡ (OOO평)
5. 용도 : 공동주택, 업무시설, 근린생할시설
6. 세대수 : 아파트 OO세대, 오피스텔 OO세대
7. 규모 : 지하 O층, 지상 OO층
8. 구조 : 철골철근콘크리트구조

제2조(감리비의 지불) "갑"은 "을"이 수행한 공사감리 업무의 대가를 다음 각 호와 같이 지불한다.

1. 감리비는 일금 OOO,OOO,OOO원 (OO,OOO,OOO원/월×O개월, 부가세별도)으로 한다.
2. 감리기간은 2000. O. ~ 2000. O. (O개월)을 기준으로 하며 증감에 대한 용역비는 월 단위(O일 초과시 O개월로 함)로 계산하여 감리비를 정산한다.
3. "감리비"는 다음과 같이 지불하기로 한다.

구분	금액(원)	감리비 지급시기	성과기준	비고
1회		(예 : 2000. O월말)	(예 : 계약완료후)	(예 : 선급금이행보증서 첨부)
2회		(예 : 2000. O월말)	(예 : 8,9,10월)	(예 : 분기별감리보고서 첨부)
3회		(예 : 2000. O월말)	(예 : 11,12,1월)	"
4회		(예 : 2000. O월말)	(예 : 2,3,4월)	"
5회		(예 : 2000. O월말)	(예 : 5,6,7월)	"
6회		(예 : 2000. O월말)	(예 : 8,9,10,11월)	(예 : 감리완료보고서 첨부)
합계	O		(예 : 16개월)	

제3조("을"의 업무) "을"은 착공개시일부터 사용검사필증 교부시까지 상주하여 공사감리업무를 수행하여야 하며 "갑"이 "을"에게 위탁하는 업무는 다음 각 호와 같다.

1. 관련법규(건축법, 건축사법, 건설기술관리법, 전력기술관리법 등)에서 규정하는 업무
2. 허가된 설계도서와 공사시공과의 일치 여부 확인과 설계 의도를 시공자에게 정확히 전달하는 업무
3. 시공계획서 시공도 등의 도서를 검토하는 업무
4. 각종 행정처리에 수반되는 각종 신고서 작성
5. 공정보고 및 감리일지 작성이므로
6. 설계변경 사유가 발생되었을 때 설계변경업무의 처리
7. 공사감리 업무의 보고 및 완료 통지
8. 기타 "갑"이 요구하는 감리업무와 "을"이 하여야 할 업무의 수행

제4조(업무의 수행) "을"은 감리업무를 다음 각 호와 같이 수행하도록 하여야 한다.

1. "을"은 당해 공사가 설계도서대로 시행되지 아니하거나 또는 관계 법령에 저촉되거나 다음 각 호에 해당하는 사항을 발견한 경우에는 이를 "갑"에게 통보한 후 공사시공자에게 이를 시정 또는 재시공하도록 요청한다.

   가. 공사를 부실하게 시공하거나 설계도서, 시방서, 기타 관련서류의 내용과 다르게 시공하는 경우
   나. 이미 시공된 부분이 잘못 시공된 것이 확인된 경우
   다. 규격 자재를 사용하지 않는 경우
   라. 설계변경 승인 전에 공사를 하는 경우

2. "을"은 제1항의 규정에 의한 요청에 대하여 공사시공자가 취한조치의 결과를 확인한 후 이를 "갑"에게 통보한다.
3. "을"은 공사시공자가 제1항의 규정에 의한 요청에 응하지 아니하는 경우에는 당해 공사를 중지하도록 요청할 수 있다.
4. "을"은 공사시공자가 시정·재시공 또는 공사 요청에 응하지 아니하는 경우에는 이를 "갑"에게 통보한다.
5. "갑"은 공사시공자가 "을"의 시정·재시공 또는 공사중지 요청에 응하도록 협조한다.

제5조(감리원의 배치 및 근무지침)

① "을"은 감리원의 배치계획 "갑"에게 제출하여야 한다.
② 상주감리원은 공사현장에 항시 상주하여야 하며 부득이한 사유로 O일 이상 현장을 이탈하는 경우에는 반드시 근무상황부에 이를 기록하여 "갑"이 지정한 직원의 확인을 받아야 한다.
③ "을"은 감리업무에 종사하는 감리원이 감리업무 수행기간 중 건설기술관리법에 의한 교육이나 민방위기본법 또는 향토예비군법에 의한 교육을 받는 경우에는 감리업무에 지장이 없도록 직무대행자 지정 등의 필요한 조치를 하여야 한다.

제6조(주요 공정의 확인 점검)

① "을"은 공사의 주요 공정의 경우에는 그 적합성을 확인하고 서명한 후 "갑"에게 그 결과를 통보한다.

② 제1항의 규정에 의한 주요 공정은 설계도서에 따른 시공 여부의 확인과 건축물의 품질 향상을 위하여 필요한 공정으로서 건축물의 유형에 따라 "갑"과 "을"이 협의하여 다음과 같이 정한다.

1. 시공계획 및 공정표 검토(건축, 기계, 전기, 토목)
2. 시공자가 작성한 시공도면의 검토
3. 시공도, 주요재료, 견본 등의 적합성 검토
4. 시공자가 설계도서에 따라 적합하게 시공하는지에 대한 확인
5. 구조물의 위치, 규격 등에 관한 사항 검토, 확인
6. 사용자재의 적합성 확인
7. 품질관리 시험계획, 실시지도 및 시험성과에 대한 검토 확인
8. 누수, 방음 및 단열에 대한 시공성 검토
9. 설계도서 및 시방서 검토
10. 재해예방 및 시공상의 안전관리
11. 설계변경에 관한 사항의 검토 확인
12. 공사 착공계, 중간검사 신청서, 임시사용 및 사용검사 신청서의 확인
13. 기타 법에서 정하는 사항 외에 건축사법, 건설기술 관리법에서 정하는 사항

제7조(감리보고서 등)

① "을"은 "갑"에게 월별, 분기별로 업무수행사항을 보고하여야 하며 공사를 완료한 때에는 감리완료보고서를 작성하여 "갑"에게 제출한다.

② "을"이 "갑"에게 감리업무 수행사항을 보고할 때에는 다음 내용을 포함해야 한다.

1. 사업개요(건설공사개요, 감리용역개요, 공사여건 등)
2. 기술검토(설계도면 및 시공도면검토, 시방서검토, 공법검토, 기술적 문제해결, 설계변경 자료검토 등)
3. 공정관리(공정현황, 인력 및 장비투입 현황, 공사추진 현황 등)
4. 시공관리(공정별 시공확인 내용, 부실시공에 대한조차사항 및 방지대책 등)
5. 자재 품질관리(자재의 적합여부 및 품질시험 실시결과 확인사항 등)
6. 감리업무 수행실적(감리업무 수행실적, 감리계획 대 실적대비, 감리비 사용실적 등)
7. 종합분석 및 감리추진계획(종합분석평가 및 검토의견, 잔여공사 전망 및 감리업무 추진 계획 등)

③ "을"은 감리기록을 유지, 관리하여야 하며, "갑"의 요구가 있을 경우 언제든지 열람할 수 있도록 하여야 한다.

제8조(상세시공도면의 작성 요청 등)

① "을"은 공사시공자에게 상세시공도면을 작성하도록 요청할 수 있다.

② "을"은 작성된 상세시공도면을 반드시 확인, 검토하여 "갑"에게 이를 통보하고 공사시공자에게 의견을 제시한다.

제9조(계약의 양도 및 변경)

① "갑"과 "을"은 상대방의 승낙 없이는 이 계약상의 권리의무를 제3자에게 양도, 대여, 담보 제공 등 기타 처분행위를 할 수 없다.

② "갑"의 계획 변경, 관계법규의 개·폐, 천재지변 등 불가항력적인 사유의 발생 기타 공사감리업무를

수정하거나 계약기간을 연장할 상당한 이유가 있는 때에는 "갑"과 "을"은 서로 협의하여 계약의 내용을 변경할 수 있다.

제10조("갑"의 계약 해제 · 해지)

① "갑"은 다음 각 호의 경우 계약의 전부 또는 일부를 해제 · 해지할 수 있다.

1. "갑"이 제1조에서 정한 건축물에 대한 사업을 중지하기로 한때
2. "갑"이 제1조에서 정한 건축물의 건축을 중지하기로 한때
3. "을"이 관할 행정청으로부터 면허 또는 등록의 취소, 업무정지 등의 처분을 받은 경우
4. "을"이 금융기관의 거래정지 처분, 어음 및 수표의 부도, 제3자에 의한 가압류 · 가처분 · 강제집행, 금치산 · 한정치산 · 파산선고 또는 회사정리의 신청 등으로 계약이행이 곤란한 경우
5. "을"이 상대방의 승낙 없이 계약상의 권리 또는 의무를 양도한 경우
6. 사망, 실종, 질병, 기타 계약 이행이 불가능한 경우

② 천재지변 등 부득이한 사유로 계약이행이 곤란하게 된 경우에는 상대방과 협의하여 계약을 해제 · 해지할 수 있다.

③ "을"은 제1항 각 호의 해제 · 해지 사유가 발생한 경우에는 "갑"에게 지체 없이 통지한다.

④ "갑"은 제1항의 규정에 의하여 계약을 해제 · 해지하고자 할 때에는 그 뜻을 미리 "을"에게 O일 전까지 통지한다.

제11조("을"의 계약의 해제 · 해지)

① "을"은 다음 각 호의 경우에 계약의 전부 또는 일부를 해제 · 해지할 수 있다.

1. "갑"이 "을"이 업무의 방해한때
2. "갑"이 계약 당시 제시한 설계요구조건을 현저하게 변경하여 그 실현이 객관적으로 불가능한 것이 명백할 때
3. "갑"이 상대방의 승낙 없이 계약상의 권리 또는 의무를 양도한 경우

② 천재지변 등 부득이한 사유로 계약이행이 곤란하게 된 경우에는 상대방과 협의하여 계약을 해제 · 해지할 수 있다.

③ "갑"은 제1항 각 호의 해제, 해지 사유가 발생한 경우에는 "을"에게 지체 없이 통지한다.

④ "을"은 제1항의 규정에 의하여 계약을 해제, 해지하고자 할 때에는 그 뜻을 미리 "갑"에게 14일전까지 통지한다.

제12조(계약 해지시 보수)

"갑"과 "을"이 이 계약을 해지하기로 합의하거나 제10조 및 제11조 각 항의 사유가 발생하여 이 계약을 해지할 경우 "갑"이 "을"의 진행업무를 승인하여 성과로 인정하는 때에는 그 성과에 상당하고 "갑"이 인정하는 보수를 "갑"이 "을"에게 지급할 수 있다.

제13조(보수의조정) "을"은 제2조에서 정한 감리대가 외에 별도의 감리비 증액을 요구할 수 있다. 다만, 다음 각 호에서 정한 사항은 "갑"과 협의하여 별도로 정할 수 있다.

1. 당해 공사감리를 수행함에 있어 "갑"의 동의를 얻어 감리원을 추가로 배치하였거나, "을"이 공사성질 및 규모에 따라 불가피한 사유가 있다고 인정하여 "갑"의 동의를 얻어 감리업무가 추가되는 비용

2. "갑" 또는 시공자의 귀책사유로 인해 감리업무가 추가되는 경우의 비용(공기연장 등)
3. "갑"의 요구에 의하여 특허, 노하우 등의 사용료, 모형제작비, 현장계측비, 해외출장비, 전문기술자의 자문 등에 소요되는 비용

제14조(공사감리 업무 중단시의 보수지불)

① "갑"의 귀책사유로 하여 공사감리업무의 전부 또는 일부가 중단된 경우에는 "갑"은 "을"이 이미 수행한 공사감리 업무에 대하여 중단된 시점까지의 보수를 지불한다.

② 중단된 시점까지 수행한 업무에 대한 보수는 성과에 의하여 산정한다.

③ "을"의 귀책사유로 인하여 공사감리 업무의 전부 또는 일부가 중단된 경우에 "갑"이 "을"에게 이미 지불한 보수에 대하여 이를 정산, 환불한다.

제15조(일정의 준수의무와 지체상금)

① "을"은 제3조에서의 업무를 수행함에 있어 해당 업무와 관련된 "갑"의 공정과 일치하여야 한다.

② "을"은 감리업무수행 중 해당업무를 함에 있어 공사진행에 차질이 없도록 하여야 하며 업무로 인하여 공사 진행에 차질이 발생될 경우에는 "갑"은 지연된 매 O일마다 제2조에서 정한 "감리비"의 OOO분의 O을 지체상금으로 "갑"이 "을"에게 지불하여야 할 금액에서 공제하며 "을"은 이에 대하여 어떠한 절차로도 "갑"에게 반환 청구할 수 없다. 단, "갑"의 요청 내지 "을"의 요청에 따른 "갑"의 승인에 의하여 전 1항에서의 일정이 변경되는 경우에는 그러하지 아니하다.

제16조("갑"에 대한 "을"의 협조의무)

① "갑"이 제1조에서의 건축물에 대한 사업 및 공사를 수행함에 있어, "을"은 "갑" 또는 "갑"이 지정한 자로부터 업무협조를 요청받았을 때에 "을"의 업무 범위 내에서 적극 협조하여 할 의무가 있다.

② "을"은 제3조에서 정한 업무를 진행 중에 있더라도 "갑"이 요청하는 경우에는 "갑"이 필요로 하는 자료와 도서를 우선 작성 "갑"에게 제출하기로 한다.

③ "을"은 제1조에서의 건축물에 대한 공사현황에서 발생하는 설계도서와의 차이에 의한 제반 기술상의 문제를 "갑"이 지정하는 자와 즉시 협의하여 해결하여야 한다.

제17조("을"에 대한 "갑"의 협조의무)

① 상주감리 인원이 근무할 수 있는 적절한 크기의 근무공간 및 편의시설을 제공한다.

② 시공계획서 및 공정표와 주요공사 집행예정일을 사전에 통보한다.

③ 감리업무 수행상 필요한 점검, 시험, 측정 및 검토시에 필요한 장비를 지원한다.

④ 품질 및 안전에 관계된 중요사항은 우선조치 후 공사 진행한다.

⑤ 기타 감리업무를 위하여 필요한 사항은 지원 협조한다.

제18조("을"의 책임등)

① "을"은 "을"의 업무에 대하여 모든 민·형사적 책임을 져야 하며 "을"의 귀책사유로 인하여 가히 이루어진 "을"의 업무에 수정이나 보완이 필요할 때에는 "을"은 자신의 비용으로 이에 대한 수정과 보완을 하기로 하며 시공자에 의한 공사의 결함에 대하여는 그러하지 아니하다.

② 공사감리 업무에 과실이 있을 경우 그 책임기간은 당해 공사완료 인도 후 0년간으로 한다.

제19조("을"의 면책사유) "을"은 다음 각 호의 경우에는 책임을 지지 아니한다.

1. "갑"이 임의로 공사감리업무에 대한 보수의 지불을 지연시켜 업무가 중단된 경우
2. 공사시공자의 공사중단으로 인하여 손해가 발생한 경우
3. 공사시공자가 제9조의 규정에 의한 "을"의 요청에 응하지 아니하고 임의로 공사를 계속 진행하여 손해가 발생된 경우
4. 공사시공자 및 그 현장 대리인이나 고용인이 고의 또는 과실로 인하여 주변에 끼친 손해 및 안전사고

제20조(업무의 감독과 승인)

"갑" 또는 "갑"의 대리인"(공사시공자 제외)은 "을"의 업무를 감독할 수 있으며 "을"이 행한 모든 업무 및 성과는 "갑"이 승인함으로써 계약상의 업무를 이행한 것으로 한다.

제21조(외주의 제한)

① "을"은 공사감리 업무의 전부 또는 일부를 "갑"의 승낙 없이 제3자에게 외주를 주어서는 안 된다. 단, 특수전문분야에 대한 감리의 경우에는 "갑"과 협의하여 관계전문기술자에게 의뢰할 수 있다.
② 관계 전문기술자에게 감리를 의뢰한 경우에 외주내용에 대한 책임은 "을"이 진다.

제22조(비밀보장)

"을"은 업무수행 중 알게 된 "갑"의 비밀을 제3자에게 누설하여서는 안 된다.

제23조(성과의 소유권)

① 제10조 및 제11조에 의하여 이 계약이 해제 및 해지되는 경우에 "을"은 즉시 이 계약으로 이루어진 "을"의 권리를 포기하는 문서를 "갑"에게 제출하기로 한다.
② 이 계약의 이행으로 이루어진 성과에 대한 소유권은 "갑"에게 있다.

제24조(분쟁조정)

① 이 계약과 관련하여 업무상 분쟁이 발생한 경우와 감리업무 진행중 이 계약서의 해석에 이의가 있을 경우에는 관계기관의 유권해석이나 관례에 따라 "갑"과 "을"이 협의하여 정한다.
② "갑"과 "을"이 협의하여 정하지 못한 경우에는 건축법 제76조의 2의 규정에 의한 건축분쟁조정위원회에 신청하여 이의 결정에 따를 수 있다.
③ 건축분쟁조정위원회의 결정에 불복이 있는 경우에는 "갑"의 공사현장 관할법원의 판결에 따른다.

제25조(손해배상)

① "갑"의 귀책사유로 이 계약이 해약되는 때에는 "갑"은 "을"에게 제2조에서 정한 감리비의 0%에 상당하는 금액을 손해배상 하여야 한다.
② "을"의 귀책사유로 이 계약이 해약되는 때에는 "을"은 "갑"에게 제2조에서 정한 "감리비"의 0%에 상당하는 금액을 손해배상 하여야 하며, 이미 "갑"이 "을"에게 지불한 금액 전액(이하 다만, "반환금액"이라 한다)을 "을"은 "갑"에게 지급하여야 한다. 단, "갑"이 "을"의 진행업무를 승인하여 성과로 인정하는 경우 그 성과에 상당하고 "갑"이 인정하는 보수는 위의 "반환금액"

에서 공제할 수 있다.

제26조(기존 계약서와의 관계)

"을"이 기 체결한 기존계약서('○○. ○. ○., '○○. ○. ○., 건축주 ○○도시개발(주) ○○○, '○○. ○. ○. "갑" ○○종합건설 ○○○, ○○○)는 이 계약서에 아무런 영향을 끼치지 않으며 기존 계약에 대해 "갑"은 민·형사상의 어떠한 책임도 지지 않는다.

이 계약을 증명하기 위하여 이 계약서를 2부 작성하고 "갑"과 "을"은 각각 1통씩 보관한다.

20○○년 ○월 ○일

"갑"	주소	:	
	상호	:	○○건설
	관리인	:	○○○ ㊞
"을"	소재지	:	
	상호	:	(주)○○건축사사무소
	대표이사	:	○○○ ㊞

전력시설물의 공사감리용역 표준계약서

1. 공사감리 용역명 :

2. 소 재 지 :

3. 공사개요 :

   ① 수전설비 :V㎾

   ② 수급계약용량 : ㎾

   ③ 송·배전설비 : (가공, 지중, 수중)전선로, 전선종류 :긍장 :㎾

   ④ 발전설비 : (상용) V ㎾(비상용) :V ㎾

   ⑤ 대지면적 :㎡(평)

   ⑥ 건축면적 :㎡(평)

   ⑦ 용도 :

   ⑧ 층수 : 지하 ○층, 지상 ○층

   ⑨ 허가(인가신고)일 : 2000년 ○월 ○일(허가번호 제 호)

4. 설 계 자

   ① 업 체 명 :

   ② 설계자명 :

   ③ 전화 / FAX :

5. 공사업체

   ① 업 체 명 :

   ② 대표자명 :

   ③ 전화 / FAX :

   ④ 전력시설물공사금액 : 일금원정 (₩)

   ⑤ 감리용역계약금액 : 일금원정 (₩)

   ⑥ 공사기간 : 2000년 ○월 ○일 ~ 2000년 ○월 ○일

   ⑦ 감리기간 : 2000년 ○월 ○일 ~ 2000년 ○월 ○일

   "갑"과 "을"은 이 계약서에 의하여 공사감리계약을 체결하고 각 1부씩 보관한다.

2000년 0월 0일

발주자 "갑"	주소 성명 주민등록번호 전화	: : : :	○○○ ㊞

공사감리자 "을"	소재지 상호 대표자 주민등록번호 전화/ FAX	: : : : :	○○○ ㊞

제1조(총 칙)

이 계약은 전력기술관리법 제12조 및 전력기술용역 대가기준(이하 "대가기준"이라 한다)에 의하여 발주자(이하 "갑"이라 한다)가 감리업자(이하 "을"이라 한다)에게 위탁한 공사감리업무의 수행에 필요한 상호간의 권리와 의무 등을 정한다.

제2조(업무기간)

공사감리용역 수행기간은 착공일로부터 완공일까지로 한다.
2000년 0월 0일부터2000년 0월 0일까지

제3조(감리대가 산출 및 지불방법)

① 공사감리대가의 산출기준 및 방법은 대가기준에 의한다. 단, 현장여건 및 공사감리조건이 특수한 경우에는 "갑"과 "을"이 협의하여 정한다.
② 공사감리용역 대가는 일시불로 또는 분할하여 지불할 수 있다.
③ 대가를 분할하여 지불하는 경우에 그 지불시기 및 지불금액은 다음과 같이 이행함을 원칙으로 하되, "갑"과 "을"이 협의하여 조정할 수 있다.

지 불 시 기	지 불 금 액	비 고
공사감리용역 계약시	₩	
	₩	
	₩	
공사감리용역 완료시	₩	
계	₩	

제4조(특약 등)

이 계약에서 정하는 공사감리용역 이외에 "갑"과 "을" 간의 특약이 있는 경우에는 이에 부수되는 개발을 추가로 체결할 수 있으며, 이에 소요되는 비용은 대가기준에 의하여 별도로 산정한다.

제5조(대가의조정)

공사감리용역 수행기간이 60일을 초과하는 경우 이 기간 중 대가기준에 의한 인건비의 변경이 있을 때에는 국가를당사자로하는계약에관한법률 시행규칙 제74조의 규정에 의하여 "갑"과 "을"이 협의하여 대가를 조정할 수 있다.

제6조(자료의 제공 및 성실 의무)

① "갑"은 공사감리용역을 수행하는데 필요한 다음 각 호의 자료를 "을"이 요구할 때는 지체 없이 제공하여야 하며 이때 "갑"이 "을"에게 자료수집을 위탁할 수 있다.
   1. 전력시설물공사 설계도서 및 공사계획신고서
   2. 공사도급계약서 및 현장대리인의 인적사항 관련자료
   3. 시공도면 및 공정표
   4. 사용자재납품서 및 시험성적표
   5. 지반 및 지질조사서
   6. 산재보험가입증서
   7. 기타 공사감리용역수행에 필요한 자료
② "갑"이 제1항의 자료수집을 "을"에게 위탁한 경우에는 "갑"은 이에 소요되는 비용을 지불한다.
③ "갑"과 "을"은 신의와 성실의 관계를 유지하고 관계법령을 준수하며, "을"은 전력시설물의 품질향상을 위하여 노력한다.

제7조(용역의 착수시기)

① "갑"은 착공 3일전에 "을"에게 착공일자를 통지하고, "을"은 착공일로부터 공사감리용역을 착수한다.
② "을"은 감리원을 배치 또는 변경시 7일 이내에 한국전력기술인협회에 신고하여야 한다.
③ "갑"은 공사업자에게 "을"의 인적사항을 착공 전까지 통지한다.

제8조(용역의 수행)

① "을"은 관계법령이 정하는 바에 의하여 전력시설물이 설계도서와 관계서류의 내용대로 시공되는지의 여부를 확인하고, 전력시설물공사감리세부기준을 정하여 공사감리용역을 수행한다.
② "을"은 당해 공사가 설계도서대로 시행되지 아니하거나 관계법령 및 이 규정에 의한 명령이나 처분에 위반된 사항을 발견한 경우에는 이를 "갑"에게 통보한 후 공사업자에게 이를 시정 또는 재시공하도록 요청한다.
③ "을"은 제2항의 규정에 의한 요청에 대하여 공사업자가 취한조치의 결과를 확인한 후 이를 "갑"에게 통보한다.
④ "을"은 공사업자가 제2항의 규정에 의한 요청에 응하지 아니하는 경우에는 당해 공사를 중지할 수 있다.
⑤ "을"은 공사업자가 시정·재시공 또는 공사중지 요청에 응하지 아니하는 경우에는 이를 "갑"에게 통보하고 행정적인조치를 취할 수 있다.

⑥ "갑"은 제2항·제4항 및 제5항의 규정에 의한 조치를 취한 "을"에 대하여 이를 이유로 공사감리원의 배치를 취소하라고 요구하거나 대가의 지불을 거부 또는 지연시키는 등 불이익을 주어서는 안 된다.

⑦ "갑"은 공사업자가 "을"의 시정·재시공 등 조치에 응하도록 적극 협조하여야 한다.

제9조(현장확인지도)

"을"은 다음 각 호의 경우에 대하여는 현장에서 확인지도를 실시한 후에 공사진행을 하게 한다.

1. 공사착공시
2. 기초 및 접지공사시
3. 배관 공사시
4. 배선공사시
5. 주요 전기기기 설치시
6. 기타 전력시설물의 규격 및 품질관리상 주요 부분의 공사시

제10조(주요 공정의 확인 점검)

① "을"은 공사의 주요 공정의 경우에는 그 적합성을 확인하고 서명한 후 "갑"에게 그 결과를 통보한다.

② 제1항의 규정에 의한 주요 공정은 설계도서에 따른 시공 여부의 확인과 전력시설물의 품질향상을 위하여 필요한 공정으로 전력시설의 유형에 따라 "갑"과 "을"이 협의하여 다음과 같이 정한다.

1.
2.
3.
4.

제11조(시공상세도면의 작성 요청 등)

① "을"은 설계도면의 누락·오류 또는 불명확한 부분이 있어 시공에 어려움이 있다고 판단되면 공사업자에게 시공상세도면을 작성하여 제출하도록 요청할 수 있다.

② "을"은 제출된 시공상세도면을 반드시 확인·검토하여 공사업자에게 의견을 제시하고 "갑"에게 이를 통보한다.

제12조(공기 및 공법의 변경)

① "갑" 또는 공사업자가 공기 및 공법을 변경할 때에는 7일전까지 "을"에게 통보한다.

② "을"은 제1항의 규정에 의한 공법의 변경과 관련하여 공법의 안전성, 품질확보, 공사업자의 기술력 확보 등에 대한 검토 의견을 제시할 수 있다.

제13조(감리보고서 등)

① "을"은 "갑"에게 감리결과를 보고서로 제출하여야 한다. 공기가 2년 이상인 경우 중간보고서를, 공사를 완료한 때에는 최종보고서를 각각 작성하여 "갑"에게 제출한다.

② "을"은 감리일지와 공사감리 관련 서류를 기록·유지한다.

제14조(감리원 등)

① "을"이 지정 배치한 감리원이 공사감리업무를 수행하는 경우에는 "을"이 행하는 것으로 본다.

② "을"은 감리원의 변경이 필요한 경우에는 발주자의 승인을 득하여 변경하고, 변경 후 3일 이내에 "갑" 과 공사업자에게 변경사항을 통지한다.

③ "을"은 공사감리업무를 수행하는 감리원의 신상명세, 자격여부 등을 기록한 서류를 공사현장에 비치 한다.

제15조(자재의 검사 등)

① "을"은 자재의 검사 및 품질시험을 "갑"과 협의하여 관련 전문기관에 의뢰할 수 있으며 "갑"은 이에 소요되는 비용을 지불한다.

② "을"은 자재의 검사 및 품질시험의 결과를 검토·확인한다.

③ "갑" 또는 공사업자가 자재의 검사 및 품질시험을 의뢰하는 경우에는 그 일시, 장소, 시험목록을 시 험일 7일전까지 "을"에게 통지한다.

④ "을"은 제3항의 규정에 의한 자재의 검사 및 품질시험에 입회할 수 있다.

제16조(계약의 양도 및 변경)

① "갑"과 "을"은 상대방의 승낙 없이는 이 계약상의 권리와 의무를 제3자에게 양도, 양수 등 기타 처분 행위를 할 수 없다.

② "갑"의 계획 변경, 관계법규의 개·폐, 천재지변 등 불가항력적인 사유의 발생 기타 공사감리용역 내 용을 수정하거나 계약기간을 연장할 상당한 이유가 있는 때에는 "갑"과 "을"은 서로 협의하여 계약의 내용을 변경할 수 있다.

제17조(이행보증보험증서의 제출)

① "갑"은 "을"의 계약의 이행을 보증하기 위하여 계약 체결시에 "을"에게 이행보증보험증서를 제출하게 할 수 있다.

② 제1항의 규정에 의하여 이행보증보험증서를 제출 받은 경우에는 이를 계약서에 첨부하여 보관한다.

제18조("갑"의 계약 해제·해지)

① "갑"은 다음 각 호의 경우에 계약의 전부 또는 일부를 해제·해지할 수 있다.
  1. "을"이 관할 행정청으로부터 등록의 취소, 업무정지 등의 처분을 받은 경우
  2. "을"이 금융기관의 거래정지 처분, 어음 및 수표의 부도, 제3자에 의한 가압류·가처분·강제집행· 금치산·한정치산·파산선고 또는 회사정리의 신청 등으로 계약이행이 곤란한 경우
  3. "을"이 상대방의 승낙 없이 계약상의 권리 또는 의무를 이행하지 않거나 계약을 위반한 경우
  4. 사망, 실종, 질병, 기타 사유로 계약이행이 불가능한 경우

② 천재지변 등 부득이한 사유로 계약이행이 곤란하게 된 경우에는 상대방과 협의하여 계약을 해제·해 지할 수 있다.

③ "갑"은 제1항의 규정에 의하여 계약을 해제·해지하고자 할 때에는 그 뜻을 "을"에게 해제·해지 날의 14일 전에 통지한다.

제19조("을"의 계약 해제·해지)

① "을"은 다음 각 호의 경우에 계약의 전부 또는 일부를 해제 · 해지할 수 있다.

1. "갑"이 "을"의 업무를 방해하거나 그 대가의 지불을 지연시켜 "을"의 업무가 중단되고 30일 이내에 이를 재개할 수 없다고 판단된 때

2. "갑"이 계약당시 제시한 설계요구조건을 현저하게 변경하여 그 실현이 객관적으로 불가능한 것이 명백할 때

3. "갑"이 상대방의 승낙 없이 계약상의 권리 또는 의무를 침해하거나 위반한 경우

4. "갑"이 "을"의 업무 수행상 필요한 자료를 제공하지 아니하여 '을 "의 계약이행이 곤란하게 된 경우

5. 사망, 실종, 질병, 기타 사유로 계약이행이 불가능한 경우

② 천재지변 등 부득이한 사유로 계약이행이 곤란하게 된 경우에는 상대방과 협의하여 계약을 해제 · 해지할 수 있다.

③ "을"은 제1항의 규정에 의하여 계약을 해제 · 해지하고자 할 때에는 그 뜻을 "갑"에게 해제 · 해지 날의 14일전에 통지한다.

제20조(손해배상)

"갑"과 "을"은 상대방이 제16조제2항의 규정에 의한 계약변경, 제18조 및 제19조의 규정에 의한 계약의 해제 · 해지 또는 계약위반으로 인하여 손해를 발생시킨 경우에는 상대방에게 손해배상을 청구할 수 있다.

제21조("을"의 면책사유)

"을"은 다음 각 호의 경우에는 책임을 지지 아니한다. 단, 감리원의 결격사유로 인하여 발생된 손해사정은 그러하지 아니한다.

1. "갑"이 임의로 공사감리용역에 대한 대가의 지불을 지연시켜 업무가 중단된 경우

2. 공사업자의 공사중단으로 인하여 손해가 발생한 경우

3. 공사업자가 제8조의 규정에 의한 "을"의 요청에 응하지 아니하고 임의로 공사를 계속 진행하여 손해가 발생된 경우

4. 공사업자가 제9조의 규정에 의한 현장확인지도를 받지 아니하고 공사를 진행하여 손해가 발생한 경우

제22조(공사감리용역 중단시의 대가지불)

① "갑"의 귀책사유로 인하여 공사감리용역의 전부 또는 일부가 중단된 경우에는 "갑"은 "을"이 이미 수행한 공사감리용역에 대하여 중단된 시점까지의 대가를 지불하여야 한다.

② 중단된 시점까지 수행한 업무에 대한 대가는 대가기준에 의하여 정산한다.

③ "을"의 귀책사유로 인하여 공사감리용역의 전부 또는 일부가 중단된 경우에는 "갑"이 "을"에게 이미 지불한 대가에 대하여 이를 정산하고 남은 금액에 대하여 반환을 요구할 수 있다.

제23조(기성공사비의 지불검토)

① "갑"은 "을"로부터 제출 받은 부분감리조서와 공사업자의 기성공사비의 지불청구에 대한 재확인 검토를 요구할 수 있다.

② "을"은 제1항의 규정에 의한 기성공사비의 지불청구에 대한 재확인 검토 결과를 "갑"에게 통보한다.

제24조(다른 공사에 대한 확인점검)

① "갑"이 건축 및 기계설비 등 다른 공사에 대하여 제3자에게 도급을 준 경우에는 "을"이 그 특정공사에 대하여 확인 · 점검 할 수 있도록 보장한다.

② "갑"은 "을"이 건축 및 기계설비 등의 다른 공사의 시공자에게 공사감리에 필요한 자료를 제시받을 수 있도록 보장한다.

제25조(비밀보장)

"갑"과 "을"은 용역수행 중 알게 된 비밀을 제3자에게 누설하여서는 안 된다.

제26조(외주의 제한)

① "을"은 공사감리용역의 전부를 "갑"의 승낙 없이 제3자에게 외주를 주어서는 안 된다. 단, 특수전문분야에 대한 감리의 경우에는 "갑"과 협의하여 전문기술자에게 의뢰할 수 있다.

② 전문기술자에게 감리를 의뢰한 경우 외주용역의뢰부분에 대한 책임은 당해 전문기술자가 진다.

제27조(분쟁조정)

이 계약과 관련하여 용역수행상 분쟁이 발생한 경우에는 관계기관의 유권해석이나 판례에 따라 "갑"과 "을"이 협의하여 정한다.

제28조(통지 · 통보방법)

① "갑"과 "을"은 계약과 관련된 사항을 통지 · 통보할 때에는 서면으로 하는 것을 원칙으로 한다.

② 통지 · 통보 후 7일 이내에 회신이 없는 경우에는 통지 · 통보내용을 승낙한 것으로 본다.

제29조(설계도서의 보관 등)

"을"은 그가 감리한 당해 시설물의 준공설계도서를 하자 담보책임기간이 종료될 때까지 보관하여야 한다.

제30조(전기안전관리담당자 선임 등)

① "갑"이 "을"에게 공사기간 중 배치된 감리원으로 하여금 전기사업법 시행규칙 제58조제2항의 규정에 의거 해당전기설비에 대한 전기안전관리담당자의 선임을 요청할 경우에는 쌍방의 합의에 의하여 겸임 선임할 수 있다.

② "을"은 제1항의 규정에 의하여 감리원이 전기안전관리담당자로 겸임 선임한 경우 전기안전관리 담당자의 안전관리업무관련 비용 및 수당의 추가부담과 그의 의견 및 지시를 "갑"이 수용하여야 한다.

【소방시설감리 용역계약서】

소방시설감리용역계약서

계 약 명			구분	
계약금액	일금 원정(₩) 부가세별도			
지불조건	계약시 :	착공시 :		준공시 :
계약기간	2000년 0월 0일 ~ 2000년 0월 0일			
위치				
구조		층 수	지하 0층, 지상 0층	
용도				
연 면 적	m²	건축면적	m²	대지면적	m²
용 적 율	%	건 폐 율	%		
허가년월일		비 고		

위 계약을 체결함에 있어 계약자는 계약업무를 성실히 수행할 것을 확약하며 증거로서 계약서를 2부 작성·날인하여 각 1부씩 보관한다.

2000년 0월 0일

"갑"
주소 :
회사명 :
연락처 :
대표자 : 000 ㊞

"을"
주소 :
회사명 :
연락처 :
대표자 : 000 ㊞

※계약조건

제1조(총칙)

(주)0000 (대표자:000) (이하 "갑"이라 한다.)와 0000(주)(대표자:000) (이하 "을"이라 한다.)는 계약서에 기재한 소방시설감리용역 계약에 관하여 신의와 성실에 입각하여 이를 이행한다.

제2조(의무)

"갑"은 "을"이 업무를 수행함에 있어서 필요로 하는 정확한 자료를 지체 없이 제공하여야 하며 "을"은 계약서 내용에 명시된 각 해당업무를 기간 내에 준수하여야 한다.

제3조(책임)

"을"은 용역수행결과에 따라 "갑"에게 책임과 의무를 지는 이외에 부실감리시에는 소방관련법령에서 규정하는 바에 의하여 책임을 저야 한다.

제4조(자격)

"을"은 관련 법령에 적법한 자격자이거나 등록업체이어야 한다.

제5조(기밀의 보장)

"갑"과 "을"은 업무상 알게 된 업무와 관련된 어떠한 사항에 대하여도 제3자에게 누설하여서는 안 된다.

제6조(자료의 협조)

"갑"은 "을"이 업무를 수행함에 있어 필요한 다음 각 호의 자료를 반드시 제시하여야 한다.
1. 건축허가도면 및 실시설계도면
2. 시공계획서 및 공정표, 작업일지

제7조(감리업무의 범위 및 방법)

1. "을"이 소방공사감리를 함에 있어 소방법에서 정하는 시설(비상조명등 설비 및 비상방송설비는 제외)을 감리대상시설로 함을 원칙으로 하고 실시 설계도서 및 공사계약에 의하여 다음 각 호의 사항이 관계법령에 적합하게 시공되는지 여부를 확인 지도한다.
   가. 공정표 검토, 설계도면검토
   나. 설비, 주·부자재, 견본 등의 적합성 검토
   다. 소방설비의 위치와 규격 및 허가된 설계도서와의 합치여부
   라. 공사시공자가 제시하는 시험성과표의 검토 및 확인
   마. 설계변경 사항의 검토 및 지시
   바. 공사감리 완료보고
2. "을"은 공사감리를 함에 있어 당해 공사가 설계도서대로 실시되지 아니하거나 소방법 규정에 의한 명령이나 처분에 위반된 사항을 발견한 경우에는 이를 시정하도록 "갑" 및 공사시공자에게 서면으로 통지하여야 한다.
3. "을"은 제2항에 의한 시정요구를 하였음에도 불구하고 "갑" 및 공사시공자가 시정기간 내에 시정하지 아니할 경우에는 소방법 규정에 의한 조치를 한다.
4. "갑" 및 공사시공자는 제2항의 규정에 의하여 "을"로부터 시정통지를 받은 경우에는 건축물의 공사를 계속하여서는 안 된다.
5. "갑"은 제3항에 의하여 위반사항을 관계기관에 보고한 "을"에 대하여 공사감리자 지정을 취소 또는 변경하거나 공사감리에 대한 보수의 지급을 거부 또는 지연시키는 등 기타 불이익을 주어서는 안 된다.
6. "을"은 공사감리결과를 공사감리기록 대장에 기록 관리하여야 한다.

7. "갑" 또는 "갑"이 지정한 시공자는 다음 각 호의 사항에 관하여 "을"의 감리확인을 받아야 한다.

　가. 소방자재의 승인

　나. 소방자재의 검수

　다. 소방공사 중요부분 검측

계 약 금	2000. 0. 0. ~ 2000. 0. 0.	일금원정 (%)
중 도 금	2000. 0. 0. ~ 2000. 0. 0.	일금원정 (%)
준 공 금	2000. 0. 0. ~ 2000. 0. 0.	일금원정 (%)

제8조(용역비의 지급)

1. "갑"은 "을"에게 본 업무의 용역비를 다음과 같이 분할 지급한다.

2. 감리업무의 기간이 1년을 초과하는 경우로서 동기간 중 용역비 기준에 따른 적용인건비의 상승이 있을 경우에는 "갑", "을"이 협의하여 용역비를 조정한다.

3. 감리예정기간이 초과하는 경우에는 월 감리비를 추가 지급하여야 한다.

4. "갑"이 공사의 전부 또는 일부의 실시를 중지하거나 폐지하였을 경우에는 이미 수행한 감리 부분에 대한 보수는 건축주와 감리자 간 중도 해약시점에 준하여 기간에 비례하여 "을"에게 지급하여야 한다.

제9조(권리의무의 양도)

　"을"이 업무 중 부득이한 사유로 인하여 업무를 계속 수행할 수 없는 경우에는 "갑"에게 그 사유를 통보하고 새로이 지정된 업체에 업무의 인계인수에 적극 협조하여야 한다.

제10조(계약조건의 변경)

　계약조건을 변경하고자 할 때에는 "갑"과 "을"의 쌍방 간 합의에 의하여 변경 할 수 있다.

제11조(중도해약)

　본 계약이 소방법규를 위반하여 중대한 과실이 발생하였을 경우 쌍방 간 합의하여 해약할 수 있다.

제12조(공사감리자의 면책사유) "을"이 공사감리를 하는 기간 중에 발생하는 다음 각 호에 명기하는 행위는 공사감리자의 귀책사유로 보지 아니한다.

1. 공사 시공자와 건축주간의 공사계약조건의 불이행

2. 공사시공자 및 그 현장대리인이나 고용인이 고의 또는 과실로 인하여 주변에 끼친 손해 및 안전사고

3. 주요공사 집행예정일 사전통보를 이행하지 아니하고 공사를 임의로 계속 진행한 행위

4. 소방법에 의한 시정요구를 하였음에도 불구하고 공사시공자가 공사감리자의 지시에 따르지 아니하고 임의로 계속 공사를 진행함으로서 발생한 손해

제13조(이의)

업무진행 중 본 계약서의 해석에 이의가 있을 경우에는 "갑", "을"이 협의하여 정한다.

제14조(특기사항)

1.

2.

3.

4.

5.

20○○년 ○월 ○일

"갑"	주소	:	
	상호	:	
	연락처	:	
	대표자	:	○○○ ㉧

"을"	주소	:	
	상호	:	
	연락처	:	
	대표자	:	○○○ ㉧

주택건설공사감리 용역표준계약서

1. 사업명:

2. 사업승인신청접수일 : 2000년 O월 O일

3. 사업계획승인일 : 2000년 O월 O일

4. 착공예정일 : 2000년 O월 O일

5. 완공예정일 : 2000년 O월 O일

6. 용도 :

7. 공 사 개 요

   가. 위치 : OO시 OO구 OO동 OO번지
   나. 규모 : 동세대
   다. 대지면적 : ㎡
   라. 건축면적 : ㎡
   마. 연면적 : ㎡
   바. 구조 :

8. 시공자

   가. 상호 : OOOO
   나. 주소 : OO시 OO구 OO동 OO번지
   다. 대표자 :O O O(전화 : OOO-OOO-OOOO)

9. 설계자

   가. 상호 : OOOO
   나. 주소 : OO시 OO구 OO동 OO번지
   다. 대표자 :O O O(전화 : OOO-OOO-OOOO)

10. 감 리 형 태: 주택건설촉진법령에 의한 공사감리

11. 계약금액 : 일금 원정(₩)

12. 감리용역착수일 : 2000년 O월 O일

13. 계약기간 : 2000년 O월 O일부터 2000년 O월 O일까지

   사업주체와 감리자는 상호 대등한 위치에서 이 계약서 및 첨부의 계약문서에 의하여 위 감리용역 계약을 체결하고 신의에 따라 성실히 계약상의 의무를 이행할 것을 확약하며, 이 계약의 증거로서 계약서를 작성하여 계약당사자가 기명날인한 후 각각 1통씩 보관한다.

첨부 : 주택건설공사감리용역계약조건 1부

2○○○년 ○월 ○일

사업주체상호 :
주소 :
대표자 : ○○○ ㊞
전화/fax :

감리자상호 :
주소 :
대표자 : ○○○ ㊞
전화/fax :

주택건설공사감리 용역계약조건

제1조(총칙)

　주택건설공사감리용역계약 (이하 "이 계약"이라 한다)은 주택건설촉진법 제33조의6 및 건설교통부에서 정한 주택건설공사감리업무세부기준(이하 "업무기준"이라 한다) 등에 의하여 감리자가 공사감리업무를 수행함에 있어 사업주체와 감리자(이하 "계약당사자"라 한다) 상호간의 권리와 의무에 관한 사항을 정한다.

제2조(용역의 범위)

　주택건설공사 감리용역의 범위는 주택건설촉진법 제33조의 규정에 의하여 사업계획승인을 받아 건설하는 주택건설공사의 감리업무를 수행하는데 적용한다. 다만, 주택건설촉진법시행규칙 제22조의5제2항의 규정에 의한 감리제외대상공사와 소방법령 등 개별법령에서 감리를 하고 있는 공사는 제외한다.

제3조(감리업무)

① 주택건설공사 감리용역 계약조건(이하 "이 조건"이라 한다)에서 정하는 바에 따라 감리자는 기본업무를 수행하고 사업주체의 요청에 따라 특별업무를 수행할 수 있다.
② 기본업무라 함은 다음 각 호의 업무를 말한다.
　1. 시공계획·공정표 및 설계도서의 적정성 검토
　2. 시공자가 설계도서에 따라 적합하게 시공하는지 검토·확인
　3. 구조물의 위치·규격 등에 관한 사항의 검토·확인
　4. 사용자재의 적합성 검토·확인
　5. 품질관리시험의 계획·실시지도 및 시험성과에 대한 검토·확인
　6. 누수·방음 및 단열에 대한 시공성 검토·확인
　7. 재해예방 및 시공상의 안전관리

8. 설계도서의 당해 지형에 대한 적합성 및 설계변경에 대한 적정성 확인

9. 공사착공계, 임시사용 및 사용검사신청서 적정성 검토

10. 착공신고시 제출한 "건설폐자재 재활용 및 처리계획서"의 이행여부

11. 기타 관계법령에서 감리업무로 규정한 각종 신고·검사·시험·품질확인 및 그에 따른 보고 등의 업무

③ 특별업무라 함은 제2항의 규정에 의한 기본업무 이외에 사업주체가 그 수행을 요청한 업무로서 다음 각 호의 업무를 말한다.

1. 사업주체 또는 시공자의 귀책사유로 인하여 추가되는 감리업무

2. 사업주체의 요청에 의한 특허·노하우 등의 사용, 모형제작, 현장계측, 외부 전문기술자의 자문등

3. 자재·장비 등의 생산지검사를 위한 해외 및 원격지 출장

4. 사업주체의 요청에 의한 신규 주택건설사업 관련 설계도서의 검토

5. 기타 사업수행관련자(사업주체, 감리자, 시공자)가 협의하여 특별업무로 규정하는 업무

제4조(계약문서)

① 계약문서는 계약서 및 감리용역계약조건으로 구성되며, 상호 보완의 효력을 가진다.

② 사업주체는 계약체결 후 다음 각 호의 문서 1질을 감리자에게 즉시 무상으로 제공하여야 한다.

1. 사업계획승인필증, 건축허가필증, 재건축사업시행인가필증 중 관련 문서

2. 지장물 보상 및 철거 등에 관한 자료

3. 주택의설계도서작성기준(건설교통부 고시)에 의한 설계도서

4. 공사계획서 및 공종별 시공계획서

5. 지반 및 지질조사서

6. 공사착공신고서 일체

7. 공정률확인을 위한 관련서류(내역서 또는 공종별 보활 관련서류)

8. 기타 감리업무 수행에 필요한 사항

제5조(법령의 준수)

① 계약당사자는 계약과 관련된 법령(이하 "법령"이라 한다)을 준수하여야 한다. 법령의 위반으로 처벌을 받은 경우에도 이 계약에서 요구되는 책임과 의무가 면제되지 않는다.

② 이 계약의 이행과 관련하여, 이 조건에서 규정하고 있지 아니한 사항으로서 계약당사자에게 준수의무가 있는 법령의 규정은 이 조건에 포함된 것으로 간주한다.

제6조(통화)

① 이 계약상의 통화는 대한민국의 원화로 한다.

② 계약당사자는 원화의 가치가 변동된 경우에도 계약금액의 조정 또는 기타 추가비용을 상대방에게 청구할 수 없다.

제7조(통지 등)

① 계약당사자 간의 통지·신청·청구·요청·회신·동의 등(이하 "통지 등"이라 한다)은 문서에 의함을 원칙으로 하며, 구두에 의할 경우에는 즉시 문서로 보완하여야 한다.

② 통지 등의 장소는 계약서에 기재된 주소로 하며, 주소를 변경하는 경우에는 이를 즉시 계약상대방에게 통지하여야 한다.

③ 통지 등의 효력은 계약문서에서 따로 정하는 경우를 제외하고는 계약상대방에게 도달한 날부터 발생한다. 이 경우 도달일이 공휴일인 경우에는 그 다음날부터 효력이 발생한다.

④ 기간 중의 휴일은 이를 기간에 포함한다.

제8조(채권양도)

① 계약당사자는 이 계약에 의하여 발생한 계약상대자에 대한 채권 기타의 권리를 제3자에게 양도하여서는 안 된다.

② 계약당사자가 이 계약에 의한 감리용역의 이행을 위한 목적으로 채권양도를 하고자 하는 경우에는 계약상대자의 서면동의를 받아야 한다.

제9조(계약이행보증)

① 계약당사자는 이 계약상의 의무이행을 보증하기 위하여 계약체결일로부터 7일 이내에 계약금액의 10%에 상당하는 계약이행보증서를 상호 교부토록 한다.

② 계약당사자는 계약조건의 변경에 의하여 계약금액이 10% 이상 증감된 경우에는 증감된 날로부터 7일 이내에 제1항에서 규정한 계약이행 보증서의 금액을 증감하여야 한다.

③ 제1항의 규정에 의한 계약이행보증서의 보증기간은 감리용역의 착공예정일로부터 완공예정일에 1개월을 추가한 날까지로 한다.

④ 사업주체의 부득이한 사유로 사용검사를 지연한 경우 사업주체는 반드시 계약이행보증기간을 연장한 계약이행보증서를 감리자에게 제출하여야 한다.

제10조(손해배상책임)

계약당사자는 이 계약에서 규정하는 책임과 의무의 위반, 부주의한 행위 또는 과실 등으로 인하여 손해를 끼친 경우에는 감리용역 계약금액의 범위 내에서 그 손해를 계약당사자에게 배상하여야 한다.

제11조(감리원 배치)

① 감리자는 주택건설촉진법령 등 관계법령과 감리자 입찰응모시 제출한 감리원 배치계획에 적합하게 감리원을 배치하여야 한다.

② 감리자는 감리원 중 감리자를 대표하여 현장에 상주하면서 당해 공사전반에 관한 감리업무를 총괄하는 자(이하 "책임감리원"이라 한다)를 지명하여야 한다.

제12조(편의시설의 제공)

사업주체는 감리업무의 수행에 필요로 하는 사무실(집기 및 비품을 제외한다), 수도, 전기를 감리자에게 무상으로 제공하여야 한다.

제13조(감리용역의 착수)

① 감리자는 계약서에서 정한 감리용역착수일에 사업주체와 협의하여 감리용역을 착수하여야 하며, 착수시에는 다음 각 호의 사항이 포함된 착수신고서를 사업주체에게 제출하여야 한다.
  1. 감리업무수행계획서
  2. 감리원배치계획서

② 사업주체는 늦어도 계약서에서 정한 감리용역착수일 7일 이전에 감리자에게 감리용역착수를 지시하여야 한다. 다만 사업주체의 귀책사유로 감리자가 감리용역을 착수할 수 없는 경우에는 사업주체는 실제 감리용역에 착수일 날의 14일 이전에 실제 착수 시점 및 현장상주감리원 투입시기 등을 감리자에게 통보하여야 한다.

③ 감리자는 계약의 이행중에 과업내용의 변경등 기타 부득이한 사유로 제1항의 규정에 의하여 제출한 서류의 변경이 필요한 때에는 관련서류를 변경하여 사업계획승인권자 및 사업주체에게 제출하여야 한다.

④ 사업주체는 실제 감리용역의 착수일이 감리자의 책임 없는 사유로 이 계약의 체결일로부터 30일을 초과함으로 인하여 완공예정일이 지연되는 경우에는 계약기간을 연장하여야 한다. 다만, 사업주체가 사업계획승인권자로부터 분할분양승인 등을 받은 경우에는 계약당사자 간에 상호 협의하여 감리용역 착수일을 변경할 수 있다.

제14조(선급금의 지급)

① 이 계약의 선급금은 계약금액의 10%로 한다.

② 사업주체는 감리자에게 계약시 선급금을 지급하여야 한다.

③ 제22조제4항 및 제5항의 규정은 선급금을 지급 기한 내에 지급하지 못한 경우에 준용한다.

제15조(보고)

① 감리자는 매 분기 익월 7일까지 사업계획승인권자와 사업주체에게 다음 각 호의 사항이 포함된 감리업무수행사항을 보고하여야 한다.

1. 사업개요
2. 기술검토사항
3. 공정관리
4. 시공관리
5. 자재품질관리
6. 감리업무수행실적
7. 종합분석 및 감리추진계획
8. 기타사항

② 감리자는 다음 각 호의 1에 해당하는 경우에는 적절한 임시조치를 취하고 그 경위 및 의견을 사업계획승인권자와 사업주체에게 보고하여야 한다.

1. 천재지변 및 기타사고 등 불가항력으로 공사진행에 지장이 있을 때
2. 시공자가 정당한 사유 없이 공사를 중단한 때
3. 시공자의 현장대리인이 사전통보 없이 시공현장에 상주하지 않을 때
4. 시공자가 계약에 따른 시공능력이 없다고 인정될 때
5. 시공자가 공사수행에 불성실하거나 감리자의 지시에 계속하여 2회 이상 응하지 아니할 때
6. 공사에 사용될 중요자재가 규격에 맞지 아니한 때
7. 기타 시공과 관련하여 중요하다고 인정되는 사항이 있을 때
8. 사업계획승인권자 또는 사업주체로부터 별도 보고의 지시가 있을 때

제16조(휴일 및 야간작업)

① 사업주체는 공사계약의 수행상 필요한 경우에는 감리자에게 휴일 또는 야간작업을 요청할 수 있으며, 감리자는 특별한 사유가 없는 한 이에 응하여야 한다.

② 사업주체는 감리자가 휴일 또는 야간작업을 하는 경우에는 근로기준법에 의한 추가비용을 감리자에게 지급하거나, 사업주체와 감리자가 협의하여 감리업무에 지장이 없는 범위 내에서 대체 휴무등의 방법으로 조정할 수 있다.

제17조(계약사항의 변경)

① 사업주체는 계약의 목적을 이행하기 위하여 필요하다고 인정할 경우에는 다음 각 호의 1을 감리자에게 요청할 수 있다.

1. 제3조제3항의 규정에 의한 특별업무의 수행
2. 감리용역계약기간의 변경
3. 추가감리원의 배치

② 감리자는 계약의 기본방침에 대한 변동 없이 계약사항을 변경함으로써 사업주체에 유리하다고 판단될 경우에는 제1항 각 호에 해당하는 제안을 할 수 있다. 이 경우 사업주체는 제안요청을 받은 날부터 14일 이내에 그에 대한 승인여부를 감리자에게 통지하여야 한다.

③ 제1항 및 제2항의 규정에 의한 계약사항의 변경은 상호 협의하여 결정하며, 감리원 추가배치에 의한 추가감리비는 당초 계약시 감리인·월수 대비 계약금액 기준으로 산정하며, 제3조제3항의 규정에 의한 특별업무의 경우는 실비정산가산방식으로 정산한다.

④ 사업주체는 계약기간의 단축 또는 공사비가 절감된 경우에도 이 계약의 대가(계약금액)을 감액하여서는 안 된다. 다만, 건설교통부에서 정한 주택건설공사감리비지급기준에 의한 감리인·월수는 충족되어야 한다.

⑤ 사업주체가 사업계획승인권자로부터 분할분양승인 등을 받아 순차적으로 분양하는 경우에는 감리자와 상호 협의하여 감리용역 착수일을 변경할 수 있으며, 이 경우 감리대가는 당초 계약시 감리인·월수와 감리비를 감안하여 적정하게 안분·조정할 수 있다.

⑥ 감리자는 제1항 또는 제2항의 규정에 의하여 계약사항의 변경이 결정된 경우에는 결정된 날로부터 7일 이내에 수정된 감리원배치계획서를 사업계획승인권자와 사업주체에게 제출하여야 한다.

제18조(설계변경의 제안)

① 감리자는 사업주체와 협의 없이 시공자의 권리·의무사항을 증감시킬 수 없다.

② 감리자는 계약의 이행중 신기술·신공법 등을 적용함으로써 사업주체에게 유리하다고 인정되는 경우에는 공사계약에 대한 설계변경을 사업주체에게 제안할 수 있다.

제19조(계약기간의 연장)

① 감리자는 다음 각 호의 1의 사유가 계약기간 내에 발생한 경우에는 사업주체에게 계약기간의 연장을 청구할 수 있다.
 1. 감리자의 책임 없는 사유로 공사기간이 연장된 경우

2. 사업주체 또는 시공자의 책임 있는 사유로 감리용역의 착수가 30일을 초과함으로 인하여 완공예정일의 지연이 예상되는 경우

3. 사업주체 또는 시공자의 책임 있는 사유로 공사의 수행이 중단되는 경우

4. 제21조에서 규정하는 불가항력의 사유로 공사기간이 연장된 경우

5. 제17조의 규정에 의한 계약사항의 변경으로 인하여 계약기간의 연장이 필요로 하는 경우

② 감리자는 제1항의 규정에 의하여 계약기간의 연장을 청구할 때에는 구체적인 사유를 기재한 계약기간 연장신청서를 사업주체에게 제출하여야 한다.

③ 사업주체는 제2항의 규정에 의한 계약기간연장신청서를 접수한 때에는 지체 없이 당해 용역이 적절히 수행될 수 있도록 계약기간의 연장 등 필요한 조치를 하여야 한다.

④ 제3항의 규정에 의한 계약기간을 연장한 경우에는 연장기간중의 업무에 대하여 제17조제3항의 규정을 준용한다.

제20조(검사)

① 감리자는 사업주체가 사용검사 또는 임시사용승인신청을 관계당국에 제출하는 때에는 공사의 적정시공 여부에 대하여 업무기준에서 규정하고 있는 사항을 확인한 후 감리의견서를 첨부하여야 한다.

② 감리자는 각종검사와 관련하여 시정할 사항이 있을 경우에는 이를 지체 없이 사업주체에게 보고하고, 시공자로 하여금 보완 또는 재시공하도록 한 후 시정이 되지 않을 경우 사업계획승인권자와 사업주체에게 보고하여야 한다.

③ 제2항의 규정에 의한 보완 또는 재시공으로 인하여 이 계약의 목적달성이 지체되는 경우에는 제19조의 규정을 준용한다.

제21조(불가항력)

불가항력이라 함은 태풍·홍수 기타 악천후, 전쟁 또는 사변, 지진, 화재, 전염병, 폭동 기타 계약당사자의 통제범위를 초월하는 사태의 발생 등의 사유(이하 "불가항력의 사유" 라 한다)로 인하여 계약당사자 누구의 책임에도 속하지 아니하는 경우를 말한다.

제22조(기성대가의 지급)

① 기성대가는 착수일로부터 매 3개월마다 정액으로 지급하는 것을 원칙으로 하되, 다음의 지급일정에 따른다. 다만, 사업주체는 사용검사신청서 또는 임시사용승인신청서에 감리자가 날인시까지 이미 지급된 선급금 및 기성대가를 포함하여 감리용역 계약금액의 95%이상을 감리자에게 지급되도록 하여야 한다.

차 수	금 액	지급 예정일
1차	원	. . .
2차	원	. . .
3차	원	. . .
4차	원	. . .
5차	원	. . .

② 감리자는 제1항에서 규정한 지급예정일 14일 이전에 해당차수에 대한 기성대가 지급청구서를 사업주체에게 제출할 수 있다.

③ 사업주체는 해당차수 지급예정일에 해당차수의 기성대가를 감리자에게 지급하여야 한다.

④ 사업주체는 제2항 및 제3항의 규정에 의한 지급예정일 이내에 대가를 지급하지 못하는 경우에는 지체일수에 당해 미지급금액에 대하여 시중은행의 일반자금대출시 적용되는 연체이자율을 곱하여 산출한 금액을 이자로 지급하여야 한다. 다만, 제21조에서 규정하는 불가항력의 사유로 인하여 대가를 지급할 수 없는 경우에는 당해 사유가 존속하는 기간은 지체일수에 산입하지 아니한다.

⑤ 제3항 및 제4항의 규정에 의한 대가 및 이자는 현금으로 지급하여야 한다.

제23조(최종대가의 지급)

① 최종대가라 함은 제14조의 규정에 의한 선급금과 제22조의 규정에 의한 기성대가를 제외한 금액으로서 이 조건이 정하는 바에 의하여 사업주체가 감리자에게 지급하여야 할 의무가 있는 모든 대가를 말한다.

② 사업주체는 사용검사필증 또는 임시사용승인필증 교부일(이하 "감리용역의 완성일"이라 한다)에 최종대가를 지급하여야 한다.

③ 제2항의 규정에 의하여 최종대가를 지급한 경우에는 그로부터 계약당사자 간의 책임과 의무는 소멸된 것으로 간주한다. 다만, 제29조의 분쟁사항의 경우에는 그러하지 아니하다.

④ 제22조 제4항 및 제5항의 규정은 최종대가의 지급의 경우에 이를 준용한다.

제24조(감리자의 책임 있는 사유로 인한 계약의 해제 또는 해지)

① 사업주체는 감리자가 다음 각 호의 1에 해당하는 경우에는 당해계약의 전부 또는 일부를 해제 또는 해지할 수 있다. 다만, 제2호, 제3호의 경우에는 사업계획승인권자의 승인을 얻어야 한다.

1. 관계법령에 의하여 당해 사업계획승인권자가 감리자를 교체한 경우
2. 정당한 사유 없이 제13조의 규정에 의한 착수기일을 경과하고도 감리업무의 수행에 착수하지 아니할 경우
3. 기타 계약조건을 위반하여 그 위반으로 인하여 계약의 목적을 달성할 수 없다고 인정될 경우

② 사업주체는 제1항의 규정에 의하여 계약을 해제 또는 해지한 경우에는 그 사실을 감리자, 시공자 및 계약이행보증기관에 통지하여야 한다.

③ 사업주체는 제1항의 규정에 의하여 계약을 해제 또는 해지한 경우에는 해제 또는 해지일(제1항의 규정에 의한 사업계획승인권자의 감리자교체일 또는 해지승인일을 해지일로 한다. 이하 같다)로부터 14일 이내에 아래 산식에 의하여 미지급 기성대가를 정산지급하여야 한다. 이 경우 제9조의 규정에 의한 계약이행보증서를 동시에 반환하여야 한다.

* 미지급 기성대가=(감리용역 계약금액×공사공정률)−(기지급 기성대가+선급금)

제25조(감리자에 의한 계약의 해제 또는 해지)

① 감리자는 다음 각 호의 1에 해당하는 사유가 발생한 경우에는 당해 계약을 해제 또는 해지할 수 있다.
  1. 사업계획의 변경 등으로 인하여 계약금액이 100분의 40이상 감소되었을 때
  2. 제26조의 규정에 의한 용역수행의 정지기간이 60일을 초과하는 경우
  3. 사업주체의 부도 등으로 인하여 사업의 계속이 가능하지 아니한 경우

② 감리자는 제1항의 규정에 의하여 계약을 해제 또는 해지하고자 하는 경우에는 사업계획 승인권자의 승인을 얻어야 하며, 그 사실을 사업주체·시공자 및 계약이행보증기관에 통지하여야 한다.

③ 사업주체는 제1항 및 제2항의 규정에 의하여 계약이 해제 또는 해지된 경우에는 다음 각 호에 해당하는 금액을 해제 또는 해지일(사업계획승인권자에 의한 해지승인일)로부터 14일 이내에 감리자에게 지

급하여야 한다. 이 경우 제9조의 규정에 의한 계약이행보증서를 동시에 반환하여야 한다.

$$1.\ \text{감리용역계약금액} \times \frac{\text{감리원배치계획에 의거 실투입한 감리인 · 월수}}{\text{감리원배치계획상의 총 감리인 · 월수}} - (\text{기지급기성대가} + \text{선급금})$$

2. 전체용역의 완성을 위하여 이 계약의 해제 또는 해지일 이전에 투입된 인력 및 장비의 철수 비용

제26조(감리용역의 일시중지 요청)

① 사업주체는 다음 각 호의 경우에는 감리용역의 전부 또는 일부의 일시수행중지를 감리자에게 요청할 수 있다.

  1. 공사계약이 해제 또는 해지된 경우
  2. 공사의 수행이 일시중지된 경우
  3. 기타 사업주체 또는 시공자의 필요에 의하여 사업주체가 요청한 경우

② 사업주체는 제1항의 규정에 의하여 감리용역을 중지시킬 경우에는 그 일시수행중지일부터 30일 이전에 감리자에게 그 사유 및 기간을 통지하여야 한다.

③ 감리자는 감리용역의 중지기간이 60일을 초과하는 경우에는 사업주체에게 감리용역의 재개여부를 서면으로 확인하여야 한다. 이 경우 사업주체로부터 7일 이내에 재개에 대한 회신이 없는 경우에는 제25조의 규정에 따른다.

④ 감리자는 일시수행중지기간 중 배치한 감리원을 적의조정하여야 한다. 이 경우 배치인원수의조정은 계약당사자 간의 협의에 의하며, 감리비는 배치된 감리인 · 월수에 따라 정산한다.

⑤ 제1항 각호의 규정에 의하여 감리용역의 수행이 중지된 경우에는 사업주체에게 계약기간의 연장을 청구할 수 있다. 이 경우 제19조의 규정을 준용한다.

제27조(감리용역의 완성)

감리자는 사용검사신청서 또는 임시사용승인신청서에 날인한 후 14일 이내에 관계법령에 의한 최종보고서를 사업주체에게 제출하여야 한다.

제28조(기술지식의 이용 및 비밀엄수 의무)

① 사업주체는 이 조건의 규정에 의하여 감리자가 제출하는 각종보고서, 정보, 기타 자료 및 이에 의하여 얻은 기술지식의 전부 또는 일부를 이 계약이외의 목적으로 이용하고자 하는 경우에는 감리자의 사전승인을 받아야 한다.

② 감리자는 당해 계약을 통하여 얻은 정보 또는 자료를 계약이행의 전후를 막론하고 외부에 누설하여서는 안 된다.

③ 계약당사자는 제1항 또는 제2항의 규정을 위반하여 상대방에게 끼친 손해에 대하여 이를 배상하여야 한다.

제29조(분쟁의 해결)

① 계약의 수행 중 계약당사자 간에 발생하는 분쟁은 사업계획 승인권자의 조정에 의하여 해결함을 원칙으로 한다.

② 분쟁이 발생한 날로부터 60일 이내에 제1항의 규정에 의한 조정안이 제시되지 아니하거나, 제시된 조정안에 대하여 계약당사자중 일방이 불복하는 경우에는 법원에 소송을 제기할 수 있다.

③ 감리자는 제1항 및 제2항의 규정에 의한 분쟁기간 중 용역의 수행을 중지하여서는 안 된다.

제30조(분쟁사항의 검토)

① 감리자는 사업주체와 시공자간의 분쟁에 대하여 사업주체가 요구하는 경우에는 분쟁사항에 대한 자신의 견해를 제시하여야 한다.

② 감리자는 사업주체가 요구하는 경우에는 제1항의 분쟁의 해결을 위한조정회의 등에 참가하여 객관적인 의견을 개진하여야 한다.

③ 제1항 및 제2항의 경우에는 특별업무로 간주한다.

제31조(시공자에 대한 주지의무)

사업주체는 이 계약의 이행을 원활히 하기 위하여 이 조건의 내용을 시공자와 전력기술관리법령 및 기타관련 개별법령에 의한 해당분야 감리자에게 주지시켜야 한다.

제32조(특약사항)

사업주체와 감리자는 이 조건에서 정한 사항 이외의 필요한 사항에 대하여는 계약당사자의 이익을 제한하지 아니하는 범위 내에서 특약을 정할 수 있으며, 이 특약은 이 조건의 일부를 구성하는 것으로 간주한다.

골재공급계약서

골재업자 (주)○○○○(이하 "갑"이라 칭한다)와 레미콘업자 (주)○○○○(이하 "을"이라 칭한다)는 상호간에 다음과 같이 골재 공급 계약을 체결한다.

제1조(목적)

본 계약은 "을"의 레미콘(Ready-Mixed Concrete ; 이하 "레미콘"이라고 약칭한다)제조공정에 사용되는 골재의 공급을 "갑"으로부터 제공받고 이와 관련된 제반 권리의무 사항의 규율을 목적으로 한다.

제2조(골재)

1. "갑"은 "을"에게 매월○○○○ ton의 골재를 최소한으로 하여 공급하도록 하며 톤당 가격은 일금○○○원정(₩ ○○○)으로 계산한다.
2. "갑"은 여하한 사유로도 바다에서 골재를 채취하여 "을"에게 공급하거나 기타의 사유로 염분이 포함된 골재를 공급하여서는 안 된다.

제3조(대금결제)

1. "을"은 매월 납품받은 물량을 정산하여 익월 ○○일에 "갑"에게 현금입금 하도록 한다(부가세별도).
2. "갑"이 대금 지급을 연체할 경우 총 연체 금액의 ○○%의 이자가 매 1일당 가산되며 동 기일이 ○○일을 초과하는 경우 계약 해지 사유가 된다.

제4조(골재인도)

1. "갑"은 본 계약에서 정한 최소 물량은 특별한 사유가 없는 한 공급하도록 하며 추가 물량이 필요한 경우 "을"은 ○○일 이전에 통지하여 공급받도록 한다.
2. "갑"은 채취한 골재를 "을"이 지정한 사업장에 공급인도하며 운반비는 "갑"이 부담한다. 단, "을"의 지정 장소에 안전하게 골재를 인도하기 이전에 발생하는 제반 위험부담은 "갑"이 부담하기로 한다.

제5조(납품골재 크기)

"을"은 "갑"이 지정한 크기(○○○○)의 골재를 납품하여야 하며 납품과 동시에 "갑"이 이를 검수하여 당해 굵기를 초과하거나 미달하는 골재를 납품한 경우에는 반입의 거절 및 재 반입을 통지한다.

제6조(납기 지연)

1. "갑"이 지정된 기일에 골재를 인도하지 아니할 경우 지체 1일당 총 주문대금의 ○○%에 해당하는 지체이자가 가산되며 "을"은 이자를 공제한 잔액을 결제 지급한다. 다만, 천재지변으로 인한 불가항력("을"의 귀책사유로 인한 화재 등과 같은 불가항력은 제외한다)으로 인하여 지체가 된 경우에는 그러하지 아니하다.

2. 제1항의 납품 지연이 ○○일을 초과하는 경우에는 "을"은 기 지급한 주문대금의 전액 반환 요청과 동시에 납품인수를 거절하고 계약을 종료할 수 있다.

제7조(인수 거절)

"갑"의 지정된 납품에 대하여 "을"이 정당한 사유 없이 골재의 인수를 거절할 경우 "갑"은 "을"이 기 지급한 결제대금을 반환할 의무가 없으며 거절한 골재에 대하여 임으로 처분 할 수 있다. 단, "갑"은 의무 이행에 소요된 경비를 별도로 "을"에게 청구한다.

제8조(계약기간)

1. 본 계약의 유효기간은 ○○○○년 ○○월 ○○일부터 ○○○○년 ○○월 ○○일로 한다.
2. 제1항의 기간만료일부터 ○○일 이전에 어느 일방의 계약 종료통지가 없는 한 계약은 동일조건으로 매 ○년씩 자동 연장되는 것으로 한다. 다만, 일방의 계약조건의 변경통지가 있을 시에는 기간의 만료일까지 협의가 되지 아니하면 계약은 자동 종료되는 것으로 한다.

제9조(우선 공급권)

"갑"은 "을"에게 여타 제3의 골재 공급처보다 우선적으로 공급량을 충원하도록 하며 본 계약의 유효기간 동안 가격의 등락에 무관하게 계약상의 단가로 공급한다. 다만, 가격의 등락이 최초 계약시보다 ○○%이상이 차이가 날 경우에는 당해 단가를 반영하도록 한다.

제10조(해지)

1. 당사자 일방에 대하여 다음 각 호의 사유가 발생할 시 상대방은 즉시 계약을 해지할 수 있다.
   1) 가압류, 가처분, 경매 등의 사업의 불투명 사유가 발생할 시
   2) 파산, 회사정리, 화의신청 등의 사업 불가능 사유가 발생할 시
2. 일방이 본 계약상의 규정에 위배한 때 상대방은 ○○일 이상의 시정기간을 두고 사유를 명시하여 시정을 최고하며, 그럼에도 불구하고 시정이 이루어지지 아니할 시 즉시 계약의 해지를 통지한다.
3. 계약해지에 귀책사유 있는 당사자는 상대방에 대하여 손해배상의 책임이 있다.

제11조(기타사항)

1. 계약의 당사자는 본 계약의 내용을 신의성실에 의거하여 준수하여야 한다.
2. 계약 기간 중 계약의 변경은 당사자의 서면 합의에 의해서만 변경될 수 있으며 서면날인 된 문서를 본 계약서의 말미에 첨부한다.
3. 본 계약서에서 명시되지 않은 부분에 대하여는 관련 법규 및 상관습에 따르기로 한다.

제12조(분쟁해결)

1. 본 계약과 관련하여 양 당사자 간의 분쟁이 발생한 경우, 원칙적으로 "갑"과 "을" 상호간의 합의에 의해 해결한다.
2. 제1항에도 불구하고 분쟁이 해결되지 않을 경우 "을"의 주소지 관할 지방법원을 그 관할로 하여 재판함으로써 해결한다.

제13조(특약사항)

상기 계약일반사항 이외에 "갑"과 "을"은 아래 내용을 특약사항으로 정하며, 특약사항이 본문과 상충되는 경우에는 특약사항이 우선하여 적용된다.

1.
2.
3.
4.
5.

위와 같이 본 계약이 유효하게 성립하였음을 각 당사자는 증명하면서 본 계약서 2통을 작성하여, 각각 서명(또는 기명)날인 후 "갑"과 "을"이 각각 1통씩을 보관한다.

2○○○년 ○월 ○일

	상호	:
"갑"	주소	:
	대표이사	: ○○○ ㊞
		:
	상호	:
"을"	주소	:
	대표이사	: ○○○ ㊞

제9장 무역 / 수출·입 계약

무역계약서는 넓게는 무역거래와 관련하여 체결되는 일체의 계약을 뜻하나 보통은 물품의 수출입시 매도인과 매수인간에 체결되는 계약서를 말한다. 무역계약서는 통일된 양식이나 형식이 없다. 그리고 계약체결 방법도 서면이나 구두 방식 등 어느 것을 채택하여도 무방하며 정해진 절차가 있는 것도 아니다. 그러나 후일 분쟁 발생시 입증의 편의를 위해 서면, 전자메일 등을 주로 사용한다. 무역계약은 국제간 거래의 특성을 갖고 있으며, 그 특성으로는 불요식 계약이고, 유상계약이면서, 쌍무계약이고, Seller의 Offer(청약)와 Buyer의 Acceptance(승락) 또는 Buyer의 Order(주문)와 Seller의 Acknowledgement(주문승락)이 결합되는 낙성계약(諾成契約 ; 당사자의 의사의 합치, 즉 합의만으로 성립하는 계약)이라는 법률적 특성을 갖는다.

1. 무역계약의 주요사항

무역계약에 있어서 계약을 이루는 중심이 되는 사항은 계약물품의 특정, 품질, 수량, 가격 및 포장조건과 관련된 사항이고, 그러한 계약의 이행조건의 중심이 되는 사항은 선적, 결제, 보험, 검사 및 클레임에 대한 사항 등이다.

무역거래의 추진 단계

목표 시장조사 및 분석 → 거래선의 신용조사 → 거래내역 협의 → 거래조건 확정 및 계약체결 → 대금결제 조건 이행(신용장 개설등) → 상품 수배 → 검사 및 통관 → 선적 → 보험부보 → 사후관리(관세환급 등)

해외시장에 진출할 때는 현지시장에서 경쟁업체가 누구인지를 확인해서 대비하는 것이 중요

하다. 경쟁업체에 대한 정보를 확인 할 때는 해당업체가 공급하는 제품의 품질, 디자인, 가격은 물론 유통방식, 사후관리 정책까지 철저히 분석해서 비교우위를 점할 수 있는 마케팅전략을 수립하는 것이 바람직하다.

해외시장 정보는 현지에 직접 출장을 가거나 현지주재 지사원이나 에이전트 등을 통해서 수집할 수 있다. 여의치 않을 경우 무역 유관기관 및 해외시장조사 기관을 통하여 제반 시장여건 등을 파악하고 판매지역을 선정하거나(수출), 국내수입 동향, 시장수요, 상대국의 산업구조, 기후, 문화 등을 감안하여 수입대상국을 선정한다(수입). 주요 관련기관은 무역협회, KOTRA 등이 있으며 참고 자료로는 국별 보고서, 국별 품목별 수출입 실적통계 등을 활용할 수 있다.

2. 주요 계약 조건

기 본 사 항	– 당사자(Principal) 및 서명 – 계약확정문언 – 계약체결일 – 계약의 유효기간(Validity) 등
상품자체사항	– 품질조건(Terms of Quality) – 수량조건(Terms of Quantity) – 가격조건(Terms of Price) – 포장조건(Terms of Packing)
계약이행사항	– 선적조건(Terms of Shipment) – 결제조건(Terms of Payment) – 보험조건(Terms of Insurance)
계약불이행사항	– 권리침해조항(Infringement) – 클레임조항(Claim Clause) – 중재조항(Arbitration Clause)
정형거래조건등	– 정형거래조건(Trade Terms) – 준거법(Governing Laws)

(1) 품질조건

1) 품질결정방법

견본매매(sale by sample), 표준품매매(sale by standard), 규격매매(sale by type or grade), 상표매매 (sale by brand), 명세서 매매(sale by specification/description)

① 견본매매에 의하는 경우 "Quality to be as per sample"과 같이 견본과 같은 수준으로 한다고 약정하는 것이 좋다.

② 명세서 매매의 경우 "The Specification of the Goods shall be prescribed and specified in specification attached hereto"로 규정할 수 있다.

2) 품질결정시기

선적품질조건(Shipped Quality Terms)과 양륙품질조건(Landed Quality Terms)중 수출시는 선적품질조건으로 하는 경우가 많다.

(2) 수량조건(Terms of Quantity)

1) 일반적으로 중량(Weight)이나 수량(Pieces) 등에 의하여 약정된다.

2) 과부족 용인약관(More or Less Clause) : 신용장통일규칙(UCP 600)은 살물(撒物)이나 대량 화물일 때 명시적인 과부족 용인약관이 없더라도 5%의 과부족은 허용하고 있다.

3) Approximate Quantity(About, Circa, Approximately) : 신용장통일규칙(UCP 600)은 10% 범위 안에서 과부족을 허용한다.

> 명시적 과부족 허용예 : Quantity shall be subject to a variation of 3% plus or minus at seller's option.

(3) 가격조건(Terms of Price)

1) 해상/수로 운송인 경우(Maritime Only Terms)

FAS, FOB, CFR, CIF

2) 복합운송수단인 경우(Multimodal Terms)

EXW, FCA, CPT, CIP, DAP, DDP

(4) 포장조건(Terms of Packing)

1) 화인(Shipping Mark)의 표시: Main Mark에 목적항, 개수, 중량, 용적, 생산국 등을 표시한다.

2) 포장의 견고성에 대한 의무는 매매조건의 여하에도 불구하고 매도인에게 부과된다.

> Packing shall be export standard carton packing

(5) 선적조건(Terms of Shipment)

1) 선적일 : UCP 600은 선적일을 서류발행일이 아닌 실제 선적일을 기준으로 한다.

2) 선적지(Loading Port)

3) 분할선적 / 환적(Partial Shipment / Transshipment)

4) 선적 · 양하의 제비용(Free In, Free Out, Free In & Out)

> The date of bill of lading shall be accepted as conclusive date of shipment.
> Partial shipment and / or transhipment shall be permitted.

(6) 보험조건(Terms of Insurance)

1) FPA와 ICC(C)

2) WA와 ICC(B)

3) A/R과 ICC(A)

> 보험을 매도인이 부담하는 CIF조건 공급의 경우 : In case of CIF basis, 110% of the invoice amount will be insured by the seller.

(7) 결제조건(Terms of Payment)

1) 선급(advance payment), 즉시불 또는 일람불(at sight), 연불(deferred payment), 분할지급 (installment payment)

2) 서류 상환 지급(CAD: Cash Against Documents), 물품 인도시 지급(COD: Cash On Delivery)

3) 신용장에 의한 지급(At sight L/C, Usance L/C 등)

> All the payment for the goods shall be made in US Dollars by an irrevocable letter of credit in favor of the seller.
> The letter of credit shall be established by the buyer at least 2 months prior to stipulated shipping date.

4) D/P(Documents Against Payment), D/A(Documents Against Acceptance)

5) 화환어음에 관한 약정: 어음의 기간, 부속 선적서류의 인도조건, 어음의 결제지

(8) 권리침해(infringement)

매수인이 제공하는 특허권 등의 침해로부터 매도인을 면책하는 예문 : Buyer shall hold Seller harmless from liability for any infringement with regard to patent, trade mark, design and/ or copyright originated from or chosen by Buyer.

(9) 클레임 및 중재조항(Arbitration Clause)

1) 클레임조항 : 클레임 제기기간, 제기방법(서면) 등

Any claims by Buyer of whatever nature arising under this contract shall be made by registered mail, cable or other electronic methods(such as e—mail) within thirty (30) days after arrival of the goods at the destination specified in the bills of lading. Full particulars of such claim shall be made in writing, and forwarded by registered mail to Seller within fifteen (15) days after cabling. Buyer must submit with particulars sworn surveyor's reports when the quality or quantity of the goods delivered is in dispute.

2) 중재조항 : 중재기관, 중재 장소, 준거법(Governing Law)

All disputes, controversies, or differences which may arise between the parties, out of or in relation to or in connection with this contract or for the breach thereof, shall be finally settled by arbitration in Seoul, Korea in accordance with the Commercial Arbitration Rules of The Korean Commercial Arbitration Board and under the Law of Korea. The award rendered by the arbitrator(s) shall be final and binding upon both parties concerned.

3. INCOTERMS 2010의 적용

(1) 의 의

INCOTERMS는 무역조건의 해석에 관한 국제규칙(International Rules for the Interpretation of Trade Terms)을 말하며, ICC(국제상업회의소)가 국가가 다른 당사자 간의 무역거래 시 서로 다른 국가의 법률 및 관습으로 발생할 수 있는 무역분쟁을 예방하기 위해 국제매매계약조건(거래조건)을 통일한 것을 말한다.

국제규칙은 강제성이 없으므로 계약서 등에 "INCOTERMS 2010 규정에 따른다(the trade terms under this contract shall be governed and interpreted by the Incoterms 2010)." 라는 명시를 해야 이 규칙에 따라 해석을 할 수 있다는 점을 유의해야 한다.

(2) INCOTERMS 2010 상의 무역거래조건

1) 공장 인도조건(EXW: EX Works)

매도인(수출업자)이 수출품이 현존하는 장소에서 매수인(수입업자)에게 현물을 인도하는 조건이다. 공장인도조건에서는 수출품의 이동 없이 인도가 이루어고, 매수인(수입업자)이 수출입 통관, 운송 등의 모든 책임을 부담하므로 매도인(수출업자)의 부담이 가장 적은 조건이다.

2) 선측 인도조건(FAS: Free Alongside Ship)

매도인(수출업자)이 지정선적항에서 매수인(수입업자)이 지정한 본선의 선측(지정선적항이나 부두 또는 부선)에 수출통관을 마친 물품을 인도하는 조건으로서, 매수인(수입업자)은 본선 선측에 물품이 인도된 이후의 모든 비용 및 위험을 부담한다.

3) 본선 인도조건(FOB: Free on Bords)

매도인(수출업자)이 물품을 지정선적항에서 매수인(수입업자)이 지정한 본선에 수출통관을 마친 물품을 인도하는 조건이며, 매수인(수입업자)은 본선에 물품이 인도된 이후의 모든 비용 및 위험을 부담한다.

4) 운임 포함조건(CFR: Cost and Freight)

매도인(수출업자)의 책임은 지정선적항에서 매수인(수입업자)이 지정한 본선에 수출통관을 마친 물품을 인도하는 것까지지만, 이후 지정 목적항까지의 해상운임비용을 매도인(수출업자)이 부담하는 조건이다.

매수인(수입업자)은 물품이 본선에 인도된 이후의 모든 위험과 지정 목적항까지의 해상운임 비용을 제외한 모든 비용을 부담한다.

5) 운임 · 보험료 포함조건(CIF: Cost, Insurance and Freight)

매도인(수출업자)의 책임은 지정선적항에서 매수인(수입업자)이 지정한 본선에 수출통관을 마친 물품을 인도하는 것까지지만, 이후 지정 목적항까지의 해상운임비용 및 운송 도중의 위험을 담보하기 위한 보험료를 매도인(수출업자)이 부담하는 조건이다.

매수인(수입업자)은 물품이 본선에 인도된 이후의 모든 위험과 지정 목적항까지의 해상운임 비용 및 보험료를 제외한 모든 비용을 부담한다.

6) 운송인 인도조건(FCA: Free Carrier)

매도인(수출업자)이 지정장소에서 약정기간 내에 매수인(수입업자)이 지명한 운송인 또는 그 밖의 당사자에게 수출통관을 마친 물품을 인도하는 조건이다.

운송인인도조건에서는 매도인(수출업자)이 물품의 인도 완료시까지 위험과 비용을 부담하고, 수출과 관련된 관세, 제세공과금, 통관비용을 지급해야 합니다.

7) 운송비지급 인도조건(CPT: Carriage Paid to)

운송비지급인도조건은 운송인 인도조건(FCA)에 지정 목적지까지의 운송비를 추가하는 조건으로서, 매도인(수출업자)이 지정장소에서 약정기간 내에 매수인(수입업자)이 지명한 운송인 또는 그 밖의 당사자에게 수출통관을 마친 물품을 인도하고, 그 물품을 지정 목적지까지 운송하는 비용도 부담한다. 이러한 운송비지급인도조건에서는 매수인(수입업자)은 물품이 운송인에게 인도된 이후의 모든 위험 및 지정 목적지까지의 운송비를 제외한 모든 비용을 부담한다.

8) 운송비·보험료지급 인도조건(CIP: Carriage and Insurance Paid to)

운송비·보험료지급인도조건은 운송비지급 인도조건(CPT)에 운송 도중의 위험에 대비한 보험료의 지급을 추가하는 조건을 말한다.

매도인(수출업자)이 지정장소에서 약정기간 내에 매수인(수입업자)이 지명한 운송인 또는 그 밖의 당사자에게 수출통관을 마친 물품을 인도하고, 그 물품을 지정 목적지까지 운송하는 비용과 보험료도 부담한다. 이러한 운송비·보험료지급인도조건에서 매수인(수입업자)은 물품이 운송인에게 인도된 이후의 모든 위험, 지정 목적지까지의 운송비 및 보험료를 제외한 모든 비용을 부담한다.

9) 목적지 인도조건(DAP: Delivered at Place)

목적지인도조건은 매도인(수출업자)이 지정 목적지까지 물품을 운송한 후 하역하지 않은 상태에서 매수인(수입업자)에게 인도하는 조건으로서, 매수인(수입업자)은 물품의 하역, 수입통관 및 그 후의 운송에 대한 위험과 비용을 부담한다.

10) 터미널 인도조건(DAT: Delivered at Terminal)

터미널인도조건은 지정 목적항 또는 지정 목적지에 있는 터미널에 물품을 하역한 후 매수인(수입업자)에게 인도하는 조건이다.

매도인(수출업자)은 지정 목적항 또는 지정 목적지에 있는 터미널까지 물품을 운송하고 하역하는 것까지만 책임을 부담하고, 수입통관 및 그 후의 운송에 대한 위험과 비용은 매수인(수입업자)이 부담한다.

11) 관세지급 인도조건(DDP: Delivered Duty Paid)

관세지급인도조건은 매도인(수출업자)이 수입통관을 마친 물품을 하역하지 않은 상태로 매수인(수입업자)에게 인도하는 조건으로서, 관세지급인도조건은 매도인(수출업자)이 지정목적지에 도착한 후 수입통관 비용, 관세 및 물품을 인도할 때까지의 모든 위험과 비용을 부담한다.

【수출대행계약서(완전대행)】

수출대행계약서(완전대행)

수출대행자 "갑"   수출위탁자 "을"

무역업등록번호 :   사업자등록번호 :

주소 :   주소 :

상호 :   상호 :

대표자 :   대표자 :

　수출대행자 ○○○(이하 "갑"이라 한다)와 수출위탁자 ○○○(이하 "을"이라 한다)는 다음의 조항에 의거 수출대행계약을 체결하고 신의성실의 원칙에 따라 본 계약을 성실히 이행할 것을 확약하며 후일에 증하기 위하여 본 계약서 2통을 작성하고 각자 서명 날인하여 1통씩 보관키로 한다.

- 다 음 -

제1조(대행내용) "갑"은 "을"의 요청에 의해 다음의 물품을 수출대행 한다. → **계약 내용에 관한 사항**

품 명	규 격	수 량	단 위	단 가	금액	L/C 또는 계약번호	선적기한	비 고

제2조(대행의 범위) → **대행 업무의 범위 확정**

1. "갑"은 "을"의 요청에 따라 수출대행하고 제조·생산하는 데 필요한 자금을 지원하기 위해 "갑"의 명의를 사용 무역금융 등의 융자를 받아 "을"에게 제공하고 기타 수출에 대한 지원혜택이 유할시에 "을"에게 그 혜택이 돌아가도록 "갑"의 명의를 대여해 주어야 한다.
2. "갑"은 수출승인, 수출통관 및 선적에 이르기까지의 모든 수출절차를 본인의 책임하에 본인의 비용으로 이행한다.
3. "을"이 선적 완료 후 "갑"의 명의로 작성된 운송서류에 의해 은행에서 운송서류 매입(NEGO)후에 회수한 수출대전 외환증서 등은 "을"의 소유로 한다.
4. "을"은 본인의 명의로 수취한 신용장(또는 D/A., D/P 계약서 및 주문서(송금방식의 경우)등)을 "갑"이 사용할 수 있도록 양도하거나 외국의 원계약자(수입자)로부터 재발행 받아 "갑"이 수취하도록 하여야 한다.
5. "을"은 수출대행물품을 제조·생산하고 "갑"이 요구하는 일시엘 지정된 장소에 납품하여야 한다.
6. 1항에 의해 발생된 무역금융의 이자는 "을"의 부담으로 한다.

제3조(대행수수료) → **대금에 관한 사항**

　"을"은 본 계약에 따라 수출대행수수료로서 미화(US $) 1$당원씩 계산하여(또는 수출대행물품 가액 총 US $의 %)일금원정(₩)을 제10조에서 정한 바에 따라 "갑"에게 지불하여야 한다.

제4조(계약보증금)

"을"은 본 계약에 대한 계약이행보증을 위해 수출대행물품의 가액을 원화로 환산한(본 계약 체결일 현재의 전신환매입을 기준)금액의%에 상응하는 계약이행보증금 금 원정(₩)을 현금, 유가증권, 부동산, 이행보증보험증권 등으로 "갑"에게 제공하여야 하며, 제15조에서 정한 계약의 해제사유에 해당할 시는 "을"의 동의 없이 본 계약이행보증금은 "갑"에게 귀속된다.

제5조(계약문서)

계약문서는 본 계약서 "을"이 "을"의 명의로 수취 후 "갑"에게 양도한 신용장(또는 주문서, D/A계약서, D/P계약서)등으로 구성한다.

제6조(계약기간) → **기간에 관한 사항**

본 계약의 유효기간은 년 월 일로부터 년 월 일까지로 하며, "갑", "을" 쌍방의 합의에 따라 연장할 수 있다.

제7조(물품의 납품)

"을"은 "갑"의 지시에 따라 수출대행물품을 제조·생산한 후 "갑"이 요구하는 일시에 지정된 장소에 납품하여야 하며, 납품이 완료되기 이전에 발생한 수출대행물품의 망실, 파손 등은 "을"의 부담으로 한다.

제8조(물품의 검수)

1. "을"은 제7조에서 정한 방법으로 수출대행물품을 납품한 후 그 사실을 서면으로 "갑"에게 통지하고 다음 각 호의 검사를 받아야 한다.
   ① 검사는 품질, 수량, 하인, 포장 등에 관하여 행한다.
   ② 검사에 요하는 물품의 반입비, 하역비, 노임 등 일체의 비용과 검사로 인한 변형,소모, 파손 또는 변질로 생기는 손상은 "을"의 부담으로 한다.
2. "갑"은 제1항의 검사에 불합격품이 발견될 시 동 물품의 대체납품 등을에게 필요한 시정조치를 할 수 있다.
3. 제2항의 사유로 인해 제9조의 선적기한이 연장될 경우 젤11조에 정한 지체상금을 부과할 수 있다.

제9조(물품의 선적)

"을"은 본 건 선적을 연월일로부터 년 월 일까지 선적하기로 한다.

제10조(대행수수료의 지급) → **대금 지급에 관한 사항**

"을"은 제9조의 선적기한 내에, 수출대행물품을 선적하고 그 선적일로부터일 이내에 당해 운송서류를 은행에 매입하고, 그 운송서류 매입일로부터 일 이내에 제3조에서 정한 수수료를 제외한 "을"에게 현금으로 지급하여야 한다.

제11조(지체상금)

"을"이 제7조에서 정한 수출대행물품의 납품기한 내에 납품을 이행하지 않을 경우, 또는 제8조 3항에 해당될 경우 "갑"은 "을"에게 매 지체일수당 제4조에서 정한 방법으로 산출된 수출대행물품의 총

가액에 1,000분의 3에 해당하는 지체상금을 징수할 수 있다. 다만, 그 지체사유가 "갑"의 사정 또는 천재지변 등 불가항력적인 사항일 경우에는 그러하지 아니한다.

제12조(물품의 보증)

1. "을"은 제8조의 물품의 검사와는 별도로 수출완료 후 운송서류의 선적일로부터 1년간 수출한 물품의 규격과 품질 등이 제5조에서 정한 계약문서상의 계약내용과 동일함을 보증한다.
2. "갑"은 1항의 기간 내에 만일 수출물품의 규격과 품질 등이 계약내용과 상이하여 해외의 원 계약자(수입자)로부터 물품의 대체수출을 요구받거나 또는 수출대금의 반환 등 클레임이 발생한 경우, 동 사항을 즉시 "을"에게 서면으로 통보하여야 한다.
3. "을"은 2항의 경우 "갑"의 요구에 따라 당해 물품의 대체수출 또는 당해 물품의 수출 대금을 "갑"에게 반환하는 등 "갑"이 해외의 원 계약자(수입자)로부터 클레임에 대처할 수 있게 하여야 하고, 이 경우에 발생되는 모든 비용(대체수출물품의 대가와 이에 따르는 경비, 클레임 해결에 소요된 비용 등)은 "을"의 부담으로 한다.

제13조(권리의무의 양도)

"을"은 "갑"의 승인 없이는 본 계약상의 권리의무를 제3자에게 양도할 수 없다.

제14조(특허 및 상표)

"을"은 본 계약을 이행함에 있어서 발생하는 상표 또는 특허상의 문제에 대하여 일체의 책임을 진다.

제15조(계약의 해제)

1. "갑"은 "을"이 다음 각 호의 1에 해당하는 경우에는 당해 계약의 전부 또는 일부를 해제 또는 해지할 수 있다.
   ① 제7조에서 정한 납품기한 내에 수출대행물품이 납품을 거부하거나 완료하지 못한 때
   ② "을"의 귀책사유로 인하여 납품기한 내에 선적할 가능성이 없음이 명백하다고 인정될 때
   ③ 기타 계약조건을 위반하고 그 위반으로 인하여 계약의 목적을 달성할 수 없다고 인정될 때
2. "을"은 "갑"의 특별한 이유 없이 제2조7항에서 정한 사항을 이행하지 않거나 무역업허가의 취소 또는 정지, 파산 등 "갑"의 수출대행이 불가능하다고 객관적으로 인정될 경우에는 당해 계약의 전부 또는 일부를 해제 또는 해지할 수 있다.
3. "갑"과 "을"은 제1항 및 2항의 규정에 의거 계약을 해제 또는 해지하는 경우에는 그 사실을 상호 서면으로 통보하여야 하고, 일부 선적을 이행한 부분에 대해서 "을"은 "갑"에게 제3조 및 제10조에서 정한 방법으로 대행수수료를 지급하여야 한다.

제16조(계약내용의 변경)

본 계약의 계약내용을 변경하고자 할 경우는 "갑", "을"의 쌍방의 합의하에 당해 계약내용을 변경할 수 있다.

제17조(어구의 해석)

이 계약서상의 어구해석에 대하여 "갑", "을" 간에 이견이 있을 때에는 "갑"의 해석에 따른다.

제18조(손해배상)

"갑", "을"공히 본 계약을 위반하여 손해가 발생할 경우, 계약을 위반한 당사자는 그 손해를 배상하여야 한다.

제19조(분쟁의 해결)

이 계약으로부터 또는 이 계약과 관련하여 또는 이 계약의 불이행으로 말미암아 "갑", "을" 간에 발생하는 모든 분쟁, 논쟁 또는 의견의 차이는 대한민국 서울특별시에 소재하는 대한상사중재원의 상사중재규칙 및 대한민국법에 따라 중재로서 최종적으로 해결한다. 이 경우 중재인(들)에 의하여 내려지는 판정은 최종적인 것으로 "갑", "을"당사자 쌍방에 대하여 구속력을 갖는다.

제20조(관세등 환급권)

이 계약과 관련하여 "갑"의 명의로 수출 후 관세 등의 환급권이 유할시에 당해 환급권은 "을"의 소유로 하며, "갑"은 "을"이 관세 등을 환급 받을 수 있도록 모든 조치를 해주어야한다.

제21조(기타)

본 계약에 명시되어 있지 않은 사항은 일반 법령이나 상관례에 따라 "갑", "을" 양자간 협의에 의하여 결정하며, 협의가 되지 않을 경우에는 제19조에 정한 방법에 따라 해결한다.

20○○년 ○월 ○일

수출대행자 "갑"　　：　○○○ ㊞
수출위탁자 "을"　　：　○○○ ㊞

수출대행 계약서(Local L/C 개설)

수출대행자 "갑"   수출위탁자 "을"

무역업등록번호 :   사업자등록번호 :

주소 :   주소 :

상호 :   상호 :

대표자 :   대표자 :

수출대행자 OOO(이하 "갑"이라 한다)와 수출위탁자 OOO(이하 "을"이라 한다)는 다음의 조항에 의거 수출대행계약을 체결하고 신의성실의 원칙에 따라 본 계약을 성실히 이행할 것을 확약하며 후일에 증하기 위하여 본 계약서 2통을 작성하고 각자 서명 날인하여 1통씩 보관키로 한다.

– 다 음 –

제1조(대행내용) "갑"은 "을"의 요청에 의해 다음의 물품을 수출대행 한다.

품 명	규 격	수 량	단 위	단 가	금액	L/C 또는 계약번호	선적기한	비 고

제 2 조(대행의 범위)

1. "갑"은 "을"의 요청에 따라 수출 대행하되 "을"에게 제6조에서 정한 바에 따라 내국 신용장 또는 구매승인서를 개설하여 "을"이 수출물품을 제조·생산하는데 지장이 없도록 하여야 한다.
2. "갑"은 수출승인, 수출통관 및 선적에 이르기까지의 모든 수출절차를 본인의 책임하에 본인의 비용으로 이행한다.
3. "갑"이 선적 완료 후 "갑"의 명의로 작성된 운송서류에 의해 은행에서 매입(NEGO) 후에 회수한 수출대전 외환증서 등은 "갑"의 소유로 한다.
4. "을"은 본인의 명의로 수취한 신용장(또는 D/A, D/P 계약서 및 주문서(송금방식의 경우)) 등을 "갑"이 사용할 수 있도록 양도하거나 외국의 원계약자(수입자)로부터 재발행 받아 "갑"이 수취하도록 하여야 한다.
5. "을"은 수출대행물품을 제조·생산하고 "갑"이 요구하는 일시에 지정된 장소에서 "갑"에게 인도하여야 한다.

제 3 조(대행수수료)

"을"은 본 계약에 따라 수출대행수수료로서 미화(US $) 1$당   원씩 계산하여(또는 수출대행물품 가액 총 US $의   %) 일금   원정(₩   )을 제11조에서 정한 바에 따라 "갑"에게 지불하여야 한다. 약문서는 본 계약서, "을"이 "을"의 명의로 수취 후 "갑"에게 양도한 신용장(또는 주문서, D/A 계약서, D/P 계약서)등을 근거로 발급된 제6조의 내국신용장 또는 구매승인서 등으로 구성한다.

제4조(계약보증금)

"을"은 본 계약에 대한 계약이행보증을 위해 수출대행물품 가액을 원화로 환산한(본 계약 체결일 현재의 전신환매입율 기준) 금액의 　　　　%에 상응하는 계약이행보증금 금 　　　　　원정(₩ 　　)을 현금, 유가증권, 부동산, 이행보증보험증권 등으로 "갑"에게 제공하여야 하며, 제16조에서 정한 계약의 해제사유에 해당할 시는 "을"의 동의 없이 본 계약이행보증금은 "갑"에게 귀속된다.

제5조(계약문서)

계계약문서는 본 계약서, "을"이 "을"의 명의로 수취 후 "갑"에게 양도한 신용장(또는 주문서, D/A 계약서, D/P 계약서)등을 근거로 발급된 제6조의 내국신용장 또는 구매승인서 등으로 구성한다.

제6조(내국신용장 또는 구매승인서 발급)

"갑"은 제2조 제4항에 의해 "을"로부터 양도받은 신용장 등을 근거로 내국신용장 또는 구매승인서를 본 계약 체결일로부터 　　일 이내에 "을"에게 발급하여 "을"이 수출대행물품을 제조·생산하는데 지장이 없도록 하여야 한다.

제7조(계약기간)

본 계약의 유효기간은 20　　년　　월　　일로부터 20　　년　　월　　일까지로 하며, "갑", "을" 쌍방의 합의에 따라 연장할 수 있다.

제8조(물품의 인도)

"을"은 "갑"으로부터 발급받은 내국신용장 또는 구매승인서에 따라 "갑"이 요구하는 일시에 지정한 장소에서 "갑"에게 인도하여야 하며, 물품의 인도가 완료되기 이전에 발생한 수출대행물품의 망실, 파손 등은 "을"의 부담으로 한다.

제9조(물품의 검수)

1. "을"은 제8조에서 정한 방법으로 수출대행물품을 인도한 후 그 사실을 서면으로 "갑"에게 통지하고 다음 각 호의 검사를 받아야 한다.
   가. 검사는 품질, 수량, 하인, 포장 등에 관하여 행한다.
   나. 검사에 요하는 물품의 반입비, 하역비, 노임 등 일체의 비용과 검사로 인한 변형, 손모, 파손 또는 변질로 생기는 손상은 "을"의 부담으로 한다.
2. "갑"은 제1항의 검사에서 불합격품이 발견될 시 물품의 대체납품 등 "을"에게 필요한 시정조치를 할 수 있다.
3. 제2항의 사유로 인해 제10조의 선적기한이 연장될 경우 제12조에서 정한 지체상금을 부과할 수 있다.

제10조(물품의 선적)

"을"은 본건 선적을 20　　년　　월　　일로부터 20　　년　　월　　일까지 선적하기로 한다.

제11조(대행수수료의 지급)

"갑"은 제10조의 선적기한 내에 수출대행물품을 선적하고 그 선적일로부터　　일 이내에 당해 운송서류를 은행에 매입하고, 그 운송서류 매입일로부터　　일 이내에 제3조에서 정한 수수료를 제외한 금액을 "을"에게 현금으로 지급하여야 한다.

제12조(지체상금)

"을"이 제8조에서 "갑"이 요구한 수출대행물품의 인도기한 내에 물품의 인도를 이행하지 않은 경우, 또는 제9조 제3항에 해당할 경우에 "갑"은 "을"에게 매 지체일 수당 제4조에서 정한 방법으로 산출된 수출대행물품의 총가액의 1,000분의 3에 해당하는 지체상금을 징구할 수 있다. 다만, 그 지체사유가 "갑"의 사정 또는 천재지변 등 불가항력적인 사항일 경우에는 그러하지 아니한다.

제13조(물품의 보증)

1. "을"은 제9조의 물품의 검수와는 별도로 수출완료 후 운송서류의 선적일로부터 1년간 수출한 물품의 규격과 품질 등이 제5조에서 정한 계약문서상의 계약내용과 동일함을 보증한다.
2. "갑"은 1항의 기간 내에 만일 수출물품의 규격과 품질 등이 계약내용과 상이하여 해외의 원계약자(수입자)로부터 물품의 대체수출을 요구받거나 또는 수출대금의 반환 등 클레임이 발생한 경우, 동 사항을 즉시 "을"에게 서면으로 통보하여야 한다.
3. "을"은 2항의 경우 "갑"의 요구에 따라 당해물품의 대체수출 또는 당해물품의 수출대금을 "갑"에게 반환하는 등 "갑"이 해외의 원계약자(수입자)로부터 제기 받은 클레임에 대처할 수 있게 하여야 하고, 이 경우에 발생되는 모든 비용(대체수출물품의 대가와 이에 따르는 경비, 클레임 해결에 소요되는 비용 등)은 "을"의 부담으로 한다.

제14조(권리의무의 양도)

"을"은 "갑"의 승인 없이는 본 계약상의 권리의무를 제3자에게 양도할 수 없다.

제15조(특허 및 상표)

"을"은 본 계약을 이행함에 있어서 발생하는 상표 또는 특허상의 문제에 대하여 일체의 책임을 진다.

제16조(계약의 해제)

1. "갑"은 "을"이 다음 각 호의 1에 해당하는 경우에는 당해 계약의 전부 또는 일부를 해제 또는 해지할 수 있다.
가. 제8조에서 정한 물품의 인도기한 내에 수출대행물품의 인도를 거부하거나 완료하지 못한 때
나. "을"의 귀책사유로 인하여 물품의 인도기한 내에 인도할 가능성이 없음이 명백하다고 인정될 때
다. 기타 계약조건을 위반하고 그 위반으로 인하여 계약의 목적을 달성할 수 없다고 인정될 때
2. "갑"과 "을"은 제1항 및 제2항의 규정에 의거 계약을 해제 또는 해지하는 경우에는 그 사실을 상호 서면으로 통보하여야 하고, 일부 선적을 이행한 부분에 대해서 "을"은 "갑"에게 제3조 및 제11조에서 정한 방법으로 대행수수료를 지급하여야 한다.

제17조(계약내용의 변경)

본 계약의 계약내용을 변경하고자 할 경우는 "갑"과 "을"의 쌍방의 합의하에 당해 계약내용을 변경할 수 있다.

제18조(어구의 해석)

이 계약서상의 어구해석에 대하여 "갑", "을" 간에 이견이 있을 때에는 일반 상관례에 따른다.

제19조(손해배상)

"갑", "을" 공히 본 계약을 위반하여 손해가 발생할 경우, 계약을 위반한 당사자는 그 손해를 배상하여야 한다.

제20조(분쟁의 해결)

이 계약으로부터 또는 이 계약과 관련하여 또는 이 계약의 불이행으로 말미암아 "갑", "을" 간에 발생하는 모든 분쟁, 논쟁 또는 의견의 차이는 대한민국 서울특별시에 소재하는 대한상사중재원의 상사중재규칙 및 대한민국법에 따라 중재로서 최종적으로 해결한다. 이 경우 중재인(들)에 의하여 내려지는 판정은 최종적인 것으로 "갑", "을" 당사자 쌍방에 대하여 구속력을 갖는다.

제21조(관세등 환급권)

이 계약과 관련하여 "갑"의 명의로 수출 후 관세 등의 환급권이 있을 시에 당해 환급권은 "을"의 소유로 하며, "갑"은 "을"이 관세 등을 환급받을 수 있도록 모든 조치를 해주어야 한다.

제21조(기타)

본 계약에 명시되어 있지 않은 사항은 일반법령이나 상관 계에 따라 "갑", "을" 양자 간 협의에 의하여 결정하며, 協議가 되지 않을 경우에는 제19조에 정한 방법에 따라 해결한다.

2000년 0월 0일

수출대행자 "갑" : ○○○ ㊞
수출위탁자 "을" : ○○○ ㊞

수출대행 계약서(단순명의대여)

수출대행자 "갑"   수출위탁자 "을"

무역업등록번호 :   사업자등록번호 :

주소 :   주소 :

상호 :   상호 :

대표자 :   대표자 :

 수출대행자 ○○○(이하 "갑"이라 한다)와 수출위탁자 ○○○(이하 "을"이라 한다)는 다음의 조항에 의거 수출대행계약을 체결하고 신의성실의 원칙에 따라 본 계약을 성실히 이행할 것을 확약하며 후일에 증하기 위하여 본 계약서 2통을 작성하고 각자 서명 날인하여 1통씩 보관키로 한다.

– 다 음 –

제1조(대행내용) "갑"은 "을"의 요청에 의해 다음의 물품을 수출대행 한다.

품 명	규 격	수 량	단 위	단 가	금액	Offer 또는 계약번호	선적기한	비 고

제 2 조(대행의 범위)

1. "갑"은 "을"의 요청에 따라 명의대행(단순수입대행)만 하고 "을"이 실제 수입행위를 하는데 필요한 각종 인·허가 서류에 "갑"의 명의를 사용하도록 하고, "을"이 필요로 하는 때에 수교하여야 하며, "을"이 원하는 "갑" 명의의 각종 수속에 필요한 제반서류 등을 제공하여 "을"이 실제 수입행위를 하는데 지장이 없도록 하여야 한다.

2. "을"은 "갑"의 명의를 갖고 수입승인으로부터 수입통관에 이르기까지의 모든 수입 절차를 본인의 책임 하에 본인의 비용으로 이행한다.

3. 본 수입대행과 관련하여 "을"의 요청에 따라 "갑"이 "을"을 대신하여 은행, 세관, 기타 유관기관에 제출하는 "갑" 명의의 수입승인서(I/L), 각서, 보증서 등 기타 증빙서류에 대한 일체의 책임을 "을"이 진다.

제 3 조(대행수수료)

 "을"은 본 계약에 따라 수입대행수수료로서 미화(US $) 1$당   원씩 계산하여(또는 수입대행물품 가액 총 US $의 %) 일금   원정(₩   )을 제10조에서 정한 바에 따라 "갑"에게 지불하여야 한다.

제 4 조(계약보증금)

 "을"은 본 계약에 대한 계약이행보증을 위해 수입대행물품 가액을 원화로 환산한(본 계약 체결일 현재의 전신환매입율 기준) 금액의   %에 상응하는 계약이행보증금 금   원정(₩   )

을 현금, 유가증권, 부동산, 이행보증보험증권 등으로 "갑"에게 제공하여야 하며, 제13조에서 정한 계약의 해제 사유에 해당할 시는 "을"의 동의 없이 본 계약이행보증금은 "갑"에게 귀속된다.

제 5 조(계약문서)

계약문서는 본 계약서, "을"이 "을"의 명의로 수취 후 "갑"에게 제시한 OFFER(또는 주문서, D/A 계약서, D/P 계약서)등으로 구성한다.

제 6 조(계약기간)

본 계약의 유효기간은 20   년   월   일로부터 20   년   월   일까지로 하며, "갑", "을" 쌍방의 합의에 따라 연장할 수 있다.

제 7 조(물품의 수입)

"을"은 "갑"의 명의로 발급된 수입승인서(I/L)등에 따라 제8조에서 정한 기한 내에 수입대행물품을 수입하여야 한다.

제 8 조(물품의 통관)

"을"은 본건 통관을 20   년   월   일로부터 20   년   월   일까지 완료하기로 한다. 다만, "을"의 연장요청을 "갑"이 수락할 경우 1회에 한하여 연장할 수 있으며, 이 경우 연장으로 인하여 발생되는 과태료 등 제반비용 및 책임은 "을"이 진다.

제 9 조(운송서류의 매입 또는 인수)

""갑"은 거래은행으로 운송서류가 도착되었음을 통지받은 날로부터 ( )일 이내에 동운송서류를 거래은행으로부터 매입하여 "을"이 수입대행물품을 통관하는 데 지장이 없도록 하여야 하며, "을"은 "갑"이 동 운송서류를 매입할 수 있도록 수입대전을 "갑"에게 지급하는 등 필요한 조치를 하여야 한다.

제10조(대행수수료의 지급)

"을"은 제8조에서 정한 대행수입물품의 통관일로부터 (   ) 일 이내에 "갑"에게 제3조에서 정한 대행수수료를 현금으로 지급하여야 한다.

제11조(권리의무의 양도)

"을"은 "갑"의 승인 없이는 본 계약상의 권리의무를 제3자에게 양도할 수 없다.

제12조(비밀보장의 의무)

"갑"은 본 계약과 관련하여 인지 또는 취득한 자료를 "을"의 문서상의 동의가 없는 한 대외적으로 누설할 수 없으며, 누설로 인하여 "을"에게 손해가 발생한 경우에는 "을"이 제시하는 증빙을 기준으로 즉시 배상한다.

제13조(계약의 해제)

1. "갑"은 "을"이 다음 각 호의 1에 해당하는 경우에는 당해 계약의 전부 또는 일부를 해제 또는 해지할 수 있다.

　　가. 제8조에서 정한 통관기한 내에 수입대행물품의 통관을 거부하거나 완료하지 못한 때

　　나. "을"의 귀책사유로 인하여 통관기한 내에 통관할 가능성이 없음이 명백하다고 인정될 때

　　다. "을"이 수입대전을 지급하지 않아 "갑"에게 대불이 발생한 경우

　　다. 기타 계약조건을 위반하고 그 위반으로 인하여 계약의 목적을 달성할 수 없다고 인정될 때

2. "을"은 "갑"이 특별한 이유 없이 제2조1항에서 정한 사항을 이행하지 않거나 파산 등 "갑"의 수입대행이 불가능하다고 객관적으로 인정될 경우에는 당해 계약의 전부 또는 일부를 해제 또는 해지할

수 있다.

3. "갑"과 "을"은 제1항 및 제2항의 규정에 의거 계약을 해제 또는 해지하는 경우에는 그 사실을 상호 서면으로 통보하여야 하고, 일부 통관을 이행한 부분에 대해서 "을"은 "갑"에게 제3조 및 제10조에서 정한 방법으로 대행수수료를 지급하여야 한다.

4. 1항의 경우로 인하여 계약을 해제하는 경우 "갑"은 당해 수입물품을 임의로 처분할 수 있다.

제14조(계약내용의 변경)
본 계약의 계약내용을 변경하고자 할 경우는 "갑"과 "을"의 쌍방의 합의하에 당해 계약내용을 변경할 수 있다.

제15조(어구의 해석)
이 계약서상의 어구해석에 대하여 "갑", "을" 간에 이견이 있을 때에는 일반 상관 례에 따른다.

제16조(손해배상)
"갑", "을" 공히 본 계약을 위반하여 손해가 발생할 경우, 계약을 위반한 당사자는 그 손해를 배상하여야 한다.

제17조(분쟁의 해결)
이 계약으로부터 또는 이 계약과 관련하여 또는 이 계약의 불이행으로 말미암아 "갑", "을" 간에 발생하는 모든 분쟁, 논쟁 또는 의견의 차이는 대한민국 서울특별시에 소재하는 대한상사중재원의 상사중재규칙 및 대한민국법에 따라 중재로서 최종적으로 해결한다. 이 경우 중재인(들)에 의하여 내려지는 판정은 최종적인 것으로 "갑", "을" 당사자 쌍방에 대하여 구속력을 갖는다.

제18조(기타)
본 계약에 명시되어 있지 않은 사항은 일반법령이나 상관례에 따라 "갑", "을" 양자 간 협의에 의하여 결정하며, 협의가 되지 않을 경우에는 제17조에 정한 방법에 따라 해결한다.

2000년 0월 0일

수출대행자 "갑" : ○ ○ ○ ㉑

수출위탁자 "을" : ○ ○ ○ ㉑

수출물품매매계약서

OO주식회사(이하 "갑"이라 칭함)와 OO주식회사 (이하 "을"이라 칭함)는

제1조의 제품(이하 제품이라 칭함)의 매매에 관하여 다음과 같이 합의한다.

제1조(제품)

1. 제품의 명세

품명	수량	단가	가격	비고

2. 상기제품의 규격, 품질기준 등 구체적 명세는 별첨표(또는 사양서)에 의한다.

제2조(인도)

"을"은 제품을 수출에 적합한 상태로 2000년 OO월 OO일까지 "갑"이 지명한 장소까지 "을"의 책임과 비용으로 인도하여야 한다.

제3조(대금결제)

"갑"은 "을"을 수익자로 하는 LOCAL L/C를 개설하고 동 LOCAL L/C에 의거 제품대금을 지급하기로 한다. LOCAL L/C의 Nego 서류에는 "갑"이 발행한 제품 인수증과 품질검사증을 첨부하여야 한다.

제4조(배상책임)

1. 제품인도지역, 또는 이로 인한 선적지연, 제품인도불이행의 경우와 선적 후 BUYER로부터 품질불량, 수량부족, 포장불량, 품질 상이 등의 이유로 제기되는 CLAIM에 대해서는 전적으로 "을"이 책임을 져야 하며 이에 따른 제반 경비 및 손해는 "을"의 부담으로 한다.
2. 선적서류의 하자 등으로 문제가 발생될 경우 이에 대해서는 본 계약당사자중 선적업무를 담당한 측의 책임으로 한다.
3. 위 제1 항 및 제2 항의 BUYER의 클레임을 접수하는 "갑"은 즉시 "을"에게 동 내용을 통보하여야 하며, 동 클레임의 해결을 위하여 "갑"과 "을"은 상호 협력하여야 한다.

제5조(비용부담)

제품인도지점까지의 모든 경비는 "을"이 부담하고, 그 이후의 모든 수출경비(은행경비, 검사료, 운송비, 통관료, 하역비, 보험료 등)는 "갑"의 부담으로 한다.

제6조(품질검사)

"을"은 제품의 생산이 완성되면 "갑"에게 통지하여 "갑"의 품질검사를 받아야 한다. 단, "갑"이 품질검사를 하였다 하더라도 제품의 하자에 대한 "을"의 책임이 면제되는 것은 아니다.

제7조(환차손익)

환율변동으로 인한 손익은 "갑"의 귀속으로 한다.

제8조(관세환급)

수출완료후 관세 등 환급특례법에 의해 "갑"의 명의로 신청하는 관세 등 제 환급금은 "을"의 귀속으로 한다.

제9조(담보제공)

"을"은 제2조 제품인도, 제4조 배상책임, 기타 본 계약으로 인하여 "을"이 부담하는 일체의 채무이행을 보증하기 위하여 담보(백지당좌수표, 공증필한 약속어음, 또는 부동산 담보)를 "갑"에게 제공하기로 한다 (또는 "을"은 "갑"을 피보험자로 하고 보험금액을 제품가액으로 하는 이행보증보험증서를 "갑"에게 제공하여야 한다).

제10조(해지)

1. 당사자일방의 계약불이행, 또는 당사자 일방의 파산신청, 파산, 해산, 폐업, 지급불능, 당좌거래의 정지, 회사정리신청, 회사정리법에 의한 보전신청, 가압류신청, 가압류, 가처분 등 기타 신용을 현저히 상실하였다고 인정될 경우 상대방은 계약해지를 통보함으로써 본 계약을 해지할 수 있다.
2. 전항의 계약해지는 기발생된 권리 및 손해배상의 청구에 영향을 미치지 아니한다.

제11조(유효기간)

1. 본 계약은 계약 체결일로부터 20○○년 ○월 ○일까지 유효하다.
단, 계약기간 중 발생한 채권, 채무는 기간만료에 영향을 받지 아니한다.
2. 유효기간의 연장 여부 및 그 내용은 기간만료시 당사자 간의 합의로써 결정한다.
*계속적 계약일 경우에만 필요함

제12조(기한이익의 상실)

"을"에게 제10조 1항의 사유가 발생할 경우 "을"은 "을"이 부담하는 일체의 채무에 대한 기한의 이익을 상실하며 "갑"은 최고 및 이행의 제공 없이 즉시 담보권을 행사할 수 있다.

제13조(내용변경)

본 계약의 내용은 당사자 간 서면합의로써 변경할 수 있다.

제14조(양도금지)

"을"은 "갑"의 사전승인 없이 본 계약의 권리, 의무를 제3자에게 양도, 이전, 담보제공 등의 행위를 할 수 없다.

제15조(계약의 효력발생)

본 계약은 당사자가 서명 날인하고 "을"이 제9조의 담보를 제공한 때에 효력을 발생한다.

제16조(분쟁해결)

본 계약으로 인하여 또는 본 계약과 관련하여 발생하는 모든 분쟁은 대한상사중재원의 중재로써 최종 해결한다.

제17조(기타)

본 계약에 규정되지 않은 사항은 당사자 간 합의로써 결정하고, 합의되지 않은 사항은 일반적으로 인정되는 상관례에 의한다.

상기 계약내용을 확인, 증명하기 위하여 본 계약서 2통을 작성하고 "갑", "을"이 서명 날인한 후 각 1통씩 보관한다.

20○○년 ○월 ○일

"갑" : ○○○ ㊞
"을" : ○○○ ㊞

수출용 임가공계약서

【수출용 임가공계약서】

OOO주식회사(이하 "갑"이라 한다)와 OO주식회사(이하 "을"이라 한다)은 다음과 같이 임가공계약을 체결한다.

제1조(임가공의 정의)

본 계약에서 임가공이라 함은 "갑"은 "을"에게 원자재를 공급하고 "을"은 "갑"의 작업지시서 등에 요구된 품질조건에 따라 제품을 생산하여 완성된 가공물품을 약정된 납기 내에 "갑"이 지정하는 장소에 납품한 후 해당 가공임을 수취하는 것을 말한다.

제2조(가공물품의 표시)

품명	규격	수량	단가	금액	부가세	TOTAL	비고

제3조(원자재의 공급)

① "갑"은 작업지시서에 의거 "을"의 생산에 필요한 원자재를 공급하여야 한다.
② "을"은 인수한 상기 원자재에 대하여 일체의 보관관리책임을 지며, "갑"의 승낙 없이는 동일품질이라 하더라도 타 자재와 교환 사용할 수 없다.

제4조(제조가공)

① "을"은 "갑"의 작업지시서 등에 요구된 품질조건에 따라 제품을 생산하여야 하며 본 작업시작 전에 견본을 제작하여 "갑"의 승인을 득한 후 생산을 시작하여야 한다.
② "을"은 "갑"으로부터 의뢰받은 작업에 대하여 임의로 "을" 이외의 제3자에게 재하청할 수 없다.

제5조(품질검사)

① 품질검사는 "갑"의 규정에 의거 실시하며, 합격된 물품에 한하여 납품할 수 있다.
② "갑"은 필요시 "갑"이 지정하는 외부기관의 검사를 요구할 수 있으며, "을"은 이를 성실히 이행하여야 한다.

제6조(납품)

"을"은 다음과 같은 방법으로 "을"에게 물품을 납품하도록 한다.
1. 인도기일 : 2000년 00월 00일까지
2. 인도방법 : 일시납품 또는 쌍방의 합의에 의하면 분할납품
3. 인도장소 : "갑"이 지정하는 장소

제7조(대금결재)

① "을"은 납품대금 청구시 세금계산서를 첨부하여야 한다.

② 납품된 제품에 하자가 발생한 경우에는 쌍방의 합의에 의하여 결정한다.

제8조(기타)

① 본 계약은 계약일로부터 발효하며, 본 계약의 의무가 완전히 이행될 때까지로 한다.

② 본 계약서에 명시되지 아니한 사항은 일반 상관례에 따른다.

③ 본 계약서를 2부 작성하여 양자 서명 날인하고 각자 1부씩 보관한다.

2○○○년 ○월 ○일

	주소	:
"갑"	상호	:
	대표이사(대표자)	: ○ ○ ○ ㉐
		:
	주소	:
"을"	상호	:
	대표이사(대표자)	: ○ ○ ○ ㉐

수입대행 기본계약서

"갑"과 "을"은 다음과 같이 수입대행기본 계약을 체결하고 계약내용을 성실히 이행하기로 합의한다.

- 다 음 -

제1조(수입대행)

"을"은 "을"이 필요로 하는(이하 "물품"이라 칭함)을 수입코자 하나 국내법상의 계약 기타 사정으로 직접 수입하지 아니하고, "갑"에 대행을 의뢰 "갑"의 명의로 수입함에 있어 다음과 같은 조건과 방법으로 거래할 것을 "갑", "을" 쌍방이 합의한다.

제2조(물품명세)

수입대행물품의 품명, 수량, 단가 기타 구체적 내용은 별도합의에 의한다.

제3조(비용부담)

1. 신용장개설자금, 선하증권 등 일체의 선적서류 인수자금, 통관에 소요되는 제세공과금 기타과태료 등 수입에 따른 일체 제비용은 "을"의 부담으로 한다.
2. "갑"이 B/L대전 등 기타비용을 대납한 경우 "을"은 동 대납 분에 대해 대납일로부터 변제 일까지 연 %의 연체이자를 "갑"에게 지급하기로 한다.

제4조("을"의 책임과 손해배상)

1. "갑"은 "을"을 위하여 수입을 대행하며, 수입을 위한 확정 OFFER 등은 "을"이 선정한 것으로서 수입 물품의 하자, 수량부족 및 해외 SELLER의 계약위반 기타 "갑"의 책임에 기인하지 아니하는 사유로 발생한 제반문제(천재지변, 분쟁, 소요, 폭동, 노사분규 등)에 관한 책임은 "을"이 지고, 그로 인한 일체의 손해에 대해서는 "갑"에게 즉시 배상하여야 한다.
2. "을"이 해외 SELLER에 대하여 전항의 CLAIM을 제기할 경우 "갑"은 그 해결에 적극 협조하기로 한다.

제5조(통관절차)

1. 통관지연 등 수입에 따른 절차는 "을"의 책임하에 수행되며, "갑" 명의로 은행, 관공서 등에 제출되는 신청서 등 모든 서류에 관한 책임도 "을"이 진다.
2. "을"은 통관료 미지급 기타 여하한 이유로도 제1항의 서류에 관하여 유치권 등을 행사할 수 없다.

제6조(대금결제)

1. "을"은 본 계약체결과 동시에 신용장개설금액과 동 액의 수표나 약속어음과 수입물량에 대한 해상보험증권을 "갑"에게 제공하여야 하며, "갑"은 이를 신용장개설은행에 제시하여 선적서류 인수자금에 사용할 수 있다.

2. 전항의 수표 또는 약속어음의 부도시 "갑"은 본건 수입물품을 "을"의 동의 없이 임의 통관 후 처분하여, "갑"이 부담한 자금의 원리금(이자율%) 및 손해액 기타 부대비용에 충당할 수 있다.

제7조(수수료)

1. "을"은 "갑"에게 수입대행 수수료로서 $당 ₩을 수입 L/C개설 시 지급한다.
2. 전항의 대행수수료는 신용장 취소 또는 감액, 물품공급자에 대한 CLAIM제기 UNPAID의 경우에도 지급하기로 한다.

제8조(관세환급 및 환 차손)

1. 본 계약상의 거래에 따른 환차손은 "을"에게 귀속한다.
2. "을"이 본건에 대해 관세환급을 받을 경우에는 "갑"은 이에 필요한 서류를 "을"에게 제공하여야 한다.

제9조(담보)

1. "을"은 본 계약상의 의무이행을 담보하기 위하여 다음의 담보를 "갑"에게 제공하기로 한다.
   ① "을" 발행 백지당좌수표(또는 은행은 약속어음) 1매 및 동 보충권 부여증
   ② "을"이 발행하고 "을"의 대표이사가 개인자격으로 연대보증한 액면금액 금 원의 공증 약속어음 1매
   ③ "갑"의 여신관리지침에 의거 인정되는 감정평가 유효 분 금 원 이상의 부산 또는 금 원 이상의 은행 또는 보험사의 지급보증
   ④ 연간 재산세 납부실적이 50,000원 이상인 연대보증인명 입보
2. 거래의 특성이나 필요에 따라 "갑"은 "을"에게 전항의 담보 이외에 추가로 담보제공을 요청할 수 있으며, "을"은 이 경우 "갑"의 요청에 따라 즉시 추가담보를 제공하여야 한다.
3. "갑"은 본 계약에 따른 거래가 종료되고 "을"의 해지요구가 있을 시 담보해지에 필요한 서류를 14일 이내에 "을"에게 교부하여야 한다.

제10조(계약의 해제·해지) "갑"의 신용장개설 이전 또는 선적서류 인수 이전에 양 당사자 중 일방에게 다음 각 호의 어느 하나에 해당되는 사실이 발생한 경우 타방은 본 계약을 해제 또는 해지할 수 있다. 단, 이 경우 본 계약의 해지 또는 해제에도 불구하고 "갑"은 제6조의 2항의 권리를 행사할 수 있으며, "을"의 "갑"에 대한 전 채무는 기한의 이익을 상실한다.

1. 양 당사자 중 일방의 가압류·가처분·압류·경매를 당하거나 타로부터 혹은 스스로 회사정리, 화의, 파산, 청산, 등의 절차신청이 있을 경우
2. 양 당사자 중 일방이 발행·배서·보증한 어음·수표가 부도 처분되었을 경우
3. 양 당사자 중 일방의 영업폐쇄, 행방불명 기타 계약의 이행이 사실상 불가능한 사유가 발생한 경우
4. 기타 "을"이 본 계약상의 의무위반사실이 있을 경우는 "갑"은 본 계약을 해제할 수 있으며, 본조의 해제 또는 해지는 "갑"의 "을"에 대한 손해배상 청구권 행사에 영향을 미치지 아니한다.

제11조(사정변경)

경제사정의 급격한 변동 등으로 본 계약내용의 수정이 양 당사자에게 유리할 경우는 양 당사자의 합의문서로 이를 갱신한다.

제12조(양도금지)

　"을"은 "갑"의 사전 승인 없이 본 계약의 권리·의무를 제3자에게 양도, 이전, 담보제공의 행위를 할 수 없다.

제13조(분쟁해결)

　이 계약과 관련하여 발생하는 분쟁은 상호신뢰를 바탕으로 원만히 해결하되 당사자 간에 화해가 성립되지 아니하여 "갑"이 소송을 제기할 때는 "갑"의 주된 사무소 소재지 관할법원에, "을"이 소송을 제기할 때는 "을"의 주된 사무소 소재지 관할법원에 소송을 제기할 수 있다.

제14조(유효기간)

1. 본 계약의 유효기간은 년 월 일까지로 한다.
단, 계약기간 중 발생한 채권, 채무는 기간만료에 영향을 받지 아니한다.
2. 계약만료일로부터 3개월 전 일방의 서면에 의한 해약통지가 없는 경우 같은 조건으로 1년간 연장된 것으로 본다. 이후 순차연장의 경우에도 위와 같다.

　이와 같이 계약을 체결하고 계약의 성립을 증명하기 위하여 계약서 2통을 작성하여 "갑", "을"이 날인한 후 각 1통씩 보관한다.

20ㅇㅇ년 ㅇ월 ㅇ일

	주소	:
"갑"	상호	:
	대표자	: ㅇㅇㅇ ㉑
		:
	주소	:
"을"	상호	:
	대표자	: ㅇㅇㅇ ㉑

수입대행계약서

수입대행자 "갑"

수입위탁자 "을"

   상기 당사자 간에 다음조항에 의거 수입대행계약을 체결함에 있어 편의상 수탁자를 "갑"이라 칭하고 위탁자를 "을"이라 칭한다.

-다 음-

제1조 "갑"은 "을"의 요청에 의하여 다음 상품을 수입 대행한다.

품 명	규격	수량	단가	금액($)	원 산 지	비 고

제2조 "을"은 본 계약 체결과 동시에 위 수입품에 대한 확정오파 금액의 ○○%에 해당하는 일금 원을 계약보증금 (선적서류 인수보증금)으로 "갑"에게 예치한다.

제3조

① 확정오파는 "을"의 부담으로 하고 본 건 대행수수료 불당 일금원씩 총액원정을 "을"은 "갑"에게 지불키로 한다.

② 부득이한 사정으로 개설된 신용장이 취소될시 "을"은 상기 대행수수료를 반환 청구할 수 없다.

제4조 "을"은 선적서류 인수자금(제비용포함)을 B/L도착 후 3일 이내에 부담하여야 하며 이를 지체하여 "갑"의 대불시에는 "을"은 대행료를 불당원씩 추가 지불하고, 완제일까지 년 ○○%의 해당금액을 지체가산금조로 "갑"에게 지급하여야 하며, 20일 이상 연체시에는 "을"이 "갑"에게 예치한 계약 보증금은 "갑"에게 귀속되고 "갑"은 일방적으로 물품을 판매 처분할 수 있다. 단, "갑"의 임의 처분시 발생하는 손해금이 있을시는 "을"은 "갑"에게 변상하여야 한다.

제5조 "을"이 제시한 확정오파로 인하여 발생하는 사고 및 제법규에의 저촉, 편의상 "갑"의 명의로 관공서에 제출되는 각서, 기타 증빙서류에 대한 책임 및 천재지변 등 불가항력으로 발생하는 손해에 대해서는 "을"이 부담하고 "갑"은 이에 대한 책임을 지지 아니한다.

제6조 "을"은 수입신용장 개설 및 통관 시 소요되는 제세공과금과 부대비용 일체를 부담한다.

제7조 "을"은 수입허가 유효기일 이전에 수입 통관을 완료하기 위한조치를 취하여야 하며, 이의 불이행으로 인하여 발생하는 과태료 및 행정상의 제반책임은 "을"이 부담하여야 한다.

제8조 본 계약상 "갑"·"을" 간에 이의가 있을 시는 일반 상관례에 의한다.

후일에 증하기 위하여 본 계약서 2통을 작성하고 각자 이에 서명 날인하여 1통씩 보관키로 한다.

2000년 0월 0일

수입대행자 "갑" : ○ ○ ○ ⑩
수입위탁자 "을" : ○ ○ ○ ⑩

해상화물운송계약서

하주 ㅇㅇㅇㅇ(주)(이하 "갑"이라 칭함)와 운송인 ㅇㅇㅇㅇ(주)(이하 "을"이라 칭함)는 당사자 간에 있어서 아래와 같이 운송계약을 체결한다.

제1조(계약의 목적) 본 계약의 목적은 "갑"이 수출입운송을 의뢰한 화물에 대해, "을"은 위탁받은 화물의 최대한 안전, 신속하게 운송하여 상호신뢰를 바탕으로 한 원활한 거래를 이룩하는데 있다.

제2조(계약기간 및 계약금액지불조건)

① 해상운임은 선적 후 즉시 지불한다.

② 계약의 유효기간은 20ㅇㅇ년 ㅇ월 ㅇ일부터 20ㅇㅇ년 ㅇ월 ㅇ일로 한다. 단, 계약내용에 변경이 없을시 계약기간은 월 단위로 자동 연장한다.

③ 선박운임 예상금액은 첨부된 운임요율표에 따라 책정하여 청구한다.

제3조(운송인의 과실과 책임)

① "갑"은 운송에 대한 모든 권리를 "을"에게 위탁한다. 이에 따라 "을"은 운송의 모든 구간/과정에 있어서 화재, 도난, 파손, 수량부족 등 위탁물품의 제반손실이 없도록 최선을 다해 서비스를 한다.

② "을" "갑"의 화물에 대하여 운송지연 및 불필요한 경비의 발생방지를 위하여 상호 합의에 의해 정해진 "갑"이 요청하는 날짜에 화물이 인수될 수 있도록 한다.

③ 을 "은 운송관련 제반 상황을 수시로 성실하게 "갑"에게 통보하여 업무수행에 차질이 없도록 한다.

④ "을"은 본 계약과 관련하여 "갑"의 업무상 비밀 및 제반사항을 제3자에게 누설해서는 안 된다.

⑤ "을"은 본 계약상의 모든 권리 및 의무의 전부 또는 일부를 "갑"의 사전 서면 승인 없이 제3자에게 양도, 대여 또는 담보로 제공할 수 없다.

⑥ 본 계약의 이행에 관계되는 "을"의 종업원을 포함하여 사람들에 대해서도 "을"은 자신과 동일한 정도의 의무를 부담, 이행하도록 하여야 한다.

제4조(특별책임)

① 제3조의 배상책임이 인정되는 사유(훼손, 지연 등)로 인하여 "갑"의 생산, 판매에 차질이 생길 경우, "을"은 정당한 사유가 없었더라면 가능했을 시기로부터 제반기획비용 등을 포함한 "갑"의 전 손해율을 배상하여야 한다.

② 전 항의 손해배상으로부터 타 규제에 의한 손해배상 책임이 면제되지 아니한다.

제5조(책임의 특별소멸 사유) "을"의 책임은 "갑" 또는 "갑"의 거래선이 조건 없이 물품을 영수하고 1년을 경과하거나 또는 운임, 기타의 비용을 지급하였을 때에는 소멸한다. 단, 물품에 즉시 발견할 수 없는 손해, 하자 또는 일부 멸실이 있을 때 "갑" 또는 "갑"의 거래선이 인도일로부터 30일 이내에 그 취지를 "을"에 통보할 경우에는 예외로 한다.

제6조(기간준수) "을"은 "갑"의 화물을 "갑"의 정당한 요구기일 내에 운송 완료하여야 한다.

제7조(계약내용의 변경) 본 계약의 내용은 "갑"과 "을"의 상호 서면합의에 의해서만 변경(추가, 삭제)할 수 있다.

제8조(계약의 해석) 본 계약에 명시되지 아니한 사항 및 본 계약의 해석에 대하여 이의가 있을 경우에는 우리나라의 관계법령 및 상관례에 따라 협의 처리한다.

제9조(계약의 해지) 본 계약에 대해 이의가 있을 시는 서면통보 후 해지할 수 있다.

제10조(계약의 증명) 본 계약을 증명하기 위하여 계약서 2부를 작성하고 "갑"과 "을"이 기명날인 후 각각 1부씩 보관한다.

2○○○년 ○월 ○일

	주소	:	
하주 "갑"	상호	:	
	관리인	:	○ ○ ○ ㊞
		:	
	주소	:	
운송인 "을"	상호	:	
	대표이사(대표자)	:	○ ○ ○ ㊞

자금지원 계약서

"갑"과 "을"은 상호 합의에 따라 다음과 같이 자금지원 계약을 체결한다.

– 다 음 –

제1조(자금지원의 목적)

본 자금지원은 "을"이 "갑"에게 수출물품을 생산, 공급함에 있어서(직수출, 수출대행, 임가공) 별도 정하는 바에 따라 하자 없이 적기에 공급함은 물론, "갑"의 제반 영업활동에 적극 기여함을 목적으로 한다.

제2조(자금지원의 금액)

본 계약상의 제조건에 따라 "갑"은 특정한 용도를 지정하여 "을"에게 일금정(자금)을 지원한다.(이하 '지원자금'이라 한다.)

제3조(타 용도사용 금지)

"을"은 "갑"의 사전 승인 없이는 제2조에서 "갑"에 의하여 지정된 목적 이외에 사용할 수 없다.

제4조(상환방법)

"갑"으로부터 지원 받은 자금의 상환방법은 다음과 같으며, "을"의 요청에 따라 "갑"이 승인하는 경우에 한하여 상환기일을 연장할 수 있다.

상환기일	금액	상환기일	금 액
2000. 0. 0.			

제5조(기한의 이익 상실)

1. "을"이 전조의 상환기일 중 어느 하나라도 이행을 지체할 경우 및 "을"이 어음교환소에서 거래정지처분을 당하였을 때, "을"이 발행하거나 배서한 어음 또는 수표가 부도처리되었을 때, 또는 "을"에 가압류, 압류, 경매, 화의개시, 회사 정리절차개시의 신청이 있었을 때, 또는 "을"이 청산에 들어갔을 때, "을"의 "갑"에 대한 채무가 기일 내 상환이 불가능하다고 객관적으로 명백할 때, 기타 본 계약상의 의무 중 어느 하나라도 불이행이 있었을 때, "을"의 "갑"에 대한 모든 채무는 기한의 이익을 상실한다.
2. 지원자금의 사용이 지원목적에 위배하였을 경우에도 전항과 같다.

제6조(이자)

1. 지원자금에 대한 이자율은 연리 ○○%로 한다.

2. 시중금리의 현저한 변동이나 "갑"의 달금리에 영향이 미칠 경우 "갑"과 "을"이 상호 합의하여 전항의 이자율을 정할 수 있다.

제7조(손해배상액의 예정)

1. "을"이 "갑"으로부터 지원 받은 자금을 기일 내에 상환하지 못할 경우 "을"은 연체시부터 연리 OO%의 지연손해금을 지급한다.
2. "갑"이 "을"을 위하여 원자재의 구매금융기채 또는 수입금융기채, LOCAL L/C개설, 수입L/C개설, 각종 입찰의 보증 등을 "갑"의 명의로 이행코자 "갑"의 어음을 금융기관 또는 관계기관에 교부한 경우 "을"이 이를 이행하지 않음으로써 부득이 "갑"이 이를 변제한 때에는 "을"은 "갑"이 변제한 날로부터 변제금액에 대해서도 전항에 정한 율을 적용한다.
3. "갑"이 "을"을 위하여 각종 지급보증을 한 경우에 "갑"이 "을"의 채무를 부득이 변제하게 된 때에는 변제일로부터 제1항에 정한 율을 적용한다.

제8조(클레임 배상)

"갑"이 본 자원자금과 관련된 당해 수출을 이행한 후 구매자로부터 물품에 대한 하자 등으로 인하여 손해배상 청구, 대금지급 거절, 기타 분쟁이 있을 경우에는 "을"이 모든 책임을 부담하며, 이를 "갑"이 "을"에게 통고한 즉시 배상한다.

제9조(담보제공)

1. "을"은 본 계약상의 의무이행을 담보하기 위하여 다음의 담보를 "갑"에게 제공하여야 한다.
    ① "갑"의 여신관리지침에 의거 감정평가유효분 금 원 이상의 부동산 근저당 또는 은행·보증보험사의 지급보증
    ② "을"이 발행하고 "을"의 대표이사가 개인자격으로 연대 보증한 액면 금액 금원의 공증 약속어음 OO매
    ③ 재산세 납부실적이 5만원 이상인 연대보증 OO명 입보
    ④ 점포(공장). 집의 금 원 이상의 임차보증금 반환채권양도
    ⑤ "갑"을 수익자로 하는 금원 이상의 동산종합보험 및 화재보험 부보
    ⑥ "을" 발행 백지당좌수표 또는 은행도 약속어음 1매 및 동 보충권 위임장
2. "갑"은 채권담보에 필요한 최소한의 담보를 요구하여야 하며 "을"의 채무 불이행시 그 처분도 "을"의 이익을 고려하여 최소한의 범위 내에서 집행하여야 한다.
3. 채무자의 신용변동, 담보가치의 감소 기타 채권 보전상 필요하다고 인정된 상당한 사유가 발생한 경우에 "갑"은 "을"에게 제1항의 담보 외에 추가로 담보제공을 요청할 수 있으며 "을"은 합리적인 대안 제시가 없는 한 O일 이내에 추가담보를 제공하여야 한다.
4. 담보설정을 위한 감정평가·설정비용은 "갑"과 "을"이 균분 하는 것을 원칙으로 한다.
5. "갑"은 본 계약에 따른 거래가 종료되고 "을"이 해지 요구가 있을 시 해지에 필요한 서류를 "을"에게 교부하여야 한다.

제10조(채권회수조치)

상기 지원자금의 원리금을 "을"이 "갑"에게 약정된 상환 기일 내에 상환치 않거나 기타 거래상 발생하는 일체의 이행치 않을 경우에 "갑"의 어떠한 채권회수조치에도 승복할 것이다.

제11조(관세환급)

"을"이 공급하여 "갑"이 수출한 물품의 관세 환급금에 대한 권리는 "갑"에게 귀속하며, "갑"이 요구할 경우에는 즉시 관세환급에 필요한 일체의 서류를 "갑"에게 제출하여야 한다.

제12조(합의관할 법)

이 계약에 관한 분쟁은 서울민사지방법원을 합의관할법원으로 한다.

위와 같이 계약을 채결하고 계약서 2통을 작성 "갑", "을" 쌍방이 날인 후 각각 1통씩 보관한다.

2000년 0월 0일

	주소	:	
"갑"	상호	:	
	대표이사(대표자)	:	0 0 0 (서명 또는 날인)
		:	
	주소	:	
"을"	상호	:	
	대표이사(대표자)	:	0 0 0 (서명 또는 날인)

SALES CONTRACT

[   ], as Seller, hereby confirms having sold to [   ] as Buyer, the following goods by this sales contract made on the above date and on the terms and conditions hereinafter set forth.

	ITEM NO.	COMMODITY & SPECIFICATION	QUANTITY	UNIT PRICE	AMOUNT
◎					
◎					
◎					
◎					
◎					
	TOTAL AMOUNT				

▫ Time of Shipment : [DATE   MONTH   YEAR]

▫ Port of Shipment : [   ]

▫ Port of Destination : [   ]

▫ Payment

◎	AT SIGHT L/C	By an irrevocable letter of credit payable at sight
◎	USANCE	By an irrevocable, confirmed and unconditional letter of credit
◎	DP	By documents against payment
◎	DA	By bill(s) of exchange drawn on Buyer due [60] days from B/L date
◎	DD	By a D/D(Demand Draft) within [10] days after the date of B/L
◎	TT	By a T/T(Telegraph Transfer) within [10] days after the date of B/L
◎	MT	By a M/T(Mail Transfer) within [10] days after the date of B/L

□ Insurance : Seller to cover the [CIF] price plus [   ]% against Al Risking War and SRCC Risks

□ Packing : [Export standard packing]

□ Marking : [   ]

□ Special Terms & Conditions :

```
┌────────────────────────────────────────────────────────────┐
│                                                            │
│                                                            │
│                                                            │
│                                                            │
│                                                            │
│                                                            │
└────────────────────────────────────────────────────────────┘
```

□ This Contract is subject to the general and conditions set forth on back hereof :

	Seller			Buyer	
By	[	]	[		]
Address	[	]	[		]
Title	[	]	[		]
Name	[	]	[		]

<GENERAL TERMS AND CONDITIONS>

Article 1. Quantity : Quantity set forth in this Contract is subject to a variation of ten [ ] percent more or less at Seller's option.

Article 2. Shipment : Date of bill of lading shall be accepted as a conclusive date of shipment. [   ] days grace in shipping shall be allowed. Partial shipment and/or transshipment shall be permitted unless otherwise stated in this Contract. Seller shall not be responsible for any delay of shipment, should Buyer fail to provide timely letter of credit in conformity with this Contract or in case the sailing of the steamer designated by Buyer be deferred beyond the prearranged date of shipment.

Article 3. Packing : Packing shall be at Seller's option. In case special instructions are necessary, Buyer should notify Seller thereof in time to enable Seller to comply with the same and all additional cost thereby incurred shall be borne by Buyer. Shipping Mark shall be made as shown in the oblong of the front page of this Contract.

Article 4. Insurance : In case of CIF or CIP basis, [   ] % of the invoice amount shall be insured, unless otherwise agreed; any additional insurance required by Buyer to be at his own expense; unless otherwise stated, insurance to be covered for marine insurance only FPA or ICC (C) Clause. Seller may, if he deems it necessary, insure against additional risks at Buyer's expense.

Article 5. Increased costs : If Seller's costs of performance are increased after the date of this Contract by reason of increased freight rates, taxes or other governmental charges or insurance rates, or if any variation in rates of exchange increases Seller's costs or reduces Seller's return, Buyer agrees to compensate Seller for such increased cost or loss of income. Further, if at any time Buyer requests shipment later than agreed and Seller agrees thereto, Seller may, upon completion of manufacture, store the Goods and charge all expenses thereby incurred to Buyer, plus reasonable storage charges when Seller stores the Goods in its own facilities.

Article 6. Payment

◎ AT SIGHT L/C An irrevocable letter of credit, without recourse, available against Seller's sight drafts shall be established through a prime bank satisfactory to Seller within [15] days after the date of this Contract and be kept valid at least [15] days after the date of last shipment. The amount of such letter of credit shall be sufficient to cover the Contract amount and additional charges and/or expenses to be borne by Buyer.

◎ USANCE For the payment of the Contract Price specified hereof the Buyer shall provide the Seller with the irrevocable, confirmed and unconditional letter of credit (hereinafter called "L/C") in the amount of USD [   ] at [   ] months usance basis(after the date of draft issued by the Seller or bill of lading) in favor of the Seller to be opened within [   ] days from the signing date of the Contract under the agreed terms and conditions by the Seller and Buyer.

◎ **DP** After shipment, the Seller shall deliver a sight bill(s) of exchange drawn on the Buyer together with the required documents to the Buyer through a bank. The Buyer shall effect the payment immediately upon the first presentation of the bill(s) of exchange and the required documents, i.e. D/P.

◎ **DA** After shipment, the Seller shall deliver bill(s) of exchange drawn on the Buyer, payable [   ] days after [   ], together with the required documents to the Buyer through a bank for acceptance. The Buyer shall accept the bill(s) of exchange immediately upon the first presentation of the bill of exchange and the required documents and shall effect the payment on the maturity date of the bill(s) of exchange.

◎ **DD** The Buyer shall pay the invoice value of the goods by means of D/D(Demand Draft) within [   ] days after the receipt of the required documents; within [   ] days after the date of the Bill of Lading.

◎ **TT** The Buyer shall pay the invoice value of the goods to the Seller's account with the bank designated by the Seller by means of T/T(Telegraph Transfer) within [   ] days after the receipt of the required documents; within [   ] days after the date of the Bill of Lading.

◎ **MT** The Buyer shall pay the invoice value of the goods by the Seller by means of M/T(Mail Transfer) within [   ] days after the receipt of the required documents; within [   ] days after the date of the Bill of Lading

Article 7. Inspection : The inspection of the Goods shall be done according to the export regulation of the Republic of Korea and/or by the manufacturer(s) which shall be considered as final. Should any specific inspector be designated by Buyer, all additional charges incurred thereby shall be at Buyer's account and shall be added to the invoice amount, for which the letter of credit shall be amended accordingly.

Article 8. Warranty : The Goods shall conform to the specification set forth in this Contract and free from defects in material and workmanship for [   ] months from the date of shipment. The extent of Seller's liability under this warranty shall be limited to the repair or replacement as herein provided of any defective Goods or parts thereof. Provided, however, this warranty does not extend to any of the said Goods which have been : (a) subjected to misuse, neglect, accident or abuse, (b) improperly repaired, installed, transported, altered or modified in any way by any other party than Seller or (c) used in violation of instructions furnished by Seller. Except for the express limited warranties set forth in this article, seller makes no other warranty to buyer, express or implied, and herby expressly disclaims any warranty of merchantability or fitness for a particular purpose. In no event shall Seller be liable to Buyer under this Contract or otherwise for any lost profits or for indirect, incidental or consequential damages for any reason.

Article 9. Claims : Any claim by Buyer of whatever nature arising under this Contract shall be made by facsimile or cable within [   ] days after arrival of the Goods at the destination specified in the bills of lading. Full particulars of such claim shall be made in writing, and forwarded by registered mail to Seller within [   ] days after such fax or cabling. Buyer must submit with particulars the inspection report sworn by a reputable surveyor acceptable to the Seller when the quality or quantity of the Goods delivered is in dispute. Failure to make such claim within such period shall constitute acceptance of shipment and agreement of Buyer that such shipment fully complies with applicable terms and conditions.

Article 10. Remedy : Buyer shall, without limitation, be in default of this Contract, if Buyer shall become insolvent, bankrupt or fail to make any payment to Seller including the establishment of the letter of credit within the due period. In the event of Buyer's default, Seller may without prior notice thereof to Buyer exercise any of the following remedies among others :
(a) terminate this Contract;
(b) terminate this Contract as to the portion of the Goods in default only and resell them and recover from Buyer the difference between the price set forth in this Contract and the price obtained upon resale, plus any incidental loss or expense; or

(c) terminate the Contract as to any unshipped balance and recover from Buyer as liquidated damages, a sum of five (5) percent of the price of the unshipped balance. Further, it is agreed that the rights and remedies herein reserved to Seller shall be cumulative and in addition to any other or further rights and remedies available at law.

Article 11. Force Majeure : Neither party shall be liable for its failure to perform its obligations hereunder if such failure is the direct result of circumstances beyond that party's reasonable control, including but not limited to, prohibition of exportation, suspension of issuance of export license or other government restriction, act of God, war, blockade, revolution, insurrection, mobilization, strike, lockout or any labor dispute, civil commotion, riot, plague or other epidemic, fire, typhoon, flood.

Article 12. Patents, Trade Marks, Designs, etc. : Buyer is to hold Seller harmless from liability for any infringement with regard to patent, trade mark, copyright, design, pattern, etc., originated or chosen by Buyer.

Article 13. Governing Law : This Contract shall be governed under the laws of Korea.

Article 14. Arbitration : Any dispute arising out of or in connection with this contract shall be finally settled by arbitration in Seoul in accordance with the Arbitration Rules of the Korean Commercial Arbitration Board.

Article 15. Language : This Agreement may be executed in English and in other languages (including Korean). In the event of any difference or inconsistency among different versions of this Agreement, the English version shall prevail over in all respect.

Article 16. Trade Terms : All trade terms provided in the Contract shall be interpreted in accordance with the latest INCOTERMS 2000 of International Chamber of Commerce.

제10장 약관에 의한 계약 / 기타 계약

오늘날 개인이 기업과 체결하는 계약의 거의 모든 형태는 이른바 '약관'이라는 형태의 '정형계약'인 것이 현실이다.

대규모, 대량, 일형적 형태의 계약을 통해 계약상 그 계약의 상대방인 이른바 '을'의 지위일 수밖에 없는 일반 소비자의 지위가 심각하게 훼손될 위험에 처해 있는 것이 그 '정형계약'의 이면임을 부인할 수 없다.

따라서 이러한 '정형계약'이 예고하고 있는 그 형태적·내용적 불평등성과 불합리성을 바로잡기 위해 등장한 것이 '계약공정의 원칙'이며, 그 실체적 발현이 바로 '약관의 규제에 관한 법률'이다.

이 장에서는 약관에 의한 계약을 체결할 때 유의해야 할 사항이 무엇인지를, 특히 약관에 의한 계약의 전형이며 일반적인 형태인 '보험계약'을 통해 살펴보고자 한다.

또한, 지금까지의 계약 분류를 통해 포섭되지 못한 기타의 계약서 유형 중 특히 일람해 봤으면 하는 계약서 유형도 함께 살펴보기로 한다.

1. 약관규제의 의의

(1) 의 의

사업자가 그 거래상의 지위를 남용하여 불공정한 내용의 약관을 작성·통용하는 것을 방지하고 불공정한 내용의 약관을 규제하여 건전한 거래질서를 확립하고 소비자를 보호하기 위해 제정된 법률이 바로 '약관의 규제에 관한 법률'이다. 이는 불공정한 약관을 규제를 통해 계약을 신속·간편하게 이루어지게 하고 경제사회 구조의 복잡·다양화에 따른 법의 불비를 보완하기 위함이다.

일반적으로 약관작성주체가 대부분 조항을 자기에게 유리하게 작성하거나 대부분의 고객이 약관을 알지 못하여 자기 의사에 의해 계약내용을 자유롭게 결정할 자유를 갖지 못하고 있는 것이 현실이다.

따라서 경제적 약자인 소비자, 고객 등의 진정한 의사를 보호하고 약관거래의 공정성을 확립하기 위해서 불공정약관의 규제가 필요한 것이다.

(2) 법적 성격

약관규제법은 약관을 사용하는 거래주체에 관계없이 일반적으로 적용되는 일반법규이다. 당사자 사이에 약관법 적용을 배제한다는 합의가 있어도 그 효력이 부인되는 강행법규이며 행정관청에 의한 시정명령(권고) 및 과태료가 부과되는 행정법규로서의 성격을 가진다.

2. 불공정 약관의 유형

불공정약관 유형에는 ① 신의성실의 원칙 위반, ② 개별 금지조항의 위반 등의 2개 유형으로 구분된다.

(1) 신의성실의 원칙 위반

신의성실의 원칙은 약관작성자가 상대방의 이익과 합리적 기대에 반하지 않고 형평에 맞는 약관조항을 작성하여야 한다는 행위 원칙이다.

신의성실의 원칙에 반하여 공정성을 잃은 조항(약관법 6조 ①항)	인터넷 유해정보의 차단은 인터넷통신사업자의 당연한 의무임에도 불구하고 부가서비스로 구분하고 소비자에게 추가부담을 지우는 조항
고객에게 부당하게 불리한 조항 (약관법 6조 ②항 1호)	고객에게 귀속할 물건을 사업자의 소유로 정하는 조항
고객이 예상하기 어려운 조항 (약관법 6조 ②항 2호)	쌍방 간의 계약에서 사업자의 의무를 배제하는 조항
계약의 본질적 권리를 제한하는 조항 (약관법 6조 ②항 3호)	생명보험사가 보험금 지급에 있어서 보험금 청구요건을 갖추기 어려운 조항을 둔 경우

(2) 개별 금지조항의 위반

개별 금지조항의 위반 유형의 대표적인 경우는 아래와 같다.

사업자 면책조항의 금지(약관법 7조)	사업자의 고의 또는 중대한 과실로 인한 법률상의 책임을 배제하는 조항으로, 언제나 무효가 되는 절대적 조항
상당한 이유 없이 사업자의 손해배상 범위를 제한하거나 사업자가 부담하여 할 위험을 고객에게 이전시키는 조항 (약관법 7조 ②항)	매매계약체결일 이후 천재지변 등 불가항력사유로 인한 목적물의 멸실·훼손에 대해 매수인이 책임진다는 부동산매매약관
손해배상액의 예정고객에 대하여 부당하게 과중한 손해배상의무를 부담시키는 약관 조항 (약관법 8조)	부동산 임대차의 중도해지 시에 손해배상금으로 보증금의 30%를 정한 조항
사업자의 부당한 계약 해제·해지권 제한	사업자가 자기에게 유리하도록 고객의 해제권 행사를 어렵게 함으로써 계약을 강제로 유지시키거나, 사업자의 해제권 발생 및 행사를 용이하게 하거나 해제효과를 지나치게 확대하는 등 민법규정을 무시하여 고객의 권리를 침해하는 약관

(3) 불공정약관의 효과

불공정한 약관은 당연 무효이다. 만약 약관의 일부조항이 무효인 경우, 나머지 조항은 유효하게 존속하게 된다. 다만, 유효부분만으로 계약의 목적 달성이 불가능하거나 일방에게 불리한 경우에는 계약전체를 무효로 한다.

3. 보험계약

(1) 의 의

"보험계약"이란 당사자 일방이 약정한 보험료를 지급하고 상대방이 재산 또는 생명이나 신체에 불확정한 사고가 발생할 경우에 상대방이 일정한 보험금이나 그 밖의 급여를 지급할 것을 약정하는 계약을 말한다(상법 제638조).

(2) 보험계약 체결 시 유의사항

보험계약자는 보험회사가 그 사실을 알았더라면 계약의 청약을 거절하거나 보험가입금액 한도 제한, 일부 보장 제외, 보험금 삭감, 보험료 할증과 같이 조건을 붙여 계약을 하는 등 계약에 영향을 미칠 수 있는 사항이 있는 경우 이러한 사실을 계약 체결 전 보험회사에 알릴 의무가 있다.

타인(피보험자)의 사망을 보험사고로 하는 보험계약에는 보험계약자로 보험계약 체결 시 그 타인(피보험자)의 서면에 의한 동의를 얻어야 한다.

1) 계약 전 알릴 의무(고지의무)의 이행

"고지의무"란 보험계약자 또는 피보험자가 보험계약을 체결함에 있어 고의 또는 중대한 과실로 중요한 사항을 알리지 않거나 부실의 고지를 하지 않을 의무를 말하는데, 보험회사가 서면으로 질문한 사항은 중요한 사항으로 추정된다(상법 제651조 및 제651조의2).

2) 알릴 의무에 있어 '중요한 사항'의 고지

보험계약자나 피보험자가 보험계약 당시에 보험회사에게 고지할 의무를 지는 중요한 사항이란, 보험회사가 보험사고의 발생과 그로 인한 책임부담의 개연율을 측정하여 보험계약의 체결 여부 또는 보험료나 특별한 면책조항의 부가와 같은 보험계약의 내용을 결정하기 위한 표준이 되는 사항을 말한다.

자동차보험 표준약관의 보험계약자의 의무사항 중 계약 전 알릴 의무가 있는 사항

> - 보험계약을 맺는 담보종목의 보상내용과 전부 또는 일부가 일치하는 다른 보험계약(공제계약 포함)을 맺고 있을 때 그 계약사항
> - 이 보험계약을 맺고 있는 자동차(이하 "피보험자동차"라고 함)의 검사에 관한 사항
> - 용도, 차종, 등록번호(이에 준하는 번호 포함), 차명, 연식, 적재정량, 구조 등 피보험자동차에 관한 사항
> - 보험계약을 맺기 직전 피보험자동차에 가입했던 대인배상Ⅰ 또는 책임공제에 관한 사항
> - 보험회사가 서면으로 질문한 사항 또는 보험청약서 기재사항 중 보험료의 계산에 영향을 미치는 사항

3) 고지의무 위반의 효과

보험계약 당시 보험계약자 또는 피보험자가 고의 또는 중대한 과실로 중요한 사항을 고지하지 않거나 부실하게 고지한 경우 보험회사는 그 사실을 안 날부터 1개월 내에, 계약을 체결한 날부터 3년 내에 계약을 해지할 수 있다. 그러나 보험회사가 계약 당시에 그 사실을 알았거나 중대한 과실로 알지 못한 경우에는 그렇지 아니하다(상법 제651조).

(3) 고지의무에 관한 보험계약자의 면책사유

1) 「생명보험 및 질병·상해보험 표준약관」에 기재되어 있는 보험계약자의 면책사유

- 보험회사가 계약 당시에 그 사실을 알았거나 과실로 인하여 알지 못한 경우
- 보험회사가 그 사실을 안 날부터 1개월 이상이 지났거나 보장개시일부터 보험금 지급사유가 발생하지 않고 2년(진단 계약의 경우 질병은 1년)이 지난 경우
- 계약체결일부터 3년이 지났을 때
- 보험회사가 이 계약의 청약 시 피보험자(보험대상자)의 건강상태를 판단할 수 있는 기초자료 (건강진단서 사본 등)에 의하여 승낙한 경우에 건강진단서 사본 등에 명기되어 있는 사항으로 보험금 지급사유가 발생하였을 때 (보험계약자 또는 피보험자(보험대상자)가 회사에 제출한 기초자료의 내용 중 중요사항을 고의로 사실과 다르게 작성한 경우 제외)
- 보험설계사 등이 보험계약자 또는 피보험자(보험대상자)에게 고지할 기회를 부여하지 않거나 계약자 또는 피보험자(보험대상자)에 대해 사실대로 고지하는 것을 방해한 경우, 계약자 또는 피보험자(보험대상자)에 대해 사실대로 고지하지 않게 하였거나 부실한 고지를 권유했을 때

2) 「화재보험 및 배상책임보험 표준약관」에 기재되어 있는 보험계약자의 면책사유

- 보험회사가 계약 당시에 그 사실을 알았거나 중대한 과실로 알지 못한 경우
- 보험회사가 그 사실을 안 날부터 1개월 이상 지났거나 또는 제1회 보험료 등을 받은 때부터 보험금 지급사유가 발생하지 않고 2년이 지났을 때
- 계약을 체결한 날부터 3년이 지났을 때
- 보험을 모집한 사람이 계약자 또는 피보험자에게 알릴 기회를 주지 않았거나 계약자 또는 피보험자가 사실대로 알리는 것을 방해한 경우(다만, 보험설계사 등의 행위가 없었다 하더라도 계약자 또는 피보험자가 사실대로 알리지 않았다고 인정되는 경우에는 계약 해지 가능)
- 계약자 또는 피보험자에게 사실대로 알리지 않게 하였거나 부실한 사항을 알릴 것을 권유한 경우(다만, 보험설계사 등의 행위가 없었다 하더라도 계약자 또는 피보험자가 부실한 사항을 알렸다고 인정되는 경우에는 계약 해지 가능)

3) 「자동차보험 표준약관」에 기재되어 있는 보험계약자의 면책사유

- 보험회사가 계약 당시에 그 사실을 알았거나 중대한 과실로 알지 못한 경우
- 보험계약자가 보험금을 지급할 사고가 발생하기 전 보험청약서의 기재사항에 대해 서면으로 변경신청을 하여 보험회사가 이를 승인한 경우
- 보험회사가 그 사실을 안 날부터 1개월이 지난 경우
- 보험회사가 계약을 맺은 날로부터 보험계약을 해지하지 않고 3년이 지난 경우
- 보험계약자가 알려야 할 사항이 보험회사가 위험을 측정하는 데 관련이 없거나 적용할 보험료에 차액이 생기지 않는 경우

보험표준약관 − 질병·상해보험

제1관 목적 및 용어의 정의

제1조(목적) 이 보험계약(이하 '계약'이라 합니다)은 보험계약자(이하 '계약자'라 합니다)와 보험회사(이하 '회사'라 합니다) 사이에 피보험자의 질병이나 상해에 대한 위험을 보장하기 위하여 체결됩니다.

제2조(용어의 정의) 이 계약에서 사용되는 용어의 정의는, 이 계약의 다른 조항에서 달리 정의되지 않는 한 다음과 같습니다.

1. 계약관계 관련 용어
가. 계약자: 회사와 계약을 체결하고 보험료를 납입할 의무를 지는 사람을 말합니다.
나. 보험수익자: 보험금 지급사유가 발생하는 때에 회사에 보험금을 청구하여 받을 수 있는 사람을 말합니다.
다. 보험증권: 계약의 성립과 그 내용을 증명하기 위하여 회사가 계약자에게 드리는 증서를 말합니다.
라. 진단계약: 계약을 체결하기 위하여 피보험자가 건강진단을 받아야 하는 계약을 말합니다.
마. 피보험자: 보험사고의 대상이 되는 사람을 말합니다.

2. 지급사유 관련 용어
가. 상해: 보험기간 중에 발생한 급격하고도 우연한 외래의 사고로 신체(의수, 의족, 의안, 의치 등 신체보조장구는 제외하나, 인공장기나 부분 의치 등 신체에 이식되어 그 기능을 대신할 경우는 포함합니다)에 입은 상해를 말합니다.
나. 장해: 〈부표 9〉 장해분류표에서 정한 기준에 따른 장해상태를 말합니다.
다. 중요한 사항: 계약 전 알릴 의무와 관련하여 회사가 그 사실을 알았더라면 계약의 청약을 거절하거나 보험가입금액 한도 제한, 일부 보장 제외, 보험금 삭감, 보험료 할증과 같이 조건부로 승낙하는 등 계약 승낙에 영향을 미칠 수 있는 사항을 말합니다.

3. 지급금과 이자율 관련 용어
가. 연단위 복리: 회사가 지급할 금전에 이자를 줄 때 1년마다 마지막 날에 그 이자를 원금에 더한 금액을 다음 1년의 원금으로 하는 이자 계산방법을 말합니다.
나. 평균공시이율 : 전체 보험회사 공시이율의 평균으로, 이 계약 체결 시점의 이율을 말합니다.
다. 해지환급금: 계약이 해지되는 때에 회사가 계약자에게 돌려주는 금액을 말합니다.

4. 기간과 날짜 관련 용어
가. 보험기간: 계약에 따라 보장을 받는 기간을 말합니다.
나. 영업일: 회사가 영업점에서 정상적으로 영업하는 날을 말하며, 토요일, '관공서의 공휴일에 관한 규정'에 따른 공휴일과 근로자의 날을 제외합니다.

제 2 관 보험금의 지급

제3조(보험금의 지급사유)

회사는 피보험자에게 다음 중 어느 하나의 사유가 발생한 경우에는 보험수익자에게 약정한 보험금을 지급합니다.

1. 보험기간 중에 상해의 직접결과로써 사망한 경우(질병으로 인한 사망은 제외합니다): 사망보험금
2. 보험기간 중 진단확정된 질병 또는 상해로 장해분류표(〈부표 9〉 참조)에서 정한 각 장해지급률에 해당하는 장해상태가 되었을 때: 후유장해보험금
3. 보험기간 중 진단확정된 질병 또는 상해로 입원, 통원, 요양, 수술 또는 수발(간병)이 필요한 상태가 되었을 때: 입원보험금, 간병보험금 등

제4조(보험금 지급에 관한 세부규정)

① 제3조(보험금의 지급사유) 제1호 '사망'에는 보험기간에 다음 어느 하나의 사유가 발생한 경우를 포함합니다.

1. 실종선고를 받은 경우: 법원에서 인정한 실종기간이 끝나는 때에 사망한 것으로 봅니다.
2. 관공서에서 수해, 화재나 그 밖의 재난을 조사하고 사망한 것으로 통보하는 경우: 가족관계등록부에 기재된 사망연월일을 기준으로 합니다.

② 제3조(보험금의 지급사유) 제2호에서 장해지급률이 상해 발생일 또는 질병의 진단 확정일부터 180일 이내에 확정되지 않는 경우에는 상해 발생일 또는 질병의 진단확정일부터 180일이 되는 날의 의사 진단에 기초하여 고정될 것으로 인정되는 상태를 장해지급률로 결정합니다. 다만, 장해분류표(〈부표 9〉 참조)에 장해판정시기를 별도로 정한 경우에는 그에 따릅니다.

③ 제2항에 따라 장해지급률이 결정되었으나 그 이후 보장받을 수 있는 기간(계약의 효력이 없어진 경우에는 보험기간이 10년 이상인 계약은 상해 발생일 또는 질병의 진단확정일부터 2년 이내로 하고, 보험기간이 10년 미만인 계약은 상해 발생일 또는 질병의 진단확정일부터 1년 이내)에 장해상태가 더 악화된 때에는 그 악화된 장해상태를 기준으로 장해지급률을 결정합니다.

④ 청약서상 '계약 전 알릴 의무(중요한 사항에 한합니다)'에 해당하는 질병으로 과거(청약서상 해당 질병의 고지대상 기간을 말합니다)에 진단 또는 치료를 받은 경우에는 제3조(보험금의 지급사유)의 보험금 중 해당 질병과 관련한 보험금을 지급하지 않습니다.

⑤ 제4항에도 불구하고 청약일 이전에 진단확정된 질병이라 하더라도 청약일 이후 5년(갱신형 계약의 경우에는 최초 계약의 청약일 이후 5년)이 지나는 동안 그 질병으로 추가 진단(단순 건강검진 제외) 또는 치료사실이 없을 경우, 청약일부터 5년이 지난 이후에는 이 약관에 따라 보장합니다.

⑥ 제5항의 '청약일 이후 5년이 지나는 동안'이라 함은 제28조(보험료의 납입이 연체되는 경우 납입최고(독촉)와 계약의 해지)에서 정한 계약의 해지가 발생하지 않은 경우를 말합니다.

⑦ 이 약관 제29조(보험료의 납입연체로 인한 해지계약의 부활(효력회복))에서 정한 계약의 부활이 이루어진 경우 부활을 청약한 날을 제5항의 청약일로 하여 적용합니다.

⑧ 장해분류표에 해당되지 않는 후유장해는 피보험자의 직업, 연령, 신분 또는 성별 등에 관계없이 신체의 장해정도에 따라 장해분류표의 구분에 준하여 지급액을 결정합니다. 다만, 장해분류표의 각 장해분류별 최저 지급률 장해정도에 이르지 않는 후유장해에 대하여는 후유장해보험금을 지급하지 않습니다.

⑨ 보험수익자와 회사가 제3조(보험금의 지급사유)의 보험금 지급사유에 대해 합의하지 못할 때는 보험수익자와 회사가 함께 제3자를 정하고 그 제3자의 의견에 따를 수 있습니다. 제3자는 의료법 제3조(의료기관)에 규정한 종합병원 소속 전문의 중에 정하며, 보험금 지급사유 판정에 드는 의료비용은 회사가 전액 부담합니다.

⑩ 같은 질병 또는 상해로 두 가지 이상의 후유장해가 생긴 경우에는 후유장해 지급률을 합산하여 지급합니다. 다만, 장해분류표의 각 신체부위별 판정기준에 별도로 정한 경우에는 그 기준에 따릅니다.

⑪ 다른 질병 또는 상해로 인하여 후유장해가 2회 이상 발생하였을 경우에는 그 때마다 이에 해당하는 후유장해지급률을 결정합니다. 그러나 그 후유장해가 이미 후유장해보험금을 지급받은 동일한 부위에 가중된 때에는 최종 장해상태에 해당하는 후유장해보험금에서 이미 지급받은 후유장해보험금을 차감하여 지급합니다. 다만, 장해분류표의 각 신체부위별 판정기준에서 별도로 정한 경우에는 그 기준에 따릅니다.

⑫ 이미 이 계약에서 후유장해보험금 지급사유에 해당되지 않았거나(보장개시 이전의 원인에 의거나 또는 그 이전에 발생한 후유장해를 포함합니다), 후유장해보험금이 지급되지 않았던 피보험자에게 그 신체의 동일 부위에 또다시 제11항에 규정하는 후유장해상태가 발생하였을 경우에는 직전까지의 후유장해에 대한 후유장해보험금이 지급된 것으로 보고 최종 후유장해 상태에 해당되는 후유장해보험금에서 이를 차감하여 지급합니다.

⑬ 회사가 지급하여야 할 하나의 진단확정된 질병 또는 상해로 인한 후유장해보험금은 보험가입금액을 한도로 합니다.

제5조(보험금을 지급하지 않는 사유)

① 회사는 다음 중 어느 한가지로 보험금 지급사유가 발생한 때에는 보험금을 지급하지 않습니다.

1. 피보험자가 고의로 자신을 해친 경우. 다만, 피보험자가 심신상실 등으로 자유로운 의사결정을 할 수 없는 상태에서 자신을 해친 경우에는 보험금을 지급합니다.

2. 보험수익자가 고의로 피보험자를 해친 경우. 다만, 그 보험수익자가 보험금의 일부 보험수익자인 경우에는 다른 보험수익자에 대한 보험금은 지급합니다. 〈개정 2014.12.26.〉

3. 계약자가 고의로 피보험자를 해친 경우

4. 피보험자의 임신, 출산(제왕절개를 포함합니다), 산후기. 그러나 회사가 보장하는 보험금 지급사유로 인한 경우에는 보험금을 지급합니다.

5. 전쟁, 외국의 무력행사, 혁명, 내란, 사변, 폭동

② 회사는 다른 약정이 없으면 피보험자가 직업, 직무 또는 동호회 활동목적으로 아래에 열거된 행위로 인하여 제3조(보험금의 지급사유)의 상해 관련 보험금 지급사유가 발생한 때에는 해당 보험금을 지급하지 않습니다.

1. 전문등반(전문적인 등산용구를 사용하여 암벽 또는 빙벽을 오르내리거나 특수한 기술, 경험, 사전훈련을 필요로 하는 등반을 말합니다), 글라이더 조종, 스카이다이빙, 스쿠버다이빙, 행글라이딩, 수상보트, 패러글라이딩

2. 모터보트, 자동차 또는 오토바이에 의한 경기, 시범, 흥행(이를 위한 연습을 포함합니다) 또는 시운전(다만, 공용도로상에서 시운전을 하는 동안 보험금 지급사유가 발생한 경우에는 보장합니다)

3. 선박승무원, 어부, 사공, 그밖에 선박에 탑승하는 것을 직무로 하는 사람이 직무상 선박에 탑승하고 있는 동안

제6조(보험금 지급사유의 통지)

계약자 또는 피보험자나 보험수익자는 제3조(보험금의 지급사유)에서 정한 보험금 지급사유의 발생을 안 때에는 지체 없이 그 사실을 회사에 알려야 합니다.

제7조(보험금의 청구)

① 보험수익자는 다음의 서류를 제출하고 보험금을 청구하여야 합니다.

1. 청구서(회사 양식)

2. 사고증명서(진료비계산서, 사망진단서, 장해진단서, 입원치료확인서, 의사처방전(처방조제비) 등)

3. 신분증(주민등록증이나 운전면허증 등 사진이 붙은 정부기관발행 신분증, 본인이 아니면 본인의 인감증명서 포함)

4. 기타 보험수익자가 보험금의 수령에 필요하여 제출하는 서류

② 제1항 제2호의 사고증명서는 의료법 제3조(의료기관)에서 규정한 국내의 병원이나 의원 또는 국외의 의료관련법에서 정한 의료기관에서 발급한 것이어야 합니다.

제8조(보험금의 지급절차)

① 회사는 제7조(보험금의 청구)에서 정한 서류를 접수한 때에는 접수증을 드리고 휴대전화 문자메시지 또는 전자우편 등으로도 송부하며, 그 서류를 접수한 날부터 3영업일 이내에 보험금을 지급합니다.

② 회사가 보험금 지급사유를 조사·확인하기 위해 필요한 기간이 제1항의 지급기일을 초과할 것이 명백히 예상되는 경우에는 그 구체적인 사유와 지급예정일 및 보험금 가지급제도(회사가 추정하는 보험금의 50% 이내를 지급)에 대하여 피보험자 또는 보험수익자에게 즉시 통지합니다. 다만, 지급예정일은 다음 각 호의 어느 하나에 해당하는 경우를 제외하고는 제7조(보험금의 청구)에서 정한 서류를 접수한 날부터 30영업일 이내에서 정합니다.

1. 소송제기

2. 분쟁조정 신청

3. 수사기관의 조사

4. 해외에서 발생한 보험사고에 대한 조사

5. 제6항에 따른 회사의 조사요청에 대한 동의 거부 등 계약자, 피보험자 또는 보험수익자의 책임 있는 사유로 보험금 지급사유의 조사와 확인이 지연되는 경우

6. 제4조(보험금 지급에 관한 세부규정) 제9항에 따라 보험금 지급사유에 대해 제3자의 의견에 따르기로 한 경우

③ 제2항에 의하여 장해지급률의 판정 및 지급할 보험금의 결정과 관련하여 확정된 장해지급률에 따른 보험금을 초과한 부분에 대한 분쟁으로 보험금 지급이 늦어지는 경우에는 보험수익자의 청구에 따라 이미 확정된 보험금을 먼저 가지급합니다. 〈개정 2014.12.26.〉

④ 제2항에 의하여 추가적인 조사가 이루어지는 경우, 회사는 보험수익자의 청구에 따라 회사가 추정하는 보험금의 50% 상당액을 가지급보험금으로 지급합니다. 〈개정 2014.12.26.〉

⑤ 회사는 제1항의 규정에 정한 지급기일내에 보험금을 지급하지 않았을 때(제2항의 규정에서 정한 지급예정일을 통지한 경우를 포함합니다)에는 그 다음날부터 지급일까지의 기간에 대하여 〈부표 9-1〉 '보험금을 지급할 때의 적립이율 계산'에서 정한 이율로 계산한 금액을 보험금에 더하여 지급합니다. 그러나 계약자, 피보험자 또는 보험수익자의 책임 있는 사유로 지급이 지연된 때에는 그 해당기간에 대한 이자는 더하여 지급하지 않습니다. 〈개정 2014.12.26.〉

⑥ 계약자, 피보험자 또는 보험수익자는 제16조(알릴 의무 위반의 효과) 및 제2항의 보험금 지급사유조사와 관련하여 의료기관 또는 국민건강보험공단, 경찰서 등 관공서에 대한 회사의 서면에 의한 조사요청에 동의하여야 합니다. 다만, 정당한 사유 없이 이에 동의하지 않을 경우 사실 확인이 끝날 때까지 회사는 보험금 지급지연에 따른 이자를 지급하지 않습니다.

⑦ 회사는 제6항의 서면조사에 대한 동의 요청 시 조사목적, 사용처 등을 명시하고 설명합니다.

제9조(만기환급금의 지급) ① 회사는 보험기간이 끝난 때에 만기환급금을 보험수익자에게 지급합니다.

② 회사는 계약자 및 보험수익자의 청구에 의하여 제1항에 의한 만기환급금을 지급하는 경우 청구일부터 3영업일 이내에 지급합니다.

③ 회사는 제1항에 의한 만기환급금의 지급시기가 되면 지급시기 7일 이전에 그 사유와 지급할 금액을 계약자 또는 보험수익자에게 알려드리며, 만기환급금을 지급함에 있어 지급일까지의 기간에 대한 이자의 계산은 〈부표 9-1〉 '보험금을 지급할 때의 적립이율 계산'에 따릅니다.

제10조(보험금 받는 방법의 변경)

① 계약자(보험금 지급사유 발생 후에는 보험수익자)는 회사의 사업방법서에서 정한 바에 따라 보험금의 전부 또는 일부에 대하여 나누어 지급받거나 일시에 지급받는 방법으로 변경할 수 있습니다.

② 회사는 제1항에 따라 일시에 지급할 금액을 나누어 지급하는 경우에는 나중에 지급할 금액에 대하여 평균공시이율을 연단위 복리로 계산한 금액을 더하며, 나누어 지급할 금액을 일시에 지급하는 경우에는 평균공시이율을 연단위 복리로 할인한 금액을 지급합니다.

제11조(주소변경통지)

① 계약자(보험수익자가 계약자와 다른 경우 보험수익자를 포함합니다)는 주소 또는 연락처가 변경된 경우에는 지체 없이 그 변경내용을 회사에 알려야 합니다.

② 제1항에서 정한대로 계약자 또는 보험수익자가 변경내용을 알리지 않은 경우에는 계약자 또는 보험수익자가 회사에 알린 최종의 주소 또는 연락처로 등기우편 등 우편물에 대한 기록이 남는 방법으로 회사가 알린 사항은 일반적으로 도달에 필요한 기간이 지난 때에 계약자 또는 보험수익자에게 도달된 것으로 봅니다.

제12조(보험수익자의 지정)

보험수익자를 지정하지 않은 때에는 보험수익자를 제9조(만기환급금의 지급) 제1항의 경우는 계약자로 하고, 제3조(보험금의 지급사유) 제1호의 경우는 피보험자의 법정상속인, 같은 조 제2호 및 제3호의 경우는 피보험자로 합니다.

제13조(대표자의 지정)

① 계약자 또는 보험수익자가 2명 이상인 경우에는 각 대표자를 1명 지정하여야 합니다. 이 경우 그 대표자는 각각 다른 계약자 또는 보험수익자를 대리하는 것으로 합니다.

② 지정된 계약자 또는 보험수익자의 소재가 확실하지 않은 경우에는 이 계약에 관하여 회사가 계약자 또는 보험수익자 1명에 대하여 한 행위는 각각 다른 계약자 또는 보험수익자에게도 효력이 미칩니다.

③ 계약자가 2명 이상인 경우에는 그 책임을 연대로 합니다.

제 3 관   계약자의 계약 전 알릴 의무 등

제14조(계약 전 알릴 의무)

계약자 또는 피보험자는 청약할 때(진단계약의 경우에는 건강진단할 때를 말합니다) 청약서에서 질문한 사항에 대하여 알고 있는 사실을 반드시 사실대로 알려야(이하 '계약 전 알릴의무'라 하며, 상법상 '고지의무'와 같습니다) 합니다. 다만, 진단계약의 경우 의료법 제3조(의료기관)의 규정에 따른 종합병원과 병원에서 직장 또는 개인이 실시한 건강진단서 사본 등 건강상태를 판단할 수 있는 자료로 건강진단을 대신할 수 있습니다.

제15조(상해보험계약 후 알릴 의무)

① 계약자 또는 피보험자는 보험기간 중에 피보험자가 그 직업 또는 직무를 변경(자가용 운전자가 영업용 운전자로 직업 또는 직무를 변경하는 등의 경우를 포함합니다)하거나 이륜자동차 또는 원동기장치 자전거를 계속적으로 사용하게 된 경우에는 지체 없이 회사에 알려야 합니다.

② 회사는 제1항에 따라 위험이 감소된 경우에는 그 차액보험료를 돌려드리며, 계약자 또는 피보험자의 고의 또는 중대한 과실로 위험이 증가된 경우에는 통지를 받은 날부터 1개월 이내에 보험료의 증액을 청구하거나 계약을 해지할 수 있습니다.

③ 제1항의 통지에 따라 보험료를 더 내야 할 경우 회사의 청구에 대해 계약자가 그 납입을 게을리 했을 때, 회사는 직업 또는 직무가 변경되기 전에 적용된 보험료율(이하 '변경 전 요율'이라 합니다)의 직업 또는 직무가 변경된 후에 적용해야 할 보험료율(이하 '변경 후 요율'이라 합니다)에 대한 비율에 따라 보험금을 삭감하여 지급합니다. 다만, 변경된 직업 또는 직무와 관계없이 발생한 보험금 지급사유에 관해서는 원래대로 지급합니다.

〈개정 2014.12.26.〉

④ 계약자 또는 피보험자가 고의 또는 중대한 과실로 직업 또는 직무의 변경사실을 회사에 알리지 아니하였을 경우 변경 후 요율이 변경 전 요율보다 높을 때에는 회사는 동 사실을 안 날부터 1개월 이내에 계약자 또는 피보험자에게 제3항에 의해 보장됨을 통보하고 이에 따라 보험금을 지급합니다.

제16조(알릴 의무 위반의 효과)

① 회사는 아래와 같은 사실이 있을 경우에는 손해의 발생여부에 관계없이 이 계약을 해지할 수 있습니다.

1. 계약자 또는 피보험자가 고의 또는 중대한 과실로 제14조(계약 전 알릴 의무)를 위반하고 그 의무가 중요한 사항에 해당하는 경우

2. 뚜렷한 위험의 증가와 관련된 제15조(상해보험계약 후 알릴 의무) 제1항에서 정한 계약 후 알릴 의무를 계약자 또는 피보험자의 고의 또는 중대한 과실로 이행하지 않았을 때

② 제1항 제1호의 경우에도 불구하고 다음 중 하나에 해당하는 경우에는 회사는 계약을 해지할 수 없습니다.

1. 회사가 계약당시에 그 사실을 알았거나 과실로 인하여 알지 못하였을 때

2. 회사가 그 사실을 안 날부터 1개월 이상 지났거나 또는 제1회 보험료를 받은 때부터 보험금 지급사유가 발생하지 않고 2년(진단계약의 경우 질병에 대하여는 1년)이 지났을 때

3. 계약을 체결한 날부터 3년이 지났을 때

4. 회사가 이 계약을 청약할 때 피보험자의 건강상태를 판단할 수 있는 기초자료(건강진단서 사본 등)에 따라 승낙한 경우에 건강진단서 사본 등에 명기되어 있는 사항으로 보험금 지급사유가 발생하였을 때(계약자 또는 피보험자가 회사에 제출한 기초자료의 내용 중 중요사항을 고의로 사실과 다르게 작성한 때에는 계약을 해지할 수 있습니다)

5. 보험설계사 등이 계약자 또는 피보험자에게 고지할 기회를 주지 않았거나 계약자 또는 피보험자가 사실대로 고지하는 것을 방해한 경우, 계약자 또는 피보험자에게 사실대로 고지하지 않게 하였거나 부실한 고지를 권유했을 때. 다만, 보험설계사 등의 행위가 없었다 하더라도 계약자 또는 피보험자가 사실대로 고지하지 않거나 부실한 고지를 했다고 인정되는 경우에는 계약을 해지할 수 있습니다.

③ 제1항에 따라 계약을 해지하였을 때에는 제34조(해지환급금) 제1항에 따른 해지환급금을 계약자에게 지급합니다.

④ 제1항 제1호에 의한 계약의 해지가 보험금 지급사유 발생 후에 이루어진 경우에 회사는 보험금을 지급하지 않으며, 계약 전 알릴 의무 위반사실뿐만 아니라 계약 전 알릴 의무사항이 중요한 사항에 해당되는 사유를 "반대증거가 있는 경우 이의를 제기할 수 있습니다"라는 문구와 함께 계약자에게 서면 등으로 알려 드립니다.

⑤ 제1항 제2호에 의한 계약의 해지가 보험금 지급사유 발생 후에 이루어진 경우에는 제15조(상해보험계약 후 알릴 의무) 제3항 또는 제4항에 따라 보험금을 지급합니다.

⑥ 제1항에도 불구하고 알릴 의무를 위반한 사실이 보험금 지급사유 발생에 영향을 미치지 않았음을 계약자, 피보험자 또는 보험수익자가 증명한 경우에는 제4항 및 제5항에 관계없이 약정한 보험금을 지급합니다.

⑦ 회사는 다른 보험가입내역에 대한 계약 전 알릴 의무 위반을 이유로 계약을 해지하거나 보험금 지급을 거절하지 않습니다.

제17조(사기에 의한 계약)

계약자 또는 피보험자가 대리진단, 약물사용을 수단으로 진단절차를 통과하거나 진단서 위·변조 또는 청약일 이전에 암 또는 인간면역결핍바이러스(HIV) 감염의 진단 확정을 받은 후 이를 숨기고 가입하는 등 사기에 의하여 계약이 성립되었음을 회사가 증명하는 경우에는 계약일부터 5년 이내(사기사실을 안 날부터 1개월 이내)에 계약을 취소할 수 있습니다.

제4관 보험계약의 성립과 유지

제18조(보험계약의 성립)

① 계약은 계약자의 청약과 회사의 승낙으로 이루어집니다.

② 회사는 피보험자가 계약에 적합하지 않은 경우에는 승낙을 거절하거나 별도의 조건(보험가입금액 제한, 일부보장 제외, 보험금 삭감, 보험료 할증 등)을 붙여 승낙할 수 있습니다.

③ 회사는 계약의 청약을 받고, 제1회 보험료를 받은 경우에 건강진단을 받지 않는 계약은 청약일, 진단계약은 진단일(재진단의 경우에는 최종 진단일)부터 30일 이내에 승낙 또는 거절하여야 하며, 승낙한 때에는 보험증권을 드립니다. 그러나 30일 이내에 승낙 또는 거절의 통지가 없으면 승낙된 것으로 봅니다.

④ 회사가 제1회 보험료를 받고 승낙을 거절한 경우에는 거절통지와 함께 받은 금액을 계약자에게 돌려 드리며, 보험료를 받은 기간에 대하여 평균공시이율 + 1%를 연단위 복리로 계산한 금액을 더하여 지급합니다. 다만, 회사는 계약자가 제1회 보험료를 신용카드로 납입한 계약의 승낙을 거절하는 경우에는 신용카드의 매출을 취소하며 이자를 더하여 지급하지 않습니다.

제19조(청약의 철회)

① 계약자는 보험증권을 받은 날부터 15일 이내에 그 청약을 철회할 수 있습니다. 다만, 진단계약, 보험기간이 1년 미만인 계약 또는 전문보험계약자가 체결한 계약은 청약을 철회할 수 없습니다.

→ 전문보험 계약자 : 보험계약에 관한 전문성, 자산규모 등에 비추어 보험계약의 내용을 이해하고 이행할 능력이 있는 자로서 보험업법 제2조(정의), 보험업법시행령 제6조의2(전문보험계약자의 범위 등) 또는 보험업감독규정 제1-4조의2(전문보험계약자의 범위)에서 정한 국가, 한국은행, 대통령령으로 정하는 금융기관, 주권상장법인, 지방자치단체, 단체보험계약자 등의 전문보험계약자

② 제1항에도 불구하고 청약한 날부터 30일이 초과된 계약은 청약을 철회할 수 없습니다. 〈신설 2014.12.26.〉

③ 계약자는 청약서의 청약철회란을 작성하여 회사에 제출하거나, 통신수단을 이용하여 제1항의 청약 철회를 신청할 수 있습니다. 〈신설 2014.12.26.〉

④ 계약자가 청약을 철회한 때에는 회사는 청약의 철회를 접수한 날부터 3일 이내에 납입한 보험료를 돌려드리며, 보험료 반환이 늦어진 기간에 대하여는 이 계약의 보험계약대출 이율을 연단위 복리로 계산한 금액을 더하여 지급합니다. 다만, 계약자가 제1회 보험료를 신용카드로 납입한 계약의 청약을 철회하는 경우에 회사는 신용카드의 매출을 취소하며 이자를 더하여 지급하지 않습니다. 〈개정 2014.12.26.〉

⑤ 청약을 철회할 때에 이미 보험금 지급사유가 발생하였으나 계약자가 그 보험금 지급사유가 발생한 사실을 알지 못한 경우에는 청약철회의 효력은 발생하지 않습니다. 〈개정 2014.12.26.〉

⑥ 제1항에서 보험증권을 받은 날에 대한 다툼이 발생한 경우 회사가 이를 증명하여야 합니다.

제20조(약관교부 및 설명의무 등)

① 회사는 계약자가 청약할 때에 계약자에게 약관의 중요한 내용을 설명하여야 하며, 청약 후에 지체 없이 약관 및 계약자 보관용 청약서를 드립니다. 다만, 계약자가 동의하는 경우 약관 및 계약자 보관용 청약서 등을 광기록매체(CD, DVD 등), 전자우편 등 전자적 방법으로 송부할 수 있으며, 계약자 또는 그 대리인이 약관 및 계약자 보관용 청약서 등을 수신하였을 때에는 해당 문서를 드린 것으로 봅니다. 또한, <u>통신판매계약</u>의 경우, 회사는 계약자의 동의를 얻어 다음 중 한 가지 방법으로 약관의 중요한 내용을 설명할 수 있습니다. → **통신판매계약 : 전화 · 우편 · 인터넷 등 통신수단을 이용하여 체결하는 계약**

1. 인터넷 홈페이지에서 약관 및 그 설명문(약관의 중요한 내용을 알 수 있도록 설명한 문서)을 읽거나 내려받게 하는 방법. 이 경우 계약자가 이를 읽거나 내려받은 것을 확인한 때에 당해 약관을 드리고 그 중요한 내용을 설명한 것으로 봅니다.

2. 전화를 이용하여 청약내용, 보험료납입, 보험기간, 계약 전 알릴 의무, 약관의 중요한 내용 등 계약을 체결하는 데 필요한 사항을 질문 또는 설명하는 방법. 이 경우 계약자의 답변과 확인내용을 음성 녹음함으로써 약관의 중요한 내용을 설명한 것으로 봅니다.

② 회사가 제1항에 따라 제공될 약관 및 계약자 보관용 청약서를 청약할 때 계약자에게 전달하지 않거나 약관의 중요한 내용을 설명하지 않은 때 또는 계약을 체결할 때 계약자가 청약서에 자필서명(날인(도장을 찍음) 및 전자서명법 제2조 제2호에 따른 전자서명 또는 동법 제2조 제3호에 따른 공인전자서명을 포함합니다)을 하지 않은 때에는 계약자는 계약이 성립한 날부터 3개월 이내에 계약을 취소할 수 있습니다. 〈개정 2014.12.26.〉

③ 제2항에도 불구하고 전화를 이용하여 계약을 체결하는 경우 다음의 각 호의 어느 하나를 충족하는 때에는 자필서명을 생략할 수 있으며, 제1항의 규정에 따른 음성녹음 내용을 문서화한 확인서를 계약자에게 드림으로써 계약자 보관용 청약서를 전달한 것으로 봅니다.

1. 계약자, 피보험자 및 보험수익자가 동일한 계약의 경우

2. 계약자, 피보험자가 동일하고 보험수익자가 계약자의 법정상속인인 계약일 경우

④ 제2항에 따라 계약이 취소된 경우에는 회사는 이미 납입한 보험료를 계약자에게 돌려 드리며, 보험료를 받은 기간에 대하여 보험계약대출이율을 연단위 복리로 계산한 금액을 더하여 지급합니다.

제21조(계약의 무효)

다음 중 한 가지에 해당되는 경우에는 계약을 무효로 하며 이미 납입한 보험료를 돌려드립니다. 다만, 회사의 고의 또는 과실로 계약이 무효로 된 경우와 회사가 승낙 전에 무효임을 알았거나 알 수 있었음에도 보험료를 반환하지 않은 경우에는 보험료를 납입한 날의 다음날부터 반환일까지의 기간에 대하여 회사는 이 계약의 보험계약대출이율을 연단위 복리로 계산한 금액을 더하여 돌려 드립니다.

1. 타인의 사망을 보험금 지급사유로 하는 계약에서 계약을 체결할 때까지 피보험자의 서면에 의한 동의를 얻지 않은 경우. 다만, 단체가 규약에 따라 구성원의 전부 또는 일부를 피보험자로 하는 계약을 체결하는 경우에는 이를 적용하지 않습니다.

이 때 단체보험의 보험수익자를 피보험자 또는 그 상속인이 아닌 자로 지정할 때에는 단체의 규약에서 명시적으로 정한 경우가 아니면 이를 적용합니다. 〈개정 2014.12.26.〉

2. 만15세 미만자, 심신상실자 또는 심신박약자를 피보험자로 하여 사망을 보험금 지급사유로 한 경우. 다만, 심신박약자가 계약을 체결하거나 소속 단체의 규약에 따라 단체보험의 피보험자가 될 때에 의사능력이 있는 경우에는 계약이 유효합니다. 〈개정 2015.8.31.〉

3. 계약을 체결할 때 계약에서 정한 피보험자의 나이에 미달되었거나 초과되었을 경우. 다만, 회사가 나이의 착오를 발견하였을 때 이미 계약나이에 도달한 경우에는 유효한 계약으로 보나, 제2호의 만15세 미만자에 관한 예외가 인정되는 것은 아닙니다.

제22조(계약내용의 변경 등)

① 계약자는 회사의 승낙을 얻어 다음의 사항을 변경할 수 있습니다. 이 경우 승낙을 서면 등으로 알리거나 보험증권의 뒷면에 기재하여 드립니다.

1. 보험종목
2. 보험기간
3. 보험료 납입주기, 납입방법 및 납입기간
4. 계약자, 피보험자
5. 보험가입금액, 보험료 등 기타 계약의 내용

② 계약자는 보험수익자를 변경할 수 있으며 이 경우에는 회사의 승낙이 필요하지 않습니다. 다만, 변경된 보험수익자가 회사에 권리를 대항하기 위해서는 계약자가 보험수익자가 변경되었음을 회사에 통지하여야 합니다.

③ 회사는 계약자가 제1회 보험료를 납입한 때부터 1년 이상 지난 유효한 계약으로서 그 보험종목의 변경을 요청할 때에는 회사의 사업방법서에서 정하는 방법에 따라 이를 변경하여 드립니다.

④ 회사는 계약자가 제1항 제5호에 따라 보험가입금액을 감액하고자 할 때에는 그 감액된 부분은 해지된 것으로 보며, 이로써 회사가 지급하여야 할 해지환급금이 있을 때에는 제34조(해지환급금) 제1항에 따른 해지환급금을 계약자에게 지급합니다.

⑤ 계약자가 제2항에 따라 보험수익자를 변경하고자 할 경우에는 보험금 지급사유가 발생하기 전에 피보험자가 서면으로 동의하여야 합니다.

⑥ 회사는 제1항에 따라 계약자를 변경한 경우, 변경된 계약자에게 보험증권 및 약관을 교부하고 변경된 계약자가 요청하는 경우 약관의 중요한 내용을 설명하여 드립니다.

제23조(보험나이 등)

① 이 약관에서의 피보험자의 나이는 보험나이를 기준으로 합니다. 다만, 제21조(계약의 무효) 제2호의 경우에는 실제 만 나이를 적용합니다.

② 제1항의 보험나이는 계약일 현재 피보험자의 실제 만 나이를 기준으로 6개월 미만의 끝수는 버리고 6개월 이상의 끝수는 1년으로 하여 계산하며, 이후 매년 계약 해당일에 나이가 증가하는 것으로 합니다.

③ 피보험자의 나이 또는 성별에 관한 기재사항이 사실과 다른 경우에는 정정된 나이 또는 성별에 해당하는 보험금 및 보험료로 변경합니다.

→ **보험나이 계산의 예 : 생년월일 - 1978년 10월 2일, 현재(계약일): 2016년 4월 13일**
2016년 4월 13일 - 1978년 10월 2일 = 38년 6월 11일 = 39세

제24조(계약의 소멸)

피보험자의 사망으로 인하여 이 약관에서 규정하는 보험금 지급사유가 더 이상 발생할 수 없는 경우에는 이 계약은 그 때부터 효력이 없습니다. 이 때 사망을 보험금 지급사유로 하지 않는 경우에는 '보험료 및 책임준비금 산출방법서'에서 정하는 바에 따라 회사가 적립한 사망 당시의 책임준비금을 지급합니다.

→ 책임준비금 : 장래의 보험금, 해지환급금 등을 지급하기 위하여 계약자가 납입한 보험료 중 일정액을 회사가 적립해 둔 금액

제 5 관 보험료의 납입

제25조(제1회 보험료 및 회사의 보장개시)

① 회사는 계약의 청약을 승낙하고 제1회 보험료를 받은 때부터 이 약관이 정한 바에 따라 보장을 합니다. 또한, 회사가 청약과 함께 제1회 보험료를 받은 후 승낙한 경우에도 제1회 보험료를 받은 때부터 보장이 개시됩니다. 자동이체 또는 신용카드로 납입하는 경우에는 자동이체신청 또는 신용카드매출승인에 필요한 정보를 제공한 때를 제1회 보험료를 받은 때로 하며, 계약자의 책임 있는 사유로 자동이체 또는 매출승인이 불가능한 경우에는 보험료가 납입되지 않은 것으로 봅니다.

② 회사가 청약과 함께 제1회 보험료를 받고 청약을 승낙하기 전에 보험금 지급사유가 발생하였을 때에도 보장개시일부터 이 약관이 정하는 바에 따라 보장을 합니다.

→ 보장개시일 : 회사가 보장을 개시하는 날로서 계약이 성립되고 제1회 보험료를 받은 날을 말하나, 회사가 승낙하기 전이라도 청약과 함께 제1회 보험료를 받은 경우에는 제1회 보험료를 받은 날을 말합니다. 또한, 보장개시일을 계약일로 봅니다.

③ 회사는 제2항에도 불구하고 다음 중 한 가지에 해당되는 경우에는 보장을 하지 않습니다.

1. 제14조(계약 전 알릴 의무)에 따라 계약자 또는 피보험자가 회사에 알린 내용이나 건강진단 내용이 보험금 지급사유의 발생에 영향을 미쳤음을 회사가 증명하는 경우

2. 제16조(알릴 의무 위반의 효과)를 준용하여 회사가 보장을 하지 않을 수 있는 경우

3. 진단계약에서 보험금 지급사유가 발생할 때까지 진단을 받지 않은 경우. 다만, 진단계약에서 진단을 받지 않은 경우라도 상해로 보험금 지급사유가 발생하는 경우에는 보장을 해드립니다.

제26조(제2회 이후 보험료의 납입)

계약자는 제2회 이후의 보험료를 납입기일까지 납입하여야 하며, 회사는 계약자가 보험료를 납입한 경우에는 영수증을 발행하여 드립니다. 다만, 금융회사(우체국을 포함합니다)를 통하여 보험료를 납입한 경우에는 그 금융회사 발행 증빙서류를 영수증으로 대신합니다.

→ 납입기일 : 계약자가 제2회 이후의 보험료를 납입하기로 한 날을 말합니다.

제27조(보험료의 자동대출납입)

① 계약자는 제28조(보험료의 납입이 연체되는 경우 납입최고(독촉)와 계약의 해지)에 따른 보험료의 납입최고(독촉)기간이 지나기 전까지 회사가 정한 방법에 따라 보험료의 자동대출납입을 신청할 수 있으며, 이 경우 제35조(보험계약대출) 제1항에 따른 보험계약대출금으로 보험료가 자동으로 납입되어 계약은 유효하게 지속됩니다. 다만, 계약자가 서면 이외에 인터넷 또는 전화(음성녹음) 등으로 자동대출납입을 신청할 경우 회사는 자동대출납입 신청내역을 서면 또는 전화(음성녹음) 등으로 계약자에게 알려드립니다.

② 제1항의 규정에 의한 대출금과 보험료의 자동대출 납입일의 다음날부터 그 다음 보험료의 납입최고(독촉)기간까지의 이자(보험계약대출이율 이내에서 회사가 별도로 정하는 이율을 적용하여 계산)를 더한 금액이 해당 보험료가 납입된 것으로 계산한 해지환급금과 계약자에게 지급할 기타 모든 지급금의 합계액에서 계약자의 회사에 대한 모든 채무액을 뺀 금액을 초과하는 경우에는 보험료의 자동대출납입을 더는 할 수 없습니다.

③ 제1항 및 제2항에 따른 보험료의 자동대출납입 기간은 최초 자동대출납입일부터 1년을 한도로 하며 그 이후의 기간에 대한 보험료의 자동대출납입을 위해서는 제1항에 따라 재신청을 하여야 합니다.

④ 보험료의 자동대출 납입이 행하여진 경우에도 자동대출 납입전 납입최고(독촉)기간이 끝나는 날의 다음날부터 1개월 이내에 계약자가 계약의 해지를 청구한 때에는 회사는 보험료의 자동대출 납입이 없었던 것으로 하여 제34조(해지환급금) 제1항에 따른 해지환급금을 지급합니다.

제28조(보험료의 납입이 연체되는 경우 납입최고(독촉)와 계약의 해지)

① 계약자가 제2회 이후의 보험료를 납입기일까지 납입하지 않아 보험료 납입이 연체 중인 경우에 회사는 14일(보험기간이 1년 미만인 경우에는 7일) 이상의 기간을 납입최고(독촉)기간(납입최고(독촉)기간의 마지막 날이 영업일이 아닌 때에는 최고(독촉)기간은 그 다음 날까지로 합니다)으로 정하여 아래 사항에 대하여 서면(등기우편 등), 전화(음성녹음) 또는 전자문서 등으로 알려드립니다. 다만, 해지 전에 발생한 보험금 지급사유에 대하여 회사는 보상하여 드립니다.

1. 계약자(보험수익자와 계약자가 다른 경우 보험수익자를 포함합니다)에게 납입최고(독촉)기간 내에 연체보험료를 납입하여야 한다는 내용

2. 납입최고(독촉)기간이 끝나는 날까지 보험료를 납입하지 않을 경우 납입최고(독촉)기간이 끝나는 날의 다음날에 계약이 해지된다는 내용(이 경우 계약이 해지되는 때에는 즉시 해지환급금에서 보험계약대출원금과 이자가 차감된다는 내용을 포함합니다)

② 회사가 제1항에 따른 납입최고(독촉) 등을 전자문서로 안내하고자 할 경우에는 계약자에게 서면, 전자서명법 제2조 제2호에 따른 전자서명 또는 동법 제2조 제3호에 따른 공인전자서명으로 동의를 얻어 수신확인을 조건으로 전자문서를 송신하여야 하며, 계약자가 전자문서에 대하여 수신을 확인하기 전까지는 그 전자문서는 송신되지 않은 것으로 봅니다. 회사는 전자문서가 수신되지 않은 것을 확인한 경우에는 제1항에서 정한 내용을 서면(등기우편 등) 또는 전화(음성녹음)로 다시 알려 드립니다.

③ 제1항에 따라 계약이 해지된 경우에는 제34조(해지환급금) 제1항에 따른 해지환급금을 계약자에게 지급합니다.

제29조(보험료의 납입연체로 인한 해지계약의 부활(효력회복))

① 제28조(보험료 납입이 연체되는 경우 납입최고(독촉)와 계약의 해지)에 따라 계약이 해지되었으나 해지환급금을 받지 않은 경우(보험계약대출 등에 따라 해지환급금이 차감되었으나 받지 않은 경우 또는 해지환급금이 없는 경우를 포함합니다) 계약자는 해지된 날부터 3년 이내에 회사가 정한 절차에 따라 계약의 부활(효력회복)을 청약할 수 있습니다. 회사가 부활(효력회복)을 승낙한 때에 계약자는 부활(효력회복)을 청약한 날까지의 연체된 보험료에 평균공시이율+ 1% 범위내에서 각 상품별로 회사가 정하는 이율로 계산한 금액을 더하여 납입하여야 합니다. 다만 금리연동형보험은 각 상품별 사업방법서에서 별도로 정한 이율로 계산합니다.

② 제1항에 따라 해지계약을 부활(효력회복)하는 경우에는 제14조(계약 전 알릴의무), 제16조(알릴 의무 위반의 효과), 제17조(사기에 의한 계약), 제18조(보험계약의 성립) 및 제25조(제1회 보험료 및 회사의 보장개시)를 준용합니다.

제30조(강제집행 등으로 인한 해지계약의 특별부활(효력회복))

① 회사는 계약자의 해지환급금 청구권에 대한 강제집행, 담보권실행, 국세 및 지방세 체납처분절차에 따라 계약이 해지된 경우 해지 당시의 보험수익자가 계약자의 동의를 얻어 계약 해지로 회사가 채권자에게 지급한 금액을 회사에 지급하고 제22조(계약내용의 변경 등) 제1항의 절차에 따라 계약자 명의를 보험수익자로 변경하여 계약의 특별부활(효력회복)을 청약할 수 있음을 보험수익자에게 통지하여야 합니다.

② 회사는 제1항에 따른 계약자 명의변경 신청 및 계약의 특별부활(효력회복) 청약을 승낙합니다.

③ 회사는 제1항의 통지를 지정된 보험수익자에게 하여야 합니다. 다만, 회사는 법정상속인이 보험수익자로 지정된 경우에는 제1항의 통지를 계약자에게 할 수 있습니다.

④ 회사는 제1항의 통지를 계약이 해지된 날부터 7일 이내에 하여야 합니다.

⑤ 보험수익자는 통지를 받은 날(제3항에 따라 계약자에게 통지된 경우에는 계약자가 통지를 받은 날을 말합니다)부터 15일 이내에 제1항의 절차를 이행할 수 있습니다.

제 6 관 계약의 해지 및 해지환급금 등

제31조(계약자의 임의해지 및 피보험자의 서면동의 철회)

① 계약자는 계약이 소멸하기 전에는 언제든지 계약을 해지할 수 있으며, 이 경우 회사는 제34조(해지환급금) 제1항에 따른 해지환급금을 계약자에게 지급합니다.

② 제21조(계약의 무효)에 따라 사망을 보험금 지급사유로 하는 계약에서 서면으로 동의를 한 피보험자는 계약의 효력이 유지되는 기간에는 언제든지 서면동의를 장래를 향하여 철회할 수 있으며, 서면동의 철회로 계약이 해지되어 회사가 지급하여야 할 해지환급금이 있을 때에는 제34조(해지환급금) 제1항에 따른 해지환급금을 계약자에게 지급합니다.

제32조(중대사유로 인한 해지)

① 회사는 아래와 같은 사실이 있을 경우에는 안 날부터 1개월 이내에 계약을 해지할 수 있습니다.

1. 계약자, 피보험자 또는 보험수익자가 고의로 보험금 지급사유를 발생시킨 경우

2. 계약자, 피보험자 또는 보험수익자가 보험금 청구에 관한 서류에 고의로 사실과 다른 것을 기재하였거나 그 서류 또는 증거를 위조 또는 변조한 경우. 다만, 이미 보험금 지급사유가 발생한 경우에는 보험금 지급에 영향을 미치지 않습니다.

② 회사가 제1항에 따라 계약을 해지한 경우 회사는 그 취지를 계약자에게 통지하고 제34조(해지환급금) 제1항에 따른 해지환급금을 지급합니다.

제33조(회사의 파산선고와 해지)

① 회사가 파산의 선고를 받은 때에는 계약자는 계약을 해지할 수 있습니다.

② 제1항의 규정에 따라 해지하지 않은 계약은 파산선고 후 3개월이 지난 때에는 그 효력을 잃습니다. 〈개정 2014.12.26.〉

③ 제1항의 규정에 따라 계약이 해지되거나 제2항의 규정에 따라 계약이 효력을 잃는 경우에 회사는 제34조(해지환급금) 제1항에 의한 해지환급금을 계약자에게 지급합니다.

제34조(해지환급금)

① 이 약관에 따른 해지환급금은 보험료 및 책임준비금 산출방법서에 따라 계산합니다.

② 해지환급금의 지급사유가 발생한 경우 계약자는 회사에 해지환급금을 청구하여야 하며, 회사는 청구를 접수한 날부터 3영업일 이내에 해지환급금을 지급합니다. 해지환급금 지급일까지의 기간에 대한 이자의 계산은 〈부표 9-1〉 '보험금을 지급할 때의 적립이율 계산'에 따릅니다.

③ 회사는 경과기간별 해지환급금에 관한 표를 계약자에게 제공하여 드립니다.

제35조(보험계약대출)

① 계약자는 이 계약의 해지환급금 범위 내에서 회사가 정한 방법에 따라 대출(이하 '보험계약대출'이라 합니다)을 받을 수 있습니다. 그러나, 순수보장성보험 등 보험상품의 종류에 따라 보험계약대출이 제한될 수도 있습니다.

② 계약자는 제1항에 따른 보험계약대출금과 그 이자를 언제든지 상환할 수 있으며 상환하지 않은 때에는 회사는 보험금, 해지환급금 등의 지급사유가 발생한 날에 지급금에서 보험계약대출의 원금과 이자를 차감할 수 있습니다.

③ 제2항의 규정에도 불구하고 회사는 제28조(보험료 납입이 연체되는 경우 납입최고(독촉)와 계약의 해지)에 따라 계약이 해지되는 때에는 즉시 해지환급금에서 보험계약대출의 원금과 이자를 차감합니다.

④ 회사는 보험수익자에게 보험계약대출 사실을 통지할 수 있습니다.

제36조(배당금의 지급)

① 회사는 금융감독원장이 정하는 방법에 따라 회사가 결정한 배당금을 계약자에게 지급합니다.

② 회사는 배당금 지급이 결정되었을 때에는 그 내역을 계약자에게 알려 드립니다.

제 7 관 분쟁의 조정 등

제37조(분쟁의 조정)

계약에 관하여 분쟁이 있는 경우 분쟁 당사자 또는 기타 이해관계인과 회사는 금융감독원장에게 조정을 신청할 수 있습니다.

제38조(관할법원)

이 계약에 관한 소송 및 민사조정은 계약자의 주소지를 관할하는 법원으로 합니다. 다만, 회사와 계약자가 합의하여 관할법원을 달리 정할 수 있습니다.

제39조(소멸시효)

보험금청구권, 만기환급금청구권, 보험료 반환청구권, 해지환급금청구권, 책임준비금 반환청구권 및 배당금 청구권은 3년간 행사하지 않으면 소멸시효가 완성됩니다. 〈개정 2014.12.26.〉

제40조(약관의 해석)

① 회사는 신의성실의 원칙에 따라 공정하게 약관을 해석하여야 하며 계약자에 따라 다르게 해석하지 않습니다.

② 회사는 약관의 뜻이 명백하지 않은 경우에는 계약자에게 유리하게 해석합니다.

③ 회사는 보험금을 지급하지 않는 사유 등 계약자나 피보험자에게 불리하거나 부담을 주는 내용은 확대하여 해석하지 않습니다.

제41조(회사가 제작한 보험안내자료 등의 효력)

보험설계사 등이 모집과정에서 사용한 회사 제작의 보험안내자료(계약의 청약을 권유하기 위해 만든 자료 등을 말합니다)의 내용이 약관의 내용과 다른 경우에는 계약자에게 유리한 내용으로 계약이 성립된 것으로 봅니다.

제42조(회사의 손해배상책임)

① 회사는 계약과 관련하여 임직원, 보험설계사 및 대리점의 책임 있는 사유로 계약자, 피보험자 및 보험수익자에게 발생된 손해에 대하여 관계 법령 등에 따라 손해배상의 책임을 집니다.

② 회사는 보험금 지급 거절 및 지연지급의 사유가 없음을 알았거나 알 수 있었는데도 소를 제기하여 계약자, 피보험자 또는 보험수익자에게 손해를 가한 경우에는 그에 따른 손해를 배상할 책임을 집니다.

③ 회사가 보험금 지급여부 및 지급금액에 관하여 현저하게 공정을 잃은 합의로 보험수익자에게 손해를 가한 경우에도 회사는 제2항에 따라 손해를 배상할 책임을 집니다.

제43조(개인정보보호)

① 회사는 이 계약과 관련된 개인정보를 이 계약의 체결, 유지, 보험금 지급 등을 위하여 「개인정보 보호법」, 「신용정보의 이용 및 보호에 관한 법률」 등 관계 법령에 정한 경우를 제외하고 계약자, 피보험자 또는 보험수익자의 동의 없이 수집, 이용, 조회 또는 제공하지 않습니다. 다만, 회사는 이 계약의 체결, 유지, 보험금 지급 등을 위하여 위 관계 법령에 따라 계약자 및 피보험자의 동의를 받아 다른 보험회사 및 보험관련단체 등에 개인정보를 제공할 수 있습니다.

② 회사는 계약과 관련된 개인정보를 안전하게 관리하여야 합니다.

제44조(준거법)

이 계약은 대한민국 법에 따라 규율되고 해석되며, 약관에서 정하지 않은 사항은 상법, 민법 등 관계 법령을 따릅니다.

제45조(예금보험에 의한 지급보장)

회사가 파산 등으로 인하여 보험금 등을 지급하지 못할 경우에는 예금자보호법에서 정하는 바에 따라 그 지급을 보장합니다.

보험금을 지급할 때의 적립이율 계산
(제8조 제5항, 제9조 제3항 및 제34조 제2항 관련)

구　분	기　간	지 급 이 자
사망보험금, 후유장해보험금, 입원보험금, 간병보험금 등 (제3조)	지급기일의 다음 날부터 30일 이내 기간	보험계약대출이율
	지급기일의 31일이후부터 60일 이내 기간	보험계약대출이율 + 가산이율(4.0%)
	지급기일의 61일이후부터 90일 이내 기간	보험계약대출이율 + 가산이율(6.0%)
	지급기일의 91일 이후 기간	보험계약대출이율 + 가산이율(8.0%)
만기환급금 (제9조 제1항) 및 해지환급금(제34조 제1항)	지급사유가 발생한 날의 다음날부터 청구일까지의 기간	1년 이내 : 평균공시이율의 50%
		1년 초과기간 : 1%
	청구일의 다음 날부터 지급일까지의 기간	보험계약 대출이율

주)
1. 만기환급금은 회사가 보험금의 지급시기 도래 7일 이전에 지급할 사유와 금액을 알리지 않은 경우, 지급사유가 발생한 날의 다음 날부터 청구일까지의 기간은 평균공시이율을 적용한 이자를 지급
2. 지급이자의 계산은 연단위 복리로 계산하며, 금리연동형보험은 일자 계산
3. 계약자 등의 책임 있는 사유로 보험금 지급이 지연된 때에는 그 해당기간에 대한 이자는 지급되지 않을 수 있음
4. 금리연동형보험의 경우 상기 평균공시이율은 적립순보험료에 대한 적립이율

여행업 표준약관 – 해외여행

제1조(목적)

이 약관은 ○○여행사와 여행자가 체결한 국외여행계약의 세부 이행 및 준수사항을 정함을 목적으로 합니다.

제2조(여행사와 여행자 의무)

① 여행사는 여행자에게 안전하고 만족스러운 여행서비스를 제공하기 위하여 여행알선 및 안내·운송·숙박 등 여행계획의 수립 및 실행과정에서 맡은 바 임무를 충실히 수행하여야 합니다.

② 여행자는 안전하고 즐거운 여행을 위하여 여행자간 화합도모 및 여행사의 여행질서 유지에 적극 협조하여야 합니다.

제3조(용어의 정의)

여행의 종류 및 정의, 해외여행수속대행업의 정의는 다음과 같습니다.

1. 기획여행 : 여행사가 미리 여행목적지 및 관광일정, 여행자에게 제공될 운송 및 숙식서비스 내용(이하 '여행서비스'라 함), 여행요금을 정하여 광고 또는 기타 방법으로 여행자를 모집하여 실시하는 여행.

2. 희망여행 : 여행자(개인 또는 단체)가 희망하는 여행조건에 따라 여행사가 운송·숙식·관광 등 여행에 관한 전반적인 계획을 수립하여 실시하는 여행.

3. 해외여행 수속대행(이하 '수속대행계약'이라 함) : 여행사가 여행자로부터 소정의 수속대행요금을 받기로 약정하고, 여행자의 위탁에 따라 다음에 열거하는 업무(이하 '수속대행업무'라 함)를 대행하는 것.

1) 사증, 재입국 허가 및 각종 증명서 취득에 관한 수속

2) 출입국 수속서류 작성 및 기타 관련업무

제4조(계약의 구성)

① 여행계약은 여행계약서(붙임)와 여행약관·여행일정표(또는 여행 설명서)를 계약내용으로 합니다.

② 여행일정표(또는 여행설명서)에는 여행일자별 여행지와 관광내용·교통수단·쇼핑횟수·숙박장소·식사 등 여행실시일정 및 여행사 제공 서비스 내용과 여행자 유의사항이 포함되어야 합니다.

제5조(특약)

여행사와 여행자는 관계법규에 위반되지 않는 범위 내에서 서면으로 특약을 맺을 수 있습니다. 이 경우 표준약관과 다름을 여행사는 여행자에게 설명해야 합니다.

제6조(안전정보 제공 및 계약서 등 교부)

여행사는 여행자와 여행계약을 체결할 때 여행약관과 외교부 해외안전여행 홈페이지(www.0404.go.kr)에 게재된 여행지 안전정보를 제공하여야 하며, 여행계약을 체결한 경우 계약서와 여행일정표(또는 여행설명서)를 각 1부씩 여행자에게 교부하여야 합니다.

제7조(계약서 및 약관 등 교부 간주)

다음 각 호의 경우 여행계약서와 여행약관 및 여행일정표(또는 여행설명서)가 교부된 것으로 간주합니다.

1. 여행자가 인터넷 등 전자정보망으로 제공된 여행계약서, 약관 및 여행일정표(또는 여행설명서)의 내용에 동의하고 여행계약의 체결을 신청한 데 대해 여행사가 전자정보망 내지 기계적 장치 등을 이용하여 여행자에게 승낙의 의사를 통지한 경우

2. 여행사가 팩시밀리 등 기계적 장치를 이용하여 제공한 여행계약서, 약관 및 여행일정표(또는 여행설명서)의 내용에 대하여 여행자가 동의하고 여행계약의 체결을 신청하는 서면을 송부한 데 대해 여행사가 전자정보망 내지 기계적 장치 등을 이용하여 여행자에게 승낙의 의사를 통지한 경우

제8조(여행사의 책임)

여행사는 여행 출발시부터 도착시까지 여행사 본인 또는 그 고용인, 현지여행사 또는 그 고용인 등(이하 '사용인'이라 함)이 제2조제1항에서 규정한 여행사 임무와 관련하여 여행자에게 고의 또는 과실로 손해를 가한 경우 책임을 집니다.

제9조(최저행사인원 미 충족시 계약해제)

① 여행사는 최저행사인원이 충족되지 아니하여 여행계약을 해제하는 경우 여행출발 7일전까지 여행자에게 통지하여야 합니다.

② 여행사가 여행참가자 수 미달로 전항의 기일 내 통지를 하지 아니하고 계약을 해제하는 경우 이미 지급받은 계약금 환급 외에 다음 각 목의 1의 금액을 여행자에게 배상하여야 합니다.

　가. 여행출발 1일전까지 통지시 : 여행요금의 30%
　나. 여행출발 당일 통지시 : 여행요금의 50%

제10조(계약체결 거절)

여행사는 여행자에게 다음 각 호의 1에 해당하는 사유가 있을 경우에는 여행자와의 계약체결을 거절할 수 있습니다.

1. 다른 여행자에게 폐를 끼치거나 여행의 원활한 실시에 지장이 있다고 인정될 때
2. 질병 기타 사유로 여행이 어렵다고 인정될 때
3. 계약서에 명시한 최대행사인원이 초과되었을 때

제11조(여행요금)

① 여행계약서의 여행요금에는 다음 각 호가 포함됩니다. 다만, 희망여행은 당사자 간 합의에 따릅니다.
1. 항공기, 선박, 철도 등 이용운송기관의 운임(보통운임기준)
2. 공항, 역, 부두와 호텔사이 등 송영버스요금
3. 숙박요금 및 식사요금
4. 안내자경비
5. 여행 중 필요한 각종세금

6. 국내외 공항·항만세

7. 관광진흥개발기금

8. 일정표내 관광지 입장료

9. 기타 개별계약에 따른 비용

② 여행자는 계약체결시 계약금(여행요금 중 10%이하 금액)을 여행사에게 지급하여야 하며, 계약금은 여행요금 또는 손해배상액의 전부 또는 일부로 취급합니다.

③ 여행자는 제1항의 여행요금 중 계약금을 제외한 잔금을 여행출발 7일전까지 여행사에게 지급하여야 합니다.

④ 여행자는 제1항의 여행요금을 당사자가 약정한 바에 따라 카드, 계좌이체 또는 무통장입금 등의 방법으로 지급하여야 합니다.

⑤ 희망여행요금에 여행자 보험료가 포함되는 경우 여행사는 보험회사명, 보상내용 등을 여행자에게 설명하여야 합니다.

제12조(여행요금의 변경)

① 국외여행을 실시함에 있어서 이용운송·숙박기관에 지급하여야 할 요금이 계약체결시보다 5%이상 증감하거나 여행요금에 적용된 외화환율이 계약체결시보다 2% 이상 증감한 경우 여행사 또는 여행자는 그 증감된 금액 범위 내에서 여행요금의 증감을 상대방에게 청구할 수 있습니다.

② 여행사는 제1항의 규정에 따라 여행요금을 증액하였을 때에는 여행출발일 15일전에 여행자에게 통지하여야 합니다.

제13조(여행조건의 변경요건 및 요금 등의 정산)

① 위 제1조 내지 제12조의 여행조건은 다음 각 호의 1의 경우에 한하여 변경될 수 있습니다.

1. 여행자의 안전과 보호를 위하여 여행자의 요청 또는 현지사정에 의하여 부득이하다고 쌍방이 합의한 경우

2. 천재지변, 전란, 정부의 명령, 운송·숙박기관 등의 파업·휴업 등으로 여행의 목적을 달성할 수 없는 경우

② 제1항의 여행조건 변경 및 제12조의 여행요금 변경으로 인하여 제11조제1항의 여행요금에 증감이 생기는 경우에는 여행출발 전 변경 분은 여행출발 이전에, 여행 중 변경 분은 여행종료 후 10일 이내에 각각 정산(환급)하여야 합니다.

③ 제1항의 규정에 의하지 아니하고 여행조건이 변경되거나 제14조 또는 제15조의 규정에 의한 계약의 해제·해지로 인하여 손해배상액이 발생한 경우에는 여행출발 전 발생 분은 여행출발이전에, 여행 중 발생 분은 여행종료 후 10일 이내에 각각 정산(환급)하여야 합니다.

④ 여행자는 여행출발 후 자기의 사정으로 숙박, 식사, 관광 등 여행요금에 포함된 서비스를 제공받지 못한 경우 여행사에게 그에 상응하는 요금의 환급을 청구할 수 없습니다. 다만, 여행이 중도에 종료된 경우에는 제16조에 준하여 처리합니다.

① 여행사는 현지여행사 등의 고의 또는 과실로 여행자에게 손해를 가한 경우 여행사는 여행자에게 손해를 배상하여야 합니다.

② 여행사의 귀책사유로 여행자의 국외여행에 필요한 사증, 재입국 허가 또는 각종 증명서 등을 취득하지 못하여 여행자의 여행일정에 차질이 생긴 경우 여행사는 여행자로부터 절차대행을 위하여 받은 금액 전부 및 그 금액의 100%상당액을 여행자에게 배상하여야 합니다.

제14조(손해배상)

③ 여행사는 항공기, 기차, 선박 등 교통기관의 연발착 또는 교통체증 등으로 인하여 여행자가 입은 손해를 배상하여야 합니다. 다만, 여행사가 고의 또는 과실이 없음을 입증한 때에는 그러하지 아니합니다.

④ 여행사는 자기나 그 사용인이 여행자의 수하물 수령, 인도, 보관 등에 관하여 주의를 해태(懈怠)하지 아니하였음을 증명하지 아니하면 여행자의 수하물 멸실, 훼손 또는 연착으로 인한 손해를 배상할 책임을 면하지 못합니다.

제15조(여행출발 전 계약해제)

① 여행사 또는 여행자는 여행출발전 이 여행계약을 해제할 수 있습니다. 이 경우 발생하는 손해액은 '소비자분쟁해결기준'(공정거래위원회 고시)에 따라 배상합니다.

② 여행사 또는 여행자는 여행출발 전에 다음 각 호의 1에 해당하는 사유가 있는 경우 상대방에게 제1항의 손해배상액을 지급하지 아니하고 이 여행계약을 해제할 수 있습니다.

1. 여행사가 해제할 수 있는 경우

가. 제13조제1항제1호 및 제2호사유의 경우

나. 여행자가 다른 여행자에게 폐를 끼치거나 여행의 원활한 실시에 현저한 지장이 있다고 인정될 때

다. 질병 등 여행자의 신체에 이상이 발생하여 여행에의 참가가 불가능한 경우

라. 여행자가 계약서에 기재된 기일까지 여행요금을 납입하지 아니한 경우

2. 여행자가 해제할 수 있는 경우

가. 제13조제1항제1호 및 제2호의 사유가 있는 경우

나. 여행자의 3촌 이내 친족이 사망한 경우

다. 질병 등 여행자의 신체에 이상이 발생하여 여행에의 참가가 불가능한 경우

라. 배우자 또는 직계존비속이 신체이상으로 3일 이상 병원(의원)에 입원하여 여행 출발 전까지 퇴원이 곤란한 경우 그 배우자 또는 보호자 1인

마. 여행사의 귀책사유로 계약서 또는 여행일정표(여행설명서)에 기재된 여행일정대로의 여행실시가 불가능해진 경우

바. 제12조제1항의 규정에 의한 여행요금의 증액으로 인하여 여행 계속이 어렵다고 인정될 경우

제16조(여행출발 후 계약해지)

① 여행사 또는 여행자는 여행출발 후 부득이한 사유가 있는 경우 이 여행계약을 해지할 수 있습니다. 다만, 이로 인하여 상대방이 입은 손해를 배상하여야 합니다.

② 제1항의 규정에 의하여 계약이 해지된 경우 여행사는 여행자가 귀국하는데 필요한 사항을 협조하여야 하며, 이에 필요한 비용으로서 여행사의 귀책사유에 의하지 아니한 것은 여행자가 부담합니다.

제17조(여행의 시작과 종료)

여행의 시작은 탑승수속(선박인 경우 승선수속)을 마친 시점으로 하며, 여행의 종료는 여행자가 입국장 보세구역을 벗어나는 시점으로 합니다. 다만, 계약내용상 국내이동이 있을 경우에는 최초 출발지에서 이용하는 운송수단의 출발시각과 도착시각으로 합니다.

제18조(설명의무)

여행사는 계약서에 정하여져 있는 중요한 내용 및 그 변경사항을 여행자가 이해할 수 있도록 설명하여야 합니다.

제19조(보험가입 등)

여행사는 이 여행과 관련하여 여행자에게 손해가 발생한 경우 여행자에게 보험금을 지급하기 위한 보험 또는 공제에 가입하거나 영업보증금을 예치하여야 합니다.

제20조(기타사항)

① 이 계약에 명시되지 아니한 사항 또는 이 계약의 해석에 관하여 다툼이 있는 경우에는 여행사 또는 여행자가 합의하여 결정하되, 합의가 이루어지지 아니한 경우에는 관계법령 및 일반관례에 따릅니다.

② 특수지역에의 여행으로서 정당한 사유가 있는 경우에는 이 표준약관의 내용과 달리 정할 수 있습니다.

【물품대부계약서】

물품대부계약서(표준계약서)

　　물품을 대부하는 자(이하 "갑"이라 한다)와 대부를 받는 자(이하 "을"이라 한다)는 다음과 같이 물품의 대부계약을 체결한다.

1. 대부원자재의 표시

품목	규격	단위	수량	단가(대부당시의가격)	총액

2. "갑"은 "을"에게 제1호에 기재한 원자재를 년 월 일부터 년 월 일까지 대부한다.

3. "을"은 대부받은 원자재를 제품()의 생산목적외의 다른 목적으로 사용하지 못한다.

4. 대부료는 원(또는 무상)으로 한다.

5. "갑"은 "을"에게 계약체결 후 5일 이내에 물품을 인도한다.

6. "갑" 또는 "을"은 대부 또는 환수를 하는 때에는 국방부장관이 지정하는 품질보증기관의 규격 및 품질검사를 받는다.

7. "을"은 "갑"에게 대부원자재를 반환하는 때에는 대부받은 원자재와 동종·동질·동량의 것으로 반환한다.

8. "을"은 "갑"이 인정하는 불가피한 사유로 인하여 대부원자재의 반환이 불가능하게 된 때에는 반환당시의 시가로 이를 "갑"에게 상환한다.

9. "을"은 대부기간이 종료된 후에도 원자재를 반환하지 못한 때에는 그 지연일수 1일에 대하여 대부당시 원자재 가격의 1.5 / 1000에 상당하는 지체상금을 "갑"에게 지불한다.

10. "을"은 대부 또는 반환에 따르는 모든 비용을 부담한다.

11. "을"이 제3호에 명시된 사용목적외의 다른 목적으로 원자재를 사용한 때에는 "갑"은 계약을 취소할 수 있고, 계약이 취소된 때에는 "을"은 계약취소일로부터 반환한 날까지 1일에 대하여 반환당시의 시가의 1.5 / 1000에 상당하는 위약금을 "갑"에게 지불한다.

12. "을"은 "갑"의 채권보전조치에 협조한다.("을"이 군 또는 연구기관인 경우에는 이 항을 삭제한다)

13. 이 계약서에 규정된 사항에 관하여 해석에 차이가 있는 때에는 "갑"과 "을"의 상호 합의에 의한다.

　　　　　　　　　　　　20○○년 ○월 ○일

"갑"	부대명	직위 성명	(서명 또는 인)
"을"	업체·연구기관명	직위 성명	(서명 또는 인)
		보증인	(서명 또는 인)
		보증인	(서명 또는 인)

인터넷쇼핑몰 입점계약서

제1조(목적)

본 약관은 인터넷에 사이버쇼핑몰에 입점하여 상품 또는 서비스를 판매 및 결재 정산하는데 필요한 제반 사항을 규정함에 그 목적이 있다.

제2조(상호 협조)

인터넷 사이버쇼핑몰 입점 업체 및 개인 과 인터넷청은 인터넷 쇼핑몰의 원활한 서비스 제공 및 가치 창조를 위하여 성실히 상호 협조한다.

제3조(입점기간 및 기간 연장)

① 입점기간 : 입점 당해년도 말
② 기간연장 : 기간 만료 1개월 전까지 쌍방 간에 서면상의 별도 통보가 없을 경우 계약기간을 1년 단위로 자동 연장한다.

제4조(개설 및 운영)

① 사이버쇼핑몰의 개설은 입점 희망 업주의 서면 및 온라인 신청 후 본 청의 심의를 거쳐 무상으로 지원한다. 단 이때 심의 기간은 2주 이내로 한다.
② 사이버쇼핑몰의 상품 정보에 대한 운영의 책임은 입점주 및 개인에게 있다.
③ 사이버쇼핑몰의 시스템 운영의 책임은 동해 시청에게 있다.
④ 판매업자가 상품의 품절 등의 사유로 상품의 인도 또는 용역의 제공을 할 수 없을 때에는 주문을 받은 날로부터 2일 이내에 인터넷 청에게 및 사용 고객에게 그 사유를 통보하여야 한다.

제5조(입점에 따른 지원)

① 인터넷 청은 입점자에게 사이버쇼핑몰, 상품 관리, 배송관리, 지불 관리 소프트웨어를 제공한다.
② 인터넷 청은 ①항에 명시된 소프트웨어의 사용 교육을 실시한다.

제6조(입점 자격조건)

① 입점 희망자는 방문판매등에관한 법률 제17조에 의하여 통신 판매업자의 신고 및 허가를 필하여야 한다.
② 입점 희망자는 인터넷 청에서 제시하는 상품의 품질 및 서비스 제공 여건을 만족하여야 한다.
③ 입점 희망자는 소비자 보호법, 소비자 보호법 시행령, 전자서명법, 전자거래 기본법, 방문판매 등에 관한 법(통신판매), 할부거래에 관한 법률, 정보화촉진기본법법률 의 준수 할 것을 약정하여야 한다.

제7조(입점의 해지)

① 입점자가 인터넷의 시책에 적합하지 않는 서비스 및 상품을 제공하고 있다고 판단할 때 인터넷은 이에 대하여 임의로 입점 해지 할 수 있다.

② 배송 지연, 품질의 저하 등 부적합 요소가 발생시 인터넷은 임의로 입점을 해지 할 수 있다.

제8조(상품 가격의 책정)

① 사이버 쇼핑몰의 상품 가격은 (판매 상품가) + (운송료) + (지불시스템 이용료)로 책정한다.

② 최초 상품 가격의 책정은 동해 시청과 상담하여 결정하며 향후 상품가격의 변경 및 할인은 상점주의 운영 및 책임 하에 이루어진다.

③ ②항의 경우 가격 및 상품의 변동이 있을 경우 반드시 인터넷청에 통보하여야 한다.

④ 운송료의 경우 우편 운송료 또는 택배 운송료를 기준으로 한다.

⑤ 사용 고객의 신용카드 사용에 따른 수수료는 사용 고객 부담으로 한다.

제9조(판매 대금의 정산)

① 판매 대금은 관련 법규에서 정하여진 사용자의 반품 및 주문 철회 기간이 지난 후에 지급되어진다.

② 소비자에 의하여 결재되어진 대금은 동해 시청에서 임시 보관하며 이에 따른 이자 수익은 정산금액에서 제외한다.

③ 입점자는 대금 처리 현황을 사이버 쇼핑몰의 관리페이지를 이용하여 파악 할 수 있다.

④ 접적 환불 및 매출 취소 가능 기간 이내의 환불 및 매출 취소시에 인터넷은 판매 상품 또는 서비스가 반송된 시점에 사용 고객에게 인터넷에서 보관중인 대금을 환불한다.

⑤ 인터넷은 인터넷의 사이버 쇼핑몰에 의하여 거래된 상품 또는 서비스에 이상이 있다고 판단시 그 대금의 정산을 임의로 연기 할 수 있다.

제10조(할부판매)

① 입점주는 인터넷이 승인하는 경우에 한하여 할부판매를 실시할 수 있다.

② 입점주는 "할부거래에 관한 법률"이 정하는 바에 따라 거래에 필요한 정보를 제공하여야 한다.

③ 입점주는 할부가격이 20만원 이상으로서 다음 각 호에 해당하는 사유가 있는 경우 사용 고객의 항변을 수용하여야 한다.

  1. 할부계약이 무효 취소 또는 해제된 경우

  2. 목적물의 전부 또는 일부가 계약서상의 인도 등의 시기까지 인도 또는 제공된 아니한 경우

  3. 사용 고객이 하자담보 책임을 입증한 경우

④ ③항의 경우 입점주는 사용 고객의 항변사유를 법정기일 이내에 해소하여 할부 계약을 유지시킬 수 있는 경우 인터넷에 이를 즉시 그 예정 기일과 함께 통보하여야 그러하지 아니할 경우 할부잔액을 포기한 것으로 간주하며 이때의 환입 방법은 인터넷이 정하는 바에 따른다.

⑤ 인터넷의 판단에 의하여 입점주의 할부 판매를 중지 또는 금지 시킬 수 있다.

제11조(변경통지)

① 입점주는 인터넷에 신고한 상호, 대표자, 소재지, 연락처, 예금계좌, 업종 또는 영업형태 등에 변경이 있을 경우 또는 영업권의 양도, 기타 주요사항의 변경이 발생하였을 경우에는 그 사실을 즉시 통지하여야 한다.

② ①항의 경우 발생 시 인터넷은 입점 업체에 대하여 재심사를 한 후 그에 따른 서비스 지속여부를 임의로 판단 할 수 있다.

③ ① 의 의무를 다하지 않았을 경우 인터넷은 임의로 서비스를 중단 할 수 있다.

제12조(정보 기밀 유지 및 사용제한)

① 입점주는 인터넷의 사이버쇼핑몰에서 얻은 사용 고객의 정보를 인터넷의 승인 없이 제3자에게 누설 또는 임의 사용 할 수 없다.

② 인터넷은 입점주의 정보를 신용정보기관 및 관련 기관의 요청시에 임의로 제공 할 수 있음에 동의한다.

제13조(손해 배상)

① 입점주가 제공하는 정보의 오류에 의하여 손해가 발생하는 경우 입점주는 손해를 배상할 책임을 진다.

② 입점주가 소비자 보호법, 소비자 보호법 시행령, 전자서명법, 전자거래 기본법, 방문판매 등에 관한 법(통신판매), 할부거래에 관한 법률, 정보화촉진기본법법률을 위반하여 민·형사상의 고소 등을 당할 경우 "을"의 책임과 비용으로 모든 문제를 해결한다.

제14조(이 규약이 정하지 아니한 사항)

이 규약에 정하지 아니한 사항과 이 규약의 해석에 관하여는 관계법력 또는 상관습에 따른다.

제15조(약관의 효력)

본 약관의 효력은 입점자가 승인한 시점에서 그 효력을 발효한다.

유학수속대행 표준계약서

□ 일괄수속

구 분	내역	단위	금 액
기본 수속대행료	상담, 입학수속, 출국준비수속 및 기타 부대업무 수행에 따른 비용(기본 3개교 이내) – 상담 및 정보제공비 – 입학원서(application form) 작성비 – 학업계획서(study plan) 작성비 – 자기소개서(autobiography) 작성비 – 통상적인 우편료 및 통신비 등	일괄 (팩키 지)	
추가 수속대행료	지원학교 추가	1개교 당	
별도 본인부담금	1. 기본 수속대행료에 포함되지 않은 비용 – 학업계획서 및 자기소개서외 별도의 에세이 작성비 – portfolio description 작성비 – syllabus 작성비 – 의뢰인의 요청에 의한 국제통화료 및 특수우편료 2. 지원학교 등 외부기관 지불비용 – 지원학교 입학신청료 – 각종시험점수 통보요청 수수료 – 비자신청비 – 학비예납금 – 숙소신청비 – 공항마중 의뢰비 – 서류공증료 – 의료보험료	1건당	
계			

□ 부분수속

구분	내역	단위	금액
입학원서 작성비		1개교당	
번역비	▫ 학업계획서(study plan) ▫ 에세이(essay) ▫ 추천서 ▫ 이력서 ▫ portfolio/syllabus ▫ 졸업 및 성적증명서/생활기록부 ▫ 비자서류 ▫ 기타()	1건당	
계			

　유학상담을 통하여 유학소속을 대행해 줄 것을 의뢰한 자 ○○○(이하 "의뢰인"이라 한다)과 유학소속을 대행해 주는 사업자인 (주)○○○○유학대행사 (이하 "유학원"이라 한다)가 앞면에 기재한 금액 등으로 유학수속 대행계약을 체결한 경우에 당사자의 권리·의무에 관한 내용은 다음과 같다.

제1조(유학원의 의무)

① 유학원은 의뢰인을 위해 다음 각 호의 업무를 제공·처리함에 있어서 의뢰인이 입학하고자 하는 지원학교에 예정된 일정에 입학할 수 있도록 선량한 관리자로서의 주의의무를 다하여야 한다.

　1. 상담(수속과정, 학교선택, 교육과정, 관련비용, 현지생활 등에 관한 구체적인 정보 제공)
　2. 원서요청 및 원서작성
　3. 서류번역, 에세이 작성, 학업계획서 작성, 추천서 자료 및 일정 점검
　4. 외국어시험접수 통보(Test Score Report) 요청
　5. 입학신청료(Application Fee) 환전·납부
　6. 미술작품설명서(Portfolio Description) 작성
　7. 원서 서류 발송 및 응신
　8. 인터뷰 예약
　9. 입학허가 여부 확인
　10. 학비예약금(Deposit) 송금
　11. 병무연기 안내
　12. 비자서류 점검, 번역 및 비자면접 연습
　13. 신체검사 안내
　14. 기숙사 신청 및 공항마중 신청
　15. 출국준비 안내

② 유학원은 의뢰인의 의뢰에 따라 유학상담 및 유학수속 대행업무를 수행함에 있어서 사실에 입각한 정확한 정보와 자료를 제공하여야 한다.

③ 유학원은 의뢰인과의 상담 및 의뢰인이 제출한 자료 등을 기초로 지원학교를 선정한 경우에는 즉시, 의뢰인에게 통지하여야 한다.

④ 유학원은 의뢰인에게 유학소속대행업무의 구체적인 내용과 그 비용을 서면으로 제시·설명하고, 추가적으로 비용을 청구하는 경우에는 근거자료를 제시하여 그 이유를 명백하게 설명하여야 한다.

⑤ 유학원이 의뢰인을 대신하여 학비 및 제반 수수료의 송금업무를 수행하는 경우에는 먼저, 유학원 소정의 영수증을 발급하고 차후 해당 학교로부터 영수증이 도착되면 이를 지체 없이 의뢰인에게 전달하여야 한다.

제2조(의뢰인의 의무)

① 의뢰인은 유학원이 유학수속 대행업무를 수행할 수 있도록 계약체결시 약정한 비용 및 유학수속 진행과정에서 필요한 지원학교 입학신청료 등 의뢰인이 부담해야할 비용을 지불하여야 한다.

② 의뢰인은 유학원의 요청에 따라 유학수속 대행업무에 필요한 각종 서류 등을 지정된 기간 내에 유학원에 제출하여야 하며, 의뢰인이 유학원에 제출하는 각종 서류 등은 사실과 부합되고 적법하게 발급된 것이어야 한다.

제3조(유학원의 면책)

① 유학원은 다음 각 호에 해당되는 경우에는 그 책임을 지지 않는다.

  1 .의뢰인이 제출한 서류 등이 사실과 어긋나거나 적법하지 않아 의뢰인에게 발생한 불이익

  2. 의뢰인의 귀책사유로 의뢰인이 지원을 의뢰한 학교들 중 어느 곳으로부터도 입학허가서를 취득하지 못한 경우

  3. 의뢰인의 사정으로 비자발급이 거부된 경우

② 유학원은, 의뢰인이 지원을 의뢰한 학교들 중 어느 곳에서도 소정 학기에 입학 허가서를 취득하지 못한 경우, 유학 수속상 업무처리의 오류가 없음을 입증할 경우에 한하여 그 책임을 면할 수 있다.

제4조(계약의 해제 및 손해배상)

① 유학원은 의뢰인이 제2조의 의무를 위반한 경우에 계약을 해제할 수 있으며, 유학원에게 손해가 발생한 경우 의뢰인에게 그 배상을 청구할 수 있다. 이때에 유학원은 이미 수령한 유학수속대행료 등과 의뢰인에 대한 손해배상금을 상계할 수 있다.

② 의뢰인은, 유학원이 제1조 제1항 내지 제4항의 의무를 위반한 경우 또는 의뢰인이 지원을 의뢰한 학교들 중 어느 곳으로부터도 소정 학기에 입학허가서를 취득하지 못하고 유학원이 유학수속상 업무처리의 오류가 없었음을 입증하지 못하는 경우, 계약을 해제하고 이미 지급한 유학수속대행료 전액의 반환 및 손해배상을 청구할 수 있다.

제5조(계약의 해지 및 대행료 환급 등)

① 의뢰인은 개인적 사정으로 유학원과의 계약을 해지할 수 있다.

② 전항의 경우에 유학원은 다음 각 호의 업무처리 진행단계에 따라 유학수속대행료에서 다음과 같은 일 정비율의 금액을 공제하고 그 나머지를 의뢰인에게 환급한다.

　1. 계약 후 의뢰인에 대한 학교선정 사실의 통지 전인 경우 : 20%

　2. 위 통지 후 입학관련 서류 발송 전인 경우 : 50%

　3. 입학관련 서류를 발송한 경우 : 80%

　4. 1개교 이상 입학허가서를 수령한 경우 : 90%

　5. 출국수속이 이루어 진 경우 : 100%

③ 유학원은 계약의 중도 해지시 계약해지 시점까지 의뢰인으로부터 유학수속과 관련하여 수령하였거나 작성한 서류일체를 의뢰인에게 반환하여야 한다.

제6조(대행업무의 계속 또는 종료)

① 유학원은, 의뢰인이 지원을 의뢰한 학교들 중 어느 곳으로부터도 소정 학기에 입학허가서를 취득하지 못하고 유학원이 유학수속상 업무처리의 오류가 없었음을 입증하지 못하는 경우, 의뢰인이 원하면 의뢰인의 동의를 얻은 3개교 이내에서 추가수속비의 수령 없이 유학소속을 계속 진행할 수 있다. 이 때에 의뢰인은 제4조 제2항의 규정에 의한 계약해제 및 손해배상청구를 하지 아니한다.

② 출국준비수속이 완료되면 유학원의 대행업무는 종료된다.

제7조(계약의 변경 등)

① 본 계약의 변경 또는 수정은 유학원과 의뢰인이 서면으로 합의하여야 한다.

② 본 약관에서 규정하지 않는 사항은 관계 법령 및 거래 관행을 고려하여 신의성실의 원칙에 따라 유학원과 의뢰인이 합의하여 해결한다.

③ 본 계약과 관련된 분쟁에 관한 소송은 민사소송법상의 관할 법원에 제기한다.

제8조(특약사항 및 기타 추가사항)

①

②

본 계약의 내용을 증명하기 위하여 계약서 2통을 작성하여 유학원과 의뢰인이 각 1통씩 보관한다.

20○○년 ○월 ○일

유학원　　　　　:

의뢰인　　　　　: ○ ○ ○ ㊞

신탁계약서 - 부동산

① 신탁부동산의 종류 및 수량
② 신탁부동산의 가격
③ 원본의 수익자
④ 수익의 수익자
⑤ 신탁목적
⑥ 신탁기간
⑦ 수익계산기

위 내용에 관하여 다음과 같이 신탁계약을 체결한다.

제1조(신탁목적)

위탁자는 표기 부동산을 수익자를 위하여 관리할 목적으로 신탁하고 수탁자는 이를 인수한다.

제2조(소유권 이전 및 신탁등기)

신탁부동산은 신탁에 의한 소유권 이전등기 및 신탁등기 절차를 종료한다.

제3조(관리방법)

신탁부동산은 다음과 같은 방법으로 관리한다.

제4조(수탁자의 면책)

신탁부동산을 선량한 관리자의 주의로서 관리하는 한 임대료의 정체, 임차인의 고의 혹은 과실 또는 그 밖의 원인으로 인하여 수익자에게 발생한 손해에 대하여 수탁자는 그 책임을 지지 않는다.

제5조(수탁자 소송의무의 면책)

수탁자는 신탁부동산에 대하여 특히 필요한 경우를 제외하고는 소송을 제기할 의무를 지지 아니한다. 위 소송을 제기하는 경우 수탁자는 그가 적당하다고 인정하는 변호사를 선정하여 일체의 사항을 위임한다. 변호사의 보수, 기타 소송에 관한 일체의 비용은 미리 위탁자 또는 수익자가 예탁하여야 한다.

제6조(원본의 규정, 수익자에 대한 교부방법 및 시기)

신탁부동산, 그의 매각대금, 보험금, 그밖에 이에 준하는 것을 원본이라 한다. 매각대금, 보험금 등 신탁재산 원본에 속하는 금전은 이를 수수한 경우마다 원본의 수익자에게 교부한다.

제7조(수익규정, 수익자에 대한 교부방법 및 시기)

신탁부동산에 의하여 생기는 임대료, 기타 이에 준하는 것과 신탁재산에 속하는 금전의 운용에 의하여 생기는 이익을 수익이라 한다. 수익은 각 계산기의 다음 날 이를 수익의 수익자에게 교부한다.

제8조(신탁재산에 관한조세, 공과, 수선, 그 밖의 비용)

① 신탁재산에 관한조세, 공과, 영선비, 화재보험료, 기타 신탁사무의 처리에 필요한 제 비용은 신탁재산 중에서 지급한다. 단, 위탁자 또는 수익자에게 그 때마다 그의 전부 또는 일부의 지급을 청구하거나 또는 미리 비용의 예탁을 청구할 수 있다. 도시계획사업에 따른 수익자부담금, 토지구획 정리사업 등의 조합비 및 환지청산교부금, 그리고 그 밖의 부과금에 대해서도 같은 방법으로 처리한다.

② 전항의 제 비용을 입체한 경우는 원에 대하여전 이내의 비율로 ○○이자를 계산한다.

제9조(신탁보수액 계산방법, 지급의무자 그리고 지급방법 및 시기)

신탁보수는 다음 비율에 의하여 각 계산기 및 신탁종료 시에 신탁재산 중에서 공제한다. 단, 수시위탁자 또는 수익자에게 청구를 할 수 있다. 신탁부동산의 관리, 신탁부동산의 가격에 대하여 2000년 ○○분의, 신탁사무의 처리에 관하여 현저한 수수료를 요할 때에는 위탁자 또는 수익자와 협의한 다음 별도로 상당한 신탁보수를 지급한다.

제10조(제 비용, 신탁보수의 청구권행사)

전기 제 비용, 신탁보수 및 입체금과 그 이자를 청구한 때에는 즉시 지급하여야 한다. 이를 지급하지 않음으로 인하여 손해가 생긴 때 수탁자는 그 책임을 지지 아니한다. 또한 부득이한 사정이 있는 때에는 수탁자가 임의로 신탁재산을 처분하여 그 비용 또는 자금에 충당할 수 있다.

제11조(신탁기간의 기산)

신탁기간의 계산에 관해서는 계약체결일로부터 기산한다.

제12조(금전의 운용방법)

신탁재산에 속하는 금전은 수탁자가 적당하다고 인정하는 은행에 예치할 수 있다.

제13조(신탁해지)

신탁계약은 해지할 수 없다. 단, 신탁부동산에 관한 소송에 대하여 위탁자나 수탁 자간에 협의가 이루어지지 않을 때나 경제사정 기타 제반정세의 변동으로 인하여 신탁목적의 달성 또는 신탁사무의 진행이 곤란하게 되었을 경우에는 수탁자는 이를 해지할 수 있다. 이상의 경우 해지로 인하여 생긴 손해에 대해서는 수탁자는 그 책임을 지지 아니한다.

제14조(신탁계약의 해지)

부득이한 사정으로 인하여 수탁자가 위탁자의 동의를 얻어 해약을 신청할 경우에는 해지를 승낙할 수 있다. 이상의 경우에는 손해금 및 수수료를 지급하여야 한다.

제15조(원본의 교부 및 최종계산)

신탁이 종료한 때에는 최종계산에 관하여 수익자의 승인을 얻은 후 신탁부동산에 대하여 신탁의 취소 및 소유권 이전등기를 완료한 다음 이를 현상대로 원본 수익자에게 인도한다. 이 경우 계약보정금은 원본의 수익자에게 반환한다.

제16조(부동산 이외의 신탁재산교부)

신탁부동산 이외의 신탁재산 원본 및 수익은 모두 금전으로 수익자에게 교부한다. 단, 신탁종료의 경우에 징수 미제의 임대료, 그 밖의 채권이 있을 때에는 현상대로 교부한다.

제17조(신탁기간 연장)

위탁자 및 수익자는 수탁자의 승인을 얻어 신탁기간을 연장할 수 있다.

제18조(위탁자의 수익자 지정변경권)

위탁자는 수탁자의 승인을 얻어 수익자를 지정 또는 변경할 수 있다. 단, 이 권리는 수익자에게 전속되거나 상속되지 아니한다.

제19조(수익권의 매입, 양도)

이 신탁계약에 의한 수익권은 수탁자의 승낙이 없이는 양도 또는 매입할 수 없다.

제20조(인감계출)

위탁자, 수익자, 대리인, 대표자, 동의자 기타 신탁계약관계자의 인감은 미리 위탁자를 통하여 계출하여야 한다. 서류에 날인된 인영을 계출한 인감과 대조하여 상위 없음을 인정하고 신탁재산의 교부, 그 밖의 처리를 한 이상에는 이 인장의 도용, 그밖에 어떤 사정이 있을지라도 그로 인하여 생긴 손해에 대하여는 일체 책임을 지지 아니한다.

제21조(계출사항) 다음의 경우에는 위탁자 혹은 그 상속인 또는 수익자로 하여금 지체 없이 통지를 하고 소정의 절차를 취하여야 한다.

1. 신탁계약증서 또는 계출한 인장을 상실했을 때
2. 위탁자, 수익자, 대리인, 대표자, 동의자, 그밖에 신탁계약관계자에 대한 전거, 개인, 개명, 명칭 및조직의 변경, 사망 또는 행위능력에 변동이 있었을 때
3. 대리인, 대표자, 동의자 또는 수익자에게 변경이 있었을 때

제22조(신탁계약증서)

신탁계약증서는 ○○통을 작성하여 위탁자 및 수탁자가 각각 ○○통씩을 보유한다.

2○○○년 ○월 ○일

위탁자 : ○ ○ ○ ㊞
수탁자 : ○ ○ ○ ㊞

【이사보관계약서】

이사보관계약서

(위탁자용) **포장이사 대표기업 OOO** 고객관리번호 :

월세 보관료	선불제 원	계약금 ( )원을 영수하고 잔금 및 연장보관 및 연장보관 추가금을 선납하지 않을 때는 1.5배 가산한다.
특기사항	1. 보관료 3개월 이상 미납 되었을 때는 임의 폐기처분하여도 위탁자는 민 · 형사상 이의(異議) 신청하지 아니한다. 2. 먼지가 앉은 장식품, 입다가 벗어 놓은 옷들은, 때, 땀(습기)으로 인하여 곰팡이가 생길 수 있으므로 유의 바랍니다. 3. 냉장고, 세탁기 보관시 사전 물기 제거 후 보관하여야 기능 저하를 막을 수 있으며 특히, 냉장고 장기보관시 깨끗이 청소 후 신문지를 넣어 보관하면 곰팡이를 막을 수 있습니다. 4. 제품을 사용하지 않아 발생되는 문제는 창고에서 책임지지 않습니다.	
	현금, 예금통장, 신용카드, 유가증권, 귀금속, 미술품, 골동품, 인감도장, 귀중품과 위험물, 동.식물, 음식물(식품), 생체 불결한 물품 등은 보관을 불허하며 별도 특별 보관요청이 있으므로서 그 책임을 지는 것이다. ※시설:	

1. 위 이사화물 운송 및 보관에 있어 쌍방합의 하에 사업자는 상기와 같이 운송 및 보관하고, 위탁자는 사업자에게 상기와 같이 대금을 지불한다. 2. 본 계약서는 2부 작성 사업자용, 위탁자용으로 각각 사용한다. 3. 본 계약서 에 속하지 않은 사항은 이사화물 운송 및 물품보관 표준약관에 의한다. 2000 년 0월 0일	관련기관 확인란	
	관허 25-14	
	견적자	㊞
	취급자	㊞
	확인자	㊞

사업자	상호 (주소)		지점 직통전화	
	사업자 등록번호		지점대표자	O O O ㊞
위탁자	주 소		전화번호	
	주민등록번호 (사업자 등록번호)	–	성명	O O O ㊞

약관 제 5조의 규정에 의거 허가(등록)업체에서 사용하는 계약서임을 확인함.

거래은행 계좌번호		은행: 계좌번호: 예금주:
※주의사항: OOO 계약점임을 꼭 확인하시고 입금하시기 바랍니다. (직인이 없으면 본 계약서는 무효입니다.)		
문의전화: OOO-OOO-OOOO		

공연이행계약서

공연자 기획사 (주)○○○○(이하 "갑"이라 칭한다)와 공연 이행자 (주)○○○○(이하 "을"이라 칭한다)는 상호간에 다음과 같이 공연이행 계약을 체결한다.

제1조(목적)

본 계약은 "갑"이 기획한 공연에 대하여 "을"이 성실하게 공연업무를 이행하는 것과 관련된 제반 권리의무 사항의 규율을 목적으로 한다.

제2조(공연정보)

1) 공연명 : ○○○○
2) 공연일 : ○○○○년 ○○월 ○○일 (○○시 ~ ○○시)
3) 공연장소 : ○○시 ○○구 ○○동 ○○번지

제3조(공연료)

"을"의 공연료는 일금○○○원정(₩ ○○○)으로 하며 본 계약 체결과 동시에 계약금으로서 일금○○○원정(₩ ○○○)을 "을"에게 지급하고 잔금 일금○○○원정(₩ ○○○)은 공연의 종료와 동시에 현금지급한다.

제4조(편의제공)

1. "갑"은 "을"의 공연 일정에 대하여 당일의 숙식 및 교통 편의를 제공하며 ○○명의 경호요원을 배치한다.
2. "갑"은 사전에 "을"이 희망하는 편의 요구조건을 제공받고 당해 편의시설을 제공할 수 있도록 노력하여야 한다.

제5조(안전책임)

1. "갑"은 공연 관객들의 무대 난입 기타 공연장의 질서유지를 위하여 안전요원 및 안전가이드 라인을 배치하여 운영하여야 하며 "을"의 보호를 위한 안전요원의 배치도 하여야 한다.
2. "을"의 보호를 위한 안전요원은 경호요원과는 별도로 최소한 ○○명 이상을 배치하여 사고의 발생을 미연에 방지하여야 한다.

제6조(음향설비 등)

1. "갑"은 "을"이 지정하는 음향설비 시스템을 구축하여야 하며 그렇지 아니한 경우 "을"이 당해 시스템을 구축하고 이에 소요되는 비용을 별도로 "갑"이 지원하여야 한다.
2. "갑"은 "을"이 보유한 음악 세션들의 공연 준비에 차질이 없도록 지원하여야 한다.

제7조(불이행 등)

1. "을"이 지정된 공연일에 공연을 하지 아니한 경우 "갑"은 본 계약에 적시된 출연료의 ○○배를 손해금으로서 청구하고 "을"은 즉시 이를 변상하여야 한다.

2. "을"이 공연일정에 시간이 지체된 경우 ○○분 지연 마다 손해금으로 일금○○○원정(₩ ○○○)이 발생하며 잔액의 지급시 이를 공제하고 지불한다.

제8조(불가항력 등)

　본 계약의 불이행이 불가항력으로 인한 경우 당사자 쌍방은 상대방에 대하여 손해의 배상을 청구할 수 없다. 다만, "을"은 기 지급받은 계약금의 ○○%를 "갑"에게 반환하도록 한다.

제9조(해지)

1. 당사자 일방에 대하여 다음 각 호의 사유가 발생할 시 상대방은 즉시 계약을 해지할 수 있다.
　1) 가압류, 가처분, 경매 등의 사업의 불투명 사유가 발생할 시
　2) 파산, 회사정리, 화의신청 등의 사업 불가능 사유가 발생할 시

2. 일방이 본 계약상의 규정에 위배한 때 상대방은 ○○일 이상의 시정기간을 두고 사유를 명시하여 시정을 최고하며, 그럼에도 불구하고 시정이 이루어지지 아니할 시 즉시 계약의 해지를 통지한다.

3. 계약해지에 귀책사유 있는 당사자는 상대방에 대하여 손해배상의 책임이 있다.

제10조(기타사항)

1. 계약의 당사자는 본 계약의 내용을 신의성실에 의거하여 준수하여야 한다.

2. 계약 기간 중 계약의 변경은 당사자의 서면 합의에 의해서만 변경될 수 있으며 서면날인 된 문서를 본 계약서의 말미에 첨부한다.

3. 본 계약서에서 명시되지 않은 부분에 대하여는 관련 법규 및 상관습에 따르기로 한다.

제11조(분쟁해결)

1. 본 계약과 관련하여 양 당사자 간의 분쟁이 발생한 경우, 원칙적으로 "갑"과 "을" 상호간의 합의에 의해 해결한다.

2. 제1항에도 불구하고 분쟁이 해결되지 않을 경우 "갑"의 주소지 관할 지방법원을 그 관할로 하여 재판함으로써 해결한다.

2○○○년 ○월 ○일

	주소	:
"갑"	상호	:
	대표이사(대표자)	: ○ ○ ○ ㊞

		:
	주소	:
"을"	상호	:
	대표이사(대표자)	: ○ ○ ○ ㊞

계속적 상거래계약서

주소			전 화	
주민등록번호		판 매 자		㉑
주소			전 화	
주민등록번호		구 매 자		㉑

　　판매자와 구매자는 판매자가 판매하는 물품의 매매에 관하여 기본적 사항을 정하기 위하여 하기 계약을 체결한다.

제1조(개별조약) 판매자로부터 구매자에 대하여 매도되는 물품의 품명, 수량, 단가, 인도조건, 대금지급기한, 그 방법 기타 매매에 관하여 필요한 조건은 이 계약에 정하는 사항을 제외하고는 개별적 매매가 있을 때마다 쌍방이 협의하여 결정한다.

제2조(변제)

① 매매대금은 개별적 계약에 따라 지급기한에 현금(또는 수표)으로 지급하기로 한다. 다만, 개별적 계약에서 별도의 규정을 한 때는 어음에 의할 수 있다.

② 어음 또는 수표에 의하여 지급되는 경우에는 그 어음 또는 수표의 결제가 완료되기까지 채무변제의 효력은 발생하지 아니하는 것으로 한다.

제3조(지연손해금)

　　구매자가 매매대금채무의 변제를 태만히 한 때는 판매자에 대하여 지급기한의 이튿날부터 완제하는 날까지 100원에 대하여 일변 전의 비율에 의한 지연손해금을 지급하여야 한다.

제4조(기한이익의 상실) 구매자에게 다음 각 호의 1에 해당하는 사유가 발생한 때는 구매자는 이 계약에 의한 모든 채무에 관하여 기한의 이익을 상실하며, 통지최고가 없어도 지체 없이 각 채무의 전액을 판매자에게 지급하여야 한다.

1. 각 개별계약의 채무의 하나라도 기일에 지급을 하지 아니한 때
2. 가압류·압류, 경매의 신청, 파산·화해·회사정리, 회사갱생절차의 신청이 있은 때
3. 조세공과를 체납하여 독촉을 받은 때
4. 지급을 정지한 때
5. 어음교환소의 거래정지처분이 있은 때

제5조 제4조 각호의 1에 해당하는 사유가 발생한 때는 판매자는 최고를 하지 아니하고 개별계약의 해제를 할 수 있다.

제6조(유효기간)

① 이 계약의 유효기간은 19 년 월 일부터 연간으로 한다.

② 전항의 기간만료 1월 전까지 당사자로부터 신청이 없는 경우에는 이 계약은 다시 연간 자동적으로 갱신되며 이후 또한 같다.

제7조(기간중의 해약)

　당사자는 전조의 기간중이라 하더라도 서면에 의한 3개월 전의 예고로서 이 계약을 해약할 수 있다.

제8조(이 계약 이외의 채무에 대한 준용)

　제4조 각호의 1에 해당되는 사유가 발생한 경우에는 동조 및 제5조의 규정을 이 계약에 의하지 아니하는 이외의 채무에도 준용한다.

제9조(별도협의)

　이 계약에 규정이 없는 사항에 대해서는 쌍방이 별도로 협의한다.

20○○년 ○월 ○일

판매자　　　:　○ ○ ○　㊞
구매자　　　:　○ ○ ○　㊞

【위임계약서】

위임계약서

()를 "갑"이라 칭하고를 "을"이라 칭하여 "갑"·"을" 양 당사자는 다음과 같이 위임계약을 체결한다.

제1조 위임자 "갑"은 수임자 "을"에게 제2조 이하의 약정에 따라 "갑"의 소유인 아래 부동산을 타에 매각할 것과 이에 관한 일체의 행위를 위임하며 수임자 "을"은 이를 승낙한다.

－ 아 래 －

○○시 ○○동 ○번지
1. 택지평
    건물가옥번호 ○동 ○호
1. 건물구조
    건평평 이층평 ○평
    및 위 지상의 정원수, 정원석 및 건물의 등 현장일절

제2조 수임자 "을"은 전후의 부동산을 20○○년 ○월 ○일까지 대금원 이상으로 타에 매도한다. 단, 월일까지 매도하지 못하였을 때 수임자 "을"은 즉시 그 취지를 위임자 "갑"에게 통보하여야 한다.

제3조 위임사무처리에 관한 비용은 위임자 "갑"의 부담으로 한다.

제4조 수임자 을에 대한 보수는 원으로 하고 동 목적물이 매각되었을 때는 성공보수로서 다시 매각대금의 백분율에 상당하는 금액을 위임자 "갑"이 위임사무처리와 동시에 수임자 "을"에게 지급한다.

제5조 수임자 "을"은 필요한 경우 자기의 책임으로 복대리인을 선임할 수 있다.

위의 계약을 증명하기 위하여 본 증서 2통을 작성, 날인하여 각각 1통씩을 보관한다.

20○○년 ○월 ○일

위임자 "갑"	주소 :	
	성명 :	○ ○ ○ ㊞
수임자 "을"	주소 :	
	성명 :	○ ○ ○ ㊞

딜러계약서

　○○○○ 추모관 (이하 "회사"라 한다)과 ○○○ (이하 "딜러"라 한다)사이에 다음과 같이 계약을 체결한다.

– 다 음 –

제1조(계약의 목적)

　본 계약은 회사가 수행하는 사업에 관련하여 회사와 딜러 간에 업무위탁(판매위임)관계를 설정하고 그에 수반되는 회사와 딜러간의 권리 및 의무의 내용을 규정함을 목적으로 한다.

제2조(딜러의 지위)

1. 딜러는 자유직업 소득자로써 회사에서 위임(위탁)받은 상품(업무)를 고객과 회사 간에 계약을 체결하도록 주선하고 체결된 계약에 대하여 회사로부터 회사에서 정하는 수수료를 지급 받는다. (수수료에 관한 규정은 별도 약정에 의한다)
2. 딜러는 고객 또는 제3자에 대하여 회사의 명의로 어떠한 채무도 부담하여서는 안 된다.

제3조(위탁업무의 범위)

1. 딜러의 취급업무의 범위는 별도의 약정서로 정한다.
2. 딜러는 회사가 정하는 상품(업무)의 가입유치와 관련된 신청서접수, 전산 업무처리, 또는 회사가 정하는 증빙서류를 회사에 제출
3. 딜러가 유치한 고객의 지속적인 관리
4. 회사가 정해주는 지역 내에서의 영업조직 구축
5. 기타 회사가 정하는 위탁업무

제4조(영업조직 구축 지역)

　딜러가 구축해야할 영업조직은 지역() 내로 한다.

제5조 법령 및 회사규정의 준수의무

1. 딜러는 영업업무 위탁계약서의 이행을 위하여 회사가 정한 규정을 준수하여야 한다.
2. 딜러는 회사가 정하는 신청 및 신청방법에 의해서만 접수하여야 한다.

제6조(영업업무 위탁계약의 체결)

1. 딜러는 영업업무 위탁계약 내용을 계약서로 작성하고 이를 회사에 접수하여야 한다.
2. 딜러는 계약의 변경, 해지 등의 신청을 받을 때는 지체 없이 회사에 이를 보고해야 한다.

제7조(판매수수료)

회사가 딜러에게 지급하는 판매수수료는 별도의 약정에 의한다.

제8조(권리양도 금지 및 명의변경)

1. 본 계약에 의한 딜러의 권리 및 판매수수료 채권은 타인에게 양도, 담보권 설정 또는 대여할 수 없으며, 만일 이를 위반한 경우 본 계약은 위반일로부터 해지된 것으로 본다.
2. 계약인의 명의변경 시에도 사전에 회사의 동의를 서면으로 득한 후 실시하여야 한다.
3. 딜러는 위 1, 2항의 위반으로 발생한 회사의 손해에 대하여 일체의 배상을 하여야 하며, 명의 변경이 전에 발생한 채무에 대하여는 딜러는 회사에 전액 정산하여 지불하여야 한다.

제9조(일반관리비의 부담)

딜러는 영업활동에 필요한 비용을 자기부담으로 한다.

제10조(하위유통망 개설)

1. 딜러는 하위유통망(하위거래선, 영업조직, 아르바이트, T/M 등)을 개설할 수 있다.
2. 위 1항의 경우 하위 유통망에 관한 모든 책임(급여, 수당, 영업비 등)은 딜러가 부담한다.
3. 위 1항의 경우 회사의 허락 없이 가맹비, 보증금 등 일체의 금원을 받을 수 없다.

제11조(손해배상 책임)

딜러(딜러의 하위 유통망 포함)이 영업활동 시 재산적 손실 및 명예를 훼손함으로써 회사에 손해를 발생시켰을 경우에는 회사에 대하여 그 손해를 배상하여야 한다. 그 손해 배상금액은 딜러의 판매수수료에서 공제할 수 있으며 공제할 금액이 부족하거나 본인의 업무 해약 후에 뒤늦게 발견된 본인 활동 중의 각종 해사행위에 대해서도 본인이 손해 배상키로 한다.

제12조 정보유용 금지

1. 딜러는 본 계약과 관련한 업무수행 과정에서 취득한 정보를 회사의 동의 없이 타인에게 누설하거나 다른 목적으로 사용할 수 없다.
2. 딜러는 본 계약의 해지 이후 본 계약과 관련하여 취득한 자료를 회사의 동의 없이 보유 혹은 활용할 수 없다.

제13조(지급의 제한) 다음 각 호에 해당하는 경우 회사는 딜러의 장래에 대한 수입분(수수료 등)을 지급하지 아니한다.

1. 회사의 사전 승인 없이 제3자에게 회사의 사업권 전부 또는 일부를 양도한 경우
2. 회사의 영업지침을 위반하여 영업을 수행한 경우
3. 계약이 해지, 종료되거나 딜러의 책임 있는 사유로 계약이 해지된 경우
4. 딜러의 수입분 지급에 필요한 서류를 미제출한 경우

제14조(계약의 해지)

1. 회사는 딜러에게 아래 각호에 해당하는 사유가 발생하는 경우 본 계약을 해지할 수 있다.

1) 딜러는 정당한 사유 없이 1개월 이상 영업활동을 게을리 하거나 회사가 실시하는 회의 또는 각종 행사에 정당한 사유 없이 참석하지 아니하는 등 계약이행의 현저한 해태, 영업실적이 회사가 정하는 기준에 미달하는 등 계약 이행능력의 현저한 부족, 질병 기타 건강상의 이유로 더 이상의 본 계약을 이행할 수 없는 경우
2) 부당한 방법으로 영업활동을 함으로서 회사의 명예와 신용을 훼손한 경우
3) 계약이행 중 알게 된 비밀을 누설하여 회사 또는 고객에게 손해를 발생시킨 경우

2. 회사가 1항의 각호의 사유에 의하여 계약을 해지하는 경우 딜러에게 계약해지를 통보함으로서 계약이 해지된 것으로 본다.

3. 계약이 해지된 경우 딜러와 회사간에 존재하는 채권, 채무를 1개월 내에 정산한다.

4. 계약이 만료, 해지 등으로 계약이 종료된 경우 딜러는 즉시 유지 관리하고 있던 가입자에 관한 모든 자료 등 위탁(위임)된 일체의 업무를 회사에 인계해야한다.

제15조(계약의 유효기간)

본 계약의 유효기간은 계약 체결일로부터 1년간으로 하며, 딜러 또는 회사의 어느 일방이 별도의 의사 표시가 없는 한 동일조건으로 1년간씩 효력이 연장되는 것으로 한다.

제16조(관할법원)

본 계약과 관련하여 발생하는 소송에 관하여는 회사의 재판적 소재지법원을 관할법원으로 한다.

제17조(준용)

본 계약에 정하지 아니한 사항은 일반적인 상관습에 의한다.

제18조(계약의 효력 발생일)

이 계약은 20 년월일로부터 효력을 발생한다.

제19조(계약내용 숙지 확인)

이 계약의 내용을 계약 당사자인은 충분히 숙지하였으며, 특히 근로자가 아님을 확인하고 이 계약에 따른 모든 권한과 책임을 이행함을 증명하기 위하여 계약서 2부를 작성하여 1부는 딜러가, 1부는 회사가 보관한다.

20○○년 ○월 ○일

○○○○ 추모관

주민등록번호 : ○ ○ ○ ㉑
딜러 성명 : ○ ○ ○ ㉑

공유물사용계약서

주소 :
성명 : ○○○㊞

주소 :
성명 : ○○○㊞

주소 :
성명 : ○○○㊞

주소 :
성명 : ○○○㊞

위 ○○○ 인은 공유승용차의 사용계약을 다음과 같이 체결한다.

1. ○○○ 인의 공유에 속하는 ○○ 연대 ○○ 제 ○○○ 차(등록번호○○-○-○○○○)를 앞으로 ○○년간 공동으로 사용한다.
2. 위 자동차를 공동 사용함에 있어서 ○○○ 자의 권리·의무는 평등하다.
3. 본건 자동차의 사용방법은 다음과 같다.
    ① 평일은 ○○○ 자의 통근왕복에 공동사용한다.
    ② 휴일은 순차로 각자가 전용으로 사용한다.
    ③ ○○○ 자 협의로써 사용방법을 적의 변경할 수 있다.
4. 본건 자동차의 관리운행에 대해서는 ○○○ 자중 1명이 순차로 1주간씩 책임자가 되어 자동차검사증, 열쇠를 보관한다.
5. 본건 자동차에 관한 경비중 공과금, 보험료, 주차보관료, 수리비, 공동 사용시의 휘발유대 등은○○○ 자의 공동부담으로 하며 전용시의 휘발유대 및 교통사고로 인한 수리비, 배상비는 당해 전용자의 부담으로 한다.

2○○○년 ○월 ○일

성명   : ○ ○ ○ ㊞
성명   : ○ ○ ○ ㊞
성명   : ○ ○ ○ ㊞
성명   : ○ ○ ○ ㊞

하자보증계약서

　제품 생산자 (주)○○○○(이하 "갑"이라 칭한다)와 제품 판매자 (주)○○○○(이하 "을"이라 칭한다)는 다음과 같이 하자보증 계약을 체결한다.

제1조(목적)

　본 계약은 "갑"이 "을"에게 공급하는 제품에 대하여 기본적인 하자보증 관련 권리의무 사항을 규율함을 목적으로 한다.

제2조(보증품목) 본 계약상 하자보증의 대상품목은 다음 각 호에 한정된다.

1) 전기 그라인더 – 휴대용에 한함
2) 전기 연마기 – 초벌, 중간, 마감 다듬질용
3) 전기 둥근톱
4) 전기 지그톱

제3조(하자보증)

1. "갑"은 본조의 보증품목에 대하여 제반법규 및 "갑"의 품질보증서상의 규정에 의거하여 하자보증 책임을 부담하며, 고객 및 "을"의 수리, 교환, 환불 요청에 신속히 처리한다. 이때, 물품의 회수 및 반송에 소요되는 비용은 "갑"의 부담으로 한다.
2. "갑"의 품질보증서가 없는 경우 고객에 대한 무상 품질보증기간을 고객에 대한 매매 일로부터 1년으로 하며, "갑"의 품질보증서에 무상품질 보증기간이 1년 미만으로 되어 있는 경우에도 "을"이 판매한 상품에 대한 무상 품질보증기간을 1년으로 한다.
3. 본조의 규정은 당사자 간의 계약이 종료하여도 판매된 제품에 대하여는 효력이 존속한다.

제4조(손해배상)

1. "갑"의 제품의 결함으로 인하여 고객에게 손해를 야기한 경우 "갑"과 "을"이 연대하여 배상의 책임이 있으며, "을"은 "을"이 부담한 손해배상 금액을 "갑"에게 구상권을 행사한다.
2. "갑"의 귀책사유로 인해 "을"이 소비자나 소비자단체, 관공서, 기타 제3자로부터 손해배상의 청구, 제소, 행정조치 기타 민, 형사상 책임을 부담하게 될 경우 "갑"은 "을"을 방어하고, 면책시키며 일체의 피해손실에 대해 배상책임을 진다.

제5조(유효기간)

　본 계약의 효력은 당사자 사이에 체결된 기본 상품공급 계약서에 따르며 계약의 해지도 특별한 규정이 없는 한 그러하다.

제6조(해지)

"갑"이 본 계약상의 하자보증 책임의 성실한 이행을 하지 아니할 시 "을"은 이에 대한 성실이행을 최고하고 그럼에도 불구하고 "갑"이 의무이행을 준수하지 아니할 경우 "을"은 본 하자보증 책임의무의 위반을 이유로 하여 당사자 간에 체결된 기본 상품공급계약의 해지를 통지할 수 있다.

제7조(기타사항)

1. 계약의 당사자는 본 계약의 내용을 신의성실에 의거하여 준수하여야 한다.
2. 계약 기간 중 계약의 변경은 당사자의 서면 합의에 의해서만 변경될 수 있으며 서면날인 된 문서를 본 계약서의 말미에 첨부한다.
3. 본 계약서에서 명시되지 않은 부분에 대하여는 기본 상품공급 계약서에 일차적으로 따르며 그밖에 관련 법규 및 상관습에 따르기로 한다.

제8조(분쟁해결)

1. 본 계약과 관련하여 양 당사자 간의 분쟁이 발생한 경우, 원칙적으로 "갑"과 "을" 상호간의 합의에 의해 해결한다.
2. 제1항에도 불구하고 분쟁이 해결되지 않을 경우 "을"의 주소지 관할 지방법원을 그 관할로 하여 재판함으로써 해결한다.

제9조(특약사항)

상기 계약일반사항 이외에 "갑"과 "을"은 아래 내용을 특약사항으로 정하며, 특약사항이 본문과 상충되는 경우에는 특약사항이 우선하여 적용된다.

1.
2.
3.

위와 같이 본 계약이 유효하게 성립하였음을 각 당사자는 증명하면서 본 계약서 2통을 작성하여, 각각 서명(또는 기명)날인 후 "갑"과 "을"이 각각 1통씩을 보관한다.

20○○년 ○월 ○일

"갑"	주소	:
	상호	:
	대표이사	: OOO ㊞
		:
"을"	주소	:
	상호	:
	대표이사	: OOO ㊞

지입차량 도급계약서

　　○○입시학원 (이하 "갑"이라 한다)과 ○○○ [차량번호: ○○가 ○○○○]는 (이하 "을"이라 한다) 상호 합의하에 아래와 같이 계약을 체결한다.

제1조(도급업무의 내용)

학원생 운송용 차량제공 및 학원생 이송업무

제2조(도급액 및 지급)

① 약정한 도급업무를 "을"이 성실하게 이행시 "갑"은 다음달 ○일에 상호 사전에 합의한 월 도급금액 ○○○원을 지급한다.

② 도급액을 매월 ○일을 기준으로 하여 익월 ○일에 지급하되, 중도에 변경사항이 발생 시에는 일활 계산한다.

제3조("을"의 책무)

① "을"은 청결하고 안전하게 잘 정비된 차량을 제공하여야 하며, 운행 시에는 도로교통 법규에서 정한 바에 따라 안전운행을 하여야 하며, 특히 수강생들에게 친절하고 자상하게 대하여야한다.

② "을"은 운행하는 차량을 반드시 유상운송특약이 포함된 자동차보험에 가입하여야 한다. 차량의 유지보수 및 유류비, 자동차보험료등 운송차량과 관련된 제반비용은 "을"의 책임하에 부담하기로 한다.

제4조(손해배상)

　　을"이 운송업무 수행 중 "갑" 및 제3자에게 손해를 발생시킨 경우에는 "을"이 그 손해에 대한 배상책임을 진다.

제5조(계약의 해지)

　　본 계약은 "갑"과 "을"의 합의로 해지할 수 있으며, 이 경우 해지 예정일 15일전에 계약 해지에 관한 의사를 통보하며, 해지에 따른 후속조치등 세부사항은 상호 협력하여 결정한다. 다만, 일방 당사자가 계약내용을 현저하게 위배한 경우에는 상호 협의 없이 해지할 수 있다.

20○○년 ○월 ○일

"갑"	상호	:	○○입시학원
	주소	:	
	대표이사(원장)	:	○○○ ㉞
		:	
	주소	:	
"을"	주민등록번호	:	
	성명	:	○○○ ㉞

출연계약서

OOO(이하 "갑"이라 한다)와 출연자 OOO(이하 "을"이라 한다)는 다음에 정하는 바에 따라 신의와 성실로써 계약을 체결함.

1. 목적

본 계약은 다음의 방송 프로그램의 제작에 필요한 출연자의 출연 및 계약조건을 규정하기 위함이다.

프로그램명	출연 및 제작편수, 시간	계약기간	편당출연료
지급방법			

2. 출연조건

"을"은 "갑"이 제시하는 다음 프로그램에 출연 또는 제작에 임한다.

3. 방송 및 비디오출시권

1) "갑"은 본 프로그램을 생방송, 녹화, 녹음, 편집 또는 종합하여 방송할 수 있고 또 비디오로 출시할 수 있다.
2) "갑"은 "갑" 또는 "갑"이 지정한 채널에 의한 방송권을 갖는다.

4. 지원 사항

1) "갑"은 프로그램 제작시 출연자에게 필요한 제반사항을 지원할 수 있다.
2) "갑"은 제2조에서 정한 프로그램이외 다른 제작물에 "을"을 기용할 경우 별도의 출연료를 지불한다.
3) 추가 출연분의 출연료는 "갑"과 "을"의 별도 합의하에 정한다. 단, 이때의 추가 출연료는 편당 OO만 원의 한도에서 정한다.

5. 계약의 연장 및 해지

1) 제2조에서 정한 출연의 기간은 만료 7일전 전까지 "갑"과 "을"의 재계약에 의하여 연장할 수 있다.
  단, 연장에 대한 재계약이 없을 경우에는 자연 계약의 연장으로 규정한다.
2) 기간 만료 전에 계약의 해지를 할 경우에는 "갑"과 "을"은 30일전에 통보를 하여야 하며, "갑"의 프로그램 개편에 의한 경우에는 예외로 한다.

6. 긴급사항의 연락

1) "을"은 본인의 사정에 의한 출연 불가시 최소한 제작일 3일전에 "갑"에게 통보하여야 한다.
2) 연락을 게을리 하여 프로그램의 제작에 차질을 빚을 경우에는 "을"에게 배상을 청구할 수 있다.

7. 세금의 공제

"갑"이 "을"에게 지불하는 출연료는 세법에서 정한 원천징수를 하고 지불을 한다.

8. 기타의 사항

본 계약서에 명기되지 아니한 사항은 일반적인 관례에 따른다.

9. 관할법원

"갑"과 "을"의 쌍방간에 일어나는 민·형사상의 분쟁에 대한 재판 관할은 "갑"의 소재지 관할 지방법원으로 한다.

본 계약을 증명하기 위하여 계약서 2통을 작성하고 "갑"과 "을"이 각각 서명·날인하여 1통씩 보관한다.

20〇〇년 〇월 〇일

	상호	:
"갑"	사업자등록번호	:
	주소	
	대표이사	: 〇〇〇 ㊞

	성명	: 〇〇〇 ㊞
"을"	주민등록번호	:
	주소	:

매니지먼트전속계약서

(주) 0000의 000을 "갑"이라 칭하고 0000을 "을"이라 칭하여 다음과 같이 연예/스포츠 매니지먼트 전속 계약을 체결한다 .

제1조(계약의 목적)

본 계약의 목적은 "갑"이 연예/스포츠 매니지먼트 에 관한 홍보, 섭외, 관리를 지원 진행함에 있어 쌍방간의 관계 및 제반조건을 규정함에 있다.

제2조(계약의조건)

1) "을"은 최상의 연예/스포츠 스타가 되기 위하여 "갑"의 활동(홍보, 섭외, 관리) 에 적극 협조한다.
2) "갑"은 "을"의 연예/스포츠 매니지먼트 활동에 최대한 홍보와 캐스팅 지원에 경주하며 "을"은 계약기간 동안 자신의 관리 및 모든 계약통제조정권을 "갑"에게 일임한다.
3) "을"의 개인적인연예활동은 "갑"의 통제 하에 가능하다.
4) "을"의 연예/스포츠매니지먼트 활동이라 함은 국내의 공중파, 케이블 TV, 인터넷 방송 출연, 잡지모델, 신문광고, 토크쇼 진행, 비디오 출시, 각종상품의 광고 모델, 이벤트 행사 등 연예/스포츠 매체활동으로 인한 수익 관련 활동을 말하며 저작권 및 초상권 등의 캐릭터 사업 또한 이에 포함된다.

제3조(준수사항 및 규제사항)

1) "을"은 국내 연예/스포츠 활동기간 중 스타로서 국가법령을 준수하며 사회적 물의를 일으키는 일이 없도록 본인의 의무를 다한다.
2) "을"은 "갑"과의 합의된 방송 및 연예/스포츠 활동 일정에 대하여 천재지변이 없는 시간을 엄수하여야 하며 일신상의 문제로 활동이 중단되거나 사전 협의 없이 일정에 차질을 주어서는 안 된다
3) "을"은 "갑"과의 계약기간 동안 "갑"의 승인 없이 제3 자와 중복 계약 할 수 없다

제4조(계약기간 및 수익배분)

1) "갑"과 "을"의 골프 매니지먼트 전속 계약 기간은 2000년 0월 0일부터2000년 0월 0일까지(0년)로 하며 특별한 사항이 발생하지 않는 한 (0년간) 재계약한다.
2) 수익의 배분은 "갑"과 "을"이 00 : 00으로 연예/스포츠 활동을 통하여 발생된 수익금을 공정하게 배분한다.
   (단 , 수수료와 세금은 수입에 포함되지 않는다)
   (수익의 배분은 대금 결재 후 3일 이내에 정산하는 것으로 한다)
3) "을"은 본인에게 별도로 섭외되는 모든 연예 · 스포츠 활동에 대해 "갑"에게 통보하고 진행일정조절과 함께 수입금 지급을 "갑"을 통해서 지급 받는다.

제5조(위약 과 해지)

1) 계약기간 중 계약의 해지는 “갑”과 “을”의 상호 협의 동의하에서만 이루어진다.
2) 계약 연장은 양자 동의하에 이루어진다.
 - 단, 계약만료 1 개월 전에 상대방에게 계약해지 통보하지 않을 경우 계약은(O년) 단위로 자동 연장된다.
3) “을”은 “갑”과의 계약기간 중 위약이나 임의 계약파기 또한 제3 자와의 임의 중복 계약 시 “을”은 “갑”과의 계약 잔류 기간 동안 “을”이 얻은 수익금 중 “갑”의 계약 지분을 보장한다. “을”은 “갑”이 “을”에게 지출된 관련 제반비용 및 계약기간 동안 “갑”을 통해 얻은 출연 수익금의 2 배를 “갑”에게 배상한다.
4) “갑”은 “을”의 비협조로 계약상의 활동이 어려워지거나 “을”이 본 계약을 위배함으로서 “갑”이 경제상, 신용상의 손해를 입을 경우 “갑”은 손해배상을 청구 할 수 있다.

제6조(계약의 시행일)

1) 본 계약서에 명시되지 않은 사항은 일반 상관례에 따라 협의 처리한다.
2) 명문화되지 않았지만 현실적으로 문제가 발생하여 명문화시킬 규정사항이 생기면 상호 의견조정 후 명문화시킨다.
3) “갑”과 “을”의 연예/스포츠매니지먼트 전속 계약은 계약한 당일부터 효력이 발생한다.

20○○년 ○월 ○일

“갑” : ○○○ ㊞
“을” : ○○○ ㊞

【차고사용계약서】

차고사용계약서

OOO(이하 소유인이라 한다)와 OOO(이하 이용인이라 한다)은 소유인의 OO시 OO구 OO동 OO번지 차고(이하 차고라 한다)의 사용에 관하여 하기와 같이 계약을 체결한다.

제1조(주차의 사용승인)

소유인은 이용인의 차량OO 등록번호OO의 차량을(이하 차라 한다)차고에 보관하는 것을 승인한다.

제2조(사용기간)

주차의 사용기간은 2000년 O월 O일부터 2000년 O월 O일 까지의 1년간으로 한다. 단 기간만료일까지도 소유인, 이용인 공히 상대방에 대하여 하등의 이의가 없을 때에는 이 사용기간은 계속하여 1년 간 연장되는 것으로 한다.

제3조(사용료)

차고의 사용료는 매월원으로 정하고 이용인은 매월 말일까지 익월분을 소유인에게 지급하여야 한다.

제4조(사용료의 지급장소)

전조에서 정한 차고사용료의 지급장소는 소유인이 수령대행을 위탁한 OOO주식회사 OO영업소(OO시 OO구 OO동 OO번지 O층 내)로 하고 이용인이 지참 지급하여야 한다.

제5조(사용료 변경)

차고의 사용료는 조세공과의 증대, 제물가의 등귀 기타 경제사정으로 인하여 변동이 있을 때는 소유인의 요구에 따라 이용인은 이를 승낙한다.

제6조(주차시의 수칙) 이용인은 주차시 다음 사항을 준수할 것을 특약한다.

1. 차고의 지정영역을 엄수하여 타구역에 침입하지 아니한다.
2. 타인에게 지장될 행동은 일절 하지 아니한다.
3. 차의 주차 이외의 목적에 사용하지 아니한다.
4. 물품(차의 수리용구 제외)의 반입은 하지 아니한다.
5. 이 계약에 따르는 사용권을 타인에게 양도하거나 이와 유사한 행위를 하지 아니한다.
6. 차고에 대한 공작, 가공, 기타 변경을 가하는 행위를 하지 아니한다. 단 전항을 위반하였을 때에는 소유인의 지시에 따라 자비로써 즉시 원상복구를 하든가 소유인이 계산한 손해액에 상당하는 배상을 한다.
7. 이용인 및 그 가족·사용인 등의 고의 과실로 인하여 주차장을 파손시켰을 때에는 즉시 자비로 원상복구하여야 한다.
이 경우 타사용인에게 손해를 주었을 때에는 그 전부를 배상하여야 한다.

제7조(차고의 수리)

차고의 보수 기타에 관하여는 소유인이 수리의 필요를 인정하였을 때에 한하여 행한다. 따라서 이용인으로부터의 수리신청에 대하여는 소유인은 하등의 구속을 받지 아니한다. 위 수리는 자연적인 파손에 의한 때에 한하는 것으로 한다.

제8조(부가항력에 의한 차의 훼손)

천재지변, 불가항력, 기타 제3자의 고의 과실로 인한 차고의 파손으로 인하여 이용인의 차량이 입은 손해는 소유인이 배상책임을 지지 아니한다.

제9조(이용인에 의한 차의 관리)

소유인은 차의 관리는 일절 하지 않는다. 따라서 소유인은 차의 도난, 고장, 파손 및 차내의 물품에 관한 도난, 분실과 이에 유사한 일절의 사고에 대하여는 하등의 책임을 지지 아니한다.

제10조(손해의 배상)

전기 1조부터 9조까지에 관하여 이용인이 손해를 끼쳤을 때에는 소유인이 청구하는 즉시 이용인은 그 손해를 배상하여야 한다.

제11조(계약의 중지)

소유인의 사정으로 차고가 필요한 경우, 제2조에 정한 계약의 기간 중에라도 소유인은 계약을 중지시킬 수 있다. 이 경우에 소유인을 차의 철거를 필요로 하는 날로부터 30일전에 이용인에게 통지를 하여야 한다. 그러나 이용인은 계약의 중지를 이유로 인하여 여하한 명목으로도 손해배상의 청구를 할 수 없다.

제12조(계약의 해지)

1. 소유인은 이용인이 다음 사항의 어느 하나에 해당하는 경우 이용인에 대한 최고 기타 하등의 절차 없이 본 계약을 해지할 수 있다.
   ① 이용인이 차고의 사용료를 본 계약대로 지급하지 아니할 때
   ② 이 계약으로 정하는 의무를 이용인이 위반 또는 이행하지 아니할 때
2. 소유인이 전항에 의하여 계약을 해지하였을 때에는 이용인은 즉시 차 및 기타 물품을 전부 철거하여야 한다.

본 계약의 성립을 증명하기 위하여 본 증서 2통을 작성 "갑", "을" 각 1통씩 보관한다.

20○○년 ○월 ○일

"소유인"	주소	:	
	성명	:	○ ○ ○ ㊞
"이용인"	주소	:	
	성명	:	○ ○ ○ ㊞

위탁교육계약서

　　○○대학(이하 '대학'이라 한다)과 ○○○○회사(단체를 포함한다. 이하 '회사'라 한다)는 고등교육법 제40조 및 동법시행령 제53조의 2의 규정에 의한 전문대학의 산업체위탁교육(또는 고등교육법시행령 제29조의 규정에 의한 위탁교육)을 실시함에 있어서 다음 사항을 약정한다.

제1조(목적)

　　이 계약의 목적은 ○○○○회사의 직원들에 대한 교육을 ○○대학에 위탁함에 따른 필요한 사항을 약정하는데 있다.

제2조(위탁교육의 과정과 분야별 인원)

1. 위탁교육의 과정은 고등교육법상의 전문대학 과정으로 한다.
2. 모집단위별 위탁생 수는 다음과 같다.

연도별	모집단위	위탁생수	비고

제3조(위탁생의 자격)

　　고등학교 졸업 또는 이와 동등이상의 학력이 있는 자로서, ○○○○회사에서 6개월 이상 근무중인 자로 한다.

제4조(위탁생의 선발과 입학)

① 위탁교육 대상자는 재직 중인 회사에서 일괄 추천한다.
② 대학은 위탁생으로 추천된 자에 대하여 입학전형을 거쳐 입학을 허가한다.
③ 위탁생의 추천 및 입학전형 등 입학허가의 기준과 절차는 회사 또는 대학의 장이 정한다.

제5조(교육과정의 편성)

① 본 계약에 의거 위탁생을 별도 학급으로 편성할 경우에는 대학과 회사가 공동으로 별도의 교육과정을 편성할 수 있다.
② 별도 교육과정을 편성하지 않는 경우에는 대학의 학칙에 따른다.

제6조(회사의 시설사용)

　　회사의 시설 사용에 합의가 있을 때에는 사용시설의 목록, 사용방법 등을 작성하고 이 약정의 별표로 첨부한다.

제7조(회사 임직원의 교수요원 활동)

　　위탁회사의 임직원 중 교수자격이 있는 자에 대하여 관련규정이 정하는 바에 따라 겸임교수 또는 시간강사로 위촉(임명)할 수 있다.

제8조(교육비 및 등록)

① 위탁생의 교육비 납부액은 대학의 학생 납입금 수준으로 하되, 회사와 협의하여 하향조정 할 수 있다. 이 경우 조정률을 명문화할 수 있다.

② 기타 위탁생의 교육비와 관련한 세부사항은 따로 정한다.

제9조(위탁생의 신분)

본 약정에 의거 입학이 허가된 위탁생은 ○○대학의 학생 신분을 갖게 되며, 학칙의 적용을 받는다.

제10조(대학에 대한 회사의 지원)

대학에 대한 특별한 지원 약정이 있는 때에는 그 내용을 약정서의 본문 또는 별표에 명시토록 한다.

제11조(위탁교육협력위원회)

대학과 회사는 약정에 의거 위탁교육협력위원회를 구성할 수 있다.

20○○년 ○월 ○일

○○ 대학 학장   : ○ ○ ○ ㊞
○○○○회사 대표이사   : ○ ○ ○ ㊞

화해계약서

　　OOO을 "갑"이라 하고, OOO을 "을"이라 하며, "을"의 지상건물 임차인 OOO을 "병"이라 하여 각 당사자 사이에 있어서 다음과 같이 화해계약을 체결하고 "갑"과 "을"의 토지의 경계를 확정한다.

제1조(합의사항)

　　"갑" 소유의 아래 표시 "갑"의 토지와 을 소유의 아래 표시 "을"의 토지의 경계에 있어서 모든 분쟁을 본 화해계약에 의해 종결하는 것으로 "갑" "을" 및 "병"은 합의했다.

제2조(경계의 확정)

　　"갑"의 토지와 "을"의 토지와의 경계(이하 '경계선'이라고 한다)는 별지 첨부도면 A점과 B점을 연결한 선으로 확정한다.

제3조(초과부분의 인도)

① "을"은 을 소유의 건물 중 경계선을 넘는 부분(첨부 도면에 적색 사선으로 표시)은 본 계약을 체결한 날로부터 ○년 이내에 경계선을 넘은 부분의 토지를 "갑"에게 넘겨준다.

② "병"은 전 항의 명도에 협력하며, 병의 을에 대한 건물임차권은 전 항의 반환해야 할 부분에 있어서 금일 "을"과 병간의 임차계약의 합의해제에 의해 소멸한 것을 확인하고, "을"의 경계선을 초과했던 부분의 토지에 대해 사용권이 없음을 확인한다.

제4조(철거비용)

① "갑"은 "을"에 대해 전조 제1항의 건물 철거비용으로써 금 (　)원을 동항의 명도와 상환해서 지급한다.

② "갑"은 "병"에 대해 전조 제1항의 건물철거 및 명도상환에 대하여 금 (　)원을 퇴거비용으로 지급한다.

제5조(경계표의 시공)

① 제3조를 근거로 해서 경계선을 초과한 건물의 철거와 을, 병의 토지명도가 완료된 날부터 개월 이내에 경계선상에 콘크리트 블록으로 된 담을 다음과 같은 요령으로 세우는 것으로 하며, "갑"은 이것을 시공한다.
　1. 높이 : 미터
　2. 길이 : A점에서 B점까지 약 미터
　3. 두께 : 센티미터

② 전항의 비용은 "갑"과 "을"이 각자 절반씩을 부담하는 것으로 하며, 담의 소유권은 "갑"과 "을"이 공유하는 것으로 한다.

제6조(화해절차)

① 본 계약은 "갑"이 신청인이 되고, "을"과 "병"이 상대가 되어서 법원에서 제소 전 화해를 체결하는 것으로 한다.
② "을"과 "병"은 전 항 화해의 대리인으로서 변호사를 선임하고 화해조항을 첨부한 위임장을 "갑"에게 예탁한다.
③ "을"과 "병"은 전 항의 위탁을 해제하지 않는다.

제7조(화해비용)

전조의 화해비용은 "갑"이 부담한다.

제8조(기타)

본 계약에서 규정한 것 이외에는 "갑"과 "을", "병" 간의 그 어떠한 채권채무도 없음을 확인한다.

이상과 같이 화해계약이 성립하였으므로 본 증서 3통을 작성하고 "갑", "을", "병"은 각 1통씩 보관한다.

2○○○년 ○월 ○일

토지소유자 "갑"	주소	:
	성명	: ○ ○ ○ (서명 또는 날인)
토지소유자 "을"	주소	:
	성명	: ○ ○ ○ (서명 또는 날인)
을의 건물임차인 "병"	주소	:
	성명	: ○ ○ ○ (서명 또는 날인)

["갑"의 토지의 표시]
1. 소 재   2. 지 번
3. 지 목   4. 지 적
["을"의 토지의 표시]
1. 소 재   2. 지 번
3. 지 목   4. 지 적
["을"의 지상건물의 표시]
1. 소 재
2. 층 호실
3. 종 류
4. 구조
5. 마루면적
6. 면 적

OEM공급계약서

OO주식회사(이하 "갑"이라 한다)와 OO주식회사(이하 "을"이라 한다)는 OO(이하 "제품"이라 한다)의 OEM 생산을 위해 아래의 조건으로 계약을 체결한다.

제1조(제품)

"갑"은 "을"에게 OEM으로 생산할 제품의 크기, 색상, 디자인, 포장방법 등 제품 사양을 제공하고 "을"은 그러한 사양에 따라 제품을 완성하여 "갑"에게 공급한다.

제2조(납품가격)

1. 제품의 납품가격은 "갑"이 지정하는 장소까지의 운송비를 포함하는 가격으로 하며 "갑"과 "을"이 별도로 협의하여 결정한다.
2. 위 1항의 납품가격은 필요한 경우 "갑"과 "을"의 합의로 변경할 수 있다.

제3조(납품)

1. "을"은 제품을 "갑"이 지정하는 장소로 지정된 납기 내에 납품한다.
2. 제품을 납기 내에 납품할 수 없는 경우가 발생하는 경우 "을"은 즉시 그 사실을 "갑"에게 통보하고 "갑"의 지시를 따른다.

제4조(제품 검사)

1. "을"은 제품을 납품하기 전에 "갑"과 "을"이 별도로 정하는 기준에 따라 제품을 자체 검사한다.
2. "갑"은 납품 전에 "을"의 공장에서 제품을 검사할 수 있으며, 그러한 경우 "을"은 검사에 협력하여야 한다.

제5조(상표)

1. "을"은 "갑"이 지시하는 대로 제품 및 포장 등에 "갑"의 상표, 로고, 기타 필요한 사항을 표시한다.
2. "을"은 "갑"의 상표를 부착한 제품을 "갑" 이외의 제3자에게 판매하거나 "갑"의 상표 또는 로고를 본 계약 목적 이외에 사용할 수 없다.

제6조(구입보증)

"갑"은 1차 년도에 OO개 이상의 제품을 "을"에게 발주할 것을 보증하고 그 이후의 발주수량은 "갑"과 "을"이 협의하여 결정한다.

제7조(개별계약)

1. "갑"은 본 계약기간 중 매 ○○개월 단위로 예상 발주계획서를 해당 기간 개시 ○○개월 전에 제출하여야 한다.
2. "갑"은 위 1항의 예상 발주계획에 따라 "을"에게 개별 주문서를 내고 "을"이 동의하는 개별 주문서의 조건에 따라 제품을 구입한다. 개별 주문서는 본 계약에 구속된다.

제8조(하자)

1. "을"은 "갑"이 제공한 제품 사양에 근거하여 제조한 제품의 하자에 대해 책임을 지지 않는다.
2. "을"은 자신의 귀책으로 인한 제품의 하자에 대해 책임을 지며, 하자가 있는 제품은 "갑"의 지시에 따라 다시 제조하여 납품한다. 재 제조에 따라 발생하는 비용은 전액 "을"이 부담한다.

제9조(지급)

"을"은 납품된 제품의 대금을 매월 말일까지 "갑"에게 청구하고 "갑"은 다음 달 말일까지 "을"에게 지급한다.

제10조(하도급)

"을"은 "갑"의 사전 서면 동의가 없는 한 "갑"이 발주한 제품을 제3자에게 하도급 하여 생산할 수 없다.

제11조(제조물책임)

"을"은 "갑"에게 납품한 제품으로 인하여 또는 그와 관련하여 제품 사용자를 포함한제3자에게 피해가 발생한 경우 "을"은 이를 전적으로 자신의 책임하에 처리하며 "갑"에게 그와 관련하여 어떠한 책임도 전가할 수 없다.

제12조(공업소유권)

1. 제품과 관련하여 제3자와의 사이에서 공업소유권상의 분쟁이 발생했을 경우, "을"은 그 책임을 지고 해결을 해야 하며 그로 인해 "갑"이 손해를 입었을 경우 "을"은 그 손해를 배상한다. 단, "갑"이 지정한 사양, 디자인 또는 상표 등으로 인한 공업소유권의 분쟁은 "갑"의 책임으로 한다.
2. 본조항의 규정은 본 계약 종료 후에도 유효하다.

제13조(비밀유지)

"갑" 및 "을"은 본 계약 및 개별계약의 수행상 알게 된 상대방의 기술이나 업무상의 비밀을 본 계약의 유효기간 중에는 물론이고 본 계약 종료 후 ○○년 간 제3자에게 누설하지 않는다.

제14조(생산중지)

"을"의 제품생산이 현저하게부진을 보이거나 불가능하다고 판단될 때, 그 사유를 생산중지 ○○개월 전까지 "갑"에게 통보하고 최종 발주량 및 이후의 대책에 대해 협의한다.

제15조(해지)

"갑" 또는 "을"에게 다음과 같은 사유가 있을 때에는 상대방은 본 계약 및 개별계약의 전부 혹은 일부를 해지하고 이에 따른 손해배상을 청구할 수 있다.
1. 본 계약 및 개별계약의 조항을 위반하고 상당기간에 거쳐 최고를 해도 위반사실이 시정되지 않을 때

2. 감독관청에서 영업정지 및 영업면허 또는 영업등록의 취소처분을 받았을 때
3. 가압류, 가처분, 강제집행, 담보권 실행 등으로 경매에 넘어가거나 파산, 화의, 회사정리 등에 놓여 있어 청산에 들어갔을 때
4. 지급정지, 지급불능 등의 사유가 발생했을 때

제16조(계약기간)

본 계약의 유효기간은 본 계약 체결일로부터 O년간으로 한다. 단, 기간 만료 OO개월 전까지 "갑" 또는 "을"이 상대방에게 서면으로 계약종료의사를 통보하지 않는 한 OO년간 자동적으로 갱신된다.

제17조(분쟁의 해결)

본 계약으로 인하여 또는 관련하여 발생하는 모든 분쟁은 대한상사중재원의 중재에 의해 최종 해결한다.

이를 증명하기 위하여 "갑"과 "을"은 계약서 2통을 작성하고 각각 서명 날인 후 1통씩 보관한다.

20OO년 O월 O일

"갑"　　주소　　:
　　　　성명　　:　O O O ㉘

"을"　　주소　　:
　　　　성명　　:　O O O ㉘

상품할부판매기본계약서

OO상점 OOO(이하 "갑"이라 한다)와 OO월판주식회사(이하 "을"이라 한다)는 다음과 같이 계약 체결한다.

1. (계약 목적)

"을"은 "갑"이 OO링크 스토아라 칭하는 것을 승인하고 "갑"과 "을"은 상호 협조하여 OO제품의 매매에 있어 공존공영의 이익을 꾀하기 위하여 본 계약을 체결한다.

2. (계약의 본지)

"을"은 "갑"에 대하여 "을"이 취급하는 OO제품을 기탁하고 "갑"이 알선한 고객과 할부판매계약을 체결한다.

3. (상품의 기탁)

① "갑"은 "을"과 협의하여 "을"이 정하는 OO제품 기탁판매계약서를 분기별로 작성하고 그 기의 판매계약액을 정한다.

② "을"의 "갑"에 대한 상품기탁의 한도는 상기 OO제품 판매계약서에 기하여 1개월 평균판매량 이내로 한다.

③ "갑"은 기탁된 상품을 "을"의 지시에 따라서 "갑"의 소재지에 전시 또는 적정하게 보관하며 "을"의 승인 없이 임의로 이동하지 아니한다. 단 "을"이 별도로 정하는 대부 제도에 의하여 "갑"은 확매의 목적으로 수탁상품을 구입희망고객에게 대출할 수 있다. "을"은 필요에 따라서 기탁상품의 재고 파악, 이동 및 반환을 청구할 수 있다.

④ "갑"은 기탁된 상품을 선량한 관리자의 주의로서 보관하고 만일 훼손, 도난, 분실, 화재 또는 "갑"의 책임에 기인한 손해가 있을 때에는 즉시 "을"에게 보고함과 동시에 1개월 이내에 상당액을 변제하여야 한다.

⑤ "갑"은 원칙적으로 "을"이 정하는 화재보험에 가입하고 보험금청구권에 대하여 "을"의 질권설정에 응하여야 한다. 그 질권설정이 이루어진 후에는 화재보험료의 2분의 1을 "을"이 부담한다.

4. (판매알선 및 회수협조)

① "갑"은 고객으로부터 상품구입신청을 접수하였을 경우 고객에게 "을"이 정하는 구입신청서를 기입 작성하도록 하고 고객의 신용을 조사하여 판매의 적부에 관한 OO링크 스토아로써의 조사서를 "을"에게 제출하여야 한다.

② "을"은 상기 구입신청서 및 조사서를 심사한 후 "갑"에 대하여 "을"이 정하는 계약조건과 기재내용이 완비한 고객과의 할부구입계약서의 작성을 의뢰한다.

③ 할부대금은 고객으로부터 직접 "을"에게 지급되는 것으로 하고 그 지급 방법은 "을"이 지정하는 은행구좌불입, 대체저금불입, 직접 수금 등으로 한다.

④ "갑"은 할부구입계약서와 고객으로부터 수령한 소정의 계약금을 즉시 "을"에게 납부하고, "을"은 "갑"에 대하여 판매알선 수수료를 지체 없이 지급하여야 한다.

⑤ "갑"은 상기 할부구입계약서에 기하여 반드시 계약자의 주소를 확인한 후, 계약상의 설치장소에 상품을 납입설치하며 점포에서의 인도는 하지 아니한다.

⑥ 계약자의 사정에 의하여 부득이 "갑"이 계약자로부터 할부대금을 예납 받을 경우에는 반드시 "을"이 정하는 할부금접수 연락표에 일자, 계약자명, 주소, 품종, 금액 등을 명확히 기입하여 수령하고 즉시 "을"에게 연락표와 같이 납금 하여야 한다.

⑦ "갑"은 계약자가 할부대금의 지급을 지연하거나 사고가 생겼을 때에는 "을"과 협조하여 그 해결에 임한다. 단 "갑"이 전기 각항의 규정에 위반함으로 인하여 발생한 을에 대한 일체의 손해는 "갑"의 부담으로 한다.

5. (계약의 보증)

"갑"은 계약을 체결함에 있어서 "갑", "을" 협의하여 하기의 연대보증인을 정한다. 연대보증인은 본 계약에 기하여 발생하는 "갑"의 일체의 채무에 관하여 "갑"과 동등한 책임을 부담한다. 그리고 "갑"과 "을"은 상호신뢰의 정신에 입각하고 본 계약의 안전확보를 도모하기 위하여 필요하다고 인정하여 "을"이 요구할 경우에는 "갑"은 보증금 또는 이에 대치되는 물건을 제공하여야 한다.

6. (계약의 기간 및 해제)

본 계약의 유효기간은 본 계약 체결일로부터 1년간으로 하고 기한 1개월 이전에 "갑", "을" 어느 일방으로부터도 해약의 신청이 없을 때에는 기간을 1년간 연장하고 연장한 기간에 관하여도 동일한 것으로 한다. 단 기간 중이라 하여도 본 계약의 존속을 해치는 사실이 있거나 그럴 우려가 있을 때 "갑", "을" 어느 일방으로부터의 신청이 있을 때에는 본 계약은 해지되는 것으로 한다.

이상 계약서를 2통 작성하여 "갑"·"을" 각 1통씩 보관한다.

200○년 ○월 ○일

"갑"	주소	:	(주)○ ○ ○○
	상호	:	
	대표자	:	○ ○ ○ ㉙
"연대보증인"	주소	:	
	성명	:	○ ○ ○ ㉙
"연대보증인"	주소	:	
	성명	:	○ ○ ○ ㉙
"을"	주소	:	
	상호	:	
	대표자	:	○ ○ ○ ㉙

서식 색인

변호사 장 인 태

- 고려대학교 법학과 졸업
- 서울대학교 대학원 법학과 졸업(세법 전공)
- 서울대학교 대학원 박사과정(조세법) 수료
- 미국 Seton Hall Law School 장기연수
- 미국 UC Berkeley Law School

  International Litigation and Corporate Finance Course(ILCFC) 수료

  Information Privacy and Security Law Course(IPSL) 수료
- 사법연수원 제23기 수료
- 서울방송(SBS) 법률자문위원, TV '대단한 법정' 진행
- 교통방송(TBS) '교통백과' 진행
- 서울방송(SBS) 프로덕션, 한국토지공사, 한국수자원공사 등 고문변호사
- 정보통신부 프로그램심의조정위원회 조정위원
- 재정경제부 국세심판원 심판관(비상임)
- 국무총리 조세심판원 심판관(비상임)
- 금융감독원 금융분쟁조정위원회 위원
- 한국콘텐츠진흥원 자문위원
- 광운대학교 법과대학 법학과 교수(겸임)

  [주요 저서]
- 교통사고처리 이렇게 쉬울 수가
- 판례로 풀어보는 나홀로 이혼소송
- 나홀로 부동산 경매박사 Ⅰ, Ⅱ
- 쉽게 풀자 신용카드 법률분쟁
- 교통사고 법률천국
- 상가 · 아파트 분쟁과 소송
- 조세판례백선(공동집필)
- 이혼소송 재산분할
- 유치권 이론과 실무

행정사 조 장 형

- 한국외대 법학과 졸업
- (前) 지축, 향동, 광석지구 주민대책위 법률자문
- 옥정지구 기업대책위 법률자문
- 남양뉴타운 주민대표위원회 법률자문
- 인천검단신도시임차사업주 대책위원회 법률자문
- (現) 법무법인 링컨로펌 사무장
- 법무법인 링컨로펌 부설 토지보상연구소 소장
- 법정법인 공인행정사협회 이사 및 업무개발위원회 위원장
- 법정법인 공인행정사협회 부설 부동산행정학회 학회장
- 링컨 행정사사무소 대표

[주요 저서]
- [핵심] 토지보상실무(민사소송실무포함) (공인행정사협회 발행)
- 계약서 작성실무 (공인행정사협회 발행)

[개정판]
계약실무총람

2022년 1월 10일 1판 2쇄 인쇄
2022년 1월 20일 1판 2쇄 발행

저   자   장인태 · 조장형
발 행 인   김용성
발 행 처   법률출판사
          서울시 동대문구 휘경로2길 3, 4층
          ☎ 02) 962-9154 / 팩스 02) 962-9156
등 록 번 호 / 제1- 1982호
ISBN   978-89-5821-359-8   13360
e-mail : lawnbook@hanmail.net